U0840148

作者简介

王金星　男，1957年2月出生，四川遂宁人，大学文化，中共党员。现任四川职业技术学院党委书记、三级教授。1976年9月参加工作，先后于南充师范学院、华东师范大学、中国文化书院、北京师范大学学习汉语言、中外比较文化、教育管理、教育原理等学士、硕士、博士课程，先后在教育部西南教育管理干部培训中心、省委党校、延安干部学院、新加坡南阳理工学院、国家教育行政学院、清华大学等参加过干部培训。主要从事汉语言教育、公文、新闻、秘书学、高职教育、高等教育和党建思政、地方文化等方面的教育教学与研究、管理工作；先后主研、参研国家和省部级社科、教育重点课题9项；公开发表学术论文80余篇，出版著述19部；获得全国性、省部级、市厅级奖励20多项；现任国际汉语应用写作学会理事，教育部职业院校文秘专业教学指导委员会副主任，新闻出版行业指导委员会委员，中国公文研究会副会长、国家职业教育教学成果奖评审专家、教育部职业教育“十二五”规划教材选题评审专家、全国优秀社科普及专家、中国新闻教育学会常务理事、四川省有突出贡献的优秀专家、四川省专家评审（定）委员会专家，四川省写作学会、新闻教育学会副会长，四川省秘书学会常务理事，四川省高教学会院校研究会副秘书长。

四川省教育综合改革试点项目“构建终身教育体系与人才培养立交桥，全面提升职业院校社会服务能力”（项目编号：511102009）阶段性成果

四川省教育厅社科研究重点项目“高职院校办学体制机制创新研究”（项目编号：IOSA106）阶段性成果

四川职业技术学院文库 · 百年校庆丛书

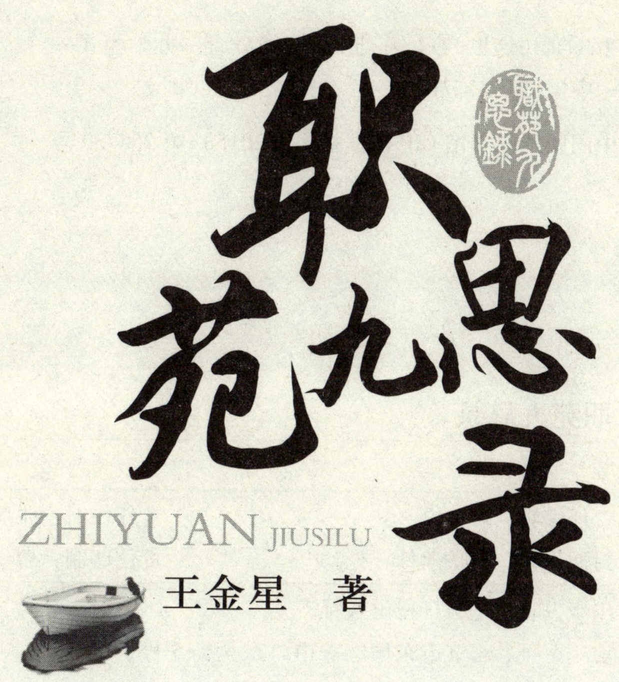

职苑九思录

ZHIYUAN JIUSILU

王金星　著

光明日报出版社

图书在版编目（CIP）数据

职苑九思录 / 王金星著. -- 北京：光明日报出版社，2015. 10

ISBN 978 - 7 - 5112 - 9397 - 8

Ⅰ. ①职… Ⅱ. ①王… Ⅲ. ①职业教育—办学模式—研究—中国 Ⅳ. ①G719. 2

中国版本图书馆 CIP 数据核字（2015）第 255730 号

职苑九思录

著　　者：王金星

责任编辑：宋　悦　　　　责任校对：张明明

封面设计：中联学林　　　　责任印制：曹　诤

出版发行：光明日报出版社

地　　址：北京市东城区珠市口东大街 5 号，100062

电　　话：010 - 67078251（咨询），67078870（发行），67019571（邮购）

传　　真：010 - 67078227，67078255

网　　址：http：//book. gmw. cn

E - mail：gmcbs@ gmw. cn　songyue@ gmw. cn

法律顾问：北京德恒律师事务所龚柳方律师

印　　刷：北京天正元印务有限公司

装　　订：北京天正元印务有限公司

本书如有破损、缺页、装订错误，请与本社联系调换

开　　本：710 × 1000　1/16

字　　数：934 千字　　　　印　　张：52

版　　次：2016 年 1 月第 1 版　　　　印　　次：2016 年 1 月第 1 次印刷

书　　号：ISBN 978 - 7 - 5112 - 9397 - 8

定　　价：128. 00 元

版权所有　翻印必究

序

记不得是谁说过,人活在世上,总得尽可能地给人们或社会留下点什么。已及耳顺之年的我,深感理当如此,于是便想遵从,便有了出这个集子的初衷。

留什么好呢?忙忙碌碌,辛辛苦苦在高教战线工作了近四十年,多少有些认识感受,也有些心得体会,有的虽已公开正式发表过,但毕竟是先先后后,支离破碎的,给人以零散不成体系之感,也很难让人看出点什么,很难反映自身的心路历程;有的虽然是在公众场合表述过的,但多半是口头表达的脚本,了解的人很有限,且多半是左耳进右耳出,很难留下什么印象;还有的是无法公开表达,只是个人的认识见解而已。但时过境迁,历史检验一切,且不吐不快,也不违背大政方针政策和相应法规,觉得有必要也可以拿出来,既还其本来面目,让自己心里好受些;也能给人以整体印象和认识感受;还可任人评说,留给历史来评判,坦诚客观,何乐不为?这便成了出这个集子的又一缘由。

出不出,在什么时候到哪里去出呢?踌躇之时,中联华文社科图书咨询中心《大学校长书记自选集》的创意不期而至,一拍即合,加之百年校庆将至,本人也已到退休赋闲之际,觉得应当为这所奋斗了几十年的百年老校带头搠示奉献点什么,加之本人在校园文化建设中立项实施学术著作与文集出版计划,将校领导和专家们的成果作为百年校庆和校园文化建设的扛鼎之作,作为百年老校深厚底蕴之重要标识的提议得到相关部门和同仁的认可与重视,真可谓天时地利人和,于是便有了这本集子的问世与出笼。

将书名定为《职苑九思录》是多少有点考究的。之所以用"职苑",是因为职业教育的确是一个生机勃勃、春意盎然、风光旖旎,值得开垦耕耘的广阔天地,是我从上世纪80年代初参加工作就一直未曾离开过,几十年倾情付出且无怨无悔的深情领地。应当说我的青春热血,我的认识感受,我的思考探索,我的经验教训,我的酸甜苦辣,我的痛苦欢乐全都留在这里了,无论如何也都割舍不了,都应当钟情于她。"九思"则一是缘于中华民族的至圣先师孔子有九思之遗训。早在几千年前,他老人家就谆谆告诫曰:"君子有九思:视思明,听思聪,色思温,貌思恭,言思忠,事思敬,疑思问,忿思难,见得思义。"作为后辈晚学,我们能不好好遵从吗?几十年风雨历程中留下的这些文字应当是这一古训的践行和诠释,即便不完全是,也姑且作自己对职教、对社会、对人生的诸多思考吧!此外,还有一个特定的情节,那就是在遂宁历史上曾经有一所被一些学者称之为世界上最早大学的"九宗书院"。姑且不论其他,在四川,在全国的教学研究型高等教育机构中,九宗书院应当最早是无可争议的。因为它始建于唐代贞观九年(公元635),比集贤书院早90多年,比著名的岳麓书院还早了300多年。"九宗"与"九思","书院"与"职院",不能说没有关联,且都在遂宁。当时的"九宗书院"是世界第一,现在的"四川职院"是遂宁唯一,单凭这一点,作为现任职院的本土掌门人,承九宗之衣钵,弘九宗之遗愿,对作为国之大器利器的职教,于所从事的神圣职业中尽可能多做些思考,深做些思考,虽然不一定都对,却以"录"来反映所做之情状和结果,来反映思考之心路历程,也算是慎终追远,也应当算是一种"博学之""审问之""慎思之""明辨之""笃行之"吧?

既为"九思录",所思所录之内容就显得多而杂了些,于是将其分成了如下六篇:

其一是办学治校篇。其间所收录的是个人在办学治校思想理念、思路方针、策略举措方面的思考与探索。从最初的教育学院、教师教育、成人教育到后来的职业教育、全日制普通高等教育、高等职业教育,从学历到非学历教育,从函授、脱产到岗职培训、继续教育,无论是师培干训、职前职后,还是中等高等、学校社会教育,这都是最基本的,也是最核心、关键和重要的。因为她决定着办学的指导思想、目标方向、措施办法、规模成效,决定着一种类型、一种层次、一种形式,乃至于一所学校的命运前途和生命力。按照党和国家、时代社会对一所高等学校组织管理者的要求,当属于是否教育家办学的相应范畴。我虽才疏学浅,不敢妄称什么家,却做了这些思考和努力,且无怨无悔。这也是我少数文章笔名"尽心"并长期作为座右铭以示尽心竭力的集中宣示,对与不对还是交由后人、世人、历史去评说吧。所谓"人在干,天在看,历史会评判",讲的不就是这样一个最朴素、最简单、最基本、最深刻的道理么?!

其二是党建思政篇。作为一个有着40多年党龄的老党员,从团支委、团支书、团委书记到党支部委员、书记、党委委员、党委书记,也曾多次在县委工作队做过党的基本路线教育工作。从小接受党的教育,对党是一往情深、矢志不移,也是立志为之工作奋斗和奉献一切的。虽不是学思政的,但在其位谋其政,自然当按照党的要求,以立德树人为根本任务,以政治家办学的基本要求来尽力把握好学校的办学方向、高举中国特色社会主义的伟大旗帜,坚定不移地为社会主义事业培养合格建设者和可靠接班人。有压力就有动力，加之实践中有问题、需思考，于是便有了一些相应的从理论到实践的探索，有了相关专论和包括高校党建目标、学习型组织探微，党性的认识与体悟等方面的思考和心得体会，也便有了相应的报告、讲话、意见或书稿，有了组织同仁们一起思考的些许成果。本篇共录了这方面的15篇文稿，虽不敢说多，但也算是一种心力吧。

其三是教学科研篇。我是从教学管理岗干起的，虽不是专任教师，但因是学师范出身的，且立志从教，认为这是神圣高尚的职业，起初愿望并不高，只想回本地当个称职的小学教师而已，并做了些这方面的准备和努力。殊不知却因师长与组织的关爱而阴差阳错地到了高校工作。由于信奉搞教学管理就得熟悉、精通教学业务，做到"春江水暖鸭先知"，首先当好一个教师，然后才有资格去谈教学，管教育教学的基本信条，也深深懂得那学高为师、身正为范，学为人师、行为世范的"师范"之奥秘与真谛，也很厌恶那种一节专业课都没上、都不上却要指手画脚以专家学者自居的不地道不厚道做派，因此十分重视教学与科研，即令时间再紧、工作再忙也都坚持上课和从事教学科研工作，特别是在那个本没课时津贴和奖励的八九十年代。从专科到本科，从公共到专业课，从成人教育到全日制，从院内到院外，从小打小闹到省部级、国家级课题的参与、组织或主持，一步一步、点点滴滴、实实在在、勤勤恳恳、兢兢业业，寒暑假与专职教师一样转战南北东西，去教学点上课，而且是一个人唱独角戏5—7天，最多一个暑假竟上了7个点，最后是嗓子都讲哑了。于是便有了这些基础的、公共的，专业的、非专业的，教学的、管理的，关于职业教育的一些相应认识感受和些许成果累积，有了这50余篇部或许并非成果、甚至难掩浅拙，让一些人感叹、费解和疑虑的著述。尽管如此，却也应当体现的是自己的基本认识和应有的人生态度与追求吧！

第四是求索创新篇。按理科研也是求索创新，不该再单辟这一栏目。但这主要是指工作和事业发展中对一些重大基本问题的思考与探索。人生免不了，工作性质，所从事的事业也都决定了这是不可避免的，要么视而不见、听而不闻，浑浑噩噩，慵懒懈怠甚至失职，要么回避、绕道走，要么迎难而上，不惧风霜雷电、不怕坎坷荆棘，毅然攻坚克难、奋然前行而后快！不同的人自然会有不同的认识态度和选择，于我则显然选择的是后者。尽管其间还有更能体现认识态度与水准的机构岗位、干部人事、绩效管理、深化综合改革，关于混合体制创新的做优做高方案和所创作的作为传统文化特殊形式的对联因种种原因而不便收入，却可以此窥全豹，从这选出的20余篇文稿中看得出个人的认识态度和胆识气魄。应当说，这是一个组织管理者、一个领导人最应当、也是最难做的，因为这其间有很多暗礁险滩，风雨雷电，一不小心，便有可能误入歧途，或跌下万丈深渊，因此而粉身碎骨，或身败名裂。

第五是合作交流篇。由于工作性质关系，一生中与人合作，与兄弟院校合作，与同行同道合作，甚至于响应党和国家号召，适应时代社会与自身发展建设需求，开展体制机制改革，搞政行企校、院地院企、院行院校合作，省内省外、行内行外、境内境外、国际国内合作，各种机遇促成了大大小小的诸多合作，成就了四海之内皆兄弟，愿意合作是朋友的多层次、多形式、多途径、多类型、多规格、多品类的立体全方位人才培养格局，于是便有了这20来篇交流合作的载体与成果的汇集，不管好与不好，都是学院由小到大、由弱到强、立足遂宁、面向成渝、服务全国、走向世界的历史见证；对个人而言，也当是一种人生际遇历程、人生风采与胆识的展示和昭告吧！

第六是深情寄语篇。这是因成长历程、工作关系而生成的文字。一生中因换岗多、角色多、际遇多，对后辈晚学、对教职员工、对亲朋好友、对尊敬师长、对合作单位、合作伙伴，方方面面都有，而且有的还不少，难以尽列，因而只选取其中有代表性的10多篇文稿，既体现了职责期许，也当是一种情感态度，乃至于努力的目标方向吧。

总之，因为“九思”，便显得庞杂粗浅了些；因为“录”，便显得本朴和原生态了些。所幸的是萝卜白菜，各有所爱，当下的人们似乎更喜欢融入、亲近原生态，喜欢开垦原汁原味的处女地，因此，便顾不得这多与少、深与浅、高与低，甚至无论是与非、屈与直、好与坏、雅与俗，权且先自做交代，然后再“待晓堂前拜舅姑”，至于“画眉深浅入时无”，还是任大家、任历史去翻检评说吧！

是为序。

王金星

2015年季春

目录
CONTENTS

01

办学治校篇

思想理念

缅怀毛泽东丰功伟绩 学习毛泽东教育思想*

在举国上下认真学习,贯彻十四大精神,高奏改革开放凯歌,隆重纪念毛泽东同志100周年诞辰之际,深切缅怀,热情颂扬毛泽东同志的丰功伟绩,认真学习,深刻理解毛泽东教育思想,对于指导、促进社会主义革命和建设事业,深化改革,具有重大的现实意义。

一

在中华民族的史册上,毛泽东同志辉炳千秋,光耀万代。在千百万同胞外受帝国主义侵略势力百般凌辱,内受封建统治阶级残酷欺诈,于水深火热中苦苦挣扎之际,是毛泽东同志携其他革命伴侣冲破重重迷雾,找到救国救民真理——马克思列宁主义,缔造了伟大的中国共产党和英勇的人民军队。在与"左"右倾机会主义进行坚决斗争的过程中,毛泽东同志坚持把马列主义与中国革命的具体实践相结合,制订了正确的路线、方针、政策和战略,驱鞑虏、逐倭寇、平内战,经过几十年浴血奋战,终于取得了由北伐、土地革命战争到抗日、全国解放战争的彻底胜利,拯救了苦难深渊中的中华民族和中国人民,在我国结束了极少数剥削者统治广大劳动人民的历史,结束了帝国主义、殖民主义奴役蹂躏中华民族的历史,建立起了劳动人民当家做主、扬眉吐气、安居乐业的新中国,取得了新民主主义革命的彻底胜利。

在旧中国一片废墟,满目疮痍、百废待兴,一穷二白的基础上,是以毛泽东同志为首的中国共产党人继续高举马列主义同中国革命具体实践相结合的伟大旗帜,通过建立和巩固以工人阶级领导的、工农联盟为基础的人民民主专政(即无产阶级专政)的国家政权,正确制订党在过渡时期的总路线,采取适合中国国情的强有力措施,成功地实现了从新民主主义到社会主义的转变,迅速恢复了国民经济并有计划地开展了经济建设,完成了社会主义改造阶段的基本任务,为全面展开

* 本文系作者为学院党委撰写,载《川北教育学院学报》1993年2期

社会主义建设奠定了坚实的基础。

在国民党反动势力狂妄叫嚣反攻大陆;国内敌对势力遥相呼应,活动猖獗,自然灾害严重,帝国主义全面封锁,修正主义百般刁难,“黑云压城城欲摧”的困难时期,是毛泽东同志以独立自主、自力更生的凛然正气和励精图治、艰苦奋斗、勤俭建国的正确方针,领导党和全国人民抓农业、兴工业、促商贸、重科教强国防,以“和平共处”五项原则和自身的强大赢得了世界上三分之二以上国家和地区人民的支持,迎来了五洲四海的各国朋友,恢复了中国在联合国的合法席位,不仅顶住狂飙恶浪,富民强了国,而且在世界上树立起了中国共产党人,中华人民共和国,中华民族披荆斩棘、乘风破浪、傲然屹立于东方的光辉形象。

虽然,毛泽东同志“在‘文化大革命’中犯了严重错误,但是,就他一生来看,他对中国革命的功绩远远大于他的过失,他的功绩是第一位的”。“他为我们党和中国人民解放军的创立和发展,为中华人民共和国的缔造和我国社会主义事业和发展建立了永远不可磨灭的功勋,他为世界被压迫民族的解放和人类的进步事业做出了重大贡献”(中共中央《关于建国以来党的若干历史问题的决议》)。“东方红,太阳升,中国出了个毛泽东,他为人民谋幸福,他是人民的大救星……”这支歌不仅被中国人民用来表达自己的心声,而且为世界被压迫的民族和人民广为吟唱,毛泽东这个伟大的名字和他伟大的功绩一样,被受压迫的人民和民族永远颂扬。

二

毛泽东的伟大功绩不仅体现在他的革命生涯、革命实践中,更重要的还在于他把马列主义的理论与中国革命的具体实践相结合,不仅于实践中运用、验证、捍卫,而且丰富、发展了马克思主义,把长期革命斗争实践中的感性认识、局部经验抽象、概括、上升到了理性的高度,创造并总结了许多新的经验、原则和理论,不仅指导中国人民的革命斗争和建设事业取得了一个又一个的伟大胜利,而且极大地丰富了马列主义的理论宝库,使他成为了一个伟大的马克思主义者,成为了当之无愧的无产阶级革命家、战略家和理论家,形成了独具特色,对无产阶级革命起重要指导作用的光辉灿烂的毛泽东思想。

毛泽东同志于无产阶级革命理论的贡献是多方面的,在中国革命的不同时期、不同领域都闪烁着耀眼的光华。新民主主义革命时期,他从中国历史、社会状况出发,通过对当时革命条件、形势下中国社会各阶级的分析,不仅正确地解决了革命对象、主力、同盟军问题,使共产党人分清了敌我,创立了无产阶级领导的,以工农联盟为基础的,人民大众反帝反封建和反官僚资本主义的新民主主义革命理论,而且精辟地总结、概括了统一战线,武装斗争和党的建设这三大中国革命的法宝，为创立农村包围城市，最后夺取全国胜利的革命道路提供了可靠的理论依据。在新中国建立之后的社会主义革命和建设事业中，毛泽东同志提出了对人民内部的民主方面和对反动派的专政方面相结合的人民民主专政理论；提出了以“团结——批评——团结”的方式正确处理人民内部矛盾；以“长期共存，互相监督”的原则做好统战工作；以“百花齐放、百家争鸣”方针繁荣科学文化事业；以统筹安排、兼顾国家、集体、个人三者利益的原则做好经济工作；正确处理“十大关系”，调动一切积极因素，团结全国各族人民建设社会主义强大国家等一系列促进社会主义革命和建设事业发展的方针和策略。

毛泽东同志在哲学、政治经济学、军事、文化、科技、外交、党的建设等各个重大领域也都有不少对于革命和建设事业具有重大指导作用的真知灼见。在教育战线，我们倍感亲切的是毛泽东的教育思想。

毛泽东同志不仅受过正规的师范培训，而且在大半生中亲自参加过教育实践。他曾担任过小学校长和中学教员，在长沙创办过“湖南自修大学”，在广州、武汉主办过农民运动讲习所。先后兼任过苏维埃大学校长，中国人民抗日军政大学教育委员会主席和中央党校校长等职，并亲自做过教学工作。《毛泽东选集》中的许多重要著述，如《中国社会各阶级的分析》、《湖南农民运动考察报告》、《中国革命战争的战略问题》、《实践论》、《矛盾论》、《论持久战》，以及《整顿党的作风》等，都是他在上述学校或训练班中的讲稿。因此，在他的许多有关政治、经济、军事、党的建设、干部培养和群众工作的讲话中都涉及了很多教育方面的内容。作为中国人民的伟大领袖，毛泽东同志不仅在胜利地领导中国人民推翻三座大山，建立社会主义新中国方面建立了旷世奇勋，而且于文化教育方面同样地为我们留下了许多宝贵遗产。

毛泽东同志十分注重处理教育与政治、经济的关系，重视教育对于革命和建设事业重要作用。他既不赞同“教育救国”论（《毛泽东书信选集》，人民出版社1983年版），反对把教育的作用夸大到不适当的地步，又不赞同忽视教育，轻视教育对于社会政治、经济的巨大影响和作用的做法。在他看来，一定的教育是由一定社会的政治和经济所决定并为其服务的，在阶级社会中不可能有超阶级的教育存在，一定的教育对一定社会的影响和作用，是不能脱离一定社会的政治经济的制约的。因此，他提出了教育必须为无产阶级政治服务，必须同生产劳动相结合的著名论断，为我们党的教育方针的正确制订提供了可靠的理论依据。

正因为毛泽东同志重视教育在革命和建设事业中的作用，所以，他十分注重党的教育方针的制订，把这看成是造就革命事业接班人的必备条件，并在不同的历史时期做出过明确的表述。1934年，他首次明确地指出：“苏维埃文化教育的总方针……在于以共产主义精神来教育广大劳苦民众,在于使文化教育为革命战争与阶级斗争服务,在于使教育与劳动联系起来,在于使广大中国民众都成为享受文明幸福的人"(《第二次全国苏维埃代表大会的报告》);1939 年,他又在《抗大三周年纪念》的文章中指出:"抗大的教育方针是:坚定正确的政治方向,艰苦朴素的工作作风,灵活机动的战略战术。"并强调:"这三者是造成一个抗日的革命军人不可缺少的"。在 1957 年发表的《正确处理人民内部矛盾》一文中,毛泽东同志又明确指出:"我们的教育方针,应该使受教育者在德育、智育、体育几方面都得到发展,成为有社会主义觉悟的有文化的劳动者"。尽管三次表述有所不同,但基本的精神实质是一致的,即明显地包括了教育工作的指导思想,服务方向,培养途径、目标等四个内容和教育必须为无产阶级政治服务、必须与生产劳动相结合的基本原则,以保证培养无产阶级革命事业接班人之需要。

为了实现上述宗旨和目标,毛泽东同志反复强调两点:第一要十分重视政治思想教育工作。他不仅在各个不同的历史时期对各方面的政治思想教育有明确具体的表述和要求,而且将其看作是经济工作和其他一切工作的生命线,要求青少年必须把坚定正确的政治方向放在第一位。不仅提出了培养"有社会主义觉悟"劳动者的明确目标,而且规定了进行共产主义世界观和人生观,进行革命理想和传统教育、爱国主义教育、道德品质教育,阶级观点、群众观点、劳动纪律、集体主义、时事政治教育等具体内容和坚持民主的、讨论的、说理的原则和方法,坚持解决思想认识与实际问题结合,做到组织落实,各级领导和各方面都负责,重视启发和自我教育,重视先进典型和榜样的教育启迪作用等原则和方法,以突出德育的首要地位和政治思想教育的地位作用。第二是必须坚持理论联系实际,学以致用的原则,主张让学生学到实际的过硬的本领;反对"死记忆","读死书"、"闭门求学,其学无用"的恶劣学风,反对本本主义,教条主义和党八股。并且依据这一原则提出了一系列改革办学方针和教学制度方面的见解,反对教条主义式地照搬苏联的教育模式和内容方法,主张兼取中国古代书院和西方"现代学校"之长而创立新教学制度;主张坚持"两条腿走路"和多种办学形式的方针;主张课程设置要少而精,突出实践需要的主干课;教材要有地方性,于农村教育中适当增加一些乡土教材;"文科大学要以整个社会为工厂",不能只有书本知识而无动手能力;教学要发挥双方的积极性,运用启发式,反对注入式;反对死记硬背,强调注重检查学生运用所学知识的能力;强调自学的重要性,强调教学中应注意处理好知识与能力的关系等等。

总之,毛泽东同志在教育理论方面的贡献同样是巨大而又多方面的。他的这些观点和主张集中体现、表述在其《新民主主义论》、《论联合政府》、《为人民服务》、《青年运动的方向》、《改造我们的学习》、《整顿党的作风》、《湖南自修大学创立宣言》、《反对党八股》、《关于正确处理人民内部矛盾》、《第二次全国苏维埃代表大会的报告》等光辉著作中。

三

当前，整个教育面临着市场经济的严峻挑战。一方面，作为育人基地的高等学校要面向现代化、面向世界、面向未来，贯彻教育方针，培养德、智、体全面发展的社会主义建设者和接班人，满足市场经济体制建立和社会发展多种需求，任务光荣而艰巨；另一方面，改革的步伐仍不能适应经济体制改革的要求，教育投入不足与教育事业发展的矛盾日趋尖锐，教师队伍的不稳定，教育思想、教学内容、手段和方法落后手形势的发展。凡此种种，严重地阻碍，极大地制约着教育的发展。教育面临诸多困难，而担负师培、干训、科研三大任务，处于求生存求发展阶段的教育学院要走出困境，就必须认真学习、深入领会毛泽东教育思想，把握毛泽东思想的精神实质，用以指导、深化教育改革。

首先，毛泽东同志正确地揭示了教育与社会政治、经济、文化的关系，我们党十一届三中全会以来的路线、方针、政策，小平同志的社建理论，《中国教育改革和发展纲要》都无不贯穿、体现了毛泽东同志的这些思想；我国现阶段所坚持、贯彻的教育方针与毛泽东同志所一贯倡导的教育方针的基本点是完全一致的，因此，应当把学习毛泽东教育思想与学习马列有关论述、邓小平同志社建理论，《中国教育改革与发展纲要》紧密结合起来，充分认识教育在繁荣经济、促进社会发展中的重要作用，坚定不移地贯彻“教育必须为社会现代化建设服务，必须与生产劳动相结合，培养德、智、体全面发展的建设者和接班人”的方针，通过深化改革，进一步明确办学指导思想、端正办学方向，更好地为社会主义现代化建设服务。

其次，在人才的教育培养上，应当遵循毛泽东同志“把坚定正确的政治方向放在第一位”的原则，针对改革开放中出现的新思想、新问题、新动向，运用毛泽东同志早就为我们创立、总结的民主、讨论与说理，解决思想问题与解决实际问题，组织领导落实与各个方面负责。齐抓共管打总体战，启发、自我教育与榜样、先进典型相结合的原则和方法，坚持以共产主义人生观、道德观，革命理想和传统，爱国主义、集体主义、劳动纪律、时事政治教育为主要内容，在教书育人工作中突出德育的首要地位，确保人才培育的思想素质和政治质量。

第三，在教学工作中，应遵循毛泽东同志所倡导的理论联系实际，学以致用，重视自学，重视学生实际能力培养的原则，根据建立社会主义市场经济中社会和经济发展的实际需要来确定专业及课程设置，培养目标，突出主干课，增设选修、地方课；改革“我办学，你来学”，以及“注入式”、“满堂灌”，与社会需求，社会实践、培养能力脱节等教育教学的方式方法，改革只重书本知识、专业知识，忽视学生运用专业知识的能力和职业技能，忽视道德品质、专业知识的能力和职业技能，忽视道德品质、政治素养考核的考试制度，以德智体全面发展的建设者和接班人为标尺，采取强有力的措施确保育人质量。

第四，坚定不移地贯彻毛泽东同志所确定的“两条腿走路”，多种形式办学的方针，进一步挖掘自身潜力，坚持师培、干训、科研结合，脱产与业余，长训与短训、学院与地方四结合，加强高等成人教育中的横向联系，充分利用现有办学条件和各自优势，努力形成立体交叉培训网络和多形式、多层次、多规格培育人才的格局，努力适应社会发展的多层面需要，提高办学效益。

第五，全面而正确地理解、把握毛泽东思想的精神实质，积极稳妥地推进教育改革。中共中央《关于建国以来党的若干历史问题的决议》明确指出：毛泽东思想的活的灵魂是实事求是，群众路线和自力更生。当前，在学习社建理论，把握“解放思想，实事求是”这一精髓，进一步深化教育改革中，应当把毛泽东思想与小平同志社建理论结合起来作为改革的指导思想和法宝，正确处理好解放思想与实事求是的关系，一方面面向现代化、面向世界、面向未来，解放思想，从管理体制、运行机制入手，突出重点而又全方位地改革内部管理中的机构、人事、内部分配制度，教育、后勤服务、校办产业的不合理因素，于各方面尤其是办学路子、形式和手段方面充分挖掘潜力、大胆地试、大胆地闯，以实现转化机制、优化结构、坚实基础、增强活力、提高效益，促进发展的基本目标。另一方面又必须尊重客观实际，本着有利于坚持社会主义办学方向，培养德智体全面发展的建设者和接班人，有利于调动社会，尤其是师生员工积极性和提高教育质量，科研水平和办学效益，有利于促进更好地为社会主义现代化建设服务的原则，既充分地调动广大教职工的积极性，增强其主人翁和责任感，发挥其聪明才智和首创精神，又从校舍、师资、仪器设备、教学与服务设施的实际出发来推进各项改革，而不能将解放思想曲解成一切向钱看，违背教育规律和自身实际的乱招生、乱收费、乱办学，或满足于做表面文章，搞花架子；既坚持实事求是、一切从实际出发、量力而行的原则，又不一味地等、靠、要，希冀上级给政策、定模式、出点子。总之，要以马列主义、毛泽东思想和党的十四大精神为指针，紧紧把握住毛泽东思想和小平同志社建理论和精神实质，积极而又稳妥地推进教育改革，以求更好地为社会主义现代化建设服务。

浅谈教育学院的办学方针*

随着教育体制改革的不断深入,对教育学院办学指导思想、办学模式方向的探讨进入了一个新的阶段。教育学院的办学方针已成为人们普遍关注的问题,现就这一问题谈点粗浅看法,以就教于同道。

一、教育学院应当坚持灵活多样的办学方针

众所周知,对于一所学校来讲,办学方针是十分重要的,它直接关系着学院的办向方向,关系着学校的前途和命运,是一个不可忽视的问题。那么,对于教育学院这样的特殊高等学校来讲,应当坚持怎样的办学方向呢?我们认为,应当坚持灵活多样的办学方针。

所谓灵活多样,至少应当包含这么两个方面的含义:一方面是办学形式的多形式、多途径。诸如函授与脱产结合,长训与短训并举,自考与电卫辅导齐驱,联合与委托办学并存等等。凡是有利于师资培养培训的各种形式都可以采取;另一方面,则是培养目标上的多层次,多规格。比如既可以进行学历达标培训,也可以组织教材过关、专业合格考试等学历达标前的基础培训,还可以搞学历达标后的继续教育。如知识更新,教材教法探讨,教学能力培养提高等等。既可以师培,也可以干训。总之,要不拘形式,不限层次地根据社会的需求来培养人才,这就是"灵活多样"的实质所在。在实际工作中,之所以要坚持这一方针,是因为:

首先,坚持、贯彻这一方针是历史赋予的任务,是教育学院性质决定的。大家知道,"教育学院是承担培训中学在职教师,教育行政干部的具有师范性质的高等学校"(国发〔1982〕180 号文件),这是国家确定的教育学院的性。从这个性质中,我们可以清楚地看到,培训提高在职中学教师和教育行政干部是教育学院的主要任务之一。而目前这一任务却完成得很不好。据统计,1987 年,全国初中教师的

---

* 本文系本人于 1988 年 10 月为学院参加在山东潍坊召开的全国教育学院工作会议撰写的大会发言材料

学历达标率为30.6%。四川的差距更大,只占26%,少数地区还不到11%。就全国的情况看,既低于高中,也低于小学教师的学历达标率,更落后于其他行业的学历达标率。显然,这与国家时代的要求是相差甚远的。究其原因,除去人、财物方面的客观因素之外,办学形式的单一死板不能说不是一大桎梏。假如我们不打破单一的培训模式,仍以慢节奏,低效率来搞师培,是很难适应普及九年制义务教育之需要的。性质决定着,形势逼迫着我们不得不如此。

其次,坚持这一方针,是由我国初中师资队伍的现状决定的。目前,我国初中教师队伍的结构,素质大抵是这么三种情形:一是近几年的高中师毕业生占了三分之一左右,这部分人虽因学历不合要求,工作、社会压力较大,但大都身体健康,精力充沛,好学上进,希望通过三两年的学习取得大专学历,这是目前学历教育的主要对象。另一部分是年龄三十五岁以上,四十岁左右的中年教师。这些人大都有较丰富的教学实践经验和较高教学业务水平,虽然是教学骨干,但因缺乏系统的专业文化知识和正规的师范教育训练,在教学,教育工作上有一定的局限性。他们中少数人想取得合格学历而又因年龄、生理素质上的差异和家庭生活方面的矛盾而难以取得学历教育的资格,因而多数人不宜采取学历教育方式,而必须考虑以其他方式培训提高。这部分大约也占了初中教师总数的三分之一左右。剩下的便是学历已经达标的中青年教师了。他们中除部分人是教学骨干外,大多数在知识水平上虽不存在大的问题,但却缺乏教学实践经验和教学技能技巧,同样有一个通过培训提高使之成为教学骨干的问题。即使是教学骨干,也还应当进行知识更新。假如我们无视初中教师队伍的这个现状,势必失去培训对象、失去教育学院的生命力。相反,只要我们依据不同对象来确定培训形武和规格,也会给教育学院注入新的活力。

第三,采取灵活多样的办学方针,有利于教育学院职能作用的最大限度发挥。教育学院的职能用是什么呢?国发〔1982〕130号文件为教育学院确定了"师培"、"干训"、"科研"三大任务。据此,有人将育学院的职能归结为"补充"、"继续"、"拓宽"三个方面(续思同《试谈我国教育学院的新模式》),认为所谓补充,即"补我国历史形成的教师学历资格落后的欠账";所谓继续,指的是大学后继教育——知识更新这一教育学院长期的根本任务;"拓宽"呢?则是指"科研的面要拓宽",使之真正成为教学、资料、实验、电教,教育科学研究的多功能"教育中心"。这是颇有见地的。由此,我们可以看出:多功能需要多形式、多途径、多层次、多规格的办学模式;而只有多层次、多规格、多途径、多形式才能保证多功能。前者是教育院的办学宗旨,奋斗目标,后者是实现宗旨目标的可靠措施,必然方针。正因为如此,国家才明确规定了"从本地区实际出发,通过多种培训形式"来"提高中学(含中师,部分职工中专)在职教师的政治,文化,业务水平","从干部的实际情况出发,根据不同对象举办不同要求的培训班"(国发〔1982〕130 号文件)来提高其思想,教育理论和管理水平的基本方针。唯其如此,才与教育学院建院时间不长,校舍、师资、验设备条件较差,不允许一味关起门来办长班的实际相吻合,进而确保其职能作用的最大限度发挥。

第四,采取灵活多样的办学方针,有利于师培工作的健康发展。

就我国的师培工作来讲,尽管历时较久、经验丰富、成效显著,但毕竟尚处于发展阶段,还存在以下几个方面的矛盾:一是数量之多与国家对师范教育投资甚少的矛盾;二是时间紧、任务重与教育学院现有培训能力方面的矛盾;三是成人数育特点与培养目标、办学要求的矛盾;四是不同层次的需要与单一学历达标培训形式的矛盾。凡此种种,都突出地反映在我国目前的师培工作中,妨碍着师培工作的健康发展。如何解决这些矛盾呢?只要我们稍加分析,就不难发现:第一,两组矛盾的焦点是财和物的问题,这是进行师培工作的基础。"巧妇难为无米之炊",离开了这个基础是不行的。但是,国情就是如此,现实不容回避。办法只能在现有财力物力下来想,只能是尽可能地选取那些花钱少、用时短、效益高的办学形式,以求费省效宏。第三、四对矛盾的焦点本身就集中在培训提高的方式方法上,它要求我们选取恰当、适宜、灵活多变的培训形式来培训师资,以求合理合度。把两者归结起来,也就是坚持灵活多的办学方针。假如我们不正视现实,不从实际出发在办学形式、途径、层次、规格上下功夫,就难以实现"在五年或更长一点时间内使绝大多数教师能胜任教学工作"的奋斗目标,确保师培工作的健康发展。

综上所述,坚持灵活多样的办学方针,是由教育学院的性质、任务决定,是符合我国国情的。它有利于教育学院职能作用的最大限度的发挥,有利于更多更好稳定合格师资的培养造就,直接关系着教育学院的办学方向,效益和生命。因此,在实际工作中,我们应当坚定不移地贯彻这一方针。

二、坚持灵活多样办学方针应当遵循的原则

既然灵活多样办学方针如此重要,那么,在实际工作中应当怎样施这一方针呢?对此,由于各地的实际情况不一样,是很难找到统一答案的。就四川情况看,由于学历达标率极低,学历教育变成了我们的主要矛盾。因此,在我们看来,在实行灵活多样办学方针中应当确立以下原则。

(一)坚持以函授为主的办学方向

教育学院应当以函授教育为主要办学形式,这既是由师培工作的现状和任务决定的,也是我们多年来苦苦探索的结果。早在六七十年代,我院就先后多次办

过各种短测班。由于形式单一,既不符合培训对象的实际,满足不同层次教师的需要,又受办学条件、地方送培情况的制约,因而还不能从根本上解决系统提高的问题,无法适应党和国家的要求。何以解决这些矛盾呢?经过反复研究,我院从1979年开始举办了中文、数学、物理、化学四个专业的函授教育,以后又陆续举办了政治、生物、教管专业。截至现在,我们已先后招收了七届七个专业的函授生3167人,毕业了1947人,平均每年为地方培养输送毕业生近300人,大大地加快了培训培养的步伐。为了充分保证函授教育的质量,我们还从七九级起,创办了函授与离职短训相结合而以函授为主(即三年学习中以半年或一年的时间进行集训,学习重难点课程和做实验)的特定办学形式,使巩固率、及格率、毕业率都大大提高。1984年,我院函授生的毕业率为96.7%,巩固率一般也在90%以上。

由于我们在扩展数量的同时注意了质量,因而收到了较好的社会效益,受到了学员和教育行政主管部门欢迎和好评。1987年在全国普遍完不成招生计划(全国只完成了招生计划的60%左右)的情况下,我院招收520名函授生,上线考生近1500人,是招生计划的近三倍,同一专业。函授录取线竟高出省控线八十分,比脱产高五十分以上。函授毕业生亦受到了普遍欢迎。在许多县区,出现了高完中、师范,进修校不用日校毕业生,专挑函授毕业生的反常现象。与我们比邻的省重点中学遂中,近两三年中就先后选用了我院毕业的七个函授生。1985年,在我院生物专业尚未毕业,遂宁市中区的五名学员就全部被单设中学“拔”走了。

在实践中我们深深体会到,函授教育具有容量大、省师资、不择办学条件,有利于缓和工学矛盾,投资少,效益高的特点,这是其他形式不能比拟的。因此,它应当成为我们教育学院的主要办学形式。

(二)从实际出发,长短结合,多样并举

函教育固然有着多优点,应当作为我们的主要办学形式,但是,也必须同时看到,它毕竟有着周期长,不能面向全体中学教师的局限。

因此在坚持以函授为主的同时,还必须从实际出发,长短结合,多种形式并举,以此提高教育学院的办学效益,加快师资培训的步伐,满足中学教师不同层次的需要。基于这样的认识,从1982年起,我院就注意到了办学形式的合理调配,在坚持以函授为主的前提下办起了理化脱产班、干部提高班、英语、生物短训班,先后通过这些形式培训各类教师533人,干部399人。为了使培训形式多样化,我们还打破师训和地域界限,向社会开门办学,为新建的遂宁市服务。1985-1986年,我们为遂宁市二轻系统办起了40余人的职工中专班。1985年起,我们根据遂宁市的需要,年年派出各专业的骨干教师为电大、自修大学、干部函授学院等成人高校和纺织夜校、市总工会职工中专班、成人高考补习班等承担重难点课程的讲授和辅导任务，帮助他们解决办学中的具体困难。此外，我们还急山区之急，想其所想，先后为条较差的甘孜州、广元市举办了两年制脱产班，培训教师150人。多群化的开门办学，不仅解决了师培中的许多矛盾，满足了不同情况，不同层次的中学教师的需要，充分地发挥了师资、设备、图书、资料、校舍的作用，提高了办学效益，而且增进了社会对学院的认识了解，增进了学院与地方的友谊，改善了与地方的关系，锻炼了教师队伍。实践使我们悟出了“无长不稳，无短不活”的道理。因此，我们认为，即使是在学历达标矛盾很突出的情况下，也应当坚持多形式、多层次的办学方针，因为它是教育学院的生命力所在。

（三）多层次、多规格、面向全体中学教师

在教育学院的办学中强调多形式、多途径是对的，但并不全面。因为，在目前师培工作中还存在一个不可忽视的问题，这就是一部分年龄偏大、资历较深、家庭拖累较重的教师不愿意，不可能走学历达标的路子；一部分学历已经达标的教师尚无学习的机会和条件。假如我们无视这一客观现象而一味地进行学历教育，即使做到了多形式、多途径，也只能从微观上解决初中师资的缺额和学历问题。一旦这些矛盾得以解决，新的空白——教师知识更新和专业合格又将成为突出矛盾。因此，还必须有战略眼光。从宏观上对培训形式加以调节，于多形式、多途径的基础上进行教材过关，专业合格考试辅导培训。根据国家的三种证书制度，从实际出发，解决好学历达标中的老大难问题；开办多种形式的提高班、研讨班、培训班、专题讲座，进行知识更新；组织教材教法研究，电化教学研究，进行教学内容、方法、手段、形式上的全面改革，提高中学教师的能力和水平。总之，以全方位、深层次、多规格的办学模式来面向全体中学教师，完善我们的办学方针，为普教服务，为教育学院注入新的活力。

（四）正确处理好正规化、师范性的关系

坚持灵活多样的办学方针，会不会违背教育学院的性质，违背成人高校正规化的要求，失去自身的高等师范性呢？这或许是人们共同关心的问题。在我们看来，这是一个无须过虑而又不可忽视的问题。诚然，社会主义建设要求讲人才，讲究规格，要求各类人才都有各自的知识结构，专业结构和智能素质；作为具有高等师范性质的教育学院来讲，应当无条件地按照国家的正规要求，按照正规的教学计划、教学规范，管理制度，办学原则来保质保量地完成培训任务。但是，必须同时看到，教育学院还具有培训对象的在职成人性和培养目标适应中学需要的广泛性，还应当适应师培工作的现状和“四化”建设的要求，坚持灵活多样的办学方针，在“活”字上做文章。如果把二者对立起来，把正规化理解成僵化，把灵活性理解为随意性，认为它们是互相对立，不能统一的矛盾，那就错了。因为，正规化的反面不是灵活多样性,衡量一所学校正规与否的标志是培训人才的目标、规格及其学知识的科学、系统完整性,而不是时间的长短和培训形式。自然,因灵活多样而失去正规、师范性的问题也就无须过虑了。然而,这又是一个不可忽视的问题。必须说明,我们所讲的灵活多样性,是在坚持教育学院师范性、办学正规化的前提下的办学形式、层次上的灵活多样性,而不是离开教育学院性质,离开国家、时代要求的随意性。在具体实施中,必须正确处理好二者的关系,无论哪种形式、哪样层次、规格的培训,都必须按既定目标正规的要求来进行,并力求突出师范性,以此确保灵活多样方针的正确实施。

至此,我们可以看出,无论是理论还是实践都清楚地表明,教育学院应当坚持灵活多样的办学方针,唯其如此,才能完成历史赋予教育学院的使命,才能保持其生机活力。因此,在实际工作中,我们应当很好地坚持并贯彻好这一方针。

端正办学指导思想　努力办好函授教育*

我院是一所地处川中,以绵阳、广元、遂宁三市为服务对象的省属成人高校。自建院以来,我们先后开办了中文、数学、物理、化学、政教、生物、教管等七个专业的函授教育,招收了八届3651名函授学员。送走了函授毕业生2010人,单科结业生263人。现在,有三个年级、六个专业的在籍函授学员1085人(其中为绵阳师培中心代招257人),巩固率为96.1%,占学院在籍学员总数的62%。几年来,我们在坚持以函授为主,多层次、多规格地为普教系统培养了更多更好的合格初中师资方面做了一些探索,取得了较好的经济和社会效益。现将我们开展函授教育工作的情况作如下汇报。

一、端正办学指导思想,坚持以函授为主的办学方向

1979年以前,我院与兄弟院校一样,虽然也在培训初中师资,但大都以短训为主,培训的量也不大。党的十一届三中全会以后,随着全党全国工作重点的转移,实现四化,振兴中华的宏伟目标将人才奇缺的严酷现实摆在了我们面前。培养人才要靠教育,教育需要师资,师资却量少质弱,与飞速发展的形势极不适应。于是乎,为中等教育培养大量稳定合格师资的艰巨任务摆在了我们教育学院的面前。而当时的实际情形是:一方面,教师不仅缺额大,而且素质差,需培量大;另一方面,浩劫之后的祖国百废待兴,能拿出来用于师资培训的经费十分有限;培训的机构,基地更少,问题相当尖锐,矛盾十分突出。怎样解决这些矛盾呢?经过反复研究,我们在上级主管部门的指导下,确立了以费省效宏的函授教育为主要办学形式的基本指导思想,并且与绵阳师专分校,条件甚差的情况下于七九年在绵阳地区的十八个县首次招收了中文,数学,物理,化学四个专业的三年制函授生1200余人。由于是首次招生,一是经验不足,加之起点较低,为了保证质量,我们采取了函授与离职集训相结合(即三年中以一到半年的时间在院内学习重难点课程,

---

* 本人撰写的1990年3月四川省教育厅全省教育学院工作会议上的典型发言材料。

以解决实验和图书资料方面的问题)的特殊手段,在以后的工作中,为了进一步扩大办学效益,我们又根据需要和可能,在坚持以函授为主的前提下开办了二年制脱产班。并且在实践的基础上进行了教育学院办学特点、办学方向和指导思想方面的理性探讨,逐步确立了面向中等教育,坚持以函授为主,多层次,多形式,多规格地为普及九年制义务教育培养大量稳定合格师资的办学指导思想和注重社会效益,以质量求生存的办学方针。继后的几年中,尽管学院的党政领导班子变化较大,但由于办学的指导思想明确,我们的办学方针和方向始终没有变,不仅1982年继续招收了五百余名函授生,而且从1984年起开始连续年年招收函授生。专业设置也由原来的四个增至七个。从学员人数上看,函授生也占优势,十年中,函授生占学院在籍学员数的比例一般在60%以上,最高的达92.4%,最低的也在55%以上。

由于我们端正了办学指导思想并始终坚持了以函授为主的办学方向,在十年中,一共为绵阳、广元、遂宁、德阳四个市培训了各类初中师资3121人,行政干部438人。大大地缓解了这些地区初中师资量少质弱,需培量大而又经费不足的矛盾,受到了地方教育行政部门和初级中学的热烈欢迎和充分肯定。

二、规范办学,保证质量

在工作中我们逐步认识到,函授教育有着既是业余教育,具有在职、成人、分散、远距离的特点,又是一种正规的办学形式,具有人数众多而又目标一致的群体活动的特殊性,二者既是矛盾的又是统一的。矛盾的特殊性决定了我们的教学和管理工作一方面必须正视成人教育,尤其是函授教育的特点,另一方面又不能不顾及其师范性和党和国家对成人学历教育的要求。如果我们过分强调其在职成人业余分散的一面而忽视或放松教学与管理工作中应有的要求,则难以完成我们的培训任务和实现培训目标。基于这样的认识,我们主要抓了以下三方面的工作。

一是在函授教学工作中抓住关键环节。在多年的工作实践中,我们深深体会到,函授教育要保证质量,教学工作是至关重要的一环,如果这个环节抓得不好,即便管理工作再严,也等于治标不治本,亦无从保证质量。因此,我们对函授的教学工作尤其重视。不仅专门制订了《函授教学有关问题的规定》,对各教学科(室)、教研组和任课教师的任务、职责做了明确的规定,对函授教学的每一个环节提出了相应的要求,而且于实际工作中重点抓了指导学员自学,面授,辅导和考试等关键性环节。在指导学员自学这个环节中,我们重点抓的是函授资料编写,突出"函"字特点。对于面授的每一门课程,我们都要求教师编写《自学指导》和《讲授提纲》这两种必编资料。在《自学指导》中突出重点,突破难点,明确学习内容和要求,安排学习进度,指导学习方法,对于理科和文科中难度较大的课程,我们还要求教师从实际出发,根据需要,适当缩写《题解》、《补充练习》、《解题指导》等辅助性资料,对学员进行解题思路、阅读范围和要求方面的指导,并规定在授课的前一个学期内编好各类资料交函授部印发学员,以期帮助和指导学员自学。在面授环节中,我们重点抓的是教师的选派,教学内容的确定和教学时间的保证。对授课教师,我们依据函授学员具有一定教学实践经验和专业文化基础及自学能力的特点,确定和实施了选派政治思想素质较好,业务水平较高,至少有二至三年以上教龄,有一定工作能力和教学实践经验的教师的原则,一般不派未经受锻炼的新教师参与面授工作。对教学内容,我们要求教师既要依据大纲讲清重难点和主要内容,又要因材施教,贯彻少而精的原则,尤其要注意尽可能地联系中学教学的实际。对于面授教学,我们要求教师既要保质,又要保量,不得私自延长或缩减课时。为了保证面授质量,函授部的管理干部还通过个别交换意见和开座谈会、班委会、发无记名调查表等形式了解学员对教学的反映,发现问题及时转达,尽可能地改进。对学员意见大、反映差的教师予以坚决撤换。对于辅导这个环节,我们是将其当成远距离教学保证质、量的特殊需要来看待的,而于工作中进行过多方面的苦苦探索。先后经历了由县(区)自己负责;由地方和学院同时抽调力量组成专职辅导队伍到各县区巡回辅导;由地方全权负责;由学院和地方分工协作,共同负责。学院主要负责辅导教师业务指导和承担少量费用。地方落实人员、任务,解决待遇报酬。双方共同确立配备原则。明确职责要求,实施管理的分工合作制并就此形成了专门意见,尽管目前因人员和师培经费方面的问题而在部分地方落实得不够好,但探索的路子和办法是可取的。尤其是部分县(区)利用进修校的中函教师,实行中师、高师本、专科函授辅导成龙配套,既克服了力量不足,工作量不平衡和一人辅导十多门课程,比教授还教授等方面的弊端,又解决了经费不足,进修校教师业务提高,知识更新等问题,保证了辅导的效果的做法值得充分肯定和大力提倡。在考试这一重要环节中,除去管理上的措施外,我们强调命题要按大纲要求,充分考虑成年人的特点,经科室领导签审把关。

为了抓好教学这个关系育人质量的关键环节,除抓住上述环节外,我们还注意了充分调动教师的积极性和培养其认真负责精神。我们明确规定,除依据财力对函授资料编写和教学任务完成者按课时给以适当报酬外,还使函授教学工作量系数高出院内授课的 0.3—0.5 每学时。期末或学年将此纳入工作总结:优质教学和先进评选,表彰的范畴,完成得好的适当奖励,完成得不好的根据情况在批评教育的基础上扣减有关报酬和工作量计算系数,未完成或造成不好影响者给予政纪处分、扣减工资的处理。由于我们采取了这些措施,不仅改变了一个时期存在的教师不愿外出函授教学,不愿编写函授资料或工作不负责任的现象,确保了学院函授教学工作的顺利进行,更重要的是对我院函授教育的质量起到了保证作用。

二是从严管理,规范办学。为了保证质量,我们除抓好教学这个关键环节之外,还十分重视管理这个环节,在管理工作中,我们主要抓了两个方面。

首先是建立健全了各项规章制度。为了加强管理,协调动作,规范行动,我们在反复探索的基础上,依据省教委师范处的有关规定和指示精神,结合我院实际,首先重点抓了《函授教育章程》、《函授生学籍管理办法》、《函授辅导工作意见》等几个函授教育基本规章制度,就函授教育中的一些重大原则问题做了明确规定。继后又陆续制订了《函授生守则》、《函授生室规则》,考场规则、学习生活纪律,教材资料供应收费办法,毕业鉴定工作意见,《函授班班委职责》、《函授班班主任工作意见》和《函授面授组织工作条例》、《函授教学有关问题的规定》等函授教育方面的十多个规章制度。有的还在工作中进行了多次修订完善。通过近十年的努力,现在已经基本上形成了一套较为完整自成系统而又切实可行的函授教育制度,为学院函授工作的制度化、规范化、科学化管理奠定了较为坚实的基础。

其次是从严管理,严格要求。在工作中,我们除正面教育,加强政治思想工作外,还坚持在入学、面授、考试、学籍管理中严格执行规章制度,要求学员每期开学必须按时到县区函授站(进修校)报到注册,参加地方组织的辅导活动。对于面授,每个学员都必须始终参加,遇特殊情况必须事前持有主管部门签具意见的单位证明严格履行请假手续。在面授期间编定座次,严格考勤量,迟到早退三次算一节旷课,旷课达24学时者作退学处理。对每次考勤的情况不仅记入学籍档案,而且要通知县区主管部门和学员任职单位,建议他们尽可能地与经费报销、奖金发放等挂起钩来。对事实清楚,违纪严重者决不姑息迁就,一定严肃处理。八五级中文班的最后一次面授,我们在反复核查、慎重研究的基础上,一次就处理了四名学员,其中二人退学。对于考试,我们也是非常严格的,除坚持单人单桌。按高考要求监考外,一经发现舞弊违纪行为决不苟且,轻者批评教育,成绩记零分,重者取消一切补考资格甚至作退学处理。考试前任课教师实行“三不准”:即不准上复习课,不准划范围、指重点,不准搞定时作业、复习、模拟、自测题。考试亦从不安排授课教师监考。1986年以来,学员因考试违纪、作弊、旷课、道德败坏、品质恶劣受到处理的达43人;因各科成绩不及格补考的达695人次,进行毕业补考的达86人次,未发任何证书的20人。

由于我们从各方面严格了管理,因而维护了正常的教学秩序,维护了函授教育和学院的声誉,得到了广大学员和各县区管理机构、教育行政部门的热情支持。

三是重视德育,坚持开展了政治思想教育工作。在多年的工作中我们有这样的体会,加强政治思想教育。既是德育教育、培养合格初中师资的重要内容和基本环节,也是从严管理、保证函授教育质量的必须。因此,我们将此列入议事日程,作为一项重要工作来抓,我们的基本做法是:

(1)提高认识,明确意义。在前些年,特别是各行各业忽视政治思想工作的日子里,我们的一些同志认为,全日制教育尚未顾及于此,函授是远距离的业余教育,本无政治思想教育可言,何必多此一举。就此,早在1985、1986年我们就曾与各市、县区的管理干部、主管部门负责同志一起进行过专题研究,函授部的同志还就此写了《函授教教育也应当加强政治思想教育工作》的专论。经过分析与研究,大家一致认为,函授教育不仅大有政治思想教育可言,而且直接关系着我们的教育教学效果,培养目标和育人质量。作为一个函授毕业生,如果只是专业成绩合格达标而政治思想品质不合格的话,就应该说不是合格的。如果我们在工作中忽视或轻视了这一点,我们的工作就是片面的,不符合党和国家要求的。基于此,我们结合学院办学实际,确立了高度重视,列入议程,分工负责,齐抓共管;手法灵活,贯穿始终的基本指导思想。并且将此项工作写进了"三市一院"《协议》中,为了确保此项工作的顺利开展,我们还就此形成了专门意见。

(2)分工负责,齐抓共管。认识统一之后,我们依据函授生大多数时间在工作单位的特点,与地方的同志就此进行了明确的分工。由我们负责在招生入学和面授中加强此项工作,学员平时的政治思想工作由地方,特别是学员所在单位主要负责,并将此纳入工作总结、评比。表彰的一个重要内容,就近些年开展工作的情况看,效果是好的。基本上形成了学院与地方齐抓共管的格局。

(3)抓住关键,双管齐下。由于我们与地方有着明确分工。作为学院来讲,就可以抓住关键,突出重点了。在工作中,我们一是抓教师和管理干部,力求使他们在工作中贯彻教书育人、管理育人的原则,要求他们不仅要在工作中尽可能地结合工作实际宣传马列主义、毛泽东思想,宣传党的各项方针、政策。坚持四项基本原则,旗帜鲜明地反对资产阶级自由化,而且要处处以身作则,为人师表,做学生的表率。一是严格把好招生、入学和毕业几道关,为了保证新生质量,即使是统一招生,我们也召开招生政审工作会议讲明意义、目的和要求,使之严格把关。每届新生入学时,我们都以一天的时间由学院和请地方的党政、教育行政部门的负责同志进行动员,由学院函授部和相关教学科、地方管理部门的同志共同主持,进行以明确学习目的、端正学习态度、讲明教学安排、学习规章制度、提出全面要求为主要内容和基本目的的入学教育,使之一开始就走上正轨。以淳正的学风、班风和良好的道德风貌、精神状态投入学习。即便不是新生，我们也要于每次面授开学的第一天进行前途理想、时事政策、勤奋学习、遵纪守法、为人师表方面的常规教育。在面授中，由班主任负责，依据学员中反映出来的思想矛头和实际问题进行有针对性的教育。对学员平时在各单位的思想表现情况，学院每年发专表进行调查，将结果装入档案，作为平时考察和毕业鉴定时的依据之一，学员毕业时，我们依据鉴定工作意见组织自下而上的毕业鉴定，鉴定内容不单是政治思想，还包括工作情况、业务能力和教学效果。鉴定不合要求，不能胜任教学工作者不予毕业。这样做不仅有利于学员全面发展，健康成长，而且促使其正确处理好工作学习之间的关系，得到了学员所在单位和教育行政主管部门的大力支持。

(4)方法灵活，贯穿始终。实践告诉我们，对于在职函授学员，不可能像脱产学员那样分阶段和专题来按部就班地进行，而必须方法灵活、有针对性地开展政治思想教育工作。因此，我们除去确定齐抓共管原则外，在方法上予以了相应的考虑。所采取的措施主要有：①在坚持以正面教育为主的前提下抓典型。对违纪严重，品质恶劣，道德败坏的学员坚决处理，决不姑息，无论谁说情也不行。八七级数学班一个学员旷课 28 学时，处理过程中说客盈门，连市上有关部门的同志和学院的一些教师都出面了，但学院认为事实是清楚的，还是处理退学了。对于处理的学员，我们不仅通知县区主管部门和任职单位，还在学员中以通报形式教育大家。②不拘形式，见缝插针。面授期间，学员的学习异常紧张，为了开展好工作，我们的管理干部利用课余饭后，采取个别交谈，开座谈会、班委会，深入教、寝室直接了解情况等方式，发现问题及时研究解决。既解决了问题，又密切了师生与管干的关系。③关心学员，做知心朋友。每次面授、考试，我们的管理干部都提前到达面授点。检查落实师生的食宿和教学安排，发现问题及时解决。面授中不仅问寒问暖，还深入寝、教室了解学员生活、学习情况。遇学员生病住院时管干和地方的同志一道帮助求医送药，解决护理或饮食方面的问题。去年夏天，八七级一女学员犯急性阑尾炎住院。我们的管干、校医和两位院长都出动了，管干还轮番守护，帮助从手术室将病人抬进病房。面授期间，我们的函授班主任还通过班委会尽可能地利用面授点的条件开展文体活动，以丰富调节他们的学习生活。今年 10 月，我院八七级政教北片学员参加剑阁县国庆革命历史歌曲演唱比赛获得了表演奖。由于我们处处关心学员，做他们的知心朋友，因而函授被学员亲切地称之为“函授学员之家”。④彰扬先进，树立正气。为了使函授学员和函授工作者学有榜样，赶有目标，从 1986 年起，我们坚持每年举办一次总结评比表彰工作。对品学兼优，各方面表现好的学员、优秀管理干部、辅导教师和先进集体，不仅组织经验交流，而且予以适当的奖励表彰。四年来，我们先后表彰了优秀学员 121

人，优秀辅导教师 27 人，先进函授管理机构 13 个，函授教育先进集体 13 个，对我们的函授教育工作起到了积极的推进作用。

三、充分调动各方面的积极性，努力改善育人环境

众所周知，函授教育有着战线长、分布广、涉及方面多、牵涉问题多的特点。而其间的学习时间、经费等矛盾不是办学单位能单独解决的，还必须充分调动地方教行部门管理机构，学员所在单位等方面的积极性。基于此，在 1985 年撤区建市，我院隶属省教委后，我们为了变被动为主动，积极建议并与绵阳、广元、遂宁三市签订了关于联合举办高等师范专科函授教育的“协议”，在协议中就办学中各自的任务、职责做了明确的规定，从而形成了我们主管教学，地方保证生源，负责设站配人管理，落实辅导，解决时间、经费等具体问题的基本格局。九年来，双方依据协议，密切配合，做了大量工作，一个由学院和地方函授管理机构组成的函授管理网络已经初步形成。

为了改善办学条件，从 1987 年下学期开始，我们与三市教育行政管理部门协商，在不影响正常工作的情况下，依据国家教委关于成教经费“三个一点”的精神，从并不宽裕的经费中挤出一定的数量，对几个函授数学常设点分期分批地实施改善计划。由地方出钱创造教学和食宿条件，学院负责电教基本设施。就实施情况看，效果是好的。武装的三个点中，绵阳市教委和地方共同出资修建了梓潼县的阶梯教室。三台县亦克服困难，筹集资金修建了阶梯教室，配齐了电教的基本设备，不仅改变了过去“打游击”的做法，而且改善了办学条件，受到了学员和社会的好评。

为了充分调动地方的积极性，在办学中我们十分注意尊重地方的意见。从招生到面授考试定点，从平时的组织管理到毕业，凡是重大问题都与地方的同志一道商定，尤其注意尊重地方管理机构的意见，使他们以主人翁的态度与我们共同办好函授事业。由于我们注意了处理这些关系，地方的同志亦很支持我们的工作，特别是设点县区高函站进修校，他们不仅把设点组织面授考试纳入议事日程，校长（站长）、书记亲自安排过问，而且县里的局长，部长、县长，书记们也亲自到场，参加开学和毕业典礼，给学员作报告，研究解决有关问题，既给予学生很大的教育鼓舞，又对我们的工作起了积极的推动作用。

四、认清形势，深化改革

在过去和当前的工作中，我们已愈来愈急切地感受到，随着成人教育的发展和整个教育改革的深入，我们的函授教育乃至整个教育学院的培训工作已经难以

适应需要,出现了这样一些矛盾:(1)在专业设置上因多年一贯制而使得长线已经满额,短线相继开办而需求量又不大。(2)从培训对象看,由于多年成人教育和近几年"专考"的开展,培训对象的减少,导致了成教生源的大滑坡。(3)从培训形式看,因经费、评职、调资等现实的、政策的因素出现了转移,脱产半脱产的形式已不再受大多数培训对象的青睐。严峻的形势给我们的函授教育带来了新的课题,尽管目前我们的生源仍比较好,也不能不正视现实,通过深化改革来找出新的对策,否则,将会使函授教育丧失生命力。基于此我们从以下方面做了一些初步的探索:

一是在办学方向上改变了过去那种处处与高师院校、全日制教育看齐的习惯做法,坚持面向初级中学,尤其近些年大量涌现的农村乡初中的实际,在教学内容上依据大纲削减了过深过繁的部分,增加了直接为初中教学服务的内容,尤其是注重了教材教法的讨论,将这门课由原来的28学时增至现在的40学时,最高的达70学时,超部颁计划的20%以上,少数专业超100%。在函授教师的选派上,我们坚持了年青教师必须经过去中学实际锻炼,必须有院内教学实践经验的原则,使我们的教育教学工作尽可能地为中等教育服务。

二是在学习形式上,我们忍痛割爱,将原来行之有效的函授与脱产集训相结合的特殊形式改为了三年制纯函授。从八六级起,除八七级中文仍保留了一年的集训之外,其他各专业(包括理科的数理化生在内)都实行三年制纯函授。从今年起,我们已未再办函授与脱产相结合的形式了。

三是对专业设置进行了适当改造,以适应中等教育发展的需要,从1988年开始,我们根据省教委的指示精神,首先在政教专业尝试了政治教育与历史相结合的政史主辅修制,招收了三年制学员100人。从目前的情况看,效果是好的。为了进一步取得经验,今年,我们又就难度较大的生物、化学专业在脱产班中实施了生化、化生主辅修制,以期为今后进行理科函授的主辅修创造条件。现在,为了扩大办学效益,我们正在考虑将"专考"培训与函授教育有机结合,以拓展我们的办学形式和培训层次,节省有限的人力、财力。

几年来,出于我们在多层次、多途径、多形式培养初中合格师资的指导思想下始终坚持了以函授教育为主的办学方向,在函授教育中于充分考虑成人、在职、业余、远距离特点的基础上坚持了从严管理、规范办学、保证质量的原则,注意了充分调动各方面的积极性和从实际出发,不断深化改革,致使我们的函授教育得到了稳步发展,实现了较好的经济和社会效益。1986年以来,学院安排了函授经费11万元,人均不到30元。十年来,我们招收了3651名,毕业函授生2010人,总合格率为79.9%。不仅如此,经过我们培训的学员,政治思想素质普遍提高,业务能力显著增强,受到了使用单位和主管部门的热烈欢迎。尤其在边远山区,我院的函授生已成了那里的宝贵财富,仅据七九、八二级十二个县区毕业的820名学员的追踪调查,发展为党员的107人,占总数的13%;提拔为中学正副校长、教导主任和团干的128人,占15.6%;评为各级先进的146人,占17.8%,担任班主任的298人,占36%。参加省初中教材教法考试合格的767人,占95%。在剑阁县1983年全省初中教材考试中,物理、数学专业的第一名均为我院函授学员。1986年教材考试中,广元市高中政治、生物的第一名也为我院函授学员。在820名学员中,已成为初中骨干教师的575人,占70%;担任年级各课教研组长的195人,占24%;被选拔进高完中进修校教学的132人,占16.1%。在安县1988年的中学优质课评比活动中,我院毕业的函授生占了获奖总人数的28.6%。物理专业获奖的9人中,有4人是我院学员,且分获的是1、2、3等奖。在我院函授生中,还涌现了不少热爱教育事业,于学术、教学、领导管理上都做出了显著成绩,被人刮目相看的佼佼者。青川学员何天谷,除搞好本职工作外,利用业余时间进行创作,先后在《小说界》、《中国青年报》、《写作》、《大众文学》等14种报刊上发表小说、散文、评论文章30余篇,并获得过《中国青年报》书信写作比赛二等奖。剑阁县学员郑选民、担任高、中物理教学认真负责,收效甚佳。1983年其所教班成绩为全县第一,被文教局记大功一次。遂宁市中区学员石平、唐前华,皆因品学兼优、工作突出而先后被提拔为中区文教局副局长和市直属党委办公室主任。旺苍学员边孝先,因教学效果好成绩突出,被评为了国家教委表彰的优秀教师。由于我们的函授学员素质好,知识水平和业务能力较高,因而在一些地方出现了高完中、进修校、师范专挑函授学员,拒分日校毕业生的反常现象。1985年,我院生物专业尚未毕业,遂宁市市中区的6名就被单设中学"拨"走了。近几年中,与我们比邻的省重点高完中遂宁中学,就先后选用了我院的7名函授毕业生,现在还有2名教师在我院培训。从招生上看,自1986年全国统考以来。我院年年都完成或超额完成了计划。1987年,我们招收520名函授学员。上线考生近1500名,录取结果,函授生的最低线竟高出省控线八十分,高出我院脱产班50分以上。在今年全国生源大滑坡,很多学院"吃紧"的情况下,我院招收296名函授学员,未作任何宣传动员报考者竟多达999名。第一次投档就全部取齐,而且录取线文科达303分,理科达287分。大量事实表明,我们的函授教育是得到社会认可,蓬勃兴旺的。

当然,我们所做的探索和努力是十分有限的,在我们的工作中,尚有很多薄弱环节。在函授教学方面,倾盆大雨的注入式教学仍未改变,自学为主、面授为辅,采取辅导答疑式的教学形式仍然未能实现;我们的辅导工作在相当一部分地区基本未开展起来,仍然是一个很薄弱的环节。我们的管理工作有待进一步于治标向治本的转化上做出努力，尤其是随着时间的推移、形势的发展，学历教育已不是主要矛盾，函授教育如何向着继续、回归、职后的方向转移，如何适应教师升级教育转向等问题有待很好地探索和研究。基于此，我们十分乐意与兄弟院校一道，按照新的党中央的部署，在省教委的直接领导下继续探索，不断前进。

以教书育人为中心　不断深化教学改革*

我院是省教委的直属学校。近年来，我们在省教委的直接领导下，按照党的教育方针，遵循《中共中央关于教育体制改革的决定》和国家教委《关于改革和发展成人教育的决定》所指引的方向，在多层次，多形式，多途径为普教系统培养稳定合格师资方面做了一些探索。我们的基本做法是：

一、明确认识，摆正位置

学校应当以教学工作、以育人为中心，这已经不是个新观念了，但是，要真正在各项工作体现出这个中心，维护这个中心，却是件比较难办的事情。然而办学宗旨和培养目标又决定了我们不可能回避问题，如果这一问题解决得不好，整个学校工作便会出现多中心，而最终导致无中心，难以维护正常的教学和工作秩序，最终影响到我们培养目标。基于这样的认识，我们在工作中逐步确立了以教学为中心，以育人为目的，一切为教学服务，为培养造就适合党和国家要求的德才兼备的人才服务的基本思想和上下一盘棋，为教学、为育人服务的工作方针，并尽可能地在工作中突出这个中心。三年来，我们于这方面抓了两项工作：

1. 加强领导，体现中心

在工作中，我们深深体会到，要确保教书育人这一中心，必须从党委和院行政做起，必须有一定的组织措施作保证。每期、每个学年度开学和结束，我们都将教学工作列入重要议事日程，纳入工作计划和总结。作为一项重要工作来安排，布置和检查评比。坚持定期或不定期地召开会议，研究解决教学工作中的有关问题。为了让这一工作落实到实处，我们还建立并实施了院处领导深入教学科去蹲点，深入课堂听课制度。从本期起，我们还做出了每学期听课院级领导不得少于10学时，教学科、教务处负责同志不少于15学时，教师相互间听课不少于10节，没上课的教师至少听课20节，一般教务干部不少于10学时的规定。发现问题，

---

* 本文系1990年3月为四川省教育厅在万县召开的教育学院书记院长会撰写的交流材料

及时研究解决，凡是教学方面的重大问题，都坚持经集体研究后，再实施的办法。不仅如此，为了深入实际了解情况，院处级领导都尽可能地兼了课，院级领导五人中有三人兼了课，主管教学和全面工作的院长还上了院外的函授课，且每期在60学时以上。教务处，政教处，院党办的8名中层干部中，有7名兼了课，最多者周学时在18学时以上，一般都顶了一个专任教师的工作量。大家不计得失，既下了水，便于工作，又影响调动了其他教师的教学积极性。

为了加强对教学工作的领导，我们还于1987年开始，对教学方面的管理体制进行了改革，不仅从形式上由原来的院、处、组三级变为院和科两级管理，明确了各自的职责任务，进行了较为合理的分工，而且配备了较强的干部队伍，将各专业的教学业务骨干、学科带头人放到了科处领导岗位上，从组织措施上保证了教学中心地位的体现。

2. 宏观调控，确保中心

为了使教学中心得以真正确立，除去加强领导之外，我们还注意了宏观调控来确保这个中心。首先，在经费安排上，我们注意了基本设施条件的创造和改善，每年度都优先考虑了图书、实验、实习和电化教学等与教学有直接关系的设备、仪器的购置费。每年用于这方面的经费一般都在学院总经费的30%以上，最多的达到50%左右。1987年，仅仪器设备一项就达52万元，图书资料费一项就达10万元，由于从经费上予以保证，因此办学的基本条件得到了改善，近两三年内，不仅新修了八百人的学生宿舍，而且新建了教学大楼。目前，3800平方米的综合实验大楼已经破土，预计今年下期可以交付使用。现在，我们已有卫星电教站一座，微机28台，教学仪器设备81万元。由于我们注意了这些办学的基本条件的改善，使教学工作有了基本保证。现在我院化学、物理、生物的实开出率已分别达到100%、85%、90%，而且化学专业更为扎实，凡中学要做的实验都坚持让学生一个个地过了关，以提高学生的实验技能。图书资料有近10万册，基本上能满足师生的教学需要。为了确保学生德智、体美面发展，这两年中，我们先后投资10万元修建了体育场、足球场和200米的跑道，改变了过去无正规像样的体育运动场所的状况。

在学院其他行政管理工作中，也都坚持一盘棋的观点，强调要求必须为教学服务。通过管理和服务工作来育人，来为教学工作服务。比如在人事工作上，我们这三年来特别注意了两个问题：一是职称评定，由于政策性强，关系重大，学院主要领导直接过问，学院统一部署安排，确保了此项工作的进行，从一定程度上调动了教师的积极性。二是子女就业，家属农转非，由于这里涉及教职工切身利益的大事，尽管困难重重，学院仍尽可能地做好工作，近三年来，我们先后解决了九个数师家属子女的农转非，七名子女的就业问题，为部分中老年教师解决了后顾之忧。

由于我们在各项工作中注意体现和确保了这一中心，故而确保了育人工作的正常运转，为创造一个良好的育人环境奠定了基础。

二、认准目标，抓住关键

学院是以教学为中心，以育人为根本任务的，要完成这个任务，固然与领导班子、指导思想、师资、实验仪器设备，图书资料和教学的组织管理等众多的因素有着密切的联系，但是，在众多因素中，师资条件是根本，教育学院的性质和任务决定了我们必须通过二至三年的脱产或函授培训，将在职而又尚未达到专科毕业水平的初中教师或教育行政干部培养成为在政治思想上可靠，知识水平过关，身体素质上适应工作需要的德才兼备的合格初中师资和干部。要完成这一任务，没有一支合格的，过硬的师资队伍是不行的。没有这样的队伍，教书育人，培养目标的实现就成了一句空话。因此，我们抓住这个影响全局的关键因素，于近年开展了以下两方面的工作。

一是加强师资队伍建设。就我院前几年的教师队伍现状看，存在“三多”、“三少”的状况。一是老年、青年教师多，中年教师少，青年教师占教师总数的63.3%；二是教学新手多，业务骨干少；三是从学校毕业走上讲台的多，熟悉中学的教学的少，由此带来的是教师队伍的青黄不接，中间明显地出现了断裂带。众所周知，教师是学校教书育人的基本队伍，是完成教学任务，实现培养目标的基础和关键，这个问题不解决好，必然影响整个学校的教学工作。再则，从我们培训对象看，大都是有教学实践经验的在职教师，对教师的要求特别高，如果这个问题不解决，既影响人才质量，也影响学校声誉。基于此，除去思想建设之外，我们十分注意依据不同情况来进行业务素质的培训提高。对中老年教师，鼓励他们著书立说搞科研和总结自己的教学实践。对青年教师进行传、帮、带；对于青年教师，我们根据近几年人数多、情况不一的特点，采取的是两条腿走路的办法，将业务素质和专业技能较好有培养前途的送去读助教进修班，各类研修班或进行单科业务进修，对刚出校门的青年教师，实行分期分批到乡区中学去锻炼一年以上的办法，让他们既了解中学教学的教改的实践情况，熟悉中学材和教法，又使其教学方面的技能技巧得到了锻炼提高，达到培养提高他们组织和教学工作能力的目的。近三年来，我们先后送出去参加各种培训的中青年教师达52人，占这类教师总数的70%左右，到农村中学锻炼支教的33人，占青年教师总数的95%。实践证明，这种办法是行之有效的，根据学生反映和我们考核的情况看，经过培训和锻炼的教师绝大多数都能迅速而又顺畅地担负起教学工作任务,很多受到学员的好评。少数人还成为了我们的教学骨干,实践使我们尝到了甜头,给我们带来了生机。目前,尽管我们的老教师已逐步退休,剩下的一批为数不多,但青年教师已逐步成长起来,给我们的教学工作注入了活力、带来了希望。

二是加强制度建设,保证育人工作的顺利实施。在实践中我们所体会到,加强政治思想教育,解决教师的后顾之忧,尽可能地调动教师工作积极性固然是对的,但是,教育不是万能的,人们的思想觉悟毕竟是有差异和差距的,因此,在坚持正面教育的前提下,我们注意了教学方面的一些基本的规章制度的建设,以此作为队伍建设和育人工的必要补充和基本保证。首先,我们依据近年来的实际情况修订完善了教学工作量制,调整了原有的基本教学工作量,要求每个高称人员每年完成216个,中称人员完成198个,初称人员完成180个基本教学工作量,以此为基础,多了的适当鼓励,少了的设法弥补,基本上解决了工作上畸轻畸重,劳逸不均的问题。为了充分调动广大教师从事函授教学工作的积极性,我们有意识地提高了其工作量计算系数,从而改变了原有的不愿外出函授教学的状况。此外,我们还就一些该与不该,或轻或重的工作量计算系数进行了适当调整,确保了作业批改辅导,教学实习等各个教学环节的顺利实施。在修订教学工作量时,我们不是简单地做数字调整,而是注重了在保量的同时要保质的问题,为了让教师履行好职责,我们除去明确地提出教师应既教书又育人的要求之外,还做出了对宣扬资产阶级自由化,完不成教学工作任务或教学效果不好,学生反映差的教师予以限期改正,给予政纪处分的决定,以此确保教书育人的质量。由于我们从制度上解决了干多干少、干好干坏一个样的问趣,因而确保了教学工作的正常运转。

国务院(1982)130号文件指出“要把教育学院逐步办成本地区在教学、资料、实验、电化教育、教育学科等研究方面具有指导作用的教育中心”,这无疑是我们教育学院发展的基本格局和方向,它事实上为我们提出了三大任务:第一是要培养各方面的合格人才;第二是要进行教育理论和应用学科的研究;第三是要在本地区的教育,教学工作中做出表率,起模范带头作用。然而,就我们学院的现状看,不改革是很难适应这一要求和形势发展需要的。

为了实现上述目标和新形势的要求,近三年来,我们从服务对象的实际需要出发,在坚持以学历教育为主、在职培训提高为主、函授教育为主的前提下,做了以下一些努力:

一是在办学形式上从地方的实际需要出发,长短结合,多样并举,多层次、多形式地培养初中师资和干部。近年来,由于经经济的腾飞,教育体制的改革和九年制义务教育的逐步实施,社会对教师的需求发生了变化,光办长班和学历教育已难以适应社会的需求和教师本身的实际，基于此，我们在原来只办函授和脱产性质的成教长班的基础上，首先办起了英语短训班，以后又陆续办起了数学、物理、生物、外语等专业的专业合格考试短训，恢复了以初中校长、主任为培训对象的干部训练班；经努力后还办起了美术短训班；在师资短缺的情况下办起了二年制高师班。近三年来，先后培训各类师资2329人，行政干部37人，培养新师资500人。不仅如此，我们还应遂宁建设之需，打破师训和地域界限，向社会开门办学，采取走出去、请进来的办法为广元、甘孜州教委单独办班培训了教师150余人，并派出各专业的骨干教师为电大、自修大学、干函院等成人高校和纺织夜校、市工会职工中专班、成人高考补习班等难点课程的讲授或辅导任务，在多层次、多规格地培养师资和为社会服务、为经济建设服务方面迈出了可喜的第一步。目前，在学历教育即将不是主要矛盾的情况下，依据省教委的有关指示精神，我们先后派出了教师十余人次，学生160余人次，以问卷调查和实施走访为主要形式，深入十八个县区就职后培训，继续教育的有关问题作了较为广泛的调查研究，并先后向小学教师后续教育搞得好的绵阳市中区、梓潼、安县等教师进修校请教，并在职工中做了适度宣传。为了在以后较好地实现过渡，我们还拟在今年五月召开一次有各市、县区主管领导参加的师培工作会。既对学历教育作出规划，又研究讨论岗职培训、继续教育问题，以便更好地适应飞速发展的政治经济形势的需要。

二是深化改革，提高育人质量。由于我院师资队伍存在"三多"、"三少"实际情况，因而带来了培训对象与培养目标，教育与被教育者，教学内容、方法与格养对象实际需求之间的诸多矛盾，为了较好地解决这些矛盾，使我们的教育、教学工作既能满足党和国家对初中教师的基本要求，又能适应教育培养对象的实际状况，在近几年中，我们以提高教学质量，改革教学内容为中心来深化改革，做了以下一些工作。

首先是紧紧把住教学质量关。在实践中我们深切体会到，要确保人才培养质量，教师是根本，教学质量是关键。因此除了采取各种途径加强师资培训外，我们紧紧抓住教学环节这个关键不放，其间，又主要抓的是备课授课、辅导、作业批改、考试、实验实习等重要环节，让青年教师过好上课这一关，除去让他们到中学锻炼，以一定时间备课、跟班听有经验、效果好的教师讲课之外，上课之前还要进行试讲，一次不行来二次，二次不行来三次，直到经大家评议合格才能上讲台。要求各教学科的教师每期至少上1~2次公开课，每个科组至少搞1~2次研究课；本期，我们还将举办教案展览，既为青年教师作示范，又相互切磋，共同提高。为了提高教师的技术水平，我们既在院内请有能力、有水平的教师搞学术讲座、举办学术报告会，又走出去，将其他高校的专家学者请进来举行学术讲座。近三年来，学院先后举办各种报告会、学术讲座15场次,讲学的专家学者达15人。为了确保教学质量,我们不仅在有关制度中明确了辅导课和作业批改的要求,而且从1987年开始,与川西南的兄弟院校一道对考试制度进行了改革,实行了考题交换的联考制。考试时不仅交叉编位,严格监考,而且学院有关领导还组织巡查,发现违纪舞弊者严肃查处。阅卷评分严格掌握标准,决不降低要求,加上学籍上的从严管理和要求,较好地调动了学员的学习积极性。

在教学管理中,我们还加强了教学评估、教学质量的检查工作。我们的基本做法主要有两点。一是采取各种形式广开言路,听取学生的反映。1987年以来,我们先后实行了院长接待日、科代表,学生班、团干部会等制度,虚心听取学生在教学方面的意见和建议,不断改进教学工作;二是采取了问卷调查方式,将教师的教学情况分门别类地由学生来背靠背地打分评估,将评估情况装入教学档案,作为教改和工作总结、评比的依据。

由于我们实施了上述措施,不仅教师上课耍水的现象得到了纠正,而且基本消除了四类课,减少了三类课,从而较好地保证了教学质量。

其次,是开了选修课,深入开展了第二课堂活动。随着国家经济体制和教育改革的不断深入,我们发现,原有的教学内容和方式已愈来愈不适应形势和教学对象、培养目标的需求,为经济建设服务、为培养社会主义"四有新人"服务的宗旨迫使我们不得不改革原有的教学内容和方式,变单一的知识传授为多方面的能力培养,变纯粹死板的课堂教学为生动活泼、内容充实的全方位的办学,为普及九年制义务教育培养"一专多能"的新型教师。因此,我们对原有的课程设置进行了适当的改造,先后增开了书法、外语、微机、美术、首乐、近世代数、常微方程、电化教学、农业技术、政治思想工作概论、写作常识等选修课。有的专业还搞了专题讲座。要求无论是文理科学员都要写好三笔字,学会办墙、板、壁报,组织小型多样文体活动等方面的基本技能技巧。并组织了各科的"中学教材教法研究会"、萤光文学社、歌舞团、书法、武术协会、电子技术协会等以学生为主体的民间社团,举办了一年一度的"涪水红帆"大型文艺晚会,定期不定期地开展文体活动。为了让这些活动落到实处、有声有色地开展起来,我们还制订了一些章程和基本法规,明确规定选修课要考核及格才能毕业;成立各种社团要经学院统一审批。开展各种活动须在学院和有关部门的统一组织下于规定时间内进行,须遵循不影响正常教学秩序和工作运转的原则。由于我们注意了有目的、有计划、有织地开展这些活动,不仅参加的面广(近两年中每年参加的学生达800人次,占学生总人数田95%)、收效很好,培养了学生多方面的技能技巧,而且丰富了师生生活,活跃了学校气氛、促进了教改的深化。近三年来,我院的文体节目(项目)参加市级比赛多次获奖,"涪水红帆"已引起了社会的关注,不仅如此,我们还依据地方的需求状况对专业设置进行适当的改造。先后在函授和脱产班中进行了政教与历史、生物与化学、化学与生物的主辅修,受到了地方和培养对象的普遍欢迎。今后,我们还将扩大这方面的成果。

第三,是加强了实验实习工作。在工作中,我们是将此作为一个重要的教学环节来抓的,除去在经费、实验实习条件上予以尽量保证之外,还加强了领导和实验实习的定点定位,组织管理工作。不仅高师班的学员要实习,成人班也不例外、就连只有三四个月的干训班也都坚持了这一制度,且各专业的实习都由学院统一部署安排,事前动员,事后总结汇报。经过几年努力,现已初步建立了川化、重庆缙云山、动物园以及遂宁城区,乡区的许多乡区级初中等众多的实习点。经过实习的学生,不仅专业文化知识得以很好的运用和巩固,而且基本能力、思想觉悟等都普遍增强和提高,受到了接受单位的充分肯定。

几年来,由于我们注意和加强了这些工作,不仅在工作中初步理顺了各方面的关系,而且确立并始终坚持了以教学为中心,以育人为目的,调动各方面的积极因素,多层次、多形式、多途径地为普教系统、为普及九年制义务教育培养大量稳定合格师资、培养德才兼备的人才的办学宗旨;坚持了上下一盘棋,一切为教学服务,为育人服务的工作方针,并且在工作中认准目标、抓住关键、从党和国家以及社会的实际需要出发深化改革,三年来先后为绵阳、广元,遂宁、甘孜州等地培训了各类师资和行管干部2527 人,为地方输送了各类毕业生2287 人,从一定程度上缓解了地方普通教育师资短缺的矛盾,提高了初中师资的专业文化素养。不仅如此,由于我们从严要求和管理,从社会的实际需求来不断调整课程结构,增删教学内容,注重其各方面的能力培养和政治思想素质的提高,毕业学员在工作态度上严肃认真,兢兢业业;业务水平上基础雄厚,扎实过硬;在技能技巧上娴熟多样,能适应需要,受到了用人单位的充分肯定和普遍欢迎。近三年来,尽管全国各地的生源成滑坡趋势,但我院在没做任何宣传的情况下仍门庭若市。1989 年,我院招收 613 名学员,报名者达 1843 人。上线考生近千人,且数学、物理、化学、政教、英语等专业的最低录取线都高出省控线 20 分以上。实践证明我们的工作是令人欣慰的。

然而,我们的努力毕竟是有限的,我们的工作尚存在诸多不足。教学质量、教师水平、教学管理等工作都有待提高和加强,尤其是近两年愈加突出的部分专业仍然任务较重(如中文、数学、史地),少数专业却又已经完成任务的学历培训矛盾和形势发展带来的岗职培训、继续教育等问题,尚有待我们去探索,去努力。我们十分乐意和广大同行携起手来,取众之长,补己之短,在以江泽民同志为首的新的党中央的指引下，在省教委的直接领导下进一步深化教育教学改革，去探索，去努力，为把教育学院办成教学，资料、实验，电教和教育科研等方面具有指导作用的教育中心而不断进取，做出更大的努力。

以科学发展观认识统领和指导成人教育*

成人教育是一个有中国特色的模糊概念。所谓中国特色，并非附庸风雅或简单套用，而是因为国外，特别是西方发达国家并无这一提法，尽管他们也在搞，而且连联合国教科文组织都有了终身学习，终身教育的定论，并已成为理念和时尚，在国外虽也存在面向社会各层面的岗职培训、继续教育、知识更新等教育现象并且比我们做得好，却并无“成人教育”这一称谓。中国则不然，大学里，社会上，成人教育处、成人教育学院、成人教育学校或培训中心、机构比比皆是。连国家教育部、各省市教育厅局、市县教育行政主观部门也设有专管此类教育的职成司、处、科室，有一大批人在从事这一方面的研究和管理。国务院1987年就专门做出过发展成人教育的决定，每年都有成人教育的招生考试并统一公布经审定的具有成人教育招生资格的学校名录。学校里在颁发成人教育文凭，词典里自然也可找到“成人教育”这一条目，这难道不是中国特色么？然而，成人教育到底是什么教育，是使之成人的教育还是对已经成人者之教育？若为前者，则大可包罗从胎教到幼教到小学、中学、大学教育，似乎与现在的成人教育大相径庭，相去甚远；若为后者，则又以何为界？以何为线？难以划分，也尚无定论。这自然便会出现普通高等教育是不是成人教育，成人教育该如何准确界定的问题。因为宪法规定，十八岁即成人，普通大专、本科，乃至于现行中专中，十八岁以上者还少么？如果将他们也算成人，成人教育岂不成了打混仗了吗？更何况，中国也确实存在十八岁以上的真正意义的成人教育性质的学生和毕业生。难怪有人要质疑，要非议，甚至要取消成人教育和相应教育类别，可见其多少还有些道理，并非无理取闹；也可见，成人教育的确是一个颇有争议的问题。

一

争议是应该的，谁叫你模糊不清，授人以柄呢？非议则有些不该且也不是解决问题的根本办法。尽管成人教育自身有着这样那样的问题，而且问题还不少，

---

* 这是为学院90周年校庆写的专文，载《四川职业技术学院学报》2007年校庆特刊

有的还不小,大到了引发群体性闹事事件,危及安全稳定的不应有地步,因而有人要取缔它、消灭它。心情可以理解,但是,成人教育是一种客观存在,成人教育的地位作用不可忽视,成人教育功绩不可磨灭,更不能因此而否定,甚至取消成人教育。因为成人教育并非今天才有,孔子的弟子三千,贤人七十二中,谁能说没有成人教育的成果呢?古代的书院、太学中谁又划了一条明显的年龄界限呢?有教无类,我们的祖师爷孔子是何时就学成才的呀?"苏老泉,二十七,始发奋,读书疾"。过去的科举考试由秀才及举人,由举人及进士,乡试、殿试,完全可以活到老,学到老,不照旧成就了那么多空旷世奇才么?在近代历史上,国民党姑且不论,共产党的农民运动讲习所,延安时期的鲁艺、抗大和一直办到现在的党校,各级各类干部培训学校,有谁能否认其历史功绩呢?只不过说他们没冠成人教育这个称谓而已。其实,问题的关键也不在于称谓,称谓问题是个学术问题,可以争议,可以以科学界定的方式来解决,并不需要恨屋及乌,因噎废食,将成人教育打入冷宫或从根本上否定之。辩证地看,客观地讲,问题是发展中的问题,是管理规范问题,是正常的,世界上没有不出问题的事物,没有常胜将军。正确的态度应该是正视问题,认真分析研究并积极妥善地解决问题,促其健康成长,而不是冷眼旁观,更不是指责非议,甚至于来个全盘否定。

在解决了成人教育是否该有之生存类基本问题之后,还有一点就是普通高校、高职院校是否该办成人教育的问题。严格说来,这也是个尚待解决的学术问题,从学有专攻,便于分类研究,分类管理,分类指导,系统化、专业化、科学化的角度讲,分比不分好。更何况学校也与人一样,时间、精力、资源是有限的,世界上的事情总是做不完的,总得有主有从。抓而不紧,等于不抓,什么都想抓,想搞,结果可能什么都没抓到,什么都没搞好。从社会学的角度讲,人是分性别、年龄、种族、区域、层面、有诸多差异的,应当因材施教。从这个意义上讲,把成人教育与普通教育区别开来,让其独立成类,并于其间与普通教育一样,分为高等、中等、初等成人教育、学历非学历成人教育是对的。但从充分挖掘利用资源,解决社会急需人才,特别是利用优质的普通教育资源来开展成人教育,使之多快好省地解决社会经济发展中的人才短缺、人才急需、人才供求矛盾;乃至于从教育公平的角度讲,不严格区分,大凡有条件的教育机构都可以举办成人教育,甚至于把成人教育与普通教育融合在一起,从根本上取消成人教育,似乎也都是可以的。然而,笔者以为,这不能简单地搞一刀切,得来点具体问题具体分析。为此,特提出这么几个观点作引玉之砖:

第一,成人教育与普通教育以分类举办为好。道理已于前面讲明,不再赘述。

第二,普通高等学校举办成人教育宜统一管理、区别对待、科学规划、分类处置。高等本科院校一是不宜举办大专层次的成人教育，这就与其不宜举办专科层次的普通高等教育一样，社会毕竟是有分工的，教育也毕竟是分类分层次的。这样做有利于本科院校集中精力培养高层次、高水平的本科与研究生层面的人才，也有利于专科层次、中专层次的学校集中精力培养好应用型专业技术人才，有利于避免各级各类学校为谋求一己之利打混仗，有利于整个教育事业的规范与健康发展，有利于社会的和谐与稳定，有利于社会经济的健康发展与顺利推进。二是本科、专科学校不宜都搞成人教育，而是从条件上严格掌握，从区域上合理划分，在时机上有效控制。有余力、有条件、有需求从事成人教育的学校可经批准后承担成人教育，而不能在学历补偿已经基本完成，成人学历教育矛盾已经缓解，没条件没必要再举办的情况下大家都伸手，都分羹，一哄而上，交叉重复设置学科专业，甚至搞无政府主义，在损伤主业和根本的情况下搞成人教育。应当加强统筹和管理，集中统一规划，使之管而不死，活而不乱，坚持科学发展观，依据需求来举办成人教育。正确处理好普教、成教，专科、本科之间的关系，促进整个教育的协调科学发展。三是于成人教育中分清层次和对象，分出学历教育和非学历教育，分层管理，分类指导。在学历教育并非主要矛盾的今天，本专科普通高校一般不搞成人学历教育，但可以依据自身条件和统一规划，经审批后量力而行地开展成人学历教育。中专、专科学校不举办高层次的岗职培训、继续教育；本科院校也没必要承担中低层次的岗职培训、继续教育。四是有条件的高职院校应当双管齐下，普成并举。当然，这里的普成并举并非是跨越本科层次的成人教育，而是特定的专科层面及以下的普通与成人，学历与非学历教育。这绝非为高职院校攻城略地找借口，而是由现实国情所致，也与国际惯例接轨。其一是社会所需的所缺的是大量的高技能应用型人才，这是社会生产中的主力军，也是社会经济发展、现代化的重要基础和关键所在。人才结构应当是金字塔式的，高层次的人才虽然是越多越好，但并非应当是全部或者是大部，这也是党和国家大力发展高职教育，全世界，特别是发达国家重视高职教育的根本原因所在，同时也决定了这一层面培养教育的需求量很大。高职院校不能向上，但却可以向下延伸，只有这样才能顺应发展，满足需求，促进社会健康顺利发展。其二是现在很多高职院校并没开展，并不重视成人教育，于思想认识上以为我进入普通高等学校了，没必要也不屑于搞成人教育；因而对成人教育的需求视而不见，听而不闻，更没认识到职业教育是一种包含成教普教学历非学历的广义职业教育，缺失了非学历和面向成人的教育不是真正的职业教育。当然，也有于这方面无经历、缺经验的客观缘由。由此，使得一些以前办过成教，有成教经验和条件的学校也都错误地认为职教不包括成教，不应搞成教；办成教是耻辱，是不务正业，因而要扼杀成教，尽快取消成教。使整个高职教育处于一种不健康,甚至畸形发展的状态。这实际上是办学思想、办学理念上的根本错误,是一种非常危险的状态,必须引起高度警觉,否则,后果不堪设想。

第三,成人高等教育也与普通高等教育一样,目前最重要、最根本的是治理整顿、规范办学行为、提高培养质量、提高办学能力与水平,铸品牌、上档次,走内涵发展之路,重塑形象的问题。这既是形势发展的必然要求,也是成人教育自身发展的必须,是一个不容忽视、不容犹豫彷徨的大事,含糊不得。无论学历非学历教育都该如此,这才是治本之策,是可持续发展之路,是科学发展观在成人教育中的具体体现。无论主管部门还是办学都应该清醒地认识到这一点并研究采取切实可行的措施,以此促进整个成人教育的健康发展。

二

学院的成人高等教育应当说从20世纪50年代就开始了,距今至少已有半个多世纪。五十多年来,我院的成人教育此起彼伏,随国家政策和行政区划的调整而不断变化,大体上可以分为以下几大阶段或时期。

第一是初创成型期。时间为1956~1978年。尽管当时建立的初衷是搞普通高等教育,因而取名先后为绵阳初中师资训练班、绵阳大学、绵阳专科学校,也确实招收了普通专科性质的学生,但毕竟不是主要的。因为一是在办普通高等教育的同时开展了成人教育、中小学校长培训;二是自1962年起就更名为绵阳地区中学教师进修学校,不仅名称上变成了成人高校性质,而且开始了以教师培训提高为主体辅之以中小学校长培训的成人提高培训。虽然其间也曾试办过高中,但毕竟时间不长,主体仍然是成人教育。应当说,这一阶段是以教师教育,非学历教育为主体的成人教育。尽管受当时政策条件的制约和文化大革命的冲击而显得规模受限,成效不很显著,但时间毕竟在十年以上,对于以师资培训为主体的成人教育而言,还是积累了不少经验和教训,是比较成熟、值得珍视的。

第二是发展探索期。时间为1979~2003年,先后经历了绵阳地区中学教师进修学院、绵阳教育学院、川北教育学院三大历史阶段。其间特别是1999~2003年,应当是学院成人教育的辉煌时期。这一时期以成人学历教育为主,以函授、自考教育为主,以教师教育为主的特征异常明显,辅之以岗职培训继续教育,其成就集中体现在三个方面:

一是主次分明,重点突出。在办学层次上学院以成人学历教育为主。在学历教育中,又以专科层次为主。自1979年招收首届专科函授生1400余人起,成人学历教育一直未间断过,培养的学生在1.5万人以上;在教育对象上以教师教育为主,坚持发挥优势,为基础教育服务;在办学形式上,根据培养对象的特点和需求,坚持以函授自考教育为主；在办学手法上，为了充分利用和有效整合资源，虽然上与本科，下与中专、中职、和企事业单位、党政部门合作，却坚持了充分利用自身条件，以自主办学为主；在办学区域上虽然也面向了全川，走向了全国，却始终坚持了以川中和川北地区为主。由于主次分明，重点突出，尽管办得非常活，甚至在有人看来是乱，却始终没有迷失自己，迷失方向，做到了管而不死，活而不乱，目标明确，全面协调健康发展，也并没影响普通高等教育。

二是办学手法活、办学层次多。学院于办学中解放思想，积极主动地做了很多卓有成效的创新探索，突破了成人教育的单一模式和众多藩篱，很好地适应了社会经济发展对人才的多方面需求。这主要体现在两大方面：其一是办学手法活。诸如，以保证质量为目的的函授与脱产学习相结合的特殊形式；函授、自考、卫星电视教育相结合的“三沟通”教育模式；专科学校独立举办应用型自考，以函授教育形式举办应用型自考；专科学校与本科院校联合举办网络教育、本科教育；院校、院地、院企联合办学；设置专职辅导员，实施巡回辅导；于函授、自学考试教育中开展政治思想和道德品质教育；专科学校独立举办本科，举办乡镇长、学校后勤主任、教务主任培训班、乡镇企业培训班；面向行业系统开展岗职培训、继续教育；在普通大专教育中开展岗职培训、双证书、多证书教育；开展中学校长提高培训；走出去、请进来；上挂下联、内挖外拓；借船出海、借鸡下蛋等等，很多都是原创性的。其二是办学层次多。上有联办的研究生学历层次或课程班，有独办联办的本科教育；中有专科层次而且师范非师范并举，干训、师培并存；下有中专与岗职培训、继续教育。凡是社会有需求的都办了，形成了多层次、多形式、多规格的立体全方位人才培养格局，受到用人单位的一致好评和社会的普遍欢迎。

三是办学规模大，办学效益好。1999 年之前，虽然也曾做过许多努力，但因种种原因，办学规模始终不大，少则几百上千人，多则一两千人，虽然比上不足，却也比下有余，令人欣喜。到 1999 年夏季，当时的川北教育学院内外一共为三千多人，这已经是历史最高水平了。然而，1999 年以后，随着应用型自考和小学教师骨干班、网络教育等新形式的成功举办，尽管有的起步较晚，却因思路新、办法多、勤吃苦、善创新，互利互惠、共谋发展而使得合作伙伴多，学生来源广。短短三年多时间便后发先达，使校外教学点、合作伙伴延伸到了全省乃至省外；使生源由学校教师、员工扩展到了各系统、多行业；使本专科专业达到了 40 多余个，学生数量骤增至了院内外近 1.7 万人，仅院外成教就达到了 1.4 万余人，还不包括短期培训班，非学历在内。不仅锻炼了教师与管理队伍，而且增加了教师课时费，调动了全院教职工的积极性，为系室、部门和职工都增加了收益；使学院不仅还清了历史旧账，改善了办学条件，改善了教职工待遇，增加了积累，到两校合并时尚有千余万元的结余,而且使学院赢得了同行羡慕称奇和交口称赞;赢得了主管部门肯定支持、社会信任好评、理解支持的良好社会声誉,为学院的可持续发展创造了良好条件。为此,我院在成人教育的多次评估中均为优秀学校并受到上级主管部门的表彰。

第三是调整转型期,时间为2004年至今。时值两校合并,成人学历补偿教育基本完成,学历教育逐步萎缩,呈下降趋势;随着基础教育、课程改革的拉开,职业技能培训,职业资格证书、就业准入制度的兴起,成人教育出现新的形势,呈现新的特点,迎来新的机遇。学院洞察一切,敏锐捕捉机遇,响亮地提出了转型口号,要求学历教育调整结构、控制规模、提高质量、打造品牌,认为非学历教育大有可为,成人教育面临新的机遇,必须重点转移,实施二次创业,迎接新的春天。于是,从2004年开始,由过去的学历培训转向了以短期培训为主,由过去的教师教育为主转向了以非师范教育为主。培养形式、层次、对象的转变带来了成人教育由过去的外向型转为了内敛型,由过去的以量为主,转向了数质并举,以质为主。至此,大职业、广义职业教育的格局基本形成,并开始逐步推向纵深。

三

几十年来,我院的成人教育从无到有,从小到大,由少至多,由弱到强,走过的是一条波澜起伏、曲折坎坷的艰难发展之路。在庆祝九十华诞,全力开创学院发展建设新辉煌的今天,有很多经验教训值得总结记取,有很多问题值得探讨研究,有很多优良传统值得发扬光大。作为一个在成教战线工作了几十年,至今仍在传承这一事业的老将新兵,窃以为值得很好记取和应当明确的主要有这样几方面:

一是不能忽视了新、活、严、多、大的基本特色。所谓新,即成人教育不能抱残守缺,固步自封、夜郎自大,而要因时因势而变,因情因形而异,认清形势,抢抓机遇,从社会的需求,上级的要求,学校的实际出发,因时因地制宜,求变求新,使办学思想观念新,理念思路新,点子办法新。要不断创新,不断提高,成人教育才有出路,才有生命力,才能立于不败之地。学院的成教一是抓住了1979年恢复成教的机遇,首次招生2000多人,经过整顿后还有1400多人;二是抓住了1990年国家搞“三沟通”的机遇;三是抓住了1999年开办应用型自考的机遇;四是抓住了大力发展职业教育开展岗职培训、继续教育的机遇;五是抓住了干部教育、基础教育课程改革的机遇。此外,解放思想搞联合办学、体制改革,变三级为二级管理;充分挖掘潜力、积极整合资源,有效调动了学院系室和地方培训机构及相关部门的积极性。

所谓活,即办学形式、手法活。选取最适合成教特点,培训对象需求,社会欢迎的形式手法办成教,区别对象,明确要求,脱产、业余、函授、自考、网络、夜大,岗职培训、继续教育;走出去,请进来;学年制、学分制,集中学习、零存整取;院校、院地、院企联合等等,只要有利于人才培养,有利于发展建设,只要不违背政策法规,能满足社会之正当需求,都可以想,可以干;而不能瞻前顾后,畏首畏尾,抱残守缺,固步自封,裹足不前;要正确对待问题与失误,不能一朝被蛇咬,终生怕草绳,影响了事业的发展。

严,即管理要严格规范。首先是严格规范地建章立制。没有规矩不成方圆,作为新生事物更是如此。早在80年代末期,成人教育经过文革过后刚刚恢复时,学院就很注重管理的规范,从入学注册到面授教学乃至于收费发教材,都建立了相应的制度。后来也扩展到函授与集训相结合,涉及专兼职辅导,涉及学籍变动,整顿、淘汰流失者,招收插班生,涉及联合办学,院地共建共管等问题,尽管上面无统一要求,也是"文革"后首次进行学历补偿教育,情有可原,但组织管理者们没有苟且,而是一点一滴,一招一式规范,一个个环节把关,一个一个的制度建立,到1987年时,已形成洋洋十多万字的函授教育规章制度汇编。章程、协议、条例、规定、办法、规则,涉及二十多个品类。不仅写在纸上,而且严格学习考勤制度,单人单桌编排考试,严肃处理违纪舞弊,迟到早退旷课和有道德品质问题者。即便有说情者,上告者,下跪求情者也毫不妥协,更不手下留情。尔后多年一直坚持这一传统,并且作了许多新的补充。并不因别人水而我们也跟着水,别人乱我们跟着乱,因而相对保证了质量,赢得了声誉,铸就了品牌。尽管后来因量大了,人多了而有些变化和差异,但相比之下仍算好的,所出问题也是管理中的问题,也是因为严得不够,处理不及时而引发的相关问题,并不影响本质和主流,并不能因此否定整个成人教育。应当说,是严出了成效,是严赢得了声誉,是严促进了发展,这是众多学生和主管部门的负责同志都有口皆碑的。

多,即办学层次多,所设专业多,合作伙伴多,措施办法多,人才规格多。多年来,学院成人教育形成有四个层次,一是高层次的本科及以上学历非学历教育,虽然有的曾一度自己无资质,却顺应了国家、本科院校需求,先后与西华师大、川师大、西师大、陕西师大、电子科大、西科大、川农大等学校联合举办了研究生学历、课程和本科学历教育班;二是专科层次的成人大专学历教育,这自然是主体;三是中专教育,过去两所学校都有;四是岗职培训、职教师资专题专项培训,系统行业单位的各种品类繁多的培训,还有长年坚守的驾驶员培训,早的在20世纪50年代就开始了,甚至还办过全省的中学特级教师、省部级劳模等特种训练班。可以说是应有尽有,不拘一格,最大限度地利用了资源,满足了需求。开办成教的本科、大专、中专和短期培训的专业非常多,其中仅学历教育就达到了40多个,每个层次、类别都是一个规格,多规格人才自然应运而生。至于措施办法,从前面的

"活"字特色中已可窥全豹。灵活多样的措施办法迎来了众多的合作伙伴,省厅来了:四川省中小学教师继续教育培训中心,四川省中小学校长任职资格培训基地,四川省职教师资培训基地,四川省农机系统公务员培训施教机构、四川省农机系统专业技术人员继续教育基地,四川省下岗职工农民工转移培训基地等等,都接踵而至;市州县区教育局来了,教师进修校,普通、职业中学来了,许多公民办的学校都慕名前来了;一些行业、系统企事业单位也都来了;就连北大青鸟、川大、省社科院和电子科大、西科大、西华师大……全国汽车应用技术紧缺人才培养、制造业和服务业紧缺人才培养基地,乃至于澳大利亚北墨尔本高等技术学院,澳大利亚校园管理集团、哈萨克斯坦人民工业大学、中亚高科技协会等国际国内的教育机构都来了。四海高朋,五湖嘉宾,携手合作,共襄发展大计,共创盛举辉煌。

大则气魄大、气度大,效益大、影响大,于成教中思想解放,敢想敢干,敢于创新。在与兄弟院校合作中不拘小利,不斤斤计较,从大局、大处着眼,让人觉得好合作,愿合作,因而合作伙伴多。办学规模最大时达到成教1.4万余人,还不算短训。这是一般院校无法想象和比拟的,并因此而带来了巨大的社会经济效益,产生了广泛的社会影响,在全省教育界屈指可数,有目共睹。

二是如下的经验教训值得牢牢记取和总结:

第一,应认识明确,高度重视成人教育。成教曾一度是学院的主业,是学院的传统,是学院的优势。高等教育这一块在很大程度上是从成教一步一步地走过来并不断地巩固提高,不断发展壮大的。成教在学院发展建设中劳苦功高,功不可没;不能割断历史,更不能否定成教,取消成教。特别是在目前特定背景下,不能因为进入了普通高校行列就可以或认为不该搞成教,认为成教不是职教,搞成教不务正业。事实上,职教是大职教,职教固然该办好普通高等部分,但并非只能以普通形式办职教,并非只有普通学历教育才是职教。作为国家举办的高职院校,应当以市场为导向,以满足社会需求为目标,只要有条件,社会需要什么就办什么,而不能简单地定标准,划界限。当然,一所学校在一定时期内应当有主有次,有一定的发展目标和主攻方向,但这也不能成为否定成教的理由。成教同样可以搞职教,成教本来就是职教,成教同样是学校发展建设的支柱,特别是当前的岗职培训、继续教育,市场需求特大,大有可为,不但要搞,而且是一个永恒的主题,应当把它搞好,因为它对于培养锻炼队伍,培养适销对路的专业技术人才,对于解决就业问题,促进社会和谐稳定,促进社会经济发展,都具有不可估量的巨大作用。必须认识明确到位,才能对此引起足够的重视,否则,目光短浅,是会影响和制约学院建设与发展,是要负历史责任的。

第二,要思想解放,不断创新成人教育。过去,学院成人教育能够克服重重困难,走出一条发展壮大之路,除去其他原因之外,在很大程度上得益于思想解放,不墨守成规,善于认清形势,把握机遇。否则,要么原地踏步,裹足不前,要么走入死胡同,与有的学校一样被历史淘汰。当前,成人教育已被称为边缘教育,国家的宏观调控使得本来生机无限的学院成人教育难以施展拳脚,计划和脱产形式的严控,管理的规范、质量监控的日趋严格既使得学校谨小慎微,又使得教育对象望而生畏,成人教育又进入了一个困难重重的尴尬境地。在这种情状下,如果不解放思想,勇于创新,则有如逆水行舟,不进则退,甚至于是坐以待毙。积极的态度只能是解放思想,开拓创新,洞悉一切,把握机遇,绝不能坐失良机。

第三,要注重质量,严格管理成人教育。过去,学院成人教育声誉较好,不断发展壮大,严格管理,注重质量是其主要原因之一,但问题、教训也出在管理上。合作不是错误,关键在于要慎重选择合作项目、合作伙伴、合作方式,对于那种不具条件,不讲诚信,鼠目寸光,不负责任者,坚决不予合作;要集中统一规划,慎重选择合作伙伴,合理规划布局,不要在同一区域、行业、战线上有两个相同层次的点;点的数量不宜太多,且一定要看条件,严格地按规定、按条件、按程序审批:要建章立制,依法管理各校外教学点;要出于公心,从事业发展、人才培养的大局出发来管理、评价校外教学点。要建立相应机制,奖惩分明,对不合条件要求、疏于管理者要坚决取缔,绝不手软;要严格控制教学环节,严把质量关,绝不允许弄虚作假,夸大其词,或欺上瞒下,阳奉阴违;要制定好成人教育各专业毕业生的标准尺度、行为规范,严把成人教育的毕业质量关,使之真正目标明确,措施得力,质量可靠,培养出素养好、素质高、能力强、成效大的技能型人才,使之成为学院发展建设的一大支柱。要花大力气提高质量,铸造品牌,使之走永恒的可持续发展之路。

第四,要整合资源,不断壮大成人教育。过去,我们的成人教育在很大程度上得力于合作,将有效的资源整合得好,开发利用得好,既壮大了培训队伍,优化了生源配置,又为国家、社会多培养输送了人才,这自然也是一条成功的经验。在当今成人教育不再为主流,非学历教育跃居前列的特殊情况下,更应该充分挖掘和利用校外的一切宝贵的培训资源来壮大成人教育队伍,增强培训功能。其间又特别是社区的、行业系统的机关单位和企事业的,条件好的中职学校和企事业单位培训机构理当作为重点关注的对象,千万不能患得患失,只要是规范健康的,任何时候都会立于不败之地。

继往开来传薪火 与时俱进求卓越

——在四川职业技术学院新老班子交替干部大会上的讲话

（二〇〇九年四月二十二日）

尊敬的狄书记、杨处长、李部长，各位老领导、老师们、同志们：大家好！

刚才，中共四川省教育工委组干处的杨处长宣读了省教育工委、省教育厅关于我院党政主要领导的调整通知，省教育纪工委狄书记、市委组织部李部长作了重要讲话，这充分体现了上级党组织和市委对四川职业技术学院的厚爱和对我们关怀与支持。此时此刻，我的心境是既感激又惶恐。感激的是组织的关怀和培养信任，感激的是各级领导和学院历届老领导的关心呵护与栽培，感激的是全院教职工对我的信任、理解和支持，因为如果没有这些，便没有学院的一切；没有这些，便没有我的昨天和今天。为此，我要向关心支持学院，关心支持我、帮助我成长的各级领导和老师们、同志们真诚地道一声谢谢，谢谢你们！谢谢大家！

此时此刻，我也深感惶恐。因为，四川职业技术学院正处在发展建设的重大转折时期，学院的建设与发展面临着诸多重大的问题和困难，尽管前届班子已经在省厅领导，全院职工和社会各界的大力支持下奠定了良好的基础，开创了美好的前景，却也为以后的发展提高了起点，增加了难度，要在这种情况下将这所有着九十年办学历史的省属老校推上新的台阶，令其再创辉煌，的确是件难事。因此，我深感使命光荣，责任重大，生怕辜负了党组织和各级领导以及全院教职工的厚爱与重托，生怕辜负了大家的殷切期望。

大家知道，四川职业技术学院是一所古朴而年轻的高校。在省厅、省局的正确领导，社会各界的支持与全院教职工的共同努力下，历届党委、行政领导班子薪火相传，继往开来，不断进取，奋力拼搏，铸就了一个又一个辉煌，为学院的发展建设奠定了雄厚基础，为我们积累了宝贵的物质与精神财富。尤其是近 5 年来，学院审时度势，举万众力，传承为难为之功；集百年智，铸就成不成之成魂。非常时期，非常举措，迅速打破了招生就业瓶颈，使全日制学生由最初的 4 千人迅速突破了万人大关；白手起家，建新区，创奇迹，让一座崭新的现代化校园矗立在了遂州大地上，使学院旧貌换新颜；抓质量，创特色，铸品牌，迎评估，一举进入优秀行列，打破了一个又一个神话，创造了一个又一个奇迹。为此，我十分感谢省教工委、省教育厅的正确领导，十分感谢市委、市人民政府的关怀关爱，十分感谢社会各界的大力支持，十分感谢全院教职工的倾情奉献和艰苦努力！

在这里，我还要特别感谢的是我们的院长书记熊高仲同志。因为过去的五年是学院发展建设中极不平凡而又卓有成效的五年。在过去的五年多时间中，作为书记院长，甚至不仅仅是书记院长，作为党政领导的主心骨，高仲同志审时度势，高屋建瓴，敏锐进取，带领我们抓住了一个又一个重要的发展机遇；多方求证，果断决策，大胆创新，干成了一件又一件大事，为新学院的发展开创了崭新局面，奠定了坚实基础；他睿智机敏，勇于开拓，善于创新，为我们立起了标杆，树立了榜样；他博学多才，客观公正，大度随和，构建了和谐群体与校园；他勤奋敬业，乐于奉献，全力干事业，一心谋发展，为四川职业技术学院倾注了满腔热血，奉献了全部才智。我深信，历史不会忘记，大家不会忘记，全院教职员工都不会忘记高仲同志为学院建设发展，为党和人民的教育事业，为社会和人类所做的重大贡献。为此，我提议大家以热烈的掌声向高仲同志表示衷心的感谢和致以崇高的敬意！同时，我们也恳请高仲同志能一如既往地关心支持学院的建设和发展事业，能一如既往地关心支持学院的各项工作。

按照省委教育工委和省厅的决定，在今后的征程中，将由我和胡碧玉同志分别主持学院的党政全面工作。胡碧玉同志年轻有为，年富力强，既是教授，又是博士后，既有丰富的高校教育教学管理工作经验，又在地方党政部门经历过多岗锻炼和考验。她政治思想觉悟、政策理论水平高，党性原则和实际工作能力强，综合素质好，是优秀青年干部和教育管理专家，在今后的工作中，我们将团结一致、齐心协力，共同推进好学院的建设与发展。作为党委书记，我将在省教育工委和省厅领导下，在市委市府、学院历届老领导和社会各界的关心支持下，与班子成员和学院师生员工一道，恪尽职守，努力工作，开拓进取，不辱使命，不负众望，努力做到以下几点：

第一是举好旗帜。这就是要努力学习马列主义、毛泽东思想、邓小平理论，“三个代表”重要思想和科学发展观，学习党的路线方针政策和相应法律法规，学习教育管理理论和专业文化知识，不断提高自身的政治思想觉悟、政策理论水平，提高综合素质与实际工作能力；坚持以科学发展观为指导，高高举起中国特色社会主义的伟大旗帜，坚定不移地走有中国特色的社会主义办学之路；全面贯彻党和国家的教育方针，不断解放思想，更新观念，进一步理清思路，确定正确的办学思想理念，开拓进取；不断创新教育教学思想、内容和人才培养模式，强管理、重质量、创特色、铸品牌、求卓越，努力推进学院更好更快发展，力争在百年校庆之际，初步将学院建设成省内一流、国内著名、国际知名的高水平的综合类职业大学。

第二是选准路子。目前,学院已经基本走过磨合期,基本完成二期校园建设工程,使全日制普通大专生达万人以上,基本完成外延拓展,将学院做大的首次创业目标任务,正处在由初创成型向发展建设期全面过渡的重大历史转折期。学院现在的主要任务是定规划、明目标、改体制、创机制、聚人心、增活力,强管理、建队伍,抓质量、创特色、显优势、铸品牌、求卓越、铸辉煌,由外延拓展向内涵发展,走质量兴校,特色名校、品牌立校,科研强校,卓越荣校之路,实施学院发展建设中的第二次创业,以此增强核心发展和竞争力,让学院有一个质的飞跃,为将来的展翅腾飞奠定坚实基础。当前,经济社会发展需要大量高素质高技能应用型专业人才,国家乃至整个世界都在大力发展职教,整个职教领域是千帆竞发、千舸争流(千校竞发展,千校争一流),逆水行舟,不进则退,因种种原因我们已经错过了不少大好机遇,已经别无选择,必须认清形势,增强危机感、责任感、使命感、紧迫感,上下一心,乘势而上,破釜沉舟、背水一战,坚定不移地朝着这条路子走下去,否则,便只能被历史淘汰,只能扼腕叹息,甚至成为千古罪人。

第三是带好班子。俗话说,火车跑得快,全凭车头带;毛泽东主席讲,"政治路线确定之后,干部就是决定因素。"现在,我们的班子已经换届,省教工委、省教育厅除去为我们派来了胡碧玉同志之外,还将为我们补充两位朝气蓬勃、年轻有为的新同志,无论从年龄,还是专业学历,职数结构和整体素质上看都有了明显改善或提高,加之我们还有两位经验丰富、德高望重的调研员,可谓是最佳配置,如虎添翼。在今后的工作中,作为班长,我一定虚心向各级领导和历届老领导,向班子成员、向教职员工学习,向书本学、实践学,向兄弟院校学,不断提高自身素养和能力水平;身先士卒,率先垂范,于德、能、勤、绩、廉和团结进取、开拓创新等方面严格要求自己,做好表率;充分调动大家的积极性,按照中省市委和省教育工委的要求,努力把班子建设好,努力把以班子为核心,以中层干部为骨干的管理队伍建设好,为学院又快又好发展提供强有力的组织保障。

第四是踩好点子。这主要体现在两大方面,一是要善于审时度势,超前思维,抢抓发展机遇,与党中央保持高度一致,与时代步伐、节奏合拍;二是要订好规划,明确目标,理清思路,选好举措,从理念观念、体制机制、队伍条件、质量特色入手,突出重点,突破难点,抓住关键环节和实质要害,攻坚克难、彰显特色、发挥优势、扬长避短,努力促进学院科学发展,更好更快发展。

第五是建好园子。目前,学院的二期建设工程尚未完全到位,三期建设尚未开始,即将面临土地征用、规划设计、全面建设和巨额资金筹措等一系列重大问题。其间又特别是资金筹措问题,如果这一问题处置解决得不好,将危及学院安全与稳定,影响制约学院的建设与发展,必须引起班子全体成员和教职员工的高度重视,必须全力争取省委省厅和市委市府的高度重视和更多关爱,必须开源节流,增收节支,精心筹划,攻坚克难。况且,严格地讲,我们的新校园虽然已经初具规模,大气靓丽,正在逐步完善和优化,但这仅仅是硬件建设方面,更重要的是软环境、软实力建设,是内涵、品质、品位和档次的提升问题,这绝非是短时期能解决问题的,需要我们正视现实,高度重视;需要我们借助本次学习实践活动找出问题,找准差距;需要我们团结一致,齐心协力;需要我们以校园文化建设、文明建设为载体,以管理、整治、建设为路径,以体制、机制为抓手,以生态、环保、文明、和谐、精巧、雅致为目标,对其进行综合治理,将其作为系统工程建设来抓,以此为学院的可持续、又好又快发展创造良好的环境条件。

同志们,学院的明天是美好的,我们的未来是辉煌的,虽然未来的路还十分漫长,而且充满坎坷与荆棘,“雄关漫道真如铁,而今迈步从头越”,“路漫漫其修远兮,吾将上下而求索”!尽管我们的班子还年轻,但是我深信,有党中央、国务院和省委省府、省教工委和省教育厅的热忱关怀与正确领导,有市委市府及社会各界的大力支持,有全院教职员工一如既往的充分信任、理解和共同努力,有我们这个班子的团结战斗和齐心协力,我们一定会克服一切困难,战胜各种艰难险阻,将前辈为我们创立的宏伟基业和宝贵精神财富发扬光大,一定会圆满实现预期目标,阔步奔向更加灿烂美好的明天!

同志们、老师们,大家一起努力吧,胜利一定是属于我们的!

谢谢大家!

对深入学习实践科学发展活动的基本认识*

——关于学习实践活动的专题辅导报告

根据中央的统一部署和安排,高校的学习实践活动是全国第二批学习实践活动的主要组成部分。整个活动从3月至8月为期半年时间,分三个阶段集中进行,8月底将全面结束。

本次学习实践活动意义重大而深远,作为学习主体的我们,特别是党员干部,党员领导干部必须对此有清醒而足够的认识。在我看来,其意义主要体现在这样几个方面:

一、深入开展学习实践活动,是学习贯彻党的十七大精神的必须

大家知道,在全党开展深入学习实践科学发展观的活动,是党的十七大所做出的战略决策。十七大是一个里程碑式的重要会议:十七大为我们党和国家描绘了新的发展蓝图;十七大提出了推进科学发展,夺取全面建设小康社会新胜利的宏伟目标任务;十七大再次确立了科教兴国战略,提出优先发展教育,建设人力资源强国的战略任务和举措。对此,我们高校的责任重大,使命光荣,作为高校的党组织,作为高教战线的党员干部,我们理当坚决贯彻执行之,不能对此有半点暧昧和含糊,因为这是我们全党的重大政治任务,无须多讲。

二、深入开展学习实践活动,是用中国特色社会主义理论体系武装党,全军、全国各族人民,特别是党员干部、党员领导干部的必须

众所周知,科学发展观是以胡锦涛同志为总书记的党中央,以邓小平理论和"三个代表"重要思想为指导,站在新世纪新时期新阶段党和国家事业发展全局的高度提出的重大战略指导思想,它总结了我国20多年来改革开放和现代化建设的成功经验,吸取了世界上其他国家发展建设的经验教训,吸取了包括非典疫情

---

* 2009年8月在学院作的动员报告

等重大灾难给我们的有益启示，揭示了社会经济发展的客观规律，是我们党运用马克思列宁主义的立场、观点和方法理论分析社会主义建设的丰富实践，深化对经济社会发展的一般规律的认识的结晶。因此，科学发展观是对党的三代中央领导集体关于发展的重要思想的继承和发展，是马克思主义关于发展世界观和方法论的集中体现，是同马克思列宁主义、毛泽东思想、邓小平理论和"三个代表"的重要思想一脉相承又与时俱进的科学理论，是中国特色社会主义理论体系的重要组成部分，它凝结了现代中国共产党人带领人民不懈探索实践的智慧和心血，是马克思主义中国化的最新成果，是我们党最可宝贵的政治和精神财富，是全国各族人民团结奋斗的共同思想基础，是我国经济社会发展的重要指导方针，是发展中国特色社会主义伟大事业所必须坚持和贯彻的重大战略思想。

从历史和现实的角度考察，无论哪个时代、哪个社会、哪个阶段、哪个政党，要推动社会经济的发展、人类社会的进步都必须以一定的思想观念来统一人们的思想认识，来指导人们的行为，从这个意义上讲，科学发展观的价值意义，深入学习实践科学发展观的价值意义是不可估量的，作为党员干部，特别是工作在教育战线的党员领导干部，必须对此有足够而清醒的认识。

三、深入开展学习实践活动，是高等教育，整个教育事业发展的内在必然要求和紧迫艰巨任务

同志们，从整个教育看，当前，我国的教育事业正处在一个新的历史起点上. 进入了一个由人力资源大国（人口大国、劳动力大国、劳动力开发利用是廉价的低层次的）向人力资源强国转化迈进的历史新阶段。目前的基本状况是，孩子们"有学上"的问题得到初步解决，"上好学"的问题成为突出矛盾，解决这一问题的基本思路，核心问题是提高质量，而教育是一个复杂艰巨的系统工程，解决问题的基本方法、根本出路、关键症结就在于如何推进教育事业的科学发展了，因此，普教战线学习实践科学发展观，推进事业更好更快发展的任务十分重大和紧迫。

从高等教育角度讲，经过新中国成立60年，特别是改革开放30年，世纪之交10年来的艰苦努力，我国高等教育事业实现了历史性的大突破、新跨越。目前，我国的高等教育规模已先后超过俄罗斯、印度和美国，成为世界第一，高等教育的毛入学率已达22%，进入了大众化发展阶段。目前的主要矛盾仍然是：规模上去了，却因穷国办大教育和近些年发展太快的缘故，投入跟不上，师资队伍、教育教学设备、育人的软硬件建设没跟上，整个育人的质量难以适应时代发展、经济社会发展的根本要求，教育教学质量提高成了摆在教育行政主管部门的重大疑难问题，也成了社会关注的热点和焦点，高等教育、高职教育、高等学校如何有效化解这些矛盾,如何正确处理结构、规模、质量之间的关系,如何求得更好、更快地发展,也成了摆在我们面前的首要问题,办法只有一个,那就是深入学习实践科学发展观,从中来找到解决问题的基本答案和策略。

四、深入开展学习实践活动,是学院自身发展建设的必然要求

同志们,客观地讲,我们现在的确有一些可以引以为自豪的地方,这主要表现在我们的优势和基本成效上:

首先是两校合并的品牌优势。大家知道,一个是近50年办学历史的专科学校,在省内这种历程未升本的学校不多,在省外特别是重庆几乎没有。几十年的积淀决定了我们的师资、办学硬件条件、软件资源,高等教育经验、包括最早探索职教(高等职教)发展之路的经验都比新建高职院校优越,加上中等职教90多年的办学历史,国家级重点的地位,省农机校、机电校的品牌,强强联合,又都是老牌的省管学校,无论如何都是首屈一指,堪称一流的,因此,省厅、专家组欣然给了我们"四川职业技术学院"这块第一品牌,既理所当然,又名副其实,是令人羡慕、嫉妒的非常优秀的壳资源。

第二是省厅直属体位优势。俗话说,近水楼台先得月。尽管省厅所管高校多,我们又处市州,虽说无法得到更好顾及,但我们毕竟可以有事直接找,可以直接聆听省级主管部门的声音,得到他们的领导、指导和关怀,他们站的层面不一样,与以普教为主的市州主管部门的意识观念、态度办法不一样,大船烂了三千钉,瘦死骆驼比马大。省厅拨给我们的经费比市州多,管理思想、观念、办法与市州不一样,我们虽然得不到市州的更多更大更直接的支持,但毕竟又少去了很多不应有的约束,生存发展的环境更加宽松。

第三是厚底蕴资源优势。我们有50年的高等教育的经验积淀,有90年中职好的积淀,这是一笔宝贵的无形的资产,于家长、学生,于业界,于社会的影响无论如何都要大得多,好得多,也给我们生存发展带来直接间接,有形无形的诸多便利和效应。

第四是学科专业优势。我们的学科专业多,属综合类,表面上看起来有点杂,无优势,没特色,不及工程、建筑、交通、成航、电力等学校好,事实上却是我们的优势,学科专业多,师资队伍强,人员结构不单一,社会适应性强。因为社会需求本来就是多层面,多领域,并且是千差万别的,单科、专业性院校有深度,有行业背景和需求优势,但社会适应面窄。要不然,为什么清华大学要办人文、教育方面的专业,北大要办医学、理学方面的专业呢?为什么很多一流的大学都是综合性而不是单科性的院校呢?

第五是我们的校区建设优势。以前的老校区虽然小，却在中心城区，依山傍水，闹中取静，且几十年的积淀，古朴典雅的环境，园林式单位，让人流连忘返，羡慕不已，难分难舍，怡然自得。新校区虽然离主城区远，交通不便，因土地、经费原因而尚未建成建好，且背负了一身的债务，让人心情沉重，快活不起来，但毕竟大气磅礴，起点不俗、出手不凡，显示无限生机，让人一见钟情，引以为荣，也让外界和兄弟学校交口称赞，刮目相看，甚至啧啧称奇，让我们自己也颇感欣慰。

第六是办学实力优势，学院办学实力主要体现在两个方面：一是招生，短短的五六年时间，尽管有过怨恨、有过辛酸、有过忧虑，但我们毕竟走出来了，挺过来了，从最初的不到4千名全日制学生，发展到了现在近一万二千人，翻了三番多四番；由最初的报到率不到50%达到80%；由最初的出去找生源，抢生源，甚至于一定程度上买生源，与人争执，遭人白眼、记恨甚至唾骂，到现在千方百计推关系，躲人情，扬眉吐气，坐在屋内选生源；由最初的降分录取尚且不够到现在的高出控制线百分以上，变化之大是翻天覆地的，令人欣喜、令人自豪。二是就业，也由最初的就业率50%—60%到了后来80%—90%，且一直维持在90%以上，连续三年评为省先进；好些专业供不应求，办起了订单班；由最初的家长学生闹分配，到现在的不少学生不要学校推荐，乐于自主择业，意识观念基本转变，甚至大学生当保姆，以此轰动、带动全国思想观念大转变，都是令人欣喜和自豪的。

第七是科研，第八是评估，第九是我们的校庆，第十是我们许多重大工作虽然都还有很多不如人意的地方，但毕竟都在一定范围内、一定层面上取得了相应成效，有的甚至是最佳效果，最好反映，着实让学院火了几把，产生了良好的社会效应，塑造了学院的良好形象，所有这些都是值得我们骄傲和自豪的。

然而，我们也必须冷静客观地看到，与兄弟院校比、与时代社会发展要求比，我们尚有诸多困难和问题，有着较多较大的差距，特别是与科学发展的要求相距甚远，必须奋起直追，迎难而上，在我看来这些问题和差距主要体现在：

一是办学思想、理念方面的差距。

就学院层面讲，自2007年90周年校庆、评估中总结提炼出的“三本四寻”（以生为本，以能为本，以职为本；以就业寻出路，以服务寻支持，以贡献寻生存，以特色寻发展）办学理念之后，对于我们，该坚持什么，注重什么、追求什么，创造什么，突出什么是很明确的了，而且这些理念很好，是九十年，特别是近十年办学经验的升华和总结，是我们的工作起点和目标。差距在哪里呢？差距在两个方面：第一是对其内涵的理解认识不到位、不准确、不全面。比如，什么是“以生为本”，大家的通常理解是以学生为中心是我们的主体是我们之根本。没有学生就有我们的一切，学生就是我们的衣食父母，就是我们的上帝，所以我们当看重学生，关心爱护学生，一切以学生为中心，一切学生说了算，一切按学生需求办，这就是以生为本了。显然，这样的理解是不完全正确的，有时甚至是错误的，而且发展下去很危险。辩证客观地讲，这种理解有对的一面，对就对在学生是学校的主体，是我们的教育服务对象，没有学生便没有了学校的一切，甚至没有学校，因此我们当关心爱护学生，虚心听取他们的意见，为他们服好务，让他们健康顺利成长，这不仅在我们、在任何时代、任何社会的任何学校都是对的。错就错在认识理解，对学校的性质任务的认识把握不到位。在我看来，学生虽然是学校的主体，是我们应当关爱的对象，但学生毕竟是来接受教育的，是受教育者；学校的任务就是培养、教育、关心、爱护、支持、帮助学生成长、成才。因此，这里的“以生为本”当理解为以学生的成长成才为本，学校的一切都是为此服务的，都是以学生成才为中心（顺便提一句，过去和现在很多人都在讲的强调的是以教学为中心，这个提法对不对呢，在一定时空、前提条件下讲是对的，但作为办学思想、理念来讲就欠妥当了。因此我们完全有理由问一句：教学的目的是什么呢？对学校而言，教学又是为谁服务呢？答案是肯定的）。以学生为中心，以学生的成长成才（换言之即“以育人为中心”）为中心，两个提法表面上看差距不大，实际上大相径庭。这是两种不同的思想观念，将他们用于指导学校工作，是会得出两种迥然不同的做法和结果，值得我们高度重视和很好反思。

除去以生为本之外，还有个对以“服务寻支持，以质量寻生存”的理解问题。在我看来，目前的偏差在于大家把服务和贡献都盯在了学生和校园内，视野太窄，起点不高，有点见子打子，鼠目寸光。从前面的讨论可以总结出，服务学生没什么不对，搞好本职工作，为学院建设发展做贡献也是正确的。但是，我们应当看到，服务应体现在两个更大的方面：第一是我们应更多更好地培养人才，培养社会需要的高素质高技能应用型人才，这才是真正的服务，是真正地为社会经济发展建设服务。我们的这个服务越好，越能得到社会的理解，信任与支持，越能求得更为宽松的发展建设环境。因此，我们应当把为学生、为教学的具体服务工作与这个大目标有机结合、统一起来，而不要割裂开来、对立起来，也不是只抓住一点，不及其余。第二个服务就是大家忽略得比较多的事，那就是为地方经济社会发展服务问题，学校是有区域性的，国家设置高校，尤其是职业院校，十分注重区域性问题，学校也只有与当地的社会经济发展融为一体并很好地为其服务才能有生命力。我们地处遂宁，是遂宁的唯一高校，虽然我们能力有限，也并非没有本事和优势，主要是我们的意识观念问题，是我们的主动性不够，因此让遂宁舍近求远，与川大、川师大、电子科大、交大等高校都先后签订协议，开展合作，虽然有些是我们所不能代替的，但试想我们对此做了多少，我们对遂宁了解多少，我们在这方面做了多少,我们该从中记取什么,总结哪些,思考些什么呢?最近两年,我们在就业工作中提出了重心转移的问题,其中一个就是服务区域上的由珠三角向长三角、京津塘地区的转移,由沿海、外向型向内地、特别是本地转移的问题。我们的一些系室在这方面做得很好、很主动,如电子信息、文化传播、管理系等,但很不够。我们之所以提出这样的指导思想和工作思路,其根本点就是办学宗旨、办学指导思想、办学理念中的服务问题,其基本理由就是一可节省成本,有利于提高办学效益;二是端正办学思想,少搞舍近求远。试想作为遂宁唯一高校,如果你连地方都立足不稳,没人信你,你还凭什么去谈及其他呢?何况本地搞好还有很大的辐射效应呀!因此,我们一定要特别注重这一问题,服务也好,贡献也好,都得首先从人才培养抓起,从地方(本地)做起,这是我们的优势,也是我们的本分。除去学历教育之外,还有短期培训(任职培训、下岗转移培训、继续教育、农民工转移培训等都可以搞)。非学历教育,这是一个广阔天地,永恒主题,大有作为。从学院和系室角度讲,也有个无长不稳、无短不活,以学历为主,以普通大专教育为主,多种经营,全面发展的问题。大家千万不要把着一窝苕抠,在一根树子上去吊死,一定要准确理解全面把握,很好实施。

办学思想理念方面存在的第二个问题是对宗旨问题把握得不好;点子办法不多,落实得不好。这又集中体现在这么两个问题上:

一是"以能为本"的问题。"能"是指能力、技能、水平,这个大前提没问题。问题在两个方面:首先是只盯住能力说话,就事论事,见子打子,没有跳出能力看能力,没有看到能力中起决定作用的是素质,是综合素质,其中最核心的是人文素质。思想认识上的这种偏差导致行为举措上的失当,看重能力,就看重专业技能,就以此为基准来设置课程,开展教学,进行考核;而对素质,特别是综合素质、人文素质有所忽视或偏废。从科学发展的角度讲,就是忽视了人的一生中起决定作用的、可以管用一生的东西,以为专业好了一切都好了,就可以管用一辈子了,从而忽略政治思想教育、道德品质教育,法纪思想教育,敬业创业教育,没有教会学习方法和做事的基本道德和准则,忽视了人生最基本、最重要的东西。因此我们的很多学生校内校外都缺乏基本的东西,高分低能,违规违纪,行为习惯、素质修养相当差,校园里到处都看得出来,一走进学校、走进教室、寝室、食堂,看到是风貌不好,品质、品位不高,以后出生社会自然也成不了大气候,影响不大。从另外一个层面讲,就是我常说的治标与治本的问题,由于我们在这方面把握不好,一是学生起点不高、表现不好;二是我们花了很多力气去管、去清理、去教育,结果效果不佳,有点费力不讨好。

其次是在能力方面有所偏废,不够科学。目前是强调专业技能多,注重基本技能,公共技能少;笼统模糊多,具体明确少。在人才培养方案和具体操作中未能很好弄清能力结构与层次,没能很好把握好度,处理好交叉与融合统一问题。好些专业(多数专业)没有站在科学发展的高度来认识把握这一问题。在我看来,除去素养素质教育之外,每个专业都应该将能力分解为公共技能、专业基本技能、专业技能三大层面,依据专业岗位需求明确这个专业的学生当具备哪些公共技能(普通话、外语、计算机、口头、书面表达能力、教师教育类还当加上三笔字)、专业基本技能(从事这一专业的共同的、基本的)、专业技能(专业特有、高等级的),该具备到什么程度,以后如何培养考核,通过哪些途径、方式培养。让教师和学生一开始就明明白白,到时按标准、要求考核,合格以上者毕业,不合格不毕业,优秀者奖励。这样的学生,学校再差都有几层,社会适应性、竞争力就会很强。

由此引发的第三个问题是如何处理素养、素质、能力的关系问题,换言之,就是如何制订好培养方案,开设好相应的课程的问题。在这方面,上级有要求,人们讲得最多的是理论以够用为度,重在能力培养,这是一条原则,用科学发展观来衡量,这是一条笼统、有些偏颇的原则。理论以够用为度,理论指哪些,多半指的是专业理论,专业知识,也就是素养而没顾及素质,忘了根本性的东西。够用为度,何为够用,什么是度,如何把握这个度,很难操作;重在能力培养,什么能力,重到哪种程度,很难把握。因此,问题的实质在几者关系问题,据此,我们的主张是:要处理好素养、素质、技能、观念四个方面的关系问题,换言之,即我们的人才培养、人才培养方案要注重四个方面的基本东西,并且要将几者的关系处理好,这就是要以素养奠基,素质固本、技能安身、观念立命。其中,素养即多种基础知识、基本理论,这是大专学生必不可少的,是基础性的东西,基础该打好,否则,建不起高楼大厦。所谓基础不牢,地动山摇,(在中学都提的是四基:基础知识、基本理论、基本技能、基本方法),就是讲的这个道理。素质是决定人一生的最重要的东西,一定要有内容、有途径、有方式方法将其培养好;技能是决定一个人基本生存的东西,我们的大专生要与中职生区别开来,不仅要具备专业基本技能,而且要具备本专业的高超技能,还要有适应社会要求的公共技能,有了这些就能解决生存问题,就能成为有用之才,成为业务骨干。观念即一个人的思想意识问题,道德品质问题、立场观点问题,处世方法问题,人生态度、思想理念问题,这是决定一个人命运的东西,机遇的东西。技能决定财富,观念决定出路,因而是很重要的东西,应当处理好,应当是几者的融合统一。

二是"就业寻出路"的问题。请大家注意,这里是讲的学校办学思想、理念,因而不是大家通常理解的学生的就业,是学院要以就业寻出路,但学院的就业也就是这学生的就业,意在大家要做好就业工作,从中来寻求很好的、宽广的发展建设之路。这里的差距在于：是以就业看就业、抓就业还是从根本上抓就业的问题。换言之，即目前我们的就业工作还是在依靠职能部门搞就业教育与指导，搞就业信息和就业工作，还没有真正转移到与教书育人工作有机结合，由系室将其贯穿整个育人工作的全过程，由系室教师、职工全程抓，从根本上抓，成为大家自觉行动的状态。教书育人与就业工作在一定程度上仍然是未能有机融合统一，两张皮，主要表现在只重视单纯的知识传授与技能培养，就业实习期间的管理教育与指导跟不上；毕业生专业知识学完后的管理失控，毕业生的就业信息、状态难以有效控制和掌握；有用人单位而找不到毕业生，毕业生的就业实习稳定性差，表现反映不佳；毕业生就业追踪调查几乎未开展；对职能部门工作理解支持不够，配合不好，甚至有对立情绪和弄虚作假现象等方面。目前，有简单把这一工作寄希望于政府承担的思想倾向，没有将学生看作是自己的产品，没有认识到育人质量与就业的关系，毕业生就业质量、就业状况和社会认可度，社会反响与专业学科、系室、学院发展建设之关系，一句话，就是没有用科学发展观来指导我们的人才培养工作，这自然也是当前应高度重视，切实解决的一个重大现实问题。

三是对“以特色寻发展”有认识和行动上的偏差。这首先体现在对特色的认识理解上，一般都简单地认为只有人无我有才是特色，只有单一才是特色，于是羡慕建筑、工程、交通、水利、电力、航空等；埋怨我们专业学科多了，不具特色；没有认识到特色的多样性，没有看到人有我异，人有我新，人有我优也是特色；特色不是单一的、片面的，而是多形式、多层面的。有特色学校（即培养学生某一方面的素质和技能显得很突出，比其他学校好，有独到之处的这种学校，比如体育特色、科技特色、艺术特色、外语特色学校等。兰州职业技术学院就以全校师生唱京剧、全校师生打太极拳、全校师生禁烟而为特色学校上中央电视台），学校特色（指的是学校在办学过程中某一方面，或几个方面的工作比其他学校先进、突出有个性，它可以是人才培养目标的，也可以是教学的、管理的、校园文化建设的、硬件建设方面的等等，我们可以说某学院，教学工作有特色、管理工作有特色、德育工作有特色、校园文化建设有特色、校园建设有特色，它是零散的，缺乏内在统一支撑的）、办学特色（指办学者——校、院长在长期的办学过程中所形成的对教育教学的理解、对学校本质的理解认识，由此而形成的办学思想、理念，并转化为办学行为、办学实践、办学目标而最终形成的有别于他校的办学特色）之分，有特色学校、特色专业、特色课程之别。其间，特色学校是很简单的，也是最低层次的，一两年、三五年就可形成，学校特色虽然高于特色学校，但也并不难，难的是办学特色，这需要发现，需要积累，需要思考，需要创建，不是三五年就能见成效的，有个长期探索、积累的过程，不是一蹴而就，可以简单处置的。显然对特色的简单理解和片面认识很容易让我们走入误区，迷失方向或丧失信心，消极被动。

其次，是把特色的创建简单地认为是学院的事情，没有把他与系室、部门的工作联系起来，没有起到自己可以创特色专业、特色工作、特色系室和部门，更没有看到办学特色需要大家都冷静思考、理性探索，需要批判继承，开拓创新，需要集思广益，共同努力，没有想到看到办学特色重在办学思想、办学行为，人才培养的特色上，应当从人才培养的目标、内容、途径、方式、理念上下功夫，做文章，因而即便动了也是浅表层次，显得较为浮躁。

第三，在我个人看来，如果从根本上讲，从人才培养角度看，我们的办学特色可以集中体现在“三特”上，即我们培养的学生要有特定素养、特殊素质、特有技能。应当是有特定素养、特殊素质、特有技能的高素质高技能应用型专门人才。所谓特定素养，就是与专业岗位需求相适应的专业基础知识和基本理论，让学生要知其然，更要知其所以然，不仅要做得来，还要讲得出为什么要这样做，不那样做，为什么要做到这种程度，否则就不配叫高职。现在，人们在这一点上还在争议、还在探索，并没把握好度。特殊素质，要的是综合素质，特别是人文素质，这个与众不同、管用一生，我们要探讨、探索搞好这方面的开发与创新。特有技能也是针对职业岗位而言的，是什么岗位，是哪个层面的岗位，该具备的技能一定要有、要优，在学校就要指导学生定位，搞职业生涯设计，而不是出去了瞎碰乱撞，临时选取取凑合。这三特再加上一个高素质、高技能，就将其上与本科研究生、下与中职学生区别开来了，这三特与两高加起来，就会使我们培养的人才有特色、具有很强的社会适应性和竞争力了。因此，特定、特殊、特有既是定性的、也是定量的，但中心、核心关键是素养、素质、技能及三者的有机融合与统一。如果我们将其做出来，做好了就能让学生、让学院永远立于不败之地。

二是我们的定位问题。用科学发展观指导学院的建设与发展，除去明确办学思想、办学理念之外，在很大程度上体现在学院的定位上。这是学院发展建设中至关重要的问题，是学院发展建设的基础和前提，必须解决好。以前，学院在这方面有一些基本的认识和表述，但还不够全面和明晰，不够统一和科学，借这个机会，我想谈点个人的理解和认识，愿与大家一起探讨和思考。我想集中说明这样几点：

第一，学院定位指的是发展建设目标定位，而非指其他。对此，我们以前有四川或西部一说，全日制学生万人以上，本专科并举或综合性职业技术大学，全力打造四川高职教育第一品牌，在3－5年内把学院建成四川乃至西部一流，全日制学生达万人以上的国家级高水平综合性、示范性高职院校，“争取职教一流水平”的战略定位，这些提法都有一定的道理，也很鼓舞人，但却不够全面和准确，需要我们认真思考,集思广益,使之更完善和科学。

第二,学院发展建设定位应当包括性质定位、类型定位、规模定位、层次定位,目标定位等。

一是性质问题。这主要包括两方面,即学历与非学历教育,综合性还是专业性院校。此外还有成人与普通高校的提法,目前我们国家在这方面显得比较混乱。学历教育不谈了,非学历教育有某某培训学院,某某专修学校或学院的提法,很难区分,不是业内人士根本搞不懂。又如成人与普通高校,很不科学却又习以为常,见惯不惊。问题在何谓成人,什么叫普通,如何区分,若从年龄上看,满十八岁算不算成人,若算,现在的专科、本科院校不都是成人教育吗?若从内涵上讲,现在幼儿园、中小学又何尝不是使之成人(成才)的教育呢?国外很多没成人教育的提法是颇有道理的。

再就是很多冠以全日制,认为这是与成人教育的区别,殊不知夜大、函授、自考可以算业余学习(姑且不论他们的集中面授),那么成教中的全日制脱产又咋解释呢?总不能我不办就是了。全日制能成为普校与成人教育学校的分水岭吗?显然有问题。

因此,我们当科学些,不搞人云亦云,要有主见,尤其是现在很多高校搞学历非学历,成人普通并举,更何况职业教育有岗职培训、继续教育等很多类别和形式。

二是类型问题。目前较普遍的是将高校分作教学型、研究型、教学研究型、研究教学型四类。显然,我们应当是教学型,不能因为我们也在搞科研而搞成教学研究型。

三是规格问题,也可说是品类定性。包含有两个方面,一是人才培养规格的定位,一是办学规格的定位,且往往是与区域联系在一起的,比如清华、北大的世界一流大学,教育部的“全国示范性高职”等等,这也是办学目标的综合性体现,既不能高,也不能低,要恰到好处才行。从长远看,我们定川内或西部一流、全国著名、世界知名是比较妥当的。要想建国家级示范,现在一是不行了,二是示范并非是高水平,是一种导向性的,也是某一方面的示范,提四川就更低了,与我们的省政府主办、省教育厅直属极不相称。

四是层次定位。主要是专科、本科,要么取其一,要么二者并举,或二者中以谁为主。目前虽不能办本科,但以后不能说不办,要争取办,要列为奋斗目标。因为高职教育作为一种类型是迟早要办本科的,不可能不办,关键是办成纯本科还是以谁为主,二者兼有的问题。可以是办有专科的本科院校,也可是办有本科的专科学校。目前,我们可以模糊些,因其敏感,上面听了不高兴,但最终还是要发展为本科,要作为目标来追求,只是个时间的早迟,步子的快慢而已,因为其中的关键不是谁高兴不高兴,而是社会有需求,谁也阻挡不了。

五是规模问题。无论从长远,当前看,我们不能多了,也不能少了,万人是个坎。一万二三左右就可以了,这是学历教育,而且主要是专科加本科。中专和非学历应当在外。

六是时间范畴问题。不能无休止,要有规划,有范畴。有压力才有动力,使之尽快变成现实。因而可以有近期、中期和远期的目标定位,不能没层级性,搞一步到位或简单处置,不能太粗,也不能太细。

综上所述,我以为对学院的发展建设目标可分为这么两步考虑和表述:

一是近期目标,可表述为:

用5-6年左右的时间,将四川职业技术学院建成四川一流、全国知名,全日制学生在万人以上,以专科为主,本专科并举的综合类、教学型普通高等学校。

二是中期规划可以是:

用8—15年左右的时间努力将学院建设成西部一流、全国著名、世界知名、全日制学历教育在万人以上,本专科并举的综合类、教学型职业技术大学。

第三,与目标定位相关的还有个办学思路、办学格局、办学方针相应举措等问题,对此,我的初步考虑是:

就办学思路来讲,目前我们还不够明确,不很清晰,或者说至少没有明确的提法,没能用于很好地指导我们的相应工作,但这又是一个十分重要的问题,因为思路不清晰就等于工作是盲从的,随意性很大,与发展建设目标、办学思想理念统一不起来,是游离状态,这就将直接影响到学院的建设与发展。如果办学思路不正确,就会让学校偏离方向,造成人财物力的巨大浪费,造成不良的社会影响,阻碍学院的建设与发展,因而必须思考,必须将这一问题解决好。对此,我们是否可以考虑理清这么五大思路,即五个面向:

面向市场设置专业,面向职业设置课程,面向岗位培养技能,面向人生培养素质,面向社会规划人生。

这个思路是围绕着人才培养来的,首先是专业设置,面向市场设置,即根据社会需求来设置专业,但这里的需求不是今天市场要什么我们就设什么,搞快速反应,这不可能也违背教育教学规律,而是要进行分析预测,把握市场的趋向和主流。面向职业设置课程看起来很平常,做起来很不容易,但既是职业教育,就必须面向职业来合理设置课程,因为我们培养的就是职业人。面向岗位培养技能,涉及学生的人生规划问题,有个岗位定位问题,即毕业后到底干什么,需要什么技能,我们就得让他们具备这些技能,否则就是教育的失职。后两句就更加重要了,我想我们应当坚持这样的办学思路,也只有这样才是科学的。

办学格局是学院已经有的,只不过原来提的是多层次、多形式、多规格,我认为这不够全面和准确,事实上我们已经做到了,但未将其很好总结概括出来,因此,我认为当加上几多,变成:

多层次、多形式、多途径、多功能、多规格、多品类,立体全方位地为经济社会发展培养人才,搞好服务。

多途径是人才培养路径,合作方式问题,过去我们就有院地、院校、院企和境内境外合作的成功探索,现在还可以继续深入探索,包括成人学历、非学历教育,也包括跨地区、跨行业的培训,还有中职与学院的合作,甚至于托管、联办等等。连成都校区都在积极准备建议,我们为何不探索呢?“多功能”方面,目前我们主要是人才培养,还有个资源支持、智力支持、社会影响,社会公益事业参与的问题,现在好些学校都与企业、农村或中职学校定点联系,帮扶、结对子,参与革新、参与研发、参与建设,参与活动。我们是西部农村职教基地的龙头单位,不光在人才培养方面,要在方方面面把龙头舞起来,比如结合地方经济社会搞科研,提供相应咨询;把我们的设施设备与企业的、中职学校的有机整合起来,资源共享,发挥更大效益;于搞好校园文化建设的同时参与、支持地方文化建设并在其中起引领、指导、推动作用,提升城市品位,打造地方特色文化,扩大学院的知名度、影响力等等,都是学院功能作用的发挥。多品类即人才的、智力的、服务的、成人的、普招的、学历的、非学历的、长期的、短期的、集中的、分散的、紧密的、松散的、务实的、虚实结合的等等,各种方式齐全,各路货色齐备,让社会有更多更好的选择余地,让社会更满意。

办学方针与思路一样也是十分重要和应当明确的。对此以往学院提得不多,或有一些,较零散,不够准确(比如以学生为中心、以教学为中心的问题,既不准确也有多中心变无中心之嫌)我认为可以提炼成这么七句话,或都叫“七为”方针,即:

以育人为中心,以就业为导向,以素养为基础,以素质为根本,以能力为核心,以质量为生命,以成才为目标。

其逻辑起点是育人,最终归结为让学生成才,成为社会有用之才,中间的都是指导思想,内容和手段,也包括了相应的思想理念,办学理念,突出了素养、素质、能力和人才培养质量,因而较科学一些。

有了发展建设目标,明确了办学思想理念,理清了办学思路,确定了基本的办学方针,就当有具体的措施办法来支撑、诠释、体现,保障其顺利实施,有效推进,而且这些措施办法既当是全面的,又当是原则、框架性的,对以后起指导、引领作用的，需要在实践中来细化、深化、扩展，使之变为具体行动的，这些措施既是相对独立，又是有机联系，符合以人为本、全面协调可持续、统筹兼顾之科学发展要求的。基于此，个人的基本想法是这样八句话，56个字，对不对，望大家好好斟酌，这就是：

制定规划明目标，带好班子建队伍，深化改革创机制，凝聚人心增活力，调整结构优条件，强化管理抓质量，发挥优势显特色，铸造品牌求卓越。

显然，制订规划明目标是重要的基础性工作，我们原来也制订了十一五规划，但形势和情况发生了较大变化，我们也当据实调整，更何况我们有了明确的目标之后也当有具体的时间要求，有阶段性的安排举措和要求来分解，保证总体目标的实现，使之不至于空对空，搞纸上谈兵，能一步一个脚印，扎扎实实地推进而最终确保目标的圆满实现。除去学院制订调整规划外，我们已做工作还有空白，还缺乏一个重要的基础和支撑体系，那就是系室和一些专项重大工作无规划、无目标。特别是系室是学院的二级实体，没规划没目标，等于是主观盲从，见子打子，做到哪里黑就在哪里歇，也没压力没动力，因而要改变。作为系室和重大的单项工作（比如队伍建设，特别是师资队伍建设、校园文化建设、校园建设等等）必须制订发展建设规划，而且要严肃认真制订，发动群众集思广益，几上几下认真研究，科学合理制订，既有自己的特色，又与学院规划联系统一，形成有机整体，以此形成科学合理的系统规划，以此保障工作的正常有序，有效推进，保障学院发展建设目标的顺利实现。

带好班子建队伍，也包括了两个层面。一是学院层面的，主要是党委行政班子建设问题，二是系室、部门、总支、支部也有个带好班子建队伍的问题，院系两级的队伍是分支。一是管理队伍，这是重点，是领头羊，起着核心骨干作用，一要选配好，按德才兼备原则，重德、重实干、重素质、重品质、重执行力；二要教育培养，改变只用不教，不培养的状况；三要管理，包括体制机制、考核奖惩，建立正常流动，轮岗、能上能下的动态机制，既包括中层干部，也包括科级干部。二是师资队伍，这是我们的支柱，包括班主任、辅导员，要专门研究，从体制、机制抓起，一定要有切实可行的措施办法，充分调动好大家的积极性，发挥好创造性和相应职能作用。三是服务队伍，过去只讲后勤服务，实际上服务在教学系统内部有，行政上也有，相对育人而言，包括教学都是在服务，这是一个系统工程，也要有计划、有步骤地把相应工作推进好。

深化改革机制也很重要。包括我们的人事管理、内部分配、教学管理、学生管理、后勤服务等方方面面，很多都需要改。一是上面有要求，二是好多都是两校合并时兼顾方方面面形成的，实践证明有问题，客观需要改，其间很多都集中反映出体制、机制方面的问题，需要我们认真思索，按照以人为本、全面协调可持续、统筹兼顾、促进发展的原则来进行，其目的在能通过改革充分调动大家的积极性，发挥大家的创造力和各职能部门的作用，凝聚人心，增添活力和生气，最终增强学院的核心竞争力、核心发展力，促进学院更好更快发展，促进学院再上台阶，再创辉煌。

调整结构优条件也涵盖较广，包括学科专业结构、人员结构、管理机构构架、收入分配结构、课程与育人环节等方面的结构，有很多需要调整。优条件主要是指教学条件，现在基本的有了（也有文管类的基本的都还没有），但配置不合理、不科学、不完善，需要调整、优化，使之人尽其才，物尽其用，更好地发挥效益、更好地为人才培养服务。

强化管理抓质量既是上级、时代、社会的要求，也是我们的内在要求。现在我们的规模上去了，雏形有了，但管理跟不上，管理思想、理念有差距，管理体制机制有问题，管理办法不科学，管理环节有疏漏，管理水平有待提高。客观地讲、关起门来讲，我们的一些管理是混乱的，存在软、懒、散、乱、差的状况，我们对质量应当心知肚明。学院牌子很好，壳资源很好，现在又是大好时机，我们应当乘势而上，采取强有力的措施办法强化管理，提高质量，努力使学院名副其实，尽快做品牌、做质量、上台阶，真正走内涵发展道路，把学院于做大的基础上做强，为展翅腾飞打下坚实基础。

发挥优势显特色有个对现状的认识评价和对未来的思考和把握问题。我们现在到底有无优势，有哪些优势，有无特色，有哪些特色，该怎样扬长避短，发挥优势，该怎样努力创特色，都值得深思。发挥优势是开发利用资源的问题，创新特色既有对资源的开发利用，又有对未来的开创把握问题，而且特色是生命、是闪光点，也是一种特定的资源，失去特色就等于失去生命力，但这是一项很难办的工作，也是很重要的工作，需要我们认真研究和对待。

铸造品牌求卓越是我们的工作目标、发展建设目标，它与川内、西部一流、全国著名、国际知名是联系在一起的。卓越是指在我们这个领域这个层面上要做到好上加好，与众不同，甚至超凡脱俗，而又永无止境。这是一个很高的要求，也是一个需长期不懈地苦苦追求、努力奋斗的目标，也体现了全面协调可持续的精神，是一种高层次、高水平的追求，是一种境界。这不仅是我们的追求，也是党和国家，时代社会的要求，因为教育部对高职高专在前几年就提出了这样的要求，提出了卓越工程的问题，我们理当积极响应，奋起直追。

需要特别说明的是:

影响制约学院科学发展的因素、问题还多，诸如体制机制、管理服务方面的问题，限于时间，也出于院领导应多考虑重大的、基本的问题的缘故，因而希望大家要多集思广益，细致考虑中观、微观的问题。在学习实践活动中，大家都应当按上级要求和自身需求，从学院发展建设大局出发，认真把制约学院建设发展的重大问题，热、难焦点问题集中全面地反映出来，找到根源危害和解决办法，以此促进推动学院更好更快地科学发展，要真这样，我们的学习就达到目的了。

我今天是联系学院实际来谈的，这既是上级的要求，也是学院的要求和实际需求。大家在学习实践活动中都应如此，密切联系实际，切忌空对空，不着边际，不关痛痒；反对喊口号、做样子、走过场；大家不要老是提意见、搞抱怨，要从我做起，从现在做起，要都这样，学院就好办了，就有希望了。我谈的是个人的思想认识，不一定对，大家可以讨论批评，但我们必须通过这一难得的学习实践活动在思想认识上统一起来，把这些基本的东西搞明确，为学院的建设发展奠定良好而坚实的思想认识基础。

创新人才培养理念　铸就学子出彩人生*

——从习总书记批示论高职教育的人才培养理念

在全国职业教育会议之前，习总书记在关于职业教育的批示中明确指出：要着力提高人才培养质量，努力培养数以亿计的高素质劳动者和技术技能人才；要深化体制机制改革，创新各层次各类型职业教育模式，努力建设中国特色职业教育体系；要加大对农村地区、民族地区、贫困地区职业教育的支持力度，努力让每个人都有人生出彩的机会。这不仅与十八大让每个孩子都能成为有用之才的精神一脉相承，而且指明了职业教育的基本着力点和前进方向，提出了新的目标要求，对职业教育，职教工作者赋予了创新人才培养理念，引领助推人生出彩的重要历史使命，值得我们认真学习、深刻领会和很好地贯彻落实。

一、深刻领会习总书记批示之要义

深入学习中不难发现，习总书记的批示有着非常丰富深刻的内涵，其中努力让每个人都有人生出彩机会的基本要求，具有重大深远的指导意义。

首先是党的宗旨的根本体现。努力让每个人都有人生出彩的机会与全心全意为人民服务，最大限度地满足广大人民群众对物质文化和精神生活基本追求的宗旨精神具有高度的一致性。当前，日益富裕的广大人民群众希望子女成才，能受到良好教育，特别是适合每个孩子成长成才的教育，天大地大、儿女的事情最大的惯常说法便是这方面的最好明证，尤其是在独生之女时代之当下。作为以全心全意为人民群众谋利益的共产党人和各级党组织来讲，满足好人民群众的这一基本要求自然是义不容辞的，理当想人民群众之所想，急人民群众之所急，做人民群众喜欢做的事。作为面向人人的职业教育来讲，就应当办出让人民群众满意的职业教育，让每个孩子都顺利健康地成长成才，让每个孩子都有人生出彩的机会，使党的根本宗旨在职业教育中得到最好的体现。

---

* 《四川日报》2014 年 6 月日栏目约稿

其次是社会主义本质的集中体现。邓小平同志讲,社会主义的本质是实现共同富裕,让人民群众过上幸福美好的生活。努力让每个人都有人生出彩的机会,除去社会其他领域的责任之外,就职业教育而言,就是要让每个接受教育的人都能有相应的收获与进步,都能具备社会生活之基本技能,都能找到自己的用武之地,都能依靠自己所具备的素质、能力和水平攻坚克难,开创自己和他人的幸福美好人生;去获取成功,为人类社会做贡献;去过上富裕舒心的日子和幸福美满的小康生活。如果职业教育做到了这一点,便充分体现了为经济社会发展服务的基本办学宗旨,就能很好体现社会主义的本质要求。

第三是共圆中国梦的必由之路。国家富强、民族振兴、人民幸福是中国梦的最高境界和目标追求。中华民族是一个多民族的大家庭,国家梦、民族梦、个人梦是高度融合统一,紧密联系在一起的,是利益共同体。没有个人梦何以谈民族梦?没有民族梦何以谈国家梦?没有国家民族梦的实现又何以保障个人梦?显而易见,每个人都有人生出彩机会的实质就是要让每个人不但都有梦想,都有机会,而且还要能实现梦想,具备筑梦圆梦的先决条件,因为这是国家富强的重要基石,是民族振兴的根本路径,是人民幸福的核心指数,也是职业教育的根本任务,必须抓紧抓实抓好。

第四是职业教育神圣使命之必然。教育的本质是育人,是培养社会主义事业的合格建设者和可靠接班人,立德树人是各级各类教育的根本任务。职业教育是面向人人,服务社会的教育,理当因材施教、实施个性化分层分类教育,千方百计让每个孩子都能成才,都有施展才华,人生出彩的机会。什么是人民满意教育?这就是人民满意教育!这既是一个定性的,也是一个定量的极具个性化人性化的教育要求。因此,职业教育的教育根本任务有二,一是让受教育者好好学习,切实把素养、素质、观念、技能等重大基本问题解决好,让受教育者真正具备人生出彩的素养素质、能力水准等基本条件。二是要教会他们善于很好把握,敏锐捕捉人生出彩的机会。其间自然包括了对高职学生的世界观、人生观、价值观和职业意识、观念、道德、品质与态度等综合素质的教育培养和职业生涯教育。这自然是党和国家赋予职教人的神圣而光荣的历史使命,懈怠不得。

二、高度重视职业教育之思想理念创新

要完成这样的使命虽然涉及的因素很多,但核心、关键的却是创新职业教育人才培养的思想理念和模式。当前,模式已改到一定程度,产教融合,校企合作、工学结合已成共识和总体取向,是细化、个性特色化和很好运用的问题。最核心的是办学,特别是人才培养理念的创新。从近五年的国家示范、国家骨干、省示范

高职院校的创建探索中，四川职院深切认识感受到，职业院校要让学生人人出彩，应当确立并很好坚持和践行素养、素质、观念、技能四位一体的人才培养理念，以此形成特定素养、特殊素质、特好观念、特有技能的人才培养特色。

第一是素养奠基。即千方百计让学生学好专业基础知识，基本理论，打好扎实的专业基础，为其专业发展，人生事业的演进奠定坚实可靠的基础。俗语云：基础不牢，地动山摇。没有厚实的专业基础或专业基础不牢，就等于失去了人生起步腾飞的基点和平台，是行之不远、飞之不高、难以出彩的。因此，作为高等职业教育，应当首先教育引导学生具有特定的专业素养。

第二是素质固本。素质是一个人管用一生的东西。是决定人生能否出彩、出多少彩、多大彩，人生能否幸福，幸福指数高低的内核和关键所在。一般地讲，素质又包括思想、道德、心理、身体、艺术、人文、科技等多个方面，但最根本最核心，能管用一生，起支配决定作用的是包括世界、人生、价值、道德观在内的人文素质。因此，高职教育不能只讲技能培养，不讲素质教育；不仅要讲，而且还当是高素质、高技能教育，使之与初等、中等职业教育区别开来，进入创新型教育新层面，很好地彰显其特定的功能作用和效应。从这个意义上讲，高职教育还应当实施全面的素质教育。

第三是观念立命。一个人的认识观念很重要，“思路决定出路，观念决定高度”讲的就是这个道理。认识观念的差异会带来迥然不同的结果和效应。观念决定着一个人、一件事的命运，这便是“观念立命”的基本要义所在。人的意识观念不是与生俱来，而是后天学习养成的，职业教育必须重视人的思想观念教育，特别是世界观、人生观、价值观、创新观、发展观的教育，社会主义核心价值体系的教育尤为重要。否则，技能再好也不一定能发挥其应有作用和效应。同时，还应当通过职业教育的努力，让一些能具备出彩机遇的意识观念或思想火花得到很好的引领和开发，使之在纷繁复杂的社会生活中不至于迷失方向，错失良机，能更好更快地科学发展。

第四是技能安身。技能包括了技术技艺和能力水平。培养学生的公共技能，专业基本技能，专业相关技能、专业核心技能是职业教育的基本目标任务，是各级各类职业教育的基本必然要求，也是区分普通与职业教育，职业层级教育，优劣教育的分水岭和试金石，是职业教育是否具有存在意义和生命力的基点所在，关系着人们的生计问题，含糊不得。古人讲安居乐业，如果没有一技之长是很难做到这一点的。如果连生计、温饱问题都解决不了何以谈其他？因此，职业教育一定要让学生具有求生存求发展的基本技能，使之解决好最为基本的生计问题，使之具有人生出彩的基本条件，具有美满幸福的客观基础。

川职院、川职人与“三二一”*

一、“三二一”的诘问

要讨论这个问题，首先提两个问题，这就是：

第一，川职院有三二一么？川职人有“三二一”吗？“三二一”是什么东西？

第二，川职院、川职人与三二一有什么关系，为什么要在川职院大讲堂来讨论这个莫名其妙的问题，有这个必要吗?!

我相信这是大家共同关心的问题，也是大家此时此刻的一个基本心态。然而，我并不想急于解答，而是想继续发问：

作为川职人，无论老师还是学生，干部还是员工，最基本，最重要的问题是：你了解川职院吗？你了解多少，你道得出川职院的一二三，说得清川职院的是与非吗，能说出多少来？

在我看来，你既然来到了这里学习或工作，不管时间长与短，你就是川职人，就与川职院结下了不解之缘。作为川职人，难道你不该了解它的一二三，不该说出他的子丑寅卯来吗?!

作为川职人，假若你真的不了解川职院，说不出一二三，讲不清三二一，你不觉得愧疚，不觉得汗颜，你觉得还好以川职人自居吗？

也许大家平时没想过这些问题，也觉得不该去想；没必要将简单问题复杂化，没必要做出相应的回答。但是，在我看来，作为一个川职人，无论年龄大小，也无论在这里学习工作时间的长短，都当扪心自问，都得清楚明白，都该理直气壮，滔滔不绝地回答好这些问题，有强烈的紧迫感，有浓郁的自豪感，不仅能说出一二三，而且还讲得清楚三二一，对学院了如指掌，讲起来口若悬河，滔滔不绝；不仅能讲得清内涵外延，还能够深刻认识其价值意义，弄清它与自身的关系，能勇敢投身三二一，与大家一道共建三二一，很好实现三二一，这才是我们应有的态度，这才

---

* 2014 年寒假为全院二级科长以上干部，副高以上教师做的演讲

配叫川职人,也才称得上合格称职,甚至优秀的川职人,也才能使川职院因你而骄傲,你也因川职院而自豪,你和川职院都能如虎添翼,共同奋进,更好更快地成长。

这就是我们讨论这一话题的目的意义、价值功用所在。

二、"三二一"的含义

(一)一二三的含义

在前面我们提到了一二三,作为川职人,应当知道也数得出川职院的一二三,诸如川职院的历史现状与将来的定性定量表述。对此的基本判定应当是多数人都没有问题,因为这在招生简章或校园网上,在相应的宣传资料上都有,不外乎历史悠久、条件良好、成效显著、前景广阔之类的。有的甚至还会讲:耳朵都听起茧巴了,都听得厌烦了。但又不排出少数人说不清这一二三,要不然,咋会在学院的各类文稿上连基础数据都很不统一,有的网上至今还挂的,有的干部至今还用的是07年学院评估时的数据资料,难以自圆其说,让人感觉很酸楚、让人哭笑不得呢?!为什么很多部门,有的甚至是职能部门报不出、报不准学院和自身的基础数据,部门同志间常为此争得不可开交,甚至是面红耳赤呢?为什么我们办了党校积极分子培训班,还发了结业证,却仍然有同学认为交了入党申请书就等于入了党,参加了党校学习就等于入了党,甚至还可以异地入党转到学校,会在工作学习中犯低级错误,让人哭笑不得呢?就更不要说我们的办学思想理念、思路举措、特色亮点,职业教育的特性规律、目标要求了。由于不知不晓,便不懂得起码的立正稍息,不明确育人和学习的目标要求;不懂得珍惜时光,抢好用好各种机遇;不懂得尽职尽责,遵纪守法;难以明辨是非,分清善恶,而一味地浑浑噩噩不思进取;或抱残守缺,狭隘偏颇,只知道批评要求别人,而难以反观检点自我;总觉得学院要求高了多了,管严了,给予我的少了,自己付出多了;只懂得拒绝、索取,不知道付出、奉献;只知道抱怨愤疾,不懂得理解支持;只顾现实个人眼前小团体,不管大局整体和长远;难以客观公正地认识看待和处理相关问题,难以正确处理教育与教学,素养与素质技能,职能职责与工作态度、能力水平、数量质量的基本关系,以至于总是站在对立面、坏脾气越来越大,越来越浮躁、消沉、低迷、偏激,不思进取,不顾大局甚至于走向极端,铤而走险,给学院和社会诸多负效应,形成威胁甚至危害,这是因小失大,由不了解不认识基本院情所带来的严重后果,自然当引以为戒,引起高度重视、严肃审慎对待并力求尽快很好解决的。这也是我选择这一话题的基本缘由所在。

(二)三二一的内涵与外延

需首先说明的是,学院的一二三是基本的、常规的。学院不光有一二三,而且还有更重要的关系大局全局、当前长远、务虚务实的三二一;学院不光有一个三二一,还当是三个三二一,而且三个三二一之间关系密切,意义重大。与每个师生员工、党员干部都关系密切,应当引起高度关注,做到切实把握,很好践行。

1. 学院发展建设的三二一

首先应当指出的是,学院发展建设的三二一是在发展建设中逐步确立并在科学发展观的学习实践活动中明确的,是对学院发展建设历史和现状的一种深切认识与把握,是学院发展建设方略的核心内容,是对学院发展建设具指导意义的重大基本思路与举措,无论是教职员工还是学生都应当对此有明确的认识和很好的把握。

其次应当明确,学院发展建设的三二一有着特定的含义,丰富的内容和深刻的内涵。

其间的"三"是指的学院的发展建设可以和应当分为三个阶段三大时期,实施三步走的战略。

第一是初创成型期。需特别说明的是,这里的初创成型是指的川职院的初创成型,而不是指的这所学校的前身农机校或川北教育学院的初创成型。因为如果考量其前身的话,这个话题就长了,不仅可以追溯到1917,而且可以追溯到1300多年前遂州太守张九宗所创办的九宗书院(唐贞观九年,公元635年),按一些专家的说法这是世界最早的大学(因为在他们看来世界比著名的也被一些学者称为最早大学的埃及爱兹哈尔大学早348年,比国内官办的集贤书院早90多年,比著名的岳麓书院还早了341年。在我们看来,这只能算或至少是世界最早的教学研究型高等教育机构之一)。既然是世界上最早的,自然也是遂宁历史上最早的,现当代遂宁历史上唯一的高校就是四川职业技术学院,因此应当有着某种特定的渊源关系,因此说四川职业技术学院历史悠久也一点都不过分。作为川职院历史上的初创成型期,主要是指2002年至2008年这一时间段,这个期间的主要任务一是搞好融合统一,二是改善办学条件,三是扩大规模,四是评审过关。重点是硬件建设、外延拓展。目的是将学院做大做好。

做大做好是什么概念呢?

其一是要从根本上改善办学条件。毋庸讳言,建院之初,的确是不像大学像中学。没有梧桐树,自然招不来也不大留得住金凤凰。因为两校合并建院之初,学院只有全日制学生3400多人,与学院,与500多教职员工的学院,与百年老校极不相称,因此要把规模做大,做到万人以上,做成遂宁的万人大学(1999年扩招前,一般本科院校也就三四千人)。"做好"是什么标准呢?首先要有与之相匹配,相适应的办学基本条件,包括生均占地面积,生均教学公共用房,生均仪器设备值,师生比等等。而我们当时两校合并一共才210多亩地,周边都是学校或医院,已经很拥挤,根本没有拓展的空间了,生均占地、占房、师生比、设备值等主要指标都差距很大,不改变不改善显然不合格,也难以生存下去,就更不用说发展了。没想到新学院一建,就遇到生存危机,怎么办,是墨守成规坐以待毙,一出生就困死在摇篮中?还是画地为牢,在孤岛上硬撑硬拼,或是冲出围城走出去开辟新天地,谋求新发展?这便成了摆在川职人面前新的首要难题,也成了对新学院新班子的严峻考验和挑战。就当时来讲,还面临着两校刚刚合并,两个穷兄弟凑在一起,既无任何积累更无实力支撑;两校合并尚在磨合中,生死未卜,稍有不慎便陷入泥潭怪沼中,要么难以自拔,要么加速灭亡,要么走出困境冲破险关。好在当时的班子很有远见卓识,也很有气魄胆量,在反复讨论的基础上,形成了毅然决然走出去建设新校区,实施学院发展建设的56710工程,背水一战,绝地逢生,图谋更好更快发展的共识。

学院的决定赢得了社会的信任和赞许,不光遂宁市委市府支持,河东新区、开发区争相邀请选址,大英县委县府也以最初的零地价相邀;绵阳双流温江青白江的党委政府也都十分看重川职院的举措和气魄,看好四川职业技术学院的壳资源和发展前景。绵阳的游仙区更是以九院旁边、西科大对面一马平川的好地和七通一平低地价的优惠条件与学院草签了意向性协议,但最终主要因高校结构布局问题留在了遂宁。在市委市府的鼎力支持下,河东新区以3.5万/亩的低价和良好的服务让我们留在了这里,尽管当时我们只有1000万的启动资金,而整个建设却最少需要6~7亿;尽管当初艰难得每天排队限额报账3万元,几乎到了资金断流山穷水尽的艰难境地;尽管省市政府没有专项资金投入,市上也只能以土地价格优惠,相应规费减免,相关手续从简等特定方式支持,但我们的教职工上下一心,同心同德,以为难为之为,成不成之成的非凡气概,勒紧裤腰带过日子,先后两次集资5000多万元启动建设和度过危难时刻,全力支持了学院发展建设。从破土动工到2006年国庆成功入住4000多学生,不到一年投入使用,川职院创造了遂宁速度遂宁奇迹;从边建边用,三年全部搬完到初步建成学院新校区的一二期工程,使学院的各类基础设施成龙配套,具备了万人以上的办学硬件条件,解决了做大的基本办学设施条件问题,以惊人的速度和非凡的壮举让一所气势磅礴,大气靓丽的崭新学院矗立在了大拇山麓,成了四川职业技术学院的形象和标牌,成了遂宁的一道靓丽的风景线,使四川职业技术学院彻底告别了说起是大学,设施上不如中学,好不容易招来的学生到校后心灰意冷瘪嘴巴,背上铺盖卷要走人,留不住学生的尴尬历史。

其二是改革创新,攻坚克难。非常时期非常措施办法与手段,做大规模,让大学首先成其大,走名实相符的外延发展路。由于建院之初受三大主要因素的影响:一是校舍破旧(五六十年代、七八十年代建筑居多,甚至还有土砖墙,干打垒的情形)、容量小,抢不了眼球留不住学生;二是受学院更名的影响,不要说一般的学生和家长,就是地市级招办的很多同志都不知道四川职业技术学院是从哪里冒出来的,自然不敢贸然让考生放马过来,害怕上当受骗;三是对职业教育认识上的误区,包括什么叫高职,我们内部一些人的理解都还是只有理工教育、学历教育才是高职,文管类教师教育类、成人教育非学历教育都不是高职;社会上一些人则更认为高职即职高,扩招后孬死了也要上个本科,不少家长学生是在无可奈何的情况下才选择高职的,由此导致学院牌子上去了,规模数量却老是上不去,最初学生的报到率只有50%左右,处于招不来学生留不住人的尴尬境地。面对现实,学院党委行政大胆创新,响亮地提出了没有数量便没有质量,先做大后做强,先求生存后谋发展,走好外延发展路的兴院口号,于加强宣传教育,让教职工增强危机感、责任感、使命感的基础上,先后采取了全员招生,任务到含离退休在内的每个教职工人头;责任招生,任务到各系部、职能部门;主体招生,以招就处为主,相关部门、员工同学配合支持,划定责任区,分定目标任务,逗硬奖惩考核;突出高完中职中重点,建立生源基地;充分利用校长班优势建立长效机制,突破难以进校宣传之难点等特殊时期的特定办法和手段攻坚克难,使危机得以逐步化解,局面逐年得到改变,用了短短八年左右的时间就将规模做大,使全日制大专学生的总规模接近了万人大关,翻了近三番(国际上高等教育的惯例、规律是10年翻一番),真正实现了做大的目标。其标志主要有二:一是新区占地面积过千亩,建筑面积达到了22万(规划为38万)多平方米,各类设施基本成龙配套;二是在校全日制学生达到了9000人左右。

其三是突出重点破难点,千方百计将学院做好。其间又主要是抓的三大建设。一是关乎人才培养条件质量的硬件建设。除去校舍校园等建设之外,学院还抓了与人才培养质量直接相关的教学设施设备的投入改善。合并之初,新学院的各类设施设备只有3000多万元,只能满足基本的实验实训要求,层次稍高的就满足不了,很多教学只能从理论到理论,难以满足经济社会发展对职业教育的基本要求,难以提高学生的专业技能,难以缩小与生产建设管理服务一线的差距,难以让学生适得其所,让用人单位满意,很好就业和提升社会服务能力与地位。为此,学院在一方面保校园建设,一方面保基本教学投入的原则指导下,千方百计加大教育教学设施设备的投入,几年中投入达2000多万,使生均仪器设备的投入大幅提高,人才培养条件得到了应有的基本投入和保障,为把学院做好奠定了较好的物质基础。

二是关乎能否做好之基础前提的学科专业建设。两校合并之初，与机构人员内部分配一样，为了维护稳定，搞好融合，在学科专业建设上也是做的加法，即有什么专业就办什么专业，以避免厚此薄彼，体现公平公正，由此带来的是平均使用力量，全面均衡发展，无重点特色可言，不能形成特色品牌专业，既难以适应社会需求，也极不利于学院建设与发展，而且还逐步拉开了与航空、建筑、工程、交通、电力之间的差距。为了改变这一现状，学院在反复调研论证的基础上提出了突出重点，兼顾一般的专业建设思想；提出了汽车、机械、电子、信息技术、物流管理、建筑环境等六大重点专业建设之口号；并从人才培养方案到课程、教材、师资队伍和实习实训条件改善、经费投入等方面做了系列打造工作，使学科专业建设走出了平均用力、齐头并进，什么都抓，什么都没抓住抓好的误区，为把学院在做大的基础上做好创造了基本前提，奠定了良好基础，这就是2005年以后实施的"56710工程"中的"六"，即六大重点专业建设。

三是以教育部人才培养水平评估为载体抓手，关乎人才培养质量、办学水平提高的全面内涵建设。按照国家的统一规定和要求，各新建的高等学校，包括高职院校都有个人才培养水平的合格评审问题。目的在解决你虽然建成了普通高等学校，通过一定建设期，相应建设是否达到高等学校的设置标准和相应要求，是不是真正的高等学校，是哪个层面的高等学校。教育部不仅规定了"十一五"末要全面评审结束的时间表，而且还定出了批次，排出了顺序，拿出了相应评估的办法和相应指标体系，组织的是全国性的评审专家队伍，这对于一方面搞建设尚未喘过气来，一方面要搞发展，不仅规模要上去，而且质量水平要达标的新建学院来讲，无疑是快马加鞭，雪上加霜，其时间紧、任务重、难度大、要求高是可想而知的。其间特别是办学思想理念，办学特色，涉及人才培养质量、办学水平的课程、教材、师资、设施设备，相应管理制度办法的建设尤为重要，要求必须要有任务书、时间表、路线图。对于综合类院校本身来讲特别重要的是办学特色的凝结、创构问题，学院组织了无数人马，特别是班子，数易其稿，好不容易才过了关。对于挂牌是省厅直属的川职院来讲，要求更高，不是一个合格良好的问题，自然应当是瞄准优秀。因此，其间学院也下了大功夫，花了大力气，本着以评促教、以评促改、以评促建的基本原则，从中也锻炼考验了队伍，学到了不少东西。经过全院的上下一心，齐心协力，功夫不负有心人，终于如愿以偿：2007年顺利通过了教育部的人才培养水平评审并获得了优秀，为新校区落成和90周年校庆献上了大礼厚礼，圆满实现了做大做好的首期建设目标。2007年12月，新校区落成暨90周年校庆大典在学院体育场隆重举行，整个学院乃至遂宁一片欢腾，共同见证了这一学院发展建设的里程碑式的新高度，这便是学院发展建设56710工程中的"7"的基本含义，即人才培养水平评估于2007年获得优秀。为此，学院并举办了盛况空前，热烈浓重的三喜临门之大型庆典，既总结了经验教训，又展示了成效、宣传了学校，在历史上留下了浓墨重彩的一笔。

这便是学院发展建设中的第一个阶段，即初创成型期。很显然，这一时期的重点是合并融合、基本建设、扩大规模、软硬件建设，属于数量扩张型，走的是一条以做大做好为目标的外延发展路，这应当是新学院发展建设中的第一次创业，属于学院发展建设的起势阶段。

第二是发展建设期。这一时期的主要任务是强管理、重质量、创特色、铸品牌，走好内涵发展路。重点是软件建设，练好内功，目的在将学院于做大做好的基础上更进一步，将其做特做强。这一时期的时间段可大致划分为2009－2014年。这一时期的基本路径是巩固、扩大评估成果，争国示，竞国骨，创省示。基本情状是争国示败北，竞国骨失利，创省示成功。喜忧参半，形势喜人。

国示国骨之所以败北失利，粗略坦诚地讲，不是大家不努力，也不是我们条件差、关系少，而是一个机遇和总体平衡问题，带有一定的政策制约因素。深层次的真正原因是省厅直管的高职院校一共只有两所，成都航空行业背景优势突出，又是部省共建学校，地处成都，原本级别就高，又建职院早（我们因特定原因没跟上趟，一步慢步步慢），虽底蕴不厚，却天时地利人和，第一批国示天然进去（我们如果2009年合并消除了人为障碍，首批国示也是无可非议的，因为这是不成文的规矩，很遗憾我们坐失了这一良机，如果不是这样，我们的升本也可能并非没机遇，这就是所说的机遇问题），只两所，他们进去了，我们还能再进去吗？省教育厅必须平衡其他厅局之关系。既如此，自然只有我们牺牲了，更何况我们当时还有人和因素等问题，所以国骨虽然也把我们报上去了，且并非我们的专家评分低，却还是失利了，这就是政策和机遇问题。机遇无论对于一个人一个单位一个地区一个国家都太重要了，故而各级都很强调抓机遇，大家也要学会抓机遇，要不是机遇，地震机遇，绵阳职院凭什么上国示呀？所以我们不后悔。因此，这一时期我们的基本路径是内涵发展，基本载体是示范建设，这一时期，我们重点抓了以下建设：

一是思想理念、目标定位与规划，这是最基本也是最重要的。进入21世纪，在总结诸多经验教训的基础上，在实施科教兴国，人才强国战略，创建一流高校的过程中，中央高瞻远瞩，提出了政治家、教育家办学的问题，这实际上是要选好学校，特别是高校的党政一把手。尽管我们也说要走群众路线，要相信和依靠广大教职员工办学，要教授治学治教，专家办学，虽然这些观点都不错，而且还很好，但它都是在一定层面上一定前提条件下讲的。因为这其中涉及领袖领导与群众的关系问题。领导也是群众，只不过他不是普通群众，而是群众中的佼佼者，是群众的优秀代表,是群众的组织引领者。群众即便再优秀,都不能没有组织引领者,在动物界,上至天上飞的鸿雁,下至地上跑的蚂蚁,从头羊头马到蜂王,大到龙,小到虫,他们虽没有政治信仰,但他们却都有严密的组织,有头目有首领,所谓不能群龙无首,讲的也就是这个道理。因此中央的决策是对的。在我看来,所谓政治家办学就是要选好办学的领路人、掌舵人,选好高校的党委书记,把握好办学的也是人才培养的方向。说直白些,那就是中央一再要求强调的立德树人,培养社会主义的合格建设者和可靠接班人,培养民族文化精英,时代之骄子、国家之栋梁,而不能培养自己的反对者,社会的渣滓,民族的败类。尽管西方国家的说法不同,但道理都是一致的。从奥巴马到普京无一例外,要不然美国的爱国主义教育,传统教育、法制教育为什么比我们还搞得好。不止美国,不管哪个国家和民族,都是将爱国摆在第一位的。所谓教育家办学,那就是要选好高校的校长,选出有独到的办学思想和理念,有自己的办学目标和方向,办学的思路和举措。"两家"说起来简单,实际要求是相当高的,有了这两家,何愁办不好一所学校,办不出一流教育呢?因此我们在办学方向上,除去思政课、思政教育外,一个重大举措就是排除方方面面的干扰,坚定不移地进行素质教育,实施全面素质教育,特别是人文素质教育,教学生学会做事,学会学习、学会生活、学会做人。为此,我们提出了素质固本的响亮口号,独家创建了人文科技训育中心,在示范建设中做了综合项目,而且创新了一种方式,叫"训育"。因此我们还在学习实践活动中充实完善了办学理念,在原有"三本四寻"的基础上创立了素养、素质、观念、技能四位一体的人才培养理念(素养奠基、素质固本、观念立命、技能安身)和"重质量、创特色、铸品牌、求卓越(走质量兴校、人才强校、特色名校、品牌立校、卓越荣校之路)的办学理念。在示范建设中还创新了"面向地方、对接产业、服务经济"的专业建设理念,使学院有了治校(三本:以学生为本,能力为本,职业为本),办学(五校:兴、强、名、立、荣)、人才培养(素养素质,观念技能四位一体)、发展(四寻:就业寻出路、服务寻支持、贡献寻生存、特色寻发展)、专业建设(面向地方、对接产业、服务经济)五大理念,以此指导学院的各项工作,统率学院的建设发展。在这些思想理念指导下,我们还提出了与之相应的包括瞄准一个目标,坚持二为宗旨(为人民、为经济社会发展服务),打造两大支柱(普通、成人教育);建设三大基地(师培、干训、人才培养),确立四大理念,创构四大特色(特定素养、特殊素质、特新观念、特有技能),明确"五向"思路(面向市场设置专业;面向职业设置课程;面向岗位培养技能;面向人生培养素质;面向社会规划人生);形成六多格局(层次、形式、规格、类型、功能、途径),坚持"七为"方针(育人为中心,就业为导向,素养为基础,素质为根本,能力为核心,质量为生命,成才为目标),实施八大举措(制定规划明目标、建好班子带队伍、创新体制立机制、凝聚人心增活力、调整结构优条件、强化管理优质量、发挥优势创特色、铸就品牌求卓越)在内的八大方略,据此制订了事业发展建设的"十二五"规划,既明确了办学的目标方向,也确立了办学思路举措,为走好内涵发展路奠定了基础,创造了前提,定好了基调,描绘了蓝图,制订了任务书时间表和路线图。

二是示范建设引领、试点项目支撑。示范建设大家都很熟悉了,只是对试点项目很多教职工,特别是同学不熟悉。所谓试点项目是指的省人民政府按照党和国家的统一要求为实现"十二五"规划之目标任务所确定的教育改革项目。全省(含各市州政府、各厅局和所有高等学校在内)一共只十二个一级,二十五个二级项目。在所有二级项目中全省五十多所高职院校一共只两个,一个是4所国示(含成航、工程、建筑、交通等)所做的示范院校单独招生改革试点,其地位作用和难度不言而喻。另一个就是我们学院单独做的"终身教育体系,中高职立交桥建构,职业院校社会服务能力提升"。显然,这涉及了学习型社会和中高职衔接,社会服务体系建设,属现代职教体系建设和学习型组织与社会建设范畴,是党的十八大和十八届三中全会,全国职业教育工作会议的重大命题,其价值意义和难度是不言而喻的。目前,我们的这一项目已随示范建设一道,一是创构了终生学习、教育、服务体系,构建了现代社会的学习教育服务平台。二是在各县区开办了中高职一体化的人才培养从专业建设方案到课程、教材、师资、基地、质量监控测评体系和招生就业,从中职到高职专科、本科全方位衔接,旨在真正构建全方位构建现代职教体系的试点探索,以政行企校合作、中高职衔接形式,产教融合、工学结合模式,先后两批于5个市州、12个县区,先后两批开办了7个专业、31个班的中高职衔接试点班。目前,该项目推进顺利,成效明显,通过阶段审验,得到了省级主管部门和合作县校的充分肯定和积极参与,得到了社会各界的一致好评,现正在努力扩大战果,力争明年圆满结束。

三是队伍建设。以前是三支队伍,近年中,随着国家政策的调整,我们主要抓的是两支队伍的建设,其一是教师队伍,其二是管理队伍,这是我们的软实力所在。

对于教师队伍,我们一是将职教理念、育人理念、质量观念、综合素质提升,软实力提高作为重点,采取请进来,送出去,派下去,到校企合作、中高职衔接中去培养锻炼,立足校本培训等办法做了最大努力,每年单送培和下派锻炼都在100人以上,有的还是到合作企业、行业单位或国外培训,不仅搞学历提高,更重视思想观念更新,重视技能、综合素质的提升。因为我们秉承的是学为人师、行为世范,学高为师,身正为范,师高弟子强,要提升学生素质,得首先提高教职员工素质的理念。二是重点解决数量不足,结构不合理等重大基本问题。10年来先后新进教师200余人,还引进了一些高职称高学历师资,使师资队伍于数量、质量、结构满足新时期要求等方面有了较大的改善,为提高人才培养质量奠定了坚实基础。

在我们看来,管理队伍是学院发展建设的重中之重,特别是在内涵建设期间,不仅仅组织管理工作,而且有一个表率引领,有一个创新与服务的问题,这在很大程度上不仅是职能问题,更重要的是责任、能力、水平、品质品位问题,它直接关系着部门、学院的更好更快科学发展。因此,按照党管干部,从严治党,从严治校的原则要求,在新一届党委成立后,我们通过学习实践,创先争优,基层组织建设,群众路线教育,十七届四中、五中、六中全会,十八大,十八届三中全会精神的学习贯彻和相应教育活动,于近年中下了很大功夫("村看村,户看户,社员看干部"。"政治路线确定之后,干部就是决定的因素")。除去与教师队伍一样强化了教育培训和相应管理之外,还加大了素质教育、能力水平提升,加大了组织管理,特别是选拔任用和监管、考核评价的力度,先后建立健全了任期制,任职年限制,轮岗制,公开选拔制;加大了竞争上岗的力度,在选拔任用时更加注重德行品质、基本素质、思想理念;在使用中更加注重执行力、求真务实、开拓创新;在考核评价时更加注重师生员工,特别是服务对象的参与,更加注重客观公正和实绩实效。通过目标管理,绩效考核,年度考核,述职述廉和规范因公因私外出请假销假,作风建设,党风廉政建设,促进干部队伍建设的根本性转变,使之真正成为学院发展建设的排头兵、领头羊和核心骨干力量,成为教职员工的表率楷模和组织引领者,成为推进部门和学院科学发展,更好更快发展的组织引领者。

四是专业学科建设,将此作为发展建设的重中之重。一是于评估中建设六大重点专业的基础上经过充分论证(包括请专家论证),形成了汽车应用技术领衔,机电管理配套的基本思路,于示范建设中开展了4个重点专业及其专业群的建设;二是按省厅要求审慎推出了物流管理、建筑工程,语文教育三个省级重点建设专业、三门省级资源共享课程;三是示范做引领,重点抓好人才培养方案制订修订,特别是人才培养目标制订、课程设置、教材编写、队伍与实验实训实习实践基地建设,质量监控测评体系建设;四是重点推进教育教学改革,人才培养模式创新改革、完善和优化等重大基本改革,力求使学院更具生机活力,为提升办学能力水平和品质品位奠定更加坚实可靠基础。

五是办学质量提升的相应硬件建设。除去完善二期,力推三期校园建设之外,我们还在课程、教材、教学设施设备投入、改善、提升,质量监控、测评、保障体系建设等方面做了相应努力。包括省校两级精品课程,重点课、公开示范课、课程标准、课程资源建设,教材建设,都坚持实施了政行企校合作,品牌打造,品质品位提升,力求从根本上改变自娱自乐、自我评价,自我感觉良好,难以适应社会需求的状况，力求标本兼治，重在治本，从根本上解决教风、学风和校风、人才培养质量、办学能力、水平问题，力求从“特定素养，特殊素质，特新观念，特定技能”方面创构人才培养与办学之根本特色，力求铸品牌，提升学院办学的品质品位，走好真正的可靠的内涵发展路。

六是素质教育与校园文化建设。近年中，我们按照中央加强政治思想教育，把立德树人作为各级各类学校的根本任务和十七届六中全会、十八大关于文化强国，坚持社会主义办学方向，全面实施素质教育，培养社会主义事业合格建设者，可靠接班人的相应要求，一是全面实施素养、素质、观念、技能四位一体的育人理念，将立德树人，全面实施（文管类以科学，理工类以人文素质教育为重点，面向全体学生，贯穿教书育人全过程）素质教育，建立健全完善党建思想政治教育工作和教育教学体系，创新素质训育的内容和组织保障体系（创新“训育”理念方式，创建训育中心，创新训育内容、途径和手段），倡导教育者先受教育，实施素质教育者先具素质，秉承学高为师，身正为范，学为人师，行为世范的要求提升教职员工特别是以中青年教师和党员干部为重点的教职员工的素质。按照让学生学会学习、学会生活学会做人，具特定素养、特殊素质、特新理念，特有技能的要求全面实施学生的思想、文化、生理、心理、艺术素质教育，取得了明显成效，得到了省内外专家和学者的高度赞赏和一致好评，认为这是学院的最大创新和特色亮点；二是以增强软实力、核心竞争力、发展力、提升办学能力水平，提升品质品位，建设绿色典雅、平安和谐的现代数字校园为目标追求，本着标本兼治，重在治本、整体规划、分步实施、系统全面建设的原则思路开始了以内涵丰富、特色鲜明、独具品质为目标的校园文化建设。新校区建设基本成型之后便开始了这一建设的有序推进，建组织、立机构、制订计划规划、明确目标任务、措施办法，突出重点难点、保障人员经费、一步一个脚印，一年一定目标，切实推进了以提升品质品位求卓越为最终目标的校园文化建设。从各类文体活动，一二课堂，相应艺术、文化节的开展，90 周年校庆到涪水红帆大型汇演，到校园赋，办学思想理念、思路举措、治校方略、校歌校旗校徽校训校园精神的凝练形成，卓有成效，做了大量艰苦细致工作取得了良好的社会效应和明显的成效，初步实现了占领遂宁文化教育制高点，引领遂宁文化教育事业发展的基本成效，初步实现了提升品质品位，创西部一流高职院校的目标追求。

校园文化建设中最重要、最难，也是学院党委抓得最多的还是校园品质品位、校园精神的提升和川职院品牌的打造，最难的是对学院所处的现状的清醒认识，对院情的基本判定，对发展走势的准确把握，对发展建设阶段的科学划分和与之相应的目标思路确立，思想理念厘清，办学治校方略的确立。在这方面，首届班子已有基本积淀，包括明志厚德尚学笃行的校训和为难为之为，成不成之成的校园精神，三本四寻的办学理念，乃至于 56710 工程等等，很明确，很好，很振奋鼓舞人，也为学院的发展建设奠定了良好的基础。新一届班子则重在完善、优化提升办学理念，准确定位，制订办学治校方略，创特色、铸品牌、求卓越上下了大功夫，花了大力气，明确提出了学院发展建设的三阶段论、三步走战略和相应理念的完善优化、八大治校方略，以及十二五规划中的品牌工程和据此开展的三个三二一工程等等，应当说都是创特色，铸品牌，提升品质品位的要害、关键和巨大成效，都是属教育家办学的基本重大举措。这些在前面都已经介绍了，需要的是大家的高度重视和深入理解，准确把握和很好践行，这些也都是校园文化建设的重大内容、应有目标和境界追求。

七是努力推进体制机制、目标管理、绩效考核为重点的系列改革。

体制机制是制约学院发展建设，关乎核心竞争，发展力的瓶颈关键因素所在，是整个改革开放的深水区和硬骨头。近年中，我们攻坚克难，一是在外部办学上实施了体制机制改革的三二一工程，以董事会政行企校合作办学管理运行模式组建了三个学院，两个职教集团和一个理事会，从根本上打破了制约学院发展建设的瓶颈，拓宽了办学路子，优化了办学环境、开辟了广阔前景、增强了办学的生机与活力；二是在内部，除去强化党的建设，理顺基本关系之外，实施了以岗位管理聘用制为核心的人事制度，以目标管理、绩效考核为主体内容的内部分配制度和以此为重点、为引领的教育教学，行政后勤管理的系列改革，力求通过体制机制创新来解决多年发展建设积淀下来的相关问题，来充分调动教职工的积极性，发挥其创造性，增强生机与活力，增强办学软实力、核心竞争与发展力，尽管这些改革由于涉及旧的体制机制和思想观念，涉及千家万户的切身利益，需要打破坛坛罐罐，加之一些人恶意捣乱，因而显得阻力重重，十分艰难。但学院党委一旦认清认准之后便奋力推进，坚定不移地实施了，因而也取得了有目共睹的基本成效，成为了推动内涵发展的重要举措。三是自 2009 年始，通过系部建党团总支、学生教工党支部，设党政办和教学、党政干事、教研室，搞党政分设、建二级中心学习组和工会教代会，调节年度经费预算、明确责权利、招生就业、学生与辅导员管理重心下移、干部任期制、任职年限制、轮岗交流、年度考核述职等系列重大举措，使系部独立实体建设迈出了实质性重大步伐，进入了真正的高校二级管理，责权利统一新的时代。

八是党建与思想政治教育。通过党建来加强组织领导，增强凝聚力、创新力和战斗力，通过思政教育来把好方向，统一思想认识，为内涵建设奠定坚实可靠的思想认识基础，提供强大动力。这些年开展科学发展观的学习实践活动，创先争优、基层组织建设,群众路线教育,十七大、十八大及其相应全会精神的学习贯彻,伟大中国梦主题教育活动,作风建设等等,大家都亲身经历,感同身受,这也是内涵建设的重大举措。但其间最为重要的是民主集中制的正确理解和探索,是系部党团总支、教工学生支部、党政办,党政直属支部的建立,党政领导和相应干部、管理人员的分设,建二级中心学习组和工会教代会,召开党委专题专项工作会,相应工作重心下移,不仅完善了高职院校组织管理体系,做实做优了两级管理,强化了党的领导和民主政治建设与相应管理,使之真正进入了高校二级管理时代,提升了学院的品质品位,而且颇具前瞻性,党建方面的很多做法竟然与一年多之后中央出台的《中国共产党普通高等学校基层组织工作条例》的规定完全一致,使学院的党建、思政、学工、群团工作走在了同类高校的前面。

九是制度建设,这既是规范、科学管理的必须,也是依法治教治校、法制化建设的重要体现,是品质品位提升的基本范畴和重要举措,是国际接轨、创一流学校的必经之路,是一种根本性的建设举措。因此,学院在这方面的力度是很大的。党政、党风廉政建设、教育教学、科研、招生就业、财务国资、基建后勤、学生教育管理,安全稳定等各个方面应有尽有。单是制度的废改立都分别于学习实践活动、创先争优基层组织建设和群众路线教育实践活动中集中搞过三次,可以说于系统、规范、科学化管理方面做了很多努力,迈出了新的步伐,取得了明显成效。

总之,在内涵建设方面,近些年籍中央省市的强劲东风和相应活动,学院以示范建设和省教改试点项目为载体和抓手,做了大量艰苦细致且卓有成效的工作,基本实现了做特做强的阶段目标,这些都集中体现在如前所述的相应工作、成效和示范建设成功获优并名列前茅,师生员工和上级充分肯定,社会各界一致好评,规模进一步扩大和质量稳步上升中,都是可喜可贺、可圈可点、可歌可泣之处。但堪忧之处也不少,集中体现在对学院发展建设的整体思考谋划、相应思想理念、思路举措很不错,但思想认识和行动并未很好统一到相应思想理念、目标定位、思路举措上来,凝聚力、战斗力、执行力和创新力未能达到应有层面和高度,院系两级党政班子未能形成坚强有力的领导核心和战斗集体;队伍,特别是党员干部队伍、师资队伍的整体素质、能力水平有待进一步提高;学院的内部改革有待进一步深化,特别是体制机制、内部治理体系与能力提升,积极性、创造性发挥,求真务实、蓬勃向上、干事创业氛围营造,核心发展力、竞争力、软实力都有待进一步提升;示范建设有待深化、校园文化建设、特色创建品牌打造、做优做高求卓越、创一流高水平高职尚需做出更大努力。尽管如此,但目前总体情势是好的,第二阶段的目标任务基本完成实现,是如何进一步再接再厉、巩固已有成果、扩大战果,优化第二阶段成效,向着第三阶段更好更快胜利推进的问题。

第三是展翅腾飞期。这一时期的主要任务是巩固成果，扩大影响，鲜明特色、铸品牌、求卓越，提升品质品位。重点是鲜明特色、打造品牌，提升品质品位。目的是在做好做强的基础上将学院做优做高，因而属于优化提升型。可视为学院的第三次创业，属腾飞阶段。这一阶段的时间范畴可以是在2020年，即十三五末期基本实现，以后继续巩固提高。

本阶段将锻造出学院发展建设的十大标志性的成果：一是学院校园三期建设全面完成，绿化、美化、优化全面到位，建成绿色、现代、文明、生态、和美校园；二是第三次党代会胜利召开，学院班子顺利实现新老交替，建成团结进取、开拓创新团队；三是百年校庆成功举办，校园文化形成品牌；四是国际国内合作迈出更大的实质性步伐，改革开放迈上新台阶；五是学院发展建设形成思想理念、专业学科、课程教材、人才队伍、教学科研、管理服务、文化传创、特色创新等系列响亮品牌，集大成为学院品牌（西部一流、全国著名、国际知名一流高水平）；六是跨越发展取得新成就，高层次办学目标得以顺利实现（学院举办有本科教育专业或全面进入应用型本科层面）；七是社会服务更加广泛，应用型科研品牌、六多办学格局全面形成；八是办学优势更加突出，办学特色更加鲜明，发展建设更具生机活力；九是校园管理全面实现现代化，校园更加安全可靠、和谐稳定；十是学院的品质品位得到全面很好提升，国内影响力西部名列前茅，进入全国一流方阵。国际知名度得以提高，基本办成西部一流、国内著名、国际知名，人们满意的应用型职业技术大学。

这些任务不轻，也是我们必须努力奋斗的目标，否则，我们将难以在激烈竞争中立足，更将有愧于四川职业技术学院这一省直属称号，愧对历史和人民。

其间的“二”是指两大建设。

第一是硬件建设。包括了我们新老两届班子承诺的新校区园子建设。一定要在十二五期间按照规划全面建成建好，努力建成能很好满足12000多名全日制学生学习、生活、成长成才需求和现代典雅、平安和谐、大气靓丽的数字化校园，这其间自然包括了一流的与人才培养需求相适应的现代化程度很高的教育教学设施设备和学院十二五规划中所列的学科专业、课程教材、基地队伍等硬件建设，目的在夯实发展建设，展翅腾飞的物质基础（基础不牢，地动山摇，一切都是虚的）。

第二是软件建设。这在十二五规划中列了，在前些年我们也做了，但尚需继续做好做优的思想理念建设（办学治校理念、专业建设理念、人才培养理念、发展建设理念、办学目标方向、思路举措等）、组织建设（包括内部机构职能、学科专业结构、内外部关系理顺、发展建设环境改善等）、体制机制创新（管理体制，运行机制的完善与优化）校风建设（党风廉政、教风、作风、学风建设）、校园文化建设（思想文化、制度文化、行为文化、环境文化、形象文化，目标是文明时尚、精致典雅、催人奋进、令人折服,既有历史底蕴,又具时代特征)、党的建设(思想、组织、党风廉政建设、制度、作风)六大建设。

两大建设既是我们过去做的,也是现在将来都须继续努力做好的重大基础性工作。特别是其间的软件建设,是一个永恒的,没有止境,只有更好、没有最好的重大基本命题。

其间的"一"即一个发展建设目标。无论"三个阶段"还是"两大建设",瞄准的都是一个目标,在十二五规划中,我们将这一目标做了三大分解。一是力争2012年进入省示范性高职院校建设系列,并于以后验收合格,进入优秀行列。这一目标已经提前完成并圆满实现;一是力争2015建成示范性强、优势突出、特色鲜明、品牌响亮的四川一流、全国知名、全日制学生万人以上,以全日制专科为主,各类教育统筹兼顾、协调发展的综合类全日制普通高等学校。这个目标也已基本实现,尚须继续努力地建设巩固、扩大和向纵深推进;三是2020年建成特色鲜明、绿色环保、国际知名的综合类教学型全日制高水平职业大学,这一目标差距尚大,尚需找准差距,增添措施,加倍努力。

显然,这一目标是渐进的、科学的、现实的、具有很强操作性,巨大鼓舞力,催人奋进,通过努力拼搏完全可以实现的目标,需要我们共同展望,奋力推进,努力实现之。

2. 体制机制改革创新的"三二一"

体制机制改革既是中央提出的,也是教育部在国家骨干高职院校建设中的首要要求,省示范建设自然也将其放在了第一位,因而成了我们必须高度重视的首要任务,也是最大最难的任务。因此,我们于示范建设中将其作为了一个专门性的攻关综合项目,通过反复研究,提出了地处非中心城市的高职院校(三非:非中心城市、非行业背景、非属地管理)政行企校合作办学的创新改革大项目,然后在此基础上衍生出了办学体制机制改革的"三二一"工程,即三大成果。

其间的"三"是指三个学院。即由学院管理系与船山区的中国西部现代物流港共同组建的中国西部现代物流学院,这是2011年3月率先建立的;汽车工程系与资阳南骏汽车集团有限公司为主体的汽车行业(王牌、海特等)共同组建的南骏汽车学院(2012年7月);文化传播系于2013年5月响应市委市府号召为适应地方经济社会发展需求与遂宁市相关职能局,三县两区党委政府、遂宁市相关行业企业共同组建的文化旅游学院。三个学院都是董事会领导下的管理运行机制,只不过又各有特色:物流学院是与县区地方特色园区和行业企业共同组建的;南骏汽车学院是跨区域与民营品牌汽车为主体的企业共同组建的;文化旅游学院则是市委市府与学院共建领导小组,职能部门(文广、旅游、劳动人事、教育局)县区园区宣传部、职能局和市上、县区的行业、企业、中高职学校共同组建的。虽然都有董事会，以董事会名义管理运行，但都不是股份制的，既紧密，又较为松散的合作形式，这是颇具新意的，体制机制改革，三个学院又各不相同，文旅学院最大，而且是示范效应的产物。

其间的“二”是指两个职教集团。即先后于2011年5月组建的先进制造业、现代服务业两大职教集团，实行的同样是董事会管理运行的机制和政行企校合作模式。“政”是地方党委政府及其教育行政主管部门，“行”企即行业企业，“校”不仅有我们学院，还有县区中职学校。这两个职教集团组建后运行得很好，于内合作办学，合作育人、合作发展，于地方技能性人才培养、技能大赛方面做了很多颇具成效的工作。

其间的“一”即一个理事会。即2011年3月学院电子信息工程系与遂宁国开区电子工业园区以理事会形式管理运作，政行企校合作建立的应用电子技术教育理事会。这又是一种特殊的形式，参与的有学院（含中职），也有园区管委会，还有园区由多家电子企业和行业，合作很有成效也很成功。

这个“三二一”工程的价值意义是多方面的，它首先让学校改变了过去不问社会需求，关起门办学，培养人才与生产管理服务一线脱节，难以适应需求的尴尬情状，增强了人才培养的针对性、实效性，开创了校企合作融合、工学结合的人才培养模式和办学新路；二是学院的专业建设，人才培养与地方经济社会发展紧密结合在一起，开辟了为地方经济社会发展服务的办学新路，为学校创造了更加广阔的发展空间和美好前景；三是有效整合了办学资源，开创了人才培养和办学新模式，解决了学校办学，企业发展中的根本性问题；四是提升了人才培养的质量和学校办学、企业发展的能力与水平，让学校和企业都增强了生机与活力，增强发展的后劲，步入了科学可持续发展的轨道；五是提高了就业率和质量，维护促进了社会的和谐稳定。正因为如此，这个三二一工程的意义重大，不仅表明了决策的正确而且体现了改革的成效，再创了学院发展的新纪元。

3. 作风、党风廉政建设、反腐倡廉的“三二一”

在今年的党风廉政建设、反腐倡廉工作中，学院党委在深入研究的基础上，又结合整个作风建设、党风廉政建设、反腐倡廉的特点、规律和学院工作实际，提出了实施作风建设、党风廉政建设、反腐倡廉“三位一体”的“三二一”工程。

所谓“三”就是分三个层面切实开展三大行动。

其一是在个人层面，于党员干部和普通师生员工中开展“三从”行动（习近平总书记在今年10月的群众路线教育实践活动总结讲话中讲了“二从”：从自己、从小事做起），即在任何时候任何情况下，做任何事情，都坚持和提倡“从我做起，从现在做起，从自己身边的每件小事做起”；提倡要求党员干部，特别是党员领导干部“跟我干，向我学，向我看齐”，当好排头兵，做好表率，首先管好自己，然后再说其他，而不是光喊口号，管别人，管不好自己，显得没有说服力、号召力、感染力。

二是在部门层面，开展“三办行动”。即将基本的“办文”、“办会”、“办事”三项常规性工作做好。做到办文讲程序，讲规范，讲质量；办会讲策划，讲方案，讲组织，讲效果；办事讲程序，讲规范、讲原则、讲质量、讲效率；通过“三办”看思想、看素质、看能力、水平和作风；以小见大，见微知著，折射一个人、一个部门、一个单位的很多东西，来把整个部门的工作尽收眼底，聚焦眼前。

三是在学院层面切实抓好“三风”建设。即切实抓好作风、教风、学风建设。作风建设的主体是干部、职工，是管理服务两支队伍；教风的主体是教师队伍；学风受作风教风的直接影响，作风、教风问题解决不好，学风自然好不起来。“三风”构成了校风。“三风”好了，校风自然也就好了，校风好了，学校还能不好吗？因此，抓好这三风建设很关键、很重要。

所谓“二”是指“两化机制”，一个是常态化，一个是长效化。即按照中央要求，要将作风、党风廉政建设、反腐倡廉工作常态化、长效化，不能一阵风，不能装模作样走过场，这是一个机制问题，也是工作要求，这是由这三项工作的繁杂、艰巨性决定的。

所谓“一”，即实现一个“好”字的建设目标要求，要求大家都当好人。分解开来看，就是三个方面的“好”：第一是好干部。干部是领路人，是关键。政治路线确定之后，干部就是决定因素。村看村、户看户，社员看干部。干部不好，其他好不起来，干部要求真务实、满意高效。干部有分层级，要一级做给一级看，一级带着一级干；第二是好教职员工，特别是教师。要求每个教师要做到“学高为师，身正为范”，“学为人师，行为世范”，为人师表。教师做好立德树人，职工做好服务育人；第三是“好学生”。基本要求是勤学苦练，德高能强，满足高素质高技能要求，做高素质劳动者，高技术高技能人才。

之所以提出这样的口号，实施这样一个工程，一是因为作风建设、党风廉政建设、反腐倡廉的极端重要性。可以说是关系党的生死存亡，关系民族振兴，国家富强，人民幸福，关系事业的兴衰成败，学院的发展建设和品质品位，含糊不得；二是因为这三项工作的复杂艰巨性，是系统工程，中央抓了那么多年，学院单是新一届班子就至少搞了三次以上了，效果却并不理想。中央实行了责任制、层层年年签订目标责任书，却屡禁不止，甚至愈演愈烈，积重难返，有的还变本加厉，必须引起高度重视；三是因为以往的经验教训告诉我们，这三项工作要落到实处，不能再搞形式，口头讲，走过场，一定要真抓实干，从实际、实情、实况出发；从学院、部门、教职工、学生；从现在、身边，从个人自身做起抓起；这就必须要实打实，有明确的内容目标、要求；不能空对空，更不能再将马列主义装在电筒头，只照别人，不照自己；就必须坚持常态化，长效化，持之以恒，常抓不懈，抓出成效，而不是搞形式，喊口号，走过场。因此，这个三二一不是随意提出来的，不是简单地搞形式，走过场。应当说，这也是创新型的，至少目前我们尚未见到这样的提法和做法要求。更何况如果大家都能如此做，就会大见成效，风清气正，是具有真正价值和巨大意义的。

（三）“三二一”的意义

1.“三个三二一”的由来

讲到这里，大家或许要问，为什么都是三二一？是不是因为谁喜欢三二一而刻意为之，或故弄玄虚。其实，从前面的诠释中看得出，都不是谁喜欢不喜欢，更不是谁刻意为之，而是实践中自然生成，总结提炼出来的。其中发展建设和体制机制改革的三二一因认识上的差异和其他问题还经历过一些周折，可见其来之不易。

发展建设的三二一首先出来的是“三”。这三个阶段，三步走的观点其实是本人思考了很久，特定身份（上届班子主要成员、这届的班长）的结果。提出来时正值科发观学习实践活动初期，其他同志听了有点不以为然，高仲书记听了充分肯定认为很好。“一”的目标则引起了非议，特别是其中的“西部一流，全国著名，世界知名”。一是认为不该提，有点打冲拳，说这个样子创啥子一流哟，认为牌子虽好，但四大名旦不在、五朵金花旁落，国家示范也未争到，省厅不但已不再拿我们当幺儿，而且开始瞧不起我们；认为一流是第一，我们哪还敢争第一、一流只有985、211本科院校才敢提，我们拿什么创一流。更有甚者是公开写书面意见，认为这是党政部门喜欢玩的数字游戏，指责这不应该，就更不用说接受并宣传践行了。

第二个“三二一”是示范中对体制机制成果的一个概括和总结。开始也有同志坚决反对，甚至公开发令不准再提三二一。但我们认为这涉及对院情的认识判定，对学院发展建设的目标定位，对发展建设举措的思考。这是必需的应该的正确的，应当坚持，而且必须以此统一思想认识，不能以其昏昏，使人昭昭，更不能蛮干、乱干；一定要知己知彼，同时因地制宜，才能后发先达；一定要目标明确，思路举措得当，才能有所作为；一流不是第一，也不是唯一，而是一个等次，一个层面、一个方阵。川职院作为省厅直属高校，这么好块牌子，如果连第一方阵都不敢提，不敢争，不敢进，那就太对不起历史，对不起这块牌子了，对不起省厅、对不起父老乡亲了。认为各级各类学校都可以创一流，争自己的一流；认为数字概括精炼简洁好记，应当以此鼓励激励人心；认为这不是随便提得出来的，是要花工夫的，考水平的，是能力水平的体现。更何况学院原来的56710工程很叫好；党和国家的一个中心两个基本点，四项基本原则，五讲四美三热爱，四个现代化，四川的三步走战略，遂宁的四个发展、六大兴市计划等没什么不好，加之通过宣传解释，大家也认为包括体制机制改革成果的三二一概括很好，于是群众接受了，大家认可了。

党风廉政建设的三二一最初没有，是中央反思，学院党委反思，反复思考的基础上，为着简洁好记、简便易行，真正抓落实，走出误区、抓出成效而提炼出来的，也非刻意为之，完全是一种巧合，当然也是认真思索，勇于创新的结果。

2. 三个三二一的别义

含义前面讲了，称别义是因为三个三二一不仅仅是一种巧合，更不是一种简单的巧合，还有以下特殊含义。

一是前面提到了，任何单位，任何班子，在报告工作时总得讲个一二三，说出点道道来，让人了解、接受、认可。如果说不出个一二三四与子丑寅卯来，则表明无所事事，没用心想事、用心干事、用心谋事，没啥特色和作为。因为这既是一种需求，也是一种思想理念和能力水平的体现。

第二是人们常说，按照中国之传统文化，人们通常很看重一和三，特别是三。有人还总结说领导讲话总是三点，不说两点，四点或更多。一点是基本，起码的。之所以如此，是因为古人讲：道生一，一生二，二生三，三生万物。“三”者言其多，代表多，有了三，就有了一切。此外，传统文化中还有三三见九，九九归一的说法。包括遂宁的宋瓷博物馆中的国家一级文物荷叶盖罐中就有99个小碟子，就有九九归一，期盼民族团结平息战乱国家统一的深刻寓意。因而我们的三个三二一也带有这种性质，也是一种机缘，一种巧合，并非刻意为之而又非同小可。

第三是学院的三个三二一有一种内在的逻辑联系。发展建设的三二一是学院发展建设的总体构想、总体目标、基本思路与手法举措的集中表述，其间的“二”是后来发现概括的，以前虽没这样讲，但两大建设是对的，一是硬件建设，也包含了我们的走外延发展路；一是内涵建设，即软件建设。做那么多事情，都可归结为这两大举措，一硬一软，且两手抓两手硬也是两个阶段，也应合了小平同志的两手抓两手硬。这是学院发展建设的重大基本问题，如果这一点都不清楚，都不明白，无法说其他，也休言其他。所以这是必须的，是关键，是总纲。而且三个阶段、三大战略，两大举措，最终围绕的都是一个目标，内在联系是紧密的，是递进关系。第一阶段是外延发展，目标是做大做好；第二阶段是内涵建设，目标是做特做强；第三个阶段是二者统一、软硬都抓、内外兼修，展翅腾飞，目标是做优做高。1+1大于二或三，归为一，归于一；这个一就是学院发展建设的大目标，就是我们的品质品位的集中体现。因此一是统领，是目标，是方向、是追求。目标可以分解，但不能变,不能多,只能是统一的、始终专一的、坚定的,这样才明确,才有感召力、吸引力、鼓舞性,让人看到希望,跳起摸高,击鼓奋进。

在三个三二一中,体制机制创新的三二一是关键,是学院改变命运,走出象牙塔,走出困境,适应经济社会发展,找准路径和方向,增强生机活力,寻求可持续科学发展的基本举措,是开创性的、关键性的,一举落定,全盘皆活,其价值意义是多方面的,是里程碑式的,已经做出来了,不能总结出来,不能发现并揭示其价值意义,是没能力水平不说,还会埋没浪费宝贵资源,也是盲目的,还会做无用功,与光明前景失之交臂,这多可惜啊!更何况这是学院发展建设的突破点、兴奋点、症结点、支撑点,没有它,内涵建设、示范建设会受到影响甚至黯然失色,有了它不仅我们自己活了,也为兄弟院校,为整个职教创造了经验,提供了思路办法,何乐而不为呢?咋不大张旗鼓宣传,为什么还要一碗瓠肉埝在饭底下,还要羞羞答答,遮遮掩掩、像个丑媳妇不敢见公婆,显得理不直气不壮,事不达人不爽呢?!

作风、党风廉政、反腐倡廉的三二一看起来不咋样,细细品读很有意思,很在理。因为它抓住了问题的实质和关键,既治本也治标,标本兼治,重在治本;既管天也管地,中间还要管空气,涵盖了作风党风廉政建设的方方面面;既务虚也务实,抓住了重大的基本的关键的要害的实质性问题。如果落实了搞好了,肯定出成效出经验。这个三二一搞好了,前两个三二一就有保障了。因为这是发展建设的基础,是基本面。基础不牢,地动山摇。基本问题没解决好,外延、内涵、质量、特色、品牌、品质、品位、卓越、知名、著名、一流、高水平,这一切都无从谈起。没了支柱关键,整个大厦都会塌下来。难道他还不重要、还不好吗?说不好、不动是认识问题、态度问题,是敢不敢触及自身、触及灵魂,较真动硬的根本性问题。因此不是随意也不是刻意提出来的,而是深思熟虑,从实际工作、情状中认识感悟总结提炼的结果,其间之意义非同小可,应当引起大家的高度重视。

至此,我们还可以看到,三个三二一不是静止、孤立的,而是有机联系统一的,是宏观、中观、微观的关系,是辩证有机的统一体。有了这三个三二一,三三见九,九九归一,学院就发展建设目标任务、方向明确,思路举措得当,方式方法有保障了,学院的更好更快发展、高质量高品质、高品位,西部一流、全国著名、国际知名的高水平职业技术大学就不再是子虚乌有乌托邦,而是完全可信可靠,指日可待的了。关键是要很好认识、高度重视、切实践行之。搞好了这些东西,有了三个三二一,就等于搞出了学院发展建设的总体设计,描绘了学院发展建设的宏伟蓝图,并且找到了实现的路径和保障,学院就有了希望、有奔头了。

同志们、同学们、老师们,作为一个川职人,难道我们能不为此欢呼雀跃,为之振奋并为之努力奋斗么?万事俱备、只欠东风啊!

三、三二一的启示

在前面，我们给大家提了一系列问题，也讲清楚了什么是川职院的一二三，什么是川职人的三二一，川职院有多少个三二一，川职院的三二一是什么含义，川职院的三个三二一的由来和相互关系，让大家心里多少有点谱，踏实多了。但是，似乎还是没有完全深入回答川职院三二一的价值意义，至少是没回答清楚为什么要搞三个三二一，其价值意义，启示教益到底在哪里？该怎样来用好这三个三二一？对此，想简要地阐明这样几点。

第一，三个三二一回答的是学院发展建设的重大基本问题，即川职院将办成一所什么样的学校，培养什么样的人，川职院的发展建设目标是什么，思路举措有哪些，为什么要确定这样的目标任务和思路举措。作为川职人，应当思考回答并明确这些重大基本问题，特别四川职院的干部职工，当然也包括全体学生，要不然，怎样学学习、去工作、去教学相长呢？作为川职院的党委行政、党员干部，特别是党员领导干部，主要领导干部，更应该思考、回答、明确这些问题，不然以其昏昏，怎能使人昭昭?！至少是不明角色、不在状态，弄不好就成了混世魔王，难以让人人成才，让学子人生出彩，难以培养高素质高技能应用型人才，难以办人民满意的高职教育，甚至还有可能把大家引入歧途，让学院多走弯路、耽误发展，那就是对大家、对学院、对党、对国家、对社会、对历史的不负责任，就等于失职甚至犯罪，就不配当这个领导，不配做党员领导干部了！这也是我思考提出并选择这一话题来演讲的基本动因和根本目的所在。

第二，三个三二一可以告诉大家，川职院是对发展情势有准确研判，对发展建设有准确定位，有目标有任务、有思路有举措，有着美好发展前景的学校，值得学生选择、家长信赖、教职员工信任，为之骄傲、为之奋斗的一所好学校。川职院的这一届班子，这届班子的主要领导在抓具体工作的同时是思考并努力推进了学院发展建设的，是抓了大事，谋了全局的。尽管其间有周折，有干扰、有阻力，却是把住了大方向、大目标、大思路、大举措，举旗抓纲促发展，是可以信赖、值得信赖的。作为川职人，不枉为川职人；作为川职人，是应当为之同心同德，努力学习工作，为之奋斗的。作为川职院，单靠领导有想法不行，需要的是和衷共济，众人拾柴火焰高，众人划桨开大船，共同推进美好事业，共同实现宏伟目标和学院与人生的梦想。

第三，三个三二一表明，无论是一个单位还是一个人来讲，认清并很好地研判形势，正确地认识估价自己，看到自己的长短，别人的长短，很好地认识把握发展建设机遇，准确地定位其发展建设目标，找准努力方向，制定切实可行措施并为之不懈努力奋斗，百折不挠，有自己的主见，有相应的思考，有意志、有定力，这是非常重要的，否则就会迷失方向，坐失良机，影响个人和事业的发展。作为一个人，不管你是领导还是一般教职员工，哪怕是一个学生，都应当坚持真理，修正错误，把准方向，尽可能少折腾，少走弯路，积极推动促进自身和事业的可持续科学发展。

第四，作为一个干部，特别是党员领导干部，包括一般教职员工和学生在内，在人生事业中都要善于辩证地看问题，善于透过现象看本质，善于抓大放小，把握事物的本质和规律；善于见微知著，以小见大，做到"一粒沙你看世界，半瓣花上说人情"。只有这样，才能思路眼界开阔，茅塞顿开，进入全新境界，找到努力方向和生存发展空间，才能有自己的思路主见和目标；一旦认准之后就要坚定信念，排除干扰，攻坚克难，咬住青山不放松，朝着既定目标努力奋斗，才能拨云见日，有所作为，才能很好实现相应的奋斗目标。

第五，当前学院发展建设的路径方向是对的，成效是显著的，问题虽然也有，但是发展建设中的问题；干扰阻挠也有，但无碍整体和大局，总的目标方向、大的路径举措没有错，目前正处在内涵发展的纵深推进阶段，问题与希望同在，机遇与挑战并存，逆水行舟用力撑，一篙松劲退千寻，需要大家认清现状，把握特点规律，看到前景差距，统一思想认识和行动，增强大局、责任、危机、主体意识和观念，共同努力把事业、把发展建设推进好。而不是稀里糊涂、不在状态、无所事事，或瞻前顾后，犹豫彷徨，不辨东西；也不是坐而论道，争论不休，坐失良机；更不是同床异梦、分崩离析、各奔东西，甚至不识大体、不顾大局，恶意阻挠。

第六，学院正处在发展建设的关键期，改革开放的深水区、攻坚期，该改的、能改的大致都改了，剩下的是激流、是险滩，是硬骨头，特别是体制机制，外部的有了，需要的是深化巩固；内部的才迈开步，搞了人事、内部分配、管理制度的改革，与之相应的是教育教学，考核测评，保障监控体系建设，是目标管理、绩效考核的健全完善、深入推进。由于要动奶酪，涉及千家万户切身利益，需要的是更新观念，打破坛坛罐罐、突破既得利益藩篱；需要形成机制，充分调动积极性，发挥创造性，增强软实力、核心竞争发展力，需要增强主体、大局、整体、进取、改革意识，否则，很难适应市场主体的相应游戏规则，就会在激烈竞争中败下阵来，甚至被淘汰出局，需要大家保持清醒头脑，坚持正确的人生、价值、世界观，不要被迷雾所惑，不要自毁前程和饭碗，要与学院同呼吸共命运，做到院兴我兴、院荣我荣、院衰我衰、院耻我耻。

第七，作风建设、党风廉政建设、反腐倡廉很重要，是关乎国家兴亡、民族振兴、人民幸福的大问题，党中央高度重视，强力推进，作为党员干部、教职员工、青年学生，我们的认识不能含糊，态度不能暧昧，一定要坚决执行之；作风、党风廉政建设、反腐败是复杂艰巨的系统工程，需要全民全社会总动员，打好歼灭与持久战，需要我们自警、自省，具底线思维，看到自己的责任、问题和努力方向；需要我们从现在、从自己、从身边小事做起，不要老是盯着别人，自己置身事外，成了乌鸦笑猪黑，自己不觉得。一定要增强法纪意识，按学院的三二一思路要求把自己相应工作推进好，以此保障自己、部门、学院发展建设目标的圆满实现。

第八，素质问题是关键、素质教育很重要，是文化、传统文化的核心。包括我们的思想理念、思路举措，重大基本的都是由素质来决定的。素质是根本，是管用一生起决定作用的东西，无论干部、老师、学生都是如此。思路决定出路，素质决定高度，因此我们做了素质教育，而且是全面的素质教育，并且在示范建设中被专家们称为了最大的特色和亮点，但我们的素质教育才破了题，才刚刚开始，还有很多问题，很长的路要走，有很大的障碍和阻力。要推进好全面素质教育，老师、职工，特别是干部、党员领导干部的素质很重要，所以我们要抓思想教育、文化建设，也办了不少班，讲了不少问题，包括开办这样的大讲坛，目的都在于此。希望大家充分认识，高度重视，很好坚持，切实推进好这一工作，因为这是学院提升品质品位、求卓越的关键所在、核心所在，需要特别强调，需要大家共同努力。

总之，我们宣讲了三二一，让大家了解认识了三二一，就需要各位很好理解支持、实施推进好三二一，以此把自己、把部门、把学院推向一个更加美好灿烂的明天！

谢谢大家！

关于职业教育的特性与规律*

我国虽已跨入职教大国行列，却因认识不清，特性不明，规律不识而存在诸多误区，影响阻碍了职教强国的建设进程，应当切实将这些问题解决好，促其健康发展。

自20世纪以来，随着经济全球化进程的加快和社会经济的飞速发展，职业教育在世界各国都得到了前所未有的重视和发展。在我国，职业教育更是在党中央、国务院的高度重视，全国人民的大力推进下发生了天翻地覆的变化。短短的20来年间，职业院校由最初的几十上百所发展到了今天的成千上万所。无论中高职学校还是在校学生，都占据或超过了相应教育的半壁河山，跨入职教大国行列，呈现出欣欣向荣的蓬勃发展局面。但是，随着整个职业教育的发展，也带来了一系列从理论到实践方面的重大基本问题，有的甚至严重影响到职业教育的发展，使整个职教尚处于“长大未成人的阶段”，并非职教强国，究其根源，主要是对职业教育的一些基本问题认识不清，判定不准，因而处置失当，很有必要切实厘清，促其健康发展。

一、职业教育的基本属性

对于职业教育的属性，专家学者多有揭示。虽然“职业性、生产性和社会性的统一”之定性也较为准确，但我们还可以从职教先驱黄炎培先生“使无业者有业，使有业者乐业”的职教目的揭示中清晰地看到其鲜明的人民性、时代性和社会性。因为职业教育发展到今天又进了一步，那就是还可以使有业者优业或创业，并由此看到其以人为本，面向人民、面向社会、面向人人的平民教育、民生教育本质。但这也还是从其功能、价值取向角度来认识并揭示其基本属性的。此外，我们还

---

* 这是2012年在国家教育行政学院学习的结业论文，载《高职教育百名书记校长思考录——研究者与实践者的对话》，学苑出版社2013版

可以从教育学角度揭示其特有的教育性，说它是一种既与普通教育相对应，又以普通教育为基础的特定类型的教育。显然，揭示这些属性的目的在于既要将它与普通中小学教育区别开来，明确各自的目标任务、价值意义，又要看到其同属国民教育体系，相互联系，相互融合，共同为经济社会又快又好发展做贡献的另一至关重要的一面。以为其准确定位，更多更好地培养人才，促进社会经济又快又好发展奠定坚实的基础。

要特别强调的是，既然除去普通中小学以外的一切教育都可以并应当称为职业教育，那么，职业教育也就应当是一种包括初等、中等、高等教育在内的涵盖面很广、社会性很强的特殊类型的教育。为此，我们就应该建立起大职教观，建立起有中国特色的大职业教育体系；而不应该将职教排斥在高等教育之外，放在高中与高等教育之间，看成什么都不是的另类教育；更不应该将符合条件的职教学生排拒在本科乃至研究生教育之外，把符合条件的高职专业和院校排拒在本科层面的教育之外，特别不应该把本科及以上教育当成非职业教育来办。因为，无论本科生还是研究生，毕业后都得从事一定领域、一定岗位的工作，都是一定社会层面的职业人，不可能生活在真空中，在校学习期间都有个职业准备、职业教育问题，否则，毕业后就难以很好适应工作要求，难以适应经济社会发展的需要，我们的体制和教育就是不健全的。目前，这方面的问题已相当突出，务必引起社会各界的高度重视。

二、职业教育的基本特点

与职业教育的性质一样，人们对职业教育的特点也有一些揭示。诸如“鲜明的职业性、社会性、人民性”；“发展空间的区域性，办学形式多样化，教学过程的实践性，教育管理的开放性”；“以社会需求和就业为导向，以技术应用能力为本位，以职业综合素质为主线”；以及“教育目标的多样化，经营管理的市场化，教学方法灵活而有效，管理模式灵活而便利”等等。虽各有千秋，但要么太宏观，难以体现职业教育的鲜明个性，要么太间接，或不够准确。在笔者看来，似乎以这样概括为好。

一是教育对象的广泛性。虽然普通教育的对象也广，但它毕竟有相应的年龄阶段，最多是一部分学生，到高中阶段而已。按大职教观点，虽然普通中小学不以职教为主，但也应接受相应的职业教育，有的国家甚至在职业教育中包括了幼儿教育。因此，相比之下，职业教育的对象是最广泛的，是其他任何一类教育都无法比拟的。因为它毕竟是面向社会、面向人人的教育，是终身教育而不是阶段性、终结性教育。

二是教育教学内容的职业性。既然是职业教育，其教育教学内容就得针对一定的行业、职业岗位需求来设置，包括从事这一职业的基础知识、专业知识、基本技能、专业技能以及相应的思想观念、道德品质、综合素质、职业规范等，所有这些，无不体现着鲜明的职业性。学历教育如此，岗职培训、继续教育、转岗培训、再就业培训更是如此。公共素养、公共技能的培训固然有，且十分必要，也不是主要的，还处于从属地位，但毕竟是为增强从业人员的社会适应性而开设的，也是围绕职业需求来进行的。

三是教育教学过程的实践性。无论哪种类型的职业教育，都得进行相应技能培训，即便学习相应基础理论，也是为指导实践、提高技能服务的，而技能必须在实践中通过反复多次的训练才能形成。因此，职业教育特别强调工学交替与结合，特别强调教学做的统一而且明确规定了理论与实践教学的时间，规定了从事实践教学所应当达到的相应目标和设施、设备条件，甚至对职业教育的教师也都有相应的特殊要求，足见其实践性是体现得异常充分的。

四是教育教学资源的社会性。这首先体现在职业教育的对象和整个职教工作的社会性上。职业教育不仅仅面向在校学生从事全日制教育，其岗位培训、继续教育、提高培训、再就业培训等很多都是面向社会公众，在社会生活中进行的。更何况全日制学生的工学结合、工学交替，实习、实训、实践等，都得依靠行业、企事业单位和社会各界的理解、支持与配合，都得依靠社会各界的保障与呵护，甚至很多教学活动、过程都得在校外基地中来进行。包括对教育教学的改进改革也都得依赖于社会各界，特别是相应行业的信息反馈和积极参与。换言之，离开了社会，是不可能办出真正好的职业教育的。

五是教育教学目标的指向(特定)性。普通中小学阶段主要是培养职业意识、意向和兴趣；中职阶段主要是培养具有相应素养和基本素质，具备熟练操作技能的初级工作人员，基本要求是能知其然，具备基本的动手能力；高职高专阶段则主要是培养高素质、高技能的生产建设、管理服务第一线的应用型人才，不仅要知其然，而且要知其所以然，比中职毕业生懂得多，干得好；本科及以上则是培养专业基础扎实、综合素质好、创新能力强的研发者、经营者、管理者，或各职业岗位、行业领域的骨干；岗职培训，转岗培训是让受训者取得某种岗位职务的任职或从业资格；继续教育提高培训是知识的更新或系统学习；初级工、中级工、高级工、技术员、技师、高级技师、经济师、检验师、会计师、建筑师、医师，大中小学教师等，无论哪种岗位职务，哪种层级，哪种类型，也无论学历非学历职业教育，其目标指向都是非常明确的，而且有相应的考核检测标准，而普通中小学教育就不具有这种明确的职业目标指向性。

六是教育教学方式的多元性。职业教育的人才培养模式是多元的:学校、社会、企业,公办、民办乃至于几者的融合交叉;全日制、远程网络、夜校、函授、自考,以至于分段计时,零存整取,学分制、学年制等都可以;人才规格是多元的:学历、非学历,不同行业不同岗位、不同类别的需求都能满足,完全可以多层次、多形式、多规格、多途径、多功能、多类型,立体全方位地培训培养社会需求的各种人才,这也是普通教育所没法比拟的。

三、职业教育的基本规律

按照唯物辩证法的观点,任何客观事物都是有规律可循的。作为教育中的一大类别的职业教育自然也不例外。只有很好地认识并把握好规律,才能更好更快地推进职教事业的发展。目前或许是因为忙于发展的缘故,人们对这一问题的探究总结偏少。齐爱平先生虽然提出了职业教育规律体系的基本构想,指明了职业教育规律的基本范畴为职业教育与经济社会发展,与普通教育的辩证关系,以及职业教育自身的保障性规律,却似乎过多地强调了其外在性和教学的特殊性,忽视了内外在的统一性和育人的特定性。对此,笔者的基本意见是,职业教育有以下三大规律。

第一是职业教育与经济社会发展的辩证统一。虽然,经济社会的需求决定着职业教育的产生和发展,社会政治文化背景影响着职业教育生命力,但是,职业教育的性质任务和功能作用又决定其必须主动与经济社会的发展相统一,相适应。经济社会需要什么样的人才,职业教育就应当并可以培养什么样的人才。只有这样,职业教育才具有存在的价值和强大的生命力。事实表明,职业教育与社会经济发展对人才的需求契合得越紧、越好,整个经济社会的发展就会越快越好,职业教育就会为社会经济发展提供强有力的人才支持和保障。因此,职业教育与经济社会发展的人才需求相适应,这既是职业教育区别于普通中小学教育的一个显著特点,也是职业教育的基本规律和所应当遵循的基本原则,所应当满足的基本需求。

第二是职业教育与生产劳动、社会实践的有机结合。职业教育不是以抽象的普适性理论为主要教学内容,也不是只在教室里讲空洞的理论,而是要既讲相关理论,让学生知道是什么、为什么,又要讲生产劳动、社会实践过程,讲各职业岗位的具体工作环节和流程,还要适时地通过实验、实训、实习、实践环节将学得的知识加以验证和融会贯通,使之转化为综合素质和相应技能,做到教与学、与做的有机统一。使毕业生一走出校门便能走上岗位,一走上岗位便能有序有效地开展工作,这既是职业教育的自身内部规律,也是职业教育与普通中小学教育的基本区别所在，是职业教育的一大特点和优势，是党的教育方针的基本诠释和最好体现。

第三是做人与做事的高度融合。职业教育与普通教育的一致性在于都要进行素质教育，让学生具备良好的政治思想素质、道德文化素质、生理心理素质，让他们首先学会做人。然而，职业教育毕竟不是普通教育，其主要区别还在于要让学生学习相应专业知识和专业技能，尽管这种技能会因层次、类别而有大小、多少、强弱方面的诸多差异，却是必不可少的。换言之，也就是职业教育要求学生在学会做人的同时还要学会做事，学会做大事、做好事，学会创造性劳动，学会创业。要能对社会经济的发展做出实实在在的贡献，要能够不断地创新，求得可持续发展；要做到观念、素养、素质、技能这四者的高度融合，有机统一。以素养(专业文化知识)奠基，以素质固本(解决最根本的管用一生的能可持续发展的最基本的东西)，以观念立命(思想意识、观念决定其生命力)，以技能安身。要以这样的人才服务于社会，推动经济社会的健康发展。

三大规律可简称为职教的"统一律"、"结合律"、"融合律"。其中，"统一律"揭示职教与社会经济的关系，是外在规律；"结合律"揭示教、学、做之间的关系，"融合律"揭示教育教学之间的关系，是职教的内在规律。社会经济发展需要职业教育，职业教育必须与社会经济发展相适应；职业教育只有坚持教、学、做有机结合，做人与做事高度融合，才能很好适应经济社会的发展需求，求得自身的更好更快发展。因此，三大规律既相对独立，又相辅相成，有机统一于职业教育这个特殊的教育类型之中。

综上所述，不难看出，职业教育是一种与普通教育既相联系，又相对应，并以普通教育为基础的特定教育类型。职业教育是国民教育体系中涵盖学历与非学历，初等与中高等乃至于职前与职后、成人与普通、学校与社会教育，有着自己独特性质任务、功能作用和特点规律的特定教育。职业教育在经济社会发展中作用巨大，地位崇高，学校、社会都应当正确认识其价值意义，明确其目标任务，把握其特点和规律，进而更好推进和发展职业教育，以此促进社会经济的更快更好建设与发展。

参考文献

[1]黄育云，熊高仲，张继华．职业技术教育在中国．电子科技大学出版社，2004.6

[2]温家宝，大力发展有中国特色的职业教育．中国教育报，2005.11.14

[3]潘懋元，唐永泽，石伟平．发展高等职教亟待解决的几个问题．光明日报，2006.10.11

[4]欧阳河．对职业教育几个流行观点的认识．教育与职业，2006.22

[5]吴贤忠．职业教育的本质是民生教育．上海社讯,2008.1

[6]朱晨辉．发达国家职业教育面面观．青年时讯．2006.326

[7]薛颖,冯文全．发达国家职业教育改革特点．上海教育,2006.7

[8]马思援．我国职教又好又快发展实现新突破．中国教育报,2008.5.15

[9]齐爱平．关于职业教育规律的思考．职教论坛,2006.5

[10]于龙斌．职业教育的基本规律与我国职业教育的发展．中国成人教育,2005.8

[11]姜大源．俄罗斯:建立"大职教"体系世界职业技术教育,2007.4

邢晖:对职业教育基本问题的研究很需要,也很薄弱;"大职教体系"、"六个特性"、"三大规律",这些独立性思考和规律性提炼难能可贵,尽管各种观点见仁见智。

感悟:这是一篇关于职业教育基本理论问题的探讨论文。作为一名长期从事高等职业教育管理的职教人,作者提出了自己对于职业教育的基本属性、基本特点和基本规律的看法与认识。理论是实践的先导。诚如作者所言,由于对职业教育的一些基本问题认识不清,已经直接影响到了职业教育的健康发展。作为职业教育的实践者可能体会得更为深切。作者提出的某些认识可能还存在值得商榷的地方,但是他积极思考和关注基本理论问题的这份热忱是值得肯定和鼓励的。我们希望无论是理论工作者,还是管理教学人员,都能够关心这些基本问题,在实践中不断思考、探究和总结,以便更好推进职业教育的健康发展。(撰写人　赵京)

风雨九十年　感怀二三事*

——四川职业技术学院九十华诞抒怀

不知不觉，来到学院工作已近三十年了。相对学院90华诞，仅三分之一而已，犹如耄耋老人与而立壮汉之比，本来微不足道，但在学院九十周年大庆来临之际，作为孙辈且为之艰苦奋斗过的我们，抚今追昔，无不感慨良多，且不吐不快，无论是非曲直，便姑妄言之，也算是一份礼物，一点心意吧！

九十年来，学院由小到大，由弱到强，由外至遂，先后经历多次更名、变性和迁徙更迭，由过去的区区几十亩，几千平方米到现在的千余亩土地，几十万平方米建筑；由过去的几十上百人到现在900余名教职员工，近两万名各级各类学生；由过去的区域性单科性大中专变成了今天的综合性省属普通高校，四川职教第一品牌，少则几倍，多则几十上百倍的增长，可以说是饱经磨难，历尽沧桑。九十年峥嵘岁月，九十年艰辛备尝；九十年历尽坎坷，九十年卓尔辉煌，学院就像一位饱经风霜而又精神矍铄的智慧老人，陡然间超凡脱俗，返老还童，重新迈开那矫健的步伐，踏上了新的征程。九十年，学院留给我们无数的启示教益，虽然是智者见智，仁者见仁，但我们的感受却始终主要是这样一些：

第一，发展是硬道理，职教乃大主题。

与众多学校一样，无论过去的训练班还是现在的学院，都是应运而生，与时俱进，在不断发展中壮大，壮大中发展的。建立之初的农校和师资班都不大，几十个教职工，上百名学生而已。经历过战乱，也经历过改朝换代的政治洗礼和行政区划调整，经历过自然灾害影响和宏观政策调控，经历过分分合合，西进南下的变迁、撤并等多次折腾，然而，学院都一步一步地走过来，十分顽强地挺过来了，发展到了今天这种欣欣向荣的境地。其间，最根本，最重要的应该说是两条：

其一，发展是硬道理。这自然不是讲一般意义上的发展，而是指学院任何时候都要千方百计谋发展，不能因困难和挫折而停止不前；也不能坐享其成，墨守成

---

* 这是与夫人刘琼英为90周年校庆撰写的纪念文章，载2007年四川职业技术学院校庆特刊

规，裹足不前；更不能急躁冒进，脱离实际，违背规律，滥谋发展；而应当认清形势，把握机遇，尊重规律，科学发展。因为在以往的办学历程中，既有过等靠要艰难度日的惆怅，也有过发展机遇来临时不愿不敢不想发展的迷茫，还有过没有好好发展的懊悔，和因积极主动谋求发展而受到的非议与责难；既有过不讲科学，不重规律，盲目乱发展，给发展造成的严重后果所留下的沉痛教训，更有过醒不起，促不动，进而坐失良机，一步晚，步步晚，一足失成千古恨，追悔莫及的怨恨。从中，我们完全可以得到小发展小困难，大发展大困难，不发展难上难的深切感受和发展才是硬道理，只要我们坚持科学发展观，正确把握发展的机遇、方向、路径、规模和节奏等重大关键问题，就可以步入持续良性发展轨道，就可以求得更好更多更快的发展；有发展便会有波折，便会出问题，这是正常的，也是辩证的，关键不在问题的大小、多少，而在于对待问题的态度；如果因为有问题就不发展，那只能是死路一条；如果因为有问题就非议甚至否定、责难，就不是辩证唯物主义等值得我们永远记取的基本经验和教训。

其二，职教为大主题。纵观学校九十年走过的道路，我们可以清楚地看到：中专是职教。不管是农校、农机校，还是机电工程学校，也不管是三个五个，还是十个八个，二十三个专业，都属职教范畴；大专也是职教。师训班，绵阳大学、绵阳专科学校、中学教师进修校，乃至于教育学院，除去中间的遂宁高中外，农科、工科、师范，无一不是职教。谁能说师范就不是职教，教书育人不是一种职业呢？七十二行行行出状元，广义的职教应当是包括了社会上的所有职业，而并非只是工科。学院几十年上百年历史都是从职教中走过来的，只不过过去不叫职业技术教育而已，因而既没把师范教育看成职业技术教育，也没把师范院校看成职业技术学校。老实讲，那时全国既很少有职业技术教育学校，也很难听到职业技术教育这个称谓。因此，在九十年代初期的学院探索之初，人们都还羞涩地将师范以外的专业称之为“非师范”，现在看来，这不就是高等职业教育么？显然，这不是一般的常识性问题，而是涉及学院发展定位的大政方针。师范毕业生就业相对难是事实，但这不是学校过错，而是社会原因。我们可以少办或改造那些就业相对难的专业，却不能因此而否定其职教性并进而将它清除掉，社会毕竟是需要这种职业的呀，更何况这是我们的传统和优势，不存在也不应该将其与洗澡水一起倒掉，而只是如何发挥优势与特点的问题。再就是成教是不是职教，改成普校后是否还搞成教的问题。谁能说成教不是职教，普校就不该搞成教呢？姑且不说有没有道理，许多本科院校，包括 211、985 工程高校不都建有成教院，有的甚至还把成教院改成职教院，把成教院当成职教院来办吗？应当说，职教可以有层次、类别之异，一个学校也可以有主业副业之别或以普通教育为主，但不能说办什么不办什么，非此即彼,否则就顾此失彼,这不是真本事,真教育。因为一个根本点是学校应当为人民服务,为社会经济发展服务,这是办学宗旨,是办学之行为准则。只要社会有需求,我们就有责任去做,并尽力去做好,而不能简单否定。更何况综合类院校应当在综合二字上下功夫、做文章,更何况成教也该是学院的优势和特色呢?有问题可以整顿,有缺陷可以改进,不存在办成教搞师范有没有特色的问题。其他职技院不搞,少搞成教,我们大搞多搞,将其做好不就是特色么?再就是非学历教育、岗职培训、继续教育也当是职业技术教育,而且是典型的职业技术教育。构建学习型社会,联合国终生教育概念的提出,国外的社区学院、社区教育都表明了一个基本理念:人是需要学习的;人不可能终生只从事一个职业,也不可能学习一次受用终身。社会在发展变化,知识在不断更新,连哈佛大学都称本科毕业生所学知识只能管一两年,研究生只能管三四年,更何况我们呢?新技术,新知识层出不穷,搞教育的何不把这看成是“商机”呢?其实岂止是商机,还是一个广阔的可以大有作为的天地呀!是否搞非学历教育就是小儿科,就掉价,被人瞧不起,或者是瞎折腾,白费蜡了呢?非也。短期培训更考水平,更锻炼队伍;短期培训也并非经济效益差。试想,假若成天花天酒地,沉溺于斗地主、筑长城,能去知识更新吗,凭什么来开讲座,搞培训啊!往事堪回首,九十年,我们不就是一直在搞职教,干职教么?职教该多姿多彩!膏药一张看熬炼,从这个意义上讲,职教不也是一个很值得研究的永恒主题么?只要运作得好,运作得法,我们岂不会今朝更灿烂、更好看、更辉煌么?

第二,机遇是根本点,创新是原动力。

学院九十年发展历程经历了计划经济,社会主义市场经济两大时代,自然也符合很多企事业单位的共同成长规律,那就是计划经济时代靠等机遇,由上级给机遇,学院做的是命题作文。受国家政治经济形势和决策的影响很大,学校工作按部就班,没什么风险可言。进入20世纪80特别是90年代,这种情况便逐步改变了。进入市场经济时代,靠的是自己找机遇抢机遇,相当于自主命题。但是,学院也有过人之处,这就是不断地寻找机遇,不断地锐意进取开拓创新,即令在以计划经济为主的年代也是如此。

曾记否:70年代末期,刚刚结束文化大革命,步入改革开放之初,学院就抓住恢复函授教育和师资培训的机遇,勇敢地招起了四个专业的上千名函授生。为了保证质量,又大胆进行了两大创新:一是首创了函授与短训相结合的培训模式,在三年制函授中让理科学生进校一年,文科学生进校半年集中学习专业主干课。既突出重点,又突破难点,深受学员欢迎,也得到了教育行政主管部门的好评和支持。二是狠抓辅导环节,除去以《函授通讯》(学报的前身)搞辅导,体现“函授”特点之外，还从各县区和学院任课教师中抽派精锐力量组成了专职辅导队伍，深入各县区巡回辅导，这是其他学校没有过的，也是保障质量的重要举措。由于重视质量，不仅得到了社会的认可，而且受到了学员的欢迎，现在都有校友讲，当时没去读本科函授而选择了专科，就是冲着这一年半载的集中学习和专职辅导来的，这让他们化解了难题，又真正学到了终身受益的东西。

80 年代中后期，学院又顺应社会的需求，于开办成人脱产班的基础上大胆创新，搞借船出海，借鸡生蛋，以地方教育行政主管部门委托的形式，借四川师范学院的名义，千方百计地开通了二年制普通大专班，连续招收了语文、数学、物理三个专业的四届高师班学生，首开了全省成人高校举办普通大专的先河，既为学院开创了新路，又满足了地方对新师范的渴求，丰富了学院的办学内容和形式。此外，学院还充分利用优势资源，于教学之余创办了集工学结合和开拓创新为一体的汽车驾驶员培训学校，开办了遂宁历史上的第一所驾校。

90 年代是教育学院的低谷，也是学院创新搞活的鼎盛时期。为了走出低谷，学院顶着压力，冒着风险，一是大胆创新，于成人教育中创办非师范专业，于全省率先拉开了职业教育的厚重帷幔，而今的文秘、经济信息管理、金融、电子类专业就是这样开办起来的。并于后来将其转向了普招，于走投无路时背水一战，杀开了一条血路。虽然当时也受到了上级“端正办学思想”和“责令整改”的查处，但也为灰头土脸，垂头丧气的教育学院开创了一线生机，成为了全省最早探索高职教育，敢吃螃蟹的院校之一。到两校合并时，单是办职教的经历就已达十多年，普通大专层面的高职专业就已达 20 多个，应当说是为四川职业技术学院这块第一品牌奠定了良好基础的。二是千方百计恢复了普通大专的招生，于成教探路的基础上开通了普通高职专业。三是创设了每年一度，师生共同参与的“学术活动月”，外聘专家学者讲学，主办国际国内学术会议，组织申报省市科研课题，开创了科研强校之路；四是于成人教育中兴办并创新自考、联办网络，开展非学历教育、职业技能鉴定，使成人教育大发展，不仅在籍学生突破了万人大关，逼近两万水准，创历史新高，从成人业余、自考、网络教育三个角度开创了独立或联合举办本科教育的新天地，而且创造了专科学校以自己名义独立举办本科成人学历教育的神话，创造了良好的社会经济效益，令同行称羡不已、刮目相看；五是注重素质教育，开展丰富多彩的第二课堂活动，创办了轰动“斗城”的“涪水红帆”大型文艺汇演；六是洞悉一切，在全省全国最先探索了打破门户和壁垒，实施结构调整、资源整合，强强合并组建新型普通高校的路子。于 90 年代初期主动求婚，末期强行逼婚，新世纪终于成婚，瞄准目标，矢志不渝，苦苦追求，才建成了现在的新学院。

新世纪新学院白手起家，迎着困难上，顶着压力干，毅然决定建设新校区；千方百计走出困境，打破制约学院建设发展的招生就业瓶颈因素，大胆改革创新，于招生工作上一年一个样，于就业工作中走出去，请进来，开展工学结合，实施订单培养，强化就业创业教育；于人才培养中重视素质教育，能力培养；在成人学历教育趋于萎缩时果敢转移，瞄准岗职培训，实施继续教育，面向企事业单位、党政部门开展各种类型的短期培训和职业技能鉴定；转变学生和家长的就业观念，于大学生中成功创立"川妹子家政服务"品牌，引发媒体广泛关注，引起轰动效应；短期内很好磨合，后发先达，走出困境，展露生机。

无数事实表明，机会无处不在，机遇人人平等；关键在于要能洞悉入微，善于发现和抢抓机遇；关键在于创新，以创新来赢得机遇，用创新来鼓舞人心和激励斗志，以创新来走出困境，以创新来谋发展，求新生；机遇是我们生存发展的根本点，创新是我们开创未来的原动力、传家宝，在未来的征程中，我们一定要好好珍惜之。

第三，教工是主力军，社会是活水源。

在九十年漫漫征程中，除去上级的关怀之外，始终舞动着前进步伐的是教职工。大家呕心沥血，教书育人；勤奋工作，无私奉献；甘于清苦，善解人意；筚路蓝缕，艰苦创业；翻山越岭，走州过县，为支持地方，为学院发展，为培养人才，为发展事业，斗酷暑、战严冬；在学校建设的困难时期慷慨解囊，理解支持着学院的建设与发展。从教育大厦的兴建，到新校区的建设；从深入县区学校招生讲学到新老校区来回奔波和繁难艰巨的评估；从合并时的相互理解、有机融合到今天的团结一致，齐心协力，以校为家，奋勇争先；从创国重、保国重和众多荣誉的得来到今天的四川职业技术学院品牌、形象的创建，无处不寄托着主人翁的情感态度，无处不展示出生力军的精神面貌和品质风采。没有教职工，就没有学院的辉煌昨天和今天，没有生力军，更不可能有学院美好的明天和未来！

在学院建设发展历程中，还应百般珍视的是社会的需求和理解支持。计划经济时代有上级主管部门的指令和关怀，我们可以坐享其成，坐等花开，过一种无忧无虑、自由自在的悠闲生活。随着改革开放的深入，随着市场经济的到来，教育、教师和学校已不再是铁饭碗，尤其是以市场、就业为导向理念的提出，也把教育和学校推到了计划经济的边缘。吃饭靠国家，发展靠自己，本是清水衙门的学校不再清高，于是，重视社会需求，开发挖掘并充分利用好社会资源就成了重要的发展生存之道。近年中，学院于这方面的经验是值得很好总结和发扬光大的。诸如从七八十年代开始的院校、校地联合，首先是县区教师进修校、师范校、文教局，继而是省内外的高等中等学校、民办社会力量办学乃至于近几年合作的重点生源学校、校长班学员所在学校；与地方的合作就有县区政府，市县教育、人事方面的主管部门等等，都给了我们很大的支持。接下来是九十年代后期以及新世纪开始的校企、校银、校院的众多合作，工学交替，工学结合，学院采取走出去、请进来、连锁式、订单式等方式，本着互利互惠，整合资源，携手合作，共谋发展的原则，不仅形成了多层次、多形式、多规格、多途径、多功能，立体全方位的人才培养格局，很好地适应了社会的多方面需求，而且也锻炼了队伍，最大限度地开发利用了各种有效资源，壮大了自己，产生了良好的社会经济效益，应当说这是我们办学的一大特色，也是一大优势。尽管其间也存在这样那样的问题，甚至出过事，产生过较大的负面影响，但毕竟是发展建设中的问题，瑕不掩瑜，是可以总结的，不能因此而否定联合办学。世界很多知名乃至一流大学的重要经验不是依靠校友，其重要经济来源，不是依靠社会捐助援助么？联合办学也是一种国家提倡且被实践证明的很好方式呀！关键不在联不联合，而在于慎重选择合作伙伴，强化规范管理，把握相应的度而已，这大抵也当是我们乃至于很多学校通过校庆来开发整合资源的初衷吧。“问渠哪得清如许，为有源头活水来”。要做成西部乃至全国职教的著名品牌，不能不重视社会资源，不能不重视教职工和社会资源的有机整合与最大限度的开发利用。

第四，普教是主攻手，成教是生力军。

作为普通高校，特别是一所年轻的普通高校，姓普、抓普，以普通全日制教育为主攻方向，主战场，主抓手是完全正确，无可非议的。但是，作为职业教育，特别是综合性的职业技术学院，如果只看到普教，只强调普教，只抓好普教，或认为搞普教就不该搞成教，普教成教是排斥的、对立的，甚至放弃已有良好基础的成教转而一心一意搞普教，那就成问题且很不应该了。这首先是因为学校是为社会经济发展服务的，社会以及社会的需求都是多元的，有普教，也有成教需求，有学历，更有非学历教育需求，而且是长期的、大量的永恒的需求，要不然为何要建学习型社会，连联合国教科文组织都提倡终身学习呢？既然社会需求如此，我们的追求单一不就成问题了么？其次还在于，我们综合性高职院校表面上看无特色，无优势，实际上综合不就是一种特色，一种优势么？社会需求是多方面的，综合性不正好能适应多种需求吗？单一专业是特色优势，综合多元也是一种特色和优势，我们怎么能削足适履，不识庐山真面目呢？优势特色并非越单一越专业越好。人无我有，人有我优，人有我异，人优我更优不都是优势么？三是学院并非现在才搞普教和成教，也并非新升格，没搞过高教的职校，应当说这方面是有经验有条件的。问题不在该不该，办不办，而在于该怎么办，怎么管。干不干，管不管是认识态度问题，办得管得好不好是能力水平问题。在发展普招期间，适当控制规模，认真清理整顿，使之规范科学，提高质量和品位，走内涵发展之路是对的，但整顿不等于控制制约,更不等于否定。我们所从事的应当是一种大职业教育,广义的职业教育,成招普招,师范非师范,学历非学历,大专中专,职前职后都在其中,都在其列。我们可以有所侧重,也可以据需调整,却不能有所偏废。何况职业教育是一种高成本,高投入的教育,既要看社会效益,也要看经济效益;职业教育也是一种多层次、多形式、多规格的教育,只要条件成熟,博士硕士研究生教育都可以办。谁能说职业教育就只有大专和中等层次?没有初等和高等本科乃至以上的研究生教育,这不是一种残缺的、蹩脚的、畸形的教育么?其他高校可以有本科研究生层次,其他高校具体到每个学科和专业不也是职业教育么?不仅学历教育,非学历教育、职业资格、任职资格、岗职培训、继续教育在知识经济时代,在信息社会、信息时代的当下是可以大有作为的广阔天地,而且是一项更锻炼考验队伍,更具挑战性与生机活力的高难度教育,是一个永恒的主题。作为职教人、职教工作者,我们能视而不见,熟视无睹,无视社会的巨大需求,违背社会发展之客观规律吗?无长不稳,无短不活,假若我们无视需求,违背规律,则势必受到规律的惩罚而自食其果。在举校庆贺学院90华诞之时,这难道不值得警醒和反思么?在我们看来,成教普教学历非学历对我们这所有着五十多年专科办学历史的综合性职教院来讲,应当是一体两翼,一个目标下的两大支柱,都应当将其铸造呵护好。

第五,质量是生命线,特色是闪光点。

学校虽然不是企业,却与企业一样,质量是生命线,特色是闪光点。质量关乎信誉,质量似同生命,没有质量便无品牌,没有品牌自然便不无生命可言。因此,教育部才对高等教育实施了调整结构、控制规模、提高质量,走内涵发展道路的战略举措,才出现了包括评估在内的一系列质量监测与保障体系,这对于我们这类刚建不久的高职院校,特别是综合性高职院校而言尤为重要。一方面我们要发展规模,要首先解决好生存温饱问题,但另一方面,我们又必须积极稳妥地发展,同时加强和规范内部管理,尤其是教学与育人方面的管理,使之科学规范,能有效地提高学生的综合素质和相应技能,使之德、智、体美全面发展,成为高素质、高技能的生产建设管理服务一线人才,成为受社会欢迎的栋梁之才。目前,学院正处在质量兴校、二次创业的关键时期,过去几十年我们是这样走过来的,并因此而赢得了良好声誉,现在的新学院因合并,因发展快、摊子大等原因,于质量方面是有相应差距的,对此必须有清醒的认识和正确的态度,要以科学发展观为指导,尽快研究可靠的措施办法迅速调整改善之,否则,则既难满足社会需求,也难适应党和国家的要求,最终制约和影响学院的建设与发展;即使规模上去了,发展也是不可能持久的,甚至还有可能被历史所淘汰。对此,在庆贺胜利,颂扬辉煌的同时,我们也必须有清醒而足够的认识。要树立质量、品牌意识,以此来求生存、求发展,这样的发展才会是健康的,可持续的,真正意义上的科学发展。

特色是与众不同的东西,是抢人眼球,令人欣赏和羡慕的东西,也是学校和企业的闪光点、增长点,因而也是大家都在创,在苦苦追求的东西。但特色有个基本问题,即什么是特色,人无我有自然是特色,人有我优,人有我异,人优我更优是否也该是特色呢?特色有大小、主次之别,而且是相对的、变化的,要创出大特色,瞄准主要特色,创造永久特色,都是一个非常难的事情。需要的是“衣带渐宽终不悔,为伊消得人憔悴”,需要的是有耐心,有毅力,百折不挠、矢志不渝。这就难了,因为大家都在创,都在争,因而需要平常心,需要客观冷静。相较之下,我们以为尽最大努力,千方百计提高质量,争创品牌是第一位的,也是最现实的,辩证地看它也是创特色的基础,甚至与创特色是融为一体的。因此,我们既要充分认识质量、品牌、特色的重要性,要抓质量、创特色、铸品牌、求卓越,树立质量兴校、特色名校、品牌立校、卓越荣校的强烈意识,但同时又要看到其繁难艰巨性,要冷静客观地看待和认识分析问题,看看我们的特色到底是什么,优势在哪里;与时代社会需求比,与党和国家要求比,与优秀兄弟院校比,有多大的差距,症结何在;到底什么是我们真正的特色和优势,如何来创造特色、煅铸品牌,发挥优势、追求卓越,而不能简单处置。只有这样,才能铸成真正的品牌,创出真正的特色,成就真正的卓越。

素质、素质教育暨人文素质、人文素质教育谈*

素质是素质教育的基本概念。素质教育是一个开放性的概念,其涵盖面很广,但主要的是人文和科学素质。科学素质是立世之基,人文素质是为人之本,只有将二者有机融合,才能真正培养出高素质,能促进推动社会经济发展的栋梁之才。人文素质有着人文知识、人文素养、人文精神等多个层面。目前重理工轻人文的现象非常突出并已造成严重后果,应予高度重视和迅速改变,并切实将几者间的关系处理好。

这是一些基本概念,但却不是一般概念,而是当前教育界讨论的热点问题,是教育改革中无法回避,必须讨论清楚的基本范畴,同时也是一些重大疑难问题。在当前深化教育改革,积极推进素质教育,大力提倡人文素质教育的特定背景下,弄清这些概念的基本含义,划清其相互界限,揭示其相互关系是十分必要的。

一、基本含义

(一)素质与素质教育

素质教育是教育改革中的重大深刻命题,素质是素质教育中的基本概念。要开展素质教育,搞好素质教育,首先得弄清素质的基本含义,而不能以其昏昏使人昭昭,或简单片面理解,形成把什么都贴上素质教育时髦标签的怪圈,误入"素质教育是个筐,什么都往里头装"的歧途。

1. 素质

素质在汉语中的含义是多方面的,是一个多学科的概念。这在《辞海》和《现代汉语词典》等工具书和众多专家学者的著述中已有详尽的介绍阐释,心理学中

---

* 本文为国家教育科学十五规划重点课题《农村职业教育与农业产业化、农村城镇化、农村现代化互动研究》(课题号为 DJA030185)子课题《农村职业教育中的人文素质教育研究》的基础性成果,也是省教育厅重点课题《高职学生的人文素质教育研究》的阶段性成果,载《天府新论》2006 年 5 期。

也有其特定含义。然而,在众多的诠释中,值得关注的却是这么三个方面:一是“本来的,原有的”;二是“构成事物的基本成分”①,“构成事物的元素、要素或质料、品质”②;三是“带有根本性的物质”,或“指事物本来的性质”③。素质可分为物的素质和人的素质两类。人的素质是最复杂的,从来源上讲,有先天和后天之别;就形态而论,有隐显之分;就类别而言,有综合与单项之说;就层面来看,有基质性、功能性、信息性之异。先天的是本来固有的与生俱来的,其间自然也包括遗传的因素在内。诸如身体素质,人一生下来就有优劣好坏之分,个头大小胖瘦之别;还有智力因素,尽管当时看不出来,差异却是客观存在的,即令是孪生子女,在同一环境中生存,接受同样的教育,其差异仍然是明显的。其实不光人,即使在自然界,“一棵树的叶子,看上去是大体相同的,但仔细一看,每片叶子都有不同,有共性,也有个性,有相同的方面,也有相异的方面,这是自然法则,也是马克思主义的法则。”④后天的即通过培养教育得来的,这也是不可否认的,且已经被大量科学实验和社会实践所充分验证。人类由类人猿到类猿人猿人古人今人的发展历史和狼孩的故事也都足以证明人的素质是可以通过后天的培养使之得以增强并力求达到最佳程度的,这便是后面将要讨论到的“素质教育”问题。而人的素质就是由先天的固有的与生俱来的与后天的培养教育和环境影响融合而成并最终从方方面面表现出来的人性中的最基本的东西,是人的全部身心中相对稳定的基本特质系统,这是必须首先明确的基本认识。

其次还当看到,素质是人的“基本成分”,是人所具有的根本性物质。对于人而言,自然与世间的许多事物一样,具备多种性质、多种素养和能力水平。比如人的竞技能力、学习能力、思考能力、判断能力、工作能力、生活能力、交际能力、表达能力、抵抗能力、免疫能力等等,很多很多,且有大小强弱,高低优劣之别,但是,起决定作用的还是一个人的素质。素质差则能力水平必然差,素质高的人方方面面都会比常人好一些或者很多,有的甚至会出类拔萃。素质是一个人能力水平的基因,对人的能力水平起制约作用。为什么同样的考题,有的人很快就能做完,且做得很好,得高分满分,而有的则相当吃力,不仅时间比别人用得多,还往往效果不好,甚至得分很低;为什么同样棘手的问题不同的人去处置它会有不同的方式方法和效果,其源盖在于素质,素质的差异性带来了人的方方面面的差异性。正因

① 《辞海》,上海辞书出版社 1979 年版,第 1222 页。

② 李培湘:《素质教育目标导学研究》,四川人民出版社 2001 年版,第 15 页。

③ 《现代汉语词典》,商务印书馆 1983 年版,第 1096 页。

④ 毛泽东:《同音乐工作者的谈话》,转引自林可夫《基础写作概论》,福建人民出版社 1985 年版,第 13 页。

为如此,所以有人讲“素质就是当老师所教的内容都忘光以后剩下来的东西”①。

第三,应当说明的是:人的素质的表现形态是多方面的。从性质上讲,它可以是一种能力,一种水平。比如教师的素质就体现在备课、讲课、辅导、作业批改、命题、阅卷等方方面面所表现出的能力和水平上。但素质同时又是能力水平的决定性因素,素质的好坏决定着能力的大小和水平的高低;从形态上看,它可以是物质的、具体的,也可以是精神的、抽象的,还可以是二者的融合统一。同样以教师为例,其素质就既可以体现在写出的教案和讲课的情形(重点、难点、效果、板书、方式方法等等),批改的作业、命出的考题,阅出的试卷等等物质形态的东西上,也可以从治学和教学态度、精神风貌、情感态度等精神层面反映出来。按照董裕华先生的说法,即“既有显性的一面,又有隐性的一面”;从内容上分,有身体素质、思想素质、政治素质、道德素质、文化素质、心理素质、人文素质、科技素质、单项素质、综合素质等诸多类别,且每个方面还可以分出许多小项。因此,我们绝不能简单认识和处置。

第四,人的素质是以素养为基础的。这个素养既有先天遗传的因素(这很微妙、很隐蔽,很难捉摸和量化,比如婴儿的天生爱哭、会游泳会吃奶等,虽然微不足道却又不可否认),又有后天教育的成效,而且更主要的、最基本的还是后天得到的,是教育培养的结果。诸如文化知识、科技知识、艺术素养、政治思想道德素养等等,都需要家庭、学校、社会,家长、老师、社会组织等通过口传心授、耳濡目染、培养训练等方式来逐步积累。在积累过程中,有的积极主动、有的消极被动,有的快,有的慢,有的多,有的少,有的好,有的差,具体体现在能力的强弱大小和水平的高低上。因此,素质不仅以素养为基础,而且是成正比的,即一般说来素养好的人素质也就高,素质差的人则必然缺乏相应的素养,由此可以看到后天的学习、教育于素养、素质的极端重要性。

2. 素质教育

这是一个很有争议的问题,争议的焦点在于到底什么是素质教育,有无必要单独提素质教育。这两个问题实质上也可看成是一个问题,即什么是素质教育。其实这也是一个尚在探索讨论的热门话题,从专家学者到普通教师,从党政官员到学生家长,似乎人人都在关心,人人都在讨论,报刊、广播、电视、网络、会议,或口头宣讲,或奋笔疾书,或实践探究,或理性思索,从内容到形式,从理论到实践已经二十多年了,可以说是连篇累牍,热闹非凡。这似乎又是一个重大疑难问题,因为在争议中,并未出现权威科学的界定,甚至还有了文化知识教育算不算素质教

---

① 董裕华:《什么是素质教育》,《中国教育报》,2004-11-15。

育,应试教育是不是素质教育,到底有无必要单提素质教育等诘问,可见这的确是一个有必要认真探究的重大命题,含糊马虎不得。

其实,以前似乎并没有素质教育的说法,它的真正出现是在20世纪80年代中期。据原国家教委副主任柳斌同志考证,素质教育是由应试教育,由文革前后的片面追求升学率引发思考,由教育改革所确定的提高国民素质之目标任务而逐渐演化出来的,尽管它已有20余年的探索历史而至今尚无权威而科学的定义。但是,从众多思辨中,我们似乎可以也应当确立这样一些基本的认识:

——素质教育是与应试教育相对立的一个基本概念。"素质教育是以促进学生身心发展为目的,以提高国民思想道德、科学文化、劳动技术、身体心理素质为宗旨的基础教育","应试教育则是以考试得分为手段以把少数人从多数人中选拔出来送上大学为唯一目的,片面追求升学率的教育"。显然,二者在目的任务,教育教学内容,方式方法等方面都有着明显的原则性区别。素质教育的目标任务在于提高国民、全民的综合素养和素质,在于促进人的全面发展,以人的发展来促进推动社会经济的向前发展,所体现的是一种全面的可持续的科学发展观;应试教育则追求的是一种功利性的形式主义的升学观。一个高瞻远瞩,立足根本、着眼长远;一个鼠目寸光,急功近利、只顾眼前,二者水火不容,截然相反。

——素质教育是一个开放性的概念,它与人的素质相对应。一个人,一个高尚的人,一个有作为有成就的人需要具备什么样的素质,就应该有与之相应的教育产生。大而言之,素质有政治思想、道德文化、身体心理、科学人文之别,当然也就有以培养增强这些素质为目的目标的各种相应的素质教育。即令同一种素质教育,也会因地域、对象、年龄层次和思想认识、内容形式、步骤做法的差异而出现百花齐放、百家争鸣,万类霜天竞自由的景象。况且,所有的教育永远不可能有最好,永远不可能有止境。这就清楚地表明,素质教育没有也不可能有固定的模式、统一的内容和方式方法,作为教育工作者,应当不断地探索,不断地追求,不断地创新,不断地去寻求素质教育的最佳绩效,因为创新同样是素质教育的灵魂。可见,开放性既是素质教育的特性、优点所在,也是其难点所在,但它又并非是虚无缥缈难以捉摸的,只不过需要我们去脚踏实地、持之以恒、开拓创新、不懈追求而已。

素质教育虽然是一个开放性的概念,但是,仔细推敲,却不难发现其如下的基本内涵:

首先,素质教育的第一要义是要面向全体学生。如前所述,素质教育是针对应试教育片面追求升学率,让学生读死书死读书死记硬背于己于人于社会都无用的所谓基本知识,不仅扼杀了青少年天真活泼、富于想象和创造力的鲜明个性,而且扼杀了一代又一代人,扼杀了中华民族的生命,使得本来就落后的中华民族永远难以立于世界民族之林的种种弊端而提出来的。素质教育不仅是对单个学生的单项和综合性素质的提高,而且是对全体学生,对整个国民素质的提高,因此,它理所当然地要面向全体学生,使之人人满意,个个成才,而不是针对少数学生的精英教育、贵族教育、特权教育。

其次,素质教育是以教会学生如何做人为核心内容,以促进学生的全面发展为根本目的,以追求真、善、美为最高境界的通才教育,而不是只追求分数和升学率,培养专才、偏才、怪才的低层次狭隘教育。按照《中共中央国务院关于深化教育改革,全面推进素质教育的决定》中的要求,就是要"造就'有理想有道德有文化有纪律'的,德智体美等全面发展的社会主义事业建设者和接班人"。因此,德育是素质教育的核心,德育是第一位的。

第三,素质教育是一种从内容形式到途径手法都灵活多样的开放式教育。它要求以学校教育为主体,社会家庭都积极参与,共同配合,而不囿于书本课堂和空洞的基础理论知识,搞关门办学。它要求所学的内容一定要实用,能满足社会发展的基本需求,而不能虚无缥缈,不能搞空对空、花架子。

第四,素质教育是一种以学生为主体,教师作主导,以素养教育为主要内容,以培养学生创新精神和实际能力为基本出发点,提高学生综合素养素质为根本宗旨,为学生为社会可持续发展奠定良好坚实基础的人本教育,而非单纯传授知识,片面追求升学率或某种特长、专长,将其简单化、庸俗化的功利性专才偏才教育。素质教育既很特殊,也很普通寻常。它既是一种先进的教育思想,是一种重要的教育理念,又是一种具体可为,操作性很强,值得很好探索的社会实践活动,是一项宏微观结合,内容丰富,涉及面广,繁难艰巨的系统工程,需要全社会上下一心、团结一致、打总体战、持久战,而不能各自为阵,急功近利,简单处置。

(二)人文素质、人文精神、人文教育与人文素质教育

首先需要界定的是"人文"这个关键词。

众所周知,"人文"一词的产生无论东西方都很早,而且意义上有一些差别。在我国这个文明古国里,"人文"一词最早见于《易经·彖传·贲》中,正所谓"文明以止,人文也。观乎天文,以察时变;观乎人文,以化成天下"。意即人之事,人类社会之事,人类社会积淀、传承下来的文化。显然,古人不仅界定了人文的基本含义,而且充分揭示了其巨大的功能作用。西语中的"人文"则源自拉丁文"humanitas",最早见于古罗马哲学家作家西塞罗(公元前106—前43年)的演说辞,原意为人性和教养。尽管东西方的古"人文"含义有差异,但通过二三千年的嬗变和传承,其基本含义是十分明确的。广义地讲,人文即人、人性、人类社会密切相

关,人类社会积淀、传承下来的文化,其范围非常之广;狭义的“人文”则指的是人类社会生活中衍生积淀而成的文学、艺术、法律、历史、哲学等,其历史是非常久远的,应该说从动物进化到人类的时候就已经开始了,因此,其内涵也十分丰富。

所谓“人文素质”,自然也就指的是人所具有的人文知识以及由这些知识内化而成并通过人之言行举止所表现出来的气质、修养、能力、品质、才干、情感态度、价值观念、思想品貌、道德观念等等。它是综合素养的集中体现,具有鲜明的个性特征和时代特点。它与“科学素质”相对而言,共同构成了“文化素质”这一特定的基本概念。从结构上考察,人文素质又包括了“人文知识”、“人文素养”与“人文精神”等三大层面。人文素养的主要成分是“人文知识”,即人文科学中关于人、人类社会,人与自然,与社会间相互关系的知识,它是人类对自身和社会的认识成果。由于人类在其漫长的历史进程中于这方面积淀甚丰,因而就形成了一大学科,人们将其称为人文科学或人文学。然而无论人文知识还是人文学都是“人文精神”形成的基础和赖以生存的土壤。“人文精神”则是包容于人文知识中的人生感悟、体验、认识感受、情感态度、价值判断与取向等哲理性的东西。它集中表现为世界观、人生观、价值观。是人文知识的内核和本质,是人文知识的精髓和升华,是对人类、人类社会有普遍意义和价值功用的意识与观念形态,是既融合于人文知识之中又超然于人文知识之外的社会意识形态。二者共同统一于人文学、人文科学之中,是同一学科的两种不同的层面和表现形态。只不过人文知识感性的色彩要重一些,人文精神则抽象,属理性层面的东西,二者互为表里,既各自独立,又相互融合,相辅相成。人文知识是基础的,基本的,人文精神是理性的、超拔的,是从人文知识中概括、抽象、升华出来的。人文知识好比谷物,人文精神好比酒,离开了人文知识,人文精神便成了无源之水,无本之木。人文知识如果不上升到人文精神的层面,则不可能体现出相应价值,发挥出应有效用。

至于人文教育与人文素质教育,则大体一致,只是在内容范围和程度上有所差异而已。指的大都是以传授人文知识为基本内容、形式和手段,以培养人文精神为基本出发点和最终目的,以塑造人、促进人类、人类社会文明进步为基本任务的这样一种社会行为、社会形态。这是一种历史悠久,古今中外都引起人们广为关注的社会行为。在西方,其源头可上溯到公元前 5 世纪中叶古希腊的以培养自由的成年公民为目的的文科教育和古罗马哲学家西塞罗创立的“humanitas”学说;在中国古代,则有如孟子在《滕文公章》所指出的:“夏曰校,殷曰序,周曰庠,学则三代共之,明人伦也”,是一种以伦理道德教育为核心的教育。现代的人文教育是相对于科学教育提出来的。科学教育指的是自然科学知识和技术教育。人文教育则指的是以人文知识传授和人文精神培养为基本目的、内容和方式的教育。尽管其间经历了近代西方的文艺复兴、启蒙运动之洗礼和以科学技术为主要内容之实证教育的冲击，但是，其基本内容日趋明确，涵盖范围非常广泛，是一种包括哲学、经济学、政治学、文艺学、伦理学、语言学、历史学、社会学、教育学、心理学、美学、文学等诸多学科在内的特定教育。

二、相互关系

之所以讨论这一问题，除去前面已提及的之外，还基于这样两大原由：一是因为这是目前教育改革中涉及的教育的基本问题，无论在基础教育还是高等教育中都涉及了这些问题却未能将其弄清楚，理论上的混乱必然导致实践上的盲目或盲动。在基础教育中，已近二十年探索实践的素质教育仍仅仅停留在口号阶段；减负问题走入怪圈，引起党中央、国务院领导的高度重视；课程改革举步维艰，素质教育非但于形式，反倒出现了素质教育是个框，什么都往里头装；表面上震天价响，实际上风平浪静，暗地里我行我素，换汤不换药；或简单地加点音体美，开展些二课堂活动；分数、名次、升学率仍然是评判学生、教师、学校教育质量的基本标尺，由此引发的诸多负面效应似乎比以前更堪忧。在高等教育中，重理工轻人文、非人文的现象十分突出，这不仅可以从高考时文理的填报比率中得到充分证明，而且在学科、专业建设、教育教学内容、方式以及毕业生状况等诸多方面都体现得十分明显。人文缺失、人文失语现象比比皆是、触目惊心。特别是专科层次的院校中，竟然出现了高职教育就等于理工教育，只有理工教育才是高职教育，凡人文社会科学皆不受重视，甚至倍受冷落，要被关停并转或打入冷宫的堪忧现象，使得党中央不得不做出繁荣哲学、社会科学的重大决定。因为从中小学到大学乃至于整个社会，“做人”的教育实在太重要了，以人为本的科学发展观，人类社会自身的文明进步是一个全球性的命题，发展中的中国，有着几千年优秀灿烂文化的中华民族则显得更为突出和紧迫。

二是要真正实施开展好素质教育、人文素质教育，除去弄清这些基本概念之外，还得把它们间的相互关系搞清楚并切实处理好，否则便难以弄清其来龙去脉并分清轻重缓急，采取相应的措施办法来处置好操作层面的问题，使之最终难以真正落到实处。

1. 人文素质与人文精神的关系

讨论人文素质不能不涉及人文精神，但这还得从“人文知识”说起。从前面的内涵揭示中不难看出，人文知识与人文精神间是相辅相成的，人文知识是人文精神赖以生存的土壤和条件，是形成人文精神的基础。人文精神是包容于人文知识之中的，是人文知识的实质和精华，是从人文知识中提取、升华出来的精粹部分，二者既各自独立,又有机联系,相互对立统一于人文素养这一个共同体中,构成了人文素质的基本内容。所不同的是,人文知识要具体,形象、宽泛、丰富得多,是载体,是内容,是工具和初级形态,起支撑作用。人文精神则抽象、凝练、空灵、超脱得多,是意识观念、精华、内核,是高级形态,起统帅、引领、指导作用。人文素质则是这二者的集中统一体,是这二者的综合性外在表现形态,一个人的素质高低,能力大小,在很大程度上是由一个人的人文素养,即人文知识的多少和人文精神的具备程度来决定的。一个人的人文知识的多少,人文精神的强弱总是要以人文素质的方式表现出来的,而且往往成正比。因此,人文素质与人文知识、人文精神间是包容与被包容,表现与被表现的关系,相互间的关联十分密切。

2. 人文素质与人文素质教育、素质教育之间的关系

从人文素质教育的角度讲,人文素质是其内容和对象,有了它便使得人文素质教育与科学文化素质教育区别开来;有了它便使得素质教育可以从重理工,轻人文的纯实证教育的误区中走出来,使整个教育显得更加客观、冷静、理智和全面,使人才培养的百年大计不至于因教育的失误而失之偏颇,使人类社会有了可持续发展的根本保障。因为,“素质教育大体可分为科学教育与人文教育。在一个科学的时代,不懂点科学是不行的,会有寸步难行的感觉。但作为一个人,无论在哪个时代,首先要有人文素质。”①

从内容功能上讲,科学知识解决的是做什么,怎么做的问题,解决的是技术、方法等操作层面的问题,其成效体现在物质财富的生产上。而人文素质教育则解决的是为什么要这样做,怎样才能做得更好更有成效的问题,属理性思索,意识形态领域范畴,解决的是怎么做人,为什么要做事,为什么要如此这般做事等精神文明、政治文明范畴的问题。无论对于人的教育还是社会形态的发展来讲,科学精神与人文素质的教育都是十分重要的,是矛盾对立而又统一的两大支柱。按杨叔子先生的表述,那就是:“人文文化是为人之本,科学文化是立世之基,两者不可分割,时代的发展趋势必然呼唤人文文化与科学文化的交融。”②因为“一个国家,一个民族,没有先进科技,社会就会落后、痛苦,受人宰割;一个国家,一个民族,没有传统文化,没有民族人文精神,就会虚无,就会异化。一个社会没有人文精神,就是一个病态的社会;一个人没有人文精神,就是一个残缺的人”③。不仅如此,科学技术在带来现代化的同时也带来了生态、环境、生存、道德、文化等方面的严重

① 顾明远:《也谈“教育是什么”》,转引自《教育是什么》,商务印书馆2000年版。

② 《院士专家走进高校巡讲》,《中国教育报》,2004-6-6。

③ 王会:《一个人缺乏人文素养,就是一个残缺的人》,《中国教育报》,2004-11-25。

失衡,带来了人性、人格的严重扭曲。过去的失之偏颇无论中外都已有很多沉痛而深刻的教训,现在,尤其在发展中国家,在知识经济、数字地球时代,我们无论如何也不能再犯这样的错误了,而必须按照科学发展的要求,把二者的辩证关系处理好,把二者有机地、很好地统一起来,卓有成效地推进我们的人才培养和社会进步。

[参考文献]

[1]柳斌,关于素质教育的思考,中国教育网。

[2]柳斌,以邓小平教育理论为指导,扎扎实实推进素质教育,中国教育网。

[3]袁贵仁,素质教育:21 世纪教育改革的旗帜,中国教育报网。

[4]邵龙宝,人文素质教育让大学生走出价值困惑,《中国教育报》,2005-2-1。

[5]陈蓓洪,人文精神与人文素质教育,《中国教育报》,2004-7-16。

[6]李培湘,素质教育目标导学研究,四川人民出版社 2001 年版。

职业教育的问题与对策管见*

目前,由于对职业教育的价值意义认识不足,因而于态度方面缺乏必要的激励制约机制和相应保障,显得有失公平;于管理方面体制与内外关系不顺,带来诸多负面效应。当加强研究,弄清其内涵外延;提高认识,真正重视职业教育;健全法规,切实保障职业教育;强化管理,更好推进职业教育。

尽管东西方古代职业教育都大体一样,以学徒制为发端和主体,但近现代却因社会历史背景的不同而有着很大的差异。无论西方发达的美、英、德、法,还是亚太地区的日本、韩国、新加坡,乃至于中国的港台地区,都随工业革命的浪潮和经济全球化进程而将教育,特别是职业技术教育推进到了高度发达,与经济发展、社会进步密切相关,甚至休戚与共的至高境地。唯有中国大陆有些不同,真正的现代职业教育是十一届三中全会以后,特别是二十世纪九十年代以后才有了量的扩张和质的改变的。近二十年来,尽管中国职教随着改革开放而从无到有,从小到大,从弱到强,至 2007 年底已有中职学校 14832 所,在校学生 1987.01 万人;高职高专 1168 所,在校学生 999.49 万人;成人高校和本科院校举办的职业技术学院 800 余所。无论中职高职,学校学生都已迅速崛起,占了整个中国教育的大半壁河山,在经济社会发展中起着越来越巨大的作用。这一变化不仅是巨大的、迅速的,而且是其他发展、发达国家所无与伦比的,值得充分肯定和赞赏。然而,当我们庆祝改革开放三十年巨大成效之时,对照世界职业教育的现状和国家经济社会发展的需求,又不能不看到其巨大的差距和众多的问题,不能不冷静思索,找到其症结所在和相应的对策。这,便是本文的基本出发点。

* 本文系国家社科基金重大项目“中国特色新兴工业化道路研究”(07&ZD024)子课题《职业教育与中国新型工业化道路研究》(07&DZ024. Z06)的阶段性成果,合作者为刘琼英。

一、问题

当前,中国职业教育尚存在以下主要问题:

(一)认识问题

诚然,不可否认的是,改革开放以后,特别是20世纪90年代以来,党和国家是高度重视职业技术教育的,不仅于一系列,特别是教育体制改革的文件中明确指出了职业教育于社会经济发展、人类进步的重要性,明确提出了大力发展职业技术教育的相应要求和举措,而且先后多次召开职业教育工作会,做出发展和加强职业技术教育的决定,对职业教育的发展是空前重视、无与伦比的,否则,便没有中国职教蓬勃发展的今天。然而,从总体上讲,与发达国家相比较,思想认识上还是有差距的,其主要表现有两大方面:

第一是对职业技术教育于经济社会发展,特别是经济全球化进程中的价值意义、地位作用,与可持续科学发展的关系的认识不到位。至少是上层(党和国家决策层)到位,下层(地方各级党委政府,教育行政主管部门)不到位;表面上到位,喊得震天响,搞得轰轰烈烈,实际上不到位,未能拿出切实有效的措施办法;搞职教的基本到位,社会群体的认识不到位。由此导致了始终未能将职业教育真正列入各级党政经济社会发展之重大举措,之根本性问题来抓,只是停留在文件上、会议上、口头上,有的甚至连这些表面的都没有,把职教的责任一味地推到了职业院校身上。职业教育投入不足,职教体系未能真正建立起来,职业教育与普通教育,与成人教育、社会教育的内外部关系都未理顺。整个职教是雷声大,雨点小;虚的多,实的少;停留在表面上,显得比较浮躁,这自然是职教难以很好发展的根本原因。

第二是对职教自身的认识尚有较大差距。由于浮躁而导致对职教的深入研究不够,理论和实际工作者至今未能对职教给出一个客观准确的基本定义,对职业教育的性质特点,尤其是基本属性未能准确全面揭示。职业教育的目标不明,范围对象不清,定位定向不准,重点不突出,难点未突破,也由此引发了思想认识上的诸多误区。有的将职业教育等同于工科教育,看成是不入流的低层次教育;有的把职业教育搞成了只是培养培训专业技能的教育;有的把高职教育曲解成职高,看成了高等教育、整个教育之外的另类教育。招生排其他学校之后,成了弱差生的收容所;有的把职业教育与成人教育、社会教育混同起来;有的则认为职业教育是职业院校的事情,未能看到社会,特别是用人单位的责任。以至于很多职业技术院校只顾及了学历教育,而不抓岗职培训、继续教育;只抓适龄学生的教育,未顾及下岗职工、待业青年、农民工转移培训;只抓知识、技能教育,忽视了技能、素养、素质，特别是人文素质教育；只抓了做事教育，忽视了做人的教育；只抓了眼前的教育，忽视了可持续发展教育。由此导致了大家都可以不讲责任、不尽义务，反倒批评、指责，有的甚至非难职业教育，让职业技术教育走入了不伦不类，迷失自我，一流地位，二流教育，三流生源，自己上不去，社会瞧不起的尴尬境地。

（二）态度问题

认识上的差距必然带来态度方面的诸多问题。

一是缺乏必要机制。这又集中体现在两个方面：

首先是激励机制。既然职业教育重要，国家、各级党委政府就应当建立相应激励机制，让各级干部，相关部门都来重视支持职业教育，为职业教育服好务；让社会各界都来关心支持职业技术教育，为职业教育的发展创设良好环境条件；让各级教育行政主管部门都来真抓实干，千方百计管好职业教育；让各级职业院校积极主动、认真负责、富于创造性地办好职业教育；让教职员工乐教，全身心地投入职业教育；让学生乐学，心甘情愿地接受职业教育。可现在的情形不是这样：一是学生考入高职高专不算中学升学率，不纳入学校领导、教育行政主管部门负责人目标政绩考核范畴。各级考核的是升入本科，尤其是重点本科的数量与比率。仅此一条，就使得社会将职业教育另眼看待，就使得职业技术院校和搞职教的教职员工低人一等，抬不起头，更不用说让没考好的学生读补习班，千方百计卡学生进补习班所带来的诸多负面效应了。这与德国、日本、美国、韩国、英国、新加坡、俄罗斯等国让学生自然分流，乐于学职教，让职校教师工资高于公务员和普通教育教师10%～15%，让企业、用人单位主动配合、支持、参与职教的做法相去甚远。目前虽然也有了对学生的相应经济补贴与资助，却没有对学校管理层面的相应激励，且补助不等于激励，因而花了钱，却因为不是从机制上入手的而显得效果并不好。

其次是制约机制。法律法规有了，相应意见也有了，只是宏观的、粗线条的，很不完善。有了基本法，没有具体的操作层面的配套法规，没有明确各级各类政府、各级教育行政主管部门、各级各类学校，各行业企事业单位的具体责任，没有明确规定他们该怎么做，该做到什么程度，不该怎么做，如果不这样做该承担什么样的责任。对于失职、渎职者如何追究，因而失之空泛，缺乏应有力度，使之在一定程度上失去效力，流于形式，多少给人以叶公好龙的感觉，也与职教发达的国家和地区的通常做法形成巨大的反差。认识上的不到位再加上无必要的激励制约，职教事业的发展状况自然便可想而知。

二是缺乏相应保障。这也同样反映在两个方面。其一是法规保障问题。这在前面已经言及。其二是经费保障。众所周知，教育是公共产品，是社会公益事业，其举办主体应当是各级人民政府；职业教育是一种高成本、高投入的教育。目前，我国教育投入占GDP的比例本来就低，远不及发展中国家的平均水平；教育的欠账本来就多，还要办大教育。发展职业教育，一方面需要大量投入，一方面投入严重不足，既不能让学生出得太多，让学校收得太多，又没有增加必要的投入，还要让学校大力发展，切实搞好职业教育，年终还要考核，搞不好就得挨棍子，摘帽子。巧妇难为无米炊，这实在是太难为校长们了，也不是发展职教，科教兴国的应有态度。

三是有失公平。构建社会主义和谐社会，公平、公正是基础。然而，目前在职教领域却存在诸多不公平的现象。首先是公办民办问题。诚然，发展民办教育是对的，尤其是在国家、各级政府无力解决教育投入的情况下，借助民间资金来发展教育是对的，但首先得有所节制，得考虑量和质的问题。不能为了发展而发展，于结构上失衡。对于公办的要评估、要制约，对民办的同样得讲条件，同样得制约，不允许举办者玩空手道，不允许搞假冒伪劣。尤其对民办院校的师资，办学设施条件和相应管理不能失控，千万不能不讲条件地把优惠政策、计划指标都向民办倾斜。对办学中的违规违纪查处也应公办民办一视同仁，让公民办都规范办学，在同等条件下公平竞争。其次是普教职教问题。普教职教都是国民教育，都是为国家培养人才，都是经济社会发展的基础和支持，只是二者的性质、特点、培养内容方式和目标有异而已。但目前重普教、轻职教的现象十分明显和普遍，而且有愈演愈烈之势。允许普通高中学生大量升学，对职教学生却人为控制为5%，到了不近人情，违背规律的地步。普教中有本科、研究生层次，职教中却没有，而且不允许办得好的专业或学校办本科教育。再次是初职、中职和高职问题。本来都是一种教育的不同层面，相互间有个依赖关系问题，也有个结构比例问题，宏观调控应当总体平衡，但目前重中、高职，轻视甚至忽视了初等职业教育，对非学历教育的职业技术培训也尚未重视到应有程度。第四是示范与非示范性学校问题。建示范校无可非议，但建示范应当是真正的创建，而不是弄虚作假靠搞运作；是否能示范公众自有评判，而不是少数领导和专家说了算；示范毕竟是少数，不能将大量资金无节制地投进示范校。锦上添花固然好，但目前更多的是需要雪中送炭。与其将有限的资金凭少数专家的结论大量投入少数学校，让其用都用不完，甚至不晓得咋个用，造成浪费，还不如先解决基本的，先提高整体实力，然后以激励机制来实现锦上添花为好。其间既有教育公平，社会和谐问题，也有科学创建，效果效益问题，绝不能简单处置。

（三）管理问题

管理是一门科学。发展建设中的职业教育普遍存在管理方面的问题是可以理解的,但目前存在的是一些大的基本的管理问题,因而当引起高度重视。

一是管理体制不顺。就国家层面和大职教而言,教育部、劳动部、组织人事部业以及一些行业部门都在管理职教;教育部既管学校教育也管社会教育,既管学历教育也管非学历教育无可非议,而劳动部却既管职业资格认证,又管非学历教育,人事部既管职务职称评定,也管干部和公务员的职务职称培训。还有卫生战线、金融系统、税务系统等等,大都各自为阵,既当运动员,又当裁判员,还当组织管理者,牢牢地控制着自己的权利,维护着自己的利益。职教关系交叉重叠,让受训者苦不堪言。单在教育部内,就有高教司、师范司、职成司、基教司都在管职业教育。高教司管高等职业教育,职成司管成人教育和中等职业教育,中职教育又属基础教育,成人教育又有高等教育,各省厅、市县也都与之对应,于是相互交叉,政出多门,一所学校办一件事情要拜几尊菩萨,既不科学,也不规范,自然也很难统一,从上至下各行其是,相互冲突抵耗,自然难以顺利推进,很好发展职业教育。

二是内部关系不顺。普教、职教、成教,高教、职教、基教,学历、非学历,全日制普通教育、成人教育,脱产、业余、函授、夜大、自考、远程、网络教育,名目繁多,相互交叉包容,极不规范科学。以普通教育为例,既是与职业教育相对而言的,而普通高等教育中又包含有职业教育,诸如教师、医生、金融、保险、税务等等。有几个专业几所学校不是与职业联系在一起的,不是在进行相应的职业教育呢?既然如此,又普通在哪里,何必称“普通”?成人教育就没有高等教育,成人教育就不包括职业教育么?学历教育有职业教育,非学历教育更是职业教育,相对高等教育而言,中职教育就不是基础教育么?显然很难说得过去,真正成了你中有我,我中有你,剪不断,理还乱。

三是外部关系不顺。学校教育该教育部门管,这似乎不在话下,可用人单位名目繁多的培训,特别是很多的非学历培训该谁来管?说是教育问题,教育部门管得了吗?教育部门不管,那不成了教育管理失控么?结果当然是既当运动员又当裁判员,还当管理者,想考就考,想收费就收。真可谓说你行你就行,不行也行;说不行就不行,行也不行。管理与教育职能交叉,如何管,如何管得好啊,乱则必然,治也就无从谈起了。

二、对策

基于上述情形,我国的职业教育应切实解决好如下问题:

(一)提高认识,高度重视职业教育

1. 加强职业教育研究,弄清其内涵外延

这是一个基本问题,搞了那么多年职教,搞了那么多年职教研究,已经将职教做到了占普通教育半壁河山的程度。但是,对于什么是职业教育这个最基本、最简单的概念却未能予以准确界定,并由此导致了职教的界限不清,目标任务不明,引发了许多问题,这显然是很不应该的。在笔者看来,职业教育有广狭义之分。广义的职业教育范畴很广,凡是以满足个人和社会的某种需求,以培养人的职业兴趣和从业资格为目的的一切教育活动都可谓之。它既包括了教育机构(大中小学)所从事的学历和非学历教育,也包括了社会力量所从事的各种培训活动。狭义的职业教育则指的是既与普通教育相对应,又在普通教育基础之上进行的以职业素养、素质和技能培养为主要内容,以适应岗位职务要求、促进经济社会发展为根本目的,由专门教育机构所从事的相应教育活动。其基本目的一是让受训者获得基本的从业资格,使无业者有业;二是提高或更新人的技能和素养素质,使之能适应更好更高的岗位职务的要求,更加精业、敬业、乐业、优业,既获取更多更好的报酬待遇,也为社会经济发展做出更多更大更好的贡献。因此,从本质上讲,职业教育是面向人人的民生教育,是一种大众化教育,是一种类型的教育,是经济社会发展、进步的重要基础性工程;职业教育包括了中高层次的学历教育和大学后的继续教育,是一种面向人人,面向人的一生的终生教育。它可以分层次,分类别,分阶段进行,但却不是终结性教育。较之普通教育,职业教育有着教育对象的广泛性,教育教学内容的职业性,教育教学过程的实践性,教育教学资源方式的社会性,教育教学目标的特定性特点。有着与经济社会发展需求相适应,与生产劳动、社会实践紧密结合,做人与做事教育相统一的基本规律。因此,我们应当确立大职教观念,将除普通中小学以外的教育都纳入职业教育范畴,而且还要在普通中小学教育中渗透职业教育的相应内容,使普通中小学毕业生具有相应的职业意识,一定的职业兴趣和常识,具有一定的从业基础,为进一步深化职业教育,提高其职业素养、素质和能力,培养高素质、高技能、创新型人才奠定良好而坚实的基础。应当像俄罗斯和东西方发达国家与地区那样,建立起有中国特色的大职教体系,这个体系的基本内容包括:初等职业教育、中等职业教育、高等职业教育和大学后职业教育四大层次,学校与社会教育,学历与非学历教育(学历教育含中等高等学历,高等学历又包括专科、本科和研究生层次;非学历教育又包括岗职培训、继续教育)四大类别,全日制、函授、夜大、自考、远程、网络等多种形式和十分开放的相应体系,从而取消成人教育的招生考试,将其融入职业教育中,使之真正形成普通与职业教育相融合的国民教育体系,真正形成多层次、多形式、多途径、多品类、多功能、多规格的人才培养格局,更好地与国际教育接轨,更好地融入全球化、现代化行列,更好地为中国特色社会主义建设事业服务。

2. 充分认识价值意义,真正重视职业教育

世界职业教育的发展历程表明,任何一次社会经济的变革和发展都是以职业技术教育、人力资源开发,人口和民族科学文化素养、素质的提高为基础的。我国是一个自然资源相对不足,人口资源相当丰富,经济社会发展相对落后的发展中国家,发展职业教育,是提高劳动者素质,把巨大的人口压力转化为人力资源优势的需要;是推进我国工业化、现代化的迫切需要;是促进社会就业和解决"三农"问题的重要途径;是提高经济增长质量和综合国力,提高社会生产力的需要;也是完善和优化国民教育体系的必需。正如温家宝总理在全国职教工作会议上的讲话中指出的那样:"大力发展职业教育,既是当务之急,又是长远大计"。因此,各级党委政府、社会各界都应对此有清醒而足够的认识,都应积极响应党中央、国务院的号召,站在时代、社会发展的全局和高度上来充分认识大力发展职业教育的重要性和紧迫性,从根本上解决好思想认识问题,从根本上把职业教育重视发展起来。

3. 制订规划明目标,切实搞好职业教育

古人云:"凡事预则立,不预则废"。发展职业教育,除去建立健全体系,理顺关系之外,还得有事业发展规划,勾画出整个职教事业的发展蓝图,明确各阶段的目标、任务与重点难点,明确各阶段的基本举措;立足当前,着眼长远,使之与普教,各类别各层次的职业教育相互融合,有机统一,相互促进,协调发展;使之与经济社会的需求相适应并适度超前,从而避免主观盲从,避免上下脱节,左右相撞,内外失调;使之可持续地发展,更好地发挥其相应的职能作用。

(二)健全法规,切实保障职业教育

1. 健全法规,规范管理

发达国家和地区的职教发展有一条基本经验,就是将职业教育纳入法制化的轨道,不仅制定了基本的法律,而且根据需求配套建立了相应的法规,形成了较完善的法律保障体系,真正做到了依法办学,依法治教,有法必依,违法必究。在我国,虽然早在1996年就颁布实施了《职业教育法》,也由国务院对职教的发展做出了两大决定,于职教的规范化建设方面做出了积极努力,但仍然存在着明显的差距,其主要问题是宏观的多,微观的少;务虚的多,务实的相对较少;各级党委、政府在职教方面的责任不够明确,未将其真正纳入目标管理和绩效考核范畴,缺乏管理力度;培训培养单位与送培单位,用人单位的职责任务也尚不完全明确,而且缺乏必要统筹;学校办学没有相应的自主权,法人地位未能得到真正的保障。此外,还有个经费方面的保障问题,虽然我们是穷国办大教育,经费十分紧张,但是,从事业发展需求出发,还是应当明确各级各类院校,各种类型培养培训的基本经

费标准,明确各级各类职教实习实训、实验实践基地建设方面基本经费。即令这方面有相应困难,也应提供相应的政策保障措施;建立健全相应的法律保障体系,使法规、政策和经济保障三位一体,有机整合,使整个职教事业进入规范化、法制化的运行轨道,进而促进其又好又快发展,与经济社会发展形成真正的良性互动关系。

2. 加大投入,改善条件

目前,教育的欠账很多,作为高成本的职业教育欠账更多,国家当加大这方面的投入力度,于关注民生,对中高职学生实行相应补贴和奖贷助学措施,充分调动家长、学生接受职业教育的积极性,让贫困学生上得起学的同时,加大对职业院校的基本投入,使之尽快改变校舍、师资和实验实训条件过差,难以满足高素质高技能应用型人才培养需求的状况,让学校能办得好学。此外,还应当建立起企事业与学校合作办学的相应保障机制,出台相应政策措施,一是让用人单位积极支持职业院校的合作办学,搞好工学交替和实验实习实训实践;二是让用人单位合理分担人才培养成本,形成人才有偿使用制度,既促进社会形成尊重人才的良好风尚,又遏止用人单位因不计成本而挑三拣四、推三阻四、拔高学历标准的人才高消费现象,避免在职业教育中出现西方发达国家已经在全力遏止的"职教资源浪费"现象。

3. 建立机制,确保公平

教育是涉及千家万户,涉及民生权益的敏感话题,教育公平是一个时代主题,是构建社会主义和谐社会的必由之路。当前,我国的职业教育急需建立两大机制:一是激励机制。要让广大人民群众充分认识职业教育的重要性和巨大发展前景,以政策激励学生和家长选择职业教育。对此,除去做好宣传教育之外,还应当取消对专科学校升本和对口高职学生升学、高职院校学生专升本的相应政策限制,开放高层次职业教育,使办得好有条件的大专院校能举办本科教育专业或升格为本科院校,使学得好有深造前景的学生能顺利升入大专、本科学校学习,使符合条件的学生能接受研究生阶段的高层次教育。甚至可以让专科及以下的职业院校不进行统一的招生考试,凡愿入学者可直接入学接受相应层次的职业教育;实行弹性学制,学分银行;允许学生勤工俭学,搞真正的工学交替,宽进严出。国家只需要把好各级各类学校出口关,一切由市场来调节,既很好满足了广大人民群众对教育的需求,又充分保障了学校的办学自主权,尊重了市场经济的规则与规律。国家还可以像日本、澳大利亚那样,让职教工作者的薪金高出其他普教教师和公务员10% ~15%,让老师乐于从事难度更大的职教,全身心投入职教,鼓励企事业用人单位参与职教,与职业学院深度密切合作,共同办好职教。二是调控机制,国家发展民办职业教育是对的,但目前宜对民办教育进行相应的治理整顿,规范其办学环节、程序和手段,确保其与公办职校以公平、公正为基准同台竞争,确保地区、行业职教间的公平竞争和健康发展,维护好教育公平。

(三)强化管理,更好推进职业教育

管理不是目的,目的是确保职业教育的健康运行和更好发展。目前.于职教管理方面宜做如下努力:

一是理顺关系。宜于国家层面将教育分为普通与职业教育,学历与非学历教育,基础与高等教育六类。其中,普通教育指大专以下的普通中小学教育,包含学前教育、小学教育、初级中学教育、高级中学教育四个层次。职业教育则指普通教育以外的所有教育,包括了学历与非学历两大类别,其间学历教育阶段又分为初等、中等、高等职业教育三大层次。初等职业教育可以是,也可以不是独立的学历教育。高等职业教育分为大专、本科、研究生(含硕士、博士研究生)三大层面;全日制脱产、业余,函授、夜大、自考、远程、网络教育等多种形式;非学历教育可分为岗职培训、继续教育两大类别。据此统一规范相应称谓和界限,以避免相互混淆,失范失策。

二是健全体系。将国民教育分为两大体系:一是普通教育,二是职业教育。普通教育体系为纯基础教育,教育教学内容以普通基础知识为主;职业教育体系则以职业素养、职业素质、职业技能教育为主。职业教育也可以在基础教育阶段与普通教育交叉,或在基础教育中渗透职业意识、职业思想、职业准备、职业技能等方面的内容。但一是以普通教育为主,或者在初中毕业后分流,一部分读普通高中,一部分读职业高中,二者中的优秀者都可升入高等教育阶段,直至博士教育阶段学习。从整个教育体系中取消成人教育这个类别,以职业技术教育代之,以此避免两种标准相互混淆,越办越乱的局面,也以此解决职业教育是二流教育,是低层次教育,职业教育与高等教育、与研究生教育脱节,千军万马挤普通高考独木桥等诸多问题,从而真正建立起以普通教育为基础,职业教育为框架的国民教育体系。

三是改革体制。首先将除去党政干部教育以外的国民学历、非学历教育,学校教育、社会教育全部收归国家教育行政主管部门集中统一管理,形成组织部门管干部培训,教育部门管基础与职业教育,劳动社会保障部门管职业资格、就业准入的基本格局,彻底改变目前的多头管理、大家办学、画地为牢,利益当先,裁判者当运动员,职责职能不清不明,相互制约扯皮、混乱不堪,效率效益低下的局面;真正统一到大局为主,大部制管理,健康有效运行上来。其次于教育部内设普教、职教司,不再设高教、基础教育司。在职教司内设中职教育处、高职教育处社会教育处(管非学历教育)。各省市教育厅局设置相应管理机构,从职能职权职责上彻底理清体制问题,改变现有的多头管理,相互争夺或推诿扯皮现象。再就是于普教、职教中分别设置相应的研究机构,专门研究发展建设中的重大理论与实践问题,起好支撑保障作用。

[主要参考文献]

黄育云,熊高仲,张继华,职业技术教育在中国,电子科技大学出版社,2004.6

温家宝,大力发展有中国特色的职业教育,中国教育报,2005.11.14

潘懋元,唐永泽,石伟平,发展高等职教亟待解决的几个问题,光明日报,2006.10.11

欧阳河,对职业教育几个流行观点的认识,教育与职业,2006.22

吴贤忠,职业教育的本质是民生教育,上海社讯,2008.1

朱晨辉,发达国家职业教育面面观,青年时讯,2006.326期

薛颖,冯文全,发达国家职业教育改革特点,上海教育,2006.7

马思援,我国职教又好又快发展实现新突破,中国教育报,2008.5.15

教育部,2007年全国教育事业发展统计公报,中国教育报,2008.5.5

齐爱民,职教论坛,2006.5

陈杰,职教目标是就业而不是升学,人民日报,2008.7.24

姜大源,俄罗斯:建立"大职教"体系世界职业技术教育,2007.4

高靓,经济全球化追问大学新使命,中国教育报,2007.11.19

赵勇,全球化对教育改革的启示,中国教育报,2007.6.13

思路方略

从中外成人教育的比较看我国成人教育的发展*

自1820年英国格拉斯哥大学创办第一所成教性质的技工学院到现在;成人教育已经有近两百年的历史了。即使是从英国人艾德·林德曼第一个提出“成人教育”概念时算起,也已经是六十多年了。世界成人教育的现状如何,尚处于初级阶段的中国成教事业与之比较有何差异,应向何处去?这或许是人们颇为关心的问题。

一、国外成人教育的现状和特点

在当今世界,成人教育是方兴未艾、春意盎然的。美国目前有两千多万人接受各类成人教育,占十七岁以上人口的八分之一。苏联每年注册学习的成人达3200万人,占人口总数的14%。联邦德国1983年接受各种在职培训的达260万人,占全国就业人数的10%以上。加拿大达500万,占全国成人总数的50%。瑞典虽小,却堪称世界成教事业最发达的国家,参加学习者占全国人口总数的30%。即使是发展中的中国和印度,成人教育也都在蓬勃发展。

就部分国家的情况看,国外的成人教育具有以下特点:

1. 认识明确,国家重视

60年代以来几乎所有的国家都把成人教育作为提高人口素质的重要手段,因此,他们通过立法来加以保障。美国不仅制定了成人教育法,而且还在各州设立了成人教育管理部门,组织有非政府性的“成人教育教授委员会会”等等。法国先后三次修订完善继续教育法,对成人教育的性质、地位作用、各级机构的建立、经费来源和使用等都做了明确具体的规定。国家成立了职教部、下设继续教育局,不仅全国有24个职教部的代表机构,而且各厂矿还成立了培训管理委员会,全国上下形成了较完整的职教体系。日本、加拿大等国也同样如此,甚至于还在《社会

---

* 载西南师范大学《成人教育》1989年第三期,亦即本人中国文化书院“中外比较文化研究班”毕业论文的简版。

教育法》中规定了各类成人教育干部的数量。如其“社会教育主事”为 6577 人，“社会教育指导人员”为 7711 人。假如没有对于成人教育地位、作用的充分、明确认识，显然是不可能达到这种地步的，自然更不可能有如前所述的规模和现状。

2. 办学宗旨明确，手段、形式灵活多样

在成人教育的办学手段、形式上，各国是不拘泥于固定模式和一致做法的。日本搞的是三个系统：一个是以全日制为依托举办函授、夜大、专题讲座或直接收成人入学的学校开放系统；一个是以公民馆为主要阵地进行各种成人教育活动的社会教育系统（目前全国公民馆一万七千多处，参加学习者达一亿四千八百万人次）；一个是民间文化事业。此外，还有企业内部的培训和图书、博物馆的借助。法国更是多种多样，什么业余、函授、广播、电视教育，国立成人职业培训协会、工商培训中心，各高校的继续教育组织，专业团体培训机构和大企业内部办的各种培训中心、长短班等等，时间长的达两年，短的一两周、三四月。可见，国外成人教育的培训形式、手段是异常灵活的。

然而，尽管如此，其办学宗旨却是一致的，也就是依据社会的广泛需求来为各行业培养更多更好的人才，为经济腾飞，社会发展服务。这可以从美国、加拿大、日本等许多国家的情况得到印证。美国、加拿大的社区学院，其目的主要是对青年进行学识培养、职教培训、就业指导、为四年制大学作准备。英国的成人教育之所以根据年龄特点、基础状况分为高级和非高级两大类，其目的就在于依据需要来分别培养产业界、实业界的高级技术人才和进行职前培训。很显然，日本的分系统培训的终极目的在于有效地提高全民族的科学文化素质。

3. 教学内容、形式的针对性强

当前，国外成人教育的针对性是很强的，其具体体现在三个方面：一是根据社会的实际需要来设置专业和课程。比如英国的多种技术学院，除上技术课外，还根据社会需要开设了人文、社会课程。法国的高等工艺学院为适应社会需求而开设了包括机械、物理、社会、计算机、建筑、冶金、财会、组织等四百个单科。联邦德国的哈根函授大学还专门设置了一些培养社会急需人才的课程和专业。更典型的是日本，仅其社会函授教育就开设了事务性课程 69 种，技术性课程 68 种，生活技术课 32 种，是根据不同对象和培养目标来设置课程。比如泰国的兰甘亨大学，对凡是具有高中毕业或同等学历的人，可按其是老年、中年还是青年，或是政府官员、小商小贩，入学选学相应的课程，美国的通用汽车运输公司学院也是如此。日本企业内的教育系统更为突出，它或以层次性纵向的不同阶层（按社员、骨干社员、系长、主任、课长、部长、理事、社会、会长等不同阶层），或以职能性横向的不同类别（即按财务、人事、劳动、设备、资财、生产、贩卖、研究、总务、会计等职能类别）

分别确定不同的重点和开设不同的课程。比如,对骨干社员的教育重点是:正确掌握业务知识,使之能写会算而又迅速准确,行为敏捷,学会处理上下级关系,协调合作;学会推行质量管理(NC)、小组活动方法;掌握价值分析(VA)等管理方法。而对系长、主任等监督人员,则主要是学会在现场生产第一线进行指挥所必备的方法和知识。总之,会计有会计所需要的常识和课程,贩卖有贩卖的业务和所要学习的课程。三是依据不同的对象、不同的需要决定培养形式。又比如英国的技术、农业、工业技术、家具、印刷、建筑、调理、美容学院的设置;美国、加拿大的初、高级学院、社会学院;法国等许多国家、地区的继续教育,岗位培训、职前培训以及各国通常采用的全日制、函授、夜大、广播电视大学、卫星电视学校等等各种培养形式,都体现出很强的灵活性和针对性。

4. 培养对象广泛,培养目标明确

目前,国外成人教育的对象是十分广泛的。从年龄上看,不分老、中、青年;从职业上讲,无论工人、农民、干部、学生、商人、教师等;从文化结构上看,文盲、半文盲、中等、高等学历者乃至于专家、学者、教授、各层均有,无所不包。然而,尽管如此,其培训目标却又是非常明确的。美国的通用汽车运输公司学院是"培养公司所需的工程技术人员和工业管理人才";而日本的专修学校,又多以取得国家规定的职业资格和通过技术鉴定为目的。法国的高等工艺学院是使学员取得单科或工程师证书,进而做博士学位的研究工作。总之,无论哪种层次、哪种形式、哪种规模规格的办学,都有着明确的培养目标。

二、我国成人教育的现状和发展趋势

1. 简况

众所周知,我国是50年代初兴办成人激育的,60年代遭受折腾而几至夭折,70年代末得以恢复。"六五"期间发展较快,现有成人高校1400余所,在籍学员186万多人,此外还有各类成人中专、农民扫盲等等。单成人高校就已基本与普通高校的学生数齐平。办学形式有电大、夜大、函大、职大、自修大学等等。学习的方式有脱产、半脱产、业余之分。开设的课程、专业亦十分广泛,据1988年的统计,仅专业设置就多达538种,课程设置就不言而喻了。从培训对象看,工人、农民、干部、军人、待业青年,不分男女老少,无论民族阶层;从层次上讲,扫盲、补课(中学文化补习)、中专、大专、本科、研究生,继续教育等等,基本形成了多层次、多规格的格局。仅"六五"期间,就有成人大专毕业生90万、中专毕业生142万,分别相当于同期普通高校、中专毕业生的51.4%和3.6%,对于缓解国家干部和企事业人才不足的矛盾起了巨大的作用。因此可以说,尽管我国成人教育事业起步较晚,但发展是迅速,成效是显著的。

2. 问题

将中外成教事业进行纵、横向比较可以看出,尽管我国成教事业发展迅速,成效显著,但差距毕竟是大的。概括起来,主要是两大方面:

一方面是认识上的差异。即全社会对待成人教育事业的认识不足,重视不够。在文盲、半文盲占总人口23%(1983年统计),成人教育对象有五亿多人口的国家里,参加成人教育学习的仅占培训对象的2%。这个与奋斗目标极不协调的严酷现实,却未能改变许多人的一次性教育的传统观念,未能引起社会的重视。在管理体制上也呈现混乱,政出多门,莫衷一是,八仙过海,各显神通。缺乏合理的统一布局、合理的结构、完善的规章和科学的管理,自然亦未能做到像英、美、法、日等许多国家那样为成人教育立法;在经费上严重匮乏,我国的高师函授,委颁委属院校标准,每年每生为文科130元,理科190元(有的省才是这个数的三分之一),仅为英国的2.6%(英国每生每年人民币五千元左右)。而美国每年用于继续教育的经费是500亿美元,法国1982年就达150亿法郎;成人教育机构的不健全和人员编制的不落实以及理论上的薄弱;一些地方的成人教育长期无人管,对诸如成人教育如何适应初级阶段国情,为社会发展,经济、民族的振兴服务,如何办出特色,成为教育的四大板块之一,如何尽快完成提高民族科学文化素质使命之类的重大理论问题,开展广泛、深入的研讨不够。

另一方面是成人教育自身的问题。其主要反映在不少单位的办学指导思想不够端正,教育思想、方法、内容比较陈旧、死板,缺乏特色,教学模式比较单一,基本队伍在数量和质量上都存在不足。由此导致教学上只注重文化知识的系统传授,忽视技能培养,内容上大都是普通高校教材的简单压缩、照搬,忽视成教自身的特点;指导思想上仍未跳出我办你学之陈规,未完全做到你需我办、多层次、多规格和多途径、多功能的办学;成教队伍据1986年统计,全国成人学校教职工与学生之比为1∶25,远远不能适应需要。所有这些,构成了我国成教事业的严重障碍,阻碍了我国成人教育的健康发展。

3. 趋势

通过对中外成交事业的比较,我们是否可以这样来推测我国成教事业的发展方向呢?

首先,应当正视现实,转变观念,走成人教育立法的道路。

其次,突破单一的办学模式,朝多形式、多层次、多功能的方向发展。目前,我国的成教事业基本上仍是一种模式,即学历教育。至于岗位培训、专业合格证书、继续教育等等,才刚刚起步,还不为人们所理解。今后必须立足长远、着眼当前,着重考虑根据社会和培对象的不同需求，在办好学历培训的同时，迅速地将岗位培训、专业合格证书、继续教育等非学历因素的成人教育大力开展起来。

第三，走联合办学的道路。目前，我国的成人学校大都系部门所有，条块分割，布局亦不合理，专业设置重复，不少学校办学条件甚差、效益甚低，质量亦很难保证。因此，必须从社会的总需求出发，进行适当的调整、整顿。打破封闭模式，借鉴国外经验，或者成人教育与科研机构、社会团体、民主党派挂钩，实行联台办学；或者由企业、系统自己办学，使之与生产实践、工作实际相联系；或者在本地区、本系统、本行业实现同类学校的实体联合，或者实行专业分工，合理定点，实现跨地区、行业的松散联合。此外，还可以搞大的系统，搞成人高校与中专、职工校的联合；与自学考试沟通渠道，实现联合。一套班子，几块牌子，统一目标、计划和办法，内容互相沟通，成绩互相承认，问题共同探讨。既做到了多层次多功能地培养合格人才，又节约了人力、财力、物力，真正建立起开放型的成教体系，形成社会办学模式，进而更好地为经济建设服务。

第四，加强理论研究，努力办出特色。随着成教事业的发展，理论研究将越来越受到重视。成人教育应一扫照搬全日制教学形式、内容和方法的陈规陋习，使之向着因材施教，按需施教，重视技能训练、能力培养的方向发展，逐步建立起成教理论体系，真正办出特色、成效来，使之充分地发挥在经济建设、社会发展中的独特作用。

参考文献：

[1]《成人高等教育研究》

[2]《外国教育》

[3]《外国教育资料》

[4]全国首次成人招生总结会议文件

准确定位是前提　办出特色是关键 狠抓质量是保障*

——综合类职业技术学院发展建设思路谈

综合类职业技术学院是职业技术学院中的一个特殊品类。综合类职业技术学院应正确认识自己,认清形势,找准目标,准确定位;提高认识,更新观念,与时俱进;创新探索,开拓进取,办出特色;抓住关键,强化管理,确保质量,以求可持续发展。

近年来,在党中央、国务院的正确领导、社会各界的重视支持和广大职教工作者的共同努力下,我国的高等职业技术教育迅猛发展,截至2004年4月底,短短的近八年时间,职业技术学院猛增至982所,是1985年的28倍,占了全国普通高校的58.5%;在校学生由1996年的9.88万飙升至480万,增长了4758.3%,占了全国普通高校在校学生数的52.3%。众多职业技术学院发展建设的共性需要研究,综合类职业技术学院发展建设的个性更值得探讨。

一

综合类职业技术学院是与专业性、行业类职业技术学院相对而言的。前者在高职院校组建中由两所或多所不同性质的学校组合改制而成,后者则是由成人高校改制或普通中专直接升格为职业技术学院的。两相比较,前者自然具有综合性、多科性特点,因此称作“综合类”。后者专业性很强,相对单一,故而简称“专业性”“行业类”职业技术学院。在四川现有的32所职技学院中,前者为15所、后者为17所,几乎是各占半壁江山,且前者还有进一步增多的趋势。在教育部2002年先后两次公布的99所职技学院中,综合类为34所,占了34.4%;行业类为54所,占54.5%。可见,全国的职技学院也主要是由这么两类构成的。作为行业性职业

* 这是最早进行院校分类、特别是职业院校分类研究的文章,载《西华师大学报·哲社版》2005年第1期,题目为《综合类职业技术教育的基本思路》。

技术学院，有的虽然也并非是一所学校独立升格，但大都结构类别单一，行业特色明显，办学优势突出，只需要调整规格，改善条件、瞄准目标、强化管理就可以轻装上阵，顺势而为，健康发展。综合类则学科门类众多，专业层次复杂，建制、体制、人员结构，办学思想、观念、途径、方式、管理模式、运行机制迥异。虽然大都有着具备高等教育经历，对高等教育熟悉了解并积累了一定经验；有基本适应高等教育办学需求的软硬件条件；长期从事高等教育，有一定的社会基础和无形资产；规模不大科类多，区位优势比较明显等有利条件，但也有着问题多多，矛盾重重，无优势，无特色，办学中很难形成共识与合力，弄得不好还会各行其事，相互抵耗，步入1 +1 乃至1 +2、1 +3 小于1 之尴尬境地的弊端。因此，这是高职教育中的一个应当引起主管部门、办学单位和社会各界共同关注、研究探讨的大问题。

二

对于综合类职业技术学院的建设与发展，值得探究的问题固然很多，但首要的还是对其正确认识、客观评价的问题。应当说这类学校在其形成过程中的利弊得失是十分明显的，关键在于如何去正确地认识把握与对待处理之。

（一）综合类职业技术学院发展建设的有利条件

应当看到，综合类职业技术学院虽然存在许多问题，但其发展建设的有利条件是很多的，这主要体现在：

一是大都有高等教育经历，对高等教育熟悉了解并积累有一定的高等教育办学经验。

在综合类的职业技术学院中，有相当一部分是由教育学院或其他专科学校与中专学校合并后改制组建的，他们大都有至少一二十年，有的甚至是四五十年的高等教育办学历史，尽管部分学院对普通高等教育比较陌生，但相对于从中专升格的职业技术学院来讲，对高等教育的办学思想、理念、模式、方法、教育教学管理、育人理念和目标、办学途径和方式等等，都是比较熟悉并有着较深的认识体验的。有的甚至还有着十多二十年的普通高等教育经历，于二十世纪九十年代中期就开始了高职教育探索。不仅如此，严格地讲，教育学院过去所从事的教师教育也是一种高等职业教育。所有这些都决定了这类学校无论对普通高等教育，还是对高等职业教育都有着较强的适应性。

二是本属高等教育范畴，有着基本适应高等教育办学需求的软硬件

由于综合类职业技术学院的主体部分多年来一直从事高等教育，在过去的办学历程中，无论成教普教、高专高职，执行的都是教育部统一制订颁发的教学计划、教学大纲，使用的大都是专科层次的国家统编教材，有的甚至还是借用的本科教材；招生纳入国家统一计划，教育教学管理也是按照教育部的统一规定和要求运行的；教

师和教辅人员按高校要求配备和培训,设施设备按部颁标准配置和管理;机构设置、人员配备、管理体制、运行机制都与高等学校基本一致,而且大都接受过国家或省市统一组织的达标验收和检测评估,与同层次普通高校仅有着部分培养教育对象和数量、规模上的差异,并无质量、规格上的区别,无论教育教学的软硬件都能基本适应高等教育的要求。尽管有部分教师和设备是由中专和中职学校合并过来的,但由于其主体部分属高等教育范畴,较之完全由中专、中职学校升格改制的行业性职业技术学院而言,其提升速度自然要快,总体情况也要好一些。

三是长期从事高等教育,有着一定的社会基础和可持续开发利用的无形资产

以专科学校,特别是教育学院为主体的职业技术学院虽然是普通高校中的新成员,但是,由于他们长期从事教师教育,培训在职教师和教育行政干部,面向社会举办多种层次和形式的学历、非学历教育,与教育行政主管部门、地方政府、厂矿企业、中小学(包括职中)的领导,机关干部、厂长经理、中小学教师有着纵横向的广泛联系,有着同志式、师生般的情谊,于长期的培训工作中建立起了良好的合作关系,有着良好信誉和一定的知名度,这是他们招生办学的基本条件,是一笔宝贵的无形资产。

四是规格不大科类多,有着明显的区位优势

与行业性职业技术学院一样,由于布局上的原因,综合类职业技术学院大都处在地市州人民政府所在地,具有明显的区位优势。尽管合并后规模相对增大,人员结构较为复杂,但比起老牌普通高校,其规模是相对较小的。船小好掉头,加之从人员结构、师资队伍、教学设施等方面看,虽有拼盘之嫌,但也异彩纷呈,具有多样性和层次感,可以优势互补,便于多路出击,易于形成多层次、多形式、多规格、立体全方位的办学和人才培养格局,有利于更好地适应地方社会经济发展对人才培训的多方面需求,更好地形成职业教育面向生产、建设、管理、服务第一线培养应用型、实用型高技术专业人才的办学特色。

(二)综合类职业技术学院发展建设中的不利因素

综合类职业技术学院固然有很多有利条件,但实事求是地讲,客观公正地看,也存在着一些明显的不足,这主要表现在:

一是由于多校合并组建,各有特定的专业设置、办学方向和人才培养目标,表面上看起来学科、专业都多,易于适应社会需求,利于建设发展,实际上有可能在建设发展中齐头并进,多路出击,平均使用力量,人员、经费、设备设施分散,难以集中统一使用,难以形成优势和特色。如果合并中调控,组建、磨合得不好,则势必非但难于形成合力,反而会相互抵消,出现内耗。相反,行业性职业技术学院由于目标集中,专业性强,师资设施相应集中,不存在我强你弱,我长你短之争,却颇

具特色和优势。因此,相对于行业性职业技术学院而言,综合类反而是优势变劣势,动力变压力,很不利于建设和发展的,甚至有可能成为障碍或包袱。

二是因众所周知的原因。目前,人们对高职教育的认识并不到位,有的甚至存在着不小偏差,诸如“高职也就等于职高”;“技术工人毕竟是工人,是蓝领而非白领”等等。加之许多学校由中专升格,人们很自然地将其与中专同等看待,害怕步中专教育突然间由盛变衰之后尘,说起来不好听,毕业后不好办。再加之新组建学校宣传力度不够,客观地讲,人们有一个认识了解的必然过程。因此,很多家长宁肯让子女上相对较差的学校或补习班也不让其读职业技术学院。有的甚至错误地认为,原有的一些大专学校是办垮了才落魄为职业技术学院的。很多人对高职、对职业技术学院另眼相看,没有认识到职业技术学院对于提高劳动者素质与层次,对社会经济建设与发展的极端重要性,没有看到高职毕业生在社会人才结构中的地位,甚至于对国外和港台地区的高职教育盛况也视而不见、充耳不闻。传统的思维方式、思想观念,至今仍是职业技术学院发展的重大障碍。

三是因为举办过高等教育,有着一定的高等教育经验和教训,有着部分举办高等教育的师资、设备和条件,有着一定的社会基础和信誉度,容易产生优越感,滋生骄傲自满、夜郎自大、老大不掉的情绪。容易把高职教育与原有的师范教育、成人高等教育简单地等同起来,抱残守缺、裹足不前,犯主观主义、经验主义的错误,从另一层面上将优势变劣势,进而严重地制约阻碍自身的建设与发展。

三

综合性、多科性职业技术学院的上述利弊决定了其办学的特殊性和复杂性,综合类职业技术学院的复杂性,特殊性又决定了其办学的特定思路与对策。在机遇和挑战面前,这类院校有很多路子可走,但笔者以为,基本的主要的思路与对策应当是这样一些:

第一,认清形势,找准目标,准确定位是前提。

当前,应当是职业技术教育发展的最佳时机。因为党中央、国务院对职业技术教育高屋建瓴,十分重视,不仅先后四次召开全国性会议,出台了一系列支持保障和促进职业技术教育发展的方针政策,将职业技术教育写进了许多重要的纲领性文件,而且出台了《中华人民共和国职业教育法》,做出了关于大力发展职业技术教育和《关于大力推进职业教育的改革与发展的决定》;把职业技术教育视为我国教育体系的重要组成部分,看成是国民经济和社会发展的重要基础,把推进职业技术教育的改革与发展作为实施科教兴国战略,促进经济和社会可持续发展,提高国际竞争力的重要途径,作为调整经济结构,提高劳动者素质,加快人力资源开发,拓宽就业渠道,促进劳动就业与再就业的重要举措;不仅提出了十五期间职业技术教育改革与发展的明确目标，而且提出了发展职业技术教育的基本要求，主要措施和相应的保障条件，既为职业技术教育的改革鸣锣开道，又为其健康成长、有效推进、拨乱反正保驾护航；WTO的顺利加入也对职业技术教育提供了良好的发展的机遇和严峻的挑战。因此，无论就国际国内的形势还是就职教本身的情状看，职业技术教育的发展都已进入了一个前所未有的大好时机。万事俱备，只欠东风，党和国家提供给每所职技学院的发展机遇都是一致的，对于综合类职技学院来讲，能否很好地认清形势，把握机遇，就成了建设发展中的首要命题。在解决了这一基本问题之后，所涉的另一重要问题就是于职业技术教育、于高等职业技术教育、于高等教育中如何正确定位，如何确定一个明确的育人目标，恰当地建设发展目标的问题，如果这一问题解决得不好，则势必消极等待、坐失良机，东冲西突、迷失方向；把自己与其他普通高等教育、与行业性职业技术学院等同起来，甚至还可能盲目攀比，层层拔高，不切实际地贪大求洋，误入什么都在办，什么都要办，但什么也不是，什么也不像的歧途。

应当看到，综合类、多科性高职学院并非坏事，应当存在，而且应当是高职教育机构中的一个独立的品类。因为这在《国务院关于大力推进职业教育改革与发展的决定》中是作了明确规定的，关键在于这类院校如何有效地利用现有资源，使之合理利用，优化整合，取长补短，发挥更大效益的问题，而不是搞简单合并或强行拼装，让谁吃掉谁，盲目地向行业性、单一性职业技术学院看齐，这个基本的认识一定要明确。

在解决了这一问题之后，作为综合类的职技学院，还应当以适应社会经济建设与发展对应用型、技能型人才的基本需求，培养生产、建设、管理、服务第一线高技术应用型专门人才，培养高素质劳动者为基本的育人目标；以综合性、职业类、教学型专科层次院校为基本的办学目标定位。这其间既有“适应社会经济发展，应用性、技能型”，“为生产建设、管理服务第一线培养高素质劳动者”，以及“职业类、应用型、教学型”、“专科层次”等职业技术学院的共性，也有“适应基本需求”和“综合性”之个性，使之既与其他普通高校，又与行业性、专业类职技学院区别开来，而不至于搞简单的“一刀切”。因为这里的“基本需求”既有别于单一的专业需求，也非大而全，小而全；“综合性”则有别于行业性，单一性。这既符合国务院决定中“有条件的市(地)可以举办综合性，社区性职业技术学院”的基本要求，也符合高校合并，难于学科专业强行拆并，教学资源本为多元化的客观实际，而且并不违背职业技术学院要办出特色，应依据社会需求对内部学科、专业作适当调整组合，优胜劣汰的基本原则。因为这种综合，实际上也是一种从实际条件和社会需求出发而进行的资源重组，是优胜劣汰之后的有机综合。笔者所在的四川职业技术学院就应当这样定位。因为这是一所由原四川省教育厅直属的有着近五十年高等教育经历,既有普招师范专科,又有普招非师范专科,还有成人本、专科教育的老牌专科学校与国家重点中专,有着80多年办学历史的四川省机电工程学校合并组建的省教育厅直属的高职学院。两校均办学历史悠久,有着良好的办学条件和各自的办学优势,既不能简单地赶时髦,搞纯理工或以"工"为主,把原有的成招师范和普招非师范专业统统砍掉,也不能单纯地办师范或搞文法财经类专业,以牺牲对方的利益为代价,造成相应优质教育教学资源的大量浪费和流失。因为这既不符合两校的客观实际和根本利益,也不利于两校的建设与发展,更不利于学院所在的川中重镇遂宁这一至今仅此一所普通高校的省辖市的人才培养和社会经济的发展,而只有通过筛选整合,将其定位为综合类、应用型、教学型、专科层次的职业技术学院才是正确的。

第二,提高认识、更新观念,与时俱进是根本。

作为综合类职技学院,在认清形势、明确目标、准确定位之后,至关重要的是要解决好思想认识问题,特别是对高职教育在整个国民经济、社会发展中的地位作用的认识,对高职教育在整个高等教育中所处位置的认识,对高职教育自身的认识,对综合性职技院建设发展思路的认识。如果这四个方面的基本认识解决不好,则势必始终认为高职教育是一种低层次,不屑一顾的另类教育;是一种前景暗淡,无所作为的晦暗教育;是一种不伦不类,不上不下的尴尬教育。或者简单地将高职教育与成人教育,与其他普通高等教育等同起来,简单地把原有各校的学科、专业,组合拼结起来,穿新鞋、走老路,难以正确处理好大众与精英、理论与实践、基础与应用、专业与职业的关系,难以在人才培养目标、规格上准确定位,进而导致办学理念、指导思想、保障措施等多方面的错位。因此,解决好思想认识上的问题是综合类职技学院发展建设的重要基础,是一个带根本性的重大问题。在此基础上更新观念,与时俱进,以适应社会需求、培养造就高素质的劳动大军,为新世纪我国社会经济可持续发展服务为基本的价值取向。凡是对社会有益的,无论是学历还是非学历,无论是新劳动力还是在职人员、下岗职工或其他社会成员(包括人力资源转变为人力资本中的农民工转岗)的培训,都应当纳入培训范畴,并应努力办好。真正确立一种面向社会的大职业、多形式、多层次、多规格,全方位人才培养理念;以社会需求、市场导向为学科、专业设置,为办学形式、层次、模式和人才培养规格设置的基本依据,凡是社会有需求的就办,没有需求的不办,有需求而条件不甚具备的创造条件也要办,确立一种以社会需求、市场导向为准绳的动态办学理念;以结构、质量、效益均衡发展,以质量求生存,求发展为基本的办学指导思想,根据社会需求对内部的层次结构,学科专业,资源设施作相应调整,使之优化整合,形成合力;建立健全内部管理运行机制,加强育人环节,过程管理和质量监控与检测,加强实践实训环节,重视基本素养和专业技能、动手能力的培训培养,以人无我有、人有我优,重视质量,重视效益,全方位服务社会,满足市场需求,永立潮头,乘风破浪为可持续发展理念。只有这样,才切合自身实际和社会需求,才能满足"三个代表"的基本要求,其正做到与时俱进。否则,便会被时代所淘汰,所唾弃。

第三,创新探索,开拓进取,办出特色是关键。

作为综合类职技学院,最难的是办出特色,然而最重要最关键的也是办出特色。由于多个院校并建的缘故,出于种种原因和心态,大家都害怕失去自我,都强调突出自我,都希望新学院以我为主,很难从大局出发,从学院发展建设和社会需求的高度出发来统一思想认识,考虑确定新学院的发展建设思路,而这恰恰又是制约阻碍学院建设与发展的瓶颈因素,如果这一问题解决得不好,则势必导致思想认识上的分崩离析,行动上的互相掣肘和效能上的相互抵耗,导致学科、专业乃至机构设置上的简单拼凑,相互对立,大而全或小而全;导致办学理念上的错误或相对滞后,办学效应上的无特色,无优势,无生气可言。解决这一问题的根本办法,除去认识上统一和组织上的措施之外,最主要的就是要探索创新,开拓进取,既把社会的基本需求满足好,又不断地在实践中去研究、探索,努力找到适合自身发展的支撑点和根本点,力争形成自己的特色和优势,创造出自己的"产品"和品牌,而不能简单地搞平衡,在资金和教学资源的配置上平均使用力量。要力争有一两个、三五个学科、专业能居全省或全国同类学校同类学科专业之首并力争出类拔萃,甚至在国际上占有一席之地,以此带动、推动、促进整个学院的健康发展,从而形成有特色,有优势,有品位的综合类职技学院。如果做不到这一点,就很难与行业性、单一性职技学院竞争,很难在高职教育、高等教育激烈的市场竞争中立足,最终也只能是被时代、社会所淘汰。

就我院目前的情状而言,就可以将两校的近40个普招专业进行调整契合,撤并相对滞后的物理和农机专业,合并相同、相近的电子商务、汽车应用与维护、建筑类专业,改造生物、化学和机电类专业,集中人财物力,强化教育教学改革和管理,着力办好教育、财经、电子、机电、管理类学科和相应的骨干专业,使之形成拳头产品、特色专业和优势学科,大力发展适应"双证制"、"就业准入制"和解决"三农问题"的农民工转移、基础教育课程改革培训等社会需求的岗职培训、继续教育,使两校的优势和特色在整合后得到更好的突出和彰显。真正达到强强联合的目的,更好地促进学院自身的建设与发展,更好地为地方社会经济的发展与建设服务。

第四,抓住关键,强化管理,确保质量是保障。

综合类职技学院固然有很多问题需要研究和解决,然而笔者以为,最重要、最根本的首先是解决好领导班子,特别是党政一把手的思想认识、办学理念问题。这是一切问题的关键所在,这个问题解决好了,其他问题的解决就有基础条件,就可以迎刃而解。应当说这是主管部门在配备党政一把手时必须优先考虑的,应当作为干部配备的基本条件,因为要是这一问题没有解决好,其他的一切均无从谈起。其次是体制、机制问题。对于职业技术教育的管理体制,国务院已有明确规定,但这里的体制还重在指学院内部的管理体制。这在行业、单一性职业技术学院中好解决,升格的院校更是皆大欢喜。但对于综合性职业技术学院来讲就显得尤为重要,十分艰难了。因为它涉及机构设置,职能划分、干部配备、人事安排、资源利用、利益分配、人心向背、大局稳定等一系列重大复杂问题,是综合类院校重要的基础性工作,也是关键性的东西,牵一发而动全身,不认真对待和处置是绝对不行的。对此,新学院必须下大决心,花大气力,从职能作用和实际需求出发,本着精简、高效的原则,切实将其解决好,而不能简单地搞平衡、照顾,或拼凑,使之遗患无穷。机制问题也很重要,有管理运行机制、监督制约机制、奖惩激励机制。它们既以体制为基础,又是体制的重要组成部分为支撑点,如果这些问题解决不好,则很难灵活运转,很难充分调动和发挥广大教职员工的工作积极性和创造精神,很难形成合力,做到众志成城,顺利有效地推进学院的建设事业与发展。第三是管理与质量问题。体制顺了,机制有了,不注重管理,不规范科学管理,是很难见到成效,很难确保质量的。过去的高等教育主要是主管部门在评价检测,现在的高等教育,国家该放的基本上都放了,学院有了很大的自主权,人才培养质量,学校办学质量主要是市场在检测,社会在评价。教育是特殊产业,没有高质量的产品,高素质的人才,学校是无法生存和发展的。因此,向管理要效益,向管理要质量,以质量求生存,以质量求发展,这是综合类职业技术学院,也是所有学校生存发展的重要保障,其间,涉及社会需求调查,教学计划大纲与培养培训方案制订,师资设备与实验实训基地建设,教育教学过程和环节的管理,涉及人才培养的规格和质量,涉及办学的品位和效益等等,是学院发展建设的根本,需要做的工作很多很多,膏药是一张,就看你去怎么熬炼。

参考文献:

[1]教育部《关于加强高职高专人才培养工作的意见》

[2]国务院《关于大力推进职业教育的改革与发展的决定》

[3]《中华人民共和国职业教育法》

四川职业技术学院 2011 ~ 2015 年事业发展规划纲要*

目　录

* 这是 2009 年本人主笔为学院撰写的规划,共同执笔的还有聂彩林同志

(二)构建两大体系,践行服务宗旨

(三)建设三大基地,创构办学特色

(四)确立四大理念,理清办学思路

(五)建设五大硬件,夯实发展基础

(六)强化六大软件,增强发展实力

第三部分 保障措施

六、保障性措施

(一)践行科学发展观

(二)建好班子带队伍

(三)深化改革创机制

(四)建好校园优环境

(五)筹措经费强管理

(六)加强领导与组织

引言

为了全面实施党中央、国务院关于“科教兴国”,大力发展职业教育的战略,全面贯彻党和国家的教育方针,贯彻落实《中共中央国务院关于深化教育改革、全面推进素质教育的决定》、《中华人民共和国教育法》、《中华人民共和国高等教育法》、《中华人民共和国职业教育法》,根据《国家中长期教育改革和发展规划纲要》、教育部《关于全面提高高等职业教育教学质量的若干意见》(教高〔2006〕16号文),教育部、财政部《关于实施国家示范性高等职业院校建设计划》和我省实施示范高职院校建设计划,四川省教育厅关于做好四川教育事业“十二五”规划编制工作的通知精神,遵照《四川职业技术学院章程》相关规定,为进一步明确我院发展目标,指导今后五年我院改革、建设与发展,结合我院实际,特制订本纲要。

第一部分 规划基础

一、“十一五”期间的主要成就与问题

“十一五”期间是学院事业发展的重要起步阶段。经过五年的建设,学院稳步实现了实质性融合,综合实力和社会影响力显著增强,呈现出蓬勃发展的强劲态势。学院现已成为一所规模较大、专业较全、综合实力较强、办学特色比较鲜明、

具有一定影响力的高职院校，成为四川省和遂宁市生产、建设、管理、服务一线高素质高技能人才培养的重要基地，为学院在"十二五"期间的核心竞争力、社会服务能力和人才培养质量的全面提升，为四川省、国家示范性高职学院创建和争创西部一流高职院校奠定了坚实基础。

（一）完善管理体制，实现深度融合

2003 年合并组建的四川职业技术学院以融合、改革、发展为主线，用较短时间打破壁垒，消除界限，顺利实现了原川北教育学院与四川省机电工程学校的实质性融合，在"十一五"期间建成了全院统一的管理体制与运行机制，实施了院、系部二级管理体制改革，推进了学院资源的整合利用，增强了凝聚力、竞争力，为拥有近百年历史的四川职业技术学院实现新发展奠定了坚实的基础。

（二）提升教育理念，确立发展战略

学院认真研判形势，抢抓历史性机遇，利用国家"科教兴国"、"人才强国"、"职教攻坚"战略为高职院校发展带来的难得机遇和广阔空间，确立了"明志、厚德、尚学、笃行"的校训，提炼了"为难为之为、成不成之成"的校园精神，制订了一个目标、两大支柱、三大特色、四大理念、"五向"思路、"六多"格局、"七为"方针、八大举措和先做大、后做强、再做优的三段论、分步走，创建西部一流高职院校的发展战略，为学院发展注入了新的生机与活力。

（三）改善办学条件，增强综合实力

为适应国家和四川省高等职业教育发展的需要，"十一五"期间，学院解放思想，开拓创新，实施"56710"工程，投资 5 个亿，建成新校区一、二期工程，新建各类建筑 20 多万平方米；建设了汽车、机械、电子电气、计算机、建筑环境和管理六大重点专业与四大实验实训中心；建成了图书馆、教学楼、行政楼、道路网、校园网、学生食宿、运动场馆等基本设施，改善了办学条件，优化了育人环境，使基础能力大大增强，校园面貌焕然一新;2007 年人才培养水平评估顺利通过，获得优秀。

（四）解决招就瓶颈，扩大发展规模

"十一五"期间，学院遵循小平同志发展才是硬道理，不发展没道理的基本理念，深刻认识到发展的关键是内涵，发展的基础是外延，发展的瓶颈是招生与就业和出口畅、进口旺、中间质量是保障的深刻意蕴，在大力提升内涵的同时，千方百计打破瓶颈，扩大办学规模。"十一五"期间，学院全日制学生数由建院之初的不到 4000 人迅速扩展并稳定在万人以上。学费收入远远超过财政拨款，顺利实现了将学院"做大"的首期发展建设目标，实现了经济、社会效益良性互动。

（五）建设校园文化，构建和谐校园

"十一五"期间，学院积极探索新形势下的校园文化建设，开展了丰富多彩的文化创新活动，创造了有益于青年学生成长的校园歌手大赛、社团活动月、学术活动月、大学生家电下乡、大学生保姆进京、大学生社团活动、青年志愿者活动等许多优秀的文化品牌；组织了声势浩大、弘扬彰显校园文化的90周年校庆活动；开展了寓教于乐、先锋引领的各种党、团建工作。积极追求进步、勇担社会责任已成为师生员工的共同品质和不懈追求。初步构建起了和谐校园建设体系，以人为本、关爱满园、开拓进取、蓬勃向上的校园风气基本形成。

（六）加强内涵建设，提升教育质量

"十一五"期间，学院在抓办学条件改善、打破招生就业瓶颈的同时敏锐地意识到光抓发展不行，还得在内涵建设上下功夫，走科学发展之路。因此，学院一是抓教育部〔2006〕14号、16号等文件精神的学习贯彻，认真开展学习实践科学发展观系列活动，逐步形成了内涵发展的基本共识；二是强化管理，加强教育教学环节监控、过程规范和师资、管理队伍建设，于人才培养工作水平评估中获得优秀；三是深入开展教育教学改革，建省级精品专业1个，省级精品课程9门，省级精品教材9部，初步建立了省、院、系部三级精品专业、精品课程和精品教材体系；四是认真探索工学结合、工学交替、校企合作等人才培养模式改革，积极开展订单培养；五是大胆探索素质教育、人文科技教育，全面提升学生就业创业能力，增强了毕业生的社会适应性和竞争力。

"十一五"期间，学院的发展建设虽然取得了巨大成效，但是，离时代社会发展需求、上级要求和社会的期盼尚有较大差距，学院的未来发展还面临着诸多困难与挑战，特别突出的是：思想认识有待进一步统一，内涵建设尚需全面深化；办学特色还需更加鲜明，核心发展力竞争力不强；品牌专业、精品课程、精品教材建设力度还需加大；就业导向、工学结合的人才培养模式有待进一步探索；师资队伍建设中的优秀团队、双师素质与结构、领军人才建设还比较薄弱；以学生人文素质为核心的综合素质教育模式还有待创新；新校区三期建设还存在资金、土地方面的巨大压力；科研水平、科技转化和服务区域经济社会发展的能力尚需进一步提升；管理水平与又好又快发展要求之差距应予进一步缩小。凡此种种，都有待新的阶段去努力改进。

二、"十二五"期间面临的形势

（一）国际形势

"十二五"期间，国际形势复杂多变，国际竞争更加激烈，我院至少面临三个方面的压力：一是世界人才市场跨国流动越来越大，大量外国人来到中国找岗位，中国劳工又出国找岗位；二是国内生源将大量萎缩，国际生源竞争越来越激烈，西方发达国家和港澳台湾都大力争夺大陆学生,生源竞争超出了本土化的范围,呈现全球化态势;三是国际教育改革已经成为新的潮流,欧洲博洛尼亚教学改革、澳大利亚教学改革、奥巴马新政教学改革、德美职业教育改革等都将冲击、考验、检验我们的职业教育。

(二)国内形势

"十二五"期间,我院面临的国内形势并不乐观。主要有五个方面:一是低碳经济潮流必将带来经济增长方式、经济结构的大转变,带来产业结构、职业结构、就业结构、专业结构的新变化,高职教育必须应对;二是高职生源逐步衰竭,职业教育与普通教育、高职院校与中职学校、公办高职与民办高职、高职院校与社会教育学校、培训机构的生源竞争更加激烈;三是现在的本科院校未来将有80%以上按照高职模式办学,成为四年制应用型本科,我院作为专科层次的三年制高职将如何应对;四是内涵发展、争创一流,各高职院校必将使出浑身解数,竞争态势更加激烈。我院仍处于后发劣势,如何创特色、铸品牌、求卓越仍是时代主题;五是素养素质与技能的完善结合,学校、时代与社会、地方经济社会发展需求的高度融合,有机统一必将成为高职教育的发展趋势,我们必须适应。

(三)成渝形势

"十二五"期间,国家将继续实施西部发展战略,成渝经济圈将成为新的经济特区,成为中国经济新的增长极。我院地理处成渝圈节点,如何依托成渝经济带的成熟产业、新兴产业、优势行业,支柱产业发挥学院功能,提升对成渝经济圈的服务能力,将成为一种新的机遇和挑战。

(四)遂宁形势

"十二五"期间,遂宁市承接产业转移的机遇前所未有,加之遂宁已经打造了国家优秀旅游城市、国家卫生城市、环保模范城市、森林绿化城市、共产党员示范城市等城市名片,城市环境大大改善。通过改善环境、吸引投资、促进经济发展、实施循环经济发展模式、建设国际物流港、建设西部中国电子工业园等举措都将带来新的机遇。作为遂宁唯一的省属高职院校,如何培养人才,引领教育文化,如何服务社会、服务地方经济社会发展,将成为我们的新命题。

第二部分　规划纲要

三、指导思想

"十二五"期间,四川职业技术学院将面临系列战略机遇:经济全球化趋势深入发展，科技进步日新月异，国际竞争更加激烈，知识和人才成为经济发展和社会进步的主要推动力，高等教育的战略性、先导性及全局性地位和作用将更加凸显；《国家中长期教育改革和发展规划纲要》关于“大力发展”职业教育的规划部署为学院服务经济社会发展带来了历史性机遇；国家再次启动的第二批100所国家示范高职建设计划，四川省启动的10所省示范高职建设计划为学院争创一流构筑了崛起平台；成渝经济圈大手笔、四川大发展、遂宁大跨越，为学院带来了新的独特的发展契机与空间。能否紧紧抓住机遇，实现学院发展的新跨越，是学院“十二五”期间必须应对的重大挑战。

“十二五”期间学院发展建设的指导思想是：以马列主义、毛泽东思想、邓小平理论和“三个代表”重要思想为指导，坚持以科学发展观统领全局，紧紧围绕国家、四川省和遂宁市“十二五”发展规划确定的战略重点和目标，担承社会历史责任，服务经济社会发展；以培养具有高素质高技能应用型人才为根本任务，以内涵建设为核心，以队伍建设为关键，以能力建设为基础，以改革创新为抓手，以示范高职、一流高职为目标，着力于控制规模、调整结构、改善条件、优化环境、强化管理、提高质量；着力于深化改革、健全机制、拓展空间、增强实力；着力于彰显优势、创构特色、打造品牌、提高效益。努力实现办学治校能力向适应示范高职、一流高职的创建标准和要求转变，发展方式向全面协调可持续发展方向转变，发展态势向做强做优做精的方向转变。力求站在新起点，致力新发展，瞄准新目标，做出新贡献。

四、发展目标

（一）总体目标

用三年左右的时间建成四川省和国家示范性高职学院。力争在2015年建成示范性强、优势突出、特色鲜明、品牌响亮、四川一流、全国知名，全日制普通大专学生在万人以上，以普通专科为主、普通与成人、大专与中专、学历与非学历教育统筹兼顾、协调发展的综合类、教学型普通高等学校。

（二）具体目标

1. 育人质量

教育教学质量逐年提高，形成内涵发展模式；示范专业优势突出，特色鲜明；示范效应显著，体现质量的各项指标名列前茅，在第二轮高职高专院校人才培养工作水平评估中保持优秀，力争各项指标进入第一方阵。

2. 办学规模

2011－2015年学院的年办学规模为：全日制学生稳定在10000人以上，成人学历教育5000人左右,继续教育、岗职培训6000人以上。

3. 专业建设

依托成渝经济圈汽车工业与“三农”“三化”需求和我院汽车机械专业群,依托遂宁经济开发区西部电子工业园、全国电子检测中心和我院电子电气、计算机软件技术专业群,依托中国西部国际物流港(遂宁)、中国国际物流港(重庆)和我院物流、经济、金融管理专业群,依托遂宁国家优秀旅游城市、国家卫生城市、国际旅游城、国家环保模范城市、国家森林城市和我院旅游服务与管理专业群,着力打造汽车制造与装配技术(农用车、农业机械化方向)、电子信息技术、环境监测与治理、物流管理、旅游管理(生态旅游方向)5个重点专业。调整优化专业结构,到2015年,建成部省、院、系部三级示范专业、重点专业、精品专业体系,形成逐级遴选、优胜劣汰、竞相发展的专业建设新机制。

4. 课程建设

建设2门以上国家精品课程;新增省级精品课程5-10门;新增院级精品课程10-15门;逐步形成适应培养目标、专业建设要求的国家、省、院三级精品课程体系;形成逐级遴选淘汰,奋力争先创优的课程建设新机制。

5. 教材建设

建设2部以上国家精品教材;新增省级精品教材5-10部;新增院级精品教材20-30部;新增校本教材20-30部。形成国家、省、院三级精品教材、校本教材与专业建设成龙配套,逐级遴选、竞先争优的精品教材、校本教材建设新机制。

6. 基地建设

继续建设好财政部、教育部共建的汽车实训基地;建设好机械、电子、计算机、建筑实训中心和人文科技训育中心等实训基地;每个专业发展建设2-3个比较稳定的院外实践教学基地;增加实验实训设备,保证生均实验实训设备费用达到国家示范高职学院标准。

7. 队伍建设

调控师生比到1∶16以内;改善师资学历结构,使研究生及以上学历层次教师达到教师总数的70%以上;副高级及以上职称比例达到教师总数的40%以上,且在各专业中的结构分布合理,各专业有高职称的学术带头人;“双师型”教师达到教师总数60%以上,覆盖专业基础课、专业课教师总数70%以上;新增省级优秀教学团队2-5个,力争国家级优秀教学团队零的突破;新增省级教学名师1-5个,力争国家级教学名师零的突破;教师学历、职称、岗位结构与规模符合上级要求和学院建设发展实际,优化教师数量、规模、结构要素;新增政府特殊津贴专家1-3名;新增省级学术技术带头人1-3名;新增省级学术技术带头人后备人选2

-4 名。

8. 基础建设

积极筹集资金，加强基础能力建设，稳步推进新校区三期工程建设，努力打造绿色、环保、平安、和谐的数字化校园，努力优化育人环境，实现校园规划，完善校园功能。

9. 能力建设

保持与学院事业发展相匹配的招生规模，年全日制普通大专招生规模稳定在3600 人左右；加强就业创业教育与指导，不断增强就业创业意识，将毕业生就业率保持在 90% 以上，稳步提高就业质量；提升社会服务能力，服务区域经济社会发展，科技成果、发明专利、成果转化能力逐步提高。

10. 文化建设

全面规划、稳步实施校园文化建设系统工程，创建内涵丰富、特色鲜明、独具品味的川职院文化，张扬校园文化的育人功能，彰显校园文化的软实力，打造遂宁文化教育制高点，引领遂宁教育文化事业发展。

五、基本举措

（一）明确一个目标，搞好基本定位

十二五期间，学院发展建设的基本目标是建成省、国家示范性高职学院，建成四川一流、国内知名、全日制学生规模在万人以上的综合类教学型普通高等学校。学院的基本定位是综合类、教学型、万人规模、全日制普通高等学校。

（二）构建两大体系，践行服务宗旨

1. 构建以全日制普通大专为主，成人和中等职业学历教育为辅的国民学历教育体系，为国家和地方经济社会发展提供高素质、高技能、高学历人才支撑。

2. 构建以岗职培训、继续教育和职业技能鉴定培训为主体，适应不同人群和社会需求的非学历教育体系。促进两大体系交叉融合，形成多层次、多形式、多规格、多途径、多品类、多功能立体全方位人才培养格局，真正构建起终生教育和社会服务两大体系，发挥好综合性院校的多学科优势，履行好为人民服务、为经济社会发展服务两大宗旨。

（三）建设三大基地，创构办学特色

1. 立足遂宁，面向川渝，服务全国，建成以普通全日制和非学历教育为主体，普通与成教并举，大专中专衔接，学历非学历共存，适应社会多层面需求的高素质高技能人才应用型人才培养培训基地。

2. 坚持以科研促教学、促进队伍建设、促进学院综合实力提升的基本原则，以高职教育教学研究、高职教育发展改革研究、涪江流域文化研究、地方经济社会发展研究为重点，实施科研强校战略，努力形成研究特色和品牌团队，提升学院服务地方经济社会的能力、水平，提升学院发展建设的整体实力。

3. 利用百年老校的丰厚底蕴，依托省级中小学校长任职资格培训基地、中小学教师继续教育培训中心、农机系统管理公务员培训中心、农机系统专业技术人员继续教育培训中心等优质资源，以普通中小学和职业学校师资、干部，农机系统专业技术人员、管理干部培训为重点，立足遂宁、面向全省开展相应培训，将学院建成职教师资和干部、农机人才和干部的岗职培训、继续教育基地，为全省培养三农和职教方面的专业技术与管理人才，为全省职业教育发展和促进"三农""三化"做出积极贡献。

4. 以科学发展观为指导，打破惯常的知识技能培养格局，以素养奠基、素质固本、观念立命、技能安身为基本理念，解放思想，更新观念；以全新的认识、理念、内容和模式开展职业技术教育，创构特定素养、特殊素质、特有技能的人才培养特色，为学生的可持续发展奠基，对学生一生的全面发展负责；按照社会经济发展要求，依托地方支柱产业、新兴产业创建重点、特色、示范专业，增强人才的社会适应性、科学性和学院的社会服务能力。

（四）确立四大理念，理清办学思路

1. 以生、能、职为根本的治校理念。即在办学治校中坚持以学生为本，以学生的全面成才、健康成才为本；培养学生的学习求知能力，生活生存能力，工作职业能力，开拓创新能力，把四大能力培养作为教育教学的基本任务；在学院的发展建设中，坚持职业教育的基本办学方向不动摇，坚持大职业教育的办学理念，做到普招成招、大专中专、学历非学历、干训师培、学院社会统筹兼顾、全面协调可持续发展。

2. 素养、素质、观念、技能四位一体的人才培养理念。变革重知识，重技能，轻素质，轻思想观念的陈旧观念，坚持以专业素养（基础知识、基本理论）为学生奠定坚实的专业基础，以素质，包括职业与综合素质，特别是人文素质为根本，让学生解决好做什么人，怎样做人的问题，让其终生受用；让学生树立正确的世界观、人生观、价值观、就业观、创业观，以此来统领、指导其思想言行，正确选择成才与人生道路，确保其健康成长；让学生掌握好必须的公共技能、应有的专业基本技能，提高人生质量和品质品位的专业技能，既能维持基本生计，更能幸福美好地度过一生，成功演绎素养奠基、素质固本、观念立命、技能安身的基本育人理念。

3. 就业、服务、贡献、特色融合统一的发展理念。于办学中坚持以就业为导向，使就业创业教育融入教学的每个环节和育人的全过程，与教育教学水乳交融，形成有机体，着力培养学生就业创业思想素质、能力水平，不断增强学生社会适应性，以高质量的就业赢得社会声誉，树立学院的良好品牌形象；以服务地方经济社会发展为己任，做好社会调查，摸清社会需求，依托地方经济社会发展的支柱产业、朝阳产业、新兴产业，依托地方经济社会发展的基本、主体需求来设置专业、招生办学；面向社会开放教育教学设施和资源，主动地、很好地、全面地融入地方社会经济发展建设进程，整合职教资源，发挥好师资、设备优势，全方位地开展人才培养，科技服务和智力支持；占领制高点，引领地方教育和文化建设潮流；与地方经济社会发展形成有机统一体，与之同呼吸、共命运、心连心，以此赢得社会的信任和支持；以良好的服务和巨大的贡献为学院求得更多更好的发展建设之路。以独具品质的就业特色，独具品位的服务特色，独具效能的贡献特色来锻造、创构四川职业技术学院的品牌特色，来赢取、求得、促进、确保四川职业技术学院的更好更快发展。

4. 重质量、创特色、铸品牌、求卓越的办学理念。以高素质、高技能的一流人才培养质量来赢得社会信任支持，促进学院发展建设；以培养专业素养好，综合素质、尤其是职业素质、人文素质好，观念意识新，具有博大胸怀、宽阔视野和开拓创新意识、开拓进取精神和良好的公共技能，过硬的专业基本技能，优良的专业技能，能征善战，敢拼敢打的学生来形成的人才培养特色，扩大学校影响，赢取良好声誉，形成和铸就四川职业技术学院品牌，让学院在做大的基础上做强做优做卓越，展翅腾飞，走出四川，走进全国，走向世界，成为川内一流，全国著名，世界知名的职业教育品牌，让四川职业技术学院能彪炳千秋，永载史册。

5. 按照“面向市场设置专业、面向职业设置课程、面向岗位培养技能、面向人生培养素质、面向社会规划人生”的基本办学思路调整专业结构，使之与地方经济社会发展的主体需求、未来走势相匹配，与相对稳定成型的市场需求相适应；修订完善人才培养方案，使之与专业建设、人才培养目标相统一；依据专业、专业岗位群对学生素养、素质、技能的需求设置相应课程，正确处理好素养、素质、观念、技能的结构关系和理论教学、实践教学、技能培养的关系，严格制订学生素养、素质、技能方面的毕结业标准和相应检测指标体系与办法。本着学会做人，管用一生的原则，按照整体规划，分类指导，分步实施，循序渐进，全面训育，科学推进的思路办法，开展以人文素质、科技素质为核心、职业素质、综合素质为重点的高职学生全面素质教育，使学生成为既具备职业岗位应有相应基础知识、基本理论，又具备过硬的公共技能、专业基本技能与专业技能，更具备良好的职业与综合素质的高级优秀人才。

6. 广开办学门路，形成六多格局。按照服务地方、服务社会、服务经济社会发展的基本办学宗旨和大职教理念，认真总结经验教训，适时调整十一五期间的内敛型办学格局，在有效推进内涵发展的基础上，利用优势资源，瞄准地方需求，以行业社会岗职培训，继续教育为重点，积极拓展适应社会需求各种非学历教育，拓展办学空间，丰富培训形式，努力形成院地、院企、院校结合的多层次、多形式、多途径、多品类、多功能、多规格的立体全方位开放式人才培养和社会服务格局，为遂宁和四川社会经济发展提供更多更好的优质服务。

（五）建设五大硬件，夯实发展基础

1. 专业及群建设

一是瞄准“三农”和“三化”需求、地方经济社会发展需求，企事业单位需求，依托大中型企业和行业，发挥自身优势，努力打造好四大重点专业：

依托遂宁和四川的农用汽车、农业机械产业，发挥学院汽车、农机制造与维修的传统优势和汽车、机械制造强大资源优势，着力打造以农用汽车、农业机械制造与维修管理为主攻方向的汽车制造及相关专业群。

瞄准遂宁和四川重点支柱产业发展需求，依托遂宁电子工业园和国家电子技术检测中心与学院电子电气资源优势，着力打造以电子信息技术为主体的电子、电气、计算机应用技术专业群。

瞄准中国物流业发展的巨大商机，利用学院地处成渝两大中心城市节点的区位优势，依托地处遂宁的中国西部现代物流港，地处重庆璧山的中国国际物流港，着力打造以物流管理为主体的物流、经管、金融专业群。

适应遂宁和川渝两省大力发展旅游及服务业的需求，依托中国死海、观音故里、龙凤峡国家地质公园、中华养生谷等四A级国家风景名胜区和发展绿色经济、中国优秀旅游城市的宝贵资源和学院相应的办学资源优势，着力打造以绿色文化、观音文化、佛教文化、生态旅游为方向，旅游翻译与服务为主体的旅游英语、饭店管理、现代文秘、商贸英语专业群。

依托涪江流域生态保护与污染治理工程，建设省内环境监测与治理方面的品牌专业及专业群。

二是集中优势资源，科学规划，分层建设国家级、省级、院级精品专业，以此带动促进相应专业发展，形成众多专业奠基，重点、示范性专业立柱，精品专业顶尖的金字塔形专业结构。

2. 课程建设

按照面向职业设置课程，面向岗位培养技能，面向人身培养素质的基本思路，分文管理工大类，按素养、素质、技能设置模块课程，科学处置三类课程结构和每门课程和内涵与外延、理论与实践、量与质的关系，分类分层（国家、省、院三级）建设精品课，使之与人才培养目标、过程、环节、模式融合统一，在人才培养中发挥应有价值功用。

3. 教材建设

按照理论以够用为度，重在素质教育、技能训练的基本原则，对应素养、素质、技能课程，分国家、省、院三级，高质量、高标准建设精品教材，以此带动促进各个专业、各门课程教材的整体建设。

4. 基地建设

按照面向岗位培养技能，理论与实践结合，分期分批建设的原则，依据人才培养方案和技能训练的相应需求，分文管理工两大类别，院内院外两大区域，实验、实训、实习、实践四级层面科学规划，合理建设，统筹运行管理好相应训育基地。

5. 队伍建设

按照专业对口，专兼结合，数量足够，质量精良，结构优化的原则，分素养、素质、技能三大类别和国家、省、院、系部四级，采取以院本培训为主，教学科研双促进，走出去、请进来的办法建设好以教授，副教授、讲师为主线，教学团队，教学名师，学术技术带头人为骨干的专兼结合的双师型教师队伍。

通过以上五大教育教学硬件建设夯实学院发展建设的基础，确保育人质量、办学水平和品质品位，促进学院的建设和发展。

（六）强化六大软件，增强发展实力

1. 思想建设

本着教育者必须先受教育，思想领先，德育为首的原则，采取切实可行措施，加强师生员工的政治思想教育工作。继续巩固、扩大学习实践活动成果，组织师生员工，特别是中层以上干部和中级以上职称教师认真学习党和国家关于高等教育、职业教育、高等职业教育的相关路线方针政策和法规，学习高等教育，职业教育理论，充分认识高等教育、高职教育的特点和规律，进一步端正办学思想，提升办学理念，明晰办学思路，探索有中国特色的高职教育办学之路。进而深入解决好教育教学思想、教育教学理念和高素质、高技能应用性人才培养的目标、任务、内容、模式和方法创新问题，为提高人才培养质量，提升育人能力与水平奠定坚实的思想认识基础，为培养好社会主义事业的合格建设者和可靠接班人提供强有力的队伍保障。

2. 组织建设

按照科学发展观的要求和以人为本、以学生的健康成长、全面成才为本，一切为了学生，为了一切学生，为了学生一切的基本理念，进一步调整系部和内设管理、服务机构职能，调整专业设置，理顺教学管理体制，优化教学运行机制，强化系部教学实体的队伍、机构、职能、设施建设。健全人才培养、教育教学过程、教育教学质量的测评、监控、调节机制，提高教学管理水平；进一步建全优化以党政工团、系部总支、党团支部、辅导员为主体的育人工作体系，探索大学生思想政治教育的形式、内容和管理方法，加强学生中的党团组织建设，优化学生社团管理，提高育人的科学性和有效性，提高管理育人的绩效和水平；进一步加强以后勤服务为主体的服务体系建设，进一步理顺与明园公司的关系，完善服务设施、改善服务方式、提高服务质量、优化育人环境，为促进学院的又好又快发展提供强有力的组织保障。

3. 制度建设

按照科学发展、建立长效机制和依法治校的相关要求，对党政群团、教学、后勤系统的规章管理制度进行全面清理，分清废改立项目，按照系统、科学，规范，严明的总体要求进行相应建设，并在贯彻执行上下功夫。建立健全督促检查、考核评价、监督制约、激励奖惩等方面的有效机制，使学院各项管理逐步走上法治化轨道，为学院的又好又快发展提供强有力的制度和机制保障。

4. 校风建设

按照求真、务实、勤俭、严谨、高效的总体要求对教风、学风、工作作风进行进一步治理整顿，分门别类建立相应的工作学习和行为规范，与校园文化建设整体联动，建立长效机制。树立大学生和师生员工的良好精神风貌，树立学院整体形象，为促进学院又好又快发展，提升学院品位和档次奠定良好基础。

5. 校园文化建设

按照文明、时尚、精致、典雅，催人奋进、令人折服，既富历史底蕴，又具时代特征的总体目标，以思想文化、制度文化、行为文化、环境文化、形象文化为重要内容，办学理念、校园精神、校园风气、校园管理、校园形象、校园品质为着力点，形成统一意见，制订规划方案，有目标、有计划地推进实施校园文化建设系统工程。要大力领导和组织开展积极健康向上的文体活动，创构学院的精气神，提升学院内涵、品质和品位，增强学院软实力，促进学院发展建设上新征程、新台阶。

6. 党的建设

按照党的十七届四中全会《决定》和全国高校第十八次党建工作会议精神，按照中共中央即将颁发的普通高等学校基层组织建设条例的相关规定和政治核心、战斗堡垒的总体要求，进一步改进加强和完善党的思想、组织、作风和党风廉政建设。积极推进民主政治，构建和谐校园。进一步理顺党政关系，提高党员，特别是党员干部的党性觉悟，政策理论水平。进一步增强党员的向心力、凝聚力和党组织的执行力、战斗力。提高党员领导干部把握大局、驾驭全局的办学治校能力，为推动学院的又好又快发展提供强有力的领导核心和政治保障。

通过以上六大建设的实施，进一步增强学院发展建设的软实力、核心发展和竞争力。

第三部分　规划保障

六、保障性措施

(一)践行科学发展观

以科学发展观为指导，坚持以人为本原则，始终把教书育人，促进学生的全面健康发展、成长成才视为根本任务，始终把学院的发展建设与教职员工的教书育人、管理育人、服务育人，与学院的环境育人，与教职工和学生的健康成长、科学发展有机结合、融合统一起来，形成我兴院兴、我荣院荣，我耻院耻的正态心境和良好氛围。让教育教学、科研、服务、管理等多个方面统筹兼顾、有机整合、协调运转。以人的全面发展促进事业、学院的科学发展和可持续又好又快发展，以科学发展观为各规划目标的实现提供强有力的政治保障。

(二)建好班子带队伍

认真贯彻十七届四中全会《决定》和全国高校建党工作会议精神，按照党要管党、从严治党，建设学习型党组织和政治核心、战斗堡垒的要求，很好健全党内民主生活，贯彻实施民主集中制原则，加强党的制度建设、组织建设、作风建设和党风廉政建设，按照创建“四好班子”和“四个加强”的要求建设好党委班子和基层总支、直属支部。按照党要管党、从严治党，关键在从严管理党的干部的原则加强中层以上党员干部、特别是党员领导干部为主体的管理干部及其后备队伍建设。加大干部培养教育、选拔任用、管理使用的力度，建立起相应制度办法和优胜劣汰机制，为顺利完成规划目标任务提供强有力的组织保障。

(三)深化改革创机制

1. 进一步强化干部人事制度改革，强化干部管理，制订干部职工科学管理考核办法，形成能上能下，优胜劣汰机制。增强干部队伍的执行力，决策领导和开拓创新能力，提高干部队伍、职工队伍的综合素质。建立健全干部队伍选拔作用、考核奖惩机制，加强后备干部队伍建设，增强干部队伍生机与活力。强化师资队伍建设改革，切实提高教师队伍的个体水平和整体实力。

2. 深化教育教学改革，以素质教育为切入点，以培养学生专业素养、职业素质、人文素质、综合素质，增强其社会适应性和就业创业能力为目的。要配套进行教育教学思想、培养方案、课程设置、内容选择、方式方法运用、培养模式优化，培养过程和环节质量监控，效果评价等综合性的整体改革，不断优化人才培养方案，提高人才培养质量。

3. 深化科研体制和管理办法改革，形成机制和相应办法，充分调动教职工在教育教学改革，人才培养模式、路径、方法、内容，职业教育规律、特性与对策，学院发展建设中的重大问题，地方经济社会发展，产学、工学结合等方面的研究积极性，争取多出成果，出好成果、出大成果；要建立教学科研联动与考核奖惩机制，教学科研与职称评定、先进优秀评选、进修提高等方面的统筹协调机制和学术不端、学术腐败的预防惩治机制，形成学术面前人人平等、公平竞争、健康向上的良好风气。

4. 深化内部分配制度改革，把绩效工资与内部分配制度的调整改革结合起来。把政治思想表现、职业道德、工作业绩与成效、科研成果的量与质等结合起来，形成能者多劳、劳益结合、多劳多得、优劳优得；形成考核、鼓励、奖惩、制约机制；充分调动教职工的积极性和创造性，形成蓬勃向上的气势和氛围。通过分配制度改革和相应机制的建立来聚人心、励人志，增强生机活力，增强学院的核心发展和竞争力。

5. 深化后勤与财务管理制度改革，形成机制，鼓励节约，提高效能。鼓励把学院资产管理管好用活，鼓励开源节流、增收节支、广辟财源，不仅把钱用好、而且把钱用活，让有限的资产、资金发挥更多、更大、更好的效能，为学院发展建设提供更多更好的资金支持；要千方百计改善教职工的福利待遇；改善教职工、特别是青年教职工的生活和工作条件，切实解决教职工生活与教书服务管理育人严重脱节的现实突出矛盾。

(四)建好校园优环境

积极筹措资金，本着完善功能设施，优化育人环境的原则适度调整校园三期建设规划；积极稳妥地推进二期完善、三期开工建设工作，使三期建设雪中送碳、锦上添花；要重点建设好人文素质、科学素质训育中心、学生活动中心、青年教职工公寓、职工之家和及相关文体活动设施，进一步丰富校园生活，完善优化校园环境的育人功能。

(五)筹措经费强管理

在增收节支、广开财源的基础上加强财务的预算管理、投资论证、资金流向与效能监控，让有限的资金发挥更大、更好、更多的效应。把钱用在刀刃上，用在改善教学与工作条件、事业发展建设上，用在充分调动力教职工积极性上；要在厉行节约的基础上管好用活大额资金，严格控制专项资金，充分论证、有效监控年度的投资重点，管用好上级和学院的专项资金，保证专款专用。要合理调度资金，防止资金断流和出现经济风险。严格按国家相关规定管用好预算内外资金。

（六）加强领导与组织

本规划的实施除去资金保障之外，还要有与之相应的配套方案和措施。本方案涉及面广、要求高、问题多、难度大，需要来自上级的关怀照顾，需要地方党委和社会各届的充分理解与大力支持，需要全体师生员工、特别是教职工、教职工中的党员干部的充分理解、积极参与和大力支持；本方案的实施离不开院内各部门、各方面的协调配合，离不开全体师生员工的上下一心、同舟共济、艰苦奋斗、共克时艰；自然都离不开学院党委行政的坚强领导和有效组织。因此，最强有力的保障是改善和加强党的领导。作为党政班子、学院党委的每一个成员都应当对此有清醒而明确足够的认识，并为之付出艰苦卓绝的努力。

从我院的函授教育形式看成人高等教育中的联合办学*

一、问题

1985年春，经国务院比准，绵阳地区撤销，建立绵阳、广元、遂宁三个省辖市。隶属绵阳地区的绵阳教育学院随之成为省教委直属学校并更名为川北教育学院，其成人高校的性质和面向绵阳、广元、遂宁培训提高在职中学教师和教育行政干部的任务不变。隶属关系的改变，使得这所以函授教育为主要办学形式的学校失去了过去那种以地区教育行政主管部门名义直接组织管理函授教育工作的有利条件，出现了生源组织、名额分配、学籍管理面授、考试、辅导等环节的组织管理和教材资料发放，教育教学管理信息反馈，政治思想教育，相关费用解决，市与市、县与县、市与县、学院与地方关系协调，渠道沟通等一系列前所未有、影响育人质量、办学效益的现实问题。

二、对策

针对上述情况、学院通过认真分析、深入研究认为，如何在新形势下沟通与地方的关系，建立起实现育人目标，提高办学效益的函授教育运行、管理机制，是其问题的根本核心所在。于是对症下药，大胆提出并采用了联合办学这一特殊形式。其基本做法是：筹备、召开三市教育行政主管部门主要负责同志参加的“三市一院”联席会议，讨论并通过了办学单位草拟的《关于联合举办高等师范专科函授教育的协议》（以下简称“协议”），统一了对联合办学方式、含义、指导思想、基本原则、组织管理、任务、职责、分工、经费等一系列重大问题的认识。继而趁热打铁，召开了三市所属县区教育行政主管部门，教师进修管理机构（进修校或函授站）负责同志会议，于充分讨论、取得共识的基础上，三市教委和学院的主要负责

* 载《川北教育学院学报》1995年第1期。

同志签订了正式协议。主要内容为：

——学院与地市教委分工负责，密切协作，按照党和国家的统一要求和各自的任务职责共同举办高等师专科函授教育，由办学单位负责总体统筹、协调工作。

——教学计划制订、新生录取、授课、命题、阅卷、学籍管理，教材资料的编印发行及其费用收结、辅导教师的培训，管理主要由学院负责，地方协同、配合；市、县区管理机构的建立，人员（含辅导教师和管理人员）配备，生源的预测和组织，教育教学管理的信息反馈和相应经费由地方负责；面授、考试的组织管理，学员的政治思想教育和毕结业鉴定，工学矛盾，毕业生安排用等由地方主要负责，学院指导，配合或适当参与、相应把关。

——办学中的重大问题，如招生计划的制订和名额分配，面授考试的布点和时间安排，整个工作的总结、评比、表彰等均由学院牵头定期或不定期召开联席会议协商解决。学院还依据上级规定和要求制订了以《函授教育章程》为中心，包括学籍管理、教学管理和辅导工作，毕结业鉴定，教材资料管理，地方与学院管理机构，人员的职责，工作规范，总结，评比、表彰奖励办法等在内的一系列规制度印发有关部门和人员，作为学院和地方管理工作中共同遵守的准则。学院还每年召开一次有市和部分县区管理机构负责同志参加中的工作例会，研究确定下一学年度的招生计划和面授考试安排；布置、检查工作；每两年召开一次函授工作总结，评比、表彰会议，表彰先进集体和个人。

三、效果

采取上述工作方法的基本成效在于：

首先，顺利地实现了行政区划，校地关系改变后函授教育管理工作的衔接和转换，避免了市市、县县，办学单位与地方工作上的脱节和诸多矛盾。

其次，确保了各项管理工作的顺利进行和育人质量。

第三，较好地解决了办学单位人力，财力不足对量大面宽的远距离在职培训鞭长莫及，力不从心的问题。为多出好人才，快出人才，出好人奠定了良好基础，提高了办学的经济和社会效益，得到了上级主管部门的肯定，地方的赞赏，用人单位和兄弟院校的好评。

四、简析

于函授教育中采取这种特殊的办学形式不单客观效果较好，而且符合高等教育管理的基本原理原则，于成教事业的发展壮大有重大现实意义，这主要体现在：

第一，客观存在顺应了客观情势的需要，是主客观相统一的产物，作为办学单位,假如当时无视客观情状的变化而仍然采用按部就班的包打包唱,一竿子插到底的管理模式,结局不言而喻。

第二,函授教育系远距离和开放型教育,涉及教师、学生、管理干部三大系统和自学、面授、辅导、考试等基本环节和学籍管理、思想教育、教材资料发放、食宿安排,经费、工学矛盾解决等诸多因素。教师要分内外(外有辅导教师),学生亦有专业、年级、区域之别和涉及工作、学习、家庭生活、主管乡镇、工作单位等方方面面,是一个较之全日制教育复杂、艰巨得多的系统工程。如果没有全局整体观念,不以联合办学方式来统筹、协调、平衡各种关系,就很难把十分松散的各个方面,各种要素组合成一个目标集中,层次分明协调运转的整体,可见,它是符合现代管理学中的综合性质原则和系统性原理的。

第三,联合办学方式是按照既定的育人计划和目标,围绕着更多更好地培训稳定合格的中学师资和行管干部展开相应工作的,它既是一个有机的整体,又有办学单位与地方各级管理机构的明确分工;重大问题协商决策,双方共同参与管理;于工作中相互理解、信任、配合、支持。既充分发扬了民主,又最大限度地调动了各方面的积极性,使之化整为零,由分到合,形成了良好的信息流转、反馈系统。不仅符合整、分、全、反馈、封闭诸原理和民主管理原则,而且较好地克服了办学单位与民主管理部门,用人单位脱节,难以按需培养、保证育人质量的弊端。

第四,按照管理学原理,管理不但必须有强大的动力,而且要正确地运用动力。无论过去还是现在的情况均表明,各地对合格师资的需求量是大的,费省效宏的函授教育固然是解决这一问题的有效途径,但在国家对办学单位投入有限的情况下,光靠学校一头热是不行的,在这种情况下,采用适合函授教育社会化、开放性特点的联合办学形式,不仅能将地方的需要求转化为参与管理的动机和行为,充分调动他们的积极性,而且让他们"摸着石头过河"。愿意出钱、出人来参与管理,以便获得更好的自己迫切需要的"产品",这就于无形中获取了强大的精神和物质动力,加快了培训步伐,在一定程度上体现了管理科学中激励和高效性原则。

第五,按照社会主义市场经济的理论,无论发达还是不发达地区,都存在资源配置,资源共享的问题。就成教事业来讲,无论哪个行业,采取何种办学模式、管理方法,其目的都在于最大限度地出效益。各企业搞联合开发经营、成立企业集团是如此,上海实行高校教师联聘制度,重庆大学与用人单位挂钩,重庆市教委牵头组织的成人高校跨区域联合也是如此。地方与地方,办学单位与地方,办学单位之间,甚至于相同,不同的系科之间都可以搞联合,互相借光,资源共享,取长补短,以免抱残守缺、故步自封。这既是国际上成人教育的成功经验,也是从上述浅析中获得的有益启示。

目前,我国的成教事业方兴未艾,单教育战线初中师资的“三沟通”培训,就已使各教育学院学员成百上千地增长。各行业、系统也都办有不少没有围墙的大学,它们都有着成人,在职、业余、分散、开放性、社会化等共同特点,无论纵横向看,实行联合办学都将是我国成教事业发展的必然趋势。因此,从理论与实践的结合上对其进行认真,深入的探讨是颇具积极意义的。

洞悉全局　抓住关键*

——教育学院继续教育浅谈

随着学历培训任务的逐步完成，岗职培训、继续教育将成为教育学院的主要课题。从部分院校探索的情况看，在实现这一重点转移的过程中，教育学院固然有许多问题需要解决（诸如思想认识、政策法规、人员经费、师资队伍、图书资料、仪器设备、教学计划、教材、大纲等等），有许多问题有待探讨（如办学方式、方法、特点、规律、相互关系等等），但是，大多数学校毕竟尚处于学历培训的后期，处在需要转移但又不可能马上转移的特殊阶段，不可能也不应该把所有的问题解决好，这就必然有一个认清形势，洞察全局，抓住重点，打好基础的问题。对此，必须着重做好以下三方面的工作。

一、提高认识，扫除障碍

岗职培训，继续教育系大教育观念范畴，各行各业都存在这一问题，只不过随着基础教育改革的不断深入，教育学院系统显得更为紧迫而已。正因为如此，国家教委在《关于改革和发展成人教育的决定》中指出："专业培训、实践教育和继续教育是与研究生教育相并行的，培养高级专门人才的一条基本途径"，"有条件的高等学校要把开展继续教育作为一项重要的工作"。显然，我们决不可掉以轻心。

然而，这并非为多数同志所理解。目前，在部分同志中至少存在这样几种思想观点：一是认为岗职培训、继续教育与我们关系不大，教育学院现在和将来都将以补课性的学历培训为主，应该把主要精力放在如何搞好学历培训上。二是觉得目前学历培训任务甚重，再搞三五年不成问题，岗职培训和继续教育是将来的事情，没必要那么紧张。三是岗职培训继续教育既无统一的计划大纲，又尚无特定规律可循和稳定的教材，教师将经常处于大量、紧张、艰苦的准备工作中，与多年一贯制的正规学历培训相比，其难度明显增大，令人难以适应。于是畏难者有之，

---

* 《川北教育学院学报》1991 年第 1 期。

消极观望者有之。四是在培训对象看来，大学毕业教中学多年还要接受培训，纯属多此一举。

凡此种种，都或多或少，或轻或重地存在着。因此，除去国家应当子这方面制定必要的政策法令，进行舆论导向和宏观指导、调控，以确保其健康发展之外，作为教院自身，很有必要在搞好学历教育的同时，采用组织学习、宣讲有关政策法令，介绍发达国家成教现状和兄弟院校岗职培训、继续教育经验；进行中学教师素质、现状的调查、分析和研究等方式实施积极的宣传动员，使各方面明确教育学院重点转移的必然性、紧迫性，充分认识对中学教师进行岗职培训、继续教育的重要意义和远大前景；看到开展好这一工作的有利条件，澄清糊涂认识，消除错误观念，克服消极畏难情绪，调动积极因素，为这一工作顺利开展扫除思想障碍，创造有利条件，提供可靠的保证。

二、抓住关键，培训师资

教师是学校的第一要素。岗职培训、继续教育是学校教育的高级层次，其基本任务和目的在于“对已具有合格学历和胜任教学的教师，要组织他们学习新知识、学习和掌握新的教育理论和方法，总结教育、教学经验，不断提高政治、文化和业务水平，并培训一批各学科的带头人和教育、教学专家”（国家教委《关于加强中小学教师在职培训工作的意见》）。从总体上看，这类教育不仅具有施教对象的全员性（面向含职中教师在内的初、中、高级全体中学教师干部），培训目标的层次性（将新教师培训合格，中级教师培训为骨干，高级教师培养成学科带头人和教育教学专家），教学内容的新颖、针对性，教学方法的灵活性，教学方式的多样性等特点，而且注重知识更新和能力培养，与教育学、心理学、教育教学研究密不可分。因此，它对于较长时期从事传统学历培训的教院教师来说，不能不是一个新课题，不能不提出与之相应的新要求，这些要求集中反映在以下两个方面：

一是从量上看要人数足、科类全。既然教育学院的培训对象具有全员性，那么，也就要求承担这一培训任务的师资队伍首先要具有全员性。即既要有数理化、语政生外之类的长线师资，又要有音体美、史地劳方面的短缺学科师资；既要有师培师资，又要有干训师资；既要有普通中学师训师资，又要有职业中学师培师资；既要有足够的数量，还要有合理的结构（年龄上的老中青，职称上的高、中、初级合理搭配）。否则，是难以体现全员性，难以按照国发〔1982〕130 号文件精神将教育学院办成师培和干训的重要基地的。

二是从质上讲应当包括德、识、才、体四个内容。具体地说，“德”就是政治素质，师德修养。它要求教师要有坚定正确的政治方向，全心全意为中等教育服务，为师培和干训而吃苦耐劳、默默奉献的精神。“识”即进行岗职培训，继续教育所必需的知识素养。它的内涵是极为丰富的，至少应当包括这么四令方面：本专业、本学科的新理论、新知识，与之相关的新的教育理论和教学方法；对于教育对象的知识结构、能力状况和心理需求的洞悉和把握；国际国内于这方面的基本情况和新的动态。只有具备了这些素养，才能于培训中解决好一桶水与一碗水的关系。所谓“才”，指的是承担这项工作的基本能力和才干，它主要是指从事教学和科研的能力。至于“体”，是指身体的健康程度。教学内容的全新性，教学方式方法的灵活性，课程和教材的不稳定性因素决定了从事这项工作的教师必须有健康的体魄，否则，即令德、才、识再好也同样难以胜任此类工作。

从总体上看，上述两方面的要求无论是对教院整体还是对教师个人而言，都不是中、低层次的。岗职培训、继续教育的性质和任务决定了不可能降低这些要求。目前，教院师资队伍的情状与之是很不适应的。地州级教院每个长线专业仅十多二十来个教师，干训师资不足，史地和音体美师资奇缺，职业师资更无从谈起，何况部分人有消极畏难情绪，无紧迫感；因经费、图书资料不足而形成的闭目塞听，现代科学新知识、教育理论、方法匮乏；教学科研能力、水平不高；对中学教学、教师的现状缺乏了解等知识素养方面的差异。这些都不是短期内所能解决的，就继续教育的前景而言更不能作临渴掘井临战招兵的应急打算，而必须从现在做起，采取切实有效的措施逐步从根本上加以解决。

对于师资队伍的建设，目前应加深这么两个方面的认识。

第一，搞好岗职培训、继续教育的规划十分必要。这个规划应包括两方面的内容。一是服务区域内的中学教师的培训规划。包括各级各类教师、干部的需培总量和常年培训量，培训的总体目标和具体步骤、做法，这是我们进行师资队伍建设的基础。二是教院自身师资培训的规划。这就包括完成中学师资培训任务所需教师的总量和各学科教师的逐年需配培量。这需要在前一个规划的基础上依据经费、其他办学条件、主管部门的决策和送培单位的积极性，可能性等因素于深入调查研究、认真分析情况，摸清家底的基础上进行。

第二，对现有教师的培训异常重要和紧迫。尽管目前各教院的教师并不宽裕，部分人还存在一些思想上的问题，但是，应该看到，这是教院岗培和继续教育的基本队伍和骨干力量。思想认识问题可以通过帮助教育求得解决、业务素质，才识上的差异是关键，需要较长的时间和一定的经费作保证，对此，可以采取下列措施：

1. 制订培训计划和方案。为使现有教师获得有效的培训，学院应对现有教师进行定性定向分析，既搞清每个教师的现状，又设计其将来，看其在岗职、继续教育中能担任哪些课程，与教学要求有无差距，需要和可能在什么时候，参加哪性质、方式的进修。每个教师的方案设计好了，整个师资队伍的建设蓝图自然也就勾画出来了。这是搞好师资队伍建设的前提。

2. 建立健全培训制度。建设合格的师资队伍，没有必要的制度保证是不行的。因此，在制订好培训方案后必须抓好此项工作。如培训的目标和原则、培训效果的检查检验，培训经费的保证，管理体制、途径方式和奖罚办法等等，都应当按照一定的程序形成条文、公诸于众，以便有效地实施培训方案，实现培训目标，由于培训的基地和经费所限，我们赞同有的同志提出的“三为主、四结合”的培训原则。即坚持以国内培训为主，自学为主，院内不脱产培训为主；近期与长远相结合，普遍提高与重点培训相结合，自培与外培相合，统一组织与个人进修相结合。在这些总原则的指导下依据培训方案去逐步实施培训目标，整个师资队伍的建设也就有了组织保证。

3. 选择恰当的培训方式和途径。教师业务培训的方式和途径固然是灵活多样的，如送到国外或国内高一级学校深造进修，院内自修，进行教学观摩和研究，从事科研，到中学调研或顶岗锻炼、支教等等，都是可以因地因人而异的好办法。但其中最关键也比较可行的还是到中学支教或顶岗锻炼，以及开展教学和科研活动。这是因为：

首先，无论是岗职培训还是继续教育，无论是干训还是师培，其基本目标是为普通中等教育培训合格人才。假如我们没有对于中学教材、教法和教况的熟悉了解，没有对于中学教师、干部的知识结构、需培心态等的清楚把握，要有效地实施对他们的培训并达到一定的目的，显然是难以完成的。因为这不是由教师的知识水平教学能力所能代替的，这已经为我们的学历培训所证明。因此，顶岗、支教不仅是针对青年教师的，即便是中老年教师也仍然需要，只不过青年教师更为紧迫、重要而已。

其次，作为教研和科研来讲，也是师培的重要途径。如前所述，岗职培训、继续教育的基本任务和目标决定了培训者必须掌握现代的教育科学理论和方法，必须掌握学科新知识和新动态以体现其继续性。要达此目的，自然也就有个既从外部获取信息、知识来充实自己，又亲自下水或以老带新、相互切磋，通过教学和科研来提高教师能力和水平，促进和推动教学工作，保证育人质量的过程。否则，我们的教育和教学将长期处于低层次。

4. 保证必要的经费。师资培训是实现战略着点转移的基本建设，其地位和作用在不久的将来是举足轻重、愈益明显的。尽管我们在前面已经确立了立足现实的基本原则，但是，没有必要的经费保证是不行的。对此，教院自身固然需要从十分有限的经费中挖掘潜力、妥善安排，然而，单有这一方面的努力还很不够。因为目前地市州级教院的经费十分困难。这就需要上级主管部门纵观全局、采取超常的战略性重点保护措施，否则，基础不实，大厦安建？

三、加强图书、资料建设

在岗职培训、继续教育中，图书资料的地位和作用是显而易见的。如果说岗职培训的规律还比较好寻，尚可以编出成套教材的话，作为大学后的继续教育，是很难编出比较稳定的高质量教材的。同样，被培训者也需要参阅大量的书刊资料才能完成学业。因此，图书资料的地位作用在培训中更为突出，不容忽视和低估。它不仅是教师从事教研、科研、进修提高和搞好教学工作的基础，而且是被培训者完成学业的必要条件，是搞好岗职培训、继续教育的重要保证。它同样是教育学院实现战略重点转移的基本建设之一，应当尽早建设好，使之真正成为国发〔1982〕130号文件所要求的“图书资料中心”。

要使教育学院的图书资料在岗职培训、继续教育中充分发挥应有的作用，我们以为有三个问题必须尽快解决。一是图书资料的种类、数量应尽可能突出一个“多”字。二是在其质上要强调一个“新”字。凡是与岗职培训、继续教育相关的一些书刊资料都应当尽可能地予以订购。此外，还应制作、录制一些继续教育的音像资料。目前，这类学校的图书资料总量十分有限，地市州一级教育学院大都在十万册左右，最多的也不过二十万册，其间能适应岗职培训、继续教育者更少，这不能不说是一种潜在的危机。

三是图书资料管理队伍的建设亟待加强。一个图书馆图书资料的多寡好坏以及能否充分发挥效益，为教学、科研服务，固然与经费关系密切，但其管理人员素质的高低不能不算一个重要的因素，这在今后的岗职培训、继续教育中会更加突出。而目前的情况同样是令人忧虑的。很多地州级教院的管理队伍都是量少质弱，很难找到一个科班出身的专业管理人才，这与将来的本地区“图书资料中心”极不相称。若不及早加以解决，势必同样累及教院的培训重点转移和发展。

从上面的简析中不难看出，无论是岗职培训还是继续教育，无论是已经着手进行还是即将开始这两项工作的教育学院，都必须认真解决好对岗职培训、继续教育的重要性、紧迫性的认识，扫除这方面的思想障碍，为顺利实现培训重点转移铺平道路；都应当加强师资队伍、图书资料的建设，为很好地开展这一工作奠定坚实的基础。同时，还必须看到，这三项工作均属基本建设范畴，既各自独立又相互关联。其间，统一思想认识是前提、基础，是务虚，加强师资队伍和图书资料建设是务实，是关键。三者又同属教院建设的软件，有着所需时间长，工作难度大的特点。后二者与经费,与社会有着密切关系,仅靠教院自身难以解决好,还有个求得主管部门和社会支持的问题,必须引起教院领导和主管部门的足够重视。只有将这三者紧紧抓住并认真地解决好了,教育学院的培训重点转移才有可靠的基础,岗职培训、继续教育才有保障和希望,教育学院也才会显示出更加强大的生命力。

省级示范性高职学院建设方案导言*

四川职业技术学院是四川省人民政府主办,四川省、遂宁市人民政府共建,省教育厅主管,有着近百年辉煌办学历程、地处非中心城市的全日制综合类普通高等学校。

学院所在地川东重镇遂宁不仅历史悠久,而且文化厚重,正值成渝经济区腹心地带,是重点建设中的四川第二大交通枢纽,发展前景极为广阔。未来10年,遂宁将抢抓机遇,着力推进“一枢纽、四基地、一目的地”建设,全力实施“7+3规划产业”等发展战略,加速建成“成渝合作、区域合作连接点,承接现代产业转移理想地,具有遂宁特点的现代产业高地,加速崛起的现代生态田园城市”,全面上演“西部高端电子信息产业配套基地、西部现代工业物流基地、西部绿色食品生产供应基地、西部现代职业教育基地、国际知名旅游休闲目的地”建设之大戏。目前,发展建设蓝图已经绘就,各项基础性、先导性工作正在紧锣密鼓展开,腾飞之箭已在弦上,万事俱备,只欠人才培养之东风,因而吹响了“科教兴市”、“人才强市”和大力发展职教、“建设西部人才高地、西部现代职教高地”之进军号角,推出了“实施七大教育计划”、“建设八大重点工程”、“开展九项改革试点”的系列举措,不仅把四川职院纳入规划,而且列入建设支持之战略重点,推为基地、高地建设之龙头,给尚在发展中的川职院带来了严峻的挑战和大好的机遇。

四川职业技术学院是地处遂宁的唯一高校,虽然有着悠久办学历史和百年深厚积淀,有着一流师资和良好办学条件,却刚刚走过外延扩张,做大规模的初级阶段,如何很好适应遂宁大力发展电子信息、汽车制造、商贸物流、文化旅游、饮料食品、新能源和节能环保等新兴、特色、优势产业发展和“泛成渝经济区全方位培养提升中高级技能人才理想地”、“西部地区具有较强吸引力、辐射力和影响力的现代职业技术教育高地”建设之需求,在做大的基础上百尺竿头,走内涵发展之路,将学院做特做强做优做高做卓越,这是摆在学院面前的全新课题。在十七届四

* 本文系本人2014年为学院示范建设方案撰写的导言。

中、五中全会和央省市教育工作、人才工作会议精神，“十二五”教育改革发展规划纲要的指引下，学院确立了瞄准“一个目标”（省级示范、西部一流高职建设），实施“两大举措”（重点打造紧扣遂宁及成渝新兴、特色、支柱产业人才需求的汽车制造与装配技术，物流管理、应用电子技术、数控技术四个专业；着力建设四大体系），努力深化“三大改革”（体制机制、专业建设、教育教学改革），全面建成“四大体系”（“政行企校”、“园院”合作办学，高职学生全面素质训育，学校、社会、企业、行业四位一体的人才培养质量监测，终生教育、终生学习服务体系），实现“四个创新”、“四个示范”（创新非中心城市省市共建高职院校、政行企校、园院合作之董事会、理事会管理运行体制机制，于共建共管、共育共享、合作办学上示范；创新高职学生全面素质教育内容形式与手段，在全面提高育人质量，内涵发展路径上示范；创新综合类高职院校专业建设思路，在围绕经济建设中心，服务社会经济发展大局上示范；创新终生教育与学习体系，在构建学习平台，提升社会服务能力上示范），切实提供“五大保障”（思想认识、组织领导、体制机制、队伍建设、条件经费）的省级示范性高职院校建设思路；切实制订了以“建设基础与优势”、“建设思路与目标”、“建设项目与内容”、“建设经费与筹措”、“建设措施与保障”、“建设预期之效果”为基本构架的省级示范性高职院校建设方案，并先后通过了教代会、党委会审定，列入了省市、学院“十二五”教育改革和发展规划纲要，得到了省市党政职能部门的悉心关怀和指导和评审专家的基本肯定，得到了合作行业企业、中职学校的鼎力支持，全院教职员工的充分理解和积极推进。

蓝图虽已绘就，毕竟尚属构想。“路漫漫其修远兮，吾将上下而求索”。有过错失国家级示范和骨干高职创建大好机遇之深深伤痛的川职院，自当痛定思痛，奋起直追，借遂宁经济社会发展之强劲东风和成渝经济区建设之时代航船，按照既定的目标路径，乘风破浪、披荆斩棘，百折不挠、坚定执着地驶向胜利彼岸，去迎接那更加灿烂美好的明天！

关于示范建设相关问题的思考*

——在全院省示范建设总结表彰会上的讲话

导言：为什么讲

一是从国示到国骨再到省示范，虽然只抓住了牛尾巴，但毕竟一直在苦苦追求，是近五年学院发展建设的大事：历史上一软一硬都是五年，且都没真正结束，说明来之不易，也非常重要，不能简单处置。

二是干了五年，干得很苦，到底干了些什么？有无成效，有多大成效，是否是成效，是啥子成效？有无意义，多大意义，意义在哪里？应当总结，应当交代，应当回应（有教职工这样评价学院示范建设：领导评示范、少数人做示范，多数人看示范；有人质疑：凭什么发奖金，占绩效，凭什么发这么多，怎么发；也有人质疑：示范是否做完了，做好了，没事了，可以轻松愉快，放开耍了？

三是示范后，后示范怎么办？是否真正建成示范了？不比不知道，一比骇一跳（成都工程职校，前进职中）。建成示范了学院怎么办，怎么认识看待，怎么处置相关问题，到了十字路口，关键时期，不能不讲，不能随意处置，这是对党政班子，对两个一把手的考验和检验，也是对相关职能部门和全院教职工，对整个学院的考核和检验，大家都必须交出合格的历史答卷。

四是总结本生存在认识差异，虽正常，但必须尽力接近正确答案，找到最佳答案，这是应有态度，是对学院、对大家、对历史负责的应有态度。不光今天会议，大家下去还得研究探讨，还得总结宣传，让其价值意义充分显现，让其效应得到最大释放。

五是大家都在思考、很多人都在思考，作为领导小组组长，我更该思考，应当将我的思考与大家沟通交流，力求形成共识，形成合力。

这也是今天要开长会，工作小组总结了，领导小组组长还要讲的原由所在。

---

* 2014年6月8日。

这也是统一思想认识的过程,是正面教育,聚集正能量。过去做得不够,现在要改。不能一说作风整顿就只能开短会,倒洗脚水把娃儿都倒出去了。全国两代会、中央十八大、十八届三中全会不也开得长吗?不从实际出发,简单处置问题,喜欢一概而论的浅薄浮躁的毛病要改掉。

正题:讲什么

对于示范建设,需要提请大家特别注意的有这样几点:

一、关于示范建设之成效

总结的第一稿将示范建设的成效概括为七个一,不知道为什么改成了七个一,说明这是一个值探讨的问题。成绩说够,问题说透,这是应有的基本态度。前后的变化说明了对这一问题思考探究和总结工作的重要性。其实原来的报告中,只是重点专业建设与人才培养模式改革这一个方面的成效,不足以代表整个示范建设的成效,整个示范建设的成效原先的建设成果的基本概括是很好的,只需要在前面再加一个带指导思想性质的成效并做适度微调,这就是:

1. 追求观念更新,创立了科学发展新理念。创新了两个理念。其一是建设理念(建设道路)

这就是政行企校园院合作开放办学,服务地方经济社会发展的理念(可以概括为学院的建设理念,因为发展理念有了“四寻”:就业出路、服务支持、贡献生存、特色发展,具体咋办还须有建设理念,否则很难落到实处,见到实效);

其二是专业建设理念:面向地方、对接产业、服务经济社会发展,这是对的,明确了我们专业建设的基本走势、发展方向和基本原则。而不再是随心所欲,没有原则和目标方向,只从个人兴趣爱好、名誉地位或部门一己私利出发。

2. 探索一体化办学,建构现代职业教育新体系;

3. 实施三二一工程,开创合作办学发展新途径;

4. 深化名师工程,打造“双师”素质新团队;

5. 引入行企标准,构建课程教材新体系;

6. 坚持多元投资合作,拓展实训实践新基地;

7. 立足产学研结合,创生教学科研新成果;

8. 强化四大体系建设,创构发展建设新天地;

9. 对接经济社会需求,提升社会服务新能力;

10. 发挥示范建设效能,彰显引领辐射新效应。

这就更系统科学些,成了十大新成果,表明示范建设的成效十分显著,概括起来有“十新”。说明示范建设搞对了,搞得好,有价值有意义。大家应当坚持不懈地搞下去,出更多、更大、更好的成效,发挥更大的效应。

二、关于示范建设的特色与亮点

原先是四个,先前调成了三个,并非不好,因其中的智库促建并非学院特有的,大家都在这么做,不成其为特色。但概括还是不准确不全面,同样(同成效概括一样)缺了一个思想理念问题(至关重要的),而且把专家们一再肯定的最大特色亮点搞丢了,很不应该,十分可惜,故而要调整补充,将其完善为 5 大特色亮点。即:

合作与开放,创添了科学发展新理念;

一体化办学,创立了现代职教新体系;

三二一工程,创辟了发展建设新路径;

素质训与育,创构了办学育人新特色;

四体系建设,创建了发展建设新天地。

三、关于“三二一”工程的价值意义

不能低估,必须充分认识。

不仅仅是管理模式和路径问题,更重要的是创新了办学的体制机制,创构了发展建设的路径(解决“三非”问题:非中心城市——区位,非行业办学——特色,非属地管理——体制)方向(走下神坛,融入地方,为地方经济社会发展服务),增强了发展建设的生机活力;促进了办学体制机制的大改革,人才培养模式的大创新,办学思想理念的大变革,办学生机活力的大增强。

四、关于示范建设的总体评价

可否集中概括为:认识明确,组织得当;制度健全,管理有方;措施得力,推进有序;特色鲜明,成效显著。(4 句 32 字)

五、关于示范建设的经验得失(感受体会)

一是更新观念,抢抓机遇占先机

二是明确认识,高度重视创前提

三是顶层设计,整体推进抓关键

四是改革创新,突出重难创特色

五是瞄准目标,攻坚克难辟新路

六是凝心聚力，众志成城克玩垒

七是强力保障，多方给力集大成

八是示范引领，扩大成果彰效应

这些都是大家在示范建设中创立和总结积累的宝贵经验，是值得学院在以后的发展建设中很好记取并发扬光大的宝贵精神财富，不能视而不见，不能不珍视总结。

六、关于示范建设的主要问题

一是认识态度问题。

如何认识看待示范，对待处置示范；是终结、终点还是中点、起点；是志得意满还是坚定信念，矢志不渝；是真正优秀，名副其实还是差距很大，名实有隙；是故步自封，还是奋然前行；是巩固扩大，还是就此打住？都是值得研究，必须回答的现实紧迫问题。两种不同的认识与态度自然会有两种截然不同的结果。这是示范建设，也是学院发展建设的关键期、转折期，含糊不得。

二是思路做法问题。

一种思路做法是就事论事见子打子，有什么问题解决什么问题；另一种思路是另起炉灶或调整方案，打折处置，或简单应付了事；第三是冷静客观，实事求是地看待处置问题，坚定不移把示范和学院后续建设发展结合起来，更好地推进学院的建设发展。这也是由认识态度所引发的基本问题，正确的认识与态度自然应当是后者，只不过需要循序渐进，有效推进，可以适当调整节奏，不再那么过于紧张急迫而已。

在方式方法上还有个突出重点，突破难点，兼顾一般，整体推进的问题，这是我们后示范应有的原则和方法。

三是体制和机制问题，示范建设结束了，相应的工作告一段落，后示范建设理当推进。如何推进，是否还保留示范办、项目组、工作组、领导小组；是否还要给经费，给奖金，专项表彰先进，这都是不能回避的重大基本问题，必须思考并加以明确。个人观点是建设还得搞，经费应当保，机构不再留（学院的，系部、专项若有必要可以研究，示范办在基础工作做完做好，规范移交之后终止职能），切实推进好。评比表彰不再以示范名义，像示范建设这么搞，后续的推进按职能职责，纳入常态管理，作专题研究，分项安排，按职能职责制度办法程序办理。

四是基本原则问题。

一是目标不变，任务不减，乘胜前进；

二是纳入职责、列入常规、尽职守则；

三是高度重视、有序组织、强化管理。

七、关于后期建设的意见举措

(一)认真总结经验得失,全面展示成效成果,努力扩大示范效应

1. 分项目、示范办、领导与工作小组三个层面认真总结示范建设的经验得失,将其提炼升华至理论层面的认识感受、经验教训,找出存在的重大基本问题,找到努力的方向,为非示范专业、其他项目建设,为整个学院发展建设,为兄弟院校提供可资借鉴的经验。利用院内外媒体、会议等灵活多样的形式、途径和方法进行适度宣传报道,固化成果、巩固成果、推广成果,努力扩大示范建设的应有效应。各项目当有书面的总结材料上交学院和留存,要形成自己的宣传要点和立得起、站得住、拿得出的成果成效和经验来。

2. 各项目和示范办都要在反复酝酿,充分论证的基础上列出自身的重大基本问题、努力方向和相应思路举措,与总结报告一起(或融为一体),该报告的报告,该规范移交的移交。四个综合项目的联系领导和负责人目前暂不变,职能部门按职能职责做适度调整,其中,素质训育由训育中心,社会服务能力提升由成教处,体制机制改革由发改办,质量检测体系由教务处负责承办和运行管理,各相关部门据此搞好工作的规范移交。

3. 无论哪个项目、哪个部门,都应按档案管理的要求规范制备完善和移交相应档案资料。由示范办、院办按相应规范和要求做好相应指导和督促检查与监交工作,确保基本重大资料不残缺、不流失并完整规范保存。

(二)全面梳理问题,分析原由现状,明确目标任务、思路举措、努力方向和相应要求

对此,各专业和项目都做了,且做得比较好。需要做的,一是各专业、项目的进一步梳理和推敲,使之更全面、深入、准确、可靠,分项目自身和学院两个层面标列。属项目自身的,明确目标任务,定出计划措施,然后分轻重缓急切实推进;属学院层面的,提出相应意见建议,书面送交学院,由学院做出集中统一安排。二是学院层面的,除各项目梳理外,示范办也要做出梳理,提出意见建议,形成书面材料,交学院集中统一安排。要上下联动,切实将这一工作做好。学院在此基础上形成后示范建设的专项工作意见和相应安排部署印行实施。

(三)突出重点、突破难点,举全院之力,切实做好重大基本工作

主要做好这样几项工作:

1. 职业教育思想理念的大学习、大讨论,使之内化于心,外化于行,用以指导以后的行动和发展建设

对于一所学校，特别是高等学校，地处非中心城市的高职院校来讲，办学思想理念是最重要的，这是办学的指导思想，是办学的根、魂、纲，他决定着一个学校的发展方向、态势和速度，也决定着一所学校的命运，品位品质和档次。在长期的办学实践中，我们积淀了以学生、能力、职业为本（“三本四寻”中的“三本”）的治校理念；素养、素质、观念、技能四位一体的人才培养理念；重质量、创特色、铸品牌、求卓越的办学理念；以就业寻出路、服务寻支持、贡献寻生存、特色寻发展的发展理念。在示范建设中，我们又创新了面向地方、对接产业、服务经济社会的专业建设理念和政行企校、园院合作、开放办学、服务社会的建设理念。所有这些，都是经过实践检验，颇具前瞻性、指导性、可操作性、时效性、科学性的思想理念；是我们几代人努力总结提炼的结果、艰苦探索的结晶，是我们的宝贵精神财富；是我们的特色、水准、品质、品位、一流、著名、知名、高水平、生命力、发展力、竞争力所在；是我们省牌学校、百年老校的精气神、根和魂，是我们的立足之本，发展之基，值得我们很好牢牢记取，值得我们骄傲和自豪，值得我们珍视和发扬光大。需要大家认真学习、深刻领会、准确把握、很好践行，用以统一、指导我们的思想和行动，指导我们的建设与发展。这就是中央所要求的政治家、教育家办学的核心、关键和根本所在，也是检验一所学校、检验一个学校党政班子，检验学校书记院长的分水岭和试金石，很关键、很重要。就其实质要害，这些也都是社会主义办学方向、立德树人根本任务和合格建设者、可靠接班人目标要求，内涵发展、一流学校、高质量、高水平办学的集中体现和重要载体。与时代社会的需求、党和国家的要求、人民群众的希求是完全一致，一脉相承的，是有机融合、高度统一、不容置疑、必须坚定不移奋力推进的。他需要全体教职员工、特别是中层以上干部、中青年骨干教师的理解认识和很好领会与把握。因为，思想理念再好还得要人在理解把握其实质要义的基础上去很好地贯彻落实，才能发挥效应、见到实效。因为思路决定出路，观念就是财富，这也是我们在人才培养理念中的创新性所在。（观念立命是我们的独创。素养奠基，万丈高楼从地起，基础不牢，地动山摇，那是要出问题的。所以，无论哪个专业，那个科类，我们一定要将学生的专业基础知识夯扎实；素质固本，素质是最重要的，核心是人文素质，是德，是思想品质，道德品质，这是根本，是关键要害所在，是管用一生的东西，这是十八大把立德树人作为各级各类学校根本任务的基本原因所在，说白了就是要教会学生做人；观念立命，思想理念决定着一个人、一个多一个单位、一个地区、一个国家、一个民族乃至整个社会的去向、走势和命运。所以党和国家要讲执政理念，遂宁这些年变化大最关键的是思想理念。我们学校的毅然决然建新区、体制机制创新、全面素质教育，重质量、创特色、铸品牌、求卓越发展建设路径选择，先做大做好、再做特做强、然后再做优做高的基本定位和目标追求,都是思想观念问题,因为它决定着思路出路、方向路径和目标,很关键,很重要,这是高层次的。如果不行,还有基本面的,对于我们的学生而言,那就是技能安生,这是保底的,是底线。按照中央的要求,要有我们的底线思维,否则就没底了,就彻底坍塌了,那还行吗?绝对不行!)以后,我们还可能探索总结提炼出更多更好的诸如队伍、基地、课程建设等方面的思想理念,使之形成系统、完善、科学的支撑体系,更好更快更科学地推进学院的建设与发展。

除去思想理念之外,我们还需要认真学习把握的是职业教育的性质特点和规律与基本态势,以及现代职教体系建立的目标任务、思路举措和相应要求。特别是即将召开的全国职教工作会议精神的学习领会和贯彻落实,这些都是我们职教人、职教工作者、管理者的基本功和基本要求与态度。在飞速发展的现当代社会,我们绝不能违背教育教学规律、学生成长成才规律,也不能抱残守缺,只当教书匠,搞简单地就事论事,只埋头教书不抬头看路,甚至浑浑噩噩,稀里糊涂地教书,让学生读书死、死读书、读死书,难以适应时代社会的要求需求,让我们成为历史的罪人。所谓办人民满意教育,所谓的示范、一流、高水平,所谓的质量、特色、品质、品位,绝不是空的,就体现在这些地方。这才是我们示范总结的价值意义、后示范建设实质、要害和关键所在。也是我一再压着,到现在才开这个总结表彰会的根本原因和动机和目的所在。如果看不到、做不到这一点,我们的示范建设就等于白忙乎、白交了学费,那我们就是真正的罪人了,我们甘当这样的罪人吗?肯定不会、也不该、更不准!

2. 体制机制创新的成果巩固、拓展和加深,使之落地生根、枝繁叶茂、开花结果

这主要指的是基于“三非”(非中心城市——区位问题;非行业办学——特色问题;非属地管理——体制问题)体制机制改革与创新。成果是政行企校、园院合作办学与发展,载体是“三二一工程”。其间的内容、形式、内涵都很丰富,既有与本地政府和行业的合作(物流学院),也有跨区与行业企业的合作(南骏汽车学院,跨资阳、成都、遂宁,南骏、王牌、江淮),还有党政行企校的跨界大合作(文旅学院);管理运行体制机制上既有董事会、也有理事会、还有领导小组下的董事会;合作对象是政行企校;学校不光是专科、还有中职和本科院校,党委政府有市级、也有县区级、园区级,行企既有当地、也有外地,既有姓公的、也有姓民的;形式上院、团、会都有,可谓灵活多样;其意义也是多方面且重大深远的:真正实现了由过去关门办学、自娱自乐到现在的开放式办学、政行企校合作;由过去的纯理论、脱离生产社会实际到现在的产教融合、工学结合,与地方经济社会发展相融合;由过去的单方面培养自我主观评价到现在的共同培养培训、多方客观公正评价;由过去

的单一的人才培养到立体全方位培养社会所需人才,面向社会多功能服务;由过去的中高职重复交叉、相互割裂封闭甚至恶意非公平竞争,到现在的相互衔接,友好合作,共解难题、共谋发展、共享共赢。真正实现了从办学思想理念到体制机制、办学与人才培养模式,教育教学内容、手段途径、方式方法乃至于评价体系全方位的变革与转变,这不是形式内容上的简单变化,而是办学思想理念、思路举措上的深层次大变革,是一次根本性的大变革,他让我们的职业学校、职业教育真正地回归了本位,找准了发展建设的路径方向和目标任务,为我们创设了可持续发展的美好前景。这不仅符合时代社会发展需求、党和国家要求、人民群众需求,而且符合学院职业教育实际,符合职业教育和学生成长成才的特定规律。其间之意义是多方面且重大深远的,对此绝不能小视和低估。

但是,目前一是大家对此的认识不足,对其价值意义的揭示不够,重视得也不够;二是对现状认识不清,相应探索尚处于初始阶段,一些工作只具雏形,后边的工作还多、难度还大、路子还长;三是需要我们克服骄傲自满和消极畏难情绪,明确认识,端正态度,具备攻坚克难的必胜信念与信心;四是需要进一步将相应工作做细做实,推进扩展加深。有很多问题需要进一步研究解决,很多经验教训需要我们去总结提炼,上升到理性制度层面,使之常态长效化,能复制推广和应用,使之真正成为学院乃至整个职教的科学可持续发展之路。因此,我们绝不能消极等待,更不能就此止步,半途而废。

3. 进一步推进和深化以全面素质教育和内涵建设、质量提升为重点、主题和特色的教育教学改革

其间首要的是全面的素质教育、素质训育。素质教育是最重要也是最难的。素质教育是中国特色,国家层面提得很早,但最先主要是针对中小学生,针对普通教育的。对于职业教育而言,最先大都提的是技能教育,认为这是与普通教育的最大区别。这主要源于很多职业院校都是以前的技工校、中专直接升格上来的,因而简单认为高职就是职高,高职就是高技能人才培养。这也是高职院校人才培养目标大都定位于高技能应用型人才和把理工类教育视为职业教育,文管类不是职业教育,师范类更不是职业教育的认识根源所在。我们是为数不多较早提出高素质高技能应用型人才培养的院校之一,因而引起了一些争论,包括示范建设评审时还受到了专家的质疑(我们的能力水平与结果怎样,“训育”是什么意思)。他们不知道两校合并不久我们就开始搞全国性、省厅级的多个课题研究了,有很早的认识,很好的基础,这些年我们力排众议,率先提出了高职教育全面素质教育、素质训育的思想理念,率先将其列入了人才培养理念,办学方针与思路举措中,也率先独自建立了至少国内唯一的素质训育的处级机构,率先创立了素质训

育的六大体系与平台,率先提出了六个结合的大集成大融合大育人观念。由于我们敢于创新、善于创新,因而尽管我们的建设遇到了巨大的阻力,相关建设并未全面到位,很多还被打了折扣,有的甚至被砍得遍体鳞伤,但本次评审中还是脱颖而出,得到了专家们的普遍认可和高度评价,成为了示范建设的最大亮点和特色。因此,应当对此给予充分肯定、高度重视和乘胜进击。

目前,该项工作一是认识尚不到位和完全统一,相关方案被无端地一砍再砍,经费也一减再减,目前只用到计划的三分之一,而且普遍反映今年没再安排预算,给大家形成的鲜明印象不光是这个,包括体制机制创新社会服务等很多工作都不搞了;有的项目建设目标不明,动机不纯,走了偏锋,搞成了公私兼顾,两败俱伤,不伦不类;建出来的硬实软虚;地盘小、投入少,内容需充实、水平档次有待提高,管理待加强;艺术素质、科技训育、质量测评保障体系尚未启动。因此一是健全完善,二是总结提炼,三是扩张充实,四是启动后续,五是管理运行,六是宣传推动。这些都需要研究解决、部署安排、推进落实。让其锦上添花、名至实归、真正成为特色亮点,走出学校和遂宁,走向全川和全国的一流品牌。

其次是以专业、队伍、课程、教材、基地、质量、水平保障评价系统建设为主体内容的教育教学改革,内涵建设。这是最重要、最多、最难的,也是一个永恒、无止境的话题。目前也只是有了初步、基本的,刚起了步、开了头。包括人才培养模式改革,课程资源库建设,相应目标、体系、标准、规范的制定。一是自身有待完善、优化、深化,向既定目标奋进,还有很多事要做,很长路要走;二是相关专业群的建设,示范效应的进一步扩展问题,量也很大;三是其他专业、系部,院内示范效应,成果的巩固、拓展、扩大,推广应用问题;四是院外兄弟院校的支援、帮助、引领、带动,示范效应发挥的问题。更何况还有院内的专业调整与整合问题,目前尚在简单的就事论事,没有把问题抓准,搞问题导向,没能明确专业调整的目标方向和原则,因而仍然是复杂艰巨的系统工程,任务还相当繁重,不是能一蹴而就的。有的还涉及利益格局调整,牵一发而动全身,不能简单处置,等闲视之。这是内涵建设的深层次建设问题,是质量提升、特色创建、品牌打造、品质品位提升的关键要害所在,既是重点,也是难点,而且有的是老大难、硬骨头,必须审慎严肃对待、认真研究,切实制定方案,攻坚克难,确保切实有效推进,不断取得新进展、新成效。

4. 中高职衔接、终身学习教育、社会服务体系建设,职教立交桥建构,社会服务能力提升,改革试点项目的纵深推进

这一项目很特殊:既是示范建设的综合性项目,又是省教育体制改革试点项目;这一项目也很重要,是省政府项目,不能简单处置。由于它涉及现代职教体系、终身学习教育体系、社会服务体系建构,都是十八大、十八届三中全会关注的

重大热门话题,涉及了从中高职到应用本科及其以上教育,职前与职后、学历非学历、普通与成人、学校与社会教育的衔接转换,立体全方位一体化办学,涉及了招生就业,体制机制,传统与现代融合学校与地方、与行业企业合作等方方面面的协同统筹,面宽、量大、关系复杂、矛盾多,难度大,要求高,目前也有个资源库建设、几大体系融合统一的平台建设,试点专业、试点班的规范统一,教育教学改革,相关问题的研究解决、管理强化,专业点次,试点范围的拓展、迎接省上考核评审等问题,既要按示范建设的要求深化,做到善始善终,又要按省体改项目要求加紧工作,确保评审成功的问题,确保切实有效推进,时间紧任务重,务必统筹安排,抓紧进行。

5. 以规范、科学管理为目标,制度体系健全完善为载体的人才培养质量监控测评保障体系建设的切实推进

一是这项工作很重要,是过程管理、质量保障的重要环节和手段,是特色、品牌、品质、品位、一流、卓越的忠诚卫士和保障,也是系部、学校工作的基准和标尺,必须建好;二是这项工作很繁杂,涉及内外上下、环节过程与结果、标准规范等方方面面,是一项复杂艰巨的系统工程,需要顶层整体设计,需要锲而不舍,长期坚持;三是目前顶层、整体设计有了,框架搭起、骨架立起来了,但不完善,还有一些标准规范、制度举措和指标体系尚未完全很好建起来,显得还有些虚,不够实;思想认识有待统一;管理有待移交,系统有待正常运行,发挥其基本效应。因此需要加大力度,进一步切实推进,使之成为质量品牌、一流优高的强力保障和可靠支撑。

6. 加大内外宣传力度,掀起比示范、学示范、赶示范、超示范热潮,巩固扩大成果,彰显示范效应

前面讲的大都是针对示范建设专业和综合项目的,是示范后,后示范的问题。这一条是针对全院,重点是非师范系部和相关部门讲的。

对于示范的系部部门而言,示范已经验收评审,获得优秀,但这并非意味着示范的终止和结束。对于我们而言,应当是作了一个小结,暂告一个段落,还有个补充、完善、充实、巩固、提高,甚至是完成未尽事宜的问题,大家一定要客观冷静,戒骄戒躁,乘胜前进。对此,今天在这里只是做了一个大致的部署和动员,下来之后,工作小组、示范办还得具体梳理、明确各系部、各项目需要完成的工作任务和目标,做出具体安排布置并明确其要求,并同时对今年所需经费做出计划安排,然后启动相应工作。对于其他系部部门和教职员工而言,就有一个比学赶超示范的问题。比,即对照示范找差距,找问题,明确努力的方向和目标;学,即向示范系部和项目学习,认真虚心地学习,把态度摆端正,学习的内容包括思想理念、思路做

法，体制机制创新，素质训育、中高职衔接、社会服务能力提升，专业、队伍、课程、教材、基地建设，质量保障和提升，认识体会、经验得失，精神品质等等，凡是好的、于己于事业有用的都可以学，都应当学，取长补短，用以指导、引领、推动自己的专业、专业群或项目建设，推动自己的相应工作；赶超示范的基本要求是要迎头赶上，而且不能简单比划，学皮毛做样子，要学思想理念、学实质要义，学基本做法和经验，将其化为自己的东西，力求有所开拓创新，做出更多、更大、更好的成绩，要争取比示范做得更好，力求超过示范，让示范先在院内生根开花结果。至少每个系要有一个专业来搞示范，按示范建设做法要求去改、去干，要做自己的骨干品牌专业，做出成绩来引领、推动整个系部部门的发展建设。做出成绩了，学院照样认可表彰和宣传。这也需要职能部门来具体部署安排，组织统筹和督促检查，确保其落到实处，见到实效。

同志们，今天的会议有一个基本、强烈、重要的信号需要大家很好认识和把握，这就是：示范建设虽然总结表彰了，但示范建设并没有结束，示范建设仍然在进行，示范建设永远在路上！示范建设需要完善、需要深化、需要拓展，需要扩大，需要我们上下一心，齐心协力，攻坚克难，将其更加切实有效地推进，需要我们做出更多、更大、更好的成绩，以此来确保我们的做优做高求卓越，建一流高水平高层次高职院校！

同志们，任务虽然繁难艰巨，道路虽然漫长崎岖，但是，曙光就在前面，前景辉煌灿烂！“长风破浪会有时，直挂云帆济沧海”！只要我们众志成城，不懈努力，胜利一定是属于我们的！

高职院校办学体制机制创新研究开题报告*

一、开题报告

（一）研究对象的界定

1. 高职院校：高职院校，是高等职业院校的简称，是高等学校的重要组成部；高职院校所从事的是高等职业技术教育。从世界范围看，高等职业教育是经济社会发展到一定阶段出现的一种新型高等教育，是和传统普通高等教育有着质的区别的另一种类型的高等教育，是以培养具有一定的专业理论知识和较强实践能力，面向生产建设、管理服务第一线职业岗位的实用型、技能技术型专门人才为目的高等教育，是职业技术教育的高级阶段。高等职业教育以培养生产、建设、管理、服务第一线的高素质技能型专门人才为根本任务，在建设人力资源强国和高等教育强国的伟大进程中发挥着不可替代的作用。2010 年，全国独立设置高等职业院校 1246 所，招生 313 万人，占普通高校招生总数 639 万人的 49%，在校生超过 965 万人。高职院校、高职教育已成为培养高素质、高技能应用型人才的主力军。

2. 办学体制：办学体制是教育行政部门对各级各类学校办学行为的管理运行体式和体系。也有人认为，办学体制是指在国家教育基本法规定的原则下所确定的办学者或办学主体的构成单位及其国家所赋予的权利、义务和基本要求。总之，办学体制所突出强调的是办学主体，即由谁出资，谁兴办学校，谁如何管理学校办学行为的问题。在此基础上办学体制还涉及办学主体在什么样的制度环境中办学，办学过程中享有什么样的权利，应履行哪些义务和遵守哪些规章制度所做出的要求等。办学体制改革是优化教育资源配置，理顺办学关系，优化育人环境，提高教育资源利用率，提高办学效益，化解教育投入不足与资源相对浪费之矛盾的重要举措和有效途径。通过多年的努力，目前，我国办学体制改革已逐步形

---

* 2010 年立项的省教育厅社科重点项目开题报告，课题负责人为王金星，合作者为刘光明同志。

成了以政府办学为主体、社会力量共同参与、公办民办学校相辅相成的多元化发展格局。

3. 机制:指其内部组织和运行变化的规律。在任何一个系统中,机制都起着基础性的、根本性的作用。在理想状态下,有了良好的机制,甚至可以使一个社会系统接近于一个自适应系统——在外部条件发生不确定变化时,能自动地迅速做出反应,调整原定的策略和措施,实现目标优化。

机制这个概念有两大基本要点:一是事物各个部分的存在是机制存在的前提。因为只要有事物各个部分的存在,就有一个如何协调各个部分之间的关系问题。二是协调各个部分之间的关系必定得有一种具体的与之相应的运行方式;机制是以一定的运作方式把事物的各个部分有机联系起来,使它们统一协调运行而发挥作用的相应体系。

机制的划分:

从机制运作的形式划分,一般有三种。第一种是指令——计划式的运行机制,即以计划、行政的手段把各个部分统一起来;第二种是指导——服务式的运行机制,即以指导、服务的方式去协调各部分之间的相互关系;第三种是督导——服务式的运行机制,即以监督、指导式的方式去协调各部分之间的关系。

从机制的功能来分,有激励机制,制约机制和保障机制。

激励机制是调动管理活动主体积极性的一种机制;制约机制是一种保证管理活动有序化、规范化的机制;保障机制是为管理活动提供物质和精神条件的机制。

机制是以什么为载体的呢?或者说是通过什么形式建立,依靠什么实现的呢?机制的建立,一靠体制,二靠制度。也可以说,通过与之相应的体制和制度的建立(或者变革),机制在实践中才能得到有效体现。可以通过改革体制和制度,达到改革或转换机制的目的;也就是说,通过建立适当的体制和制度,可以形成相应的机制。机制的构建是一项复杂艰巨的系统工程,各项体制和制度的改革与完善不是孤立的,也不能简单地以"1 + 1 = 2"来解决,不同层次、不同侧面必须互相呼应、相互补充,有机整合起来才能发挥作用。此外,还要特别重视人的因素,体制再好,制度再健全,执行的人不行,机制还是起不了应有的作用。而且,体制与制度不能割裂,而应相互交融。制度可以规范体制的运行,体制可以保证制度的落实。

本课题所讨论的是高等职业院校在举办高等职业教育的过程中如何突破已有格局,形成新的管理体式、体系、办法和运行机制,使之发展得更顺、更好、更快,进一步提高办学质量和效益,提升品质品位的问题。

(二)选题意义及研究价值

1. 选题意义

理论意义:为高职院校体制机制改革提供相应理论依据,进一步研究高职院校体制机制改革的科学性,可行性,促进高等职业教育学,高等学校教育管理学学科建设。

实践意义:

(1)探索建立高职院校董事会、理事会或职教集团,形成人才共育、过程共管、成果共享、责任共担的"政、行、企、校"紧密型合作办学体制机制,发挥各自在产业规划、经费筹措、先进技术应用、兼职教师聘任(聘用)、专职教师培养锻炼、实习实训实践基地建设和岗职培训、继续教育、学历提升、文化建设、吸纳学生就业等方面的优势,促进校企、校地、校校深度合作,增强办学活力;深化内部人事管理制度改革,落实教师密切联系行业企业的责任,引导和激励教师于了解适应社会需求,主动为行业企业和社会服务,开展技术研发,促进科技成果转化,实现互利共赢等方面进行深入的探索。

(2)积极探索非中心城市"政、行、企、校"、"园院"合作,高素质、高技能人才培养的管理体制和途径形式;开展"政、行、企、校"深度融合高素质高技能人才培养模式改革与创新,实现多元办学体制机制的制度化、规范化、科学化、常态化。

(3)积极探索区域内办学资源有效整合,集团化人才培养与地方经济发展方式转变,产业结构调整、优化、升级同步的实施办法,凸显集团化人才培养优势。

(4)积极探索区域内中职高职(含应用本科)、成人普通、职前职后、学历非学历、学校社会教育衔接沟通、一体化办学的体制机制和终身学习教育体系建立、职业教育立交桥建构的管理体制与运行机制,努力构建现代职业教育教体系。

2. 研究价值

(1)提升高职院校区域办学资源的整合能力;

(2)充分发挥党委政府、行业企业对职业教育的引领、指导和推动促进作用;

(3)提升高职院校服务地方经济社会发展的能力和水平;

(4)引领促进职业教育科学发展。

(三)文献研究综述

教育体制的改革一直是我国教育改革中十分重要和关键的内容。由于教育本身的地位和特点,体制的改革往往直接影响和决定着教育中其他领域的改革;而教育改革和发展所取得的成就与存在的各种问题,也都直接或间接地与教育体制的改革有着十分密切的联系。因此,分析我国近年来教育体制改革的走向,从这一角度认识当前教育改革和发展中存在的问题及深化改革的任务,是很有必要的。

目前,中国教育体制改革的两大特点:

第一,从高重心向低重心转移。即通过权限下放,改变过去整个国家教育活动的管理权都高度集中于中央政府和国家教育行政管理部门的状况,给予了地方政府和学校自身更多的管理权和自主权。其重要手段之一在于,它反映了管理权限在原有体制内从上到下的变化,只是把管理的重心由中央下移到地方各级政府和学校,而并未超出原有体制范围。这一走向主要反映在两个方面。其一,地方各级政府对本地方教育管理权限的扩大。过去,无论是学校的硬件建设,还是专业设置与学科调整,课程、教材、教学大纲与教学计划的审定,包括各种教育经费的拨付与使用等等,基本上都是由中央政府和国家教育行政管理部门集中统一管理,地方政府和教育行政管理部门的管理权限十分有限,更多的只是扮演一个执行者的角色。这一管理模式与当时的计划经济体制是相吻合的。在特定历史时期,它对于较好地利用教育资源,维护教育活动的有序性、整体性是必要的。但是,这种模式不利于发挥地方办学的积极性,难以适应随着社会发展和分化而出现的不同地区之间的差异;由于信息收集和掌握上的困难,也常常影响管理的效率。为此,在教育管理体制改革中,中央政府明确规定了基础教育管理权属于地方政府所有。除了大政方针和宏观规划由中央决定外,具体政策、计划的制定和实施,以及对学校的领导、管理和检查督促的权力和责任都交给地方。《中国教育改革和发展纲要》则更进一步提出"省、自治区、直辖市政府有权决定本地区的学制、年度招生规模、确定教学计划、选用教材和审定省编教材"等等,同时也给予了其对所属各级政府教育管理权限的决定权。其二,是扩大学校,主要是高等学校的办学自主权。在招生办学、专业与系科调整、机构设置、干部任免、经费筹措与使用、职称评定、工资分配及国际交流等各方面,高等院校正一步步地朝着在政府宏观管理下,依法面向社会自主办学的法人实体发展。

第二,从原有体制内向体制外的转移。即改变过去政府包揽办学的格局,逐步建立以政府办学为主体,社会各界共同办学的体制。首先是学校的举办主体由过去体制内的一元化向体制内与体制外相结合的举办主体多元的方向推进。过去,学校的举办被完全看成是政府的职能和权力。教育作为一项十分重要的社会活动,也完全纳入了中央的计划调控之中,由此形成了政府作为唯一的举办主体的现象。对于有效地贯彻执行党的教育方针和人才培养目标,无疑给予了体制上的充分保障。但面对日益增长的教育需求,政府在财政上的负担也越来越重,同时也限制了各种社会力量参与办学和发展教育。近年来,各种不同的社会力量办学的兴起,私立学校的涌现,以及与国际上有关组织机构的合作办学等等,反映了教育管理体制改革中举办主体多元的基本走向，并呈现出逐渐深化和扩大的趋势。

其次，学校举办者，管理者和运行者的同一也逐渐走向分离。过去，在政府包揽办学的体制中，学校的举办者、管理者和由政府任命的学校领导基本上都是同一的。政府既举办学校，又管理学校，同时也成为具体的办学者。如今，一方面由于出现了体制外不同的举办主体，而学校也获得了较大的自主权，便带来了三者之间的分离和差异。这有利于更好地动员各种社会资源发展教育，有利于调动办学者的积极性，但同时也向教育管理提出了挑战，增加了难度。

关于高职院校办学体制的研究。我国从 1998 年开始，就有关于职业教育联合办学的形式的研究，但当时只是为了联合组建职业学院；2001 年，出现了围绕高校园区建设的高职集团或高职联合体，同时，随着改革发展的不断推进，国内逐渐有一些职业教育和高等教育研究者对集团化办学模式进行一些理论方面的分析探讨。如探讨职业教育股份制合作办学体制，分析高职院校的办学定位、从经济学的角度研究高职院校的办学效益及高职教育与区域经济发展的关系，对职业教育的集团化进行构思等等。

(1)关于校际战略联盟的研究

薛培军、李宗泉(2005)通过对校际战略联盟的解释，对其实现途径进行了探讨。认为高等学校之间战略联盟的主要形式是知识联盟，而知识的联盟是指不同学校或组织间知识、技能间的相互合作和交流。因此，高职院校之间的知识联盟是指高等职业技术院校为了形成竞争优势和核心专长，学校与学校之间、学校与科研院所之间、学校与企业之间以及与政府有关部门之间形成的一种长期的、平等的合作伙伴关系。实现高职院校知识联盟的主要形式有：①合作办学；②互通情报；③互派教师；④建立教学联合体；⑤合作研究；⑥合作建立实践教学基地；⑦合作文化交流；⑧职业情景资源的共享；⑨网络技术资源共享。

张健雄(2003)则认为，实现校际战略联盟需要多种联合办学形式，主要可分为：①学校与学校合作，实现优势互补、资源共享；②学校与社会力量合作，可以解决国内职业技术人员的供需矛盾；③学校与国际企业合作，将劳动力推向国际，缓解国内就业压力。

(2)关于高职教育办学模式的研究

王昆欣(2005)认为高等教育已具备了产业的特征，包括生产投入的特点、成本核算的特点、生产过程的特点、生产产品的特点、效益评估的特点。因此，教育定位为一个产业，它有市场，有产品，并且是一种特殊产业，不完全以盈利为目的，但承认并鼓励教育经营的成本核算。1992 年《中共中央、国务院关于加快发展第三产业的决定》也指出:教育事业是对国民经济发展具有全局性、先导性的行业,属于第三产业。其中,股份制是高等职业教育的理想办学模式。其主要原因是:①教育股份制是集资办学的新发展;②教育股份制是教育和经济发展的特殊产物;③教育股份制将成为社会力量办学中的“正规军”。高等职业教育是我国教育发展中新兴的教育形式,它的办学方向和人才培养模式与经济建设密切相关。在一些国家往往由大企业举办高职教育,直接为企业培养生产、服务、管理第一线需要的实用人才,而由企业举办的教育本身就是企业的组成部分。

屈孝初(2004)则认为,要办好高职教育,除首先树立先进办学理念和科学的发展观外,还必须探索最佳的办学模式,办学模式决定高职教育所培养的人才模式,直接影响人才的知识结构、能力结构和素质结构。办学模式主要有:①“订单式”教育培养模式;②校企联合式培养模式;③“工学交替制”培养模式;④校企股份合作培养模式。这几种模式学生不仅学习目的性、方向性和针对性强,学校与企业也可以获得利益。

杨进发(2003)认为,在21世纪国际职教大背景下,应从理论层面对高职教育中外合作办学新模式的特征、构筑途径及现实意义对高职教育进行探讨,提出“开放性”是高职教育中外合作办学新模式的本质特征,“企校合作”是其最佳模式,学生就业充分是其办学成功的关键,这对高职院校如何走中外合作办学之路有一定参考价值。

(3)关于职业教育集团化的研究

陈牛则(2004)通过对现行职业教育管理体制的优点及问题进行简要分析,认为我国现阶段职业教育办学体制对职业教育的兴起和发展起到了促进作用,具有一定的合理性。教育集团化的主要发展模式有:①校校联合、名校立团,这是一种紧密型联系模式;②教企一体、以教立团,这是一种多元化办学格局;③合并重组,整体相融,这种模式可以充实集团主体学校的办学实力,形成集团的核心力量,形成集团的职业教育品牌,提升整个集团教育资源的档次和标准,并形成多方面的竞争优势。

谢根生、成梅(2005)认为发展职业教育集团化是职业教育自身发展的必然要求,我国要发展职业教育集团化就要坚持以人为本的办学和发展理念,按照集团化运作机制,遵循规范及发展个性原则,统筹内外环境,促进职业教育集团向集团化与产业化、品牌化与国际化、网络信息化以及终身教育化的方向发展。

谢可滔(2006)亦认为教育集团是大众化教育的必然产物,并根据其产生形式与发展的资源依赖,将教育集团的发展模式分为三种:①滚动发展型,是由短期培训中心或职业学校发展而来,以学养学,发展缓慢;②兼并收购型,由企业集团或财团规模投资，通过连锁办学，以教养教，以校兴校，滚动发展较快；③政府主导型，是政府的直属事业单位，由政府投资办学，承担国有资产的保值增值责任。

（四）研究目标及研究内容

1. “政行企校”多元合作运行机制研究与实践

（1）协调协作机制。以学院为主体，积极组建校企合作协调领导小组，由政府主管领导或教育行政主管部门领导、学院领导、主要行业协会领导和企业代表组成。负责明晰和协调校企合作中政、行、校、企四方各自的责权利，建立有效的校企合作管理运行机制。

（2）项目合作机制。将招生办学、人才培养与项目合作有机结合。积极争取政府、行业、企业的重大合作项目，保证项目合作的顺利推进，圆满成功和质量。

（3）保障激励机制。设立校企合作项目基金，由政行企校代表及校外专家等共同组成评估委员会，对校企合作项目、科技开发、社会服务项目以奖代补，对成功合作的项目和表现突出的成员单位或个人给予激励。

（4）工作保障机制。成立校企合作推进办公室。办公室相对独立，设专人负责，同时吸纳相关部门负责人为成员。负责学院校企合作的规划、协调和组织实施工作，为校企合作协调领导小组提供工作保障；建立健全相应的管理制度和办法，确保多方合作的有序性、规范性、可靠性和科学性。

2. “政行企校”共建理事会研究与实践

成立政、行、企、校共建理事会，探索政、行、企、校共建合作办学的体制机制，搭建政、行、企、校理事会共建平台；通过平台建设推进省市政府、教育行政主管部门、学院各办学主体明确各自的职责任务，强化角色意识，形成责任、利益共享、风险共担机制；推进政府制定切实有效的政策措施，特别是校区建设用地、专项经费投入、税收减免、共建校外实习实训基地、兼职教师聘任、吸纳学生就业、支持学生顶岗实行等方面的政策措施，建立资源整合共享机制，为招生办学建立良好的外部保障体系，为办学主体赢得良好的发展建设环境，为行业企业培养更多更好的高素质高技能应用型人才，为行业企业和地方经济社会的发展提供更多更好的服务。

3. 园院合作共建理事会研究与实践

依托相关园区，建立“园院合作办学理事会”，明确政府、园区、行业、企业、学校各办学主体职责任务，创新“园（园区）院（学院）对接、校企合作”机制，搭建合作平台，推进合作办学、合作育人、合作就业、合作发展。主动适应区域经济建设的要求，及时掌握地方产业结构调整及人才需求变化信息，形成“人才共育、过程共管、成果共享、责任公担”的办学机制。

4."政行企校"共建董事会研究与实践

以多赢战略为目标,由政府,行业、企业、学院四方代表组成董事会,董事会成员席位按资金投入等多种方式确定。董事会在高素质高技能人才培养中依据自身职能各负其责。政府、行业主要帮助学校和企业及时了解掌握、分析研究区域产业结构形势及人才需求培养变化情况,帮助学院制定修订人才培养方案,在法律允许的范围内给予学院、企业以必要的资金和政策的支持,及时解决企业与学校教育中的问题与困难。企业要及时根据市场需求状况对人才能力结构变化做出准确分析,并及时向学院提供,在准确提供本企业人才储备与需求的基础上,帮助学校对相关行业人才需求状况进行科学分析,参与资金筹措,参与人才培养方案的制定,参与校外教育基地建设,积极接纳学院学生到本企业实习实训,全程参与人才培养。学校应根据市场需求及时调整和改革人才培养方案、教学进度计划,努力改善教学条件,积极开展面向行企和社会的岗职培训与继续教育,帮助企业大胆开展新技术、新工艺开发与运用。

5. 职教集团建设研究

研究职业院校(含应用本科)如何利用职教集团构建中高职立交桥,整合区域内职业教育资源以及职教集团管理模式,运行模式、办法等。

(五)项目特色和创新之处

1. 项目特色

本项目研究理论联系实际,不仅对职业院校(含应用本科)办学体制机制创新问题进行系统的理论探讨,还特别注意实践推动和效果检验,本项目的所有成果都有相应的实践项目予以支撑。

2. 创新点

(1)全面研究探讨"政行企校"多元合作体制机制创新中的重大基本问题。

(2)全面建立"政行企校"多元合作体制机制。

(3)全面实施"政行企校"合作办学体制机制创新项目:"政行企校"共建理事会项目;"园院"合作共建理事会项目;"政行企校"共建董事会项目;"政行企校"共建立职教交桥项目。

(六)研究方法和研究计划

研究方法:

1. 文献法。充分利用纸质文献和电子文献,在区分核心文献和相关文献的基础上,全面把握项目研究的前沿动态,力争用最先进的研究理论指导全部研究过程,使研究结论更具科学性、针对性和实践意义。

2. 调查法。主要用于对我国高职院校办学体制现状的把握。虽然参阅相关研究者的文献可以对高职院校办学体制的现状有大致的了解，但要准确把握现状，就有必要获得第一手可靠资料。为此，本项目拟采用访谈、问卷调查、个案研究等方法充分获得第一手可靠资料。

3. 对比法。主要用来分析我国高职院校办学体制与国外高等职业教育的异同，传统办学体制与现代办学体制的异同，在此基础上分析我国高职院校办学体制机制原则与方法。

4. 校本研究。依托项目负责人所在院校，全面实施项目实践环节，通过实践检验假设，全面检验高职院校办学体制机制创新的实际效果。

5. 案例研究法。

6. 理论与实践相结合研究法。

研究计划：

2010 年度：资料收集与整理、课题申报。

2011 年度：项目开题，通过调查法，采用访谈、问卷调查、个案研究等方法充分获得第一手可靠资料。开展相关理论研究并于项目负责人所在单位开展“政行企校”多元合作运行机制、“政行企校”共建理事会、园院合作共建理事会、“政行企校”共建董事会等项目的实践。

2012 年度：完成研究成果，发表相关论文。

2013 年度：完成研究报告，结题报告，课题结题。

（七）人员组成及分工

王金星：课题负责人，主持项目全面工作、全面组织课题理论研究与实践探索。

何展荣：全面负责“政行企校”多元合作运行机制研究。

赵耀：负责保障激励机制、工作保障机制研究。

廖策权：主要负责“政行企校”共建理事会研究与实践。

何军：主要负责园院合作共建理事会、职教集团建设研究与实践。

周翼祥：“政行企校”共建董事会研究与实践。

杨丁：主要负责相关调研项目，撰写调研报告，参与职教集团建设研究与实践。

刘光明：负责资料收集整理，论文撰写，研究报告撰写。

(八)条件保障

1. 人员保障:课题组全体成员均有丰富的理论研究和实践经验,年龄结构,职称结构合理。

2. 过程保障:课题组将建立严格时间表,推进课题研究的各项工作,将理论与实践结合,教、学、研紧密结合;上下内外,政行企校结合。

3. 经费保障:课题相关经费已基本安排就绪。

(九)预期研究成果及项目应用前景

1. 项目最终成果形式

(1)研究报告:《高职院校办学体制机制创新》研究报告,系统总结本项目的主要观点,理论创新及相关结论,进一步探讨下一步研究还需要注意的问题。

(2)系列论文:系列论文是项目的理论成果,涉及"政、行、企、校"、"园院"合作、高技能人才培养的多种实现方式和管理体制,开展董事会、理事会、职教集团等多种模式的"政、行、企、校"深度融合高技能人才培养模式改革与创新等诸多方面,系统研究相关子项目的科学性、可行性、实效性。

(3)调研报告:对本项目涉及的所有实践项目进行深入的调查研究,总结具体做法,向兄弟院校推广成功的做法。

(4)四川职业技术学院中国西部现代物流学院;遂宁市"应用电子技术教育"理事会;遂宁市先进制造业职业教育集团;遂宁市现代服务业职业教育集团等实践项目。

2. 项目应用前景

本项目应用前景广泛,本项目相关成果,不仅可以为省内兄弟院校开展办学体制创新提供参考,而且可以为全国高职院校办学体制创新提供借鉴。

3. 项目的社会效益与经济效益

本项目全面贯彻全教会及《国家中长期教育改革和发展规划纲要(2010-2020)》精神,在高职院校办学体制机制创新研究中走在前列,具有较大的社会效益与经济效益。

搞好高职院校办学体制机制创新,可以大力发展职业教育,推动经济发展、促进就业、改善民生。搞好高职院校办学体制机制创新可以促进"三农"问题的解决,缓解劳动力供求结构矛盾。搞好高职院校办学体制机制创新可以促使政府切实履行发展职业教育的职责。把职业教育纳入经济社会发展和产业发展规划,促使职业教育规模、专业设置与经济社会发展需求相适应。统筹中等职业教育与高等职业教育发展。健全多渠道投入机制,加大职业教育投入。

搞好高职院校办学体制机制创新就是贯彻把提高质量作为职业教育的重点,

就是以服务为宗旨，以就业为导向，推进教育教学改革。就是大胆创新工学结合、校企合作、顶岗实习的人才培养模式。

搞好高职院校办学体制机制创新就是全面调动行业企业的积极性。建立健全政府主导、行业指导、企业参与的办学机制，制定促进校企合作办学法规，推进校企合作制度化。鼓励行业组织、企业举办职业学校，鼓励委托职业学校进行职工培训。制定优惠政策，鼓励企业接收学生实习实训和教师实践，鼓励企业加大对职业教育的投入。

二、专家论证

请专家侧重于对课题组汇报要点进行可行性评估，并提出意见和建议。

职业教育与中国新型工业化道路*

职业教育是一种与普通教育既相联系,又相对应,并以普通教育为基础的特定教育类型。正确认识职业教育的经济属性,把握其发展规律,正本清源,才能正确处置好职业教育与经济发展的关系。大力发展职业教育,走有中国特色的新型工业道路,努力完善我国教育体制类型与发展模式是实现“教育与经济相结合”的必然选择,也是在市场经济条件下,教育经济价值实现的必然路径。对于这一点,无论是在“农村三化”还是新型工业化道路建设进程中,都要有清醒而坚定的认识,才能促使职业教育真正服务于工业化的发展。

自21世纪以来,随着经济全球化进程的加快和社会经济的飞速发展,职业教育在世界各国都得到了前所未有的重视和发展。无论是西方发达的美、英、德、法国,还是亚太地区的日本、韩国、新加坡,乃至于中国的港台地区,都随工业革命的浪潮和经济全球化进程将教育,特别是职业技术教育推进到了至高境地。我国的职业教育更是在党中央、国务院的高度重视,在全国人民的大力推进下发生了天翻地覆的变化。短短二十来年间,职业院校由最初的几十上百所发展到了今天的成千上万所。统计显示:2007年,全国中职学校14832所,年招生810.2万,占49.1%;在校学生规模达1987.01万人,占到了整个中等教育的46.7%;有高职高专院校1168所,占高校总数的61.2%,年招生突破280万,占50%;在校学生总数达999.49万,占53.1%。此外,全国还有800多所成人高校和普通本科院校举办的职业技术学院。无论中高职学校数量还是在校学生人数,都已跨入职教大国行列,呈现蓬勃发展的态势。从世界范围看,经济越发达、工业化程度越高、职业教育的发展就越重要。

---

* 本文系国家社科基金重大课题“中国特色新兴工业化道路研究”(07&ZD 024)的子课题《职业教育与中国新型工业化道路研究》(07&DZ024.Z06)的阶段性成果,载《求索》2009年第4期,合作者为刘琼英。

一、职业教育的经济属性

职业是社会分工的产物，是人在社会中所从事的能体现人生价值并获取相应报酬，维持基本生计的谋生手段。在社会生活中，职业是多种多样的。据统计，中国目前的职业已达 8 大类 1979 个。职业有其相对的稳定性但也有较强的变异性，作为社会生活主体的人可以终身选择一个职业，这在古代、近代都体现得相当充分。到了现代，职业须适应社会经济、社会生活发展变化的需要，适时变化调整自己的职业，使之能体现出更好的价值取向。职业的选取和调整不是简单的个体行为，它涉及个体、群体和社会生活的方方面面，是一个复杂艰巨的系统工程。对个体的人而言，取决于自身的人生观、价值观和综合素质、基本素养和相应的技能与水平，取决于人们从事某一职业的基本资格。“人非生而知之”，人的知识与学问需要通过“干中学”取得。由此便引发了职业培训、职业教育问题。

职业教育分为广义的职业教育和狭义的职业教育。广义的职业教育对象很广，凡是以满足个人和社会的某种需求，以培养人的职业兴趣和从业资格为目的的一切教育活动都可以称为职业教育。它既包括了教育机构（大中小学）所从事的学历和非学历教育，也包括社会力量所从事的各种培训活动。狭义的职业教育则指的是既与普通教育相对应却又在普通教育的基础上，以职业素养、素质和技能培养培训为主要内容，以适应岗位职务需求，促进经济社会发展为基本目的，由专门的教育机构所从事的相关教育活动。显然，广狭义职业教育的区别主要在于施教主体和规范程度。狭义职教的实施主体是具有从教资格的教育机构。因此，无论其学历非学历教育都是严格而规范地进行的。

应当指出：凡是规范的职业教育都应当有其健全的职教体系，尽管世界上没有统一固定的模式，比如德国、奥地利、瑞士等国的“双元制”，美国的“技术准备式”，韩国的“普职渗透”、香港的“中学三轨制”，台湾的“建教合作”，新加坡的“教学工厂式”等等；不管是俄罗斯、中东欧、发展中国家的“学校职教式”，还是美国、日本等国的“企业职教式”，抑或是德国、奥地利、比利时、新加坡等国的“学校企业结合式”，其中都有一点是共同的，那就是必须明确职业教育的对象和范畴、层级和方式，并将其融合为一个有机的体系，使之更加健康有序地运行。

对于职业教育的属性，专家学者也多有揭示。虽然“职业性、生产性和社会性的统一”的揭示已较为准确，但我们还可以从我国职业教育先驱黄炎培先生“使无业者有业，使有业者乐业”的职教目的揭示中清晰地看到其鲜明的人民性、时代性和社会性。因为职业教育发展到今天又进了一步，那就是还可以使有业者优业和创业，并可以由此看到其以人为本，面向人民、面向大众的平民教育、民生教育的本质。此外,从教育学角度揭示其特有的教育性,职业教育是一种既与普通教育相对应,又以普通教育为基础的特殊类型的教育。显然,揭示这些属性的目的在于既要将它与普通中小学教育区别开来,明确各自的目标任务、价值意义,又要看到其同属国民教育体系,相互联系,相互融合,共同为经济社会又快又好发展做贡献的另一至关重要的一面。以为其准确定位,更多更好地培养人才,促进社会经济又快又好发展奠定坚实的基础。要特别强调的是,既然除去普通中小学以外的一切教育都可以并应当称之为职业教育,那么,职业教育也就应当是一种包括初等、中等、高等教育在内的涵盖面很广,社会性很强的特殊类型的教育。为此,我们就应该建立起大职教观,建立起有中国特色的大职业教育体系;就不应该将职教排斥在高等教育之外;更不应该将符合条件的职教学生排拒在本科乃至研究生教育之外,把符合条件的高职专业和院校排拒在本科层面的教育之外;特别不应该把本科及以上教育当成非职业教育来办。因为,无论本科生还是研究生,毕业后都得从事一定领域,一定岗位的工作,都是一定社会层面的职业人。

关于这一理念,务必引起社会各界的高度重视。以美国著名经济学家舒尔茨(T. W. Schultz)为代表的主流经济学家认为教育具有培育人力资本的经济属性。他在《人力投资——一个经济学家的观点》(1959)中详细阐明了人力资本理论。舒尔茨认为人力资本是:“作为现在和未来的产出与收入流的源泉,资本是一个具有价值的存量。人力资本是体现在人身上的技能和生产知识的存量。人力资本投资的收益或报酬在于提高了一个人的技能和获利能力,在于提高了市场经济和非市场经济中经济决策的效率。”他将资本划分为物质资本和人力资本。舒尔茨认为人力资本通过教育形成。舒尔茨指出:“长期以来,人们就抱有一种顽固的偏见,认为资本只包括物质设施、建筑物、器材和物质库存等等,这种偏见在很大程度上成为政府贬低人力资本、抬高物力资本投资固执态度的原因。无论是在中国还是在巴西,最优先受到考虑的是钢厂、民航、辅助工业以及土地开发等等,而只把少量资源留给中等和高等教育。长期以来,这种反常的投资减少了生产和福利的潜力。理想的投资方式应该是增加那些可能产生最佳预想收益率的资本形式。”他说,“一国的最大部分消耗,是应该用于后一代的教育,应该用于国家未来生产力的促进和培养。”只把少量资源留给中等和高等教育,是一种“顽固的偏见”。

人力资本理论的教育经济理论可以归纳为:教育的社会经济价值在于它形成资本,并且这种资本具有外部溢出效用,最终成为推动国民经济增长的强大动力。中国古代已经具有朴素的教育经济思想,他们揭示了教育,其间又主要是现代意义上的职业教育与经济社会发展相辅相成的关系。教育在促进经济发展的同时,也应该“自发展”，即教育应该在物质条件比较发达的条件下进行自我完善，同时强调经济对发展教育的作用。“有恒产者有恒心，无恒产者无恒心。苟无恒心，放辟邪侈，无不为已。”如果没有稳定的物质财产是不可能“化民成俗”的。其次，强调对教育长期投资的重要性，“一年之计，莫如树谷。十年之计，莫如树木。终身之计，莫如树人。”这种思想不仅跟西方“人力资本”投资理论相一致，而且揭示了教育经济与社会现代化相辅相成的辩证关系，对我们深刻认识职业教育与新型工业化道路建设的关系具有很好的启示作用。

二、职业教育与我国工业化发展

通常我们说教育是一项公益性事业，这种公益性不仅体现在教育的效率上，更体现在教育公平上，每个人都享有同等的受教育权。举办教育、特别是最直接、最现实地将人力资源转换为人力资本的职业教育，以此来保障每个人的受教育权利，进而提高整个社会成员的素质与职业技能，促进工农业的现代化和整个社会经济的增长。所以，从教育经济理论和我国职业教育现实出发，促进职业教育与现代工业化的融合必须解决一些重要的理论和现实问题。

首先，遵循教育经济理论，注重知识存量向人力资本的价值转变，促成人力资本与财务资本的“对结”。沿着教育经济学大师舒尔茨的研究路向，教育是知识传递以及将知识固化在人身上并将之转化为人力资本的主要工具。在经济增长过程中，知识发挥着巨大的推动力。古典经济增长理论中，劳动力是经济增长动力的主要因素之一。舒尔茨认为，对劳动力的重视，仅采用“劳动力”观念审视人力是不够的，这将不足以用劳动力来解释社会经济的增长。因此，在他的研究中，知识的价值必须固化到人的身上并转化为人力资本方能实现其价值。舒尔茨进一步认为，教育是这一转化工作的主要完成者。所以，大力发展职业教育，将知识存量向人力资本的价值转变是知识转化成经济价值的前提条件。

然而，知识与教育综合作用所形成的人力资本并不能直接在产业中体现其经济价值。人力资本必须以适量的物质资本为前提，这正好印证了中国古代朴实的教育哲学思想，即“庶”是实现“富”的条件，只有在“富”的基础上，才能有成效地进行教化和发展教育事业。“足食、足兵、民信之矣。”“去食，自古皆有死，民无信不立。”“有恒产者有恒心，无恒产者恒心。苟无恒心，放辟邪侈，无不为已”等。在工业革命前，经济的增长效果被人口增长的结果所冲淡，使得将多余的产品用于培育知识以及与人力资本相融合发展生产力的可能性很小，或几乎不可能；工业革命时，由于知识存量的增长降低了人力资本发挥作用所需的物质资的数量。同时物资生产的自然增长也有可能为人力资本的形成与使用提供一定的物质支撑，从而使得人力资本可以在较低的物质资本的支持下发挥作用，完成人力资本与物质资本的“对结”，使得整个工业革命迸发出了前所未有的生产力。工业革命的这一过程证明：人力资本必然与适量的物质资本相“对结”，才能极大促进经济的增长。更进一步地，随着人力资本的“自发展”，将最终完成对经济增长的极大促进。于此，教育的经济价值才因人力资本的使用得到质的提升。所以，促成人力资本与财务资本的“对结”将是教育经济价值实现的应有之义。大力发展职业教育，走有中国特色的新型工业化建设道路，是发挥当代中国教育经济价值效用的明智之举。

其次，在经济与教育的互动中确立职业教育的能力目标，这是发展职业教育的前提。工业化和教育的发展存在着互动的关系，它们之间的作用是双向的。一方面，工业化发展推动着职业教育，并且为职业教育发展提供基本的环境；另一方面，职业教育又为工业化发展培养人才，成为工业化发展的重要推进器。所以，必须重视环境对职业教育的促进作用。事实上，职业教育以能力教育为本，职业教育强调实践教学，职业教育关注学生的关键能力，等等，这些观点都反映了职业教育的目标指向。因此，确定适应职业需求的能力就成为一个极为重要的任务。我们认为，职业教育的能力目标可以分为三个方面：其一，职业核心能力。工业化进程中，由于产业结构的调整变动，生产和服务部门的技术含量增大、劳动复杂度提高，劳动力结构发生了变化，无论在现代制造业还是在现代服务业中，新兴的职业不断出现，原有职业出现了调整和转化，出现了许多要求劳动者既具有一定的理论和专业知识，又具有很强的动手能力的岗位，特别是在产业发展的核心制造业和自主创新型产业中，高素质高技能的现代制造人员和从业人员的技能水平直接决定着国家的实际竞争力和经济发展水平。这就要求职业教育培养出既具有较高的理论知识水平，又具有较高的职业资质，能够达到一线生产、服务、技术管理等岗位的能力要求的职业人才。其二，职业转移能力。工业化“不断地使社会内部的分工发生革命，不断地把大量资本和大批工人从一个生产部门投到另一个生产部门。因此大工业的本性决定了劳动的变换、职能的更动和工人的全面流动性”。为了适应工业化发展，工人也要提高对经常跨岗位、企业、行业工作的适应性。岗位不稳定对操作工人的不利，突出表现在长期积累的经验也在“老化”之中，如果仅仅满足于以实际操作经验为主要依赖，而不提高综合能力，在劳动市场上就不可能赢得优势。这也是全国职业教育工作会议强调职业教育的培训功能的本意所在。其三，职业创新能力。这一能力在市场需求不断变化和自主创新不断被强调的经济社会中逐步显示了其重要性。职业教育必须通过创业教育，培养和提高学生的生存能力、竞争能力和创业能力。有人把创业能力归纳为“创业者如何发现、识别和利用机会,如何组织各种资源进行创业的意识和本领。”创业能力包括心理品质的准备,如独立性、坚韧性、适应性等。这些都显示了职业创新能力的重要性和可传授性。可以预见,在职业教育发展的外部环境进一步优化的前提下,职业教育将不断调整教育教学策略以适应工业化发展的要求,这样职业教育对工业化的推进作用将愈益明显,其地位将愈益巩固。

再次,人力资本是工业化发展的先决条件,职业教育的发展必须与工业化发展所需人才需求相适应。这是由职业教育的性质、内容、任务和目标所决定的。经济社会需要什么样的人才,职业教育就应当和可以培养什么样的人才。只有这样,职业教育才具有存在的价值和强大的生命力。事实表明,职业教育与工业化发展对人才的需求契合得越紧、越好,整个经济社会的发展就会愈快愈好,职业教育就会为社会经济发展提供强有力的人才支持和保障。因此,职业教育与经济社会发展之人才需求相适应,这既是职业教育区别于普通中小学教育的一个显著特点,也是职业教育的基本规律和所应当遵循的基本原则。职业教育与工业化发展相协调,实质是充分利用和促进其间的积极关系。协调是体现职业教育——工业化发展之间实现和谐、协调、优化关系的状态。发展表现为复杂系统的运动过程,协调发展强调职业教育与工业化发展的相互促进。同时,协调还表现为一种动态的调控过程。从协同学的角度看,协调是系统组成要素之间或系统之间在发展演化进程中彼此作用的和谐一致,这种和谐一致的程度称为协调度。协调作用和协调度决定了系统到达临界区域时的序与结构,或者说决定了系统由无序走向有序的趋势。职业教育——工业化发展系统协调度是这一复合系统内部各组成系统或要素之间发展的协调程度。所以,要为工业化发展提供充裕合格的人力资本,必须处理好职业教育与工业化之间的协调度问题。

最后,构建人力资本的培育与市场使用模式,优化人力资本价值实现渠道。我国教育对经济增长贡献率较低,这是一个不争的现实。人力资本的使用过程中,其效率的发挥受到两个方面的制约:一是人力资本的非市场化。人力资本是固化在人身上的知识与能力,人力资本是与人天然合一的,如果人在社会中不通过职业教育有效培育,就不可能很好地转化为人力资本;如果作为人力资本的人才不能流动,那么固化在人身上的人力资本也就无法配置。到最需要的产业,而只能在有限的范围内使用,就不可能促进经济社会的更好更快发展。二是人力资本并非是评价个体生产力的主要标准。从个体的收益状况的分析可见,在现有的人力资本使用制度下,影响个体收益的主要有行业、职称与学历、素质和能力等主要因素,其中学历对个体收益的影响相比而言是较小的,尤其是在非流动性的行业;而职业素养、素质和技能对个体收益和经济社会发展的影响则很大。这揭示了我国对个体生产力的评价标准仍停留在“劳动力”的观念,没有将个体的人力资本与其个体生产力与职业教育相联系。这种对个体评价标准的落伍极大地限制了人力资本的培育和使用,也间接地限制了以培养人力资本为已任和最佳途径的职业教育的发展。为此,个体生产力评价标准由“劳动力”向“人力资本”的转换和大力发展职业教育,走有中国特色的新型工业道路也是亟需解决的现实问题。

参考文献:

[1]舒尔茨:《教育的经济价值》,吉林人民出版社1982年版。

[2]马克·布劳格:《人力资本的验证:一种略带偏见的评述》,《经济文献杂志》1976年第14期。

[3]黄育云、熊高仲、张继华:《职业技术教育在中国》,电子科技大学出版社2004年版。

[4]温家宝:《大力发展有中国特色的职业教育》,《中国教育报》,2005年11月14日。

[5]潘懋元、唐永泽、石伟平:《发展高等职教亟待解决的几个问题》,《光明日报》,2006年10月11日。

[6]教育部:《2007年全国教育事业发展统计公报》,《中国教育报》,2008年5月5日。

[7]陈杰:《职教目标是就业而不是升学》,《人民日报》,2008年7月24日。

[8]高靓:《经济全球化追问大学新使命》,《中国教育报》,2007年11月19日。

县校合作办学　高职教育的最佳选择*

县区建制由来已久，是中国和国际经济社会的基本重要结构单元。中国县区经济社会的发展需要大量高素质、高技能应用型人才，迫切需要发展以高等职业教育为主体的高等教育，需要迅速改变县区高职院校几近空白，高职院校大都集中在二三线城市，难以适应满足需求，存在诸多弊端的现状。县校合作办县区特色学院或教学点是最佳选择，是发展趋势。

随着中高职衔接，现代职教体系建构，政行企校合作，终身学习与教育体系建立，职业院校社会服务能力提升的纵深推进，地处非中心城市的高职院校如何与县区、县域经济社会发展紧密合作，如何为“三农三化”服务，办好人民满意高等教育的敏感话题已经十分严峻地摆在了占据中国高等教育大半壁河山的高职院校面前。解决好这一问题的最佳选择是高职院校与县区合作举办县区学院。

一、县区建制是中国和国际经济社会的基本重要结构单元

在中国，县区（含县级市）的建制由来已久。据《左传》记载，“真正作为行政区域的县最早见于楚国”①，显然是春秋早期就有了。之后虽曾因社会历史的演进而有些变化，但在近三千年的历史长河中，其经济社会基本结构单元的属性特征和组织管理、推动促进社会经济发展的基本职能，上属州郡，下辖乡镇的大体规制却始终都没发生根本性改变，因此，称县区为经济社会的基本重要结构单元是实至名归的。

在国际上，虽然有规模等级甚至类别上的一些差异，但“县”仍为行政区划之

---

* 本文系四川省教育体制改革试点项目《终身教育体系、中高职立交桥建构、社会服务能力提升》，项目负责人：王金星项目编号：511102009；四川省教育厅重点项目《高职院校办学体制机制创新研究》（项目编号 10SA106）的阶段性成果。载《职业技术教育》2014 年第 9 期，合作者为刘琼英。

① 张正明：《楚文化史 · 县的起源》，文通网。

基本建制之一，且建县的国家还不少。美国就在州下设有3042个县①，尽管面积大小，人口多少，功能作用有些细微差别，其职级却与中国一致，总量比我国还多。德国不仅同样在州下设县，县下设乡镇，而且还分设有乡村县、城市县。日本也在都、道、府后设有县，但其县的级别与中美德国有异，是等同于省的。英、韩等国虽则称“郡”不称县，但其基本规制和功能作用却与县是基本一致的。事实表明，无论东西方国家，县区（含县级市）都是经济社会的基本结构单元和重要载体，是不可忽视，值得重视和深入研究的社会结构细胞。

深入探究不难发现，在中国历史上，县以下仍设有过去叫区、社，现在称乡镇，历史上称保甲的行政管理单位。在县以上，省以下，过去有州郡、道、路、府、专区、专署，现在称市州的经济社会结构单元。无论区社乡镇还是州郡府路专署，人们为什么不将其作为基本、重要结构单元，作为重点关注对象呢？从经济结构上讲，无论保甲乡镇，其所辖区域都相对较小，正所谓“九夫为井，四井为邑，四邑为丘、四丘为甸，四甸为县”②。显然，古代的“甸”便是现在的乡镇。要么山沟丘壑，要么浅丘平坝，不仅相对单一，资源有限，出产不丰，生产规模不大，而且难以形成特色气候，难以形成一定的优势和经济总量，难以形成拳头产品。特别是在过去交通不便，生产技术有限，生产力相对落后的特定情况下，人力组织，经费筹集，资源整合利用等方面都相对有限，因而很难形成相对独立、能自由发展，具较强生命力、影响力、统率力的经济结构单元。州郡府署虽然幅员更大，地域更广、资源更好，人力更强，但它毕竟建立在县区之上，难以有自身的独立的自然资源开发利用和人力资源组织调拨，很难有自身的实体经济和产业，担负的是在县域之上的一种统筹性组织管理和人员资源调配使用职能，其上要受省、道、府、路的制约，其下要受其县区之箝制，包括其生存立足的土地和运行所需的物资设备与经费，都需靠上下配置或调拨来支撑维持，加之幅员更大，资源更丰，人口更多，其统摄管理也将受到一定的制约，因此发展难度更大，也是相对有限的，从一定层面上讲并非实体的经济社会结构单位。

在当代中国，县以下的乡镇虽然是一级有职有权有资产的政府，但毕竟仍然相对较小，往往是几个、甚至十几个乡镇才组成一个县区；在县以上虽然有市州、地区等建制，交通也比以前发达了许多，市州的实力得以扩大和增强，而且往往还有市属企业、事业单位，有一定的实体经济，甚至还有干部的调动使用、任命罢免权，在一定程度上还可以控制县区的幅员、人口、资源和发展建设方向与情状，决

① 《美国行政区划》，新华网。

② 《周礼·地官·小司徒》，转引自县的起源。

定一个县区的经济命脉、发展定式与生机活力，但就其实质讲还是一种相对虚弱，与过去州府郡制没有根本区别的特有建制，难以成为真正独立的社会经济结构基本单元，所行使的在很大程度上仍是一种有限的统筹协调的管理运行职能，而且还往往因这种特殊性与县域经济社会形成一定层面上的矛盾，这也是东西方一些发达国家只设州府（相当于我国之省），我国酝酿行政区划调整，行管体制改革，省辖县已试点到一定层面，省管县，央省县（区）乡（镇）四级管理体制呼之欲出的根本原因所在。因此，县域经济无论在中国还是东西方国家，其经济社会基本结构单元的社会地位无可易移，高度关注、很好服务县域经济社会的发展，应当是教育，特别是职业教育、高职教育的基本任务和发展趋势，也是高职教育的生命力、核心发展与竞争力所在。从这个意义上讲，浙江工商职业技术学院的探索①无疑是颇具前瞻性、开拓性、创新性，是值得称道和赞赏的。

二、职业技术教育是县域经济的重要支撑和坚强后盾

众所周知，职业教育是针对职业岗位及其所属行业企业人才需求所进行的一种特殊类型的教育，其基本目标任务是按照职业教育教学规律和时代社会需求培养受教育者的职业兴趣爱好和素养，提高其职业素质，培训其职业技术技能，培养高素质、高技能，能适应生产建设管理服务一线需求的社会主义事业合格建设者和可靠接班人，为经济社会的发展提供充分可靠的人才支持，提供人才培养培训、文化传承创新、智力支持服务、终身学习教育、学习型组织与社会建构等立体全方位教育科技服务。职业教育的职业性社会性特点和“与经济社会发展辩证统一”，“与生产劳动、社会实践相结合”，“做人与做事相统一”②的基本规律决定了其适应社会经济发展，为社会经济服务的鲜明价值取向；决定了它与政行企校、特别是与地方支柱产业、新兴产业、行业企业紧密结合，合作办学、合作育人、合作就业、合作发展的人才培养的基本路径和方式方法；决定了它不可能与世隔绝，脱离生产建设、管理服务实际实践去做空对空理论研究或高层次管理型人才培养的鲜明办学特色。尽管我国目前的工业、特别是技术密集、科技含量高的工业企业大都集中在省会及以上城市，但是，富强民主、文明和谐的现代化强国，中国特色社会主义道路，全面小康社会建设，中华民族伟大复兴都在强烈呼唤，推进着农村城镇化，城乡一体化、农业现代化进程。事实表明，中国经济社会发展的潜力和未来在

① 鲍丰彩、叶辉、张冶红：《县、校、企合作获多赢，浙江工商职院助推县域经济发展的崭新探索》，《光明日报》，2012 年 7 月 28 日。

② 王金星：《关于职业教育的基本认识》，《社会科学研究》2008 年增刊。

以农村、农业、农民为主体的县区,中国全面建成小康社会、实现现代化的重点、难点和总体趋势在农村城镇化、农业现代化。中国地大物博,发展的重心在农村,在县域经济,而县域经济社会发展的关键、实质、要害又在于人才,在于高素质、高技能的应用技术与管理型人才,这恰好是高职院校的历史使命和繁难艰巨任务。因此,从一定层面上完全可以讲,职业教育特别是高职教育是县域经济发展的重要支撑和坚强后盾,离开了职业教育、职业院校,离开了人才支撑,农村城镇化、农业现代化将无从谈起,整个社会经济的发展,全面建成小康社会,实现现代化和中华民族伟大复兴都将受到影响和制约,甚至有可能化为泡影。

三、县校合作办县区学院是高职教育的最佳选择和必然趋势

首先是县区的社情民意呼唤着县区学院、呼唤着高等职业教育。除去少数民族地区之外,一般说来,一个县区的人口少则几十万,多则上百万,在高中教育基本普及的当下,包括农民兄弟在内的人民群众大都希望子女上能接受高等教育,而且能上好大学或至少有一技之长,能成家立业、养家扶口,有人生出彩、光宗耀祖的机会。但人才自身的层次性和农村学生大都家庭经济条件、学业基础较差以及我国高等教育目前仍然总量不足的现实又决定了他们中的大多数只能接受高等专科层次的职业教育;现有的中青年农民的专业技术培训、农技干部、基层管理干部的意识观念更新、岗职培训、继续教育、知识更新、提高培训,中老年农民的身心健康、养老保健,整个农村人口的政治思想、公德法纪教育,素养素质、技术技能培训,文化传承与创新,智力支持与服务,品质品位的提升等等都需要县区学院来承担,人们居住的分散性、县域经济的滞后性、学校教育的现实性都决定着县校合作的必然性和县区学院的强大生命力。

其次是农民职业化、农村城镇化、农业现代化的发展方向和目标要求呼唤着县区学院,呼唤着高等专科层次的职业技术教育。县区经济社会的主体在农村和农业,农村城镇化、农业现代化首要任务是思想观念的更新,让农村人能与时俱进、跟上飞速发展的时代社会步伐,不再因循守旧、安于现状甚至抱残守缺,而是有抱负、有理想、有追求,具备奋发图强的进取意志和健康向上的奋斗精神;此外是相关技术技能、生活方式、生存能力的培训提高,让他们人人都有一技之长,个个成为有文化、有知识、有技术、善策划、懂管理、会经营的现代新型农民;再就是政策法规、道德法纪、生理心理、医疗保健,投资理财、安全稳定、子女教育、快乐工作、幸福生活的引领指导与培养教育,都需要通过县校合作办县区学院来不断提高其素养素质、能力水平,提升其品质品位,为经济社会的发展提供强有力的高素质高技术技能人才支撑。这既是高职教育的职能职责,也需要且可以和应当由县区学院来承担。

第三是农村经济社会的发展、农村教育的现状呼唤着高职教育，呼唤着县区学院。改革开放以来，尽管党和国家高度重视三农问题，重视农村经济社会的发展，年年都出台一号文件并专门召开农村农业工作会议，大力推进相应改革，加大农业以及农村基础设施建设投入，甚至取消了沿袭过几千年的农业税负，但是，由于面宽量大，问题众多且积重难返，很多尚处于探索之中，温饱问题虽已基本解决，脱贫致富进程却十分缓慢；县区农业上不去，工业不发达，三产业举步维艰，以传统农业为主的局面未能根本改变；农村生产力低下，很多区域仍处在刀耕火种，靠天吃饭的落后状态，农村城镇化、农业现代化的任务异常艰巨。农村经济社会的发展困难重重，任重道远，究其根本原因，除去理念思路、政策因素之外，最根本的是人才匮乏，尤其是高素质、高技术技能，有远见卓识、开拓创新精神，善谋划、懂管理、会经营、能带动引领农民脱贫致富创新发展奔小康，推动促进农村农业快速发展，根本改变面貌，科学可持续发展的新型人才、骨干力量、主力生力类人才严重缺乏，迫切需要以此为己任的高职教育、高职院校培养支持。而目前的现状是，除去有普通高中和少量职业高中之外，县区并无其他学校。加之思想认识与政策投入不足，所带来的是农村职业学校的办学条件不够好，没有建设标准，师资、设备、实训条件等办学基础较差，人们因此把职业教育看成是低层次另类教育，是断头路而不愿读、不想读、不敢读的现象并无多少改变。即便是考上大学走出去的农家子弟，回来者也凤毛麟角。加之政策因素，农村职中招不起生，难以为继，纷纷合并或改辕易辙，农村需要的人才却回不来、留不住，难以得到应有支撑的局面很难改变。县区需要高职教育，县区需要高等教育，但绝大多数县区又办不起高等教育，县区教育严重缺失，县区经济社会发展缺乏强有力人才支撑已是不容争议、值得高度关注和切实解决的严酷现实。

第四，高职院校地处非基层、非中心城市，难以有效发挥效应的现实状况亟待改变。目前，全国有1321所高职院校①，据不完全统计，大致80%左右在市州三级城市，居省会城市的有但不是最多，在县级城市的很少，几近空白。这使得高职院校置身上不沾天，下不着地，既非中心城市，也非基层县区的尴尬境地，难以充分发挥应有效应。市本级没多少社会经济实体，主要履行的是统筹管理、协调促进职能。因其经济社会发展的基础在县区，这才有了省辖县的改革动议，同时也构成了我国高职院校分布不合理，虽然与县区相距不过几十百来公里，却因体制机制、认识观念和历史惯性等因素非但难以深入下去，反倒有些若即若离之感，难以

① 中国职业教育再升级．中国教育报，2014. 6. 23.

很好适应满足作为经济社会基本结构单元的县区对职业教育、对人才培养培训之需求；难以满足广大人民群众对子女培养教育、对高等教育、高等职业教育的需求；难以满足时代经济社会发展对高职教育的需求；也给党和国家实现两化互动战略形成极大障碍和直接影响，阻碍着全面建成小康社会，实现两个百年目标的伟大历史进程，理当引起高度重视，予以认真研究，加以切实解决。

第五，解决县区对人才、对高职教育的需求，解决高职院校走出就窘境的最佳途径办法是县校合作，创建县区学院或教学点。因为县区的功能地位决定了对人才需求的多样性，县区对人才的需求固然可以通过委托本地或外地高职高专、本科院校培养，或沿袭旧制、直接招引，或等待高校毕业生自己找上门来等多种途径方式来解决，甚至还可以县区独立办大学。但这样做虽然直截简便，却有着财力弱、成本高、师资缺等软资源方面的突出问题；有着需求数量相对较小，难以量身定制，解决实际需求；难以解决民众子弟就近入学、干部职工在职学习、多层次集中培训；难以适应终身学习教育体系建构，学习型社会建立之时代社会需求；难以从长计议，从根本上解决人才需求矛盾等诸多问题。职业技术学院虽然也可以采取为县区订单定向办班，校本部培训培养等方式解决县区人才需求问题，却同样有着成本高、难以充分整合，有效利用地方资源；难以完全、很好适应地方需求；难以真正融入地方，服务经济社会发展；难以建构最佳终身学习教育体系，建构学习型组织与社会等诸多弊端。因此，只有县校合作办县区学院或教学点，才能有效解决这些问题，真正做到费省效宏，从根本上解决县区特别是“三农三化”，新型农民培养、县区文化建设、全民素质教育、经济社会发展的多样化人才需求；才能既提升县区经济社会的品质品位，帮助支持县区实现更好更快可持续科学发展，又让高职学院有良好办学基础条件和环境氛围，能在县区的鼎力支持下施展自己的拳脚，真正找到发展空间和用武之地，让县校实现合作双赢。这才是高职教育、高职院校的最佳选择和发展建设的必由之路。这也是东西方发达国家职业教育的基本共识和发展态势，是美国社区学院盛行，发展壮大，得到认可好评的成功经验，是国际社会普及高等教育的基本态势。

第六，解决高职学院现状与县域经济社会发展之需求矛盾的最佳路径是区域内高职学院深入县区据需办学。一是向下延伸，实施中高职有机衔接，依托县区职教中心，横向整合县区政行企校培训资源；二是向上延伸，与应用型本科院校合作，建构职教立交桥。按照政府、学院、社会合理分工，有机结合，管办评分离，产教融合、政行企校合作、工学农学结合，建集初、中、高级职业教育，职前职后、学历非学历、学校社会、全日制业余、岗职培训继续教育，青少年、中老年、干部职工农民工，素养素质、技术技能，就业创业、道德法纪、生理心理、卫生保健，培训鉴定等于一体,应有尽有,能满足区县经济社会发展需求的综合性多功能县区学院。县区学院由地方党委政府与高职院校合作举办,针对县域经济社会发展建设,特别是支柱、特色、新兴产业之总体和主体需求进行整体规划设计,分步实施。由地方党委政府解决组织领导、政策法规、体制机制、土地校舍、人财物力、制度保障等重大基本问题,高职院校解决人才培养目标规格、层次方式、师资设备、课程教材、教育教学组织管理、实训实习实践基地建设、培养培训质量保障等立德树人方面的重大基本问题;以行业企业、用人单位、第三方评价为主体的社会组织则负责人才培养质量的监督测评工作。县区学院当与县区内的中职学校或职教中心融合统一、整合资源,有针对性地举办特色鲜明,与县域经济社会发展密切结合,既满足其对学历教育、高素质高技能应用型人才的需求,也满足政行企事业单位等社会各界对各类岗职培训、继续教育、非学历教育、终生教育、文化建设的需求,还可以提升县域内行业企业、系统内培训机构和人员的相应能力和水平,使之真正办得有特色、具实效,有很强的针对性,形成多层次、多形式、多功能、多途径、多类型、多规格立体全方位培养适销对路社会所需人才,助推县域文化建设和第三产业发展,全面提升办学水平与社会服务能力的办学新格局。县区学院当努力建成县域经济社会发展的可靠支撑和坚强柱石,走出一条可持续发展,更好更快发展的高职教育之路。

第七,高职院校深入县区整合资源创办特色县区学院或教学点,既是高职院校的最佳选择,也是中高职衔接建构现代职教体系,终身教育体系,提升职业院校社会服务能力的必须。当今时代,随着县域经济社会的发展,县区对人才十分渴求,县区办大学、办学院,圆大学梦、腾飞梦、中国梦的动议比比皆是,有的还将其列入了“十二五”发展建设规划。但一方面积极性高且心急如焚,一方面又问题甚多,举步维艰,踟蹰难行,由此导致了贸然做决策、定规划、圈地办大学园区,然后层层下任务,定目标,搞考核,到处招商引资无果,园区关太阳关月亮关空气引发非议受责难等诸多问题和现象的产生,这不是不该办,而是指导思想、目标定位、思路做法问题。这既是严酷的现实,又是难得之机遇和深刻的教训,作为办学服务主体的高职院校,理当提高认识,更新观念、解放思想,增强信心,摸清需求,找准路径,大胆探索,小心求证,遵循规律、切实推进。在形势喜人形势逼人的当下,谁认清看准了这一点,谁行动迅速果断,谁就会如鱼得水,如虎添翼,谁就会走出一条有中国特色、世界水准的职教发展之路。作为党委政府(特别市县区级)和教育行政主管部门,更应当解放思想、洞悉全局、认清形势方向、把握需求大局、大胆探索创新,善抓机遇、抢占先机、因势利导、积极推进这一工作。因为这既是历史的必然,也是现实的深情呼唤,更是全国第三次职教工作会议的强劲东风和有益启示,值得特别关注和期待。

参考文献:

[1]董碧水:《县校合作,中国高职教育的“宁海模式”》,《中国青年报》,2012. 05. 14. 11。

[2]“高职院校县校合作模式”研讨会专家考察基地,2012. 5. 7,http://nhjd. zjbti. net. cn/news/12_463. html。

探索探究

由教育名词术语 形式范畴所想到的*

[摘要]教育的名词术语太多太滥,相互交叉重叠使用,造成诸多混乱和负面效应,应予归并和规范;成人教育不同于普通教育,有其特定的对象、内容、形式、方法和特点、规律,有着广阔的发展前景,不能与普通教育归并在一起。

[关键词]教育名词术语;概念范畴;成人教育

教育是人类社会必不可少、生生不息的社会公益性事业,唯其如此,从其诞生到现在,才有了无论哪个时代、社会、国度、地区都经久不衰、蓬勃发展的可喜局面。教育是一个谜,固然有很多领域等待人们去探究,有无数问题期盼人们去解决。然而,在现当代的中国教育界,却存在着诸多名词术语、形式范畴内涵不清、外延不明、相互混用、影响教育事业发展的堪忧局面。

一

在近年来的文件和媒体上,人们常常可见到"全日制教育"与"普通教育"、"成人教育"、"职业技术教育","普通教育"与"基础教育"、"义务教育","成人教育"与"函授教育"、"业余教育"、"脱产学习"、"自学考试","成人教育"与"远程教育"、"网络教育"、"广播电视大学","成人教育"与"终身教育"、"继续教育"、"岗职培训"、"提高培训"、"下岗职工再就业教育","学校教育"与"社区教育"、"社会教育","学历教育"与"非学历教育","公办教育"与"民办教育"、"社会力量办学","学前教育"与"幼儿教育"等等名词术语相提并论,混杂不清的情形。一是教育的这类名词术语太多,还不包括"文化教育""素质教育""人文教育""音乐美术教育""家庭教育""职前职后教育"等各级各类实质性具体化的教育在内,仅从宏观大类上讲,就不下半百,有点叫人眼花缭乱、应接不暇;二是含义不清,概

---

* 载《基础教育研究与实践》2005 年第 2 期,合作者为刘琼英。

念模糊，诸如远程教育与网络、网联、广播电视教育，学前教育与幼儿教育，成人教育与业余、函授教育，社区教育与社会教育，岗职培训、提高培训与继续教育，全日制与普通教育，普通与基础教育，职业技术教育与成人教育等等。有的好分，一看即明，有的则相互重叠交叉，不要说一般人难以说清道明，就是专门从事教育工作的，恐怕也难严格区分、轻松地讲出个子丑寅卯来。

然而，教育是人类社会传承、发展、发达之根本。教育涉及不同类别、不同层次、不同的学科和对象，它们又决定着人才培养的不同层次和规格，决定着人才培养的质量和品位。因此，教育应当追求客观准确、求是求真，应当严密严肃、严谨审慎，而不能以其昏昏，使人昭昭。假若教育自身的一些基本的名词术语、形式范畴都没有搞清楚，又如何来明确其内涵和外延，划清其界限，以之担当传承文明、传播文化，培养人才，造化人类，推进社会文明进步之历史重任呢？可见，这是一个不容等闲视之，必须引起高度重视的大问题。尽管其间的诸多问题本来就要难一些，有的甚至尚处在发展进程中，一时半会儿尚难将其弄清楚，但这绝不能构成我们忽视、搁置这些问题的充足理由。

二

诚然，上述提法不仅随处可见，而且还有不少的理论和实践之依据，不仅实际工作中存在众多的教育形式，而且在我们的教育工作会议、相关文件文章（含领导讲话）中都有类似的提法。诸如，在《2003—2007 年教育振兴行动计划》的第四大问题“实施‘职业教育与培训创新工程’”中就有“鼓励人们通过多种形式和渠道参与终身学习，加强学校教育和继续教育相互结合，进一步改革和发展成人教育，完善广覆盖、多层次的教育培训网络”，“积极发展多样化的高中层和大学后继续教育，统筹各级各类资源，充分发挥普通高等学校、成人高等学校、广播电视大学和自学考试的作用，积极推进社区教育，形成终身学习和公共资源平台，大力发展远程教育，探索开放式的继续教育新模式”之类的表述。在这里，职业教育与培训如何区分，继续教育与学校教育是什么关系，广播电视大学是否能独立于普通高等学校、成人高等学校之外，自学考试是否与成人教育无关，远程教育与开放式继续教育如何把握，似乎都成了不是问题的问题。问题本不该如此复杂，作为一个权威的将影响中国教育乃至整个社会进程的纲领性文件，理应措辞审慎严明，界限清楚明白些，以便人们在实践中能很好遵循，而不至于无所适从，走偏方向。

其实，问题也并非那么复杂，只要我们认真梳理，细加辨析，是不难从中发现端倪，理出头绪的。

一是从属性类别上讲，培训尽管有其特殊性，但也离不开且包容着教育，应当属于教育之列。此外，如前所述的哪一种教育又不是以教育为中心词，属于教育之列的呢？而教育又包括了学校教育与社会或社区教育。学校教育既包括了高、中、初等及启蒙教育，又包括了普通教育与成人教育，还包括了学历与非学历教育，如果像西方国家那样以社区学院来囊括所有的社会教育的话，社区、社会教育何尝又不是包括学校教育呢？除去各类别的教育之归类方式不同之外，真正能有点说头的，恐怕就要算自学考试了。从表面上讲，这是一种学习形式或教育制度，好像没了学校教育的意味。然而，我们国家开通的只有高等教育自学考试，尽管它最初没有教师教学，也不在学校集中学习，但是其属性仍然是高等教育，是一种教育形式和制度，更何况其最初也有自修大学、自考辅导站，后来又有了以学校助学为基本形式的应用型自考呢？可见，自学只是其学习形式，是这种人才培养方式中的一个环节而已，不仅这一环节没能游离于学校教育之外，其考试、命题、阅卷、毕结业等多个环节都没能脱离学校教育这个根本，因此，将其排斥在成人教育之外也显然是站不住脚的。至此，我们是否可以将其间的复杂微妙关系作这样的揭示和划分呢？

至于网络、远程教育，自学考试、函授、夜大、广播电视教育等等，都只是学习形式和手段上的差异而已，完全可以包容在其相应教育类别中。因此，上表所列的应当是最基本的教育类型和类别。

二是从对应关系和范畴上看，教育似乎可以包括学校与社区（社会）教育，学历与非学历教育，全日制与业余教育，普通与特殊教育，文化知识与思想道德专业技能教育，岗职培训与继续教育，远程与近距离教育，成人与青少年儿童教育，公办与民办教育等九大对应关系和范畴，尽管这期间也有包容交叉关系，比如，学校教育有学历、非学历，全日制与业余，普通与特殊教育，学历教育也存在于远程与近距离教育之中等等。但是，两两相对，在每一组对应关系的内部是严格区别开来，并无交叉重复关系的，而且只有这样对应，才能把各种不同的教育形式区分开来，把那种相近的、重复的名词术语剔除掉，才便于人们认识和把握。比如，学校教育不但不能脱离社会教育，在一定程度上还应融入社会教育，但二者绝不等同。特殊教育虽然也以学校教育的形式存在，且与普通教育的形式不可能有大的本质区别，但它针对的毕竟是残疾人这样一个特殊群体，不同于正常的大众化的普通教育。至于学历与非学历，全日制与业余等等，就自不待言了。比较难一点的，倒是成人与青少年教育，其间主要是青年与成年的界限问题，目前，争论的焦点也集中在这一点上。人代会上有代表提议取消成人教育，其论据之一就是业余艺校、体校、考级的算什么，是成人还是普通教育；之二便是高中生、大学生算否成人，因为十八岁是我国的法定成人年龄；之三是普考不受婚否年龄限制，高考录取率已相当高的情况下还要成教干什么。可见，在我国，普通和成人教育只能是一个约定俗成的相对概念，即按常规把高中生、在校全日制普通大学生都算做“青年”，只有把对这些人的教育都纳入社会公众已经认可的非成人教育之列，才不至于产生大的纷争问题。

三是按照如前所述的观点，如果没有表述上的特殊需求和政策上的特别关照，广播电视大学、自学考试、学前教育，再就业教育、农民工转移培训、提高培训、社会力量办学、启蒙教育等容易导致混淆或误解的称谓便应当作相应的规范，至少不要在规范性的文本中和容易引起歧义与理解障碍的时候与相邻相近概念相提并论，同时使用。

三

讨论这一问题并非饶舌做文字游戏，其基本目的大抵有三。

第一是便于准确地界定这些概念，准确地揭示其内涵外延，以便正本清源，不至于模糊混淆了各类教育的界限，使之不伦不类，不明不白，让人无所适从，进而动摇影响了国家、民族兴旺之本。比如，全日制教育就是一个种概念，它既包括了层次上的高等、中等、初等、学前教育，也包括了类别上的普通全日制教育。普通教育既包括了高、中、初等和学前教育，又区别于聋、哑、盲等残疾人的特殊教育。成人教育既包括了学历非学历教育，又包括了以形式手段划分的自学考试、网络教育、网联计划、远程教育等等，尽管在这里未对各种教育的内涵外延作具体揭示和限制，但个中道理是不言自明的。

第二是想告诉人们，教育的形式和类别既灵活多样，又是有特定内涵和属性的，人们可以从不同角度，以不同标准来划分、揭示、界定与认识理解它，但不可以模糊混淆它。因为不同的教育有不同的对象、内容、目标、途径、方式和特点，只有划清了界限，明确了内涵外延，弄清了属性范畴，才能准确地把握和充分地发挥其价值功用，促进和推动其健康发展，教育的社会属性和价值功用不容许我们在这方面有所含糊和懈怠。

第三是想特意表明，成人教育不同于普通教育，成人教育的对象可以是初中、高中、大学毕业生，也可以是不具备或不完全具备什么学历的工人、农民、干部、职工和其他社会成员，甚至还可以是包括大学教授在内的知识分子，这在西方发达国家已是不争的事实。在我国，自学考试面向在校学生开放之后，它还可以是在校的大中专学生。换言之，也就是只要有通过成教途径和特定形式参加成人教育学习需求者，都可以成为成人教育的教育对象。从类型上讲，它可以是学历教育，也可以是非学历教育。从形式上看，可以是全日制脱产，也可以是业余学习；可以是函授，也可以是自考或网络教育。从层次类别上讲，可以是研究生、本科、专科，也可以是中专，或岗职培训、继续教育。从内容上讲，既可学习文化知识，也可以学习时事政治、道德法纪、职业技能。从时间上看，既可以是长期的，也可以是短期的。成人教育有特定的对象、内容、形式、途径、手段、方法和层次，有自身的特点和规律，有特定的功能和作用，其针对性适应性都很强，也有着很好的发展前景和方向，即令学历教育任务可以完成，非学历教育也是永恒的。成人教育固然有很多问题需要研究解决甚至整顿，但它与成人愿意参加普考，进入普校学习并不矛盾，也不对普通教育构成冲击，因此没必要向西方学习，将成人教育视为寿终正寝，完成文革特定使命的补课教育，以普通教育不论婚姻年龄和幼儿艺术教育、素质提高教育与成教矛盾抵触为由，将成人教育归并进普通教育之中，从而忽视了成教特点，抹煞了成教个性，使我们的教育失去中国之特色；更不应该对成人教育另眼看待，忽视成教的已有应有的地位作用与功绩，在评职提干等方面都将成人教育毕业生打入另册，当作另类看待，从而扼杀了这些人的积极性和创造性，进而造成了一方面以文件形式明确成教毕业生与全日制毕业生同等学历，同等看待，同等待遇（即“三同”），另一方面又明确否定成人教育的自相矛盾局面和新的社会不公平。

关于职业教育的基本认识*

我国虽已跨入职教大国行列，却因理论上的职教概念不清，迷失自我；特性不明，误入歧途；规律不识，走偏方向；实践中对象不全，残缺功能；内容缺失，影响质量；目标不明，偏离方向而不是职教强国。需要弄清职业教育的内涵外延，性质特点，意义作用，目标任务和特有规律，正本清源，才能正确处置相应问题，促其健康发展，更好地为经济社会发展服务，建成职教强国。

自21世纪以来，随着经济全球化进程的加快和社会经济的飞速发展，职业教育在世界各国都得到了前所未有的重视和发展。在我国，职业教育更是在党中央、国务院的高度重视，全国人民的大力推进下发生了天翻地覆的变化。短短的二十来年间，职业院校由最初的几十上百所发展到了今天的成千上万所。统计显示：2007年，全国中职学校为14832所，年招生810.2万，占49.1%。在校学生规模达1987.01万人，占到了整个中等教育的46.7%；有高职高专院校1168所，占高校总数的61.2%。年招生283万，占50%。在校学生总数达999.49万，占53.1%。此外，全国还有800多所成人高校和普通本科院校举办的职业技术学院。无论中高职学校还是在校学生，都占据或超过了相应教育的半壁河山，已跨入职教大国行列，呈现出欣欣向荣的蓬勃发展局面。但另一方面，随着整个职业教育的发展，也带来了一系列从理论到实践方面的重大问题，有的甚至严重影响到职业教育的发展，使整个职教尚处于“长大未成人的阶段”，并非职教强国，让人十分忧虑。究其根源，主要是对职业教育的一些基本问题认识不清，判定不准，因而处置失当，很有必要尽快厘清，以使其健康发展。因此，本文拟谈些粗浅看法，以就教于同道并作引玉之砖。

---

* 国家社科基金重大项目“中国特色新兴工业化道路研究”（07&ZD024）子课题《职业教育与中国新型工业化道路研究》（07&ZD024. Z06）的阶段性成果之一。2008年12月载《社会科学研究》（增刊）。

一、当前职业教育存在的主要问题

尽管党中央、国务院高度重视职教，近十年中先后两次召开全国职教工作会议，两次做出相应决定，下大决心，花大力气解决了不少重大问题。但是，因种种原因，我国职业教育中存在的问题仍然较多，归结起来主要有这样一些：

（一）理论上认识不清，缺乏正确导向

众所周知，任何伟大的社会实践，都得有正确的理论作指引，作保障，才能不走偏方向，沿着既定的目标顺利推进。职业教育作为百年树人的重大社会行为，自然也不能违背这一规律。然而，我国目前的职业教育却存在以下认识误区。

1. 职业教育概念不清，迷失自我

尽管我国的职业教育自近代黄炎培先生倡导以来已有近百年的历史，不仅国家立了法，多次颁发了相应决定，既有专门的理论工作者在潜心研究，也有千百万人在躬身实践，然而到底什么是职业教育，其内涵外延怎样，迄今仍没有一个明确而科学的定义。《教育辞典》的定义“为从事某一职业所需要的知识与技能所实施的教育”显然失之偏颇。由此引发诸多认识上的误区，以至于很多人认为，只有理工类甚至只有工科类的学校和专业才叫职业教育，文理类的学校和专业都不是职业教育；只有中等职业学校和高职高专才叫职业教育，本科类、研究生类的都不是职业教育；只有搞操作性技能培训才是职业教育，如果既学相关理论，又学相应技能，还搞素质教育的就不是职业教育；只有学历教育才是职业教育，非学历的岗职培训、继续教育就不是职业教育，或者说不是真正意义的职业教育。并由此引发过到底该称“职业教育”还是“职业技术教育”的相应争议，出现过一些长期从事高等教育的学者认为高职院校不是高等学校，高职教育不是高等教育，是另类教育的奇异现象。有的甚至公然宣称“职业教育是与基础教育、高等教育和成人教育平行的四大模块之一”；出现了至今仍在几百所本科院校中建有以专科和成人教育（有的是由成教院改建而成）为主体的职业技术学院的“中国特色”的职业教育现象。换言之，即搞职教、搞高等教育、搞高等教育研究和管理的都没有弄清什么是职业教育，不知道自己在干什么，搞职教该干什么，该怎么搞，而往往是人云亦云或想当然，随大流。以其昏昏，自然难以使人昭昭。这种完全或部分迷失自我的做法显然是盲人瞎马过悬崖，险上加险，难以搞好真正的职业教育的。

2. 职业教育特性不明，误入歧途

职业教育到底是什么性质的教育，它有哪些基本特点，其本质是什么，目标任务如何？我们该如何定性定位，如何处理其在国民教育体系中的位置和相应关系，这是不能不弄清的又一重大基本问题。否则，搞职教便是盲从的，很难具针对性,很难见大成效,且难免误入歧途。对此,尽管理论和实践中已有"职业性、社会性、人民性";"发展空间的区域性、办学形式多样化、教学过程的实践性、教育管理的开放性";是"职业性、生产性和社会性的统一";"以社会需求和就业为导向,以技术应用能力为本位,以职业综合素质为主线,培养生产、建设、服务管理第一线的应用型人才";"地方性与行业性,技术性与技能性,市场导向性"等诸多表述。虽然其间有很多合理性,有的甚至是精当的,但毕竟有些宏观笼统,难以将其与其他类别的教育很好区别开来,缺乏对职业教育基本属性的准确全面揭示,因而难以在职业教育的理论与实践中得以采信,让其真正起到应有的指导、引领作用。

3. 职业教育规律不识,走偏方向

唯物辩证法告诉我们,任何事物都是有其特定规律可循的,把握并遵从规律,事物就能很好生存,顺利推进、健康发展,不识甚至违背客观规律,就会受到相应的惩罚,弄得事与愿违,事倍功半甚至适得其反。职业教育自然也不例外,既有教育的共性,也有着职业教育的个性,相互有着共生共荣的依存关系。职教的规律到底是什么呢?或许是我国的职教于近年中发展迅猛,需研究解决问题太多的缘故,这方面的研究太少太弱,以至于实践中往往由一个极端走向另一个极端。一说人才紧缺便搞两年制大专,一年制中专;一说应用型便只强调专业技能,忽视基本素养,更难顾及基本素质,特别是核心的人文素质教育;一说发展高职、中职,便一夜之间由中专变成了俨然的大专,由一般教职员工变成了校院长;一说工学结合,便搞成了本科、专科、中专的压缩饼干,于职业教育中当起了"丐帮帮主",卖起了"注水猪肉",弄得整个职教市场群雄并起,翻江倒海,泥沙俱下,鱼龙混杂,令人眼花缭乱,使本来就惊恐、疑虑的人们更加迷茫,以至于把高职说成了职高,视整个职业教育为另类的次等二流教育,进而失去基本信任;把本来就与众不同的高成本、高投入、高难度的职业教育当成了随意性很大,简单糊弄,随意处置,甚至赚钱捞名声的工具。严重偏离了党和国家发展职教、培养高素质高技能应用型人才,为经济社会服务的基本方向。

(二)实践中主观盲从,制约发展

理论上的不清必然带来实践中的主观盲从,最终导致欲速不达,制约发展。目前我国职业教育于实践中存在以下失当:

1. 职业教育对象不全,残缺功能

职业教育本是一种民生教育。这是1917年中华职业教育所成立时黄炎培先生就确立了的基本属性。然而,由于思想认识上的不清而至今仍然未将九年制义务教育和本科及以上教育纳入职业教育范畴,甚至还有很多中高职院校未将岗职培训、继续教育、提高培训等非学历教育纳入自己的工作范畴,未能像英美、日本、韩国、俄罗斯那样建立起“大职教”体系，像美国、日本、韩国、澳大利亚、德国等国家那样将所有需要接受职业教育的社会成员都作为职教对象，尚未将农民工转移培训、城镇职工转岗培训、下岗职工再就业培训纳入职业教育范畴，由此导致全民，特别是大中小学学生的职教意识不强，把职教看成是不得已而为之的低人一等的另类教育，不仅使整个职教失去了应有对象，显得功能残缺，而且在一定程度上影响阻碍了国民素质的提高，制约了社会经济的发展。

2. 职业教育内容缺失，影响质量

由于缺乏对职教的基本正确认识，一是在我国的中小学义务教育阶段缺乏必要的职业意识教育，人生规划引导，基本技能培训，致使我们的青少年对职业生涯一片茫然，一心想的只是升大学，毕业后进入决策管理层，不知道自己想干什么，该干什么，如何来实现自己的人生理想；不知道创业的有效途径，心理素质很差，身心极不健康。一个简单而普遍的现象是高中毕业时绝大多数学生不知道自己的升学志愿该咋填，很多学生说老师没教过，也从来没想过，压根就不知道自己该干什么，如何选择专业和学校。要么听父母亲朋的意见，要么由老师包办，并由此引发了招生中介或串串盛行，学校或教师出卖考生信息，吃回扣、卖生源屡禁不止等诸多负面现象产生。二是职业中专，高职高专院校由原来的重书本、重知识，走向了重技能甚至一味强调技能的极端，轻基本素养、素质和综合能力，急功近利，忽视人的全面可持续发展的现象十分突出。由此引发了毕业生怕吃苦，不愿从基层基础工作干起，眼高手低，好高骛远，有业不就，不讲诚信，频繁跳槽。一方面人才缺乏，一方面就业矛盾突出，人力资源浪费等诸多负面效应的产生。三是本科及以上学生重理论、重学术，缺乏必要的职业意识、素养、能力和职业道德教育，以至于毕业后缺乏基本的社会意识、社会责任感和社会适应性，不能正确定位，往往是大事做不来，小事又不做，高不成低不就，同样给社会造成极大的就业压力和诸多负面影响。由职业教育内容的缺失导致高分低能，素质能力的严重缺失，事实上影响了人才培养的应有质量。

3. 职业教育目标不明，偏离方向

诚然，与其他教育一样，无论在国家层面还是在各级各类学校，职业教育的目标任务从表面上看都是明确的，但却停留在口头或书面上，真抓实干的少，其主要问题还是出在素质教育上。在这方面，党和国家的方针政策是明确的，态度是坚决的，措施办法也不少，却收效甚微，实际上未能走出“素质教育轰轰烈烈，应试教育扎扎实实”的怪圈。普通中小学教育如此还好理解，职业教育甚至本科及以上教育仍然如此就很难理解了。学生以考试过关为目的，教师以确保学生过关，顺利毕业为基准，目标都集中在如何顺利通关，集中在一张文凭上。成人教育则更甚,很多人,特别是干部官员混文凭、买文凭,不讲素养能力和水平的现象十分突出。素质是软的,检测起来难度大,但也是最好做手脚最容易弄虚作假的。能力本是较为实在的,但包括职业教育在内,有谁对毕业生的能力进行过具体分解和严格考核呢?实行职业技能证书、技术等级证书本是好办法,却未能严格实施,于执行中打了折扣,这就使得职业教育与普通教育一样,成了应试教育的牺牲品,严重偏离了党和国家确立的,社会所企盼的办学方向。

二、对职业教育的基本认识

职业教育所涉及的问题很多,这里只集中讨论以下基本问题。

(一)职业教育的基本含义

1. 职业教育的定义

首先必须明确,职业教育是与普通教育相较而言的。要弄清其含义,得首先得对职业作一个基本界定。应当说,职业是社会分工的产物,是人在社会中所从事的能体现人生价值并获取相应报酬,维持基本生计的主要工作。在社会生活中,职业是多种多样的,据统计,中国目前的职业已达 8 大类 1979 个。职业有其相对的稳定性但也有较强的变异性,作为社会生活主体的人可以终身选择一个职业,这在古代、近代都体现得相当充分,到了现当代则却须适应社会经济、社会生活发展变化的需求,适时变化调整自己的职业,使之能体现出更好的价值取向。职业的选取和调整不是简单的个体行为,它涉及个体、群体和社会生活的方方面面,是一个复杂艰巨的系统工程。对个体的人而言,取决于自身的人生观、价值观和综合素质、基本素养和相应的技能与水平,取决于人们从事某一职业的基本资格。人非生而知之,这一切都需要通过学习培训而得到,由此便引发了职业培训、职业教育的问题。

其次应当看到,职业教育有广义和狭义之分。广义的职业教育对象很广,凡是以满足个人和社会的某种需求,以培养人的职业兴趣和从业资格为目的的一切教育活动都可以称为职业教育。它既包括了教育机构(大中小学)所从事的学历和非学历教育,也包括社会力量所从事的各种培训活动。狭义的职业教育则指的是既与普通教育相对应却又在普通教育的基础上,以职业素养、素质和技能培养培训为主要内容,以适应岗位职务需求,促进经济社会发展为基本目的,由专门的教育机构所从事的相关教育活动。显然,广狭义职业教育的区别主要在于施教主体和规范程度。狭义职教的实施主体是具有从教资格的教育机构,因此,无论其学历非学历教育都是严格而规范地进行的。

第三还当指出,凡是规范的职业教育都应当有其健全的职教体系,尽管这在世界上没有统一固定的模式,比如德国、奥地利、瑞士等国的“双元制”,美国的“技术准备式”,韩国的“普职渗透”、香港的“中学三轨制”,台湾的“建教合作”、新加坡的“教学工厂式”等等;不管是俄罗斯、中东欧、发展中国家的“学校职教式”,还是美国、日本等国的“企业职教式”,抑或是德国、奥地利、比利时、新加坡等国的“学校企业结合式”,其中都有一点是共同的,那就是必须明确职业教育的对象和范畴,层级和方式并将其融合为一个有机的体系,使之更加健康有序地运行。在我国,目前职教应当建立的基本体系是:

(1)从对象上看,应当把从初等到高等教育的所有对象都纳入职业教育范畴,只不过从小学到初中阶段不是专门的职业教育,而是以普通教育为主,在相应教育教学中融入职业意识的教育、职业兴趣的培养和公共基本劳动技能的训练,使之与后续的职业教育相衔接,而不至于割裂开来,更不至于相对立,以此真正建立起有中国特色的大职业教育体系。当然,如果从严格意义上讲,那就是将九年制义务教育和普通高中阶段的教育称之为普通教育,此外的一切教育都统称为职业教育。

(2)从层次上分,职业教育可划为职前职后两大阶段。职前又分初等、中等、高等学历教育四大层次。其间,“初等”指的是职业预备教育阶段,基本做法是在普通教育中渗透职业教育,对小学、初中、普通高中的学生进行适当的职业意识、观念、素养、技能方面的教育,而不至于在分流、特别是进入高等教育阶段时感到唐突和茫然;“中等”指的是与普通高中相对应的职业高中、中专或综合高中的职教班;高等学历教育则包括大专、本科、研究生(含硕士、博士)教育三大层面。职前又称就业准备阶段,是以职业素养、职业素质、职业技能为主要内容,以获取职业资格为基本目的的教育;职后可分岗职培训、继续教育和提高培训三大类型。岗职培训包括任职资格培训和转岗、下岗后的再就业培训;提高培训包括职务提高和学历提高(即通常所说的成人教育)教育。继续教育自然是指知识、技能的更新培训了。显然,无论如何划分,这几个阶段都是既相对独立,又有机联系统一在一起的。

(3)从类别上讲,职业教育又可分为学历教育、非学历教育、学校教育、社会教育四种。学历教育自不待言,非学历教育包含的是全日制、业余函授和夜大、自学考试、网络教育等;学校教育好理解,社会教育是指行业、企事业单位和社会各界所举办的各级各类教育。

第四要特别说明,任何一种职业都有其相应的技术、技能教育问题,只不过有大小多少、高低繁简之差异,因而称职业教育便包含了职业技术教育,大可不必将技术教育与职业教育相提并论,甚至规定职业学院的命名中必须要有技术二字。

2. 职业教育的价值意义

职业教育之所以在全世界受到高度重视，是因为它在社会经济的发展中有着巨大而特定的功能作用，这主要集中体现在两大方面：

一是对个人的生存发展起着决定性作用。因为职业是由社会分工造成的，职业是构成社会的细胞和神经元，社会的分工必须由每个社会成员来承担。换言之，即每个社会成员都必须从事相应的职业，否则便难以生存和促进经济社会的发展；每个社会成员都必须具备从事相应职业的基本素养、素质和技能，否则，便难以胜任相应的职业岗位工作，难以立足和生存。而这一切都绝非生而知之，必须通过后天的学习和教育来培养；一个人的素养、素质的高低，技能的强弱多少决定着其所从事的职业的层级、类型和成效，决定着其所取得的酬金的多少和社会地位的高低。因此，从某种意义上可以讲，职业的选择和竞争完全是职业教育的竞争，它在一定程度上取决于社会成员在职业教育方面的程度和投入状况，这种投入既包括了时间精力和努力程度，也包括了过程和经历。职业教育对人们的职业生涯，对人的生存与发展起着决定性作用。

二是职业教育对经济社会的发展起着保障、促进和推动作用。

首先，职业教育可以提高一个人的素养、素质、能力和水平，可以改善和优化社会成员的结构，变人力资源为人力资本，变巨大的人口负担为优秀的人力资源，进而改善一个地区、行业、民族和国家、时代与社会的基本状况和结构；可以提高社会生产力，使之更具生机与活力。因为“世间一切事物中，人是第一个最可宝贵的。只要有了人，什么人间奇迹都可以创造出来”。这也正如我国职业教育的先驱黄炎培先生所揭示的那样：职业教育“为个人谋生之准备，为个人服务社会之准备，为世界及国家促进生产力之准备”。

其次，职业教育可以传播和推广先进的科学技术，可以传承人类的优秀文化遗产；可以推动改革与创新，可以有效地改善和促进产业结构的优化与升级；可以提高社会生产率，促进经济社会的更快更好发展，促进人类社会的文明与进步；可以提高一个国家和民族的核心竞争力和核心发展力，提高国家和民族的综合实力。这便是世界上越发达的国家国民受教育的程度愈高，越发达的国家越重视教育，越发达的国家和地区职业教育搞得愈好的根本原因所在。特别是当今世界，经济全球化，社会现代化程度愈来愈高，对职业教育的依赖性越来越强。在当今中国，这一点显得尤为重要和紧迫，正如温家宝总理在2005年的全国职教工作会议上所指出的那样：“大力发展职业教育，是推进我国产业化、现代化的迫切需要；大力发展职业教育，是促进社会就业和解决‘三农’问题的主要途径；大力发展职业教育，也是完善现代国民教育体系的必然要求”，这是十分精当的。

（二）职业教育的性质与特点

1. 职业教育的基本属性

对于职业教育的属性，专家学者也多有揭示。虽然“职业性、生产性和社会性的统一”的揭示已较为准确，但我们还可以从我国职业教育先驱黄炎培先生“使无业者有业，使有业者乐业”的职教目的揭示中清晰地看到其鲜明的人民性、时代性和社会性。因为职业教育发展到今天又进了一步，那就是还可以使有业者优业和创业，并可以由此看到其以人为本，面向人民、面向人人的平民教育、民生教育的本质。但这也还是从其功能、价值取向角度来认识并揭示其基本属性的。此外，我们还可以从教育学角度揭示其特有的教育性，说她是一种既与普通教育相对应，又以普通教育为基础的特定类型的教育。显然，揭示这些属性的目的在于既要将它与普通中小学教育区别开来，明确各自的目标任务、价值意义，又要看到其同属国民教育体系，相互联系，相互融合，共同为经济社会又快又好发展做贡献的另一至关重要的一面。以为其准确定位，更多更好地培养人才，促进社会经济又快又好发展奠定坚实的基础。要特别强调的是，既然除去普通中小学以外的一切教育都可以并应当称之为职业教育，那么，职业教育也就应当是一种包括初等、中等、高等教育在内的涵盖面很广，社会性很强的特殊类型的教育。为此，我们就应该建立起大职教观，建立起有中国特色的大职业教育体系；就不应该将职教排斥在高等教育之外，看成什么都不是的另类教育；更不应该将符合条件的职教学生排拒在本科乃至研究生教育之外，把符合条件的高职专业和院校排拒在本科层面的教育之外，特别不应该把本科及以上教育当成非职业教育来办。因为，无论本科生还是研究生，毕业后都得从事一定领域，一定岗位的工作，都是一定社会层面的职业人，不可能生活在真空中，在校学习期间都有个职业准备，职业教育问题，否则，毕业后就难以很好适应工作要求，难以适应经济社会发展的需要，我们的体制和教育就是不健全的。目前，这方面的问题已相当突出，务必引起社会各界的高度重视。

2. 职业教育的基本特点

与职业教育的性质一样，人们对职业教育的特点也有一些揭示。诸如“鲜明的职业性、社会性、人民性”；“发展空间的区域性，办学形式多样化，教学过程的实践性，教育管理的开放性”；“以社会需求和就业为导向，以技术应用能力为本位，以职业综合素质为主线”；以及“教育目标的多样化，经营管理的市场化，教学方法灵活而有效，管理模式灵活而便利”等等。虽然各有千秋，但要么太宏观，难以体现职业教育的鲜明个性，要么太间接，或不够准确。在我们看来，似乎以这样概述为好。

一是教育对象的广泛性。虽然普通教育的对象也广,但它毕竟有相应的年龄阶段,最多是一部分学生,到高中阶段而已。按大职教观点,虽然普通中小学不以职教为主,但也应接受相应的职业教育,有的国家甚至在职业教育中包括了幼儿教育。因此,相比之下,职业教育的对象是最广泛的,是其他任何一类教育都无法比拟的。因为它毕竟是面向人人的教育,是终生教育而不是阶段性、终结性教育。

二是教育教学内容的职业性。既然是职业教育,其教育教学内容就得针对一定的行业、职业岗位需求来设置,包括从事这一职业的基础知识、专业知识、基本技能、专业技能以及相应的思想观念、道德品质、综合素质、职业规范等等,所有这些,无不体现着鲜明的职业性。学历教育如此,岗职培训、继续教育、转岗培训、再就业培训就更是如此。公共素养、公共技能的培训固然有,且十分必要,也不是主要的,还处于从属地位,但毕竟也是为增强从业人员的社会适应性而开设的,也是围绕职业需求来进行的。

三是教育教学过程的实践性。无论哪种类型的职业教育,都得进行相应技能培训,即便学习相应基础理论,也是为指导实践,提高技能服务的,而技能必须在实践中通过反复多次的训练才能形成。因此,职业教育特别强调工学交替与结合,特别强调教学做的统一而且明确规定了理论与实践教学的时间,规定了从事实践教学所应当达到的相应目标和设施、设备条件,甚至对职业教育的教师也都有相应的特殊要求,足见其实践性是体现得异常充分的。

四是教育教学资源的社会性。这首先体现在职业教育的对象和整个职教工作的社会性上。职业教育不仅仅面向在校学生从事全日制教育,其岗位培训、继续教育、提高培训、再就业培训等很多都是面向社会公众,在社会生活中进行的。更何况全日制学生的工学结合、工学交替,实习、实训、实践等等,都得依靠行业、企事业单位和社会各界的理解、支持与配合,都得依靠社会各界的保障与呵护,甚至很多教学活动、过程都得在校外基地中来进行。包括对教育教学的改进改革也都得依赖于社会各界,特别是相应行业的信息反馈和积极参与。换言之,离开了社会,是不可能办出真正好的职业教育的。

五是教育教学目标的指向(特定)性。普通中小学阶段主要是培养职业意识、意向和兴趣;中职阶段主要是培养具有相应素养和基本素质,具备熟练操作技能的初级工作人员,基本要求是能知其然,具备基本的动手能力;高职高专阶段则主要是培养高素质、高技能的生产建设、管理服务第一线的应用型人才,不仅要知其然,而且要知其所以然,比中职毕业生懂得多,干得好;本科及以上则是培养专业基础扎实、综合素质好、创新能力强的研发者、经营者、管理者,或各职业岗位、行业领域的骨干;岗职培训,转岗培训是让受训者取得某种岗位职务的任职或从业资格;继续教育提高培训是知识的更新或系统学习;初级工、中级工、高级工、技术员、技师、高级技师、经济师、检验师、会计师、建筑师、医师,大中小学教师等等,无论哪种岗位职务,哪种层级,哪种类型,也无论学历非学历职业教育,其目标指向都是非常明确的,而且有相应的考核检测标准。而普通中小学教育就不具有这种明确的职业目标指向性。

六是教育教学方式的多元性。职业教育的人才培养模式是多元的:学校、社会、企业,公办、民办乃至于几者的融合交叉;全日制、远程网络、夜校、函授、自考,以至于分段计时,零存整取等等都可以;人才规格是多元的:学历、非学历,不同行业不同岗位、不同类别的需求都能满足,完全可以多层次、多形式、多规格、多途径、多功能、多类型,立体全方位地培训培养社会需求的各种人才,这也是普通教育所没法比拟的。

(三)职业教育的基本规律

按照唯物辩证法的观点,任何客观事物都是有规律可循的。作为教育中的一大类别的职业教育自然也不例外。只有很好地认识并把握好规律,才能更好更快地推进职教事业的发展。目前或许是因为忙于发展的缘故,人们对这一问题的探究总结偏少。齐爱平先生虽然提出了职业教育规律体系的基本构想,指明了职业教育规律的基本范畴为职业教育与经济社会发展,与普通教育的辩证关系,以及职业教育自身的保障性规律,却似乎过多地强调了其外在性和教学的特殊性,忽视了内外在的统一性和育人的特定性。对此,笔者的基本意见是,职业教育有以下三大规律。

第一是职业教育与经济社会发展的辩证统一。虽然,经济社会的需求决定着职业教育的产生和发展,社会政治文化背景影响着职业教育生命力,但是,职业教育的性质任务和功能作用又决定其必须主动与经济社会的发展相统一,相适应。经济社会需要什么样的人才,职业教育就应当和可以培养什么样的人才。只有这样,职业教育才具有存在的价值和强大的生命力。事实表明,职业教育与社会经济发展对人才的需求契合得越紧、越好,整个经济社会的发展就会愈快愈好,职业教育就会为社会经济发展提供强有力的人才支持和保障。因此,职业教育与经济社会发展之人才需求相适应,这既是职业教育区别于普通中小学教育的一个显著特点,也是职业教育的基本规律和所应当遵循的基本原则,所应当满足的基本需求。

第二是职业教育与生产劳动、社会实践的有机结合。职业教育不是以抽象的普适性理论为主要教学内容,也不是只在教室里讲空洞的理论,而是要既讲相关理论,让学生知道是什么、为什么,又要讲生产劳动、社会实践过程,讲各职业岗位的具体工作环节和流程，还要适时地通过实验、实训、实习、实践环节将学得的知识加以验证和融会贯通，使之转化为综合素质和相应技能，做到教与学、与做的有机统一。使毕业生一走出校门便能走上岗位，一走上岗位便能有序有效地开展工作，这既是职业教育的自身内部规律，也是职业教育与普通中小学教育的基本区别所在，是职业教育的一大特点和优势，是党的教育方针的最好体现。

第三是做人与做事的高度融合。职业教育与普通教育的一致性在于都要进行素质教育，让学生具备良好的政治思想素质、道德文化素质、生理心理素质，让他们首先学会做人。然而，职业教育毕竟又不是普通教育，其主要区别还在于要让学生学习相应专业知识和专业技能，尽管这种技能会因层次、类别而有大小、多少、强弱方面的诸多差异，却是必不可少的。换言之，也就是职业教育要求学生在学会做人的同时还要学会做事，学会做大事、做好事，学会创业。要能对社会经济的发展做出实实在在的贡献，要能够不断地创新，求得可持续发展；要做到观念、素养、素质、技能这四者的高度融合，有机统一。以素养（专业文化知识）奠基，以素质固本（解决最根本的管用一生的能可持续发展的最基本的东西），观念立命（思想意识、观念决定其生命力），技能安身。要以这样的人才服务于社会，推动经济社会的健康发展。

三大规律可简称为职教的“统一律”、“结合律”、“融合律”。其中，“统一律”揭示职教与社会经济的关系，是外在规律；“结合律”揭示教、学、做之间的关系，“融合律”揭示教育教学之间的关系，是职教的内在规律。社会经济发展需要职业教育，职业教育必须与社会经济发展相适应；职业教育只有坚持教、学、做有机结合，做人与做事高度融合，才能很好适应经济社会的发展需求，求得自身的更好更快发展。因此，三大规律既相对独立，又相辅相成，有机统一于职业教育这个特殊的教育类型之中。

三、结语

综上所述，不难看出，职业教育已经涵盖技术教育，不必再将职业与技术教育相提并论。职业教育是一种与普通教育既相联系，又相对应，并以普通教育为基础的特定教育类型。职业教育是国民教育体系中涵盖学历与非学历，初等与中高等乃至于学校与社会教育，有着自己独特性质任务，功能作用和特点规律的特殊教育。职业教育在经济社会发展中作用巨大，地位崇高，学校、社会都应当正确认识其价值意义，明确其目标任务，把握其特点和规律，进而更好推进和发展职业教育，以此促进社会经济的更快更好建设与发展。

参考文献：

[1]黄育云,熊高仲,张继华,职业技术教育在中国,电子科技大学出版社,2004.6

[2]温家宝,大力发展有中国特色的职业教育,中国教育报,2005.11.14

[3]潘懋元,唐永泽,石伟平,发展高等职教亟待解决的几个问题,光明日报,2006.10.11

[4]欧阳河,对职业教育几个流行观点的认识,教育与职业,2006.22

[5]吴贤忠,职业教育的本质是民生教育,上海社讯,2008.1

[6]朱晨辉,发达国家职业教育面面观,青年时讯,2006.326期

[7]薛颖,冯文全,发达国家职业教育改革特点,上海教育,2006.7

[8]马思援,我国职教又好又快发展实现新突破,中国教育报,2008.5.15

[9]教育部,2007年全国教育事业发展统计公报,中国教育报,2008.5.5

[10]齐爱平,关于职业教育规律的思考,职教论坛,2006.5

[11]于龙斌,职业教育的基本规律与我国职业教育的发展,中国成人教育.2005.8

[12]陈杰,职教目标是就业而不是升学,人民日报,2008.7.24

[13]姜大源,俄罗斯:建立"大职教"体系世界职业技术教育,2007.4

[14]高靓,经济全球化追问大学新使命,中国教育报,2007.11.19

[15]赵勇,全球化对教育改革的启示,中国教育报,2007.6.13

试述岗职培训与继续教育的异同*

在近些年的教师培训工作和教育学院现阶段培训任务的讨论中,出现了岗职培训是否是继续教育之一部分的争论。对此,笔者谈谈自己的看法。

一

一种观点认为:"继续教育是面向全体教师,""以提高教师的政治思想素质和教育教学能力为主要目标的培训","继续教育主要包括:①职务培训(含教师胜任本岗位的培训,教师晋级培训);②骨干教师培训;③新教师试用期的培训;④教师知识更新,应用新技术的培训等"①。

显然,这是把岗职培训包容于继续教育之中的思想。笔者认为:这种观点把大继续教育概念与教师培训中的继续教育概念混为一谈,是不恰当的。

早在一九八五年,中共中央《关于教育体制改革的决定》就明确指出:"要争取在五年或更长一点时间内使绝大多数教师能够胜任教学工作。在此之后,只有具备合格学历或有考核证书的,才能担任教师。"国务院国发〔1987〕59 号文件中也有类似的规定。从中,我们可以看到这么两点。第一,党和国家是非常重视教师的岗位职务培训的。国务院文件甚至还要求"把岗位培训作为成人教育的重点",并将其排在了成人教育的五大任务之首,其重视程度是不言而喻的。第二,岗职培训与继续教育应相提并论,各自独立而不能互相包容和任意取代。近年来,各行各业卓有成效的岗职培训有力地证明了党中央、国务院的决策是符合国情,完全正确的。既如此,将二者合而为一于教师培训中的观点与实践就未免失之偏颇了。

二

虽然党和国家对岗职培训、继续教育作了相应的规定,是否在理论和实践上没必要将二者区别开来呢?的确,乍看起来,岗职培训与继续教育的对象均为教

* 载《四川师范学院学报》高教专号 1992 年第 6 期。

① 《中学教师培训》1991 年第 1 期,第 7-9 页。

师，其目的也都在于培训提高教师学历水平，只是称谓不同而已。但是，只要稍作深入分析便不难发现，二者之间是有着很大差异的。

一是培训的具体对象不同。依据党和国家基本要求和我国现阶段中小学师资队伍的实际，教师岗职培训的对象应当是：①刚取得合格学历，已确定担任教师职务的毕业生（含师范、非师范类），或称新师资；②已走上教师岗位而不具备合格学历的在职教师；③学历合格（含取得相似学历、专业证书者），但由于思想品质、职业道德、教学技能技巧等方面不能或基本不能胜任岗位职务要求的教师；④职务晋升者。继续教育的对象则是：①符合各级各类教师任职条件，能胜任本职工作者；②达到规定学历后需要提高学历层次者；③能胜任本职工作的各类（含学校和地方教育行政主管部门）教育管理干部。

二是培训的目的、目标有异。岗职培训的目的在于依据党和国家的要求进行学历或专业技能技巧、规范方面的查漏补缺，使之成为能胜任岗位职务的合格教师。显然，合格是基准，胜任是较高层次的追求。继续教育则在于优化培训对象的知识结构，提高其知识水平和教育教学能力。重在更新知识，增强能力和提高水平，使之不仅能适应时代、社会和科技发展对自身和人才培养的需求，而且要成为教育教学的骨干，学科带头人以至于专家。

三是培训内容有别。培训对象、目标的差异带来了培训内容上的差别。根据当今时代、社会的要求，现阶段岗职培训的基本内容应该是：

1. 政治思想教育。包括坚持四项基本原则和党的基本路线，热爱祖国，热爱人民，忠诚党的教育事业和前途、理想、信念、道德、价值观、人生观、世界观等基本的政治态度和思想素养方面的教育。

2. 道德情操教育。包括法纪、职业道德规范和教师应尽义务、职责，应有的品质、风貌、情操等方面的教育。

3. 文化知识素养教育。包括按岗位、职务要求应当具备的专业文化知识、教育、心理科学知识等。

4. 基本技能技巧教育。包括组织、领导、管理、探究、表达、思维、应变、发现和解决问题的能力，以及传授知识，教育学生方面的基本能力和技巧。

以上四方面，仅仅是就一个合格教师的基本要求而言的，不同层次、不同类别、不同职级、不同岗位的教育教学工作者（如小学与中学，普通学校与其他学校不同职级教师间，班主任与科任教师间等等）应有相应的需求和规范，在国家尚无统一、明确规定前，作为培训基地的教师进修院校应当于这些方面做出积极的探索。

继续教育则与之大为不同。应主要以党和国家现行方针政策的学习；专业文化知识和教育教学理论的更新；教育教学及管理方式、方法的切磋研讨；先进、优秀的教育、教学和管理经验的总结、交流为主要内容。使之按时代、社会发展的需求得到应有的提高。

四是培训的方式和要求不一致。岗职培训是一种教育教学工作者职业规范、技能的培训，目的在于满足相应岗位、职务的起码要求，凡是不合格或基本不合格者都必须接受这种培训并限期达到相应要求，否则，便不允许在这个岗位上继续工作。因此，它带有一定的强制性。其培训方式以传授、学习为主。继续教育则属于提高型，是一种高层次的要求，带有一定的激励性，其培训方式以研讨、总结为主。

从上述不难得到这样两点认识：

1. 岗职培训是一种以“合格”、“胜任”为目标的基础培训，继续教育则是以培养教学骨干、学科带头人、教育教学和管理专家为追求的高层次培训。前者属教育、补偿型，后者为研讨、提高型。二者无论在培训对象、内容还是培训方式、目标上都有很大的差异。它们各自独立，属于师培干训中两个不同层次，具有一定质的区别，不能将二者混为一谈或搞相互取代。

2. 虽然二者有一定联系并共同存在于师培干训这个母体之中，在一定条件下，岗职培训还将朝继续教育转化。但是，继续教育又必须以岗职培训为基础，在岗职培训达到一定程度的条件才能进行。这又清楚地表明，二者还有层次之分，先后之别；在基础性培训任务尚重的情况下不能让二者比肩前进，更不能脱离实际地犯揠苗助长的错误。

三

在国际上对继续教育认识不一，国内已有定论的情况下，是否没必要节外生枝、讨论这一问题呢？非也。在笔者看来，从理论和实践上将二者区别开来，走出理论误区，至少有以下几方面的意义：

首先，百年大计，教育为本；教育大计，教师为本。“建立一支足够数量的，合格而稳定的师资队伍，是实行义务教育，提高基础教育水平的根本大计”①。随着东欧剧变，苏联解体，国际形势发生的变化以及经济发展战略的实施，培训合格师资的意义也就愈加重大了。当前，在师资培训上同样有个遵循小平同志南巡讲话，抓紧时间，把握机遇，适应国际国内飞速发展的政治经济形势之需要的问题。认识上的模糊必然导致行动上的失误。如果看不到这一点，则必然贻误战机，影响整个师培工作的进程，影响社会主义建设人才和接班人的培养。

---

① 参见《中共中央关于教育体制改革的决定》。

其次,有利于正确地确立我国现阶段的师培工作方针。就我国目前的师培状况看,尽管前十余年取得了不可否认的巨大成就,部分省市甚至已经基本上完成了学历培训任务,对整个教育事业和四化建设功不可没。但是,也应当看到,由于种种原因,我国中小学师资队伍的整体素质不容乐观。仅以学历这一"硬件"为例,1989 年底,全国高、初中和小学教师的学历达标率才分别为 43.5%、41.3%、71.4%[①]。1990 年底,有的省未达标者仍然为 46.9%、59.1%、26.9%;从综合指标考察,其不能基本胜任和不能完全胜任的高初中和小学教师仍还占 35%、50%、40%[②]。从小学教师学历达标与综合考察的对比情况看,是不能将学历达标率与岗职合格率等同看待的。这些情况无不清楚地表明,不但《中共中央关于教育体制改革的决定》中提出的任务没有完成,而且问题还相当突出,与形势发展的要求相距甚远。"八五"期间,我国师资培训的主要矛盾仍然是岗职培训而非继续教育。如要我们不因此确立以岗职培训为重点,于力争基本完成合格培训任务的同时积极探索继续教育的路子,为"九五"期间重点转移奠定良好基础的基本方针,则很难确保基础教育适应经济建设之需求。

第三,教师进修院校是师资培训的主渠道,就目前的情况看,继续教育过热的势头有所扭转,大多数院校所担负的主要还是岗职培训任务,如学历培训、骨干班、教材教法过关班、专考辅导班等等,而且还有向班主任、党团干部和基层教育行政管理干部培训扩展的趋势;中小学校长的岗职培训已取得很大成效,正向纵深推进。从这个意义上讲,不将岗职培训提上议事日程,非但不符合其客观实际.也将有碍于这类学校的健康发展。

第四,既然国家教委不仅早在《决定》中已经明确规定岗职培训、继续教育并举并以前者为重点,而且在前两年已经规定和实施了教育行政干部(主要是中小学校长)的岗位培训;既然二者从理论和实践上又都应当和能够区别开来,那么,在实际工作和理论探讨中,我们未尝不遵从之,以维护政策的严肃、连续和统一性呢?

---

① 《中学教师培训》1990 年第 11 期,第 3 页。

② 《四川省在职中小学教师培训规划》(川教师〔1991〕55 号文)。

关于《三沟通》培训的几点思考*

目前,函授、卫星电视教育、自学考试相互沟通(以下简称"三沟通")。已作为中学教师的培训的一种主要形式为全国各地所普遍采用,尽管各级教育部门的领导认识明确,热情高,扎扎实实地做了大量艰苦细致的工作,发展是健康正常的,然而,笔者认为,要真正实现预期目标,发挥其师资培训主渠道的作用,尚有以下问题值得研究。

一、育人质量是关键,应予足够重视

"三沟通"培训是贯彻邓小平同志南巡讲话和党的十四大精神,加快中学教师师资队伍建设步伐的一个重大举措,这种培训形式有如下特点:

培训量特别大。由于基层组织者和培训对象都想把握住这一良好机遇,因而有关部门采取了一些鼓励或强制性参训措施,使一些县区学历不达标者无一例外地参加了培训。据统计,四川的参训者达 4.6 万,占学历未达标教师总数的 47.7%;仅我院服务区域内就有"三沟通"学员 8000 余人,占了学历不达标教师的 65.8%,相当于我院近 15 年来培训量的总和。换言之,也就是我们将用 3 年左右时间完成 15 年左右的培训任务。这无疑是一个相当惊人的数字。

培训面相当广。凡是有学历不达标教师的地方就有参加"三沟通"培训的学员,真可谓遍及城乡每个角落。其培训面之广,是以往任何一种培训形式都无法相比的。

培训对象质量差。客观地讲,经过多年的师资培训,目前参加"三沟通"培训者大多是年龄偏大而又难以"过关"者和近年来毕业分配的中师中专生,其间还不乏为着过关而择其所长学非所用者,其专业基础之差不言而喻。

培训对象的上述特点给培训工作带来了难度。首先是组织管理工作难。大量学员蜂拥而入,使组织管理工作中的教材资料发放、辅导答疑、学籍管理等都增

---

* 与康纪权院长合作,载《中小学教师培训》1993 年第 4 期。

大了难度,教材资料难以及时到位;集中辅导花费时日和经费,容易给基层学校教学工作造成影响;以考试成绩为准的单一考核方式使组织管理工作缺乏约束力等等。其次是教学环节的实施难,集中起来由学院统一辅导固然是保证质量的有效措施,但涉及辅导教师配备、学员时间、费用、教学及食宿地点安排等一系列问题,如果放在县区分散辅导或视听音像资料,又涉及基本条件和辅导、作业批改等环节的实施问题。所有这些,都是制约、影响育人工作的关键因素。因此,培训质量应当是办学单位和主管部门力求解决的首要问题,必须引起足够重视。在笔者看来要能真正保证育人质量,除去按照国家教委〔1992〕5 号文件精神,做到教学计划、大纲、教材、辅导、考试、证书六统一之外,更重要的还在于采取强有力的制约、督促、检查措施,认真把好自学、视听、辅导、作业、复习迎考等基本环节,把涉及育人质量的各个方面真正地落到实处。只有这样,才能确保其顺利地实现预期目标,否则,将会产生不良后果。

二、体制、形式是核心,值得认真思索

在"三沟通"这种特殊的培训形式中,办学的体制、形式也是影响、制约育人质量和办学效益的重要因素,值得认真探索。据笔者所知,目前,这种培训在办学体制上大致有以下几种情形:

一是一级办学,这又分为院办院管和县办县管两种情形,所谓院办院管,也就是从宣传动到具体的计划安排、统筹、组织报名入学、教材资料发放、辅导、学籍、考试管理、费用收结等等,无论大小事宜全由教院自己操办,一竿子插到底,地方主管部门只管送培和保证培训时间。所谓县办县管,则刚好与之相反,一切抛开办学单位,由地方统起来。辅导教师由进修学校、师范学校、高完中教师担任,区乡作为其分级管理的助学单位。

二是两级管理,即市和县区共同办学。在管理上分工负责各司其职,在教学上统筹协调、安排和使用师资力量,自己充当独立的办学实体。

三是三级管理,联合办学。由地方主管部门与办学单位共同组建领导小组,建立管理机构,落实人员。办学单位与市、县区、乡镇间分工负责,各司其职,携手协作,共同完成培训任务。

显然,三种体制中虽各有利弊,但应当以第三种为好。因为这种形式虽然看起来复杂,涉及的环节、因素多,弄得不好松散脱节或相互推诿扯皮,且费用较多,但从保证质量上看是最为可靠的。因为"三沟通"培训涉及主考、助学单位、教育行政主管部门、学员所在单位以及学生、家长等方方面面,是一个目标明确、因素众多、难度很大的系统工程,按照现代管理学原理,必须有明确的目的和全局性、

层次性，必须在整体规划下明确分工，在分工的基础上有效地结合，才能形成良性的反馈、循环系统，有效地同步协调，综合平衡，朝着既定目标健康稳步地发展。

目前，在办学形式上大致也有三种情形。其一是自学考试、卫星电视教育、函授三种形式的有机结合，相互沟通，同时运用。其二是自学考试与函授教育相结合，其三是只管考试，不管学，把“三沟通”变成了一种地道的自学考试。为什么会存在这些差异呢？原因固然是多方面的，但主要还是认识问题。一是未能真正认识到函授、卫星电视教育、自学考试在“三沟通”培训中的各自地位作用，把问题简单化了。二是“三沟通”培训师资的重要性、紧迫性认识不足。因而采取了简单应付、放任自流的态度。显然，搞成纯粹自学考试不切合学员基础差、年龄大、专业不参口的实际，容易导致广种薄收，影响师培进程；一味地强调“三结合”，又存在乡镇无收视音像资料的条件和音像资料量少质差的问题，且容易导致重复劳动的和人力、物力、财力上的不足与浪费。因此，从成效上讲，我们是赞同函授与自学考试相结这种特殊办学形式的。

三、如何沟通是根本，应当努力探究

采用何种体制和形式办学，实际上涉及如何沟通的问题。对此，我们认为应主要从两方面来思考。国家教委之所以提出这一重大举措，一是充分利用自学考试不设门槛的优越条件，消除教师畏惧心理，使教师无时限、进度压力，灵活安排时间进度，掌握学习的主动权；卫星电视声像并茂，可以解决师资力量不足、鞭长莫及和师资能力与水平问题；函授有面授辅导，便于解疑答难。三者不仅均切合在职中学教师业余、分散、基础差、负担重、矛盾多的实际，而且可以互相取长补短有效地培训中学教师，以最快的速度、最短的时间完成学历培训任务。二是让这三种培训形式的成绩互通，互相认可，以建立中学教师全方位、开放式培训的新机制，更好地发挥各种培训形式的效应和整体功能，实现多形式、多途径、多层次、多规格培育人才的宏大目标。就这三者的关系看，自学是基础，也是培训的主要形式和手段；卫电和函授是辅助手段；以最快的速度、最好的效益保质保量地进行中学教师培训是终极目的，基于这样的认识，我们应当将自学作为充分发挥培训对象主观能动性的基础性环节，将辅导作为保证质量和效益的有效手段，采取检查进度、批改作业、分散与集中强化辅导相结合解疑答难等强有力的措施来切实抓紧抓好，至于收看音像资料，就应依据各地和培训对象实际有所选择地进行，不搞一刀切。

四、落实经费是前提，实为当务之急

“三沟通”培训以其量大、面宽的特点和实质性的工作决定了应当有必要的经费作保证，对此，尽管国家教委已经在《关于加快中学教师学历培训步伐的意见》中做了明确规定，但由于整个教育经费的拮据而未能很好地落到实处，目前已经成为各级各类院校和教育行政主管部门深感困惑的实质性问题，如果解决得不好，势必危及整个中学师资培训工作，影响基础教育。因此，应当将此作为确保“三沟通”培训健康发展的当务之急，予以妥善解决。

五年制高职办学模式管见*

五年制高职的"3+2"办学模式中高职的学习时间太短，不利于高职人才的培养，有诸多弊应当允许探索，以二、三分段为好。

在党中央、国务院的亲切关怀下，经过近20年的探索与实践，一种高职教育的重要形式——五年制高职教育正在全国各地蓬勃发展。对于这种特殊教育形式的性质任务、目标要求，教育部已于《关于进一步办好五年制高等职业技术教育的几点意见》(以下简称《意见》)和2002年底的成都例会上作了明确的规定，为五年制高职的健康发展、有效推进提供了强有力的指导和保障。但是，其间所规定的五年制高职的"3+2"办学模式，却是一个值得认真探讨和研究的问题。

诚然，教育部在2002年3月印行的《意见》中并没有明确提出"3+2"的办学模式，而只是提出了"独立设置的职业技术学院及有关高等学校也可以根据社会对五年制人才的需求，在自身条件满足不了办学需求的情况下，可利用优质的中等职业教育资源进行五年制高职前三年的教育教学工作，但后两年的高职教育阶段必须在高等学校举办"的运作办法，为了保证教学质量，职业技术学院或有关高等学校要统一制订教学计划和整体教学方案，负责教学质量监控和学籍管理、证书发放等工作的具体要求，这对于办好五年制高职这种开创性的教育形式无疑是十分重要和颇具指导意义的。但问题的关键在于既然政策明确规定了五年制高职可以由高职学院与中职学校联合举办，而且前阶段可以在条件好的中职学校举办，实行分段教学，这就必然涉及办学模式、学段划分的问题。到底是统一规定三二分段好呢还是可以有其他的模式？如果严格按教育部的意见行事就只能是三二分段，但在实际运作中却出现了一些分歧，遇到一些难以解决的问题。因此，在具体的办学实践中，三二分段有之，二三分段者有之；2.5+2.5有之，2+2+1者也有之，到底哪种模式好呢？笔者以为可以对此确立这两个基本观点：

---

* 载《四川职业技术学院学报》2004年第1期。

第一是应当允许探索。对于高等教育而言,作为主管部门,对一些非原则问题提出相应要求是可以的,但不宜作统一的硬性规定,应当允许探索。这是因为五年制高职本身就是一种带探索性质的育形式,是一项新的涉及中职与高职两个层次,初等与高等两类学校,学校、社会与家庭,人才培与社会需求等多种因素的复杂系统工程,尽管1983年教育部选定福建集美航海专科学校等少数科学校进行试点,至今已有20多年的探索历史,其间也曾作过多次调整和规范,已有很多成功经验可以借鉴和推广,但是,有很多问题仍需继续探索研究。更何况我们正处在一个探索和创新的时期。实践是检验真理的唯一标准,只要不违背五年制职的基本办学原则,不损害五年制高职的人才培养目标和规格,分段问题只是办学模式中的一个技术性、操作性问题,虽则重要,但作些探索也不会及根本,相反,还会有利于育人形式、目标的优化有利于五年制高职的健康发展。因此,在"五年贯制"这个大前提、大目标不变的情况下,怎样探索都是可以的,因为高等教育也与其他事业一样检验的尺度只能是实践,是社会对人才的最终评价。

第二,在众多的办学模式中以二三分段式为好,即中职段两年,高职段三年,教学计划仍然按《意见》要求由高职学院或高等学校统一编制、分段实施。这主要是因为:首先,既然叫五年制高职,其属性显然是高职,定位也在高职。按照教育部的规定,其目标任务也就是要培养"拥护党的基本路线,适应生产、建设、管理服务第一线需要的,德、智、体、美等全面发展的高等技术应用性专门人才",这是五年制高职的自然归宿和必然要求。既然定性定及目标都是高职,在学段的划分上自然应当以高职为主。因为学段的划分不仅仅是个时间问题,它是与教学内容、教学环节和培养目标紧密联系在一起的。高等应用性技术的学习不应该也不可能放在中职段来进行,如果没有充分的时间保障,高等应用型技术人才的培养就会失去基本保证。其次还在于考生与家长的心态问题。客观地讲,一般说来,由于种种原因,即使高职院校都能按教育部"利用优质的中等教育资源"的要求选择条件较好的中职学校,但它毕竟是中职学校,无论从哪个角度讲,办学条件、育人环境都不及高职院校好,故而其教学只能是以文化素质教育为主,适当地上些专业础课,很难实施高等应用性技术的培养。加之本来是五年一贯制高职,学生及家长都是冲着初中毕业可以直接读大专,没门槛,难度小、时间短、费用少而来的,学生又大都有着不愿在本地父母眼底下读书,想到外面去走走看看,长长见识的特有心态,如果在本地中职学习的时间长了,一是他们在心理上承受不了,二是要怀疑其所读大学的真可靠性,甚至会认为这类大学是不正规的,由此加重对高职教育的信任危机,使得本不为人们所理解的五年高职雪上加霜,步入一个好事没办好,优势不再优的难堪境地。

第三,三二分段的弊端还在于:高职段的两年间太短,不利于高等应用型专门技术人才的培养。因为是高职,要培养高等技术应用型人才,就必须有相应的实验实训,社会实践或生产实习环节,这既是保障性环节,又是对高职人才的全面检验阶段,因此高职院校大都非常重视。加之在就业方面,教育部又有用人单位可以在每年的12月20日后进入学校选人的明确规定,无论事业单位还是党政管理部门的用人计划也大都在年底前要到位,这就使得大多数高校都将毕业生的最后一学期确定为专业或生产实习、社会实践时间,再加上毕业设计与考试考核都需要时间和用人单位的提前要人,由此造成的必然结果是高职段的实际授课、培训只有不到一年半的时间。在这有限的一年半中要完成理论教学、实验实训的全部内容和过程,要完成培养高等技术应用型人才的目标任务显然是有很多问题的,至少是缺乏基本必要的时间保障,从这一角度讲,三二分段的模式显然是不妥当的。

第四,招收初中毕业生实行三二分段的学生回到高职院校学习后,还将造成高职院校中高中毕业升入三年制高职学习的学生的心态严重失衡:凭什么初中毕业生上大学只读两年,而高中毕业通过高考录取进校的我们却要读三年?二者所获取的不都是国家承认学历的含金量完全一致的普通大专毕业证书吗?的确,这不仅很难解释,而且就其能力和水平看,相互间的差距也是不可否认的。如果改成二三分段不但不存在这类问题,反而会给高校的教学与管理减少许多麻烦,带来很多好处。

第五,搞“2.5+2.5”看起来是一种平衡的好办法,因为学习时间的划分不能不涉及利益关系这一实质性问题,但是,如果从有利于两类学校的教学组织、教学安排,有利于高职教育人才培养目标实现的大局出发,还是不如二三分段式好。因为从实质上看,两种模式所占有的教学资源并无差异,相反,如果中职阶段为二,学生周转快一些,不仅不影响经济收入,反而会增加学校的生气与活力,对中职学校的建设与发展极为有利。至于“2+2+1”就更不用说了,因为它实质上是二三分段的变式,只不过在高职段的时间安排上有所不同而已。

基础教育课程改革的热点与难点问题*

一、我国基础教育课程改革的回顾与反思

(一)我国基础教育课程改革的基本概况

众所周知,新中国成立以来,在这之前,我国的基础教育课程改革已先后进行过七次。这是第八次,也是历史上改革最全面、最彻底的一次,本次改革自1999年第三次全国教育工作会议和国务院批转教育《面向21世纪教育振兴行动计划》时启动,迄今已经历7个年头,从2001年教育部颁布《基础教育课程改革纲要》至今有6个年头了。经历了酝酿准备,试点实验两个阶段,目前正在进行义务教育阶段的全面推广,高中阶段的扩大试点(去年4个省区占13%,今年10个省区占30%,2006年15-18个省区占60%-80%)阶段,到2007年,高中阶段也将全面推广新课程。

关于本次课改的目的意义、步骤做法、目标任务和相应要求、基本理念等,通过老师们的讲授,大家已经有全面深刻的认识了解和独特感受,我们于此不再多讲,想要强调,引起大家高度重视的是,这是一场革命,是一次规模最大,速度最快,影响最大,政府投资最大的深刻的改革,尽管其间大家或许也发现了不少问题,但是,其价值意义,特别是由国家、政府推出以人为本的核心理念和面对21世纪,从教学哲学、教学观念、教学环节、教学过程等进行全方位的课堂教学重建,这对于整个社会的影响和冲击是不可估量的,整个课改推进到现在,已进入喜忧参半,全面推进的全攻坚阶段,因此,我们不能不冷静反思,以免误入歧途,影响发展,影响整个课改的初衷和相应目标的实现。

那么,该怎样反思呢?基本的办法就是把已然(已经做过的进行冷静、客观的分析评判)、应然(应该怎样,即原定的目标、任务与相应要求)、实然(各地的实际情况,运作情况)三者结合起来,对照起来进行检讨,肯定成效,找出问题和差距,

---

* 这是2005年7月为全省基础教育课程改革骨干培训班所作的专题报告。

然后增添措施促其顺利推进和发展。因此,想概略介绍一下相关方面的情况,以便大家正确地认识和把握之。

(二)我国基础教育课改的基本成效与主要问题

1. 基本成效

根据一些专家学者的分析研究,新一轮基础教育课程改革取得了如下一些基本的成效。

一是冲击、更新了人们的思想观念。这是最大的收获,最大的最根本的成效。

最初,人们对课改的认识是狭隘的,往往就课改论课改,最多也就是看到形式、内容、手法上的改革所带来的人才培养方式和效果上的变化而已,通过几年的改革,现在基本上跳出了这个狭隘的小圈子,带来了一系列人的思想观念上的变化,这主要表现在:

首先是教育价值观的回归。过去,人们对教育功能的认识局限于传道授业解惑,现在强调的是以人为本,以学生为中心,以最大限度地满足每一个教学对象的成长需求,提高人的综合素质为核心。提倡面向全体学生,为了每一个学生的发展,并由此带来了教学上的三个转变:由以教为中心向以学为中心,由以教为主向以学为主,由重教向重学的转变。这就完全有别于过去的升学教育、精英教育和极不公平的失衡教育,使教育的本质,教育的价值得到了充分的体现,使教育找回了迷失已久的根本方向,应当说,这是课改的最大成功和收获。对于传统的教育,有一组漫画(《教育的作用》)很能说明问题。漫画共两幅,一幅是学生入学时,台上的老师是一个长方形的脑袋,教室里的学生却是长方形、正方形、三角形、圆形等,什么形状都有;第二幅是毕业时,老师仍然是长方形脑袋,教室里的学生却全都变成了长方形。这组漫画揭示的就是教育的价值取向问题。过去的教育是创造适合教育的学生,而现在呢,通过新课改,不再是再这样,要求我们的教育必须向创造适合学生的教育转变。很显然,这就是教育价值的回归。

其次是学校观。学校到底是干什么的,这以前大家都说是教书育人的场所,是人才培养的摇篮。实施新课改后,学校不再是单纯地传授知识的场所,而是实施课程改革的中心,是科学探究的中心;学校是学习性组织,是培养人才的机构;是学生全面、充分、多元、终生发展的中心;是教师的精神家园。这就使得学校的意义丰富得多,功能作用大得多,而且得到了相应的升华。

第三是教学观。这是重建课堂教学的核心所在,很重要,也很关键。所涉及的主要内容有:一是质量效益观:什么样的教学是高水平、高效益的教学?过去的教学是完成认知性任务,以知识传授、灌输为中心、教学的目的目标是让学生学知识,因而教师要教知识、讲清知识点,突出重点,突破难点,把完成认知性任务作为了教学的中心和唯一任务。课堂上只有知识没有人,缺少的是人性关怀,以至于出现天花板上掉水泥块了,掉下来之后,教师首先关心的是课堂秩序,要大家不要大惊小怪,保持安静。关心的是秩序影响教学,而不是砸没砸到人的怪异现象。有一种现象是大家都经常遭遇的,即管理严格的学校要检查教师的教学进度,学期开始时教师就必须做好进度表,哪一周第几节上什么内容,教务处要检查,到时你是否完成了进度,是否按进度进行。中小学如此,大学里头至今还有人搞,不仅全日制搞,成人教育也搞,完全是以知识为核心,而且达到了机械化的程度。二是课堂教学评价观:过去,评价一堂课就看你是否传授、灌输了并让学生很好掌握了额定数量的知识,由此引发的是教师以备课为中心任务,上课必须严格按精心设计的教案进行,犹如担夫争道,一步不敢多走。教师竟由此生成五种意识,即服从意识:服从向学生传授知识之需要,服从于搞公开、研究课、示范课的需要,殊不知这是表演性质的,这是匠心独运、反复操练,做给别人看的,实际的教学并非如此,或者非全部、大部如此,只是一个努力方向,一个理想状态而已;教案意识:本是灵活多样的,富于弹性的教学,却因教案而搞成了机械的,呆滞的,毫无生机活力的教条式教学;控制意识:控制时间、内容、控制学生,教师不是组织引领者、指导关爱者,而是成了教书匠。使学生变成了机器、木偶,只能被动服从接受和被压抑;替代意识:教师替学生思考、体验,替学生把一切都考虑好了,使学生养成依赖习惯,特别是精神上的依赖,独立意识差,使学生形成了一种学习与思维定式,到大学适应不了老师不再照本宣科的做法,说老师教得孬,适应不了,手忙脚乱搞应对;工具意识:把学生当成了教师实现教学意图的工具,而不是学习的主人。五种意识不光有,而且这还非常重,与教师和学校、来自教育行政主管部门中根深蒂固、枝繁叶茂,颇有市场、危害不小。而现在课改形成的是以学生的真实发展状况作为衡量质量效益的根本尺度,知识是发展的基础,教学既要充分体现其外在价值(传授知识技能,学知识长本领),更要实现其内在价值(丰富情感、完善人格,拓展精神世界,提升生命价值),因为外在价值是工具性的,内在价值才是本体性的,只有将这二者有机结合起来,才能真正有效地实现教学的意义,体现出教学的根本价值——为每个学习者一生的幸福做准备。因为人的一生最重要的是是否过得幸福(尽管幸福观不一样)。一个典型现象就是:为什么这些年跳楼的学生这么多(本地本省的高校有,外地外省高校也有;一般院校有,北大清华大学也有,且接二连三),原因多数是太压抑,压力太大,很郁闷,感觉不幸福。90 年代初发生在美国大学校园的中国留美博士卢刚校园枪击案就十分典型(卢小学、中学、大学——北大,都是优等生,直接考入美国读博士,可以说是一帆风顺,老师称赞,同学羡慕,家长自豪。博士论文写好后只因为没评上优,便接受不了,持枪冲进校园,打死了论文评优的同学、自己的导师、管教学的副校长等7人后开枪自杀。其日记反映出他是一个既优秀自满,又很孤独、极压抑,不快乐、不幸福、人格不健全的人,因而做出了震惊世界的极端之举)。在新一轮课改中,课堂教学过程不只是课程传递和执行的过程,而更是课程创生与开发的过程,是教师与学生交往、互动的过程,教学不再是知识传授,而是学生的生命体验,是师生富于个性化的生命活动,这是一种全新的变革和理念。

第四是教师观。一个古老的命题,韩愈的《师说》——师者,传道、授业、解惑也。虽然这是教师的天职,但2015年3月11日《光明日报》发了题为《语文教育不妨"缺德"一些》的署名文章,这是一个学者在《对抗语文》一书中提出的观点,他认为学科当有自己的本位,语文教育固然该文以载道,却要把握好度,不能越位,更不能错位,有道德泛化的倾向。我理解还有点不能像医学上那样搞过度治疗的意味。而现在必须是角色转换,由单一职能转向多种角色身份,且千万要把握好度。

教师的角色要转换:教师应当是真理的代言人,真理的探索者,是学习者、合作者、引领者、主宰者、倾听者、欣赏者、支持者……

教师的定位要转换:教应当是实践者——探究者、批判者、反思者、研究者、创造者(建构者);实践型——学者型、研究型、智慧型;由过去的教书匠变成现在的艺术家(教学是一门艺术)。

要处理好教师与学生的关系。过去讲教师与学生是桶水与碗水的关系。但那都是死水,现在应当变活水。因为古人讲"问渠那得清如许,为有源头活水来",作为教师,就是要为学生、为社会不断开启知识的活水源头。因为过去的知识是几十年上百年才更新一次(蒸汽机从发明到使用花了100年,照相技术为112年,电话56年,电影57年,荧光灯79年,汽车27年,飞机14年,电视12年,原子弹却只用了6年),现在是3-5年就要翻一番(软件技术半年左右就出新),人类已进入十倍速时代。安迪葛洛夫因此提出了知识折旧论:认为本科是1-2年,硕士生3年,博士生4年所学的就过时了。计算机专业学四年,没毕业就跟不上时代要求了。因为用来教学的应当是相对成熟的技术,具有明显的滞后性。连哈佛大学这类国际一流高校,学生苦了学了4年后走出校门时就发现50%的知识已经没用了。因此,教师应当是批判者(对知识的评判选择),反思者(让学生掌握得怎样,把学生引向何处),建构者(学生素质、能力、水平的建构)。近些年炒得很热的"微课"、"慕课"、"翻转课堂"等等,不知大家感觉怎样?《中国教育报》2015年3月16日发表了华东师大课程与教学研究所所长,博士生导师,课改专家钟启泉教授的文章,主旨就是要大家迎接课堂转型的挑战,要洞察教学的本质,排除课堂的转型障碍。认为有些做法违背了课改的诉求,出现了一些盲点,诸如“翻转课堂”、“借班上课”、“分层教学”中的很多值得大家研究思考的东西,应当努力消除的盲点盲区。

第五是学生观。过去学生是教育对象,是驯服工具,现在学生是发展的主体,是学习的主人,是有着完整生命表现形态的发展中人,具有生命的整体性和发展的能动性。因此,要尊重学生,树立为学生服务的意识。落实学生的主体地位成了教改的核心,要以人为本,以学生为中心,做到一切为了学生,为了一切学生,为了学生的一切,为了一切学生的一切,这是一个根本性的变革,以人为本,以学生的成才为本,以学生的幸福、健康成长为本。

第六是教材观。过去把教材称为“教本”,教学的根本,教学的依据,因此,教师教学活动过程是学教材、备教案、教教材,教材是教师教学的依据,出发点和归宿;教材是法定的,唯一的。在新课改中,教材成了一种课程资源,是一种反映国家意志和水准,反映国家对基础教育之基本要求,是国家落实课程标准的标杆和尺度;教材是范例,教材应当由过去的控制和对学生行为的规范功能转向为学生的全面发展服务,成为学生学会认知,学会做事,学会共同生活,学会生存的范例。成为他们不断获取知识,吸取营养,提升精神,提高素养,完善自我的宝贵资源,成为一种很特殊的课程资源,此其一。其二教材不再单一,从类别上不说了,大家比我清楚。层面上有了国家、地方、校本课程的不同教材,而且国家是在统一课标后一纲多本,竞标产生编写者,搞的是百花齐放,允许大家在一定范围内争鸣;其三,过去是“教教材”,现在是用教材,因教材教。教师由过去的教材奴仆变成了教材的主人、主宰,教师可以对教材作深度开发,也可以调整筛选和补充拓展,不再是教材的奴仆。

第七是课程观。过去的课程较为单一死板,开的是知识传授型课程,执行的是国家规定的课程计划,基本是围绕升学来开设的,要考的就开,否则很少开或不开。现在于层次上有了国家、地方、根本课程三级,在类型上小学、初中、高中各有不同。有必修、选修课,有分科、综合实践课;有文本课,体验课;有隐性、显性课程;广义、狭义课程;有超文本动态的,生成的“生态系统”,还专门形成了课程论,而且还有许多流派,诸如实用主义、要素主义、改造主义、永恒主义、结构主义、人本主义、建构主义、后现代主义课程论等等,然而,更多地强调的是与课堂教学形式的有机融合,强调通过反思人类的生存状态,个性生活方式来理解课程,创造课程,使之真正成为一种为学生的健康成长服务的优质资源。研究的主要内容涵盖了六大目标:包括课程的价值、功能;课程结构(改单一为优化)、课程内容(改繁难偏旧)、课程实施(按多样性、研究性)、课程管理(三级课程三级管理)、课程评价

(改甄别为发展性、过程性、终结性评价),使课程教学不仅传授知识,而且还讲能力、情感态度和价值观,形成三维立体结构,使之更贴近社会、贴近学生、贴近实际。

第八是教学过程观。传统的观念认为教学是一个告诉与被告诉的过程,是教师引导学生获取知识的特殊认识过程,一个简单的知识传授过程。新的观念则认为:教学过程不仅是一个特殊的认知过程,同时还是一个师生情感共融、价值共享、共同创造、共同成长、共同探求新知识、共享生命体验的完整的生活过程。

第九是评价观。过去是简单地重甄别,简单地在好坏是非上下结论;或简单地以分数作为评判标准和升学依据,形成名校"以分取人",名师"以成绩论英雄",家长社会"以升学率看学校、选学校",教育行政主管部门"以升学率"排座次、定赏罚的怪圈。而新课改则推崇的是"档案袋评价"、"真实评价"等性质多元化评价学生的基本观念,高中的目前尚在研究,逐步改革中(各省市自行命题,3 + x 等即是),初中的已经推出,有命题、录取标准、录取办法上的三大突破,单录取标准就改成了"学业成绩十综合评价"的方式,学业成绩分 ABCD 四等。综合评价分思想品德、公民素养、学习能力、交流合作、运动与健康、审美与表现 6 个维度,体现的完全是一种多元化宏观公正的评价理念。其基本理念就在于:力求每一个学生都得到发展,但不求一样的发展;每一位学生都要提高,但不是同步提高;每一位学生都要合格,但不必有相同的规格、中心思想是人人都要成才,人生都能出彩。

新课程改革带来的思想观念方面的变革应当说还有一些,但主要的是这些,而且思想观念方面的变革是根本的,也是最重要的,对整个教育有着深远影响和长久效应,我们一定要高度重视。

除去在思想观念方面的变革之外,基础教育的第二大显著成效就应当说是课程教育目标的确立。过去是单一的传授知识,应对升学考试,现在则强调重在培养学生素养,提高学生的素质,特别是能体现能力水平,可持续发展的综合素质。因而就课程而言,所确立的目标是知识与技能的有机结合,注重的是过程与方法,强调追求的是知识情感态度与价值观的三位一体统一,体现的是以人为本,促进学生知识、能力与情感态度,和谐发展的素质教育思想;体现的是突破学科中心,面向全体学生和切实关心学生,为学生终生发展奠定良好基础的素质教育观念,以及变革教育教学手段与方式,对学生进行多元化智力教育的素质教育观,目标一旦正确确立,就为我们基础教育的其他多项改革(内容、形式、手段、方法、途径等)制备了标尺,明确了方向和要求,为其他各项改革的顺利有效推进奠定了良好而坚实的基础。

三是教材与师资队伍建设成效显著。教材和师资队伍都是课改中重要的基础建设，由于各级主管部门和实验区都很重视，因此，这方面的成效是异常显著且有目共睹的。就教材而言，过去是人教社统编的一统天下，全国学生读一种书，有点类似于文化大革命中的《艳阳天》、《金光大道》和样板戏。现在坚冰已被打破，不仅在国家、地方、校本三级，而且是一纲多本，不仅有课标，而且有多种版本的教材，仅去年的修订，教育部所组织的专家就多达300多位；从数量上讲，从2001年起，三年就迈了三大步（2001年18门课程，49种；2002年60多种；2003年达到100多种版本，单初中语文就达9套）。简直是百花齐放，呈现出多样化趋势。从形式和内容上讲就更不用说了，大家了解比我多，最根本的还是意识观念上的更新，把教材作为了一种工具，一种人才培养的重要资源，是一种既反映国家意识，也体现时代需求、地方特色的特殊资源；是教师可以灵活运用，可以调整选择甚至补充的资源。这其间的变化和意义，对于我们做教师的来讲就不言而喻了。

就教师来讲，应当说既是课改的生力军，又是课改的对象，是课改的关键和要害所在。几十上百年，乃至几千年传承下来的东西，一旦要改，那是异常艰难的，正所谓江山易改禀性难移。已经习惯了，成为自然，有的甚至是深入骨髓的东西，改起来就是一场真正的革命了，更何况我们还是执行者，主宰者呢？更何况这是一项既涉及思想观念，也涉及内容形式和具体行为的复杂艰巨的系统工程?！因此，对教师的培训首当其冲，教师的培训异常重要和艰巨。几年中，国家是花了血本，费了大气力来开展这项工作的，初中的分级开展，高中的由教育部统一培训。从2001年起，教育部就先后下发了3个关于开展和加强新课程师资培训的意见。近年中，为高校培训管理者和骨干教师3000多人，为高中培训教师2000多人，今年暑假又在搞小学初中培训近700万人。从通识到学科培训，从岗前到岗后培训，从直接到网联（天、地、人、网）培训，这是大家有目共睹，感同身受的。

四是课堂教学改革方面的成效十分显著。

大家知道，课堂是教学，是教书育人的主战场。课堂教学既涉及教师和学生，又涉及许多丰富课堂资源，涉及教学内容、形式、条件、手段、方法、过程、环节乃至于情境等诸多要素，是教学中最重要的也是最复杂、最繁难的。因此，课堂教学的改革也就成了整个基础教育改革的重点、难点和热点、焦点，无论是主管部门领导，还是专家学者，特别是置身教学第一线的老师们，大家都使出了浑身解数，从认识观念到动作模式和具体的操作办法，进行了全方位的研究探索，取得了不菲成效。其间，仅课堂教学的模式就有十多二十种，诸如讲授、探究、自学、情景、情感、交际、合作、活动、训练、思维、多元智能、自主学习等等，各有各的内涵，各有各的特色，就更不用说教育教学理念，教育教学方法了，可以说是百花齐放，姹紫嫣红,让人应接不暇。之所以作这种改革和探索,原因很简单,教材变了,标准变了,目标要求变了,课堂教学能不变吗?课堂教学还能沿用五十年一贯制的祖父心口痛吗(组、复、新、巩、布)?不行了!作为教师,作为教育工作者,既然课堂是主战场,就必须研究教什么?如何教?如何实现课堂教学课程教学目标的问题、目前,这方面取得的基本成效,形成的主要共识在于:一是要体现以学生为主体的课堂教学思想,特别是要注意打破课堂与学生生活,与社会的界限;二是要有明确的课程意识;三是要改变固有的课堂教学模式,其间最根本的又是用教材教,而不教教材;四是要想方设法帮助学生自己构建知识;五是要培养学生的问题意识,让学生学会发现问题,分析问题,很好地想办法解决问题,要授人以渔而不是授人以鱼;六是要讲点辩证法,把握好度,诸如课堂教学是否越活越好,在课堂上对学生是否表演越多越好,如何保证学生主动参与,小组学习是否等于合作学习等等。又如:自主是否教师跟着学生走,探究如何选择适当内容(不是所有知识都要通过探究来获取)、是否考虑形式与内容效果的统一;训练是否讲求效果,活动是否就是课堂游戏;多媒体是否代替一切,评价是否就一味赏识;结尾是否只能是句号等等。这些问题是很重要的,又是来自于课改实践中的很现实具体的,因而表明了课改的深入和成效,值得我们高度关注和充分肯定。

课改的成效还远不止这些,一是时间有限,二是有的在相关老师的专题中已经涉及,故未一一介绍。

2. 新一轮课改中存在的主要问题

虽然基础教育课程改革的成效十分显著,应予充分肯定,但是辩证地看,也与众多改革一样,还存在不少问题,对此也不能回避,而应该正视并很好地分析研究和积极主动地研究解决之。目前存在的主要问题是:

首要问题,也是最根本、最重要的是认识上不到位,行动上有偏差。认识上的不到位主要又表现在三个方面:一是教育行政主管部门的认识不到位,未能从根本上来分析认识问题,抓住其实质、关键与要害所在,未能抓住课程改革的牛鼻子、改革的目标是对的,但思路、步骤做法有问题:未能从高考、中考,从评价制度这个鼻子抓起。而是从小学、初中的课程,教学内容、方法改起,未能抓住关键和要害。一方面在搞改革,一方面又在按老一套评价学生,选择人才,评优学校,给人一种叶公好龙的感觉。谁还敢真改,大改呢?自然只能是揣度上司之心理,甚至是一方面搞改革,一方面按部就班。搞的是捏着鼻子哄眼睛,自欺欺人。表面上轰轰烈烈搞课改,实际上扎扎实实走过场,搞应试,让人哭笑不得;第二是学生和家长,而且主要是家长的认识不到位,一方面看到高考、中考未改,望子成龙、望女成凤心切,认为传统的应试教育管用,成天嘻嘻哈哈,老师不像老师,学生不像学生,学校不是学校,误了娃娃前程,成何体统?因此不要说从内容方式上改革,就是减负,减少作业这一点俺们就受不了,就要反对。上面不准学校出钱,俺们自己掏腰包,关你屁事,又没用你屋头的,何必那么心痛?认为学生生存要做那么多作业,俺们就是那么走过来的。认为没那么多作业,娃娃成天会惹是生非,请问出了问题谁来负责任。认为课改不就是搞实验么?谁愿意把宝贝儿子当试验品牺牲品呢?老师,你大胆干,学校不行,把娃儿妹仔送到你家时来,看谁管得到?学生则习惯了老师满堂灌,当收音机,要让我们来参与教改提问题,还要老师干什么?我们搞探究,搞合作,学不到东西,考不走学校咋办,岂不误了前程吗?第三是教师自身的认识不到位,按老一套驾轻就熟,轻松愉快,扬眉吐气;新课改异常繁琐,要求太高,让人无所适从,费力不讨好,况且谁也不敢违背上司和家长意见,拿自己的命运打赌开玩笑。思想认识有偏差,行动中自然跟不上,而且还会有埋怨,抵触情绪。这就使得基础教育课程改革失去了坚实的行动基础,必然步入一种丑女效颦,或老是雷声大,雨点小,缺乏激情和动力的怪圈。

其次是行动上有偏差,很难顺利推进,圆满实现目标。整个课改,国家是高度重视的,国务院专门作决定,教育部专门发文件,制纲要,组织强大阵容搞方案,制课标、编教材,搞试点,各个省市自治区教育行政部门和实验区,学校都紧急动员起来,应当说是轰轰烈烈,也还在很多地方扎扎实实地开展起来了,然而客观地讲,由于思想认识问题非一日之功所能奏效,几千年,上百年,几十年的传统根深蒂固,加之指导思想,程序设计上有些问题和课改涉及方方面面,自身难度特大,课程理念与内部管理、教师层面的冲突,教师传统之惯性很难一时改变;教育理论专家偏重理论研究,教育学科专家偏重学科的系统性,而教师则注重一线的具体内容,三者难以很好地沟通;教师培训没完全跟上,造成教师对新课程的不完全理解;教材的编写和实际教学内容脱节,教师的大量补充又加重学生新的课业负担。因此,在实际行动、效果上的差距是明显的,搞花架子做表面文章的有之;挂课改、素质教育之羊头,行应试教育之实,软磨硬抗者有之;认认真真在改,都不得要领,难于深入者有之;开头轰轰烈烈,真抓实干,继之缺乏条件和底气,难以为继而不得不忍痛割爱,偃旗息鼓,销声匿迹者也有之。就以融合物理、生物、化学、数学等多学科在内的综合课"科学"为例,四川的情形大家比较清楚,四川是西产部落后省区,不足为怪,发达地区首都北京的情况怎样呢?《竞报》2005 年 3 月 31 日有则报道,题目就叫《四年前中学热闹一时,科学课退出中学课表》,报道说 2001 年光北京海淀区就有 15 所中学开设科学课,2 年后由于各种原因便减到了 9 所,到现在也只剩下农大附中、123 中学和清河中学三所学校,不过也基本上是名存实亡了。作为政治、经济、文化,当然也是课改中心的北京尚且如此,那么农村呢?便可想而知,不言而喻了。初中如此,高中呢?高中当是为学生终生发展奠基的呀?且全日有14900所普高中,仅2002年在校生便为1405万,占同龄人24%。高中才开始,去年仅海南、山东、宁夏、广东四个区试点实施怎样呢?《中国青年报》今年2月4日有一篇题为《宁夏高中新课改:教学穿新鞋,考试走老路》,校长、老师和学生都感慨万端,深感无奈。《中国青年报》还有一篇文章分析高中课改难在评价办法改革(弄得不好会搞成说做两张皮),难在教师水平跟不上,难在评阅主体多元化后教师主导的文本评价和学生主导的过程评价均为弹性评价,很容易流于形式和混迹于暗箱操作,难以保证评价的公正,透明性,难在选修课的教学与考核(5个系列太多、太新、太难),难在必修课课少内容多(几乎每节课讲篇新课文),难于保证目标质量上,看来就不是一般的难了。

第三是新课程教学改革自身存在较大问题。这又集中反映在以下几个方面:

其一,三维目标确立与教学目标的虚化。

新课程本来确立了知识技能、过程方法、情感态度与价值观三位一体的课程与教学目标,这是发展性教学的核心内涵,也是新课程推进素质教育的集中体现。但是,由于三维目标的设计和操作缺乏理论指导和实践经验,在实施层面上便出现了教学目标的虚化现象,其突出表现在这样三方面:

一是知识技能目标该实的不实。在不少课堂上,最应该明确的知识、技能目标反而出现缺失或者变得含糊。

二是过程方法目标出现游离现象,使过程方法的价值未能充分地体现出来。

三是情感态度与价值观目标出现“贴标签”现象。在课堂上,一些教师脱离具体内容和特定情境孤立地、人为地、机械生硬地进行情感态度和价值观教育,使之显得牵强附会,空洞乏力而适得其反,效果极差。

其二,课程资源开发与教学内容泛化。

课程资源开发本是此次教改的一个亮点,但是,由于一些人对此缺乏有效把握的经验,因而在实施层面上出现了教学内容的泛化现象,不少教师于课堂上忽视了学生对文本的阅读理解,或过早过多地补充内容,不着实际需求和效果,海阔天空,甚至偏离文本大谈从网上下载的资料,喧宾夺主,使教材受到冷落,学生十分茫然,如堕五里雾中;有的则为了情境而情境,显得矫揉造作,虚情假意;有的则将联系实际变成了一种装饰,而并非教学内容的自然延伸和有效印证;有的则动不动就让学生搜集资料,处理信息,搞成了形式主义,毫无实际意义。

其三,学生主体性和教师使命感的严重缺失。

本次课改坚持以人为本的指导思想,以发挥人的主体性为宗旨,将实现学生的充分的有个性的发展放到了突出地位,尊重学生的人格尊严和价值,关注每个学生的个性差异,鼓励学生多样化、个性化学习。然而,在实施中,却出现了过分强调学生独特见解与人生体验,忽视对文本的基本尊重,忽视了学生自身认识的局限性,过分强调学生的自主性建构,忽视了教师于教学中的主导性作用,因而出现了一味地让学生自读课文,自觉学习内容,自选学习方法的放羊式教学模式,使课堂教学和教师失去了应有地位、作用和职责义务,使课堂教学从一个极端走向了另一个极端;过分强调对学生的尊重和赏识,课堂上一味地廉价表扬,缺乏起码的实事求是,客观公正态度,忽视了对学生的正面教育和帮助,导致了新的形式主义泛滥和对学生的误导,其结果不仅最终害了学生,而且还将为害一代又一代。

其四,教学方式多样化与教学过程形式化。

学习方式本是本次课改的又一亮点,但实际操作中却表现出浮躁,育从形式化倾向:将“对话”变成了简单的千篇一律的“问答”;散漫的、随意的、肤浅的,活动无“体验”可言,且缺乏明确的目的和有效的调控,使之流于形式化,浅层化和绝对化的倾向;小组活动过多且无严密的设计,使之成了徒有其表,有名无实;课堂上表面看起来活跃热闹,让人怦然心动,实质上缺少内涵和底蕴,是一种虚假浮躁现象,给人的感受是有温度而无深度;“探究式”学习流于泛化和按设计的步骤机械推进,缺乏对客观自然规律,对科学研究规律的应有遵循,使学生接受的是机械训练和被动探索,缺乏兴趣、乐趣和主动热情,使探究性学习变得有名无实,倒转让学生产生反感,厌烦情绪。

以上四个方面的问题还集中反映了一个规律性、根本性的问题,那就是课改违背了初衷,背离了目标,脱离宏观实际,违背了教育教学的基本规律,因而必然引发非议,难以顺利推进和有效进行,必须引起我们的高度重视和认真研究,这就正如有的专家所说的,我们不要让改革走上光滑的冰面,还是让改革回到粗糙的地面来吧。

二、我国基础教育课程改革的热点难点问题

(一)热点问题

新课程改革是一个涉及千家万户的世界性热门话题,因而关注的人很多,其间的热点、焦点问题也很多,诸如教材建设,课堂教学改革,课程资源,研究性学习,校本研究、评价改革、课改目标,课程改革的理论基础,师资队伍建设等等,其间有宏微有微观、有理论、有实践,而且很多问题都讨论得非常热烈,限于时间关系,加之一些问题其他老师已经讲到了或即将讲,为了避免重复,我这里集中选择与课堂教学密切相关的三个问题(课堂教学改革、课堂教学评价、教师自身重建),简要地讲一讲。

1. 关于课堂教学改革问题

课堂教学改革是教改的核心环节，课堂教学到底该怎么做、怎么改，专家们认为：以下几个方面是十分重要的：

一是要是体现以学生为主体的学习，这一点与传统教学刚好是反起的。传统教学是满堂灌，教师唱主角，学生只是被动接受。新课改要求以学生为主体，让学生能充分发挥其主观能动性，学生的主体性如何发挥，能不能充分发挥，这就取决于教师的教学设计。教师一定要打破书本与生活的界限，从学生经验出发引出新知识，让学生经历知识形成的过程，而不是只简单地将知识讲给他，直接告诉他，要允许学生用自己的学习方式来理解、掌握和表达相应知识。比如，一个老师在带领学生认识 100 万的基本概念时，出了这样四道题：一是让学生估计自己的步幅，然后计算 100 万步要走多远；二是测量自己的书的厚度，然后计算 100 万本书有多高；三是估计一个人要占多大面积，然后计算 100 万人站在一起要多大的广场；四是让学生去银行、证券所考察、大公司考察，看 100 万的利润是多少。既充分体现了自主性，又很好地弄清了 100 万是多少，扩大了学生的知识面，加深了学生的印象，学得好，学得活，充分调动了学生的学习兴趣。

二是要有课程意识，这在前面已讲过了。

三是改变现在的课堂教学模式，使之灵活多样，并有利于学生学习，而且随教学内容，过程的变化而变化，不千篇一律，机械套用，墨守成规，让其僵化，以有效地实现教学目标为原则，具体模式十多处，这里就不讲了。

四是要帮助学生构建知识，多给学生思索、理解、消化知识的时间，允许学生插话和补充，甚至反驳，于课堂上少问为什么，多问你是怎么想的。

五是要培养学生问题意识，不要计较学生提的问题好不好，要让学生敢于提问，引导学生善于提问，使学习的过程变成提出问题、解决问题的过程。

六是课堂教学并非越活越好，不得表面上热热闹闹，结果没什么价值意义，学生该学的却没得到。课堂上不要一味地表扬好、很好，要及时客观地评价学生发言，认真倾听学生的发言，及时归纳、整理，找出核心问题，实质关键所在，善于引导学生深入讨论，相机解决相关问题。

七是课堂教学并不是表扬越多越好，以前教师对学生批评指责的多，一课改又走向另一个极端，一味地表扬学生，只讲正面肯定，一味地为学生叫好，根本不看实际内容与效果，害怕挫伤了学生的积极性，扼杀了创造性。一味地强调课堂的活力，殊不知一味地表扬与一味地惩罚一样的可怕，一样的不可取，尤其是老师不假思索，随口而出的表扬很容易导致学生形成浅尝辄止、随意应付的学习态度。教师在课堂上不应该是一味的叫好者角色，而应该是宏观公正地评价，对学生的错误也应当及时善意地指出来,表扬多了浪费时间,也影响学生的深入思考,容易使学生浮躁,容易离题,游离于教学目标之外。

八是小组学习不等于合作学习。课改中有一个误区,一说合作性学习就是搞分组,刨堆堆,而不管分组之后该干什么,分组的目的是什么,究其实质是不懂得合作性学习的实质是什么,搞的是形式上的合作式学习。其实,强调合作学习主要是为了培养学生的合作意识,不是学生认知的需要,而是为了给学生平等、和谐、互动的环境,让学生为了一个共同的目标任务去学会倾听、协商,达成一致性意见,于矛盾冲突中学会合作,学会尊重他人,理解他人,共享他人的思维成果,培养正确的竞争、合作意识。

小组合作学习有三个要素:共同完成任务;有明确的责任分工;每个人都要贡献智慧,把个人意见进行小组加工。

小组学习要有三会:一会听(不随便打断别人发言,努力掌握别人发言的要点;对别人的发言做出评价);二会问,听不懂时请对方作进一步的解释;三会组织,在小组学习时,能集中别人的观点做总结性发言。

九是要正确认识双基。课改不是不要,而是淡化双基,是对双基进行了与时俱进的定位,赋予了双基新内容(语文增加了搜集处理信息的能力和准确地书面、口头表达的能力等),数学降低了运用,增加了贴近生活的内容,要求运用探究性、交流性学习等办法来打好双基,因为课改的目标是使好的更好,差的提高,强调的是每一位学生都要发展,但不求一样的发展;每一位学生都要提高,但不是同步提高;每一位学生都要合格,但不必是相同的规格。

2. 关于课堂教学评价问题

课堂教学改革是课改的关键和核心,也是大家关注的热点与焦点。怎样上好一堂课、评价一堂课、什么样的课才是好课,这是课堂教学评价的核心命题,因此,我们总体上为大家介绍的些课堂教学评价的标准和理念问题。

在第一个热点问题中我们讲到了课堂教学不是越活越好,不是表扬得越多越好。那么一堂课什么样的一堂课才是好课呢?其实,标准不是唯一的,更不是绝对的,专家们各有意见:

华东师大的叶澜教授的观点是“五实”:一是有意义:扎实的课;二是有效率:充实的课;三是有生成性:丰实的课(即创造了很多形式和丰富的内容);四是常态下的课:平实的课;五是有待完善的课:真实的课(北京五中副校长、全国优秀教师张毅提出的是“不完整的课——形式上残缺,能让学生探索的课,残缺美,断臂维纳斯,接受美学,完形压强,给学生留余地)。

崔允漷先生提出的是十二个字的标准:教得有效、学得愉快、考得满意(教师、学生,最后的成效都有)。

王光明、张春莉的观点是:建构主义、指向学生,以学论取:(1)学生主动参与;(2)师生、生生互动(强调建构强调"动")。

文喆先生的观点是:能否积极有效学习(同样是以学论教)。

美国学者的观点是:有效教学。(1)学习共同体;(2)语言发展;(3)情境学习;(4)挑战性;(5)教育性对话。

华东师大的一位学者提出了"学科教学整合化"的新观点:一是把不同学科知识、目标、内容整合起来;二是把认知、情感态度,能力目标整合起来;三是把学生的多维思维方式整合起来,并具体提出了"十化"标准,即:学习目标的弹性化,学习过程的主动化,教学过程的生活化,教学行为的互动化,教学主动的有效化,教学资源的优化,教学内容的结构化,教学策略的综合化,教学对象的个别化,教学评价的互动多元化。

西南师范大学的朱德全教授提出的是"两度"标准。即广度和深度。很显然,朱教授是从教师角度,也是从内容、效度角度评判课堂教学的,但其重点在评教师。

朱先生之所以确立这样的标准,是因为在他看来,学校教育也与社会一样,有四种不同类型的人,即聪明人、勤奋人、既聪明又勤奋的人,只勤奋不聪明的人;校长应当是聪明人,重点在动脑;办公室主任需要既聪明又勤奋的人。校长对老师而言是雄师,对学生而言也是雄师;学生没说(最好是又聪明又勤奋),教师呢,他认为教师也有四种不同类型:

教师的不同类型

	聪　明	不聪明
勤　奋	疯子教呆子(表演式教学) (三类)	死教书、教书死(经验式教学) (四类)
不勤奋	举一反三(策略式教学) (一类)	合作与探究(交互式教学) (二类)

课堂教学的实质是要淡化形式,注重内容,让教学内容尽可能拓展,没必要每堂课都打上一个问号,在高潮时下课会让学生留下很多遗憾和回味,于结束时画问号。

没有教不好的学生,没有搞不好的学校,关键在于要悟道,要有思想,不要去搞表演(公开课、研究课、示范课就是刻意搞的表演),不要让教师太勤奋,要让学生明确这堂课不光是教师的事,教师的任务,而是师生的共同任务,需要大家配合,共同努力,需要教学相长。

教学一定要淡化表演,淡化时间分配,不要斤斤计较形式问题,新课程课堂教学就是要解放手、口、头,教师不能包办代替,把学生想学生想说、想做的事都做了。

新课程提倡策略式教学(即举一反三):多想少做,这就是聪明。

合作与探究的前提是广度与深度,广度需要合作,深度即太难的问题,需要大家一起努力,共同研讨。

一堂好课是专家思维+名师行为。要当专家须首先当名师,目前是专家有好思想,无好行为;名师有好行为无好思想。

新课程提倡的是一类人(即聪明而不勤奋,不死整的人,能举一反三,事半功倍的教学),而一类人的关键在于:

教会→学会(教师教学生学会知识技能)

会教→会学(注重过程与方法,不要只会灌输)

乐教→乐学(情感态度价值观)

构建"三教""三学"的关键是标准:要明确"教什么"的标准,明确"为什么教学"的标准;明确"怎么样教学"的标准,教师教学的最高境界是将教学当享受,上课上得好的人是把上课当成一种发泄(不吐不快)。

"乐学"即"好学"。"好学"有三大境界:进大城市,讨好老婆,住高校大厦(功利性学习,很可悲)。课改淡化功利性,提倡体验性,提倡每个教师为问题而教,学生为问题而学,问题解决之后就有了成功的体验,有了成就感。功利性的是社会性境界,体验性的是心理上的境界,这都不是最好的,最好的是生理上的境界,即祖师爷孔子提出的就像好色一样的是本能冲动、产生强烈欲望,因而本能型是最高境界:以好色之念好学,以好色之念好教,人的潜能将会得到最大限度的发挥,效果是最好的,因而是最高增界。

因此,朱先生认为教学设计是最基础、最重要的,并明确提出了以下五大设计理念。

一是为教而学,学的理念是会学;为教而学,教的理念是会教;为学而学,学的理念是会学;为教而教,教的理念是教会。教师在课堂上的标准是能否教会学生去教会他人,会学的才能学到无限的东西,学会的是有限的东西(很哲理)教师要转换角色,把课后的总结留给学生来做,把评价留给学生来做。

二是要善于发现不懂的学生,发现学生的不懂。学生讲:老师,我最想的是老师能发现我的不懂,最想的是教师能让我讲出我的不懂(要有问题意识)。

医生的真功夫在病床上,教师的真功夫在课堂上。

医生要临床诊断开处方,教师也需要临堂诊断开处方。临床诊断即现场发现问题,开处方即解决问题。教师要对教学中的问题作系统的有效的设计,就是临床诊断的体现。对问题系统解决程式的有效设计是开处方的体现。基于问题解决的学习,基于问题解决的教学,这是新课程改革的核心所在。

三是教师教学和学生学习都需要反思的,要提倡反思性教学,要有反思意识。反思就是品味、回味,找感觉。只有通过反思才有体验收获,才会获得与众不同的认识感觉。美国学者约·哈利就搞了一个反思之窗。朱先生也仿之搞了一个“元学习之窗”(“元”即“再”的意思)。其目的都在于比较自己与他人之所知来发现差异性,追求差异性。

四是国际学习科学研究领域有四句名言于我们很有启示:

听来的忘得快:老师讲学生听的方式不好;

看到的记得住:印象比听的要深刻些;

说过的做得来;要弄明白还要过滤组织印象深刻;

做过的才能会:把戏过手成技能;即在游泳中学会游泳,在问题解决过程中学会解决问题。

五是教师的教学角色应当有多维性表现,主要有:

学生角色——教师读懂学生;作者角色——教师读懂主编(就教材而言);教练角色——教师要让学生读懂教师;裁判角色——教师要读懂自己。

因为在教学中,教和学的方式都应当是变化的,探究式、交互式等都不是学习方式,读中学、听中学、看中学、干中学、说中学,这是美国经典式的学习方式。最好的是说中学,最差的是读中学,因为科学测试的结果是:听中学只能掌握20%,看中学为30%,做中学为50%,说中学为70%,因此理论界提出了说课的观点,为说而学,说中学的效果是最好的。

教学的直接任务是让70的人掌握70%的内容,剩下的30%通过交互式学习来解决。因此教师不要追求让每个学生都懂、会每一个内容,让不懂的人去解决不懂的内容,让不懂的内容去解决不懂的问题。

应当说,这些观点对我们是极具启示合教益的。

3. 关于教师自身的重建问题

既然教师是课堂教学的主宰和关键,是教学的决策者和捉刀人,是课堂教学评价的主要对象,而且从前面的讨论中看得出,有很多问题存在,那么,就说明教师于新一轮课改革中自身的重建问题很重要。教师重建涉及的问题很多,既然是自身重建,就只有简要地讨论自身而不论及外在,外部的建构问题。

教师自身的重建首先涉及的是教师形象与角色的问题。在传统教育中，教师自然是教者（教育者，从事教育的人）、述者（陈述，向学生传授知识的人）、问者（向学生频频发问，有权力问问题的人）、指导者（指导学生学习、生活、成长）、智者（最有学问，智慧，最聪明的人，因而可以教导学生，受人尊敬）。这些身份角色大家是深有体会的，在新课程背景下教师该是什么，角色有无变化呢？有学者认为，新课程背景下教师当是学者（有知识，有学问；不断学习进取的人，需要不断学习，处在学习进取状态的人）、思者（需要思考，不断思考，不断研究探索的人，有思想的人）、听者（与问者相反，能认真倾听学生的、他人的，主要又是学生的意见，想法者），是整体活动，教学进程的灵活调度者，局部障碍的排除者（要解决出现的问题），课堂信息的捕捉者（信息员），判断者（判定、处理信息）、组织者（组织教学过程与活动）、反思者（教学过程与活动）、重建者（教学过程与活动）、牺牲者（像蜡烛一样，照亮别人，焚毁自己；像粉笔一样，磨炼自己，成就他人）、创造者（教学环境、情景、课堂教学模式、教育教学方法）、设计者（教学活动，学生培养成才模式）等等，可能还有人会总结概括出很多。再比较，我们是否会发现其显著变化呢？是的，异常明显的至少有两点：一是量的变化，即新课程背景下教师的角色增多了，而且是大大增加了，是课改前的 2－3 倍，这说明什么呢？这说明教师的责任加大，难度增大了，那么多新的角色需要扮演，而且要尽力扮演好，可见教师于真正的新课改中任重道远啊！二是质的变化，即新课程背景下教师的角色发生变化了，地位发生变化了，由过去的讲台上走进了学生中；由过去的神坛上走到了神坛下；由过去的长者、尊者、智者、教者变成了现在的学习者、参与者、组织引领者；由过去的教训者变成了现在的倾听者；而且还增加了设计、创造、搜集处理信息等很多职责功能。这不是一个简单的数量增减和身份地位、角色的转变，而是一个大的飞跃，是与传统的决裂，其深层次根本性的东西是意识观念问题，这是新一轮课程改革的核心和关键所在，教师本来就是课改的关键和核心人物，教师的意识观会转变成了核心的核心，两个核心重合叠加在一起，教师身自的觉醒，自身的重建显得何等重要啊！因此，教师的反思与重建首先是要找到自身认识、观念上的差距，首先努力把这一根本性的问题解决好。

其次，教师的自身重建要找准目标差距，找准自身位置，看看与目标之间有多大差距。找准自己位置就是看身自属于哪一类或者说哪种级别的教师，因为当今教师有这么四种类型；

一是匠师——教书匠。专注于打磨教学技术，技术可以精湛到哪天哪节讲什么内容，几章几节第几个知识点；精湛到上下课分秒不差，说完最后一句话，写完最后一个字下课铃声准时响起；精湛到一堂课板书从上到下，从左至右，刚好一黑板，不多一行少一行，也用不着擦黑板；精湛到不带教材讲稿教案，上课时口若悬河，如数家珍，侃侃而谈，娓娓道来，抑扬顿挫，快慢疾徐，思路清晰，逻辑严明，无半句废话，让人佩服得五体投地。但这种人往往是循规蹈矩，按部就班，不越雷池一步，缺乏不断发展，创新的动力和生活的激情，更主要的可能还在于缺乏应有最重要的东西，那就是教学思想与提示观念。

二是艺师——艺术化教学。没有匠师的严谨和效果，教学中表演的成分较重，讲求的是生动、形象、有吸引力，往往是手舞足蹈或旁征博引，逻辑不一定那么严密却感染力、吸引力，很能吸引学生，收到好的效果。

三是儒师——儒雅之师，显得文质彬彬，学识渊博，风度翩翩，给人以严谨、儒雅、睿智、智慧，超凡脱俗，高深莫测的深刻感受，追求的是一种名流大家，知识分子风范。

四是哲师——在思考和创造中教学，不停留在一般的知识和操作层面，颇具教育教学思想和方式方法，显得与众不同，超凡脱俗，出语惊人，举重若轻，体现出的是一种教育者的大手笔，大智慧，大爱心，大境界，这是卓越教师的显著特征。

在这四种类型中我们属于哪一种？应当追求的是哪一种呢？这是我们应当思考的问题，否则，目标不明就会失去方向，失去动力，甚至还会我行我素，孤芳自赏，或萎靡不振，自暴自弃。在新一轮课改中，我们到底应当怎样重建，追求哪一种类型呢？

匠师固然不再可取，艺师、儒师都有其可取之处，但真正需要的应当是哲师，应当是融众家之长的卓越教师，是一个有思想、有智慧、有爱心，能举重若轻，超凡脱俗，拿出大手笔、创造大境界，让学生成大器的智者、贤人。

这自然不是一般要求，但却是我们应当追求的目标，当今社会是大家都在争当优秀教师、校优、县优、市优、省优、国优、同类优、异类优（学校打广告就要宣传有几十个优秀教师），殊不知优秀是卓越的大敌，因为匠师、艺师、儒师者往往被认为是最优秀的。有人讲，我们这个社会是优秀太多了，仅教育上就有优秀学生、优秀教师、优秀校长、优秀学校，正因为这些优秀多了，所以就没有卓越教师、卓越校长、卓越学校了。这不很可悲，很值得我们深思吗？为什么昆虫学家和商人在一起时，商人听不到蟋蟀的叫声而昆虫学家却听到了，为什么昆虫学家听不到硬币掉在地上的声音而商人却听到了，其源皆在于有没有爱和心，在于心在哪里，爱在哪里。爱可以让人十分投入，心无旁骛。是爱让昆虫学家钟情昆虫，商人钟情的只能是钱，各自想的、钟情的不一样。

教师重建的基本目标是要能分清门和桥。什么是门，什么是桥，自己的门在哪里，桥在哪里？千万不要摸不着门，看不到桥，甚至错把门当成了桥，桥当成了门,而因此找不到通向门的桥。在教育教学活动中,门即学生,门即教育教学的任务与目标,桥即教育教学的手段、途径和方法。

(二)难点问题

由于基础教育课程改革是一项十分重大的社会变革,是一场深刻的大革命,其间的难度之大,难点之多是可想而知的,鉴于前面已经提及的一些和时间关系,也为避免与其重复,因此,我不准备展开讲,只想集中提及一下,大家知道就行了。

新一轮基础教育改革所涉及到的难点很多,从层次上看,有属于思想认识,目标理念等宏观层面,也有属内容形式,模式方法等操作层面的。从对象范围上讲,既有来自教育系统外部的人民群众、专家学者、家长等外部影响和阻碍,也有来自学生、教师、教育行政管理部门,教育教学理论工作者、专家学者等内部的;从结构层面上看,既有高中的,也有初中的,还有小学的;从区域上看:城市与乡村,发达与落后,汉民族与少数民族地区等都各有差异;更何况还有专业,学科类别的不同,因此,很难三言两语把它介绍清楚和准确,这是只能提出一些面上的共同性的东西,主要有这样一些:

1. 认识、观念问题

这在前面说了,虽然课改创新了很多观念,诸如教师观、学生观、教材观、课程观、课堂教学观、评价观等等,但是思想认识上的问题很难真正解决,从教育行政主管部门到学校、教师、学生、家长、社会,都程度不同地存在思想认识与观念上的差距,其间又特别是基层教育行政主管部门,教师和学生家长,由于认识问题没解决好,理念没更新,做表面文章、明改暗抗、有名无实、消极对待的现象比较突出,很难使课改真正到位,始终解决不了主动积极,全面彻底改革的问题,使得本来就难的课改走偏方向,大打折扣,甚至于费力不讨好。因此,这是最根本的,也是最重大的难题,弄得不好还要炒回锅肉,走回头路,这是最可怕的。

2. 师资队伍建设问题

队伍建设,特别是师资队伍建设是最重要的,但也是最难的。高中的是教育部直接在搞,初中小学的层层分解,几年来花钱不少,而且容量大,也做了不少工作,从通识性抓起,再洗脑,再搞学科专业培训,声势和力度不可谓不大。四川省教厅除建了五大中心,7 个培训机构开展培训外,还搞了送教下乡,还引进了联合国资助项目,点子办法不可谓不多,也算是下了大决心,花了大气力和血本的,但效果似乎不是很好。有培训者的原因(内容准备、安排上),也有组织管理方面的原因(不花一分钱,吃饭都包了,来者寥寥),还有校长、教师的思想认识原因(认识不一位,当成包袱甩,无主观能动性可言,有的把培训当成了优惠政策,让从未出过远门的教师借机走一下)。行政的强制性尚且如此,自主的且是重点根本性的校本培训校本研修,教师自觉学习就可想而知了。当然也有搞得好的,也有培训时像赶场的(我亲自看过),发展不平衡。这类键性工作难以正常有效开展,整个改革就必然受到影响冲击了。此外,还有培训上的诸多误区,比如内容上的赶时髦;对象上的只搞教师,忽视管理人员。只搞青年人,忽视中老年;培训效果上的急功近利,立竿见影;培训方式上死板单一,填鸭式、强迫式,缺乏也忽视了主观能动性。

3. 评价问题

一是高考未改到位,整个改革的不配套,使改革难于进行;二是中考改革虽然在命题,学生毕业评价,高中招生上有三大突破,但大家认为一是烦琐,二是可操作性不强,有的甚至很难有效操作,比如学生主导自主性评价,社会评价等问题,深层次的已涉及素质问题,这也是很难简单评判的。第三是课堂教学的评价,什么样的课是好课,怎样才算是上好了一堂课;第四是对教师的评价问题,什么样的教师才是好老师,什么样的教学是最好的,成功的教学等等。很难,应当说是永恒主题。有一个实例:一美国科学教育代表因一行 5 人到上海考察,第 5 天提出到中学听一堂课,安排的是一所著名中学的特级教师上的一堂传统意义上非常好无可挑剔的课。结束时,300 名旁听教师掌声雷动。上海市教委领导很高兴,美国人却一点反映都没有,对此反倒是面面相觑,大惑不解。到了机场,问到才说:这堂课一直是老师问学生答,教师问学生答,既然老师问的学生都能答了,还上它干什么呢?弄得大家都哭笑不得。高考的改革不仅在广东等发达地区遭到反对,在一次全国性高层次论坛会上,一位专家官员答复问及的考试到底何时能取消统一考试时,竟然语出惊人:咋责任感那么强呢,这不是教育上能解决的事,人才选拔总得有一定的方式,从古今中外看,谁离得了考试?要说取消,至少是 30 年后的事。

4. 理想与现实的差距问题

课改的从理念到内容形式,过程方法是专家们研究的,吸取了国际国内的众多优秀成果,不可谓不好,真正按此实施到位应当是很好的。但有这么多,这么难的问题要解决,更何况如前所述,还有专家与实际工作者,理想与现实之差距问题,矛盾问题,何时能到位?3-5 年?还是 10 年 8 年?最终能否实现目标,从目前看难度很大,多少有点让人骑虎难下的感觉。当然这不仅在中国、全世界的这类改革都难,都在探索中。中国在改,美国还在学中国呢?中国又有传统派与海归派;是全盘西化,还是中西合璧?一定要冷静客观,扬长避短,消化吸收。无论如何,总之难。

5. 城乡差异问题

不仅仅是办学条件、思想认识，还有客观基础，学生的智力差异，接受程度等都是问题。把城里的教材、教法、经验用于乡村行吗？城市与农村，东部西部是否要求一致，同步进行？这些都是问题，都得研究，也都很难解决，总之是问题多多，且很难。

三、我国基础教育课程改革的发展态势

(一)发展趋势

专家们预测，课改将会朝着以下十个方向纵深推进：

1. 以学生发展为本的趋势得到加强

我国课改有学科中心，课程中心，儿童中心论三个趋向，但以人为本论不是儿童中心论。以学生为本主要包括以下内容：

一是以全体学生的发展为本(不是精英教育)；二是全体学生的全面发展，而不是片面发展；三是学生的主动发展；四是个性差异、特色发展，而不是平均发展。上不封顶，下要保底；五是可持续发展(终生发展)。联合国21世纪发展委员会于报告中提出了学生的四大能力：学会求知的学习能力；学会做事的能力；学会共处的能力；学会做人的能力(学会生存、发展)。

2. 基础不断拓宽，不断加深的趋势

基础至少有三个特性：一是最强的稳定性(内核的东西，长期受益不变)；二是最长的持久性(后劲，对后续发展很管用)；三是最活的迁移性，即转化功能。基础不是一层不变的，要与时俱进，但不是几何更新。知识无限，人生有限，学习有限，如何解决有限与无限之间的矛盾？只有不断改革创新。

拓宽：由“双基”到“四基”：基础知识、基本技能、基本素质、基本情感态度；更新有三种情形：一是名称不变内容变；二是名称变：国文、国语、语文、汉语、文学等，基础变，思想内涵也在变；三是增设必要的新课程，如外语、科技知识、信息技术等。但变要遵循适应、适时、适当三原则，不能简单处置。

3. 道德与人文教育逐步加强的趋势

物质与精神文明是两个轮子、两翼。以经济建设为中心必须加强道德人文建设，以便作经济这匹野马的缰绳，以免因跑得太快而马失前蹄或脱缰狂奔，失去理智和方向，因为这也是双刃剑。

4. 社会化、生活化趋势会明显

人要社会化、生活化，人学的课程也该如此，否则会脱节或格格不入；既要坚持三个面向(未来、世纪、现代化)，又要贯彻三个贴近(学生、社会、实际——生产生活)，增强亲和力，可读性，让其愿学、想学、愿教、好教。

5. 多样化、个性化趋势越来越强

经济成分多样化，社会对人才的需求，社会生活方式都是多元化的，因此中小学教材也当是多元化的。

6. 统整化与结构优化的趋势将得到加强

各门课程都要有机整合，整合才能真正、很好地起到育人作用，这就要求课程结构要优化，但统整并不等于平均使用力量。

7. 管理重心下移的趋势

教育也要民主化，这首先是从国情出发的，国家太大，基础太薄，权力下放也意味着责任下放，三级课程，三级管理即这方面的具体体现。

8. 主流教材逐渐成熟壮大的趋势

这不是排斥统一性与多样性的结合，最好是统一性与多样化的结合，过于分散或过多样化都不利于教育质量的提高，这是为俄罗斯、英美所走过的道路证明了的。

多样化的本质在于有无特色和风格，而不在于品种多少。多样化中必须有主流，示范教材，只不过这方面过去由国家、官方定，现在由实践检验，由社会认可，通过竞争来优胜劣汰，教育部决定由人教所来出统一的教材的做法是有道理的。

9. 现代化信息技术与课程教材教学整合的趋势

通常情况下是思想、观念超前，但一定情况下手段、技术的改进、变革、进步也会反过来促进思想理念变化，目前正在此阶段。

10. 教师专业化发展的趋势越来越加强

教师不仅仅是课程教学的实施者，参与者，应当是探索者，研发者，是学生的引路人，引领者，因而需要更好地学习、进步，以适应需求；因而要向专业化方向发展，教师成长的路子是多种多样的。教师发展有这样三句话很好：

教育是事业，事业的意义在于奉献；教育是科学，科学的价值在于求真；教育是艺术，艺术的生命在于求新。

（二）基本态度

1. 正确估价基础教育的利弊得失

现在有一个教育的围城现象，中国觉得外国的好，外国觉得是中国的好。外国学者说：我们的现在是你们的过去，你们的过去是我们的现在，好滑稽。

2. 要正确评价课程的地位作用

课改必要、重要，是时代的呼唤与要求，时代使然，不是个人要求与作用，但课改不能代替一切，不能言必称课改，应当冷静思索，从思想、观念上全方位改。

3. 正确处理继承与发展,借鉴与创新的关系

不能推倒一切从头来,要看到历史的巨人,站在巨人的肩膀上再前进一步,提高一步,不能看不到,也不能抛开巨人搞空中楼阁、虚无主义,不能像小和尚,只记得住第三个馒头。

4. 要牢记一种倾向掩盖另一种倾向的教训

钟摆不摆不行,摆过头也不行,物极必反,真理谬误仅一步之遥,把握度和临界点最重要,最管用。

5. 要正确处理紧迫感与规律的关系

要有使命、责任、紧迫感,但并不意味着可以超越客观规律,更不能违背客观规律,而要寻找、运用、驾驭规律,促进文化发展。

6. 任何时候都要处理好三大要素:学科(体系)、社会(需求和发展)、学生(需求和发展)三者鼎立,不同时期有所侧重,必须有机统一,不可偏废。

7. 建立健全法制、体制和机制

法制确保连续、严肃性;体制涉及领导管理、研究开发、评价等三个队伍,不能运动员裁判一并当,机制要优胜劣汰。

8. 课改最终看教学,关键在教师

9. 课改与其他任何改革一样,要靠实践、时间来检验,不要急于求成,急功近利。

教育经济源流、价值与职业教育探微*

教育经济思想具有历史继承性,把发展教育视为社会经济发展和国家强大的重要手段有长远的历史源流。不仅中国传统哲学中有着对教育经济的朴素描述,以舒尔茨为代表的西方学者对此也进行了详尽地阐释,并且形成了不同的学术流派。这些学术思想不仅反映了人们对不同社会发展阶段的教育经济的理性认识,丰富了教育经济理论。而且既为教育经济价值的实现提供了理论支撑,也对职业教育与中国新型工业化道路建设具有很好的启示和教益。

一、中国教育经济思想之源

教育经济思想具有历史继承性,把发展教育视为社会经济发展和国家强大的重要手段有长远的历史源流,中国古代的思想家对教育予社会的经济价值已有所认识。

春秋初期政治家管仲从教育与生产的关系阐明了教育在发展经济中所起的作用,反映出中国古代思想家朴素的教育经济思想。在对答齐桓公"定民之居,成民之事,奈何"时,管子曰:"士农工商四民者,国之石民也,不可使杂处。杂处则其言哤,其事乱。是故圣王之处士必就闲燕,处农必就田野,处工必就官府,处商必就市井。"管仲主张将被统治的人民按照其职业分为士、农、工、商,其成员不能"杂处",必须按其职业"群萃而州处",各集团成员的职业须世代相传,以实现社会生产关系和劳动力的长期再生产。除了"士"阶层外,农民、工人和商人,同业聚居在一起有易于彼此交流职业经验,形成良好专业技术的教育环境,即所谓"少而勿焉……其子弟之学不劳而能"。同业者聚居还能使业务消息灵通,对商品生产与流通乃至整个经济发展有重大作用。在教育投资上,管子曰:"一年之计,莫如树谷;

---

* 本文系与米洪义同志合作的国家社科基金重大项目《中国特色新型工业化道路研究》(07&ZD024)子课题《职业教育与中国新型工业化道路研究》(07&DZ024. Z06)的阶段性成果。载《职教论坛》2010 年第 5 期。

十年之计，莫如树木；终身之计，莫如树人。一树一获者谷也，一树十获者木也，一树百获者人也。”[①]由此说明，可按时间长短来予以对教育和生产的投资；说明教育投资，不仅仅是一种纯消费，而是一种更大的生产性长期投资；说明培养人虽然是一个重大工程，见效慢一些，可是，当人才脱颖而出时，必将带来更大的经济效益，对社会产生巨大的作用。这就是现代教育经济学中所论述的教育经济效益的长效性。大教育家孔子提倡“正名”的主张，创办私学，开拓讲学风气。在几次与其弟子对话的过程中，孔子阐述了教育与社会、个人的关系：子适卫，冉有仆。子曰：“庶矣哉！”冉有曰：“既庶矣，又何加焉？”曰：“富之。”曰：“既富矣，又何加焉？”曰：“教之。”[②]通过冉有之问，孔子扼要阐明了教育与物质的关系：劳动力即“庶”，是实现“富”的条件，只有在“富”的基础上，才能有成效地进行教化和发展教育事业。子贡问政时，子曰：“足食，足兵，民信之矣。”子贡曰：“必不得已而去，于斯三者何先？”曰：“去兵。”子贡曰：“必不得已而去，于斯二者何先？”曰：“去食，自古皆有死，民无信不立。”[③]由此可见，而教民的根本目的，是为了“富民”，进而促进社会和经济的发展，这便折射出了其朴素的教育经济思想。教育家墨子提倡“兼爱、尚贤、尚同”的主张，“上说王公大人，次说匹夫徒步之士”，人人都去接受教育，个个都去学习。这种强力教人，强力为学之举，反映了墨子以经济作为发展教育的基础，再以教育改良社会的强烈要求，也是其教育经济思想的大纲。在一次与弟子的对话中，墨子曰：“籍设而天下不知耕，教人耕与不教人耕而独耕者，其功孰多？”吴虑曰：“教人耕者，其功多。”[④]由此说明墨子既重视生产，更重视教育、尤其是职业教育的作用。孟轲说：“后稷教民稼穑，树艺五谷，五谷熟而民人育。”[⑤]（《滕文公》）“有恒产者有恒心，无恒产者无恒心。苟无恒心，放辟邪侈，无不为已。”“人之有道也，饱食暖衣，逸居而无教，则近于禽兽。”[⑥]阐明了物质状况对发展教育的重要性：一个人必须有一定数量的固定财产和收入，才会具有一定的道德观念和行为准则，由此说明“有恒产”是“化民成俗”的必要条件。继孔孟后的儒学大师荀子在批判和总结先秦诸子思想成果的基础上，建立了以儒家为主体又兼采其他各家学说的体系。“足国之道，节用裕民而善藏其余；节用以礼，裕民以政。裕民则民富，民富则田肥以易，田肥以易则出实百倍。”战国后期的儒家作品

① 《管子·权修》。

② 《论语·子路》。

③ 《论语·颜渊》。

④ 《墨子·鲁问》.

⑤ 《孟子》,《诸子集成》,中华书局 1954 年版。

⑥ 《孟子·滕文公上》。

《礼记·学记》,其很大程度受荀子思想的影响,是“春秋”和“战国”期间教育思想的总结和概括,其中所提出的“君子如欲化民成俗,其必由学乎”、“玉不琢,不成器,人不学,不知道。是故古之王者,建国君民,教学为先”等观点,充分肯定了教育的“必由”和“为先”地位,以及在化民中的作用,同时提出培养人才的重要意义,强调国家的建设必须重视人才的培养。清代教育经济思想家颜元主张从“经世致用”出发,重视“实事”和“实物”,“兵农合一”、“文武合一”,强调“经济是为学之果”。①

从上述论述看,中国古代已经具有朴素的教育经济思想,他们揭示了教育,其间又主要是现代意义上的职业教育与经济社会发展相辅相成的关系。教育在促进经济发展的同时,也应该“自发展”,即教育应该在物质条件比较发达的条件下进行自我完善,同时强调经济对发展教育的作用,“有恒产者有恒心,无恒产者无恒心。苟无恒心,放辟邪侈,无不为已。”如果没有稳定的物质财产是不可能“化民成俗”的。其次,强调对教育长期投资的重要性,“一年之计,莫如树谷;十年之计,莫如树木;终身之计,莫如树人。”这种思想不仅跟西方“人力资本”投资理论相一致,而且揭示了教育经济与社会现代化相辅相成的辩证关系,对我们深刻认识职业教育与新型工业化道路建设的关系具有很好的启示作用。

二、西方教育经济思潮之流

西方的教育经济思想发轫于近代资本主义初期,英国古典经济学的杰出代表和理论体系的初始人亚当·斯密(Adam Smith)在《富国论》(1776)中,把人的经验、知识、能力看作是国民财富的重要内容和发展生产的主要因素。② 1912 年,美国全国制造商协会工业教育委员会发表了《我们的人力资本》的报告,第一次提出“人力资本”概念。1935 年,哈佛大学教授沃尔什((J. R. Walsh)发表了《人力资本观》一文,并用“现值折算法”计算个人的教育费用和收入。1962 年,英国的韦锥(J. E. Vaizey)发表了一篇用“教育经济学”命名的著作。至此,教育经济主义思潮产生了。教育经济主义思潮的产生给教育领域带来了巨大的影响,并对各国的经济发展和教育发展产生了直接导向作用。在西方,教育经济主义思潮主要有以下三种流派:

1. 人力资本理论。人力资本理论思潮又叫主流教育经济思想,主要是以美国著名经济学家舒尔茨(T. W. Schultz)为代表。他在《人力投资——一个经济学家

① 《颜元集》,中华书局 1987 年版。

② 亚当·斯密:《国富论:上卷》,商务印书馆 1979 年版。

的观点》(1959)中详细阐明了人力资本理论。舒尔茨认为:“作为现在和未来的产出与收入流的源泉,资本是一个具有价值的存量。人力资本是体现在人身上的技能和生产知识的存量。人力资本投资的收益或报酬在于提高了一个人的技能和获利能力,在于提高了市场经济和非市场经济中经济决策的效率。”他将资本划分为物质资本和人力资本。舒尔茨认为人力资本通过教育形成,指出:“长期以来,人们就抱有一种顽固的偏见,认为资本只包括物质设施、建筑物、器材和物质库存等等,这种偏见在很大程度上成为政府贬低人力资本、抬高物力资本投资固执态度的原因。无论是在中国还是在巴西,最优先受到考虑的是钢厂、民航、辅助工业以及土地开发等等,而只把少量资源留给中等和高等教育,长期以来,这种反常的投资减少了生产和福利的潜力。理想的投资方式应该是增加那些可能产生最佳预想收益率的资本形式。”“一国的最大部分消耗,是应该用于后一代的教育,应该用于国家未来生产力的促进和培养。”[①]只把少量资源留给中等和高等教育,是一种“顽固的偏见”。人力资本理论的教育经济理论可以归纳为:教育的社会经济价值在于它形成资本,并且这种资本具有外部溢出效用,最终成为推动国民经济增长的强大动力。

2. 反主流派教育经济主义。反主流派教育经济主义运用制度主义学派观点,触及到教育与社会经济的关系。20 世纪 70 年代后期,人力资本理论的观点遇到挑战,如教育发展没有带来就业率提高,教育机会均等没有带来收入平均。因此,人们开始为教育的经济意义寻找新的思维形式,提出了社会化理论、劳动力市场划分理论和筛选假设理论,总称为反主流教育经济主义。(1)社会化理论。社会化理论(Socialization Theory of Education)认为,教育的功能就是传播文化和培育个人的社会性格。该理论在阐述教育的经济价值与社会功能关系时,认为教育的经济功能从属于社会功能,教育的社会功能远比教育提高认知技能对经济的影响重要。社会化理论试图从结构和功能方面,解说教育与社会经济之间的关系。由于美国生产结构的等级化、分工化以及不同的工作需要不同的个性特征,教育的经济功能便是通过种种途径及手段使学生社会化。教育过程就是培养不同类型学生的差异性特征,以便符合社会经济结构的需要。(2)劳动力市场划分理论。劳动力市场划分理论(Labor Market Segmentation)认为,劳动力市场是不同部分的,教育是将人们分配到不同劳动力市场的重要手段,在不同的部分里,教育与工资收入有不同的关系。(3)筛选假设理论(Screening Hypothesis),该理论认为,教育本质上是一种信号,教育的主要经济价值就是对求知者进行筛选,将它们安置到

---

① 舒尔茨:《教育的经济价值》,吉林人民出版社 1982 年版。

不同的职业岗位上,从而使整个经济活动可以正常的运行。迈克尔·史潘斯(1973)发表的《筛选假设—就业市场信号》一文,举了这样一个例子:业主挑选雇员时,“面临着一个选择问题:假定雇主难以准确地预测就业申请者未来的表现,那么,他就总想把教育资格作为一种筛选手段,以便按照能力、进取动机,可能还有家庭出身等来识别新人”。[①] 教育被用来作为区别个人能力的一种手段,提供一种“市场信号”,但个人的生产能力是信号不能改变的属性。虽然上述三种教育观各自的分析点不同,但是对教育有着比较一致的看法:教育的社会经济价值主要由市场和各种制度因素决定,教育未必能提高生产率,扩张教育无助于经济的增长;“过度”教育使得雇员之间的就业竞争更趋激烈,使得失业问题更趋严重。

3. 马克思主义教育经济学派。这一学派主要是指按马克思主义政治经济学的观点进行教育经济学研究的学派。苏联经济学家斯特鲁米林利用马克思的劳动价值理论和社会再生产理论,对教育的经济价值进行了探讨。1924 年,他在《国民教育的经济意义》一书中提出三个主要论断:(1)劳动者受教育程度越高,劳动能力就越高,学历与劳动生产率的提高成正比;(2)劳动分为简单劳动和复杂劳动,复杂劳动是倍加的简单劳动,学历高的劳动者从事的是复杂劳动,对国民经济的贡献较大,因而,学历应与工资收入成正比;(3)办教育要付一定的经费,但发展教育可以节约生产成本,它的经济收益比筑路、修发电站和水坝等建设项目的收益还要高。马克思教育经济学派为包括中国在内的社会主义国家的教育改革发展起到了较大的指导作用。

上述教育经济理论的三大流派是目前影响较大的教育经济理论学说。三大流派都不同程度地反映了当时的时代背景,反映了理论的历史变迁,揭示了教育、特别是职业教育与经济社会发展的利害关系。朴素的教育社会价值观明显吻合于较低的生产力水平,也为现代教育经济理论的生产提供了基础;人力资本理论很好解释了战败国西德和日本战后经济腾飞的原因。据经济学家们估算,德国和日本单是清除瓦砾就需要 30 年的时间,然而在不到 10 年的时间里,它们的国民经济就基本恢复到战前的水平。古典经济理论不能解释这一经济现象,舒尔茨指出:“经济学家们显然过高估计了这些损失预期的破坏性影响。在做出这些估计时,过分地强调了非人力资本的作用。之所以犯这个错误,是因为缺乏一个完整的资本概念,没有考虑人力资本及其在现代经济生产中所起的重要作用。”面对“文凭膨胀”、“过度教育”,而且社会失业率居高不下的社会现实,人力资本理论同样表现出明显的“失灵”与“失效”,于是催生了各种反主流派的教育经济理论。

---

① 马克·布劳格:《人力资本的验证:一种略带偏见的评述》,《经济文献杂志》1976 年第 14 期。

反主流派的教育社会化价值论、信息价值论等淡化教育的社会经济价值,修正了传统教育经济理论的若干观点,也反映了人类对教育经济的不同社会发展阶段的理性认识上的发展变化和完善过程。

三、教育经济思想与职业教育

通常我们说教育是一项公益性事业,这种公益性可以从两个角度来理解。从效率的角度,教育的公益性就是指教育服务的外部性,由于教育服务具有外部性,政府必须进行教育投资。然而,教育的公益性并不必然排斥教育的市场化改革。教育的公益性从公平的角度理解,意味着每个人都享有同等的受教育权,政府应该进行教育投资,举办教育、特别是最直接、最现实地将人力资源转换为人力资本的职业教育,以此来保障每个人的受教育权利,进而提高整个社会成员的素质与职业技能,促进工农业的现代化和整个社会经济的增长。所以,从整个社会看,教育的公益性同样具有经济价值。从教育经济理论和我国教育现实出发,提高我国教育的经济价值应着重解决以下一些理论和现实问题。

首先,大力发展职业教育,注重知识存量向人力资本的价值转变,促成人力资本与财务资本的"对结"。

沿着教育经济学大师舒尔茨的研究路向,教育是知识传递以及将知识固化在人身上并将之转化为人力资本的主要工具,在经济增长过程中知识发挥着巨大的推动力。古典经济增长理论中,劳动力是经济增长动力的主要因素之一。舒尔茨认为,对劳动力的重视,仅采用"劳动力"观念审视人力是不够的,这将不足以用劳动力来解释社会经济的增长。因此,在他的研究中,知识的价值必须固化到人的身上并转化为人力资本方能实现其价值,舒尔茨进一步认为,教育是这一转化工作的主要完成者。所以,大力发展职业教育,将知识存量向人力资本的价值转变是知识转化成经济价值的前提条件。

然而,知识与教育综合作用所形成的人力资本并不能直接在产业中体现其经济价值,人力资本必须以适量的物质资本为前提,这正好认证了中国古代朴实的教育哲学思想,即"庶"是实现"富"的条件,只有在"富"的基础上,才能有成效地进行教化和发展教育事业,"足食,足兵,民信之矣","去食,自古皆有死,民无信不立。""有恒产者有恒心,无恒产者无恒心。苟无恒心,放辟邪侈,无不为已"等。在工业革命前,经济的增长效果被人口增长的结果所冲淡,使得将多余的产品用于培育知识以及与人力资本相融合发展生产力的可能性很小或几乎不可能;工业革命时,由于知识存量的增长降低了人力资本发挥作用所需的物质资本的数量,同时物资生产的自然增长也有可能为人力资本的形成与使用提供一定的物质支撑,从而使得人力资本可以在较低的物质资本的支持下发挥作用,完成人力资本与物质资本的“对结”,使得整个工业革命迸发出了前所未有的生产力。工业革命的这一过程证明:人力资本必然与适量的物质资本相“对结”才能极大促进经济的增长。更进一步地,随着人力资本的“自发展”,将最终完成对经济增长的极大促进。于此,教育的经济价值才因人力资本的使用得到质的提升。所以,促成人力资本与财务资本的“对结”将是教育经济价值实现的应有之义,大力发展职业教育,走有中国特色的新型工业化建设道路,是发挥当代中国教育经济价值效用的明智之举。

其次,构建人力资本的培育与市场使用模式,优化人力资本价值实现渠道。

我国教育产业对经济增长贡献率较低,这是一个不争的现实。我国人力资本的使用过程中,人力资本使用效率受到两个方面的制约:一是人力资本的非市场化。人力资本是固化在人身上的知识与能力,人力资本是与人天然合一的,如果人在社会中不通过职业教育有效培育,就不可能很好地转化为人力资本;如果作为人力资本的人才不能流动,那么固化在人身上的人力资本也就无法配置到最需要的产业,而只能在有限的范围内使用,就不可能促进经济社会的更好更快发展。而且,非市场化的人力资本的使用模式无法确定人力资本的使用价值,由劳动生产率决定的人力资本的价值就不能得到充分的实现。因此,加强构建人力资本的市场使用模式,既有利于利用价格机制来激励具有人力资本的人充分使用其人力资本,也有利于利用市场信息来有效地配置人力资本,从而完成劳动生产率与人力资本价值的正比关系的实现。二是人力资本并非是评价个体生产力的主要标准。从个体的收益状况的分析可见,在现有的人力资本使用制度下,影响个体收益的主要有行业、职称与学历、素质和能力等主要因素,其中学历对个体收益的影响相比而言是较小的,尤其是在非流动性的行业;而职业素养、素质和技能对个体收益和经济社会发展的影响则很大。这揭示了我国对个体生产力的评价标准仍停留在“劳动力”的观念,没有将个体的人力资本与其个体生产力与职业教育相联系。这种对个体评价标准的落伍极大地限制了人力资本的培育和使用,也间接直接地限制了以培养人力资本为己任和最佳途径的职业教育的发展。为此,个体生产力评价标准由“劳动力”向“人力资本”的转换和大力发展职业教育,走有中国特色的新型工业道路也是亟需解决的现实问题。

邓小平同志曾指出:“我们国家,国力的强弱,经济发展后劲的大小,越来越取决于劳动者的素质,取决于知识分子的数量和质量。一个十亿人口的大国,教育搞上去了,人才资源的巨大优势是任何国家比不了的。”可见,大力发展教育,特别是大力发展职业教育,走有中国特色的新型工业道路,努力完善我国教育体制、类型与发展模式是实现“教育与经济相结合”的必然选择，也是在市场经济条件下，教育经济价值实现的必然路径。

第三是正确理解并适度推进教育的市场化进程。

教育是一种准公共产品，教育改革的方向是建立一种适应市场经济体制的教育供给方式和供需体制。教育是混合产品，在我国当前国家资金供给有限的条件下，鼓励社会私人资金参与教育投资，培育民营教育、特别是民营职业教育的发展，是合乎我国现实的可行之路。从微观交易角度看，市场契约是教育领域中很多交易的最优契约选择。按照市场化原则，“谁受益、谁出资”，对非义务教育实行教育成本分担，对非义务教育收取学费、建立学费制度；借鉴国外先进经验，增加学生和家长的选择权利、改变政府的拨款方式、向学生或家庭发放学券；鼓励公立学校转制，改变政府与公立学校的交易方式，改变政府与学校之间的契约，将某些有公立教育提供的服务转变为依靠价格制度来维持生产提供；在一定条件下，允许建立营利性私立学校；适度鼓励有水平有实力的单位或个人“租借”（租借费可以是零，甚至政府还给予财政补助）教育资源进行办学等等，这都是教育市场化的内容。所以，如果把教育市场化单纯理解为“学校企业化”，那是一种误解，不利于教育经济价值的培育。当然，教育市场化并非无政府状态，无论教育经费的来源，还是学校等教育组织的举办，政府都应该处于主导地位，市场只是一种辅助补充。对于这一点，无论是在“农村三化”还是新型工业化道路建设进程中，都要有清醒而坚定的认识，才能真正有效实现教育经济的特有价值。

素养奠基　素质固本　观念立命　技能安身*

——十八大精神指引的特色创新之路

四川职业技术学院是四川省人民政府主办，省教育厅直管的地处非中心城市的综合类普通高等职业院校，学院有着近100年的职教历史。在校生规模12000余人，教职工800余人，高级职称160余人，享受国务院津贴专家6人，省级突出贡献专家2人，教学名师1人；先后聘有美、加等七国专家教授30余位，在国际国内刊物上发表论文1400余篇，专著145部，获得国家发明专利2项，获国际国内科研成果奖150余项，学院先后被评为"四川省最佳文明单位"、"全国德育教育工作先进集体"，教育部人才培养工作水平评估"优秀"学校，四川省示范性高等职业院校。

近年来，学院坚持重质量、创特色、铸品牌、求卓越的基本办学理念，坚定不移地走质量兴校、人才强校、特色名校、品牌立校、卓越荣校之路，坚持以体制机制改革为突破口，学生综合素质训育、质量提高、内涵发展为主题主线，以中高职衔接立交桥、终身教育体系建构、对口帮扶"9+3"，社会服务能力提升为路径方向，于地处非中心城市省市共建综合类高职院校办学特色之路的探索中取得了明显成效。其基本做法是：

一、实施政行企校、园院合作，彰显办学体制机制创新特色

特色是一所学校的生命所在。综合类院校如何创特色，尤其是地处非中心城市，省市共建而又以省为主的高职院校如何创特色，一直是困扰学院发展建设的重大疑难问题。在学习贯彻《刚要》和创先争优喜迎十八大的过程中，学院根据省直属而又地处遂宁的体位区位特点和地方经济社会发展的实际需求，大力推进体制机制改革，积极创新非中心城市省市共建综合类高职院校"政行企校"、"园院"合作办学体制机制，重点实施了"321"工程：一是以政行企校、园院联合组建董事

---

* 载《中国西部教育》2013年1期，刊载时有局部删改。

会的形式先后与中国西部现代物流港联合组建了中国西部现代物流，与资阳南骏汽车集团、遂宁市相关汽车行业企业组建了南骏汽车，与遂宁市三县两区政府及其主管部门和行业企业共同打造了文化旅游“三个学院”；二是与遂宁市政府及相关职能部门、各中职学校、行业企业以董事会形式共同组建了遂宁市“先进制造业”和“现代服务业”“两大职教集团”；三是以理事会形式与遂宁市微电子产业园区联合组建了遂宁市应用电子技术教育理事会。通过实施“321”工程，既解决了办学体制机制方面的问题，又解决了人才培养与地方经济社会发展紧密结合的问题，同时还密切了与政府职能部门、行业企业、各中高职学校的联系。2011 年 12 月，学院成功举办了遂宁市职业教育与产业发展对接对话会议暨遂宁市先进制造业职业教育集团、遂宁市应用电子技术教育理事会年会。与地方政府及 37 家行业企业共同签署了《校企合作框架协议》、《校企研发合作协议》。“政、行、企、校”“园院”合作办学、合作育人的职教格局已全面形成，各项工作正按协议积极有序有效推进，我院的体制机制创新工作取得了突破性进展，体制机制创新特色得以彰显。

二、实施综合素质训育，创构应用创新型人才培养特色

高职院校如何提高质量，内涵发展，这是学院科学发展的核心问题。在学院党委看来，其间的重大问题虽多，但核心关键的是人才培养质量问题，学生素质，特别是人文科技素质又是决定人才质量、人才可持续发展的要害关键所在，技能培养已经不是高职教育的主要矛盾，素质教育才是高职教育的主题主线，这是学院必须攻克的一大难关。为此，学院确立了“素养、素质、观念、技能四位一体、融合统一的人才培养理念”，响亮提出了“走素养奠基、素质固本、观念立命、技能安身的人才培养之路”，创具有“特定素养、特殊素质、特新观念、特有技能”的应用创新型特色人才的发展建设目标，将全面实施以人文科技素质教育为重点的素质教育作为主题主线主攻方向，先后开展了“农村职业教育中的人文素质教育研究”、“高职学生人文素质教育研究”、“高职学生综合素质训育体系研究与实践”等一系列全国全省和院级重点课题究，始终把立足人的全面发展，面向全体高职学生作为素质教育的目标定位，创造性地提出了素质教育不能空对空，只讲“育”不搞“训”，而应当“大规模、大集成、大育人”、分类分层，坚持课内课外、人文科技、训练培育、理论实践、学校社会、做人做事“六结合”、立体全方位进行，着力解决好管用一生的“做人”问题等一系列素质教育新理念：先后确立了以建构学生综合素质训育体系、人才培养方案、课程、教材体系、师资队伍、训育模式方法、校园文化建设为重点的基本建设思路；先后建机构、定专人、立专项、拨专款、定专题，规划了

立足学生综合素质训育,可持续发展的思德、文化、艺术、心理、科学素质训育的6大体系和45个基础平台,创立了"以训为主,训育结合"的素质教育新模式,建构了以确保目标效益为目的的学生综合素质训育监控测评体系,制订了学生综合素质监控测评标准,在"理念设计、系统建设、服务面向、训育手段、质量监测"等方面实现了创新和突破;在体系、队伍、课程和基地建设等方面展现出了较大的优越性和实用效果。全面拉开了学院内涵建设、质量提升、特色创构、品牌打造的新帷幕。目前,学院的"三风"、"三率"再创新高,社会及用人单位对我院毕业生思想政治表现、职业道德、文化素养、业务素质、职业技能评价好,总体满意率达90%以上,根据中国最具公信力的教育数据咨询和评估机构"麦可思公司"对各高校毕业生的调查和数据分析,我院毕业生综合素质好、就业质量高,专业对口率和薪资待遇等均在同类院校中位居前列,学院荣获各级各类殊荣45项,学生个人和团体获得国家、省、市其他奖项近300项,充分展示出了综合素质训育的特色和优势,得到用人单位、教育行政主管部门及社会各界的普遍认同和广泛赞誉。

三、建构终身与职业教育新体系,创社会服务能力提升特色

建构终身与职业教育新体系,适应经济社会发展新需求是时代社会赋予高职学院的新使命,近年中,四川职业技术学院一直将此次作为发展建设路径和方向,按照中省要求,结合自身实际大胆探索,于社会服务能力提升方面做出了不懈努力:

一是充分发挥职教研究基地职能,于职教基本重大问题研究、职教体系建立方面提出了确立大职教意识观念,认识把握职教特性规律、建立初中高等职业教育相衔接的大职教体系;强化中高职衔接意识,建构中高职衔接立交桥和终身教育体系;重视初等职教教育中的职业兴趣培养、职业意识建立、职业行为习惯养成,重视初等、中等职教与普教的衔接融合;将高等本科及以上教育纳入职业教育范畴等一系列颇有见地的观点主张。

二是发挥省市多个职教人才培训培养基地的职能,拓展培训项目和范围,面向职中、企业、行业和少数民族地区开展职教师资干部和企事业单位员工的培训培养服务。其间特别是面向藏区开展的"9+3"单独招生试点、对口帮扶,既是我国高职教育发展到新的历史时期的一项重大举措,也是我院提升社会服务能力的探索试点项目和重要途径。

自学院获准单独招生试点以来,学院党委行政高度重视,精心组织,根据教育部关于部分高等职业院校开展单独招生改革试点工作和省委办公厅、省政府办公厅《关于促进藏区"9+3"免费教育计划学生就业的意见》(川委办〔2011〕7号)和省教育厅《四川省2012年部分高职院校面向藏区“9+3”毕业生单独招生试点工作实施方案》(川教〔2012〕77号)的部署要求,通过成立领导小组、建章立制、深入宣传、创新机制等方式手段,加强对“9+3”毕业生单独招生工作的组织领导,做到了组织有领导,举措有依据,行动有保证,过程有监管,质量有保障,结果有绩效,保证了招生录取工作的公开、公正、公平和试点工作规范、有序、顺利开展。

本次面向藏区“9+3”单独招生,计划招生旅游管理专业40人,学期教育专业20人,音乐教育专业10人,文秘专业10人,共计80人,最终报名参加我院面向报考人数达到132人,报考率达165%,参考人数102人,参考率达128%。实际录取88人,录取率达110%,取得了良好的成绩,在此次招生试点过程中,严格遵照政策、严守纪律、严格程序,在招生试点过程中,无一违规违纪现象,无一弄虚作假、徇私舞弊行为,无一漏招错招学生,实现了零违纪、零违规的预期目标,招生试点工作取得了圆满成功,得到了省教育厅、省教育考试院的充分肯定,并为此专发简报,单独介绍我院藏区“9+3”毕业生单独招生考试经验。

三是开展了“构建终身教育体系与人才培养立交桥,全面提升职业院校社会服务能力”的四川省教育体制改革试点项目。这是我院在教育部下发《关于推进中等和高等职业教育协调发展的指导意见》之前,于2011年1月20日组织申报的四川省教育体制改革试点项目,也是四川省高职院校唯一获准的一个独立开展的项目。项目一是致力于终身学习教育,终身教育体系的建构;二是致力于中高职(含本科及以上教育)的衔接沟通和人才培养立交桥建构;三是致力于中高职衔接、政行企校合作,终身学习现代化服务平台建立,社会服务能力提升。

该项目是全省教育体制改革领导小组批准的12个一级项目,25个二级项目之一,是基于服务型社会学习型社会等理念,突破现有体制机制瓶颈,构建中高职衔接体系,搭建社会性、开放式、合作型终身教育体系和职业教育人才培养立交桥,积极探索能够很好适应经济社会发展需求的职业教育人才培养新体制、新机制、新内容、新方法、新模式和新途径,全面提升职业院校的社会服务能力,更好地适应区域产业结构调整、转型升级对高素质、高技能应用型专门人才培养的需求,为地方经济社会的更好更快发展提供强有力的人才支撑的探索试点性项目,是贯彻落实央省市教育工作会议精神,贯彻落实国家、省中长期教育改革和发展规划纲要、胡锦涛总书记清华百年校庆讲话等精神的重要举措,具有十分重要的价值意义。

项目自2011年6月30日批准立项以来,经过一年多时间的试点工作,中高职、包括应用型本科阶段融合互通的,成人和普通,学校和社会,职前和职后教育衔接融合的职业教育人才培养立交桥已见雏形;在人才培养方案制订、专业设置、课程教材建设、实验实训实践实习基地建设、师资与管理队伍建设、评价保障体系建设等方面基本凸显“一体化”；在招生制度改革方面，突破现行招生办学的政策限制，试点并推广“素养＋素质＋技能”的考核评价方式，2012 年实行单独招生试点，招生 350 名，其中，免试录取 1 名，推荐录取 1 名，破格录取 2 名，整个过程科学规范，严格高效，效果明显；在中高职教育教学内容衔接转换平台、岗位职业技能培训提高平台、职业技能考核评审鉴定平台、校企合作发展平台等教育教学资源共享平台、终身教育学习资源库以及集院校、企业、行业、社会四位一体的质量保障与监控测评体系建设方面，也取得了实质性进展，为全面构建终身教育学习体系奠定了基础。

关于就业难之管见*

就业难虽是国际性热门话题,引起了上至总书记,下至黎民百姓的高度关注,却走入了实质要害不明、治标不治本,职责不明,界限不清,违背规律、拔苗助长,中心不突出,管理有偏差等诸多误区,应更新观念强管理,走出误区看实质,抓住根本重质量。

就业难是近年中的热门话题,引起了上至党中央总书记,下至黎民百姓的高度关注和共同探讨。破难之策人皆论之,这本是件令人高兴之事,可我却高兴不起来,反倒多了几分忧虑和惆怅。这倒不是多愁善感,而是因为尽管就业是一个世界性的难题,但总觉得就业不该这么难,更不该越来越难。按照辩证唯物主义的观点,当一个问题到了大家都说难的时候,反倒不该那么难,不会成其为难了。既然仍然难,那么,是否我们没抓到点子上,没找到真正的破难之策呢?这恐怕就值得反思了。其实,就业之难,应当是难在治本上,抓住了这个牛鼻子,恐怕就业的诸多问题就会迎刃而解,就业工作就会逐步走上正轨,顺理成章了。

一

就业工作之所以难,难就难在目前存在诸多误区。误区之一是党和国家,各级党委政府,包括高等学校领导虽然都高度重视就业工作,将其纳入了目标责任,作为一把手工程来抓;将其列入重要议事日程,作为评价的基本指导体系,与学科专业设置、招生计划、经费拨付、评优晋级等结合起来,实行一票否决;甚至全国都放慢了高教发展速度,进行了招生计划的实施调控,让人人都高度重视就业,让学校全力以赴抓好就业,并且出台很多政策措施来解决就业难。诸如组织、人事、劳动就业、教育等部门各司其职,齐抓共管,建立就业准入制度,搞就业网络联盟,建立人才市场,乃至招公务员都为大学生留比例,还有教师"特岗计划"、"三支一扶"、巨额资助,政策优惠,就业保障登记,各种媒体做主流宣传,大造声势,广开门

* 载《四川省高教学会2012年学术年会论文集》。

路等等,可谓倾其所有,百计千方,达到了前所未有的程度。这种抓法的确也大见成效,各级党政都高度重视了,人们的思想认识、观念也得到了一定程度的改变,大家对就业都更加关心了,让大学生都感受到了党和国家的重视,社会的温暖。但是,却走入了一个很大的误区,即见子打子,头痛医头,脚痛医脚,就就业抓就业,未能抓到点子上,找到治本之策,因而越抓越难。大学毕业生在大量增加,就业率却在下降,本科生、研究生的就业越来越难。

误区之二是未能对就业工作进行全方位的客观冷静的深入分析,只看到就业的一些表面现象,未能深入其里,找到就业难的关键所在,抓住就业难的牛鼻子。未能对就业存在的各种问题作综合分析和梳理,而是简单地归因到高校扩招,认为是毕业生太多了,是高等教育发展太快、资源短缺、质量下降所致,显得极不客观冷静,自然便难以做到辩证施治,对症下药,因而效果不好。

误区之三,是未能分清各自的职能职责,特别是党委政府和社会的职能及其所应当承担的相应责任,而是简单地把责任交给了学校。认为学校该控制招生,学校该培养教育好学生;学校该负责就业,学校在就业问题上该负主要责任,全部责任,因而把就业工作全部交给了学校。要对学校就业进行专项考核,一票否决。学校就业率上不去,上级通报你,批评处罚你;社会小看你,有形无形制约你;家长质疑你,非议责难你。认为就业率不高的根本原因、主要责任都在学校,让学校有口莫辩,有苦难言。

误区之四是违背规律,揠苗助长。在强调工学结合、技能培养的同时,变相压缩培养时间,缩短学制。一方面大量增加课程,增加实践环节,强调能力培养;一方面喊理论以够用为度,重在能力、技能培养,要实行双证制、多证制;一方面在批评高校办学水平、人才质量不高,要求提高质量;一方面又让用人单位选用人才的时间一味提前,由当年的6、7月份提早到了头年的11月20日之后可以进入学校选人,把实习生当作毕业生,学校的人才培养方案便只能改成中专2+1,大专2.5+0.5,本科3.5+0.5模式。实际上连2、2.5和3.5都保证不了,由此导致了实际学习时间本科只三年多一点,专科二年多一点,中专一年多一点,还美其名曰适应社会需求、工学交替,订单培养,实质上变相速成、缩水耍水,搞成了中国特色的培养模式。由此引发大陆“毕业生”到港台、外资企业求职受质疑冷遇,让人疑虑,惊讶的尴尬现象,也与国外境外的真正弹性学制、学分制,让学生既工学交替,又真正学到东西,不降格以求,无论怎样交替都必须保证学习时间和培养质量的做法形成鲜明对比和强烈反差。

误区之五是就业实习一体化,学生、员工两不明。在就业实习期间,学生不能跳槽,却又不能不跳槽;学校不能不管,事实上却又管不了,由此出现很多管理盲点，引发管理上的难点，学校、家长和企业都成天提心吊胆，进退两难。管么？鞭长莫及，学校不可能做到每个毕业生后面跟一个人，老师不可能像幼儿园、托儿所那样不离学生左右，不该也办不到；企业也不能把实习生当成自己的正式员工那样约束和大胆地放手管理，也不敢不计成本地让并非熟练的“学生员工”真刀真枪地干，从而既影响速度和效益，还浪费原材料，多花时间和精力。因而很多学生只能搞见习，难以真正把戏过手，实习生成了企业烫手的山芋。家长自然也爱莫能助，只能把眼睛盯着学校。反正娃娃没毕业，我给了钱，交给了你，是在校学生，出了问题当然得找学校。不管么？的确是在校学生，出了问题难辞其咎，负不起责，很难向家长和社会交代。学生一旦失踪了，被不法分子拐卖哄骗或拉去搞传销，甚至出了生命财产伤害案，学校无论如何都解释不清，无论如何都脱不了干系。学校成了无限责任公司，难管而又不能不管，使得本来就难的学校管理不能不向社会、向企事业单位延伸。无形之中加大了工作量，却不增加编制，不增加人员和经费，让学校处于一种里外不是人，左右为难的难堪境地。

误区之六，是很多学校就就业抓就业，过多地把时间精力放在了就业的教育指导和市场拓展上。由于压力大，又是一把手工程，不仅各个部门、方面要齐抓共管，而且主要领导还得带头出去找市场，找就业岗位，无法把主要的时间和精力放在人才培养，放在教育教学特别是综合素质，专业素养和技能培训上，未能放在适销对路的学科专业建设上，未能抓住人才质量、办学水平、学校品牌这个根本和关键，未能抓住就业难的症结，找到就业难的根本出路，仍然是一种治标不治本的错误做法，并由此导致恶性循环，影响了自身的建设和发展，从根本上违背了科学发展观。

误区之七是就业率统计的不科学。一是学生毕业之前就在统计，而且是提前了半年左右，这就等于把非毕业生当毕业生对待了，无论从统计时间还是统计口径上看都是不科学的；二是以学校上交到主管部门的毕业生与用人单位签订的就业协议书作为统计依据的做法不仅脱离客观实际，而且也严重违背了鼓励自主就业、自主创业的相应政策规定；三是定期频繁统计和公布、通报本来就不科学不真实的就业率，并且还将其作为评价学校和个人的标准和依据，不仅不科学而且毫无积极意义，相反还有不少不小的副作用。

二

就业工作是一项涉及方方面面的复杂艰巨的系统工程，就业难的解决自然又是就业工作的重中之重，要突出这一重点，突破这一难点，自然有一个治标与治本的关系问题。治标容易，但不解决根本问题；治本固然难，却事半功倍。要从根本上突出重点，突破难点，必须从以下层面入手，切实解决好相关问题。

首先是党委政府层面。这是就业工作的主体，也是解决就业难的关键。在我们看来，作为党委政府抓就业是对的，但不能就就业抓就业，而应该站在更为宏观的层面上，从根本上来解决就业难的问题；从整个国家的发展，民族的振兴角度来认识和看待就业问题。其一是将工作重心转移到真正实施科教兴国，人才强国战略上来，真正重视教育，重视对教育的投入，以切实可靠的保障机制来切实改变教育的基本投入长期远远低于发达国家甚至远低于发展中国家平均水平的现状，最大限度地改变整个教育投入不足，条件不好，水平不高的问题，最大限度地满足广大人民群众对于教育特别是高等教育的极大需求。千万不能因为大学毕业生就不了业就反过来调控制约高等教育的发展，这绝不是治本之策。客观地讲，提高质量是必要的，发展不等于也不应该以牺牲质量为代价，但不能说讲质量就不该讲发展，数量与质量永远是矛盾统一体。从社会学角度讲，人口素质提高了总比不提高好，一个文盲充斥的国家不能在过去建成社会主义；一个低水平低素质人口的国家在现当代世界中同样不能立于不败之地。与其让人民群众甘心情愿地投资教育总比让其将钱存在银行里好。与之相应的是目前担心的因就业引发的稳定安定问题，这是一个教育引导问题，也是党委政府需要更新的认识观念问题。党委政府关爱人民群众，重视民生、民权、民苦，解决三农问题是对的，维护社会稳定也是对的，但这不等于包就业，包解决一切问题，关键在于政府要尽到政府的责任。政府在这一问题上的根本责任是要创造条件满足广大人民群众对于高等教育的迫切需求；是理顺体制，创设机制，开辟途径，尽可能地为人们提供更多的就业岗位和机遇，而不在于包就业。政府不该包，学校也不该包，因为就业与否一是取决于机遇大小多少；二是取决于就业意识、观念态度；三是取决于自身素质与能力水平。为什么无业可就与有业不就同时存在且都很严重呢，说明包有很多弊端，很容易助长惰性、依赖性和诸多不良习气，很容易导致社会失衡和安宁。君不见，西方发达国家从不包就业，中国的学生家长的就业意识和观念也在发生变化，中国大中专毕业生中已经出现了不要学校推荐就业，不参加学校煞费苦心组织的双向选择活动，学完课业后便悄然离去的么？而且这种比例在不断增大，有的学校已经占到了毕业生的70~80%；更不用说自主择业双向选择是民权是方向，我们何苦要去死死抓住大学毕业生的就业率不放呢，何苦要不问青红皂白地要学校对什么人都包就业呢？一再强调统计就业率，这跟过去的包毕业生分配实质不是一样的么？改革了半天，我们为什么还要重蹈覆辙呢？

其二是要由单纯的抓就业工作转移到抓就业创业教育，就业创业意识观念、职业意识、职业生涯设计规划、引导教育上来。尽管这项工作已经展开并取得初步成效，但尚未形成大的氛围，特别是党委政府层面，仍然停留在抓学校，抓具体工作的层面；停留在就就业抓就业，简单统计就业率，以就业率作为取舍的唯一标准，以就业率的高低作为一切工作的出发点上，相当于无形间给自己套上了一根无情的绞索，而没有看到就业的根本出路在意识观念、在人的素质、素养和能力，在于教育对象自身的职业意识、素养、素质和能力；没有看到外因只是变化的条件，内因才是变化的根据；没有看到就业率统计的随意性和简单化；没有看到我们与西方发达国家职业教育、职业意识、职业生涯设计，就业创业意识教育从中小学抓起的差距。

其三，是应当由抓学校的就业工作转移到很好履行政府职能，抓社会经济发展，抓产业结构调整，抓就业岗位创设，就业机遇提供，就业环境创造上来；由抓学校就业工作转移到理顺人事制度、人事管理关系，建立相应机制和就业的保障体系上来。其间特别是劳动用工和就业准入制度，职业资格制的实施。要彻底改变目前劳动就业保障部门既搞培训，又管资质，既当运动员，又当裁判员，有法不依，执法不严的状况，把以就业率考核学校，以就业箝制学校、对学校管理太多太死的做法改成市场调节，社会评价，政策激励，使自己和学校都轻装上阵，按客观规律办事，真正步入科学发展的轨道和殿堂。

其四是社会层面。学生、家长、公众都希望就业，都希望学生能读个好大学，学个好专业，找份好工作，特别是又轻松又有职有权，能够有丰厚收入的工作；人人都希望自己的子女成龙成凤，有汽车、有别墅，有身份、地位，能八面威风，光宗耀祖，因而都把希望寄托在子女身上，进而把希望转移到学校身上，形成了选择学校时问这所学校好不好就业，选择专业时问这个专业好不好就业，无形中形成了好就业就是好学校、好专业的单纯片面看法；甚至认为交了钱，把子女送进了大学，责任就在学校了，子女就业不好就该归咎于学校，甚至非议责难学校。没有看到任何事物都是发展变化的，专业就业好不好也是相对的，发展变化的，不能简单地判定；没有看到教育不是万能，教育是一项复杂艰巨的系统工程，没有谁能包打包唱，需要学校、社会家庭一起努力，其中最根本的还在于学生自己。而学生是有个性差异的，学生人人都可以成材，人人都希望成为栋梁之材，但并非人人都可以当将军元帅，更不能简单地把一切都交给学校，把一切责任都推到学校，把一切问题都归咎于学校，学校也只能承担有限的社会责任。对学校、对教育都应当客观公正一些，看问题应当理智一些；家长、学生、和社会都要多给学校一些理解、宽容，少一些主观、浮躁。当然，这并非就意味着学校就没有责任。评价学校和教师都是可以的，关键是看他们尽心尽力，尽职尽责没有，办学的思想理念，教育的措施办法怎样，而不应当简单处置，抓住一点不及其余。作为社会生活中的成员，家长学生、学校社会都该明确自己的职责和使命，否则，这个社会是不健康，也不可能安定团结,积极向上的。

其五是学校层面。就业难,从学校层面讲,不难在市场,而难在认识和了解市场,适应市场变化需求;就业难也不难在就业工作本身,而难在难以跳出就就业抓就业这个圈子,这个思维定势,难在正确定位。这个定位内容很广,其中首要的是办学思想和理念,然后是学科专业设置(尽管不可能与市场、与社会需求完全同步,有相对的滞后性,却不能不从主体上、宏观上这样做),人才培养目标,人才培养内容、方法和途径、模式等;难在治本,培养人的素质,特别是人的综合素质与核心的人文素质,就业创业思想(技能很容易具备,却不可能管用终身)的培养;难在提高人才培养的质量,解决好这一涉及就业的核心问题;难在对人才培养这项复杂艰巨的系统工程之各个环节、方面的掌握调控,使之优选优化,成为一个有机统一的整体。如果一所学校把这些问题都解决好了,从校院长到教师到教职工都认识统一了,从思想到行动到内容方式都有机融合了,学校的人才培养质量不会不高,学校的就业工作不会再难,就业就不再是上上下下风声鹤唳的一把手工程,不再是学校和社会都敏感的神经和无形之绞绳了。

参考文献:

[1]杨丽,龙海. 试析大学生就业难的愿意及对策[J]. 经营管理者. 2010. 16.

[2]高树琴. 大学毕业生就业难现象透析及对策[J]. 湖南科技学院学报. 2007. 6.

[3]程东,试析大学生就业之多为应对策略[J]. 消费导刊. 2010. 8.

[4]百度文库. 大学生就业难的原因及解决措施[EB]. http://wenku.baidu.com/view/b4cf3aebaeaad1f346933f24.html

高职学生人文素质教育总体方案

高职学生人文素质教育课题组*

二〇〇二年九月

一、培养目标

实施高职学生人文素质教育的基本目标为:优化知识结构,提高人文素养,塑造人文品质,培养人文精神,努力将高职毕业生培养为知识、素养、能力、品质有机融合统一,德、智、体美全面发展,德才兼备的高素质、创新型、应用性高技术专门人才。

二、基本任务

围绕育人目标,高职学生人文素质教育当努力完成下列任务:

(一)优化高职学生的培养内容,改善高职学生的培养模式,优化高职学生的知识结构,培育高职学生的人文精神与品质,提高高职学生的人才培养质量,增强高职学生的社会适应性和创新能力;

(二)改善教职员工的知识结构,提高教职工的人文素养,提升高职院校人才培养的总体水平;

(三)加强校园文化建设,优化育人环境,提升高职院校的整体办学实力与水平;

(四)探索高教改革之路,创新国家人才培养方案,为经济发展、社会进步、国家富强、民族振兴贡献力量。

* 这是本人作为课题组长撰写的方案。

三、教育内容

(一)人文知识教育

1. 语言文字知识
2. 基础与应用写作知识
3. 文学素养
4. 天文地理
5. 中外历史
6. 中外科技史
7. 人类社会思想史
8. 伦理道德与社交礼仪知识
9. 法纪知识
10. 政治经济知识
11. 音体美术知识
12. 哲学伦理知识
13. 教育心理知识

(二)人文素质教育

1. 仁义忠厚教育
2. 诚实守信教育
3. 文明礼貌教育
4. 遵纪守法教育
5. 自强不息教育
6. 勤俭节约教育
7. 开拓创新教育
8. 是非荣辱教育
9. 民族气节教育
10. 爱国主义教育
11. 爱岗敬业教育
12. 团结友爱教育

(三)人文精神培育

1. 天人合德,内圣外王的理想人格
2. 见贤思齐、立功成器的经世目标
3. 求真务实、崇尚真理的求实精神

4. 厚德载物、兼爱天下的道德情操

5. 忠诚爱国、视死如归的民族气节

6. 遵纪守法、安常乐道的处世态度

7. 重道轻艺、重义轻利的价值取向

8. 贵生重死、重人轻神的人本精神

9. 对立统一、完整和谐的审美情趣

10. 居安思危、未雨绸缪的忧患意识

11. 爱岗敬业、诚实守信的人生准则

12. 勤俭节约、扶危济困的社会品质

13. 明辨是非、尚荣知耻的基本准则

14. 自强不息、开拓创新的人生态度

四、途径方式

（一）途径

1. 以课堂教学为主渠道、主阵地，通过开设人文素质教育必修课、选修课，向学生传授人文知识，让其具备相应的人文素养；

2. 以第二课堂活动为辅助手段，作补充，利用业余时间以丰富多彩的活动为主要手段，寓教于乐，强化学生的人文素养教育；

3. 通过校园文化建设，创设人文素质教育的良好氛围，对学生进行人文素质的熏陶和培育；

4. 充分利用实习实训、大学生社会实践活动和就业实习一体化，校企结合、工学结合等形式与途径，利用社会的现实丰富资源，对学生进行人文素养、素质、精神与品质的培育，使之学以致用，缩小与社会的差距。

（二）方式

1. 将高职院校师生员工分为教职工、学生两大层次，教师、职工，文管类、理工类学生四大类别，分层分类确立其人文素质教育的目标任务、内容途径、方式方法和重点难点，采取分类实施、整体推进的办法开展相应工作。

2. 制定人文素质教育的实施方案，将人文知识教育、素质培养的课程分为必修课、选修课、活动课、实践课四类，分类确定内容、途径、方式和目标，将其列入人才培养方案，给定必要学分、纳入考核范畴。

3. 将人文素质教育的相应内容纳入校园文化、文明和队伍建设的总体规划、专题研究，专门制定相应方案，经审批后实施。

五、基本原则

1. 总体规划、分步实施

人文素质教育是一项全新的工作，是复杂艰巨的系统工程，必须作为学校改革创新，发展建设的重大事项来整体规划，以防随心所欲，见子打子，流于形式，或急功近利，主观盲从，影响了此项工作的正常有效开展。

2. 整体推进、分类指导

高职学生人文素质教育的出发点落脚点在学生，但关键是学院的办院思想与理念，前提在教职工自身的人文素养、人文素质、人文品貌、人文精神状况，且学生中文管与理工类的教育教学内容，培养目标差异决定了必须以开展好教职工的人文素质教育为前提，必须对学生分文管理工两大类设置目标和课程，决定内容与方式，必须整体推进、分类指导，而不能就事论事、单搞学生的人文素质教育或所有学生齐头并进一刀切。

3. 分工合作、齐抓共管

高职学生人文素质教育是人才培养方案，教育教学理念与思想的大变革，是涉及学院科学发展、可持续发展的根本性大问题，它虽然以课堂教学为主却涉及了学校教育的方方面面，因此，必须依据总体目标任务和部门职能职责进行合理分工，在此基础上相互配合、齐抓共管才能确保其顺利有效实施，而不能各自为政，各行其是，或相互推诿扯皮，难以形成合力。

4. 教育为主、灵活多样

高职学生人文素质教育理当以教育为主，且这个教育包括了第一第二课堂和各种寓教于乐活动教育，也包括了党团组织生活和环境育人等，但人文素质教育不仅局限于学校和课堂，其途径和方式都应当是灵活多样、丰富多彩的。

5. 立定目标、循序渐进

高职教育应当有其人文素质教育的特定目标，而且这个目标既应当是适合各类学生特点的，也应当是适合高职阶段之特定培养目标，与中职、义务教育阶段的人文素质教育既相联系，又有区别的；既要紧紧围绕这个目标，又不能急功近利，毕其功于一役，而应当是分步到位，循序渐进的。

6. 统筹兼顾、科人结合

高职学生人文素质教育的重点固然应当是理工类的学生，但不能说只是理工类学生的事，文管类学生也应当接受人文素质教育，只不过有内容重点上的差异而已。人文素质教育虽然重要，但是，不能与科学知识学习，科学素养、素质培育对立，或厚此薄彼，统绪失宗，而应当统筹兼顾，有机结合，相互促进。从这个意义上讲,在开展人文知识教育的同时,文管类的学生还应当进行科技知识的教育,只是这不属于本课题研究的范畴而已。此外,需特别强调的是:在进行人文素质教育的时候,还应当特别注意处理好专业知识学习、专业技能培养与人文素质教育的关系。只能使几者相互融合,有机统一,才能有效实现高职教育的人才培养目标。

六、基本保障

1. 加强领导,高度重视人文素质教育

人文素质教育是涉及人才培养规格、学院发展建设之大事,是涉及全局性的重大工作,是一项涉及方方面面的复杂艰巨的系统工程,必须统一思想认识和步调,精心组织,强化管理,为此,各校理当建立人文素质教育的领导小组,以加强对此项工作的集中统一领导和有效管理。

2. 统筹规划,形成人文素质教育的实施意见

人文素质教育不仅要有统一规划,而且还应当有实施意见,包括大学三年的分步实施计划都应编制好,以免主观盲从或随心所欲。

3. 抓住关键,切实搞好师资队伍建设

人文素质教育虽然涉及了多个方面,但其主阵地在课堂,关键在教师,包括专职兼职教师,如果没有一批高素质的人文素质教育的师资队伍,整个学校的人文素质教育也就会失去基础前提,因而必须在事前就千方百计地将这一关键问题解决好。

4. 夯实基础,努力搞好教学资源的开发利用

人文素质教育是一种特殊的教育,除去要有高质量的教师队伍之外,还得有相应的教材、教学资料,还得开发利用好相应的资源(这主要是指图情文本和声像资料以及现代化教学手段),搞好相应的基础建设。

5. 落实经费,建立机制,为人文素质教育提供可靠保障

开展人文素质教育需要有必要的人员和经费保障;需要建立相应的规章制度,使之科学化、规范化;需要有相应的激励考核奖惩制约机制,以促进其健康发展;需要有相应的软硬件条件作支撑。所有这些都是开展人文素质教育的基本保障,必须切实地抓紧抓好。

坚持科学发展　彰显职业素质*

——为四川经济、社会发展培养高素质技能型人才

题记：

“培养数以亿计的高素质劳动者、数以千万计的专门人才和一大批拔尖创新人才，把巨大的人口压力转化为丰富的人力资源优势。”

——教育部《2003—2007年教育振兴行动计划》

“高等职业教育作为高等教育发展中的一个类型，肩负着培养面向生产、建设、服务和管理第一线需要的高素质技能型专门人才的使命。”

——教育部《关于全面提高高等职业教育教学质量的若干意见》

四川职业技术学院是一所始建于1917年，现由四川省人民政府、遂宁市人民政府共建，四川省教育厅主管的有着90年办学历史的高职学院。在90年的办学历程中，学院积淀了深厚的人文底蕴，积累了丰富的办学经验。自2002年合并组建以来，学院传承历史，开拓创新，逐步形成了“坚持科学发展，彰显职业素质，为四川经济和社会发展培养高素质技能型人才”的鲜明办学特色。确立了“三本”（以生为本，以能为本，以职为本）“四寻”（以就业寻出路，以服务寻支持，以贡献寻生存，以特色寻发展）的基本办学理念。铸就了“为难为之为，成不成之成”的校园精神。确立了“明志、厚德、尚学、笃行”的严明校训。近年来，学院的人才培养质量，办学水平不断提高，办学效益日渐趋好，社会影响不断扩大，正朝着优秀、示范性高职的发展目标奋力推进。

一、准确定位　科学发展

胡锦涛总书记指出：“科学发展观，第一要义是发展，核心是以人为本，基本要求是全面协调可持续，根本方法是统筹兼顾”。具有悠久历史和深厚文化积淀的

---

* 这是2007年为学院接受教育部人才培养水平评估撰写的特色材料，合作者为漆明龙同志

新建高职学院如何传承近50年的专科教育,近90年的中职教育历史,抓机遇,促发展,迅速驶上高职教育的快车道,这是建院之初新班子和学院教职工面临的重大疑难问题。经过反复讨论,最终形成共识:一定要站好队,定好位,以科学发展观为指导,以育人为本,以学生的职业素质提高和职业能力发展为本,依靠全体教职工的聪明才智,走出一条全面提升教育教学质量和人才培养水平,立足遂宁、面向全川、服务全国,为经济社会发展培养高素质技能型人才的全新之路。为此,学院做出了以下基本定位:

(一)文理工管理师全面整合,综合类高职院属性定位

新建的高职学院能否科学发展,首先必须解决好准确定位问题。高职教育作为高等教育中的一个品类,应当包含两个层面的含义,其一是区别于初等、中等职业教育,属高等层次的职业教育;其二是区别于普通高等本科及以上教育,是让学生掌握某个、某类职业所需的基本素养和高级技能,适应生产、建设、服务和管理第一线需求的高素质技能型人才。是一种具有特定培养模式,培养特定素养,特殊素质,特有技能人才,处在特定层面的普通高等教育。

专业是学院生存发展的基础,是学院与社会融合的桥梁和纽带,也是学生技能形成和素质拓展的平台,是学院展示人才培养工作质量和水平的舞台。2002年合并组建时,原川北教育学院有普通大专类专业17个,其中师范类6个(汉语言文学教育、数学教育、英语教育、物理教育、小学教育、现代教育技术),文管类专业7个(文秘、工程造价管理、经济信息管理与计算机应用、经济管理、物流管理、金融、电子商务)、工程技术类专业4个(应用电子技术、计算机科学与技术、汽车维修、机械维修与检测技术),以教师教育和文管类见长;原机电工程学校则以机械、汽车、电气工程类中职专业见长。合并时,学院没有简单处置,而是尊重历史,发挥优势,依据师资力量和办学条件,按照高职教育高素质与高技能并重的特定要求和"适应需求,发挥优势,加强针对性、规范名称、宽窄并存,合理设置"的基本原则,将两校共有的文理工管经师方面的专业有机融合,确立了以机、电、信息、管理为主要特色,据市场需求,重点打造机械、汽车、电工、计算机、建筑、管理六大门类专业,建综合类高职学院的基本发展思路。专业的合理设置和类型的基本定位,为学院彰显职业素质,促进科学发展奠定了良好而坚实的基础。

(二)技能安身素质固本立命,高素质技能型规格定位

当今社会是信息社会,当今世界政治多元化,经济全球化,科技信息化,市场网络化的基本态势对高等职业教育的人才培养有着重大而深远影响,提出了更高要求。时代、社会要求高职教育必须面向生产、建设、服务与管理第一线培养高素质高技能人才,要求这类人才必须掌握必要的专业理论知识并能用以指导工作实

践,必须拥有相对的高水平的专业技术,能解决工作中的具体和突发、偶发性问题;能将设计者的意图、规划变为现实,能优化工作环节,提高工作质量和效率。必须具备良好的道德、智力、专业和身心素质,尤其是敬业、创业精神和团结协作能力,具有可持续发展的潜质和能力,能成为企事业单位的骨干、中坚和灵魂,能推动促进所从事事业的健康持续发展。

显然,这类人才与中职教育和普通本科研究生教育都不同,需要的是素养、素质和技能的有机结合,其中素养即相应的专业基础理论知识,是基本的,也是从事某一专业、某一岗位或岗位群工作所特定的,既不可能像中职毕业生那样粗浅和单一,也不可能像本科生那样系统而全面,只能以够用为度,能解释相应现象,指导工作,满足相关问题解决的需求为目的。技能是从事这一工作所必需的,是决定其能否从事这一岗位或岗位群工作的基本依据,是一个人安身立命的必备条件。高职生不是简单的操作工,而是熟练掌握了成熟技术,具有独立处置相应问题能力的高水平的应用型人才。因此,高职院校毕业生必须是具备高技能,而且同时能有效运用高技能的特定专门人才。素质是以素养为基础的,是素养的积累和升华,素质虽然也从能力中体现出来,但又是对能力起决定制约作用的,素质的高低好坏决定着能力的大小强弱、表现程度与应用范畴。因此,素质才是一个人的根本和核心所在。素质尽管有多个层面的内涵,但其中最关键、最核心的又是人文素质、最基本的是价值观、人生观,即做人的问题。其次是职业岗位素质,即从事这一工作所需的最基本的东西。

正是基于这样的认识,我们在制订人才培养方案,确立人才培养目标规格,设置相应课程时,都响亮地提出了素养奠基,技能安身,素质固本立命的基本口号,确定了面向生产建设,服务管理第一线培养高素质、高技能应用型人才的基本目标规格;确立了能力为本,彰显职业素质的人才培养理念并将其渗透进人才培养的各环节,贯穿于人才培养工作的始终,并取得了相应的成效。

(三)伫遂宁望四川面向全国,服务经济社会功能定位

学院地处遂宁,不在省会中心城市,却冠以“四川职业技术学院”这个名字,由省地共建,以省为主,省教育厅主管,因而必然有一个如何处理这种特定的复杂微妙关系,如何正确地进行功能定位的问题,否则,便可能举棋不定,影响甚至阻碍科学发展。

遂宁是省辖市,地处成渝两大心城市的临界点,遂宁辖三县两区,有着380万人口,现地处成渝经济圈的核心部位,是四川省规划建设的第二大交通枢纽。这里虽资源匮乏,近年中却发展很快,有着明显的区位优势和美好的发展前景。遂宁目前以农业为主,人口资源十分丰富,基础教育发达,高等教育资源相对较差,

全市只有这一所普通高校，要把沉重的人口负担转化为优质的人才资源，促进社会经济的健康发展，人才培养的压力相当大，对高等教育，特别是与社会经济发展密切相关的高职教育的需求量特别大。因此，市委市政府制订了打造西部农村职教基地的发展战略，并把我院作为龙头，对我们寄予厚望。我院虽属省管院校，但毕竟地处遂宁，应当响应党和国家号召，以服务地方经济社会发展为己任，把为地方社会经济发展培养高素质、高技能人才作为首要目标。然而，我们毕竟又是省属院校，“四川职业技术学院”这块牌子决定了我们不能只为地方社会经济发展服务，还必须与此同时适应全省社会经济发展的特有需求，根据专业特点和优势，为全省培养好社会急需的专业技术人才，正如省委原副书记，现省人大党组书记席义方同志所指示的那样，应努力把学院打造成四川的高级职业技术人才培养基地，四川省初、中级职教师资培训基地，四川省职教科研和学术交流基地。

基于上述认识和缘由，经过反复研究，我们确立了立足遂宁，面向全省，服务全国经济社会发展的基本功能定位。近年中，我院的当地生源有较多增加已超过了30%，省内的生源达到了85%以上，将省外的生源由最初的30个省市控制在了20个省市，15%以内。而且建成了多个全省、市的下岗职工、农民工和中小学教师、中小学校长、农机系统公务员、专业技术人员的岗职培训，继续教育基地，既面向全省，又向遂宁的党政机关、企事业单位开展社会急需的多种非学历职业技术培训重点倾斜，受到了当地党委政府和社会各界的普遍欢迎，积极响应和大力支持。

（四）铸品牌创特色追求卓越，国家级示范校目标定位

四川职业技术学院虽然建立时间不长，却有着悠久而辉煌的历史。原川北教育学院是全国首批国务院备案的教育学院，四川省成人高等教育评估优秀学校，原四川省机电工程学校是全国首批、也是连续三届国家级重点中专。两校先后获得过全国德育教育先进单位，四川省“五一劳动奖章”，四川省文明单位、四川省校园文明建设先进单位、四川省校风示范学校、四川省环境教育先进单位、四川省就业工作先进集体等40余项殊荣，可谓成绩卓著，桃李芬芳，殊荣满载。新学院组建后，为了传承历史，开创未来，通过反复讨论，学院制订了经教代会认可的《四川职业技术学院2006—2010年事业发展规划纲要》，明确提出了投资五个亿，建设新校区，改善育人环境和办学条件；打造机械、汽车、电工电子、建筑、计算机和管理六类重点品牌专业；力争2007年人才培养水平评估实现优秀，2010年建成特色鲜明，西部一流的国家级综合类高水平示范性高职院校的发展建设目标（简称“56710”工程）和重管理、抓质量、创特色、铸品牌，走“质量兴校、科研强校、品牌立校、特色名校、卓越荣校”之路的发展建设方略，以此来统一认识，规范行为，整合

资源,凝聚力量,振奋精神,增强核心竞争力,实现可持续发展。

近年中,我们以评估为契机,按照“以评促建,以评促改,以评促管、评建结合,重在建设”的基本方针,在重管理、抓质量、创特色、铸品牌上采取了一系列措施办法,使管理日趋规范科学、质量明显提升,特色业已鲜明,品牌正在形成。开始步入了科学发展的快车道,正在显露蓬勃发展生机。

二、能力为本,彰显素质

(一)加强专业建设,强化职业素质

1. 创新培养方案,优化素质结构

人才培养方案是人才培养的纲领性文件,它规定着人才培养的目标、质量规格和素质结构。我们在贯彻《国务院关于大力推进职业教育改革与发展的决定》、《教育部关于加强高职高专教育人才培养工作的意见》和《中共中央国务院关于深化教育改革全面推进素质教育的决定》文件精神的同时,按照教育部《关于制定高职高专教育专业教学计划的原则意见》的要求,从创新人才培养方案的开发模式着手,重点推行了以职业能力为本位和突出职业素质的教学改革。学院每年进行一次社会需求调研,准确掌握用人单位对学生在知识、能力和素质方面的新要求,并以能力为主线构建人才培养方案。在此基础上,进一步将人才培养方案的开发程序和内容规范为:确定主要职业岗位和工作内容——确定培养目标——确定核心能力和一般能力,细化知识结构、能力结构和素质结构——构建课程体系——拟定人才培养方案初稿——专业教学指导委员会讨论——修改和完善实施性人才培养方案——提交主管院长批准执行。

我们在合理吸收原四川省机电工程学校“模块式教学”和原川北教育学院“一专多能”、“主辅修制”教学思想基础上,提出了以素质模块为单元,按“基础段 + 专业段”模式构建人才培养方案的思路。基础教育段包括公共基础素质课、专业基础素质课两个模块。即传统意义上的政治课、文化课程、专业基础课程和基本技能训练环节,由思想素质教育、身心与文化素质教育、专业基础素质教育等课程组成。夯实基础素质,为终身学习和可持续发展奠定基础。专业教育段包括专业方向素质课、专业方向选修课、公共选修课等模块。一个大类专业所派生出的每个专业即为一个专业模块,有的专业模块还可下设专业方向。每个子模块又以某一项或两项技能为主线安排教学内容。夯实职业素质,目的在于提高职业针对性和社会适应性。根据学分制教学要求,一个大类专业可以设置一个第二专业或辅修专业模块。

为了确保这一目标的有效实现,我们制定了《关于制定人才培养方案(课程计划)的基本规范》,并在此基础上分年级提出修改或制定人才培养方案(课程计划)的原则意见,提出了以能力为主线、突出职业素质的人才培养方案开发的基本要求:(1)每个专业确定1—2项核心能力(称为一级能力)作为该专业的主要能力培养目标。(2)将一级能力分解为若干二级能力,个别二级能力还可进一步细化成三级能力。(3)将所有的二级或三级能力按照能力(技能)培养由低级到高级、从单项到综合的思想分配到全学程的各个学期,每学期突出1—2项重点技能项目进行训练和考核。(4)最后形成完善的能力结构体系,并据此设置教学模块和填充教学内容。

为了突出以能力为本位的思想,我们还调整了各主要环节的课时比例,突出实践技和能力的培养。实践教学包括实验、实习、实训、课程设计、社会调查、毕业实习(设计、论文)等教学环节。三年制专业总学时2000—2200学时(120—140学分);公共课学时占25%—30%;专业基础和专业课理论教学学时占25%—30%;实践教学学时(含实验)占总学时的比例不得低于:工科专业40%,文管类专业35%,师范类专业30%。要减少演示性和验证性实验,增加技能型、综合型和研究型的实验。实习、实训尽可能按周单列。

在上述思想的指导下,结合学分制的改革试点,我们开发的人才培养方案特色鲜明,实施效果好。

2. 改革课程体系,保障素质提升

课程是人才培养的载体和依据,课程设置是人才培养目标规格的基本保障。过去,我们往往只注重设置好专业课,强调的是专业基础、专业理论、专业技能,而且往往强调,突出的是专业基础和理论,将这方面的课开得很多,而在一定程度上忽视了专业技能和综合素质的培养。依据新的教育理念,我们采取了以下几大改革措施。

一是制订了基础理论以必需,够用为度,基础理论课服务于综合素质,能力提升之需要;以能力培养、素质提高为核心,强化专业主干课、精品课建设,增强课程设置的针对性、实用性;采取多种形式(二课堂、专题讲座、选修课、实践课等),将素质教育贯穿于人才培养的始终;在公共技能中突出英语、计算机和语言文字表达能力培养,在综合素质中突出人文素质教育的基本原则,以此指导和保障能力本位与素质教育课程的设置。

二是在课程设置方面下了功夫。除去开设公共基础素质课、专业技能、公共技能课外,还于理科生中普遍开设了《大学语文》、《中国文化概论》等课程,为提高其文化素养、增强人文传承能力打下了坚实基础。

三是要求、强调在教学大纲的编写中要充分体现职业素质提升,职业能力培养原则,使其相应内容得到固化,相关工作得到进一步保障。

四是在教材的选用和编写中充分体现,切实保障素质教育和能力本位原则的贯彻实施,注重人文传承性、技能性和实用性,以此为基本取舍标准,不符合标准要求者,鼓励教师自己编写,而且于这方面制订了《四川职业技术学院教材建设规划》《四川职业技术学院教材管理办法》、《四川职业技术学院自编教材、讲义管理办法》等一系列管理制度、于实施中加强了管理和审查,以此确保了建设目标的实现。

(二)创新人才培养模式,凸显三大能力

过去,我们的人才培养基本上是囿于课堂和校园,由书本到书本,就理论讲理论的传统教学方式,学生最多进一下实验室或搞些短期的见习,集中实习而已,结果是学的理论知识多,专业技能少;书本知识多,社会实践少;专业知识多,社会知识少;死记硬背多,灵活运用少。所学理论非常有限,而且很不实用,学生动手能力弱,社会适应性相当差。进入高职领域后,这类问题日益突出,主要反映在用人单位选人时很难适应需求,引起上下震动。为此,我们依据社会需求,培养目标和办学实际,于改革人才培养模式,坚持能力本位方面做了以下探索。

1. 打破常规保重点,突出职业应用能力

作为一个大专层次的高职毕业生,其能力固然应当是多方面的,但最基本的却是职业应用能力。如果连这种能力都不具备,便很难找到就业岗位,就意味着失业;如果这方面的能力不强,则很难找到好岗位,很难干好本职工作。因此,高职教育必须从这一基本能力抓起,必须将这一基本能力抓好。我们的基本做法是:

首先将学生的能力分解成公共技能,专业基本技能和专业核心技能三大板块,明确各专业学生应当具备的专业基本技能和核心技能是哪些,应当具备到哪种程度,再据此制订培养方案,明确培养这些技能的内容、方式和途径,从课程设置、内容取舍、时间安排、培养途径和模式等方面加以保障,确保其有效实施。到毕业时进行严格考核,使之真正落到实处。为了达此目的,一是调整教学安排,确保实训、实践时间;二是优化教学内容,增强实用性和职业针对性;三是加强实训、实践、实习,工学交替,缩小岗位职业差距;四是鼓励参加技能竞赛,社会实践活动,培养锻炼职业能力;五是严格考核和实施双证,多证制,严把好出口关。

由于注重了职业应用能力的培养,收到了明显的效果,除去用人单位普遍反映好之外,还经受了社会的公开检验。2004 年以来,学生参加全国大学生电子设计竞赛累计获得全国二等奖一个,获四川省一等奖 1 个、三等奖三个;2002 年以来,每年参加全国大学生数学建模竞赛,累计获全国一等奖 1 个、二等奖 3 个,获四川省二等奖6个、三等奖3个；2004年学生参加四川省首届青少年"美好家园"电脑绘画及网页设计大赛获得二等奖2个、三等奖1个、创意奖2个；艺术系学生张龙在第三届中华民间艺术精品博览会大学组中书法作品获得银奖，在2006年首届全国青少年美术书法大展书法专业组中获得三等奖；袁成武在2005年全国大学生艺术节书画类作品中获得三等奖；蒲恩德、杨林、邓力在2005年四川省大学生艺术节美术类作品中获得二等奖；2007年9月学院组队参加全国高等农业职业院校职业技能大赛类，获单项二等奖4个，并获优秀组织奖。

2. 齐抓共管出重拳，增强社会适应能力

高职学生属应用型人才，除去具备专业知识和职业能力之外，还必须具备很强的社会适应能力，社会适应能力的核心又在综合素质和相关技能上。我们以此为重点，充分发挥各职能部门的作用，齐抓共管，重拳出击。一是注重了根据市场调整改造专业。近年中，先后停办了生源差、市场疲软的物理教育，生产过程自动化技术，计算辅助设备制造、园林工程技术，改造了计算机网络技术和软件技术等专业，新增开发了市场需求大，发展前景好的汽车制造与装配技术，电子信息工程技术、建筑工程技术、旅游英语、新闻采编与制作、投资与理财等新专业，使学生一进入学校就能找到适应社会需求的基本平台；二是以提升综合素质为核心，以入学教育、思想品德教育、就业创业教育、专业思想教育为抓手，让学生认清形势，明确任务，增强危机感、紧迫感，学会学习，树立终生学习的理念，增强学习的自觉性、主动性，提高学习能力。开阔视野，抓紧一切时间，利用一切机会和条件充实提高，培养锻炼自己，而不是只盯住专业知识，显得十分有限和狭窄；三是深化教育教学改革，从2001年开始了学分制改革，实行了学分制和主辅修制，搞"低基础（低年级学基础）、高分流"（高年级选专业）的改革试点。允许学生选择专业、允许学生提前或延后毕业，允许学生依据兴趣爱好和特点选择喜好的方向和课程，允许鼓励学生一专多能，成为复合型人才，甚至允许师范生考取非师范的技能等级证书，非师范专业毕业生考取教师资格证，学院还专门为这些学生提供相应机遇和培训，鼓励学生参加自考、进修高学历，或选修同类院校课程，成绩互认，为学生提供了个性化教育和柔性成长的良好环境，千方百计增强他们适应社会的相应资本；四是教学中充分运用现代化教学理论和手段，实施启发式、情境式、互动式、参与体验式教学，教会学生发现问题、提出问题、解决问题的方法。鼓励他们大胆质疑，解放思想，培养他们的探究创新精神，团结协作精神和良好的学习习惯、思维品质，培养他们的实践能力、动手能力、创业能力；五是注重培养公共技能，让学生具备良好的表达能力、计算机应用和外语交际能力。将《普通话》、《大学语文》、《应用写作》和英语、计算机作为了必修，限选课，甚至还专门开设了日语班，要求学生必须具备普通话二级乙等以上，英语二级，计算机等级 1～2 等以上才能毕业。为达此目的，学院还充分利用课内教学和课外活动，每周四晚自习等在学生中开展基本技能训练，搞各种演讲比赛、辩论赛、专题研讨、英语征文、风采大赛、计算机 ATA 和 ACCP 认证考试，英语、计算机、记者协会等等，力求使学生通过丰富多彩的活动和教育工作，真正具备社会必需的普通话，英语交际能力，应用写作书面表达能力和计算机应用操作能力。

实践证明，这样做的效果是好的，检测结果：普通话必考专业（师范、文管类专业）通过率二级乙等以上达 98%；非英语专业学生参加 CET 考试二级及以上累计通过率居全省同类院校前茅；2004 年以来参加全国大学生英语竞赛，累计得一等奖 1 人，二等奖 5 人，三等奖 14 人，组织奖一次；计算机的 ATA 证书和 ACCP 认证合格率均在 92% 以上。

3. 立德树人强品质，培养人文传承能力

人是要讲素质的。在众多的素质中，我们强调的是职业素质。在职业素质中，起最根本，决定作用的是人文素质，是人类社会千百万年千锤百炼传承下来的人文精神和品质。技术可以变革，可以创新，人文精神却代代相传，可以经久不息，发扬光大，这也是人类社会生生不息、滚滚向前的根本所在。因此，我们很强调，注重并千方百计地培养学生的人文传承能力。传承的基础和前提是自己首先要具备良好的人文素养、人文品质和精神。为此，我们近年中孜孜不倦地做了以下努力：

一是教会学生认识和传播真理。这是历史赋予我们的特殊任务，是党和国家，是民族振兴的基本要求，也是我们立德树人的首要任务。真理是放之四海而皆准的，这就是马列主义、毛泽东思想、邓小平理论、“三个代表”重要思想和科学发展观。以人为本，德育为先，千教万教，教人求真。因此，我们不但严格按照《中共中央国务院关于进一步加强和改进大学生思想政治教育的意见》（中发〔2004〕163 号文）为指导，进一步加强思想政治教育，把社会主义的核心价值体系融入到高等职业教育人才培养的全过程中，先后整合两校师资，组建了“两课中心”，配齐配强了师资，从组织措施上保障了这一工作的有效开展；于反复调研的基础上形成了与教学观念、内容体系，形式方法相应的教改意见和方案，将原有的四门课程据实改革整合为了《当代中国的马克思主义》（涵盖“毛、邓、三、科”四部分）和《道德与法律》两门；新增一门密切联系实际的《就业与创业》课程，使之更为科学合理，而且还根据上级要求和高职教育特点，深化了课程内容体系的改革，采用了国家统编教材，使之更重人生哲理，更符合高职学生的成长成才要求，确保了毕业生具备正确的世界观、人生观和价值观，具有更为坚定的中国特色社会主义信念。

二是增强学生的法纪意识和社会公德。这主要是通过两课和常规教育进行的。在两课中开好《思想道德与法律基础》课，让学生懂得人是社会人，必须遵守社会规则，具备社会公德，必须具备法纪意识和观念；我国是法治国家，生活在法治时代的学生要有责任感、使命感，要遵守校规校纪和相应法律法规，当一个好学生，出身社会后要讲职业道德，社会公德，懂得"八荣八耻"，当一个好职工，好公民，并且将其与一个人的修养、素质、品性联系起来，做一个对党和国家、对社会、对民族有用、有贡献、受尊重的人，激励其遵纪守法，昂扬向上。

三是提高学生的人文素养和素质，为其传承人文精神奠定良好基础。这主要是通过在学生中开设人文教育课程和丰富多彩的第二课活动来实现的。在我们看来，高职生学习专业知识和技能固然是对的，但如果不强化人文教育，则无论如何学生的品位都不会高，发展后劲都不强，不可能科学地可持续发展，最多也只能是社会生活中的能工巧匠而已，这应当是中职阶段的主要任务。古人尚且要求子弟要读万卷书，行万里路，登高望远。我们现代的高职教育更应当重视其人文素质的培养。因此，我们一是在理工类专业中开设了《中国文化史》、《大学语文》、《应用写作》等课程，并且由院长书记带头上，要求各专业、各课程都要结合教学内容融入人文精神方面的内容，弘扬人文品质和精神；二是在所有学生中开设了《书法鉴赏》、《美术鉴赏》、《音乐鉴赏》、《文学欣赏》等课程，让学生了解古今中外的人类艺术精品，从中受到感染熏陶和相应的启示教益，提高其修养和品位；三是组建学生社团，通过第二课堂和丰富多彩的课外活动来让学生感受、体验、品味、传承、培养、提高人文素养和传承能力。诸如话剧团、文学社、书法、美术、音乐、记者协会，校园歌手大赛、书法美术作品展、各类演讲比赛、知识大赛等等，仅学生社团就多达24个，有学生会员2700余人。不仅在院内，而且还参加省市、兄弟院校间，乃至于全国性、国际性的相关比赛活动，让学生开阔眼界，得到多方面的锻炼，求得更快、更好地成长；四是通过校园文化建设来营造人文环境，来熏陶培养学生的人文意识和观念。这主要体现在教室、寝室文化和相关活动，以及校园景观的设置，相应氛围的营造来实现的，让学生耳濡目染，受到很好的人文熏陶，收到的自然是一种"随风潜入夜，润物细无声"的客观效果。

（三）加强高职研究，提升办学水平

高职教育是一种全新的教育，如何提高人才培养质量，提升人才培养的能力与水平，是我院近年来苦苦探索的重大深刻命题。为此，短短的5年中，我们先后确立和申报了37个院省级课题，从以下几方面做出了相应的努力。

1. 研究职教现状，明确目标及方向

历史经验告诉我们，不能正确认识现状，便难以很好把握未来，更何况职教还有个认识自我、认识他人的问题。基于此,我们先后于这方面做了一个院级、两个省教育厅的教育科研重点课题,其一是《四川职业技术学院发展战略研究》,主要是对学院现状,所面临的机遇和存在的问题,发展方向,建设思路等所做的相应研究,目的在正确地认识、估量自我,找准发展路子和方向;其二是《四川省高等职业技术教育改革与发展研究》,不仅研究了四川高职教育的现状、相应举措、预测了发展趋势等宏观层面的重大问题,而且对四川民办高职教育、四川高职教育的产学研、四川高职院校的内部管理、四川高职教育中的人文素质教育等几大专题进行了相应的深入研究,目的在于把握全局。该研究成果既作为咨询报告上送了省厅省府领导,以提供决策咨询,又汇编成了《四川高职教育的改革与发展》一书(即将出版),为兄弟院校提供了参考资料。第三是《高等职业技术教育科学发展观研究》,讨论的主要是我国高职教育的发展环境、规模、速度、质量、结构、体制、评价,培养目标、模式、教学改革等问题,以期更好地走向未来。

通过上述研究,既为高职教育的建设与发展做出了相应努力,又加强了我们认识,认清了我们所面临的形势和任务,认清了学院的发展建设方向和基本走势,并由此形成了如前所述的“三本四寻”理念和“56710”目标及其相应的办学思路和战略,为我院全面提升人才培养质量和办学水平奠定了良好的思想认识基础。

2. 研究教育教学改革,提升人才培养水平

由于高职院校大都是近年中组建的新型院校,因此,其根本任务就是要不断提升人才培养质量和办学水平。近年中,学院围绕这一根本,核心任务做了以下几方面的探索。

一是课程体系和人才培养模式的研究。2004 年以来,学院先后开展了《高职教育职业能力培养体系研究》、《高职教育思想整治理论课教学实效性探索研究》、《高职机电一体化专业能力培养体系研究与实践》、《高职环境监测与治理专业职业能力培养模式研究》、《高职电气工程及自动化专业应用型人才培养模式研究》、《高职经济信息管理专业人才培养模式研究》、《高职思想政治课理论教学模式研究》、《机电类专业实验、实训室建设模式的研究》、《高职应用电子技术专业能力培养研究》、《高职工程造价专业学生职业能力培养的探索与实践》等 10 个省级、院立科研(教改)课题。通过这些研究,既统一了教职工的思想认识,进一步明确了高职教育人才培养的规律、特点和相应模式与方法,又为各专业学生的课程设置、能力培养寻求最佳结构和方案,为提升人才培养质量奠定了厚实基础。

二是教育教学方法、手段的研究。于这方面相继开展了《高职教学手段网络化支持系统的研究与运用》、《高校思想政治理论课教学艺术研究》、《高职教学过程管理信息化建设研究》、《高职院校学生思想政治素质教育研究》、《高职学生人

文素质教育研究》、《四川省高职院校科学教育与人文教育融合研究》、《高职院校学生心理健康素质教育研究》等10余个省、院级课题。除去院内课堂教学研究之外，还结合社会需求，积极开展了产学研结合与应用技术的研究，先后组织开展了《丝光过程调速系统优化控制研究与系统实现》、《内燃机发动系统唇加工自动化研究》、《紫色甘薯与川中丘陵地区的栽培适应性研究》、《市电力局工资管理软件开发研究》、《市工行开发贷款投向评估管理系统》、《建设局档案馆网络办公系统和分像管理系统研究》、《遂宁通网站建设开发研究》、《新型保健护肤精油的研发》以及《蜀史考》，《船山诗草注释》、"黄峨及其诗词曲研究"等10多个省市院级课题的研究，为企事业单位、党政管理部门解决生产技术和管理中的难题，为地方社会、经济的发展做贡献。

通过这些研究，一是解决了教学与人才培养中的重大疑难问题，为人才培养质量、水平的提升提供了坚强有力的支撑保障；二是更新了教职员工，特别是教师的思想观念，提高了教师和员工队伍素质、能力和水平，既锻炼了队伍，促进了师资队伍建设，又反过来促进了人才培养质量与水平的提高；三是促进了教师、学校与社会生产实践的结合，既为地方社会经济发展做出了贡献，又锻炼培养了队伍，展示了学院的实力，提升了学院的知名美誉度，真正起到了以教学促科研，以科研促进教学的作用，促进了学院的建设和发展。

三是教育教学管理，人才培养质量的监控体系研究。

教学质量是学院生存和发展的生命线。建立完善的教学质量监控评价体系，搞好教学过程监控与质量评价工作是提高教学质量的重要保证。为此，学院2005年开展了省教厅人文重点研究课题《四川省高职教学质量监控和评价体系研究》。通过研究，提高了教学管理人员和教师对教学质量监控的认识，明确了搞好教学质量监控的价值意义，提出了搞好教学质量监控措施办法，为探究具有我院特色的教学质量监控体系奠定了重要基础。

研究结果构建了"一套教学质量监控评价体系"，包括七大内容，即一个监控体系框架：由控制要素系统、质量标准系统、信息采集、统计、测量与反馈系统、评价系统、组织系统、保障系统构成。二个质量标准：毕业生质量标准与各主要教学环节质量标准，是我院教学质量监控评价工作的行动目标。三套监评制度：学院教学工作检查制度，学院教学工作评价制度，学院教学信息反馈制度，是学院教学质量监评工作的行动准则。四级监评组织：院级（学院教学督导委员会）、系级（系教学督导组）、学生（学生教学信息中心）、社会（社会行业市场信息中心）的四级教学质量监控组织系。五位一体教学信息反馈系统：建立了由学院领导、教务处、系（部）、师生、用人单位五位一体共同参与的教学信息反馈、调控体系。六种监评方式:即质量检查、三评活动[教师评学、教师评教(教师自评、同行评教、系室评教、督导评教)、学生评教、信息反馈、运行纠偏、实施奖惩、质量跟踪六种监评活动方式。七项重点监控内容:即以“人才培养方案质量、教师工作规范、课堂教学质量、实践教学质量、教学管理工作规范及管理效果、毕业生质量、学院教学规章制度的制定与执行”七项内容为监控中心内容。该体系已经指导和运用于人才培养实践,已进入到实践推广阶段,经过两年来的试运行,取得了明显效果。教学计划文件制定规范完整,并且执行情况较好;教学管理效果明显,教学运行秩序井然,近两年来无重大教学事故发生;学生评教满意度逐年递增,教师评学分数班平 80 分以上;学生职业能力得到较快提升,用人单位对毕业学生的满意度高。

此外,学院还制定了《四川职业技术学院主要教学环节质量标准》,包括课程理论教学、实验教学、实习教学、课程设计、毕业设计(论文)、学期考试等环节的质量标准,并配套了一系列管理文件和制度。在明确教学主要环节质量标准的基础上,进一步修订完善了教师职业道德规范、教师教学工作规范、教学管理人员工作职责等,对各类教学人员提出了规范要求,做到教学质量有标准,教学过程有规范,教学检查考核有要求,纠正整改措施有落实,确保质量标准得以有效的贯彻和实施。

制订了毕业生质量标准。明确了毕业生的思想素质、人文素质、专业素质、身心素质标准和学分、计算机等级、英语等级、技能等级、职业资格证书、毕业设计和顶岗实习标准。规范了毕业生的行为,严把了毕业生“出口”,保障了毕业生质量。

我们将这些研究成果运用到人才培养上,有力地推进了人才培养质量和学生综合素质的提高:

一是提升学生思想政治素质。通过对思想政治理论课主渠道、教学艺术、职业道德教育和校园文化建设等方面探索,明确了高技能人才思想政治素质教育的目的、意义、方法、途径、措施、模式,增强了思想政治素质教育的实效性,提升了学生思想政治素质,2004 年以来参加党校学习的学生达到 3046 人,申请入党 2500 人,确定入党积极分子 1365 人,发展学生党员 792 人。

二是提升学生人文、科学素质。学院通过建设课堂教学、学生社团、社区和宣传平台这“四个阵地”,开设了 24 门人文选修课程,成立了 23 个社团,吸纳学生 2700 多人,长期坚持为社区服务,青年志愿者协会被评为四川省高校“明星社团”,大学生艺术团参加各种活动、比赛,获得了多项一、二等奖,形成了一个较为全面的适用于高职院校学生人文科学素质教育的模式,学生的人文科学素质和专业技能都得到了较大提升。

三是提升学生身心健康素质。在科研指导下,学院开展了“四开”:一是开设大学生健康教育课程，作为必修课，纳入教学计划，由教务处统一安排，学院卫生科专职医师授课，使广大学生掌身心健康、疾病防控的基本知识；二是开通心理咨询热线电话，成立心理咨询中心。配备专用心理咨询室、专线电话、专职心理辅导教师。三是开设心理辅导讲座。近两年共开展了"心态决定人生"、"大学生性心理发展特点及正确处理性恋问题"等主题的大型辅导讲座40次。深入到各班级开展专题辅导20次。四是开展心理健康问题调研。随时掌握当前大学生的心理特点和心理健康状况，及时采取措施作问题学生的心理疏导工作。学院认真贯彻和实施《大学生体质健康标准》，积极开展新生军训和体育课教学改革，推动群众性体育活动的开展。学院每两年举办一次全院性的田径运动会，经常举行球类比赛、健美操比赛等各类群众性的体育活动，大学生的业余体育生活多姿多彩，强健了学生的体魄。经测试，我院04.05级学生体质健康标准合格率高达99.3%。

3. 研究社会需求，提升就业质量

高职院校培养什么人？开办什么专业？都必须适应市场需求，学院每年坚持市场需求调研的同时，积极进行社会人才需求状况与专业建设改革研究。2004年以来，相继开展了《汽车运用技术专业建设与教育教学改革的研究》(省政府教学成果三等奖)、《高职食品与化工类应用型专业开发研究》、《模具制造业现状及发展研究》、《四川省及重庆市应用人才需求预测研究》4个课题的研究。通过上述研究，进一步明确了市场对高技能人才的数量、质量和规格等方面的需求，明确了高技能人才的知识、能力和素质要求，明确了专业建设与改革的方向、原则和目标，从而使学院能够有目的、有计划、有步骤地进行新专业开发和老专业改造。

就业是检验高职院校培养的人才是否符合市场需求，是否符合岗位要求的客观尺度，是检验高技能人才是否具有就业竞争力的重要标准，也是检验高职院校教学改革与建设成效的试金石。为了奠定和夯实学院教学改革与建设的理论基础，从总体上把握大学生就业工作的现状，积极研究、探索高职院校人才培养工作的"出口"，学院组织开展了《四川省高校毕业生就业工作研究》。该项研究从我国的国情、四川省情和就业市场需求出发，回顾了四川省高校毕业生就业工作的历史，总结了四川省高校毕业生就业工作的现状、存在的主要问题和面临的形势任务，提出了进一步做好四川省高校毕业生就业工作的意见、建议和若干对策。通过研究，我们进一步明确了高等职业教育以就业为导向的深层内涵和本质意义，为搞好教学改革与建设，全面提高人才培养质量提供重要的理论依据。

近几年，我院学生就业竞争力明显增强，就业质量明显提高，一次性就业率达92%以上，许多专业毕业生供不应求，成为用人单位的抢手货。2005年、2006年连续两年获得省教育厅就业工作先进集体表彰。

(四)建设全新校区　优化育人环境

建院之初,学院于人才培养方面面临诸多巨大矛盾:一是社会需求大,学院规模小,两校合在一起,占地仅211.4亩,全日制学生仅3000余人,与社会对应用型人才的巨大需求,与国家对高职教育的要求形成强烈反差,也与四川职业技术学院这块牌子极不相称;二是教职工队伍大,学生人数少,全院教职工700余人,专兼任教师近500人,高级职务上百人,学生却只3000多人。且学院因为50年办专科的缘故,师资在全省同类院校中属最好的一类,师生比也形成强烈反差,不仅出路成问题,而且造成巨大的资源浪费;三是在规模扩大后,六七千师生员挤在200多亩有限空间内,且地处市中心,四周已无任何发展空间,教职工不少,师资力量也强,办学空间却远远不足,且校舍陈旧,没法改造,即使买回设备和图书资料,也难以找到库房,更不能有效利用,很好地为人才培养水平提升服务;四是市委市府高度重视职教,号召打造西部农村职教基地,以学院为龙头,让我们深感责任重大,名实难副。所有这些,都极大地制约着学院的建设与发展,制约着人才培养水平的提高,为了彻底改变这种状况,经过反复研究并经教代会通过和报请省市批准,又经过紧张筹备,我们于2005年毅然启动了新校区建设。

新校区地处遂宁河东新区,规划用地1053亩,各类建筑30多万平方米,计划分三期建成。目前已投入4个多亿,二期工程基本竣工,各类建筑已达20多万平方米,所有学生全部入住。

新校区是在极端困难的条件下依靠教职工和社会各界支持建起来的,为了提升人才培养质量和水平,为了发展高职教育,学院和教职工都无怨无悔。在新区建设中,以下几点是值得充分肯定的:

一是学院党政、全院教职工认识统一,即便再困难,哪怕咬紧牙关过日子,也一定要抓住机遇,为高职教育、为学院的发展作贡献,也要改善办学条件,为提升人才培养质量、提升办学水平创造条件,这一点可以从教职工集资启动并支撑新区建设,再苦再累都无怨无悔,反倒更加努力工作,给了学院充分理解和支持的大量事实中得到印证,他集中体现了教职工提高人才培养质量,提升办学水平的坚定信念和高度的主人翁态度与责任感,体现了艰苦创业的优秀品质,也是学院进一步建设与发展,力争建成示范性高职的坚实基础、巨大动力和宝贵财富。

二是在极度困难的情况下,学院是高起点、高水平建设新校区的。整个校区由同济大学规划设计,无论从教学、生活设施到相应环境,整体布局,都显示了现代、大气、靓丽的突出特点,这与学院高起点人才培养思想、高起点办学理念是完全一致的,这就为我院人才培养和办学水平的提升创造了先决条件。

三是新区建成后,同样在极度困难的条件下,学院在教学的相应设施设备上就新增了2000多万元的投资，包括汽车、机械、计算机、语言试验、图书情报、网络信息等方面的投入全是按一流水准来规划设计和运作的，这就为人才培养质量的提升提供了强有力的支撑和保障。

四是整个校区的环境、设施景观建设等都极富人文底蕴和环保理念。包括教学楼、图书馆、信息技术楼、艺术大楼、语言大楼、风雨操场、学生食堂宿舍等以及校园内的行知路、船山路、子昂路、仲尼路，还有相应的浮雕与假山喷泉，花草树木等，都极具人性化，极富人文气息，充分地体现了以人为本，环境育人的基本理念。细微处见精神，应当说新校区建设为人才培养水平提升服务的意识和观念无处不在，包容一切。

三、创特色铸品牌，服务社会经济

一所学校好比一个企业，在当今激烈竞争的市场经济大潮中，必须要有特色，形成自己的特定品牌，才能赢得良好的社会声誉和美好的发展前景，才能更好地为社会经济发展服务。基于这样的认识，近年来，我们除去在人才培养中注重素质教育，彰显职业素质，坚持能力本位，凸显学生职业应用能力，社会适应能力、人文传承能力之外，还坚持了以下基本的办学思想理念并收到了显著成效。

（一）以就业寻出路，引来高朋满座

对于就业，学院是有着深刻认识感受的，一直奉行着“出口畅，进口旺，中间质量是保障”的基本信条，把就业看成了学院发展建设的瓶颈因素，打破这个瓶颈，不仅意味着学生毕业后畅通了出路，而且预示着学院也有了美好的发展前景。因此，将就业当成了关乎学生，更关乎学院出路的大问题：一是党委行政高度重视，建立了由党政一把手任组长，分管领导为副组长，所有党委成员和中层正职为组员的就业领导小组，将其列入重要议事日程，作为了一把手工程来抓；系室建立了主任书记挂帅，团总支书记、辅导员、班主任参与的就业服务指导小组，层层落实，分解目标责任，做到了上下一心，齐抓共管，为搞好就业工作提供了强有力的组织保障。二是年年有就业工作实施意见和方案，明确要求就业工作要从每一个环节抓起，从素养、素质、能力这三个涉及人才培养质量，涉及就业的关键要素抓起，贯穿育人工作的始终；将就业工作纳入了年度工作目标考核，与评职、评优、晋级、岗位津贴、年终奖等挂钩，逗硬奖惩，建起了促进、保障就业工作的长效机制。三是将就业创业教育与指导列入了教学计划，组建了专门的教育指导队伍，通过上课、开讲座、个性化辅导、模拟双选、职业生涯设计大赛等形式，将其贯穿育人工作的全过程，帮助大学生树立正确的人生观、价值观，就业择业观，为就业工作顺利开展奠定了良好而坚实的基础。四是采取走出去，请进来的办法，主动与用人单位联系挂钩，推荐学生、推销学校。开展校企、校地合作，实施订单培养，拓展就业市场，为毕业生创造更多更好的就业机遇。五是加大了信息化建设力度，拓展并充分发挥了就业信息专网的基本功能，为毕业生和用人单位提供现代化的信息服务。六是定期与用人单位联系，实行回访制度，对毕业生进行就业情况跟踪，不断提升就业与服务的相应质量。

扎实的就业工作赢得了良好的回报。一是毕业生及家长就业、择业观念有了根本转变，依靠学校就业的现象逐步消失。自主择业、创业，通过努力学习来从根本上解决就业的现象多起来了。毕业生定位比以前更准，有业不就的现象基本消除。甚至还出现了不少女生摒弃传统观念，踊跃进京当保姆的状况，仅2005、2006两年，进京当“大学生保姆”的女生就多达140人，成为了一道引起全国各大媒体高度关注、社会好评如潮的靓丽风景线，曾一度在全国各地引起巨大的轰动效应。近年中，毕业生一次性就业率达85%以上，年终就业率在92%以上。高出全省平均水平10个，全国平均就业率20个百分点以上。就业的质量也在逐步提高，相当一部分毕业生都能很快适应工作，迅速成为骨干或进入管理层，得到用人单位的好评和青睐，也得到了省教厅的充分肯定。2005、2006年毕业生人数大大增加了，就业率和质量都相对稳中有升，连续两次被评为了“四川省普通高校毕业生就业工作先进单位”，赢得了良好的社会声誉。本地的企业多起来了，省内地市州和成都的用人单位来了，就业人数增加了，珠三角、长三角、港台、新加坡、韩国、日本的企业来了。高金、美宁、沱牌、中国死海、港通、南骏、长虹、远成、富士康、二汽、人本、今机、大唐电信、上海二纺机、宝利根等知名企业纷至沓来，仅建立基地和常年招聘的大中型企业一项就达200多家，就业与人才培养形成了真正的良性互动关系。

（二）以服务寻支持，赢得社会信任

学校是为社会服务的，服务一直是我们办学的宗旨。新学院建成后，我们于服务上做了以下努力：

一是首先明确服务对象。学院地处遂宁，系遂宁唯一一所高校，首先为地方社会经济发展服务是理所当然的。更何况我们是省地共建，虽然以省为主，但遂宁的党政领导很开明，遂宁的父老乡亲很可爱，他们很关心、支持我们，在重大问题上，在新区建设中，政策比直属学校还优惠，支持的力度之大前所未有，我们没有任何理由不为之服好务。然而，我们毕竟又是省管高校，冠的是四川职业技术学院的牌子，还得为四川的社会经济发展服务，为科教兴川做出应用贡献。为此，我们多年来坚持的是立足遂宁，面向全川，服务全国的服务定向，实践证明这样做是对的。

第二是服务内容。学院是培养人才的地方,因此,主要的自然是提供人才培养服务。为此,我们从立足遂宁角度,加入了西部农村职教基地建设行列,勇立潮头,当起了排头兵;我们是遂宁党政机关、多家企事业单位的培训基地,为他们培训干部、职工;我们建有遂宁市第一所驾驶员培训学校和青年职业培训中心,从全省全国角度看,我们建有国家级职业技能鉴定所和中央财政支持的全国汽车紧缺人才培养基地,普通大专面向全国20多个省市招生。建有四川省职教师资培训基地,中小学教师继续教育中心,中学校长任职资格培训基地,四川省下岗职工再就业培训基地,劳务开发培训基地,农村劳动力转移培训基地,农机系统公务员、专业技术人员培训基地。除去培养大专层次高技能应用型人才之外,还以各种形式进行岗职培训,继续教育和各种职业技能培训,长的短的,学历非学历教育的,只要社会有需求,我们都提供服务,即便条件不很具备,我们创造条件也要提供好服务。

除去人才培养之外,我们还提供了智力支持和资源性服务。无论是农村、城镇,不管是学校工厂或是其他企事业单位,不管是教学还是科研,个人还是集体,只要找到我们,完全是有求必应,这在前面相关内容中已可见一斑,资源性服务体现在我们的设施,场地和人力资源上,特别是基础教育中的中职教育,在实验实训、文体活动、教师资源等方面的合作与支持不胜枚举,几乎到了不分彼此的地步。

第三是服务方式和态度。服务方式显得很灵活,而且很多时候也是双向的。态度自然是主动、积极,而且是非常诚恳和周到的。

良好的服务赢得的是充分的信任和大力的支持。本地的学生逐步多起来了,舍近求远现象基本得以改变,市上的重大活动都把我们作为一分子。省、市的党政领导、教育行政主管部门的领导多次来院视察、检查指导工作,研究解决相关问题,学院的重大疑难问题总是有求必应。新校区建设不仅地价特优,只3.5万一亩,令人羡慕不已,而且市上领导亲自挂帅督查督办,得到了很多优惠支持。本次评估下月校庆,明年冲击示范,市委市府领导都亲自过问,列入重大议事日程,当成大事来办,学院的办学环境越来越宽松。

(三)以贡献寻生存,招致满堂喝彩

学校的天职是人才培养,贡献于高职院校来讲,自然也主要在人才培养上。我们培养的人才越多,质量愈好,我们的贡献就越大。因此,我们千方百计地挖掘潜力,争取多招生,多办学,千方百计地提高人才培养质量,争取快出人才、出好人才、出大人才,但数量毕竟是有限度的,也要受客观条件、教育教学规律的制约,质量是广阔天地,可以大有作为的。近年中,由于坚持了彰显素质,能力为本,我们的人才培养质量有了明显的提高,学生不仅公共技能、专业基本平均合格率在

90%以上,而且综合素质高,创新能力强,表现出良好的社会适应性,赢得了良好的社会声誉。2004年以来,我院不仅已经向社会输送了名普通大专层次的合格毕业生,而且在全国全省性大学生技能和才艺比赛取得了如前所述的优异成绩,得到了社会的赞誉和上级的表彰。

除去学历教育之外,学院充分利用自身的资源优势,积极回报社会的支持,大力服务地方和四川社会经济。一是面向企业、行业,积极开展职业培训;二是教师学生通过开展产学研活动,服务行业、企业。学院被确定为四川省农机系统公务员施教机构以来,为全省农机系统培训拖拉机驾驶教练员、机耕道建设工程技术人员、公务员629人;作为四川省中学校长任职资格培训中心、四川职业技术学院干训部,累计培训中学校长及其他教育干部6497人;作为四川省教师培训中心之一,至2002年成立以来,培训"世行贷款、英国政府赠款、西部地区基础教育发展项目教师、骨干教师、省级课改培训教师2260人;作为四川省职教师资培训基地,已举办职教师资培训4期,共培训179人;作为汽车驾驶培训基地,仅近三年就培训驾驶员(包括农民工驾驶员)4449人、机动车教练员369人。为加强产学研合作,学院先后与华润集团、沱牌股份有限公司、川中油气矿、美丰华工、远程集团、遂宁市烟草公司、遂宁市下岗工人再就业中心、遂宁市中医院、遂宁市远达运业公司、遂宁移动分公司、联通分公司等合作举办中高管人员、工程技术人员、文秘人员、职工岗位技能、计算机、英语、人力资源、市场营销等培训,共培训4800人次。尤其值得一提的是,我院2005、2006年承办的四川省劳务品牌—"川妹子"家政服务员因其家政服务技能娴熟赢到北京、上海广州、深圳等经济发达地区用人单位的好评,受得《华西都市报》等各大媒体的广泛宣传和赞誉。通过职业培训,为行业、企业的建设和地方经济社会的发展做出了积极贡献。

(四)以特色寻发展,开创美好未来

学校尽管是培养人才的,但也与客观事物一样,也应当有自己的特色和品牌。没有特色便没有个性,没有特殊性;没有个性,特殊性就不能把自己与别人区别开来。尽管学校的共性应当要多一些,但也不能没有个性特色。没有特色便会失去自我,便没有生命力。什么是特色?特色便是个性,是事物内部的差异性,它既可以多,也可以少,既可以大,也可以小,既可以是深层次本质的,也可以是浅表和外在的。人无我有固然是特色,但有这种情形很少、很难;人有我异,人有我优也该是特色,这恐怕要多一些,好办一些。尤其对学校,特别是高等教育而言,难度自然就更大了。因此,建院时间不长的我们,尽管也在苦苦追求,特色却相对有限,能称得上相对特色的,大致有如下一些:

一是综合性高职院校的特殊定位。学校是要分类型的,学校也是有自己特定类型的,如果分不清类,就有可能错位,迷失方向。虽然高职院校中合并组建的不在少数,但合并后有我们这么多专业,涉及这么多学科类别(有专业就有归属的学科类别),而且没有简单合并舍弃的院校不算太多。我们不是简单地保留,而是充分考虑了社会的多种需求,考虑了自身的办学条件,依据了彰显素质,"三本四寻"之办学理念保留的。如果我们也去整合,搞成特色鲜明的单一,不仅浪费资源,而且职业素质、社会适应、人文底蕴就只能是空谈了。更何况社会需要,国家也允许有综合类高职之存在呢?相较之下,我们便成为高职中的一个特定类别了。既然类别特殊,目标定位自然也就成了综合类示范性高职院校。

二是"三本""四寻"的特定办学理念和千方百计培养高素质、高技能应用性人才的特有办学思路。具体内涵在前面已表述。尽管单个的提法也有,但把几者融合统一起来,形成有机整体,并能很好揭示其辩证关系的尚不多见,作为一大特色是不言而喻的。因为,在高职院校人才培养中一般强调的大都是理论以够用为度,重在技能,突出强调的是高技能,我们则强调的是素养,素质和技能的有机结合,特别是素质与能力的有机结合,强调的是素养奠基,素质固本、技能安身的特殊辩证关系;一般强调的是培养技能型人才,我们强调突出的是培养高素质与高技能融合统一的高级应用型人才。

第三是质量兴校、科研强校、品牌立校,特色名校,卓越荣校的特有战略。目标类型,办学理念有了,战略是必不可少的,尽管这类提法也大都有,但一是不如我们这样全,这样有机整合在一起,形成渐进关系;二是各自的内涵不一样。比如质量,我们的目标规格就多了特殊素质这一项。能力也由简单的专业技能变成了三大能力,还有特色也不一样。因而所铸之品牌,所求之卓越自然也就不同了;三是科研问题,一般人反对高职院搞科研,认为高职院不该搞科研,搞的不是科研,只能是教研,这有些失之偏颇。我们虽不能,也不该搞中科院、社科院,清华北大类的科研,但不能说高职院就不该搞科研,更不能说职教就没有可研究的。职业教育不就是值得研究的一种类别,是一种有独特内涵外延,有自身特点规律,有相关理论体系的高等教育么,搞职教的不研究谁研究,搞职教的自己不研究职教对么?行吗?不研究如何提高质量,如何办出特色来呀!更何况科研本来就有层级,大小之别,科研于教学、于队伍建设,于人才培养,于学校发展建设都有益无害呢?所以,我们也将其作特色列出来了,而且写进了发展战略中。

三大特色中,类型目标是基本的,办学理念是核心关键的,发展战略是为之服务的。我们的特色大抵如此,我们也正是基于这样的特色来寻求未来的发展之路,来开创未来的发展之路,来引领未来的发展之路的。我们深信,只要沿着这条路坚定不移地走下去,我们的未来一定会更加美好!

现代职业教育发展趋势、热点与基本取向管见*

一、国家现代职业教育的基本取向

十八大、十八届三中全会精神

国务院关于建立现代职教体系的决定

国务院现代职业教育体系建设规划

国务院常务会议关于现代职教体系建设的相应意见

教育部关于教育综合改革的相应意见

教育部领导的相关讲话

职业教育的相关研究与探索成果

(一)职业教育的国际趋势

国家职教大背景

2012年5月上海第三届国际职业技术大会的理念、经验、信息

职业教育——国家发展战略的重要组成部分

职业教育与经济发展

美国　杰米里·里夫金:《第三次工业革命》

新传播技术与新能源结合的新经济时代

职业教育——国家实现教育目标的重要举措

《第三次工业革命"在敲门"》(《光明日报》)

美国欲再执牛耳

德国要做领头羊

法国在努力补差

日本拼全力迎接

中国或成引领者

---

* 2014年3月为遂宁市职教学会年会做学术讲座之纲要。

瑞士、德国经验

职业教育——缩小收入分配差距的国家政策

职业教育　国家福利政策

职业教育　面向所有人的教育

职业教育　改善民生,治国理政基本国策

十八大　让每个孩子成为有用之才

职业教育——保持社会稳定的重要举措

奥巴马　重返制造业　保持科技研发领域领导力

德国　立即行动项目　重塑国家竞争力

澳大利亚、新西兰　免费再就业培训

总趋势　发达国家无一例外地高度重视职业技术教育,把职业教育作为经济社会的重要支撑和战略保障;作为长治久安,永远占领制高点的基本国策

(二)职业教育的国内背景

1. 我国职业教育面临的主要矛盾

鲁昕　职业教育仍然是我国教育十分薄弱的环节

三大矛盾　国家意志与老百姓的认识差距　高职=职高

就业贡献与老百姓选择的差距

国家行动与地方行为的差距　中职教育——综合高中

2. 我国职业教育面临的基本形势

职教生源与质量的大幅下降　扩招——扩校

现代职教体系不现代不健全　上不沾天下不着地　空中楼阁

职业教育管理缺位错位　体系不全　招生歧视　经费标准

办学歧视　政策不配套

毕业生待遇差、地位低

办学能力水平认可度低

全社会缺少真正的重视

(三)国内职业教育发展趋势

1. 正本清源、走出误区、走向坦途、辉映大地是历史发展的必然规律

职业教育是一种与普通教育相对应的类型教育,有独立完整的体系

是国民教育体系的重要组成部分与支撑体系

是经济发展、社会文明、人类进步的基石

2. 深化产教融合、工学结合、校企合作,建立现代职教体系是重要历史使命

职业教育是服务经济社会发展方式转变的重大战略决策

是调整教育结构的重大战略选择

是增强国家技能技术积累的重要举措

是民生保障，提高劳动者收益的重要途径

是增强国家核心竞争力的重要手段

现代的含义　现代人才理念　全面系统培养　人人成才　多样化人才

现代国家制度

现代培养模式　产教融合　工学结合　教学做统一

现代教育资源体系

现代运行机制　集团化办学

现代评价体系　社会各界　行企主体

国务院决定　高素质、技能型人才培养　现代职教体系　办学体制机制创新　全面提高质量　发展农村和民族地区职教　面向人人开展职教　对外开放　发展保障　组织领导

国务院规划　规划背景　总体要求　战略定位　基本构架　基本制度　重点任务　重大政策　规划实施

中国特色　世界水准　职业预备教育

3. 建构内外衔接、立体开放的人才培养立交桥是历史的必然选择

向下延伸　职业预备教育　九年制义务教育融入贯穿职业预备教育

向上延伸　应用本科　各层次专业学位研究生教育

内部衔接　普通教育双向沟通　继续教育统筹发展

外部拓展　国际合作　引进输出　合作办学

4. 分类招生考试、就业导向成为职教改革的当务之急和基本取向

单独招考　素养素质　能力水平　综合测试

多次选择　注册推优　学分银行　宽进严出

普职成融合　学分互认互转

素质素养　能力水平　重德重才　立德树人

开放式办学　社会参与评价

5. 产教融合、工学结合、多方合作，共建共育共享共促为基本模式和长效机制

初中高职衔接　集团化、一体化办学　全员全程全方位育人

共建共享育人训育基地　共享相应资源和成果

教科园区　试验园区　县区学院　教学点

6. 质量提高、特色创建、品牌打造，优胜劣汰为职教的努力方向和必循规则

7. 改革创新、增强造血输血功能与社会服务能力是职教基本价值取向

8. 健全制度、遵章守纪、规范管理、依法依规办学服务是必然走势

二、当前我国职业教育的热点问题

职教体系建立　怎么建　建到什么程度
招生制度改革　改到什么程度　如何突出重点破难点
职教改革深化　体制机制　办学与人才培养模式　教育教学
认识观念更新　真正重视　消除歧视　公平公正
初中高等职教　初等化冷为热　中等走出危机　高等健全体系
国际化的问题　不闭关自守　不照抄照搬　管而不死　活而不乱

三、遂宁职教的基本取向

坚定不移建好现代职教体系　抢占先机　建好科教园区　职教试验园区
乘胜推进职教“2111”项目　两个职教集团
一个职教理事会
一个文旅学院
一个中高职衔接项目
加大职教改革力度　创特色　提质量　铸品牌　升品位
整合资源搞好创新　县区积极性　市级优质资源　初等职教　县区分院
重视三农三化服务　新型农民培养　新农村干部培训　新农村文化建设

现代职教体系建立尚需走出的三大误区*

现代职教体系建立的基本成效值得肯定，却还应当走出特性规律和对象范畴认识方面的一些误区，走出初等职教缺失和高等职业教育层级区分处置方面的一些误区。将初等、高职高专和本硕博教育一并纳入职教体系，建构起初、中、高等职业教育相衔接，相统一的系统完整科学的职业教育体系，以确保其面向人人、面向社会，可持续发展和具中国特色、世界水准。

自全国教育工作会议以来，作为中国现代教育体系重要组成部分的现代职教体系建设问题已经被列入了各级党委政府和教育行政主管部门的重要议事日程。职教体系的框架已然在社会各界的共同努力下基本形成，即将新鲜出炉，这无论对职业教育还是整个教育，对经济社会的发展都是一件大事和喜事。然而，在笔者看来，现代职教体系的科学构建还应当走出三大误区，以促其健康发展和能真正成为中国特色，世界水准的国民教育重要体系。

一、走出认识误区，正确把握职业教育的基本含义

无论哲学还是自然科学、社会科学的理论与实践都告诉我们，对任何一门学科的基本认识都是建立在一系列基本概念、基本判断和相应逻辑推理基础上的，其间概念问题显得尤其重要，它不仅关系着人们对这一事物基本含义，基本属性、基本特点、基本规律等内涵特性问题的正确认识和把握，而且还关系着对事物之对象范畴等外在特征的正确认识和把握，是正确区分事物类别等级，正确认识事物本质属性和规律，正确制定相应方针政策的基本依据，因此，对事物基本概念和正确认识准确界定十分重要，也是人们认识和改造世界的重要基础性工作，如果在这方面出了偏差，就会直接导致相应对策的失误和社会行为的偏差。

目前，职业教育的内在基本含义是基本清楚的，但特性规律认识尚有差距，也

---

* 与刘琼英合作，载《新疆职业教育研究》2013 年第 2 期。

导致了其范畴对象之认识上的差距,并由此带来了政策导向的失误和社会实践中的系列重大偏差和诸多负面效应。其具体表现一是在国家的教育体系中将职业教育的位置排在了高中阶段教育和高等教育之间,给人以职业教育既不是普通初中等教育,也不是高等教育,不知到底是什么教育的误解。由此直接带来的是民众不把高职高专教育视为高等教育,认为子女考取高职院校并不是读大学,而是读职高;政府的年度目标考核中也未将升入高职高专院校的学生纳入升学率计算,绩效考核时看的是升入本科、重点本科的相应数据,并以此来决定教育行政主管部门,高完中的年终绩效和先进优秀评选;二是国家的职教体系中没有初等职教这一层级,未能充分认识对中小学生进行职业意识建立,职业兴趣培养,职业素养教育,职业行为养成的重要性,由此直接导致的是学生高考志愿填报时茫然失措,不是听家长就是听老师,尤其是班主任老师或者是亲朋好友的,自己毫无主见,进入高校后要么对所学专业不感兴趣,产生厌学情绪,要么要求坚决调整专业,要么凑合着学下去,难以进入应有的学习状态。由此带来了学生成长成才和学校管理上的诸多问题,有的学校新生报到时专业调整率竟高达30%以上。这与发达国家从学前教育到小学、初中、高中都开展相应职业教育的先进做法相去甚远,也极不利于培养有理想、有志趣、有基础、有建树的专业人才;第三是未将高职教育看成是高等教育,未将本科、研究生阶段的教育纳入职业教育范畴,一些领导和专家还常常将高职高专与高等教育对立起来,由此带来的是普通高等教育可以有硕士、博士,高等职业教育则没有。普通本科可以有生均拨款标准,高成本高投入的职业教育却没有或远远低于本科标准。不仅如此,对口高职升专科,高职高专学生升本科,五年制高职学生都只能是5%,三个5%的政策限制使本来就未得到社会认可的高职业教育雪上加霜,无形中低人一等,新生报到率低迷不说,甚至还出现了免费中职学校无多少学生报考,部分职校转向综合高中,新的读书无用论再度沉渣泛起的不应有现象。公办高职高专院校原则上不能升格本科院校的政策性规定也使得职业教育成了断头路,使得中高职立交桥的构建只能说说而已,高职教育被边沿化,职业教育成了真正意义上的另类教育,极大地违背了教育教学、人才培养规律,让本就不公平的教育显得更加不公平,极大地挫伤了职教人的积极性,使得整个教育体系既不现代,更不科学,其源盖出于认识问题。

思路决定出路,认识指导实践,建立现代职教体系,必须首先解决好制约、禁锢职业教育发展的基本概念、基本认识问题。

二、走出缺失误区,建立起系统完整科学的职教体系

目前,职教体系的建立已成定局,基本体系已经初步形成,问题的关键是如何

才能建立起一套完整系统科学的体系，这不仅关系着职教与普教关系的理顺，更重要的是关乎职教事业的科学发展，关乎整个国家、民族的人才培养，关乎中国能否尽快由人力资源大国变为人力资源强国，中国职教能否适应经济发展方式的转变，适应经济社会发展的需求，也关乎中国特色、世界水准的职教目标能否实现，职业教育是否能真正面向人人、面向社会的大问题，因而应当成为我们关注的焦点。

就现状看，中等职教，高等职教人们已经公认，不成问题，最多只是中等职教与普教，高等职教与普教的交叉关系处置，界限分野问题。需要引起特别关注的是缺失了初等职教，即在小学、初中、九年制义务教育阶段是否该搞职教，学前教育阶段是否该有职业教育的认识不足，尚未提上议事日程。似乎职教作为一大类别的教育只能有中高等范畴，不能有初等职教，更不能将其“泛化”到学前教育阶段。显然，这是职教体系建立的又一大重大误区，其主要问题在于：

一是初等职教的缺失，构不成完整、系统、科学的职教体系。如果没有初等职教，就等于让职业教育失去了重要的基础，这与中高职衔接只能到专科层面，不能与本科衔接同理，使职教成了断头路，构不成立交桥，这既不科学，也不完善，更不利于整个职教事业的科学推进和很好发展。在笔者看来，作为一种类型的职业教育，其体系自然应当包括初等、中等、高等职业教育。其中，初等部分应当包括学前、小学和初中三个阶段，不仅有初等，而且还应当初、中、高等统筹规划，有机衔接，使之成为有着特定目标任务和内涵的完整科学的体系，这才称得上中国特色、世界水准，这才真正是面向社会、面向人人的教育。

二是初等职教的相应体系问题。除去学前小学初中相互衔接外，更重要的还在于如何认识处置其与普通教育的关系问题，是独立的学前、小学、初中职教自成体系呢，还是一种交叉融合关系，是以职教为主还是以普通教育为主的问题。这应当是问题的实质关键所在，如果处置不好，就难以让其立足，让其健康发展。在笔者看来，这理所当然不应当是独立的初等职教体系，而应当是一种以普通教育为主体的有机融合职教相应内容，使之相得益彰的融合体系，如果独立存在，便是职教的一种泛化，一种尴尬，一种不可能有生命力的形式主义。

三是初等职教的内容目标任务问题。初等职教干什么？怎么搞，这是我们必须关注的问题，处置得好不好不仅会影响到职教事业的发展而且会影响到普教乃至整个教育事业的发展，那自然会得不偿失，也应当是人们不愿但设初等职教的基本缘由所在。其实，这也不是什么创造发明，因为国外早就有初等职教的先例。在笔者看来，初等职教应当在普通教育中有机融入职业意识观念的养成，职业兴趣爱好的培养，职业素养技能的培养锻炼，当然这里的素养和技能都不是中等的，更不是高等的，而应当是一些婴幼儿、小学生、初中生应知应会，与他们特定的年龄、心灵、生理、生活相适应、相融合，与他们的兴趣爱好相融合的这样一些素养和技能，应当是有内容，有体系但又非独立的体系，不仅在初中，而且在普通高中里都当融入这方面的内容。其目的在于不让我们的中小学生，特别是高中毕业生在毕业时，在必须做出对世界、对社会、对生活，对将来的职业选择，包括填报专业志愿，进行职业取向时那么茫然，那么无知，避免他们在以后职业选择时那么简单、那么草率，那么彷徨，那么苦闷。其实这也是一种人生职业规划的重要阶段和内容，只有将其处理好了，才称得上面向人人、面向社会的教育，也才是科学、系统，有价值意义，能可持续发展的职业教育。

三、走出层级误区，科学界定与推进高等职业教育

或许是受职业教育介于高中与高等教育之间的排位影响，或许是理论与实践上都没有弄清楚搞明白的缘故，目前职教体系中的高等教育阶段有两大误区：

一是认为高职教育不是高等教育，要本科以上的教育才称得上高等教育，这无论是从领导讲话还是专家学者的表述中都可以看到，县区政府或教育行政主管部门未将升入高职高专的学生纳入目标考核指标体系和补习班大行其道的基本事实都有力地证明了这一点。既然连一些地方政府的拨款中都没有高职高专的生均标准，有的虽然有，却低至生均二三千，仅为本科的三到四分之一，最高的也不到本科的80%，也就难怪普通民众并不把子女上高职高专视为上大学，而是读职高了。由此引发了高职高专的招生录取自然只能排第三、四批，放到三本和一专之后，高职高专的新生入学报到率低，高职教育始终难以摆脱恶性循环的轨迹。显然，这与经济发展方式转变需要数以千万亿计的高素质高技能应用型人才，与人力资源大国转变为人力资源强国，中国制造转变为中国创造的时代社会需求都很不适应，也很不协调。

二是本科及以上教育不是职业教育。这无论在《国家中长期教育教育改革和发展规划纲要(2010—2020年)》还是在教育行政主管部门出台的众多文件中都没有把普通本科及以上教育纳入职业教育范畴，似乎这些层面的教育对象，所学的专业与职业无关，完全是一种脱离社会，游离于职业之外的处于真空状态的纯理论教育。对于职业教育，一会说应当是职业或职业技术教育，连高职学院的校名都由国务院明文规定不能少了“职业技术”几个字，在全国1280所高职高专中，除高专未冠以“技术”二字之外，称为“职业学院”，没加“技术”二字的学校非常少；一会又说应该是技能教育，而且几乎到了只强调应用型技能(即所谓的以能为本)，言必称技能，关键看技能，而不管其他的地步。现在又出现了一种新提法，那

就是将技术与技能相提并论,一方面认为技术不是职业院校的教学范畴,而是本科院校的专利,专科学校只能搞技能教育,一方面又将二者相提并论,使之成为了一种规定,一种时尚。在一些人的眼中,似乎本科生、硕士、博士生毕业出来不存在就业问题,不应该讲专业和公共技能,只能也只是搞纯理论研究。这无论从理论到实践都是讲不通的,因为技能中包含有技术,技能即运用技术的能力和水平,技术是技能的基础,与技能是融合在一起,不可分割的。技术与技能可以有多少强弱与高低之别,但一个人不可能只懂技术不懂技能或只懂技能不懂技术,更不可能懂技能的人低于懂技术的人,因此不应该将技术与技能区别开来,将其作为本科与专科的分水岭,更不应该将其上升到国家政策制度层面,变成为国家意志和行为,并由此衍生出职业教育永远只能到专科层面,不应该也不可能有本科学历学士学位,更不可能有硕士、博士学历学位,高职学生不能凭能力、水平升本科读硕博,只能在5%以内用比例来刚性制约;引发出即使是本科段,也只能是应用型本科,应用型本科不能由高职院校申办,而只能由地方普通专科院校转向或改为本科的奇谈怪论和现象。

其实,在笔者看来,职业教育作为一种类型的教育,作为一种自成体系的教育,除去从整体上当建立初、中、高等职业教育的系统完整体系外,就其高等阶段的教育而言,也应当是专科、本科、硕士、博士阶段都有。从人才培养的目标、内容、课程体系到素质教育,能力培养都当是衔接贯通的一体化教育,应当确立各阶段的目标任务和相应教育教学的内容体系,确立各阶段办学标准和人才培养的标准规范,以科学的标准来检测其是否合格达标,是否具有办本科招硕士博士的水准,来检测其可否升入本科和硕博阶段学习,而不是看学校出身,用比例来简单控制,人为控制和评判;应当把本科硕博阶段的高等教育都纳入职教体系,而不能人为地区分普通和应用,职业和非职业教育,技术与技能教育,因为无论本科学士还是硕士博士,他们都是对应一定专业领域的,所学的内容是与行业、职业密切相关的,所学的知识、技术都有个应用,转化为技能,对应一定岗位,一定职业的问题;都有个就业,为社会做贡献的问题。如果要将其人为地与职业就业对立起来,区别开来,这样的教育就成了纯理论、象牙塔,没有多少实际效用的教育,也不是真正面向人人面向社会的教育。如果我们的本科及以上的教育都成了这样的教育,那就是整个教育的缺失和悲哀,时代和社会是不会欢迎这样的教育的。

参考文献:

[1]《国家中长期教育改革和发展规划纲要(2010—2020年)》

[2]《中华人民共和国职业教育法》

[3]教育部《关于推进高等职业教育改革创新引领职业教育科学发展的若干意见》(教职成〔2011〕12号)

[4]王金星:《关于职业教育的基本认识》,《社会科学研究》2010年增刊。

四川职业技术学院
对《关于2014年深化我省教育综合改革的指导性意见(征求意见稿)》的修改建议*

一、建议在第三方面"推进考试招生改革"的第4项"改革职业院校招生考试","试行知识+技能的考查方式;高职部分专业对口招收中职毕业生实行技能测试"中加进"综合素质"或"素质"测试内容。因为单搞技能或"知识+技能"测试一是不全面,二是不科学,与十八大和十八届三中全会"立德树人","全面实施素质教育"的要求不符;三是一些学校在单招中已经实施了"知识+素质+技能"的测试,实践证明是对的;四是素质(或"综合素质")的确很重要,应当纳入测试范畴,以促进各级各类学校乃至全社会都来重视素质教育,这对于培养中国特色社会主义合格建设者、可靠接班人极为重要。

二、在第四方面的"改革办学体制"中,一是当体制机制一并改,而不单改体制。因体制机制本是紧密联系的,缺一不可;二是不能只是中职学校与企业合作开发课程,提升面向"三农"和城镇化建设的能力,高职学院也应该这样做。而且高职院校已经在搞行企校合作,有的甚至是搞的政行企校合作办学、合作育人、合作发展并已取得成功经验,是总结提炼、扩大推广,使之产生更大效益效应的问题;三是这本来就是教育部在骨干和省级示范高职建设中的基本要求,所以很多学校都已经做到一定层面了,而不该再是零起点。

三、在第五方面的"深化教育管理体制改革","落实高校办学自主权","抓好高校领导班子和教师队伍建设"之后宜加上落实高校的用人自主权,加大高校自主选人用人力度的相应内容。因为目前的做法程序太多,耗时太长,难以适应高校发展建设之需求。

四、建议将"深入研究五项难题"改成"切实破解五大难题"。将第2难题"拓

---

* 本人为学院撰写的意见稿。

宽终身学习渠道"的"2014 年前完善高职学生专升本,中职学生对口升高职生制度"改为"2014 年内完善"这一制度,因为这里讲的是 2014 年的改革任务。

五、"先行试点三项改革"中的第 1 项"中高职衔接培养试点"现在应当定位为总结推广试点经验、扩大试点成效。因为此前我院已经在省教育改革试点项目"构建终身教育体系与人才培养立交桥,全面提升职业院校社会服务能力"中开展了该试点,据我们所知,其他兄弟院校也有不少已开展这一探索并取得了一定经验,需要的是总结认可推广。

六、在试点项目 2"普通高校总会计师和民办高校党委书记委派试点"中,建议将总会计师的试点改为在本科、专科院校中同时展开试点,以增强其科学性和实效性。因为专科学校是高等教育的一个层次,而且数量远超过本科学校,有必要同时试点。

七、望能统筹处理好 2014 教育综合改革项目与省政府已有的 12 个一级,25 个二级改革试点项目的关系。宜在原有改革的基础上拓展、深化 2014 的相应改革。宜加大对以前改革项目的督促检查、总结推进力度,使之做得更好,与即将出台并推进的综合改革配套并相得益彰。

以上意见供参考。

打造高水平队伍　建一流高职院校*

——在遂宁市第三十个教师节庆祝大会上的发言

四川职业技术学院是2002年由原川北教育学院和四川省农机校合并组建的省属全日制普通高等学校。建院以来，学院确立了重质量、创特色、铸品牌、求卓越，先做大做好、继做特做强、再做优做高，创一流高水平职业技术院校的发展建设思路和目标。2007年教育部人才培养水平评估获得优秀，今年4月学院获省级示范性高职院校建设优秀；连续四届获四川省大学生就业工作先进集体；统招录取线常年高出省控线100—200分以上，今年新报到学生已超过4500名。已基本实现做大做好、做特做强目标。取得这些成绩的一个重要原因，是因为我们着力打造了一支能征善战的干部和师资队伍。我们的基本做法是：

一、抓住关键，着力打造高水平管理队伍

传统观念认为办好学校的关键在教师。在我们看来，高校的管理干部队伍更为重要，因为他们是高校的组织引领者和骨干中坚力量，同样是学校发展建设的关键。因此，近年来我们采取一系列措施，不断加强了这支队伍的建设。

一是改革干部选拔任用制度。坚持德才兼备、以德为先的标准、注重实绩、注重群众公认的导向和全面考察、不简单以票取人的原则，不断探索竞争上岗、择优录用等新机制。近年来学院新任中层干部全部采用竞争上岗方式，增加了透明度、竞争性，有效激发了干部的进取精神、创新意识，为干部队伍增添了生机与活力。

二是加强教育培训。制定了学习型党组织建设意见，坚持院系两级学习制度，采取多种形式分层分类开展校本培训，选送干部参加各级调训和国内外职教考察，既注重业务能力的提高，更重视思想观念的更新和视野思路的开阔拓展，有效地提升了干部队伍的整体素质和能力水平。

* 发言时间为2014年9月9日。

三是注重培养锻炼。我们让干部在体制机制创新、教育教学和内部管理改革、示范建设等重大繁难工作中接受锻炼和考验。学院先后派出7名同志上挂外派锻炼,回院后多数已提拔使用或成为骨干。我们实行干部轮岗制,加大了管理与教学部门干部的轮岗力度,既拓宽了干部的视野,丰富了经验,又解决了惯性思维、职业倦怠等问题。

四是健全制度机制。近年来,我们逐步建立完善了干部公开选拔制、任期制、任职年限制、考核制、轮岗制、请假销假、学习培训等制度,不断改善年度、任期与绩效考核办法和指标体系,使干部评价管理日趋系统、规范、科学。

五是重视管理与督察。党委十分重视对干部的督察,开展了经常性廉洁勤政教育,实行预警制、谈话告诫等制度,瞄准重点岗位、环节实施监督,遏制违纪违法行为。从2009年起严肃查处小金库等违规违纪行为,先后处理了6名中层干部;从2010年起,在高校率先开展了离任中层干部内部审计工作;2011年,在财务国资处、基建处等7个部门的重点岗位设立了廉政风险防控点,并逐步推广到全院,促进了学院惩防体系的全面建设。

六是健全管理队伍体系。学院在选配好中、基层干部的同时,不断完善管理队伍体系,特别是系部党政领导班子队伍,健全优化了党建与政治思想教育、学生教育管理、教育教学管理队伍体系,确保了学院管理工作和发展建设的有序有效推进。

通过这些措施,一大批优秀干部走上管理岗位,成为学院管理的骨干中坚力量,为学院科学发展奠定了坚实的组织基础,提供了可靠保障。

二、突出重点,着力打造高水平教师队伍

教师是学校的主体,是立德树人的根本。因此,学院和各系部都制定了《"十二五"人才队伍建设规划》。近年中,我们以师德师风和素质能力建设为重点,在师资队伍建设中着力实施了五大工程:

一是"双师"队伍建设工程。积极鼓励教师参加各类"双师"素质培训,选派教师到行业企业实践实训基地进行锻炼,提高其动手能力并更好地把握行企发展态势和人才需求动态。通过培训锻炼,一大批既具扎实专业理论功底,又有实际动手能力,能说会干的"双师型"教师很快成长为了教学骨干。

二是教学团队建设工程。围绕内涵发展需求,学院创新培养机制,选拔培养了一批既具较高专业学术造诣,又具有较强组织管理能力的学术与教学团队带头人。每个专业都在行业企业选聘了一定数量的专家能手担任兼职教师,建成了由专任教师、专家能手组成的新型教学团队,促进了专业建设的更好提升。

三是青年教师传帮带工程。我们针对青年教师多的实际,建立了老带新、熟带生的青年教师传帮带制度,强化专业带头人、教学名师等对青年教师的培养责任,重点进行人才培养思想理念、教育教学方法指导,使青年教师很快成为教育教学的行家里手和骨干。

四是基层一线实践锻炼工程。学院制订了教师一线实践锻炼管理办法,保证"十二五"期间所有教师都具备行业企业一线工作经历。我们还建立了院系两级培训管理体系,实施了有针对性的培养方案和事业发展支持计划。在发展建设经费并不宽裕的情况下,保障了每年用于教师提高培训的费用不低于200万元。

五是名师带头人工程。学院在精心做好访问学者选送、硕士博士研究生送培、青年教师到其他高职院校交流学习的同时,还选送中青年骨干教师到国外深造;设置高级专家津贴,加大了对高级专家的奖励支持力度;制定了学术技术带头人和中青年骨干教师选拔管理办法,加大资金支持力度,促进优秀教师脱颖而出成为名师。

三、拓展路径,在带动地方职校服务经济社会发展中培养锻炼队伍

组建职教、产教联盟,拓展发展空间,共同服务地方经济社会发展,增强社会服务能力是我们近几年的努力方向,也是培养锻炼干部师资队伍,提高整体能力水平的重要举措。近年来,学院坚持体制机制创新,充分利用遂宁各种资源和自身专业人才优势,开展政行企校深度合作,在市委市府、市及县区教育局的支持下与各中职学校和行业企业共同建立了现代服务业、先进制造业两大职教集团。通过职教集团这个新平台和省教育体制改革重点项目这一载体,我们着力推进了与中职学校联合开展的中高职衔接一体化人才培养改革,通过反复调研论证,结合遂宁产业发展需求,先选定数控与应用电子技术两个专业试点,研究制定了整体打造、分段实施的人才培养新方案和课程标准,推进了干部教师培训、课程资源开发、教育教学管理、招生考试改革等系列重大基础性工作,创构了中高职人才培养一体化的崭新体系。2013年以来,先后在市内6所中职学校开设中高职一体化试点班13个(全省7个专业、12所学校、32个班),加大了对地方经济社会发展所需人才的培养力度。学院还政行企合作,建立了中国西部现代物流学院、南骏汽车学院和文化旅游学院及应用电子技术教育理事会,携手合作办学育人,共建现代职教、终身教育和社会服务体系,加大与地方产业、行业企业的契合力度,助推经济社会的更好更快发展。学院还积极开展行业企业、中职学校干部职工培训与项目评审、合作研发,技能大赛等系列活动,既深度服务地方发展,又进一步培养锻炼提高了自身队伍的素质、能力和水平。

通过上述努力,我们基本建起了一支数量足够、结构合理、能征善战、适应需求的师资和干部队伍。学院现有在职在编教职工720余人,正副教授200,博士硕士310余人,在完成繁重教育教学工作任务的同时,科研与服务社会的能力水平也不断提升。2013年教职工公开发表学术论文近900篇,出版教材专著近80部,承担市厅级以上科研项目近40项,申请专利4项;近年中面向社会开展各类培训3万余人次,是同类院校中的翘楚一流。

尽管我们已取得了一定成效,但无论教师与干部的数量质量、学术科研与管理水平还是人才培养质量,社会服务能力,离全国著名、国际知名的一流高水平高职院校目标尚有一定差距。在省教育工委、教育厅正确领导、市委市府热忱关怀、社会各界鼎力支持下,我们已走过做大做好的外延发展路,进入了做特做强的内涵建设攻坚期,确立了做优做高创建应用本科的发展建设新目标。对此,我们无不心存感激、衷心感谢!目前,我们正在十八届三中全会、全国职教工作会议精神指引下,瞄准发展方向,拓展建设思路,更新思想观念,深化综合改革、创新体制机制、强化队伍建设、巩固扩大成果、提高质量水平、提升品质品位,坚定不移地走着质量兴校、人才强校、特色名校、品牌立校、卓越荣校的发展建设之路,为把学院创建为一流高水平的应用型本科学校而不懈努力!

著作存目

职业教育与中国工业化道路　四川人民出版社　2015 年 7 月版

02

党建思政篇

党的建设

关于党性的认识与感悟*

党性是政党的基本重要属性。党性当具有鲜明性、正确性、先进性等基本属性。中国共产党的性质不仅很好具备了这些特性,而且以其90年的光辉历史特别是延安精神证明和昭示了这些特性;历史和现实表明,党性还具有基本永恒、历史现实、辩证客观、神圣崇高、发展变化等时代社会属性,需要党员、党员干部、党的组织充分认识党性修养的复杂艰巨、客观现实和长期永恒性。

中国共产党虽已走过90周年光辉历程,党性却是一个历久弥新的话题,无论普通党员还是党的干部,都有一个不断加强学习和修养,努力增强党性的问题。对于党性,人们固然有着不同的认识与体会,而且已经是仁者见仁,智者见智,但笔者却在党的90华诞来临之际,有着这样一些新的认识与感悟。

一、党性的基本认识

党性,顾名思义,也就是一个政党所具有的性质,是一个政党不可或缺的基本属性。就每一个政党言,都必须回答你是一个什么样的政党,你将把党员、党的干部和党的组织、党的事业引向何处去的问题。显然,这是党的建设的基本问题,也是一个不容回避、十分重要的问题,如果连这一问题都没解决好,党不仅会失去生机与活力,而且还会失去存在的基础和价值意义。

中国共产党是一个什么性质的政党,这在党章上本是一个开宗明义,早已写得十分清楚明白的问题,但党章上的表述毕竟是高度概括的,其内涵属性应十分丰富。笔者以为,它至少应当具有这样一些基本而重要的属性:

第一是鲜明性。即必须回答这个党建起来是干什么的?其宗旨、理想信念、奋斗目标必须明确。换言之,即它必须鲜明地亮出自己的旗帜,让人们能理解、认

---

* 载《四川职业技术学院学报》2011年第3期。

识、信服、赞同和接受，而不是模棱两可、含糊其辞，雾里看花，隔岸观火，让人看不清道不明，甚至是误导、诱骗、欺哄性质的。这是一个基本认识，也是一个基本态度问题。对于这一点，我们党做得非常好，公然宣称自己是中国工人阶级的先锋队，是中国人民、中华民族的先锋队，是中国特色社会主义事业的领导核心。中国共产党是代表先进生产力的发展要求，代表中国先进文化的前进方向，代表中国最广大人民的根本利益的先进政党。党的最高理想和最终目标是实现共产主义。显然是开宗明义、旗帜鲜明，立场坚定、态度诚恳，毫不含糊、深得民心的。

第二是正确性。所谓正确，即党所确定的基本性质必须符合时代、社会发展要求和规律，符合客观实际，符合广大人民群众的根本利益和要求，经得起历史的检验，能得到广大人民群众认可、赞同、理解、信奉、支持，而不是自我标榜、自我宣称，多数人不赞成、不支持、不拥护的。这在人们虽然可能有一个认识理解的过程，也需要政党自己去宣传，但最终要看社会效果，要经受社会历史的检验。中国共产党正是在这样的历程中使自己由小到大，由弱变强，由劣势变优势而不断发展壮大，成为广大人民群众根本利益的代表者、维护者，成为执政党、领路人，成为一个有着7500多万党员，370多万个基层组织的大党，成为社会主义事业的领导核心，成为中华民族之脊梁，中国人民之中流砥柱的。

第三是先进性。先进性是相比较而言的。先进性得看其是否合乎历史潮流，是否合乎时代社会发展的规律，是否能够推动社会历史、社会经济的前进，是否能不断改善人民的生活，改善人们的生存环境，推动社会历史的发展进步。如果说正确性是代表广大人民群众根本利益的话，那么先进性就应当代表的是先进生产力的发展要求和先进文化的前进方向。换言之，也就是要让人民富裕，幸福安康，要让国家兴盛富强，要让民族强大兴旺，永远立于不败之地。显然，这还是基本要求最低境界，根本要求最高境界则是要让全人类都过上幸福美好的生活，都能和谐相处，都来共同推进社会经济的繁荣和社会历史的进步。按照我们党的最终目标一言以蔽之，就是要实现共产主义。这虽然是理想和最终目标，但实现它还必须以阶段性目标、阶段性胜利、阶段性成就作基础，以正确性可靠性为前提，让人看得见、摸得着，让其能确信这是客观可信，真实可靠，而不是虚无缥缈、望尘莫及，更不是坑蒙拐骗，令人不齿的。

二、党性的历史感悟

客观地讲，作为有着三十多年党龄的党员和也曾进过干训班和党校学习的党员干部，虽然也曾学过一些党的历史，对党性有过一些基本的认识和感受，却没有现在这样深切的感受和体验。

首先，就党的名称而言，之所以叫作中国共产党，这本来就包容、标明了这个党的理想信念，性质任务和奋斗目标。因为她是中国的共产主义的政党的简称，尽管这在建立之初，包括至今不一定都能为广大的人们甚至党员、党员干部所能真正理解接受，以至于曾经在建党的过程中被一些人误解，甚至被敌人所利用，歪曲为“共产共妻”，令很多人望而生畏。但是，其远见卓识、其鲜明立场、观点和态度，其坚定的信念和崇高的理想是旗帜鲜明，毫不含糊的，这应当是她所以能够取得胜利、赢得信任、逐步发展壮大，立于不败之地的前提和根本所在。

其次，就性质宗旨而言，它代表的是广大人民群众的根本利益，坚持的是全心全意为人们服务这一根本唯一宗旨。它表明，中国共产党是中国人民的政党，是为人民服务、为人民谋取根本和最大利益的，此外没有也不应该有其他杂念，这才赢得了广大人民群众的信任和支持，才有了坚实的发展基础。否则，脱离人民群众，谋取个人或小团体利益，甚至贪污腐败，压迫欺诈人民群众，骑在人民头上作威作福，是肯定得不到人民群众拥护支持，还最终会被人民群众所推翻打倒，这既是我们党的历史所证明，也是国民党反动派的历史命运所证实的。我们党在延安时期的历史表明，她之所以能在长征之后于贫瘠落后的弹丸之地上保存实力，并且让星星之火燃成燎原之势，让“红星照耀中国”；能够在日本侵略者恣意横行、中华民族十分危急的紧要关头认清形势，把握大局，化敌为友、化险为夷，结成广泛的抗日民族统一战线，动员一切可以动员的力量，实行正确的战略战术与政策方针，与国民党携手合作共同打败不可一世的日本帝国主义；之所以能在抗战胜利前就高瞻远瞩、未雨绸缪，以陕甘宁边区为基地，实行正确的路线方针政策，于日本侵略者和国民党反动派双重打压的艰难环境下开展大生产运动，实行民主政治，建立人民政权、发展经济、尝试探索新民主主义革命和建设道路，以强大的磁力、巨大的魅力吸引千百万人民群众、爱国人士，小资产阶级知识分子奔赴延安，向往投身革命；开办了以抗大为典范的近三十所各级各类学校，积极发展教育、培养干部、壮大声威和实力，赢得共产国际、苏联共产党、国际友人和一切爱国人士与广大人民群众的信任与支持；之所以能够在抗战结束、内战爆发之后冲破国民党反动派的层层封锁和围追堵截、血腥围剿，迅速扭转局势，出奇制胜，用小米加步枪的劣势和短短的4年时间打败了有着现代装备的800万蒋匪军，取得解放战争和新民主主义革命的胜利，创立了新中国。应当说，这一切都是由党的性质和宗旨的正确性决定的，是党性宗旨价值功用、丰功伟绩的具体体现。

第三，就先进性而言，既不是凭空产生，也不是异想天开的，更不是唯心论的先验论之产物，而是学习、探索、调查、研究、总结、升华的必然结果；是解放思想、实事求是、一切从实际出发，敢于探索真理、修正错误的结果；是尊重历史，尊重客观规律的必然产物。党在延安的十三年历史表明，中国共产党虽然有着正确的远大的理想目标，有着明确正确且先进的党性，但这毕竟是理想的理性的，革命道路到底该怎么走并无具体可行方案，更没有现成答案，甚至连成形的方针政策也没有，一切都处在探索中。中国共产党也并非缺少理论家，缺少马克思主义者。陈独秀、秦邦宪、王明等都可谓马列主义的追随者，王明、秦邦宪还都是手捧马列原著，在红军将士中口若悬河、滔滔不绝、引经据典，让人佩服得五体投地的党内不可多得的理论家，而且也曾一度主持中央工作，王明甚至还是共产国际的领导人。只有中师学历的毛泽东反倒被奚落为只能靠《三国演义》、《孙子兵法》指挥打仗，既不能文又不能武的侥幸取胜者。但是，为什么理论家老是犯错误，甚至差点葬送革命，难以得到全党和共产国际的信任，而最终只有毛泽东，只有以毛泽东为首的一批真正的共产党人，在毛泽东思想指引下才使中国革命化险为夷，反败为胜，从胜利走向胜利，最终建立起新中国的呢？道理很简单，也很直白，那就是以毛泽东为首的党中央领导集体不保守、不教条，他们既注重学习，更善于学习，善于准确把握马列主义的基本原理和精髓，并将其与中国革命的具体实践相结合，而不是简单地搬弄词句，背诵教条，空喊口号；在于他们能够从中国革命的具体实际出发，运用马克思主义的理论来分析、研究解决中国革命和建设中的具体问题，能够实事求是、解放思想，在实践中探索真理、发展真理；在于他们多谋善断，未雨绸缪，立足当前，着眼长远，善于研判形势，分析问题，抓住主要矛盾和矛盾的主要方面，高瞻远瞩地从党和人民利益、国家民族利益、长远根本利益出发，而非从个人得失、眼前局部利益出发，鼠目寸光，狭隘偏纵地思考处置问题；在于他们能坚持从广大人民群众的切身根本利益出发，并将其始终摆在第一位，与人民群众打成一片，像张思德那样践行全心全意为人民服务的宗旨，像白求恩那样毫不利己，专门利人，对技术精益求精，对事业对同志满腔热忱，具有大公无私的国际主义、共产主义精神；就在于他们能自力更生、艰苦奋斗、自己动手，丰衣足食，只见公仆不见官，与人民同甘苦共命运、心连心；就在于他们能充分发扬民主，广泛听取意见，虚怀若谷，求贤若渴，广开言路，严明法纪，彰显正义，坚持真理，修正错误，严格解剖自己，开展批评与自我批评，有坦荡胸怀，浩然正气。所有这一切，都是其先进性的具体体现，都是其由小到大，由弱到强、出奇制胜、永远立于不败之地的根本法宝，值得我辈很好学习把握，借鉴和发扬光大。

三、党性的现实教益

历史虽然已经成为过去，但历史不能割舍，历史值得记取，值得后来者从中寻求启示教益和力量。因为伟人早就告诫过我们，忘记过去就意味着背叛。更何况现实是建立在历史的基础上的，党性的正确性需要我们正视并永远记住历史；党性的先进性需要我们认清形势，继承发扬并光大历史经验；党性的伟大崇高感召着我们去不断地解放思想，开拓进取。“革命尚未成功，同志仍需努力”。新的时代有新的时空和天地，新的时代有新的目标和使命，在我们迎接新时代、瞄准新目标，开创新天地，完成新使命的未来时日里，我们应当从党性的基本认识感悟中看到其这样一些时代与社会属性：

第一，党性是基本永恒的，是每个共产党员、党员干部、党组织所必须永远坚守的。因为，党性既是党的基本属性、是党的根本所在；党性又是被实践、被历史所证明的共产党员，共产党的组织必须坚守的最基本最重要最根本的属性；是党的事业发展，党的建设的重要保证；是每个党员、党员干部，党组织的最基本的最神圣的职责和任务。这就好比我们作为一个人，一个正常健康的人必须坚守人的最基本最重要属性一样，否则我们就不堪、不配做人，不堪不配做共产党员、做党的基层党组织和党的干部，就没法为共产主义事业奋斗终生。

第二、党性是历史现实的。历史已经给我们诠释了党性的内涵外延，表明了是非曲直；证明了并正在继续证明着党性的重要性、正确性和价值意义；历史也给我们留下了关于党性问题的宝贵而丰富的经验教训，需要我们去深刻认识体悟，准确理解把握，很好继承创新，不断发扬光大。党性又是现实的，在当下和未来的征程中有着很多问题和困难，充满荆棘和坎坷，激流和险滩和机遇挑战，需要我们勇敢坚定、沉着冷静、睿智机敏地去应对处置、分析思考、迎接把握、开拓创新，只有这样，我们的党性才具生命力，我们的党，党和人民的事业才能朝气勃勃，永葆青春，永远立于不败之地。

第三，党性是辩证客观的。作为一个党员、党员干部、党的组织（包括党的领导机关），我们一定要历史地辩证客观地看待党性，特别是党的正确性、先进性问题。要清醒地意识到，人无完人，金无足赤，人和社会的复杂艰巨性决定了党性的复杂艰巨性，决定了党性不可能是天生正确，永远先进。作为一个人，一个政党，其先进性也不可能一蹴而就，一成不变，因为这样不仅违背客观规律，反倒会墨守成规，导致僵化而失去正确与先进性。按照历史和辩证唯物主义的观点，先进性和执政党的地位都不可能一劳永逸，现在正确先进不等于也不可能等于永远正确先进。作为共产党员，党员干部和各级党组织，一定要充分认识党性修养的复杂艰巨和长期性，于时代长河中登高望远，披荆斩棘，与时俱进，头脑清醒，永不褪色，历史地、实事求是地、客观公正地认识、处理和对待党性问题，把立场态度的坚定性和党性原则的发展变化性有机地结合统一起来，增强其时代性、社会性，不断地加强党性修养，力求能永远立于不败之地。

第四,党性是神圣崇高的。党性是与党和国家的历史使命、长远的现实的目标任务紧密联系在一起的;是与党员,党员干部的职责、任务、学风、工作和生活作风,党风廉政建设紧密联系在一起的;是与党、党员干部和党组织的凝聚力、战斗力、创造力、信心、决心和工作成效紧密地联系在一起的,离开了这些,党性便无从说起。因此,我们不能脱离客观实际来空谈党性,将其停留在口头或形式上,更不能弄虚作假作秀,不能歪曲和篡改、诋毁和亵渎了党性的正确性与先进性,败坏了党的作风和形象。相反,作为中国共产党的党员和干部,作为中国共产党的组织,我们不仅要坚守,强化党性修养,而且有责任有义务将其发扬光大,将我们的党性、操守、理想信念和具体行动,与时代、社会的特点、规律和具体问题、具体工作很好地联系结合起来,使之具体化、人性化、规范化、科学化,使之升华到更高境界,真正地与时俱进,努力确保其永远立于不败之地。

第五,党性是发展变化的。这主要体现在与时俱进,革故纳新、改革创新上,这有一个正视现实、解放思想、积极探索、大胆改革的问题。作为共产党员、党员干部和党组织,决不能故步自封,安于常规和现状,要在敢于科学分析、大胆求证的基础上积极开拓进取,不断把事业推向前进。毛泽东同志说:"政治路线确定之后,干部就是决定的因素"。作为新时期的党员干部,应当思考的是:政治路线确立之前、之中呢?在没有现成模式可资借鉴的情况下怎么办?是自信,按部就班,还是手足无措、临阵退缩,或者是乘风破浪、攻坚克难、激流勇进?笔者的体会和认识感受是:政治路线确立之前,当勇于实践和探索寻求真理,力求不迷失,而且能迅速找到自己努力的方向;政治路线确立之中,当明确而坚定地让领袖人物指引方向,阔步前进;在政治路线确立之后,就应当抓住干部队伍这个中坚和关键,让其能很好地贯彻实施组织意图,坚定理想信念和目标,制订可行的措施办法,在党的坚强领导下,千方百计把事业推进好,去共同实现那伟大而崇高的理想。

第六,党性修养是繁难艰巨的。这首先是因为党性的标准要求高,看似简单,说起来容易,真正做到则比较难,做好则更难;其次是社会的发展变化快和大,一般人把握起来比较难;第三是有一个环境气候问题,需要营造。因此,这是一个复杂艰巨的过程,需要时间,需要教育帮助和管理,检验标准只能是社会实践。因为,党性问题说到底是理想信念、前途命运,世界观、人生观、价值观,利益、态度、责任问题。一个人的党性状况只能从现实社会,现实生活,从每个党员、每个党员干部的言行举止,特别是处置重大问题,履行岗位职责,完成工作任务,代表、处置、维护人民群众根本利益,维护国家、民族利益中来检验测评,而不是凭口号态度、感觉印象、弄虚作假来体现标榜的;一个人、一个干部,要看其全部历史和全部工作,而不是看一颦一笑,一时一事;检验党性最终要用出发点、立足点、措施办法、发展状况、工作成效和人民群众的满意程度来检验测评，使之能真正落到实处，让人信服、接受和赞同支持，从而推进工作和事业的更好更快进步和可持续发展。

参考文献：

[1]十七大党章修正案学习问答．本书编写组．党建读物出版社．2007. 10

[2]十七大报告学习辅导百问．本书编写组．党建读物出版社．学习出版社．2007. 10

[3]党的十七届四中全会《决定》学习辅导百问．本书编写组．党建读物出版社．学习出版社．2009. 9

[4]党中央在延安十三年．中国延安干部学院编．中央文献出版社．2010. 12

[5]党在延安时期局部执政的历史经验．中国延安干部学院编．中央文献出版社．2008. 10

[6]新民主主义理论与马克思主义中国化．中国延安干部学院编．中央文献出版社．2010. 12

高校学习型党组织建设探微*

在党的十七届四中全会做出的《中共中央关于加强和改进新形势下党和建设若干重大问题的决定》(以下简称《决定》)中,中央明确提出了“建设马克思主义学习型政党”和“建设学习型党组织”的重大历史命题。高校是高素质创新型人才的培养基地,肩负着传承文明、创新知识、培养中国特色社会主义事业合格建设者和可靠接班人,促进经济社会发展的历史重任,高校党组织是高等教育事业的政治核心和战斗堡垒,在高等学校、高教事业建设与发展中起着重要的组织保障和领导核心作用,建设好学习型高校党组织显得尤为重要和紧迫。

一、提高认识,高度重视学习型党组织建设

应当说,加强和改善学习虽然是我们党的优良传统和宝贵建党经验,但是,建设学习型政党和组织,却是党的十七届四中全会于党的建设中提出的重大历史命题,是党的建设史上的一个新的重大的创举,从中,我们既可以看到党对于搞好自身建设的决心和信心,也可以看到其重大而深远的价值和意义。

(一)建设学习型政党和组织是时代、社会发展的必然要求

如《决定》所言,“当今世界正处在大发展大变革大调整时期。世界多极化、经济全球化深入发展,科技进步日新月异,国际金融危机影响深远,世界经济格局发生新变化,国际力量对比出现新态势,全球思想文化交流交融交锋呈现新特点,发达国家在经济、科技等方面仍占优势,综合国力竞争和各种力量较量更趋激烈,不稳定不确定因素增多,给我国发展带来新的机遇和挑战。”显然,国际上的这“三大”时期(大发展、大变革、大调整)和“五新”特点(国际金融危机带来的新变化、新趋势、新特点、新机遇、新挑战)与国内的“五大建设”(经济、政治、文化、社会、生态文明),“五化”发展趋势(工业化、信息化、城镇化、市场化、国际化)融合交织在一起,不仅就把我们的国家推到了新的战略机遇期和历史起点上,也把中国推

* 载《四川职业技术学院学报》2010 年第 3 期。

到了国际重大尖锐问题处理的中心和前台,成了国际关注的热点和焦点,而且也把中国共产党这一个十几亿人口大国的执政党推到了必须加强自身建设,以求从容应对国际国内两大局面,既要一心一意搞建设、谋发展,实现十七大提出的宏伟任务,又要应对艰难、复杂的国际形势,肩负世所罕见之历史重任的特定新形势下,推到了发展的风口浪尖上。面对国际国内的复杂局面和变变幻莫测的新形势,不断学习,不断进取,不断提高,以求"科学理论武装,具有世界眼光,善于把握规律、富有创新精神",建设马克思主义学习型政党和组织自然也就成为我们党必须抓紧抓好的"重大而紧迫的战略任务"。

(二)建设学习型党组织是建设学习型政党的重要基础

中国共产党是一个有着370多万个基层组织、7500多万名党员的大党,我们党处于执政党地位,肩负着组织和领导全中国人民推进建设和发展、夺取全面建设小康社会新胜利,开创中国特色社会主义事业新局面,振兴中华,实现中华民族伟大复兴的历史重任,这就需要我们党必须首先从思想上、组织上、作风上、制度上、体制机制上把自己建设好。党的基层组织是党的机体组织细胞,党的基层组织是党的宏伟建设工程的战斗员和组织员,党的基层组织不仅肩负着重要的制度、组织、作风建设任务,而且要以思想建设为基础和先导,以此保障其他各项建设的顺利推进和有效实施。学习是思想建设的重要基础和手段,组织好党员、党员干部学习,是各基层组织的应尽义务和历史使命,也是党中央赋予各基层组织的神圣职责,是党对基层组织的必然要求。基层党组织是党的建设的有机体,基层党组织建设不好,整个党的建设便失去基础和保障,基础不牢,地动山摇,学习型党组织的建设自然也就成了学习型政党建设的必然要求和重要基础。

(三)建设学习型党组织是高校发展建设的基本保障

作为高素质高水平人才培养基地、科技创新高地的高校在经济社会发展中的地位和作用是不可低估的。此外,高校还肩负着文化传承、思想建设与社会引领、稳定维护等多方面的社会职能,因此,高校的党的建设十分重要,党中央对此高度重视,新中国成立以来已先后进行过校长负责制(1950—1956年),党委领导下的校务委员会负责制(1961—1966年),党委"一元化"领导制(1971—1976年),党委领导下的校长分工负责制(1978—1985年),试行校长负责制(1985—1989年),党委领导下的校长负责制(1989年至今)等7个不同阶段,不同体制的探索,而且于1989年后,每年召开一次高校党建工作会,不断研究解决其间的重大关键问题,自此以来,党委领导下的校长负责的体制一致没有改变过。实践证明,党委领导下的校长负责制的确立完全符合我国国情,符合建设有中国特色高等教育体系的要求,它从体制和机制上保证了党在高校的领导地位,有力地保证了高校办学的方向，有力地保证了高校的持续与稳定发展，有力地推进了高校、高教事业的改革和发展，唯其如此，党中央在十七届四中全会的《决定》中明确要求高校党组织要把“全面贯彻党的教育方针、培养社会主义建设者和接班人贯穿高等学校党组织活动始终”，充分肯定了党组织在推进教育改革、搞好教书育人、加强师资队伍建设中的领导核心作用，可见，高校党组织的建设任务十分繁重。诚然，高校党组织建设任务是方方面面的，但是，在不同任务中，学习却是第一位的，通过学习来统一思想认识，提高党员干部的素质素养，提升学院党政班子的办学治校能力和教书育人的水平；通过学习来提升人才培养的质量和服务经济社会发展的水平；通过建立学习型党组织，学习型领导班子和领导干部队伍；通过学习型党组织、领导班子的建设来组织、领导保障学校的健康发展是十分重要不可易移的基础性保障性工作，否则，学院便很难又好又快地发展，这是毫无疑义的，高校党委必需对此有着清醒而足够的认识。

二、准确定位，努力建设好学习型党组织

建设学习型党组织固然很重要，必须首先解决好认识问题，但是，建设什么样的学习型组织，怎样来建设好真正的学习型党组织更是必须进一步研究解决的重大基本命题。对此，当首先在学习型党组织的内涵和外在属性上有一个基本明确的定位。

第一是外在基本属性。按照《决定》要求，我们所建设的应当是中国共产党的学习型组织，而非工青团妇等群体性，也非民主党派和其他民众的一般性学习型组织。之所以要明确这一点，是因为中国共产党是执政党，有其特定性质和目标任务，也有着与众不同的学习水准和要求，不能模糊了界限，降低了层次和放宽了要求，否则，便难以起到应有效用。

第二是内在本质属性。这在十七届四中全会中也规定得很明确，我们所要建立的是马克思主义的学习型政党，而非其他学习型政党。这是由党的指导思想、目标任务、基本纲领决定的，因为马列主义、毛泽东思想、邓小平理论、“三个代表重要思想”是我们党的指导思想，是我们的行动指南，是我们履行职责、完成使命、实现最低最高纲领的基本保证，自然也是每个党员、党的组织所必须学习掌握的强大思想武器，它既是学习型党组织的内容属性，也是学习党组织的本质属性，更是学习型党组织的基本水准，检验标尺，含混不得，改变不得。

第三是层级类别属性。对于我们，所要建立的是高校的学习型党组织，而非党政机关，也非企业或其他事业单位、街道农村、甚至中小学的学习型党组织，高校的性质、任务不同，高校党组织的地位和作用也有别于工矿企业其他事业单位，

更不同于普通中小学乃至于中专技校和科研院所。高校是知识、人才高地，是智力资源库和创新高地、文化高地，人员结构、学习的基础不一样，所有这些，都决定了不能把高校的学习型党组织建设与其他类别、层级的学习型组织混同起来，而应当有自身特定的目标、内容、方式和水准。

当然，其他学习型党组织也当分门别类，据实确定自己的学习内容、方式和水准，对自己予以准确定位，只有这样，才能真正建设好符合中央要求、时代社会发展需求、真正有用、名副其实的学习型党组织。

三、明确要求，切实开展好学习型党组织建设

学习型党组织建设涉及的问题很多，但重要的是做好以下工作：

(一)明确学习要求，找准学习着力点

关于学习的目标要求，党中央在十七届四中全会《决定》中有着具体、明确而统一的要求，涉及内容很多很广。其中既有对普通党员，也有对党员领导干部的；既有对个人，也有对组织的；既有微观的，也有宏观的，但重心非常明确，主要是对个人，特别是领导干部的。比如，就个人而言，就要求"优化知识结构，提高综合素质，增强创新能力"；要求做到"科学理论武装，具有世界眼光，善于把握规律，富有创新精神"；要求要增强政治敏锐性，政治鉴别力，划清"四大界限"，提高三大思维能力；增强"四性"和宗旨、执政、大局、责任等五大意识；树立两大理想，具备两大精神，践行荣辱观，培养高尚道德情操和健康生活情趣，保持昂扬奋发精神状态，达到"为党分忧，为国尽责，为民奉献"三大境界等等。对整体的组织的则有建立学习型组织和学习型领导班子，加强思想道德建设，加强党的优良传统教育，加强中华优秀文化传统教育；"推进马克思主义中国化、时代化、大众化"，"用中国特色社会主义理论体系武装全党"，"开展社会主义核心价值体系学习教育"等。两相比较，显然对于个人的要具体详尽些，对组织的要宏观原则些，其意图很明确，就是要将学习的责任交给基层党组织，要将学习的效果体现在党员、特别是党员领导干部身上，尽管内容很多，要求很高，但其着力点却仍然可以归结到思想、组织和作风建设上，归结到学习型党组织的创建这一基本载体上来。

(二)明确学习内容，突出学习重点

关于学习内容，《决定》虽然有几种提法和表述，但却主要集中在这样几个方面：

一是马克思主义理论。这既包括马列主义的基本原理，也包括了马克思列宁主义的发展成果；毛泽东思想、邓小平理论和"三个代表"重要思想；辩证唯物主义、历史唯物主义和科学发展观；社会主义的核心价值体系。其间，单核心价值体

系就包括了两大理想(共产主义远大理想,中国特色社会主义共同理想),两大精神(以爱国主义为核心的民族精神;以改革创新为核心的时代精神),四大内容(基本理论,基本路线,基本纲领,基本经验),五大意识(党的意识,宗旨意识,执政意识,大局意识,责任意识)和三大境界(为党分忧,为国尽责,为民奉献)等,内容很系统,很丰富,很精当。

二是党的路线方针政策。包括政治、经济、军事、文教、体育、卫生、外交、人口与计划生育、干部人事政策等等,内容也非常多。

三是国家法律法规。这自然也包括了党风党纪方面的相应规定。其间有公共基本的,也有行业专业性的,特别是党风廉政建设,预防与惩治腐败问题,也当是我们党的建设的一个重大专项内容。

四是党的历史。包括党的发展建设史,组织思想史等等。

五是现代科技与管理知识。既包括传统文化的精髓,也包括现代化建设需要的政治、经济、文化、科技、社会,国内的、国际的,一切科学的新思想、新知识、新经验。

从内容上看,尽管很多,很系统,很丰富,但是,其间的马克思主义基本原理和中国特色社会主义理论,社会主义核心价值体系和与本单位、本系统、本行业相关的政策、法规以及相应知识等却应当是我们大家都要把握的重点。理想信念,科学发展观又是其重中之重,必须很好学习,深刻领会、全面掌握和有效运用;从对象上看,党员干部,特别是党员领导干部,教师中的党员干部又当是高校学习主体上的重点。只有抓住并很好突出了这些重点,才能将学习引向深入,也才能引领好全体党员群众的学习。

(三)讲究学习方法,突破学习难点

任何学习都是要讲方法的,尤其是对哲学、社会科学理论的学习更是要讲方法,否则,便可能事倍功半,很难收到应有的学习效果,很难满足党中央所提出的明确的学习要求。学习型党组织建设不仅涉及面广,而且事关重大,非得讲究相应的学习方法不可。对此,十七届四中全会《决定》虽然讲得较为原则和笼统,但对于大的原则办法和对高校党组织的要求依然是明确具体的,而且,我们可以从中央的其他的相应规定中得到这样一些行之有效的方式方法,总起来讲,也就是"三个结合":

一是个人与集体、分散与集中学习相结合。虽然是学习型党组织,但不可能全是集体、集中学习。仅以我院为例,毕竟有1700多党员,25个总支和直属党支部,25个教工和学生党支部,应当要求党员干部自觉学习,要求大家首先自学,在自学的基础上来有计划、有步骤、有重点地开展集体集中学习,才能充分调动大家的学习积极性和创造性,学得扎实和深入。各级党委的中心学习组学习在很大程度上就是运用的这类学习方法,而且是这种方法在点(作为高校来讲就是院校党委中心学习组与总支、直属党支部的学习)与面(全体党员、党员干部)上的有机结合,并且要做到以点带面,以骨干力量的学习来带动组织推进好一般党员、全体教职工的学习。

二是宣讲与探究式学习结合。宣讲是请领导或专家学者做报告,显得具有权威性,使之学得更深入。探究式也称研究式学习,即对相关重大疑难问题进行深入的研讨式学习,力求把握全部含义和实质要义、精神实质,掌握其规律,把问题分析、研究得更仔细、更深入、更准确。探究式学习既可个体也可群体,既可集中也可分散,显得比较灵活,因而很受欢迎,两种方法在中央政治局的学习中运用得比较多,堪称表率。

三是理论与实际相结合。这既是学习的方法,而且是传统的、行之有效的学习方法,同时也是学习的要求,是求得学习成效、检验学习效果的好办法,尤其是党内学习更要很好地运用这种行之有效的学习方法。特别是就高校而言,更不能囿于校内学习,还应当走出去,请进来,钻出象牙塔,与社会实际、实践结合,与解决经济社会发展中的实际问题相结合,以求实效。

除此之外,还有《决定》和其他文件经常强调的“不断学习、善于学习”的问题,这从表面上看讲的是要求,其实也是在讲方法。包括《决定》对高校提出的进教材、进课堂、进头脑(简称“三进”)等,也都是同样的类型。尤其是在遇到学习中的重大、关键、疑难热点问题时,不断和善于学习,讲求学习的方法就更重要了,否则,难点就很难突破,诸如马克思主义理论中国化、时代化、大众化所涉及到的相关重大理论问题,“三个代表”重要思想,科学发展观,社会主义的核心价值体系等等,都是我们学习中需要注意方法,加以突破的重大疑难问题。

四、严密措施,全力保障好学习型党组织建设

要真正建设好学习型党组织,以下措施是必不可少的:

第一是加强领导,高度重视学习型党组织建设。既然是学习型组织建设,顾名思义,首先得有相应的组织形式作保障。党委是管大事、管方向、管政治思想教育的,因而得加强对这一工作的领导,切实当好学习型党组织建设的第一责任人,将这一工作列入重要议事日程,作为大事来抓紧抓好。

第二是严明纪律,切实保障好学习型党组织建设。首先要建立起良好的学习制度,对学习的相应组织及其成员做出学与不学,学多学少,学好学差,学深学浅等方面的严格规定和要求,把自觉学习与组织的要求和安排有机结合起来,避免

走过场，搞应付；其次是要制订好学习的计划，对学习的内容、时间、方式、要求等做出明确具体安排，使之科学规范，确保有序进行；第三是要有请假考核制度，要有相应的纪律规定和考核处理的相应办法，避免随心所欲，任意处置，要维护好学习的严肃性，确保好学习的有效性。

第三是建立机制，切实推进好学习型党组织建设。包括采用学习、考核、测评、激励、奖惩等行之有效的办法，鼓励大家、特别是党员干部，尤其是党员领导干部真学、真懂、真信、真用，以此来充分调动学习组成员的学习积极性，发挥好创造性，增强学习的效果。

高等学校党建工作目标管见*

各级党组织应当在党的总体目标下有自己的建设目标。高校是一个特殊群体，党建工作的基本建设目标要求可以也应当是思想建设求“是”、组织建设求“质”、作风建设求“实”、制度建设求“缜”、党风廉政建设求“严”。

任何一级党组织都应该有明确的建设目标和方向，才能将自己建设好，把党员干部组织好，把基层群众引领带动好，把所在单位的发展建设推进好，真正地发挥好应有作用，从而为党的事业添砖加瓦，为党的建设增光添彩，把党所领导的有中国特色社会主义神圣而伟大的事业推进得更好更快。这应当是各级党组织的基本职责，是党和时代社会发展的基本要求，是毋庸置疑的。在众多的基层党组织中，高校是一个特殊的群体，在新的历史条件下，高校党的建设当确定怎样的目标方向，是一个值得深入研究探讨的问题。

一

当前，高校党的建设的总体情形是好的，特别是《中国共产党普通高等学校基层组织工作条例》贯彻实施以来，高校党委的政治核心，领导核心，基层党组织的战斗堡垒，党员干部的骨干带头，党员的先锋模范作用得到更好发挥，高校党建正朝着制度化、规范化、科学化的方向不断推进，这是不争的事实。但是，毋庸讳言，高校党建于目标方向上也还存在着一些不容忽视的问题，主要表现在：

一是认为不应该另设目标。错误地认为我们党是实行的一元化领导，党中央已经在十七大，十七届四中全会的相应决定中明确了新时期全党建设的总体目标任务和要求，作为基层党组织，完全应当与党中央保持高度一致，不折不扣地把上级精神学习贯彻好就可以了，不需要，也不应该另设自己的目标，因而往往是上级文件、会议精神的照抄照转。

---

* 载《高校理论战线》2012 年第 8 期，题为《对新时期高校党建工作的若干思考》。发表时有改动。

二是没有明确的目标意识。认为高校的基本任务是教书育人，教学是中心，育人是根本，作为高校党委，只要按照中央的要求围绕中心服务大局，搞好德育，把握好育人方向，让党员干部、教师学生不出问题就行了，这就是大学党组织的目标任务和方向，此外不应该再有什么党建工作的目标任务，因而缺乏明确的党建工作目标。

三是目标定位错谬。把党建工作当成了一种对上级的简单适应、盲目跟从。有的甚至是跟风，上级说什么就干什么，社会上流行什么就跟什么，没有结合自身实际来确定目标任务，往往是跟着上级走，跟着感觉走，缺乏自己应有的主见，有的甚至庸俗化。

三种情形虽然有表现形态上的差异，但究其实质，前两种是缺乏主见，缺乏应有目标意识，缺乏一个党委、基层党组织应有的政治意识、大局意识、整体意识、责任意识、使命意识和党性觉悟、党性原则的表现。第三种则更甚，属于深层次的党员领导干部的党性觉悟、政治品质、道德水准问题。显然，这些都不是一般问题，而是直接关系到办什么样的大学，培育什么样的人的重大原则问题，十分严峻，务必引起高度重视和警觉。

二

中国共产党是一个领导着五十六个民族，十三亿多人民，八千多万党员，四百多个基层组织的执政党，是经历过新民主主义革命、社会主义革命和建设，经历过战争与和平考验，正肩负着将中国特色社会主义事业推向前进神圣使命的伟大、光荣、正确的党。中国共产党从建立之日起就确定了解放全人类，建成共产主义社会的崇高伟大目标。为了实现这一目标，坚持一切从实际出，发实事求是的中国共产党人，又在不同历史阶段确立了自己的相应奋斗目标，以此来凝聚人，心鼓舞斗志，增强凝聚力、号召力、战斗力，以此夺取革命、战争和建设事业的相应胜利。实践证明，目标就是旗帜，目标就是号令，目标是中国共产党人披荆斩棘、克敌制胜、由小到大、由弱到强、勇往直前，从胜利走向胜利，永远立于不败之地的法宝，是中国共产党人应当永远珍视和弘扬的宝贵精神财富。

高校是一个特殊的社会群体，高校虽然有着专科本科，211.985 与一般院校；单科专业性与多科综合性，研究型、教学型、教学研究型，公办民办、层次类别，学科与规模等诸多区别，但正如胡锦涛总书记在清华百年校庆讲话中所指出的那样，都有着人才培养、科学研究、社会服务，文化传承与创新的基本职能。作为中国共产党领导下的中国高校，肩负的是培养造就有中国特色社会主义事业的合格建设者，可靠接班人的神圣使命，中国高校都建立有党组织，从组织体系上讲，中国高校的党组织都是中国共产党的有机组成部分，是中国共产党基层组织的一员，都应当首先按照党章、党纲的要求，从党的总目标任务出发，按照党的现阶段目标任务和《中国共产党普通高等学校组织工作条例》的相应规定与要求，不断坚持和完善党委领导下的校长负责制，努力发挥好高校党委管方向、管大事、管组织、管干部、管人才、管自身建设的特有职能作用，发挥好高校党委的政治与领导核心作用，都应当把党的总体目标与阶段目标，与学校党的建设，发展建设有机融合统一起来，确立既与党的总体目标保持高度一致，又从自身职能职责、实际情况出发的阶段目标任务和相应举措，以此来凝聚人心，组织引领党员干部、组织带动全体师生员工为实现事业的发展建设目标，为完成神圣光荣使命而努力奋斗。而不能简单地以党的总体或阶段目标任务来代替自身的建设目标任务，更不能失去党性原则地搞盲目跟风或随波逐流，将党建目标简单化、庸俗化。

三

在党的十七大和十七届四中全会上，党中央已经从历史和现实，时代与社会，从中国共产党的总体与现阶段目标任务出发，明确了一个目标、一条主线、五个重点、六项任务的党建工作总要求。其间的一个目标，就是要进一步把党建设成为立党为公、执政为民、求真务实、改革创新、艰苦奋斗、清正廉洁，富有活力、团结和谐的马克思主义执政党，确保党始终是中国工人阶级的先锋队，同时也是中国人民和中华民族的先锋队，并为此提出了“四个着眼于”之建设重点，明确了思想、组织、作风、制度、党风廉政建设五大基本建设内容和相应体系，形成了“一个目标”与“五大建设”有机统一、浑然一体的党建总思路、总格局、总要求。这是各级党委、党组织都应当为之努力奋斗并力求实现的。作为高校党委，自然应当按照党在新时期的总目标与自身实际相结合、相统一的原则，确立好自身的建设目标任务和努力方向，确立好自身的工作思路与重点并很好地推进之。

尽管高校有层次、类型、条件、规模和培养目标、内容、途径、模式方法上的诸多差异，且实现党建目标的路径方法也可以因此而有所不同，但在党的建设目标任务、思路内容和人才培养总目标上却有着相对的一致性。因此都应当、也可以以党的五大建设内容为基准，确立以下的党建目标和方向，并将其作为培养合格建设者、可靠接班人的基本着力点。

第一是思想建设求“是”。这里的“是”有以下三层含义：

其一是“普遍真理”。即指在高校党的思想建设中要坚定不移地宣传、灌输马克思列宁主义、毛泽东思想、邓小平理论、“三个代表重要思想”、科学发展观等放之四海而皆准的普遍真理，让大家积极向上、追求真理，用普世价值观、人生观、世界观，学习观、工作观、生活观、就业观，用古今中外人类社会的优秀历史文化成果，用真理来武装党员特别是党员干部的头脑，来武装全体师生员工的头脑，让大家懂得并学会做人，具有良好的思想认识、道德品质与综合素质。当前最重要的就是要做好中国特色社会主义理论、社会主义核心价值体系的“三进”工作，坚持正确舆论导向，搞好思想武装，使之明辨是与非，分清真善美与假恶丑，具备正确的人生态度和积极向上的健康心态，这是高校党建的核心任务和首要工作。

其二是本质规律。即要教育党员干部、师生员工随时保持清醒头脑，善于运用历史和辩证唯物主义的思想方法来认识复杂多变的社会形势，辨别错综复杂、扑朔迷离的社会现象，认识看待社会的热点、难点、焦点和重大问题，来透过现象看本质、找规律，而不至于眼花缭乱、迷失方向和自我，不至于主观盲从，走偏方向甚至犯错误，不至于影响工作、事业和人生进程，影响学生的全面成才、健康成长。特别是对青年教职工、青年学生，这一点显得尤其重要，异常紧迫。

其三是求真务实。这主要是从思想建设的内容、路径和方法效果上来讲的。它要求高校的党建工作者一定要深入基层，深入教工和学生中开展调研，把党员师生员工的思想认识、思想动态、思想表现、思想问题真正摸清摸准；分清主流支流、现象本质、重点难点、热点焦点；析现象、挖根源、辨是非、抓实质、论危害、明思路、添措施，对症下药、因材施教；做实事、讲实效，求真务实、真抓实干；而不是随大流、人云亦云、照抄照转，搞假大空，做表面文章，让党员干部、师生员工疑虑、隔膜甚至反感抵触。一定要让思想建设落地生根，开花结果。

第二是组织建设求“质”。这里的“质”包含两大内容：

一是指“素质”。亦即组织建设，特别是党员、干部队伍建设要重视素质教育，这一点很重要，也很关键。其间，最基本基础的是党员的素质问题，同时还涉及到教职员工、学生的素质教育，但重点在党员干部，特别是党员领导干部。毛泽东同志早就讲过，“政治路线确定之后，干部就是决定的因素”。俗语也云：“村看村，户看户，社员看干部”。在众多的素质教育中，最首要的是党委一班人，特别是党政一把手、校级领导、党委成员，其次党员中层干部，总支、支部委员；再就是教工党员，全体教师的素质教育。全面的素质教育能否开展好，学生的素质高不高，好不好首先取决于教师素质，取决于党员教职工的素质，取决于党员干部的素质，因为教育者必先受教育，如果这项工作抓得不好，教工的素质、学生的素质、育人的质量、学校的品质、品位便无从谈起。对此，高校党委一定要有清醒而足够的认识，将此列入重要议事日程和建设内容，下狠功夫，花大力气，切实将其解决好，这是学校能否又好又快发展，创一流的要害关键所在，千万小看和忽视不得!

素质包括的内容是多方面的。首先是政治思想素质,此外还有人文科技素质、心理素质、身体素质等等,其间最重要最核心,能管用一生,确保可持续科学发展的是人文素质。这是一项复杂艰巨的系统工程,应当在认识到位的前提下全面统筹规划、整体设计,从目标、思路、内容体系、措施办法等方面做全方位思考,对党员干部,特别是党员领导干部,党员教职工,党员学生按类别分层次进行系统科学的整体设计,切实解决从认识到操作层面的诸多问题,使之有针对性、操作性、科学性,能真正见到实效,而不是叶公好龙,做表面文章,停留在口头上。作为一所高校的全面的素质教育,虽不是党的组织建设所能完全承担解决得了的,但必须从组织建设、干部、党员队伍建设这个根本抓起,这也是必须引起高校党委特别重视,切实解决的大问题,含糊不得。

二是指"质量"。即组织建设、组织发展中要讲质量。目前有两种不好的倾向,即在组织建设中重形式,组织发展中重数量。组织形式有,组织活动也在按部就班,看似轰轰烈烈地开展,却认真程度不够,解决问题不大不多,质量不高,这是当前和今后党的建设应重点努力解决的一个重大疑难问题,好在中央已经高瞻远瞩,纳入创先争优,开展基层组织建设年活动,肩负特殊使命的高校自然应当积极响应,切实做好。组织发展中还有片面追求数量的倾向,有的甚至重比例,让党员数占到了学生的30% ~40%,多者近50%,还做典型发言,经验推广,以此体现党建工作成效。有的基层组织在发展中不重视培养、教育、不重视质量;有的是工作不负责任,不严格按党员条件、组织原则、规范程序操作,把受过处分,表现不是真正好,学习成绩不好、素质不高、动机不纯、态度不端正,或只对老师表现好,不被大家公认的学生发展入党,带来很多负面效应,造成很大危害和不好影响,应当引起高校各级党组织特别是党委、总支、组织部门的高度重视。即便不存在这些问题,组织发展也有一个质量问题,这是一个永恒的主题。不光高校,各级党组织都应当树立正确的组织发展建设观,严格相应条件、程序和手续,高度重视党员发展的质量问题,让其能发展一个,带动一组一班一片,真正起到党员的先锋模范作用,以此确保党的纯洁和先进性,促进推动学风、教风、校风、社会风气的根本好转。

第三是作风建设求"实"。这里的"实"也有两大含义:

一是实在,与虚假相对。即讲求真实,要求各级干部,特别是党员领导干部一定要深入实际,深入基层,一定要讲实话、办实事、求实效,不能虚妄、浮躁,更不能浮夸说假话,办假事,阳奉阴违,口是心非,欺上瞒下,搞假大空,一定要代表广大人民群众的根本利益,树立共产党员、党员干部、党员领导干部的真实、应有形象,不能是“装在套子里的人”。

二是实际，即客观现实。要求党员干部一定要求真务实，善于面对现实、正视现实，善于从实际出发，透过现象看本质，把握事物的本质和规律，而不能脱离实际，凭空想象，违背人民群众意愿，违背客观实际，违背事物的本质和规律，好高骛远。更不能逆历史潮流而动，主观臆断，要密切联系群众，充分发扬民主，悉心听取意见，集思广益，切实保障，维护好人民群众利益，维护好党和国家的根本利益。

第四是制度建设求“缜”。“缜”即细致周密，在党的建设中主要是指：

制度建设要系统。制度不能残缺不全，要成为完整体系。因为制度是规范，是法治的基本载体和手段，高等学校动辄师生员工几万人，是一个相对独立完整的社会系统，是一个小社会，按人们通常的说法是吃喝拉撒睡，生老病死退，什么都得管，不可能没有系统完善的制度约束，否则，就会导致不完善，让人有空子可钻；就会失之偏颇和公正，导致管理不严密甚至失误；就会导致人治现象产生，与依法治教，依法治校，依法治国，依法治党背道而驰，影响各项工作的顺利推进，影响发展建设目标的实现。

制度建设要严密科学。一所大学的管理制度一定要符合党和国家的路线方针政策，符合相应法律法规，符合教育教学与人才成长规律，符合学校自身的客观实际，不能前后矛盾，上下脱节，左右相撞，内外失调，或失之过宽过严，让人无所适从，难以遵循，难以客观公正地实施管理，就会有损单位和组织形象，难以有效实现预期目的，有效保障和促进事业的健康发展。

制度建设要规范。制度是一定范围内人们的行为规则，因而一定要有明确界限，让人知道该怎样，不该怎样做；怎样做是对的，怎样做是错的；哪些工作有哪些环节、流程、基本要求，该做到什么程度，该注意些哪些事项。此外，作为党内制度，其规范性还体现在所有的制度都得在党章、党的各类规定的范围，在宪法、法律法规允许的范围内来制定，都得有基本依据和充足理由，而不能自出心裁，随心所欲，失规失范。

第五是党风廉政建设求“严”。

“严”是严格、审慎严肃之意。事实表明，高校并非传统意义上的一方净土。随着改革开放和改扩建的深入，高校也在基本建设、重大物资采购，教材资料订购、招生办学，财务国资、奖贷助补，升留级等学籍管理，科研与职称评聘甚至学生干部的选拔使用，入党评优等领域存在诸多问题，其间最容易被人忽视的是党员和干部在履职尽责、人才培养中的慵懒懈怠，而且有的还触目惊心，直接危及国家、人民群众利益和人才培养，影响着社会风气。因此，高校党风廉政建设当突出一个“严”字，从以下几方面来严肃审慎地进行。

一是严肃思想教育。首先是从百年大计,教育为本,教育大计,教者为本,从培养社会主义事业合格建设者,可靠接班人的高度来重视、实施好党员、干部的党风廉政教育,让其进教职员工特别是党员领导干部的头脑,于思想上牢牢筑起反腐倡廉的堤防,自觉增强党风廉政建设和反腐倡廉意识,自觉抵制不正之风;让其进各级各类工作岗位、环节和流程,让党员、干部、教职员工,特别是党员领导干部,相关管理人员,骨干教师以良好的作风、教风、学风、校风来净化校园环境,做教职员工、学生的表率与楷模。其次是进课堂,抓好对学生的党风廉政建设教育,让其从学生时代起就具备这种意识观念,就认识不清廉、搞腐败之危害,就筑起牢固的思想堤防。其间,学生的教育是基础,党员、教职工,特别是骨干教师,相关管理干部的教育是前提,党员干部,党员领导干部的教育是重点和关键。

二是严密防控体系。除去思想教育外,对于确保廉洁勤政和预防惩治腐败还必须有严密的防控措施和手段,从制度体系上保障重大敏感的部位和环节能防止和杜绝腐败与不廉洁行为的滋生,确保相应权力在阳光下运行,不出或少出问题,至少不出重大问题。制度应当是正反两方面的,应当能防微杜渐,让人趋利避害,真正成为党员、干部、党员领导干部、教师、职工、学生的行为规范和办事准则,做到疏而不漏。

三是严格监管控制。作为高校,应当对其最为敏感的基建维修、财务国资、仪器设备、教材图书采购,招投标、科研,招生办学经费管理使用,教育教学管理等工作领域的工作环节,工作人员实施切实有效的监督管理和控制,千方百计防止暗箱操作、权钱交易、收受贿赂、吃回扣、化公为私、假公济私、私设小金库、渎职失职、违规违纪使用经费等现象发生,既维护公平、公正,维护师生员工和国家利益,维护正常的教学工作和校园秩序,营造风清气正,健康向上的育人环境,也确保知识殿堂的圣洁高雅和人才培养质量。

四是严厉查究处置。一所高校,师生从上万人到几万人不等,完全就是一个小社会,即令教育防范工作做得再好,也有可能出现违规违纪,贪污腐败甚至违法犯罪行为或案例,若此并不奇怪,也无可厚非,关键在于如何认识看待,如何理解处置,关键在于严格执纪执法,不让错误言行、贪腐现象、违规违纪、违法犯罪行为有滋生土壤,有生长环境,有蔓延条件,不能讳疾忌医,更不能遮羞护短,让千里之堤溃于蚁穴,让圣洁殿堂受到侵蚀玷污,让育人环境受到污染,而要恰当运用反面典型教育警示大家,严密防范未来。

参考文献

〔1〕《中国共产党章程》,人民出版社,2007

〔2〕《中共中央关于加强和改进新形势下党的建设若干重大问题的决定》,党建读物出版社、学习出版社,2009

〔3〕《党的十七届四中全会<决定>学习辅导百问》党建读物出版社、学习出版社,2009

〔4〕胡锦涛:《在庆祝中国共产党成立九十周年大会上的讲话》,人民出版社,2011,

中共四川职业技术学院委员会党的建设基本意见*

为深入贯彻落实党的十八大和十八届三中全会精神，切实加强和改进学院党建工作，充分发挥学院党组织在教育改革发展、打造示范高职院校品牌、办好人民满意教育中的政治核心和领导作用，根据全省高校党建工作会议精神，结合学院实际，现就学院党的建设工作提出如下基本意见。

一、明确认识，高度重视党的建设工作

一是切实加强思想建设。以邓小平理论和“三个代表”重要思想为指导，认真贯彻落实科学发展观，把加强思想建设作为党的组织和党员干部自身建设的核心和能力建设的基础，以开展“建设学习型党组织、争当学习型党员”活动为抓手，认真落实中心组学习、严格组织生活制度，深入学习贯彻党的十八大、十八届三中全会和国家、省教育改革发展规划纲要精神，要把中国特色社会主义理论、社会主义核心价值观、伟大中国梦和教育综合改革、特别是高等教育、职业教育的改革的方针政策作为学习的重中之重，在把握目标方向、理解实质要义上下功夫，深化对高等职业教育发展基本理论和规律的认识，不断提高党员干部的政治思想觉悟，政策理论水平，驾驭全局和攻坚克难，研究解决实际问题的能力。强化正面教育，树立正气，提升正能量，为深化以教育教学为重点的全面改革，提高育人质量和办学水平，切实开展好后示范建设，促进学院可持续科学发展奠定坚实的思想认识基础。

二是努力强化组织建设。严格科学贯彻民主集中制。认真贯彻党委领导下的院长负责制，按照集体领导与个人分工负责相结合的制度，党的委员会成员根据集体决定和分工，切实履行自己的职责；按照“集体领导、民主集中、个别酝酿、会议决定”的原则，不断完善内部议事决策机制，使党委的领导核心作用真正落实到学院建设发展改革的全过程，形成党委统揽全局、协调各方，党政团结协作的决

* 系重大文稿，属本人起草。

策执行机制，做到党委和行政之间、班子成员之间，工作上相互支持、相互理解，形成“心齐、气顺、风正、劲足”的良好局面。

坚持党要管党，从严治党，党管干部，从严治吏的原则，加强干部队伍的政治思想教育、素质、能力、水平、执行力、战斗力、创新力、凝聚力，进一步加大青年后备干部的培养力度，使干部队伍的整体实力进一步提升。

进一步改善基层组织建设。切实增强基层党组织特别是系部总支的履职能力和凝聚力、战斗力，改变软懒散现象；严格标准，规范程序，进一步提高组织生活和组织发展的质量。

三是党风廉政建设常抓不懈。坚持群众路线，加强作风建设，认真落实党风廉政建设责任制特别是“一岗双责”要求，筑牢廉洁勤政、服务为民的思想防线，强化领导班子的宗旨意识和廉政意识。健全完善教育、制度、监督、改革、惩处、纠风相结合的惩治和预防腐败体系，加强对“三重一大”事项特别是招生、工程建设、物资设备采购、招投标、科研经费管理使用等关键领域、重点工作上的监督，促使党员领导干部常修为政之德、常思贪欲之害、常怀律己之心，切实做到勤政廉政。

四是按照作风建设和规范科学的相应要求，加大制度废、改、立力度，加强作风的常态化和长效机制建设，健全激励奖惩、考核制约机制，完善优化和提升学院治理体系能力。

二、明确责任，切实坚守意识形态主阵地

一要认真学习领会，很好党彻落实习近平总书记“8.19”讲话精神，按照经济建设是党的中心工作，意识形态工作是党的一项重要工作，必须把意识形态的领导权，管理权，话语权牢牢掌握在手中，任何时候都不能旁落的明确要求，高度重视意识形态领域的工作。

二要按照中央和省委高校是党的主要思想理论阵地，只能加强不能削弱，强化阵地意识，做到守土有责，守土负责，守土尽责，切实加强学院意识形态工作的责任意识，进一步强化党委，宣传统战部、学工部、纪监审办公室、工会，共青团等职能部门和思政部、各系部总支、直属党支部、离退休总支支部，科研处、学报等职能部门都应当切实增强这种意识和责任感，按照“两谁三好”原则，按照自己的职责职能切实负起自身的意识形态领域范畴的工作责任，做到守土有责、守土负责，守土尽责。

三是按照“谁主管，谁负责”，课堂是高校意识形态的主阵地，学术研究无禁区，课堂讲授有纪律的管控原则，切实加强课堂教学，各类报告会、研究会、讲座、论坛和社团活动的管理，加强对校报、学报，校内广播电视，出版物的管理和科研

成果发布,对外学术交流的管理,加强对会议报告,讲话的审批管理(不搞临时动议,临时讲话,),绝不给错误思想观点、言论行动提供传播的渠道和机遇。

四是针对“人人都是麦克风、人人都有摄像机”的“自媒体”时代特征,按照“纵向到底、横向到边”的原则要求,严格依法管理校园网、校园论坛、微信、微博;按照“及时准确,公开透明,有序开放,有序管理,正确引导”的原则要求和相关规定建立学院新闻发布,发言人制度,正确研判舆情,正确及时有效处理突发事件,正确进行热焦难点问题的宣传解释,批驳错误观点,澄清模糊认识,形成监管有力有效和正面导向的良好态势,着力加强学院意识形态领域的管控建设工作。

三、明确要求,切实开展好理想信念教育

十八大以来,习近平总书记围绕坚持和发展中的特定社会主义这一特大历史命题发表了一系列讲话,内容涉及了改革发展稳定,内政外交,治党治国治军等各个方面,提出了许多新思想、新观念、新论点、新要求,进一步丰富和发展了党的科学理论,丰富和发展了马克思主义,既是我们建党,搞好党建的重要指南,也是大学生提升理论素养,把握发展大势,确立人生坐标的生动、最好教材,因此,要按照央省精神准确领会基本内涵,深刻把握立场观点和方法,知其言,更知其意;知其然,更知其所以然,将习近平总书记讲话精神融入课堂教学,用以统一思想和行动的要求,组织党员干部、特别是领导干部开展好全面深入学习,力求把握好精神实质,指导工作行动,推动建设发展。

一是深入贯彻学习十八届三中全会精神。根据央省要求,加大学院综合改革的力度,组建学院“发展与改革办公室”的相应队伍,在深入调研,思考分析的基础上明确改革的目标方向、对象范畴,原则思路与举措,形成结合学院实际,适应经济发展需求的意见方案,制定好学院新一轮改革的时间表、任务书和路线图,切实地加以推进,以确保学院的更好更快发展,确保创一流、高水平高职,做优做高的目标的很好实现。

二是深入推进中国梦主题教育活动,加强对青年教师和学生的理想信念教育。让大家明确国家、民族、个人梦的辩证统一关系,明确实现中国梦必须走“中国道路,弘扬中国精神,凝聚中国力量”的本质和要求和“国家富强,民族振兴、人民幸福”的目标任务,明确其对当代大学生树立什么样的人生目标,选择什么样的人生道路,实现什么样的人生价值的时代社会需求,切实把中国梦和四川梦、学院梦、个人梦有机结合起来去努力实现。

四、明确任务，切实加强和改进思想政治教育工作

学校的根本任务建立德树人，因此，需要进一步加强和改进政治思想教育工作，形成全员育人，全程育人、全社会育人的德育工作新格局，按照中央和省委的基本要求，结合学院实际，当前和今后要做好以下工作：

一是要充分发挥好政治思想理论课的主渠道作用，教育引导好教师把教材讲解好，学院和系部把教学队伍建设好，把学生引导好，增强马克思主义意识形态的说服号召力，传播影响力，切实解决好教育教学内容，方式方法和手段问题，切实解决贴近学生思想与社会生活实际的问题，努力实现由教材体系向教育体系转化，知识体系向信仰体系转化，努力增强思政课的育人效果。

二是统筹推进社会主义核心价值观和法治思维、法制教育。要把"三个倡导"24个字的法治思维、法治理念融入大学生学习、生活的各个方面，体现在相应的规章制度和行为规范中；要推动法制教育的"三进"，采取多种形式和方法培育学生的法治精神、法治意识和法治观念，努力形成办事依法、遇事找法，解决问题用法的良好氛围；要通过论坛讲座、经典诵读、中华文化课等形式引导学生多读经典名篇，多了解传统文化，坚守中华文化立场，全面提升大学生的道德素质，加强大学生社会公德、职业道德、家庭美德、个人品德。教育引导学生讲道德、养道德、守道德，讲诚信，用传统文化引导学生在服务他人、奉献社会中提升道德素质，形成向善、向上的力量。

三是充分发挥好校园文化育人熏陶作用，一二课堂、各类文体活动的开展，文明班级、教室、公寓的创建，社团作用的发挥，整个育人氛围、环境气氛的营造，就业创业的教育引导、学生学习生活困难的解决关爱等等，都是育人的过程和环节，都应当切实抓好抓实。

五、明确重点，切实加强党建与思政工作的基本队伍建设

一是加强以党员干部特别是党员领导干部为重点的党建工作队伍，这就包括了从院级领导到中层干部，总支、直属党支部委员以上干部，这是我们的骨干核心力量。一是要解决好量的缺额问题，按照德才兼备，以德为先，重素质、重党性的原则，重能力水平，重人品，重实绩和既要群众公认，又要避免简单地一票取人的原则，按照党的十八大后新的选人用人标准和程序办法，把真正好的干部选拔出来，充实到相应工作岗位上去，以解决好数量不足的问题；二要按照"三严三实"（严以修身、严以用权、严以律己，谋事实、创业实、做人实）"五好"（信念坚定、为民服务、勤政务实、敢于担当、清正廉洁）的要求，加强教育管理，切实提高干部队

伍的素质;特别是院级领导干部,一定要重德,以德为先,特别是思想素质、道德品质,开拓创新干事创业的能力、责任和水平;三要切实加强好各级班子的后备干部培养,切实解决院处系部两级班子的年龄、学科、职称、学历等方面的结构性缺失问题,使之更趋合理、科学,从而保障事业的可持续科学发展。

二是加强思政课、学生、共青团、辅导员、班主任工作队伍建设。这是骨干和中坚力量。切实解决好量少不达标和质弱(整体素质和能力水平有待提高)、结构不合理,专业不对口等问题。

三是加强以中青年教师为主体的专业骨干教师队伍建设。基于要么专业不对口、缺失性矛盾;要么责任心不强,怕吃苦,不耐劳;要么浮躁,专业基础不实;要么太年青、幼稚,不一定能管好自己,更难管好学生;要么上进、进取心不强,显得得过且过,理想信念不够坚定,难以起表率示范作用等问题。加强正确的教育和引导,加以培养和关爱,加以研究和解决,需要提升其素质、能力、水平和道德情操,特别是以他们为重点的整个师德师风教育。

六、明确职责,切实肩负好党委党建和意识形态工作的政治责任

一是充分认识党委在意识形态领域的政治和领导责任,牢固地树立起"抓意识形态是本职,不抓是失职,抓不好是不称职"的观念,切实增强政治意识、政权意识、责任意识,将这一工作列入重要议事日程,经常研究,统筹谋划,牢牢掌握主动权。党委书记是第一责任人,党委的每一个同志都有相应的工作责任,这是重大问题,含糊不得。一是要努力建设政治坚定、素质优良、作风过硬、富有创新精神、具有凝聚力和战斗力,善于驾驭意识形态复杂局面的坚强领导集体。党委的同志要率先站稳立场,做出表率,明辨是非,坚持党性原则,管住自己的口和手、言和行,在日常工作、学术研究中不违背四项基本原则,不违背党和国家路线方针政策,不讲无原则、违背方正政策和客观事实的话,不办无原则,不利于团结和谐、安全稳定,影响学院发展建设的事,不违规违纪,不损害学院、党和国家的形象与利益。

二是要增强政治敏锐性和政治鉴别力,学会自觉从政治上观察和处理问题,定期分析意识形态领域的形势,及时掌握这方面的舆情动态,切实做好相应工作,确保学院和社会的安全稳定,切实负责分管工作领域的政治责任,党建工作责任。

三要坚定不移地站稳立场,坚持正确导向,理直气壮地唱响主旋律,传递正能量,确保主流思想舆论占领校园。一旦出现问题,各级党组织和党的干部都要有担当精神,要站得出,立得起,冲得上,顶得住,旗帜鲜明地做斗争,绝不能当旁观者、评论者,更不能当老好人,不能任其蔓延危害。

四是党委要切实履行党要管党，从严治党的职责，首先把民主集中制正确理解贯彻好，正确处理好集体领导与个人分工负责的关系，把三重一大决策关口把握好；其次要严格管控教育好干部，特别是党员领导干部，从严治吏；三是要充分发挥好总控全局、协调各方的特定职能，把学院发展建设的重大基本面抓好、管控好。

五要抓好基层基础工作，把总支、直属支部、教工、学生支部的职能作用、战斗堡垒作用发挥好。加强干部和总支、直属支部委员培训教育与管理工作，把党员干部的作用发挥好。要采取切实可行措施，治理基层组织和干部中的软、懒、散，工作不作为、乱作为、不称职，甚至于消极抵触、对着干的现象，必要时对经教育不改或无自觉意识、执迷不悟的干部做出必要的组织处理。以弘扬正气、伸张正义、积聚正能量，确保干部队伍纯洁、先进性和凝聚力、执行力和战斗力。确保基层组织的战斗堡垒作用，确保学院更好更快科学可持续发展。

中共四川职业技术学院委员会关于进一步强化党风廉政建设、反腐倡廉工作的基本意见*

（2014－2017 年）

为切实深入贯彻党的十八大、十八届三中全会和中纪委十八届二次、三次全会精神，构建学院的教育管理监管制约机制和预防、惩治腐败体系，针对学院改革和发展过程中遇到的新情况新问题，按照坚持标本兼治，综合治理，加大治本力度，努力探索新的途径和对策，着重在教育防范和机制建设上下功夫，把学院党风廉政建设工作不断引向深入的指导思想，现就学院 2014—2017 年党风廉政与反腐倡廉建设提出如下意见。

一、基本认识

过去五年，学院党委、纪委严格遵照中央、省委、省教育工委的要求，高度重视，强化领导，不断完善党风廉政建设责任制，实行“一岗双责”，建立惩治和预防腐败体系，建立健全预警和监督制约机制，在先进性、科学发展观、创先争优、群众路线教育实践活动中采取灵活多样的形式，深入持久地开展以党员干部，特别是党员领导干部，重点岗位干部的党性原则、党风党纪、廉洁勤政教育，筑牢思想防线，加强监督检查，加大问题查处力度，在思想认识提升、组织领导加强、党风廉政建设责任制落实，建立健全预警机制、监督制约机制、管理运行机制、违规违纪查究机制，作风整顿等方面取得了明显成效。但也存在对党风廉政建设的思想认识不到位，思想防线未筑牢；对相应危害、意义、形势认识估计不足；党风廉政建设的主体意识、责任意识不强，缺乏自觉性，缺少主动性；党风廉政建设的范畴、内容不明，问题意识、危机意识不强；对党风廉政建设的实质要害、方针举措、思路重点认识不足；宣传教育不力，制度、机制不够健全和完善；管理不到位，执行力不强；防

* 重大文稿，亲自起草。

范与监督制约不到位，作风不实，党风廉政建设力度不够，效果不很好等一系列需要高度重视和认真解决的问题。

二、基本意见

(一)抓学习教育，进一步筑好党风廉政建设反腐倡廉的思想堤防

一要深入学习、领会、贯彻党的十八大和习近平总书记关于党风廉政、反腐倡廉、加强党的建设，从严治党的系列重要讲话精神；深刻认识党风廉政建设的重要性、紧迫性和党员干部，特别是党员领导干部的教职工所肩负的党风廉政建设、反腐倡廉的重大历史使命；明确党和国家要求、时代社会需求、人民群众希求，充分认识党风廉政建设与立德树人，培养社会主义事业合格建设者，可靠接班人，办人民满意教育，实现国家富强、民族振兴、人民幸福伟大中国梦的关系；与重质量、强管理、创特色、铸品牌、求卓越，走好质量兴校、人才强校、特色名校、品牌立校、卓越荣校路的辩证关系；充分认识反腐倡廉从我做起，从现在做起，从自己身边的每件小事做起，学高为师，身正为范，学为人师，行为世范的极端重要性，从而提高认识、端正态度、找准方向，坚定信念，明确目标要求，增强自觉性、积极性和主动性，把党风廉政建设，反腐倡廉变为每个教职工的自觉行动，为搞好党风廉政建设，反腐倡廉工作奠定良好的思想认识基础，让党员干部和教职工一起筑牢反腐倡廉的思想堤防。

二要扩大学习教育面，在突出党员领导干部这一重点的基础上，抓好普通党员、教职工和学生的党风廉政建设，开展反腐倡廉教育，突出主体地位作用，使之成为骨干力量和生力军。

三要精选学习内容，改善学习形式，丰富教育载体，明确学习要求，注重教育方法，强化针对性，增强实效性。

四要坚持正反两方面教育的有机结合，注重先进典型的树立和引导，开展行之有效的重大案例解剖报告会和形式多样的警示教育活动。

五要密切联系实际，带着问题学，学深学透学好，避免一知半解或片面理解；增强反腐倡廉的责任感、使命感，使之成为教职员工的自觉行动。

(二)抓制度建设，为切实搞好党风廉政建设提供强有力的组织保障

一要进一步强化依法治校的基本理念。在师生员工，特别是党员领导干部中进一步增强规范意识、法制意识，把思想、言行、作风纳入法治化、规范化、科学化管理的轨道，形成师生员工人人学法守法、遵章守纪，办事处理问题讲秩序、讲规范、讲科学、讲效率的良好氛围；形成学高为师、身正为范，学为人师，行为世范，正人先正己，为人师表的良好风尚；坚持法治，坚持依法治教、依法治学、从严治党、

从严治校,民主管理,让学校的管理,作风、教风、学风、校风再上一个新台阶。

二要用法治思想进一步规范学院制度建设。按照党要管党,从严治党和群众路线、作风建设的规定要求,按照党风廉政建设、反腐倡廉,政治清明、干部廉洁、作风清正的要求,重新全面审视所建立的各项规章制度,特别是各项管理的重大基本制度,按照"废改立"的原则修订、健全学院各项管理制度,为规范、科学、有效管理奠定坚实的制度基础。

三要进一步建立完善学院治理体系。以学院章程、专业、课程、基地建设、人才培养、党风廉政建设,各专项工作规范、标准体系建设为龙头,以目标管理、绩效考核为载体,激励、考核、奖惩、制约机制建立,党政管理考评办法和指标体系建立为重点,进一步建立完善学院科学发展所必需的制度与治理体系,把依法治校、规范管理、科学发展作为学院深化管理改革的重要内容和努力方向,作为学院重质量、创特色、铸品牌、求卓越,提升品质品位,做优做高的重大、根本举措来切实抓紧抓好。

(三)抓贯彻落实,确保党风廉政、反腐倡廉建设出实招、见实效

在今后五年的党风廉政建设、反腐倡廉、作风建设中,学院将以内涵发展为主线,"后示范建设"、校园文化建设为平台,以廉政文化建设和廉洁教育为抓手,从大处着眼、小处着手,以小见大,切实抓好作风教风学风和党风廉政建设、反腐倡廉"三位一体"的"三二一"工程。

"三"即从三个层面集中开展好三大行动:

一是在个人层面开展"三从"行动。即提倡、要求党员干部、师生员工在任何时候、任何情况下,做任何事情,都要做到"从我做起、从现在做起、从身边的每件小事情做起"。无论领导与一般干部,无论党员与普通群众,也无论教职工学生,都要提倡"跟我干、向我学、向我看齐"。领导干部和共产党员要争当排头兵,做表率,首先管好自己,然后教育管理其他教职工。高职院校是教书育人的地方,爱国守法、敬业爱生、教书育人、严谨治学、服务社会、为人师表是高等学校教师最基本的职业道德规范。因此要学为人师、行为世范,淡泊名利、志存高远,树立优良学风教风;以高尚师德、人格魅力和学识风范教育感染学生;要模范遵守社会公德,维护公平正义,引领社会风尚,做到言行雅正,举止文明,自尊自律,清廉从教,以身作则,堪为人师和典范。

二是指在部门层面开展"三办"行动。即搞好"办文、办会、办事"。"三办"是部门常规工作,说起来容易,看起来简单,做起来却不容易,但又是最基本、最重要的。如果"三办"做不好,其他工作就更难有保障,工作作风问题自然好不起来。办文讲程序,讲规范,讲质量,通过办文看素质、能力、水平和作风;办会讲策划、讲

方案、讲组织、讲效果，通过办会看能力、水平、作风和效应；办事讲程序、讲原则、讲效率，通过办事看素质、能力、水平、作风和境界，以之折射、反映各部门单位的一切。

三是在学院层面切实抓好“三风”建设。即抓好“作风、教风、学风”建设。作风建设的主体是干部职工，主要是管理、服务两支队伍，要加强学院效能建设，紧紧围绕“四查四促”（查执行梗阻，促政令畅通；查办事拖拉，促优质高效；查作风漂浮，促求真务实；查因循守旧，促开拓创新），着重解决学院效能中存在的突出的问题，切实提升学院干部的形象；教风指以教师为主体的教书育人工作现状，目前教师们的心态有些不平衡：有的缺少自知之明，认为作风建设、党风廉政建设是学院领导、中层以上干部，特别是党员干部的事，与己无关，没有把自己摆进去，没有看见教师也有“一岗双责”，那就是既教书又育人，没有看到教师教学予校风学风、社会风气的重要性，没有看到自身存在的诸多问题。学风受作风、教风的影响，“教不严，师之惰”；“近朱者赤、近墨者黑”，因此务必重视并从源头、常规抓起。作风、教风搞不好，学风校风自然好不了。三风构成了校风，三风反映、影响着学院的人才培养质量，办学能力和水平，决定着学院的品质品位，危及着党风廉政建设乃至于行风、社会风气，务必抓好。

“二”是指“两化”机制建设，即党风廉政建设的常态化、长效化。

中央所要求的党风廉政建设的常态化、长效化，实际上是党风廉政建设的机制问题。

作风问题，党风廉政建设、反腐倡廉工作很繁杂、很复杂，需要长期努力，坚持不懈；需要锲而不舍，攻坚克难；需要循序渐进、聚沙成塔，因此要常态化，打持久战，需要长期坚守坚持。

作风问题的治理很复杂、很艰巨，是一个复杂艰巨的系统工程，需要从思想认识、根本制度、体制机制抓起，建立真正能从根本上解决问题的惩防长效机制，以避免短期行为，避免反弹反复。

“一”是指党风廉政建设、反腐倡廉要实现一个“好”字的目标要求。

一是好干部。这里包括三个方面：第一是党员领导干部，学院主要是县级以上的，重点又是院级领导班子成员和中层正职干部；第二是党员干部，包括中层副职、二级科长中的党员干部；第三是非党员干部，既有中层也有二级科室干部。这些都是学院的组织管理者、领路人。“村看村，户看户，社员看干部”。“政治路线确定之后，干部就是决定因素”，一个部门、单位工作的好坏、发展的快慢往往与干部的好坏有关。因此要求是要做好干部，标准是习总书记提出的“信念坚定、为民服务、勤政务实、敢于担当、清正廉洁”五句话，二十个字。在作风方面，党员、领导干部至低要按照“求真务实、满意高效”八字要求来严格规范、约束自己的行为，坚持一级做给一级看，一级带着一级干，当师生员工满意的好干部。

二是好教师。对于好教师，在师德师风，教书育人方面，党和国家都有相应的规范和规定和标准尺度，学院将据此细化相应标准要求，从总体上讲，至低要满足“学高身正，立德树人”的基本要求，以此严格规范、约束自己的行为，真正做到为人师表，堪称楷模。

三是好学生。对于当代大学生，时代社会，党和国家都有相应要求，学院也将据实细化，形成自己特有的相应要求。从总体上讲，可以是“勤学苦练、德高能强”。“德”是做人的问题，是综合素质，是“高素质”劳动者、合格建设者、可靠接班人的核心所在；“能”主要包括公共技能、专业基本技能、专业技能，专业核心技能，自然也包括能力和水平。

这三个方面的好既体现了党和国家、时代社会要求，也体现了人民群众的希求，是办人民满意高职教育的前提条件所在，是川职院特色品牌、品质品位所在，满足了三个好的要求，才称得上高水平的高职院校。

学院党风廉政建设的“三二一”同样是一个复杂艰巨的系统工程，必须与体制机制改革的“三二一”和学院发展建设的“三二一”工程有机结合起来，形成对学院发展建设的集中统一思考、形成学院发展建设的系统思想理念，形成学院发展建设的系统工程来规整体谋划、分步实施、协调发展，以求更好、更快地推进学院的科学可持续发展。

三、基本要求

一是统一思想、高度重视，充分认识党风廉政建设的重要性。学院党委要高度重视，认真落实党风廉政建设责任制，继续坚持和完善党委统一领导、党政齐抓共管、纪委组织协调、部门各负其责、依靠群众支持和参与的反腐败领导体制和工作机制。广大干部和教职工要认真履行“一岗双责”，积极参与到学院党风廉政建设各项工作中来，认真落实党风廉政建设责任制。这既是党建工作中党风廉政建设方面的职责任务，更是组织的要求、期盼与关爱，是组织对干部的培养与保护性措施。

二是认清形势、警醒问题，严格执行党风廉政建设的相应规定。党员、领导干部要严格遵守中央八项规定、省委十条禁令和省纪委21条规定，严格执行《党政机关厉行节约反对浪费条例》、《党政机关国内公务接待管理规定》等相关纪律规定，做到廉洁自律；切实落实中央、省委市委和学院关于作风建设各项规定，重点纠正领导干部利用婚丧喜庆、乔迁、履新、就医、出国等名义，收受下属以及有利益关系单位和个人礼金礼券的问题;严禁用公款相互宴请、赠送节礼、高档消费。学院党委、纪委及各总支(直属)支部,要认真组织实施,加强统筹协调,落实主体责任,纪检监察部门要加强督促监督与指导,保证各项任务在院系都得到有效落实。

三是率先垂范、身体力行,加大作风建设、反腐倡廉和党风廉政建设工作力度。首先,干部要率先行动,提高认识,积极主动参与,对照检查,认真分析,切实整改,积极推进;其次,各部门要传达贯彻、学习领会、宣传解释,要依据职能职责,积极主动,认真负责,富于创造性地开展相应工作,把央省精神、任务、目标要求领悟好、传达好、联系自身实际贯彻落实好;再次是职能部门要强化监督检查,考核奖惩,使党风廉政建设,反腐倡廉工作能真正落到实处,变成实招,见到实效,推进保障好部门、学院事业的科学发展。

中共四川职业技术学院委员会
2014年工作计划要点*

2014年是党的十八、十八届三中全会精神深入学习宣传、贯彻落实之年，是党的群众路线教育实践活动纵深推进、步入常态之年，是学院省级示范高职建设的审验与战果巩固扩大之年，是学院品质品位提升的关键之年。为了切实推进好学院的科学发展，确保本年度各项目标任务的圆满完成，依据时代社会需求、上级要求和学院实际，特制订本工作要点。

一、目标任务

2014年学院党委工作的总体目标任务是：深入学习领会、贯彻落实党的十八大、十八届三中全会精神，以充分发挥党委领导核心、基层党组织战斗堡垒、党员干部骨干带头、党员先锋模范作用，学习型、服务型、创新型党组织创建，队伍建设、干部素质能力水平提升，特别是党员领导干部的素质、作风建设为基点，切实推进党的五大建设；以立德树人，办人民满意高职教育为根本任务，进一步健全完善全面素质训育体系；以示范建设顺利通过评审验收并力争优秀为基准，顺利推进以运动会场馆，学生、教工宿舍和汽车、建筑环境实训中心为重点的三期建设，确保省十二运动会、残运会相关赛事成功举办，进一步改善办学条件；以重质量，创特色，铸品牌，做优做高求卓越为总体取向，进一步深化以体制机制、分配制度改革为引领的内部综合改革，进一步改善民生，增强核心竞争力、发展力，提升品质品位，促进学院跨越式发展为基本目标和着力点，切实推进以思想作风、教学管理、队伍、校园文化建设、社会服务能力提升、安全稳定等为重点的各项重大工作，努力推动学院的跨越式、科学可持续发展。

---

* 这是本人遵循重大文稿需领导干部亲自动手或组织起草的原则草拟的计划要点。

二、指导思想

以党的十八大、十八届三中全会精神为指导，科学发展观为统领，后示范建设重大工作，省府改革试点项目建设为载体，以群众路线长效、常态化、社会主义核心价值观、体制机制改革、全面素质教育、专业建设、质量工程、目标管理、绩效考核、队伍、校园文化、党风廉政建设、依法治校、软硬件建设为抓手，以强管理、重质量、创特色、铸品牌、提升品质品位，增强核心竞争力、发展力，做优做高为目标取向，切实推进各项重大基础性工作，促进推动学院的跨越式科学发展。

三、基本思路

2014 年，学院党委的基本工作思路是：围绕一个主题，贯穿一条主线，抓好两大建设，抓住五大关键，着力十大重点，实现一个目标。

四、基本举措

（一）突出一个主题

深入学习宣传、贯彻落实党的十八大、十八届三中全会精神，全面深化内部改革，切实推动学院的做优做高，跨越式科学发展。

（二）贯穿一条主线

重质量、强管理、创特色、铸品牌、立德树人，坚定不移走好内涵发展、品牌建设之路，着力提高教育教学、人才培养质量和办学水平，创新办学思路、促进做优做高、跨越发展，更好服务地方经济社会发展。鲜明办学特色，办人民满意的高职教育。

（三）抓好两大建设

一是以政治思想教育，综合改革，后示范建设，改革试点项目，全面素质教育，专业、队伍、作风、校园文化建设，跨越发展，目标管理，绩效考核，依法治校，党风廉政建设，民生工程，安全稳定为主体内容的软件建设，优化育人环境，提高育人质量和办学水平，提升办学软实力，提升学院品质品位。

二是抓好以学生、教工宿舍，实训中心、教学设施设备，省十二运场馆为主体内容的硬件建设，进一步完善优化办学条件，增强办学实力，提升社会服务能力。

（四）抓住五大关键

一是思想教育引领，认识与行动统一，思想观念，意识理念更新这一基本前提；二是干部队伍，特别是党员领导干部，中青年骨干教师的素质，能力水平和作风建设这一关键；三是体制机制创新、综合改革，制度建设这一根本；四是文化建设,积极性调动,创造性发挥,凝聚力、战斗力、执行力、软实力增强这个核心;五是组织管理与领导这个保障。

(五)着力十大重点

一是以党的十八大、十八届三中全会精神深入学习宣传、贯彻落实,社会主义核心价值观,"三热爱",理想信念、师德师风、群众路线、立德树人,办学思想理念更新,大学生思想政治教育工作测评体系贯彻落实为主体内容的政治思想教育,创新方法途径,全面提高师生员工,特别是党员干部,党员领导干部的政治思想觉悟,政策理论水平和思想道德素质,为推动学院科学发展奠定良好思想认识基础。

二是以搞好党的群众路线教育实践活动整改、转入常态、建立长效机制,改进思想与工作作风,提升素质、能力和水平,增强危机感、责任感、紧迫感、大局、忧患、创新意识和执行力,强化正面教育、积聚正能量,强化管理,制约惩处违规违纪行为,致力为民、务实、清廉,更新思想理念,创新教育教学内容、途经和方式方法为重点,加强各级领导班子和以党员领导干部,中青年骨干教师为主体的队伍建设,为全面推进科学发展提供强有力的组织保障。

三是以勤政为民,廉洁从政,注重民生,务实高效,惩防并举,依法治校为基本要求和总体取向,按照中央、中纪委和省委省教育工委的统一部署和要求进一步完善惩防体系建设,适时调整班子分工,严格实行一岗双责,正确理解、科学坚持民主集中制原则,认真落实"三重一大"集体决策制度,实施公车管理、公务接待改革、清理整改办公用房,进一步完善对权力运行的管理监督和制约机制,加强对重点岗位和重点环节的管理与监督,真正做到严守纪律、严守制度、严守程序、严守底线,营造风清气正、干事创业的良好环境与氛围。

四是以体制机制改革,"321"工程,专业建设,全面素质教育,人才培养模式、内容、方法,质量监控测评保障体系建设,示范建设成果巩固、经验推广、效应扩展,科研学报和图情事业的品牌打造,办学资源整合,专业结构调整,素质教育、校企合作、产教融合、服务"三农"和农村城镇化、农业现代化难题破解为抓手,市科教园区、现代职教体系试验园区、文化产业园区、软件园建设为契机,内涵建设、特色鲜明、质量提升、品牌打造、做优做高、品质品位提升为总体取向;登高望远、审时度势、更新观念、抢抓机遇、巩固扩大成果、创新思路做法,力求在做优做高上有所作为和突破,在推进好学院的跨越式发展方面有新的成效。

五是以专业结构优化,人才培养方案修订,课程教材体系健全完善,师资与管理队伍提升,实验实训实践基地规范化建设,人才培养模式、内容、途经、方式、方法创新,招生就业改革为主体内容;以体制机制改革,中高职衔接,立交桥构建,终身学习教育、社会服务体系建构为重点;以省级改革试点项目为载体,全面提升社会服务能力，于推动地方经济社会发展中取得新进展。

六是以目标管理，绩效考核，绩效工资实施办法修订完善为主体内容；校园文化建设，体制机制建设，内部管理改革，重大专项工作推进为抓手；以积极性调动，创造性发挥，管理优化，效能、效力、效率、效益提升为目标方向，力求在核心竞争力，发展力，办学软实力增强方面开创新局面。

七是以校园文化整体和分步分项实施规划制订、校园景观、公区文化，教风、作风、学风、校园文化重大基本载体建设，艺术大楼，学生、教工宿舍，十二运会场馆，汽车、建筑环境实训中心建设，教学设施设备整体改善与优化，数字化、信息化、现代化校园建设为重点，强化管理、加快进程、提高质量、提升品质品位，力求使校园建设焕发新面貌。

八是以教育教学管理，就业实习一体化，民族学生教育引导管理，学生食品卫生安全，宿舍、校门与重大节假日敏感时段管理，重大安全隐患排查整改，重大安全责任事故防控，突偶发性事件处置为重点，切实强化、优化校园管理，推进文明和谐校园建设，努力确保学院和社会安全稳定呈现新气象。

九是以进一步健全优化组织人事、宣传统战、学工群团工作管理服务体系，改善优化党政与教学管理服务队伍与工作状况，进一步推进民主政治建设进程，学生公寓、教工宿舍，老校区管理与相关问题处置，内部分配及相关改革的配套完善，资产经营公司组建，校办企业管理，育人体系完善，学生食堂、宿舍、校园服务与管理改善，关工委、老龄委工作深化优化，学生宿舍、体育运动场地设施的完善与改造，党员（含民主党派、无党派人士）服务与条件保障，特殊困难群体的帮扶关爱，育人环境条件改善优化为着力点，努力改善民生，优化干事创业环境，在办人民满意教育方面取得新成效。

十是按照党的十八大精神和央省党建工作会议要求，以思想、组织、作风、制度、党风廉政建设为主体内容，以基层组织长效机制建设为载体，以抓好基本教育、健全基层组织、建好基本队伍、健全基本制度、强化基本保障和学习型、服务型、创新型党组织创建，推动科学发展为努力方向，切实加强党的建设，努力开创学院党建工作的新气象。

（六）实现一个目标

省级示范性高职院校审验顺利通过并获得优秀，做优做高、品质品位提升、跨越式发展取得新成效。

思想政治

函授教育也应当加强政治思想工作*

随着教育体制改革的逐步深入,函授教育已成为我国高中等教育中不可缺少的组成部分,愈来愈显示出更加强大的生命力。随着函授教育的发展,一个新的十分重要的问题应该摆上我们工作的议事日程了,这就是函授教育中的政治思想工作。

也许,有的人以为搞函授教育强调政治思想工作是"凑热闹","赶时髦"、"没事找事干吧"!他们会说:"函授生一年半载才面授一次,学员大部分时间在工作单位,哪有政治思想工作可言呢?""成人教育涉及面广,头绪纷繁,管理工作尚且忙不过来,哪有精力抓政治思想工作?"这些看法说明有些同志对政治思想工作在当前改革中的重要性是认识不足的。在"左"倾思想泛滥的年代流行着的"政治代替一切"、"政治冲击一切"的错误做法当然应当抛弃,但否定"左"的错误做法并不意味着政治思想工作可以忽视或削弱。其实,任何部门都必须加强政治思想工作,函授教育也不例外。相反,上面那些看法倒可以从一定程度上表明开展此项工作的重要性、艰巨性、紧迫性。无数事实表明,在函授教育中加强政治思想工作不仅十分必要,而且是当务之急。

首先,函授教育的性质、任务和培养目标决定了必须重视和加强政治思想工作。众所周知,为"四化",为祖国的繁荣昌盛而培养造就大量的合格人才,这同样是函授教育的根本任务和长远奋斗目标。所谓合格,就是要使我们的培养对象在德、智、体、美、劳诸方面都符合党和国家对高、中等毕业生的基本要求,使之成为有理想、有道德,有文化、有纪律的"四有人才",能适应我国社会主义革命和建设事业的需要。函授教育是一种业余性质的远距离教育,无论是在教育对象,教学方式还是在教学条件,教学手段等方面,都与全日制学校有者很大的差异。它涉及面广,战线长,有着数以千万计的培训任务,基础之差,任务之重,工作之难,是

---

* 载《川北教育学院学报》1987 年 12 月创刊号,用笔名"尽心"。

全日制教育无法比拟的。目标上的等同和任务、条件上的差异,这就铸成了函授教育的艰巨性。如果不以政治思想工作做保证,不充分调动广大函授教育工作者和培养对象的积极性,是难以完成函授任务,实现培养目标的。

其次,加强政治思想工作,是由函授教育的特点决定的。函授教育的在职成人性决定了参加学习的大都是在职职工。从其基本结构看,机关干部、中小学教师和厂矿企业职工占了绝大多数,他们多是各行各业的骨干,工作任务很重。从年龄结构看,参加学习的大都是已经或正在成家立业的中青年人。在我院87年招收的520名新生中,二十五到四十岁的占了90%左右,已成家的占了近70%。他们大多数上有老,下有小,家庭负担甚重而工资收入又极低。这些情况决定了他们学习上的诸多困难:他们不得不在完成工作任务的前提下牺牲节假日和平常休息时间,"三更灯火五更鸡"地学习;他们不得不精打细算,节衣缩食地生活,以支付自己的学习费用;对于他们,虽然也读大学或中专,却没有(也不可能有)良好的学习环境和必要的图书资料;他们的学习时间没有保证,就连主管部门所做的"学员每周学习时间不得低于10至12学时,其中4至6学时应排上课表或由单位统筹安排"的规定。即使在一些条件比较好的学校也未真正落到实处。在这种情况下,要完成三五年的学业,要达到相当于全日制学校同类专业毕生的水平,没有清醒的头脑,坚强的意志,顽强的毅力,极强的时间观念和很快的生活节奏,不付出比全日制学生大得多的努力,不经受比全日制学生艰苦得多的磨炼能行吗?答案自然是肯定的。而所有这些,又必须以一定的先决条件作基础,这就是作为一个函授生,必须具备远大的理想和抱负,必须有坚定信念和明确的奋斗目标,必须有切实可行的学习措施和方法,必须克服心理和生理,家庭和社会等各种矛盾造成的种种困难,必须跳出狭隘的个人和家庭生活的小圈子。而要达此目的,单靠学员的热情是远远不够的,还必须由函授教育工作者予以正确的引导和帮助,必须加强函授生的政治思想工作。

第三,加强政治思想工作,是我国函授教育事业健康发展,蓬勃兴旺的根本保证。当前,我国的函授教育虽然已经初具规模,正在蓬勃发展,但客观地讲,在思想认识,管理体制、教材、经费等方面是存在很多问题的。在管理体制上,由于无统一的决策管理机构,因此,在国家教委直属学校与省、市属院校,各行业举办的院校之间虽然有很多一致性,而且主流是好的,但在实际工作中却大都各行其是,互不往来。一些好的经验得不到总结、推广,一些带倾向性的问题得不到及时解决。有些工作尚处于盲目、混乱状态。指导思想不明确,不端正,为了赶"文凭热"的时髦而放松管理者有之,为了追求经济效益和提高"合格率"而降格以求者有之,考题失密者有之,滥发文凭者有之,给党和人民造成了损失,给函授教育带来了一定的恶劣的影响。在教学工作方面,始终未能解决好教材这个带根本性的问题。特别是专科性质的函授教育,借用全日制本科教材,“压缩饼干”遇“倾盆大雨”,给教者和学者都带来了很多难以克服的困难。在办学经费上,各级各类学校无统一的标准,差异很大,以至于一些地方和学校缺少必要的办学经费,不得不向经费高的脱产培训转向。一些地方,学员的基本学习费用长期无从报销,无形之中给学员造成了很大的精神压抑,达到了欲学不能,欲罢不忍的艰难地步。导致有的地方学额难以巩固,有的县(区)巩固率竞低达百分之五六十,出现“广种薄收”,“虎头蛇尾”的现象。因此,有的学员说:“函授函授,越读越瘦,学了知识,丢了肌肉”;“函授函授,越读越瘦,开头大队伍,后头只剩几根干豇豆”。而所有这些,又都集中反映在一个带根本性质的问题上,即普遍存在的思想认识问题。一些送人单位的领导认为:“函授教育是软任务,远水不解近渴,远水不救近火”,“打乱了正常的教学和工作秩序”,“得不偿失”。“还是眼前的升学率要紧,多考上几个,既多得奖金,又大家光彩。至于培训提高嘛?那是职工自己的事情,反正我也没得钱”。至于函授生的政治思想工作,那是办学单位的事情。而办学单位领导则认为:“我们只管专业文化知识的传授,学员的政治思想工作,那是地方上的事情,我们哪能管那么多?”由此导致了函授教育中政治思想教育上的空白,因而出现了少数函授生道德败坏,品质恶劣,思想意识孬性的现象。在一个县的几十名函授生中,严重违犯党纪国法和校规校纪就多达 4 人,其中 2 人被逮捕法办,2 人受校纪处分。凡此种种,极大地妨碍着函授教育的健康发展,它清楚地表明,重视和加强函授教育中的政治思想工作不仅有利于函授学员,就是对担负有函授教育任务的各级领导以及参与函授工作的全体成员,也都是十分必要的,不容任何人忽视。

既然函授教育的政治思想工作如此重要,那么,在当前的函授教育中,应当怎样加强这一工作呢?

当前,最首要的是要解决好思想认识问题。尤其是各级教育行政主管部门和函授教育工作者,函授生所在单位领导对函授教育重大意义的认识。要达此目的,就应当大力宣传党和国家关于成人教育的各项方针政策,使各级领导充分认识函授教育在四化建设审的地位作用,从而真正重视、关心和支持这一工作。使各级教育行政主管部门和函授生所在单位的有关同志坚决地摒弃那种在职培训提高是长期性工作,“远水不救近火,不解近渴”;函授教育是软任务,应当“慢慢来”甚至可有可无;“在职函授打乱了正常的教学和工作秩序,得不偿失”等期涂认识和错误论调。为函授教育大开绿灯,解决好经费,人员编制,领导和工作部署、规划,学员学习时间,工作量等具体问题,为函授生解除后顾之忧。使办学单位正确处理好全日制与函授,校内与校外的关系,端正办学的指导思想,采取强有力的措施加强管理工作,确保函授教育的质量。对于函授生来讲,则应当提高思想认识,解决好为谁学,怎样学的问题。使之正确地处理好各种关系,树立起远大的理想和抱负,把函授学习与党和国家的命运前途联系起来,从而增强克服困难的信心和决心。

第二,齐抓共管,打总体战。由于函授教育牵涉各个方面,因此,其政治思想工作应当分工负责,齐抓共管,打总体战。由各级教育行政部门负责宣传,贯彻党和国家关于在职职工培训提高的各项方针政策,研究解决函授教育中带倾向性的问题。负责督促检查本地区,本行业的函授教育工作。组织总结,交流和推广函授教育的经验。办学单位呢?一方面要把教书育人、服务育人的原则贯穿于函授教育的每一个环节,在教学工作中贯彻思想教育的指导性原则,对学员进行明确学习目的,端正学习态度,培养学习毅力,树立良好学风和"四有"教育,引导他们走又红又专的道路。另一方面则要针对函授教育的特点,改善函授教育的教学和管理工作,充分调动各方面的积极性,为函授教育管理工作的科学化而做出贡献。为培养造就更多更好的四化建设人才而甘当人梯,努力奋斗。函授生所在单位,则应当足长远,着眼当前,积极配合办学单位和管部门,尽可能地保证其参加函授学习期间的必要时间和经费,适当地减轻函授学员的工作量,从政治上关怀帮助,工作学习上鼓励支持,生活上关心体贴他们,为他们搞好工作和学习创造良好的条件,把政治思想工作落到实处。总之,无论办学单位还是各级教育行政主管部门,抑或是学员所在单位,都应当为培养造就更多更好的四化建设合格人才而各司其职,各尽其能,明确分工,通力合作,只有这样,才能使函授教育的政治思想工作落到实处,形成统一体,从而真正起好保证作用。

第三,要讲究方法,灵活多样地开展好函授教育中的政治思想工作。大家知道,对于函授教育的政治思想工作来讲,根据函授教育的自身特点,是很难一个一个阶段,一个一个专题地开展的。比较切合实际的,倒是采取灵活多样的形式和方法,有针对性地开展好这一工作。在具体工作中,我们主要抓的是以下几个环节:

一是抓好入学教育。在开学之初,我们根据函授生大都是在职教师的实际,组织学员认真学习和讨论函授教育的规章制度,进行前途理想、遵纪守法和明确学习目的,端正学习态度,讲究学习方法的教育。让他们了解函授教育的特点,规律和现状,了解学院的愿望要求,使之一开始就走上正轨,为以后的工作打下良好的基础。二是分层管理,明确办学单位与地方主管部门、函授管理机构和学员所在单位之间的职责,建立起函授教育管理和政治思想工作的网络。在工作中,除去办学单位定期向县(区)管理机构通报学员学习、表现情况之外,还利用大小会议与地方的同志一道研究学员中的新情况、新问题。各级管理机构和学员所在单位一次地将学员工作、学习、政治表现的信息反馈到学院。上下配合,有的开展好工作。三是建立班委会和党团充分发挥学生的自治作用。四是抓好典型,表彰先进,让他们学有榜样,赶有目标。依据一定的办法定期召开总结、评比、表彰大会,对函授教育各个方面的先进模范进行表彰。对少数教育不改,品德不好学员分别予以处分和处理。五是对送出去的学生进行鉴别检查,坚持标准,达到合格要求业。六是在进行思想教育的同时严格处学籍管理,以此确保政治思想教育的顺利开展。此外,我们还注意了方式方法的灵活多样性。函授考试期间召开座谈会,进行个别深入寝室实地查看,通过各种途径征求对学员教学、生活和管理工作的意见,帮解决学习、工作和生活中存在的问题,求医送药,为少数民族学员解决伙食,为遭受天灾入祸的学员捐赠钱物等等。尽可能地做他们的知音,有针对性地开展好工作。在函授考试期间,还通过班委会和党团支部尽可能地组织一些党团活动,以此调节、丰富他们的生活,增强其温暖感和集体观念,缩小他们与全日制学员的差距,融洽师生关系,增进师生友谊,为两个文明建设增光添彩。

经过上述几方面的探索,我们的工作初步取得了一些成绩。仅以八四级为例,招生三个专业 374 人,到毕业时尚有 353 人,巩固率达 94.4%,毕业率达 93.3%. 现在,我们的函授教育声誉日高。1887 年。在普遍完成招生计划难的情状下,我们计划招生 518 人,实际录取 521 人,不仅超额完成了计划,而且理化专业的最低录取线高出省控线 80 分,实践证明效果是好的。

大量事实表明,函授教育是大有政治思想教育可言的。只要我们充分认识其重要性,注意工作方法,做到有的放矢,主动积极,灵活多样地开展工作,磁性工作不仅不会流于形式,而且会生气勃勃地开展起来,有力地推动和保证函授教育的健康、蓬勃发展。因此,各级教育行政主管部门和含函授教育办学单位,管理机构,都应当对此引起高度重视,真正地将其摆上自己工作的议事日程,生动活泼地开展起来,扎扎实实地深入下去。

高等教育应用型定点自考政治思想教育管见*

高等教育应用型定点自学考试是一种有别于社会性“长线”自考的以学校教育与国家考试制度相结合的特殊教育形式,其人才培养目标、规格、对象和方式的特殊性决定了必须提高认识、明确目标、选好内容、抓住关键、把好时机、讲究方式,努力做到环节、过程、内容、方式的有机融合与统一,有针对性地开展好政治思想教育工作。

随着社会经济发展对人才培养的大量需求,一种新的人才培养模式应运而生并正在迅速发展,这就是高等教育应用型专业定点自学考试。由于它隶属自考序列,人们很容易将其与社会型长线自考等同起来一并归入应试教育范畴,从而只注重相关专业知识的培养考核而忽视其政治思想教育工作。显然,这是一个不容忽视的误区。

现阶段,我国高等教育自学考试有两大类型。一种是已开考二十年的面向社会举办的习惯上称之为“长线”或“大自考”的高等教育自学考试,它虽然也有“自修大学”或“自学考试辅导站(班)”一类助学机构“助学”,但因其面宽量大,加之应试对象大都是各行业、各层面有志于高等教育而又无法接受全日制或业余培训的待业、回乡青年或社会各界人士,故而绝大多数应试对象是无人助学主要依靠自学应试的。由于失去了学校教育的相关环节和受考试对象、范围、方式等诸多因素制约而决定了这基本上是一种应试教育。另一种则是90年代初期开始局域试点,至今仍只有少数省区开办的高等教育应用型专业定点自学考试。这是自考部门为适应社会对人才培养目标上的多层次需求而依托部分高等学校举办的一种新的自学考试形式,习惯上称之为“短线”或“小自考”。两相比较,后者除去专业设置更注重社会需求,增强了社会适应性,培养目标为向生产第一线输送应用、实用性、技能型人才之外,还有着由助学单位通过学校教育的相应环节来帮助其

* 载《川北教育学院学报》2000年第3期。

掌握相关基础知识、基本理论和基本技能,学生不单要参加课堂教学活动,而且要参加技能型实践性教学环节的突出特点。显然,二者虽同为自考,也有着"学历培训"的共同属性,但是,就其培养形式、过程、内容和目标看,有着质的区别的。前者因主要或全部靠自学,考试在一定程度上是水平测试,将其称之为"应试教育"并不为过。后者虽也有自学环节、水平测试,但其"理论以够用为度,注重的是实践性环节,是能力培养",而且实施了学校教育的相应环节,因而是学校教育与国家自学考试制度有机结合的产物,是人才培养的特殊形式和创新。前者除去课程设置上可作相应考虑安排外,难以统一实施政治思想教育,后者则属学校教育范畴,必须适时地开展相应的政治思想教育工作,以保障人才培养的目标和规格。

当前,应用型定点自考中存在的思想教育问题是不容忽视的,这主要集中反映在以下两个方面:

一是教育、管理者中存在着思想认识上的偏差和工作上的差距。在许多人看来,自考就是应试教育。即便是应用型定点自考,也只需要向学生传授知识,帮助其建立起相应学科的知识体系,明确其应当掌握的知识点,突出重点,突破难点;帮助其解疑答难,搞思考练习,复习模拟甚至猜、押题,让其尽可能过考试关就行了。而未能看到这是高等教育,是高规格的人才培养。

作为教育者,不应当对政治思想教育有所偏废,使人才培养的规格和目标因此而受到影响。他们更未将思想教育与教育工作者的社会责任,与科学文化知识传授,与学生素质教育、能力培养作逻辑关系上的深层次联系。有的还错误地认为,参加自考学习者大都是成人,社会大环境如此,空洞的说教不起作用,也没必要泛化政治思想教育的问题。显然,这是有悖于党和国家要求,有悖于社会需求和自身职业道德要求的。思想认识上的糊涂或偏差必然导致教育、管理工作上的偏差和失误,以至于不重视、不安排部署这项工作,更不会主动积极地去思考、深入细致地去研究并扎实有效地推进这一工作,由此形成这类学员政治思想教育上的盲区,长此以往,是很难保证这类人才的培养质量的。

二是应试、受训者存在不少思想认识问题。有的简单地把长短线自考等同起来,认为这种学习虽然不设"门槛",但毕竟是"宽进严出",及格率太低,读出来的可能性太小,因而有消极畏难情绪,使一部分适合参加、也想参加这类培训的人望之却步;有的学习目的、动机不够纯正,以拿文凭为目的,图的是轻松,错误地认为这是放其过关的好机遇,交了钱就该拿文凭。只要能拿文凭,多交点钱都可以。至于学不学东西、有没有教材都无关紧要,因而出现过能否两三个人买一套教材的无稽之谈和一些非分要求;相当一部分人非但没有学习是时代、社会发展需求的基本认识,以我需要学习的姿态来对待处理一切,而是错误地认为这是主管部门在与之过不去，在要我学；有的忽视自学这一重要环节，简单地把考试过关作为最大目标，把考试过关这一宝单纯地押在教师助学或考试违纪舞弊上，法纪意识相当淡漠，而没有把功夫花在刻苦努力学习科学文化知识上，没有把文凭与水平对应起来；有的则过分强调时间紧、任务重、年龄大、记忆力差、工学矛盾突出等主客观原因，一味要求上级主管部门放宽尺度、降低要求；有的简单地将自考与社会上一些非国民教育、个别社会力量办学中的消极、混乱现象作比较而认为自考普遍要求高了、严了。凡此种种，若不及时正确地加以引导，不强化思想教育工作，则势必蔓延开来，成为应用型定点自考健康发展的制约因素。

针对上述现象和问题，应着力做好以下几点：

首先是解决好教育管理者的思想认识问题。高度重视这一工作，在涉及高教自考的诸多方面中，教学管理者是至关重要的，特别是助学单位的教育管理者，应当与其他形式的教育工作者一样，清醒地认识到这是高等教育的重要组成部分，其培养任务和目标决定了不能单纯地进行文化知识的教育，不能将专业文化知识的水平测试作为衡定人才合格与否的唯一标尺。作为一个大学专科、本科毕业生，还必须于专业文化水平达到规定标准的同时于政治思想、道德品质方面也达到一定境界，符合党和国家的相应要求。否则，我们的“产品”就是不合格的，我们的工作也就是不完善的。因此，作为高等教育自学考试助学单位的教育教学工作者，就应当充分地认识到这项工作的重要性，充分地意识到自己所肩负的教书育人的重大历史责任，从而勇敢地肩负起这项重担；作为高教自考的办学单位和主管部门，就应当将此项工作列入重要的议事日程并明确地提出相应要求，制订切实可行的措施办法将其抓紧抓好，并作为考核验收自考工作的重要内容和基本指标，以确保此项工作顺利有效地进行。

其次是确定好思想教育的基本内容和目标，有针对性地开展好这一工作。

综观自考应试者的诸多不良表现，不外乎集中反映出四大问题：一是思想认识偏差。二是学习态度、方法错位。三是法纪意识不强。四是实际困难较多。因想认识上的糊涂带来了学习目的、目标上的错误定位；学习态度、方法上的失误造成了学习行为、效果上的偏差，导致了违纪舞弊现象的产生；诸多客观情况、实际困难和问题引发了消极畏难情绪和不正常、不健康的心态反映。因此，必须对症下药，有针对性地开展好下列教育：

一是前途理想教育。要使应试者明确，作为一个跨世纪的中青年，应当有自己的人生目标和追求。时代和社会的发展要求人们必须不断地学习，充实、提高自己，必须不断地提高自己的学历层次，专业文化知识水平和实际工作技能，否则就会落伍，就会被淘汰，就难以实现应有的人生目标和价值。使应试者确立起正确的世界观、人生观和价值观,变被动为主动,变消极为积极,以明确的目的、端正的态度和巨大的热情来参加这种特殊的培训。

二是专业思想教育。要使培训对象明确地认识到应用型定点自考虽然是自考,但毕竟属国民高等学历教育序列,是学校教育。它属于自考但又不同于社会性"长线"自考。国民高等学历教育的培养目标,学校教育的特性,应用型专业的技能型、实践性要求,成人教育的诸多困难和矛盾,都决定了其毕业生必须有坚定正确的政治理念、高尚纯洁的道德情操、稳定牢固的专业思想、良好端正的学习态度和顽强拼搏的进取精神。如果满足不了这些基本要求,即使考试成绩再好,也不能称之为合格人才。

三是法纪教育。这主要是进行党和国家关于高等教育自学考试的相应规定和助学单位的校规校纪教育。自学考试是国家级考试,主管部门对此的规定和要求异常严明,管理是异常严格的。这也是自学考试成效显著,国际国内知名度、信誉度高的根本原因所在。因此,对于培训对象,必须切实开展好法纪教育,使之能全面熟悉、准确理解有关法规法纪,严格遵从这些规范。

四是学习方式、方法教育。应用型定点自考学员大都是从业人员,基础较差,工学矛盾突出,加之部分人年龄相对较大,学习考试安排相对集中,涉及的具体问题多、困难大,因此,很有必要进行学习方式、方法上的指导,以求帮助他们以最少的学习时间和精力来求得最佳的学习效果。这既包括了自学、听课、技能培养、复习迎考的方式方法,也包括考试答题的技能技巧与方式方法。因为凡大学都有个方法问题,方法得当,则事半功倍,反之则事倍功半,对于教考严格分离的自考学员来讲,方法问题倍加重要。

通过以上内容的教育,使受教育者能真正成为德智体美劳全面发展的"四有"新人,成为合格的大学本、专科毕业生,这就是我们政治思想教育所要实现的基本目标。

第三是注重政治思想教育的时机和方式方法,以增强其客观效果。

应用型定点自考属成人高等教育范畴,特定的培养对象决定了其思想教育工作不能搞简单空洞的说教,而必须抓准时机,讲究方法,从培训对象的实际出发,看菜吃饭,量体裁衣,有针对性地开展工作。就我们的初步体会看,宜着重抓好这样几个阶段的相关教育工作:

一是起始教育。即从招生宣传时做起,正确恰当地宣传定点自考这种教育形式的属性、特点和利弊,以便考生正确地自主抉择,而不能含糊其辞、遮遮掩掩,更不能以欺瞒、哄骗的办法不择手段地抢生源。当然,更重要的还在入学教育。通常以开学典礼的形式由领导和组织管理者从正面进行前途理想、专业思想、法纪和学习态度、方法的集中教育，使之一开始便能消除疑虑、明确要求、得到指导，以坚定的信念、饱满的热情、健康的心态、正确有效的方法投入学习，以此奠定良好的思想认识基础。如果从教育方式上讲，这既是一种整体性集中教育，也是一种正面教育。

二是过程教育。即在教育教学进程中根据实际情况和需求而随机进行教育。其内容、手法十分灵活：可集中，可分散；可整体，可个别；可正面，可侧面甚至反面。但一定要对症下药，突出针对性、实效性。特别要注意教学与管理工作的有机融合，强调突出教师的主导性和学生的主体性，强调教师通过教学过程来发挥其教书育人的特定作用。

三是终结教育。这主要是通过毕业鉴定考核来集中进行。它犹如产品出厂前的全面质检，基本做法是对照党和国家的基本要求，对毕业生各方面的表现和能力素质状况进行全面、系统的分析评判，符合要求者准予毕业，不合要求或不完全符合要求者进行补课教育，直至合格达标为止。

除去上述三个阶段的灵活多样、富于针对性的教育之外，要真正达到培训目的，实现培养目标，还应当努力做好三个结合。即将政治思想教育与解决实际困难和问题相结合，与教学环节和管理过程相结合，与专业文化知识传授和技能培养相结合，使之三位一体，有机融合，形成完整的、有机的自考助学育人格局，以增强其实效性、可行性和可靠性，确保高等教育应用型专业定点自学考试培训的育人质量和规格，增强其生机与活力。

“三个有利于”应当是价值标准和行为准则*

邓小平同志提出的“三个有利于”是澄清是非以及有中国特色社会主义建设事业决策和行动的标尺，是社会历史变革的必然产物，与党在社会主义初级阶段所始终坚持的基本路线、解放思想、实事求是的特色理论精髓是完全一致的；是社会主义本质与任务的具体化，是有中国特色社会主义建设理论的重要组成部分。只有将其作为建设有中国特色的社会主义建设事业的价值标准和行为准则来正确理解和把握，才是最恰当的。

邓平同志提出“三个有利于”标准之后，理论界对此的讨论颇为热烈。有的认为是“判断改革开放得失成败的标准”；有的觉得应当是“姓资姓社的判断标准”；有的将其合二为一，折中叠加为既是检验各方面工作得失的保准，又是姓资姓社的判断标准；有的则将其归结为生产力标准，或视之为对待改革开放的态度标准。真可谓仁者见仁，智者见智，各执一端，异彩纷呈。本文亦就这一涉及国家改革开放、发展建设的重大问题谈点粗浅认识，以作引玉之砖。

一

所谓“三个有利于”，是对邓小平同志 1992 年春天巡视武昌、深圳、珠海、上海等地接见有关负责同志的一段谈话的一种简称和概括。小平同志的原话是：“改革开放迈不开步子，不敢闯，说来说去就是怕资本主义的东西多了，走了资本主义道路，要害是姓‘资’姓‘社’的问题。判的标准，应该主要是看是否有利于发展社会主义的生产力，是否有利于增强社会主义国家的综合国力，是否有利于提高人民的生活水平”①。其他姑且不论，单就字面上看，将其作为判断姓“资”姓“社”的标准是无可非议的，因为小平同志的原话即如此。但是，如果只停留于此，就未免

* 载《四川师范学院学报》（哲社版）1994 年 4 期，题为《关于“三个有利于”标准之我见》，有删节；《川北教育学院学报》（社会科学版）1995 年第 3 期以《“三个有利于”应当是价值标准与行为准则》做了全文刊发。

① 《邓小平文选》第三卷，人民出版社 1993 年版，第 372 页。

失之机械和肤浅了,而且很容易导致无休止的纷争。其实,对小平同志的这段话稍作分析,便不难发现,与其站在某一角度来认识强调,不如站得更高一些,将其概括、归结为有中国特色社会主义建设事业的价值标准和行为准则还更更为准确贴切,更具有指导意义。

二

首先,值得特别注意的是,三个有利于标准是中国改革开放的总设计师邓小平同志于1992年春巡视南方途中正式提出来的。当时的情形是,自十一届三中全会启动之后的中国改革开放已历经十五个年头,仅特区建设部已经八年了,其间,虽然人们已亲身目睹、经历了改革开放所带来的各个方面,特别是人民生活方面的巨大变化并深切感受了所取得的举世瞩目和公认的巨大成就。但是,由于整个改革尚处于探索阶段,不可避免地会出现一些波折,一些人的思想认识一时转不过弯来,传统的思维定式一时难以突破;一些人又急功近利,求全责备,对改革开放,打开国门和窗户之后涌进来的苍蝇蚊子、老鼠臭虫,对少数人的拜金主义、享乐主义和极端个人主义,贪污腐化,堕落现象深恶痛绝,极为不满。一旦联产承包、个体私营、"三资企业",拍卖,炒鱿鱼、租赁柜台、商品经济、土地使用权有偿转让、经济特区、市场经济、失业、通货膨胀、股票、证券交易市场等新事物出现,便眼花缭乱、迷惑不解,甚至于惊慌失措起来。他们惊讶、苦闷、彷徨、困惑、失落、伤感、非议、责难,乃至于诅咒、谩骂和攻击。有的一边端起碗来吃肉,一边放下筷子骂娘。有的认为改革开放是引进资本主义,担心和平演变会主要来自经济领域,觉得"多一个外资企业就多一份资本主义",长此下去"会影响社会主义国家的性质"。有的甚至把国有土地的有偿转让使用权斥责为"出卖主权丧权辱国",认为"三资企业是和平演变的温床,乡镇企业是不正之风的桥梁,联产承包是瓦解集体经济的根源",竟然哀叹"辛辛苦苦几十年,一夜回到解放前"。凡此种种,不仅扰乱了人们视线,而且极大地阻碍、影响着改革开放的进程。对此,小平同志没有简单、草率从事,更没沿用阶段斗争为纲时代的习惯做法,而是高屋建瓴地提出"三个有利于"标准来帮助人们明辨是非,使之在认识、处理这类有争议的问题时能有所遵循,而不至于或者被舆论所淹没,担惊受怕而畏缩不前;或者陷入无休止的争论而再次坐失良机,影响发展。因此,从这个意义上讲,小平同志提出"三个有利于"是颇具针对性的。其目的在于:一是要帮助人们澄清是非挣脱羁绊;二是要为人们提供决策行动的标尺。换言之,也就是要从理论与实践的结合点上为人们确立起建设有中国特色社会主义事业的价值标准和行为准则。显然,它所涵盖的内容是极为广泛的,绝不是一个单纯的资社标准问题。

此外,只要稍加分析还会发现,小平同志虽然在这段话的前面冠以了"要害是姓资，姓‘社’的问题。判断的标准，应该主要是看”这样一些特定的字样，但是，其重心、落脚点却并不完全在“资”或“社”，而在于所强调的“三个有利于”上。如果说得更为直切一点，即小平同志的这段话包含两方面含义。一是“三个有利于”应当作为判断姓资姓社的标准，这是大的原则，不容含糊。作为改革开放的总设计师，小平同志不能不首先确立这一涉及党和国家政治生命的基本观点。然而，这毕竟只是问题的一个方面。作为改革开放的总导演，小平同志必然深知这是一场实实在在的社会变革、社会实践活动，其间的许多问题不可能简单地判定其姓资姓社，而必须在具体的运作实践中以一定的价值标准、行为准则来衡量、取舍或矫正，这又是问题的另一方面，而且是十分现实，不容回避的。因此，我们不能只停留在原则上来空谈其大，而必须坚持实事求是，一切从实际出发的思想路线，以“三个有利于”为标准切实解决好改革开放中的具体问题。按照唯物辩证法的观点，大与小是相互对立而又互相转化的，“不积跬步，无以至千里；不聚小流，无以成江海”①。大是总体特征，小是具体表现，量变才能引起质变。中国特色社会主义建设这项宏大而又复杂艰巨的系统工程同样是由无数子系统、子项目组合而成的。如果对其间的各局部、具体问题把握不住、处理不好，资社类的大是大非就无从谈起。事实上，从“三卷”的学习中可以得知，小平同志的这些观点并非南巡中的突发奇想，而是早在八二年就开始论及的。就其间所涉及这一问题的十五处论述②来看，从具体工作和总体目标来论及的就达十四处之多。可见，小平同志“三个有利于”标准的基本意图主要还在于指导人们在从事有中国特色的社会主义建设事业时应从大处着眼，小处着手，而并非主要作资社这种定性的判定标准。至此，我们完全可以这样讲：只有将“三个有利于”作为有中国特色的社会主义建设事业的价值标准和行为准则、才符合小平同志的初衷和一贯思想，才能把资社、得失和生产力标准等纷争统率起来，而不至于顾此失彼，影响了整个建设事业的效益和进程。

其次，应当指出，当前，我国的改革开放虽然已进入整体推进，重点突破的攻坚阶段，但是，有两点必须明确，第一，目前的推进是建立在党的十一届三中全会，特别是小平同志南巡讲话之后的一系列逐步推进而又卓有成效的改革基础之上的，是整个改革开放的继续和深入。第二，自十一届三中全会开始的这场改革是一场声势浩大、复杂艰巨的带探索性质的伟大革命运动。不仅如此，苏联东欧巨变、美日的雄居世界、亚洲四小龙和周边国家的经济腾飞，又给这场特殊的革命带

① 《荀子·劝学》。

② 《邓小平文选》第三卷。

来了新的巨大压力。它要求新一代中国的马克思主义传人必须冲破闭关锁国、故步自封、墨守成规的藩篱,以极大的勇气和毅力去探索一条全新的有中国特色的社会主义建设道路。这就是现实,这就是中国共产党人所面临的最大、最严酷的现实。

人类社会历史表明,任何社会变革在其目标、途径、方法和手段确立之后,都必须有与之相应并为广大社会成员普遍认同的鲜明价值取向来统一其思想认识,指导、支配其行为,使之凝聚成朝着既定目标所向披靡、奋勇前进的强大动力,以确保其顺利推进并取得圆满成功。社会学、行为科学的研究成果也展示了这样一个真理:人类社会总是处在一定社会历史阶段和形态中的,作为一定社会历史阶段、形态中的社会主体,总得有一定的价值取向和行为目标,总得以一定的价值标准和行为准则来指导、约束和规范自身的行为,使之顺应社会历史发展的客观规律,符合一定的社会行为规范,更好地创造出应有的社会价值来实现自身幸福和人类社会的共同理想和目标。人们可以因种种原因而存在价值取向、行为方式、价值标准行为准则上的差异,却无法违背这一规律。从这一基点出发来看待和认识中国当今的大变革不难发现,尽管这是一场以改革开放,建立社会主义市场经济体制,解放、发展社会主义生产力为基本手段和途径,以增强综合国力,提高人民生活水平、消除两极分化,实现共同富裕、建立富强、民主、文明的现代化社会主义强国为基本目标的,由意识形态领域引发,已历经十余年的全方位大革命,但是,在小平同志南巡讲话之前,却未能明确其价值标准和行为准则,以致出现了无所适从、无所遵循,走偏方向、引起非议的局面。作为这场变革的总设计师,小平同志十分敏锐地发现并一致关注着这一点,当其思考成熟并发现问题的严重性时,便非常及时地提了出来,使人们避免了(并将继续避免)纷争、迷茫之苦。从这个意义上讲,"三个有利于"是社会历史变革的必产物,它对于我们夺取第二次革命的胜利具有拨乱反正、指引航向的伟大历史作用,理应作为有中国特色社会主义事业建设者们的价值标准和行为准则。

第三,应当看到,小平同志所提出的"三个有利于"标准,与我们党的性质、任务和宗旨,与社会主义初级阶段的主要矛盾,与小平同志所揭示并阐发的社会主义本质,所制定的三步走战略目标,与党在社会主义初级阶段所始终坚持的基本路线,与解放思想、实事求是的特色理论精髓,都是完全一致的。不仅是辩证唯物主义与历史唯物主义的内在统一,而且是社会主义本质和任务的具体化,是有中国特色的社会主义建设理论的重要组成部分。依据其内容和特性,只有将其作为有中国特色社会主义建设事业的价值标准和行为准则,才是最恰当而又当之无愧的。

第四,有待说明的是,“三个有利于”标准是一个重大的社会科学命题。在认识讨论中,既不能简单、盲目地陷入“非此即彼”,“绝对对立”的形而上学泥沼,也不能否定各种认识的合理成分,而应当坚持实事求是、辩证客观的科学态度。就篇首提到的几种观点看,“判断改革开放成败得失的标准”确有其正确的一面,“三个有利于”应当作为检验改革开放效果和成功与否的标准,但是,就这一标准的基本内涵和功用看,它应当包括事前衡量论证,事中检查校正,事后检验评估这么三个方面,而且事前事中是主要的。特别是事前是积极主动的,它既可为决策者撑腰壮胆,增添信心、勇气和力量,又可避免主观盲目从而导致重大失误。如果只讲判定成败得失,则是消极滞后不可取的。至于“资”“社”标准,除去前面述及的之外,正如一些同志阐述的,还有个如果以此为标准就无法借鉴人类社会的一切(含资产阶级、资本主义社会创造的)文明成果(诸如三资企业、股票、市场经济以及大量生产经营及管理方式,科学技术等)的问题。因为它们本无阶级属性可言,谁掌握就为谁服务。如果硬要事事分资社,不仅难以分清,而且吃苦果是必然的。且资社本是两种对立的社会形态,非某一局部或少数社会成员的行为举措所能决定,我们不能将其理解得如此狭隘。折中叠加观和改革开放态度论自不必说。生产力标准论作为讨论“三个有利于”标准辩证关系或侧重点的一种观点是可以的,但如果要作为其定性结论,就未免失之偏颇了。因为即令在“三个有利于”内部,“是否有利发展社会主义的生产力”固然是基础前提,却并非目标归宿。从三者关系上看,前者仅仅是后两个有利于依赖的基础和凭借的手段,而不是所要实现的终极目的。对此,必须有清醒而正确的认识,以免影响了“三个有利于”作为有中国特色社会主义建设事业价值标准、行为准则的特殊作用的发挥。

三

从上述讨论中不难看出,就“三个有利于”来讲,无论是从小平同志的初衷、本意,还是就其内涵与本质看,都应当是有中国特色社会主义建设事业的价值标准和行为准则,那种将其看作论改革成败得失,是生产力和判定资社的标准,或对待改革开放态度的观点都是不够全面和准确的;对这一问题的认识正确与否,不仅涉及改革开放这场大革命的目标、价值取向、价值标准和行为准则的确定,而且关系着中国特色社会主义事业的兴衰成败,是一个不可小视,不能含糊和回避的大问题。如果对此认识不足,处理不当,轻者扰乱人们视线、禁锢思想言行;重则影响战略目标实现,使中国落后于世界,甚至亡党亡国;共产主义化为泡影,中华民族被开除球籍。这自然是中国人民不赞成,中国共产党人所极不情愿的。因此,必须引起人们,尤其是各级党政领导的高度重视。

对于“三个有利于”价值标准、行为准则的运用和把握,涉及的因素和问题很多,本文不一一述及。但是,除去充分认识其地位作用之外,至少有以下两点是必须强调的。

一是应正确处理好其辩证关系。对此,人们已经讨论得比较清楚了。需要把握的是:第一,如前所述,“是否有利于发展社会主义的生产力”是基础,是价值标准中最重要最根本的标准,它与小平同志所揭示的社会主义本质、社会主义优越性和主要矛盾、中心任务等都是一致的。如果生产力不解放,不发展,综合国力的增强,人民生活的改善也就成了空话。因此,必须将其作为首要标准、作为关键和核心来抓。第二,提高人民生活水平是最终归宿,是发展生产力的终极目的,这与马克思主义的唯物史观,与毛泽东同志的群众路线、群众观点,与共产党人的宗旨和奋斗目标是完全一致的,社会主义如果不能提高人民生活水平,满足人民群众日益增长的物质文化生活水平需求,就不成其为社会主义,就不具有优越性和吸引力。综合国力说到底还是人民群众整体实力的反映,如果人民群众的温饱问题都不能解决,国家的发达与强盛自然也无从谈起;如果生产力未能使人民群众生活水平不断提高,也就不成其为社会主义的生产力。第三,三者是相互依存、相互制约的辩证关系。不承认生产力为基础地位、关键作用不行,把生产力说成唯一标准而忽视其属性、功用和终极目的也不行。离开了生产力的发展,人民生活,综合国力无从谈起;离开了人民生活和综合国力而空谈生产力发展则毫无价值。只有正确处理好几者间的关系,才能正确有效地发挥其价值标准、行为准则的指导、规范、约束、检验、矫正、促进和推动作用,反之则不然。

二是“三个有利于”既然是中国特色社会主义建设事业的价值标准和行为准则,就应当将其运用于中国特色社会主义建设的实践之中,就应当重视其实践性,使之与实践有机结合,贯穿于各项实际工作去加以运用,以尽力避免空对空,不切实际地将其抽象化、简单化、庸俗化。小平同志讲:“证券、股市,这些东西究竟好不好,有没有危险,是不是资本主义独有的东西,社会主义能不能用?允许看,但要坚决地试”①。应当说,“允许看”,就是用“三个有利于”价值标准去衡量、论证、决策的问题;“坚决地试”就是要实践,而且是重在实践、必须实践,因为实践是检验真理的唯一标准。事前论证、决策固然是至关重要的,但不能仅停留于此搞坐而沦道,而要试,要实践。有些看不清楚,把握不准的,一试或许就清楚了。“看”是为了避免盲目蛮干,“试”是为了检验和发现真理,落到实处。无论任何举措,只要把二者有机地结合起来,既看又干,既干又看,边干边看,边实践边总

① 《邓小平文选》第三卷,第373页。

结，坚持真理修正错误，便正如小平同志所讲的，至少“就不会犯大错误”①，就能求得积极而又稳步的发展。这也是我们学习和运用“三个有利于”应有的基本立场和态度。

① 《邓小平文选》第三卷，第373页。

在庆祝中国共产党成立 90 周年暨“七·一”表彰大会上的讲话

（2011 年 7 月 1 日）

同志们、同学们：

今天，是我们党 90 华诞的大喜日子，我们在这里隆重聚会，庆祝中国共产党建党 90 周年，表彰在学院改革和发展及创先争优活动中涌现出来的省、市、院三级先进基层党组织、优秀共产党员和优秀党务工作者，表彰学院纪念中国共产党成立 90 周年党史知识竞赛先进党组织，同时举行新党员入党宣誓，可以说是喜上加喜，为此，我提议，我们首先以最热烈的掌声向我们伟大的党的 90 华诞表示最热烈的祝贺！并借此机会代表学院党委向长期支持党委工作的学院行政和广大师生员工致以衷心的感谢，向各级党组织和勤奋工作在教学、科研、管理、服务战线上的全体党员，向曾经为学院建设和发展做出突出贡献的离退休老党员，向勤奋学习、健康成长的青年学生党员表示节日的热烈祝贺和亲切慰问！向受到表彰的先进党组织和先进个人表示热烈的祝贺并致以崇高的敬意！对刚刚加入党组织的预备党员和积极争取入党的积极分子们表示热烈的欢迎！

同志们、同学们，中国共产党从成立到现在，已经走过了整整 90 年的光辉历程。回顾历史，我们可以深切地感受到，这 90 年是我们党带领人民不断取得革命、建设和改革开放伟大胜利的 90 年，是我们党不断推进马克思主义中国化的 90 年，也是我们党加强自身建设、不断发展壮大的 90 年，还是我们党不断推进中国革命、世界革命、谋求全人类和平解放，推进神圣而伟大的共产主义事业的 90 年！中国共产党成立以后，为了实现共产主义的崇高理想和中华民族的伟大复兴，带领中国人民进行了艰苦卓绝的斗争。从建立新中国，实现从半殖民地半封建社会到民族独立、人民当家做主新社会的历史性转变，开辟了中国历史的新纪元；从新民主主义革命道路探索到社会主义基本制度确立，实现了社会主义革命和建设的历史性转变，完成了中国几千年来最伟大、最深刻的社会变革；从改革开放、创建特区，到社会主义市场经济体制的初步建立，纵深推进，实现从高度集中的计划经济体制到充满生机活力的社会主义市场经济、从封闭半封闭到全方位开放的历史性大转变,成功地开创了中国特色社会主义道路,中国人民的面貌、社会主义中国的面貌、中国共产党的面貌、中华民族的面貌都发生了根本性、历史性的大变化。中国共产党建立的伟大功绩,不仅书写了中国历史、中华民族、中国共产党人的辉煌篇章,也对整个世界人类社会的发展进程产生了重大深远影响,使我们无不为我们党的伟大光荣正确而感到无比自豪和骄傲!

中国共产党带领人民取得了民族独立和人民解放,建立了社会主义新中国,开创了中国特色社会主义道路,为实现中华民族的伟大复兴做出了巨大贡献。当我们回首近代以来中华民族备受屈辱的那段悲惨历史,回首旧中国一盘散沙、人民颠沛流离的那种衰败局面,再看到今天人民当家做主、幸福安康,国家繁荣富强、欣欣向荣景象的时候,我们肯定会感慨良多。中华民族彻底摆脱了任人宰割的境遇,重新屹立于世界先进民族之林。当初贫穷落后、灾难深重的旧中国,已经变为今天这样一个充满生机活力、在国际舞台上具有举足轻重地位的社会主义新中国。如此鲜明的对比,如此巨大的变化,使我们深深体会到,是中国共产党带领人民扭转了历史的乾坤,改变了中华民族的命运,这样的功绩,将深深铭刻在中华民族的史册中!

中国共产党在一个世界东方大国里始终坚持和发展马克思主义,坚持和发展社会主义,为世界社会主义运动做出了巨大贡献。当我们党选择马克思主义作为自己的指导思想之后,从此就拿起这个武器,并成为坚定的倡导者、宣传者、组织者、实践者和捍卫者。在马克思主义的指导下,我们党领导人民取得新民主主义革命的胜利,在一个占世界人口四分之一的大国建立了社会主义制度,改变了世界政治力量的对比,也增强了许多类似中国这样受帝国主义、殖民主义剥削压迫的国家和地区人民进行革命、走社会主义道路的信心。20世纪八九十年代以后,世界范围的社会主义运动遭受严重挫折,但我们党却经受住了国际国内风云变幻的考验,坚定不移地高举中国特色社会主义旗帜,使社会主义不断焕发出蓬勃的生机。我们党坚持从中国实际出发,不断推进马克思主义中国化,形成了毛泽东思想和包括邓小平理论、“三个代表”重要思想、科学发展观在内的中国特色社会主义理论体系,开拓了马克思主义的新境界。通过我们党的始终坚持和不懈努力,马克思主义和社会主义在中国大地上愈来愈焕发出夺目的光芒。

中国共产党的领导使中国取得了举世瞩目的经济社会发展成就,为人类文明进步做出了巨大贡献。在当代世界发展史上,能够像当今中国这样在较短时间取得如此大的成就,是一个发展的奇迹。今天,我国已经成为世界第二大经济体,主要工农业产品产量和外汇储备位居世界第一,我们依靠自己的力量解决了十三亿人的吃饭问题。在历史罕见的国际金融危机爆发后,世界许多国家包括一些西方发达国家,都遭到巨大冲击,而我们中国则站稳了脚跟。这些成就,彰显了我们的制度优势。一种不同于西方资本主义传统发展模式的崭新道路正在一步步清晰地展现在世人面前。中国的发展道路在世界上越来越引起关注,中国在国际事务中发挥着越来越大的作用。中国正在通过自己的努力探索和成功实践,为人类社会文明的丰富性和多样性做着自己的独特贡献。

中国共产党能够取得如此辉煌的成就,能够在艰难复杂的环境中不断发展壮大起来,能够成为实现中华民族复兴的坚强领导核心,这里面的原因很多。在我们看来,其中最主要的有这么三条。

一是必须有坚定的理想信念,始终具有崇高的历史责任感和神圣使命感。我们党自成立之日起,就怀有远大的共产主义理想,以实现中华民族伟大复兴和全人类的解放为己任。无论遇到多么大的困难和挫折,我们党从来都没有屈服、动摇和退缩过,总是勇往直前。这是我们党能够走到今天,能够带领人民不断取得一个又一个胜利的强大精神支柱。

二是必须坚持实事求是的思想路线,把马克思主义基本原理同中国具体实际相结合,坚定不移地走自己的路。我们党所以能够带领人民不断取得胜利,所以能够不断推进马克思主义中国化,在根本上靠的就是实事求是。我们党正是根据实事求是的思想路线,来认识客观世界发展的规律,把握国家的前途和命运,制定正确的路线方针政策,从而引领人民前进的。坚持实事求是,不断解放思想、与时俱进,是我们推进党和国家事业发展的重要法宝。

三是必须坚持党的全心全意为人民服务的根本宗旨,始终贯彻党的群众路线。事实表明,人民,只有人民,才是创造世界历史的真正动力。因此,在任何时候任何情况下,我们党都坚定地站在人民的立场上,坚持群众观点,走群众路线。党同人民群众的关系,始终都是血肉关系、鱼水关系、种子与土地的关系,始终做到党同人民的感情相通,党心同民心相连,党的利益同人民的利益相一致。

纵观中国共产党所走过的90年历程,使我们无不深刻地认识到:中国共产党的领导,是解决中国问题、决定中国命运的关键。没有中国共产党就没有新中国,就没有中国特色社会主义。坚持中国特色社会主义道路,推进社会主义现代化,实现中华民族伟大复兴,必须毫不动摇地坚持中国共产党的领导。同时,我们也还清醒地认识到:党要完成自己肩负的历史使命,继续带领人民前进,就必须坚持那些使我们取得成功的重要经验,不断加强自身建设,只有这样,才能始终保持强大的生命力、战斗力、凝聚力和旺盛的活力。

同志们、同学们,往昔峥嵘,岁月如歌,沐浴在党的阳光雨露下,学院党委认真贯彻执行党的路线、方针、政策,以办人民满意的大学为宗旨,紧紧围绕学院的奋斗目标和中心工作,加强党的建设,积极推进管理体制的变革与创新。学院各基层党组织充分发挥"桥梁"与"纽带"作用,想群众之所想,急群众之所急,努力为师生员工办实事、办好事。广大共产党员,以高度的责任心和使命感,在学院各项工作中充分发挥先锋模范作用,做出了优异的成绩,在学院的改革和发展中涌现出了建环系党总支、机械工程系、电子电气工程系党总支、和范军、胡云、赵耀、唐静等众多优秀共产党员和党务工作者。特别是从去年下半年开始学院"创先争优"活动开展以来,各基层党组织高度重视,认真组织,全体共产党员积极参与,争做表率,进一步促进了学院各项事业的健康发展。新的四川职业技术学院从组建至今已经走过了八个春秋,从组建时的3000余名学生发展到上万人的办学规模,学院的综合办学实力、办学水平在不断地提升,短短的几年,学院取得了一个又一个骄人成绩,学院的影响力在不断地扩大。主要体现在:

第一,学院党委行政高屋建瓴,思想认识高度统一,从学院发展建设大局出发,在机构、人事、干部、工作安排和教职工切身利益维护等重要敏感问题上处置得当,教育引导得法;广大党员干部、教职员工综合素质好,境界、情操、风尚高,对学院给予了充分理解、高度信任和大力支持,全院上下以学院生存、建设与发展为重,以大局为重,舍小家为大家,舍个人为学院,打破壁垒,消除界限,携手并肩,把思想认识和行动都高度统一到了学院建设与发展大局上,以崭新的主人翁姿态和昂扬的斗志全身心地投入了建设与发展,为新学院的轻装上阵,从容大度起步,切实有效推进奠定了良好基础、创设了基本条件和可靠保障,实现了两校合并后的深度融合。

第二,学院党政高瞻远瞩,力排众议,从经济社会发展需求,学院发展建设大局出发,在生存尚且困难,政策环境并不宽松,毫无经济保障的特定情况下大胆果断决策,抢抓机遇,依靠市委、市政府和全院教职工的鼎力支持,克服重重困难,千方百计筹措资金,以最短的时间、最快的速度,高起点、高规格的建成了建筑面积达22万余平方米的新校区一二期工程。打破了遂宁建筑历史上的一个又一个神话,创造了四川大学园区建设中的奇迹,树立了四川职业技术学院的全新形象,为新学院的进一步发展建设奠定了坚实而可靠的物质基础,在学院发展建设史上树起了一座丰碑。

第三,充分听取教职工意见,集思广益,大胆改革,于非常时期非常举措,从指标到人、到责任部门,再到抽调精兵强将组成专兼结合队伍搞招生,一年一个样,一年一片天地,一年一个台阶,紧紧依靠全院教职工,乃至于学生、家长,跋山涉水，走州走县，进工厂、下农村、到学校、踏遍千山万水，走进千家万户，费尽千言万语，历尽千辛万苦，想尽千方百计，终于生源逐年增多，计划逐年扩大，质量逐年提高，报到率越来越好，学院的办学规模逐年扩大，到现在是 11000 多人，是原来的近三倍，成为了名副其实的万人高校；就业率和质量都逐步上升，从 2007 年起连续 4 年保持在了 90% 以上，不仅就业质量稳步上升，就业工作、就业区域、就业理念都顺利实现了战略性的重点大转移，先后四次被省厅表彰为四川省普通高校就业工作先进集体。招生就业瓶颈双双打破，不仅生存问题全面解决，而且办学的社会经济效益均明显提高，使学院顺利实现了做大的首次创业目标，迎头赶上时代社会步伐，进入了里程碑式的高职教育、高等教育内涵发展新时期、新阶段。

第四，按照科学发展观的要求，借教育部人才培养水平评估的大好时机，从促进学院更好更快发展，全面协调可持续发展的大目标出发，全面动员和组织师生员工依据评估的指标体系，本着“以评促改、以评促建、以评促管、评建结合、重在建设”，全面改善办学条件和育人工作，全面提高人才培养质量与水平的原则，从专业设置到人才培养方案的制订，从教育教学思想到人才培养方式、教学过程与环节、教育教学方法，从理论到实验、实训、实践、实习，从一课堂到二课堂，从素养素质到技能水平提升，从教师到教学设备设施，从教育教学管理到科研，从学校到家庭社会，从人才培养模式到办学思想理念，都进行了全面而深入的检讨、反思和整改，在异常困难的情况下仍然增加了上千万元的教学投入，使办学条件得到了很好改善，办学行为得到了全面的规范，办学的思想理念得到了应有的升华，办学的能力水平有了很大的提升，因而在整个评估中得到了专家学者的一致好评并最终获得了优秀，极大地提升了学院的品位和档次，扩大了学院的影响力、提升了学院的知名度和美誉度。

第五，学院党委始终重视并坚定不移地推进了一系列改革措施：一是管理体制改革，顺利地实现了从学院到系部的党政分设，先后于系部设立了党的总支、党政办和教工、学生党支部，党政各直属党支部，明确了分工和职责，配备了相应工作人员，建立了由党委、党总支（直属党支部）、党政办、教工党支部、学生党支部、党小组组成的党建工作体系，以党委、学工部、学生会、团委、团总支、团支部、团小组，辅导员、专兼职教师为主体的大学生教育管理和政治思想教育体系，实现了由党政合一到党政分设的平稳过渡，让系部真正成为了集招生、教育教学、学生教育管理、就业、党政财物管理于一体，责权利既分明又统一的二级管理实体；顺利地实施了岗位、职能、干部的大调整，实施了从党政院级领导、党委成员到中层干部的任期制、任职年限制、轮岗制，强化了干部的教育与管理工作。二是于人才培养中推进了人才培养模式和以素质教育、能力建设为主线的课程体系、教育教学模式、教育教学过程与方法、考试方式等系列改革，有效推进了学分制、工学结合、校企合作、订单培养、技能鉴定、职业资格证书“双证书”等教育教学管理方面的改革。加大了质量保障体系建设，就业创业教育力度，于培养高素质，高技能应用型人才，提升人才培养质量和办学水平方面做了大量艰苦细致而又卓有成效的工作。三是在人事管理方面顺利实现了新学院的定编、定员、定岗、定责工作，顺利完成了岗位设置与全员聘用；对编制外用工进行了全面的清理与规范管理；不仅首次解决了长期悬而未决的编制问题，而且顺利实现了教职员工由身份到岗位管理的平稳过渡，为下一步以绩效工资为主体内容的内部分配制度改革奠定了良好基础。四是在学生管理方面实施了由班主任到辅导员，由学院集中统一到系部负责的管理体制和办法改革，进一步理顺了学院职能部门与系部、与后勤服务部门的职责和关系，较好地解决了两个校区运行，新校区内无教职工住处之特定背景下的学生教育管理问题。五是于基建后勤方面大胆改革，引入 BOT 投资、社会化服务、集融资贷款、老区置换等方式，不仅建起了大后勤社会化服务的基本格局，成功地解决了新校区建设的资金问题，为教职工解决了河东新区住房问题，谋取了福利，而且多方筹集资金，成功地化解了因国际金融风暴和新区建设带来的学院的巨大经济危机，维护了学院和社会稳定，成功地闯出了在政策银根紧缩的特定背景下置换老区建新区，扩大规模，将学院做大的艰苦创业之路。

第六，学院党委始终坚持了与党中央在政治思想和行动上的高度一致，始终坚持了社会主义的办学方向和全面贯彻党的教育方针，于各项工作中很好地贯彻了党的十六大、十七大精神，认真贯彻了《教育法》、《职业教育法》、《高等教育法》，坚持了以马列主义、毛泽东思想、邓小平理论和“三个代表”重要思想为指导，认真学习践行科学发展观，认真学习贯彻历次全国高校党建工作会议和职教工作会议、教育工作会议、《教育改革和发展规划纲要》、《人才队伍建设规划纲要》精神，认真实施科教兴国、人才强国战略，坚持以人为本，全面实施素质教育，坚持德育为先，立德树人，切实解决好办什么样的大学，培养什么样的人这一首要根本性问题。按照党要管党的原则，高度重视党委班子的自身建设和学院党组织的思想建设、组织建设、作风建设、制度建设、党风廉政建设；高度重视干部队伍、人才队伍建设；高度重视德育，重视大学生思想政治教育工作，重视教育者先受教育，重视大学生的就业创业教育；高度重视群团组织、统一战线工作和民主政治建设，使之充分调动全体教职员工积极性，发挥其创造性，充分相信和依靠全体教职工来办好学院，这在两校合并、办学规模扩大、新区建设、迎接评估、90 周年校庆、抗击“5・12”大地震、迎奥运、抗甲流、庆祝新中国建立 60 周年、国家骨干和省示范高职创建、防止内外敌对势力干扰破坏、确保安全稳定、保先教育、学习实践活动、创先争优活动等一系列重大活动和政治事件中都已得到有效检验和充分证明。

第七,学院党委不断研判飞速发展的国际国内复杂多变、动荡不安的基本形势,十分注意加强科研,以此洞悉国际国内高等教育、高职教育的发展态势,十分注意经济社会发展所带来的人才需求变化及其与学院发展建设的关系和所形成的巨大影响,十分注意在很好贯彻党和国家大政方针政策、遵循高等教育、高职教育规律,于首次党代会上,响亮提出了实施“56710 工程”的战斗口号,并为此实施了一系列重大举措,通过五年左右艰苦奋斗,目前,各大指标均已圆满实现。在此基础上,又于2009 年的学习实践活动中和第二次党代会上提出了先做大、后做强、再做优的学院发展建设三段论,三步走的发展建设规划。并因此制定了一个目标、两大支柱、三大特色、四大理念、“五向”思路、“六多”格局、“七为”方针、八大举措的发展建设方略,使学院在十一五、十二五规划中于“促进科学发展,争创一流高职”及其相应举措上一以贯之,有了很好的思想认识基础和明确的目标方向。

第八,抢抓机遇,全力创建国家骨干、省示范高职。学院党委将此作为学院难得的历史机遇,作为更新思想认识观念,充分激发、调动教职工积极性、创造性,培养锻炼队伍,提升学院综合实力和办学品位,树立学院形象的大好机遇,建立健全相应机构,组织精干队伍,制订相应方案,协调内外关系,实施两创联动,大胆进行体制机制创新,创建人文与科技训育中心、南骏汽车学院、物流学院、应用电子技术教育理事会、遂宁市先进制造业和现代服务业集团,将此作为学院发展建设中的大事特事来抓,大家为此费尽了心血、拼尽了全力,成功创建省级示范高职院校,很好展示了省属高职、百年老校的底蕴、地位和实力。

通过新学院建校以来多年的努力,我们的各项工作都做出了巨大的成绩,有了长足的进步,我们的学院发生了天翻地覆的变化,校园由一个变成了两个校区,面积达到了近1100 亩,是原有的5 倍。建筑面积翻番,固定资产总值达4. 81 亿元;全日制在校学生是原有的3 倍,在职教职工总量增长了30% 左右,教授副教授增长了187% ;教学科研成果不仅量上大为增加,而且有了国家社科课题,省级科技、教育重大课题在量和质上的重大突破;近六年中,学生共获取全国性各类比赛奖励47 人次,获全省性各类比赛奖励84 人次;就业率已连续4 年保持在90% 以上,曾4 次被省厅表彰为先进集体;我们的招生计划逐年增加,生源质量明显提高,近4 年中每年均高出省控线80—100 分以上;教师中有2 人被聘为教育部,1 人被聘为省政府专家,4 人享受政府特殊津贴,1 人评为省级教学名师,2 人评为农业部教学名师,2 人被评为市学术技术带头人,1 人为拔尖人才,1 人为省学术技术带头人后备人选,1 人被评为省劳模;我们的党员由首次党代会时的580 余人增至近1600余人,增长了170%;教职工人均收益在2004年的基础上增长了32%。学院的国际合作也不断扩大和加深,除原有的澳大利亚、美国项目外,又新增了英国的安尼斯学院。整体办学实力全面提升,于2007年教育部人才培养水平评估中获得优秀,2008年获得四川省五一劳动奖状,今年又成功进入省示范性高职行列,各项事业都有了长足进展,呈现出欣欣向荣、蒸蒸日上的良好发展态势。

同志们,过去,我们的发展建设成效显著,应当充分肯定。但同时也应看到,我们的思想认识,特别是从党政领导班子成员到中层干部,在办学思想理念方面的认识与时代社会发展的要求尚有明显差距,有待进一步统一和提高;党政班子,队伍建设,特别是党员干部队伍、教师队伍建设有待进一步加强;师生员工的综合素质、办学治校、治教的能力水平亟待提升;教育教学、人才培养、内部分配、人事管理、后勤管理改革有待进一步深化;内涵建设、体制创新、机制健全、各项管理有待进一步规范和改善;教职员工的福利待遇有待进一步改善,教职工,特别是教师的积极性有待进一步调动;以增强凝聚力、创造力、核心竞争力、发展力,提升学院品位和档次为目标的校园文化建设有待进一步加强;以岗职培训、继续教育、技能鉴定、职业资格等证书培训,普通与成人、学历与非学历、中职与高职、职前与职后、学校与社会教育相衔接为主体的成人教育,社会服务能力建设亟需加强;育人质量、办学水平、办学品位和档次有待进一步提升。所有这些,都将成为我们今后的工作重点和努力方向。

同志们、同学们,回顾过去,我们豪情满怀,展望未来,我们任重道远。我国的高等教育发展面临许多新情况、新问题,新课题和新考验。目前,学院正处于内涵建设的关键期,省级示范高等职业院校建设的新起点上,既有难得的发展机遇,但又同时面临着生源萎缩、市场优胜劣汰的残酷竞争等许多严峻挑战。各级党组织、广大共产党员,特别是党员领导干部,一定要时刻保持清醒头脑,进一步增强危机感、责任感、紧迫感和使命感,用改革的精神,积极探索发展建设的新途径、新方法,不断加强和改进党的建设,为学院各项事业的发展提供坚强的政治、思想和组织保证。

今后,我们将于全面推进的基础上突出重点,切实努力推进好以下工作:

一、加强政治思想建设。充分发挥我们党的政治优势,凝聚人心,充分调动广大师生员工的积极性、创造性,共同为学院发展做出贡献。

一是要认真总结贯彻落实中央16号文件,加强和改进学院大学生思想政治教育工作的好经验、好做法,进一步建立健全全员育人、全方位育人、全过程育人的机制,广泛开展社会主义核心价值体系的学习教育活动,让核心价值体系进教材、进课堂、进头脑，贯穿到教育教学和日常管理之中，引导大学生坚定理想信念。要牢牢把握党对学校意识形态工作的主导权，按照“在思想上不能放松、在工作上不能懈怠”的要求，切实抓好大学生思想政治教育这一希望工程、民心工程、基础工程。要改进教育教学方式，充分发挥思想政治理论课的育人功能，贴近学生思想实际，创新教育教学模式，改进教育教学方法，充分调动大学生的学习积极性和主动性，切实提高课堂教学效果；要抓好形势政策教育，结合纪念建党90周年，认真组织宣讲好党的十七届五中全会精神，宣讲好建设成渝经济区的战略决策，宣讲好学院的建示范、创一流的目标任务和基本要求，使广大师生员工全面深入领会，更加坚定地拥护党、跟党走；要完善思想工作体系，坚持解决思想问题与解决实际问题相结合，着力构建思想政治教育与学生服务管理有机结合的有效工作体系，建立健全就业服务系统，切实改进后勤服务特别是办好学生食堂，加强大学生心理健康教育，不断提高大学生思想政治教育工作的针对性和实效性；要提升教师教书育人水平，将党务工作和思想政治工作以及辅导员队伍建设纳入学院人才队伍建设总体规划，建立一支以专职人员为骨干、专兼职干部相结合的党务工作和思想政治工作队伍，逐步实行思想政治课教师任职资格准入制度。

二是要积极组织广大党员、干部及全体职工学习党的十七大和十七届四中、五中全会精神，切实把全体职工的思想统一到全会精神上来，把力量凝聚到推动学院科学发展的各项目标任务上来。坚持党的思想路线，始终以思想理论建设为根本，坚持党的教育工作方针政策，解放思想、实事求是，不断提高运用科学理论从全局和长远来谋划学院科学发展、和谐发展的能力。加强理想信念教育，把理想信念教育作为学习践行社会主义核心价值体系的首要任务，教育党员干部自觉践行社会主义荣辱观，培养高尚道德情操和健康生活情趣，保持奋发有为的精神状态。

三是要在认真落实省委教育工委下达的干部调训计划的同时，以党校为阵地，适时举办以党员领导干部，特别是党总支书记，系部主任和后备干部为重点的校本干部培训，不断提高干部队伍的整体素质和办学治校、开拓创新、履行岗位职责、推动事业发展的能力。

二、加强组织建设。《中国共产党普通高等学校基层组织工作条例》是加强高校党建工作的纲领性文件，我们一定要抓好新《条例》的学习贯彻，以此为契机，切实提升学院党组织建设的科学化水平。

要按照《条例》要求，切实加强领导班子自身建设。一要进一步健全工作制度，严格规范议事决策程序，坚持和健全民主集中制，按照科学决策、民主决策、依法决策的要求改进组织管理方式，加强民主管理、民主监督，推进党务公开、校务公开,健全集体领导和个人分工负责相结合的制度,切实提升决策能力和水平;进一步加强党的领导,加大党委管方向、管组织、管干部、管人才、管大事的力度,确保党委领导下的校长负责制健康高效运行。二要进一步加强思想政治建设,坚持和改善党委中心组学习制度,切实抓好学习型党组织创建,切实开展"四好"领导班子、"四强"党组织创建工作,用马克思主义中国化最新成果武装头脑、用现代教育、管理理论和方针政策指导工作实践,努力使学院各级领导干部朝着社会主义政治家、教育家的方向不断奋进。三要准确把握当今经济社会和高等教育发展规律和特征,认真研究学院改革发展稳定中的重大问题,着力增强谋划发展和改革创新的能力,着力增强人才培养、科学研究、社会服务和文化传承的能力,着力增强应急处理、攻坚克难的能力,着力增强团结协作,建构和谐校园的能力,不断提高学院党政和各级干部的办学治校能力。四要切实推进反腐倡廉建设,认真贯彻《廉政准则》,全面落实党风廉政建设责任制,加大干部教育管理力度,加强和改善监督管理工作,严格建章立制,加大问题查处力度,使领导干部自觉做清正廉洁的表率,主动接受监督,坚决抵御来自各方面的诱惑,清清白白做人,干干净净做事。努力确保学院"十二五"开好局、起好步,促进学院各项事业顺利健康发展。

要加强党的基层组织建设。党的基层组织是党全部工作和战斗力的基础,是落实党的路线方针政策和各项工作任务的战斗堡垒。党建工作的重心在基层,基础在基层,创新在基层,活动在基层。要按照"围绕中心服务大局,强基固本推动发展"的基本工作思路,把党建工作融入部门工作之中,进一步巩固和加强基层党组织建设;要配齐配强党总支、支部书记。按照"讲党性、重品行、做表率"的要求,培养精业务、懂管理、善党务的支部书记队伍。适时举办党支部书记培训班,加强业务培训,提高党务工作能力;要加强对党支部工作的指导和考核,促其制度化、程序化、规范化、科学化;要按照突出重点、优化结构、严格程序、确保质量、积极慎重的原则发展党员,搞好组织建设工作;要积极开展"学习型、服务型、创新型"党总支、党支部创建活动,努力提高基层组织建设的能力和水平。

要加强党员教育和管理。继续开展创先争优活动,创新活动内容方式,扩大党员参与面,继续有计划有成效地在学院开展共产党员示范岗、示范单位、部门的建设活动,使活动主题突出、形式多样、内容丰富、深受教育,逐步常态化。要坚持集中上党课制度。注重教育的针对性和有效性,不断提高党员思想政治觉悟和理论素质。要坚持完善"三会一课"制度,严格党内组织生活,坚持民主评议党员,增强党员党性修养,不断发现典型、宣传树立典型,表彰先进和优秀,切实搞好党的先进性建设。

要按照《党政领导干部选拔任用工作条例》的规定和民主、公开、平等、竞争、择优的原则，德才兼备、以德为先、重实绩实效，重激情创业的用人标准，健全完善干部选拔任用机制，切实做好中层以上干部的选拔任用、调整与充实与教育管理；要充分用好党校资源，切实抓好干部的校本培训；要加大后备干部的选拔、培养力度，把素质好、有发展潜力的年轻后备干部有计划地安排到各级各类岗位上锻炼，积累经验，增强其应对各种复杂局面和急难险重事件的能力，切实抓好后备干部队伍建设。

要从体制机制、途径办法入手，抓好以教师和中层以上干部、思想政治工作队伍为主体的人才队伍建设，切实推进人才强校战略。

三、加强作风建设。作风即党风，是党的思想、路线、宗旨、精神、品质、品貌、品位和先进性的具体体现，也是校风、校园文化、学校软实力、核心竞争力、发展力的基本载体，它包括了学风、教风、工作作风、思想作风和生活作风，内容十分丰富，其中，全心全意为人民服务是核心内容，是我们党的根本唯一宗旨。实现人的全面发展，是马克思主义的基本理论支柱之一，也是我们办学治校的根本任务，因此，我们要以此为准绳来全面审视我们的工作，审视我们自己；以此为基点，下大决心、花大力气，用真功夫、动真格，切实解决好这方面所存在的诸如虚妄浮躁、弄虚作假，表面文章、欺上瞒下、欺世盗名；滥用职权、违纪舞弊；不切实际、不尽职责、不在状态；不思进取、无所作为；不重学习、流于平庸；有令不行、有禁不止，不讲效率、办事拖沓；只讲索取、不讲奉献；口无遮拦、无德无品；讲原则、不履职责、矛盾上交、不负责任等严重问题，要在各级党组织和行政部门中加强宗旨教育，作风整顿，以服务人民为荣，以背离人民为耻，将服务精神、服务理念和服务品质内化为师生员工、特别是党员干部、党员领导干部的精神动力和自觉行为，切实整顿校风，努力优化育人环境。

一要坚持和完善师生代表座谈会等联系基层制度，建立网上“书记（院长）信箱”和师生意见箱，畅通师生员工诉求渠道，广开言路、切实开展好效能建设专项活动，促使党员干部改进学风、工作作风和教风，起好先锋模范，骨干带头作用。

二要响应省委省府、市委市府号召，全面整治软环境，努力优化硬环境，切实解决教风、学风、工作作风方面存在的突出问题，切实搞好环境创优、环境立校。

三是按照党委管大事、管方向的原则，切实改进工作方式，以分板块进行集中专题专项工作分析研究的方式，召开专题专项工作会议，从根本上切实研究解决长期积淀的重大繁难问题，逐一全面规范，有效推进学院党政的各项管理与服务工作。

四是关注民生，创构和谐。要加强校园管理，切实解决师生员工（包括离退休职工）关注的重难热点问题，积极稳妥推进校园一、二期完善和三期建设、切实开展好老校区集中整治的相应工作，努力为师生员工多办事、办大事、实事、好事。

四、加强制度建设。要按照依法治教、依法治校，系统、规范、科学的目标要求，根据新的形势任务，按照党和国家的基本法规和相应要求，全面审视各项规章制度，本着废改立的原则进一步修订、完善、建立健全各项制度，建立适合我院实际的现代大学制度体系，通过建章立制来规范、促进、保障各项工作，推进学院的建设和发展。

一要健全学习制度。要按照上级党组织的规定和要求，结合自身实际，制定切实可行的学习计划，规定学习时间、内容、纪律和相应目标要求、检查考核方式，确保学习效果。将学习情况纳入民主生活会、年度工作报告内容和年终考核指标体系。

二要健全工作制度。主要是党委行政的决策议事制度、会议制度，党员干部、教职员工的管理制度，各个部门、各级干部的岗位责任制、目标任务制，相应的工作制度、纪律制度、考核制度，培养教育、选拔任用制、监督制约、奖惩激励制，教育教学、财务国资、后勤服务管理制度等等，认真贯彻落实民主集中制原则，加强集体领导，保障又好又快发展。

三要健全党内生活制度。包括“三会一课”、党员干部会、民主生活会，分工负责制，民主集中制、民主评议制、调查研究制、学习汇报制、党务校务公开制、党员干部联系基层、联系群众制等等。

四要健全廉政建设制度。要建立健全每个领导成员的党风廉政建设责任制、监督制约制，财产登记申报制，重大事项或问题报告制、首问责任制、责任追究制。各级干部首先要严于律己，为政清廉，带头执行有关规定，并抓好自己分管部门相应干部的廉政建设，落实廉政责任制，对廉政制度的执行情况每年检查一次并将检查的情况报告上级干部主管部门，纳入年终考核范畴。

六要建立健全岗位责任制和有关的工作程序及工作规范，加强科学管理，做到有章可循，照章办事，各司其职，各负其责，相互支持，协调一致，充分发挥各级干部和各职能部门的作用，避免消除忙乱无序现象，提高工作效率。

五、加强党风廉政建设。要充分发挥纪检监察部门效能，在经费安排与签批使用、工程立项与预决算、物资采购与分配、招投标及其管理，招生考试、教学与学籍管理、专升本、奖贷助补评定发放、学费减免、组织发展、干部（含学生干部）选拔任免等敏感部位或重点领域，学院纪监部门都要全程参与、全程监督、受理举报、调查核实，保证工作的透明、公开、公正、公平开展。

一要学习贯彻好中纪委十七届五次、六次会议精神，特别是胡锦涛总书记和贺国强同志的重要讲话精神，加强好党风廉政建设方面的宣传教育，让党员干部，特别是党员领导干部能筑牢拒腐防变的思想堤防，增强师生员工的拒腐防变意识。

二要进一步落实好党风廉政建设、廉洁从政、廉洁从教、预防惩治腐败的目标责任制，落实好一岗双责，搞好惩防体系建设。

三要确立防重于治、防重于惩的思想理念，从预防和惩治腐败的角度来审视、修订、建立健全各方面、特别是重要工作、敏感部位的相应规章制度和相应工作的操作程序与办法，从制度上、源头上抓起，不给腐败以可乘之机。

四要规范决策程序和相应办法，加大党务、校务公开的力度，加大监控管理的力度，从源头抓起，搞过程介入，将不廉洁行为和腐败现象控制到最小限度、消灭在萌芽状态。

五要组建学院招投标管理的工作、监督机构，建立监督防控体系和办法，建立健全其考核测评体系，从根本上革除现有弊端、消除腐败隐患。

六是搞好副县级以上干部的财产登记，重大事件事项报告工作；规范外出请销假、访问、出差和各类学习、培训、锻炼、考察、比赛、会议管理，严格考勤管理，严肃清查弄虚作假、有令不行、有禁不止，不在状态、无所作为、不讲原则、矛盾上交现象和违法乱纪行为，整肃风气，努力营造风清气正、安定和谐、蓬勃向上的良好环境。

七是规范财务国资管理，强化制约监督。严格实施“收支四公开”，彻查小金库、乱收乱支，配合省市审计部门搞好财务审计及其相应整改，加强内部审计监控，纠正违规违纪违法行为。按照责权利统一的原则，简政放权、革除重复审批、防止滥用职权，违规违纪操作。创新体制机制、转变意识观念、完善工作职能、树立良好形象，提高办事效率、促进事业更好更快发展。

八是强化公务用车、接待管理，防止以权谋私、化公为私、假公济私、公款请客送礼、行贿受贿或变相行贿受贿行为。

九是探索建立各项工作师生员工评议制度，健全和完善党风廉政建设考核测评办法，建立党风廉政建设促进机制。

六、深入开展“创先争优”活动。要实现学院科学发展，关键在党，关键在各级党组织和全体共产党员，特别是党员干部、党员领导干部的不懈努力。因此，我们要进一步贯彻落实党要管党，从严治党的方针，以党的先进性建设为重点、为生命，深入贯彻落实科学发展观，加强党的思想、组织、作风、制度和党风廉政建设，不断创新党建工作方式，积极推进党的建设、党员教育、党组织建设的规范与创新。

要正确认识和严肃对待创先争优活动。当今，我国已经成为全球第三大经济体,中国特色社会主义事业取得了举世瞩目的成就。作为拥有近8200多万党员,400万个基层组织的执政大党,要保持党的先进性,必须把党的基层组织和广大党员创先争优这个基础性、常态性工作做好,因此,深入开展创先争优活动不仅是巩固和拓展全党深入学习实践科学发展观活动成果的主要举措,也是党的建设一项重要的经常性工作。每个基层党组织和每位党员都应该从这个战略高度认识这一活动,积极投身这项活动。

要认真学习和领会上级有关精神。进一步明确创先争优活动总体要求是认真贯彻落实党的十七大和十七届三中、四中、五中全会精神,以邓小平理论和"三个代表"重要思想为指导,以深入学习实践科学发展观为主题,坚持从本单位本部门实际出发,改革创新、务求实效,统筹推进党的建设和其他经常性工作,充分发挥基层党组织的战斗堡垒作用和共产党员的先锋模范作用,在推动科学发展、促进社会和谐、服务人民群众、加强基层组织的实践中建功立业。主要内容是创建先进基层党组织、争当优秀共产党员。先进基层党组织的基本要求是"五个好":领导班子好、党员队伍好、工作机制好、工作业绩好、群众反映好;优秀共产党员的基本要求是"五带头":带头学习提高、带头争创佳绩、带头服务群众、带头遵纪守法、带头弘扬正气。活动方式主要是公开承诺,领导点评,群众评议,评选表彰。活动安排大体上分为两个时间节点:从2010年4月开始,主要围绕迎接建党90周年开展活动;从2011年7月开始,主要以丰硕成果迎接党的十八大召开。

要积极开展创先争优活动。创先争优活动的内容和要求已经非常明确,学院党委下发了实施意见,学院创先争优活动领导小组也制定了工作方案,并针对先进基层组织、教工党员和学生党员,安排了不同的主题活动。各级基层党组织一定要结合各自单位实际创造性地开展工作,深入发动,组织广大党员参加到活动中来。要通过活动的开展,切实提高基层组织的凝聚力、战斗力和创造力,切实提高党员的业务水平和综合素质,推动各项事业又好又快发展。党委有关部门要组织好、宣传好、指导好活动的开展,通过分类指导、营造氛围、树立典型,推动活动扎实、深入、有效开展。

同志们、同学们,我们党自成立以来,已经有了90年的光辉历程。在庆祝党的90华诞的重大喜庆时刻,我们既要欣喜地看到,90年来,中国人民在中国共产党的领导下,取得了一个又一个辉煌的胜利,谱写了一曲又一曲胜利凯歌。90年的光辉历程充分证明,我们党是富于创新精神,不断开拓进取、与时俱进的党;是经得起各种风浪考验,勇于在困难和挫折中奋进的党;是忠实践行"三个代表",认真贯彻落实科学发展观,脚踏实地为人民的根本利益奋斗不息的党;是一个伟大、光荣、正确的党。同时也要清醒地意识到，当今，国际国内的形势依然严峻，国际金融危机的严重影响并没有完全消除，国内各种矛盾问题正日益突；学院也处在外延内涵转折期，各种矛盾突显期，拨乱反正、后发先达机遇期，内涵发展、建示范、创一流、铸品牌、求卓越，跳起起摸高、超常发展关键期，我们面临的形势和任务仍然复杂而艰巨，在困难和挑战面前，全体共产党员、特别是党员干部，一定要重视学习、勤于思索、善于研判、很好把握未来走势，认真落实央省市的各项方针政策，高位求进、抢抓机遇，积极主动、认真负责、富于创造性地做好工作，深入持久地开展创先争优活动中，牢牢把握住科学发展的主动权，团结协作，开拓进取，在不同的岗位起好应有的作用，展示先进的风采，在平凡的工作中体现不平凡的先锋本色，以实际行动谱写更新更美的篇章！以实际行动，创造更加美好的未来！以实际行动，迎接党的十八大的胜利召开！

关于党的群众路线教育的动员报告*

一、群众路线的含义

(一)群众路线的定义

党的群众路线即一切为了群众,一切依靠群众,从群众中来,到群众中去,把党的正确主张变成群众的自觉行动。

这是党章对群众路线的全面准确表述。

(二)群众路线的由来

1. 红军时期孕育产生

首先必须明确,党的群众路线是一种立场观点、政治态度问题。因为,群众路线的产生与当时艰苦卓绝的斗争环境密切相关。红军建立之初很弱小,在强大敌人的围追堵截中,红军要生存、要打仗、要发展,就必须首先得到人民群众的信任,理解和支持。因此这首先是一个群众观点的确立问题。是一个由党的性质任务、目标方向的确立命题,即我们和党和当领导的军队必须首先解决好为谁服务,为谁谋利益,解决好为了谁、依靠谁、立足点、出发点、归宿点问题。党是人民的党,军队是人民的军队,必须为了人民依靠人民,才能立住脚跟,求得生存和发展。因此,毛泽东同志正是从这些关系革命和党的生死存亡的重大基本问题中提出和确立并阐发群众观点的。他认为红军与白军不同,“红军绝不是单纯地打仗的,他除了打仗消灭敌人军事力量之外,还要负担宣传群众,组织群众,武装群众,帮助群众建立革命政权以至于建立共产党组织等重大任务。认为我们打的是游击战,散则分兵以发动群众,合则集中以应付敌人。因此,红军的主要任务是做群众工作,占了全部工作十之九。认为政治观点即群众观点,并为此批评了红军中一些人的单纯军事观点,说这是一个很严重的政治路线问题。

其次,群众路线是一个领导方式和工作方法问题。因为就群众路线这个词来

---

* 重大文稿,亲自起草。

讲，当时在很大程度上是从这个意义上来使用的。毛泽东同志的一个简单逻辑就是，既然我们是人民的军队，既然我们是为人民的，那就得走群众路线，就得一切经过群么。就得“用很好的方法来发动群众”，要“使群众工作的技术”更娴熟，使我们的队伍一天天更壮大，这样就“任何强大的敌人是奈何我们不得的”。

这一时期，毛泽东同志搞了多次调查研究，进一步深化了对这些问题的认识，这些认识集中反映在他的《关心群众生活、注意工作方法》等名篇佳作中。他说：我们对于广大群众的切身利益问题，群众的生活问题、就一点也不能疏忽，一点也不能看轻，我的这样做了，广大群众就必定拥护我们。把革命当作他们的生命，把革命当作他们无尚光荣的旗帜。他还将此生动地比作过河之桥与船的关系，认为“不解决桥或船的问题，过河就是一句空话”。

他还主张和强调要把群众生活和革命战争、把革命的工作方法与革命的任务连接起来，切实把二者都解决好。他还因此推荐了兴国模范县、长冈模范乡等先进典型。

第三，群众路线也是一种工作作风。是一种在做群众工作时反映出来的一种与群路线相对立的官僚主义的工作方法和作风。在他看来，当年的官僚议有两种表现，“一种是不理不睬或敷衍塞责、消极怠工现象”，“另一种是命令主义”。他认为当采取群众化的方式“把官僚主义方式这个极坏的家伙抛到粪缸里去”。

由此不难看出，群众路线的主要内容和思想，在这一时期都已经基本形成了。

2. 抗日战争时期概括升华

抗日战等时期的特定形势和任务使毛泽东同志对红军时期所形成的经验十分重视，认为是“抗日战争时期的最好的最切近的参考”。因此，这一时期主要是对群众路线的概括提炼和升华，因而在一定程度上形成了群众路线的理论。其成就主要体现在三个方面：

一是形成了党的根本宗旨，提出了全心全意为人民的这一群众路线的核心思想观点。在他看来，是否能保持与广大人民群众的密切关系，是我们党区别于其他政党的显著标志。为什么人的问题是一个立场问题，是对人民群众的态度问题，是情感问题，共产党人的标准问题，并且将这一思想贯彻在八路军、新四军和党的一切工作中，以此来确立党、树立共产党人的形象，增强党的在全民族中的影响和感召力，推进抗日战争和党的建设的。

二是概括了党的基本倾导方法，这就是“从群众中来，到群的中去”。并为此写下了《关于领导方法的若干问题》的重要文章。于其间做出了凡是正确的意见都是从群众中来的科学判断。总结揭示了将群众的意见集中起来，再到群众中坚持下去，在群众的行动中去考验其是否正确，如此循环往复，使之一次比一次更正确、更生动,更丰富的决策方法和规律。高度评价说这是“马克思主义的科学的人领导方法”。

三是概括提炼了党的三大作风。准确揭示、深刻阐发了群众密切联系群众的群众路线与实事求是的思想路线之间的关系。在毛泽东同志看来,群众路线既是领导方法,又是马克思主义的认识论,二者的连接点是深入实际,深入群众调查研究。他强调,人民群众的实浅活动是正确认识的来源,也是检验真理的标准。这期间他所写的《矛盾论》《实践论》是既讲思想路线,又讲群众路线,既是世界观,也是方法论,都是马克思主义的立场观点和方法。毛泽东同志所概括的三大作风(密切在关系群众,实事求是,批评和自我批评)和对他们关系的揭示,标志着我们党的思想路线和群众路线都已经成熟,也因此赢得了延安时期是我们党理论成熟时期的美誉,其标志就是产生了毛泽东思想。这一成果在以后的解放战争中得到了充分的运用和很好的验证。毛泽东同志运用这些理论,使蒋介石的八百万精锐埋葬在了人民战争的汪洋大海之中!

3. 新中国成立后的丰富发展期

艰苦环境下播下的种子终于结出丰硕的果实。新中国是人民的胜利,自然也是党的群众路线的胜利。但是,新中国建立后的革命建设事业怎么办,显然是对党,对党的群众路线都是一个全新的考验。实践证明,以毛泽东同志为代表的中国共产党人经受住了这样的考验,不仅继续坚持而且还丰富发展了党的群众路线,以毛泽东同志为首中国共产党人交出了合格优秀的历史答卷。其坚持不说,丰富和发展主要体现在以下多个方面:

比如党群的鱼水关系。建设社会主义必须同样依靠人民群众,离开了则建不成也搞不好,更巩固不了,因而党和人民群众在社会主义建设时期成了相互依赖的鱼水关系,比喻很贴切、很深刻也很生动形象。

又比如各种矛盾关系的处理问题。包括内外部矛盾化解,各种关系处置,各方面积极性的调动与建设社会主义强国的关系;建立群众路线的制度保障,注意扩大党内和国家民主生活的思想;坚决反对各形式的官僚主义,干部要以普通劳动者姿态出现,平等待人,脱离低级趣味等等。

其间特别重要的是“艰苦奋斗是我们的政治本色”的重要思想,这是毛泽东同志在新中国成立后讲得最多的话题。认为我们的党变成执政党后的最大的考验和危险是骄傲自满和脱离群众;认为浪费与贪污虽然性质不同,“但浪费的损失大于贪污,浪费的范围极广,项目极多,又是一个普遍的严重现象,故须着重进行斗争,并须提出惩治办法”。在他看来,贪污和浪费都是极大的犯罪。因此在党的七届二中全会上告诫全党务必反骄破满,继续保持谦虚谨慎,不骄不躁的作风;务必反对享乐主义,保持艰苦奋斗的作风。并迅速开展了以反贪污、反浪费、反对官僚主义为核心内容的三反运动,抓出了刘青山、张子善这两个骄傲自满和贪图享乐的重大典型,且痛下决心,挥泪斩马谡。毛泽东还曾深情地讲起过"酸菜里面出政治(解放军用盐水酸菜下饭与国民党资本家的吃饭五大碗对比,赢得的是人民的信任支持的最大政治)"和"苹果里面出精神(辽西战役中战士们不拿锦州百姓的一个苹果,体现的是人民军队的品位精神)"的生动精彩故事。

4. 历史上的概括提炼

在我们党的历史上,对毛泽东同志的群众路线思想有过三次大的系统的概括提炼:

第一次是1945年在延安党的七大会议上,毛泽东在《论联合政府》的政治报告,《愚公移山》的闭幕词,刘少奇同志在关于党章的修改报告中都集中深刻阐发了群众路线问题,揭示了其价值意义,指出了其在毛注东思想中的地位。刘少奇同志还首次明确指出:党的强众路线"是我的党的根本政治路线,也是我们党根本的组织路线。"并且将其集中概括为四个方面:即一切为了人民辟众,一切对人民群众负责,相信群众自己解放自己,向人民群众学习,认为这是正确领导的根本保障。

第二次是1956年党的八大会议上,主要体现在邓小平同志所作的党章修改报告中。党的八大要求全党要继续坚持党的群众路线,"特别应当注意深虚谨慎,戒骄戒躁","同脱离群众,脱离实际生活的官僚主义现象进行斗争"。小平同志还就群众路线的内涵作了进一步的揭示,认为党的群众路线有两方面的含义,一是从性质宗旨上讲,强调"每一个党员必养成为人民服务,向群众负责,遇事同群众商量和同群众同甘共苦的工作作风"。二是从做群众工作的方法上讲的,重申和强调了"从群众中来,到群众中去"的方法,把群众观点、群众工作方法都统一进了群众路线这一总概念中,使群众路线的内涵外延都更加明确周延了。

第三次是在1981年十一届六中全会上的《关于建国以来党的若干历史问题的决议》中。《决议》对群众路线的概括提炼有两大成效:一是作了"群众路线,就是一切为了群众,一切依靠群众,从群众中来,到群众中去"的明确、集中概括,只比十三大的全面准确表述少了一句话。二是把群众路线与实事求是,独立自主放在一起,作为毛泽东思想活的灵魂的三个基本内容。给予了这是贯穿于毛泽东思想各个组成部分的立场观点方法,是"在中国革命长期艰苦斗争中形成的具有中国共产党人特色的立场观点和方法,丰富和发展了马克思主义"的高度评价。邓小平同志在后来恢复实事求是的思想路线时提出同时恢复党的群众路线,认为"毛泽东同志倡导的作风,群众路线和实事求是这两条是最根本的东西",并一再强调,“我个人觉得,群众路线和实事求是特别重要”。

需特别指出的是,改革开放新时期中,我们党根据新的情况进一步丰富和发展了党的群众路线理论,邓小平、江泽民、胡锦涛、习近平同志都做了大量深刻的阐述,这些论述都集中体现在历次党代会的政治报告和党章修改报告中。而且都是语重心长,再三强调的。

需要特别提及的是早在1990年3月,党的十三届六中全会通过的《中共中央关于加强党同人民群众联系的决定》就于这方面提出了6个要对广大党员干部进行教育的群众观点,这就是牢固树立人民群众是历史创造者的观点,向人民群众学习的观点,全心全意为人民服务的观点,干部的权力是人民赋予的观点,对党负责与对人民负责相一致的观点,党要依靠群众又要教育和引导群众前进的观点。2010年,中央又提出增加了立党为公、执政为民和群众利益无小事的观点。所有这些,都是在原有基础上,对党的群众路线的补充完善和延伸与拓展,是对党的群众观点的继承和发展。值得很好学习与领会。

(三)群众路线的历史感受

一是来之不易,理当遵从。这是几代人,近百年艰苦探索结果,是血的教训和历史经验的概括总结。

二是内涵丰富,博大精深。包括了思想理念,意识观点,思路做法、立场态度等方方面面,值得很好学习,深刻领会。

三是意义重大,务必高度重视。从前面的回顾讨论中不难发现,群众路线是中国共产党人的伟大创举,也是我们党克敌制胜的法宝,她关系着我们工作的思路出路,决定着工作成效和事业的兴衰成败,关系着党的性质宗旨,执政基础、目标任务,关系着党的建设,党的形象,党的事业,党的生死存亡,永远是我们党的生命线,小看不得!新的时期新的党情国情世情,新的时期新的目标任务,新的时期新的困难与问题,新的挑战与机遇,这就是党的十八大郑重决定,新一届党中央深入开展党的群众路线教育实践活动的根本缘由和非凡意义所在。

二、群众路线的实质要义

(一)党的群众路线的理论来源

通过深入学习,我们不难发现,我们党创立并长期坚持的群众路线来源于马克思主义的辩证唯物主义和历史唯物主义。

按照辩证唯物主义的观点,国家与人民、政党与民众之间是辩证的对立统一关系。政府与民众,社会与组织,组织与个人,管理与被管理,管理与服务等等都会存在问题和矛盾,群众路线就是解决问题和矛盾基本理念、指导思想和思路和办法，是国家、政党、社会团体和组织管理的最好法宝。

按照历史唯物主义的观点，人民群众是人类社会发展的决定性力量，是社会历史的创造者，是历史的主人；执政党的执政地位应当是人民赋予的，因此，执政党和他所领导的国家，就必须努力实现人的自由全面发展，必须坚持"一切为了群众"，"一切依靠群众"，尊重群众；必须坚持"从群众中来，到群众中去"；必须做到一切权力属于人民，接受人民群众监督评判，做到"为民务实清廉"。

（二）党的群众路线的实质要义

在学习与实践中，我们会逐步深切地认识感受到，党的群众路线固然博大精深，但其实质要义应当主要体现在这样几个方面：

第一，群众路线最核心的问题是"为了谁"。

早在民主革命时期，毛泽东主席就反复教育全党："我们的共产党人区别于其他任何政党的又一个显著的标志，就是和最广大的人民群众取得最密切的联系，全心全意地为人民服务，一刻也不脱离群众；一切从人民利益出发，而不从个人或小集团的利益出发；向人民负责和向党的领导机关负责的一致性；这些就是我们的出发点"。"应该使每个同志明了，共产党人的一切言论和行动，必须以合乎最广大人民群众的最大利益，为最广大人民群众所拥护为最高标准。"认为共产党员如何对待群众，是一个根本的立场问题、世界观问题、党性问题。可见，为了谁的问题是一个核心根本问题。一切为了群众，这是我们党的性质宗旨所在，非常重要，必须首先解决好。

第二，群众路线最本质的问题是"依靠谁"。

一切依靠群众，这首先是由马克思主义的历史唯物观决定的。马克思主义认为，人民群众是实践和认识的主体，是历史的创造者，是社会前进的动力；人民群众不仅是社会物质财富的创造者，而且是社会精神财富的创造者，也是社会变革的决定力量。正如毛泽东同志所言，"人民，只有人民，才是创造世界历史的真正动力"，过去的革命战争年代是这样，因此他强调："革命战争是群众的战争，只有动员群众才能进行战争，只有依靠群众才能进行战争"。陈毅和邓小平都曾对解放战争有过精彩的评价。陈毅曾经动情地说过"淮海战役的胜利，是人民群众用小车推出来的"。在社会主义革命和建设时期也是这样，因此他仍然强调："人民群众有无限的创造力"，他们可以组织起来，向一切可以发挥自己力量的地方和部门进军，向生产的深度和广度进军。改革开放年代，同样离不开人民群众的理解支持，否则很难攻坚克难。正因为如此，在长期的实践中，我们党对群众关系的认识不断加深，形成了许多生动形象而贴切的比喻，诸如鱼水、血肉、瓜秧、舟水、树干树根、土地种子、主人公仆、先生学生、父母儿女关系等等，很说明问题。

第三,群众路线最关键的问题是"如何实行"。

这实际上讨论的是群众路线的实施路径与办法问题。有人曾经做过这样的概括,说在党的群众路线中,"两个一切(一切为了,一切依靠)"是群众观点;"一来一去"是群众路线。在我看来,话虽可以在一定层面上这样讲,但很难截然将其分开,因为实施群众路线必须得首先具备牢固的群众思想,群众观点,然后才能做到做好从群众中来,到群众中去,才能够虚心到群众中去听取意见建议,为正确决策奠定坚实基础,也为后来的回到群众去检验,或决策后的宣传动员组织提供良好的思想认识保障。真正做到实践中去向人民群众学习,去听取人民群众呼声,去了解人民群众愿望要求,去集中人民群众的智慧和力量,才能带着感情、带着责任去体察民情、体验民生、体会民意、问政于民、问需于民、问计于民,进而优化决策,推动更好更快科学发展。

三、群众路线的贯彻落实(略)

明确认识　高度重视　扎实开展好“实现伟大中国梦、建设美丽繁荣和谐四川”主题教育活动

——在四川职业技术学院两大主题教育活动动员大会上讲话

（二〇一三年五月二十一日）

同志们：

根据中央的统一部署和要求，依据四川实际，中共四川省委决定，从5月初期7月中旬，以为期两个半月左右的时间在全省范围内先后开展以“弘扬抗震精神，凝聚四川力量，树立四川形象，全面建成小康社会，为实现中共梦而努力奋斗”和“实现伟大中国梦、建设美丽繁荣和谐四川”为主题的两大主题教育活动。前一个主要是针对当前实际在高校中开展的，后一个是在全省党员、干部和群众中广泛开展的。对此，省委教育工委、省教育厅不仅专门发了文，而且还先后召开了视频会议，做了层层部署安排和动员，要求各级党组织和全体干部群众、师生员工紧急行动起来，按照省委的统一部署和要求，切实开展好这两大主题教育活动。由于时间紧、任务重、要求高，学院近期工作情况特殊，我们在前期党委集中统一传达、学习、研究、部署，先期开展相应基础性工作的基础上，于全天召开全院动员大会，其目的在于进一步深化工作，切实开展好这两大主题教育活动，以此统一思想，凝聚力量，推动科学发展，建设好示范、一流、高水平高职，将学院做特做强、做优做高。为此，我谨代表学院党委，讲以下三大意见。

一、统一思想，凝聚共识，切实把思想认识统一到中央、省、市战略部署上来

大家知道，实现中华民族伟大复兴的中国梦，是习近平总书记在十八大之后参观《复兴之路》的大型展览时提出来，习近平同志主持中央工作以来，已先后多次在（包括十二届人大一次会议，五一、五四等重大节庆讲话）不同重大场合过作过反复强调和阐述。自中国梦系列观点提出以来，在我们党治国理政等多个方面、各大领域都凸显出了强大的感召和推动力，已成为凝聚全党、全国各族人民团

结奋斗的一面旗帜,彰显出了推进中国特色社会主义事业发展,实现中华民族伟大复兴,为人类做出更大贡献的时代与社会价值,值得全党全军、全国人民,特别是以立德树人为己任和根本任务的教育战线党员干部、教职员工认真学习、很好领会和全面贯彻落实,其价值意义不仅是多方面的,而且是重大的、深远的。对此,我们应切实把握好以下几点:

(一)开展两大主题教育活动,是深入贯彻党的十八大精神,为谱写中国梦的四川篇章、教育篇章贡献力量的迫切需要

大家知道,党的十八大描绘了全面建成小康社会,加快推进社会主义现代化建设的宏伟蓝图,发出向实现两个“百年”奋斗目标进军的时代号召并吹响了进军的号角。为了切实贯彻落实党的十八大精神,习近平总书记不仅在参观《复兴之路》时提出了中华民族复兴的伟大梦想,而且于十二届一次人代会闭幕式上明确指出:“实现全面建成小康社会,建成富强民主和谐的社会主义现代化国家的奋斗目标,实现中华民族伟大复兴的中国梦,就是要实现国家富强、民族振兴、人民幸福”。显然,这就将民族复兴的伟大中国梦与十八大确立的社会主义现代化建设的奋斗目标高度地统一起来,只要我们细细品味,便不难发现其多方面的价值意义。首先,中国梦的这一定位,不仅为我们深入学习贯彻党的十八大精神,指明了新途径、新方向,而且为我们坚持和发展中国特色社会主义打开了新视野,拓展了马克思主义中国化、时代化、大众化的新空间,是推进马克思主义中国化、时代化、大众化的新引擎,它解析了中国如何实现由大国向强国迈进的时代课题,必将开创马克思主义在中国发展的新境界;同时也确立了中国道路、中国精神、中国力量的新导向,因为中国梦蕴含着富强、民主、文明、和谐的核心价值观,标明了弘扬中国精神的核心价值理想,这就使中国梦成为了中国各族人民利益的汇集点,中国力量的着力点、落脚点,只要大家齐心协力,就会演绎精彩绝伦、叹为观止的中国篇章;中国梦还明确了中国特色社会主义总布局下推进改革和建设的新要求,集中体现了“五位一体”的布局(政治、经济、文化、社会、生态文明建设)下的富强中国、民主中国、文明中国、和谐中国、美丽中国的有机统一;第二,中国梦的这一新诠释,为凝聚全国人民智慧力量、为我们攻坚克难提供了新坐标,因为中国梦中蕴含着攻坚克难的坚强动力,蕴含着攻坚克难的价值支撑,蕴含着攻坚克难的广阔路径;第三,中国梦的这一新界定,为推动中国与世界和谐发展注入了新的动能。因为中国梦与世界梦是辩证统一的,中国梦体现了自己发展与为人类文明做贡献的有机统一,中国梦是推进中华文明与社会主义文明的有机统一,中国梦是世界全国共享战略机遇,共同应对挑战,携手合作,共谋发展的有机统一;第四,中国梦是历史的、现实的、未来的,从时空上把三者融为一体,从历史、现实、未来三个时

空节点告诉我们,实现中国梦必须走中国特色社会主义道路,这是复兴之路,是人间正道。如果从历史观的角度来把握,则回答了十八大提出的为什么我们要走实现中国梦的“道路共同体”。习近平总书记在五四讲话中指出:“中国梦”是国家的,民族的,也是每一个中国人的。国家好,民族好,大家才会好。显然,这是要求我们要有整体、大局观,要把国家、民族、个人梦紧密联系起来,正确处理好几者的关系,共同构筑实现“中国梦”的“理想共同体”、“命运共同体”;要确立富强、民主、文明和谐的鲜明价值取向,为实现中国梦构筑“价值共同体”;从发展观上来把握,我们要将国家富强、民族振兴、人民幸福紧密结合在一起,把国家民族的战略目标与人民对美好生活的向往融为一体,构筑起实现“中国梦”的“目标共同体”。总之,国家富强,民族振兴,人民幸福是中国梦的基本内涵;坚持中国道路,弘扬中国精神,凝聚中国力量是实现中国梦的重要途径,中国梦是国家梦、民族梦、人民梦的共同梦想,中国梦体现了民族、国家和人民的崇高价值追求,是推动实现中华民族伟大复兴的强大精神动力,这是我们深入学习贯彻十八大精神,所必须把握的实质意义所在。

四川是中国、中华民族的一部分,四川不仅是历史上的天府之国,也是当今的西南重镇,从战胜“5.12汶川特大地震”到抗击“4.20芦山强烈地震”初战告捷,四川经历了极其特殊、严峻的考验、极不寻常的历程,展示了中国特色社会主义巨大的政治优势、制度优势,给予了我们战胜任何艰难险阻、夺取抗震救灾和经济社会发展的必胜信心,练就了谱写“中国梦”四川篇章的必胜信心;从汶川到芦山,四川人民在空前的精神洗礼中,以伟大的抗争救灾精神,为民族精神、中国道路增添了新的内涵,注入了新的活力,为谱写“中国梦”四川篇章提供了强大的精神支撑和动力源泉;从汶川到芦山,在极其特殊、严峻的考验中,四川人民穿越灾难,共克时艰,共筑梦想,目前,9000多万坚强不息的四川人民正以团结一致、砥砺奋进的坚强共识,科学发展、加快发展的工作基调和多点多极支撑的发展战略,站在新起点,共筑中国梦,努力谱写建设美丽繁荣和谐四川的中国梦新篇章。我们所在的遂宁,也正在以建设大而美、富而强、优而雅的新遂宁为“中国梦”的四川篇章添砖加瓦、贡献遂宁力量。因此,作为光荣的四川人、遂宁人,作为省属的遂宁唯一高校,我们理应响应省市委号召,积极地投身到这一神圣而伟大的使命中来,贡献出川职人特有的力量。

(二)开展两大主题教育活动,是实现科教兴国兴川兴市、人才强国强市强院,构建现代化职教体系之迫切需要

熟悉历史的人都知道,中国是世界少有的历史文化从未间断过的国家,在其漫长的历史长河中,中华民族曾经长时期走在世界前列,对人类文明发展做出过

不可磨灭的重大贡献，只是近代以来才屡遭屈辱磨难，由盛而衰。但是自强不息的中国人并未因此而沉沦，一直在苦苦探索和追求，自 1894 年孙中山响亮喊出“振兴中华”之口号到 1900 年梁启超的“少年智则国智，少年富则国富，少年强则国强”，“国民之智愚贤否，关国家之强弱盛衰”的大声疾呼，都表明了被众多颠扑不破的事实所证明的一条真理，即在众多的救亡救国救民图强方略中，除去社会制度、社会主义道路之外，教育救国、教育兴国、教育强国是一代又一代中国人的最佳选择和愿望梦想，教育是实现民族振兴、国家富强、人民幸福之中国梦的有效途径、最佳选择和重要基石。因此，改革开放三十多年来，我们党和国家选矢志不渝地选择并实施了科教兴国、人才强国战略，将其作为了国家富强、民族振兴、人民幸福的必由之路和重要基石，并且响亮地提出强国必先强教，把教育大国建成教育强国，把人口大国那建成人力资源强国，把中国建成世界上最大的学习型社会和创新型国家的时代最强音，把教育作为实现中国梦、中华民族伟大复兴的根本所在，把办人民满意教育作为人民幸福的根本途径和标准。正因为如此，党的十八大报告中不仅有了教育是民族振兴和社会进步的基石之准确定位，而且还做出了优先发展教育的战略决策，提出了“努力办好人民满意教育”的明确要求和全面实施素质教育，着力提高育人质量，加快发展现代职业教育，推动高等教育内涵发展，积极发展继续教育，完善终生教育体系，建设学习型社会等一系列重大部署，并且在积极筹备 6 月即将召开全的国职业教育工作会议，就建立现代化职教体系做出国家决定和相应规划，这一切都是实现中国梦的重大举措。因此，在这种特定的背景下，实施两大主题教育活动是异常重要和紧迫的，我们应当积极主动地切实将其搞好。

（三）实施两大主题教育活动，是建设示范高职、一流高水平高职，将学院做特做强，做优做高的迫切需要

正如习总书记所言：“中国梦是国家的，民族的，也是每一个中国人的，国家好，民族好，大家才会好”。职业教育是整个教育事业的重要组成部分，职业院校担负着为国家富强、民族振兴、人民幸福培养高素质、高技能型人才的历史重任。四川职业技术学院是整个高职教育队伍中的一员，学院的发展建设直接关系着整个遂宁、四川的经济社会发展，关系着大而美、富而强、优而雅的遂宁和美丽繁荣和谐四川中国梦四川篇章的谱写，四川职业技术学院千百万学子的成长成才不仅关系着民族、国家兴盛富强，而且关系着千百万家庭的幸福美满。因此，川职人，川职院都应当有自己的梦想和追求，并且将自己的梦想追求与遂宁、四川、中国，中华民族的梦想紧密联系、整合统一起来，共同组成中国梦、民族梦。正因为如此，我们才在学习实践活动、先教活动、十二五规划，第二次党代会、教代会中冷静

客观、庄重严肃地提出创构了学院发展建设的三个阶段论，确定了强管理、重质量、创特色、铸品牌、求卓越，走质量兴校、特色名校、人才强校、品牌立校、卓越荣校之路，确立了先做大、再做特，在此基础上做强做优做高的发强建设之路，编织了创西部一流、全国著名、国际知名的全日制综合类教学型高水平高职院校的美好梦想，并为此制订了作为支撑体系的八大办学治校方略，将其写进了学院十二五发展建设规划，写进了党代会报告和教代会决议。时代社会的发展需要中国梦，中国梦的实现，需要我们有这样的梦想，需要我们有这样的目标追求，实践也有力证明了我们的构想是正确的，是具前瞻性的。没有梦想就没有目标，没有追求，就是盲目短浅行为，有梦想不执着追求，或不坚定，不很好追求都是与时代社会需求、党和国家要求相违背的，都是不应有、当摒弃的。在我们响应党中央、省委、省委教育工委、市委号召，开展两大主题教育活动的今天，我们必须严肃地指出、清醒地意识到并坚定不移推进好这一事关学院兴衰存亡，事关民族振兴、国家富强、人民幸福的至关重要发展建设目标。

（四）开展两大主题教育活动，是统一思想，振奋精神，凝聚力量，构建和谐，维护稳定的迫切需要

党的十八大之后，总体形势很好，各党全军全国人民都在十八大精神指引，在以习近平同志为总书记的党中央正确领导下全面凝聚正能量，坚定走中国特色社会主义道路，全面推进小康社会建设，但是国际上的反共反华势力仍然贼心不死，除去公开叫嚣之外，非常注重从思想领域意识形态入手，从文化经济领域入手进行相应渗透，各种思潮泛滥，无孔不入，力求从意识形态、社会领域入手与我们争夺青少年一代，国内也有一些错误思潮遥相呼应，形成内外夹击之势，加之四川在5.12汶川特大地震的基础上又遭遇了4.20芦山大地震，沉浸在巨大深重的灾难与痛苦中的人们特别需要坚定信念，统一思想认识，特别需要振奋精神，凝聚正能量，特别需要凝心聚力，为建设美丽繁荣和谐四川而努力写好中国梦的四川篇章。高校是意识形态领域的主阵地，青年学生是我们放飞理想、实现梦想，追求美好未来的主力军，是中国特色社会主义事业的建设者和接班人，作为高校，除去“五四”、“5·12”之外，还有“六四”，还有“七一”、“十一”、“一二九”这些都是敏感时段。我们的根本任务是立德树人，培养中国特色社会主义事业的合格建设者和可靠接班人。学生稳则学校稳，学校稳则社会稳，学生成长成才，我们培养建设者和接班人都需要良好的内外部环境，都需要着力构建和谐校园、稳定校园。其间，最主要的方法，最有效的途径就是响应中央省委的号召，以当前的国情、省情，以中国梦主题教育活动来教育帮助学生树立起正确的世界观、人生观、价值观，让学生有理想、有抱负、有追求、有梦想，把自己的梦想、追求与学习、成长成才，与学院

梦、四川梦、民族梦、时代梦、人民梦、国家梦有机融合、统一起来,增强使命感、责任感、危机感、紧迫感,变为不懈追求,变成勤奋学习,全面提升素质,提升能力,全面成长成才的自觉行动。这是我们的目标任务,也是我们的义务和责任,无论是党委行政、党员群众、教师员工,都应当十分清楚地认识并勇敢地承担起这一点。

二、明确内涵,把握要求,努力将着力点统一到中省相应战略目标任务上来

(一)弄清中国梦的基本内涵、实质要义

实现中国梦,最基本最重要的是要准确地理解认识中国梦,很好地认识把握其基本内涵。从前边的讨论中我们不难看到,习总书记新提出的中国梦追深思远、视野广阔、内涵丰富,体现了中国人民的愿景、理想和奋斗目标,是对全面建成小康社会、实现社会主义现代化的高度概括。在理解认识它的时候,我们一要弄清中国梦的内涵在三大方面:一是国家富强,二是民族振兴,三是人民幸福。二是要认清中国梦的最大特点就是把国家、民族和人民结合起来,作为一个命运共同体、利益共同体,而不能把它们分割开来。正如习总书记所说:“中国梦是民族的梦,也是中国人的梦”,“国家好,民族好,大家才会好”。第三是要充分认识到,中国梦的立足点、出发点、落脚点都是人民,是人民幸福,因此,习总书记讲:“人民对美好生活的向往就是我们的奋斗目标”。这个道理很简单,人民是基础,人民的幸福是根本,水可载舟,水也可以覆舟,为人民服务是我们的根本宗旨,执政为民、以人为本是我们的根本理念。这才是中国梦的实质要义所在,我们必须牢牢把握。

(二)准确把握中国梦的目标要求

从前边的讨论中我们不难发现,在中国梦的丰富内涵中,中国道路、中国精神、中国力量是其主要的核心内容。因此,习总书记强调,实现中国梦必须走中国道路,必须弘扬中国精神,必须凝聚中国力量。就其具体内容而言,走中国道路,必须坚定不移地走中国特色的社会主义道路,这是实现中国梦的必由路径,是国家富强、民族振兴、人民幸福的前提条件、重要基础。我们的目标是建设富强、民主、文明、和谐、美丽的中国,因此,我们必须增强理论自信、道路自信、制度自信。弘扬中国精神,指的是以爱国主义为核心的民族精神和以改革创新为核心的时代精神,这是我们中华民族的强大精神支柱,是中华民族的魂,是推动社会历史前进的强大正能量,失之则不成其为中华民族。所指中国力量,就是全国民族人民大团结的力量,这是实现中国梦的坚实基础和可靠保障,只有万众一心,凝心聚智聚力才能形成无坚不摧、攻无不克、战无不胜的巨大力量,才能确保两个百年目标和中国梦的圆满实现。

（三）准确把握四川篇章遂宁力量的基本要求

中国梦离不开四川梦，中国梦包含着四川梦，包含着遂宁力量，因此我们要将中国梦与四川篇章，遂宁力量有机地结合起来，很好地融合统一起来，将其作为有机整体来认识对待。根据省委的统一部署和安排，四川篇章的总体要求是“弘扬抗震精神，凝聚四川力量，树立四川形象，为实现中国梦而努力奋斗”，抗震救灾精神，即“崛起危难，顽强拼搏”的奋斗精神；即“万众一心，众志成城，不畏艰险，百折不挠，以人为本，尊重科学”的精神；抗震救灾精神，即一方有难、八方支援，感恩奋进，大爱、大真、大善、大美的民族精神。因此，我们一定要把思想认识统一到“实现伟大中国梦，建设美丽繁荣和谐四川”的总体要求上来；统一到团结一致、砥砺奋进的思想认识上来，统一到欠发达的基本省情，必须坚持科学发展、加快发展的工作基调上来，统一到四川发展不平衡，需要实施多点多极支撑发展战略的重要部署上来。

遂宁力量则主要体现在“建设大而美，富而强，优而雅之新遂宁”，体现在“科学发展，绿色发展，跨越发展”的总体取向上，体现在统筹城乡、三化互动的发展战略上，体现在五个战略定位的目标任务，六大兴市计划的实现路径，在丘陵地区率先奔小康的宏伟蓝图上。作为四川人、遂宁人，我们一定要积极响应省市委的号召，很好满足这些与中国梦密切相关、密不可分的相应要求，奋力推进好四川遂宁的更好更快发展，为此做出我们应有的努力和贡献。

（四）要准确地把握教育特别是职业教育的历史使命

要充分认识教育，特别是职业教育与中国梦的关系，充分认识教育是国家富强、民族振兴、人民幸福的基石，也是建设富强、民主、文明、和谐、现代化中国，实现民族振兴、人民幸福的主要载体和路径。为此，党和国家专门制订并实施了科教兴国、人才强国战略，推出了把教育大国建成教育强国，把人口大国建成人力资源强国，把中国建成世界上最大的学习型社会，实施全面素质教育，培养德智体美全面发展的中国特色社会主义事业的合格建设者、可靠接班人，办人民满意教育的总体目标要求。在职业教育领域，也明确提出了建设现代职业教育体系和终生学习教育体系，办出中国特色、世界水准的具体明确要求。所有这些，都是党和国家、时代社会也是伟大的中国梦赋予我们的重要历史使命。教育的根本任务是立德树人，十年树木易，百年树人难，中国梦美，中国教育任重，作为教育人、职教人，我们的任务艰苦，使命光荣，责任重大，任重道远，必须抓住机遇，奋力前行，谨记空谈误国、实干兴邦之警句，尽好职教人之应有职责。

（五）明晰学院与个人之基本构想

国家兴亡，匹夫有责，民族振兴，兴川兴邦，学院有责，学院兴亡，系部、每个教职工有责,早在学习实践活动、先进性教育活动中,我们就冷静客观分析过。由于历史原因,我们错过了几次发展建设的大好机遇;也因为历史的原因,又把我们推到了省厅直属、省示范的风口浪尖上,逆水行舟,不进则退,亡羊补牢,尚有时日。合并十余年,我们走过了建新区、扩规模,将学院做大的外延发展之路,步入了做特做强、做优做高的内涵发展新阶段。正因为如此,我们有了建示范、创一流,办高水平高职,办成全日制、综合类教学应用型本科院校的梦想,并为此制定了办学治校的八大方略,将其列入了十二五规划,写进了第二次党代会报告、教代会决议,作为支撑体系的各系部也破天荒地制订了十二五发展建设规划。实践证明,我们的定位是正确的,我们的梦想是有着现实客观基础和深远历史意义的,我们的梦想与遂宁市委市政府建百万人口特大城市,与遂宁经济社会发展、建教育园区、办大学园区,将我们作为第一本科的遂宁梦想完美融合。万事俱备,只欠东风,作为当代川职人,我们难道不为之振奋,为之欣喜,为之欢呼,为之献计纳策,努力奋斗么?作为川职人,难道我们还该坐而论道,甚至坐不论道,犹豫彷徨,冷眼旁观,怀疑一切,坐失良好的机遇,当历史的罪人么?梦想愿景,路在脚下,系梦院梦不实现,何以实现四川遂宁梦,何以实现国家民族之梦?因此,必须将个人梦、系部梦、学院梦、遂宁梦、四川梦、国家梦、民族梦紧密联系并有机融合统一起来,从我做起,从现在做起,从自己身边的每一件小事,从系部学院发展建设做起,以此推动、促进、确保伟大中国梦的尽快完美圆满实现,而不再是抱残守缺,固执己见,毫不负责和耽误时日,阻挠、破坏我们应有的美好梦想,当千古罪人,负历史责任,被历史唾弃。

三、明晰路径,突出重点,切实将两大主题教育统一到省市委的步骤做法上来

从前面的讨论中不难看出,开展两大主题教育活动是全院当前工作中的一件大事,为了切实搞好两大主题教育活动,下面我代表学院党委提出以下要求:

一是认识明确,高度重视,强化领导,切实组织好主题教育工作。

学院党委已就此成立了专门的领导小组和办公室,下设了综合、指导、宣传、督查四个工作组,并明确了工作任务要求,同时制订印行了两大主题教育活动实施方案。各总支、直属支部也要认真学习,很好贯彻,成立相应的领导小组和工作机构,各总支、直属支部书记亲自抓、亲自动手,形成一把手负总责,一级抓一级,层层抓落实的基本工作格局,为开展好主题教育活动提供强有力的组织保障。

二是明晰路径,突出重点,切实开展好主题教育工作。

开展主题教育活动的路径很多,包括抓好宣传教育活动,既营造氛围,又为实现中国梦奠定良好思想认识基础;开展好“实现中国梦,坚决跟党走”、“坚持科学发展,加快发展"、"团结和谐,维护稳定"、"团结鼓劲、感恩奋进"专题教育活动;广泛交流讨论,实施公开承诺,抓好建章立制,注重典型引路等,还可以通过专题宣讲、校园文化活动、主题社会实践活动、专题讨论会等专题活动,重点就是学院党委16号文件所列四大教育,请各总支、直属支部结合自身实际,切实开展好教育工作。

三是要明确步骤做法,切实推进好主题教育活动。

第一是要将两大主题教育活动(一个是党委15号文件的开展弘扬抗震精神,凝聚四川力量,树立四川形象,全面走成小康社会,为实现中国梦而努力奋斗;一个是党委16号文件实现伟大中国梦,建设美丽繁荣和谐四川的主题教育)结合起来,由于两者都是省委决定的,其时间大体相近,且其落脚点都在"实现伟大中国梦",因此我们将其合起来了,也希望大家都将其融合统一起来进行,以求减少多头重复和浪费。

第二,两大主题教育活动融合后分三个阶段,一是从5月初到6月上旬为集中学习阶段,我们已经做了安排部署,望大家查漏补缺,对照自查,确保按规定要求学习,确保能见到实效;二是6月中旬至6月底为广泛交流研讨阶段;7月上旬为活动总结评审阶段,7月中旬基本结束。希望大家能打紧安排,细化到人头,积极投入各阶段实际工作中去,确保组织有序,顺利推进。

四是明确目标要求,努力确保主题教育活动的效果。

这次主题教育活动,具体要求是:

第一,思想要进一步统一,特别是对中国梦内涵外延、本质特征、目标任务等的认识;要把个人梦、系部梦、学院梦、国家梦、民族梦等有机结合起来,把思想认识统一到十二五规制,统一到第二次党代会、教代会确定的思路观念、目标任务、思路举措,统一到示范高职建设和做特做强、做优做高上来,以此统一思想认识和行动,为做优做高打好坚实基础。

第二,力量要进一步凝聚。

第三,作风进一步转变。

第四,工作进一步推进。

五是要强化组织领导,督促指导,切实保障好主题教育活动。

各职能工作组,党委相关职能部门要按照今天会议和相应文件的安排部署强化组织领导、督促指导工作,按照坚持正面教育、宣传鼓劲为主,注重自我教育、自我提高,不搞人人过关,不搞简单书面剖析的总体要求,针对不同部门、不同群体的实际,分别制定具体方案,分类提出具体要求,丰富活动形式和载体,确保教育活动的全覆盖、效果好,确保活动的扎实开展,不走过场。要注意活动的相应宣传报道，要营造好浓厚的学习教育氛围，要特别注意把主题教育活动与学生前途理想教育、就业创业教育，与教职工立足本职岗位尽职责、做贡献，与学院当前示范建设、中心重大工作有机结合起来，让其落地生根，见到实绩、收到实效，使之真正推动、促进教育教学、立德树人工作，促进、推动学院的更好更快发展。

很好学习贯彻党的十八大精神
奋力推进四川职院的科学发展

——十八大精神宣讲报告纲要

（2013 年 1 月 20）

一、充分认识十八大的历史性新贡献，切实增强学习贯彻精神的自觉性（为什么学习）

（一）回顾了十六大以来的历史性成就

实践成就　坚持和发展了中国特色社会主义（根本成就）

具体成就　经济、改革、人民生活、民主法制、文化建设、社会建设

国防军队建设、外交工作、港澳台工作、党的建设十个方面

社会成就　两个时期　经济社会不断发展、繁荣　社会稳定

民生保障改善、实惠更多

总体成就　三大台阶｛社会生产力、经济实力、科技实力；人民收入、人民生活、社会保障水平；综合国力、国际竞争力、国际影响力｝迈上一个大台阶

理论成就　创立了科学发展观

（二）总结了十六大以来的宝贵历史经验

八个必须坚持｛
人民民主地位　（基础所在）（自总结）
解放和发展社会生产力　（根本任务）
推进改革开放　（必由之路）
维护社会公平正义　（内在要求）
走共同富裕道路　（根本原则）
促进社会和谐　（本质属性）
和平发展　（必然选择）
党的领导　（重要保证）（自总结）

（报告、其他资料都没说，个人以为这既是新要求，也是历史经验）

（三）确立了科学发展观的历史地位

历史地位：
- 党必须长期坚持的指导思想
- 中国特色社会主义理论体系最新成果
- 党和国家全部工作的强大思想武器

(四)明确了夺取中国特色社会主义新胜利的基本要求

八个必须坚持:各有其地位作用,价值意义(如前)

(五)提出了中国特色社会主义的新要求

全面建成小康社会新目标：
- 经济持续健康发展
- 人民民主不断扩大
- 文化软实力显著增强
- 人民生活水平全面提高
- 资源节约型、环境友好型社会建设取得重大进展

两个百年目标　建党百年时　全面建成小康社会

两座里程碑　建国百年时　建成富强民主文明和谐社会主义现代化国家

全面改革开放：
- 加强完善社会主义市场经济体制
- 加快推进社会主义民主政治制度化、规范化、程序化
- 加快完善文化管理体制和文化生产经营机制
- 加快形成科学有效的社会管理体制
- 加快建立生态文明制度

加快确定社会主义市场经济新体制;加快转变经济发展方式(三大重点)

坚持走中国特色社会主义政治发展道路,推进政治体制改革(七项部署)

建设社会主义文化强国(四方面部署、三大重点)

加强社会建设：
- 改善民主
- 创新民主

大力推进生态文明建设(四项部署、三大重点)

加快推进国防和军队现代化

丰富一国两制实践推进祖国统一

继续促进人类和平与发展的崇高事业

(六)做出了全力推进中国特色社会主义新概括

总依据:社会主义初级阶段

总布局:经济、政治、文化、社会、生态文明建设五位一体

总任务:实现社会主义现代化,实现中华民族的伟大复兴

(七)提出了党的建设的新目标、新要求(略)

(八)通过了修订后的新党章

(九)选举产生了新的中央领导集体

高举旗帜的大会,继往开来的大会,团结、胜利、奋进的大会,是党的建设的新的里程碑,具有重大现实、深远历史意义。

二、敏锐把握十八大的新成就,准确把握学习贯彻新要求(学什么)

十八大有很多新思想、新理念、新论断、新观点、新成果、新要求。

(一)充实了指导思想新内容

科学发展观最鲜明的精神实质
- 解放思想
- 实事求是
- 与时俱进
- 求真务实

实践科学发展观的新要求(四个更加自觉)
- 把推进经济社会发展作为第一要务
- 把以人为本作为核心立场
- 把全面协调可持续作为基本要求
- 把统筹兼顾作为根本方法

(二)丰富了中国特色社会主义新含义

一是对中国特色社会主义的新表述

中国特色社会主义三要素
- 道路 (实现途径)
- 理论体系 (行动指南)
- 制度体制 (根本保障)

三者关系

统一于中国特色社会主义伟大实践

中国特色社会主义道路:在中国共产党领导下,立足基本国情,以经济建设为中心,坚持四项基本原则,坚持改革开放,解放和发展社会主义生产力,建设社会主义市场经济、社会主义民主政治、社会主义先进文化、社会主义和谐社会、社会主义生态文明,促进人的全面发展,逐步实现全体人民共同富裕,建设富强民主文明和谐的社会主义现代化国家。

中国特色社会主义理论体系是包括邓小平理论、“三个代表”重要思想、科学发展观在内的科学理论体系,是对马克思列宁主义、毛泽东思想的坚持和发展。

中国特色社会主义制度体系包括了作为根本政治制度的人民代表大会制度,中国共产党领导的多党合作的政治协商制度,民族区域自治制度,基层群众自治制度等基本政治制度,中国特色社会主义法律体系,公有制为主体,多种所有制经济共同发展的基本经济制度,以及建立在这些制度基础上的经济体制、政治体制、文化体制、社会体制等各项具体制度。

基本要求是坚持道路自信、理论自信、制度自信。

二是确立了中国特色社会主义新框架

中国特色社会主义
- 总依据:社会主义初级阶段(制订、执行路线方针政策的根本发展点)
- 总布局:经济建设、政治建设、文化建设、社会建设——五位一体
- 总任务:实现社会主义现代化;实现中华民族伟大复兴

三是增加了社会主义民主政治的新内容:协商民主

四是对社会主义核心价值观有了新的揭示

社会主义核心价值观(24 个字)
- 国家层面:富强、民主、文明、和谐
- 社会层面:自由、平等、公正、法治
- 公民层面:爱国、敬业、诚信、友善

(三)确立了党的建设新目标

一是明确了加强和改善党的建设的总要求

党建总要求
- 贯穿一条主线:执政能力建设,纯洁性、先进性建设(根本性建设)
- 做到两个坚持:党要管党,从来治党;解放思想,改革创新(重要方针)
- 搞好五大建设:思想建设、组织建设、作风建设、反腐倡廉建设、制度建设——党的建设新的伟大工程(总而局)
- 增强四自能力:自我净化、自我完善、自我革新、自我提高——思想、组织、作风纯洁的根本途径
- 实现一个战略目标任务:学习型政党、服务型政党、创新型政党——提高党建科学化水平建成坚强领导核心

二是揭示了党的建设背景

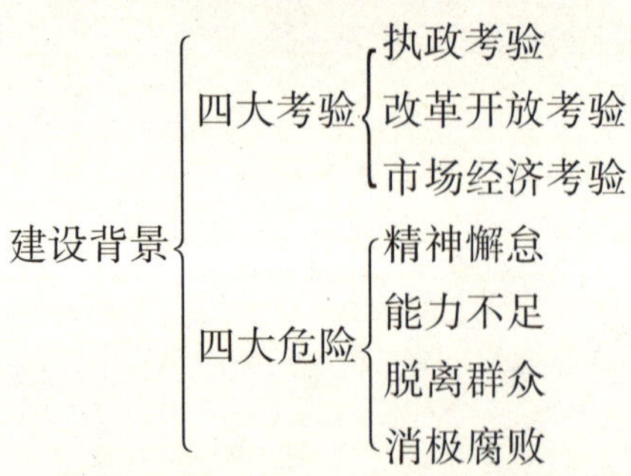

三是做出了八个方面的战略部署(略),明确了四个方面的建设重点

四是明确了共产党人安身立命的根本是坚持理想信念,坚守共产党人精神追求

五是明确了共产党人的:

政治灵魂精神支柱{对马克思主义的信仰
对社会主义共产主义的信念

(四)充实了党章的新内容

一是将科学发展观确立为党的行动指南

二是全面揭示中国特色社会主义的科学内涵

三是把生态文明建设纳入了中国特色社会主义事业的总体布局

四是明确了党的科学化建设的新内涵:五大建设外,还有执政能力和先进性,纯洁性建设

五是明确了党的建设新目标:建设学习型、服务型、创新型马克思主义执政党

六是对基层组织、党员和党员干部提出了新要求

共产党员增强四个意识:忧患、创新、宗旨、使命意识

基层组织和党员干部贯穿“人民”“服务”两个关键词

(五)实现了党中央领导集体的新老交替,为党的建设注入了新活力

三、准确把握十八大赋予的新使命,努力推进四川职院的新跨越(怎么学)

(一)深刻领会、准确把握科学发展新要求,努力实现内涵发展新目标

1. 科学发展观的形成

2003 年 7 月全国防治非典会上提出

十六届三中全会进一步充实

十七大系统科学阐发

十八大确立指南地位

2. 科学发展观的深刻内涵

发展是执政兴国第一要义:抓发展机遇、谋发展格局、循发展规律、创发展理念、转发展方式、破发展难题、重发发展质量、求发展效益

以人为本是核心立场:实现好、维护好、发展好广大人民根本利益

尊重主体地位、发挥首创精神、保障各项权益、

实现共同富裕、促进全面发展

发展为了、依靠人民,发展成果人民共享

全面协调可持续是基本要求:全面推进五大建设,努力协调各种关系

统筹兼顾是根本方法:统筹个人集体、局部整体、当前长远利益

总揽全局、突出重点、突破难点

3. 科学发展观的切实践行

学院科学发展

坚持发展要义,坚定发展信念

转变发展方式,坚持发展道路:内涵发展

认清发展形势,理清发展思路:三段论与三次创业;目标方向、路径方式;根本方法(统筹兼顾,特色、开放、和谐发展)

明确发展目标,搞好发展定位:大、特、强、优、高目标;思想、理念、类型、层次、目标、规格、品牌定位

把握发展规律,优化发展方略:遵循发展规律(职教与经济社会发展辩证统一、与生产劳动、社会实践有机结合,做人与做事高度融合)抓好发展机遇,理清发展思路、创设发展前提(思想理念、体制机制),把好发展重点(体制机制、文化队伍、素质教育、基本建设、软实力与竞争力),适应发展要求(提升空间、拓展领域、创新局面、成长成才、科学持续)

教职工科学发展:角色身份、任务职责、理想信念、目标追求、层次境界

努力学习、不断进取、勤奋工作、幸福生活、健康成长

学生科学发展:体制机制、环境条件;素养素质、观念技能;学会学习、学会做人(生活)、学会做事、人人成为有用之才

(二)深刻领会、准确把握党的十八大鲜明主题,保持昂扬向上的精神状态

主题含义

主题要素:旗帜、道路、思想、状态、目标

主题关系:主题与旗帜道路、主题与奋斗目标、主题与精神状态

主题要求:解放思想,改革开放,凝聚力量,攻坚克难(精神状态)

(三)深刻领会、准确把握党建工作新目标,着力推进党建新的伟大工程

建学习型党组织：思想建设求“是”：普遍真理、本质规律、坚持真理、修正错误

建创新型党组织：于组织建设中求“质”：组织发展的质量；党员干部、领导干部的素质、品质；讲党性，重品行，作表率；能力、水平、凝聚力、战斗力、创新力

建服务型党组织：于作风建设中求实求真务实，为学生全面健康成长、成才服务，整顿改善作风、学风、教风、校风，革除各种弊端

建清正廉洁型党组织：于党风廉政建设中求严党要管党，从严治党；严肃教育，严密防控，严格管理，严肃查处

建法治型党组织：于制度建设中求缜建立健全制度：系统、规范、严密、科学；狠抓制度落实，依法治党、治教、治校，保障科学发展

著作存目

辩证唯物主义和历史唯物主义自学指导书　副主编,电子科技大学出版 1999 年 12 月版

职业道德概论　主编,天地出版社,2002 年 8 月版

大学生形势政策教育　主编,西南交通大学出版社,2010 年 8 月版

高职学生职业发展与就业指导　主编,新华出版社,2009 年 11 月版

高校德育创新与发展成果选编(四川职院卷)　主编,人民出版社,2012 年 7 月版

03

教学科研篇

基础写作

写作材料与主题的哲学思考*

众所周知,文章(亦指作品,下同)是人类表情达意的工具。亘古及今对各类文章的写作大抵都有这么两个基本要求:一为言之有物,二日言之成理。否则,便无写之必要。显然,这里“物”即通常所说的材料,“理”也就是文章的主题(或主旨),二者都是构成文章的基本要素。诚然,文章应该有主题。大凡写文章,作者不可能没有自己的写作目的,不可能不于文章中反映自己的愿望、要求或看法主张。即令是实用性很强的公文(如通知、公告、决定、请示等),也都不可能没有其主体内容或基本目的;文章还必须有材料,以求内容充实,血肉丰满,这些,都是无可争议的。但是,问题在于,这两个要素的实质怎样,关系如何,它们是怎样统一于文章中的。对此,写作理论中虽然有材料是形成主题的物质基础,是主题的支柱,主题是灵魂,是统帅;主题统率材料,材料必须为表现主题服务的定论。但是,在写作教学中却常常出现尽管教科书和教师均反复论述并强调,学生仍然笔重千斤,叫苦不迭的现象。究其原因,恐怕主要还在于缺乏理性思索,未能准确、全面地揭示其关系并分清主次,抓住关键的缘故。基于此,本文试图就此作些哲理性的粗浅阐释,以求使问题能明白、浅近一点。

对于主题,尽管目前写作理论界从称谓到内涵均有一些争议,但基本认识还是一致的,即无论称主题、主旨还是中心意思、主题思想者,大都认为它是作者通过文章的全部内容所表现出来的基本认识、意向、情感或主体内容。材料(准确地说应当是写作材料)则是作者积累、整理或准备写进文章中去的那些基本事理或数据,它包含了素材和题材两种情形。比如,在《谁是最可爱的人》中,松鼓峰战斗,马玉祥舍生忘死火海中救人,战士用雪拌炒面吃的言行举止是材料,歌颂志愿军战士的爱国主义、国际主义和革命英雄主义精神则是主题。前者是具体可感的志愿军战斗生活材料,后者则是通过文章内容所反映出来的作者对志愿军言行的

---

* 载《川北教育学院学报》1992 年第 2 期。

基本认识和态度。前者具体形象，后者抽象概括，二者是有着不同内涵特征的两个不同的概念，不能混为一谈。假如我们从哲学角度来考察，则如近代学者王国维在《文学小言》中所指出的："前者以苗写人生事实为主，后者则吾人对此事实之精神的态度也。"前者是人物事件，呈物质形态；后者系认识感受，属观念形态。"故前者是客观的，后者主观的也。"前者为第一性，后者为第二性，两者相互对立，是矛盾着的两个侧面。然而，这是问题的一个方面，如果仅停留于此，则将使其永远处于对立状态，既违背客观实际，又失去讨论价值。因为，古人云："情以物兴，情以物迁，物色之动、心亦摇焉"。在辩证唯物主义看来，"人们的社会存在决定人们的意识。物、世界、环境是不依赖于我们而存在的，我们的感觉，我们的意识只是外部世界的印象，不言而喻，没有反映者，就不能有反映，被反映者是不依赖于反映者而存在的"。主题虽然以观念形态出现，却并不是纯主观的东西，而是主客观相统一的产物。写作学研究成果也表明，尽管作者的修养、写作动机、内容、过程和方法千差万别，异彩纷呈，但是，主题的形成不外乎两种情形，或者为长期社会生活中逐步孕育的产物，或者是对调查、搜集的材料分析归纳之结果。这些都清楚地表明，材料是产生主题的物质基础，主题是材料意义的凝聚和升华。材料与主题不光有矛盾对立的一面，更重要的还在其相互联系、融合统一的一面。二者既矛盾对立，又相互依存，有机统一于文章这个本体之中。文章写作的关键就在于正确地认识和处理二者间的辩证关系，使之有机地统一起来，很好地实现作者的写作意图。因此，作者应很好地把握住这个基点，既使主题不游离于材料之外，又让材料很好地为表现主题服务，以达到物我交融、浑然天成之境地。

说二者对立统一，是否意味着两个要素在文章写作中是平列对等，半斤八两般关系呢？非也。毛泽东同志曾经指出："矛盾着的两方面中，必有一方面是主要的，他方面是次要的。其主要的方面，即所谓矛盾起主导作用的方面。事物的性质，主要是由取得支配地位的矛盾的主要方面所决定的"。材料与主题既为一对矛盾，自然也符合这一论断。在这对矛盾中，既然材料是物质形态，是第一性的，是主题形成的客观基础，主题是观念形态，第二性的，是从客观材料中孕育、提炼出来并依靠材料来支撑、表现的东西，那么，材料就应当是矛盾的主要方面，于写作过程中起主导作用了。当然，我们这里所说的主导作用，是就深入生活，占有写作材料之后提炼、确定主题的前期写作阶段而言的，与矛盾发展的另一阶段，即后期制作中主题居灵魂、统帅地位不是同一范畴。我们指出其主导作用的目的在于强调参加社会实践、深入生活的重要性，以便从中获得大量有用的写作材料，为孕育、提炼、获得正确、深刻、新颖的主题，写出好文章奠定坚实而良好的基础。这是因为，按照辩证唯物论的反映论，客体是触发写作主体写作动机和欲望的诱因，是写作主体从事精神劳动的对象,是作者主观意向、情思的寄寓、依托之物,是作者写作材料的源泉,如果离开了它、离开了实践,写作便成了无源之水,无本之木。"巧妇难为无米炊"。离开了写作材料,再高明的作家也难以写出好作品来。唯其如此,毛泽东同志才在四十年代就力主一切文艺工作者与工农群众相结合,到实践中去观察、体验、研究、分析,去获得一切原始材料。这得到文学艺术家们的衷心拥护和努力实践。唯其如此,众多的文艺理论、写作学专著才无一例外地将于实践、社会生活中获得材料、孕育主题作为了首要途径,如若不然,司马迁何必在写《史记》前"南游江淮,上会稽,探禹穴、窥九嶷、浮于沅湘,北涉汶泗,讲业齐鲁之都,观孔子之遗风,乡射邹峄,厄困鄱薛彭城,过梁楚以归";罗丹何必自讨苦吃,为雕塑巴尔扎克全身像而花费七年多时间去细细研读巴氏作品,访问其故乡,收集其毕生照片并跑遍巴黎所有成衣铺查寻那数以万计的单据中巴氏衣服的数据;茅值又哪里用得着于写作《子夜》前搞半年多"探亲访友",写作中花半个月去交易所"鬼混"呢?如若不然,文章圣手鲁迅不仅可以写出反映红军生活的《铁流》似小说,而且不至于在写到阿Q被捉写不下去时竟异想天开地想装着酒醉去打巡警,以此得一点牢狱经验;剧作家曹禺也就用不着因写《日出》而改头换面跑"妓院"了。古今中外的大量事例无不充分地证明了这一点。

既然主题与材料的关系如此,那么,在写作过程中,二者是如何统一的,其间又涉及哪些主要因素呢?

辩证唯物主义的认识论告诉我们,人总是在一定的时代、一定的社会环境中生活的。在现实生活中,无论你是有意注意、无意注意还是有意后注意,"无数客观外界的现象通过人的眼、耳、鼻、舌、身这五个器官能反映到自己的头脑中来,开始是感性认识,这种感性认识的材料积累多了,就会产生一个飞跃,变成了理性认识,这就是思想"。作为思想观念的主题就是这样,在作者的生活实践中一点一滴地由感性认识积累、升华起来的。虽然这仅仅是其中的一个初级阶段(一个正确、深刻的认识的产生还有个对感性材料的加工制作过程),但是,这毕竟是一个最重要的阶段,离开了它,后面的飞跃便无从产生。因此,一旦作者确定好主题,运用选取的材料和恰当的形式将其表达出来之时,材料与主题这两个对立物便有机地统一在一起了。从中,我们可以看出,它至少涉及这样两个重要内容。

首先是质的问题。所谓质,也就是"一事物区别于它事物的内在规定性"。换言之,也就是一事物之所以成其为该事物的本质特征。这里所说的质,指的是材料所蕴含的构成主题的意义和其真实、可靠程度。因为一个材料虽然具有多方面的质,但升华成主题的毕竟只能是其中的一个方面。况且,表现这一主题的各材料还应当具有质的同一性。否则,主题便不可能集中起来,即使集中起来了,也很难揭示事物的本质或规律。此外,获取的材料还必须真实可靠,而不能是道听途说的虚妄之辞,否则,基础不实,是会危及文章的生命力或损伤其价值的。

其次,是量的积累。辩证唯物主义认为,矛盾双方又同一又斗争所引起的事物的运动、变化和发展,不仅有质的变化,而且主要还在于量的变化。古人云:“不积跬步,无以至千里,不积细流,无以成江海”。主题的形成与自然界的诸多事物是完全一致的,是由作者从对同质感性材料的一点一滴接触、认识、把握中集腋成裘,聚沙成塔,逐步凝聚、升华而成的。其间有个量的积累、准备问题,包含着量变引起质变的客观规律。如果量的积累太少,写作时不仅会抓耳搔腮,捉襟见肘,而且免不了以偏概全,陷入唯心主义、形而上学之泥沼。诚然,作为唯物主义者不能将问题绝对化。在不同写作阶段,对材料多寡的要求是不相同的。但是,用得少并不意味着其量的积累就少或根本不存在。恰恰相反,大凡好的作品,其背后都有大量材料作后盾,而其量与质的转化还更为典型充分,只不过是以“隐”的形态包融其间而已。比如,在《谁是最可爱的人》中,看起来只有三个典型事例,但是,作者自己讲,仅在他这之前未发的一篇同题通讯《自豪吧,祖国》中就用了二十多个自以为生动典型的事例。鲁迅写《小说旧闻钞》用了90余种材料,翻阅了1500多卷古书。托尔斯泰写《战争与和平》,他参阅的历史书籍就多达700多种。在《人民的好医生李月华》这篇不到一万字的通讯背后,更是一串惊人的数字:三十多人的报道组采访六十余天,开座谈会五十次、个别访问三百余人次、搜集到的有过程有细节的小故事近百个,总共近百万字的材料,这些事实无不清楚地表明,主题的孕育、提炼是以材料量的积累为基础的,有量才有质,量的积累带来质的飞跃。因此,写作中对材料的占有应力求一个“多”字。不但要“建立三个仓库”,而且要“贪得务多,跟奸商一样,只消风闻得何处有门路,有货,便千方百计钻挖,弄到手方肯死心”,以求获取更多的材料,确保文章写作的质量。当然,并非大量占有了材料,注意了量和质两方面的积累就可以写出好文章了,其间还涉及主题提炼、材料筛选与剪裁、结构布局与设计、表现形式的选择,表达方式之运用等诸多因素和环节,这些就不是本文讨论的范围了。

综上所述,不难看出,在材料和主题这对既对立又统一的矛盾中,只要紧紧抓住了材料这个起主导作用的方面,于实际生活、写作过程中注重感性材料之量的积累和质的把握,于正确处理其辩证关系的同时加强其他方面的写作修养,是不愁文章没写头,不愁写不出好文章的。

文章是客观事物的反映*

——毛泽东写作理论述略

毛泽东同志不仅是伟大的无产阶级革命家、思想家、军事家,是世所公认的文章圣手,而且提出了文章是客观事物的正确反映,文学作品是社会生活的更集中、更强烈、更高、更好反映等著名论断和思想,以辩证唯物主义的特有眼光、基本原理,从哲学的高度探究把握和揭示了“文章”与“写作”这一特有社会现象的本质和规律,堪称杰出的写作理论家。

众所周知,写作被称作年轻而古老的学科。亘古及今,什么是写作,什么是文章,二者的本质如何,历来是人们苦苦探究的中心议题。从《尚书》的“诗言志”到孟子的“知言养气”,墨子的“言有三表”,“尚质”,“尚用”;从庄子的“妙造自然”到荀子的“文以明道”;以及陆机的“遵四时以叹逝,睹万物而思纷,悲落叶于劲秋,喜柔条于芳春”[1];刘勰的“本于情性”,“五情发而辞章”,“睹物兴情”,“神与物游”[2];钟嵘的“指事造形,穷情写物”;杜甫的“文章合为时而著,诗歌合为事而作”[3];韩愈的“文以载道”;李贽的“发于性情,由乎自然”,“见景生情,触目兴叹”[4];王夫之的“烟云泉石,花鸟苔林,金铺锦帐,寓意则灵”[5],“体物而得神”等等。乃至于近人今人的许多论述,真可谓林林总总,异彩纷呈,虽然其间也不乏对文章写作本质属性的表述,却揭示得很不全面和准确,以至于把文章视为“礼乐法度”,称作“文采”,“文笔”、“文翰”、“文辞”[6],或仅视为“篇幅不很长的单篇作品”[7]。对于“写作”,或许是因为《辞海》中没有这个条目,《现代汉语词典》也只将其简单地结论为“写文章”(有时专指文学创作)的缘故吧,有人竟将其视为“难解之谜”。只有一代伟人毛泽东,不仅在革命生涯中十分重视文章写作,反复强调其重要性,而且身体力行,写下了数百万字的光辉著作;不但堪称文章圣手,而且于写作理论方面作了广泛深入的探究,对文章与写作现象的本质做过深刻的揭示

---

* 载《川北教育学院学报》1994 年第 3 期。

和准确的表述,值得我们很好地学习和研究。

早在1942年初,毛泽东同志就在《反对党八股》这篇檄文中明确指出:“文章是客观事物的反映”[8]。同年5月他又在《延安文艺座谈会上的讲话》中更加明确地指出:“作为意识观念形态的文学作品,都是一定的社会生活在人们大脑中反映的产物”。而且认为,这种反映应该比普通的实际生活更高、更强烈,更有集中性,更典型,更理想,因此更带普遍性[9]。在这里,毛泽东同志虽然提及的是“文章”和“文学作品”这两个概念,而实际上从本质角度考察是一致的,只不过是狭、广义文章而已。从毛泽东同志的这些论述中,我们完全可以领悟到这样一些颇为深刻、精警的哲理。首先,文章不是别的东西,而是客观事物的反映,即令是呈“观念形态”的文艺作品,也不是作家的杜撰,而同样是客观事物在人们头脑中反映的产物;写作的过程,也就是人们认识并反映客观事物的过程,而不是什么玄而又玄,无法认识和表达的“难解之谜”,是能够认识和把握的,因为它源于生活、反映生活,具有很强的客观性。其次,文章(或作品)虽然源于生活,是反映客观事物的,但它毕竟是呈观念形态的,是人们对客观事物的主观认识的反映,不等同于客观事物,从这个意义上讲,它又具有主观性的一面,而不能因此将其与客观事物等同起来。第三,文章或文学作品对于客观事物的这种反映既不是原封不动的照相式反映,不是纯客观的,也不是作者脱离客观实际、脱离客观事物的纯主观想象的产物,而是写作主体对客体本质特征的认识、理解、把握甚至于超越的结果,是源于生活而又高于生活,比实际生活“更典型”“更带普遍性”的。显然,作为一个伟大的马克思主义者,毛泽东同志并非简单从事,而是运用辩证唯物主义的特有眼光和基本原理,从哲学的高度来探究、把握和揭示写作这一特殊的文化现象,揭示文章与文学艺术作品的本质并提出相应要求的。正因为如此,他才把文章写作与古今中外的机械唯物论和主观唯心主义的认识论区别了开来,进入最高境界,为人们正确地认识和把握文章与写作现象,破解这个“难解之谜”,提高写作技能技巧奠定了可靠的理论基础,指明了前进的方向,也正因为如此,才有了当今写作理论家们对于文章和写作现象及其本质特征那诸多本同末异,世所公认的进一步揭示和阐释。

在一般人看来,有了对文章和写作现象本质的正确揭示,应该是很了不起的了。然而,作为一代伟人的毛泽东,却并未因从事职业革命、戎马倥偬、日理万机而裹足不前或功成身退,反倒以共产党人特有的胆识和科学态度,对如何准确深刻、集中、典型地反映客观事物作了全面而深入的探究,于实践方面为人们寻求了解决这一难题的基本途径和办法。

首先,在他看来,要使文章能准确地揭示反映社会生活,使之更典型,更具普遍、规律性和指导意义，就必须反对主观主义、宗派主义和党八股，必须坚持一切从实际出发，实事求是的辩证唯物主义认识论，学会正确地认识世界，为正确反映客观事物奠定坚实基础。在《改造我们的学习》中，他明确指出："实事就是客观存在着的一切事物。'是'就是客观事物的内部联系，即规律性'，'求'就是我们去研究"。在他看来，"所谓实事求是，也就是要从客观存在着的特殊事物出发，从中引出规律，作为指导我们行动的向导"[10]。只有这样，才能做到主客观统一，正确集中地于文章中反映客观实际，而不至于凭一时热情或主观愿望办事，夸夸其谈，写出那种"无实事求是之意，有哗众取宠之心"[11]，空话连篇甚至于谬误百出的党八股式的文章来。很明显，毛泽东同志的这些观点主张是直接源于其对文章、写作之本质揭示的，因为文章既然是客观事物的反映而且又要求比实际生活更高更普遍，更具典型和代表性，没有实事求是的精神，没有眼睛向下的决心，文章写作的材料便无从产生。"物、世界、环境是不依赖于我们而存在的。我们的感觉，我们的意识只是外部世界的映象；不言而喻，没有反映者，就不能有反映"[12]，其深刻、典型代表性更无从谈起，即便有了反映对象，没有实事求是的态度，没有对被反映者的深刻认识和理解，也不可能全面而准确地把握和揭示事物的本质特征，其结果自然也就只能在文章写作中或"空话连篇，言之无物"，或"装腔作势，故意吓人"[13]了。可见，坚持实事求是，一切从实际出发，既是辩证唯物主义者看待和处理问题的基本出发点，又是文章写作本质属性于我们的起码要求。

其次，毛泽东同志认为，要坚持实事求是的基本原则，就必须创造实事求是的基础条件，解决反映对象、材料源泉问题。否则，"你的劳动就没有对象。"[14]对象、源泉是什么，在哪里呢？由于"革命文艺，则是人民生活在革命作家头脑中的反映的产物"，而"人民生活本来就存在着文学艺术原料的矿藏，这是自然形成的东西"。因此，人民生活自然也就成了"一切文学艺术取之不尽，用之不竭的唯一源泉"[15]，而且"只能有这样的源泉，此外不能再有第二个源泉"[16]。正因为有了这样的源泉，才使得"无数客观外界现象通过人的眼、耳、口、鼻、舌、身体五个官能反映到自己头脑中来，开始是感性认识，这种感性认识材料积累变了，就会产生一个飞跃，变成了理性认识，这就是思想"[17]。生活在一定时代，一定社会环境中的人们一旦运用自己在生活实践中贮存、积淀下来的材料把这种思想认识有序地、篇章化地记录下来，表述出来，这便是写作，也就是人们对于客观事物的认识反映过程。它清晰地表明，作为源泉的社会生活，是人们从事写作活动的客观基础。谁要是离开了这个基础，也就否定了写作和文章的客观性，使之成了失去生命力的无源之水，无本之木，也就不可能写出既言之有物而又实事求是的文章，创作出比实际生活更高、更典型、更普遍，为人民群众喜闻乐见的好作品来。

第三,在毛泽东同志看来,找到了源泉,认识了基础作用还不够,还应当学会获取反映对象并准确地把握其本质特征的最佳方法,在这方面,毛泽东同志从马克思主义的立场观点和中国革命的实际需要出发,指出了两种十分重要可靠的途径和方法。

一是在他看来,“无论何人要认识什么事物,除了同那个事物的接触,即生活于(实践于)那个事物的环境中,是没有办法解决的”[18]。因此,他于《在延安文艺座谈会上的讲话》中指出“中国的革命的文学艺术家,有出息的文学艺术家,必须到群众中去,长期无条件地全心全意地到工农兵群众中去,到火热的斗争中去,到唯一的最广大最丰富的源泉中去观察、体验、研究、分析一切人,一切阶级,一切群众,一切生动的生活形式和斗争形式,一切文学和艺术的原始材料,然后才有可能进入创作过程。否则你的劳动就没有对象,你就只能做鲁迅在他的遗嘱里所谆谆嘱咐他的儿子万不可做的那种空头文学家,或空头艺术家”。在这里,毛泽东同志不仅为我们指出了深入民众,通过观察来获取反映对象的途径和方法,而且还阐明了其深刻道理。同样在这篇文章中,他语重心长地教导人们要学习马克思主义,“用辩证唯物论和历史唯物论的观点去观察世界,观察社会,观察文学艺术”,以求得“凭客观存在的事实详细地占有材料,在马克思列宁主义的一般原理指导下,从这些材料中引出正确的结论”,而“不凭主观想象,不凭一时热情,不凭死书本”[19]想当然地写作或写甲乙丙丁地罗列现象,夸夸其谈的滥调文章。在《反对党八股》一文中,他谆谆告诫人们要像鲁迅先生所要求的那样:“留心各样的事情,多看看,不看到一点就写。”其目的都在于强调写文章要有正确的世界观做指导,要学会观察体验方法。此外,在他的一生中,还十分强调读无字之书,强调参加社会实践,主张从实践中学习和调查了解情况,掌握大量可靠的第一手材料,并为此专门写下了《实践论》这篇光辉的哲学著作,不仅于《改造我们的学习》一文中提出并专题论述了“没有调查就没有发言权”这一著名论断,而且身体力行,于建国前后拨冗披繁,挤出时间在革命和建设事业的重大紧急关头做了大量深入细致的调查研究,写出了《湖南农民运动考察报告》、《农村调查序言和跋》、《中国农村的社会主义高潮》、《论十大关系》等反映调查研究情况和成果的重要文章,把自己的秘书、警卫人员派到基层去开展调查研究,于实事求是地反映客观事物方面为人们树立了光辉的典范。

二是认为“文章是客观事物的反映,而事物是曲折复杂的,必须反复研究,才能反映恰当,在这里,粗心大意,就是不懂得做文章的起码知识”[20]。要求人们不能光搞“拿来主义”,而要学会分析,准确地把握事物的本质特征,“努力做到看问题比较全面,不管长文也好,短文也好,杂文包括在内,努力做到不是片面性的”[21]。反复强调“要像马克思所说的详细地占有材料，加以科学的分析和综合的研究”[22]，力求“老老实实地办事，对事物要有分析，写文章要有说服力，不要装腔作势来吓人”[23]，对什么是分析，怎样分析也都做了精辟的阐述。他认为“分析的方法也就是辩证的方法，所谓分析，就是分析事物的矛盾”[24]。因此，在《实践论》中，他十分明确地指出“要完整地反映整个事物，反映事物的本质，反映事物的内部规律性，就必须经过思考作用，将丰富的感性材料加以去粗取精，去伪存真，由此及彼、由表及里的加工制作功夫，造成概念和理论的系统，就必须从感性认识跃进到理性认识”，只有这样，才能写出“更深刻、更正确、更完全地反映客观事物的东西”。

综上所述，不难看出，文章是客观事物的反映，只有深入广泛的社会生活中去认真、仔细、全面、深入地观察体验，实践调研，才能获得大量可靠的第一手材料，从中发现，找到文章写作所要反映的客观对象；只有在唯物辩证法指导下通过深入细致的分析、思索，才能通过现象看本质，从纷繁复杂、曲折多变的事物中准确地把握住被反映对象的本质，才能写出正确反映客观事物的真正有用的文章，这便是文章的本质属性及其对写作的基本要求，是一代伟人毛泽东同志的文章观和反复忠告。多年来，毛泽东同志和毛泽东思想哺育的大量作家、艺术家的写作实践和成功经验无不充分地证明了这些观点主张的正确性。在社会主义市场经济体制建立纵深推进，中国特色社会主义建设事业蓬勃开展，时代呼唤着人们去热烈地拥抱生活，更好地认识，反映社会生活本质，“希望有更多好作品问世”[25]的今天，重温并认真地研究毛泽东同志的这些论述，具有十分重大的理论和实践指导意义。

参考文献：

[1]陆机《文赋》

[2]刘勰《文心雕龙》

[3]杜甫《与元九书》

[4]李贽《焚书》卷三

[5]王夫之《姜斋诗话》卷一、卷二

[6]《辞海》(缩印本)上海辞书出版社.1979年版.1535

[7]《现代汉语词典》1139

[8][13][20]毛泽东《反对党八股》,《毛泽东选集》(合订本)791、801

[9][14][15][16]毛泽东《在延安文艺座谈会上的讲话》,《毛泽东选集》(合订本)817、818

[10][11][19][22]毛泽东《改造我们的学习》《毛泽东选集》(合订本)758、759

[12]列宁《唯物主义和经验批判主义》,《列宁选集》第二卷,人民出版社,1972,65

[17]《毛泽东著作选读》甲种本(下)524

[18]毛泽东《实践论》,《毛泽东选集》合订本 263

[21][23][24]毛泽东《在中国共产党全国宣传工作会议上的讲话》《毛泽东论文艺》增订本人民文学出版社 1992 年,110

[25]毛泽东《人民文学创刊号题词 < 毛泽东论文艺〉》85

《现当代应用写作》后记

应用写作几乎是我院所有专业都在开设的一门公共基础课,这大概是领导和专家们都难以想象的。之所以开它,一是有实际需要,按一些同志的感受就是“应该说比开大学语文还好,现在的学生实在太需要这方面的学习了!大学都毕业了,哪能连日常应用文都写不来呢?”二是我们做了一个“高职学生人文素质教育研究”的省级科研课题,认为高职学生不仅在于有技能,更重要的还在于要有好的综合素质,特别是决定人一生的核心的人文素质;高职教育也应标本兼治,且重在治本,这是一项综合性的劳动,首先得从教育教学思想、观念,从最基本的教材抓起。三是我们于教学中用了不少教材,总觉得不太顺手,难以满足这种指导思想下的育人需求。因此,应该编写适合自己用的教材。此事已经酝酿多年了,只是因为诸多因素动作慢了些而已。前年底,恰逢川大出版社和省厅领导高瞻远瞩,开发适合省情的高职教材,借此东风,我们便开始了实质性运作,于先后几次开会研究讨论的基础上由主编王金星教授拟定大纲,设计了编写的基本思路和总体框架,然后分工编写,最后由主编王金星负责《现当代应用写作》,谭国应负责《现当代应用写作文鉴》的统筹统稿工作,两位副主编也协助做了大量艰苦细致的基础性工作。

本书分为两册。《现当代应用写作》由原理、技能、操作、资料四篇组成,着重讨论的是现当代应用写作的基础知识,基本理论和基本技能、基本规范,目的在于解决好应用性文体该写什么,该怎么写,不该怎么写,如何写好应用文的问题。所讨论的文种既涉及了公共的,也涉及了专业的,主要考虑的是综合性高职院校学科多、专业广的特点,并不要求所有的学生都要掌握这些文章的写作,但至少应该学会公共的、基本的和本专业领域常用的文种的写作,在此基础上尽可能旁骛相关的。因此,教师可以根据学科专业差异和人才培养需求进行相应取舍,学生也可以根据兴趣爱好涉猎,让大家都能一书在手,各有所得,教师和学生都能游刃有余,只是对于那些太过专业的(如法律、军事、外交、金融税务等方面的文书)就未列其中了,读者可从相关专业书刊中选取并参与专门训练。《现当代应用写作文鉴》则由精选的相应类别的正反例文和精当评析组成，意在既为教师和学生提供标准的范式与反面教材，又让其作解剖对象，起理论的实证作用，让师生明确应用写作的努力方向和应有禁忌，能知其然，更知其所以然。全书将“讲——析——练——鉴”结合起来，以期能真正有助于培养基本素养好，综合素质高，写作能力强的高素质高水平应用写作人才。

本教材的第一、五、六章由王金星教授，七、十章由谭国应副教授，二、九、十一章由杜春海副教授，三、四章由唐元明副教授，第八章由李建强讲师编写；刘琼英副研究馆员和杜林同志则做了资料和打印校对方面的大量工作，为之付出了艰巨劳动。

本教材的编写自始至终得到了四川大学出版社领导的关心支持。编辑、责任编辑也为之付出了大量心血。四川职业技术学院教务处负责同志也给予了相应的支持和帮助，特一并在此表示衷心感谢。

本教材的探索性和集体编写决定了其难免粗疏，欢迎专家学者和阅读使用者提出宝贵意见，以便我们进一步修订完善。

四川职业技术学院九十周年校庆院志后记

2007年是四川职业技术学院建校90周年的大喜日子。为了很好地回顾历史,昭示未来;展示辉煌成就,雄厚实力和美好前景,提高知名度,扩大影响力;建设博大、厚重的校园文化,提升学院的品位和档次;有效开发利用好丰厚的办学资源,凝聚人心、鼓舞士气、增强核心竞争力,促进学院更好、更快地发展,学院决定举办90周年校庆并开展系列庆祝活动,编史修志自然被作为了彪炳历史,展示成就,昭示未来的重大工作之一。

为了切实做好这一工作,学院党委、行政高度重视,曾先后多次召开会议研究决策其中的重大事宜并建立了由党委书记、院长熊高仲同志任主任的"四川职业技术学院志编辑委员会",确定了主编、副主编,责成学院办公室及其信息档案科负责相应的具体编写事宜,由从事此项工作并颇具编写经验的汪志全同志任执行主编,从2003年9月开始了繁杂而艰巨的编撰工作。由于两校合并的特殊性,原四川省机电工程学校校志已经在合并时基本编定;原川北教育学院院志只有曾经编撰过但尚不完全成型的简稿。因此,学院决定正视历史,将原四川省机电工程学校校志和川北教育学院院志与现四川职业技术学院院志分别编写,然后整合成涵盖三个方面的《四川职业技术学院院志》,以求完整和客观真实性,并由此形成了本志的基本构架和体例,产生了如前所载的三个编辑委员会和编写组。其中《四川省机电工程学校、四川省农业机械化学校校志》于2003年5月编成,经老领导吴锡荣同志审阅后由时任领导邱永成、张大凯、孙文方、瞿定强、赵春同志审定;《川北教育学院志》的编写于2003年9月启动,2004年11月完成初稿,2006年11月完成二稿,2007年10月编定。其间曾多次采取会议讨论和个别征求意见等形式多方听取过相应意见。原川北教育学院老领导干受祜、蔡昌礼、赵朝发、付思发,老教授郭孝儒、王光浒、罗升奎同志等都曾提供过很多宝贵资料和书面意见。副院长、主编王金星同志从内容、体例到文字等都做了全面而细致的审改。《四川职业技术学院院志》的2002—2007年部分则因历时较短而主要由执行主编编撰,由主编和编委会主任审定。主编王金星同志审阅并统筹了整个编撰工作,编委会主任熊高仲同志审定了全书。院办及信息档案科和相关职能部门的同志负责提供相应资料,做了大量基础性工作。执行主编汪志全同志负责了资料搜集,组稿编撰,录入编排,打印校对等工作,为之付出了艰巨劳动,做出了积极贡献。

本志分上中下三编,依历史顺序而编排。上编为《四川省机电工程学校、四川省农业机械化学校校志》,起止时间为公元1917—2002年,历时85年;中编为《川北教育学院院志》,起止时间为公元1956—2002年,历时46年;下编为《四川省职业技术学院院志》,起止时间为2002—2007年。构成的是一个纵向推进的体例,昭示的是从历史走向未来。其间,2002年因省府已经行文宣布组建四川职业技术学院,撤销两校建制,班子却未建立而交叉了;2007年相应内容的纳入是因为校庆在年底,大部分工作业已完成的缘故。三编各自独立而又有机整合在一起,才能既反映四川职业技术学院的全貌,又尊重历史,还人们一个厚重而真实的四川职业技术学院。

世纪沧桑,百年巨变,筚路蓝缕,四川职业技术学院一路走来,经历的坎坎坷坷,风风雨雨,不是我们用这些稚拙的文字所能简笔勾勒,准确反映得出来的。时间紧、人手少、资料缺、水平限,这些都决定了本志的错谬和疏漏在所难免。然史海钩沉,重在返璞归真,目的在填补有史无志之空白;以史为鉴,重在给人以启示和教益,若果能如此,我们便甚感欣慰了。

谨以本志向四川职业技术学院90华诞献礼!

公文写作

公务文书中的“计划”与“意见”简析*

“工作计划”和“工作意见”同属“准公文”，虽具有适用范围和对象的广泛性，内容目标的超前性，功能作用的指导性等相同相似点，但也具有适用范围与对象，写作内容与风格，写作手法等方面的明显差异，使用时应注意辨析与区别。

在机关单位的文秘工作中，常遇到“工作计划”与“工作意见”的写作问题。这是两个容易混淆，难于区别的文种，使用时应注意辨析。

首先应当看到，工作计划与意见都是对一定时期的工作做出筹划、安排、部署的书面文件，二者具有以下相同相似点：

第一，二者都是针对全局性工作而言的，无论党政群团机关还是企事业单位，凡是涉及一定时间、范围、层面的重大工作都可以制订工作计划或意见。且一旦制订，都以安排、部署工作、完成工作任务，实现预定目标为基本出发点和最终归宿。二者虽然均未纳入国务院和中共中央办公厅发布的法定公文文种，却被机关单位广泛运用在公务活动中。因此，无论从性质任务还是对象范围上看，二者都属公务文书范畴，具有广泛的适用性。只是不属“法定公文”，而被称作“准公文”而已。

第二，无论工作计划还是工作意见，都是针对目前或以后将要开展的相应工作而言的，都是人们依据客观现实面对未来工作做出的构想和安排，都带有未雨绸缪，先行一步的预测性。之所以如此，是因为“人无远虑，必有近忧”，“凡事预则立，不预则废”。社会的发展、事业的推进需要人们瞻前顾后，深谋远虑，而不能鼠目寸光，只顾眼前，或一叶障目，坐井观天。而事实上人类的社会实践

也从客观上为人们提供了宝贵而丰富的经验，创造了高瞻远瞩，超前预想的基础条件。因此，为了求得更好更快的发展，人们常常在工作中立足现实，着眼长

---

* 载《川北教育学院学院学报》1997 年第 4 期。

远，于事前立定目标，选准路子，形成预案，然后朝着既定目标，按照预想方案一步一步走下去。工作计划和意见，则正是这种构想、预谋的书面成果，它们所确定的是未来工作的任务目标、措施办法，而不是事中事后的记录整理或经验教训总结。从这个意义上讲，二者都具有明显的预期和超前性。

第三，工作计划和意见都不是个人的意志行为，而是领导、决策层经过反复研究、讨论，有的还是在广泛听取意见、反复论证的基础上形成的。从内容上看，它们大都要写明在一定时期内做什么，该如何去做，当遵循哪些原则去做，达到什么程度，实现何种目标等等。一旦成文并正式印行，就成了本行业、系统或机关单位及其下属部门今后一定时期内工作的基本依据和指令、指导性文件。因此，二者又都具有很强的指导性和可操作性。

其次必须指出，尽管工作计划和意见具有上述相同相似点，但毕竟不是同一文种，有着明显区别：

一是适用范围、对象有别。大而言之，工作计划和意见都是针对工作而言的，其总体对象有一致性。但是，细加考察却不难发现，工作计划既适用于某个机关或企事业单位，也适用于某级机关团体、组织或行业系统。既适用于法人，也适用于法人的内设机构或团体组织；既适用于中长期，也适用于短期；既适用于全局性综合性的重大工作，也适用于局部性、专业性强的单项工作，其适用范围相当广泛。比如，就教育系统而言，大至全国，各省市，小到县区、乡镇，机关、学校，都有教育事业的“九五”计划和2010年发展规划。新的年度、学年度、学期到来之时，各级教育行政主管部门，各级各类学校都要制订自己的相应工作计划或工作要点。就时间而言，它可长可短、长至三五年以上，短到一年半载，学期、季度、月、旬都可以。就类别看，有综合性、全面性工作计划，也有单一性专项工作计划，有时又二者交叉统一。工作意见则不然。它虽然也适用于机关单位和团体，却不适用于内设机构和基层组织，更不适用于个人。可适用于中短期，却少见于长期和太短时间范围内的工作。因为长期性工作的预期性太强，只宜以工作计划规划的形式作预想和和筹划，定方向，定远景，绘出指导性蓝图，而不宜以意见的形式作具体部署和详尽安排。短期内的工作可以会议形式口头讲意见，作布置，无须形成书面意见。广泛适用于面宽量大的重大工作，少见于量小面窄的具体工作。由于它主要是针对当前或今后一定时期工作而言的，比工作计划的现实针对性、可操作性、指导性更强。由于它不受具体时间的限制，因而比工作计划的使用量更大，使用频率更高。据统计，仅在1991—1996年的《国家教育委员会政报》中，就有工作意见240余个，年均达40个以上，而工作计划类的却不到10个，仅为工作意见的4%，二者适用面、使用量上的差距是异常明显的。

二是内容、风格有异。从结构及其内容上考察,虽然工作计划与意见都由标题、正文、尾署组成,且正文部分前有导言、后有希望或要求,先要写明制订计划或意见的依据、目的、任务和基本态度,后要动员、号召人们为完成任务、实现目标,满足要求而努力工作。但是,在主体部分,计划主要是在分解目标任务的基础上提出相应的措施办法和作布置安排,一般包括了指导思想、任务目标和工作重点,步骤做法等主要内容:而工作意见则通常是在讲明任务目标的基础上揭示目的意义,明确原则办法和内容要求,做出相应的部署。前者重在工作内容和任务目标,重在构想与谋划,目的在于让人们明确在一定时间范围内准备做什么,打算怎么做,拟做到什么程度,解答的主要是干什么和怎么干的问题。后者则重在揭示目的意义,讲明做法要求,目的在于让人们懂得一定时期内该做什么,为什么要做,为什么要如此做到这种程度,主要解答是什么,为什么,怎么样的问题。计划是针对以后或将来干什么而言的,意见是针对现在或以后该干什么,为什么该如此干而言的。一般说来,工作计划形成在前,工作意见产生于后,二者虽关系密切,却并不存在必然的依附关系。工作意见可以是工作计划内容的具体化,可以对计划中的重大项目或难点问题深入阐释和具体部署,也可以依据实际需求而独立生成。工作计划的内容可作据实调整,工作意见却不能随意更动,而必须遵照执行。两相比较,意见要具体、明确、庄重、严肃得多。二者在内容、风格方面的差异也是十分明显的。

三是写法不同。这主要是集中体现在以下几个方面:

首先是标题。一般情况下,计划的标题由制订单位、时限、内容、文种四个要素或时限、内容、文种三要素构成。前者为全称式,如《国家教委一九九六年工作要点》,《大学 1997 年度社会治安综合治理工作计划》等。后者为简明式,如《1996 年度爱国卫生工作计划》。工作意见的标题则以"三要素"、"二要素"居多,一般不冠时限,前者如《中共中央关于进一步加强和改进学校德育工作的若干意见》,《中共中央关于进一步做好文艺工作的若干意见》,系全称式。后者如《关于加强学校法制建设的意见》等,为简明式。这显然与其内容所适用的时间范围不确定有关。此外,明显的区别还在于:工作意见的标题几乎都使用介词结构短语作限制性定语,形成了"关于……的意见"的特定格式。诸如:《关于加强图书质量管理的意见》、《关于加强小学骨干教师培训工作的意见》、《关于普通高等学校内部管理体制改革的意见》、《国家教委关于加强高等学校基础性研究的意见》、《国家教委关于加强教育系统科教兴农的意见》,在 1991—1996 年的《国家教育委员会政报》刊载的 240 余个工作意见中是无一例外的,中共中央、国务院制发的工作意见也大都如此,足见这是工作意见标题拟制的一条规律,而工作计划则不然。

虽然,有时工作计划以“工作要点”或“工作计划(要点)”,工作意见也以“实施意见”或“实施处理意见”形式出现,“工作计划”或“意见”也有程度和内容详略上的差异,但究其实质都是基本一致的。

其次是正文。工作计划的正文内容几乎都以条款方式排列。且大都要言不烦,只陈明拟开展的工作,简明扼要,使人一目了然。工作意见虽然也多以条款形式表述,还有以条款一贯到底的。但由于其侧重点在于揭示目的意义,讲明内容要求,因而比工作计划阐述的多,原则性,可操作性更强,意蕴更加丰富深刻,行文更加周严细密,篇幅也大都要长得多,这在《中共中央关于进一步加强和改进学校德育工作的若干意见》和《中共中央关于进一步做好文艺工作的若干意见》,《国务院关于(中国教育改革和发展纲要)的实施意见》中都有充分体现。就其基本手法看,都是围绕中心内容,从目的意义,内容原则到途径方法,目标要求来加以深刻而精当阐述的。

再次是尾署,一般说来,同属“准公文”的工作计划和意见在尾署上与“法定公文”是大体一致的。即标题中冠有制发单位的,只需落款标明成文时间并用印即可;标题中未冠制发单位的,后面既要署名又要落款用印。所不同的是,工作意见的落款并不十分固定,有时与“法定公文”的“决定”“决议”一致,即将成文时间放在标题之下正文之上居中排列并以圆括弧括起来。《中共中央关于进一步加强和改进学校德育工作的若干意见》和《中共中央关于进一步做好文艺工作的若干意见》就是如此。而工作计划却都是将生成时间放在文尾署名之后的。应当说这不是一个简单的位置、形式问题,而同样在一定程度上体现了意见的庄重严肃性。

目标管理责任书刍议*

目标管理责任书具有内容客观，责任明确，有激励性等特点。其内容包括：全称式或简明式标题，含有导言、目标责任、考核与奖惩内容的正文和尾署部分。

近年来，随着科学管理的逐步推进，一种新的文体——目标管理责任书应运而生，且应用日见广泛。如何写作和运用这种文体来为管理工作服务，已成为需研究解决的新问题。

自近代人们将管理作为一门科学来研究，认为任何管理都包含有目标、协调、过程三大要素以来，目标管理便成了各个管理学派的基本管理模式，签订目标责任书也就成了管理者实现管理目标所借助的一种基本管理手段。可见，目标责任书是科学管理的派生物，它指的是在管理工作中，管理与被管理者双方所共同生成的以实现管理目标为指向，明确任务目标，职责要求，义务权益，考核奖惩为主要内容的书面文件。是管理者实现管理目标的基本工具之一。由于它是在社会生活中以双方相互签署的形式郑重形成的书面文件，因而在生成形式、结构、内容、功能等方面都与经济合同有相似之处。但它毕竟主要不是在经济活动中运用的，也不坚持经济合同平等互利，协商一致，等价有偿原则，更不存在价款、酬金等内容要素和需要公证、承担法律性义务责任的问题，有适用对象、范围、内容、结构、写法上的诸多区别，是一种具有独立品貌和功能的机关事业单位常用的公务性文书。尽管都叫"目标责任书"或"目标管理责任书"，却因内容、性质上的差异而有不同的种类，诸如社会治安综合治理、消防安全、文明小区、普及九年制义务教育、扫除文盲、计划生育、廉政建设、工农业生产、粮棉油生产购销、经济技术开发、市政建设、爱国卫生、精神文明建设目标管理责任书等等，且有着以下共同特点：

一是内容的客观性。尽管目标责任书是由上级组织或管理部门拟定，与下级

* 载《四川师范学院学报》（哲学社会科学版）1992 年第 2 期。

单位或部门共同签订的，上下级之间一旦签订，下级单位（部门）就得完成目标任务，实现管理目标，否则就要受到相应的制约与处罚，但其目标责任的内容是客观的。因为签订责任书的目的在于有效地促进工作，因而在制订目标责任时必须坚持客观公正的原则，把上级的愿望要求与下边的实际和可能结合起来，既不能单方面唱高调，让下属即使竭心力也完不成任务，达不到要求，从而挫伤其积极性；也不能唱低调，让人轻而易举地实现目标，达到要求，压抑、损害了下属的积极主动性和创造精神。既不能只奖不惩，也不能只惩不奖或主观武断地重惩重奖。这自然也就决定了其内容的客观性。

二是目标责任的明确性。目标责任书应当有明确的目标，具体的责任，这是毫无疑义的。作为一项全局性重大工作，在什么时候达到什么程度，实现什么目标；作为目标责任的主体、在所有这些，正是目标责任书独具品貌，倍受青睐的根本所在。

目标管理责任书当包括以下结构要素和相应内容。

首先是标题。目标责任书的标题有全称式、简明式两种。全称式由单位、时限、内容、文种四要素组成。"单位"是拟制目标责任书的主体，也体现了目标责任书的适用范围、时限，即目标责任书适用的时间范畴。"内容"为目标责任书的目标责任指向。"文种"也就是目标责任书"或"目标管理责任书"，它区别于申请、意见、起诉书等其他书体类文种。全称式标题多用于在一定时间范围内需完成的工作，如《市县城区 1997 年度社会治安综合治理目标责任书》等。简明式标题一般由制作单位、内容、文种三要素构成，多用于时间跨度较长，无须分时段签订目标责任书的重大工作。如《市普及九年制义务教育目标责任书》、《县财贸系统廉政建设目标责任书》等等。很少有只列内容与文种的，从标题上就体现出了这种文体的庄重严肃性。

其次是正文，这是目标责任书的主体所在。一般地讲，正文应包括这样一些基本内容：

1. 导言或称引言，主要写明拟订目标责任书的目的、意义、依据、原则等等。目的在于引发和总领下文，因而应力求简明扼要。

2. 目标责任。这是目标责住书的核心内容和基本目标所在。它要求对某一时间范围内要做的工作，要实现的目标，所要承担的任务职责作定性定量的表述，使之既清楚明白，又高度概括，以便人们很好地认识理解它。为了便于把握和表述，写作时可分门别类，条分缕析。比如就社会治安综合治理而言，便可分治安目标、消防目标、治安职责、消防职责两大类来表述：就校办产业而言，便可分为社会效益、经济效益目标等等。条下再分款项排列，使之清楚明白，便于理解、记忆和运作把握。

3. 考核与奖惩。这是目标责任书的特有内容。在明确目标责任的基础上,还得提出明确具体的考核奖惩办法,以此来确保目标责任的实现。

考核通常以分期过程考核与终结总体考核相结合的方式进行。前者主要是考察其阶段运作情况,看其行动了没有,运作得怎样,效果如何,有无问题和差距,以便及时采取促进、补救措施,避免最后算总账,造成无可挽回的损失。后者为事后的全面考察评估,主要是从总体上全面考核其履行职责,完成任务目标的情况,为兑现奖惩奠定基础。无论哪种情形,都得于目标责任书中确立明确的考核办法和相应的指标体系,具体写明考核的时间、内容和方式方法,考核的组织形式等,以此作为考核的依据和基准。

奖惩是在总体考核的基础上进行的,是实现预期目标的必要手段。只有严格地进行考核,才能找出差距,明晰是非,判别优劣;只有逗硬奖惩,才能彰扬、激励先进,督促、鞭策落伍者,促进整个工作的良好运行。显然,考核是检查评价手段,奖惩是激励制约措施,二者又都是完成任务,实现目标的基本手段,是为实现目标,推进事业服务的。通过考核奖惩来实现目标,促进事业的健康发展,这才是签订目标责任书的终极目的。因此,在拟订目标责任书时,除去要明确考核的相应内容之外,还应写明奖惩的具体内容与方式。既不能含糊其辞,模棱两可,让人难以捉摸而失信于民;也不能信口开河,滥用奖惩,让人望而却步,难以企及,失去了奖惩的目的意义。

第三是尾署部分。目标责任书的尾署部分与经济合同或协议有相同之处,即要双方代表签字后才具行政效力。所不同的是,目标责任书要写明制作单位,以示其权威合法性。由于其所涉内容重大,往往都是由党委或行政,甚至党政同时制订的,而且要以制作单位的最高首长为第一责任人,分管(主管)领导为第二责任人代表本级党委或行政签字。同时,还得对应署上目标责任履行单位,即签订单位的名称并同样由最高和分管(主管)首长签字,以示郑重允诺并完全负责,最后还得署上签订的具体日期。由于这是目标责任书产生效力的部分,绝不能简单草率处置。

目标责任书通常是一定区域内的行业、系统、机关单位依据社会生活和自身发展建设中重大工作的实际需求而生成的,从草拟到正式签订均极为慎重严肃,使之虽不是法定公文,不以红头字文件印发,却胜似法定公文,较之有更强的行政效力。因此,拟制者一定要加强学习,不断提高自身的政策水平和理论素养;一定要洞悉全局,很好把握并吃透领导机关意图,弄清工作内容与相应要求;一定要深入安排调查了解情况,把领导机关意图与客观情况很好地结合起来,字斟句酌,客观准确地界定目标责任,确定考核奖惩的尺度与办法,使之既富激励、挑战性,又符合客观实际,切实可行。

此外,作为目标责任书,往往都是由上级主管部门事前精心制备,然后召集下属部门、单位负责人以会议形式进行宣讲动员,举行隆重仪式签订的,尔后还有个层层分解,逐级签订和定期总结考核,全面评估、综合比标评分,最后兑现奖惩并总结经验教训,根据新形势、新任务、新目标、新情况、新要求拟订、制备新一轮目标管理责任书的问题。所有这些,都必须切实处置好。

“方案”写作谈*

讨论方案的含义、作用和与计划的异同，重点探究方案的结构、内容和写作要求。

“方案”是一种应用广泛的实用性文体，举凡重大活动，重要工作，为稳妥起见，人们都要在事前制订方案，经过反复论证比较之后择其善者而从之，于是便有了诸如作战方案、教学方案、治疗方案、侦破方案、改革方案、建设方案等名目繁多的各式各类方案的产生。按理，就该有与之相应的写作知识介绍，然而，在各种写作学、文书学、秘书学著述中，除将其视为计划的近义词或表现形式之外，均无一例外地回避或忽略了。显然，这是一个值得探究的问题。

众所周知，无论个人还是机关团体单位，一般的常规性工作是无须制订方案的，只有历时长久、责任重大、涉及面宽、工作量大、纷繁复杂的重要工作或重大活动，为了确保其正常开展，有成功的把握，并尽力避免或减少人财物力的浪费，人们才制订方案，对相关活动或工作于事前做出全面的策划、周详的部署和具体的安排，使之更为有序、有效地进行。可见，所谓方案，就是机关、团体、单位的组织领导者从现实出发，瞄准未来目标对某一重要工作或重大活动做出系统谋划、全面构想、周密部署和具体安排的一种计划性文书。在社会生活中，它有时叫方案，有时又被称作预案，虽不是法定公文，却在各行各业公务活动中广为运用，应属机关事务文书范畴。一般地讲，未经审定的叫预案；通过审定，获得批准，供运作实施的叫方案。方案比预案更具稳定性和可行性。然而，在口语中，也有将制订预案称之为“搞方案”的。

无论方案或预案，对于重要工作，重大活动，都是至关重要的。古人云：“人无远虑，必有近忧”。“凡事预则立，不预则废”。方案、预案则正是这里的“虑”和“预”，带有很强的计划性质，这也正是人们将其归入计划的根本原因。由于重大

---

* 载《川北教育学院学报》2000 年第 3 期。

活动,重要工作涉及的面宽量大,人多事繁,若不事前作预谋构想,部署安排,到时只凭一时热情或固有经验去办,则势必盲目草率,处于一盘散沙或混乱无序状态,造成人财物力和时间上的巨大浪费,造成无可挽回的重大损失或影响。因此,无论制订预案或方案,对于重要工作、重大活动,都是重要的基础性工作和基本的保障性措施,是认真负责,严谨求是,科学管理的具体体现,务必切实做好。

应当指出的是,方案预案虽属计划系列,与计划在内容对象、目标效用等方面有一致性,但它毕竟不是计划,二者有着以下主要区别:

一是在内容对象上的区别。计划是针对以后一定时期、一定范围内的全面工作的,预案、方案则是针对一定时期内某一项、某一方面的重要工作、重大活动的。因此,计划的内容要全面原则些,预案、方案的内容则要单纯具体些。计划重宏观把握,预案或方案重宏微观结合并偏重于微观,较计划更具可操作性。

二是在表述手法和形式上的区别。虽然计划和方案在写法上都比较灵活,可要点式,可条文条款式,但因内容和功能的差异,计划毕竟以条款、表格式居多,且在条款内的表述相对原则和模糊,而方案则多数是条文、纲目式的,条文内的表述明确、具体而详尽。

三是在数量上的区别。计划于同一部门、同一单位的工作在一定时期内只有一个,预案或方案却可以根据需要和可能制订几个,这样方有比较、选择的余地。

四是在效能特点上的区别。计划制订的是以后工作的目标任务,方向、原则和措施办法,重指导性;预案方案拟订的则是以后工作的蓝图和细则,重可操作性。尽管二者都具备很强的可行性,但细加比较,方案的可行性又较计划更强一些。

预案、方案一般由以下三部分内容构成:

第一是标题。作为预案或方案,首先要有明确的标题。预案或方案的标题可分为全称式和简明式两种,而又以全称式居多。凡由单位、事由、文种三要素构成的为全称式,由事由、文种二要素构成的为简明式。前者如《共青团委员会庆祝澳门回归大型文娱活动方案)、《市公安局刑侦分局特大案件侦破方案》;后者如《工程建设方案》、《战役作战方案》。其中,“单位”即施事主体,也就是重大活动,重要工作的组织、承办者,多为机关、团体、单位或其下属的基层组织。“事由”即具体的工作内容,活动事项。“文种”即“方案”。无论哪种标题方式,都应力求简明、准确,使人一目了然。

第二是署名落款。与计划、总结等应用文体不同的是,方案既无须在标题中表明所属时间范畴,又不完全是将生成时间放在文末,而大多是将其列在标题之下、正文之上的特定位置。其标注的内容和方法也因预案、方案而有所不同。一般地讲,以"方案"出现的,不另行署名,只需注明什么时间什么会议审定、通过或什么时间经谁批准即可;凡是以"预案"出现的,则既要署明是谁草拟的,又要注明是什么时候草拟的,以示负责和便于查考。

第三是正文部分。无论预案或方案,其正文部分大都由以下两部分构成:

第一部分是导言或引语。要求简明扼要地交代预案或方案制订的目的、意义和依据,一般是以"为了……,根据……,制特订本方案",或"根据……,为了……,特别定本方案"的惯常形式来表述的。这是预案、方案生成的基础,一定要有,否则,就失去了制订的意义和依据,就是盲目随意的,就不可信,不可靠,不可行,因而一定要抓住要害和实质将其简明扼要地表述清楚、明白。

第二部分是方案的基本内容。这部分主要包括以下三个方面:

首先是基本情况的交代。诸如重大活动的时间、地点、内容、方式、主题、主办、协办单位等。其中,时间、地点、方式等应具体明确;"内容"要概略,精当;"主题"不等于标题,也不等于主要内容或活动本身,而是活动的目的、意义、价值的集中概括表述。如纪念"一二·九"活动的主题不是活动本身,而是弘扬"一二·九"精神,激发爱国主义热情;庆祝澳门回归活动的主题是振奋民族精神,增强民族自尊心和自豪感。如果是重要工作的预案或方案,基本情况的交代也可以是工作的时限、范围、对象、内容和重点。总之,这部分内容一定要有,但又必需从实际须要出发而或多或少,或轻或重,或详或略地表述,切忌千篇一律。

其次是对相关活动、相关工作按阶段或进程作具体的部署安排。这部分包括各进程、各阶段工作的内容、基本任务目标、主要措施手段、步骤做法、相应的安排和要求,包括人、财、物力的组织安排和部署等等。从总体上说,也就是要写明在什么时间,多大范围内由哪些人做哪些工作,采取什么方式于何时做到哪种程度。这是方案的核心内容所在,也是方案价值、功用的集中体现,是方案制定者素质、能力、水平的集中体现,要求既具体详尽又严密可靠,使之既具可行性又便于操作,要做到主次分明,张弛有度,得体自然,以求最大限度地确保工作或活动的顺利开展,确保方案目标的圆满实现。

再次是对相关问题的处理与解决办法。重大活动的开展,重要工作的推进,涉及的问题必然是多方面的,诸如组织领导、人员经费、财力物力的安排,有关矛盾和问题的解决等等,都是不可避免而又至关重要的,虽然没有纳为主体内容,却是实现目标完成任务的基本前提和重要保障,务必将其处理、解决好。

由于预案、方案是针对重大活动、重要工作而言的,需要通过郑重审定并由众多的人来参与实施,其可靠、可行与否直接影响全局,直接关系着社会、经济效益,因而就给其写作带来了难度,对撰制者提出了特定的要求。作为预案或方案的撰制者,必须不断地加强政治理论和相关业务知识的学习,熟悉党和国家的方针政策和相应的法律法规;懂得运筹帷幄和科学管理;具有较高的政策理论水平,较强的组织管理、统筹协调和决策指挥能力,具有驾驭全局的相应能力和水平;必须熟悉了解情况,善于洞悉全局;必须具备一定的语言文字基础,具备较好的口头和书面表达能力;必须有认真负责、严谨求是的科学态度,对其全面构想,反复论证,精心组织,准确表述;必须思路开阔,思想活跃,知识广博,具有很强的事业心和高度的责任感。离开了这些,是很难搞好预案、方案撰制工作的。

工作报告工作总结谈*

"报告"、"工作报告"、"工作总结"本是三个不同属性的文种，却有人从理论到实践都将其混淆了起来，以至于一些颇有影响的教科书也出现了"总结报告"的提法和将"报告"与"工作报告"、"工作总结"混为一谈的情形。显然，这是一个值得探究的问题。

应当指出，在实际工作中，"报告"、"工作报告"、"工作总结"这三种文体均客观存在且运用广泛。"总结报告"却并非是客观存在的书面文体，只是在口语中才偶然有"听作总结报告"或"听了的总结报告"的说法，其称谓并不科学。由于"报告"具有"向上级机关反映情况，汇报工作"的基本功能，"工作报告"是机关、团体、组织负责人在各级各类代表大会期间报告前一阶段工作情况、安排部署后一阶段工作的专用文体，"工作报告"与"工作总结"又同属机关事务文书范畴，三者都以书面形态出现在机关、团体、组织和企事业单位的日常工作中，在一定程度上运用大致相同的基本手法，有着部分内容相同、适应面宽、适用范围广、使用频率高等相似点，因此极易混淆。但是，这毕竟是三个并不相同的文种，其区别点主要表现在以下几个方面：

一、性质任务不同。"报告"是法定公文，无论是《国家行政机关公文处理办法》还是《中国共产党机关公文处理条例》，都对其做出了适用于向上级机关汇报工作，反映情况，提出意见或者建议，答复上级机关询问的明确规定，其功能十分确定，不允随意更改。"工作报告"和"工作总结"则属机关事务文书中的"准公文"，尽管两者都要通过对过去工作的总结回顾来肯定成绩，找出差距，但是，工作报告的任务主要在于明确以后工作的目标、任务，并力求通过法定程序的报告和审议来求得认可，以便有效地动员、组织人们为实现新的目标而奋斗。工作总结的目的则重在总结成功的经验和失败的教训，为以后的工作提供有益的借鉴和启示。显然，两者不但与"报告"有着性质、任务上的根本区别，而且有着功能、作用

---

* 载《秘书》1999 年第 2 期。

上的明显差异。事实上,这也正是三种文体各自独立、各具品貌的根本原因所在。

二、范围、对象各异。从适用范围上讲,“报告”的适应面较宽,工作中的新情况、新问题、新思路、新做法、新变化、新成就,凡是需要让上级机关了解或掌握的,都可以用“报告”;工作中有好的意见、建议,需要向上级机关反映,以期得到采纳的,也可以用报告;答复上级机关对相关问题的询问仍然是用报告。“工作报告”则一般只用于各级各类代表大会开会期间报告某一时间范围内的工作,尽管也有综合性、专题性报告之别,前者如历届党代会上中央委员会的工作报告、历届全国人民代表大会上国务院的政府工作报告,后者如历届人大代表会议上财政部门的财务预决算及其执行情况的报告,人民法院、检察院负责人的工作报告等等,但较之“报告”又相对狭小一些。如果与“工作总结”相比,其适用面就更小了。因为工作总结既可适用于个人,也可适用于机关、团体或组织;既可适用于一年半载较长时期的工作,也可适用于十天半月较短时间范围内的工作;既可适用于单项工作,也可适用于综合性强的多项工作。从对象上看,“报告”只适用于下级机关、团体、组织对上级机关团体组织;“工作报告”则适用于上级领导干部对下级干部,或机关、团体、组织对权力机关亦即代表大会的所有代表。一个上送,一个下达,两者的行文对象不同,方向也正好相反。“工作总结”则既可上送,也可下发。

三、写作内容有别。虽然“报告”的内容因类而异,但无论哪一种报告,都得写明报告的内容是什么、为什么和怎么样,并重在对所汇报的工作、反映的情况、提出的意见与建议、答复的询问进行成因与状况的深入分析,以便为上级领导机关的决策提供可靠的依据或参考性意见。“工作报告”的内容则主要是三方面:一是对过去工作的回顾与评价;二是对现状的分析与判定,对未来的认识与展望;三是对今后工作任务、目标、措施、办法和要求的明确,对今后工作的安排与部署,其重点在一、三部分。“工作总结”虽然也要对过去的工作作回顾、评价,并指明今后努力的方向,但其侧重点却不在今后,而在于既要充分地肯定过去的工作和成绩,准确地找出问题和差距,更要从中很好地总结出成功的经验和失败的教训,总结出带规律性、具指导意义的东西来。虽然三者都涉及工作的情况和做法、问题或意见,但相比之下,“报告”和“工作总结”的这些内容就比“工作报告”要具体详尽些。同样是对未来的反映,“报告”只讲明动态与趋势,“总结”只讲明目标和方向,“工作报告”则既要讲明目标任务,又要讲明措施办法和做出的安排与布置,相比之下,“工作报告”又比“报告”和“总结”要具体、实在得多。此外,“报告”是就已经发生或正在发生的情况向上级领导机关或主管部门汇报反映;“工作报告”是就已经结束的工作做回顾评价并对将要开展的工作做部署安排;“工作总结”则是就已经开展过的工作作回顾、分析和评估。可见,在三种文体中,除已经开展的工作或发生过的情况大体相同之外,其他内容和全文的侧重点是有明显差异的。

四、写作手法不一致。第一,在时间范畴上,“工作报告”是以年或届为时间单位生成的。“工作总结”则一般不跨年,多以年为最大时间单位。“报告”则无固定的生成时间,多为据实而定,应需而生,所涉及的时间一般都较短。第二,在表达方式上,由于报告的基本目的在于向上级机关陈明情况,汇报工作,提出意见或建议,让其了解或把握,因而只能是就报告内容做客观、简明而准确的概述,即将何时何地、何人何事、何因何果等基本要素交代、清楚即可。即便是提出意见或建议的报告,也只需就其基本缘由作扼要介绍、陈述,无需作详尽介绍和具体深入的分析、研究,因为它毕竟不是调查报告或专题工作研究,基本表达方式仍然只能是概述而不是细叙。然而,作为“工作报告”,由于它是当众讲的,听众就是报告内容的施事主体或参与执行者,如果过于概略,很容易导致报告内容的空洞化和简单化,从而埋没过去的成绩、掩盖存在的问题,挫伤积极性,或者难以使人明确以后的任务目标、措施办法,进而影响和阻碍工作的顺利开展。因此,“工作报告”既要回顾、报告,又要安排、部署工作;既要充分肯定成效,明确指出问题,又要冷静分析形势,提出任务目标,讲明措施办法;既要冷静客观地报告工作,又要满怀热情和信心地展望未来,宣传动员;既要讲明是什么,又要讲明为什么和怎么样,所采用的完全是一种定性与定量相结合的详细叙述的方法,从总体上看,其内容要比报告广泛、具体、详尽得多。至于“工作总结”,由于其最终目的在于总结经验教训,所以它运用的是一边介绍工作情况、内容和做法,一边分析评议、总结经验教训的夹叙夹议的表达方式。第三,在结构上,由于“工作报告”是当众讲的,且涉及的时间长,内容多,撰写时不得不考虑其现场感和听众的精神状态与情绪,因而往往前有序语说明祈请,中有呼告关照维系,后有结语宣传鼓动,通篇前呼后应,饱含激情,既大大缩短了报告人与听众间的时空、情感距离,又增加了亲切感,营造了现场气氛,增强了说服力、感染力。而这恰好是报告和总结在一般情况下所不具备的。第四,从语言角度看,由于“报告”是上行的法定公文,“工作报告”和“工作总结”是机关事务文书,三者适用的对象、范围、场景不同,因此带来了语体色彩上的差异。“报告”属公文语体,行文力求准确而简明,用语严肃而庄重。“工作总结”属实用文语体,其功能作用决定了它具有简明、平实、自然、随和的风格特征。“工作报告”却不同,它既大量使用政治性词汇或术语,与政治问题、思想认识问题密切相关,并具有相应的系统性、严密性,用语庄重严肃,逻辑思辨性强,表现出鲜明的政论语体色彩,又措辞简明、准确,行文饱含激情,富于很强的宣传鼓动性,展示出独具特色的语言风貌。

总之,就“报告”、“工作报告”、“工作总结”而言,它们在基本内容、适用对象、使用范围、功能作用等方面均有许多相同相似处,有的甚至是基本一致的。但是细加分析比较,却又不难发现它们在性质任务、对象范围、内容写法上的诸多差异,是三种独具品貌特征的不同文体,无论在理论研究还是在实际运用中都应当将其严格地区分开来,以便正确有效地发挥其功能作用。

从“条例”看中国公文规范之规范*

《党政机关公文处理工作条例》本是中央办公厅、国务院办公厅新近发布的党政公文制作与管理运行之规范，其间却存在制发规范、语法逻辑、功能揭示等多方面的严重缺失，有一些值得研究探讨的问题，应当使规范首先规范并带头引领规范。

近读《中共中央办公厅、国办公厅关于印发〈党政机关公文处理工作条例〉的通知》(以下简称《条例》或《通知》)，异常欣喜，因为这是大家盼望已久的大好事。本想写点欢呼赞颂之词，却发现了一些不规范不科学之处。恰逢中国公文研究会在杭州召开学术年会，学术无禁区，加之品性和责任使然，便选定了这个题目。当时因公务繁忙，没能成文，虽然在会上只讲了要点，却引起共鸣，深受鼓舞。今将其写出来，既是探讨交流，也是尽责尽心，还望抛砖引玉，助推公文事业的发展和社会的文明进步。

一、规范中的不规范

一是《条例》第九条第一款中明文规定:“涉秘公文应当标注份号”，以前的规范也是这样的。然而，不是秘级公文的《条例》却标注了份号，不知是何缘由，也难于理解。如果是疏忽固然不应该。如果是因为《条例》颁布在前，执行在后，可以不受此约束的话，显然也不应该。因为本来就是规范，颁发发的目的就在于规范，为何会颁发者在颁发时不规范，不身体力行，令行禁止呢？无论如何都讲不过去呀！

二是印行《条例》的《通知》未能按规范要求使用一条与版心等宽的红色分隔线，而是沿袭旧制，在分隔线中加进了红五星，沿袭的是以前的老规范。显然，这是违背《党政机关公文格式 GB/T9704—2012》之相应规定的，很不应该。

---

* 载《四川职业技术学院学报》2014 年第 2 期。

三是印行《通知》的主送机关包括了党委、政府和军队,后面的管理规定中却并未说明军队公文之原有《条例》怎么处置,显得不周延。此外,“解放军各总部”与“各大单位”是何关系?尽管这已经是我们党内文件的惯常用语,但合语法、合逻辑吗?即令发文机关能读懂,可这是普发文件,其他人能理解、能读懂吗?至少有指代不明和简括不准之嫌。

四是《条例》第九条规定了“密级“和”紧急程度“的标注方法,却没有明确由谁依据什么来确定“密级”和“紧急程度”。这不应该,也很容易导致混乱,同样显得不严密,不完善。

五是《通知》和《条例》的印制都未严格遵守每页22行,每行28字的印制规范,印的是每行26个字,犯的同样是出尔反尔,规范者自己带头违反规范的低级错误,很不应该。

二、规范中的语法逻辑问题

一是用词不当。《条例》标题为“党政机关公文处理规定”不合适。应当将“处理”改作“管理”,因为“管理”属上位大概念,“处理”只是管理中的一种行为方式。后面的第七章标注的是“公文管理”,这无异于向人们表明“处理”中包含“管理”,显然是违背逻辑的。

二是用字不当。《通知》中“请遵照执行”的“请”字用得不当,与上级机关,法规性公文的应有态度不符,虽然显得谦和有礼,却失之庄重和审慎严肃。

三是语序不当。《条例》第一条中的“科学化、制度化、规范化”不合逻辑,宜调序为“制度化、规范化、科学化”,以此形成递进式逻辑关系。这与《中国共产党党章》和包括十八大报告在内的很多文件中关于党的建设的“先进性、纯洁性”应当表述为“纯洁性、先进性”同理。

四是搭配不当。第二十八条一款中的“行文依据是否准确”搭配不当,宜改为“行文依据是否充分可靠”。

三、规范中的残缺失当

一是“公报”是以前的行政公文中没有,党内公文中才有的文种,《条例》中却未明确其使用主体,这是否意味着行政机关单位也能使用“公报”呢?显然不是,只有党内才使用公报,行政公文中使用的相应文种是“公告”,因而是使用主体的界限不明。

二是对“报告”这一文种的功用揭示尚不到位。因为随着时代社会的发展进步,作为社会生活中有着巨大功能效应的公务文书,为了更好体现、发挥它特有的社会功用,发展的基本趋势应当是最大限度地满足其社会功能需求。在这个前提下,文种以越少越好,让大家易学易记,以提高效能效率。如果每一文种的功能越强大,文种也就会越少。因此,作为上行文种的报告,还当赋予其下级机关向上级机关提出意见或建议的这一功能,以作上级机关的决策或参考依据。实际工作中需要,历史上的国家公文中也曾赋予过报告以这样的职能,客观上也不会构成其他负面效应,应予恢复。

三是“请示”还当具有请求批转、请求解决的功能。其间,“请求解决”应当是客观存在,惯常使用的,无须赘述。不知《条例》为何将其去掉了,应当恢复。“请求批转”则是一个有争议的问题。有的认为“请求批转”当放进“通知”中,至少在党政部门的实际工作中这样处置的情形较为普遍。有的则认为当属于“请示”的一种类型,即“请求批转”,应当用“批复”来处置。笔者是赞同批转之说的。因为从作者看,文种的使用者仍然是下级机关;从事由讲,是请求批转,带有厚重的请批色彩,与请示的功能相同。请求指示、请求批准、请求解决、请求批转当是同类性质的问题,理当同样处置;就行文目的而论,也是请求上级给予批复,具有“请批的性质”;从请示的内容看,也是重大的,不能自己决定,需要得到上级认可、同意才能运行的,而且是要在更大范围内运作实施的,所以当用“请示”和“批复”与之对应,当用“请示”而不宜用“通知”。

四是将“会议纪要”改作“纪要”虽无大碍,但将其定位为“记载会议主要情况和议定事项”就不妥当了。因为“纪要”不是“记录”,也不该写成“记录”;“记录”不是,“纪要”却是公文。因而也不应当将出席、列席、主特人等属于“记录”范畴的会议基本情况详尽写进“纪要”(目前党政部门的会议纪要如此处置者甚众),而只能用概述的手法交代会议简况,使之与“纪要”名实相符。事实上,“会议纪要”的存在不是为了“记载会议主要情况和议定事项”,因为这是属于“会议记录”的功能,要这样定义的话,“会议纪要”就与“会议记录”没区别,没存在之必要了。其实,“会议纪要”的功能主要在反应、发布会议情况,固化会议成果,传达贯彻会议精神,使大家了解会议情状,理解会议意图,很好贯彻落实会议精神,让会议能真正见到成效,收到应有的效果。因此,笔者认为,《条例》对“会议纪要”的功能定位是错误的。

五是第九条第十三款中关于署名用印的相应规定的表述有两大问题。其一是这样的表述很不严密,逻辑关系不清,容易出问题。因为本条第十一款对“署名”的规范是:“当署发文机关全称或规范化简称”,并未规定哪种公文可以不署名。既如此,就不存在不署名、不加盖印章的公文。换言之,即普发公文也该署名用印。既然如此,这项规定也就没有实质意义,纯属多余了。此外,“特定标志”是何含义，凡统一印制的都算么？若真这样，哪个机关单位的“发文机关标志”又不是事前印好属特定的呢？更何况何谓“普发”？面向谁，发到什么程度才是“普发”，才可以不用印呢？如若印有发文机关标志的都算普发的话，还会有多少公文用印？若真是这样，岂不导致假公文盛行么?！其二，“电报”不是公文，不应当纳入公文规范范畴。即便是以电报形式拍发的公文，也应当是公文而不该是电报。因为无论哪种情形，电报都只能是公文运行的方式或所借助的一种工具，并非公文本身。因此，“电报可以不加盖印章”的规范既不严密，也是不合逻辑的。

六是对文件销毁的问题应当集中在同一条款中讲完讲清，而不应该放在前后两条中来分别表述。其中，第三十四条说的是“涉密公文”的清退和销毁；第三十五条是先讲“不具备归档和保存价值的公文”的销毁，然后又讲的涉密公文销毁问题的，显然欠当，给人以支离破碎之嫌。既然都是讲文件销毁的，为什么要分成两条来讲，不合二为一呢？同样是涉密公文的销毁，为何不将其归结在一起来讲完讲清之后再表述非涉密公文的销毁呢？这当是起码的条理层次和逻辑关系处置问题。

四、规范中的问题探究

一是“公告”与“通告”的区别是人为的，实际运用中很难把握。其原因在于二者的区别很小。其一是适用对象的性质与轻重有别：“公告”的适用对象是“重要事项或法定事项”，“通告”则适用的是“应当遵守或者周知的事项”；其二是适用范围不同：“公告”是“国内外”，“通告”是“一定范围内”，有范围大小之别；三是使用方式上有异：“公告”是“宣布”，“通告”是“公布”（这里还存在用词不当的问题：按理，无论从适用对象还是范围看，都是公告用“公布”，”通告”用“宣布”似乎还更贴切些）。这些区别显然不大，没太大的必要，因为一般人很难区分，也没有甚至不愿去区分它，因而导致无论是日常工作还是社会生活，无论是民间还是报刊之类的媒体，在发布“一定范围内应当遵守或者周知的事项时都基本使用的是“公告”而不是“通告”，而事实上也未影响其效应。因此，在实际运用和教学中，也常常是花费很多时间精力都很难讲清楚，很难让大家理解并反倒遭遇“为什么要这样来区分它”之诘问的。更何况这样做也不符合当今信息时代信息社会快节奏生活之特性和理当删繁就简，提高效率的特定要求，完全可以考虑合并，不做这种没有多大实际意义的无谓区分。

二是“意见”的功能定位失当。因为，从行文方向上看，“意见”是下行文，其适用对象当主要是“重大工作”而不当是“重要问题”。其职能作用当是“安排部署工作”，而不应当是“提出意见和建议”。因为“意见”除安排部署工作外还要讲明这些工作该怎样做，不该怎样做，要做到什么程度，满足什么要求等等，以便人们很好地执行和贯彻落实。这就使“意见”带有了对工作的规划计划和安排部署功能。这也是“意见”使用面宽量大，跻身法定公文的根本缘由所在。正因为如此，我们就应当将其功能效用充分地揭示出来，让其在有限的法定公文中发挥其更大效应，这也是减少公文种类，提高相应效能的有效办法，值得提倡与推广。因为与之相同的还有“请示”、“报告”、“函”和“纪要”等多个文种。

三是如前所述，“电报”不是法定公文，不应当纳入《条例》来讨论，更不应该与法定公文对照起来讨论其规范问题。即令是，也当在紧急程度上与法定公文相统一，确定为“特级”“加急”就可以了，无需再加一个没有什么实质性意义的“特提”，让人不知所措，事实上也没必要做这样的区分。

四是第十七条中“党委、政府的部门依据职权可以相互行文”的规定不严密，很容易造成误读、曲解甚至混乱。《条例》所要表明的原意应当是党委政府的职能部门可以在各自系统内相互行文，而不能理解为可以跨大界搞党委政府部门间的相互交叉行文。因为这是一个管理体制机制问题，含糊不得，不能因党政公文合一而改变它。

公文主题词标注的问题与对策*

主题词是法定公文的结构要素。公文主题词标注中滥用、乱用,信手拈、随意编、错乱标的现象十分突出;理论研究中的盲点空白,实际规定中的疏漏均客观存在,已造成诸多负面效应,严重损害其严肃性,不利于提高效率,促进工作和实现公文管理的规范、科学与现代化,应予高度重视和迅速纠正。

主题词是法定公文的结构要素之一。无论党内还是国家机关行政公文相应管理规定的"公文格式"一章中都做出了公文应当标注主题词的明确规定。《国家行政机关公文格式》及其《条文释义》和《国务院公文主题词表》中还对其间的诸多问题做了详尽而周密的阐释,充分表明了其庄重严肃性。然而,在实际运用中仍存在诸多问题,值得高度重视和认真探究。

一、公文主题词标注中存在的问题

目前,在公文制作,特别是企事业单位、社会团体、基层组织的公文制作中,主题词的标注错谬百出,但主要的是以下两大问题:

(一)乱用、滥用主题词

或许是未接受过正规培训的缘故,一些公文制作者似乎根本不知道公文主题词的基本功能和用法,也不知道中共中央办公厅和国务院办公厅的相应规定,因而出现了两种情形:一是该用的不用。这在向上送的,向下发的公文中都有;二是不该用,没必要用时用了。这主要表现在下行和内部运行的公文中。一些单位并没实施公文的计算机管理,却在内部或下行、平行公文和机关事务文书中赫然标注了主题词。当然,如果标注是正确的,即令未实现办公自动化,有这种意识和行为习惯应当是好事,问题在于养成的并非好习惯,而是错误做法,这就有可能造成浪费,引起混乱或谬种流传,产生诸多负面效应,因而不能容许。

---

* 载《国际汉语应用写作学会第八次学术年会论文集》,中央文史出版社 2007 年版,合作者为赵耀。

（二）错标、乱标主题词

由于不少公文作者既不懂得如何正确标注主题词，又想偷工减料赶时髦，自然便出现了第二种倾向性问题，那就是错用乱标主题词。这又集中表现在以下三个方面：

一是信手拈。即从公文标题中随意拈出几个自以为很重要的，与上级文件看上去差不多的词来凑数。其指导思想是管他对不对，只要有就行，总比没有好。比如：××学院向上级呈送了一份请示，由于其标题是《××学院关于原××学校"继续教育基地"更名的请示》，于是便将其主题词标注成了：

继续教育基地　更名　请示

一份某学院《关于明确行政各部门、图书馆、学报编辑部工作职责的通知》，其主题词是：

明确　职责　通知

一份《××学院招生就业工作专题研讨会纪要》的主题词也是：

招生　就业　专题　研讨会　纪要

不光一般的企事业单位，就连党政部门也犯类似的错误。一份《××省教育厅关于做好2003年度高等学校专升本工作的通知》，其主题词便是

高校　专升本　工作　通知

××省教育厅《关于下达成人教育选招小学骨干教师就读专科计划的通知》的主题词也是：

下达　选招　计划　通知

××省教育厅、发展计划委员会联合下发的《关于下达2002年小学教育大专班招生计划和生源计划的通知》的主题词是：

小学教育　专科　招生计划　通知

就连《教育部关于印发〈普通高等学校图书馆规程（修订）〉的通知》的主题词也是：

高校　图书馆　规程　通知

显然，这不是个别现象。除去不懂得主题词的功能作用、标注规范之外，更直接的原因就只剩下赶时髦，省事省力了。实际上，这是一种极不负责任的做法，事实上也等于做无效而有害之劳动，是一种只追求"形似"而不讲求"神是"的形式主义作风。

二是随意编。这种人或许还知道主题词不能信手拈，需要郑重编，但却不知道该如何正确编制，又懒得学，于是便硬性编。殊不知好心人犯错误，画虎类犬、弄巧成拙，这同样是不可取的。诸如，一份《××学院关于同意产业后勤管理办公

室下属部门临时负责人享受正、副科长待遇的批复》,姑且不论其他,其主题词是:

产业后勤办　下属部门　负责人　批复

一份某新区管委会《关于印发〈××学院新校区建设协调会纪要〉的通知》的主题词是:

印发　学院　建设　纪要　通知

此二例均既带有"信手拈"的意味,但又不完全是,还明显地带有"随意编"的痕迹。更典型的是一份《关于印发〈××市委常委、市委宣传部长×××同志在2005年全市普通高考电视电话会上的讲话〉的通知》,其主题词为:

印发　　高考　　通知

不能否认,作者是下了一番功夫编的,既用了惯常的"信手拈"的手法,又并非简单地完全照搬,而是来了一番"概括"和"缩略",虽然没有恶意偷工减料,却又实实在在地犯下了"随意编"的错误。

三是错误标。这主要是能力水平与技术处理上的问题,而且往往是综合性的,表现形式也较多:

有的是位置不对。如《××省教育厅、××省发展计划委员会关于下达2002年小学大专班招生计划和生源计划的通知》,其主题词便错误地标在了正文下"反线"之下:

主题词:小学教育　专科　招生　计划　通知

抄　送:省财政厅、省公安厅、省招委,各市州教育局,招委

有的是方式出错。将各词组挨着排,且其间用的是分号或逗号间隔,而不是间隔一个字的位置,是将词间距离拉到了两至三个字的宽度(如前面的"印发　高考　通知"例);还有的则过于繁复,数量上违反了《国务院公文主题词表》中的"一份文件的标引,最多不超过5个主题词"的明确规定;或者是"主题词"标识与内容字体字号一样,不符合《国家机关公文格式》中"主题词用3号黑体字,居左顶格标识,后用全角冒号;词用3号小标宋体字;词目间空1字"的明确要求。

有的是能力、态度和水平问题。上行公文不按要求在国务院秘书局,中共中央办公厅发布的主题词表中选取,自己编制又不能正确选择和使用规范化语词。问题出得最多的是未明辨或弄不清主题词的层级结构。不知道第一层面是"类别词",第二层面是"类属词";"类属词"又包括了"内容词"和"文种词"两个方面。问题出得最大的是混淆了"类别"和"类属"词的界限,把类属词的内容擢升到了

“类别词”层面，从而细化、泛化了“类别词”。这方面的问题实在太多，仅笔者近两年不经意地收集到的这类问题文件就达百份以上，简直是难以枚举，理应引起主管、主办部门和相关人士的高度重视。

二、公文主题词标引问题的对策

通观公文主题词标注的各种问题，不难发现其成因主要有三：

第一是认识态度问题。对于法定公文主题词的规范标引，中共中央、国务院办公厅是20世纪80年代初就有明文规定的，虽然也有办公条件，管理手段等方面的客观原因，但认识不足，重视不够，没能认真严肃对待，稀里糊涂，浑浑噩噩，有的甚至持简单应付态度，未能认真学习和很好贯彻执行却是根本所在。有的甚至还将其斥之为形式主义的东西，没能看到它在强化公文管理，实现办公现代化，提高工作效率方面的积极效应，没能认识到这是公文管理规范化、科学化、现代化的迫切需要，严格地讲，也是一种执行力不强的表现。

第二是能力水平问题。这主要又源于对公文制作的相应规范学习不够，既术业不精，又不懂装懂；主管部门也没能认真地组织必要的培训，公文制作者的业务素质、综合素养不高，能力不强，水平不高，简单的能处理，稍复杂一点就驾驭不了。

第三是管理问题。一是主管主办部门管理不严，有的听之任之，因而愈演愈烈，愈错愈甚；二是管理工作中有盲点空白，未能考虑到基层单位，特别是社会团体，企事业单位的特殊性。对党政机关和与之类似、近似的群团组织，中办国办的规定是适用的，理当贯彻执行；对于社会团体，企事业单位而言，工作性质、内容的特殊性决定了其公文内容和主题词标注的特殊性，因而不能简单地一刀切。在“两办”的相应规定中，对下行文、内行文的主题词标引与使用没能从实际需求出发，实事求是地表明不做统一要求，甚至连这方面的基本意向也没有。理论研究有空白，实际规定不严密，这自然会让人无所适从或盲目跟进，画虎不成反类犬，于是不伦不类，面目全非便不可避免。

基于上述原由，特提出如下管见：

1. 加强培训、注重规范，切实解决好认识、素养问题

各级公文的主管主办部门应加强对党政机关、人民团体文秘人员的培训，使之充分认识主题词标引的价值意义和功能作用，真正学会并弄清主题词标引的方式方法和技术规范，很好具备这方面的相应知识和技能水平，明确这方面的管理要求，端正其工作态度，把相关人员的思想认识问题解决好，为主题词的正确有效标引，为法定公文的规范化、科学化、现代化管理奠定良好的思想认识基础，创造

可靠的前提条件。

2. 区别对待、分类处置，正确严密地制定标引规范

众所周知，主题词是用于揭示公文内容，便于公文检索的规范化词语，标注主题词的基本目的是“为适应办公现代化的要求，便于计算机检索和管理公文”，终极目标是实现公文管理的现代化、规范化、科学化，方便工作，提高工作效率和效益。一切措施办法、制度规范都是为此服务的，在不影响这个总体目标的前提下，什么样的措施办法都可以采取。因此，笔者认为，主题词的标注可分以下三种情形来区别对待，分类处置，使之更科学更具可操作性。

一是在党政机关（含人大政协）和人民团体的公务活动中，凡具有党务政务效应的机关单位的公文，无论是上行还是下行的，都应一律统一到中共中央、国务院办公厅的制文规范和主题词表上来，不得例外和有误，以求统一规范，提高效率，充分发挥其价值功用，卓有成效地促进推动工作。

二是对工作有特殊性的企事业单位、社会团体制作的公文，凡上行至党政机关、人民团体，与党务、政务发生直接关联的，一律遵照党政公文主题词标注的相应规定执行，以求统一规范；凡在内部或同类别同性质之单位间运行的，可本着有条件能执行党政公文主题词标注规范者照章执行，无条件或暂时不完全具备条件者力求尽可能统一规范的原则处置；确实选不到恰当词目者，可按照按党政公文主题词标注的统一规范和要求自行创编主题词。

三是企事业单位，社会团体内部运行的公文，在没有实现办公自动化，以计算机管理检索公文以前可以不编制不标注主题词，待条件成熟时再予启动和运作，以免造成诸多麻烦和人财物等方面的巨大浪费。

3. 建立机制、强化管理，充分发挥其应有效用

无数事实表明，公文主题词的标注问题严重，积弊较深，绝非简单处置或一朝一夕就能一蹴而就，必须引起各级公文的主管主办部门的高度重视；必须加大管理力度，促进确保主题词标注乃至整个公文制作管理的规范化、科学化。主管主办部门都应该加强这方面的督促检查，好的表扬，差的批评，必要时还可从体制机制入手，将其作为公文和行政管理的内容之一纳入目标管理统一考核，使之能真正规范有效地运作，充分发挥出应有效应。

［**注释**］

中共中央办公厅，中国共产党机关公文处理条例，1996. 5. 3；国务院，国家行政机关公文处理办法，2000. 8. 24

韩英，现代秘书学，青岛出版社，2002. 3，269 – 275 – 297

韩英,现代秘书学,青岛出版社,2002.3,292
韩英,现代秘书学,青岛出版社,2002.3,297－291
中共中央办公厅,国务院办公厅
韩英,现代秘书学,青岛出版社,2002.3,297

中国公文标准化建设管见*

中国内地公文目前尚存在类型、体系、法定差异和使用中的诸多问题,尽管有其历史、现实和主客观方面的各种原因,却与时代、社会,党和国家地位、形象、使命极不相称,与科学发展要求,与党政军管理,与社会经济发展极不适应,甚至影响阻碍工作,造成很大负面效应。当打破现有的党、政、人、军四大体系同时运行的基本格局,建立起统一的国家标准,以求统一认识、统一体系、统一标准、统一规范,消除相应弊端和负面影响,更好发挥其特定效用。

引言

关于我国的公文建设,近年中已有不少专家学者从历史到现状,从宏观到微观,从理论到实践进行了相当广泛的研究,提出了不少建设性意见。但从总体上看,这一研究仍存在着关注党政公文多,整体把握少;研究区别差异多,整合统一少;指出问题弊端多,提出建设性意见少的“三多”“三少”现象,因而显得整个研究不够系统深入,未能引起决策管理层的应有重视和积极响应,所做努力收效不大,不能不引起高度重视,也迫切需要做出更多更大努力。正是基于这样的认识,本文特提出中国公文的标准化建设命题与大家共同探讨。

一、基本问题

(一)概念范畴

本文所讨论的是中国的公用文书,而非他国的公用也非中国的私人文书,也不包括港澳台地区的公文。

讨论的重点是法定公文,这并非意味着机关事务文书不是公文,也并不意味

* 载周荣主编国际汉语应用写作学会第十次学术年会论文集《信息化时代应用文写作理论和教学的改革与创新》,2011 年,获中国公文研究会学术成果一等奖。合作者为刘琼英。

着机关事务文书不该统一规范，不存在相应建设问题，而是认为首先应当从法定公文建设抓起，以此引领、指导机关事务文书建设，使之逐步统一规范。

所谓标准化建设，是基于公文属社会公共品，而任何公共品都是有制作规范和检验检测及监控标准的，否则便很难得到公认，很难在社会生活中通行，自然也就难以发挥其效用，因此，才有了相应公共品的国家和国际标准。

所谓公文标准化建设，也就是要在公文的生产制作和运行检测等方面形成科学规范的，经过国家权威职能部门认可，得到大家公认，能与国际接轨，能有序有效运行实施的中国公文的国家或国际通行标准。

（二）主要问题

1. 类型问题

法定公文：

中共中央办公厅1996年5月3日发布的《中国共产党机关公文处理条例》（简称“党内《条例》”）

国务院2000年8月24日发布的《国家行政机关公文处理办法》（简称“国家《办法》”）

中央军委1992年3月30日制发的《中国人民解放军机关公文处理条例》（简称“军内《条例》”）

全国人大常委会办公厅2000年11月15日修订发布的《人大机关公文处理办法》（简称“人大《办法》”）

2. 体系问题

由于国体、政体原因，目前我国的公文是多种体系运行：

一是法定公文与机关事务文书并行；

二是法定公文内多种体系并行：“党内《条例》”，“国家《办法》”和“人大《办法》”“军内《条例》”等在系统内按规范运行的“规范运行体系”。机关团体和企事业单位与上级党政军机关、人大、政协机关对口行文时使用的“准规范运行体系”或“参照运行体系”。

几大体系运行并无不妥，问题在联合或交错运行时让人无所适从，很难准确把握。

3. 法定差异问题

这主要指的是党内、军内《条例》和人大、国家《办法》中所存在的差异。

一是文种差异：

党内《条例》规定公文为14类14种；

国家《办法》规定为13类14种；

人大《办法》规定为17种；

军内《条例》规定为13种。

不仅有数量，而且有种类和各类文种释义及用法上的相应差别。

二是制式差异。党政公文差距很大。同是法定公文，有的有国家标准，有的无国家标准，极不统一。

三是规范差异：行文规则，制作、办理、管理（包括立卷归档）等差异。

4. 常见错谬

以上问题使得党政机关人大军队的公文草拟，撰制者无所适从，档案管理者无所适从，参照执行的机关团体、企事业单位的公文草拟撰制者无所适从，让从事公文理论研究和教学工作的同志无所适从。更有甚者，是让学习公文处理的众多学子们望而却步，感到迷茫和困惑。因此，实际工作中出了不少错谬：

一是文种选用错误：命令和令，请示与报告不分，请示与报告与函混用乱用，公告通告、公报通报与通知、决定混用，决议决定与意见不分等等。

二是制式问题：密级和紧急程度的标注位置，发文机关标识方式，年份及使用标号，签发人标注位置、标题排列方式与标点使用和上下间距，主送单位的标注位置，正文的层次序号，天头地脚、订口翻口，上行下行文版头所占空间，反线粗细长短与间距，附注与附件的标注位置，署名落款用印与正文的间距和方式，主题词的标注方式与数量，主送、抄送单位的标注方式，印制栏的内容与排列方式，还有字体大小，行距字距，空白页的处理，页面与版式设计，纸张规格，函与会议纪要，公告通告的特殊版式，决议决定的时间标注，印制与装订质量等等，都有不同程度的错误。

三是内容错误。诸如密级与紧急程度的层级，公文标识与代字不一致，公文代字不规范，主送单位的多少与确立，标题与正文内容的详略，附注内容、主题词的选用，主送与抄送单位的选取，印制栏内容的选取，还有引文的详略与准确程度等等。

四是行文关系不当。主要是行文规则方面：报送渠道不规范，上行公文（请示、报告）送上级机关的内设机构；"请示"送上级机关领导个人或多头请示；主送给上级机关的同时抄送给内设机构或下发；不按规定使用上行文格式，标注主送单位，错误标注签发人；报告中夹带请示事项；下行文使用上行文格式，党政交错行文，违规联合行文等等。

五是语言文字修养差。主要是表述不清，详略适当；思维不清，逻辑混乱；套话连篇，言之无物；用语不准，假大空盛行；华而不实，做表面文章；语体文体意识不强，语体风格把握不好等等。

二、基本认识

(一)必要性

从国体政体角度讲:共产党领导,多民族融合统一,社会主义国家,中国特色的社会主义建设事业,实现现代化,建成伟大的社会主义强国的历史使命。损害党和政府与军队的形象,影响决策指挥和执行力,影响公文的效能发挥,影响阻碍工作进程,制约经济社会的发展。

从时代、社会角度考察:经济全球化、政治多元化、时代信息化、社会现代化的特定时代,国际交往的特定的时代背景下,公文的处理效率和统一规范不仅仅是效率效能问题,而且涉及时代社会的进步,涉及党和国家的形象。

从依法治国角度讲:当加快公文运行方面的法制化进程,增强其统一规范性、权威性和制约力,增强执行力和效能效力。

从国际交往多方合作角度讲:应增强公务文书制作的统一规范性和可操作性,加强标准化建设,力求尽快与国际标准缩小差距,接轨统一,做到与时俱进。

无论从哪一角度讲,上述问题都不是一般的运行管理问题,也不是简单的语言文字、形式内容问题,而是关系党和国家形象,影响经济社会发展,影响国际化、全球化进程的大问题。党和国家的地位,党和国家的使命,时代社会的发展,我们所处的国际国内环境都在呼唤着、催逼着我们加快公文标准化、法治化、科学化建设。

(二)基本成因

一是历史与现实的冲突:几千年灿烂文化,公文的悠久历史,封建专制文化,多民族融合统一、多种文字、文化兼包并容,有着50多个民族30多个省市,13亿人口的泱泱大国,发展中国家,汉民族语言文字的丰富性、民族文化的多元性、差异性,区域经济社会发展的不平衡性,都为包括公务文书统一规范在内的很多工作增加了难度,有的甚至形成了障碍或阻力。

二是体制因素:中国共产党领导,多党合作政治协商制度,造成两大《办法》,两大《条例》并行,党、政、人、军体系难以统一。

三是意识观念问题:党政人军的强烈管理、规范意识,使之自成体系由来已久。

三、基本对策

解决这些问题的办法很多,但最根本的是实施我国大陆公文的标准化建设。

（一）统一认识，切实解决好公文管理的思想认识问题

时代社会推进到今天，无论是信息化、现代化、全球化的时代大背景，还是现代化法治化国际化以及科学发展的历史使命，无论是理论研究，还是社会实践，无论是管理还是操作层面都要求我们与时俱进，站在时代、社会、国家、民族需求的宏观高度来更新观念，解放思想，冲破传统束缚，面向世界，面向未来，建立统一规范、科学标准的国家公文管理体系，并将其纳入法制化的轨道，以此来解决好目前我国公文处理中的诸多问题，更好地维护党和国家形象，维护民族利益与尊严，更好地促进推动两个文明建设与经济社会的又快又好发展。

（二）统一体系，切实解决好公文管理的基本规范问题

一是要对我国现行公文做一个基本筛选和外延上的划分，做一个统一的建设规划。首先将公务文书划分成法定公文和机关事务文书两大类别，将四大《条例》或《办法》按照统筹兼顾，求同存异的原则，把其间共同的、常用的上下行、平行公文纳入法定公文范畴，将特有的、单一的、常见的文种纳入机关事务文书（或非法定公文）范畴进行集中统一分类处置和管理，先规范法定公文，再规范机关事务文书，让二者在党和国家的统一管理之下都有相关的基本管理规范，都能更好地运行和发挥相应效用。

二是以标准化建设为目标，从法制建设的角度，将党政、人大、军内的四大公文处理《条例》或《办法》整合起来融为一体，建立起一部我国内地“统一的公文处理法规”，以供全国党政军民各大系统、各级机关、团体、企事业单位遵照执行。

（三）统一标准，切实解决好公文管理的技术操作问题

搞中国公文建设“三统一”：

一是统一文种。

二是统一制式。本着求同存异的原则，力求将《条例》《办法》中属于格式、制式的内容都纳入，使之既丰富，也很具体、详尽和规范，并且要注意与国际通行标准接轨，然后以国家技术监督局的技术监督标准（即国标）的形式颁发，既让人们学习、遵守和执行，又让相关部门监督、检验和规范，使之成为统一的规范的、科学的有效的、权威的国家乃至于国际标准。

第三是统一规则。

新闻写作

新闻写作前言*

近年来,越来越多的高职院校在文秘专业人才培养方案中开设了新闻写作课程,该门课程正在受到越来越多的学员的喜爱与欢迎,正是在这种现实需求的基础上,教育部高等学校文秘专业教学指导委员会在统一组织编写的教材单中给予了《新闻写作》这门课应有的地位。准确地说,这门课程是为文秘专业学员开设的拓宽学习领域与就业渠道的一门专业素质与技能课程。

该教材的指导思想是以专业素养为基础,以专业基本素质为根本,以专业基本技能(能采访、能写作、能评析)为重点,着力培养高素质、高技能的应用型新闻写作人才。

全书由原理篇、技能篇、训练篇构成,共计三篇 11 章。原理篇主要讲新闻采访与写作的相关基础知识、基本理论,解决是什么、为什么,知其然,更知其所以然的问题。技能篇讲采访、写作技能技巧,着重解决怎么做的问题;训练篇则着重培养学生技能,让其真正具备相应能力。每章由学习目标、知识目标、能力目标、内容描述、知识链接等部分组成,既有简明扼要的理论描述,又有相关知识的延伸与范文鉴赏,还有针对性、操作性很强的情景模拟训练与写作实践训练。全书理实一体、内容丰富,具有知识新、范文内容新、评析适当、体例独特实用等特点。

本书由王金星、杜春海任主编,王俊忠、彭雪华任副主编,肖俊、唐颖、胡艳娜、俞红蕾等参与了本教材的编写,具体分工如下:王金星编写第一章、第二章,杜春海编写第七章,王俊忠编写第十章,彭雪华编写第九章,肖俊编写第八章,唐颖编写第五章、第六章,胡艳娜编写第三章、第四章,俞红蕾编写第十一章。

本教材力求吸收相关的前沿性研究成果,参考了诸多文献和书籍,在此一并向有关作者致以深深的谢意!但因我们的水平有限,书中疏漏之处在所难免,敬请同仁批评指正。

---

* 本书系教育高职高专文秘类专业教学指导委员会组织开发的系列教材,由重庆大学出版社 2010 年 8 月首版、2013 年修订再版。

新闻特征谈*

新闻是特殊文体，具有“真”、“新”、“短”、“活”、“广”的特点，且相互联系，有机统一。

新闻是人们公认的一类特殊文体，自然应当有独具品貌的文种特征。从总体上看，新闻有三个层面的特征：一是新闻类文体所表现出的总体特征。二是新闻中各类文体，诸如报道类、通讯类的一些共同品质特征。三是各种文体的具体特征。本文所讨论的是新闻类文体的总体特征。从总体上考察，新闻的特征固然是多方面的，但最突出的可集中概括为“真”、“新”、“短”、“活”、“广”这么五个字。

一、真——新闻的生命

“真”即真实可靠。这是新闻的内容属性，也是新闻的本质属性，它集中反映在新闻的写真人、叙真事、说真话、揭示客观真理上。一般说来，真实有两种：一种是人有户口，事有见证的生活的真实。一种是想起来有，该有、会有，却在现实生活中找不出的艺术的真实。新闻所写的是生活而不是艺术的真实。之所以具备这样的特性，一是因为新闻是事实的报道，而不是未来的写照，事实是新闻的本源。按照辩证唯物主义的观点，事实是第一性的，是基础，是前提。报道是第二性的，是事实的客观反映。作为新闻，当先有事实然后才有报道，没有事实就构不成报道。事实即历史，历史只能取舍，不容虚构。如果事实都不真实便无其他可言了。二是由新闻自身的地位作用决定的。新闻媒体是宣传舆论工具，是党和国家的喉舌，新闻工作是一种面向社会面向大众的信息传播，在社会生活中要起宣传教育、联系沟通、彰扬激励、促进推动等多方面的功能作用，如果不真实，轻者闹出笑话，影响效果，重则影响工作，引发诸多负面效应，危害社会。因而新闻所报道的都必须是真实的人物和事件，来不得半点的虚假和夸浮。坚持真实性是新闻的

---

* 载《社会科学研究》2003 年 11 月号。

生命,正是因为这个缘故,无论国际国内的新闻学界都将是否具有真实性作为了评判新闻好坏优劣的首要标准和条件,作为了新闻工作者所必须奉行的基本准则。

大量事实表明,新闻的真实性集中体现在两个方面。一是新闻反映的基本事实真实可靠。事实的真实可靠又源于构成新闻事实的时间、地点、人物、事件、起因、结果这六个基本要素是否可靠。因为这是构成新闻的基本材料,是构成新闻真实性的物质基础,材料真实是新闻写作的基本要求。二是所揭示的新闻事实的本质要真实、评判要正确。这是新闻工作的根本所在,是新闻写作的高层次要求。从总体上讲,写真人、叙真事、说真话是基础前提,是新闻真实性的具体体现,揭示客观真理是新闻写作的必然归宿,是新闻本质属性的集中反映,后者以前者为基础,前者以后者为归宿,没有事实的真实,便无客观真理可揭示,没有客观真理的揭示,事实便无价值、生命可言,二者是互为表里、相辅相成的关系。只有当二者高度融合统一为有机整体的时候,新闻才将真正成为有价值、有生命力的好新闻。

新闻的真实性取决于新闻记者的认识和态度、能力与素养。因为真实的事实来源于记者的求真务实的品质态度,吃苦耐劳精神和深入细致的采访;对新闻事实本质揭示评判的正确与否,对新闻事实价值意义揭示的深浅、新颖程度取决于记者、编辑的能力大小、素养和水平高低。新闻报道真实与否是一个涉及面很广的综合性问题,绝不能小视和简单处置。

二、新——新闻的本质

新,是新闻的价值意义所在,也是新闻的本质特征所在。新闻的新即过去所说的"快"。其实"快"只表明了时间和采写速度问题,"新"所包含的却不仅仅是时间和速度,还有个意义价值问题。新闻的"新"至少包含了以下三个层面的含义:

第一是时间性。指的是新闻事实从发生到被报道出来的时间要尽可能地短,而且是越短越好。这在西方新闻界有"当天的新闻是金子,隔天的新闻是银子,第三天的新闻是石子"的生动形象比喻。在我国新闻学界也有新闻报道要送鲜花,抓活鱼,而不能搞明日黄花,送死鱼、臭鱼的说法。对此,新闻学界是深有体会、高度重视的,且随着时代的发展,社会的进步,其要求也愈来愈高,现在已由过去的计以时日变为了争分夺秒。其实,从人们的口口相传到由文字传播,从文字书写到印刷复印,从烽火狼烟到驿站传递,从电讯传稿到印刷新闻,再到电子新闻,所有这一切都无不与时间密切相关,无不表明时间于新闻报道的极端重要性。

新闻的时间性一是与信息社会、信息时代人们的生活节奏加快密切相关。在信息社会中，信息是时间、是金钱、是生命，谁掌握的信息越快、越多、越新，谁就是时代与社会的娇子或主宰，反之则会被淘汰。一是与新闻自身的属性特征密切相关，从本质上讲，新闻即信息。写作传播新闻就是生产制作和传播信息，而“易碎性”又是信息产品的根本特性，对新闻而言，如果你抓得不紧便等于不抓，便会使有限的新闻价值昙花一现，在极短的时间内丧失殆尽，这应是不争的事实。

第二是时新性。这主要是指新闻的价值意义问题。作为新闻，首先必须选择鲜活的别人没有报道过的事实，争取写成第一次曝光的独家新闻。即力求新闻事实新。其次是写作手法，体制样式和语言文字上要标新立异，使之具有全新的面目，以便挖掘出深刻而独到的意蕴。第三是主题要新，要尽力报道出新情况、新问题、新事物、新思想、新观念、新经验、新气象、新的价值意义来。其间，事实是内容，是基础，体制样式、语言文字是手段，是工具，价值意义是根本，是“新”的最高层次与境界。新闻的“新”主要就体现在时新性上。

第三是时机性。这主要包含了两个方面的含义：一是新闻记者对新闻，特别是重大新闻的采写要讲时机、讲机缘。因为学有专业，术有专攻，有着明确分工和岗位职责的记者不可能万能，不可能什么都能采访报道，而要受从业范围、地域区限、时间精力、兴趣爱好、职能职责等多方面的制约。记者能采访报道哪些，不能采访报道哪些，既有政策界限、法纪约束，又有个人机遇问题，特别是那些突偶发事件，不是记者天天都能遭遇得上的，更要讲求机遇。二是新闻报道还有个时机问题。由于新闻具有多方面的功能作用，对社会的影响极大，因此，新闻固然要抢，一定要越快越好，但并非千篇一律，发得越快越好，只片面地强调时效性，而是要看价值，讲时机，经过相应的程序审批后才能发稿。要讲究报道时机的成熟与否，报道内容的适宜与否，否则把不该报道的报道了，或不该在此时报道的报道了，不该如此这般报道的和盘托出了，都是不正确或要犯错误的。换言之，新闻固然要求必须新，但新也是相对的，有规定限制的，对那些不宜报道的内容，即令记者抢到了，且来之不易，也不能不讲原则地随意处置，而要学会压，让其适时地发挥出最大的价值效用来。

新闻是否新固然与很多因素密切相关，但最关键的是这样三个方面：首先是意识观念问题。作为一个新闻工作者，意识和观念必须超前，只有意识观念超前了，才能从瞬息万变的现实社会生活中去敏锐地发现和捕捉到新闻事实，才能对问题有全新的认识和感悟，才能写出新的深刻独到的新闻来。其次是还要有一定的才、学、胆、识。“才”是能力、水平问题，“学”是素养基础问题，“胆”是勇气、气魄问题，“识”是经验问题。对记者而言，这几者都是十分重要的，如果没有才、学、识，就不能慧眼识新，写出新颖独到的新闻来；没有胆，就没有勇气和魄力，即令发现了新的东西,也会瞻前顾后,畏畏缩缩,不敢报道。第三是能否出新与角度、方法有关。同样的事物,角度不同,得到的认识与感受自然会不一样,正所谓"横看成岭侧成峰,远近高低各不同"。方法与技巧对头,可以使新闻新上加新,变得十分鲜活灵动,甚至还可以扬长避短,化腐朽为神奇。实质上,这三者所涉及的都是一个作者素养问题,因此,要出新,要求新,加强记者的多方面修养是十分必要的。

三、短——新闻的规律

相对于纪实性的其他作品而言,新闻的所有体裁都是短的,特别是狭义的新闻消息,多则三五百字,少则几十个字,短到了无以复加的地步。可见,短是新闻作品的一条规律,也是新闻写作的一个方向,是新闻的一个重要的文体特征。所谓短,即容量小、篇幅短。全国好新闻评选规定参评作品一般不得超过500字,长了要加收超长费,这大约是一个约定俗成的规矩了。但长与短是相对的,新闻界"长得有理,短得适当"的原则虽然模糊了些,但的确在理。因为新闻载体的容量是有限的,报纸有版面,电台、电视节目有时限,长了媒体无法用,人们也不喜欢看,加之信息时代、信息社会,人们的生活节奏加快,需要储存、处理的信息太多,人的记忆库也有个容量问题,因此新闻需要短。只要在写作新闻时严格选材,舍得割爱,像茅盾先生所比方的那样犹如关卡的税吏似的严得出奇,抓主要事实因素,不面面俱到、贪大求全,不敝帚自珍,并注意锤炼语言,使之尽可能地凝练精警,短是容易做到的。

四、活——新闻的魅力

由于新闻所强调的是事实的报道,因而很容易被视为严肃有余而活泼不足,当作"死板"的代名词。其实,新闻还具备活的特征,只不过这里的活是生动活泼、富于生机活力的含义,这恰恰是新闻的魅力、生命力所在,否则,新闻不可能为人们所喜闻乐见,成为一种普遍存在的社会现象。新闻的这一特征是从以下几方面来展示的:

一是内容上的活。这又包含了三个方面:第一是新闻记者所选的新闻事实本身是鲜活的,有价值意义、颇富生命力的,而不是见事就写,有闻必录。诸如《背起丈夫去离婚》、《丢人三问》、《赔我亲吻权》等等,一看标题便知是值得一读的。第二是记者在写这些新闻时往往并非单纯地就事论事,或一味地平铺直叙,纪实写真,而是深入其中,深究其里,把人与事、情与理有机融合起来,揭示其多方面的深层次含义,做到见人见事见思想、见情景,情景交融,让鲜活的事实更具精气神,真正具有活力。第三是在写作中,作者对新闻事实、内容的取舍是灵活的,是据需而定的，并非时间地点、人物事件、起因结果六要素都要齐全，千篇一律，而是要用有限的篇幅，写出最精彩感人、最有价值的东西来。

二是手法上的活。这一方面是讲并非新闻就只能是一板一眼地写实，搞平铺直叙，如担夫争道之人，一步不敢多走，而是要尽可能地调动各种表达方式、表现手法来把真实的人和事写得生动活泼些、真切感人些。换言之，只要不违背生活的真实，凡是有利于实现这一目标的各种表达方式、表现手法（包括艺术技巧）都可以运用，而且应力求综合性运用，诸如议论、抒情、正面、侧面、分散、集中乃至于人物描写的诸多方法等，使笔调生动活泼、清新流转，从而增强新闻的亲和力、可读性、感染力。另一方面是说新闻在写作手法、体制样式上的灵活性。诸如体裁样式，同样是消息，可动态，也可述评或者其他；又如新闻的标题，是三行还是五行或单行，要否肩、副题；导语是直叙式还是描写式，是叙述型，还是议论描写型等等。再有，同样是新闻事实的表述要否背景，用哪种背景，是集中还是分散，是单个还是拼装组合；同样是结构，是金字塔、倒金字塔还是横式、纵式、纵横交错式。凡此种种，都是可以依据主题表现之需要灵活选取的，而不能僵死地、机械地去认识与处置。

三是语言文字上的“活”，亦即新闻报道要生动活泼。新闻是客观事物的真实写照，尽管这种文体因适应社会需求而有着短的规律，但客观事物本身是鲜活而生动的，因此仍应该在不违背真实性的前提下尽可能调动各种手段将其写得鲜活些、生动形象感人些，而不能片面地理解真实和事实，让新闻走进千篇一律、板起面孔叙事的桎梏。比如，同是对四川恩威公司偷漏税款的报道，很多媒体都只平静地报道了事实，而《南方周末》却用的是这样一个标题：“偷漏税款逾亿元竟成难言之隐，拒绝交纳恩威病岂能一洗了之”。作者巧妙地化用恩威公司自己的广告词形成反诘，又以对仗的形式结题，就显得出手不凡，与众不同，不仅大大增强了可读性，吸引力，而且收到了一箭双雕，一石多鸟的特殊效果。

五、广——新闻的效能

除去上述内容之外，新闻还具有广的特点。所谓广，一是指新闻的取材范围广，凡是现实社会生活中具有新闻价值的客观事物都可以纳入新闻写作的范畴。从大的类别或题材讲，就有政治、经济、军事、文化、教育、卫生、科技、外交等，各个行业、各条战线，各个方面每天都有大量的有新闻价值的新闻事实在不断涌现。在多姿多彩、纷繁复杂的社会生活中，不是没有新闻，关键在于有没有人去发现新闻、去报道新闻，广阔的社会生活无不每时每刻都在滋生着大量的可资报道的新闻，关键在于你有没有发现新闻的才能，这也是新闻事业长盛不衰、越来越兴旺发达的根本原因所在。二是指斯闻的服务对象、传播范围广。三是价值、功效大、适用对象和范围广。作为新闻，可以宣传党和国家的路线方针政策，在社会生活中起宣传、教育作用；可以上情下达、下情上达，传播信息，在国家、政党、人民群众中起联系沟通、桥梁纽带作用；可以彰扬先进、揭露鞭笞社会阴暗面或丑恶现象，惩恶扬善，弘扬正气；可以传播知识，推广经验，对整个社会历史起推动、促进作用。因此，无论东西南北中，工农商学兵，还是从总统到庶民，从将军到士兵，各阶层、各行业的人对新闻都喜闻乐见，雅俗共赏。

新闻的上述特征既各自相对独立，又相互联系、有机统一，共同构成了新闻的特定品貌和巨大功能。其中“真”是内容属性，“新”是本质特征，“短”、“活”、“广”分别为文体、手法、效能特征。从层面上讲，“真”和“新”是内在属性、本质特征；“短”、“活”、“广”是外在属性，表象特征。“真”和“新”是内核、是本质、是新闻的灵魂和生命；“短”、“活”、“广”是手段，是载体，是“真”和“新”的外在形式和表现。“短”、“活”、“广”要为“真”和“新”服务，要完全服从“真”和“新”的统率，“真”和“新”要借助“短”、“活”、“广”来承载和表现，几者是相辅相成，缺一不可的。

关于社会新闻的基本认识*

社会新闻是一个古老而年轻的新闻品类，有广义和狭义之分。社会新闻是一把双刃剑，其功能作用的发挥关键取决于作者写作社会新闻时对新闻事实价值意义把握的那个度，那个会引起质变的临界点。社会新闻具有题材的广泛性、内容的社会性、作品的可读性强等三个内涵十分丰富的突出特征，阅读和写作时应注意把握。

社会新闻是一个古老而年轻的新闻品类。之所以说其古老，是因为它并非人们所说的那样是19世纪30年代"大众化报纸"盛行时期的产物，而是早在报纸产生以前就已经有了，只不过那时只是口头，而非媒介传播而已。这不仅有古代的童谣、民间传说为证，而且还有春秋战国时期史官通过民间采风所写成的《诗经》中的十五国风和而后的《世说新语》、《聊斋志异》、《阅微草堂笔记》等大量成熟而丰富的社会新闻为据。之所以说其年轻，是因为尽管已有着悠久历史，但对其基本认识的争议却较大，真正称之为社会新闻的时间并不长，且至今尚无定论，仍在继续探讨中。因此，本文拟对其谈以下两点基本认识。

一、社会新闻的含义作用

尽管社会新闻已有几千年的发展历程，然而，目前国内的争议首先反映在对其含义揭示的不统一上。在我国，邵飘萍、徐铸成、赵构、宫策、丁世义、甘惜分、徐永平、成鸿昌、赵娟萍、刘志筠、马达生等专家学者都曾先后为社会新闻下过定义，他们或顾名思义，或归纳演绎；或内涵本质，或外延差异；或从传播学，或从社会学等不同的角度切入，展示了社会新闻丰富的内涵属性和众多的外在特征，为我们准确认识、理解、把握这一特殊文种奠定了良好基础。从前辈先贤的诸多启示中，我们似乎应该也可以确立如下的基本观点：

---

* 载《中华教育学刊》2004年第6期。

第一,社会新闻是一类新闻的总称,它可以有广义和狭义之分。广义的社会新闻包罗万象,凡是报道人类社会之事件的新闻体裁都可以称之为社会新闻,诸如历史的、现实的、政治的、经济的、军事的、外交的、文教的、卫生的、治安的、交通的等等,非常广泛。狭义的社会新闻则"是一个从受众的广泛社会兴趣、广泛社会伦理出发,为区别政治、经济、文化等领域性新闻而提出的概念"(胡端宁《新闻写作学》)。据此,我们可以为其下这样一个基本的定义:社会新闻即以体现社会伦理道德的社会事件、社会问题、社会风俗和奇闻逸事为反映内容,以反面警示,正面启发,教育、调节和促进社会发展为基本功能的这样一种新闻体裁。必须说明的是,由于社会新闻具有广泛的社会性,较强的人情味和一定的趣味性,其政治色彩要相对弱一些,故而相当于西方新闻学界所称的"软新闻",但绝不等同于西方社会的那种建立在煽情主义基础之上,以犯罪、丑闻、流言蜚语、离婚、性问题为主要内容,以耸人听闻,增大发行量为基本动机的"黄色新闻"。

第二,对于社会新闻的功能作用,人们也作过诸多揭示,最集中的是胡端宁于《新闻写作学》中所概括的5个方面:

一是匡扶正义,抨击邪恶的道德法庭;

二是普及科学知识、法律知识的大课堂;

三是人们衣食住行的警醒簿;

四是移风易俗的活教材;

五是风土人情的教科书。

其实,社会新闻的功能作用是辩证的,它取决于作者写作社会新闻时所把握的那个度,那个会引起质变的临界点。因为社会新闻中有很多中性的新闻事实,它们是一把既有利又有弊的双刃剑,如果把握、控制得好,那种正面警示、启发、教育、鼓舞,或怡情悦性,增加生活情趣,调节社会生活的功能作用是不可低估的。相反,如果让其越过了临界点,那种煽情、示丑、教唆、诋毁,让人担惊受怕,乃至触目惊心的负面效应也同样不能等闲视之。应当说,目前我国的一些新闻媒介也有些像西方的一样,对这个度的把握并不是很好。常常以社会新闻来迎合人们的低级趣味和庸俗心理,甚至故意夸大阴暗,展示丑恶,以刺激人们的好奇心,借以扩大影响,增加订户,牟取暴利。显然,这种做法应当引起高度重视和严加管束,因为这方面的教训实在太深刻了,我们讨论认识其基本属性和功能作用的目的就在于要扬长避短,以便更好地发挥其在社会生活中的功能作用,更好地促进其发展。

二、社会新闻的基本特征

关于社会新闻的基本特征,目前业界的认识也很不统一。有说内容十分广泛,富于人情味、可读性强的;有强调趣味性、知识性、奇特性、人情味的;也有说是传通性大、民间性强,人情味浓、涉及面广或两栖性强的。可谓有同有异,仁者见仁,智者见智。但笔者以为,社会新闻的基本特征主要体现在以下三个方面:

(一)题材的广泛性

正如众多专家学者所共同论及的,社会新闻的题材是十分广泛的,上至天文,下至地理,历史的,现实的,政治、经济、军事、外交、文教、卫生、科技,社会问题、社会生活、社会事件、社会风貌,大到国际交往、两伊战争,小到婚姻家庭、吃喝拉撒睡、生老病死退、掀天之浪、一物之微,都可以尽收眼底,卷舒眉睫,游走笔端,真正是无所不容,无所不包。因此,人们对社会新闻的分类也很不统一,单从大类上讲,就有将其分成社会道德风尚、社会面貌、社会生活、社会问题、人和自然的奇异现象五类,也有分成生活篇、道德篇、伦理篇、法制篇、风俗篇五类,还有分成6类以至更多的。不仅如此,我们还可以从许多社会新闻的标题中得到印证。诸如,在黎信主编的《外国新闻通讯选评》中,就至少有以下名篇:

《三岁娃娃将被征入伍》

《狒狒大闹普拉默夫人家》

《被俘日本军官、护士结婚》

《奸劫暴力罪案严重法官教妇女使用手枪》

《联合国去年印发文件首尾相连长达二十七万公里》

《名演员白云自杀》

《里根的儿子是一千一百三十万失业者之一》

《他见谁杀谁》

《非洲即景》

在成鸿昌、赵娟萍的《漫谈社会新闻》中也可以找到大量这样的佐证。无须再举,翻开当今的报刊媒体随处可见各类题材、各种风味的社会新闻,其取材范围之广令其他体裁新闻所无法比拟,要是主管部门不加管束的话,一定会更多更奇。

(二)内容的社会性

社会新闻的选题范围虽然十分广泛,却并非可以信手拈来,也绝不是有闻必录,或一味地搜新猎奇,追求耸人听闻的效果,而是具有广泛社会性的。综观诸多社会新闻的所涉内容,其社会性主要体现在:

一是选材标准的社会性。大凡有责任感的记者,在写作社会新闻时都是以社会伦理道德和与之相关联的特定社会层面中的政治原则、人际关系、交往方式、心态特征、社会风貌等为基准,以社会学的眼光来考察和审视报道对象的,因而所写内容都是社会大众所关注的,有的甚至是喜闻乐见的。所表达的基本情感都是社会生活中相关的爱与恨、褒与贬,如果离开了社会属性,社会新闻就自然会失去其应有的价值功能和生存土壤,也就不成其为社会新闻了。

二是广泛的传播性。由于社会新闻具有广泛的社会性,因而其社会的认同度高,很容易引起社会的广泛关注,人们往往会口传心授,以最快的速度让其在同事、亲朋好友中传播开来。有的事件即令媒体不报道,人们也会以口口相传的方式让其迅即弥漫开来。一个基本事实就是:假如市区一旦发生抢劫案、强奸杀人案、火灾、恶性交通事故等,很快就会传遍全城,引起人们的高度关注、特殊警觉乃至于极度恐慌。相反,对于某个上级领导视察工作,或市上召开什么大会,除去媒体报道,圈内人士知情外,人们很难用口口相传的方式让其迅速家喻户晓,尽人皆知。因此,广泛的传播性也应当是内容社会性的集中体现,是由内容的社会性决定的。

三是民间性强。这是社会新闻广泛社会性的又一个集中体现,因为从来源渠道上考察,社会新闻大都植根于民间,取材于民间,在一定程度上还是社会生活的晴雨表,它能很好地折射出世间的人情冷暖,世态炎凉,使人产生心理上的接近性或认同感。因此,相比之下,较之其他,社会新闻的读者面要宽广得多,人们对社会新闻的理解和接受也要容易得多。

(三)作品的可读性

大凡社会新闻,其可读性一般都是很强的,这主要又集中体现在如下三方面:

一是趣味性浓。社会新闻所报道的新闻事实大都故事性强,具有曲折生动的情节,有的甚至还一波三折,奇特诡谲,具有很强的吸引力,因而人们大都喜闻乐见。有的甚至不需要读正文,一看标题就情不自禁,爱不释手了。诸如:《母亲改嫁女儿送亲》,《市长选举虱子主持》,《背起丈夫去离婚》,《女青年奉命陪酒丧生》,《赔我亲吻权》等等,很适合大众的消费口味。因为社会本来就是多姿多彩的,萝卜白菜各有所爱,作为为大众服务的媒体,自然也不能成天板起面孔说教,或一味地故作高深,只有阳春白雪,而无乡间小调。这就好比毛泽东同志在50多年前就批评过的那样:“报上也总不能天天都讲上甘岭,讲讲丈夫蜜月也可以嘛!”试想,如果社会新闻的趣味性不强或根本不具备趣味性,人们会那么关注、喜爱它,会那么自觉自愿地去传扬它吗?

二是知识性强。人们之所以喜欢社会新闻,除去趣味性浓之外,还有一个原因,那就是知识性强,而且很多社会新闻是将趣味性、知识性融为一体的,使之显得十分高雅可人。这种情形往往又集中反映在一些报道民情风俗或奇异的、超凡脱俗、振聋发聩的新闻事件上。比如《饭后服整支人参身亡》,《一“男性母亲”生育“袖珍”胎儿》,《现存的母系氏族村落——落水村》,《黄鼠狼偷鸡有绝招》等等。

人参本是滋补品，怎么反倒置人于死地？“男性母亲”生育胎儿，这不违背常理吗？在现代文明的社会主义大中国，咋还有原始的母系氏族村落？这些看似荒诞的奇闻逸事，一旦读过报道之后，不仅都能找到答案，而且还会从中学到许多相关的，有的甚至是很好的科学知识。至于《赔我亲吻权》这种过去闻所未闻的“奇谈怪论”，却教给了我们人身权利的相关知识，让人从惊异唏嘘甚至欣喜中反思和学会运用法律武器来保护自身的合法权益，充分认识到增强法制意识建立法制社会的重要性。在读了《黄鼠狼偷鸡有绝招》、《大象报仇十年不晚》、《死了两年的人回来了》等看似诡谲、荒诞的报道之后，人们自然是惊叹，原来世界竟如此之奇妙！所有这些，都应当说是社会新闻所蕴含的知识魅力。

三是人情味足。这是社会新闻可读性强的又一体现。然而，人所共知的是，“人情味”这个词曾一度在中国被视为洪水猛兽，让人哭笑不得。其实“人情味”本是国产货，在汉语中就是同情心的意思。然而，在英文中却为“Humaninter”，即人类兴趣之意，而“interest”还有“利害关系”、“利益”的意思。因此，这正如麦克道格尔在《解释性报道》一书中所说的：“正如人类兴趣——促使我们怀着同情与关怀的感情了解远离我们的社会中所发生的人民生命财产遭到损失的消息”。显然，这就把人情味与社会新闻的兴趣性有机地结合起来了。正是基于这样的认识，不仅许多国内的社会新闻中有了浓厚的人情味，诸如《背起丈夫去离婚》、《我的丈夫我的蜜月》、《大姐的婚事》、《刘大娘的57岁生日》、《英雄邓昌贵过生日》等等，而且在西方国家的社会新闻中也不乏这方面的范例。诸如《狒狒大闹普拉默夫人家》、《被俘日本军官、护士结婚》、《他睡在桥梁桁上》等等。不仅如此，美国《太阳报》的主编查尔斯还在《太阳报》开辟了“人情味”故事专栏，每天刊登一些从社会各方面采集来的人情味浓的社会新闻，其中，《他睡在桥梁桁上》报道的就是一个只有1.7米宽的大桥横桁上躺着一个男人，下面是湍急的流水，那男人睡着了，正在值勤的巡逻警察见此情景却不敢呼喊，因为怕他惊醒翻下桥去，于是警察就在横桁下面蒙上保险网，用绳索套住那男子的脚，然后才把他叫醒，那人醒来后却不以为然地说：“啊，很愉快，睡得很香甜。”这个故事虽然发生在西方资本主义国家，其人情味却是多么的浓啊。之所以如此，是因为社会新闻本来就是以社会生活的主体——人为关注之主要对象的，因此，其人情味浓自在情理之中，也很容易得到读者的认同与接纳，这大概也就是社会新闻在东西方都历史悠久且长盛不衰的根本原因吧。

社会新闻写作*

社会新闻因题材广泛而种类很多，可以从不同角度，以不同标准分出不同类别。社会新闻的写作应注重思想性、坚持严谨性、考究趣味性。

社会新闻是以体现社会伦理道德的社会事件、社会问题、社会风俗和奇闻逸事为反映内容，以反面警示，正面启发、教育、调节和促进社会发展危机本功能的这样一种新闻体裁。他虽然是社会大家族中的一个古老而年轻的品类，却有着题材的广泛性、内容的社会性、作品的可读性等突出特点，有着匡扶正义、抨击邪恶、传播科学知识、丰富调节人们的社会生活，为人们增添生活情趣、怡情悦性、警示、启发、教育、鼓舞人们等多方面的功能作用，是一个特殊的、指的珍视的新闻品类。除去充分认识其功能特性外，对于他的写作，有以下问题值得研究和探索。

一、社会新闻的分类

这是一个与写作密切相关的问题。由于社会新闻的题材广泛，因而与之相应的类别也是多种多样的，人们可从不同的角度，用不同的标准将其分成不同的类别，但基本的是这样一些分法：

（一）以内容为标准

这已有好几种情形。一是成鸿昌、赵娟萍在《漫谈社会新闻》一书中以社会学标准分出了生活篇、道德篇、伦理篇、风俗篇共五类；二是新华社北京分社主编的《中外新新闻知识概览》分的是社会道德风尚（如婚姻、家庭关系、邻里、伦理关系等）、社会面貌（如公共秩序、风俗习惯、风土人情、思想情操等）、社会生活（人们的衣食住行、福利待遇、业余生活等）、社会问题（就业、青少年教育、妇女问题、交通事故、民事刑事案件等）、人和自然的奇异现象（地震、火山、特异功能、气候变化等）五类；胡端宁在《新闻写作学》中分的六类与之大同小异，只是提法上有区别

---

* 载《中国教育学刊》2004 年第 8 期。

而已。

(二)以形式为标准

社会新闻并非绝对独立的文体,并非只能以消息形式来反映,它也可以用通讯、调查报告、读者来信、特写、报告文学、深度报道等多种形式来反映,来承载。

(三)以品位、格调为标准

由于社会新闻有一个自身面貌,社会功能作用问题,因此,可以根据其品位格调分出以下三类:

一是时代和社会生活气息强烈的上乘之作。诸如20世50年代的《"梁山伯"结婚了》;60年代的《鄂伦春族的第一名大学生》;70年代的《"光棍堂"引来四只"金凤凰"》;80年代《钢琴入农家初奏致富曲》;这以后的《拾款七十万丝毫不动心》、《背起丈夫去离婚》、《公公为儿媳找婆家》、《赔我亲吻权》等等,都从不同的角度反映了时代和社会生活的新气象、新风尚、新理念,能让人从中清晰地感受到有力跳动的时代脉搏。

二是能为读者开阔视野,增加知识,增强辨别力,陶冶情操的"伴音类"。诸如《戒赌鞭炮》、《死了两年的人回来了》、《喜马拉雅山发现裸体野人》、《现存的母系氏族村落——落水村》、《一"男性母亲"生育一袖珍"胎儿"》等等。时代气息虽不那么浓烈,却反映的是一些新奇的事物,能给人以新鲜感,能满足人们的好奇心,调节人们的生活,起社会、时代的"伴音"作用,为广大人民群众所喜闻乐见。

三是格调不高,甚至很低级庸俗、近乎黄色、宣扬低级趣味甚至凶杀、强奸、抢劫细节、教唆人违法犯罪的垃圾类。特别是当今的网络新闻中有不少这样的社会新闻,应当引起人们的高度警示和社会的普遍关注。

二、社会新闻的写作

社会新闻之写作,涉及的问题是比较多的,各家各派的认识很不统一,需要着重强调以下四点。

(一)注重思想性

社会新闻的写作必须注重思想性,这既是基本的写作原则,也是基本的写作要求。之所以强调这一点,是由社会新闻的社会属性所决定的。既然其社会认可度高,传通性大,民间性强,加之又有品位格调的高下之别,两栖性强,因而其社会影响面必然大,社会功用十分明显,因此必须把思想性放在首位,以保障其对社会的警示、启发、教育、促进和调节作用,有效地控制和避免其消极的负面效应。

思想性的内涵首先体现在四个符合上。即要符合普遍真理,这就是马列主义、毛泽东思想、邓小平理论、"三个代表重要思想";符合党的路线、方针政策;符合社会主义的法制要求和道德标准，符合广大人民群众的根本利益。选材一定要有正面的价值效应，写作时不能搞纯客观主义或自然主义描写，要使之尽可能地上档次、高品位。

思想性还体现在社会新闻写作的明确目的上。对于社会新闻的写作目的，李普在《〈社会新闻的价值——中国近代十大社会新闻〉序》中讲得十分精当。他说："我以为今日的社会新闻，主要的也无非是两大类：褒和贬。褒，讴歌时代精神，表扬好人好事，歌颂高尚行为和情操。诸如助人为乐和舍己救人；抗拒腐蚀和奉公守法；改革和创新，开拓和进取，以及有胆识骏马、无畏护良才等等都在内。贬，揭露坏人坏事，鞭挞违法违纪事；以权谋私、道德败坏，固属为舆论所不许；多年养成的左视眼，反映小农经济的红眼病，更应当在大众遣责之列。"（《中国近代十大社会新闻》，团结出版社 1993 年版）对此，必须认真坚守之。

注重思想性，还必须深入挖掘，将新闻事实的本质和社会意义挖掘出来，与写作的目标很好地统一起来，千万不要华而不实，做表面文章，听到风就是雨，捞起半截就开趟，浪费了资源。或者被表面现象所迷惑，弄巧成拙，让好心人犯错误。或者品位不足，立意不高，把高尚的社会生活搞成了简单而低下的哗众取宠，甚至于追腥逐臭，庸俗粗鄙，那就是大错特错了。

社会新闻的思想性还取决于作者的思想道德素养和认识事物的能力水平，取决于作者的敏锐性和表现力，因此，要写出思想性强，价值品味高的社会新闻，作者的修养十分重要。

（二）坚持严谨性

对于社会新闻的写作，除去注重思想性之外，还要坚持严谨性，以认真负责的态度，一丝不苟的精神，来做好其相应环节的工作。这主要涉及了以下几方面：

第一是深入采访，这是写好社会新闻的基本前提。因为社会新闻发生在社会的最底层，发生在社会的各个不同的角落，有的甚至还特别隐蔽复杂，加之其往往是以街谈巷议、道听途说的方式传递出来的，具有一定的虚假性。这就要求记者一定要深入其里，运用恰当的、良好的技巧方法（包括隐蔽采访的方式方法）去弄清事情真相和原委，去查勘核实过程与细节，以便做出真实而准确的报道。而不能人云亦云、偏听偏信，或蜻蜓点水，浅尝辄止，甚至于迷失了方向。

第二是严格选材。作为社会新闻，可写的对象很多，选取哪些来报道，一定要按照时代、社会的需求和广大人民群众的利益要求来严格选材。凡是正面的，积极可靠而又有用的大胆选取，凡是格调不高、意义不大的果敢舍去。如果会产生诸多或强大负面效应的则要坚决摒弃，毫不含糊。

第三是反复核实，力求准确无误。千万不要被表象、假象所迷惑或左右，千万不要因为粗心而引发新的社会矛盾或问题。云南某报报道农村送礼风盛行,给人造成很大压力,一农民不堪重负愤而自杀的事,本来是针砭时弊的好文章,却因为把县名搞错而引起该县领导的强烈不满。该报还因报道某学院一女大学生未婚先孕而又与事实有出入引起该学院领导的强烈抗议。近年中,或许是因为浮躁的缘故,类似这样的名人笔墨官司时有发生,有的还因此带来了很大的麻烦。其间自然也包括了用语措辞的分寸把握,余地预留等态度或技能技巧方面的问题,如果是隐蔽采访的方式不对,还可能招来安全隐患,酿成杀身之祸,因而要引起足够重视。

(三)考究趣味性

社会新闻自然要讲求知识性、趣味性,以增强可读性、传通性,更好地发挥其特殊的功用。但使用中一定要郑重选择,要看实际需求,不要过于集中使用,一味地追求趣味性,给人一种不慎重,不严肃的感觉。这其间一是要把握好分寸,把握好度,不能为了趣味而趣味,因为味精虽好,放多了也伤胃口。二是格调、品味要高,不能把低级庸俗的内容写出来,破坏了总体效果。最好是把知识和趣味性、思想性三者有机地结合起来,并让其发挥到极致,真正写出人们喜闻乐见,能启示教育、引导指导、鼓舞促进人们积极向上的上乘之作来。

从“实时”与“失实”报道中看新闻教育之使命*

近年来,新闻报道中因“实时”而“失实”的现象越来越多,其成因复杂,危害既多且大,值得社会各界高度关注。新闻教育界应当抓住教师队伍建设这个源头,学生素养素质教育这个根本,业界人员道德法纪教育这个关键,社会公众新闻素养教育这个要害,力求从根本上促进这一问题的有效解决。

近年来,新闻报道中出现了一种令人啼笑皆非的难堪景象,那就是“实时”与“失实”报道的同时存在。一方面,各类媒体适应信息社会快节奏之需求,于缩短新闻事实发生与被报道出来的时间,给受众以最新最好新闻方面做了大量艰苦努力,给受众提供了越来越多的实时报道,给人们以极大的振奋鼓舞和慰藉;另一方面,失实报道也越来越多,且愈演愈烈,并由此引发了诸多负面效应乃至于诉讼之虞,不能不引起新闻与新闻教育工作者的高度关注。

一

实时报道也称现场报道,亦即所做的与新闻事实的发生过程同步的报道。其好处一是让新闻事实与受众零距离接触,使之最快地获得新的信息和认识感受,目的在突出新闻的时新性;其二是有如把受众带进现场,让他们去听去看去想,去感受浓烈的现场气息,给人以如临其境,如闻其声的真实、亲切感,使之显得更加真实可靠可信;三是既可以真实地反映新闻现场的情况,又可以做深入的采访挖掘,还可以做相应评析,使之既显得生动活泼,更吸引人,又具一定力度和深度,具有更强的启示和教育鼓舞作用。正因为如此,实时报道已成为众多媒体竞相推崇的报道方式,也深受人们的喜爱。如果从严格意义上考察,实时报道主要有两类情形,第一是同步传送,现场直播。这在重大活动中是常见的,诸如北京申奥成功的庆典场面,中共十六大的开幕式,庆祝红军长征胜利七十周年大型庆典以及同一首歌,春节联欢晚会,重大体育赛事等等,为了突出其热烈、喜庆气氛和满足人

---

* 载邱沛篁等主编《四川新闻传播教育发展论》,四川大学出版社 2012 年版。

们的热切期待心理,也为了让人有现实的真切感受,往往采用的便是现场直播的特殊方法,效果非常好;第二是现场新闻或目击报道,也称参与式报道。这种方式虽然是一种事后报道,并非严格真正意义上的"实时"。但是,由于作者是置身其中,深入其里所作的现场采访报道,是作者目击的正在发生的事实。记者观察采访的时间与新闻事实发生的时间过程基本或完全同步,因而也给人以刚刚发生,正在发生,十分真实,毫无疑虑,甚至十分投入的"实时"感受。因此,人们往往也将其纳入实时报道范畴,诸如中央台的"新闻调查",新闻联播和媒体广场,新闻30分中的许多节目,还有四川电视台"今晚10分","新闻现场",遂宁电视台的"新闻零距离",以及报刊上的诸多这类报道,都是深受人们欢迎和喜爱的。

顾名思义,失实报道则是一种与事实不符的虚假报道。这在现实社会生活中也有两种情形:一种是无意失实,即作者不是主观故意,而是由于工作疏忽或采访不深入或者是被假象蒙骗而造成的。另一种则是有意或故意失实。记者为了达到某种目的,一是不顾事实真相,只选取于己有利的部分来加以报道,对不属所好的则弃之不管,由此导致不真实,不客观不公正的报道,从而混淆了视听;二是歪曲事实,蓄意造假,把新闻报道搞成了一种策划,一种为达到某种不可告人之目的手段,这类新闻往往是作者导演甚至编造、炒作出来的假新闻。前者如曾经四川一家电视台关于某学院"抛弃"学生的报道,由于记者的本意是想为"抛弃"的学生讨公道,塑造自己和媒体的良好公众形象,因而便只听取了学生的一面之词,大肆渲染了学生无助无奈的凄惨景象,诸如求助无门,露宿街头,市长热线,记者关注,学校遮掩,学生愤激等等。根本未深入调查了解事实真相,甚至连采访的学校某部门的负责人都是假的。所谓学校名字也是听学生说是这家学校,于是把牌子拍下来将学生和工作人员叫到一家饭馆里"采访"的。而且不顾被采访者的一再声明,根本没弄清其中的来龙去脉和复杂缘由,甚至连学院的负责人是谁都没弄清楚,更没采访就匆匆报道了,由此导致了报道严重失实,学校投诉,不得不终止报道,赔礼致歉的结果发生,这还算是侥幸的。蓄意乃至恶意造假的也在增多,搞的常常是主题先行,特别是对先进集体和个人的报道,有的就是记者编导出来的,也有恶意贬损别人者。最典型的莫过于2002年10月9日许多媒体纷纷报道的《歌迷献保时捷杨钰莹花容失色》。当时人们都信以为真,几天后看到《武汉晨报》刊登的《某报策划行动"搞"杨钰莹》时才恍然大悟,得知这完全是某报记者因在机场采访遭到杨钰莹拒绝之后而恶意编导的报复性假新闻,献保时捷的歌迷和其他的歌迷全是记者或记者请来的"演员",这自然是非常过分的了,已经完全违背了新闻报道的宗旨和基本道德准则。

二

引发失实报道的原因和危害是多方面的。就原因讲,有媒体单位也有记者个人的。从单位角度考察,一是未能形成强有力的监控机制,把关不严,未能养成良好道德风尚,风气不好,让这些不良现象有了可乘之机;二是实力不强,心术不正,动机和目的不纯:要么搞噱头,哗众取宠,以此来扩大影响,提高知名度;要么为金钱计,以此牟取利益。三是管理问题:目前许多新闻单位采用的是"计件"打分制,让记者以作品计分,按分定收益。这种管理办法和机制使得记者成天想方设法寻找得分加分机会,为"稻粱"谋。一些记者见利忘义,失实报道便不可避免,记者与媒体名利双收。其间也不乏管理者把关不严,或放纵所致。从记者角度看,除去体制、机制使然之外,则一是作风不实,怕吃苦,不愿深入采访更不愿做连续深度报道,往往听到风就是雨,捞起半截就开趟,显得很浮躁;二是有职业习惯,为了突出新,为了猎求奇,为了引起相关效应,为了抢先抢眼而没有顾及其他,为了"实时"而"失实";三是素质水平不高,难以透过现象看本质,求得新闻本质意义上的最高层次上的"新",甚至于被表面现象虚假现象所蒙骗或迷惑。此外,还有一点新闻单位与记者共同的,也是深层次的、实质性的原因,那就是职业素质不高、职业道德、品质缺失,把自己的成就与欢欣建立在别人的痛苦乃至于冤屈之上,为时效性而牺牲了真实性,这自然是人所不齿,难以容忍的。

就危害而言,一是损伤当事人的利益,可以让被报道的个人或单位身败名裂、倾家荡产,甚至从此缺乏基本诚信,处处受人指斥,难以在社会上立足;二是歪曲事实,颠倒了黑白,混淆是非,让社会更复杂,让人真假难辨,从而引发诚信危机;三是扭曲损害了新闻媒体和记者的公众形象,也直接、间接地损害了党和国家的形象;四是为社会平添几多乱子,破坏影响了安定团结与和谐稳定,违背了媒体和记者的职业道德和宗旨。因此,绝不能对此掉以轻心或漠然置之。

三

实时报道与失实报道所引发的思考是很多的,有思想观念与管理层面,也有技术操作层面;有社会的,也有新闻媒体的;有单位的,也有记者个人的,很值得人们关注和反思。但我们更关注的是新闻教育层面的,因为管理制约固然重要,且行之有效,但毕竟是治标之策,难以从根本上解决问题,最好的办法是标本兼治,且重在治本,从教育方面着手。

从新闻教育角度考察,窃以为当做出以下努力:

首先是抓好新闻专业教师队伍的建设这个源头。因为学校是新闻工作者的摇篮和理论的前沿阵地,百年大计,教育为本,教育大计,教师为本。让其具备良好师德师风、职业道德和专业文化素养,于教学中从理论与实践的结合上明确实时与失实报道的基本内涵与外延、基本界限与要求,充分认识学生职业道德建设、专业素养提高的重要性,率先垂范,为学生当好榜样,树好楷模,以避免因理论上的模糊和教学上的失误而带来学生出身社会后之实践中的盲从偏差与失衡失范。

其次是抓住学生思想认识、道德观念教育这个根本,使之具有良好的政治思想品质、职业道德风尚、专业技能素养,具备过硬的实时报道本领和敏锐的是非判别能力,充分认识实时报道的价值意义、要害关键和失实报道的现象本质、危害恶果,使之能正本清源,从思想上筑起防止报道失实的坚固堤防,在尔后的工作实践中不但自己不做,而且能自觉勇敢地与失实报道的不良行为作毫不妥协的斗争。因为现在的学生即未来的新闻生力军,抓好对他们的教育就等于固本,等于切断失实报道之源流,对未来新闻事业的健康发展是大有益处的。

第三是抓好新闻从业人员的道德品质,法纪教育这个关键。对现有从业人员于治理整顿的基础上进行岗职培训、继续教育,让其专题研讨失实报道的现象与成因,充分认识其严重性与危害性;对其进行职业道德、职业品质、职业法规、职业素养、职业技能方面的专项教育,真正提高其政治思想觉悟、政策理论水平与职业道德、职业技能方面的素养。从思想、品质、作风、技能、采写、编辑制作等方面来全方位地把好失实报道关。使之明确失实报道在道德法纪上应负的责任,明确新闻报道准则、规范新闻报道行为,防微杜渐,尽力避免和减少失实报道,从根本上杜绝恶意的失实报道现象,以求彻底改变失实报道的现状。

第四是抓住社会公众新闻素养教育这个要害。目前,人们对新闻媒体、特别是敢为人们讲真话、鼓与呼的媒体的信任和依赖程度是比较高的。有关调查表明,人们一旦遇到问题首先是找媒体,其次才是找公安。由此也带来了两大误区,一是媒体和记者借此树立自己的公众形象,扩大影响力,提高知名度。少数媒体和记者则利用了人民群众的这种心理而见利忘义,越过临界点,突破道德防线而干起了类似前面提到的助假造假筹划。一些素质不高的民众也利用媒体和记者的这种心理来达到个人通过正常途径难以达到之目的,于是你来我往,不方的方点,不圆的圆点;于我利者报道,反之则不管,甚至刻意回避,蓄意剪辑。由此带来新闻报道的失真失实,造成相应纷争和诉讼,有的甚至动辄以向媒体和记者报料或曝你的光来要挟,使本来客观公正的新闻报道失公失衡,给本该平静祥和的社会生活平添许多波澜。因此,完全有必要加强社会公众的新闻素养教育,使之明确真实性是新闻的根本属性,是新闻的生命所在,使之真正认识新闻报道在社会生活中的地位作用,认识新闻媒体和记者所应当具备的道德法纪准则,以及违背这些所具有的巨大危害,进而增强防范意识,自觉抵制新闻造假和失实报道,维护好社会的和谐与安全稳定,使失实报道真正失去生存的环境条件和土壤。

文学鉴赏

辛弃疾《摸鱼儿》浅识*

南宋词人辛弃疾的《摸鱼儿—更能消几番风雨》是很多人都熟知的。古往今来，许多文人墨客、专家学者都倍加赞赏，作过为数不少的评析，他们大都认为作者运用借喻和比兴寄托手法抒发了对南宋王朝艰难处境和前途的深深忧虑和愤慨哀怨之情。按照传统的审美观念，这自然是不无道理，无可厚非的。然而，假若以现代审美观来审视一番，就会有主题的概括不够全面准确，艺术手法的判定太囫囵、武断之感。

诗词属文学艺术范畴。对文学艺术的欣赏，传统美学注重语言文字的分析，讲究发掘字词本身的意义，顾及时代背景、艺术手法，现代美学观念则侧重于诗词中的情感因素、意象分析。因为，按照符号论美学和发生认识论观点，语言虽然是人类表情达意的工具，却并非万能，它不可能把人们对客观世界、事物的认识、感受都准确、全面地表达出来，而必须借助情感表达的中介符号——意象来完成。由意象组成一个个的情感概念，再由一个个情感十分丰富的意象组合成艺术品。由此，意象也就成了情感表现系统的基本单位，成了文学艺术作品内在情意在形象的统一体。诗词是情感艺术，我们自然可以从中挖掘出很多表情达意之意象来。比如，在这首《摸鱼儿》中，作者展示的意象就有“风雨”、“春”，“花开”，“落红”、“芳草”，“画檐蛛网”、“惹飞絮”、“蛾眉”、“买赋”、“舞”、“依危栏”、“斜阳”、“烟柳”等等。

那么，什么是意象？对于词中的这些意象该作何解释呢？

现代美学认为，意象是情感的基本单位，是表现性符号体系的情感概念。

“意”即意义，指人的情感；“象”即形象，指客观事物。所谓意象，也就是融进了人的情感的物象。由于她融进了作者的情感，因而既不是原有的表象，也不是单纯的语言符号，而是超越了字词本来意义，超出了原物状态、性质、关系及其物

---

* 载《四川师范学院学报》（哲学社会科学版）1991 年第 4 期，发表时用的笔名“金星”。

理意义,内涵十分丰富的情感表现单位。根据格式塔心理学美学观念,艺术鉴赏的目的就在于运用联想、想象等各种手段尽可能地将其所蕴含的深广意义挖掘出来,填补出作者留下的艺术空白。

众所周知,辛氏的这首词写于“淳熙己亥”,当时,词人已届不惑之年,本应风华正茂,踌躇满志,却因统治者的昏庸腐败和自己的官场失意,遭受排挤而愤愤不平,抑郁苦闷。国家和民族之大势已去,自己的宏愿付诸东流,再也经不住几番风雨了。正因为如此,作者开首一句便是“更能消几番风雨”,真可谓自身遭遇的真实写照。因为一个“消”字,本是经受之意,这里却引申为折磨、打击了。从表面上看,词人是写经不住自然界风雨吹打了。实际上,“风雨”是作者首先展示的一个比兴意象,其客观再现意义是个人、国家和民族所遭遇的政治风浪和战争祸殃。透过这个意象,我们仿佛可以看到当时那国破家亡、外寇横行、豺狼当道,一派凄风苦雨中,民生凋敝、正当年的作者心力衰竭,难以自持的景象。此时此刻,此情此景,词人与广大拼死挣扎的人民一样,是多么怀念春、希望得到温暖啊!然而,“匆匆春又归去”,多么令人失望哟。

很显然,这里的“春”不是指自然界的春天,而是一个比兴意象,她至少融注了这么两方面的内容:一是日朗天清、人民安居乐业、国富民强的社会春景;二是指自己风华正茂、横枪跃马、驰骋疆场、率众抗金、深受拥戴和宠幸的黄金时代。既如此,词人又怎能不对春产生深深的眷恋之情呢?不仅如此,作者还于此采用因果倒置的特殊手段把美好春光已经匆匆逝去放在后面,以图立定基调、突出经不住折腾、打击的主体意象。有了这个基点,“惜春”也就自不待言,而且往往会更甚了。由于怜惜春天,便很自然地常常担心花开得太早太快;希望她开得晚一点,四季常青;开得慢一点,绚丽永存;希望国家和人民(包括自己)都永沐春光、幸福温馨。现在,既然风雨无情,落红遍地,勃勃生机被扼杀,美好春光、英雄男儿,宏伟抱负,伟大国度被摧残、破坏,你我他羸弱的国家和民族能承受得了吗?我要奋斗,国家和人民需要温暖,春天啊,你留下来吧!哪怕是时间短暂一些也好。面对严酷的现实,作者通过寄情花开花落的自然规律,用近乎乞求的口气,将自己惜春,留春的情感准确、细腻、坦诚而又强烈地表达了出来。为了强化惜春留春(惜留交融)效应,词人几近斥责了:难道你没看见,从眼前到祖国的每一个角落都是青青春草、勃勃生机,都是春心春情和春意,你能回去得了吗?好一个天涯芳草,不仅增强了惜春怜春效果,而且将个人对幸福、美好的希求扩衍到了国家民族的每一个地方和成员,很好地表现和深化了词的主题。然而,春似乎不解人意,也并未体谅词人的心境,居然还是无声无息地悄然离去了,剩下的只有那大献殷勤的蜘蛛、仍在那看似富丽堂皇的房檐上吐丝结网、拈花惹絮,希望能将美好的春光留下来。谁知良愿难从,留给人们的,只有满腔愁绪和哀怨。这种看似感时伤春的抱怨,实际上是对国破家亡、壮志难酬的现实处境的哀怨,词人不是于南渡之后曾力主抗战,写过《美芹十论》、《九议》等奏章、与一些仁人志士殷勤地进行过一番以抗金救亡为根本目的"惹飞絮"么?但这一切又有什么用呢?因此,这里的"殷勤"、"惹飞"、"絮力"实际上与词人的献计献策、积极抗金是异质同义关系;"画檐蛛网"是一个比兴意象,借指表面强大的南宋王朝,其间所包容的像外像不是字面意义所能包容得了的。

由是观之,在上阕中,作者主要是由现实对春景的感受对春的怀念、怜惜和追求;由对美好时代生活的眷恋到为之努力奋斗、竭力挽留;再由理想破灭(春之逝去,厄运难以挽回)回归现实,油生出对现时的悲悯怨恨之情。虽然落脚点在怨,却是不得已而为之,其主要目的还在于通过借喻手法和比兴意象来突出对春的怜惜、怀念和挽留,抒发对国家强盛、人民幸福,个人抱负得以实现的向往和执着追求之情。下阕的"长门事,准拟佳期又误"看似突兀、疏远,实际上既是上阕情感的延续,又是借喻手法的再用,只不过其间有一个相应的跳跃而已。既然留春徒然,现实只能令人怨憎,那么,物极必反,统治者也许会正视现实,意识到自己的过错而任贤用能,让我们奋起抗金吧?看得出,词人对统治者是曾抱有很大希望的。然而,"佳期又误",受重用展宏愿的幻想竟完全破灭了。是什么原因导致这种结局的呢?面对现实,词人不得不进行反思,于绝望中寻求答案。"蛾眉曾有人妒"便是苦苦思索之结果。"蛾眉"在古代常常指美女,美女往往令人羡而生妒,但与词人何干呢?原来词人曾率五十余骑冲入敌阵,于戒备森严的千军万马中处决了叛徒,策动反正,名震四方,皇恩垂宠之后又挥毫泼墨、写过洋洋洒洒的诸多奏章,为抗金驱寇、收复中原、奋发图强献计献策。如此锋芒毕露,尽得风流,能不遭人嫉妒、憎恨吗?因此,"蛾眉"显然是借喻,作者藉此作为自身遭遇的真实写照,既道出了"佳期又误"的基本原因,又为下文做好了铺垫,真可谓一箭双雕,用语绝妙。统治者如此昏庸腐败,忠良遭谗,小人得志,纵使你有天大的本事,能以重金买来司马相如的文章做宣传、打广告,又有谁能倾听、理解、体谅曲衷呢?一贬再贬,千屈百冤也自在情理之中了。然而,词人毕竟不是草包,更何况正值不惑、年富力强、忠心赤胆,怕什么呢?显然,作者已经于沉思中觉醒、非常理智地确定了自己的态度,向献媚小人提出正告:"君莫舞,君不见,玉环飞燕皆尘土","舞"字尽管有手舞足蹈之意味却并非欢乐的舞姿,而是指小人们进谗妒贤的举动和狂态,是你不要高兴得太早太忘乎所以了这个意象的形象生动的展示。"尘土,是一个意象。其像外之意是进谗妒贤的小人只能与一度宠幸异常的杨玉环、赵飞燕同样结局。沐宠难以持久,一旦人们觉醒,小人终归会被历史的车轮碾成齑粉、被人遗弃。词人这一意象的作用是多方面的。既为前面的正告提供了事实依据,以增强其指斥力量,又饱融了对昏庸、腐朽统治者的愤激之情。在一番义正词严而又鄙夷不屑的正告、指斥之后,作者的愤激之情得以宣泄,便又回到现实,继续进行冷静地思索了。"闲愁最苦"是啊,还有什么能比虎落平原被犬欺,龙游浅水遭虾戏,一旦空闲下来牵动缕缕情思之时更令人痛苦的呢?"休去依危栏"的象外之意是不要再抱什么希望了。之所以有这个意象,是因为"斜阳正在,烟柳断肠处"。"斜阳"是借指南宋王朝。全句的意思是说:南宋王朝已如傍晚的太阳。在烟霭的飘飞中令人肠断心碎地徐徐西坠了,这里,斜阳与词人完全绝望的心境形成异质同构,既准确地反映了作者的最终心态,又暗示了个人的绝望和整个南宋王朝的崩溃,为我们勾勒了一幅无可奈何的伤春图。的确,由于统治者的昏庸、腐败,小人得志,现实如此严酷,词人乃至于整个南宋人民还能奢望什么呢?当然只能满腹悲怨、无限惆怅了。

不难看出:首先,就词的思想内容来讲,无论是"借对春老花残,后妃失宠的感叹暗示南宋王朝的艰难处境,抒发自己的愤慨忧虑的哀怨情感"①还是"对主和派的愤慨和对国家前途的忧虑"②的说法都是不够准确的。因为,词的上阕的主旋律是对幸福生活、美好前景的热烈向往和执着追求。作者之所以惜春,怕花开得太早,是由于已经深受国家、民族危难,无数仁人志士被杀害,忠良贤才遭摧残,生灵涂炭,水深火热之苦,在这种情况下,自然更加热爱和向往生机勃勃、春意盎然之春天了。词人之所以挽留和深深地怨恨春天,也完全是基于这一点的。要不然,春之离去系不可抗拒的历史规律,词人何须苦苦相留,如此抱怨呢?词的下阕虽然以愤慨、忧虑、惆怅为基本情调,但字里行间无不透露出这方面的追求,只不过显得更为隐讳、深沉而已。要不然,又何苦去管他佳期误不误,去希冀有人听他诉衷肠、去依危栏呢?既然如此,我们在概括其思想内容时,就不能不联系其所处时代背景,既看到他愤慨、忧虑、惆怅的一面,又看其对幸福、美好前景的热烈向往和执着追求,既看到他的国仇家恨,又看到对个人失意、自身不幸的深为不满。不满源于追求,惆怅体现追求,全词的主题也就在于表现这种追求了。

其次,从写作技巧角度看,作者是颇具匠心的。由于词人当时正处在政治上失意、屡遭排挤的特殊境况,纵然有鸿鹄之志和莫大仇怨,万端感慨,也无法信马由缰地流诸笔端,而只能借助借喻、比兴寄托的特殊手段,通过"风雨"、"春"、"花开"、"落红"、"芳草"、"画檐蛛网"、"惹飞絮"、"蛾眉"、"买赋"、"舞""玉环飞

---

① 上海教育学院编《中国古代文学读本》(三)352页。

② 郭锡良,唐作藩等编《古代汉语岔编》(下)757-708页。

燕”、“尘土”、“倚危栏”、“斜阳”、“烟柳”等比兴意象,使自己对现实的感受和情感与人们对自然界春天的情愫浑然一体,形成异质同构关系,异常巧妙地表现了主旨。

此外,这首词的精湛技巧还表现在结构上。全词分上下两阕,上阕触景生情,由借到留到怨春,勾勒了作者面对现实的基本情状;下阕则由果溯因,在道出了产生这种情状的根本原因之后又回到现实,满怀惆怅的伤春。从其内部构建看,上下两阕均为由因及果(上阕的触景生情,下阕的由怨到沉思,由小人得志朝政腐败到“闲愁最苦”、“休去依危栏”)。从总体上讲,上下两阕又形成因果关系,上果下因,由果溯因,以因证果,似断实连。既准确、细腻地表现了发散性的复杂情感,又严密了词的结构,使之浑然一体,自然天成,很好地突出了主题。

从情感基调上看,词人触景生情,由眼前自然景观到社会现实,尽管空间由近(“花开”、“落红”、“君见君舞”)及远(“天涯芳草”、“斜阳”、“烟柳断肠处”),由远及近。情绪由好(惜、留、沉思)到坏(上阕的“怨”,下阕的指斥、伤感),由徐到亢,由柔到刚而又由刚至柔,情感此起彼伏,而又呈波澜状,但始终以对春的复杂感受——惜留怨伤贯穿其中,并将其置于对幸福生活、美好前景向往追求这条情感基线的统帅之下,使之与词人面对现实而思绪万千、感慨良多、愁苦杂糅的情状形成异质同构、对等替换关系,使之成为了一首九曲回环、含蓄隽永、千古流芳的绝妙好词。

一波三折　高潮迭起　铺陈渲染　对比映衬*

——从《石崇与王恺争豪》看百字小说的情节设置和人物刻画

近年来，小说家族可谓人丁兴旺，微型小说风靡文坛之时，百字小说又悄然兴起，以其体式精短的独特风采和魅力更令人喜闻乐见，刮目相看，大有异军突起，与微型小说比翼齐飞之势。百字小说如何于方寸天地间展开情节，形象而鲜活地刻画人物呢？《石崇与王恺争豪》为我们提供了许多有益的启示。

《石崇与王恺争豪》是南朝临川王刘义庆笔记体小说《世说新语》中的名篇精品。小说仅146字，却十分生动地展开了情节，异常成功地刻画了轻狂骄横，不可一世的石崇形象，有力地揭露、抨击了晋朝豪门权贵穷奢极欲，争强斗富，狂傲无稽的社会现实。

纵观全文，作者是以“石崇与王恺争豪，并穷绮丽以饰舆服”来拉开帷幕，点明人物和事件的。这短短的一句话，不仅将石崇、王恺这两个对立面，一对主人翁推到了台前，而且将以绮丽“饰舆服”的争豪手段和“并穷绮丽”的争豪程度交代得清清楚楚。不但省去了许多笔墨，而且犹如挥刀切瓜，为人们展示了一个势均力敌、互不相让、引人注目、扣人心弦的横断面，为后文进一步斗富的情节展开作了精彩的铺垫。按理，情节一旦展开，便应马上向前推进，促其向高潮迅速发展。然而，作者并未急功近利，而是妙笔一转，云遮雾缭地介绍起晋武帝来，说他是王恺的外甥，且“每助恺”，“尝以珊瑚树高二尺许赐恺”。这看似平淡、无关紧要的一笔，却闲笔不闲，有如倒海翻江一般，将争豪的档次由豪门权贵一下子提高到了倾国倾城、无与伦比的国家级水平，为小说情节的进一步展开制造了波澜，平添了许多情趣。原来，这王恺不但是皇亲至戚，而且深受皇侄尊崇，得到过皇帝赐的“世罕其比”的稀世国宝，大可翻云覆雨，狐假虎威。既如此，还有谁能比呢？不知天高地厚的石崇竟敢与至高无上、至富至尊的皇帝老儿斗富赛奇，岂不是胆大包天，自不量力么？焉有不输之理？王恺一下子被推上了至高点。然而，出乎意料的

---

* 载《渝州教育学院学报》1995年第2期。

是，胆大妄为的石崇非但没有被吓倒，反而在“视讫”之后以铁如意击之，使这御赐珍宝“应手而碎”。视皇亲如鼠辈，视国宝同草芥。而此时的王恺也并没像人们想象的那样仗势欺人，来一番血战到底的愤怒惩戒，而仅仅是由“惋惜”而“声色俱厉”，表现出的是一种黔驴技穷、无可奈何的景态。使本来就蔑视对手的石崇更加肆无忌惮，不仅以“不足恨，今还汝”戏谑奚落之，而且还“命左右悉取珊瑚树”，以数量、种类、质地、珍稀程度上的绝对优势，把王恺比了个一败涂地，“惘然自失”。至此，作品嘎然而止，既完成了对石崇形象的刻意塑造，也为争豪画上了一个圆满的句号，巧妙而含蓄地凸显了主题。情节的收束，主题的升华，收到了一箭双雕，一石数鸟的多重艺术效果。假如没有这一番铺陈渲染，名不见经传的石崇敢在已经“声色俱厉”的皇亲国戚面前口出狂言，斗胆戏谑、奚落王恺、甚至击碎其钦赐珍宝么？显然不能。既如此，王恺也就只能是“惘然自失”，无地自容了。

其次是对比映衬。这集中反映在三个内容，两种手法上。一是比地位，以人衬人。说武帝是王恺的外甥，以抬高王恺的身价，使之与石崇构成强烈的对比关系，给读者以强烈的“速率刺激”，以实现用武帝衬王恺，以王恺衬石崇，而最终造成情节反转之目的。这是一种典型的烘云托月，以人比人，以人衬人，最终表现主题的连环衬托法。二是比珊瑚，以物衬人。王恺的珊瑚本已是皇帝所赐，“世罕其比”的稀世国宝，然在石崇面前就不值一提，黯然失色了。无论从数量、种类、质地还是从珍稀程度上看，石崇都远远地胜过王恺，显得奇富无比。这既是以物衬物，更是以物衬人。三是比动作情态，烘托映衬。尽管作者没有写，但可以想见的是，王恺在拿出珊瑚树“以示崇”时是何等的自信、荣耀和自豪，满以为石崇会一触即溃，狼狈不堪，殊不知道高一尺，魔高一丈，石崇非但没吓倒，反倒将其击得粉碎，根本就没将王恺放在眼里。而此时的王恺是“既惋惜”，又猜疑，“声色俱厉”，怒不可遏，石崇却坦然傲视，不屑一顾并反唇相讥。当王恺沮丧至极，“惘然自失”的时候，作者虽戛然而止，只字未提石崇的心情景态，却给读者留下了颇值玩味的艺术空白，让读者可以通过给定的情景和石崇的性格去尽情地想象石崇的种种神情体态。真可谓不着一字，尽得风流。

小说是形象艺术，必然要借助种种手段来展开情节，刻画人物，表现主题。在这方面，长篇小说犹如浩瀚的大海，可让作者在情节、环境、人物心境、历史跨度上大做文章，任意挥洒驰骋，从容大度地敷衍出许多惊心动魄、扣人心弦的生动故事来。中篇小说自不必说。短篇小说虽不可能波澜壮阔，跌宕生姿，以众多的人物、复杂的事件来多侧面、广阔地反映社会生活，但毕竟也在两三千字以上，尚可广阔天地，大有作为。因而古今中外趋之若鹜，为者甚众，名篇精品汗牛充栋。即令是“篇幅精短，选材精粹、构思精巧、语言精美”，千字左右，天地相对狭小的微型小说，毕竟也有尺幅天地，十倍于兹的艺术空间，可让作者去尽情施展才华，虽感捉襟见肘，却也游刃有余。唯有这百字小说，只有方寸天地，人物、情节、环境要素齐全倒也还可。要使情节有发生、发展、高潮、结局也不甚难。然要山重水复地设置情节，精致巧妙地安排结构，生动鲜活地刻画人物，造成引人入胜、扣人心弦的艺术效果，就很不容易了。也许正是因为这些缘故吧，尽管前有古人，后有来者，短不费时，轻便易为，然在《世说新语》、《聊斋志异》之外，编纂成册者似不多见，名篇佳品则更为难求。与众不同的是，《石崇与王恺争豪》不仅要素齐备，而且情节跌宕，高潮频起；巧用细节，铺陈渲染，对比映衬，烘云托月；先扬后抑，顿挫反转、顾盼生姿，引入入胜。生动形象地刻画了石崇形象，巧妙深刻地揭露、抨击了社会现实。真可谓小小天地风起云涌，方寸之间波澜起伏；文约意丰，扣人心弦；以小见大，感人至深。实为百字小说中不可多得的名篇精品，值得很好地思索、玩味和借鉴。

注释：

①孙春旻：《百字小说的特点与写作艺术》，《写作》1994 年第 12 期。

②刘海涛：《精美情节与反转样式》，《写作》1990 年第 12 期。

③刘海涛：《现代人的小说世界·微型小说写作艺术论》，上海文艺出版社 1994 年版。

从《孙"劳模"身体不太好》看微型小中的形象塑造*

在快节奏的现代生活中,微型小说(或称小小说)正在悄然崛起,成为小说领域中倍受读者青睐的一朵奇葩。微型小说能否像其他小说一样塑造出典型生动的人物形象来感染、教育、鼓舞人,增强其历史厚重感和底蕴力呢?这是一个值得探讨的问题。

一

文学是以形象来反映生活的。但是,"形象性只是文艺的初级形态,要使作品能反映出生活的本质,并且具有更高的审美价值,还需要有典型性","要使作品比实际生活更高、更集中、更强烈,无论哪一流派的作家,都必须追求典型性",①这是文艺理论、文学创作中的一条基本原则。微型小说自然不应当违背这一原则。

微型小说篇幅之短,容量之小,是其他任何一种小说无法比拟的。微型小说的这一形体特征带来了两个相互矛盾而又必须统一的问题。一方面,极短的篇幅,极小的容量限制了这类小说大都"只能抓住生活的一个侧面,一个瞬间来展开艺术构思","只能由一个事件构成单一情节","只刻画一个主要人物,只描写一个人物的一个性格侧面",甚至于"只能突出这一个性格侧面中的一个性格元素"②。另一方面,它毕竟是小说,是文学艺术,其艺术特质又决定了它必须利用有限的篇幅塑造出栩栩如生、典型生动的人物形象来。否则,便会使容得不多的人物、情节和具体描述的微型小说显得空洞无物、寡淡无味,难以适应快节奏生活、高企盼读者的需求。

古今中外的许多作家、理论家都异常重视文学艺术中的典型塑造。别林斯基曾经指出:"典型性是创作的基本法则之一,没有典型性,就没有创作",③因此,

---

* 载《四川师范学院学报》(哲学社会科学版)1993 年第 1 期。

① 吴中杰:《文艺学导论》,第 134 页。

② 刘海涛:《微型小说的文体特征》(微型小说写作谈之一),《写作》1990 年第 1 期,第 3、5 页。

③ 季莫菲也夫:《文学原理》,第 35 页。

"作家艺术家总是通过一定的典型去概括现实生活,揭示一定社会现象的本质,读者、观众也总是通过一定的典型去认识生活。艺术作品的典型性愈高,它的社会意义愈大,审美价值也愈高。"①从这个意义上讲,微型小说绝不能倚小卖小,只以欧·亨利或罗伯特式的"结尾惊奇"②或"情节的刹那间突然反转"③来吸引读者或"给读者造成'吃惊'的艺术效果",去"达到加强'速率刺激'的目的",④而应当以精练的笔墨,高超的艺术技巧塑造出鲜明生动的典型形象来以小见大,见微知著,增强其历史厚重感和强大的艺术感染力,达到或超过短、中、长篇小说的艺术效果,增强其艺术价值和生命力。

虽然,典型涉及量和质两个因素,但它绝不是量的简单积累,而是一个质的概念,"它代表了一种必然性、规律性,而不是事物的平均数。"所谓典型,"是以鲜明独特的个性,反映出一定历史时期社会关系的某些本质方面",⑤既然如此,它当然不是可以随便塑造,也不是那么容易塑造的。那么,在微型小说这种有限艺术中能否塑造,应当怎样塑造典型呢?对此,我们或许可以从《孙"劳模"身体不太好》(见《写作》1991 年 9 期,作者王宝林)中获得一些启示。

《孙"劳模"身体不太好》写的是一个因长期坚持检废旧材料而被评为省劳模,因不满于报告团组织者小题大做,趁机挥霍浪费国家钱财而称病离开报告团,组织者居然代他作了一个月报告的滑稽故事。全文不到一千二百字,更无惊险离奇的情节或场面,其"微"和"简"的特点是显而易见的。然而,作者却于有限的篇幅中有力地讽刺和鞭挞了华而不实、弄虚作假、挥霍浪费国家、集体钱财的丑恶行径和主观主义、官僚主义现象,热情颂扬了勤劳、节俭、实事求是、忠厚本朴、疾恶如仇的传统美德,着力塑造、刻画了孙劳模、李秘书两个不同的艺术形象,表现出很强的思想性和重要的审美价值,为微型小说中人物形象的塑造提供了很好的借鉴。

作品首先写到的是孙劳模。他虽然是一名普通群众,却是一位血肉丰满,非同凡响的人物。在他的身上,既有着"米粒掉在桌上马上捡起来放进嘴里,酱醋瓶滴净了,还用水涮涮再用",辛辛苦苦、点点滴滴捡了几十年破铜烂铁螺丝钉却从不于人前夸耀半点,更不希求名利富贵,出淤泥而不染的传统美德,又有着美味佳肴咽不下,高级客房睡不着,厌恶虚伪、反对浮夸、不随世俗、不畏强权、敢于抗争

---

① 吴中杰:《文艺学导论》,第 134 页。
② 刘海涛:《微型小说的文体特征》(微型小说写作谈之一),《写作》1990 年 1 期,第 3、5 页。
③ 刘海涛:《微型小说的文体特征》(微型小说写作谈之一),《写作》1990 年 1 期,第 3、5 页。
④ 刘海涛:《精美情节与翻转样式》,《写作》1990 年第 12 期,第 15 页。
⑤ 吴中杰:《文艺学导论》,第 134 页。

的时代风貌和精神品质。前者固然是植根于中华民族优秀文化历史的沃土，表现了几千年来中国不同历史阶段中不同区域、不同民族人民的共同本质特征，具有历史的丰富性和厚重感。后者却是当今时代十分难能可贵的精神品质。要是在五六十年代或更早的历史长河中，孙劳模拾破烂的举动自然算不得新奇独到，作者却偏偏将他放进了物质文化生活均大大改善，人们追求高消费，物质享受，一切向钱看的现实社会生活里，也就不能不激起波澜，令人刮目相看了。如果作者仅仅只停留在表现、颂扬孙劳模在当今社会中表现出的极不协调的勤俭节约品质上，作品也并无多大审美价值，最多也只能给人们以新奇的感觉而已，而作者却偏偏于其中加进了厌恶虚伪、厌烦世俗、疾恶如仇、巧妙抗争的一面，将传统美德与当今的时代风尚、品质有机地融合在一起，集中、突出地反映在孙劳模这位普通劳动者身上，这也就更进一筹，使孙劳模的形象更加丰满而典型了。作者将这二者有机地统一于孙劳模身上，不仅丰富了作品的内容，而且揭示了当今时代的主流和本质，为社会主义的文学艺术画廊增添了颇具特色的新形象。

李秘书是作者着力刻画的另一个主要人物，他既有着政治嗅觉敏锐，能从别人司空见惯的生活中意外地发现孙劳模的价值，又工于心计，非常精明能干，使"平平常常捡了几十年"破铜烂铁，"安安稳稳过了大半辈子"的普通公民突然间身价百倍，成了市报、省报的新闻人物和局里、部里都认可挂号的省级劳动模范。并专门为之组起了报告团，把一切安排得井井有条，丰富多彩，充分显示了左右逢源、文武兼备的秘书才干，具备了一个秘书应该具备的所有条件和特点。但是，李秘书毕竟是李秘书，在他的人格中更多的是扭曲了的一面。他华而不实，弄虚作假。明明是"鸡毛小事"，他却妙笔生花，使报载"回回内容都不一样"，弄得连"孙劳模自己都害怕了"；明明公费招待违法乱纪，他却巧言利舌，拉大旗作虎皮，请来了"长"字号们大摆宴席，挥霍无度并不以为耻，反以为荣。非但如此，他居然还敢在大庭广众的睽睽目光下恬不知耻地撒谎一个月。这又是李秘书所特有的。作者将这二者巧妙地统一于一体，也就使得李秘书这个形象变得活脱而典型了。

三

孙劳模和李秘书之所以能成为既独具个性，又反映、揭示社会本质特征的典型形象，是与作者娴熟高超的技巧分不开的。在这不到1200字的作品中，作者固然运用了细节、语言、心理、行动描写，对比映衬、讽喻、简笔描述和浓墨铺染等多种技巧和手法，但是，笔者以为，对两个象塑造最起作用的还是以下三方面。

首先是典型环境的塑造。按照马克思主义的审美观，典型人物的塑造是离不开典型环境的，典型性格的形成必须依赖于驱使他们行动的环境，环境可以影响、造就人。孙劳模形象的形成同样没有违反这一原则。小说所写的情节固然非常简单,作者却是将其置身于中华民族的优秀文化和历史中的,谁能说孙劳模那涮酱醋瓶、吃饭桌上米粒,几十年如一日,不计任何名利得失地捡破铜烂铁;对小题大做、弄虚作假、挥霍浪费深感不安和不满的种种举动不是中华民族勤劳、俭朴、正值的传统美德的具体体现,不是主人翁、责任感的驱动呢?然而,作者并没如此简单地处理这个问题,而是将人物放进了一个改革开放的时代和缺乏实事求是精神,官僚主义、主观主义较为严重的具体环境中,这也就构成了传统文化和现实心态相互融合、尖锐对立的特定社会环境,孙劳模的勤劳、节俭、淳朴、高尚是在这个特定环境中产生的;他的不安、不满、痛苦、思索、苦闷、折辩乃至抗争等心境和行动,也都是这种特殊背景、特定环境的产物,不仅如此,李秘书的敏锐、虚妄、精明、狡黠以至于厚颜无耻,也都是在这特定的环境中滋生、表现出来的。离开了这些土壤和条件,孙劳模不再是孙劳模,李秘书也不再是李秘书。

当然,微型小说毕竟不同于中长篇小说,有限的容量决定了其典型环境具有暗中隐含的特点。换言之,它不是像其他类小说那样运用大量笔墨将人物性格形成的典型环境直接描述出来,而是将其蕴含在人物的行动、语言、小说的情节表述之中的,透过这些,读者完全可以看到人物生存、性格形成的特定社会背景,这在小说中是表现得很突出的。

其次是简笔勾勒与浓墨铺染。从作品看,孙劳模成为省劳模的直接原因是捡了几十年的破铜烂铁和螺丝钉。假如不是微型小说,其间是大有文章可做的,但是,作者却只用了“平平常常地捡了几十年,安安稳稳地过了大半辈子”这二十来个字就把孙劳模那种既勤劳节俭,又数十年如一日,视不平常为平常的高尚情操和品质刻画、表现得非常充分了。稍具唯物主义思想的读者肯定会问孙劳模这几十年中是否如此平静,是否一点麻烦、一点思想斗争都没有,但作者却一点也没有写。对李秘书等人的刻画也是如此。对其虚妄浮躁,作者只用了“回回内容都不一样”和一个“硬”字就揭露得入木三分;对那位“长”和手下的虚伪和庸俗,也仅仅只用了一两个特定动作或一两句颇具个性特征的语言就作了惟妙惟肖的勾勒。孙劳模李秘书姓甚名谁,是男是女,长相个头,籍贯单位,长字号是什么品位,陪吃的是哪些角色,故事发生在何时何地等其他类小说中不能不交待的东西都被作者“简”掉了,真可谓惜墨如金,叹为观止。然而,对于孙劳模那百思不得其解的心态,对于他在报告团里所见所闻所感和决定离开报告团时与李秘书的折辩,关系人物性格特征、品质风貌的重要内容却又毫不吝惜、用墨如泼。这两种手法在作品中的有机结合,不仅节省了笔墨,增大了容量,而且刻画、塑造了鲜明的人物形象,收到了以小见大、见微知著的客观效果。

三是对比映衬。为了在有限的篇幅中让人物鲜活起来,作者成功地运用了大量对比映衬手法。文章一开始,作者就把孙劳模吃饭捡米粒与其捡破铜烂铁作了对比,说明其坚持捡废铜烂铁的动机和原因。接着,又将李秘书报道前后的情况作了比较,以表现孙劳模矛盾心境和他与李秘书的不同品质特征。此外,作者还将吃的菜、喝的酒、住的房间等拿去与孙劳模的过去生活作了纵向比较,将人物置身于特定的矛盾、典型的心态和环境之中,为人物性格的进一步发展创造条件,做好了铺垫。如果说这些还仅仅是对不同时代、不同情状下的"自比",不足以多侧面地表现人物性格和品质,那么,孙劳模的实事求是与李秘书等人的虚妄,部局领导的主观、官僚;孙劳模的勤劳俭朴与李秘书等人的骄奢浪费;孙劳摸的朴实、厚道与李秘书、"长"字号及其下属的虚伪、狡诈和厚颜无耻等等,不都形成了鲜明的"他比"吗?没有比较就没有鉴别。通过纵横向比较,作者便把人物的性格特征、思想境界、内在品质、整体形象等活脱脱地推到了读者面前,所起的作用,显然是大量文字描述所难达到的。

四

从上面的简析中不难看出,在微型小说这种有限艺术中,只要注重各种艺术技巧的合理运用,同样是可以塑造出典型、生动的人物形象的。要达此目的,除去于单纯的情节"圆满"①注意情节反转、结构精巧、细节典型、白描活用等传统技巧之外,暗造典型隐藏环境,对比映衬、简笔勾勒与浓墨铺染相结合等等也都是值得化用进人物形象塑造中去的,有效运用这些技巧和方法,可以收到增强语言文字表现力、蕴含量,举一反三,以简驭繁,以小见大的多重艺术效果,是增强微型小说艺术性和审美价值的有效途径。

---

① 刘海涛:《单纯集中与丰富圆满》(微型小说写作谈之五),载《写作》1990 年第 5 期,第 20、21 页。

真情的颂扬　有益的启示*

——读《遥远的梦》

短篇小说《遥远的梦》以两个中学生纯真的爱情故事为基础，以真情融真事，真事叙真情，真情着善意，善意颂美德，于颂扬中华民族传统美德的同时，从育人的高度提出了一个学生恋爱教育中值得正视、探索的新问题，给人全新的认识和感受，值得一读。

颂扬真善美，鞭挞假恶丑，这是文学艺术的一个永恒主题，也是人们苦苦追求的至高境界。千百年来，尽管艺术家们百花齐放，各领风骚，为世人留下了许多令人击节赞叹的艺术珍品，后继者很难创新，但近读《遥远的梦》（载《写作》1996 年 9 期，作者赵平），却给人以如嚼橄榄，清新、隽永、别具山乡情趣的深切感受。

一

这是一篇反映中学生恋爱的短篇小说，写的是一个矿山子弟中学高中学生的恋爱故事。在紧张的学习生活中，他和她相爱了。爱到了当着老师的面他在卷子上为她添题，她直截了当，毫无顾忌地为他打听外语成绩，惹得老师当众指斥，同学风言风语，她被迫转学，二人凄凄惜别，难舍难分的地步。故事情节平淡无奇，结局虽然凄婉动人，却也司空见惯。但是，就其本质而言，故事是真实的。在当今千军万马拥过独木桥，城乡差别依然存在的社会现实里，异地借读现象并不少见。由于种种原因，中学生，乃至小学生恋爱亦屡禁不绝，已成为世人关注、忧虑的社会问题。对此，直面人生的文学作品理应有所反映，作者只不过选取的是其中的一种类型而已。况且，这是由“我”在婚礼上听白马王子声泪俱下地深情讲述的他自身的“风流韵事”，这自然就更加真实可信。何况故事来自于新婚燕尔，情意绵绵的婚礼上，是心爱的丈夫于温情脉脉中“坦白交代”的因他“舅母娘家弟媳，姑家表兄”帮忙而引发的凄惋故事，这也就盘根错节，亲上加亲，于洞房花烛的喜庆气

---

* 载《川北教育学院学报（社会科学版）》1997 年第 1 期。

息中平添了许多说不清,道不明的亲情,只可意会,难以言传的温情和那推心置腹、披肝沥胆求取信任的一片真情。应当说,这是小说感人至深的原因之一。

其次,恋爱的故事发生在两个中学生之间。一个是农山人,农民的儿子;一个是矿山女,矿工的女儿。一个借读,一个正取。工农、城乡间的差别,求学性质上的差异显而易见。按理,他们该隔膜得难相往来,然而,他们却相爱,真心诚意地相爱了。甚至在第一次见面,连黑白都还没看清的情况下便有了"她像一位骄傲的公主"的亲切感受,而且时哭时笑,多少带有点一见钟情的浪漫情调。当然,这实际上还说不上爱情,而仅仅是一种天真无邪,淳情真心的青年男女异性相悦的自然流露而已。后来的情形就大不一样了,刚刚半期考试过去,他们便一往情深,到了当着老师面添题改卷,违纪舞弊,无所顾忌地帮问成绩,老师指斥,同学讥讽,家长让其转学的地步。真可谓胆大妄为,热烈、坦诚而又率真。从表面现象上看,中学生谈恋爱是异常出格,十分错误的。实际上,从整个恋爱过程和被迫分别前偷偷约会、凄凄惜别、相约通信、信誓旦旦、难舍难分,直至新婚燕尔、娇妻在前,仍念念不忘,款款回味,潸然落泪的情景看,他们的爱又不同于一般的男女中学生之爱,虽然执着,一往情深,却又十分冷静和理智,没有过头、越轨行为,也不固执,而是十分沉着、成熟和自然,完全是一种真情、纯情、深情的流露,是情感与理智的完美统一。其心至澄,其情至真,令人唏嘘嗟尔,感慨万端。

当然,如果小说就此打住,仅简单地表现男欢女爱,儿女情长,也就未免浅薄和庸俗了。而事实上,在作品所写的第一次见面中,她便为他又哭又笑。笑他的拘谨,笑他的土气,笑他的老实与稚拙,"笑得来很脆,像百灵",一点也不让人反感;哭她的浅薄,哭她的轻率,哭她的无知,哭得来莫名其妙,哭得来坦诚率真,一点也不矫揉造作。这其间有新奇,有内疚,有同情,更有深深的理解和信任,给人以好感和成熟。有了这一切,才有了后来那下雨送皮鞋时温和多情的目光,有那夺皮鞋时"甜甜"的声音和巧妙的遮掩,有事后的善意释悬和再后来的"距离越来越近"。以至于"兄妹般"地亲密无间。古语云:"人非草木,孰能无情?""哪个少女不怀春,哪个男儿不钟情?"假如没有这番铺垫。后面那斗胆执着相爱能不失去基础,能不变质变味,令人难以理喻、接纳和容忍么?正是有了这一基础,他们的爱才显得诚挚、率真、深沉、执着而又理智,才超凡脱俗,与那种世俗的令人厌恶、忧虑、恐惧、指斥、甚至讳莫如深,鄙夷不屑、切齿痛恨的粗浅、庸俗之爱区别了开来,成为了中学生恋爱沃土上另一道值得正视,值得研究的特殊风景线,给人以全新的认识和感受。

二

除去真实地反映现实社会生活,颂扬真情之外,作品还触及了一个更为重要而深刻的社会命题,那就是颂扬中华民族的传统美德与优秀品质,从育人的高度探索了中学生恋爱教育问题。从表面上看,作品是主要着力于表现中学生恋爱中的纯情、真情和深情的。其实,作者是别具匠心地将人物和故事放在农山与矿山,父辈亲朋师长与晚辈青年学生这些特定的环境和人际关系中,放在城乡接合部、传统与现实的历史交叉点上来巧妙地刻画和展示的。本想试试的借读大事,居然由一个不沾多少边际的转弯抹角亲戚找到熟人给轻而易举地办成了。不但学校没有堂而皇之,名正言顺地收跨区、超编费,个人也没四下求情,剜心割肉送红包,而且父母连照面都没打一个,就更不用说送烟酒、办招待了。一切都显得那么平静寻常。没有隔膜,没有偏见,没有客套,甚至连起码的礼节都没讲;没有投入,没有索取,没有讨价还价,更没有敲诈勒索;没有自卑,没有拘泥,也没有倨傲、歧视或鄙夷;有的只是淳朴的世情民风,是那矿山人,农山人的热情、友好、坦荡、率直和淳朴善良。这难道不是中华民族的崇高风尚和伟大品质么?这在一切向钱看,世俗世故得让人忧虑,让人胆寒的当今社会思潮中,难道不值得提倡和珍视么?为了孩子的读书求学,为了下一代的健康成长,他们抛却工农差别、世俗偏见,义无反顾地走到一起来了。似乎在他们看来,孩子的读书求学是积极向上的表现,应予大力支持;孩子间的正常交往,纯情友谊是正当正常的,无可非议;女儿送皮鞋给农家子弟,是关心他人,友爱和善的良好表现,不值得大惊小怪,更无横加干涉之理;孩子干水洗皮鞋的蠢事,系年幼无知,用不着讥笑责难,宜于巧妙遮掩;即令女儿谈恋爱有所偏差,产生了不良影响,也无须恼羞成怒,简单指斥或粗暴打骂,而应当充分地理解信任,巧妙地妥善处置。多么宽阔的胸襟,多么成熟与冷静,多么聪明和理智,多么淳朴和高洁!即令是班主任老师的悄然扣信也并非不近情理的简单粗暴而是一种真诚、善良的爱护和老道有效的措置,所表现出来的仍然是一种事业心、责任感,是一种严师之爱。如若不然,他就没必要将女生来信在毕业时一封不少地交给李青峰了。在这种环境、氛围中长大的农家、矿山子弟能不善良淳朴,理智成熟,能不积极向上立志成才么?人们呼唤真情,世间(即令在青年学生中)存在着真情,对于中学生的这一特殊类型的恋爱,无论是社会、学校还是家庭,是父母亲朋还是师长,能不正视、多一些宽容理解,而仍去一味地指斥、粗暴干涉或简单处置吗?答案是明确而肯定的。对于任何一类教育,都有个社会、家庭、学校密切配合,都有个具体问题具体分析,因材施教、方法对路的问题。否则,便会适得其反,遗患无穷。这难道不应当说是小说给我们留下的诸多思考和有益启示么?显然,小说的真正意蕴和价值也就在这里。

三

高尔基说过:文学也就是人学。作为文学作品,特别是小说,固然要以刻画、塑造人为己任,以人带事,以事显人,通过人和事来反映复杂深广的社会生活,这是小说创作的基本手法和规律之一。在这方面,《遥远的梦》也是做得比较出色的。

首先,小说仅2000余字,篇幅不长。如果仅以文字作标尺,自然属短篇小说之列。但如果以人物多寡,情节丰约,题材大小论,将其纳入微型小说也不为过。然而,作者却别具慧眼,独辟蹊径,以农山人、矿山人中的小字辈中学生为主要对象,以借读求学为发端,转学惜别、送还书信为结局,选取吃饭、送鞋、添题、问分、转学、惜别、扣信、还信等寻常小事作基本情节来以小见大,真实地反映了现代中学生的情感世界和校园生活,展示颂扬了真善美,颂扬了民族精神和传统美德的伟大与崇高,触及了人们普遍关注而又十分棘手的中小学生恋爱教育处置问题,给了人们以新的认识和感受,充分地展示了微型及短篇小说以小见大,一叶知秋的突出特点。

其次,作者将这一神秘的故事放在婚礼上(应当说这是失之空泛和真实的,连同后边的"我们家调走了"均为作者在情节、情理设置上的疏漏),通过新郎来满怀深情地款款叙说,而且用的是我叙你,你叙你,你叙她(他)的这种第一人称的特定口吻,不但充满了脉脉温情,深挚真情,而且大大缩短了与读者间的距离,给人一种真实、亲切、可信的感觉。假如换一种角度和口吻,其效果自然会差得多。当然,作品的这种亲切感、可信度也与其所反映的社会生活,故事本身所处的时代背景紧密关联,有机融合,这才是故事真实感人的本质所在。

第三,小说将人物置于城乡接合部的子弟中学这一特定环境中来不经意地刻画展示。虽着墨不多,却形成了农山、矿山人,男女中学生、学生与学生、教师与学生,长辈与晚辈,城市与乡村,传统与现实等多重对比映衬关系,收到了微型、短篇小说以少胜多,以简驭繁地设置情节、刻画人物、升华意旨的最佳艺术效果。在结构立意上,作者以真情融真事,以真事叙真情,以真情着善意,以善意颂美德。真作基础,善为中介,美为目标,环环相扣,步步深入,层层推进,水乳交融而又相得益彰地谱写了一曲真善美的颂歌,从一个侧面解析了教书育人中的一大难题。所有这些,也都是应当充分肯定的。

大巧若拙　平中见奇*

——《接近原则》暨微型小说的创作手法谈

微型小说《接近原则》不仅主题揭示巧妙，而且在艺术手法上突出重点，淡化情节；暗置背景，对比映衬；客观叙述，循环往复；大巧若拙，平中见奇，颇值一读。

《接近原则》(作者袁微)是载于《写作》2003年第7期上的一篇颇具特色的微型小说。其特色主要又表现在大智若愚、大巧若拙、平中见奇的艺术创作手法上。

小说讲述的是一个由普通教师成长为一名乡、县级教育管理干部再蜕变为腐败分子的悲剧故事。尽管这在现代生活中似乎有些见怪不怪和老套，但是，却给人以很多思索和启迪。社会学研究表明，人的一生难免犯错误，但一个人不能违法犯罪；人的错误甚至罪过可能洧多种成因，仅就贪污犯罪这一个大类看就有生性贪婪，善于巧取豪夺；由于心态不平，难以超凡脱俗；一见他人得手，难免心动手痒：本想洁身自好，却被逼良为娼等多种情形。然而，该小说中的李老师却很特别。虽然见到自己辛勤耕耘的地里也长了野菜，并明知其"野"性十足，却因为"能吃"而没有拔掉它，采取的一种对"野性"危害"睁只眼闭只眼"、视而不见、听之任之的处置方式，给了野菜以不应有的大度和宽容。这看起来似乎是一件并不起眼的小事，却被作者用来揭示了一个重大深刻的社会命题。因为一般人看来，不除掉能吃的野菜也是情理之中的事情，更何况它不可以为人们增加一个吃的品种，这又何乐而不为呢？生活本来就应该打破传统的僵化的格局，引进新鲜时尚的东西，让其多姿多彩。为人何必那么死心眼，非要在一棵树上吊死呢？这就是李老师为人处世的基本态度，这就是李老师的人生哲学，也是李老师犯错误蜕化变质的根本原因，是李老师众多性格特征中至关重要的基本元素。它好比长在李老师身上的一个癌细胞，李老师就是因为它的裂变扩散最终走向人生绝路的。古语云："千里之堤，溃于蚁穴"。"勿以恶小而为之，勿以善小而不为"。现代科学研

---

* 载《社会科学研究》2004年第5期。

究也表明,量变引起质变;对于客观事物,最关键的在于把握好那个会引起质的骤变的“临界点”,把握好这个“度”;否则,“真理再向前迈进一步便成了谬误”。李老师的人生历程不正是对这些亘古不变的客观真理的形象揭示和全新注释吗?文学的根本任务在于反映社会生活,揭示客观真理。微型小说虽小,却也不可能违背这一规律。小说作者在不到900字的篇幅中不仅做到了这一点,而且将一个传统的话题、一个永恒的主题揭示得十分含蓄、深刻和巧妙,这就不能不说是匠心独运了。

除去主题的巧妙揭示之外,小说的艺术匠心还体现在以下几个方面:

首先是突出重点,淡化情节。众所周知,人物、情节、环境是构成小说的三大要素,尤其是情节,可以说是小说的核心要素。正因为如此,古往今来的作家,文艺理论家都十分重视小说的情节设置,并将其作为了小说优劣的主要评判标准之一。微型小说虽小,却也不能例外;不仅少不了情节,而且还要格外讲求情节设置的精巧,否则,是难以在有限篇幅中塑造出典型生动的人物形象来吸引读者,求得好的社会效应的。然而,在《接近原则》中,作者对于诸如张李二老师如何翻地、种菜、浇水、除草、施肥和除野菜的讨论,对李老师如何当上张老师的领导,如何升任副乡长、副县长,如何分管乡、县教育,并于其间贪污受贿挪用公款直至锒铛入狱等一系列重大情节都是简单交代,淡化处置,以跳跃的笔触一带而过的。唯有对其间的一个情节单元,即张李老师对野菜的不同态度(张拔李留),不同认识(一个认为种白菜就不该有野菜夹杂其间,对不顺眼的野菜应当除去,以维护白菜的纯洁性;一个认为反正都能吃,对不顺眼的东西睁只眼闭只眼也就过去了,无须那么认真)却交代得相当详尽具体,既有行动的描述,又有认识态度的论说与交代,还有一个叹气、一个摇头的情感态度的传神描绘。这在不到900字的微型小说中已经足够奢侈、够浪费的了,完全可以说是浓墨重彩、用墨如泼。显然,作者是将其作为核心情节来处置的,因为这是形成人物性格和命运的基本元素。从某种意义上完全可以说,这既是张李二老师不同命运,不同性格特征,不同思想境界的生存土壤,又是二者的分水岭、试金石。坦诚地讲,若没有这一核心情节的设置,张李二老师的形象刻画也就失去了基础,小说的主题也就难以有效揭示,小说自然也会黯然失色,失去存在的价值和意义。因此,作者抓住这一核心情节来浓墨重彩地细致描述,而将其他无关紧要的情节一带而过,其详略处置是非常巧妙得体的。

其次是暗置背景,对比映衬。这里的背景自然指的是故事发生的特定社会背景。如前所述,小说的情节展开,人物刻画是离不开环境的。环境有自然环境和社会环境之分,这是情节生存、人物成长的基本土壤。环境与人的关系是相辅相成、十分重要的。因此,文学作品,特别是小说都十分重视环境的设置与描绘,这是文艺创作经验和理论都证明了的不破真理。微型小说自然也不应该例外。然而,在《接近原则》中,读者能看到的只是学校旁的一块小荒地和小荒地上冒出的“星星点点的绿”,以及白菜和野菜;一片白菜地,一片野菜地。只知道后来故事涉及一个乡,进而是一个县的教育战线,涉及监狱。至于这是什么样的学校,有多大;荒地的大小形状、具体位置、土质水分;乡是什么样的乡,县是什么样的县,以及该县教育状况如何,监狱的具体情况怎样:张李老师是在监狱的什么地方,什么情状下交换意见的等等,都是一个未知数,连大写意性的东西都没有,交代得十分简略。至于其社会历史背景,就更是无从谈起了。然而,读者似乎也无须知道,也不会看不懂并因此而怀疑它的真实可靠性,因为这一切都是发生在20世纪80年代至现在的中国社会这样一个大的社会历史背景下的。凡是从这个年代走过来的知识分子,对乡村小学,对乡村小学教师开荒种地,对张李老师身份地位的戏剧性变化,对一个普通教师一下子跃升校长,乡长,区、县长,县委书记,对中国官员(包括校长主任)贪污受贿,蜕化变质,上天入地锒铛入狱的故事并不陌生,不作具体交代人们也不会有半点疑虑。尤其是其间两个主人公的身份、地位变化和对于野菜的不同认识、态度与情感,以及最终的命运结局,都构成了一种十分鲜明的对比映衬关系。这种对比映衬又与情节设置互相杂糅、水乳交融,而且简约到了无以复加的地步,为主题的深化和人物形象的塑造起到了不可估量的作用,让人读后有一种若明若暗、似是而非、想哭想笑,十分沉重、爽朗、酸楚、开心的复杂微妙感觉。从背景设置和人物刻画之手法以及所收到的客观效果看,都可谓不着一字,尽得风流。

第三是客观叙述,循环往复。这是小说在表达手法上的一个突出特点。显然,这一特点更是与其他众多种类的小说乃至其他文学作品相比较而言的。文学作品的文学性自不待言,无论是人物、景物还是环境描写,都必不可少,非但如此,还要求应尽可能地惟妙惟肖,曲折、离奇、生动、形象、感人。否则,是很难受人青睐,得到好评的。然而,在读了《接近原则》之后,得到的却是另一番全新的认识与感受。全篇作品的基本手法是叙述,而且是非常简明的客观的叙述,通篇对人物、环境,对人物的语言、行动、心理活动等均有所涉及,有的甚至还较多,但基本上是简约地交代,除去“看见星星点点的绿从土里冒出来”和“张老师叹气,李老师摇头”算得上是最为生动的描述或描写之外,几乎没有什么描写可言。特别是两位主人公的音容笑貌、长相个头,读者根本见不到一星半点。即令是交代叙说,作者也多用短句和小段,显得十分简约、质朴,很难找到什么修饰语,这在文学作品中是十分少见,最考水平的。在叙述时,作者常常将张李二老师的同一件事情或动作分开来交错表述,构成了一种循环往复的特定结构形式和铺排表陈,对比映衬,渲染突出的客观效应。诸如其间的"张老师叫李老师小李。李老师叫张老师张老"。"张老师挖坑,李老师泼粪。张老师点菜籽,李老师盖土"。"张老师闲时便给自己的白菜地浇水,李老师闲时也给自己的白菜地浇水。""张老师笑,李老师也笑"等等,比比皆是,不一而足。所有这些,都与语言文字上的风格辉映融合,相得益彰,共同构建了小说的独特艺术风格。

当然,小说也有其不尽人意处。首先是张李二老师在监狱里的那一番对话,特别是李老师的觉悟和张老师的内疚,笔者以为应当是多余的。尽管作者或许认为这样处置会更完美,可以使两个人物形象更高大,主题更具积极意义,但总给人以太完美、太直白、不真实的感觉。假如作者能将二人的见面写得再简短含蓄些,就既符合艺术创作的规律和要求,节省笔墨,让人更觉真实,又可给读者留下思索、回味之余地,而不会有添足之嫌。再则,《接近原则》的这一题目似乎也显得过于深沉、含混了些,让人读起来有些费解。此外,"咱俩分地分管不分种"中的"不分种"和"李老师泼粪","张老师点菜子"之类的表述,都有待推敲斟酌,使之更为准确、贴切。然而瑕不掩瑜,小说在艺术创作方面的上述特色和手法对微型小说创作与理论研究的价值与意义是不可低估的。

剧场性，一个回归戏剧本质的理论话题*

——刘家思《曹禺戏剧的剧场性研究》管见

国家社科基金项目成果《曹禺戏剧的剧场性研究》专门研究、梳理剧场性，揭示其内涵外延，认为剧场性是戏剧的本质属性和特征；反映中外戏剧理论研究现状，以曹禺戏剧为典型案例深入探讨论证其剧场性理论的正确可靠性，把剧场性提到了前所未有的高度；其理论视野新颖独到、理论界定精准科学、问题探究全面深刻、论述公正严密，让人爱不释手；填补了曹禺研究、曹禺戏剧研究、戏剧理论研究多项空白，是一部有理论建树的优秀戏剧理论专著，颇值一读。

我不是搞戏剧的，更不是搞戏剧研究的，但对曹禺戏剧总是情有独钟，对曹禺研究的著作也偶尔读读。记得20世纪80年代读过田本相先生的《曹禺传》，曾受到深深的启悟；后来又读了北京大学教授孙庆升先生的《曹禺论》，也受到很大的影响，遗憾的是因为工作的关系，我没能去研究曹禺戏剧。近日读了刘家思先生的《曹禺戏剧的剧场性研究》（中国社会科学出版社2010年11月版，以下简称《研究》），为其深入研究、严密论证和独到见解所折服，也为他严谨态度和创新勇气所感动。在当下金钱主导的浮躁时代，读着这本作者花了十年工夫写出的书，真有点爱不释手，因此，虽然没研究戏剧，却还是想谈点自己的感受。

《研究》是国家社科基金项目的结题成果，全书有五编二十章（含《引论》），除《引论》是专门研究、梳理剧场性，揭示其内涵外延，反映中外戏剧界研究现状外，余下的五编都是围绕曹禺戏剧的剧场性研究来展开的。前四编重点讨论的是与剧场性密切相关的构成戏剧的情境、模式、人物、技巧等四大要素，全是就其与剧场性的关系，曹禺戏剧的处理技巧和成效经验、认识感悟加以详尽讨论的，最后一编则从总体上讨论了曹禺戏剧的剧场性特征及其文体意义。全书以戏剧理论中的剧场性问题为发端，在充分揭示其内涵外延、价值意义、地位作用、梳理其研究

---

* 载《四川职业技术学院学报》2011年3期。

现状的基础上,以曹禺戏剧为典型案例、纵横勾连,对构成戏剧的基本要素中涉及剧场性的相关理论与实践问题进行了发微式的深入探讨和研究,表达了作者对剧场性理论的基本认识体悟和感受,是作者戏剧理论研究的结晶。最后是对曹禺戏剧剧场性特征及文体范式的总体归结,既是对曹禺戏剧剧场性理论贡献的归结,给人以整体性的启示和教益,同时也表明了作者对剧场性理论的基本观点和主张。因此,《研究》既是曹禺戏剧研究的力作,也是戏剧性理论研究中剧场性研究的力作。唯其如此,才有了“以一个崭新的视角,系统而深入地对曹禺戏剧进行了研究,是曹禺研究领域一个崭新的收获和突破”,“全方位地展示了曹禺戏剧的剧场性魅力”,“填补了曹禺研究中的一个空白”①;“是一部富有创见和较高学术价值的论著”,“具有一定程度的填补学术研究空白的意义”②的专家赞誉。

对于《研究》在曹禺及曹禺戏剧研究以及戏剧理论研究中的价值,专家们于《序》和《跋》中已有全面深刻揭示和很高评价,本文侧重于谈以下几点真切的认识和感受。

一、理论视野新颖独到

科研必须创新,学术成果的基本品质首先就体现在新颖性上。《研究》以其选题的新颖独到而彰显了它重大的学术意义。这首先体现在对剧场性理论命题的把握上。从《研究》中可以看到,剧场性并非戏剧理论及其研究中的新名词,而是有着200年历史,被中外戏剧家、戏剧理论家长期关注却始终未能说清道明,甚至“认识比较混乱,存在这样那样的偏失与不足”,“至今没有形成统一概念”③,未能真正揭示其内涵外延,发掘其价值意义,从理论与实践上加以准确阐释,用以指导实践,却又绕不开,过不去,显得比较困惑的基本命题。它既涉及对戏剧本身的认识,也涉及到戏剧创作与演出实践,演出成效,涉及戏剧的现状改变和建设发展,因而“它既是一个戏剧理论的概念,又是一个具有实践品格的概念”④,是一个关系戏剧前途命运,有着重要价值意义,必须高度关注和认真回答的重大理论与实践问题。唯其如此,中外戏剧家们才做出了剧场性即假定性,即戏剧性,即表演性,即舞台性,即综合性,即审美性,即规定性,即非幻觉性,即演员与受众的交流,

① 田本相:《曹禺戏剧的剧场性研究·序》,见刘家思《曹禺戏剧的剧场性研究》,中国社会科学出版社2010年版。

② 《曹禺戏剧的剧场性研究·跋》,中国社会科学出版社2010年版。

③ 刘家思:《曹禺戏剧的剧场性研究》,中国社会科学出版社2010年版,第29页。

④ 田本相:《曹禺戏剧的剧场性研究·序》,见刘家思《曹禺戏剧的剧场性研究》,中国社会科学出版社2010年版。

即戏剧中写实手法的总称、即现场性等诸多内涵外延方面的概括，真可谓仁者见仁，智者见智，各执一端，莫衷一是，既未能鞭辟入里，抓住实质要害，又不够全面准确，深入周延，更未能揭示其本质规律，上升到理性高度，用以指导创作与表演实践，显得有些粗疏、无奈和可惜。《研究》的作者却知难而上，以其独到的艺术眼光，深厚的理论功底，巨大的理论勇气，严谨求实的科学态度来全面深入地探讨了这一问题，筚路蓝缕、披荆斩棘，构建了其基本理论体系，使之既具深远历史意义，又具重大现实意义，表现出了难能可贵的战略眼光和理论勇气，表现出了强烈的事业心和高度的责任感。不仅深刻论述了剧场性在戏剧中的本质地位，系统分析了剧场性理论的发展历程，全面阐述了剧场性概念的内涵与外延、类型与特征，辩正了中外理论界的不同审视。这种理论探讨是新颖、深入而独到的。

不仅如此，这种新颖性还体现在对曹禺戏剧的剧场性的理论探究上。众所周知，曹禺作为20世纪中国的戏剧大师，研究的人、领域、成果都很多，要有所突破和创新是非常困难的。作者却独具慧眼，独辟蹊径，从剧场性入手，以剧场性为经，以构成戏剧的相关要素为纬，把曹禺的重要作品全部贯穿起来做全面系统而深入的研究。全文分“戏剧情境与剧场性”、“戏剧模式与剧场性”、“戏剧人物与剧场性”、“戏剧技巧与剧场性”、“曹禺戏剧的剧场性特征及其文体意义”等五篇，展开全面研究。作者“既对曹禺如何营造剧场性及剧场各要素在剧场性形成过程中的作用，充分剖析，作了深层次辨析，同时还从整体上揭示曹禺戏剧文体上的创作价值，论述中抽丝剥茧，新见迭出，发表了许多前人所未曾有过的独到的学术见解，诸如故事模式，话语模式、声像造势和镜像互补，对比反复，穿插与科诨等”①。至于对人物语言的剧场性追求，“发现”在戏剧中的剧场性功能，以及从剧场性角度讨论穿插，分析插科打诨等等，都颇有新意。《研究》中对曹禺戏剧的剧场性富于新意的分析和论证不胜枚举。作者运用了许多新的理论来分析论证，如“场有哲学”与剧场性关系，艺术性与思想性及情感性的关系，三角形在曹禺戏剧人物关系设置中的运用，及其子剧场性营造中的影响力等等，真可谓别具匠心，新颖深刻独到。可以说，作者将曹禺戏剧与剧场性的研究结合得天衣无缝，分析得鞭辟入里、丝丝入扣，而且是常常妙语连珠，凝练精警，让人拍案叫绝。

正如有的专家学者所说，“这些艺术分析融进了作者审美感觉和艺术发现，难能可贵”。这项成果“可以说是曹禺研究的一个崭新的可喜的收获”，“具有一定程度的填补学术研究空白的意义，值得肯定”。“本成果对曹禺的个案研究，对于中国现当代文学，现当代话剧及现当代戏剧的研究，都具有重要的参考价值，对于

---

① 《曹禺戏剧的剧场性研究·跋》，中国社会科学出版社2010年版。

高校文科的教学和科研都会起到较大的促进作用”①。显然,这是最好、最精当的评价。

二、理论界定精准科学

一部优秀的理论著作,往往不仅能提出理论,建构自己的理论体系,还能对相关概念做出精准的界定,对它所涉及的理论问题做出精辟的论述。《研究》作为中国第一部系统研究剧场性的理论著作,其理论界定非常精准科学。在作者看来,“文学性和剧场性是戏剧文学创作两个不可或缺的要素”,其中,“剧场性尤为重要,它显示戏剧文学的本质,是戏剧文学的轴心”,“无论是就戏剧的文本而言,还是就戏剧的观演而言,剧场性都是戏剧的本质特征”②。不仅如此,作者还一一界定了戏剧性、综合性、表演性、舞台性、假定性等诸多涉及戏剧特性的概念,阐述了它们与剧场性的联系与区别,并进而指出“只有剧场性才显示了戏剧的内在品质,使戏剧文学区别于其他文学”③。显然,在作者眼里,剧场性不再是一个一般性的可有可无的概念,更不是一个只可简单提及,因其说不明道不清就可以束之高阁,刻意回避的相关命题。因此,作者不但揭示了其价值意义所在,而且将其提高到了戏剧本质属性,本质特征的高度,将其作为了区分戏剧非戏剧的分水岭、试金石,这就不是一般的泛泛而谈,简单地就事论事了。作为一门科学,一种理论,其基本属性、本质属性是至关重要的,它是决定这个事物是否存在,能否独立存在的关键所在,如果这类问题没弄清楚,其他问题自然便无从谈起。在一般人看来,剧场性似乎是平常的,可以被忽视或回避的一般命题,其实,这是一个很难而又不能不认真回答的重大基本命题。作者将剧场性提到戏剧的本质属性这个前所未有的高度来展开研究,不仅显示了他对戏剧艺术属性的深刻把握,而且表现了其过人的理论勇气和胆识,足见其学术眼光的高远。

更为难得的是,作者并未简单打住,更未简单武断地下个结论了事,而是从古今中外剧场性研究流变的梳理中,从自己对戏剧理论与实践的深入探索中披沙沥金,集腋成裘,首次明确地做出了“所谓剧场性,是指戏剧家预设戏剧对受众所拥有的‘现实’审美和‘剧场’审美感知度的规定性,是一种支配受众的艺术强度”④的基本定义,对其做了质的规定,结束了近200年来剧场性有名无实,没有科学的内涵揭示,没有明确界定的尴尬历史。此外,作者还明确指出,剧场性是戏剧所拥

① 《曹禺戏剧的剧场性研究·跋》,中国社会科学出版社2010年版。

② 刘家思:《曹禺戏剧的剧场性研究》,中国社会科学出版社2010年版,第2页。

③ 刘家思:《曹禺戏剧的剧场性研究》,中国社会科学出版社2010年版,第14页。

④ 刘家思:《曹禺戏剧的剧场性研究》,中国社会科学出版社2010年版,第41页。

有的审美接受的艺术规定和艺术强度，"是由戏剧的场力特性打造的，是以人物为内核，以欲望、动作冲突为形成基础，以场面性、舞台性和表演性为外在形态，融情景、题材、故事情节、思想意蕴、人物形象、艺术技巧、舞台画面、音响效果为一体，与文学性相辅相成的主观性合成场力"，是由构成戏剧的各要素共同作用的结果，是戏剧的生命支撑。"对于剧本而言，它表现为作者预设在作品中的刺激受众审美感应与情感共鸣的期待或规定性；对于剧场演出而言，它表现为一种对受众的现实拉力以及由此形成的受众的反作用力，是一种互动效应"①。显然，这不是一般性表述，而是一种对剧场性概念内涵外延、对剧场性生成机理、表现形态的全面深刻、精准独到揭示，给人以耳目一新、独到精警，无可辩驳的全新认识与感受。

不仅如此，作者还依据不同的分类标准，对剧场性做出了积极与消极、文体与演出、内容与形式、审美与自然、内在与外在、正向与反向的科学划分，并在此基础上通过比较对照、抽象概括，科学地揭示了直观性、层次性、渐变性、时代性、民族性等剧场性的主要特征及其内涵，让人能更加全面、深刻、准确地把握剧场性的范围对象、类别界限、实质要义与精髓，更好地发挥其功用。同时，作者还对形成剧场性的戏剧情境、戏剧模式、戏剧话语、声像、镜像以及各种技巧和曹禺戏剧剧场性的各种特征的基本概念做出了清晰的界定。

因此，《研究》首次创立了剧场性理论的基本体系，全面系统地回答了剧场性理论的相关重大问题，为全面深入地开展曹禺戏剧之剧场性研究，开展戏剧理论与实践探索奠定了坚实的理论基础，为戏剧界、戏剧理论研究界开创了新的路径和天地，因而具有开拓创新价值，具有划时代的意义。

三、问题探究全面深刻

一部优秀的理论著作，除了能够创立自己的理论体系之外，还会对它所研究的问题做出全面的研究。在这一点上，《研究》也表现得非常优秀。作者之所以将剧场性的研究作为基本重要命题，是因为在作者看来，"一个戏剧大师的创作，总是能够较好地将文本的东西和演出的东西统一起来。在当下，如何使剧作者的创作赋予文本的剧场性，是使二者达成统一，形成戏剧事业的繁荣局面的关键。而这，正是本课题研究的一个重要的出发点和立足点"②。正因为如此，作者以"引论"的形式，首先对剧场性这个基本核心命题做了性质特征内涵外延揭示，对其发展历程作了全面的梳理，可谓是披沙沥金、钩沉摄要而又开宗明义。在这里，作者

① 刘家思：《曹禺戏剧的剧场性研究》，中国社会科学出版社2010年版，第41页。

② 刘家思：《曹禺戏剧的剧场性研究》，中国社会科学出版社2010年版，第477页。

并不满足于剧场性理论体系的一般构建和内涵外延、技能技巧的简单揭示，而且还对中外剧场性理论的相应流派、观点作了精当而客观公正的评析，对剧场性的地位作用、价值意义作了深入精当的揭示，对中外剧场性研究状况作了全面、清晰的梳理，既让人充分认识其研究的重要性和必要性、明了其研究的紧迫性和可行性，又让人理解其研究的目的重心和价值意义。

此外，作者还生发开来，对曹禺戏剧的剧场性进行了典型深入的分析解剖。既有对曹禺戏剧理论、戏剧实践的研究，也有对其戏剧作品的全面精深品读。这一点我们在前面已经论述过，无须赘言。值得指出的是，在这里，与其说作者是对曹禺戏剧的剧场性进行全面研究，不如说是以非常成熟和成功的中国 20 世纪戏剧大师曹禺的戏剧实践和理论见解来证明了自己的剧场性理论的正确性和可靠性。在整个研究中，作者以剧场性为主题、主线，为经，以戏剧的构成要素为内容，为元素，为纬，对剧场性理论和剧场性的基本表现技能技巧进行了全方位的深入的分析研究，而且点面、宏微、古今、中外结合，使得整个研究全面、系统、深入，没有挂一漏万或以偏概全的不足，充分显示了作者把握问题的老成持重。

在研究中，作者古今贯通，中外融合，纵横勾连，旁征博引，既有对古今中外特别是近现代戏剧理论的梳理提炼和引证，也有对其的批评、辩正和继承。这既是对剧场性理论研究的梳理与辩正，也是对剧场性理论体系的研发与创构；既是对剧场性这一戏剧本质特性、戏剧理论核心要素的拓展加深，也是对曹禺戏剧研究的拓展加深，同时也是对整个戏剧研究的拓展加深。其间运用了引证、例证、比较论证，分析、综合、抽象，以实说理、以实证理，理实结合、理实互文等多种科学研究方法，几乎把曹禺的所有戏剧作品、戏剧理论、古今中外著名戏剧家的相关理论都涉猎到了，把涉及剧场性的基本要素都研究分析透了。可以说，这部专著，研究广泛深入、内容十分丰富、手法灵活多样，显示了相当广阔的学术视野，既填补了剧场性研究的诸多空白，也填补了戏剧理论研究的空白，填补了曹禺研究、曹禺戏剧研究的空白，其价值意义是十分深广的。

当然，这是以作者对中外戏剧研究，特别是剧场性研究的全面深入了解和客观准确把握为基础的。我们不难看出，作者对中外戏剧研究、戏剧理论有着精深的造诣，对中外戏剧研究及其相应成果是相当熟悉的。无论是剧场性研究还是戏剧的整体研究，无论是中国的还是国外的，是古代的还是现代的，是整体的还是分阶段的，作者对其研究状况都了如指掌，熟悉到了如数家珍，信手拈来，准确无误的地步。“论著中引证文献资料非常多，外国的从古希腊的亚里士多德到近代欧洲的狄德罗、黑格尔，到现代的斯坦尼斯拉夫斯及萨特等，中国古代戏曲理论著作如《文心雕龙》、《录鬼簿》、《闲情偶寄》等信手拈来，左右逢源”①，比较鉴别都能运用得恰到好处。这既表明了作者的严谨态度，更表明了其研究视野的开阔和基础功力的扎实深厚。正是这样，增加了成果的底蕴和分量。

可以说，作者能将一个大家都难以说清道明的重大理论与实践问题研究到这种程度，并且高屋建瓴、深入浅出，妙语连珠、新意迭出，达到超凡脱俗、惊世骇俗，填补曹禺研究、戏剧研究的空白，表明了作者戏剧研究的深厚功底和驾驭全局的能力。反过来说，这也充分表明了这部著作的权威性和可靠性。

四、论述公正严密

一种学术观点，一种理论见解，要获得认可，必须依靠严密的论证。凡是优秀的学术论著都具有这种特征。《研究》也显示了这种品格。这部专著，题目为《曹禺戏剧的剧场性研究》，从表面上看，是专门研究曹禺戏剧，专门研究曹禺戏剧剧场性的，而事实上是研究剧场性，是一本系统研究戏剧剧场性的专著。作者始终是将剧场性作为中心议题的，不仅引言抓住了这个基本命题，而且正文中也始终以剧场性作为重大问题来研究。必须指出的是，作者对曹禺戏剧的剧场性的研究看起来是重点，是主题，但事实上是个案分析。作者采用的是一种典型的例证法。即通过对曹禺戏剧的剧场性的研究来以实析理，以实论理，以实证理。作者的基本思路是以中心词“剧场性”为发端，先破题，揭示其地位作用、价值功用，表明这一研究的重要性，然后对中外戏剧理论界的研究情状进行客观公正的梳理解析，指出其成效和问题所在，表明研究的必要性，然后再揭示剧场性的内涵外延等本质属性和相应特征，提出作者的观点和主张，建立起剧场性理论的基本框架体系，并由此引发出曹禺戏剧的剧场性研究话题，由面及点，由总到分，对曹禺这个20世纪中国戏剧大师的作品作典型的个案分析、剖析论证环环相扣、层层深入、鞭辟入里。

在点的深入中，作者采用的是要素分析，以例论理，以实析理、证理的基本手法。他以曹禺的戏剧作品、创作实践来解析、阐释、揭示和验证自己的戏剧观点和理论，就构成戏剧的情境、模式、人物、技巧、文体作了系统深入、全面准确、独到精警的解读，而在品读和解析中又运用古今中外大量的戏剧理论来做印证，这就使得整个研究不仅“抓住了曹禺研究的重要特征，也抓住了当代话剧理论的一个关键性问题”，不仅使“关于曹禺的研究超越了原来一般情况下的作品论、思想论及

---

① 《曹禺戏剧的剧场性研究·跋》，中国社会科学出版社2010年版。

艺术论等,在理论上有所创新,并达到了较高的学术品位”①,而且很深入,于很多方面上升到了哲理的高度,形成了精深独到的见解。作者既构建了剧场性理论的基本体系,又全面深入地阐发了剧场性理论的相应内容,而且还以曹禺的戏剧理论与实践,以古今中外的相关戏剧理论无可辩驳地诠释、证明了自己提出的剧场性理论的科学性。这比起单独的就理论讨论理论或者选取中外作品来简单证明理论的做法自然要深入得多,也深刻有力得多。作者以这种方式探讨曹禺戏剧的剧场性,不仅充分证明了作者的剧场性理论,充实和升华了剧场性理论,而且还开拓和深化了曹禺戏剧和戏剧理论研究,收到了一箭双雕、一石多鸟的客观效果。因此,全书显得十分严密和科学。

作为一个国家级社科课题的研究性成果,作者的严密公正还有很多突出表现,这就是对于前人的研究、对他人的成果客观公正的辩证评判和自身观点的严密论证与准确科学的表述。这主要体现在对古今中外剧场性理论发展历程的梳理,对于曹禺戏剧的剧场性研究现状的描述,对于曹禺戏剧作品、戏剧理论的相应评析和对剧场性理论体系的直接构建中。在梳理中外剧场性理论发展历程时,作者既肯定了中外学者对剧场性理论所做出的积极贡献,又客观地指出了他们存在的局限,而且还做出了每个时代、每个国度,甚至是中外的总体评点。比如,作者在介绍20世纪初欧洲的剧场性理论时,既有着“20世纪初西方对剧场性的认识淡化了”,“欧洲有着以剧为诗的传统,主导戏剧理论界的话语是‘剧诗论’,所以对于‘剧场性’问题的探讨一直处于批判与肯定的争议起伏之中”②的总体评判,又有着“在俄罗斯,梅耶荷德、华坦戈夫都提倡剧场性,但主要指排演的艺术技巧,导致了他们与斯坦尼拉夫斯基的分歧”③,“他们的种种主张、争议、甚至论辩,无疑都强调受众在戏剧中的位置及其对戏剧的制约,是对戏剧表演阶段的艺术真实性不同理解与追求,主张的显然是一种演出的剧场性。这是片面的。”④在对中国戏剧理论的梳理中也是如此,这主要体现在对曹禺、熊佛西、洪深和向培良、高行健等人的评析中。比如,对高行健,作者便有着“高行健的剧场性理论对于中国戏剧的影响有积极的一面,更有消极的一面”,而且就其积极与消极作了具体的陈述。对于整个剧场性理论的研究现状,作者也是很客观公正的,认为“剧场性理论研究在当代世界学术研究中并没有被真正重视。剧场性不仅存在于剧场演出中,还应当潜存在戏剧文体创作中。当代学术界和戏剧界缺乏这种共识,不能不说是一种

① 《曹禺戏剧的剧场性研究·跋》,中国社会科学出版社2010年版。

② 刘家思:《曹禺戏剧的剧场性研究》,中国社会科学出版社2010年版,第15页。

③ 刘家思:《曹禺戏剧的剧场性研究》,中国社会科学出版社2010年版,第14页。

④ 刘家思:《曹禺戏剧的剧场性研究》,中国社会科学出版社2010年版,第20页。

缺憾”[①]。其间最典型的自然是对中外剧场性概念的检讨。作者花了相当多的笔墨对戏剧界的10种剧场性观点逐一进行了深入的、客观公正的、由分到总的深入评判。心平气和,娓娓道来,丝丝入扣,以理服人,无可辩驳,令人折服。再就是对于曹禺的研究与评判。对于曹禺这样一位20世纪中国戏剧大师,作者是赞赏、崇敬,深深折服的,这毋庸置疑。但是,作者并未因此而只唱赞歌,更未因此而不敢揭短,同样是客观公正的。在充分界定其成就,其贡献,其价值意义、地位作用的同时,作者也绝不护短,比如他说“《蜕变》显然带有较强的社会功利色彩,人物描写有类型化的痕迹”[②]、“前期的创作,戏剧人物的反抗行动是坚决的,复仇是不妥协的,斗争的过程是很激烈的,但是呈现的结果则是两败俱伤,这就消解了反抗与复仇的意义,显示了主体价值取向与评价指向的疏离与分裂”[③]等等,尤其是多次指出了其后期作品的一些瑕疵。对于现代戏剧的评判也是客观的,是学理性的。例如对于《茶馆》,就指出了其一、二、三幕之间的失衡,说其“呈现出有豹头而无猪身又无凤尾之嫌疑,其剧场性也打了折扣,不能始终刺激受众,影响了戏剧效果”[④]。所有这些,都无不表明了作者治学的严谨态度和客观公正的学术道德品质,同时也表明了其研究成果的科学性。

总之,在笔者看来,《研究》是一部颇有理论建树的优秀戏剧理论专著,他不仅建构了自己的理论体系,是曹禺研究的创新突破,填补了系统全面的剧场性理论的空白,而且对于完善有中国特色的戏剧理论有重要的意义,对于推动中国戏剧文学创作,提升戏剧演出,繁荣戏剧事业,都具有重大而深远的意义。

---

① 刘家思:《曹禺戏剧的剧场性研究》,中国社会科学出版社2010年版,第29页。
② 刘家思:《曹禺戏剧的剧场性研究》,中国社会科学出版社2010年版,第212页。
③ 刘家思:《曹禺戏剧的剧场性研究》,中国社会科学出版社2010年版,第209页。
④ 刘家思:《曹禺戏剧的剧场性研究》,中国社会科学出版社2010年版,第185页。

地方文化

国际黄峨学术研讨会暨第八届中国散曲研讨会综述*

在秋风送爽，丹桂飘香的金秋时节，由中国散曲研究会、四川省遂宁市人民政府、四川大学、四川师范大学、西华师范大学、四川职业技术学院联合主办的国际黄峨学术研讨会暨第八届中国散曲研讨会于2005年10月在川中明珠、黄峨故里遂宁隆重举行。中国散曲研究会会长、扬州大学博士生导师谢伯阳教授，副会长、中国社会科学院吕微芬研究员，中国社会科学院研究员、《文学遗产》主编陶文鹏教授，编辑部主任李伊白研究员和中共四川省遂宁市委、市人民政府、四川大学、四川师大、西华师大、四川职业技术学院等主办单位的领导以及来自韩国、日本、新加坡和国内高等院校、研究机构的专家学者110余人出席了会议。会议主要由中国散曲研究会秘书长赵义山先生主持，陶文鹏、谢伯阳、吕微芬等著名学者和主办单位的领导先后致辞。会议本着百花齐放、百家争鸣、学术民主的原则，采用大会、小组、口头与书面相结合的方式，集中对中国散曲的相关理论问题和明代遂宁籍女诗人，著名散曲家黄峨的生平事迹、创作成就和特色及其在文学史上的地位等作了深入系统的研讨。会议还播放了由黄峨故里安居区人民政府拍摄的电视专题片《黄峨》，举办了黄峨专场文艺晚会。会议开得民主热烈、严肃活泼而又卓有成效。

本次会议共收到电视专题片1部、著述文集4部，论文43篇，其中研究黄峨的论文22篇。通过大会、小组，会上与会下的广泛研讨与交流，学者们在黄峨与散曲研究的许多方面都取得了共识并加深了了解。

一

黄峨是本次会议研讨的主体对象，也是学者们关注的热点之一。对于这位生活于明代正德、嘉靖年间的“古代巴蜀女作家”（李凯《试论古代巴蜀文学特征》

---

* 载《四川职业技术学院学报》2006年第2期。

《中华文化论坛》1998年第4期)，尽管历史上已有“才艺冠女班”(徐渭《杨升庵先生夫人乐府序》)，“才情甚高，不让易安、淑真”，今人也有“在散曲历史上黄峨是最出色的一位女作家”(李昌集《中国古代散曲史》)之定评，然而据本次会议提交的关于黄峨研究的论文看，由于种种原因，近百年来，后人对她的研究都微乎其微。即令是“建国以来，关于黄峨的研究仍然是薄弱的”。“从建国到80年代中期，几乎没有”，之后的二十年间“专门研究黄峨的文章只有5篇”(罗莹《建国以来黄峨研究述评》)。作为黄峨故乡的遂宁虽然早在20世纪90年代初就成立了“历史文化研究会”，但“对黄峨的宣传不够研究者也可以说是寥寥无几”(刘书林《近年遂宁地区黄峨研究的简述》)，以学术会议的形式大规模深入研究尚属首次。因此，以本次会议为契机，专家学者对其倾注了极大的热情，提交的论文论著达24件之多。从内容上看，涉及了对黄峨研究情况的历清与述评，黄峨与杨慎作品的甄别，黄峨生平籍贯与出生地，黄峨家族诗人、黄峨与杨慎夫妇情感，黄峨悲剧人生及审美与道德价值，黄峨诗词曲作及其历史贡献、艺术特征等等，涵盖了作家作品研究的方方面面，其间尤以研究其生平籍贯和散曲者居多，占了论文论著总数的60%以上。遗憾的是，或许是因为黄峨诗作太少的缘故，不仅近人、古人几乎无人涉足，建国以来也仅有两篇研究其《寄外》诗的文章，全面研究黄峨诗作者竟无，本次会议也只有四川职业技术学院的王金星先生之《黄峨诗刍议》一篇，当是填补空白之作；从手法上看，有考证其生平籍贯，注疏赏析、甄别其作品的，也有对其人品、道德、价值观、审美观和情感态度进行深入剖析评价的；既有对其作品的艺术手法，诸如用典用韵体制格律等进行探究，也有对其艺术特色、历史贡献作总结归纳的；既有对黄峨的总体研究，更有将黄峨与杨慎，黄峨与历史上的女诗人、女词人、女作家作纵横向对比，以女性特有眼光来研究女性诗人，并以黄峨为个案深层次探究古代女性作家的成因和黄峨与中国古代女性文学之关系的，可见研究之异常深入。从形式上看，虽然论文居多，但四川职院的蔡忠、王金星、谭国应等先生主编的《黄峨诗词曲赏析》不仅收罗其作品最多最全，而且配有注释，赏析短文、相关资料和评传，尽管其间的有些作品尚待甄别，有的观点尚可商榷，却不失为最有分量和价值之集大成者，为以后的研究奠定了良好的基础。此外，还有黄峨故里遂宁市文化局，安居区人民政府制作的介绍黄峨生平事迹的电视专题片和四川大学文学与新闻学院散曲作家萧自熙先生所作之散曲《燕引雏. 赋杨夫人黄峨》，都匠心独运，新颖别致，给与会者留下了深刻印象。

在黄峨研究中，争议最多的一是其出生地问题，但最终形成了共识，认为黄峨的出生地当是史志明载的四川省遂宁市安居区西眉镇的皇榜石，而不应据其父黄珂之墓定为安居区聚贤乡。二是黄峨的作品甄别问题。在一般人看来，由于黄峨生前多不存稿，加之与夫杨升庵聚少离多，作品又多寄升庵处，后人在刊行其作品集时多据杨升庵遗作和传闻，甚至还有为谋利而加入伪作之嫌，因而很难分辨，也难以确认其数量，因此本次会上也仍为焦点。对其甄别方法和标准，尽管意见颇多，但扬州师大李昌集、广西民族学院陆凌霄，四川职业技术学院羊玉祥等先生认为，当主要以内容风格特别是女性风格，再辅之以作品中涉及的地点判之。对其作品数量，本次会议上的观点差异较大，任中敏先生最早甄别后余套数5、小令63（其中重头52）；谢伯阳先生在《全明散曲》中收录、此前人们采信的也大都为散曲60余首，但此次会上蔡忠先生等主编的《黄峨诗词曲赏析》中却录有诗10首，小令15首，散曲8套65只，重头110多首，当是数量最多，品类最全之新版本。郭孝儒先生也认为黄峨散曲应是100余首。以身份、口吻为据，王莉芳女士通过考辨得出的结论是有散曲小令35首，套数2套，可见差距是异常明显的。由于此系黄峨研究之基础，因而尽管有学者认为本就难分，无须多花精力，却颇有进一步探讨考证之必要。

除去争议之外，本次研讨会对黄峨的研究是卓有成效的，这主要体现在以下几方面：

一是对黄峨诗歌的研究。或许是黄峨存诗太少的缘故，尽管毛泽东主席都曾推崇过，然而历史上研究的人却十分稀少（近十余年只有两篇），全面研究者根本没有。所幸的是本次会议中王金星先生以《黄峨诗刍议》打破了沉寂，填补了空白，对黄峨的诗作了全方位的解读，认为黄峨的诗“定不只此十首，只是目前无从查考而已”。“十首于一代才女一个诗人不能言多，但却涉及了黄峨生活的方方面面，是黄峨生活的真实写照，是研究黄峨，研究明代文学不可缺少的重要史料”；认为黄峨的诗婚前婚后两个时期有着不同的表现内容和主题，从内容上讲有写景状物借景抒情，叙事记人借以抒怀，写夫妻恩爱离愁别绪，展示品性特征，表现理想信念四类。从形式上看，律诗和绝句都有，且堪称精品。黄峨诗歌取材广泛，内容丰富，情真意切，凄婉动人，才冠女班，技压群芳，是历史上不可多得的诗词曲三绝的伟大女性；黄峨不仅才艺超群，而且是一个热爱生活、热爱大自然，主张自由恋爱、崇尚美满姻缘，向往幸福生活，重情重义，多愁善感，贤淑、聪慧、善解人意而又大义凛然，卓尔不凡的巾帼俊杰，值得人们永远学习和纪念。

二是对黄峨散曲的研究。这是本次研讨会的重点和热点之一。会议共收到这方面的论文7篇，其间有对黄峨散曲作总体述评的（天津社会科学院门岿《论黄峨的曲作》），也有作单篇剖析的（佛山大学万佛成、贺仁智《黄峨〈仕女图〉之体制特点及其渊源——兼记文学史上的群体排列描写现象》）；既有内容角度的切入（广西师范大学阙真《论黄峨的相思怨别曲——兼与李清照相思怨别词比较》），也有形式方面的考究(四川职院赖显荣《黄峨散曲曲调、格式与用韵的探索》);既有总结归纳其艺术特征(广西大学梁扬、付婷婷《论黄峨散曲的艺术特征》),也有分析揭示其历史贡献的(佛山大学赵义山《笔底离愁　曲中女杰——论黄峨散曲创作的历史贡献》)。此外,还有对其散曲之数量作专门考辨的(王利芳〈黄峨散曲考辨〉)。真可谓百花齐放、多姿多彩,从不同的角度全方位探究了黄峨散曲的方方面面。在阙真先生看来,黄峨的相思怨别曲有很大一部分都与李清照的词相同,即都是为远在他乡的丈夫而作,但二者间于同类题材中又有很大不同,李清照在词作中所抒发的对丈夫的思念主要是一种感觉,而黄峨在散曲中却描绘的是思人之画面,诉说的是离别的故事,表现的是一种情感;李清照运用的直接抒情,黄峨则用的是直接描写;李清照的词委婉含蓄地诉说离别情,黄峨则毫不掩饰地直接展示自身心灵世界,显得姿放而亢爽,其风格的明显差异带来了赏玩时对李清照之词须由外到内,深入其内心深处仔细玩味、把握,感受其纵深感,而对黄峨之曲则应由近及远,迅速捕捉、很好感受那主体感。

门岿先生还将其与杨慎一道,将其与这之前宋代的赵明诚和李清照,和与之同时代的管道升与赵孟頫作了更大范围内的深入比较,得出了李清照、管道升、黄峨都出生于官宦人家,有很高的学术修养,多才多艺;其丈夫都是一代名人,在金石、绘画、诗词等文艺领域成就非凡,在官场仕途却因种种原因而并不称心如意;三位夫人也都因种种政治原因而把幸福美满的婚姻打破,留下无数的幽怨、愤懑和遗恨,然而,三位夫人都热爱自己的丈夫,思念丈夫,都曾以劝慰丈夫之诗词曲而脍炙人口,流芳于世,她们都代表了时代女性于词画曲方面的最高成就。相较之下,黄峨以自己的真情实感,以“自然”之神,“尖新”之魂,“本色”之要深得“元曲三味”真传,以酸甜苦辣、悲喜忧嗔之多味人生,展示出泼辣直爽、柔媚清丽、幽深清峭、轻松浅俗之多样风格和非凡才力与丰满才情,奠定了其文学史上可与诗中薛涛,词中之李清照比肩的独特地位。在梁扬先生,付婷婷女士看来,黄峨之曲语言深情真挚,多幽思奇语,自然清丽颇具民歌韵味,形式富于变化,不恪守陈规,对散曲的形式艺术做了许多具有创新意识的尝试;题材广泛丰富,不局限于闺阁,写景状物、实录记事、羁旅情怀,丰富了女性曲史之内容;体制令套兼备,南曲北曲皆善,在曲中自成一家,取得了引人注目之成就,掀开了女性曲史最为绚丽的一页;就风格而言,以典雅婉丽,深切真挚为主,也兼有自然本色,泼辣爽利,凄婉缠绵,多姿多彩,烛照出男性文本描写女性经验之浅薄无力,极大地丰富了中国女性曲史的内容,形成了相对的女性经验世界,而显示了女性散曲的独特魅力,具有采用不同形式表情达意的创新、探索精神,表现出深厚的艺术功底,具有超越同时代女曲家的文学创作勇气和才力,具有比同时代其他曲家更高的艺术水准。在我国古代散曲灿烂的星河中,是一颗独放异彩的明星。因此,赵义山等众多学者认为,黄峨之离愁别恨曲,将散曲引入闺阁体,为散曲文学之开拓新境做出了可贵贡献。黄峨离怨别恨曲的出现是本人不幸曲坛幸。黄峨之曲不仅以北曲为主,而且众多口语俗语,明言直陈,饶有曲趣,本色豪放之风直逼古人,表现出本色豪爽之美和淋漓姿纵之风,作为一位女词家,能选择北曲之体式坚持曲之文学本色和质朴特征,自觉遵护曲体审美风范,是异常难能可贵的。这也是黄峨之曲能在明代乃至整个散曲文学史上独树一帜的根本原因;黄峨于散曲创作中引领出一个闺阁曲家群体,不仅在文学史上贡献卓著,而且在文学发展史上也有极其重要的意义。在散曲文学中,自金元有曲之一体以来,到明中叶以前的三百年间,女性曲家不让须眉,仅黄夫人一人而已,明中叶以后差可比肩者仅徐媛一人而已。因此,黄峨在女散曲家中具有首屈一指的崇高地位。

第三,是对黄峨的综合性研究。应当说,这是本次会议之重头戏,一共有论文11篇之多。如果加上《黄峨诗词曲赏析》和评传的话,应当说占据了半壁河山。其间有对黄峨的相关研究,这主要集中在其丈夫杨慎和黄峨之家族诗人,尤其是与其夫杨慎间的别离情,黄峨与杨慎的词,黄峨与其家族诗人的诗等方面。此外,还有为数不少的学者是从女性或女性文学角度来研究黄峨的;从其用典艺术和人生,从黄峨之道德与审美价值方面来深入探究的,可谓很全很深。在学者们看来,黄峨与杨慎虽近为夫妇,且二者互相唱和,相互影响是必然的,但杨慎为学士,"学士之词曲,喜欢用典和袭用前人词句","多出六朝骈体",显得"典雅圆润",而黄峨为才女,其词曲则"多用口语,从心地流出,语句自然,有唐人余韵"(陆凌霄《杨夫人作品区分问题》),二者间有着风格上的明显差异,即令是二人互诉相思离别的作品,也因为二人的身份角色不同,且都被注入相当多的社会内容,因而在生活的自由度、情感的专一度等方面都存在不对等的关系,存在着付出与回报不平等的社会现实。正是这种不平等,使得"黄峨三十载的期盼与相思,远比杨慎三十年的流放生活更具悲剧性,也更应赢得后人的尊敬与同情"(姚蓉《"相思离恨知多少,烦恼凄凉有万千"》)。此外,一些学者还从女性特有视点出发,认为黄峨不仅与众多女性作者一样,所抒写的是个人生活、个人情感,所写的是个人的离愁别绪和吟风弄月方面的闲情逸致,且吟诵的人物大都为女性,其手法大都是站在女性的角度揣摩他们丰富的情感世界,以特有的女性视角和笔触去感悟和书写人生,因而虽然显得题材狭窄了些,却不失女性语言的泼辣,不失女性的细腻缠绵、柔媚和悲婉,给欢呼歌唱的曲坛蒙上淡淡的哀愁,给或豪放或清丽的明清散曲增加了几许柔美和哀婉(唐萧萧《"黄峨"二题》等)。

在对黄峨作品作全面深入探究之外,四川职院的成镜深、杨继联先生还对黄峨人生及审美道德价值作了探究。成镜深认为,黄峨的一生是幸福而光辉的,但黄峨的一生同时也是悲惨与暗淡的,时代社会和自身条件与个性修养、封建伦常,丈夫的厄运与移情别恋等等,都是铸成黄峨悲剧人生的诸多原因。然而蚌病成珠,个人不幸曲坛幸,这又反倒铸就了其文学上的辉煌,使她不仅留下了那样多的艺术瑰宝,而且铸就了其抒写悲情实感,塑造优美意境,语言晓畅、善于用典等多方面的审美价值,从中表现出了对感情执着,对人生肯定歌颂,尽职尽责,甘当贤媳贤妻与良母,私情大义兼顾,忠孝仁爱两全的高尚道德情操。不愧为"德才兼备,风华绝代的伟大女诗人"(杨继联《黄峨的审美价值与道德价值刍议》)。

总之,对于黄峨,所有专家学者都是持充分肯定态度的,认为她虽然一生悲苦,却热爱生活,向往幸福,忍辱负重,贤良勤谨,一往情深,深明大义,忠孝仁爱,其诗词曲作均意境优美,温婉细腻,情真意切,凄清雅炼,酣畅淋漓,独具风采,虽历经千载,却始终散发着芬芳的艺术魅力。她不仅在政治上有远见卓识,而且于艺术上也具有不随波逐流而敢于特立独行的勇气和个性。其著述之丰,内容之广,成就之高,风格之独特,开创一代文学之新局面,为整个中国女性文学乃至整个中国文学史树立了一座丰碑,是中华民族文化瑰宝之一,是一个天才女诗人。因此,著名学者陶文鹏先生于会上大声疾呼并倾情建议:黄峨不仅值得永世学习和纪念,而且应当对其加大宣传力度,组织力量撰写黄峨评传,将其作品谱成曲,举办演唱会,应当建黄峨故居和纪念馆,将其写成叙事诗、编出电视剧,将黄峨推向全省、全国乃至海外,让其享誉世界。专家们的建议引起了学界和遂宁市委、市府的高度重视。

二

对于中国散曲之研究是本次会议的又一主题。会上共收到这方面的论文20篇。从内容上看,有散曲本体研究、散曲作家作品的解读、散曲研究状况考察、散曲相关问题思考等四个方面;就时间而言,涉及了古代和现当代散曲研究两大方面,跨度达数百年;就形式手法上讲,有源流考证,有研究检讨和背景、意蕴、特征、机制揭示,也有作家作品解读,相互关系梳理和创作手法、传播方式探究等等,既有论文深入揭示,也有散曲总体评论,还有纪实与散论抒发,亦可谓百花齐放,异彩纷呈,给人以诸多启示、收获与教益,值得学界高度重视和广为关注。

首先,对散曲曲体研究是本次会上专家学者关注的重点。在这方面,论及的主要有:

一是散曲的来源问题。对于散曲的由来,有学者认为是词"破体"、变体和异化,俗化的结果。在福建师大欧明俊、李弢先生看来,尽管从元明至近代都有学者进行过相应研究,但一直有争议,到清代大体形成"词曲同源"(认为词曲同是源于

《诗经》)、"词曲同源而异流"、"曲变于词"等三种基本观点。"清代学者主张严分词曲疆界",但是,"历代词曲论家笔下'词曲'概念往往是多义的",有时合称词曲,有时单指词或曲,或以曲单指散曲,一直到民国时期才渐渐明晰,并真正对词曲尤其是散曲做出科学界定和系统而科学研究,使之较为严格地区别开来。在历代所论中,"诗余"和"词余"以及崇"正体"贬"变体",重"本色"轻创新的观念和做法都是错误的,应当重视词曲的相通与相融,重视词的曲化和曲的词化,重视"破体",从中看到每一种文体都是动态变化的,在常态之外还有变式。"由于词的曲的相互渗透融合,词的'曲化',曲的'词化',雅的'俗化',俗的'雅化',两者从内容上已很难区分,这时形式格律便成为区别的主要标志"(欧明俊、李弢《历代词曲异同总检讨》)。但也有学者不同意这种观点,认为:"散曲确实是中国传统诗歌的非常完善的继承,应该说它是集历代诗词美学经验之大成,融会贯通,创造出的另一类独具艺术优势的文学品牌"。"散曲中有古体诗的自然纯真,有近体诗的平仄韵律,有长短句(词)的句式幻化,有各民族音乐语言的吸收融合,有民众口语的大胆纳入……老实讲,它是中国诗歌审美理想极为生动的空前显现"(常箴吾《美哉!散曲》)。"古体诗的浓缩、格律化而成近体诗;唐诗的解放、多样化而成宋词;宋词的延展,生活化而成元曲,如此一脉相承,与时俱进,各成经典,鼎立文坛"(常箴吾《让历史的辉煌,再度辉煌》),显然,这又在词之异化、俗化的基础上更进了一步,揭示了诗词曲的演变递进关系。然而,在邓乔彬、赵晓岚看来,"散曲的生成、发展以及逐渐占据主流地位,有着异族强势新文化的背景"。南北朝以来,"政治与仕进之巨变,使得长期以来习惯于以有用之才自居的士人不得不转而为'声歌之末'的无用之业,且'抑圣为狂,寂哭于笑',而这,正是散曲生成的主要文化机制"。此外,"散曲之兴又是市井文化与隐逸文化发展、发达的结果"。换言之,即"市井文化是散曲生存的重要文化背景,而从大量的散曲作品中又可看到隐逸的主题,反映出隐逸文化是散曲的文化基础之两翼"。不仅如此,曲作者还以先秦《诗经》之俗,《楚辞》之雅,唐诗则俗雅兼备,宋代诗词俱雅,金元的粗犷劲健证明了"雅俗循环是我国文艺发展的规律之一",并由此得出结论,认为散曲与杂剧一样,"又是受雅俗文化更替规律支配的结果"。"散曲之兴盛既可看作是雅俗更替规律作用之使然,又可看作是民族融合在文学上的体现"。显然,这些论述不仅从源流而且从时代社会背景的广度和文化机制的深度对散曲形成的原因和机理作了深入的探究和揭示,为人们更好地认识散曲奠定了良好的思想认识基础。

二是对散曲的特征,尤其是美学特征作出了准确而深入的揭示。来自山西"黄河散曲社"的常箴吾先生认为,散曲融合诸美,独具其美而又总体呈现出音乐美、语言美和风格美三大特征。在他看来,音乐美是散曲的天然属性,因为散曲的产生、发展、皆源于音乐、赖于音乐。此外，散曲还有稠密的韵脚，几乎句句押韵，“真是韵满散曲，韵味十足”；有平仄交替的声律美，独具特色的节奏美，听起来就像由民族、通俗、戏曲唱法交织而成的流行歌曲。“散曲的用语是传统诗歌中最富民族性、时代性，最具大众化、口语化的多维语言，具有通俗美、自然美、幽默美和修辞美的艺术个性”。特别是“衬字，增句的注入，既补充了曲意未尽的缺憾，同时又极大地激发了曲语的张力与活力”，使散曲显得“鲜活、生动、俏皮，夸张乃至荒诞，显得语态丰盈，勾人魂魄，别具风采；散曲敢于离经叛道，另辟蹊径，追求个性解放，雅俗共赏，创造的是贴近生活的平民化诗风，呈现出直抒胸臆、广抒胸怀敢越雷池的谋篇取向；谐趣为美，俚语入曲，兼收并蓄的全新风貌。”散曲之美当是大俗大雅之美，是野花发而幽香的菊花之奇美。来自福建师大的欧明俊、李弢先生则认为，在词曲的初创和鼎盛时期，由于散曲本质上是“音乐文学”，因而还可以说“乐词一体化”是其本质特征，但是，随着词的“曲化”和曲的“词化”，雅的俗化和俗的雅化，音乐背景渐次消亡，词曲也都失去音乐文学之本质属性，而只剩下形式格律这一韵文体的显著标志了。西华大学的郑家治先生也认为散曲以俗为美，“浅俗可嗤”，其一是体现在散曲所表现的多是赤裸裸的世俗情感，二是语言方面的高度通俗化、口语化。认为散曲的语言是“蒜酪味”，具有辛辣的讽刺性与牛羊泥土般的通俗性。散曲的语言除去多衬字，句式灵活多变，伸缩自如，不拘平仄，是典型白话之外，还不避俚俗，追求口语的散文化，追求明快显豁自然酣畅，多用赋、比兴和顶针、叠字等修辞手法，大量使用口语，因而显示出自然明快、显豁酣畅的总体风格，与今日之白话新诗在语言上没有本质的区别。不仅如此，郑家治先生还对形成这种风格特色的原因作了探究，认为有内外因之别。内因一是散曲本身源于诗歌而诗歌本身就源于俗，二是散曲繁盛于词之后格律词语言过分典雅精雅的结果。外因则一是有地域、民族及语言因素，二是政治经济及文化因素，三是散曲作家与受众的影响。认为“散曲与杂剧繁盛及其语言上以俗为美，源于政治上的变化，进而影响到经济文化，再影响到创作者与接受者，最后影响到散曲的语言风格”。

三是对散曲所涉及的相关问题作了较为广泛深入的研究，这主要涉及散曲生成的文化机制，散曲与白话新诗与词的关系，还有元代散曲中的怀古散曲、表现手法创作场合与传播方式等等。其间既有纵向的勾勒与开掘，又有横向的对照和比较，专家们纵横捭阖，开拓了散曲研究的新视野，丰富了散曲研究的新内容，使散曲研究的广度和深度都得以进一步拓展。在专家学者们看来，曲由词词由诗衍生发展而来，词曲既同源，又有着内容手法、价值功用上的诸多相同相似点，且词曲一俗一雅，相互影响、渗透、融合，词的曲化，曲的词化，俗的雅化，雅的俗化，二者同宗同源，一脉相承，关系异常密切，很难截然分开，但二者毕竟又有着形式手法、音韵格律上的诸多差异，有着兴盛于不同时代、各领风骚数百年，与诗歌鼎足而立的辉煌历史。在郑家治先生看来，散曲虽然与古代诗词有形式、手法上的传承关系，有其相应的生命力，但是，由于散曲进入后期文人作品增多，词汇系统、意向体系、意境风格组合的基本方式与传统诗词均无多大区别，且雅化虽成主流，却又始终赶不上传统诗歌，俗化也逐步退让于白话新诗，加之到清代中叶以后有西方资本主义政治经济及文化的全面侵入与冲击，和 20 世纪初期启蒙救亡，西学东渐，民主科学等新思想、新文化的碰撞，现代教育与现代知识分子的大量产生，因而使得散曲不仅最终未能发展成现代白话新诗，而且于近现代呈现出生命力不强，遭遇冷落，几乎绝迹的凄悲状况。

在本次会上，专家们仍然给予了元代散曲以特别关注，有的进行文化解读，有的探讨表现手法，有的讨论创作场合与传播方式。在他们看来，处于特定文化环境中的元曲作家习用怀古之作评说历史，臧否人物，他们摆脱传统史学的禁锢，用冷峻的目光审视历史兴废和人物功过，传达与传统相悖的文化理念，构成一种另类文化形态。这类怀古散曲的自由言说，标志着元代是一个文化异常活跃的时代（朱桦《元代怀古散曲的文化解读》）；元代散曲作为配合音乐演唱的文人诗歌，就其创作场合看，一方面继承了古代文人的传统，往往在私人场合或睹物起兴，或言志抒怀或朋友以诗相交，于应酬中赋诗，命歌妓演唱，是一种“共诗朋闲访相酬和”的创作方式；就其传播方式而言，“也和传统诗歌一样，以鼓板弦索、歌唱吟咏形式，流传在歌妓口头，活跃在青楼歌馆和勾栏瓦肆的表演中”，“咏唱于人们口头，活跃于艺人的演唱中”。“元散曲既继承了文人歌诗的传统，但在其创作、传播、消费中，都打上了深深的时代烙印”（钟涛《试论元散曲的创作场合与传播方式》）。不仅如此，就创作方式看，元散曲家们常常一反中国古典诗词经常省略人称和主语，从而赋予文本情感内涵的客观化、非个人化性质之传统，普遍使用有主句抒情写意，而且频繁使用第一人称，借此“标示文本的限制视角，强调文本内涵的个性体验”；或“直接出面，抒情叙事每每从第一人称出发，刻意将自己置身于特定的艺术场景并充当其中的主角”；或以之充当受事宾语，实事宾语等等，也表现出与众不同的反诗学传统（周晓琳《从大写之“我”看元曲作家的自我意识——兼论诗词曲关于第一人称的使用》）。此外，在元代散曲中，无论从马致远的《借马》，还是睢景臣的《高祖还乡》和杜仁杰的《庄家不识勾栏》，抑或是其他作家的散曲解读中都会发现，“滑稽、幽默、讥讽和怪诞的手法贯穿于元散曲的各种题材中，融进了市井生活话题的各个方面，甚至渗透于元散曲的婚姻恋爱题材中，滑稽、幽默、讥讽和怪诞以及谐趣是元代散曲表现方式的一个共同特点”（王索美《论滑稽幽默是元代散曲的重要表现方法》)。关注这些手法,无论对我们解读元散曲,领略其间的无限风光,还是于我们从中吸取营养,传承和光大优秀文化遗产都应当是大有裨益的。

其次,对散曲作家作品的研究,是本次会议的又一个重头戏,也是散曲研究的一种横向拓展和深入。从收到的 8 篇论文看,有对作家作品集作推介说明,彰显其价值意义的;也有解读作家作品探讨其思想内容,创作成就和手法的,既有总体把握,也有分类探究和剖析;既有对古代,也有涉及现当代作家作品的,仍可谓既广泛而又异常深入。其间,值得特别关注的有以下几方面:

一是在作家作品的推介评析方面,既有德高望重的谢伯阳会长以《全清散曲增订纪实》和《〈冯惟敏集〉前言》对《全清散曲》增订的意义、做法、体例和相关问题的简明交代,对明代曲家冯惟敏其人其曲的扼要说明、精当评析与热情推介,也有来自台湾的学者黄丽贞女士对元代名儒名臣张养浩《云庄乐府》的特别推崇和对其创作特色的深入探究。在黄女士看来,在张养浩的《云庄乐府》中,无论是写山水美景田园景物,还是回忆其官场阅历,现实黑暗之作,所表达的感情,都具有浓厚真诚的感染力和表现出口语、本色行当和自然妥帖的修辞手法,显示出其驾驭文辞的高度素养,值得人们很好学习和借鉴。此外,来自广西民族学院的李润先生在其《朱彝尊散曲简论》中对清代散曲大家朱彝尊的散曲作品也作了基本而又独到的评价,认为其作品"内容略显单纯,大致可分两类:抒男女艳情与抒隐逸情怀。前者因作者有一段彼此相恋而又不为世俗所容,抱恨终身的恋情,故而写得深情绵邈",后者是描绘以西湖为中心的水乡风物,"趣旨以追求淳雅为主,感情多显冲淡",在"写法上融画入曲,属于诗化的散曲,风格醇雅,神情冲淡、闲适"。借此,也使朱彝尊成为了以西湖为中心吟咏水乡风物而现存作品最多的散曲作家。

二是在作家作品解读探究方面,来自重庆师范大学的谢真元、沈艾饿先生从散曲文本入手进行深入解读,认为元代散曲大家乔吉的散曲作品无论是"云""秋""猿"还是"梅""愁"等意象,都"明显地带着'我之色彩'",表现出三大突出的美学特征:一是其悼古伤今的怀古之作和强遣悲愁的自述篇章,与歌隐颂闲的隐逸小令中所浸润、呈现出的"悲美"特征。二是其写景状物曲作中蕴含着昂扬奔放、不可遏制的巨大力量,给人以"意象壮大,形象飞动,读之风起云涌,电掣雷鸣的气概",表现出壮美特征;三是从其女性散曲作品中展现出婉约细腻、婉丽纤巧,内柔外秀的"秀美"(亦即优美)特征。认为乔吉散曲的这种多样化的风格正是由其"心灵深处的杂沓吟啸,更为其优美深邃如花色貌抑或壮怀激烈似火肝肠的艺术美所陶醉"和作为一个清客,一个江湖名士,乔吉潇洒而放达,作为一个传统意识有所复苏的文人，一个有所追求而不能实现才学之士和寄人篱下的布衣，乔吉又显得孤独冷漠的这种双重人格，双重心态所形成的。同样是对名家名作的解读，关四平先生打破关汉卿研究之由传统社会道德层面向叛逆思维层面转换的思维定式，独辟蹊径，以美学特征探究为切入点，以美为评价标准，从关汉卿之杂剧和散曲的对比中，揭示了关汉卿散曲作品所表现出的情感美和理想美、形象美和人格美、自然美和哲理美等六大美学特征。并认为"在关汉卿笔下作为元曲的组成部分，杂剧和散曲各有侧重：杂剧面对社会生活、散曲面向心灵世界；杂剧的价值主要在社会价值，散曲的价值主要在审美价值；杂剧的主旨是惩恶扬善，散曲的创作主旨则是弘扬美德"。这无疑给人以全新的认识和独特感受，将关汉卿研究推上了一个新的高度和层面。与众不同的是，河南大学的张进德先生独具慧眼，详尽考察了中国古代小说《金瓶梅词话》中的散曲，从中看到了散曲艺术在明代已经渗透到了市民社会的各个角落，在社会生活中起着攀高结贵或褒贬人物，彰显好恶的特殊功用，在《金瓶梅》中也起到了表现人物内心幽隐，推动情节发展，暗藏人物关系和命运，烘托气氛，增强可读性的文学功能，显示出一定的史料和民俗价值。认为尽管其间也有累赘，多余之误，但是瑕不掩瑜，"将大量散曲镶嵌于小说作品，被当作一种文学手段来运用，这在《金瓶梅词话》产生以前的章回体小说中还从未有过，在整个古代通俗小说中也极为罕见"（张进德《简论〈金瓶梅词话〉中的散曲》），因而应当引起人们的高度重视与特别关注。

三是在作家作品探究方面，值得特别提及的还有两点：其一是杭州师院的郭梅女士以其女性的特有眼光和使命，对明代的女性散曲作家做出了专题探究，一共列出了25位女性散曲家，并将其分为闺秀女散曲家（共11位）和青楼女散曲家（共14位）两类来考察。列出了他们的作品并作了简明介绍，从他们的曲作中得出了"女儿笔底女儿梦"，"相思离愁曲中寄"，"高亮轻圆付月魂"，"女儿笔底女儿心"的特定认识和感受。其二是四川职业技术学院王金星先生关于现当代作家作品的介绍与研究。作者在其《苦涩人生高远志，清歌妙曲赋流年》的论文中一是隆重推出了一生勤苦、宁静淡泊、坚韧执着、正直耿介、严谨精勤、刚毅质朴、潇洒飘逸，几十年如一日，既研究散曲理论也从事散曲创作，一生以书为伴，以曲为念，痴醉于曲，于散曲理论研究和创作实践方面都卓有建树，卓尔不凡，堪称当代散曲大家的四川大学文学与新闻学院退休教师萧自熙先生，对其生平作了简要介绍；二是对萧自熙先生的散曲作品从内容到形式手法作了简明扼要的评介；三是对萧自熙先生的散曲理论研究予以了推介，探究了先生散曲创作与研究的动机和目的，使人们不仅了解了先生的散曲创作与研究概况，了解了先生的人品和文品，而且也可以了解到现当代散曲创作与研究的一些情况，看到当今散曲创作与研究的现状与成效,对散曲国粹的拯救和民族文化的弘扬具有一定的感召激励作用。应当说这两篇文章的内容和方向都属填补空白型的,都给人以耳目一新的特别感受。

第三是关于散曲研究之研究。这是一个总揽全局的话题,没有对于散曲研究的全局性把握,是很难洞察入微,破解这一难题的。这也是一个很有价值的话题,既有梳理总结之效,又有指导引领之功,担当此任的是中国散曲学会秘书长赵义山先生,他在提交大会的《近几年散曲研究的新进展与相关问题思考》的论文中一是对近两三年散曲研究的现状与进展情况作了定性定量的描述,认为尽管"相对于古典诗词和古典戏曲的研究散曲研究虽然相对薄弱和滞后,但近几年也呈现出相当活跃的局面,并取得了新的进展和可观成绩"。其间,明清散曲逐渐得到研究者的重视和广泛注意,"无论是作家创作研究、散曲流派研究、南北曲演化研究、题材与主题研究、发展史研究、音韵研究、文献研究等都取得了令人瞩目的成绩";元曲研究得到拓展和深化,有了从传播学角度的切入和思想认识、社会影响方面的认识深化和视野拓展。有的从现有文物中发掘出一些新的资料,或对重要作家做了深入细致的比较研究:散曲的个案和群体研究得以加强,其薄弱现象有所改善;散曲与相关文体的比较和综合研究相互渗透与融通,成为一种新的动向。二是指出了近年中散曲研究存在的研究力量相对薄弱,尚未形成相对稳定的研究队伍;基础性研究不够,文献资料的整理不如人意;个案研究缺乏应有的深度和广度;缺乏多样化研究方法和曲学批评理论的建构等较为突出的问题,认为应当引起研究界的高度重视和广为关注,这无疑为散曲研究工作的深化指明了方向。

令人欣喜的是,在本次会上反映出,散曲研究不仅仅局限于古代而且开始了现当代的散曲的创作与研究。值得特别推介的是山西的李之初、常箴吾、时新、高履成等先生以"广泛联络全国各地的名家曲友、在继承中华传统散曲的基础上,紧贴时代深入生活,探索和开拓新时期散曲发展的新路子,挖掘蕴藏在群众生活中富有时代精神的文学艺术精华,为继承和发展我国的传统散曲而努力,为我国物质文明、精神文明建设作出应有贡献"为宗旨,成立了黄河散曲社,编发了《当代散曲》之刊物,开始了传统散曲向现代散曲转化,将传统散曲与现当代散曲创作结合起来的传承性、开创性、学术性研究和当代散曲的创作实践,这无疑是一种全新的研究思路和开创性的探索方向,值得曲学乃至整个学术界、创作界高度关注。

三

对于本次会议,专家学者们给予了充分肯定和一致好评,不仅认为会议以文会友、允许争议,作风民主、大会小会、会上会下、分组集中,论文论著,专题片、专题演唱会,形式多样,生动活泼,更重要的是会议成果丰硕,具有多方面的价值和启示意义。正如吕微芬、陶文鹏先生所指出那样,黄峨研究不仅限于黄峨,散曲研究也不仅限于元曲，让人从中看到了散曲研究的新动向，诸如像明清散曲和个案研究，将散曲与诗词曲与戏曲结合起来进行比较研究，对散曲史、散曲研究史作研究，将古代散曲与现当代散曲结合、对照起来研究和思考传统散曲现代化问题等等，尽管其间有争议、待完善，但很多视角是新颖的，探索精神是难能可贵的，体现的是开阔的学术视野和活跃的学术气氛，呈现出的是一种学术性、学理性、当代性的开放态势。这不仅有利于黄峨、有利于散曲研究的走向深入，而且有利于培养年轻的学术队伍，有利于学术繁荣，值得充分肯定和大力提倡。照此发展下去，小散曲也可以出大手笔、大文章、大成果。从中，学者们欣喜地看到并深切地感悟到了散曲研究的成效和走向。

为了使散曲研究更加成熟和理性，也为着让专家学者们能出更多更大更好的成果，中国散曲研究会决定采纳会员们的建议，自本次会议后，将中国散曲学术研讨会改期为每两年召开一次。

第八届中国散曲研讨会综述*

由中国散曲研究会、四川省遂宁市人民政府、四川大学、四川师范大学、西华师范大学、四川职业技术学院联合主办的国际黄峨学术研讨会暨第八届中国散曲研讨会于2005年十月在川中明珠黄峨故里遂宁隆重举行。中国散曲研究会会长谢伯阳教授，副会长吕微芬研究员及中外学者110余人出席了会议。陶文鹏、谢伯阳、吕微芬等著名学者和主办单位的领导先后致辞。会议本着百花齐放、百家争鸣的学术民主原则，采用大会、小组、口头与书面交流相结合的方式，集中对中国散曲的相关理论问题和明代遂宁籍女诗人，著名散曲家黄峨作了系统而深入的研讨。

本次会议共收到电视专题片1部、著述文集4部，论文43篇，其中研究黄峨的论文22篇。通过大会、小组，会上与会下的广泛研讨与交流，学者们在黄峨与散曲研究的许多方面都取得了共识并加深了理解。关于黄峨的研讨将另文介绍，现将散曲研讨综述如下：

中国散曲研究是本次会议的一大主题。会上共收到这方面的论文20篇。从内容上看，有散曲本体研究、散曲作家作品的解读、散曲研究状况考察、散曲相关问题思考等四个方面；就时间而言，涉及了古代和现当代散曲研究两大方面，跨度达数百年；就形式手法上讲，有源流考证，有研究检讨和背景、意蕴、特征、机制揭示，也有作家作品解读，相互关系梳理和创作手法、传播方式探究等等，既有论文深入揭示，也有散曲总体评论，还有纪实与散论抒发，真可谓百花齐放，异彩纷呈，给人以诸多启示、收获与教益，值得学界高度重视和广为关注。

首先，对散曲曲体研究是本次会上专家学者关注的重点。在这方面，论及的主要有：

一是散曲的来源问题。欧明俊、李昣先生等学者认为散曲是词“破体”、变体和异化、俗化的结果。但也有学者不同意这种观点，认为“散曲确实是中国传统诗

* 载《社会科学研究》2006年第3期。

歌的非常完善的继承,应该说它是集历代诗词美学经验之大成,融会贯通,创造出的另一类独具艺术优势的文学品牌”(常箴吾《美哉! 散曲》)。在邓乔彬、赵晓岚先生看来,“散曲的生成、发展以及逐渐占据主流地位,有着异族强势新文化的背景”。散曲与杂剧一样,“又是受雅俗文化更替规律支配的结果”。“散曲之兴盛既可看作是雅俗更替规律作用之使然,又可看作是民族融合在文学上的体现”。

二是对散曲的特征,尤其是美学特征作出了准确而深入的揭示。常箴吾先生认为散曲融合诸美,独具其美而又总体呈现出音乐美、语言美和风格美三大特征。欧明俊、李豉先生则认为,在词曲的初创和鼎盛时期,由于散曲本质上是“音乐文学”,因而还可以说“乐词一体化”是其本质特征,但是,随着词的“曲化”和曲的“词化”,雅的俗化和俗的雅化,音乐背景渐次消亡,词曲也都失去音乐文学之本质属性,而只剩下形式格律这一韵文体的显著标志了。郑家治先生也认为散曲以俗为美,“浅俗可嗤”,其语言具“蒜酪味”,具有辛辣的讽刺性与牛羊泥土般的通俗性。散曲的语言显示出自然明快、显豁酣畅的总体风格,与今日之白话新诗在语言上没有本质的区别。

三是对散曲所涉及的相关问题作了较为广泛深入的研究,这主要涉及散曲生成的文化机制,散曲与白话新诗与词的关系,还有元代散曲中的怀古散曲、表现手法创作场合与传播方式等等。在专家学者们看来,曲由词词由诗衍生发展而来,词曲既同源,又有着内容手法、价值功用上的诸多相同相似点,且词曲一俗一雅,相互影响、渗透、融合,词的曲化,曲的词化,俗的雅化,雅的俗化,二者同宗同源,一脉相承,关系异常密切,很难截然分开,但二者毕竟又有着形式手法、音韵格律上的诸多差异,有着兴盛于不同时代、各领风骚数百年,与诗歌鼎足而立的辉煌历史。

在本次会上,专家们仍然给予了元代散曲以特别关注,有的进行文化解读,有的探讨表现手法,有的讨论创作场合与传播方式。在他们看来,处于特定文化环境中的元曲作家习用怀古之作评说历史,臧否人物,他们摆脱传统史学的禁锢,用冷峻的目光审视历史兴废和人物功过,传达与传统相悖的文化理念,构成一种另类文化形态;元代散曲作为配合音乐演唱的文人诗歌,就其创作场合看,一方面继承了古代文人的传统,往往在私人场合或睹物起兴,或言志抒怀或朋友以诗相交,于应酬中赋诗,命歌妓演唱,是一种“共诗朋闲访相酬和”的创作方式;就其传播方式而言,“也和传统诗歌一样,以鼓板弦索、歌唱吟咏形式,流传在歌妓口头,活跃在青楼歌馆和勾栏瓦肆的表演中”,“咏唱于人们口头,活跃于艺人的演唱中”。“元散曲既继承了文人歌诗的传统,但在其创作、传播、消费中,都打上了深深的时代烙印”(钟涛《试论元散曲的创作场合与传播方式》)。不仅如此,就创作方式看,元散曲家们常常一反中国古典诗词经常省略人称和主语,从而赋予文本情感内涵的客观化、非个人化性质之传统,普遍使用有主句抒情写意,而且频繁使用第一人称(周晓琳《从大写之"我"看元曲作家的自我意识》)。此外,无论从马致远的《借马》,还是睢景臣的《高祖还乡》和杜仁杰的《庄家不识勾栏》,抑或是其他作家的散曲解读中都会发现,"滑稽、幽默、讥讽和怪诞的手法贯穿于元散曲的各种题材中,融进了市井生活话题的各个方面,甚至渗透于元散曲的婚姻恋爱题材中,滑稽、幽默、讥讽和怪诞以及谐趣是元代散曲表现方式的一个共同特点"(王索美《论滑稽幽默是元代散曲的重要表现方法》)。

其次,对散曲作家作品的研究,是本次会议的又一个重头戏,也是散曲研究的一种横向拓展和深入。从收到的8篇论文看,仍可谓既广泛而又异常深入。其间,值得特别关注的有以下几方面:

一是在作家作品的推介评析方面,既有德高望重的谢伯阳会长以《全清散曲增订记实》和《〈冯惟敏集〉前言》对《全清散曲》增订的意义、做法、体例和相关问题的简明交代,对明代曲家冯惟敏其人其曲的扼要说明、精当评析与热情推介,也有来自台湾的学者黄丽贞女士对元代名儒名臣张养浩《云庄乐府》的特别推崇和对其创作特色的深入探究。来自广西民族学院的李润先生在其《朱彝尊散曲简论》中对清代散曲大家朱彝尊的散曲作品也作了基本而又独到的评价,认为朱彝尊是以西湖为中心吟咏水乡风物而现存作品最多的散曲作家。

二是在作家作品解读探究方面,来自重庆师范大学的谢真元、沈艾娥先生从散曲文本入手进行深入解读,认为元代散曲大家乔吉的散曲作品"明显地带着'我之色彩',"表现出"悲美"、"壮美"、"秀美"(亦即优美)三大突出的美学特征;认为乔吉散曲的这种多样化的风格正是由其"心灵深处的杂沓吟啸,更为其优美深邃如花色貌抑或壮怀激烈似火肝肠的艺术美所陶醉"和作为一个清客,一个江湖名士,一个传统意识有所复苏的文人,一个有所追求而不能实现才学之士和寄人篱下的布衣的双重人格,双重心态所形成的。同样是对名家名作的解读,关四平先生打破关汉卿研究之由传统社会道德层面向叛逆思维层面转换的思维定式,独辟蹊径,以美学特征探究为切入点,以美为评价标准,从关汉卿之杂剧和散曲的对比中,揭示了关汉卿散曲作品所表现出的情感美和理想美、形象美和人格美、自然美和哲理美等六大美学特征,将关汉卿研究推上了一个新的高度和层面。河南大学的张进德先生则独具慧眼,详尽考察了中国古代小说《金瓶梅词话》中的散曲,从中看到了散曲艺术在明代已经渗透到了市民社会的各个角落,在社会生活中起着攀高结贵或褒贬人物,彰显好恶的特殊功用,认为这在《金瓶梅词话》产生以前的章回体小说中还从未有过,在整个古代通俗小说中也极为罕见"(张进德《简论

〈金瓶梅词话〉中的散曲》),因而应当引起人们的高度重视与特别关注。

三是在作家作品探究方面,值得特别提及的还有两点:其一是杭州师院的郭梅女士以其女性的特有眼光和使命,对明代的女性散曲作家作出了专题探究,一共列出了25位女性散曲家,并将其分为闺秀女散曲家(共11位)和青楼女散曲家(共14位)两类来考察。从他们的曲作中得出了"女儿笔底女儿梦","相思离愁曲中寄","高亮轻圆付月魂","女儿笔底女儿心"的特定认识和感受。其二是四川职业技术学院王金星先生关于现当代作家作品的介绍与研究。作者在其《苦涩人生高远志,清歌妙曲赋流年》的论文中隆重推出了一生勤苦、宁静淡泊、坚韧执着、既研究散曲理论也从事散曲创作,一生以书为伴,以曲为念,痴醉于曲,于散曲理论研究和创作实践方面都卓有建树,卓尔不凡,堪称当代散曲大家的四川大学文学与新闻学院退休教师萧自熙先生,对其散曲作品从内容到形式手法作了简明扼要的评介,对萧自熙先生的散曲理论研究予以了推介。应当说这两篇文章的内容和方向都属填补空白型的,都给人以耳目一新的特别感受。

第三是关于散曲研究之研究。这是一个总揽全局,很有价值的话题。既有梳理总结之效,又有指导引领之功,担当此任的是中国散曲学会秘书长赵义山先生,他在提交大会的《近几年散曲研究的新进展与相关问题思考》的论文中一是对近两三年散曲研究的现状与进展情况作了定性定量的描述,认为尽管"相对于古典诗词和古典戏曲的研究散曲研究虽然相对薄弱和滞后,但近几年也呈现出相当活跃的局面,并取得了新的进展和可观成绩"。其间,明清散曲逐渐得到研究者的重视和广泛注意,取得了令人瞩目的成绩;元曲研究得到拓展和深化;散曲的个案和群体研究得以加强,薄弱现象有所改善;散曲与相关文体的比较和综合研究相互渗透与融通,成为一种新的动向。二是指出了近年中散曲研究存在的研究力量相对薄弱,尚未形成相对稳定的研究队伍;基础性研究不够,文献资料的整理不如人意;个案研究缺乏应有的深度和广度;缺乏多样化研究方法和曲学批评理论的建构等较为突出的问题,认为应当引起研究界的高度重视和广为关注,这无疑为散曲研究工作的深化指明了方向。

令人欣喜的是,在本次会上反映出,散曲研究不仅仅局限于古代而且开始了现当代的散曲的创作与研究。值得特别推荐的是山西的李之初、常箴吾、时新、高履成等先生,他们成立了宗旨明确的黄河散曲社,编发了《当代散曲》之刊物,开始了传统散曲向现代散曲转化,和将传统散曲与现当代散曲创作结合起来的传承性、开创性、学术性研究和当代散曲的创作实践,这无疑是一种全新的研究思路和开创性的探索方向,值得曲学乃至整个学术界、创作界高度关注与热情支持。

对于本次会议,专家学者们给予了充分肯定和一致好评,不仅认为会议形式多样,生动活泼,更重要的是会议成果丰硕,具有多方面的价值和启示意义。正如吕微芬、陶文鹏先生所指出的那样,黄峨研究不仅限于黄峨,散曲研究也不仅限于元曲,让人从中看到了散曲研究的新动向,诸如像明清散曲和个案研究,将散曲与诗词曲与戏曲结合起来进行比较研究,对散曲史、散曲研究史作研究,将古代散曲与现当代散曲结合、对照起来研究和思考传统散曲现代化问题等等,尽管其间有争议、待完善,但很多视角是新颖的,探索精神是难能可贵的,体现的是开阔的学术视野和活跃的学术气氛,呈现出的是一种学术性、学理性、当代性的开放态势。这不仅有利于黄峨、有利于散曲研究的走向深入,而且有利于培养年轻的学术队伍,有利于学术繁荣,值得充分肯定和大力提倡。照此发展下去,小散曲也可以出大手笔、大文章、大成果。从中,学者们欣喜地看到并深切地感悟到了散曲研究的成效和走向。

《遂州文化概论》编写方案（征求意见稿）

（2010年9月拟）

一、编写缘由

1. 遂宁历史悠久，地理位置特殊，物华天宝，人杰地灵。发展现状与形势喜人，发展前景很好，值得抒写；

2. 遂宁有着丰厚的历史底蕴、文化积淀，名人辈出，异彩纷呈，有坚实的编写基础；

3. 遂宁虽历史悠久，发展很快，但毕竟是相对的，有限的，需从历史、文化的角度加以梳理、总结和提炼，以提升其品位和档次，增强其底蕴和厚重感，增强其魅力、扩大其影响力；

4. 一座城市，一个地方的建设固然是多方面的，但文化建设是软实力，核心竞争力，必不可少，而且非常重要。目前遂宁于这些方面做了大量工作，然缺乏系统性、整体性和必要的概括提炼，编写概论的时机基本成熟，机缘很好；

5. 川职院是遂宁唯一高校，有着为地方经济社会发展服务的基本宗旨与神圣使命，有着对地方文化建设起好骨干，引领与促进推动的基本职责，理当做好这一工作；

6. 教师中很多遂宁人，对遂宁、对家乡有着特殊情感情节。学院是搞文化传播传承的，在这方面有些积淀，且处在一定层面上，也有牵头组织的基本条件，情感、情结、责任、使命交织在一起，不但要做，而且还当尽力将其做好。

二、编写目的

1. 发掘、整理地方文化，让其成为遂宁经济社会发展的重要组成部分和宝贵资源，成为遂宁发展建设的力量源泉；

2. 发掘提炼遂宁文化，使其上升到理性层面，揭示其本质规律，促进其发展与繁荣，对遂宁经济社会的发展起指导引领和推动促进作用，提升其品位和档次；

3. 为学院人文素质教育,为遂宁市民的素质教育提供教材或基本读物,为文化旅游学院的建立奠定基础。对地方文化起维护、传承、宣传、弘扬、光大作用;

4. 整合遂宁优质资源,为地方文化建设,精神文明建设,经济社会发展做贡献;

5. 表达遂宁人,遂宁文化人,文化界,川职院对遂宁,对四川,对祖国,对中华民族的热爱之情,掬示炎黄子孙拳拳之心;

6. 进一步探索院地合作,互惠双赢,共同推进地方经济社会发展的办学路子,拓展、提升个人和学院的社会服务能力。

三、编写思路

1. 时间上纵贯古今,内容上横连各业、各区县,以现实遂宁为基准,以历史遂宁为界限,纵横勾连,力求把新老遂宁包容完;

2. 以史实为基础,以文化为主线,以价值意义、本质规律为灵魂,彰显遂州文化之品质品位,铸造遂州文化之品牌;

3. 以繁简为基本版式;以川职院学生、中小学生和普通市民为基本读者群;以提高素养,彰显精神,鼓舞人心,打造品牌,提升品位、引领推动发展为基本宗旨与目的目标;

4. 以院内为主,内外结合,积聚精英,分工负责,各展所长,共图事业、共享成果为组织运作的基本形式;

5. 以主编牵头负责,先定原则大纲与思路办法、集思广益、统一思想认识,再分工到章,责任到人,具体实施编撰,最后统一定稿为编写办法与体制机制;

6. 以今年九月启动,10 月召集人马,确定编写方案;十一月审定大纲,组织工作基本就绪;十二月动手编写,十二月底前拟定好各章节的写作大纲(细化至四级目录),明年 3 月底前交出电子版初稿,四五月审稿、6 月定稿、7 月交印、8 月出版、9 月发行使用;总量控制在 30 万字左右,力求图文并茂为基本构想;

7. 作为一项文化工程,争取学院、市文广局,宣传部、文联等部门、方面的支持,争取进入遂宁的五个一工程,争取入围市哲新成果一等奖;

8. 组织机构及人员及分工为:

顾问:崔保华　胡昌升

何大海　胡家正

张永福　勾中进

主编:王金星　杜春海　胡永康　周光宁

副主编:谭国应　胡传淮　陈　彪　成镜深

参编人员:曾建国、刘辉、何赢中、高选树、唐元明、杜尉平、彭明福、吴红梅、曾晓红、罗莹、米雨、谢明镜、李建强、汪旭、周哲良、余平、敬平、李巧义、唐春玲等

《遂州文化概论》编写大纲(二)

2010年9月

第一章　历史文化

第一节　古代遂宁

第二节　近代遂宁

第三节　现代遂宁

说明:也称地域(区域)文化,主要是分段概述遂宁的历史沿革,辖区演变,人口,经济社会发展状况。目的在揭示遂宁发展变化情况和历史演变过程。

编写者:王金星、曾晓洪

字数:1.5万字

第二章　宗教文化

编写者:刘辉、曾晓洪,字数:2万字

第一节　古代宗教

第二节　近代宗教

第三节　现代宗教

本章意在分代反应遂宁的宗教发展变化情况,其主线是佛教、道教、基督教,主要反映其发展变化进程和情状缘由,社会历史作用与功绩。

第三章　民俗文化

编写者:成镜深、谢明镜,字数:1.5万字

第一节　古代民俗

第二节　近代民俗

第三节　现代民俗

本章内容主要包括为婚丧嫁娶、建筑、节庆,打三招、做生、红白喜事、酒文化、祭祀等典型生活习俗与劳作方式,如打夯,抬石头、上梁等。

第四章　创作文化

编写者:周光宁、胡永康,字数:2万字

第一节　古代创作

第二节　近代创作

第三节　现代创作

本章的内容包括小说、诗歌、散文、戏剧、曲艺创作等，既要包括作家，又要有创作的发展历程背景，还得有作品的类型、教育与价值意义、创作思想等。

第五章　教育文化

编写者：陈彪、唐元明，字数：2.5 万字

第一节　古代教育

第二节　近代教育

第三节　现代教育

本章力求反映不同时期的教育背景、状况、发展建设历程，包括教育层次、形式、规模、内容、手段、方法、教育教学成效、教育教学思想观念等。

第六章　艺术文化

编写者：高选树、杜尉平，字数：2 万字

第一节　古代艺术

第二节　近代艺术

第三节　现代艺术

本章内容涵盖绘画、书法、音乐、舞蹈、戏剧、杂耍（曲艺）等。

第七章　工业文化

编写者：曾建国、敬平，字数：2 万字

第一节　古代工业

第二节　近代工业

第三节　现代工业

古代的手工工业：纺织、制糖、制盐，近代的手工业，纺织业，酿造业；现代的机械制造、纺织、化工、食品、电子等。

第八章　农业文化

编写者：谭国应、李建强，字数：2 万字

第一节　古代农业

第二节　近代农业

第三节　现代农业

古代刀耕火种，犁牛打靶，农家肥，靠天吃饭；近代的改良，变革与变化；现当代的兴修水利、改良品种，改土改田，化肥农药，现代农业，农业机械化，管理体制办法改革，提高产量，优化结构等。

第九章　交通文化

编写者：彭明福、于平，字数：2 万字

第一节　古代交通

第二节　近代交通

第三节　现代交通

古代:羊肠小道,石板官道,牛马拉车,肩挑背扛;近代架子车,鸡公车,黄包车、木船,自行车,拖拉机,机耕路,泥石公路,水泥柏油路;现当代的公路汽车,铁路火车,飞机,轮船,高速路,快铁村村通,1 小时、2 小时经济圈等。

第十章　餐饮文化

编写者:罗莹、米雨,字数:1.5 万字

第一节　古代餐饮

第二节　近代餐饮

第三节　现代餐饮

第十一章　商旅文化

编写者:吴红梅、唐春玲,字数:1.5 万字

第一节　古代商旅

第二节　近代商旅

第三节　现代商旅

第十二章　城市文化

编写者:杜春海、李巧义,字数:1.5 万字

第一节　古代城市

第二节　近代城市

第三节　现代城市

本章主要概述城市、城镇的发展变化情况,着重反映其发展变化、状况和规模,发展变化的思想理念。

第十三章　特色文化

编写者:胡传淮、何赢中、汪旭、周哲良,字数:8 万字

第一节　观音文化

第二节　宋瓷国宝

第三节　宝梵壁画

第四节　卓筒钻井

第五节　神奇死海

第六节　地质硅木

第七节　名仕才女 非物质文化遗产

本章应注意避免与前面相关章节的重复,使之真正成为特色。

各章宜先定框架，后定编者；先出大纲，审定大纲，后草拟成稿，初审，然后再统稿，定稿。

参考资料：《吴文化》江苏中小学地方教材

《中国文化概论》王宁等 湖南师大出版社

《中国传统文化与教育》东北师大校长培训

《中国文化简论》李健等主编 川大出版社

《遂宁文化概论》后记

历时4个寒暑,《遂宁文化概论》终于脱稿了。付梓之时,正值鸟语花香、百花竞艳的美好时节,春意盎然,心潮澎湃,让人总觉得有好些话要说。

首先想告白的是:之所以要编撰此书,且兴师动众,花这么长时间来撰写这样一部似乎与我们并无多大关系的书,一是基于对文化的基本认识。工作在文化单位,参编者都是文化人,以为文化是人和人类社会的结晶,是人类社会的宝贵财富;是人和人类赖以生存、发展、文明、进步的土壤和基石;是人区别于其他动物、成为高等动物的根本所在,是人类社会的精华;是人和人类、国家、民族的软实力、核心竞争和发展力。所有这些,都是人们整理发掘、开发利用、建设传承,使之发扬光大的根本原因和真正动力。作为文化人,必须对此有明确而清醒的认识,必须高度重视和很好地开发利用它。这是历史赋予我们的神圣义务和光荣使命,懈怠不得、辜负不得。作为文化人,总得在这个领域干点什么,留下点什么,否则便愧对自己、愧对历史。但做什么呢?专业的做了一些,太大的做不了,还是立足本土,从生于斯长于斯的这片土地做起,这才是最现实最基本的。如若每个人都如此脚踏实地,岂不就集腋成裘,聚沙成塔了么?历史、文化、人类、社会不就这么形成,这么发展壮大的么?于是便有了这样一个选题,一个努力的方向。二是基于对文化研究现状的深切忧虑。中华民族历史悠久,源远流长;中华文化博大精深,灿烂辉煌。民族精英、圣贤先哲已经有许多整理发掘和研究,成果丰硕,为我辈继承和弘扬奠定了很好基础。特别是十七届六中全会之后,从党和国家到各阶层人士、各族人民对文化的热忱重视空前未有,这本是令人欣喜振奋的大好事,然而客观冷静地看,才发现对地方行业文化做全面系统整理研究者似乎不多,开发利用传承弘扬者甚少,让人深感困惑和忧虑,觉得有必要勇敢地站出来,大胆地尝试和探索,使这片土地于这方面不再荒芜和空白。三是教育工作者的责任使然。由于众所周知的原因,我们的各类教育都程度不同地存在着重知识轻能力,重素养轻素质,重做事轻做人的不良倾向,特别是人文素养、精神,人文素质的严重缺失已经到了无以复加,令人深感忧虑之境地。多年高考文管类考生很少,非万不得已绝不会轻易选择文管类专业，一方面素质教育轰轰烈烈，一方面应试教育扎扎实实的事实便是这方面的最好明证。这显然是民族，是教育的悲哀。作为教育工作者，不能不理智冷静地认识、看待并切实处理好这一点，不能当历史的罪人。我们所能做，应该做的，就是从现在、从身边、从基本的地方文化，素质教育普及读物，从人文素质教育的教材专著做起，这应当是教育人的一份沉甸甸的责任。四是地方文化使然。遂宁虽然不大，仅三县两区，380多万人口，但它地处巴蜀文化交汇融合处，有着特殊的地理位置和2000多年的发展建设历程。历史上曾多次为郡县治所，曾培育过两任皇帝，无数达官贵人和名仕才女，有川中巨邑，小成都之称。不仅是观音文化之乡，民俗文化之乡，中国书法之乡，卓筒老井被李约瑟称为世界石油钻探之父，中国第五大发明，而且著名的九宗书院也诞生于此，它甚至比著名的岳麓书院都还早出300多年，是世界历史上第一个教学研究型高等教育机构，也是四川职业技术学院历史悠久的立论依据所在，是国际公认的高等教育源头与始祖，既让人倍感亲切骄傲和自豪，也让当今的川职人，特别文化教育机构掌门人掌深感汗颜和忧虑。最让人不安的是，1000多年前的第一，当今还竟是唯一，而且尚未做到那种层面和高度，甚至于连这片人杰地灵之神奇土地上的文化概况都没有，尚无基本整理发掘和研究，这无论如何都是说不过去，都是极不相称，无颜见江东父老的。因此，我们思考了很久，也思索了很多，决定克服困难，甚至冒不揣冒昧，不善藏拙之风险来开展这一工作，来填补这一空白，来尽本土文化人一份职责，一分心意，这便是书稿生成的特定背景和缘由。

其次需基本交代的是：遂宁说大不大，说小不小，曾一度是名不见经传的农业市，似乎没什么文化可言，但它毕竟有500多平方公里，近400万人口，是历史上的郡县州府所在地。在国内虽不起眼，在世界上却称得上一个小国家，更何况有2000多年的历史，有那么深厚的底蕴和文化积淀。虽因资料缺乏、能力水平有限，要将其文化状况概起来，而且要整理发掘，对其做“论”的提升诚非易事，却毕竟有着丰厚的底蕴和积淀，值得我们去珍视、去整理发掘、开发利用它。因此，我们深入思考，反复研究，一是确定了编写的基本宗旨、原则和思路办法，包括纵贯古今，横连各业，纵横勾连，包容新老遂宁；以史实为基础、文化为主线、价值意义、本质规律为灵魂，彰显遂宁文化品质品位、铸就遂宁文化特色品牌；包括概与论、详与略、内与外的原则和关系处理等等，在此基础上，由王金星主编拟定了编撰方案和纲要；二是组织了以院内专家为主体，院外相应领导、专家学者加盟支持把关，老中青三结合的强大阵容和主编、副主编、参编，一二三线分工负责，专兼、总分结合的编写队伍，为搞好编写提供了强有力的组织保障；三是依据总体设计，本着先总后分，先急后缓的思路原则，我们对整个编写工作确立并实施的是三步走战略：首先为满足学院全面素质教育要求写出概论,意在理清脉络,创构基本框架体系,形成相应的基本结论;其次是提炼浓缩,撷精取要,编写出能适应中小学生和普通市民素质教育需求的通俗读物,为文明城市建设,为遂宁品质品位提升做出相应努力;三是在此基础上加深拓展,充实提高,编写出全面深入研究遂宁文化的系列丛书,力求为遂宁留下点精神财富,也为后来者奠定些研究基础。我们的初衷如此,且愿望良好宏大,能否实现,就得看社会基础氛围和大家的努力程度了。因此,在本书的编撰中,除去编者的艰苦努力,辛勤付出之外,也曾多次召开编委会,反复探讨研究相关问题,并数易其稿。曾晓洪老师、周光宁先生参与了统稿,王金星、杜春海教授做了全面审校和最后的定稿工作,力求提高书稿质量,为之做出了最大努力。

第三要特别感谢的是:遂宁这块神奇的土地养育了非同凡响的遂宁人,遂宁人创造的多姿多彩的遂宁文化不仅给了我们以丰盈厚实的素材,而且孕育了博大精深、别具风姿的遂宁文化,给了我们以滋养、启示、动力、鼓舞和底气,市委市府领导的高度重视,市委宣传部、文联、作协等部门的领导和专家学者鼎力支持,无数幕后英雄的无私奉献,都为这部书稿的完成奠定了坚实基础;中国教师发展基金会出版资助中心热忱全额资助,相关领导和刘思祺编辑在审阅书稿、联系出版、指导修改中倾注了大量心血;学苑出版社领导、编辑是这部书稿得以顺利出版的坚强后盾;尤其难得的是长江学者、中国比较文学研究会副会长、四川大学文新学院院长,博士生导师曹顺庆教授,北师大 985 特聘教授、博士生导师,博士后合作导师,政府管理学院副院长,政治学与行政学系主任,政治发展与政府创新研究中心主任、政党研究中心主任中央和国务院多部门咨询专家施雪华教授都慧眼识才,于百忙中拨冗披繁、审读书稿并指点迷津、欣然作序,对书稿给予了充分肯定、高度评价和热忱鼓励,令本书大为增色,令我们倍受鼓舞、倍感振奋。从某种程度上完全可以讲,没有这些,便不可能有这部书稿的顺利面世。为此,特谨向所有给予关爱支持的各级各类领导、专家学者,和为之付出辛劳者致以由衷的谢忱!

还需特别说明的是,由于这是一个开创性的浩大工程,加之资料、能力水平有限,书中错谬疏漏在所难免;"概"会有可能挂一漏万,"论"则有可能失之粗浅甚至错谬。诚望专家学者和领导们不吝赐教,以便我们再版时修订,使之日臻完善。

王金星

2014 年孟春

苦涩人生高远志　清歌妙曲赋流年*

——萧自熙先生其人其曲浅识

散曲本是我国古代文学，尤其是元代文学中的一朵奇葩，因为先秦散文、唐诗、宋词、元曲、明清小说，这本是文学史上的定论，但是，由于它“是元曲北曲中的一部分，是一种清唱或诵读的诗歌”，“它以俚语俗语入曲，大都反映民间心声，通俗易懂”，“看起来活泼自由，实际上却受着比唐诗宋词更为严格的格律制约”（萧自熙《散曲絮语》），这就给散曲创作增加了难度。因此，后代人读散曲者较少，作散曲者更少，使之濒临灭顶之灾。特别是现当代，除去已故的赵朴初老之外，剩下的，潜心研究并严格遵守散曲格律创作且成效卓著，出版有专集专著的似乎就不多了。但“赵老的曲，首首不离政治，现在看来，是缺点大于优点”，“除少数带刺的篇什可列为经典留传后世外，大半台阁体颂诗（包括词曲）都不足称道了”（翟鹏举《读曲致萧兄》）。而真正于散曲研究和创作方面均卓有成就的，当首推且仅有萧自熙先生。因此，进行现当代散曲研究，不能不论及这位卓尔不凡的老人。

一、萧自熙先生生平

萧自熙，字剑岚，号不漏天蜗居主人，负行蜗先生，风光富有翁，舔笔叟，四川磐石（资中）人，故此常以磐石、剑岚为笔名。1931年出生，1949年冬高中毕业，工作后又先后就读于西南俄文专科学校，四川大学中文系，1962年毕业于四川大学图书情报学系并留校任教至1992年退休。现为四川省作家协会会员，有散曲研究和散曲创作方面的多本集著问世。

先生兄弟四人，自幼丧父，靠母亲进城帮大户人家做鞋和农耕维持一家人生计，母亲一做便是十五年。先生二三岁时，曾因母亲进城帮工未归，兄弟四人三天揭不开锅，饿得在家带队的长兄上吊，幸被熙哭软，第三天靠吃一只淹死在水缸里

---

* 载涂虹主编《国际黄峨研讨会暨第八届中国散曲研讨会学术论文集》，中国文史出版社2006年版。

的耗子充饥,第四天母亲回来时才得以解困。故此,先生一直感谢共产党,热爱新中国;于县中读高中时曾组织过学社;主办过由家境较好的同学资助的油印小报,刊登过宣传进步,讽刺国民党货币政策,揭露官场腐败、黑暗的文章;与同学一起组织过学潮,被当局追捕时机智巧妙地组织同学逃脱。高中毕业后响应党的号召进工作队下乡搞农村工作,开展减租退押。

先生一生为人潇洒飘逸,宁静淡泊,不慕名利,早年加入共产党,力求过好生死、荣辱、名利、食色和亲情关。在生死问题上,四兄弟中长兄被人打死,次兄于沱江边上劳作时不慎落水而亡,剩下自熙一人,可谓不易;在名利上,早期入党,可当干部,20 世纪 50 年代初曾作为梓潼县委宣传部长后备人选,却因种种原因化为泡影;评职称生不逢时,先遇"文革"不评,复评后照顾老的时年纪不大,照顾年轻者时又年纪不小,虽条件不差却只能在副教授岗位上退下来;在荣辱上,早年当干部,知识分子少,入党早,根正苗红而倍受关注照顾,提干未成走上继续读书求学路,"文革"当中还遭批斗,挨过大字报,却未因此沉沦和抱怨过;在食色上,夫妻长期分居,一生难以弥合,大半与食堂为伍,退休后至今仍坚持打食堂,甚至是打一顿吃一天,遇亲朋好友来时加菜便是。至今仍独自一人住在川大老校区六十年代建造的一间不到 20 平方米,常年漏雨的筒子楼单身宿舍里。生活虽然清苦,却吟诗作赋,咏词填曲、撰著文集而笔耕不辍,饮酒品茗、打牌下棋、会朋交友,天南地北、海侃神聊,几十年如一日,乐此不疲,还美其名曰"不漏天蜗居",自称"不漏天蜗居主人","负行蜗先生","风光富有翁",甚至为自己写有"辞世歌","自挽联",显得十分潇洒飘逸,幽默风趣。

先生为人坚韧执着,治学严谨精勤。自大学二年级受大师缪钺先生熏染而喜爱诗词曲律并以之为范,立志专攻并力求精进,视散曲为国粹,以为唐诗、宋词、元曲、明清小说,其他均有人研究,唯高雅之曲遭冷落,认为连京剧都要抢救,也理当抢救散曲。于是初写研究、介绍性文章,由于懂的人少,以至学报无人审稿,难以却愿,后又觉得光研究不行,还得写,既能将生活感悟和素日积累充分利用,又可运用理论指导实践,于实践中研发理论,还可起保留宣传作用,一举多得。因而矢志不渝,数十年如一日,孜孜以求,于教书育人传道授业的同时,一是进行散曲理论研究,一是进行散曲创作实践,一生中笔耕不辍,所得甚丰,先后撰写出版散曲研究方面的专著近十部,发表论文 60 余篇,出有个人散曲创作专集 6 部,共发表散曲作品 545 首。无论散曲理论研究还是创作实践方面都是集大成者,堪称当今一流大家,颇值关注和研究。然而,先生并不以此为满足,更无半点骄傲之嫌,相反却十分谦恭,不仅虚心向前人先贤学习、孜孜不倦向师友同学请教,而且还常常反躬自省,十分谦逊地于七绝《自述》中写道:"不是仙家是俗人,自由形影太平身,此身研习诗词曲，多得皮毛少得真。”在学术腐败盛行，自吹自擂大行其道的今天，这是多么难得，多么令人敬佩的啊！

先生一生为人正直耿介，刚毅质朴，幼小时虽倍受艰辛，却直面人生并不为所困，勇往直前；年轻时血气方刚，不畏强暴艰险，毅然投身革命，向往进步光明；“文革”中虽受尽煎熬却忠贞不贰；“六四”时竟然敢“顶风作浪”，坚持上课，三次巧妙地将冲击课堂之兴师问罪者以关门方式拒之，并放言：“你有不上课之自由，我有上课之自由”，明令其“放尊重些！”遇官方派人摄像时竟敢宣布下课并拂袖而去；于生活中甘守清贫，以苦为乐，尊敬师长，友善同志，对学生和蔼可亲，诲之不倦，关爱有加；一生拥护共产党，热爱新中国，讴歌新气象、新事物、新成就，鞭挞丑恶，揭露阴暗，疾恶如仇，乐观、开朗，淡泊名利，清新寡欲，一生与书为伴，以曲为念，痴醉于曲，特立独行，大度儒雅，终成大业，且曲高和寡，实乃中国知识分子中的另类典型。

二、萧自熙先生的散曲创作

萧自熙先生是20世纪70年代初开始散曲创作的。最初量很小，前二十年几乎是一年一首，只有1976年粉碎“四人帮”，中国发生翻天覆地巨变时，先生欣喜万分，一年之中竟破例作曲十首，是先生对散曲的传承，继承阶段。此后便一发不可收拾，进入创作的黄金时代和高峰期，仅九十年代就作曲500余首。截至2003年，先生一共创作散曲545首，且严格按古之要求填就，无论从数量和质量上看，都是当代中国散曲创作之最，堪称中国当代散曲创作之大家。

从时间上看，萧先生的散曲创作大致可以分为三个时期。一是尝试探索期，这主要是指20世纪七八十年代。近二十年间，一共只作曲31首，除1976年10首外，其余多数是每年一首，多则2-3首，数量不多；从手法体式上看，只是依声填曲，没什么创新。究其原因，大抵乃“文革”中厌世恶俗，百无聊赖，于是独辟蹊径，开始尝试探索散曲创作之故，一则可了却喜爱诗词曲律，继承文化遗产，拯救国粹之夙愿。二则可逃避现实，发心里之积郁，抒胸中之垒块，于国粹中找到自己的乐趣。三是借此可以作散曲理论与实践方面的探索，既充实又进一步提高、提升自己，为教学和科研，为以后的创作奠定更加坚实的基础。因此，在这一段里，除1976年这个特殊的年份里作者欣喜若狂，不吐不快，一气写下10首，创二十年之高峰外，一般都持矜持、谨慎态度，创作是十分严谨的，可视为继承传承阶段。二是创作创新期，这主要是指20世纪90年代。仅十年时间，作者就填曲503首，占其散曲总量的92%，为绝大多数。其间最多的是1998、1999年，分别为101.144首，是前二十年总和的近8倍。不仅数量多，而且内容手法都有突破和创新，说明作者于散曲研究和创作方面均大为精进，于散曲创作方面不仅已经达到信笔涂抹，出神入化、炉火纯青的地步，而且已进入了融会贯通、超越前人古人，光大创新的新境界。所代表的不仅仅是作者个人的成功与进步，而是整个散曲曲坛的进步与发展；第三是沉寂与反思阶段，这自然是指21世纪的这一特定时段。前三年，作者发表的数量明显减少，共11首。一则有年龄、身体因素，但更重要的恐为作者在反思，作者的重心由大量创作转移到理性思索、总结，理论研究方面，这应当说是由感性认识再次上升到理性认识与创新阶段，是一种更大的进步，更大的成功与飞跃，是完全符合自然法则和客观规律的理性层面与境界。

从内容上看，据粗略统计，萧自熙先生的散曲主要是以下五大类。

第一是记人的。所记者既有历史上的文人墨客、帝王将相、才子佳人，如屈原、苏轼、司马迁、陶渊明、李白、诸葛亮、韩信、范蠡、周瑜等，也写当今的风云人物，如周恩来、郭沫若、巴金、"四人帮"等；既写个体也写群体，但更多的是个体，是平民百姓，其间有蜀川高人，居士、儒丐、儒商、塾师等特殊人物，也有山民、钓叟、船娘、打鱼人、畸形人、退伍军人，见义勇为者，山乡教师、山乡养鱼户，寡妇、鳏夫、媳妇，父子、母子，还有亲朋好友、师长学生，可谓工农商学兵，生旦净末丑，社会生活中的各色人等众生相，都集合在作者麾下，聚集在诗人笔端。作者或妙笔勾勒、精彩议论，或批评讥讽、夸赞颂扬，既给人鲜活形象、深切感受，又给人诸多启示和教益。

第二是叙事记行的。既有抗洪救灾、龙舟抢鸭，粉碎"四人帮"，三峡大坝截流等国际国内重大事件，但更多的是对现实生活中的全面关注，诸如同学朋友聚会，游泳、送别门生、童年、竞赛、下海、田野之夜，春游、老年晨操、采莲、师生野餐，词林记事，快活年、下棋、返里、访故居等等，看起来是生活琐事，实则是诗人对现实生活的深情拥抱和真切感悟，表现的是作者崇尚真善美，鞭挞假丑恶的正确人生态度和高尚的审美情操。比如，一个平常的下棋场面，却在诗人笔下得到了这样的精彩演绎：

相儿保驾兵呼叫，
马儿进击车鸣哨；
仕官听见当头炮，
君王坐镇防浮躁。
旁观呐喊声，
煞似三军闹，
输方暗恼赢偷笑！

——《正宫。塞鸿秋，棋战》

不仅有前线那马嘶车鸣，兵叫炮啸的激战场面，有后帐中军里司令官不惊不诧，气定神闲、指挥若定的神情描绘，而且还有那观战者的呐喊助威，有战斗结束后输赢双方的特殊心态和神情描述，真可谓有声有色，有动有静，有点有面，有内有外，叙写得十分生动传神、真切感人，给人以身临其境的特殊感受。

第三是写景状物。这在其诗作中最多，为总量的三分之一左右。作者十分热爱大自然，也十分善于观察大自然，领略大自然中的无穷奥妙，因而无论是写景状物，还是人物动作情态描摹，都饱含情感，寄寓着诗人的独特感受与深切领悟，真正做到了天人合一，物我交融，神与物游，物色之动，心旌摇曳，既情景交融美不胜收，又发人深省感人至深，给人以美的享受和启迪。在这类曲作中，作者的刻画既有物态环境，更有情态神态和心境，既写景，也咏物，还借景抒情托物言志，使一切景语皆情语，读起来别有情趣。比如：醉酒本来是一种丑陋的情态，大都不可能给人以美感，但是，在诗人笔下就大不一样了，有道是：

酱油碟子看成醋，
印花墙纸看成布。
前回醉倚苍苔树，
流水误作归家路。
熏熏醉态憨，
笑痛邻家肚，
戏言"痛费该咱付"。

——《正宫。塞鸿秋》

作者抓住一半清醒一半醉的突出特征，运用联想与想象，由酒店中的朦胧醉态写到了回家路上的情景，由眼前的醉态写到了"前回"的醉景，由醉酒的人写到了邻里、旁人对醉者的反映和评判，不仅叙写非常准确、贴切，而且有声有色，有动有静，有情有景，显得十分生动传神和新颖别致，给人以哭笑不得，忍俊不禁，读起来别有一番滋味在心头的独特感受。在写景状物中，这类作品也比比皆是。一个简单的中秋月偏食，在作者笔下却变成了一场剑拔弩张的鏖战；本没生命的窦圌山，在作者笔下竟变成了拉扯过难关的贫家兄弟。无论是大自然中风霜雨雪、电闪雷鸣，山川河流、花鸟虫鱼，还是现实社会生活中的茶楼酒肆，冠巾鞋袜衣裙裤，柴米油盐酱茶醋，一到诗人笔下都会变得有血有肉，生动传神感人。作者走到哪里写到哪里，看到什么写什么，一枝一叶总关情，一切景语皆情语，无不感人至深。

第四是叙写友情的。其间包含了同学情、朋友情、师生情、父女情、母子情、夫妻情、兄妹情等等，虽然所占篇幅最少，只有13%左右，却叙写了学友的耕耘和工作业绩，表现了亲朋好友间的彼此关爱，相互帮助和所结下的深厚情谊，颂扬了亲朋、同学、好友间的淳真情感和高尚情操,展示了同学、朋友、亲人的不同品貌精神和性格特征。比如一曲《正宫．塞鸿秋,毕业卅载,同窗大聚,旧乐新欢》,便给人以这样的情景:

桐阴俏竹影俏斯文添俊俏,
山歌调词曲调倾谈换音调;
醒魂笑醉梦笑浊醪解憨笑,
雀牌闹棋子闹雄鸡凑热闹。
他他他,忙将老伴携,
你你你,更把孙儿抱。
踏沉了青城道,峨眉道,九寨道。

读起来异常真切生动,让人大有如临其境、如闻其声,既兴致勃勃,又韵味十足之感。

第五是抒发情怀的。这在其曲作中也很多。由于作者热爱生活,关注生活,在生活中的感悟感慨很多,于是便运用散曲这种特殊的形式来感发意志,抒写情怀。其中虽然也抒发自身感慨,但更多的则是于事于物于他人的。于己的如《人月圆．咏此生》,《塞鸿秋．自勉兼醒世》;于物的如《塞鸿秋．人生:代香椿诉冤》、《塞鸿秋．竹杖赋》、《汉东山．劝月》等等;有感时的,如《感时》、《劝世》、《处世》、《醒世》;也有感事或怀古的,如《戏》、《吹吹功》、《夫妻广告》、《怪事》《生日遐想》、《怀古》、《周郎怨》、《读经悟》、《邯郸学步》、《诗史悟》等等;还有辩证统一,上升到哲学哲理高度的,如《贫与富》、《双重标准》、《哲理》、《愁与乐》、《苦与乐》、《假与真》、《醒与醉》、《肥与瘦》、《江忧河愁》、《母与子》等等。无须读内容,单从题目上就可以感受到作者的悲与喜、苦与乐、爱与憎、愁与恨,就可以把握住作者的立场观点,情感是非和跳动的时代脉搏。

从形式上看,萧先生之散曲涉及了《黄钟》、《正宫》、《大石调》、《仙吕》、《南吕》、《双调》、《越调》、《商调》等九种曲调,涉及了折桂令、塞鸿秋、寄生草、拔不断、殿前欢、一半儿、沉醉东风、庆东原、醉太平、山坡羊等66个曲牌,其中用得最多的是塞鸿秋与折桂令,前者高达64,后者多达36首。作者不仅严格地依声填词,以这些古老的曲牌反映了现实社会生活,让古老的艺术焕发了时代青春,更为难得的是不墨守成规,具有开拓创新精神,先后创造了"四维对兼隔句对竹节韵对体","增句、增韵"体,"平上韵体"、"通篇四维对体","增句并句竹节韵体"、"顶真循环体","通篇方位对兼通篇隔两句对体","反复格","通篇隔六句对","通篇数目对","走马对","通篇反对兼通篇鼎足对"等十多种新体式,为散曲大家庭增加了不少新成员,增添了新鲜血液和青春活力,不仅继承了散曲这一中国历史文化中的瑰宝，而且传承光大了中华民族的这一优秀历史文化遗产，为国家和民族做出了不可磨灭的贡献。

三、萧自熙先生散曲理论研究

萧自熙先生对散曲乃至整个文学艺术的贡献不仅体现在他竭力宣传、推崇散曲，讲授散曲理论，传授散曲知识和身体力行进行散曲创作之实践上，更重要的还在于他孜孜以求，对散曲理论进行了深入探究，并于这方面取得了显著成效，获得了巨大成功，这也是现当代无人能比拟的。

萧先生的散曲理论成果一是体现在他的散曲散论中。这在其《散曲絮语（代序）》（《萧自熙散曲全集》，天地出版社 2003 年 11 月版）和《识谱须知》（《散曲格律》，中国三峡出版社 2002 年 4 月版）中体现得很充分。文章虽大都不长，却十分精警，在一篇不到 800 字的短文中，先生把散曲的性质功能、地位作用、含义种类、写作特色、手法要求、注意事项、发展方向、利弊得失等重大基本理论问题交代得清清楚楚、明明白白，真可谓字字珠玑，让人读起来既通俗易懂，又挈领提要，既轻松愉快，又收益良多。二是在其散曲研究的专论中。这主要有，《元人散曲对仗纲目提要》、《〈元人散曲对仗纲目〉序言——元人散曲对仗特性探索》、《多元发展的元人小令借对》、《全方位拓展的元人散曲隔句对》、《散曲对仗研究简况》等。这些专论主要是对散曲之对仗而言的，前人基本不谈，现当代人根本不谈，先生对此却进行了系统的综合性的对比研究和分析归纳与总结，从中得出了带规律性的认识，这是独创的开山之作，也是填补空白之研究成果。三是体现在其专著中，这方面的主要成果有《散曲格律》。作者直接深入到现存散曲之小令中进行全面的综合对比，研究分析，在现存元人散曲之小令中精选了 62 个常用曲调为之订谱，在仄分上去，对仗位置与品类，各种情况的数量程度以及匡谬正讹等方面，均有自己的独到之处。此书与《萧自熙散曲全集》珠联璧合，一个重理论，一个重实践，二者相互辉映，堪称当世散曲之双璧，是对我国传统文化的振兴，是对民族文化的弘扬和巨大贡献。

萧自熙先生之所以潜心研究散曲并全身心投入散曲创作，除去受缪钺先生激励鼓舞之外，主要还有三个原因：一是对散曲，其实不仅仅是对散曲，应当说是对传统文化、民族文化的钟爱。因为萧先生除去在散曲方面的成就与贡献之外，还写过古体诗、近体诗，填过词、曲，写过与诗有关的楹联、祭文等，甚至于年轻时还写过新诗，有集诗词曲对联之大成的《舔笔叟诗词曲》（中国三峡出版社 1997 年 11 月版）和新诗集《茅屋恋歌》问世。二是给散曲爱好者、研究者提供使用方便，也为子孙后代留下精神遗产，激励后辈弘扬民族文化、弘扬国粹。三是“在散曲濒临灭绝之际，谨以此书奉献给国家、奉献给社会，奉献给历史，奉献给人民！祝愿散曲这一文化瑰宝能继续发展下去！"（《萧自熙散曲全集》，天地出版社 2003 年 11 月版）拳拳之心，天地可鉴，先生品节，光彩照人。作为后辈晚学，理当秉承先生之志，以抢救国粹，传承、弘扬中华民族之传统文化为己任，对散曲研究竭力勤勉之。

黄峨诗刍议*

明代遂宁才女黄峨工词曲，能诗。其诗歌留存不多，却有较高的艺术价值。黄峨诗歌内容丰富，题材广泛，感情真切，凄婉动人，艺术成就突出，达到了相当高的艺术水平，堪称才"艺冠女班"。

黄峨(1498－1569)字秀眉，四川遂宁(今安居区西眉镇)人。峨出身名门世家，其父黄珂曾官至工部尚书；其母聂氏亦出身名门，且知书识礼，严于家教，既是慈母，又是峨之启蒙教师；其兄黄峰，其弟黄华分别为监生、进士，均属朝廷官员。其夫杨慎(1488－1559)，字用修，号升庵，为明正德嘉靖两朝宰辅杨廷和之子，正德之年(1551)状元，翰林院编修。

黄峨系黄珂次女，由于家教甚严，故幼习诗书，聪明伶俐，不仅工诗词，且于散曲方面成就卓著，因而世人评价甚高：明代徐渭称其为"才艺冠女班"。"夫人篇什，云蒸霞烂"；王世贞甚至认为慎"不能胜"；近人梁乙真评其为"正如词中之有李清照、朱淑真"，"且意境解放，突破藩篱，不为数千年礼教所囿，开吾国女子文以前未有之局。"近人、今人也多有褒誉，连《辞海》也以黄峨词条称其"能诗词，散曲尤有名。"胡传淮先生认为："黄峨是中国文学史上，继李清照、朱淑真之后又一位卓有成效的女诗人，散曲家。"这是十分公允的。

黄峨一生著述丰厚，史志记载她不仅"有文集传于世"，而且诗词曲更多，但由于她对时政特别敏感，料事如神，加之"闺门肃穆，用修亦严惮之，诗不复作，亦不存稿，虽子弟不得见也"(钱谦益《列朝诗集小传》)，因而保存并流传下来的作品不多，目前所能见到的诗词曲为二百余首，其中主要是词和曲，尤以曲为甚，诗很少，仅十首，弥足珍贵。对于其词曲，研究者甚众，对于其诗，则论之者少，然无论对黄峨本人还是就文化遗产之传承讲，这都是不公允的。因此，本文拟就其诗作初步探析，以就教于方家。

---

* 载《四川职业技术学院学报》2006年第1期。

一

黄峨的诗现存十首,虽不如其词曲多,但定不只此十首,只是目前无从查考而已。十首于一代才女、一个诗人不能言多,但却涉及了黄峨生活的方方面面,是黄峨生活的真实写照,是研究黄峨,研究明代文学不可缺少的重要资料,是窥黄峨全豹之一斑。

从创作时段上看,现存十首中有黄峨婚前的早期作品,一共三首,分别是《闺中即事》、《文君》、《莺莺》。因为他们所反映的是闺中少女爱春、惜春的真实情感和所推崇的自由恋爱,夫唱妇随、贫贱不移、威武不屈、有情人终成眷属的美满姻缘,表现的是作者对美好生活的向往与憧憬;有婚后生活的真实写照,如《寄外》、《别意》、《庭榴》、《失题》、《寄升庵》等,现存的共七首,占了绝大部分。由于其夫杨慎谪戍云南,夫妻长期分离,因而主要抒写的是夫妻间的离愁别绪,尤其是对远在他乡服现役的丈夫的思念之情。

从内容上讲,则主要是四类:一是写景状物,借景抒情的。如《闺中即事》与《庭榴》。前者为七绝,作者通过“金钗笑刺红窗纸,引入梅花一线香。蝼蚁也怜春色早,倒拖花瓣上东墙”的精妙诗句,表达的是自己的怜春惜春之意。后者为七绝,借石榴之奇来托物言志,抒发的是对奇美事物的赞颂之情。二是叙事记人,借以抒怀的。此类如《文君》和《莺莺》。前者写卓文君与司马相如的婚恋故事,后者写崔莺莺与张生之爱情传奇。前者为历史人物,真实可信;后者为唐代传奇,有可案可稽。二者都是冲破封建礼教之藩篱,追求自由恋爱,造就美满姻缘之典型。这实际上是作者借历史人物发胸中垒块,表现的是诗人自身的恋爱婚姻观。三是写夫妻恩爱、离愁别绪的。此类情形比重较大,有如二首《寄外》、《别意》、《失题》等。作者或感时伤怀,或言情状貌;或直抒胸臆,或寄情山水、引经据典,把那夫妻间的思念、怨嗔、怜惜、恩爱之情抒发得缠绵悱恻、淋漓尽致,读起来肝肠寸断、催人泪下。四是展示品性特征,表现理想信念的。这类诗虽然不多,却弥足珍贵,十分难得,这主要体现在其两首《寄升庵》中。诗作为七绝,有道是:

丈夫本是四方客,妾为离愁心似结。
公义私情不两全,愿君早向凌烟勒。

闻道滇南花草鲜,输君日日醉花前。
银河若得支鸟毛渡,并驾仙舟听采莲。

从中不难看出:作为女性诗人的黄峨并非只知儿女情长,显得娇纵和自私偏狭,而是高瞻远瞩、雍容大度、志存高远、善解人意,既温柔多情,又美丽贤淑的真君子、伟丈夫。无论从才志还是品性上讲,都堪称“巾帼不让须眉”的典范和楷模。

从类别上看，古诗有五言、七言，律诗、绝句、排律，和古风、近体之别。在黄峨现存的十首诗中，五言没有，全是七言；七言中的律诗和绝句都有，只是无排律而已。且恰好是对半开，各占5首。七绝有《闺中即事》、《别意》、《寄外》和两首《寄升庵》，剩下的便是七律。无论律诗、绝句都堪称精品，既平仄对仗工稳，又由内容形式统一，出神入化，相得益彰，表明黄峨在古诗方面的造诣与词曲一样精深，的确是不可多得的旷世才女。

二

黄峨的诗虽然不多，与其词、特别是曲作数量比较的确微不足道，然细细品味，却不难发现其如下特色：

第一是取材广泛，内容丰富。黄峨的诗虽然现存不多，但就现存的十首看，其取材是十分广泛的。大而言之，便有如前所述的写景状物，记人叙事，言情状貌，呈性抒怀等四类，细加分析，便不可胜数。搁下主人公暂且不论，仅其他人等就既有"笑刺红窗纸"的金钗（《闺中即事》），又有"笑迎客"的上宫烟娥（《文君》）；既有"临邛重客蜀相如"（《文君》），又有"恃恩力"的"白玉郎君"（《莺莺》）；既有"歌倚瑶琴半羞懒"的卓文君，又有"尊前心醉双翠翘"的崔莺莺；还有那"绿窗翠屏"下的阿母。男女老少，主人仆人，才子佳人，黎庶百姓，不同出生，不同身份，不同品性，不同情态的人应有尽有，齐聚笔端。就动植物而言，既有拖花上墙之怜春蝼蚁，千里传书之飞雁，下夜郎之金鸡，又有鸣啼归之杜鹃，渡银河之支鸟毛，还有喷香的梅花（《闺中即事》）和萧萧户外花（《莺莺》），以及三春花柳（《寄外》），深秋菊花（《别意》），如霞石榴、早春桃李（《庭榴》），滇南花草（《寄升庵》）；既有蝼蚁"倒拖花瓣上东墙"，"春风户外花萧萧"，"槛外绯花掩映时"，"滇南花草鲜"等自然美景，更有"金钗笑刺红窗纸"，"西窗月冷朦花雾，落霞零乱摇墙树"，"三春花柳妾薄命，六诏风烟君断肠"，"珠泪纷纷滴砚池，断肠忍写断肠诗"，"银河若得支鸟毛渡，并驾仙舟听采莲"的人造美景。此外，还有那山川河流，花草树木，风霜雨云，鸟兽虫鱼，人间际遇，离愁悲欢。作者打破人神、时空界限，或上天入地，或登月潜海，或逆睹古昔，或展望未来，或睹物思情，或引经据典，凡是人类社会生活所涉及到的，在短短的十首诗中几乎都写到了，内容不可谓不丰富。

第二是情真意切，凄婉动人。从黄峨的诗作中，我们可以深切地感受到以下几点。

首先是情感十分丰富。作为女性诗人，黄峨是多愁善感的，这既与其性别有关，也与其多舛的人生际遇有关。婚前的黄峨是热爱生活，热爱大自然的，因为在《闺中即事》里，作者曾欣喜而精细地这样写道：

金钗笑刺红窗纸，引入梅花一线香。

蝼蚁也怜春色早，倒拖花瓣上东墙。

在这里，我们不难想象，这个笑刺红窗纸的金钗就是黄峨，这时的她虽然养在深闺人未识，但却十分热爱大自然，热爱美好的春天，要不然，她凭什么要满怀喜悦地去刺破那完美的红窗纸，把美好的春光，把梅香引入闭塞的闺阁中呢？她又怎么会精细地发现那“倒拖花瓣上东墙”，怜春而又惜春的蝼蚁呢？其实不难想像，蝼蚁倒拖花瓣怜惜春天的情节并非一定有，要真是这样，人们便不难发现诗人设置这一情节的良苦用心了。同样的情感不仅体现在《闺中即事》里，还表现在《庭榴》，体现在诗人对来自西域那夏花秋实、翻嫌桃李、秉灵放故迟、与众不同之奇特石榴的盛赞上。通过梅花和石榴，我们可以清晰地看到诗人那不仅仅热爱春天，热爱大自然，而且更钟情于珍惜春天，珍惜大自然中有独特品貌之事物的非凡眼光和品质。

婚前的黄峨是憧憬幸福生活，向往自由恋爱、美满姻缘的，这集中表现在其《文君》和《莺莺》中。在《文君》里，诗人不仅赞赏相如的人才品貌，羡慕文君与相如在洞房花烛夜那“上宫烟娥笑迎客，绣屏六曲红氍毹。散珠穿帘洞房晚，歌倚瑶琴半羞懒”的良辰美景，而且特别推崇他们那“斜挂冠缨玉钗绾”的凛然举动。因为文君与相如的故事家喻户晓，黄峨所赞赏、倾慕的正是那不畏世俗，真心相爱，敢作敢为，威武不屈，贫贱不移，忠贞不贰的凛然举动和高尚情操。在《莺莺》中，诗人不仅崇尚张生与崔莺莺冲破重重阻力，私自月下幽会，追求纯真爱情的果敢举动，而且以杨玉环的悲剧作对比，为张崔二人拍手称快，发出了“此夜灵犀已暗通，玉环寄恨人何处”的由衷感慨和赞赏。作为“尚书女儿知府妹”的大家闺秀，能够持这种婚恋观，岂不十分难能可贵么？

婚后的黄峨因为聚少离多，又遭受了多舛命运的沉重打击和牛郎织女、天各一方的无情摧残，所表现出的情感就大不一样了，这主要表现在其两首《寄外》和《别意》、《失题》等诗作中。诗人先后使用鸿雁传书、织锦回文，刀环约、金鸡下夜郎、春山啼归等典故，和三春花柳、六诏风烟、赏月时、菊花期、珠泪纷纷、妾薄命、君断肠，懒寄音书，懒画眉，长夜恨，少年时等意象与情状，巧妙地化用《诗经》中的名句，把夫妻天各一方，聚少离多的思念情，离别恨，揪心愁，无赖怨表达得既缠绵悱恻、凄婉动人，又淋漓尽致、催人泪下。长歌当哭，不能不让人愁肠百结，摧肝裂胆。

其次是感情十分真挚。从诗作《寄外》中，尽管我们也明显地看得到那“懒把音书寄日边，别离经岁又经年。郎君自是无归计，何处春山不杜鹃”中所包含的无数期盼和失望，怨嗔与无赖，但文如其人，诗如其人，不幸的黄峨并没因夫妻离别的“经岁又经年”，和郎君不但“自是无归计”，而且还一再纳妾，简直不顾自己感受的虚情假意而失望悲观甚至于恩断义绝，相反，还常常回味思念那“同携手”共赏月的美好时光。常常“珠泪纷纷”地写寄锦书以至于到了整日整夜长相思，倦倦恹恹“懒画眉”，百无聊赖“愁岁暮”，絮絮叨叨“怨朝阳”，自戕自怨“妾薄命”，深情怜惜“君断肠”的地步，其品节是何等的高尚，其感情又是何等的真挚啊！

第三是才冠女班，技压群芳。黄峨的诗虽然不多，目前只见到区区十首，但正如她的词和曲一样，却有着很高的艺术成就。限于篇幅，我们不可能对此展开来作纵横比较和深入剖析，只能概略地提及以下几点。

一是学识渊博，造诣精深。词曲不必说，单就仅有的诗歌看，虽然没有五言、但七言律诗和绝句都有了，还两分天下；不仅平仄，对仗工稳，格律音韵考究，而且用他来记人叙事、写景状物，言志抒怀，并且于其间腾挪跌宕、纵横捭阖，引经据典、信笔涂抹，既涉笔成趣，又驾轻就熟，显示出高超的技艺和深厚的素养，非大家手笔莫能及也。

二是情感丰富，率真细腻。白居易讲：“感人心者，莫先乎情”。如前所述，作为多愁善感而又命运多舛的女性诗人，黄峨诗中的情感是十分丰富的，可以说是有欢有喜，有愁有忧，有悲有叹，有怨有嗔，有爱有恨。然而，从艺术的角度讲，黄峨的感情表现得十分淳朴和率真，浓郁而细腻。一曲《闺中即事》和《石榴》，把个闺中少女无忧无虑、淳朴率真、热爱大自然，钟情于大自然中奇特美好事物的性格刻画得十分生动传神。《文君》和《莺莺》虽然写得要含蓄些，但从“笑迎客”、“洞房晚”、“倚瑶琴”、“半羞懒”和“此夜灵犀已暗通，玉环寄恨人何处”中完全可以看到诗人对自由恋爱，美满姻缘，贫贱不移、威武不屈婚姻，对有情人终成眷属的大胆向往、赞赏和推崇，让我们看到的是有思想、有血肉、敢于冲破封建礼教藩篱的叛逆率真形象。在《失题》、《寄外》、《别意》中，诗人更是不加掩饰地通过鸿雁传书，金鸡下夜郎，春鸟劝客归，支鸟毛渡银河，仙舟听采莲等意境和典故，通过愁岁暮、怨朝阳、懒寄音书、懒画眉、珠泪落砚池，忍写断肠诗，怨叹“妾薄命”，推测“君断肠”等特定的动作神情的描状，把个一往情深而又多愁善感，敢爱敢恨、情真意切的怨妇形象活脱脱地展示了出来。两首《寄升庵》则分明体现的是一个知书识礼，通情达理、深明大义、善解人意、公而忘私、健康向上，向往、追求幸福生活和美好未来的巾帼淑女形象，所有这些都无不充分展示出诗人淳朴率真的情感态度。至于细腻，则可以从“笑刺红窗纸”，“引入一线香”，蝼蚁怜春，拖花上墙，和石榴的种多奇、烂生枝、放故迟、晚凉更相宜，以及张生、崔莺莺的“西窗月冷朦花雾，落霞凌乱摇墙树”，诗人与丈夫间的“珠泪纷纷滴砚池”，懒画眉、懒寄音书，“断肠忍写断肠诗”，“妾为离愁心似结”，“锦字何由寄永昌”等情景与意象中得以充分体现。借此,诗人把自己的离愁别绪,把对丈夫的思念、怨嗔、期冀、关爱、理解、支持之情都充分地表达了出来,其间特别是对离愁别绪的抒发描状可以说是既缠绵悱恻,淋漓尽致,又十分真切,十分生动感人。

三是技艺超群,生动传神。比喻、拟人、铺陈、对仗、设问等多种表现手法的灵活、综合运用自不必说,颇值关注的还在于:她善于描摹情状,给人以生动传神的特殊感受。诸如金钗刺窗纸,引入梅花香,蝼蚁怜春早,拖花上东墙,“歌倚瑶琴半羞懒”,“斜挂冠缨玉钗绾”,“西窗月冷朦花雾,落霞零乱摇墙树”,“珠泪纷纷滴砚池,断肠忍写断肠诗”、“并驾仙舟听采莲”等等,都无不饱含意蕴,物我交融,异质同构,超凡脱俗,生动传神,而且在为数不多的十首诗中比比皆是,俯拾即是;善于捕捉意象,使之鲜活、灵动。有如:笑刺窗纸,倒拖花瓣,笑迎客,半羞懒,妾薄命,君断肠,愁岁暮,怨朝阳,珠泪纷纷滴,忍写断肠诗,同携手,懒画眉,懒寄音书,醉花前,听采莲等等,无论人物、事物、动物、植物、动作、情态、音容、笑貌,都既准确贴切,又饱融情感,耐人思寻;善于锤炼语言,使之凝练、含蓄、隽永。在《闺中即事》里,一个“笑”,一个“刺”,一个“引”字,再辅之以“一线香”,便把闺中少女那天真、娇媚、欣喜、轻盈、柔美的动作神情和热爱大自然,向往春天,怜惜春光以至于蔑视封建礼教的特定心境都生动的表现了出来;一个“怜”,一个“早”,一个“倒拖”,一个“上”字,不仅把蝼蚁人格化、情绪化了,将其动作、举止写得十分生动、细腻和传神,而且把她那喜爱早春,怜惜早春,善解人意的美好品质表现得十分传神,正如一些疏家所论及的那样,真是一个字也移易不得。假若将首句换成“金针戳破窗儿纸”,那就大为逊色了。在诗中,这样的妙笔还很多,诸如“半羞懒”、“妾薄命”、“君断肠”“懒画眉”、“开何早”、“放故迟”等,还有那“种多奇”的“奇”,“烂生枝”的“烂”,“忍写断肠诗”的“忍”,“醉花前”的“醉”等等,可以说是俯拾即是,且都是苦吟或神来之笔,让人赞不绝口,回味无穷。其中最典型的莫过于三个“懒”字。《文君》中“霰珠穿帘洞房晚,歌倚瑶琴半羞懒”中的“懒”是疏懒、柔弱、绵绵乏力的意思。意即在那令人销魂的洞房花烛夜,文君随着相如的美妙琴声而深情地歌唱,夫妻相互感染,伉俪一往情深,柔情似水,如痴如醉,完全陶醉在爱的幸福中;“自从那日同携手,直到如今懒画眉”(《失题》)中的“懒”虽然也有疏懒之意,但主要的是倦怠、“不愿意”的意思,表现的是一种失意、失望、无可奈何、绝望的特殊心态;《寄外》中“懒把音书寄日边”里的“懒”则于绝望和无可奈何的基础上多了几分不满、愤懑、抱怨和嗔恨。其间有对统治者和当时社会的;也有对“雁飞不曾到衡阳,锦字何由寄永昌”的;还有对“别离经岁又经年”,“郎君自是无归计”的;更有对杨慎不管妻子之特殊感受而一再纳妾娶小的,包含的情感和意蕴十分复杂和丰富。同样是情状描述,同样是“懒”,却呈现出对象、原由、意蕴、情感态度和层面等多方面的差异,真可谓让人叹为观止,拍案叫绝,不能不惊呼:这情景、这一切,你叫她怎生一个“懒”字了得!

三

综上所述,不难看出,黄峨不仅词曲俱佳,而且诗艺不凡,堪称“才艺冠女班”,是历史上不可多得的诗、词、曲三绝的伟大女性;黄峨不仅仅才艺超群,而且是一个热爱生活、热爱大自然,主张自由恋爱,崇尚美满姻缘,向往幸福生活,重情重义、多愁善感,贤淑、聪慧、善解人意,公而忘私,大义凛然,卓尔不凡,光照千秋的巾帼英雄,值得人们很好学习和永世纪念。

参考文献:

[1]胡传淮:《明代最杰出的女散曲家黄峨初探》。

[2]蔡忠、王金星、谭国应:《黄峨诗词曲赏析》,香港教育出版社2005年版。

双峰屹立　大音希声*

——黄峨、萧自熙先生比较研究

黄峨与萧自熙先生既有着时代背景、人生境遇、艺术成就等诸多差异性，更有着籍贯属地、人生际遇、兴趣爱好、艺术成就等许多相同点。二者不仅在散曲史上双峰屹立，大音希声，令人崇敬景仰，而且在人生态度、艺术追求、艺术境界上高品性、高品质、高品位，给人以很多很好启示教益，值得珍视和探究。

在中国散曲艺术的历史长河中，亘古及今屹立着两座难以逾越的高峰，那就是明代的曲中女杰黄峨和当今的曲坛圣手萧自熙。一个是“才艺冠女班”，“才情甚富，不让易安、淑真”，“历史上不可多得的诗词曲三绝的伟大女性”①。一个是“当代散曲之最，堪称一流大家”②。二者相距400多年，却都是曲坛大家，蜀中俊杰，且异曲同工而值得比较研究之。

一、黄娥与萧自熙之同

黄峨与萧自熙先生虽性别和所处时代不同，却有着许多相同相近之处，这主要体现在以下几方面：

一是籍贯属地同。黄峨，字秀眉（1498－1569），明弘治时代四川遂宁人；萧自熙，字剑岚（1931－2008），四川资中磐石人。虽处不同时代，又一个遂宁，一个资中，但相距仅百余里，实非远亲，却是近邻。因为据史料记载，明元时期资阳都曾属遂州辖治，即令现在也同处川中盆地的浅丘地带，因此应都是遂宁老乡。中老年时期虽一个居风景如画丹桂飘香清静幽雅的新都桂湖边上，一个处鸟语花香流

* 载《中华文化论坛》2013年第8期，合作者为刘琼英。

① 王金星：《黄峨诗刍议》，《国际黄峨学术研讨会·第八届中国散曲研讨会论文集》，中国文史出版社2006年版。

② 王金星：《萧自熙先生其人其曲浅识》，《国际黄峨学术研讨会·第八届中国散曲研讨会论文集》，中国文史出版社2006年版。

水潺潺莺歌燕舞的锦江之畔;一个在北,一个在南,却同饮一江水,同为四川人,还都是成都市民,其籍贯属地自然相同无异。虽非巧合却也微妙,是否与散曲的繁衍兴盛有着某种微妙的地缘关系呢?值得探究。

二是人生际遇同。黄峨出生在明代,所处为明王朝由盛而衰的特定时期。尚书女儿知府妹,宰相媳妇状元妻的特定身份决定了其青少年时期家境虽好,从小饱受父母之爱,饱览群书,博通经史,工笔札,擅词曲,又是状元妻,然而却好景不长,婚后第二年便因"议礼"冤狱,丈夫杨慎被谪戍云南,"永远充军"而过起了"三春花柳妾薄命,六诏风烟君断肠"[①],夫妻别离,天各一方,离多聚少的凄苦生活,并因此而郁郁寡欢,"贱妾茕茕守空房"至悄然离世。从总体上讲,黄峨一生主要是在离愁别恨、凄清冷苦中度过的。萧自熙先生虽生不逢时,家境贫寒,少年凄惨,但青年时期也翻身解放,上学读书,还参加了革命工作,日子虽不及黄峨甜美幸福,却也兴高采烈,蓬勃向上,幸福甘甜;中年则遇上史无前例的文化大革命,虽无大碍,却也遭受冲击,几多彷徨苦闷,因心灵深处受创而郁郁寡欢;中晚年还遇家存小隙,夫妻分居,虽不及黄峨与杨慎那般遥远,却也常常蜗居不漏天,愁肠百结,心境不畅而同样有些凄清苦楚;也与黄娥一样,以曲为念,以曲为伴,以曲抒情达意,以曲消解心结化垒块,处于一种举杯消愁愁更愁的特定情状,只能从"不漏天蜗居主人","负行蜗先生","舔笔叟"的声名中黯然离去。二者都命运多舛而又以曲抒臆,因曲成名并流芳后世,受人尊崇景仰。

三是兴趣爱好同。黄峨与萧自熙先生虽然所处时代不同,性别有异,家庭、社会背景和所受教育,人生境遇有很多不同,但却有一个共同的爱好,那就是喜欢文学,钟情于诗词曲,而且以散曲为最爱和最高成就。黄峨虽历经坎坷,却因是尚书女儿知府妹,家教甚严,幼习诗书,聪明伶俐,对时政特别敏感,料事如神,"闺门肃穆,用修亦严惮之,诗不复作,亦不存稿,虽弟子不得见也"[②]。一生勤苦,笔耕不辍,因而一生著述甚丰,到底有多少作品难做精确统计,只知她不仅"有文集传于世",(据《然脂集著录》载,黄峨有《锦字书》一卷,但未见原文,其诗稿亦多散佚。据《盛明百家诗集著录》载,有《杨状元之妻诗集》,也未见其诗),而且诗词曲更多,具有取材广泛,内容丰富,情真意切,凄婉动人;"才冠女班,技压群芳"之突出特点。黄峨的曲比诗甚,仅五卷本便选有套数八套,重头134首,小令26首,堪称自古及今的女曲人之冠。且"夫人篇什,云蒸霞烂","读之旨趣娴雅,风致翩翩,韵

① 黄峨、寄外、蔡忠等:《黄峨诗词曲赏析》,香港教育出版社2005年版。

② 顾茂伦:《闲情集》,《国际黄峨学术研讨会·第八届中国散曲研讨会论文集》,中国文史出版社2006年版。

味十足"，"正如词中有李清照，朱淑真"，"且意境解放，突破藩篱，不为数千年礼教所囿，开吾国女子文学以前未有之局"，被胡传淮先生认为是"中国文学史上继李清照、朱淑真之后又一位卓有成效的女诗人，散曲家"①，其成就之大，地位之高，不言而喻，人们已有诸多定论评说。显然，黄峨是屹立于明代的空前甚至完全有可能绝后的散曲女杰中的一座奇峰，高山仰止，熠熠生辉。

萧自熙则因年青时"我血气盛，想当诗人"，因而"不管哪段时期，我都写诗。写过新诗，民歌；写过古体诗，近体诗；填过词，曲；还写过与诗有关的楹联，祭文"②。显然是一生勤奋，著述颇丰。在诗歌方面，早在1949年就写了《茅屋恋歌》，辑诗八十余首，还有后来的《舔鼻叟诗词曲》，选有五律七绝诗62首，词28首，楹联30余幅。不仅著有《负行蜗散曲》，《磐石剑岚小令》，《蜗居散曲》，《萧自熙散曲全集》，一生创作散曲600余首。而且还研究散曲理论，写有相关论文60余篇，出版有专著《散曲格律》，有不少填补曲界空白的开山之作。无论从数量质量看，萧先生都是当今曲坛也是近几百年历史长河中的最高境界，是屹立在当今曲坛上的一座无与伦比的高峰。

四是内容手法同，从黄峨、萧自熙先生曲作（其实不仅仅是曲作）的品读中可以看到，尽管两位曲坛圣手所处的时代不同，人生境遇有异，性别和性格特点不同，但他们有着相同的内容手法。

首先，从内容上看，"黄夫人之曲，以叙离愁别恨为主，除此之外，还有歌咏山川风物，写男女爱情，讽刺狎邪放荡，以及咏物记画等"③。也有专家认为："就题材而言，取材较其他女曲家更为广泛，除闺情怨曲之外，亦有写景状物，实录记事，羁旅情怀之作，丰富了女性曲史的内容"④。虽则表述上有差异，但闺情怨思，写景状物、实录记事、羁旅情怀四大方面的内容是毋庸置疑的。萧自熙先生的曲作虽多，集中起来看，也不外记人叙事，写景状物，壮怀抒情四类。从总体上讲，内容是基本一致的。抒写自己，也抒写别人，抒写自然，也揭露鞭挞社会之丑恶。有的写景，有的状物，有的抒情，包容的都是作者对自然、对社会生活的所见所闻所感，都是自身情怀。这虽然是众多作者的共性，是古今中外的创作规律，但一般都会有所侧重，且显得较为狭窄。黄峨与萧自熙先生能在几百年间不谋而合，用同一

① 胡传淮：《明代黄氏家族诗人初探》，《国际黄峨学术研讨会·第八届中国散曲研讨会论文集》，中国文史出版社2006年版。

② 萧自熙：《后记一》，《萧自熙散曲全集》，天地出版社2003年版。

③ 赵义山：《笔底离愁，曲中女杰》，《国际黄峨学术研讨会·第八届中国散曲研讨会论文集》，中国文史出版社2006年版。

④ 梁扬、付婷婷：《黄峨散曲艺术特征探析》，《国际黄峨学术研讨会·第八届中国散曲研讨会论文集》，中国文史出版社2006年版。

种艺术形式抒写相同的内容，并达到如此广泛取材的境界，自然十分难得。

其次，从艺术手法上看，二人不仅写、状、抒、记等基本手法完全相同，而且尽管他们许多不同，但他们热爱生活，正视生活，拥抱生活，积极入世，不消极避世，感悟人生，笑谈人生，愤世嫉俗，崇尚真善美，鞭挞假丑恶，不畏权势，敢爱敢恨，敢怨敢嗔，直面社会人生的品性；借景抒情，托物言志，广泛涉猎，以小见大，见微知著，从不同角度，不同层面立体全方位反映真实社会生活，抒写独特认识感受和心境心声，表达自己悲喜怨嗔，而且完全是信手拈来，涉笔成趣，心之所向，情之所生，嬉笑怒骂皆成曲，表现出独特的眼光，深切的感受，特有的情趣和鲜明的人生态度，给人以独特的认识感受、启示教益，使之在曲坛上独树一帜，独具特色、品貌、品质和品位。大音希声，曲高和寡，成了先后矗立于曲坛，让人只能望其项背，难以逾越的高峰。

二、黄峨与萧自熙之异

黄峨与萧自熙先生虽然有着很多共同之处，却也有着很多相异之点。除去男女性别差异之外，还有以下不同。

（一）时代背景不同

黄峨生处明代中后期，当时，土地兼并日益严重，君权更趋极端专制，皇室贵族疯狂掠夺，宦倭权豪横行无忌，法制废尽，暴政扰民，民不聊生，义兵四起，各种矛盾日益激化，加之外敌侵犯不断，国土不宁，又兼皇帝昏庸无度，皇室大乱，忠奸不辨，滥杀无辜，因而国力衰竭，是明王朝由盛而衰的时代。特定的时代和情状导致了其尚书父亲和宰相公公被革职，夫君杨慎被廷杖流放的重大社会变故和家庭致命打击，导致了夫妻离别、天各一方、家破人亡的惨剧以及夫妻二人名存实亡，难以团聚，只能以词曲和风物抒写离愁别恨，诉说相思之苦，也决定了其诗词曲的主体内容、基本情感与风格特点，铸就了其特殊的曲坛地位。

萧自熙先生则生长在半殖民半封建社会与社会主义社会的特定发展时代，虽然生不逢时，有过青少年时期的战乱、内乱和贫穷，却主要生活在社会主义新中国的发展建设时期，虽然也曾有过由天灾人祸引发的苦闷困惑和文化大革命的冲击，却有惊无险，仍可消极避世、埋头书斋、潜心于曲，这也才成就了诗人的人生际遇和特有品性，成就了诗人的人生态度和艺术选择、成就了其艺术内容与形式。

从总体上看，黄峨的人生轨迹是由明至暗，且暗伴终生。萧自熙则是由暗至明，晦明交错且以明为主；黄峨是由明及暗，由盛而衰，是下滑线。萧自熙则由暗至明，由下至上又有波折，呈波浪状，最终是积极向上的。二者有着不同的人生遭遇和轨迹。

（二）人生境遇各异

黄峨是女性，出身名门望族，堪称大家闺秀。即令晚年命运多舛，也毕竟是尚书女儿知府妹，宰相媳妇状元妻。出生在京城，青春少年时又生活在京城，家境富裕、高贵，获得的是上层社会的诸多享受和官宦世家的教育熏陶与相应资讯。但黄峨又毕竟是女性，终未逃出先待字闺中，后为人妇，作家庭妇女，难以接受正规教育，涉猎更多的社会生活，只能依靠家教自学成才，所见所闻，所得所感自然有限的中国封建社会女性特定的人生轨迹。终其一生是青少年时期处顺境，无忧无虑，天真烂漫，聪明伶俐，勤奋好学，奠定了良好的国学基础，找到了如意郎君，结成了美满姻缘。但好景不长，年纪轻轻遭厄运、受重创，不得不随被贬谪的夫君颠沛流离，一直到中老年时期都天各一方，过着夫妻分居，只能鸿雁传书，借景抒情，托物言志，以诗词曲抒发相思相爱相怨之苦和人生感悟，终日以泪洗面，郁郁寡欢，抱恨而终，演绎的是由盛而衰的人生悲剧。

萧自熙为男性，生于半封建半殖民地社会，贫苦家庭，青少年时期因家境贫寒生活十分清苦、悲惨。年青时期欣逢解放，过上读书求学闹革命的好日子，接受了正规高等教育，并幸运地参加了工作，当上干部和大学教师。组建了家庭并一直在高校从事教学与研究工作，生活安定稳固，殷实富足。中年虽遭遇文化大革命，也曾受过冲击，却因不是走资派，只是臭老九，根正苗红思想好，不怕邪而保持中立，无大创伤。晚年虽夫妻分居，偏安一隅，蜗居不漏天，并不美满，却也有儿有女，生活有保障，可以诗词歌赋任吟哦，喝点小酒，与朋友打牌下棋聊天，生活小有规律，怡然自得，并钟情词曲律，挑战世俗，独孤求败，虽未逢对手，却也师生朋友自得其乐，终成大家，尽兴而终。

两相比较，黄峨是红颜厄运，先甜后苦，天上人间，大起大落大悲，一生郁郁寡欢，抱恨而终，是典型的悲剧命运。萧自熙则先苦后甜，甜中有酸有涩，小有波澜，一生怡然自得，饶有情趣，可谓尽兴而归，虽不美满，却是幸福人生。

（三）艺术成就有别

黄峨与萧自熙虽然成就都在诗与曲，尤其是曲，堪称曲坛圣手，是屹立于古今曲坛上的两座高峰，但是，细加比较，仍有成就差异，这主要体现在三方面：

一是所涉领域不同。黄峨虽出身名门望族，生就富贵，也曾生活在京城上流社会，但毕竟年轻时受厄，又是女性，只能做家庭妇女，以相夫教子孝敬公婆为主业，无正规学业和社会职业，因而虽曾攻诗书，尤以曲为最，一生成就也主要在曲，虽才情不让易安，不下淑真，是曲中大家圣手，女中豪杰，以曲得名而又以旷世才女名扬天下，流芳千古，却因时代社会、身份地位、人生遭遇所囿，其作品只能是以闺情、闺怨、相思为主，最多杂以世俗风情之嘲讽，且难以公开发表，只能以夫唱妇和形式流传于世。一生兼及诗,成就于曲,并以此决定了其艺术成就的主体内容和形式风格。

萧自熙先生则不同,虽出身贫苦,并非富贵,却接受过正规的高等教育,且投身革命,参加工作,成为令人羡慕、尊敬的大学教师,有着良好的条件和保障。虽受冲击,却未伤及根本,可以乱中取静,传道授业,专注于自己喜好的曲律,既笔耕不辍,放手创作,又探究理论,研习曲律,著书立说,以实证理,开拓创新,因而成就不仅在曲,所得也比黄峨丰厚。既有500多首曲作公开出版,流行于世,又有曲论专著问世,有曲体创新,还有桃李满天,朋友学生与之唱和切磋,自当是另一番情趣和境界。

二是艺术成就差异。除去散曲创作上的数量、类别差异,在内容选材上萧自熙所涉领域正反面的都有,显然要比黄峨宽泛得多,不仅写重要历史人物,如范蠡、范韩信、诸葛亮、王张江姚等,而且还涉及重大历史事件,如整风反右、文化大革命、粉碎"四人帮"等,涵盖了广阔的社会生活。在艺术上,萧自熙先生也不仅仅在词曲格律上有研究,而且还于散曲方面创造了"增句、增韵"体,"四维对兼隔句对兼竹节韵对","走马对","平上韵","通篇四维对","增句、并句竹节韵","顶针循环","反复格","通篇隔六句对","通篇数目对","通篇方位对兼通篇隔两句对","通篇反对兼通篇鼎足对"等十多种新体式,对散曲的研究,特别是对元曲的研究有独到之处,还有《元人散曲对仗纲目》类"填补空白"之作。这些,都是黄峨所没有的。黄峨虽然也有创新,但其创新主要体现在"同中求异对散曲形式的多方尝试",常常采用生新艺术,罕见的体制作曲,"大胆采用不同形式表情达意的创新精神"①上。萧自熙则不同,除去散曲之外,还写有近体诗、新诗,填过词,写过楹联、祭文等。

三是创作手法、艺术风格有异。作为女性诗人,黄峨的散曲自然富于女性的相应品性,"以女性特有的细腻笔触传神地表达了彼时彼地其内心的深沉情感,从而使不同时代的人获得独特的审美感受",因而"以典雅婉丽,深切真挚为主导风格的同时,也兼有本色自然,泼辣爽丽、凄婉缠绵之作,呈现出较为多样化的风格"②。

萧自熙则是"本色当行,雅俗辉映"③,与其乐观、敏锐、大度、洒脱、飘逸、严谨

---

① 梁扬、付婷婷:《黄峨散曲艺术特征探析》,《国际黄娥学术研讨会·第八届中国散曲研讨会论文集》,中国文史出版社2006年版。

② 梁扬、付婷婷:《黄峨散曲艺术特征探析》,《国际黄娥学术研讨会·第八届中国散曲研讨会论文集》,中国文史出版社2006年版。

③ 谢增桓:《读曲咏蜗居并序》,《萧自熙散曲全集》,天地出版社2003年版。

的为人风格完全一致，“因而给人以阅读其曲，似读其人，其曲真如其人也”[①]的真切感受，加之大量俚语的运用，不仅通俗易懂，而且尽显“活脱之风，幽默之趣”[②]，显现出“关注个体心灵和日常生活，从那些最平常的生活中悟出真谛找到乐趣，有其独到的人生体验”[③]。“不受世俗的个人功利所束缚，用艺术的思维和方式去把握世界”，“或以俚语入典，或美丑对举，或用白描手法，都引导读者和作者一起，居高临下，怀必胜之心，对丑恶现象尽情嘲弄，从而把现实丑转化为艺术的喜剧，令读者获得喜悦舒畅的情感享受”，因而“不但艺术掌握的方式较好，审美品位也较高，不但寄托展现了作者的情愫，也吸引读者去欣赏它们的艺术美，去肯定仿效和弘扬人间的真善美”，“读后令人感到生动活泼，情趣盎然，韵味悠长”，“给人以流动美、画面美、意境美，清新流畅”[④]的真切感受。

应当说，由于性别、个性、生活际遇所致，萧自熙先生比黄峨的散曲多了几分大度、洒脱、揶揄、嘲弄和本朴与清新。

三、黄峨与萧自熙先生的启示

从黄峨与萧自熙先生的简单对比中，我们可以得到很多启示与教益，其间最基本、最重要的当是以下几点：

一是严谨求真的人生态度。黄峨和萧自熙先生都经历了人生的坎坷遭遇和挫折打击，而且大都在他们的中晚年。然而，他们的共同态度是正视人生，勇敢地面对坎坷、挫折和打击；热爱生活，勇敢地面对残酷的现实社会与家庭生活，不气馁，不低头；冷静地观察，深切地感受、体验生活；真诚地抒写，坦诚地表述自己对生活、对社会、对人生的认识感受；热情地歌颂真善美，无情地揭露、鞭挞假丑恶；不随波逐流，不欺世媚俗，特立独行，高风亮节，表现出的是同样的民族气节，人文精神，传统美德，令人敬佩、景仰，值得人们永世纪念，很好学习和发扬光大。尤其是作为女性的黄峨，这种品性更加难得，弥足珍贵！

二是执着专一的艺术追求。尽管二人所处时代不同，接受的教育、熏陶不一样，但他们都热爱艺术，执着追求。一生钟情于雅俗共赏的曲，知难而上，刻苦钻研，用心感悟，独辟蹊径，追求完美与卓越，玉树临风，终成大器。一个以“曲作与同时期的著名曲家，有‘北曲之冠’的王磐几乎旗鼓相当”。“不仅在明代曲坛位居女性作家之首，就是纵观元明清三代，七八百年间，在散曲创作界，在女性作家

---

① 谢增桓：《读曲咏蜗居并序》，《萧自熙散曲全集》，天地出版社 2003 年版。

② 钱光培：《读曲书简》，《萧自熙散曲全集》，天地出版社 2003 年版。

③ 翟鹏举：《读曲致萧兄》，《萧自熙散曲全集》，天地出版社 2003 年版。

④ 周述成：《超越给散曲带来的生机》，《萧自熙散曲全集》，天地出版社 2003 年版。

队伍中，黄峨的曲作数量和成就也是无人可与其争锋的”。“在中国女性文学史上，黄峨也是一座高峰，辉耀百代”①。“在散曲文学中，自金元有曲以来，在明以前的三百年间，女性曲家不让须眉者，仅黄夫人一人而已，在明中叶以后，差可比肩者，又仅徐媛一人而已！明代人谓黄夫人才情甚富，不让易安、淑真，平心而论，她是当之无愧的”②。一个是现当代曲坛圣手，是一个敢于创新、善于创新的散曲作家与理论家，是近现代曲坛上的又一座无与伦比的高峰，真可谓双峰屹立、大音希声，高山仰止，流芳百世，名垂千古！

三是完美崇高的艺术境界。任何艺术都是来源于生活的，但问题的关键是二人都是不仅仅停留在生活层面，而是既源于生活又高于生活。他们都遵循散曲的创作规律与规则，依声就谱作曲，却又不拘泥于韵律，而是在作多种尝试摸索的同时对曲体理论与实践进行了几乎全方位的探索，有过很多开拓与创新；他们都从小处着手，举一反三，以小见大，见微知著，举重若轻；都善于从广阔生活选材，不拘一格取材，不断地寻找美、发现美、创造美、抒写美、颂扬美，去给人以美的启迪、美的享受，美的熏陶，美的感染，美的启示和教益。不仅让曲作得以延展，得以完善，得以创新，而且让人享用无限精美丰盛的文化大餐和永恒的精神食粮，对人类，对人类经济社会的发展做出了独特巨大的贡献。

参考文献：

[1]蔡忠、王金星、谭国应：《黄峨诗词曲赏析》，香港教育出版社2005年版。

[2]萧自熙：《萧自熙散曲全集》，天地出版社2003年版。

[3]涂虹：《国际黄峨学术研讨会·第八届中国散曲研讨会论文集》，中国文史出版社2006年版。

[4]萧自熙：《散曲格律》，中国三峡出版社2002年版。

① 门岿：《论黄峨的曲作》，《国际黄峨学术研讨会·第八届中国散曲研讨会论文集》，中国文史出版社2006年版。

② 赵义山：《笔底离愁，曲中女杰》，《国际黄峨学术研讨会·第八届中国散曲研讨会论文集》，中国文史出版社2006年版。

张九宗初探*

张九宗是遂宁历史上的早期历史文化名人。他超凡脱俗、颇具远见卓识，有着重大建树，是非同凡响的政治家、教育家。他彪炳史册，功垂千秋，光耀万代，值得从生平事迹、为政主张、相应政绩、相关著述、特别是创办九宗书院、开坛讲学、培养人才，弘扬儒学、教化民风，兴文学、重文化、撰书碑铭等方面入手全面整理发掘和大书特书。

张九宗不仅在遂宁做过刺史，而且还创办过首屈一指，鼎鼎大名的"张九宗书院"，因此，将其认定为遂宁历史文化名人，这应当是无可非议的。对于张九宗，虽然我们目前尚难做出确切详尽介绍，但至少可以从相关史料中获得这样一些基本信息和认识感受。

第一，张九宗是遂宁人。关于其生平，虽然在《遂宁历史人物传略·教育》中有"生平不详"之叙述，虽也曾有学者断言"张九宗为唐贞元时(785—805)人"，却并无确凿依据，也不合情理(无法证明他只活了20岁)。但从其"唐德宗贞元元年(785)刺史乔琳建立学宫，九宗入学读书，成绩优异，深得乔琳赏识。贞元十一年(795)九宗中进士，出任戎州(今四川省宜宾县)刺史"的记载中可以推断，张九宗生活的年代大致为公元770—840年左右，当与曾任长江县(今四川大英县)县令的著名苦吟诗人贾岛(779—843)是同时代人，只比一代文宗陈子昂晚100年左右，应属遂宁历史上的早期历史文化名人。

第二，张九宗出生于殷实富贵之家，从小就接受过良好教育。且智力很好，"自幼聪颖好学，文思过人"，"成绩优异"，因此学业精进，学历很高，不仅是贞元十一年(795)进士，而且还"长于文学，字画遒劲"，多才多艺，"遂宁寺观的碑铭多为其撰书。"这不是一般人所能企及的，因而还应当是遂州历史上早期著名的文学、书画名人。

---

* 载《四川职业技术学院章程》2012年第4期，合作者为刘琼英。

第三，张九宗很精明能干，有很好的管理天赋。曾出任戎州（今四川省宜宾县）刺史，还先后担任过同州（今陕西大荔县）、华州（今陕西华县）、晋州（今四川安岳县）、遂州（今四川遂宁）、邛州（今四川邛崃）等州刺史，且多为异地做官，经受过多岗锻炼和考验。由于他工作勤谨、高瞻远瞩，“注重民风、着重教化，治理有方，政绩显著”，因而口碑很好，深得赏识和重用，曾官至御史大夫，后又“持节封侯”，“归典乡郡”，可谓功德圆满、功成名就、光宗耀主、荣归故里；一生勤谨有为，为官一任，造福一方；品德高尚，声名远播，是遂宁早期历史上深受民众拥戴、朝廷信任的不可多得的清官、好官，非常优秀的管理人才。

第四，张九宗不仅自幼好学，对教育有着特殊情感，而且在任刺史时就很重视教育，重视教育的社会功能，就将教育提到了提高民众素质，营造良好社会环境的高度来认识和处置；对遂宁教育、对培养过自己的遂宁学宫的衰败痛心疾首，不仅“致力于恢复”，创造性地开办了九宗书院，给予了特别关爱，而且还“亲自主讲，大力提倡教育，为兴建学校培养人才做出了重要贡献”。据有关资料介绍，九宗书院不仅比官办的集贤书院早 90 多年，而且比著名的岳麓书院早 300 多年，距今已达 1300 多年历史，比被称为世界上最早的爱兹哈尔大学还早 300 多年。因此，她不仅是四川、中国，而且是世界最早的教学研究型高等教育机构；创办人张九宗不仅是遂宁，也应当是世界教学研究型高等教育的开山祖师。作为大家完人，他不是随心所欲，或仅仅出于一种个人情结和感恩，更不是在晚年有了闲暇，要为自己找乐趣或安身立命之所而兴建学校的，这既充分体现了其超凡脱俗的雄才大略，更充分展示了其为官一任，造福一方，高瞻远瞩，重视教育，重视人才培养，重视民众素质提升，重视社会建设的品德风尚，是一位颇具远见卓识和重大建树，非同凡响的政治家。同时也充分表明了遂宁人杰地灵，尊师重教的光荣传统。

第五，张九宗不仅好学，而且还善思，善创，是一个教育家。他不仅创建了书院，创立了特殊的教育教学机构，而且还十分重视书院的办学理念和环境建设、气氛营造。不仅亲自动手，于书院周围“亲植柏樟，在学校垣墙外亲植柏树千株，在梵云山遍植佳木奇花异草畜养鸟兽”，重视校园环境建设；还十分重视校园文化建设，重视书院的品牌和品质品位提升，于大门上亲自书撰楹联“欲藉水山来养性，更凭花鸟去偷春”，营造了“牛羊衔草窥环佩，鸟雀离花听管弦”的特定境界和“梵云春晓画图间”的优美育人环境与名胜景观，“使之势摩霄汉，佳气葱郁，景色壮丽，甲四川之秀”，让学子心旷神怡，潜心静读，有着“以文化人”，环境育人的先进办学思想理念；而且还亲自“讲学其中”，取《论语 · 季氏》“君子有九思：视思明，听思聪，色思温，貌思恭，言思忠，事思敬，疑思问，忿思难，见得思义”之意，特地取山庄名为“九思山房”，倡导了一种前所未有的勤于思考，善于思考，时时思考，事事思考,善于研究的严谨、求真、务实学风,开创了非同凡响的学思结合、学研结合的研究性高等教育办学方式、人才培养方式,为世界高等教育机构定下了勤学善思、学思并举、学研并举、办学育人之基调,不仅在历史上赢得了"蜀之教化始于文翁,遂之教化始于九宗"的高度评价,而且让其延衍传承至今,成为高等教育的千古范式和人们苦苦追求的至高境界。可见他还是一个有思想、有理念,有行动,有成效的非同寻常的教育家。

第六,张九宗的一生建树颇多,就其基本品质而言,肯定在各州郡任职时都多有显赫政绩,否则不可能"兼御史大夫"并于后来"持节封侯,归典乡郡"。然而,张九宗对家乡,对遂宁却情有独钟,一生中至少做出了六大贡献:一是志存高远,为政勤奋,"注重民风,着重教化,治理有方,政绩显著",并非碌碌无为,甘于平庸的太平官;二是重视教育,"在任遂州刺史时,见学宫废祀,于是致力于恢复,并亲自主讲,大力提倡教育,为兴建学校,培养人才做出了重要的贡献",因此,正德《四川志》云:"蜀之教化始于文翁,遂之教化始于九宗";三是重视文化建设,重视软实力打造,为遂宁的寺观撰书碑铭,提升遂宁的文化品位,使"遂宁文学,自九宗昌焉"(《通志》)。"从此遂宁文风日盛,奠了定文化发展基础",实乃遂宁文化之开山鼻祖,奠基之人;四是重视民风,着重教化,注重市民综合素质的提高,注重社会基本环境改善,社会风气建设,以提升其品位和档次,这不仅在当时特定的时代社会背景中非常难得,而且在当今时代社会中也是非常前卫,尚难企及的;五是在家乡,在遂宁,在四川,在中国创建了世界上最早的书院,创办了具有最早、最新、最好理念的四川、中国乃至全球最早的教学研究型高等教育机构,堪称这一领域的开山祖师;六是重视环境建设,善于营造和绿化美化环境,为人们创造美的景致来赏心悦目,陶冶情操,在梵云山倾心打造了"梵云春晓"的著名景点,使之成为了历史上颇负盛名"遂州十二景"之一,至今让人追思憧憬,首开文化旅游之先河,为旅游业的发展做出了积极贡献。这几点无论哪方面都是他别具慧眼,超凡脱俗,彪炳史册,功垂千秋,光耀万代的丰功伟绩,值得好好发掘整理和大书特书。

综上所述,不难看出,关于张九宗的史料虽少,即使有也很简略,且很多重要的史料均语焉不详,但是,从这些云遮雾缭的一鳞半爪中,我们还是可以比较清晰地勾勒其基本轮廓形象的,当大致为:张九宗系唐大力至太和年间遂宁人,大约生活在公元770-840年左右,具体生卒年月不详;家境较好,从小聪慧过人,成绩优异,接受过高等教育,是唐贞元十一年(795年)进士;长于文学、书画;曾经在四川宜宾、安岳、遂宁、邛崃和陕西大荔、华县等地先后做过刺史;注重民风教化,重视教育,曾兴建学校,创办九宗书院,注重办学思想理念,注重环境育人,为培养人才,传播儒学做出过重要贡献;为官治理有方,一生政绩突出,曾官至御史大夫,是一个上下关系不错,口碑很好,深得好评,颇受恩宠拥戴的好官,因而后来持节封侯,归典乡郡,名垂青史;是一个重视文化建设,首创文化旅游,为地方,为故乡经济社会、历史文化做出过显著成效,有着重大贡献,值得充分挖掘,很好研究、宣扬、推崇的遂州历史文化名人。对其之研究可从其生平事迹,为政主张,相应政绩,相关著述,特别是其创办九宗书院、开坛讲学,培养人才,弘扬儒学,教化民风,兴文学,重文化,撰书碑铭,创设文化景点等方面入手,对相关县郡相应史学和文学资料披沙沥金,钩沉撮要,筚路蓝缕,以使其在厚重的遂州历史文化中拨云见雾,脱颖而出,流光溢彩,光照人寰,以使遂州的历史文化更深更好,更具品位,更璀璨夺目,对当今的文化教育和社会经济建设起到其应有滋养、裨益、启示、指照和推动促进作用,让遂宁的明天更美好!

参考文献:

〔1〕胡绍熙. 四川书院史. 四川大学出版社.2006.

〔2〕遂宁历史人物传略. 教育. 遂宁市志办.2006.

〔3〕淡茗. 触摸九宗书院倾听历史声音. 文填网.

〔4〕胡永康. 遂宁书院的今世前生.

〔5〕胡永康. 开善寺开善路开善河的文化背景.

〔6〕九宗书院文化研究材料汇编. 遂宁市教育学会.2011.

教育教学

文秘专业建设管见*

一、作为全国文秘专业的教学指导委员会，抓专业建设、课程建设、制定课标，以求规范化，并以此对全国690多所文秘专业举办院校从教学上加以指导引领是对的。湖州职业技术学院通过社会各界，特别是企业对文秘专业人才的需求调查分析，通过对国际国内文秘专业课程建设的调查分析来得出相应结论，组织课题组，请课标专家指导，引入基础教育课程改革的相应理念来下深水搞课标的做法是值得肯定和赞许的。其所做工作成效显著，具有开创性，值得所有教指委成员单位学习和借鉴。

二、专业建设是一项复杂艰巨的系统工程，作为教育部的文秘专业教学指导委员会，应当从宏观、总体上来把握、开展学科专业建设，从文秘专业之教育教学思想、理念，从人才培养的目标、规格定位，人才培养的内容、途径、方法，人才培养的模式等重大的基本建设抓起，在此基础上形成既与国际，又与国内市场需求，与岗位职业要求，与办学层次要求相统一，有中国特色，有科学性、针对性、指导性、可操作性的人才培养方案来，以便对全国高职高专文秘专业的人才培养起到真正的指导、引领和规范促进作用。而不宜先从课标、教材建设等具体问题抓起，否则会本末倒置，让课程、教材建设等具体工作迷失方向，难以为继。除去人才培养方案之外，还有教师队伍建设、教材建设、以及实习实训基地建设及其相关问题的研究解决，相较之下，课程标准建设、教材编写只是其中的一些局部而已。

三、文秘专业建设首先要解决好目标定位问题，即我们所培养的是大专层次的应用型高级文秘人才。这类人才首先要姓“高”，使之区别于中等职业教育的文秘专业人才，而“高”，又集中体现在“高素质”、“高技能”上。“高技能”决定了他们不是这一行业的普通操作工，只知其然而不知其所以然；“高素质”决定了他们所站的层面比中等文秘专业人才更高，能力、社会适应性和发展后劲更强。“应用

---

* 这是作为教育部教指委专家给文秘类专业教学指导委员会的专业建设意见。

型”区别于理论型、研究型人才，区别于本科层次的理论型综合性人才。其次，这类人才虽然是应用型，要姓“职”，但又不等于纯操作型，他们要学技能，甚至要学基本技能、相关技能，但更多的是专业技能。因此要学相应技术，但并非只学技术，而应重在技能，特别是综合性复杂性的高层次技能；要重实验、实训、实践，但绝非仅此而已，而要学习相关的专业知识，具备既不同于中职，又不同于本科文秘专业学生的特定层面上的专业素养，并努力使之上升为素质，特别是管用一身的综合素质，绝不能以实验实训实践来简单代替必要的理论学习，绝不能以一种倾向掩盖另一种倾向，从一个极端走向另一个极端。

四、专业建设是一个重大而深刻的命题，是一项复杂而艰巨的系统工程，教指委重视并牵头做好这项工作是十分必要和紧迫的，但单凭教指委现有力量还不行，当以教指委专业建设组为龙头，倾全体委员之力，于搞好调研的基础上适当吸收有基础、有条件、有意向的相关院校的管理专家和专业骨干教师参与，有组织、有计划、有步骤地将这项重大的基础性工程建设好。

文秘类专业发展建设思路谈*

一、创新人才培养理念

确立素养、素质、观念、技能四位一体的人才培养理念:以素养奠基,素质固本、观念立命、技能安生,培养高素质高技能文秘类应用型人才。

处理好四者关系:最基本的是素养技能,最重要的是观念,最核心的是素质,特别是人文素质。

二、创建人才培养新模式

创建政行企校合作、工学结合的人才培养模式:党政机关、职能部门(党务政务秘书);行业企业(商务秘书、行业系统秘书):中职、高职、本科院校合作办学共同培养人才;理论与实践、学校与社会、教学与工作、学习与工作相结合。

三、创构人才培养新体系

终身学习教育一体化,中高职衔接统一立交桥:职前职后、学历非学历、中职高职本科、学校社会教育相互衔接、四位一体:人才培养方案(目标规格,课程、教材体系,教育教学、实践环节)、路径方式(工学结合、政行企校合作,教学过程、环节,质量监测保障)衔接并融合统一,分段教育教学培养。

四、创立人才培养测评保障体系

内方外圆、综合测评。内部严格要求,精细化规范化管理;改革教育教学、人才培养质量考核评价方式,建立定性定量结合的刚性评价方法和相应指标体系;用人单位、社会各界参与一定范围内的以定性为主体的相应监控测评。

---

* 这是在学院内部和作为教育部高职高专文秘类主业教学指导委员会副主任委员在全国性专业建设会上的发言纲要。

发展建设思路:围绕一个目标(人才培养目标),开辟两大路径(创建人才培养新模式,创构人才培养新体系),建设三大体系("四位一体"办学体系;方案、方式、路径一体化培养体系;学校社会一体化测评保障体系),坚持四个结合(理论与实践、学校与社会、教学与工作、学习与工作结合)。

简称:一个目标、两大路径、三大体系、四大保障。

教育部文秘类专业实习实训基地建设方案*

实习实训基地建设是高职院校学科专业建设的重要基础性工作,是高职院校学生能力建设的核心,是提高教育教学质量和办学效益,不断增强服务经济社会发展能力的一项综合性、长期性的基本建设;是学校抓内涵、抓质量,上台阶、上水平的着力点和突破口;是学校做大、做强、做优的重要途径和基本保障。文秘类专业是各高职高专院校的重要基础性专业,其社会性、实践性、综合性强的特性决定了其实习实训基地建设的重要和复杂艰巨性。为了切实做好这一工作,确保文秘类学科专业建设和人才培养的水平,促进整个高职高专事业的健康发展,特制订本方案。

一、指导思想和原则

(一)指导思想

以科学发展观为指导,以技能训练为核心,以满足教学要求、适应社会需求,培养高素质高水平应用型文秘专业人才为目标,分类指导,分层建设模拟型、开放性、现代化程度较高的文秘类专业实习实训基地。

(二)基本原则

1. 明确目标定位,突出训练重点。以培养高等技术应用性专门人才为根本任务,使基地建设与高职人才培养目标相适应,着力提高学生的综合素质和专业技能,培养一大批“素质好、能力强、用得上”的文秘专业高技能人才。

2. 坚持职业就业导向,适应社会发展需求。将基地建设与职业岗位要求,与区域社会经济发展、产业结构调整和科技发展需求结合起来,按照时代、社会、行业、职业岗位的要求,按照各类用人单位的实际需求培养人才。尽力缩小基地与时代,与社会的差距,增强其社会适应性。

---

* 这是2007年7月作为教育部高职高专文秘类专业教学指导委员会基地建设组组长时为教指委制定的建设设方案。

3. 突出高职教育特色，增强社会适应性。将教育与教学、训练与考核、课堂与岗位、理论与实践、学校与社会结合起来，增强其实践性、实战性、真实性，努力缩小学校与社会、课堂与岗位、学生与员工的差距，增强人才的社会适应性。

4. 坚持资源共享，强化产学结合。实践教学基地建设要采取“开放式”的建设管理模式，吸收整合院内外、省内外、国内外优质教育资源，开展多种形式的产学、工学，院地、校企结合，与机关企事业单位共建实训实习基地；将学历与非学历，岗职培训与继续教育，技能鉴定与等级考试结合起来；将当前与长远，低级与中高级，学校与社会教育结合起来，以节约资源，提高效益，增强可行性。

二、基本功能与任务

（一）主要功能

1. 实训实习功能。基地采取工学结合、校企合作的形式，为学生提供模拟、仿真乃至真实的秘书工作环境，进行业务实习、技能训练，使学生在校期间就能完成上岗前的职业培训，完成向秘书职业实际能力的转换，于人才规格方面满足秘书行业的社会需求。

2. 职业培训功能。基地除面向职业院校学生上岗前的职业技能培训外，还应面向社会各类秘书业务的在职培训提高、转岗培训，社会其他人员培训，以及待岗人员的再就业培训；为秘书专业高职高专院校教师提供培训等。

3. 职业鉴定功能。基地可利用自身条件按照秘书国家职业资格鉴定要求，对内对外组织实施职业技能、职业资格鉴定（国家统考），为合格者颁发职业技能等级和职业资格证书。

4. 实验研究功能。可利用基地进行教改和科学研究实验，使之成为教研科研基地。

5. 社会服务功能。基地具有大批理论与实践结合的“双师型”教师资源。在培养人才同时，成立秘书相关职业服务机构。向社会各界提供秘书服务或咨询服务。

（二）基本任务

文秘专业实训基地旨在为培养和提高学生的职业素质和技能，增强其社会适应性服务。其最终目的是使学生能在毕业后能迅速就业并适应工作，满足企事业单位对专门人才的需求。其基本任务是：

1. 按教学要求组织实施学生实训实习并做好相应指导工作；

2. 面向校内外开展职业技能培训和鉴定工作；

3. 进行秘书技能及其培养教育的教育教学与科学研究；

4. 面向校内外开展秘书业务与咨询服务。

三、基本类型与目标

(一)基本类型

1. 实训基地

主要建在院内,以单项、多项专业技能训练为主。

2. 实习基地

主要建在院外典型的机关、企事业单位,以培养、检测、锻炼、提高学生的综合素质,专业技能为基本的目标任务 。

(二)目标规格

1. 院级基地

由学院本着需要与可能相结合的原则自主建立,基本目标要求是合格达标。

2. 省级基地

由全省统一规划分区组建或院际间联合组建,基本目标要求是具规模上档次达优秀或示范标准。

3. 国家级示范性基地

通过申请、推荐、评审产生,由国家予以专项资金资助,地方配套建设 。

四、国家级示范基地建设要求

(一) 基本设置与师资

项　目	基本条件
设施要求	用于实训基地建设的建筑面积在 1000 平米以上
设备要求	拥有文秘专业信息处理、文书、网络写作训练等专业教学计算机 100 台以上;有各种规格的传真机、打印机、复印机及常见办公设备;文秘情景教学训练室,文书与档案、办公自动化操作训练室、会务与接待训练室、学生形体训练室;有专用的文秘人文素质教育宣传陈列室,具有良好的校园网络条件;具有 5 个以上成建制的校外实习基地
师资要求	本专业的专业教师(含兼职教师)在 15 名以上,多数主干课程由副高以上职称教师上课,其中本专业副高以上教师不少于 30%,“双师型”教师不少于 5 名。配备有适应需求的专职实训指导教师

（二）主要实训室建设

实验实训室名称	主要实验实训项目
情景模拟室	活动策划，会谈会见，日程安排、场景谈判、基本礼仪、协调等秘书日常事务训练
办公自动化与信息处理实训室	传真机、复印机、打印机、扫描仪、摄影（像）等设备的使用，利用互联网进行资料收集等
会务与接待实训室	会议接待，会场布置，座次排列，会务及相关服务等。典型案例分析，模拟采访，口语交际实训，拟订会议方案，制作会议材料等
形体训练室	秘书气质、形体专业训练
文书与档案实训室	计算机操作，公文写作，文书处理，信息采编，报刊文章排版，方案策划设计；档案整理、分类、归档训练等

（三）相应要求

1. 明确基地建设的方向性。基地建设的重点固然是学生的职业技能训练，但须同时重视并强化学生的人文素养教育，千方百计提高学生的综合素质，坚持为文秘类专业人才培养服务的基本方向，注重从根本上提高人才培养的质量。

2. 注重基地建设的前瞻性。于实训中心的建设和规划中坚持以行业科技和社会发展先进水平为标准，做到适当超前并留有可发展空间。在技术、设备、管理、教学手段方面体现先进性，最大限度地运用最新科技和秘书领域的研究成果。

3. 突出基地训练的真实性。于基地中尽可能地进行情景模拟训练，实战训练，尽可能地缩小与秘书职业、岗位要求、需求的差距，满足秘书职业技能考核认证需求。

4. 讲求基地建设的效益性。在基地建设中，应尽力细分实训室功能，确保课余时间的开放率，满族学生课余日常技能训练的需要；要统筹兼顾，合理安排，面向院内外非学历教育开放和开展社会服务，提高实训室利用率，增强基地建设的社会经济效益。

5. 确保基地建设的规范性。基地建设是学科专业建设的重要组成部分，必须在场地、设施设备、制度建设与使用管理等方方面面都做到档案资料齐全，规范运作，以求更好地发挥其相应效用。

四、文秘类专业国家级重点实训基地的评价方法与指标(参照)

在文秘国家级重点建设基地的评估中,既要考虑所在学校文秘专业发展的状况,也要注重该校在教育部优秀高职高专学校人才培养水平评估中的整体发展情况。

(参照"中央财政支持的职业教育实训基地建设项目支持奖励评审试行标准"专业性实训基地建设评估标准)

一级指标	二级指标	标准内涵
办学方向	服务对象	面向应届高中毕业生学历教育;面向具有同等学历人员的学历教育;面向下岗失业人员的转岗培训;面向进城务工人员和农村富余劳动力进行职业培训;面向企业在职职工的岗位培训
	人才需求	未来三年内本地区对本专业技能型人才需求总量达到一定规模
	就业导向	毕业生的一次就业率及专业对口就业情况良好
	合作办学	多种形式联合办学;积极开展省际、校际间合作办学;东部地区和城市职业学校面向西部和农村扩大招生
学校基本情况	建筑面积	校园(不含教职工宿舍和相对独立的附属机构)占地面积满足基地建设要求
	校舍面积	校舍(不含教职工宿舍和相对独立的附属机构)建筑面积达到一定规模
	在校生规模	在校生数达到一定规模。本专业学生规模在国内、省内处于前列
专业基本情况	专业设置情况	举办文秘专业已有较长时间,且连续招生,毕业生人数达到一定规模
	学历教育学生数及年培训人次	学历教育在校生数及年培训人次达到一定规模
	师资结构与水平	双师型教师(职业院校中同时持有与所教专业相关的专业技术职务或中级以上职业资格证书,以及有关行业部门认可的相关资格证书的教师)、高级职称教师、高级工以上实习指导教师及兼职教师占本专业教师数的比例能够满足实训基地教学需要

续表

一级指标	二级指标	标准内涵
教学改革情况	教学模式与课程改革	具有先进的职业教育理念，以学生为本位、以能力为核心，突出职业道德培养和职业技能训练；课程内容符合职业岗位要求，体现新知识、新技术、新工艺、新方法，课程结构模块化
	教材建设	结合培养目标和本专业覆盖的职业岗位需要，选用合适的教材并积极开发校本教材（含讲义）
	教学制度改革	建立弹性学习制度，实施学分制管理，教学管理制度健全，管理手段先进
	职业资格鉴定	学校设有职业资格鉴定站（点），毕业生获取职业资格证书或其他证书情况良好
校企合作产教结合	企业参与专业建设	建立了由行业、企业专家和学校有关人员共同组成的专业教学指导委员会，并形成有效的工作机制，依托企业建立校外实习基地，企业接纳专业教师参加实践活动
	学校为社会服务	为社会提供及在职职工、企事业单位进行专业培训指导等服务
学校改革管理水平	人事制度改革	学校实行全员聘任制、岗位工资制，建立了良性的激励机制
	实验、实习管理水平	有完善的规章制度，专人管理
	实训基地管理	学校设有专门机构对实训基地进行管理，规章制度健全
政府的重视和投入情况	政策支持	当地政府把职业教育工作纳入经济发展和人才开发规划，有明确的支持和扶持计划
	经费支持	当地政府应根据财力状况逐步加大对职业教育的投入，设立专项经费并切实拨付
资源共享与示范作用	资源共享	实训基地为其他院校同类专业提供实训服务，建立并形成良好的运行机制
	示范作用	为经济社会发展培养培训技能型人才成果显著，为其他学校实训基地建设提供有益经验

应用写作教学模式初探*

在信息社会和素质教育中,应用写作已成为人生必备的基本技能之一。应用写作课程被广泛列入众多高校的人才培养方案中,成为公共基础或专业素养的重要课程之一。但是,由于受传统观念的和自身特点、教材建设等方面的影响而使得该课程的教学教师热情不高,学生兴趣不大,缺乏生机与活力,效率效益低下。近年中虽改革浪潮汹涌,探索成效显著,却以简单否定传统做法或片面强调某些方面者居多,未能抓住实质要害,很好体现科学发展观的相应要求,未能很好解决人才培养模式这一全局性、根本性的问题,难以适应当今社会发展之需求。在大力推进素质教育,强调以人为本,以人的全面协调健康发展为本的特定背景下,应用写作教学宜以"讲——验——析——练——检"为基本模式,以素质教育为基本目标和最终归宿,以综合性、实践性、技能性、工具性为基本定位,坚决摒弃急功近利的短期行为,坚持因材施教,分类分层教学,很好体现人文性、时代性、社会性、创新性,才能与时俱进,为社会培养更多更好的高素质技能型创新性人才。

在信息社会和大力推进素质教育的今天,随着社会经济的发展,应用写作已成为人生必备的基本技能之一;应用写作课程已被众多高校列入人才培养的基本方案,成为公共基础或专业技能的重要课程之一;应用写作教学与应用写作能力培养也已成为人们关注和探究的公共话题。但是,由于受传统观念、自身特点和教材建设、教学研究等多种因素的影响,应用写作教学仍然出现了一方面探索成果不少,呼声日高,一方面却教师热情不高,学生兴趣不大,整个教学与人才培养工作质量不高,效果不好,缺乏生机活力,效益效率低下的尴尬局面。其原因固然是多方面的,但应用写作教学或者说人才培养模式不能不是其至关重要,颇值探究的重大深刻命题,本文拟就此谈些粗浅认识,以就教于方家。

---

* 本文在第九届现代应用文国际研讨会上(乌鲁木齐)宣读发表。

一

应用写作教学的探索一直是上个世纪80年代中后期以来写作教学界的热门话题。除去基本的教材建设之外,探索的内容主要集中在三个方面:一是教育教学思想、理念,二是教育教学方法,三是教育教学模式。且三者有轻有重,有分有合,有隐有显。探索大致经历了这样几大阶段:

其一是初步探索期,时间为20世纪80年代。由于人们最初关注的是知识的传授,以为学到了应用文的相关知识自然就能解决应用文写作问题,因而采用的常常是"知识讲授+例文分析+作业训练"的基本教学模式。基本构想是让学生学到知识,懂得该怎么写,接着用例文加以证明,看看别人是怎么写的,使之认为所学知识是正确的,然后下来照着练习,也就算完成教学任务、实现教学目标了。不光应用写作、写作课如此,其他学科的教学也都如此;不光中国如此,外国的教学大抵也如此。因而不能说其不好,因为它同样也培养造就了一代又一代的应用写作人才,在社会经济发展中功不可没。应当说,这是应用写作教学的初始状态,首创阶段。

其二是改革深化期,时间为20世纪90年代。以华中农业大学的余国瑞教授为代表的一批学者将国外的系统论和功能文体学思想引入我国应用写作教学领域,将"功能——结构"的应用写作理论与系统论思想结合起来,提出了按照功能(目的、意图)来选择结构形式的新观点,使写作研究与教学进入了动态生成的新阶段,使应用写作教学有了新的理论框架和品牌,这可以称得上中国实用写作领域的第一次理论革命,也是实用写作理论研究的重要成果之一。在本阶段中,人们不仅引入了系统论思想,而且引入了哲学、教育学、心理学、社会学、美学等领域的一些研究成果,开始了对应用写作教学从现象到本质,从零散到系统,从静态到动态,从文本到客体、主体的多方位探究,开始了对作者、读者、应用写作过程及其本质和规律等方面的深层次探索。尽管这种研究仍旧未能进入写作主体的思维和素质层面,未能抽象出一般原理,未能进入思维操作模型的探讨,也没有考虑其时空背景、语境、写作等因素的影响,但毕竟打破了传统的瓶颈因素,为应用写作的教学改革注入了新的活力,开辟了新的天地。

第三是全面创新期。21世纪以来,随着时代、社会的进步和学科自身的发展,人们对应用写作教学进行了从理论到实践,从理念到方法,从内容到模式的全方位新探索,且一花引来万花开,开创了许多令人欣喜的新天地、新途径、新模式和新方法,这主要表现在:

在教育教学思想方面,有学者提出应注重教学方法改革,加大实训力度,把理论与实际结合起来,使之转化为学生的能力,变枯燥乏味为形象生动,变厌学为乐学;应重视解决应用写作的方法和效能问题,区分对象,确立教学目标,采用不同方法和模式教学;应于课程上实现由知识传授型向技能实践型转变,于应用写作中注重因材施教;教师的使命重在启迪学生的自主精神,教会学生学会自主学习,自主训练,树立“教中学,学中练,练中学”,让学生在具体的写作情景中自己感受,感悟应用写作的实用性。师生互动,实施自主式、参与式、合作式学习。与素质教育、人文素质教育密切结合;在全球化、信息化背景下注重学生的诚实教育、态度教育、创新教育;认为写作学不是关于事物,而是关于行为的科学,因而其原本就是强调训练的科目。实践教学促进了学生对文本的领悟,对生活和社会的了解,促使应用写作学科的发展更具活力;网络化时代,网络技术正在全方位地向人们生存的各个领域和层面渗透,将深刻改变人类的思维模式、学习方法、生活习惯、行为规范、价值观念、审美取向等。电脑、网络对于传统应用文之形态、写作方式形成了具有震撼力的冲击,全球化语境下电脑网络将改变应用文写教学的内容、手段和模式,使之基于建构主义的理论来实行“以学生为中心”的教学形式;没有审美的教育是不完整的教育,没有审美情趣和能力的人是一个不完善的人。应用文教学往往从注重格式与文面的规范入手,这实际上就是审美情趣和审美能力的训练。只有感受到新的,感受到真的,感受到美的,才能有东西可写;应用文写作教学要鼓励学生在“写”之外多下功夫,包括读书、学习、思考、观察生活,调查研究,听取反馈意见等,要注重培养学生对社会现象的理解能力和分析能力,对已有书面材料的概括提炼能力,要追求由“技”到“道”的提升,培养思维能力;要以人为本,注重培养学生的心理机制,心理品质;在现代化教学技术背景下进行情景化教学;应用写作是一门以人文知识和精神关照为基础,实践性与开放性特强的课程;应用写作是一种有目的的创新活动,应用写作教育应当是一种创新教育,因而要创新教学方式,激发学生解决问题的欲望,引导学生创造性地思维(分析解决问题),指导学生创造性地写作;应当建立开放式教学模式,形成大实践教学观,于课堂中实践,实验室中模拟实践,校内活动中写作实践,社会活动中写作实践;要把应用写作的每一堂课看成一场戏,学生既当演员又当观众,教师当导演,搞套餐式训练。教师设计的套餐题型就是“剧本”。其中,最引人注目的是川师大马正平先生引入的系统论动力学教育思想。他把写作看成一个动态的生成过程,以生成论、自组织、非构思理论为原理,主张从治本入手,着重建构学生的主体意识、写作意识,培养学生的实用写作操作模型,让学生进入写作过程中去。

在教育教学方式、方法方面,由于应用写作教学的思想活、理念新,思路决定出路,思想指导行动,因而探索、总结了许多行之有效的方式方法,诸如以了解学生知识结构、兴趣爱好,求知心态为前提,对症下药的心理研究教学法;以解剖正反例文为主要方式,力求给学生提供标准范式和反面教材,使之明确该怎么写,不该怎么写的例文分析讨论法;创设情景角色,将理论放进现实社会生活中来直观学习和研讨的情景、角色意识教学法;按课程特点分类,根据需求设置问题的专题教学法;设置具体场景,让学生临近实践状态的模拟式教学法;让学生走出校门,到实际生活、工作第一线去真切感受和体验,于学中干、干中学的体验式教学法;师生一起研究讨论,师生互动,共同探讨提高的参与式教学法;通过整体与局部,正与反、相同与相近文种的对照比较,找出相同相异相近点,把握知识点的比较式教学法。既有抓住重大典型问题带领学生从实践中来分析研究解决问题,于实践中学习理论、培养锻炼能力的案例教学法,也有以学生为主体,将所学知识和技能有机组合成相应的系列训练题型,然后据需端出的套餐式教学法;既有点拨式、指导式、自主式、生成式、建构式,也有参与式、互动式、讨论式、观摩式、引入式、兴趣式、冲浪式、模拟式、训练式、套餐式、分型分类式、感受体验式、任务驱动式等教学方式,而且大都是经过深入探究、反复验证,被实践证明行之有效的方式方法。

在人才培养模式方面,有案例教学式;任务驱动式、参与探究式、感悟提要式、互动讨论式、情景模拟式、智力冲浪式、套餐训练式等等,非常多也非常好。

所有这些,无不清楚地向世人宣告:第一,人们是高度重视应用写作重视应用写作之教育教学研究的,且重视程度空前。这充分体现了应用写作,应用写作教学、应用写作人才培养在当今社会生活中的地位作用,是十分令人欣喜的;第二,应用写作教学,应用写作人才培养是重中之重,是涉及全局涉及社会发展进步的重大深刻命题。在这一重大领域中,涉及的问题是多方面的,其中最重要、最根本、最关键的是人才培养观念、人才培养模式、人才培养的内容与方式方法问题,必须从根本上解决好;第三,应用写作界的同仁具有高度的敬业和科学的求是精神,他们筚路蓝缕、披荆斩棘,不畏艰难险阻,于应用写作教学、应用写作人才培养方面倾注了满腔热血和全部心智,做了大量艰苦细致、百折不挠的探索,于多方面取得了重大的进展和成就,为学科建设和专业人才的培养开辟了广阔前景,奠定了坚实基础,做出了巨大贡献,只要我们齐心协力,继续在这条崎岖的山路上攀登,是完全有希望到达光辉之顶点的。

二

从众多有益的探索中不难发现,应用写作教学、应用写作人才培养涉及的诸多问题中,至关重要的是人才培养(换言之即应用写作教学)的目标观念与内容模式、方法途径问题,这两大问题又以对应用写作学科的基本认识为基础前提。其间,对应用写作学科的认识已基本到位,所揭示的应用写作的社会性、综合性、实践性、技能性、工具性、针对性、创新性等基本属性均已充分体现并且成为应用写作教学和人才培养的基本依据。应用写作教学的目标和理念也正在逐步明晰,即在信息时代,社会经济飞速发展的当下,应用写作应当培养综合素质好,具备一定应用写作理论素养和很强实际操作技能的高素质应用型人才。培养的内容早有定论,即基本理论学习,综合素质培养,基本技能、专业技能训练。培训的方式方法也很多,都不是什么大问题,关键就在于集几者之大成的培养模式了。

这是一个说起来十分简单,做起来异常复杂的重大命题。因为一说模式,人们便往往很容易将其与机械、呆板、形式主义联系起来,与创造、创新对立起来,进而嗤之以鼻,或者简单处置。其实,“模式是人们在长期的生产生活实践中形成的具有一定标准化物质的规范形式或样式,是某种事物的标准形式或使人可以照着做的标准样式。”它看起来简单,实际上很重要,因为它与工厂生产制作产品的流程一样,涉及很多个环节和要素以及这些环节要素的有机调配、整合与控制,是一项复杂艰巨的系统工程。哪一个环节或方面出问题就有可能危及生产秩序和产品质量,危及工厂效益或生命,因而需要深入研究,需要宏观调控和精心设计,反复验证、比对和优选,以便提高质量、效率和效益。应用写作教学也同理,目标明确了,内容、方式方法确定了,还得设计流程,还得找到实现目标的最佳途径和办法。俗语云膏药一张看熬炼,成语讲殊途同归,因此,应用写作人才培养模式的研究十分重要而紧迫。

正因为这是一个十分重要而且复杂艰巨的系统工程,因而有很多问题值得研究,需要解决。但主要的、基本的当是这样一些:

第一是对应用写作教学的基本认识问题。必须明确,应用写作是一门实践性、工具性、技能性很强的学科,是素质与技能相结合的产物。无论何人要写好应用文,就得有特定的文化素养和良好的综合素质,就得以此为基本前提,而不能只强调实践与技能,或为技能而技能。应用写作教学应当是一种素养 + 素质 + 技能的综合性教育。其中,素质是综合性的,是核心和关键所在;素质又以素养教育为基本前提,以人文素质教育为核心并最终体现在技能上,因此,应用写作必须是三者的综合与有机统一,而不能只片面地强调某一或某些方面。

第二是要解决对应用写作课程类型的基本认识问题。即应用写作是理论课还是实践课、技能课,或者是二者的有机结合,平均分配,抑或有所倚重以谁为主的综合性实践技能课。这不仅涉及教学形式,而且还涉及教学内容、教学环节、教学方式、教学时间安排及其相应调配,有机整合的问题。在我们看来,应当是二者的有机统一并且有所侧重,即以理论学习为辅,技能训练为主,素质教育为基本前提,这个关系含混颠倒不得。

第三,应用写作教学要解决好指导思想,基本理念问题。要对传统的模式进行反思，从中总结经验教训，找到效率低下的症结所在，扬长避短，趋利避害，对新的模式进行探索，认清本质和规律，积极有效地富于创造性地开展工作。要摒弃以文为本，坚持以人为本的科学发展观，以人的综合素质、技能提高为本，从根本上解决应用写作难的问题。其间尤其要重视人文素养的提高，切实解决好学习的目的、兴趣、动机问题，增强其主动性、自觉性，而不能就事论事，机械、单纯地学习理论或训练提高技能，挫伤他们的积极主动性，让其被动甚至厌倦地参与学习；要尊重学科规律，尊重人的成长、成才规律，按照行为科学、建构主义、生成学的观念选取教学内容与方式，构建学生的知识结构、提高其相应素养和能力。要知道应用写作能力的提高是一个长期的渐进的过程，而不能将其简单化、片面化、机械化，随意处置教学对象和内容，把应用写作视为一蹴而就急功近利的短期行为。

要区分教育教学对象，坚持区别对待、分类指导、因材施教原则，分出层次、类型和阶段，而不能忽视中小学阶段的积累，把专科与本科，学历与非学历，成人与普通教育，各行业，各岗位的学习混为一谈，当成包医百病的万金油，搞违背年龄、职业、专业、类别和个性差异，不看对象，不切实际地一锅煮，一刀切或违背规律地揠苗助长。

第四是要切实解决好应用写作教学中的几个基本问题，优化教学模式的构成要素和环境。

其一是师资队伍建设问题。应用写作教学也与其他学科一样，教学是中心，教师是关键，教师是编导、榜样，教师的素质、素养、能力、水平差了其他便无从谈起。教师要钟情于应用写作教学，钟情于应用写作人才培养，甘于淡泊，甘做人梯；教师要有强烈的事业心和责任感，要勇于探索，潜心研究，懂得教育教学规律，善于解决应用写作中的各种问题；教师要有真才实学，有应用写作的素养和能力，能身先士卒，率先垂范，是应用写作的理论家和实践者，是两栖类双师型，是应用写作的行家里手；教师要懂得党和国家的大政方针政策，能正确地把握形势，认识并处理问题；能熟练操作，有效运用现代化的办公设备和教学手段，有效开发利用现代社会的各种信息资源，而不是纸上谈兵的空头理论家。

其二是教学内容与教材问题。内容自不必说，应当有关乎素质的、素养的、技能的。教材则当有课内的，课外的。课内供教学用，有基本理论、基础知识，以少而精为好，还得有基本技能，专业技能并分出初、中、高级层次，明确相应的训练内容，训练体系，使之能真正得到保障和提高。课外的则以相应素养为主，以好的范文赏析和病文分析，以技能训练的指导为主，而且要尽可能编得翔实些，老师讲时提纲挈领，化繁为简，简明精当，可以让学生各取所需，学习时一目了然，无师自通。其间虽以课外为主，但也不能忽视了人文素养、综合素质在应用写作中的重要性，不能忽视了应用写作的时代性、人文性、社会性和创造性，不能与现实社会脱节，要知道，离开了时代与社会现实来搞应用写作人才培养是违背学科规律，难以达到目的的。

其三是教学场地与设施问题。教室自然不成问题，完全走向社会也不现实，应用写作的学科性质决定了除去教室之外实训实习场所的创设，实训实习条件的创造，实训实习基地的建设至关重要。要分清教室、实训实习室与社会实践基地的基本功能和相互关系，使之循序渐进，逐步与社会融合接轨，既尊重教育教学规律，又与社会现实紧密结合，近距离零距离接触，这才能培养出真正有用的应用写作人才。

其四是教学时间及其安排问题。这是由应用写作教学、应用写作人才培养的特殊性造成的，是有效实现教学、人才培养目标的基本重要保障，也是急需解决的一大疑难问题。因为，目前，高校的通常做法是大都将这门课放在一二年级上，而且只开设一个学期，每周 2 学时，总计不到 40 学时，有的甚至达不到 30 学时，集中讲完就考，凭一次简单的考核决定其能力水平。究其原因，主要是认为应用写作简单，又是公共课，无须花这么多时间和精力。不说其他专业，就连文秘类的专业也都如此，完全违背了学科的专业的基本属性和人才培养的实际需求，也违背了教育教学的基本规律，使老师和学生都处于简单的应付状态，无论如何都不可能有教与学的热情和良好效果。事实上，这种理论与实践，素养素质与技能并重的课程绝非简单地讲讲，简单地练练就可以达到目的，而必须有相应的时间保障，有一个反复练习、校正，由总到分，由分到总，各个击破，循序渐进，长期积累，逐步提高的过程。这就好比理工类技能课一样，非把戏过手，有相应的反复的实际操作训练过程不可，不可以纸上谈兵，一蹴而就。更何况人文类的技能远比理工类复杂得多，应用写作又涉及很多个类别，几十个文种，单法定公文都十多个文种，非一一过关，日积月累，并且将理论与实践结合训练，将平时考核与最后集中检测结合起来综合评定不可。因此，在笔者看来，这门课应当在大学的一二年级或二三年级每期都开，应当根据专业、职业岗位需求一种一种文体地过，将平时训练情况、综合素养考察与结业集中检测结合起来进行考核。

其五是要解决好教育教学方式方法问题。对此，专家学者们已经总结研究了很多行之有效的方法，笔者只想强调一点，那就是要想方设法让学生认识这门学科，充分认识学好这门课程的重要性、必要性、可行性，充分激发其学习兴趣，增强其学习信心和主动性，进而真正与教师配合，变被动为主动，变压力为动力，变教师主动为师生互动，以此来从根本上解决师生厌教厌学，教与学积极性都不高，教学效率效益低下的问题。

三

基于上述认识,笔者以为应用写作的教学或人才培养可以尝试这样一种模式,即以综合性、实践性、技能性、社会性、工具性为基本的学科定位,以提高学生的基本素养为基点,以培养学生的综合素质和应用写作能力为基本目的和最终归宿,将传统与现代,课内与课外,理论与实践,阅读与写作结合起来,实施“讲——验——析——练——检”相结合相统一的基本教育教学模式。其基本内涵是:

“讲”即讲授,亦即教师的课堂讲授活动。主要内容有二:其一是学习应用写作的重要性、必要性、紧迫性、可行性,目的在于帮助学生解决对学科课程的基本认识和态度问题,激发学生的学习兴趣,为教与学的顺利开展奠定基础,扫清障碍;其二是应用写作的基础知识、基本理论,以及学习应用写作的基本方法,切实解决好学什么,怎样学,解决好从事应用写作必备的基本素养,应用写作技能训练的基本理论问题。这是应用写作教学与人才培养的基本前提和环节,不能太多,但又非讲不可,而且必须讲到一定的程度,使之起好引领指导、规范约束的基本功能作用,因而非做好不可。从形式上看,包括了课堂讲授和辅导,实习实训指导等,从时间上讲这一环节至少应占总学时的40%以上。

“验”即课堂内外,学校内外的感受体验。即让学生在课余参加一定的社会实践,使其将理论学习与现实需求,现实情景结合起来,从中获得对应用写作的基本认识和感受。进而知道应用写作到底在干什么,是在哪种环境条件、情状背景下进行的,各种文体的社会需求、功能怎样,应当怎样来认识、把握和运用操作,尽力增强其真实感,缩小理论学习与实际运作间的差距,避免纸上谈兵,写出来的东西书生气十足,其源如陆游在《示儿》诗中所说:“纸上得来终觉浅,绝知此事要躬行”,也正所谓“行万里路”。办法有两种,一是学习期间让学生参与校内的各类活动,从中找感觉;一种是走出校门,让学生参加相应的社会实践活动,从中求体验。这并非创造发明,一些学校已早有先例。

“析”即品评赏析,对典型的事例、文例进行分析解剖与评析。这包括了案例教学和例文赏析,其间例文包括了正例和反例(或称病例)。案例教学的好处自不待言,已有专家学者专文论及并一再呼吁,还有哈佛大学的成功经验可移植借鉴。正例和反例则需要教师们精心编选,以正例来告诉学生各种文体该怎样写,什么样的文章才是好文章,好在何处,评判的标准尺度是什么?同时也让学生看到自己的差距,目的在为学生提供范式,起引领规范作用,给学生以启示和教益,激发学生的学习兴趣。反例则是为了让学生明白什么是孬,孬在何处,其病因是什么,失误的关键何在,其目的在为学生提供反面教材,懂得应用写作之禁忌,从中获得警示,增强其明辨是非的能力。正反结合,张弛有度,既对所学的写作理论起了很好的印证作用,又是对所学理论的运用,其价值意义是多方面的。这一环节既可在课内,也可在课外,最好是课内外结合起来进行,将范文赏析作为一种课外阅读物,作为辅助、配套教材来处理。

"练"即通常所说的训练、练习。可以有三种形式:一是课堂练习,主要以口头方式进行,可以是问答式的,紧紧围绕教学内容和目标来设计进行;二是课后练习,即结合教学内容布置适当的相应作业,以书面练习上交教师评改的方式进行;三是实践训练。这又可以有三种方式,其一是情景模拟训练。既可在课内也可在课外进行,由教师依据教学内容、目标和学生实际来设计,可以是问题式、情景式、互动式。其二是实训,主要在校内基地进行,让学生进入实际岗位、角色、实情实景,有板有眼地练,尽力缩小与现实社会生活、社会需求之差距。与情景、模拟训练的差异在一切不是假设的虚拟的,而是真实的。其三是实习,以社会实践为主,让学生直接走向社会,走上岗位培养锻炼,检验其素质、能力和所学知识、技能的状况与程度。

"检"或称为"鉴"。顾名思义,那就是要对学生,对教学成果,对学校的"产品"进行考核检测、鉴定,看其学得怎么样,达到什么程度,是否符合设计的规格与目标要求。内容以素质、能力检测为主,素养为辅。素质综合性的要抽象得多,能力是多方面的,要具体实在得多。能力主要包括了基本技能、专业技能,阅读鉴赏、理解分析能力,口头表达书面表达能力等,可以分门别类,分等次检测,口头与书面检测,素养与素质,能力检测有机结合起来,建立起相应的检测办法和奖惩激励机制,达标者过关,不达标者补课至合格为止。这是最后一道关口了,犹如企业的产品质量检验一样,非常重要。

本模式的五个环节既相对独立,又有机联系,环环相扣,融合统一。实践中可以有局部的交叉和轻重疾徐的取舍,却不能有某一环节的舍弃。本模式是综合性的,实施起来的要求高、难度大,但效果是可以想见的,也是应用写作人才培养的必不可少、行之有效的基本保障,其实施要以对应用写作学科的基本认识,对应用写作人才培养的高度重视为其前提,要以必要的时间和切实可靠的措施(包括制度)保障。否则,一切无从谈起,模式毫无意义。

参考文献:

[1]李维维,竹潜民. 现代应用文发展的新思路与新进展. 浙江大学出版社,2003,12

[2]第八届现代应用文国际研讨会论文集

[3]张志华. 应用写作教学应从知识传播转向创新教育. 应用写作,2003,10

[4]尹学建. 建立开放教学模式,形成大实践教学观. 应用写作,2003,10

[5]罗希文. 请示写作模式探析. 应用写作,2006,8

从"十二五"职业教育国家规划教材选题立项评审谈职业教育的教材建设*

王金星

（2013 年 7 月）

2013 年 5 月,2014 年 4 ~ 8 月,作为教育部聘职业院校文秘专业、新闻出版专业专家,我先后 5 次受教育部之邀赴京参加了"十二五"国家职业教育规划教材的选题评审,前两次是初审,后三次是复审终审,作为文管类公共基础课评审组长,有幸了解了教育部关于职业教育十二五规划教材的建设的一些基本情况,并由此引发了一些相应的思考。兹报告如下,与大家一起探讨和分享。

一、基本情况

（一）管理体系

整个职业教育的教材（含中职）都是由教育部职成司教材处负责集中统一管理。

（二）管理方式

之所以搞国家统一规划选题立项,是因为前些年缺教材,大家都一股脑儿编教材,这就导致了一哄而上,良莠不齐不说,倒转很混乱,民怨很大,有人投诉到中央领导那儿去了,引起高层批示,因此,教育部重视,专门责成职成司抓这件事,于是出台了规划选题申报评审立项建设办法,目的在规范教材建设秩序,建立出版基地,建立完善准入机制;在精心筛选的基础上管理出版发行过程,规范教材选用,改变无序状态;建立出版发行联盟,力求提高质量。凡职业院校教学,以后只能在批准立项的选题中选用教材。

显然,这是国家意志,是教育部教材建设的一大切实可行的新举措,对于规范职教管理,保证育人质量,打造中国特色、世界水准的职教品牌具有重要的基础

* 这是应教育部高职高专文秘类专业教指委之邀在厦门骨干教师培训班做的专题报告,后在院内为骨干教师开过专题讲座。

性、关键性作用。

（三）管理办法

具体做法是整体规划设计、分步建设实施；中职先行，整体联动。2012 年先搞的中职，2013.14 年再搞的高职。五年一规划，每五年出台相应的指导性意见，发布出版选题规划。启动下一个五年规划时，上一个五年的选题自动失效。现在已经在启动十三五规划了。应当说这种做法、思想理念是好的，既给了高职院校参与教材建设、平等公平竞争的大好机遇，也给了大家很大的压力，又与时俱进，提高教材质量，把这一关系国计民生的基本建设搞好。这是抓到点子上，也是深受大家点赞的。

（四）建设现状

“十二五”高职教材的选题评审是去年开始汇总的，一共 177 家出版社，2.6 万余个选题。13 年年初组织了初审，审掉了 1 万，留下了 1.6 万个选题。今年五月组织了三次评审，第一批是 3500 种左右。二三批各 6000 种左右。专家是由教育部职成司和教行指委联络办在教指委、行指委专家库中本着回避的原则直接抽取、临时通知的，保密工作做得很好。

第一次我们文秘教指委有 3 人参加了文秘类的评审；第三次是我和新辉院长参加的文秘外语组。中间的第二次评审我们几位都没参加。第二次四川还有碰撞的黄书记。今年的终审四川有工程的司徒书记、信息的胡院长。三次都是先集中开会通报情况，讲明原则意见后集中评审的。前两次分 ABCD 四等，各占 25%，AB 两级必须排序。终审就只是提问题，作评价，下结论，指出其存在的问题，认定其是否可以出版，不淘汰。有问题的可分两等处置，一种是修改可用，一种是修改后重审。

二、评审原则

一是锤炼精品，鼓励长期用于高等职业学校教学，反映产业技术升级，符合职业教育规律和高端技能型人才成才规律，根据专业建设和教育教学改革不断完善覆盖面广、影响力强的修订教材选题（在这方面有优先原则），着力打造精品。

二是突出重点，鼓励开发编写覆盖现代农业、先进制造业、现代服务业、战略性新兴产业和特色产业，以及苦、脏、累、险行业，民族传统技艺等相关专业领域的职业教育教材。

三是强化衔接，鼓励教学重点、课程内容、能力结构以及评价标准有机衔接和贯通的中高职衔接专业教材选题。

四是产教结合，鼓励开发体现行业发展要求，对接职业标准和岗位要求，行业特点鲜明的职业教育教材和高质量的实践指导教材；鼓励职业院校依托行业开发适应新兴产业、新职业和新岗位要求的特色教材。要求教材主编应有相应企业实践经验，作者队伍应吸收相关行业人员参加。

五是体现标准，鼓励开发体现教育教学改革和专业建设最新成果，以高等职业学校专业教学标准（400 多种试行）为依据，及时更新教材和结构的教材选题。

六是创新形式。鼓励开发包括高等职业教育专业教学资源、网路课程、虚拟仿真实训平台，工作过程模拟软件，通用主题素材库，以及名师名课音像制品等多种形式的数字化配套资源。

三、评选标准

强调，特别看重创新，突出做中学学中做，有利于培养职业能力。具体要求是体现五个创新：

一是理念新，树立现代职教理念。以服务于国家需求为目标，为国家建设做贡献，要适应立交桥的建构，搞好内部衔接，外部对接，内外衔接转换；要系统培养人才，培养创新型人才；以产教深度融合为主线，注重技能技术积累；要为人人成才（十八大新要求）提供支持和帮助，适应职教改革需求。

二是内容新。突出新材料、新技术、新工艺，新成就的推广使用。客观地看待内容新问题（应当是相对的新），送审的不一定是成品教材，很多是一种创意，是新申报，是方案。

三是结构新。这是创新的重难点，教材内容要以职业活动为主线，以项目、任务为载体，搞任务引领，目标驱动，将内容过程有机地结合统一起来。

四是形式新。首先是载体的多元化：纸质、光盘、网络；其次是内容表达方式的多元化：汉字、语音、图表、图像、情景化、可视化，适应现场教学、技能教学、多媒体教学的新要求。

五是队伍新。整合各行各业，行业企业的专家队伍来共同编写，包括工程技术人员，管理人员的参与是多年来的一致要求，但效果一直很差。

这五新既是“十二五”规划选题的评审标准，也是教材建设的新思路和目标任务。

四、优先原则

在同等条件下，符合下列原则之一的选题立项从优。

1. 修订教材选题。原教材为普通高等教育“十一五”国家规划教材（高职高专部分）

2. 教材选题属于国家级奖励成果。如国家教学成果奖,科技奖等;

3. 教材选题属于配套国家精品课,省级精品课,以及国家资源库建设项目等成果的。

4 教材主编系该专业(课程)全国知名专家学者的,如国家级教学名师,长江学者等。

五、优秀推荐

1. 出版社做得最好的是大连理工,开发职教教材动手早,已经有 10 余年了,下了大功夫,从思想理念到结构内容、手法、队伍,都是好的;再就是高教社、北大、清华、北师大、重大出版社等。

六、认识感悟

在多次评审和多年的教学与管理生涯中,对教材有这样两点认识感受,想与大家做个交流分享,也算是抛砖引玉,有点班门弄斧了。

第一,教材很重要。教材是教人之材,即教与学的基本依据,所谓教本教本,教人之本,讲的也是这个意思,显得很重要,必须引起教者和编写者的足够重视。否则,轻者教师不好教,学生也不好学,那就是粗制滥造,害人害已,害人不浅了。在我看来,教材还不仅仅是教与学的依据,它还应当有两个作用:一是引领指导教者教,学者学,这虽然不会是鸣鼓而攻之的,但客观上会有,应当有这样的效果。因此,编者不能小看教材,不能随意处置,更不能剪刀加糨糊粗制滥造,因为你的内容取舍,体例手法,编写的指导思想,教书育人理念,你对专业学科的理解,对这门课程的认识,对这门课与其他课的关系处置,对这一个层次,这一个专业、这一门课程的育人目标、规格、要求的把握,乃至于你自身的能力水平等等很多东西都直接间接地反映在其中。编得好自然有很多正面效应,人家会选用,一用再用;编得不好人家会有看法,会弃之不用,甚至于嗤之以鼻。

对于学生来讲也同样如此。教学的时间是有限的,教师的教育教学能力、水平也是有限的,但是如果有了一本好的教材,如果学生学会了学习,热爱学习,它会对学生起到引领指导作用,让学生爱不释手,如获至宝,如饮甘露,可以有形无形交给学生很多东西,让学生以此为线索,为窗口,为引领,为平台,为指导,去学习到很多东西;去力透纸背,举一反三,悟到很多东西;甚至还会激发、培养学生的很多、很好的学习兴趣,让学生和社会都受益,真正成为流芳百世,名垂千古的好教材好书。

二是教材是人类知识、经验、智慧的结晶;是人类文化、科技成果的载体;是人类社会新思想、新观念、新认识、新能力、新水平、新技术、新工艺、新产品、新成果的载体;它既要穿透学科历史,是历史的传承和积淀,又承载展示现实的成就成果,还得揭示未来,窥探预测未来学科专业的走向、趋势和揭示事物的本质规律。因而,好的教材当具有穿透力、厚重感、责任感、使命感,这不是可以随意随机处置,而必须审慎严肃对待的。

正因为如此,我们说教材很重要、很难,绝不是有人说的剪刀加糨糊,可以批量生产,随意处置的,那种评职晋级只重专著、重论文,不把教材当成果的做法是错误的(当然也是教师们咎由自取吞食之苦果),至少是不科学不明智的。也因为如此,大家有强烈反映,引起高层关注,教育部重视,采取这种方式来选拔、培植、建设、推出教材是对的,尤其是这一次的做法是ABCD各25%(大体符合左中右的规则),而且A与B同等看待,同一教材可以不让一个A,一个B,意在同一门课的教材,推出的优秀者不止一个,学校可以在一定范围内有选择余地;既在规范制约,又给了学校、老师们余地;既保证了大致水平、水准,又没一刀切,千人一腔,万人一面,而重在思想观念、意识手法上的引领,重在创新,重在提升教材的品质品位,这个思路做法是对的,是高屋建瓴,客观科学的,作为教师,教材编选或使用者,都必须清醒地认识到这一点,这也是我本不该讲却又要着重讲明的一点,值得我们大家共同努力奋斗之。

第二,教材当努力做到教与学的有机统一。这看起来很平常,似乎太过简单,似乎有点小儿科,有点像废话,有点愚弄大家,但事实上是一个值得研究也是大家长期追求而并未真正解决好,应当重视并努力解决的一个问题。其他不多饶舌,这里主要想谈谈教材的编法及其所涉的理念问题。

大家知道,我们职业教育有一条基本准则叫作知识以够用为度,重在技术与能力培养。这句话说起来容易,听起来也很容易,但做起来却很难。而且这一提法本身也有问题,问题在于它适用于教学却未必适用于教材编写;在于它只强调了问题的两个方面,即素养和技能(能力),忽视了一个最重要、最根本,能使人管用一生的素质问题,意识观念的培养教育问题。因为在我们看来,职业教育是培养高素质高技能应用型人才,既要解决做事,更要解决做人的问题,解决教会学生如何学习的问题。为此,我们必须正确处理教与学中的几大要素的关系,这就是素养、素质、观念、技能间的关系问题。正是基于这样的认识,我们提出了一个素养奠基,素质固本,观念立命,技能安身的人才培养理念。正因为如此,在我们看来,素养即知识,在教学中,因受时间、教学对象接受能力的限制,我们当知识够用为度;从职业教育的特性出发,我们当重视技能培养,但这不能适用于或不能完全适用于教材编写,因为教材是教学的依据,也是学生学习的蓝本,教师教多少选择哪些来教,这是教师的认识、能力水准问题,并不等于教材只能写教师教的,绝不能旁逸斜出。因为教师还可以,也应当有所取舍,但问题的关键在于教师要有取舍的条件,取舍的余地。由此便产生了教材的第一种编法,即学教分离式(厚薄式,厚积薄发)。那就是把教材按大纲,按专业学科和课程体系要求编写,让教师能厚积薄发,博而统一,游刃有余,有度挥洒,而不至于因以够用为度,让教师捉襟见肘,相形见绌,甚至处于无米之炊的尴尬境地。与之相应的则是把学生用书与教师的区别开来,按知识够用为度的原则,让学生像中学阶段老师搞复习资料那样,将知识要点列出,重点明确,让学生好学好记,学起来简便易行、见效。这种编法也就是将教学用书与学生用书严格区分开来:一厚一薄,教师用书厚,学生用书薄,让教师发挥聪明才智,展示能力水平,将厚书教薄。

第二种则是反转式。即让教师用书薄,学生用书厚,给学生提供更多的学习资源更大的学习空间,以学生学习为主,让教师只抓精要;让学生以够用为度,指导学生学习,在广泛涉猎的基础上掌握精髓、要点,把握实质、规律,以对职业、对岗位、对行业、对社会真正有用为目的,学会学习,以精读的方式下功夫把厚书读薄,变薄。这也是一种本事,是一种编法。

第三种则是将教师用书与学生用书编得一样(学教合一式)。即充分运用传统与现代相结合的方式,把声光电手段都用起来,把教材编厚,编活,编成一个知识宝库,变成一亩方塘,甚至是浩瀚大海,让教师和学生都取之不尽用之不竭;让教师和学生都有发挥的余地;让教师去引导、指导,通过自身的努力,与学生一道把厚书变薄,摄取精要,由厚到薄,真正学到东西。让教材变成教师和学生的宝贵资源库,或者是一种目录索引,一种教与学的指南。

相比之下,个人认为以第三种为上,第二种为中,第一种为下策,本人曾思考过,有人尝试(八九十年代的写作教材就有人这么编过)过,但未见推广,说明值得研究探索。现在很多教师,包括教育部“十二五”规划比较认可的是第三种,也是大连理工出版社和一些老师们正在努力的一种。

第三是应当努力改变教材乱象。这个乱象是客观存在的,也是大家都深有感触的。有编者的乱,也有出版发行者的乱,还有选用者的乱。其间最根本的是利益驱动,名利作祟。不能任其下去,贻害无穷,必须痛下决心,尽早从根本上、源头上治理。办法之一是充分认识教材的重要性,高度重视教材建设。国家、学校、教师、社会、学生都来重视,形成高度统一的认识,这是基础前提;除认识其正面价值意义之外,还得看到负面效应与后果;二是强化管理,建立起正态的有利于健康发展的管理体制机制,实行政府主导,学校教师、专家学者主体;行企参与,市场运作,社会监管的这种体制;建立好教材评审的相应办法和指标体系,建立相应的奖惩查究机制，让大家都编写、出版、发行好教材，使用好教材，包括评职晋级的导向；三是教师要主动积极思索探究，前提是认识到位，指导思想正确，有精品、责任、危机、使命意识，积极主动、认真负责、富于创造性地开展工作，打好主动仗，当好生力军，与主管部门，行业企业一道做好这项教育教学的重大基础性工作。

老骥伏枥志千里　大学语文喜迎春*

——《中国语文》暨其培训班有感

一个偶然的机会,有幸于 2008 年元月参加了由北京大学中文系与重庆出版集团共同举办的《中国语文》培训班,聆听了温儒敏、钱理群等先生关于《中国语文》的系列讲座,拜读了该教材并参与了相应座谈,感慨良多,受益匪浅,特欣然记之,以求共享。

一、《中国语文》的突出特点

《中国语文》是由北京大学中文系主任、国务院学位委员会委员、教育部学科评审委员会委员温儒敏教授亲自担纲任总主编,北京大学教授、博士生导师何九盈、周先慎先生等任分主编,携学界精英王本朝、任鹰、何旭东、孔庆东等先生倾心编写,重庆出版集团全力打造,于 2007 年 8 月出版发行的一套全新的大学语文教材。仔细品味,认真研读,发现其有如下显著特点:

第一是理念新,定位准。

众所周知,"大学语文"这门课并非现在才有,早在 20 世纪初期就开过,而且连清华与西南联大等著名高校都在开设,只不过那时称"国文",不叫"大学语文"而已。而且开课的大都是名师,比如在清华北大开课的就有朱自清、沈从文先生等,可见其地位之高。解放后也曾开过,只因受"文革"冲击,便一度没有了,是八九十年代才重新开设的,之后便时起时伏,到现在虽然开课的有几百所院校之多,但很不统一,少则 30,多则 70 余学时,而且地位很低。授课教师要么轮流派,走马灯似地换人,要么以新教师补缺凑数,出现了一方面抱怨大学生乃至于研究生文化素质差,名不符实,出手便错别字连篇,大声疾呼开设大学语文、文化素质课,一方面又捉襟见肘,师资教材均难以为继,基于应付的尴尬局面。其间的根本原因就在于课程的性质与定位不准,在于大学语文课的设置目的与教学理念问题。在

* 载《四川职业技术学院学报》2008 年第 4 期,合作者为谭国应。

先生们看来，过去的大学语文大都定位在范文阅读、知识补偿上，把大学语文当成了中小学的补充或延伸，这就导致了本末倒置与学科的乖谬，导致了大学语文于内容、形式、讲法上与中小学语文教学的简单重复，让本来就十分功利浮躁的天之骄子们不可避免地产生一种厌烦、排拒心理，其结果当然是事与愿违，不但学生的知识缺陷难以补偿，而且教者也如同嚼蜡，越教越没兴趣，反倒既败坏了学子们的胃口，也让老师们处于欲教不能，欲罢不忍的尴尬境地。作为学界精英，至高领地的先生们早已对此忧心忡忡、心急如焚，曾经于前些年编写过《高等语文》，却不甚满意，于是在反复调查、深入研究的基础上确定了以激发兴趣、提高素养、引领指导为基本目的目标的课程定位与教材编写宗旨，给了大学语文以全新的教育教学理念和准确的学科定位。

在他们看来，教材乃教人之材，教本乃教书育人之本，表面上看是简单的教科书角色，实际上是全新教学理念的集中体现，不仅仅对大学语文，对其他众多的公共课、专业课到底该怎样来利用有限的时间和空间，如何选取安排教学内容，如何培养教育学生，都是颇有启示和教益的(诸如是否只是学知识，只依靠教师灌输知识，如何发挥学生的主观能动性，教学相长，提高学与教的效率等)，是学科设置，教育教学思想理念的集中体现。过去的大学语文教育虽然也成果颇丰，出现了多种有特色的好教材，却未能从根本上跳出知识补偿，重复中小学语文教学之窠臼，因而才危机四伏，难以为继的。著名数学家苏步青先生曾经指出:“语文数学是基础，语文是基础的基础”。可见，大学语文予大学生实在是太重要了，不能不开，但又不能多开，因为大学毕竟不是中小学，有其特定任务与使命。因此，如何在有限的时间内解决多种矛盾交织的突出问题，便成了编者们的基本出发点和重要着力点，由此，他们从以下几方面做出了艰苦努力。

一是内容上不能不以历代经典名篇佳作为准，让师生经受中华民族的优秀文化的浸润与熏陶，以增强民族自尊心、自豪感并从中得到美的启迪和教益；不能不与中小学语文课本中的一些选文重复，但又不能重复太多或简单重复，以免让师生一看就产生排拒心理和反感情绪。要让学生看到、品尝到民族文化中最优秀、灿烂的东西，以求充分体现教学目的和效果。

二是教学方式上要有别于中小学语文，不能再像中小学那样字、词、句、段、篇，段落大意、中心思想、写作特点一以贯之，而应从美的文字、美的意蕴、美的境界、美的情操、美的艺术方面去品味，去领略，去鉴赏，去升华，让学生看到美、感悟美、体味美、欣赏美、崇尚美，从中获得美的享受，美的熏染，美的教益、美的启示，从美的享受中去丰富充实、提高升华自己。即令是中小学选过的名篇佳作，也要让学生进入到新的层面和境界，感受出层次上的差异来。要提升大学语文的品位和格调,使之与中小学语文既紧密联系又明显区别开来。使之具有层次感,是在中小学语文基础上的一种提升,是与大学生素养、能力水平相称的一种高层次的语文教育,使人明确大学语文不是补偿性而是提升性拓展型高等教育。

三是在目的动机上拨乱反正,正本清源。不能企求把中小学的缺失,把大专生、本科生、研究生于语文素养、能力、品位上的缺失都补起来,这不是大学语文要做的工作和所能完成的任务。应当以调试大学生已经败坏了的胃口,激发他们的学习兴趣,教给他们全新的学习方法,让他们增强学习民族语言文化的积极性和自觉性、主动性、紧迫感,从而积极主动、认真深入地去学习,不断地提高自身的语言文化素养,提高自身的听说读写能力,提高自身的综合素质。换言之,即要像国家基础教育课程改革所倡导要求的那样,通过教改来变“要我学”为“我要学”、“我会学”,让学生学会学习,学会主动积极认真深入地学习,学会生活,学会做人,让教师和教材只起资源和指导引领作用,让大学语文在设置目的、目标上与中小学教育紧密衔接、有机结合,完美统一起来,形成有机整体,成为中小学语文的延展和提升。

四是把握好教学时间与内容上的度。大学语文不能不开,也不可能开得太多,大学语文的内容不能太多,搞成汉语言文学专业的压缩饼干或大杂烩。大学语文必须精心设计和选取,保证其结构的合理性和内容的可靠性、有效性,在有限的时间内能以点代面举一反三,真正起到引领、指导和促进、提升作用;让学生真正感受到民族语言文化的博大精深和灿烂精美;深切感受体验到学习祖国语言文字的无穷乐趣,掌握好必要的学习方法。

显然,这种以激发兴趣,教给方法,引领指导学习为目的的教育教学理念和目标定位是准确的,它既不同于传统的大学语文教学,又有别于中小学的语文教学,既解决了大学语文教学自身的诸多问题与困惑,又做到了与中小学教学的有机衔接,与专业课程,与人才培养目标,与教育的目标功能,与国家社会对人才培养的基本要求,与先进的教育教学理念的有机融合与协调统一,是一种以育人为根本目的和最高准则,既具前瞻性,又具操作性、科学性的全新的教育教学理念,是值得充分肯定和大力提倡推广的。

第二是内容好,体例新。这主要集中体现在以下几方面:

一是从适用对象上看,该教材分科编写,全书分为了大学文科版,大学理科版、艺术专业版、高职高专版、应用型大学版、应用写作版,不仅在本专科层次上有了严格的划分,而且于学科专业类别上有了明确的区别,充分考虑了文理科学生、本科专科学生与艺术类学生在知识结构、基本素养、基本要求方面的明显差异和客观需求,而不是像以往的大学语文那样不分层次类别,一本教材适用于所有的对象,一把尺子量到底,既与中小学语文无大的区别,又难以适应不同层面类别学生的实际需求。此外,他们还别具匠心地将其分为了教师用书与学生用书,将二者从内容到体例上都区别开来,充分考虑了教师和学生的不同需求,既便于学生学,更有利于教师教,大大地增强了教材的针对性、实用性和教学的有效性,堪称教材编写上的一大突破和创新。

二是在教材体例上于学生用书中开辟了"原文"、"阅读提示"、"问题与思考、""注释"等栏目,并特意为艺术类高职高专学生创设了"拓展阅读";在教师用书中开辟了"教学目标"、"教学方案"、"思考题理解要点""教学参考资料"或"参考书目",有的还搞了"评论节录"、"课文分析"与"背景介绍",不仅内容精准,而且资料丰富翔实,使教师和学生都能各得其所,教与学都不敢苟且或随心所欲,既考虑了教与学的统一规范性,又为其提供了自主教、自主学的广阔空间,这也是以往教材所没有过的。

第三,针对性、实用性强。

从前面的介绍不难看出,由于该教材分层分类编写,深入探究了大学语文教学从内容到形式,从目标到方法,从理论到操作等诸多重大问题,很好总结了多年实践教学的经验教训,分析了各类教材、教学方法的利弊得失,特别关注了大学语文与中小学语文的关系,大学本科与专科,文科、理科与艺术类学科之间的需求和差异,教师和学生的需求和差异,精心构建了教材的结构体例和相应内容,因而很好地体现了分层分类教学、循序渐进、因材施教、教学相长等重大的教学原则,使之具有了很强的针对性和实用实效性。

第四是质量好、品位高。

参加编写的大都是中国学术至高领地、一流学府中的专家学者。令人想象不到的是,该教材全由先生们亲自动手编写,没要助手、学生或其他学者代劳,而且从内容到形式,从目标到理念都是经过集体研究、集体审定,精雕细刻的,哪怕是一个注释,一个思考题的设计都经过了反复推敲,因而其编写队伍是一流的,编写态度是一流的,编写理念是一流的,编写水平是一流的,教材的质量与品位自然也是一流的。

二、《中国语文》的培训感受

本次培训的时间虽然不长,但由于组织者的认真严肃、严谨务实和热情周到,却使我们受益匪浅和感受很深。

首先是先生们高度的责任感,强烈的事业心让人十分感佩。参加编写的主要担纲的大都是中国至高学术领地中的领军人物,其中钱理群、周先慎、何九盈先生都是年近古稀的退休老教授，按理他们无论如何都该颐养天年或享天伦之乐，没必要再做这种难度很大且一般人不屑一顾，很可能费力不讨好，而又无所谓名与利的笨拙的基础性工作。如果愿意的话，完全可以凭他们的名望、学识另辟蹊径博取不菲收入。担任主编的温儒敏教授是北大中文系主任和语文教育研究所所长，担当有多项领导及社会职务，完全没必要没时间来做这些琐碎的“小事”，然而，为了学科建设，为了学术和事业，更为了中国的一代又一代大学生的健康成长，他们义无反顾地站出来了，不仅投入到了琐碎繁杂的编务之中，而且是亲自动手编写，倾注了全部身心和热血，并非像常人那样挂个名，或最多搞搞策划，动动口就行了，将具体编写工作交给研究生或其他教师去做。其情之深，其心之诚，其品之高，堪称高山仰止之大师风范，令我辈感动汗颜和肃然起敬。这在当今天下文章一大抄、学术腐败猖獗盛行之特定背景中是多么的难能可贵啊！

其次是严谨的治学态度和民主的学术氛围让人十分感动。在整个编写中，先生们并没有简单地“克隆”他人和自己的研究成果，而是多次反复地讨论原则，统一思想认识，研究步骤做法和标准规范，然后分工负责选定篇目，集体审定后再按要求进行编写，逐字逐句逐段逐篇，严格筛选、反复推敲，多方考证、认真编写，事前事后都多方听取意见，并未凭学术地位、权威身份武断取舍，简单处置，而是力求做成精品。本次培训又还专门召开会议，温儒敏先生于百忙中拨冗披繁，亲自主持，虚心听取大家意见，耐心与大家平等交流对话，十分谦和。在整个报告中，每位先生的讲授也都充分体现了严谨治学、平等探索的大家风范，给我们树立了很好的榜样。

第三是学科建设前景广阔，大学语文的未来令人欣喜。让人难以想象的是，作为学术高地的北大中文系，领导和专家们有多少事要做，有多少学术关隘要攻啊，可他们却对大学语文这门并不为一般人所接受重视的课程情有独钟，由温主任亲自担纲，组织精兵强将庞大阵容认真编写教材和组织相应培训，虽然其间有素质教育的催生，也有相应的责任使然，但更多的是对科学、对学术的高度重视，是敬业精神和使命感。我们由此完全可以深切感悟到北大、北大中文系专家学者的良苦用心和引领作用，感受到扑面而来的大学语文的滚滚春潮，展望到大学语文的勃勃生机和美好未来，从而增强我们后辈晚学于大学语文，于大学生之教育、于民族文化传承的事业心和责任感。

三、《中国语文》的建设性意见

《中国语文》无疑是一套全新的好教材，但也是一套探索性建设性很强的教材，为使之更加完善，建议以后再版修订时考虑以下意见。

一是分类更加科学。将教材分层次分类型编写是对的,但其间的“应用型大学”与“高职高专”类院校的划分既无必要,也不科学。因为高职高专本来就是应用型,此外也别无应用型高校,二者取其一就可以了;再就是《应用写作》与《中国语文》之关系,将其纳入《中国语文》而又独立成册是一种矛盾的做法。因为从素质教育角度讲,《中国语文》应当包括《应用写作》,因为“写”是大学生的基本功,是大学语文教学的终极目标之一,不该游离于《中国语文》之外,让其单独成册。但《大学语文》的开设时间有限,要在有限的36或72学时中将四种能力,特别是“写”的能力都培养好,这肯定是办不到的,如果不列入其间又残缺不全,缺乏了真正管用的综合性能力,于是便采取了这种变通的做法,看起来是迫不得已,结果是不伦不类,弄巧成拙。实际上,这涉及的是《中国语文》的内涵外延问题。能否将《应用写作》定位在大学语文之外,因“写”之重要特殊而将其独立成一门课呢?笔者认为是可以和应该考虑的,事实上很多学校也是这样做的,因为这样才符合客观实际,以避免“大学语文是个筐,什么都往里面装”和教与学的许多尴尬。

二是体例不够规范,风格有待统一。同样的教材,同样的栏目,有的将“诗歌”与“古代文”、“现代文”并列,有的又将其放进了古现代文之中,让人难于理解,也容易产生误解。同样是《中国语文》,有的按“古代文”、“现代文”、“西文中译”分类,有的又按“诸子文选”、“诗词之美”、“名家文选”、“汉语的现代书写”、“说文解艺”、“文学常识标列”。同样是教师用书,有的设“教学目标”、“教学方案”、“思考题与理解要点”、“教学参考资料”,有的设“教学目标”、“教学方法提示”、“思考题理解要点”、“教学参考资料”、“参考书目”,有的又设成了“教学目标”、“教学方法”、“课文分析”、“思考题要点提示”、“评论节录”;同样是参考书目,有的有(倒是该有。其实学生用书也该列阅读书目),有的没有。同样的栏目,有的称“古代文”、“现代文”,有的称“古代文部分”、“现代文部分”;有的列“教学方案”、有的称“教学方法”、还有的称“教学方法列举”、“教学方法提示”,很不统一。类似问题还有,显得较为混乱,显然离规范化、标准化要求有一定差距,应予修正,以免造成误导误解,让学生不经意地犯下相应错误,产生诸多负面效应;以求进一步提高教材的品位和档次。

关于《高职学生人文素质教育研究》的报告*

高职学生人文素质教育研究课题组

一、研究缘由

近年来，随着高等教育的发展，特别是党中央、国务院先后六次召开全国职业教育工作会并多次做出发展职业技术教育的决定之后，我国的高等职业教育如雨后春笋般蓬勃兴旺，截至2005年，高等职业院校已达1091所，占整个普通高等学校(1792所)的60.9%；招收新生268.1万，占普通高等学校招生总数(504.46万)的53.1%；在校学生已达到713万人，占整个普通高等教育总人数(1561.78万)的45.7%。除去在校学生数因历史原因只是接近之外其余的均大大地超过了半壁河山。与扩招前的1998年比，学校数是2.5倍，招生数是5.6倍，在校学生数则提高了11.3个百分点。成为了整个教育事业，特别是高等教育事业的重要生力军。高职教育的异军突起，既为整个高等教育注入了生机与活力，为社会培养了一大批生产建设、管理服务第一线的高技术应用型人才，为社会经济的发展做出了积极的贡献，受到了社会各界的热烈欢迎与一致好评，但同时也带来了诸多值得研究，不可忽视的问题，诸如高职教育与高职院校的定位，高职院校的人才培养目标、规模，人才培养模式、内容、途径与方式方法，高职教育中的政治思想教育，科学知识教育，素质教育，专业与公共技能教育及其相应关系等等。随着对相关问题研究、认识的不断加深，一个涉及根本，至关重要的问题自然也就浮出了水面，摆上了议事日程，这就是高职学生素质教育中的人文素质教育问题。

这是一个全新的命题。因为尽管西方国家早在20世纪80、90年代就曾开展过类似研究，也取得了一些成果，而且其间特别是"理工科大学高度重视人文素质教育，将自然科学、工程技术同人文社会科学有机融合，在进行专业教育的同时，

* 本文系本人执笔为四川省教育科学重点课题《高职学生人文素质教育研究》撰写的结题报告，载《四川职业技术学院学报》2007年第1期。

多方面开拓理工大学生人文社会领域知识。这已经成为国外理工科教育改革及高等教育质量评估的主要内容之一。”在美国，理工科大学“以规范为引导，确立人文素质教育的地位；以拓展教育内容为基础，达到人文理工教育的有效融合；立足各校实际，科学设置人文素质教育计划；加大课程体系改革，多途径实践人文素质教育；开展STS(科学技术与社会)教育，塑造人文理念和精神，”无疑都给我们提供了有益的启示和重要的参考，但由于其研究背景、对象、范围较之我国有较大差异，因而其成果缺乏应有的可操作性。在我国，尽管教育部早在20世纪90年代初期就制发了《关于加强大学生文化素质教育的若干意见》，并且于其间明文规定有人文素质教育的内容，而且是与科学知识教育相提并论的，近年来我国的人文素质教育研究也取得了不少成果，但是，由于诸多因素影响，从总体上看，整个人文素质教育的开展还是很不够的，特别是在近年崛起的高职教育领域中差距更大，尚处于起步阶段。主要问题是认识不足、重视不够、研究不深、措施不力、开展不好；理性思辨多，实践探索少；口号喊得多，行动落实少；表面文章多，深入探究少。因而在整个高等教育尤其是高职教育中重科学知识传授和技能培养，重做事、轻做人，重科技、轻人文，忽视根本的现象仍然十分突出。从办学思想、办学理念到人才培养目标、规格、内容、途径和方式方法都存在不少问题，不小偏差，值得高度关注。

这是一个涉及面广、带全局性、根本性的重大命题，有着纵横向联系，值得深入探究。因为他发端于素质教育，迄今已有二十余年的研究历史，是素质教育纵深推进的结果；它与科学知识教育相对，却又是素质教育的重要组成部分和核心根本所在。因此，研究素质教育必然涉及到人文素质教育，而素质教育又是一个面向全体学生的带根本性的教育，加之高等教育是基础教育的延伸，因而不能说只与基础教育相干而与高等教育无关。更何况人文素质教育是一个涉及人的发展的全局性、根本性问题，应当贯穿于人的教育的始终并以高等教育阶段为重点，因此，在贯彻科学发展观全面实施素质教育的今天，高等教育中的人文素质教育的研究就十分重要且异常紧迫了。目前，我们一方面已经从对《农村职业教育的人文素质教育研究》中深刻地认识到了这一点；另一方面也从近年中本科院校，特别是理工类院校的人文素质教育中深切感受到了高职教育在这方面的巨大差距。于是，我们在原有初步探究的基础上于2004年6月向四川省教育发展研究中心申报了这一课题并于当年10月获准立项，尽管历尽艰辛且无课题经费支持，然出于责任感、使命感，我们仍然在学院和相关专家的支持下毅然开展了这一课题的研究。

二、研究概况

(一)人员组成及分工(见附件一)

(二)研究历程

自2004年10月立项后,我们是将课题分为以下三个阶段来进行研究的。

一是准备起始阶段。时间为2004年11月至2005年5月,主要工作是搜集整理资料,形成研究方案和制订项目计划书(见附件一),写出开题报告并开题,以及筹措经费。一切均按期到位,2005年6月15日如期举行了开题报告会。

二是基础性研究阶段。时间为2005年6月—2006年2月,主要工作一是进行人文素质教育的基础理论研究,二是主要以问卷调查形式进行高职学生的人文素质现状与高职院校的人文素质教育现状调查,力求摸清情况,分析成因,弄清相关基本问题,为结题性研究奠定坚实而可靠的基础。

三是结题性研究阶段。即2006年3—9月,主要工作是汇总调查情况,写出调查报告,在此基础上进行深入分析,找到解决问题的途径办法,形成相应方案,写出结题报告,整理相应成果,做好结题工作。

整个课题历时两年,其间课题组成员曾多次开会分析研究相关问题,集思广益,并分别于二三阶段进行了分组和相应分工调整,以此确保了各阶段研究工作的顺利推进和各项目标任务的如期实现与完成。

(三)研究原则与方法

为了确保课题研究的科学、有效性,在研究中,我们确立并始终坚持了“宏微”、“内外”“总分”三结合的基本原则,即将课题所涉及到的问题既从宏观理论层面进行务虚性的研究把握,又从各高职院校学生的现状和学校开展人文素质教育的实际出发进行务实性研究;涉及组织管理、运作模式方面的集体攻关与分组分题研究紧密结合起来,于其中重点突出务实性、院内和总体性研究,从而避免了很多负面效应的产生。与此同时,我们还将其与国家教育科学十五规划重点课题的子课题《农村职业教育中的人文素质教育研究》结合起来进行,使之更具底蕴力和科学性。

在研究中,本课题运用了与相关学科专业结合,宏微观结合,定性定量结合,动态静态结合等基本手法和文献资料、调查研究、比较分析、综合统计、统筹优选等具体方法,涉及了信息论、系统论、政治学、经济学、教育理论、职教、社会学、教育统计学等多个学科领域和范畴,由于涉及面宽,分析研究深入,使用方法科学,收到了较好效果,确保了整个研究的顺利有效进行。

三、研究成果

(一)基本成果(论文论著形态)

本课题所取得的基本成果有调查报告一篇,论文11篇,专著4部,方案1个,结题报告1份(见附件二)。其中,已公开出版或发表的一共有10件,有一篇论文还获得了中国教育学会第八次学术年会优秀论文二等奖。

(二)基本认识(理论性成果)

1. 对高职教育中学生人文素质教育现状的基本认识

高职学生主要是由普通高中和职业高中的毕业生构成的,且以普高的学生为主。尽管在基础教育阶段针对应试教育之弊端所开展的素质教育已历时20余载,但是,由于众所周知的原因,目前高职学生的人文素质状况并不让人满意,一些问题不仅十分突出,而且在一定程度上非常令人担忧。根据我们对全国西部地区的12所高职院校2064名学生的问卷调查显示:在人文知识素养方面,高职学生除"经济与管理"素养较好,总评成绩为73.33分之外,其他的都比较差。主要存在三大问题:一是教育与政治思想方面的素养较差,有24.8%的学生尚不知道宪法是我国的根本大法,74.5%的学生不能正确回答"世界现存的政体类型",71%的学生不知道我国"劳动者的基本义务",69.9%的学生缺乏基本的形式逻辑知识。这方面的测试得分是五大维度中最低的,平均只40分;二是文化艺术方面的知识缺乏:有58%的学生对影响至今的世界四大文化体系做了错误的回答,有57.5%的学生尚不知道我国"普通话"的来源,49%的学生对最能代表中国传统宫殿建筑风格的建筑作了错误回答;47.5%的学生不能正确选择中国画的题材;三是在历史地理方面缺乏基本常识:不能正确回答"对中国历史发展影响极深的儒家文化是以哪个朝代的文化传统为典范和基础建立起来"的学生占到了63%,有58.6%的学生不知道"世界上最大的大峡谷",72%的学生对汉民族名称的起源作了错误回答。在所调查的五个维度中,"教育与政治"、"哲学与社会"两个维度是最差的,平均分值都在40分左右。就普通高中和职业高中两类不同的学生的比较看,五个维度都呈现出普高的学生普遍好于职高学生现象,其间除"哲学与社会"差距较小,平均只4.38分之外,其余大都相差10分左右,最高的"史地与民族"的差距达到了平均15.65分,"哲学与社会"也差到了将近15分,差距之大是异常明显的。

在人文素质方面,从我们调查的三大维度中可以看出,高职学生的"道德素质"、"心理素质"和"人文能力"存在较大差距。"道德素质"二级指标虽则很多,却明显地优于"心理素质"和"人文能力",其间,最大的高差竟为96.3%:35.2%,

相差 61.1 个百分点，尽管其间或许有教育的因素，所得不一定能代表学生的真实道德水准，但它毕竟能在一定程度上表明问题的严重性，理当引起我们的高度重视。

2. 对高职教育中人文素质教育的现状的基本认识

根据我们对 12 所高职学院，563 名教师的问卷调查，结果表明，高职学生的人文知识欠缺，人文素质不高与学校的人文素质教育工作有着十分密切的关系。因为调查结果显示：有 67% 的教师认为高职学生的专业技能比人文素质更重要，23.4% 的教师认为高职院校的心理健康教育可要可不要或“干脆不要”。不仅教师认为如此，还有 38% 的教师认为学校也不重视人文素质教育，即便开展了这一工作，也并非认真严肃，一定就收到了好的效果，因为有 68% 的教师认为学校的人文素质教育效果是“一般”或根本就“不好”。就办学条件而言，有 56% 的教师认为学校订阅的人文读物“太少”或“少”，有 35% 的教师认为学校人文素质教育课程的教师不仅数量不足，而且质量堪忧。如此看来，高职学生的人文知识、人文素质缺陷与高校对人文素质教育重视不够，投入不足，条件太差，师资缺乏，认识观念上有误区有着必然的联系，学生毕竟是受教育者，学院不重视，也就成了高职学生人文素质差的主要原因，其间最根本的又是学院领导和主管部门负责同志的思想认识、教育观念问题。这也完全符合高职院校的客观实际，因为高职院校多数是由以前的中专校升格而成的，其间大都是理工学校居多，能开点大学语文就不错了，且升格后忙于创牌子，有许多工作要做，既无师资，也无条件，更无这种意识和观念，差距便自然不可避免。不要说一般教师，连高职院校领导中认为高职教育等于理工科教育，教师教育、文管类专业不是高职教育，这类学科专业当予关停并转的都大有人在，由此便自然可见一斑了。

3. 对高职教育中人文素质教育意义的基本认识

无论调查还是高职院校教育工作者的切身感受都无不表明，高职教育中的人文素质教育的现状是十分令人忧虑的，其主要表现为人文素养差，人文素质低，人格品质不健全，缺乏当代大学生应有的人文精神等。其原因表面看反映在学生身上，且表现是多种多样的，有思想观念、行为习惯、道德品质、人际关系、精神面貌、生活态度等，各方面还有程度方式上的差异，但最核心根本的是一个人生观、价值观、世界观的问题，是“做人”上的差距，问题的根源还在教育上。一是基础教育阶段受应试教育的影响和冲击，尽管素质教育喊得震天响，搞得轰轰烈烈，而且也呼吁了 20 多年，但应试教育却根深蒂固，搞得扎扎实实而不为所动，很多学校能做些素质教育的表面文章，搞些小打小闹之类的应付应付就不错了，根本不可能下深水，脱离高考这根指挥棒，将有限的时间、精力和金钱花在看不见摸不着，属于深层次的人文素质教育上。因此,人文素质教育的帐应当说在中小学阶段就欠下了,由此导致高职学生在进入高校学习前人文素养、素质方面的先天不足,而且是在接受力最强,可塑性最大的最佳教育时期错过的,因此,其责任不是整个高职教育所能承担得了的,由此带来的学生从意识观念到行为方式等诸多方面的抵触情绪和负面效应不可否认和低估。这在我们的基础性课题《农村职教中的人文素质教育研究》中已经论及,问题是突出而且客观存在的。

然而,仅仅把账算在基础教育阶段也并不公平,作为高层次人才培养的职业技术学院,自然也应当承担相应的责任,而不能一叶障目或鼠目寸光,只看到社会需要的是高技术应用型人才,只重视职业基础理论和基本技能的培养,只重视"做事",不重视从长远和根本解决问题,从"做人"上下功夫,忽视了以人为本的可持续科学发展观;不应当将素质和人文素质教育看作只是基础教育的任务,也应是高职教育的任务,是整个教育的共同任务。其性质任务和目标都是一致的,是一种使受教育者"成人"的教育,只不过基础教育和高职教育阶段各有任务,侧重点不同而已。

其实,无论基础教育还是高等教育的这种人文缺失,归根到底都是意识观念,教育思想和理念问题。基础教育之所以忽视了人文教育,是因为从小学到高中其实质都是应试教育,一切为了升学,为了应付考试,以此为标尺,凡是有利于提高升学率的课就上,否则就砍或尽力少上,一切都围绕高考这根指挥棒转,只注重了教育的社会性,严重扼杀了教育的生命性,完全是一种"集权化"、"格式化"的教育,以至于调查显示:我国的青少年心理问题十分严重,且自杀已占到了第一位,在全国8300万各类心理疾患者中,有攻击自杀行为的青少年竟占到了3000万以上,十分惊人;对于高职教育而言,虽然没有升学压力,却因为社会急需的是高技术应用性人才,人们强调的是专业知识,专业技术,强调的是实用管用,因而也忽视了人文素质教育,忽视了人文素质对于专业技术、专业技能的决定性指导性作用,把人当成了一个简单的掌握使用技术的工具,忽视了人的全面可持续发展,即令有的开了,也不得不开政治思想、道德品质方面的课程,却是出于被迫,是一种强行的灌输或简单应付,很难收到应有的效果,因而在高职教育中普遍存在重专业、重技能,轻素养,轻素质,轻人文的现象,也因此导致了高职院校学生的"三忙"现象发生:即一忙看专业书,听专业课,做专业练习或实训;二忙英语、计算机、普通话等各种技能等级证书的获取;三忙专升本或工作单位的寻觅,到头来自然是人文素养和素质的缺失,并由此显得来大学生不"大",硕士生不"硕",博士生不"博",人格品性低,社会适应力差,无业可就,有业不就,大事做不来,小事又不做,眼高手低,怨天尤人,一遇挫折,便茫然不知所措,轻则郁郁寡欢,心理障碍严重,重则恶语相向乃至拳脚相加，或杀人，或自杀，这在专科生、本科生，乃至硕士生、博士生、男生女生中都有，除去典型的马加爵外，近年中媒体披露，内部传言的不少。中国社会科学院今年发布的教育蓝皮书披露：近5年中竟有281名大学生自杀；仅2005年国内媒体报道的大学生自杀就多达116起，其中83人死亡，尽管原因多样，但很多都可以归结到人文素质教育的严重缺失上，教训是异常深刻而惨痛的。

基于上述缘由，经过我们研究认为，在高职院校中开展人文素质教育，意义是重大而深远的，主要的可集中体现在以下几方面：

第一，开展人文素质教育，是贯彻党的教育方针，培养合格人才的必然要求。本来党的教育方针要求高职教育培养德智体美全面发展的生产建设、管理服务第一线高技术应用性人才，但如前所述，目前的职业技术教育注重的是科学知识、专业技能的传授，教会的只是学生"做事"的一面，缺乏必要的人文素养的教育，缺乏人文素质、人文精神的培养，忽视了"做人"的教育，因而不是一种完整的、健全的教育，而是一种偏颇的、畸形的教育，与党的培养德智体美等方面全面发展的社会主义事业的建设者和接班人的要求，与以人为本的科学发展观是极不相称的。因此，必须尽快改变并逐步扭转这种局面，在高职教育中全面贯彻党的教育方针和科学发展观，使高职教育不至于偏离了正确的发展方向和轨道，能真正为社会经济的发展、人类社会的文明进步培养栋梁之才贡献出应有力量。

第二，开展人文素质教育，是深化高职教育改革、提高育人质量的必须。高职教育发展到今天，已经出现了两大变化，一是规模的迅速扩大，已占踞了中国高等教育的大半壁河山，量的扩张已经基本完成。二是随着高职教育的发展，人们对高职教育的认识得以逐步改观，由原来的茫然，不理解、不支持，非议高职教育变为了逐步理解，认同、接受、支持高职教育，这不能不说是巨大而可喜的变化。但由此也带来了两大深层次的问题。其一是高职教育的质量、特色、品牌问题，特别是在市场经济条件下，高职教育发展到一定程度的时候，必然在生存与发展上展开激烈竞争，竞争的结果必然是大浪淘沙，优胜劣汰，这就必然要求高职院校深刻反省，务必进入第二次创业阶段，即走质量发展型道路，必然要在强化管理，办出特色、创立品牌上下功夫，必然要进行深层次的理性思索，从而自然而然地寻求新的途径和层面，最终进入人文素质教育的殿堂。因为正如教育部文化素质教育指导委员会主任、中国科学院院士杨叔子教授所认为的那样："人文文化是为人之本，科学文化是立世之基，两者不可分割，时代的发展趋势必然呼唤人文文化与科学文化的交融。""人文文化具有重要的基础地位，关系到民族的存亡，关系到国家的强弱，关系到社会的进退，关系到人格的高低，关系到涵养的深浅，关系到思维的智愚,关系到事业的成败”,“把科学与人文结合起来,就是一个人成功的全部,这是因为,把科学与人文结合起来,有利于大学生形成正确的人生追求,有利于大学生形成完备的知识基础,有利于大学生形成优秀的思维品质,有利于大学生形成健康的生活方式,有利于大学生形成和谐的内外关系”。其二是就业问题,一个奇怪的现象就是:近几年,一方面毕业的学生在逐步增多,出现了令人痛心的“有业不就,无业可就”现象,另一方面又是大量岗位找不到急需人才,不得高价而沽的悖谬现象,究其原因,还是因为毕业生缺乏正确的就业择业观,往往定位不准,眼高手低,用人单位在人才过剩的情况下已经进入了另一个层面,即要选择文凭高、水平高、技能强、素质高的真正人才,其深层次原因还是一个人文素质问题。在同等条件下,人文素质高的人会起点高、境界高、视野广、胸襟阔,显得大度、从容、理智、冷静些,能随遇而安、举重若轻,易准确定位,常受到用人单位的青睐,这才是问题的实质和核心。这就必然要求高职院校作深层次的反思,深化教育教学改革,于重视科技教育的同时重视人文素质教育,让二者有机融合,从而提高人才培养的质量和品位,真正办出特色和水平来,使之永远立于不败之地。因为“从某一角度上讲,科学是在讲‘天道’,人文是在讲‘人道’”,“‘天人合一’是中华民族文化的一大精华”。“无才、寡用;无德,多害;富才缺德,灾难!富才厚德,大幸!爱国与创新,德与才,科学与人文,不可缺一”(杨叔子语)。这是一条颠扑不破的真理。

第三,开展人文素质教育,是时代社会发展的必然要求。当今时代是高科技时代,是知识经济时代,数字地球时代;当今社会是信息社会、创新型社会、学习型社会、实力社会。政治多极化、经济全球化、文化多元化、社会信息化、信息国际化、知识产业化、学习社会化、教育终身化的突出特点使得整个时代和社会的竞争十分激烈,而竞争的本钱是实力,是经济和高科技实力,是综合国力;竞争的焦点和实质是人才,因此,说到底还是一个人才问题,而人才中起决定作用的是素质,素质又是一个开放型的概念,它虽然包含有政治思想、道德品质、身体心理、科学人文等多个方面的内容,但其中的核心内容是人文,起关键决定指导支配作用的是人文素质,这就正如王会先生所说的“一个国家,一个民族,没有传统文化,没有民族人文精神,就会虚无,就会异化;一个社会没有人文精神,就是一个病态的社会;一个人没有人文精神,就是一个残缺的人。”中国是一个发展中的国家,中华民族是一个正在崛起的民族,依靠人文,我们有了文明古国之殊誉,依靠人文,我们已然从三座大山的沉重压迫下奋起。而今,我们要实现现代化,要赶上先进发达国家,要立于世界民族之林,就必须把科学与人文结合起来,勇敢走出重理轻文的误区,从教育素质,从人文素质教育抓起,真正培养出能满足时代社会需求的精英和栋梁,这是时代和社会赋予我们的神圣历史使命。

4. 对高职教育中人文素质教育内容的基本认识

这一问题涉及的内容很多,也是本课题研究的重点和难点。其间,主要的有:

第一是“人文”、“人文素质”、“人文精神”,“人文素质教育”的基本含义。尽管“人文”一词的产生无论东西方都很早,已有近三千年的历史,然而,无论中外,其定义均大体相近,即指人,人性和与人相关的事。因而从广义上讲,人文指的是与人,与人类社会密切相关的文化;狭义地看,即人类社会生活中生成的文学、艺术、法律、历史、哲学、政治、经济、伦理、语言学等。因此,所谓“人文素质”,指的也就是人所具有的人文知识以及由这些知识所内化而成并通过人的言行举止所表现出来的气质、修养、能力、品质、才干,情感态度、价值观念、思想品貌、道德水准等等,它是个人综合素质的集中体现,具有鲜明的时代特征和个性特色。它与“科学素质”相对而言,共同构成了“文化素质”这一基本概念,成为了“素质”的基本内核。从结构上考察,人文素质又包括了“人文知识”“人文素养”与“人文精神”三大层面。“人文素养”的基本成分是人文知识,即人文科学中关于在社会生活中人与人,人与社会间关系的各种知识,是人文精神,人文素质形成的基础和赖以生存的土壤。但人文素养又不完全等同于人文知识,而是人文知识中于人的成长有用的有价值意义的部分,它源于人文知识而又高于人文知识。“人文精神”即包容于人文知识中的人生哲理,人生感受和体验,它反映了人们对自然对世界,对人类社会命运,对自身生命价值的认识关注和价值判断,是人生的情感态度、价值判断、价值取向的集中体现,集中反映为人的世界观、价值观和人生观,是人文知识的内核和本质所在,是人文知识的理性升华与结晶,无论对个体人还是群体的人类社会都起着至关重要的指导引领和决定作用,是三个层面中的最高境界。“人文知识”与“人文精神”是形式与内容,物质与精神相辅相成的关系。“人文素质教育”则是这三者的集中统一体,是人类社会传承彰显人类文明,促进社会文明进步的一种特定的社会行为和手段,其实质就是以教育的形式将人类的优秀文化成果,渗透贯穿于人的成长过程中,使之熏陶感染、内化为修养气质、品质操守和本性,对人的成长,人类社会进步起促进、推动作用。“人文素质教育”以人文知识传授为基本形式和手段,以提高人文素养,培养人文精神为基本出发点和最终归属,以塑造人,促进人类社会文明进步为基本任务,是素质教育中的核心内容,最高层次和境界,它的成败与否关系到人类社会的千秋大业和可持续发展,理当受到党和国家的高度重视与社会各界的共同关注。

第二是人文素质教育的基本内容和目标。如前所述,人文素质教育的内容应当包括“人文知识”“人文素养”与“人文精神”三大层面。其中“人文知识”是载体,是土壤,它是人类社会生活的结晶,其内容是相当广泛的,具体地讲应当包括语言文字、文学艺术、政治经济、道德法律、哲学宗教、历史地理、人伦经济等主要范畴,涉及社会生活的方方面面;既包括了中华民族的,也包括了整个人类社会的优秀文化;既包括了整个人类社会的传统文化,也包括了整个人类社会以及生成和正在不断创新的当代优秀文化成果,是人类要学习了解的最基本的东西。“人文素养”是中间层面,是包含于人文知识当中而于人的健康成长,于人类社会的顺利推进有益有用的部分,是人们要提炼、吸收、开发利用的有效成分;是人文知识中的精品。“人文精神”则是人文素养中包含、升华、提炼的精华部分,是人文知识、人文素养中的核心、本质和精华。从哲学层面讲,人文知识人文素养是物质层面、物质形态,人文精神则是理性、理念层面,是意识是观念形态。因此,人文素质教育的基本内容是人文知识,人文素质教育的目的目标是要提高受教育者的人文素养,培养并弘扬于人类社会有用有益的人文精神,让人活得更有意义,更具价值功用,更具品位风貌,让人类社会更加和谐友好,更加进步、健康,更加幸福美满,更具生机活力,更加繁荣兴旺,更加伟大和高尚!

当然,这是从整体性角度考察的。如果细加考究,会发现人文素质教育还应当分学前、小学、初中、高中、大专、本科及研究生等基本阶段,每个阶段都有其特定的层次和相应的内容形式与目标要求,各阶段既相对独立,又紧密联系,共同构成了一个有机的整体。对于高职教育而言,其教育对象是特定的普高和职高毕业生,其目标是生产建设、管理服务第一线的高技术应用性专业人才。因此,我们的基本定位是:在对象上分文管、理工两大类。由于文管类学生的人文素养相对好一些,因而只需要对其人文教育的相关问题适当地加以梳理和调整,查漏补缺,使其紧紧围绕人才培养的基本目标,密切联系学生实际,更加系统、科学就可以了。对于理工类的学生来讲,由于其人文类的素养相对要差得多,因而需要全面考察、深入研究和系统分析,找准问题,弄清事实,看到差距,明确目标,增添措施,制订方案,并经过反复论证之后才能实施。此外,无论文管理工类,也都还有个体和专业学科方面的差距,应当实事求是,因材施教,而不能简单处置,搞一刀切。

第三是人文素质教育的基本原则和要求。在我们看来,人文素质教育固然重要和紧迫,但既然属教育范畴,就必须遵循人类教育的基本规律和相应法则,于开展中满足以下原则要求:

一是全员性整体性。人文素质教育应当面向全体学生,面向社会成员,包括教职员工。尽管其间应当有类别、层面乃至个体性差异;有国家、地区、民族、阶层之区别;有目标要求、内容形式、途径方法上的不同,却不能有所例外和遗漏,否则便不利于人文素质的提高和整个人类社会的文明与进步。

二是针对性差异性。教育是要看对象的，人文素质教育也不例外。小学生、中学生、大学生，工农商学兵，不能不看对象。同样是大学生，还有文理工农医师等科类和很大专业之别，不能搞一刀切；同样是中等教育，还有普通高中、职业高中、综合高中、中专技校之异，还有个体差异，而必须依据不同层次、对象和类别的学生因材施教，量体裁衣，根据不同的对象来确定其内容、重点和要求，这才叫有的放矢，才能收到预期的效果，增强可行性、有效性。

三是阶段性与渐进性。人的成长是分阶段的，人文知识的学习，人文素质、人文精神的培育也有个遵循规律，由浅入深、逐步积累、循序渐进的问题，绝不能急功近利、一蹴而就。就教育的一般规律看，人文素质教育也可分为婴幼儿期，基础教育、高等教育、继续教育阶段，其中的基础教育又可分中学和小学，高等教育阶段可分高职高专和本科及以上学历，大学后教育，尽管人文素质教育的目的目标是共同的、一致的，这些阶段的划分也是人为的、相对的，却不能违背循序渐进的科学性原则，否则，便自然是欲速则不达，甚至于事倍功半，弄巧成拙。因此，必须对人的一生做出人文素质教育方面的整体规划，科学有效地制订出人文素质教育的培养方案，明确人文素质教育的总体目标和阶段内容，予以分段实施，分类指导，以避免随意性、简单化，真正确保其科学有效性。

第四是人文素质教育的形式途径和方式方法。基于高职教育的不同于基础教育，又不同于本科研究生和大学后教育，因此，我们认为，在高职教育的人文素质教育中应明确并始终坚持以下几点：

一是以课堂教学为主渠道、主阵地，对高职学生进行人文知识人文素养的基本教育和相应灌输，让其掌握相应的人文知识，具备必备的人文素养。这主要又通过两种方式来进行，一是在专业基础课、主干课的教学中有机地融入学科史、专业品质、专业品牌、学科特色、学科发展前景，职业岗位定位，职业岗位要求，职业道德、职业素养方面的基本教育，改变单纯地传授专业知识的传统做法，把科学与人文教育有机地融合统一起来，使之深切地认识了解学科真正喜欢热爱学科，专注并奋发努力地学好学科，坚定地从事献身学科，自豪自信地走向专业岗位；二是通过选修课来丰富学生的相应人文知识，提高其人文素养，这就需要区别对待分类设置了，而且要按年级分出梯度，体现针对性、差异性、阶段性和渐进性原则，对文管类学生以查漏补缺为主，对理工类的则要考虑系统性、科学性，本着必须、可行、精当、管用的原则来确定。在形式上既可以分小班上课，也可集中上大课，或以专题讲座形式进行。无论哪种形式，都要进行相应的考核，让学生满足相应要求，而绝不能流于形式，走过场。在教学中，既要讲清必要的知识点，给学生以感性认识，又要提炼出相应的素养和品质精神，上升到理性层面；既要明确目的目标的有效实现，又得注意方式方法，使之生动活泼，富于启发性、感染力，增强其有效性和吸引力。

二是以第二课堂为辅助、作补充。由于高职院校重能力、重技能培养，实践教学课程与理论课是按4∶6或者5∶5来设置的，尽管有“理论以够用为度”的原则，但是，为了培养提高学生的综合素质和动手能力，增强其社会适应性和为学生的就业提供相应保障，学校往往还加大了实习实训力度，将理论课打紧安排、压缩在4个或5个学期内完成，这就使得理论课的教学时间极为有限。因此，高职院校的人文素质教育固然要以课堂教学为主渠道、主阵地，但绝不能将整个教育全放在课堂来进行，而应当充分利用第二课堂，利用课余活动时间，采取灵活多样的形式来实施丰富多彩的人文素质教育，诸如活动课、劳动课、辅导课、党团课、党团组织生活，各种文体活动（体育比赛、书画比赛、文娱演出、文化艺术节、文化广场、艺术沙龙、影视展播、影视欣赏、篝火晚会、野炊等等），还可以举办学术活动，搞知识竞赛、读书活动、演讲比赛、辩论赛、就业创业教育、心理咨询、健康教育、各种模拟、虚拟，组织参加社会公益活动、青年志愿者服务等等，把这些活动与人文素质教育有机结合起来，与第一课堂既区别开来又相互衔接有效补充，使之锦上添花而又相得益彰。通过第二课堂来耳濡目染、潜移默化，使人文素质教育无处不在，充斥校园的每一个角落、育人的每一个环节而又毫不矫揉造作，真正收到那种“好雨知时节，当春乃发生，随风潜入夜，润物细无声”的客观效果。

第三是加强校园文化建设，创设人文素质教育的良好环境与氛围。校园文化是在一定历史条件下，在特定的校园环境中由师生员工通过教学科研，管理服务，学习生活等实践活动逐步形成的文化形态，它既是社会文化的一部分，又是师生员工所特有的思想作风、精神面貌、价值观念、行为规范、伦理道德、服务态度、管理水平等的集中体现和反映，是校园政治文明、物质文明、精神文明建设成果的集中体现，以设施、设备、绿化、美化环境条件行为和精神风貌为载体包含了校园的物质文化、精神文化、制度文化和行为文化等多个方面和教育文化、寝室文化、食堂文化、花园文化、广场文化、景观文化、厕所文化、活动文化、橱窗文化、网络文化、广播影视文化、言行举止文化、环境文化等多种表现形态，既是人文素质的集中体现，又是人文素质教育的基本途径和有效阵地与场所。校园文化是教风、学风、工作作风的集中体现和反映，对师生员工起着有形无形的熏陶、感染、教育、鼓舞、鞭策、激励作用。校园文化也是学校教育、学校素质教育、学校人文素质教育的一个窗口和一个晴雨表，学校的质量特色、品位档次尽在其中而且表现得淋漓尽致，因此，高职院校的人文素质教育绝不能忽视了校园文化建设，而应当充分发挥其潜移默化的特殊功能将其作为人文素质教育的主阵地、重要途径来抓，有效实施环境育人理念和战略,实施校园文化建设的齐抓共管、综合治理,通过校园文化建设来培养提高师生员工特别是学生的人文素质,通过校园文化建设来规范行为、娱乐身心、陶冶情操、纯洁品性、崇尚文明、健全人格,升华品德、铸造灵魂,培养人文精神,来提倡真善美,消除假恶丑,消除非主流、不正常、不健康、不利于育人、影响学生成长的文化现象的消极负面影响,通过校园文化建设来弘扬爱国主义、集体主义品质,体现"以人为本"的科学发展观,来培养升华校园品质和精神。

第四是高度重视,有效利用社会实践和工学、校企结合等育人环节。高职教育与其他全日制普通高等教育有其相同点,那就是大学生都有个利用相应的教学活动和寒暑假参加社会实践的问题,尽管他们在校学习期间已经程度不同地接受过相应的人文素质教育,但这显然还不够,往往是书本上的多,理论上的多,与实际社会生活有一定的差距,特别是在伦理学、社会学方面,在人际交往、人际关系的处理上,在对工农商学兵的深入了解上,在对社会现象社会生活本质与规律的认识理解方面有较大的差距,其表现往往是书生气十足,自我感觉良好,一旦出身社会、深入到具体的社会生活层面、氛围中,先是十分诧异和惊讶,后是失落和失望,再是懊悔和抱怨,因而很有必要做相应的策划、安排和指导,让学生于参加社会实践之前有足够的思想和心理准备,有明确的任务目标,使之在参加社会实践中能迅速融入,尽快熟悉了解相应社会生活,虚心诚恳地学习真正的相关人文知识,最大限度地缩小相应差距,为以后出身社会、立足社会、服务社会、创新社会生活环境奠定坚实而可靠的基础。

与全日制普通本科教育相比较,高职教育还有一个很大的不同点,这就是除去随教学环节和寒暑假参加社会实践活动之外,还有个毕业与生产实习,校企、工企结合的问题,而且往往因为培养实践、动手能力的缘故显得时间较长,教育部的相应规定是不得少于半年,形式也灵活多样。有的是校企结合,搞订单式培训,不仅按企业的需求设置教学计划,调整教学安排,而且把企业的岗前培训前移,把企业相应管理知识、企业文化培训;有的甚至把车间搬到了学院,先把学生选定,穿厂服,唱厂歌、受厂训,学习企业文化精神,让学生与企业零距离接触,既缩短了培训时间、节约了相应经费,又宣传了企业文化,张扬了企业精神,鼓舞了学生士气,增强了学生自豪感;有的是先让用人单位与学生进行初步的双向选择,然后将选定的学生直接送到企业实习,实施的是就业实习一体化,在其间让学生和企业相互认识了解、零距离接触,双方都实行优胜劣汰。无论哪种情形,都是让学生真正认识了解自己、认识了解他人、认识了解社会的大好时机,都是对学生进行社会学、市场经济学、管理学、营销学、公关礼仪、人际交往,企业文化教育的大好时机,都是开展人文素质教育的有效途径,都值得我们很好利用和珍视。

第五是集中抓好从领导班子成员到教职工队伍的人文素质教育。学校是育人的地方，教育者必须先受教育。因此，要搞好人文素质教育，必须首先统一全院教职员工的思想认识，让学校领导班子成员、中层干部和教职员工特别是中层以上干部和教师认识到人文素质教育的重要性，形成这方面的意识和观念，为在学校、学生中开展好人文素质教育扫清障碍，奠定良好的思想认识基础；其次是要制订形成学院人文素质教育的整体方案，明确学校开展人文素质教育的指导思想、目标、任务、形式、内容和措施办法，使之有章可循，有计划有步骤地进行；第三是要抓好人文素质教育的队伍特别是师资队伍和教材建设；第四是要建立健全相应的制度、机制，包括领导体制、管理运行机制、考核评价机制、奖惩激励机制等，为人文素质教育的有效开展提供强有力的基本保障。

5. 对人文素质教育发展趋势的基本认识

研究高职教育中的人文素质教育，不能不对整个人文素质教育的基本走向和发展趋势有一个基本的认识与把握，对此，我们的基本认识是：

第一，人文素质教育将会逐步成为全社会的基本共识，成为世界各族人民的自觉行动。理由很简单，也很明确，因为社会要发展，人类要进步，社会要文明，人类要幸福，就必然有一个层次与层面问题，而最终起决定作用的就两个东西，一个是科学知识，一个是人文素质，前者是立世之基，后者是为人之本，人类社会要进步、要文明，就得继承并发扬光大人类发展历史上传承下来被历史检验的优秀文化成果，这是最根本的，起决定作用并与人类社会的发展成正比的，人类社会的文明程度愈高，对人文教育的依赖性越大；人文素质教育开展得越好，人类的素质就越高，人类社会的进步发展就愈快，人类的文明幸福程度就愈高，反之则不然，这应当是已经被人类发展历史所证明并将继续证明的不破真理。人文素质教育的功能作用将被越来越多的人所认识，人文素质教育将会越来越受重视。

第二，人文素质教育将会逐步全员化、系统化、规范化、科学化。所谓全员化，即全世界所有的人不分区域、种族、性别、年龄，都将接受人文素质教育，只有接受内容、时间、方式、程度上的差异，而无接受不接受之虞。所谓系统化，即整个人文素质教育从内容形式到目标要求、方式方法都会为一个相对独立而又有机的整体，而不会是零散的杂乱的、拼凑的、随心所欲的；规范即应当是有组织有领导、有纪律有章程，井然有序、严格严肃地进行；“科学”则主要指的是内容形式的有效性、针对性和方式方法的切实可靠性。所有这些，都将成为人文素质教育的追求目标和必然遵循的基本规律。

第三是人文素质教育的途径、手段和方式方法将更加灵活多样并逐步现代化。目前，整个人文素质教育尽管有着明显的地域和种族、层次上的诸多差异，发达国家显然要好于发展中和不发达国家、发达地区显然好于不发达地区，城市好于农村。城市的大小，生活水准的高低，受教育的程度，经济自然条件等等，都是构成这些差异的基本原因。既是差异，反过来又为人文素质教育提供了值得研究的诸多课题，使国家和社会的组织管理者，从事教育工作、宣传工作的人们不得不去具体问题具体分析，认真研究思考相关问题，以此来增强科学性、有效性。不同的对象、巨大的差异性和教育的科学、有效性以及社会发展的必然规律都必然带来其途径、手法和方式方法的灵活多样性。说得直接一点，人文素质的教育应当比科学知识的传授显得更加方便快捷，人文素质教育是整个教育的重要组成部分自然也当与其他教育共同进步、比翼齐飞，与其他教育一样地丰富多彩和同步现代化。

四、存在的主要问题和努力的方向

本研究虽然在省教育发展研究中心和学院的关心支持，专家的指导帮助，课题组全体成员的共同努力下取得可喜的成果，按期圆满结题，但是，由于种种原因，尚存在以下问题：

一是由于自身宣传不够，努力不够，加之人们对整个高职和人文素质教育的认识差异，课题未能得到应有的重视和必要的经费支持，属于自筹经费性质。好在学院领导、职能部门慧眼识珠，充分理解，给予了必要的经费资助，否则难以开展，加之我们自身在经费的筹措上努力不够，因而显得底气不足，于相应运作上捉襟见肘，于一定程度影响了课题研究的深入和成效。

二是研究不够深入，成效不够显著。由于经费方面的原因，目前在必要性、可行性研究方面做得较多较好，于现状研究的面稍嫌不够，内容途径方式方法方面的研究有待深入，提出的方案较为粗略，有待进一步深化。

三是有些工作还做得不够好：有些程序，如问卷调查的回收和分析拖的时间长了些；有些成果的收集整理与发表还不够及时；因为经费原因，走出去学习考察的计划未能实现等等，都在一定程度上影响了整个研究的成效。

本研究的价值意义是十分明显的，作为高职教育工作者，我们对此的认识明确且充满信心，拟订于本课题结题后申报更高层次的课题，以从理论和实践上做进一步的拓展与深化性研究，使之更加完善、系统和科学；以此为基础，研究制订出高职教育中人文素质教育的实施方案；编写出高职教育中人文素质教育相应课程的大纲和教材；联合兄弟院校进行本课题的实证性研究，取得成效后逐步推广。以期为整个高职教育的改革注入活力，为整个职教事业的健康发展和我国的应用型人才培养做出应有的力所能及的贡献。

关于《农村职业教育中的人文素质教育研究》的报告*

农村职业教育中人文素质教育研究课题组

中国是农业大国和穷国，"三农"问题十分突出，解决的办法只能是走党中央、国务院指引的"三化"之路。其间最重要，最根本、最核心的是人才问题，是人才的数量和质量。迫切需要农村职业教育更新观念，准确定位，以素质教育，特别是人文素质教育为核心，正确处理好诸多关系，迅速改变现状，提供强力支撑。

一、研究概况

（一）问题的提出

中国是农业大国，事实表明：农民、农业、农村问题不仅一直困扰着我国经济的发展，而且已经成为制约和阻碍社会经济发展和现代化建设的瓶颈，是党和国家自十一届三中全会，特别是十六大以来高度关注的重大社会命题，社会各界十分关注"三农"问题。由黄育云教授领衔的《农村职业教育与农业产业化、农村城镇化、农村现代互动研究》国家教育科学"十五"规划重点课题正是在这种背景下获准立项的，并由此引发了我们对这一课题中所涉及的至关重要的人才培养问题的思考，于是申报了《农村职业教育中人文素质教育研究》的子课题并于2004 年5月获得总课题组批准。

（二）研究的目的意义

我们认为，"三化"问题是"三农"问题解决的根本途径和出路，而"三化"目标的实现，最根本、最核心、最关键的还是人才的数量与质量问题。由于我国地广人多区域性差异大，适合"三化"需要的大量高素质人才的培养必须依靠农村职业教育来实现。人才的核心是素质，素质的灵魂又在于人文素质，因此，对农村职教中

* 本文系本人执笔为国家教育科学"十五"规划课题子课题《农村职业教育中的人文素质教育研究》撰的结题报告，载《四川职业技术学院学报》2005 年第 4 期。

人文素质教育的研究不仅十分必要，而且异常紧迫，其目的就在于为农村职业教育找到提高人才培养速度和质量的根本途径和办法，为“三化”目标的实现，“三农”问题的解决提供重要支撑。其价值意义主要体现在：

一是有利于抓住农村职教中人才培养的根本、核心和关键性问题，提高人才培养的质量，提升农村职教的品位和档次。

二是有利于加快农村职教的人才培养速度，提高农村职教的社会经济效益。

三是有利于促进“三化”目标的更快、更好实现。

四是有利于“三农”问题的根本解决和整个社会经济的可持续发展。

（三）研究历程

自立题以来，整个课题是分为以下三个阶段来进行研究的：

一是准备、起始阶段。时间为2004 年5—6 月，主要工作是搜集整理资料，形成预案和项目计划书，写出开题报告并开题，做好经费的申请与筹集工作。一切均按期到位，6 月 15 日成功举行了开题报告会。

二是基础研究阶段。时间为2004 年6—12 月，主要任务是以问卷调查和召开小型座谈会的方式进行农村职教中的人文素质和人文素质教育的现状调查，力求弄清现状，分析其成败得失和成因；弄清并界定相关概念，揭示其相互关系、价值意义与地位作用，为结题性研究奠定坚实基础。

三是基本研究阶段。时间为2005 年1—2 月，基本任务是探究农村职教中人文素质教育研究的基本任务、目标和发展方向，基本内容、途径和方式方法，进行成果的整理、申报和鉴定，做好结题工作。

在整个研究过程中，课题组曾多次举行会议，集思广益，深入分析探讨切实研究解决其间的重大疑难问题，确保了本课题各阶段研究的顺利推进和各项任务的如期完成。

（四）研究原则、重点与方法

1. 为保证研究的科学有效性，本课题于研究中确立并坚持了宏微、内外、总分三结合的基本原则，即将课题所涉及的宏观理论层面的务虚性研究与实际操作层面的务实性研究，涉及研究视野方面的国内外、省内外、院内外研究，涉及组织管理、运作模式方面的总体与分项研究结合起来，重点突出务实性省内研究的基本原则。

2. 本课题运用了专业与相关学科结合，宏微观结合，定性定量结合，动态静态结合的基本手法和文献资料、调查、比较、总结、统筹、筛选等具体方法，涉及了信息论、系统论、经济学、教育经济学，职教、社会学、统计学等多个学科领域和范畴。

（五）主要成果

本课题成果主要有调查报告1篇，论文9篇和结题报告1份（略）。

二、基本认识（结论）

（一）对"三农""三化"与农村职教关系的认识

众所周知，我国有13亿人口，农业人口占总人口的75%；在全社会的总劳力中，农民为4.4亿达73%，他们用传统的耕作与生活方式，占据有国土面积80%以上的土地，因此，中国是一个典型的农业大国。然而，难以置信的是，中国农业产值在国民经济中的比重却不到15%，的人口，4/5的土地，却只有1/7的收益。中国又是一个农业穷国，其穷就穷在农业人口、农业生产、农村这块土地上。农业人口太多，几千年的传统农耕方式太落后，农村这一农民生存发展的环境太差。农民、农业、农村即通常所说的"三农"问题，严重地制约了整个中国经济、社会的发展，制约着中国的现代化进程，这是一个异常严酷、不容否认的事实，也是中国落后且发展缓慢的根本原因，是中国现代化建设的瓶颈，不解决它，中国没有出路，中华民族不可能腾飞并立于世界民族之林。

对于"三农"问题的解决，西方国家已有着短期内集中大迁徙，让农业人口大量涌入城市，导致城市急剧扩张，城市人口陡然大增，各种矛盾交织，社会极度混乱的惨痛教训。中国幅员辽阔，城市化基础薄弱，农业人口特多，几千年传统的农耕文化、农耕经济的影响根深蒂固，简单地照搬西方国家的做法显然不符合中国国情，是行不通的，根本的出路还在于从实际出发，因时因地制宜，按照党中央、国务院的英明决策走有中国特色的"农业产业化、农村城镇化、农村现代化"的"三化"之路。

然而，"三化"的主体是人，起根本性决定作用的是人，是在这块土地上休养生息的农民。农民是三农问题的核心、重心和根本所在。"三化"需要大量的高素质的新型农民做支撑，新型农民需要以人才培养为己任的教育，特别是为生产建设、管理服务第一线培养高素质应用型人才的农村职业教育来培养。普通教育主要是为国家普通高等教育输送人才的，只有农村职教才能为三农问题的解决，"三化"目标的实现培养数量足够、质量上乘、留得住、用得上而又费省效宏的高素质的应用型人才。因此，农村职教与"三农"问题解决，"三化"目标实现关系密切，农村职教对三农问题解决，三化目标实现起着重要的保障、支撑作用。百年大计，教育为本；三农解决，职教为本，这是历史和现实赋予农村职教的重要使命。

（二）对农村职教与素质教育关系的认识

研究表明：三农问题的解决，三化目标的实现中，农村职教的任务是繁重而艰巨的。一方面要从数量上解决三化对大量高素质、应用型农业技术人才的需求。尽管20世纪90年代以来，中央先后做出了关于大力发展职业技术教育方面的一系列决定，并与之配套采取了一系列重大举措，农村职教获得了重大发展，使职业学校达到了3200多所，并在西部建立了186个国家级贫困县的职教中心，在校学生已达1164万，是1988年的2倍，已占到在校高中学生的44.9%，但是，与4.4亿农村劳动力较之，差距之大是不言而喻的。何况还有一个适应三化需求的多层次、多规格人才培养问题，因此，从量上看，农村职教的任务异常繁重。另一方面，还有一个质的问题。这里的质既包含了职业教育的整体质量，更包含了人才个体的基本素质。质量是一个人才培养规格、品位和档次的问题。三化目标实现对人才质量的要求是多方面的，既包括思想政治、道德品质，又包括专业文化知识和服务社会的基本素养，还包括了农业产业化经营，农村城镇化建设与管理，农村现代化建设与管理的实际能力与水平；素质则是人才质量中的核心要素，它包括了先天的生理和心理方面的基质性素质，也包括后天习得的科学与人文方面的功能性素质和适应特定社会需求的信息性素质。素质教育是农村职教的核心内容和根本目的，如果只有学历数量上的提升，而没有人才质量特别是素质上的根本改变，"三化"目标的实现就会失去可靠的人才基础和持续发展的根本保障。因此，农村职教任重道远，农村职教必须以素质教育为基本任务和终极目标。农村职教应当是以为实现三化目标，加快三化进程而培养大量高素质人才为目标任务、为宗旨的真正的素质教育。

(三)关于素质教育与人文素质教育关系的基本认识

首先应当明确，尽管素质教育在我国已有近20年的探索历史，而且近年中正在党中央国务院的高度重视和社会各界的广为关注下逐步深化，但是，对素质、素质教育的认识和理解仍然是有差异的，由此引发了把素质简单地等同于体质、心理素质、文化素质、艺术素养，认为搞素质教育就是增加音体美课程，多开展第二课堂活动，加强政治思想教育等一系列认识和行动上的偏差。在我们看来，素质应当是由先天遗传、后天教育和环境影响等因素融合并且由知识内化而成的相对稳定的人的特质，它包括思想、文化、政治、道德、身体、个性心理等。从来源上看有先天后天之别，从形态上讲有潜在和外显之分，从类型上说有综合和单项之属，从结构上论有基质性、功能性、信息性三大层面。总之，它是一个复杂而严密的特定系统，对此应当有明确而清醒的认识，否则，素质教育就失去了可靠的基础与前提。

第二是必须看到，素质教育是一个相对于文化知识教育、应试教育而提出来的有中国特色的特定概念，它是中国教育改革进程中通过对建国以来我国基础教育的反思，现状的分析和当代社会发展要求的系统深入研究，在国际教育的启示下于20世纪80年代初期开始思考，中后期逐步深入，90年代初期明确提出，中后期逐步深化并全面展开的教育变革，其目的“就是全面贯彻党的教育方针，以提高素质为根本宗旨，以培养学生的创新精神和实践能力为重点，造就‘有理想、有道德、有文化、有纪律’的，德、智、体、美等全面发展的社会主义事业建设者和接班人”。按照党中央和国家的基本要求和客观实际，素质教育应当是一种面向全体学生和所有教育对象的全员教育，而不是针对少数人或个别学生的精英教育；应当是面向广大人民群众以提高民族素质为己任的大众化公民教育，而不是针对特定层面和范畴的特殊化贵族教育；应当是一种以学校教育为主体，包括社会、家庭等大小环境因素在内的开放性社会教育，而不是囿于课堂、学校的封闭式狭隘性学校教育；应当是一种以学生为主体，以素养教育为主要内容，以提高素质为根本宗旨，以培养创新精神和实践技能为重点，促进学生全面发展，可持续发展的基础性人本教育，而非单一传授文化知识片面追求升学率或各种特长技能的应试性、功利性偏才教育。

第三，在内涵丰富，目标宏卓的素质教育中，人文素质教育又是重点和根本。因为在构成素质的众多要素中，人文素质是核心和灵魂，是基因和关键，是其他要素的统帅，在众多要素和人的成长历程中起着方向、主导和决定性作用。唯其如此，才有了古人之“文明以止，人文也。观乎天文，以察时变；观乎人文，以化成天下”的伟大论断和孔子那“朝闻道，夕可死矣”的特定感受。

虽然“人文”一词的产生无论东西方都很早，已有近三千年的历史，然而，无论中外，其意义均大体相近，即指人、人性，与人相关的事。因而从广义上讲，人文指的是与人、与人类社会密切相关的文化；狭义地看，即人类社会生活中生成的文学、艺术、法律、历史、哲学学科等。因此，所谓“人文素质”，指的也就是人所具有的人文知识以及由这些知识所内化成并通过人的言行举止所表现出的气质、修养、能力、品质、才干、情感态度、价值观念、思想品貌、道德观念等，它是一个人综合素养的集中体现，具有鲜明的个性特征和时代特点。它与“科学素质”相对而言，共同构成了“文化素质”这一基本概念，成为了“素质”的基本内核。从结构上考察，人文素质又包括了“人文知识”与“人文精神”两大层面。“人文知识”即人文科学中关于人在社会生活中与他人，与社会间关系的各种知识，是人文精神，人文素质形成的基础和赖以生成的土壤。“人文精神”即包容于人文知识中的人生哲理，人生感受和体验，它反映了人对自然，对世界，对人类社会，人类命运，对自身和生命价值的认识关注与价值判断，是人生的情感态度、价值判断、价值取向的集中体现，集中反映了人的世界观、价值观和人生观，是人文知识的内核和本质所在,是人文知识的理性升华和精髓,无论对个体人还是群体的人类社会都起着至关重要的指导、引领和决定作用。"人文知识"与"人文精神"是形式与内容,物质与精神的相辅相成关系。"人文素质教育"则是这二者的集中统一体,是人类社会传承彰显人类文明,促进社会文明进步的一种特定的社会行为和手段,其实质就是以教育的形式将人类的优秀文化成果,即人文知识和人文精神渗透贯穿于人的成长过程中,使之熏陶、感染、内化为人的修养气质、品质操守和本性,对人的成长,人类社会进步起促进、推动作用。"人文素质教育"以人文知识传授为基本形式和手段,以培养人文精神为基本出发点和最终归宿,以塑造人,促进人类、人类社会文明进步为基本任务,是素质教育中的核心内容、最高层面和境界,它的成败与否关系到人类社会的千秋大业,理当受到党和国家的高度重视与社会各界的共同关注。

(四)对农村职教中人文素质教育的基本认识

1. 农村职教中人文素质教育的现状

在研究中,通过对1560名中职学生、840名普高学生和18所中职学校的问卷与小型社会调查(调查详情另见专题报告),我们发现:

第一,农村职校学生的文学艺术知识匮乏,文艺素养差,常识性史地知识缺乏,政治思想、法纪意识观念淡漠,无论是较之普高学生还是对照党和国家要求,社会发展需求,其差距都是非常明显的,有的甚至严重缺失,令人十分担忧。

第二,农村职中的人文素质教育问题较多,主要表现为学校不重视人文素质教育的现象较为突出;学校和教师均存在人文素质教育认识观念上的较大误区和偏差;学校缺乏开展人文素质教育的师资、图书资料等相应条件;人文素质教育很难正常有效开展,教育教学效果差。农村职业教育中人文素质教育的问题相当严重和突出。

2. 关于农村职教中人文素质教育的基本认识

通过对农村职教中人文素质与人文素质教育现状的调查和分析研究,我们认为:

(1)农村职教学生的人文知识缺失较多,人文素养较差,人文素质不高;农村职业教育中对人文素质教育的认识差距大,重视不够,条件较差,问题突出而严重,离党和国家的要求时代社会发展的需求差距很大,现状堪忧,应予高度重视。

(2)农村职教学生的人文素质现状与农村职教中的人文素质教育现状有着密切的内在因果关系,农村职教中人文素质教育的种种问题是导致农村职教学生人文素质差的直接主要原因。

(3)农村职教中人文素质教育的主要问题是认识偏差,观念落后,重视不够,教学内容存在结构性缺失，师资量少质弱，教学资源不足，相应条件太差。最根本的原因又在于对农村职教地位及职能作用认识不足，农村职教角色意识差，定位不准。未能将其与“三化”目标实现、“三农”问题解决本质地联系并有机地结合起来，因而迷失了方向，丧失了目标，偏离了轨道，出现了差距。

(4)农村职教中人文素质教育的问题和差距涉及农村职教的角色定位、目标功能、人才规格、办学方向，涉及基础教育的整体结构，涉及农民、农村、农业的根本出路，涉及社会发展民族振兴与现代化建设，是关系党和国家生死存亡的大问题，应予广为关注和高度重视。

(5)农村职教中人文素质教育方面的问题是教育改革、教育发展进程中发生的问题，是与整个教育和社会关系密切的严酷的社会现实，不容忽视和回避，也不必惊慌和恐惧，应当于教育改革中给予严肃对待，认真探究和正确处置，以求妥善解决，有效推进。

(6)农村职教中的人文素质教育既是一个涉及教育思想、理念和方针政策，涉及基础教育、职业教育改革和全民社会教育的重大理论问题，又是一个涉及办学模式与教育教学内容、方式方法和途径，可操作性很强的实践性问题，是一项涉及上下左右方方面面的复杂艰巨的系统工程，是一项长期而艰巨的任务，需要全社会的共同关注和职教工作者的积极探索、主动进取和不懈努力，他绝不是一朝一夕，单方努力所能奏效的，需要打总体战、持久战。

(7)农村职教中人文素质教育涉及的问题固然很多，但是，最重要，需要首先解决的是思想认识问题，要形成共识，高度重视这一工作，这是搞好工作的基础和前提；其次是要抓住“做人”教育这个根本和核心；第三是要解决好师资、教材、图书资料等办学条件方面的问题；第四是注重教学内容和方式方法，切实突出针对性。

我们的研究是初步的，认识是粗浅的，我们深感这方面的研究差距明显，责任重大，道路艰辛，却又意义深远，我们将为之继续努力并力争做出更多更大的成效。

注：本研究是国家教育科学“十五”规划重点课题“农村职业教育与农业产业化、农村城镇化、农村现代化互动研究”的子课题，课题号为：DJA030185。

参考文献：

[1]《中共中央、国务院关于深化教育体制改革，全面推进素质教育的决定》。

[2]柳斌：《关于素质教育的思考》，中国教育网。

[3]袁贵仁:《素质教育》,21世纪教育改革的旗帜,中国教育网。
[4]顾明远:《也谈"教育是什么"》,商务印书馆2000年版。
[5]李培相:《素质教育目标导学研究》,四川人民出版社2001年版。
[6]杨叔子:《素质教育应从人文教育入手》。

教育学院图书馆读者服务工作管见*

教育学院是“承担培训中学教师、教育行政干部的具有师范性质的高等学校”①。目前，全国有这类学校 268 所，其中大专层次的 240 所，占总数的 89.6%，②在成人高校中是一个不可忽视的特殊类型。虽然，特定的任务和培训对象，灵活多样的办学形式决定了其图书馆建设中有很多问题亟待解决，但是，藏书建设和读者工作是两大业务重点，在馆藏量受一定时间范围内经济条件制约，增长量不可能很大的情况下，切实解决好读者服务工作中的诸多问题，对于充分发挥有限馆藏的最大效益，促进中学教师和干部培训工作，促进教育学院的健康协调发展，是颇具积极意义的。

一

所谓读书服务工作，“是指图书馆采用各种形式直接满足读者需要的服务活动”③。

尽管它只是读者工作的一部分，但是，正如《读者工作》教科书编著者乌姆诺夫所说的那样：“图书馆书目对读者心理的许多宣传推荐作用与情报作用，正是体现于读者服务过程中”的，“这一切使我们有理由认为读者服务是读者工作的组织形式系统。”④据此，我们完全可以说读者服务工作体现着图书馆的性质、职能、方针，直接检验着整个图书馆工作的价值与质量，直接推动着其他各项工作的开展，反映着图书馆工作的社会效益，是读者工作中最基础，最核心的部分，是整个图书馆工作中至关重要的环节。

然而，读者服务工作的中心毕竟是读者，唯其如此，无论近现代还是中外的图书馆学家们都明确提出并始终奉行的是“书是为一切人而存在的”，“一切为了读

---

* 载《达县师范专科学校学报》（社会科学版）1992 年第 3 期，合作者为刘琼英。

① 参见国发〔1982〕130 号文件。

② 参见《中国成人高等学校简介》，中国海洋出版社 1989 年版。

③ 沈继武：《藏书建设与读者服务工作》。

④ 沈继武：《藏书建设与读者服务工作》。

者”,“千方百计地为读者服务”,“读者第一,服务至上”的战略思想和指导方针,无一例外地把做好为读者服务的工作当作读者工作的中心,当作图书馆工作的基本出发点和最终归宿,①由此足见读者在图书馆工作中的显赫地位。

那么,大专类教育学院图书馆的读者是哪些,他们有何特点,面对这些特定的对象该怎样开展服务工作呢?

按照国家的基本要求,从长远看,教育学院应当担负干训、师培和科研三大任务,成为教学、图书情报资料、电教、实验和科研五大中心。② 就当前讲,教育学院在八五期间将处在一方面努力完成学历培训任务,一方面积极探索岗职培训、继续教育路子,为九五期间重点转移奠定基础的特殊阶段。特定的历史使命决定了其现阶段的培训大体为三大类型(岗职培训、继续教育和学历培训)两种人(干部和教师)和采取脱产、函授、短训、专题讲座等方式进行,具有层次多,规格多,手法灵活的显著特点,这就构成了教育学院图书馆读者服务工作的特定对象和内容。对此,我们可以分解为:

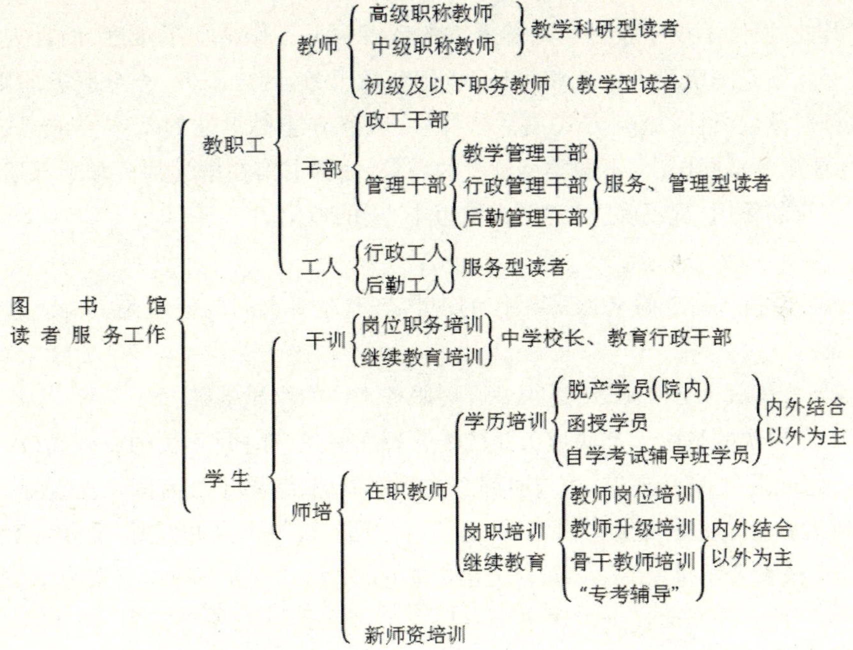

从中,我们可以发现其读者服务工作的以下特点:

---

① 沈继武:《藏书建设与读者服务工作》。

② 参见国发〔1982〕130 号文件。

一是服务层面多。从培训内容看,既有学历培训,又有岗职培训和继续教育。就服务对象讲,既有干部,又有教师;既有高层次的教学科研人员,又有层次较低而又参差不齐的学生和普通职工,涉及教职工和学生两大类近二十个层面,不可谓不多。

二是服务区域广。从表中可以看出,教院图书馆只满足于院内服务是很不够的,还必须面向院外的各类学员,尤其是身处区乡学校,图书资料匮乏,上进心极强的院外函授生和岗职培训继续教育学员。统计资料表明,一般说来,这类学员要占教院学员总数的60% -70%,显然是不可轻视的。培训对象的在职、业余、分散的特点,带来了图书馆读者服务工作区域的广泛性,这也是显而易见的。

三是需求差异大。在服务对象中,教职工里里高、中、初级职务人员与一班管理、服务人员之间,各类不同职级人员间因工作性质、任务关系而形成的对图书资料的需求差异是大的;学生中,干训与师培,脱产与业余,学历培训与岗培继续教育,在职教师与新师资,城区与乡区的学员因年龄、职别、培训目标、教学内容、学习条件等诸多因素而带来的对图书资料的需求差异则更大。

凡此种种,不仅给教育学院图书馆的读者服务工作增加了难度,而且为其提出了必须紧紧围绕培训任务和目标,坚持全员服务、区分服务、充分服务原则,讲求服务对象全员性,服务方式灵活多样性,服务方法科学性的基本要求,只有这样,才能满足不同层次,不同类型读者的需求,使图书馆在中学师资和干部培训中发挥应有的作用,真正确立其"图书情报中心"的地位。

二

教育学院图书馆读者服务工作的现状与上述要求间的差距是大的。这主要表现在:

第一,馆藏十分有限,缺乏很好开展服务工作的物质基础。

大专层次的教院大都属地市州教委管理而又建院时间不长的成人高校,由于经费、交通、图书发行渠道、积累时间等方面的原因,馆藏十分有限。据统计,全国240所大专教院的馆藏总量尚不到二千一百万册,院平不足九万册;最多者不过二十六万,最少者不足三万。① 而且大都以学历教育和"文革"前的书刊为主。其间很难找到成龙配套而且真正属于大专层次的师培教材和参考资料,岗职培训、继续教育书刊就自不待言了。"巧妇难为无米之炊",离开了馆藏这个物质基础,搞好读者服务工作是无从谈起的。

第二,管理人员量少质弱,难以适应需求。

---

① 参见《中国成人高等学校简介》,中国海洋出版社1989年版。

由于教育学院属高等学校中的“第三世界”,其管理体制、经费来源、人员编制等决定了其图书馆工作人员的结构与素质。目前,这类人员大都系未受过专业训练,文化程度较低的工职人员,数量质量均难以适应相应要求,自然在一定程度上影响、制约着图书馆的建设和发展。

第三,传统观念,封闭型管理制约着读者服务工作的扩展。

教育学院虽然是成人高校,其教育已具有全员、开放性,但是,由于受图书资料只能在馆内、院内借阅的传统观念影响和藏量、服务条件等因素制约,却迟迟未能对已开办多年而且是主要办学形式的函授教育的服务工作,而仅仅局限在院内开展局部的封闭状态的服务。占学生总数60% -80%的函授生,岗培继教育学员只能望书兴叹。不仅院内服务时间短,项目少,而且教院之间,教院与本地区其他高校和县市图书馆之间亦各自为政,不互通有无,极大地影响了图书馆作用的发挥和育人工作。

第四,有限的服务、局部性工作不能满足不同层面读者的需求。

目前,教院图书馆读者服务工作的开展是极为有限的,所满足的主要是读者对于整体书刊的挑选、获取及阅读需要。帮助优者查寻、检索,编制通报、咨询、翻译等较高层次的服务工作尚未开展。基本处于被动服务状态。有的甚至连一级服务中的复制业务也未开展,全员、充分服务差距很大。长此以往,势必羁绊教学和科研工作。

三

历史使命,教育学院图书馆性质、任务现状决定了其读者服务工作应当作如下努力:

首先是明确任务,努力开展全员服务。

无论从现实出发还是用发展的眼光看,教院图书馆只限于院内开展局部、封闭型的服务是很不够的。因为学院的性质、任务决定了函授教育在较长时间内部都将是一种主要的办学形式,院外学员一般不会少于院内学员。假若读者服务工作仍依然故我地只顾及院内学员,就必然失去大多数,难以维护学院的健康发展。因此,教院图书馆必须立足当前,着眼未来,立足院内,面向院外,独立地,全方位地开展读者服务工作。必须明确读者服务工作的指导思想,实施以院外函授生为突破口,以全体学员和教师为重点,逐步扩大服务面,努力开展全员服务的工作方针。

其次,要抓住关键,切实搞好馆藏和服务队伍这两项基本建设。.

图书馆工作的服务性、教育性、学术性决定了其工作人员应当集服务、教育和科学研究者于一身,一方面具备良好的政治素质和健康的身体,热爱本职工作,忠于职守,尊重读者,乐于奉献,甘作嫁衣,服务周到热情。另一方面具有图书馆专业的相应知识(包括藏书建设、读者工作、读者心理学、图书分类学、目录学、社会学等)。目前应着重解决好这类人员中的“三多三少”(外行多,内行少;老弱病女多,强健精悍者少;照顾性人员多,真正热爱图书馆工作者少)问题,将队伍建设纳入图书馆建设和事业发展的总体规划来通盘考虑,采取多种形式和有效途径尽快培训提高。

目前,教育学院图书馆的藏量和图书购置经费均十分有限,在这种情况下,如何最大限度发挥现有馆藏作用的同时利用有限的资金增加更多更好的馆藏亟待研究解决。它要求采编人员一方面必须熟悉馆藏,遵循发展与剔除性原则,及时处置、调整不能开放或作用、价值不大的书刊,另一方面又能依据不同层次读者的不同需求和资金、条件,有计划、有远见卓识地及时购置、补充有价值的书刊,为全员服务、区分服务和充分服务奠定良好的物质基础。

第三是积极完善服务体系,充分做好服务工作。这就包括:

完善目录体系,加强宣传工作。目录是读者打开知识宝库的钥匙,是读者服务工作的重要工具,因此,教院图书馆应尽可能地为读者提供多种检索途径和加强目录宣传工作(尤其是对院外学员的宣传),使服务对象明了家底,以最快,最简单的方式获取最有用的图书资料。

对读者进行阅读指导,使之学会利用目录和参考检索工具。通过书目、索引、文摘,题录等二次文献宣传报道图书内容、特征,以便充分发挥馆藏作用。

对内采取集体与个人借阅相结合,建立分科阅览室,开展复制业务、限制借阅数量,缩短借阅期限等手段扩大读者面,提高周转、使用率;对外实行预约、邮寄借书,流动服务,送书到教学点或学员所在县市,适当放宽借阅期限等办法直接为学员服务,实施区分服务,充分服务原则。

积极进行馆际间的交流和协作,促进与区域内外其他高校和县市图书馆的横向联合与协作,实行资源共享,既方便读者,又缓解馆藏、资金及工作方面的诸多矛盾。

综上所述,不难看出:在经费、人力、馆藏有限,形势严峻的情况下,教育学院图书馆应当打破传统观念,根据学院性质、任务和客观实际,立足现实,着眼未来,坚持读者工作的全员、区分、充分服务原则,于加强自身队伍和藏书建设的同时采取灵活多样的形式和切实有效的措施积极主动地开展好读者服务工作,力求使众多不同时服务对象能各得其所,有限的馆藏能发挥出最大效益,以适应学院现阶段工作和将来发展建设之需求。

数字图书馆时代高校图书采访工作的现状与对策研究*

知识经济时代,数字图书馆建设势在必行。图书馆建设中图书采访的理念更新,目的依据角色意识转换,对象内容途径方式变更,需认真解决观念认识、资金投入、人员素质和工作矛盾方面的诸多问题。

在21世纪中,随着知识经济的到来,高校图书馆正在朝着数字化、网络化、虚拟化的方向逐步推进。这必将带来图书馆组织结构、方式和服务内容、手段、服务功能方面的一系列变革,给高校图情工作带来诸多值得研究探讨的新问题。本文着重谈谈数字图书馆时代的图书采访问题。

1. 现状

所谓知识经济,按照国际经济合作组织的权威解释,是指以现代科学技术为核心,建立在知识信息的生产、存储、应用和消费之上的新型经济,简而言之,也就是以知识为基础的经济。在知识经济这个特定的时代中,知识、信息、智力及人才是社会发展的关键因素。一方面,"历史即将跨入21世纪的门槛,知识、信息、文献在经济和社会生活中的重要性比以往任何时候都更加明显",使得以人才培养为己任的"图书馆的重要性更加突出",另一方面,电子技术、信息技术、网络技术、多媒体技术的运用又使得高校图书馆不得不朝着数字化、网络化、虚拟化的方面发展,这就导致了传统图书馆与现代数字图书馆、网络图书馆、虚拟图书馆建设的碰撞,使现阶段高校图书馆面临诸多严峻的考验与挑战。

1.1 图书馆建设及图书采访理念的碰撞

传统图书馆以知识的拥有及文本信息的"藏"为目的,承载知识的文献储量越多,越能体现出图书馆的级别、品位和档次,因此,无论国际国内,都是以馆藏量、

---

* G9图书馆学、信息科学、资料工作图书臀锻工准论坛,中国人民大掌图书馆/书报资料中心原生文献专栏(第16期),合作者为刘琼英。

馆舍面积为基本的判定、检测和排序标准的。要不然美国国会图书馆何以排名世界第一,中国国家图书馆何以排名世界第五呢?即令是对于镇馆之宝的孤、善本,也有个数量检测的标准问题,这也就决定了传统图书馆的实体物理特征。而现代图书馆则大不一样,确立的是一种"拥有"+"存取"(即"藏"+"用")的全新理念,强调突出的不光"有",更在于"用",所存的信息一定要有用,能适应当今社会科技飞速发展和知识的裂变、更新与创新,能适应高素质人才培养的全新要求。因此,不管印刷本文献还是光盘,无论是文本信息、本馆资源还是它馆信息,凡是对教学科研、人才培养有用的,都将其摄取过来,储存起来,以便为"我"所用。有用即信息,有用就存储,越多越好。不仅有用,而且要好用,用起来方便。这就有存储的方式、条件与目标的矛盾的问题,解决的办法只能是引进全新理念,运用高科技手段,运用数字处理、网络传递、多媒体技术,于是便产生了数字图书馆、网络图书馆与虚拟图书馆等全新的称谓和管理理念;出现了电子文献、电子信息、因特网、光盘数据库、网络技术、联机检索、多媒体技术、存储技术、电子阅览室、馆际互借、资源共享等一系列令人眼花缭乱、应接不暇的新名词和新观念,使适应了传统管理的图情工作人员不得不解放思想,努力学习,更新观念,以适应新的环境新的要求,变传统封闭式管理为开放式的现代化管理,使之更好地发挥特定的功能作用。

1.2 采访目的、依据和角色意识转换

高校图书馆传统的图书采访以满足教学科研需求为基本目的,围绕着专业设置、系科建设来进行,其采访依据主要来自两个方面:一是教学科研需求。在教学计划、大纲、教材之外,由采访人员凭自身的素质、经验和能力、水平来判断,很少有依据社会、教师、学生的实际需求来确定采访内容的:二是经费问题。由于计划经济、定额拨付,不得不看菜吃饭、量体裁衣。有多少钱采购多少文献,最多也就是依主观因素而向某些类别作有限倾斜而已。由此导致了两种必然结果;一是馆藏文献资料量少质低,很难趋向科学合理,完全是一种被动适应,应对式的采访方式。二是馆藏有什么你就借什么,没有想借也不行,有了还得限量、限时借阅。较大地制约、阻碍着教学科研也包括图书馆自身的建设与发展,使图书馆在人才培养、科学研究中的功能作用难以有效发挥。现代图书馆虽然也以满足教学科研之需求为基本目的,但其内涵增加了适应高素质、创新型人才培养和科教兴国、适应社会经济发展的特定需求。不仅采访的依据也由此变成了适应师生员工教学科研、素质教育、创新教育的特定需求,而且还有了角色意识的大转变,变成了你需要什么,我采访什么,我主动地适应"你"的需求,包括满足来自于互联网上的国际、国内馆际间的需求,其间有量的转换,更是一种质的转变。

1.3 采访对象、内容、途径、方式上变革

过去传统的图书采访是在新华书店、书市或报刊资料、图书目录上直接或间接进行的,采访途径一是新华书店,二是书市,三是报刊目录。采访的内容为图书、报刊和少量音像资料。采访的手段、方式是人工经验判定,现场选取。受时间、空间、交通运输、文献资料来源渠道等各种客观因素制约,不仅费时费力,而且所得极为有限,因而有很大的局限性、滞后性。现在,依托电子计算机和信息高速公路,运用信息技术、电子技术、网络技术、多媒体技术、数字处理技术、实施数字信息的转换和传递,搞数字、网络、虚拟图书馆,实施文本信息与数字信息、光盘信息的交汇融合,使采访的途径对象和内容都在原有的基础上大大增加,诸如国际国内高校馆际间的信息,社会公共图书馆中的信息,专业图书馆的信息,还有来自于国际国内互联网、局域网的其他正式、非正式信息,乃至于自身馆内传统的可用于共享的文本信息等等,都在采访之列。采访的手段也变成了传统的人工检索+现代的电子阅览、联网检索、数字处理存储、电子邮件、网上采购、网上下载、网络传输、网上结付、网上虚拟构建等等,不仅大大地缩小了时空,打破了时空界线,节省了人财物力,而且把采访的对象、内容和范围以及存储的库容扩大到了全世界,使之进入了一个无时空、地域、馆际、类别限制的既广阔无限又多姿多彩,应有尽有,取之不尽、用之不竭的无限的信息资源宝库,真正实现了人类文化资源的共享,使小小图书馆变成了无与伦比的大世界。

2. 问题

高校图书馆数字化、网络化、虚拟化的前景自然十分广阔,令人万分欣喜和振奋,但是,客观冷静地讲,这对于图书采访工作也带来了不少重大问题。

2.1 认识差距不容忽视

在我国,尽管数字图书馆在1999年就已经开始启动,到目前,中国数字图书馆工程经专家论证、评审,前期准备工作已经完成,正转入第二阶段的具体实施。中国数字图书馆已经开通,“中国数字图书馆有限责任公司”也已宣告成立,中国数字图书馆建设工作已取得实质性进展。但是,作为人才培养基地、科教兴国前沿阵地的高等学校,在这方面的进展却是缓慢的,一般都处于光盘数据库使用阶段。不仅与国外的差距较大,与全国公共图书馆相比,其差距也是十分明显的。总体工作尚且如此,作为其间的重要基础性采访工作也就更是无从谈起了,其原因固然是多方面的,但思想认识上的不到位应是最根本的。尽管李鹏委员长等中央领导同志早在1999年就曾明确指示过要重视高校的图书馆建设;但事实上,对数字图书馆于教学科研、人才培养中的重要性、先进性、优越性、必要性、可行性认识不足,仍局限于传统认识理念的现实并未得到真正改变。

2.2 资金投入亟待解决

传统图书馆以藏为主,需要的是馆舍和文献,尽管它也要有一定的经费支持,特别是其间的馆舍建设,所需的资金数量仍然很大,但是,相对于以计算机、电子技术、网络技术、数字处理技术、传送技术为基本条件的数字图书馆建设来讲,从机房到相应设备的配置,从局域网、国际国内互联网、电子阅览室的建设到其他辅助设施和人员的培训,所需的资金无疑要大,而且需要集中投入。这对于历史欠账本来就多,资金投入相对不足,各项负担相对过重的中国高校来讲,无疑是一个重大而艰难的命题。总体投入尚且解决不了,在传统采访中应占学校教育事业经费5%,实际达标者只占3%,高校图书馆文献购置费自然无从谈起,也就只能依据传统做法按部就班了。

2.3 采访工作矛盾重重

建设数字图书馆,高校的图书采访将面临三大难题。一是传统的文献采访,必须面对市场经济体制建立中图书市场自办发行、规定订购、回扣打折、消极腐败现象与书价惊人上涨所带来的巨大资金压力:二是网上采访、选购、下载、结付、虚拟书目,综述、评论、专题报告与联系沟通、信息反馈与馆际协作并不轻松:三是传统馆藏文献的数字化处理(含筛选)与共享服务问题十分繁杂。诸多矛盾交汇融合,不仅增大了工作量,而且增大了工作的难度,既有内外部的供需矛盾,更有时间、资金、工作上的诸多困难,相互交叉,错综复杂,给高校的图书采访工作带来了许多不容回避的新问题。

2.4 人员素质必须提高

在高校,因种种原因,图书采访的人员本来就量少质弱,而电子图书馆、数字图书馆、虚拟图书馆,特别是虚拟图书馆所具有的信息资源电子化,信息处理数字化,综合组织规范化,信息媒体多样化,管理运作科学化,工作手段电脑化,服务环境网络化,信息交流国际化,信息采用专业化和“用户到不到馆一个样,本馆有没有资料一个样,白天晚上一个样”的突出特征,实行的全新的管理运作机制,工作内容全新,项目数量增大,矛盾困难增多,这就给图书采访工作提出了许多全新的课题与要求,使得图书馆现有的采编人员离时代社会的要求差距更大,非认真解决不可。

3. 对策

3.1 切实解决好认识问题

应当看到,尽管数字图书馆在中国高校中的发展建设速度较为缓慢,但毕竟是新世纪知识经济、数字地球时代社会发展的大趋势。利用电子技术、网络技术、数字处理技术、多媒体技术建成电子、数字、虚拟图书馆,实现图书馆情报管理的现代化、科学化、规范化,对于高素质人才培养,对于科教兴国,对于高校的建设与发展,意义深远而重大。作为中国高素质人才培养和科教兴国的基地,作为代表中国先进文化发展方向的高等学校理应走在时代的前列,抢占信息技术的前沿阵地和制高点. 高度重视这一重要的基础设施建设,把数字图书馆建设作为院校建设的重点项目,把图书采访列入图书馆工作的重要议程,作为数字化图书馆建设的前沿性基础工作来抓,而不能有丝毫的犹豫彷徨,更不能有错误的认识,以免贻误时机。认识问题解决了,图书馆网络化建设才有了良好的基础与前提。

3.2 重点落实好资金保障

在图情工作的数字化、现代化进程中,认识问题固然重要,但资金问题是关键、是保障。目前,我国虽仍处在穷国办大教育阶段,资金缺口大,问题多,在这种情况下,要挤出大笔经费来搞数字图书馆,搞网络建设实非易事,但这是高校重要的基础设施建设,是办学的硬件条件,是制约高校发展建设和教学科研的又一个瓶颈因素,理应有战略眼光,应当高起点,低消耗,统筹规划,重点实施,分步到位,全面推进。

3.3 高度重视人员素质的提高

实施情报信息的电子化、数字化、网络化,建虚拟图书馆,除去客观条件之外,对采访人员的素质要求是很高的。这主要集中反映在:一是思想素质好。有超前意识、忧患意识。有敏锐的洞察力、捕捉力。有乐于吃苦、乐于奉献的良好品质。二要业务素质过硬。熟悉、精通传统采访业务。熟悉电脑操作、网络采访、下载、传递业务。会数字信息处理,具有传统文献信息的采撷、集萃能力:三要懂得至少一门外语。集三方面能力素养于一身,这不是低要求。目前高校图书采访人员,数量不足,质量差距更大,必须从现在抓起。

主要参考文献

1. 邓胜利:《我国数字图书馆的发展现状调查》,人大复印资料图书馆学。
2. 王惠仙:《数字图书馆如何继承传统图书馆的原始馆藏》,人大复印资料图书馆学。
3. 刘兹恒、张久珍:《对存取与拥有的再思考》,人大复印资料图书馆学。
4. 魏建功:《管理创新:网络时代图书馆管理的必由之路》,人大复印资料图书馆学。
5. 刘君:《新时期中国图书馆学的发展与变革(一)(二)》,人大复印资料图书馆学。
6. 丁炜:《21 世纪大学图书馆的结构转型》,人大复印资料图书馆学。

《普通高职院校体育与健康教程》序

体育教育是学校教育的重要组成部分,关系着学生的身心健康,涉及到学生的全面发展,影响到合格、优秀人才的培养,地位极其重要。当前,高职教育正在进行着以内涵建设,提高质量,为生产建设、管理服务第一线培养德智体美全面发展的高素质高技能应用型人才为目标任务,以从体制机制到教育教学内容、方式方法、途径手段到人才培养模式为基本内容的教育教学改革,在重视技能培养的同时,素质教育也已成为核心重要内容,并由此带来了教育教学思想理念的大讨论、大变革、大提升。使得以增强体质、提高体能、提升素质为己任的体育教育既面临着大好的发展的机遇,也面临着严峻的挑战与考验。在重技能、重实践、重素质,时间紧、任务重、难度大、要求高的特定背景下,如何利用有限的时间充分发挥体育教育的特有功能,为高素质、高技能应用型人才培养服务,是高职院校体育教育生存和发展所必须面对的重大课题。为此,高职院校体育教育界正力图通过各方面的努力来引导广大学生走出教室、走上运动场、走向社会,走进大自然、走到阳光下,积极参加到体育运动、体育锻炼、综合素质的培养中来,以求帮助高职学生养成良好的体育意识、锻炼习惯,具备良好的体能、品质和风尚精神,使之能真正成为中国特色社会主义事业的合格建设者,可靠接班人,令人十分欣喜。

作为学校教育、人才培养的重要舞台,高职体育教育如何抓住机遇,抓住关键,加快工作进程,促进科学发展,已成为我国高职体育教育工作者的紧迫任务和重大命题。教材是育人之材,是实施体育教育的基本工具和重要依据。教材建设历来是高职院校体育工作的基础、先导性工程,在保证教学基本常规需求的同时,如何适应时代社会发展的要求,适应高职教育、高等教育改革发展的要求,也就成为了高职教育体育教学界亟待回答的重大深刻命题。对此,近年中虽然也百花齐放,出了不少成果,但由于改革本身的繁难艰巨性,很多高职院校体育教学依旧沿袭过去的传统模式,教材仍旧以《大学体育》为主,虽然其理论严谨、体系稳定,符合传统规范要求,但毕竟未能很好结合当下高职教育的实际和需求,与时代社会的要求有着明显的差距。

自1999年6月13日《国务院关于深化教育改革全面推进素质教育的决定》明确"学校体育教育要树立'健康第一'的指导思想"以来,高职院校体育教材的内容开始逐渐增加了健康方面的理念和知识,开始了淡化竞技体育教学。2002年8月颁布的《全国普通高等学校体育课程教学指导纲要》(以下简称《纲要》),对高职院校体育课程的理念和目标提出了新的要求,在这以后,全国兴起了高职院校体育教材建设的热潮,数十个版本如雨后春笋般涌现,其基本模式主要有"理论+实践"、"理论教程+实践教程"、"专项课分册教程"、"俱乐部教程"等几种类型,其中不乏优秀教材,且在普及健康知识、体育文化与专项理论等方面起到了重要作用。自2004年8月教育部原部长周济倡导"每天锻炼1小时,健康工作50年,幸福生活一辈子"之后,高职院校体育工作的重心日益明晰,将如何落实"每天锻炼1小时"作为了新一轮体育教材建设中必须解决的现实问题。2005年4月教育部在《关于进一步加强高等学校体育工作的意见》中指出:高等学校要认真落实《纲要》,努力实现以学生为本的"三自主"教学形式,使学生通过体育课程的学习,至少掌握两项运动技能,全面实施《学生体质健康标准》,有效地增强体质、增进健康。从上述不同时期国家的相应政策中可以看出,目前高职院校体育教材建设的中心,毫无疑问是增强学生的体育、运动、健康意识和积极进取、团结协作、拼搏向上,勇创一流的体育精神,将"学生每天锻炼一小时,掌握两项体育技能"落到实处。随着高职院校体育课程,教育教学内容、形式、途径、方法改革的不断推进,体育教材的改革与创新势在必行。

正是基于这样的背景和需求,我院艺体系体育教育专业的老师们,在密切关注,深入研究我国高职院校体育教学改革的同时,结合综合类高职院校的办学实际和学生特点,按照素质与能力并举,重实践、重技能、更重素质的原则,结合多年的教育教学实践,带探索性地编写了这本《普通高职院校体育与健康实用教程》(以下简称《教程》)。

《教程》虽然于素质教育,体育品质与精神培育方面的探索有待做出更大努力,但全书分基本理论、基本技能、特有技能三编,每章都有素养、素质与技能的相应内容而又以技能培训为重点,较好地体现了《纲要》精神和"素质教育"、"以人为本"、"健康第一"基本思想理念,体现了以健康体魄、良好体能体质为重点高素质、高技能应用性人才培养追求,呈现出立意新、体例新、内容新,趣味性、科学性、实用性强的突出特点,特别是其中的第三编,为教师和学生,素质和能力的拓展,都提供了选择余地和空间,在一定程度上增强了教与学的自主性、灵活性和丰富性、趣味性，既可作为高职院校体育教育的必修、选修课教材，也可作为其他院校师生和体育爱好者的参考、普及读物，不失为一本探索性强的好教材，故乐而为之序。

二〇〇二年八月三日

著作存目

新闻写作学　独撰　四川大学出版社　2004 年 9 月版

新闻写作　主编　重庆大学出版社　2010 年 8 月版

现当代写作学　主编　四川大学出版社　2007 年 9 月版

现当代写作学文鉴　主编　四川大学出版社　2007 年 9 月版

新编应用写作教程　主编　陕西人民出版社　2004 年 6 月版

当代实用写作　主编　湖南教育出版社　2010 年 8 月版

黄峨诗词曲赏析　主编　中国文联出版社　2006 年 10 月版

黄峨作品注译　主编　中国文化出版社　2011 年 11 月版

遂宁文化概论　主编　文苑出版社　2014 年 8 月版

中国文化简论　副主编　四川大学出版社　2003 年 8 月版

筚路蓝缕创历史　开拓创新谱华章　主编　电子科技大学出版社　2007 年 12 月版

04

合作交流篇

真诚合作

绵阳市教育委员会
广元市教育委员会
遂宁市教育委员会
川 北 教 育 学 院

关于联合举办高等师范专科函授教育的协议*

为了贯彻国发(1980)228号文件精神,努力办好高等师范专科函授教育,为普及九年制义务教育,实现"四化"培养合格的师资和教育行政干部,经绵阳、广元、遂宁市教育委员会和川北教育学院协商,决定联合举办高等师范专科函授教育。现将有关事项协议如下:

一、联合办学的含义

所谓联合办学,即由学院牵头,"三市"育行政部门,积极协作,学院与地方明确分工,相互支持,密切配合共同负责,搞好高等师范专科函授教育工作。使在职而尚未达到专科毕业程度的初级中学教师和教育行政干部在政治思想方面能认真学习马列主义毛泽东思想,坚持四项基本原则、忠诚党的教育事业,积极为四化做贡献;在专业素养方面掌握所学专业基本知识,基础理论和基本技能,了解本专业学科的新成就,具有一定分析、解决问题和教学,研究的能力。通过培训达到相当于全日制同类毕业生的水平,成为能胜任初级中学教育教学工作的合格师资。

二、各方的任务职责

1. 招生工作。由办学单位依据上级的有关指示精神和办学条件,参照"三市"教委初中师资、干训的规划制订招生计划,按省教委、招委的有关规定实施并做好有关工作。

---

* 这是本人当年作为函授部主任的主张并起草的协议。

2. 组织管理。根据国务院〔1980〕228号和国家教委、省教委的有关文件要求，学院除由一位分管教学工作的副院长专管函授教育外，设函授部并配备一定数量的干部具体承办有关工作。各市、县（区）也应设立高师函授站，配备适量的专（兼）职干部具体负责师专函授的有关管理工作。

3. 教学管理。由办学单位负责制定教学计划，编订教材和有关资料；负责面授、考试工作的安排部署授课教师的选派，考试的命题、组织、阅卷，辅导教师的培训，各市、县、区）高函站负责面授、考试的具体组织管理工作（包括教室、考室、监考人员、师生食宿的安排），落实辅导和保证学员参加函授学习、考试等活动的必要时间和经费。

面授点上的组织管理工作由主办市牵头，相关市派员积极协助，学院派员指导，设点县（区）高师函授站具体负责面授点的经费，除办学单位负责监考费和讲课教师的旅差费用外，其余费用均由市、县（区）负责筹集。市、县（区）筹集部分开支标准和付款办法是：由相关市教委高函站按师生伙食管理费不超过每人每天生活标准（以2元计）的15%；场租费（含教室、考室场租），学员在五十人以下每人每天不超过贰角，五十人以上，一百人以下不超过一角伍分，一百人以上不超过一角；杂支费用，学员在五十人以下不超过贰角，五十人以上，一百人以下不超过壹角五分，一百人以上不超过壹角的标准（各种费用的人数均包含起点数，即五十以上含五十、一百以上含一百在内），于每次面授结束后按各面授点开出正式收据及时将费用汇寄至主办单位。主办单位在结算各项费用时一律以各市参加面授考试的实际人数、天数计算。主办单位在安排教师食宿时，应本着既热情周到、尊师重教，又从实际出发，节约开支的原则，不搞互相攀比。

学员参加面授、考试期间的住宿费，一律按每人每天1.5元的标准收取。

对于各市按规定标准汇集到面授点上的经费，各主办市和承办单位应加强管理，本着用于函授的原则，按财务部门的要求建立管理、开支制度，将账据封存入档，接受各市教委和学院的监督审计。每学年度的面授、考试安排，由主办单位拟出方案，召开“三市一院”有关负责同志出席的联席会议确定，并至少提前一个月通知到各市、县（区）主管部门和有关学员。面授考试的定点应本着适中、适宜，既有利于教学，又节约开支的原则，兼顾市与市之间的平衡和学员的多少，并适当注意气候条件和鼓励办得好的点多承担此项工作。

师专函授的教学工作由学院承担，学院应选派政治思想好，业务水平较高，有一定教学经验、身体健康的教师到面授点授课。辅导工作主要由地方承担，但办学单位应负责组织好辅导教师的教研活动。

4. 在学籍管理上，实行办学单位，市、县（区）三级管理的办法，由办学单位提供名单、成绩和学籍管理的成套表册。市、县(区)和学院函授部同时建立学籍管理档案。每学期学员的报到注册在面授点上集中进行(到县区的注册由县区安排)。学员考试(含补考)的成绩由学院函授部及时通知到各县(区)记入学员学籍档案后迅速转知有关学员。学员因病因事请假,因故休、退、转、复学,毕(结)业等问题,由各市、县(区),按学院函授生学籍管理办法的有关规定办理,学员的学籍资料一律以学院管理的为准。

5. 教材资料由学院负责征订、编写、发放到学员手中。学员应付的教材、资料费由学院直接向学员收取结算,不交费者不发教材资料。凡学员所用教材资料,学院均赠送一套供各县(区)辅导用,但未落实辅导工作的县(区)不赠送教材资料。

6. 函授学员参加学习期间的政治思想工作,由学员所在单位、所属县市教育行政主管部门,管理机构和学院齐抓共管,分工协作,共同负责。学员平时在工作单位的政治思想工作由所在单位主要负责,但学院和地方管理机构也应组织一年一度的考核工作,学员在面授考试期间的政治思想工作,由学院派员与面授点共同负责。学院与地方和学员所在单位间应加强联系,打好总体战。学院和地方教育行政管理部门都应定期召开会议总结、评比函授工作,组织经验交流和推广、表彰函授教育中的先进集体、先进工作者和优秀学员,优秀学生干部。

函授教育中的政治思想、教学组织、学籍管理、教材资料供应、收费、辅导、考试和总结、评比、表彰等工作,均依据本协议精神,按学院制定的《关于加强函授生政治思想教育工作的意见》、《函授教材资料供应收费办法》、《“三市一院”关于专科函授辅导工作的意见》、《关于函授毕业生鉴定工作的意见》、《函授工作总结、评比、表彰暂行办法》、《函授学员学籍管理办法》等规章制度具体实施。

本协议经一九九〇年五月二十九日“三市一院”一函授工作会议修订,“三市一院”出席会议的负责同志在原稿上签名,从一九九〇年下期起生效。凡原订各项规章制度与之有抵触的,一律以本协议为准。凡本协议未尽事宜和所订内容需修订者,由学院与“三市一院”教育行政主管部门商议确定,共同主持进行。

绵阳市教育委员会主任　刘　策

遂宁市教育委员会主任　郭祖洪

协议签署人:广元市教育委员会副主任　杨焕萍

川北教育学院　院　长　康纪权

一九九〇年五月二十九日

切实推进文化与科技、教育、金融的深度融合 努力提升遂宁文化的创新力*

文化是民族的血脉和灵魂，是人民的精神家园和民族、社会的宝贵财富，是党和国家的精神旗帜。作为上层建筑的文化与科技、教育、金融有着相互包容、相互依存、相互促进的特定关系和各自特有的社会功用。只有充分认识其功用，正确处理好相互关系，才能为提升遂宁文化创新力奠定良好的思想认识基础，提供基本前提；只有明确主旨任务，切实找准着力点，明确思路途径，努力找准契合点，抓住实质要害，切实推动其深度融合，才能够有效提升遂宁文化的创新力。

自党的十七届六中全会以来，人们对文化在综合国力竞争中，在增强国家和民族软实力、核心发展力、国际竞争力中的地位和丰富改善人民精神生活，促进经济社会发展，增强综合国力和国际影响力中之地位作用的认识愈来愈深刻，对加快文化改革与发展创新的重要性、紧迫性、复杂艰巨性的认识越来越明确，促进文化大发展大繁荣，已成为各级党委政府的共识和重大深刻命题，纷纷出台的文化强县、强市、强省战略便是这方面的有力明证，在这种特定背景下，深入研究探讨，正确处理文化与科技、教育、金融的关系，努力提升文化的创新力，对于促进经济社会的更好更快发展十分重要，异常紧迫。

一、充分认识文化、科技、教育、金融的社会功用，为提升遂宁文化创新力奠定良好的思想认识基础

文化是民族的血脉和灵魂，是人民的精神家园和民族、社会的宝贵财富，是党和国家的精神旗帜。文化是一个广泛而抽象的概念。因此，文化在各个领域、各条战线、社会生活的方方面面中都有着特殊的地位和特定的作用。文化的这种特有价值功用在不断地被人们所深切认识和感受。限于命题和篇幅，本文只就文化

---

* 本文是应遂宁市委宣传部专题论坛之邀由本人主笔的，合作者有杜春海、曾晓洪、李巧义同志。

与科技、教育、金融的社会功用作些粗浅的讨论。

（一）文化与科技的基本功用

从一定意义上讲，科技是文化的产物，是文化的结晶。因为，亘古及今的历史和事实都清楚表明，科技从其诞生的那一刻起，就依赖于属一定文化范畴的思想认识和理念的支配，换言之，即文化孕育、催生科技。这无论从牛顿从苹果落地悟出万有引力定律，瓦特于从生活中感悟出蒸汽机原理，还是从贝尔发明电话，爱迪生发明电灯的基本事例中都可以得到明证，是文化指导引领、催生推动着科技的创新。事实表明，人们总是先有某种设想，乃至是异想天开的大胆想象，然后才将其变为现实，变成某种惊人之创举的。正是因为人们看到了地球的资源有限，地球的承载能力有限，才得出了依据大自然发展变化规律，到一定时候地球将不堪重负，将回归原点，发生毁灭性爆炸之结论的。也正因为想到了这些，才有了人们对生存空间的忧虑，才有了科学家们寄望于其他星球的构想，才有了太空开发、太空技术、宇宙技术、火箭技术、飞船技术、人造地球卫星和探测火星、木星的构想和登月潜海技术的诞生。据此我们完全可以讲，没有文化便没有科技，没有文化便没有科技含量，更没有科学技术的萌发与诞生。文化是科技的始祖，是科技创新，科技发达的源泉和动力。这是问题的一个方面。

另一方面，科技从其诞生的时候起就包含着文化，就生存着文化，体现着文化，积淀着文化，承载着文化，代表着文化，衍生繁荣着文化，就决定着科技的层次、含量和方向。因为任何一项科学技术的发明或形成，都得以文化为载体，为表现形式，都得以文字，以概念判断、推论，或定义定理定律，或公式公论，原理准则，以学术论文论著的形式来生成，来表达，来固化，使之严密，使之科学，使之传承，使之升华，使之拓展延伸，或成为精神财富，或成为物质产品，或藏之深山、传之后世，或批量生产、规模经营，产生不竭的力量源泉或巨大的物质财富，进而推动经济社会发展，时代社会前进的。这无论从古代火药发明，火枪火炮制造到近代的洋枪洋炮，现代的洲际导弹、火箭技术，还是从指南针到今天的 GPRS、卫星定位、卫星导航；从造纸术，活字印刷的发明及其在当今社会中的广泛运用，同样都可以得到充分而有力的证明。

（二）文化与教育的社会功用

熟悉历史的人们都知道，文化是随着人类社会生活的诞生而诞生，随着人类社会的繁衍不断积淀和创新的。辩证客观地讲，是先有文化后有教育的。教育是人类历史，人类文化、文明进步到一定阶段、层面的产物，无论家庭、学校，社会教育都是如此。文化是教育的内容、内核，教育是文化传承与创新的形式；是文化的积淀，文化的发展促成催生了教育，为教育提供了机遇，奠定了基础，提供了前提。

教育的内容固然很多，但是其中最基本、最重要、最核心的是文化。文化不仅使教育有了丰富而美好的内容，而且还给了教育以生命，以活力，以魂灵。从一定意义上甚至完全可以讲，没有文化就没有教育，没有文化的发展繁荣就没有教育的发展和繁荣，没有文化教育的发展就没有人类社会的发展。历史同样表明，有什么样的文化就有什么样的教育，文化不仅决定着教育的内容，还决定着教育的层次、质量、品质、品位和方向。在社会公益事业中，文化是魂，教育是体；文化是功，教育是用；教育是形，文化是质。文化于教育的基础性、决定性地位不可易移，文化对教育的引领、推动、促进、提升功能不可否认。

与之相对应的是，历史同样表明，文化离不开教育，教育的基本功能就是传承文化、以文化人、以文育人。是教育为文化的发展繁荣提供了生存基础和发展的空间，是教育赋予了文化以活力和生命，是教育为文化提供了传承和创新的途径与方式，是教育使文化得到了凝聚、凝练和提升，得到了传承创新和发展繁荣，不仅中华民族如此，世界上所有的民族也都如此。正因为如此，胡锦涛总书记才在清华百年校庆的讲话中高瞻远瞩，创造性地赋予了高等学校文化传承与创新的神圣使命，认为这是高等教育的基本职能之一。显然，这是亘古未有的开创性成果，是对中国共产党人对世界高等教育，对整个人类教育的一大贡献。它不仅揭示了教育的本质和规律，是对教育功能的深刻揭示，是对历史经验的高度概括和精辟总结，而且是对未来教育，特别是高等教育的热切期盼和根本要求，为整个教育指明了目标任务和发展方向。

（三）文化与金融的基本功用

由于文化是各行各业的至高境界，属上层建筑范畴，因此，文化对金融的指导引领促进推动作用是不言而喻的。金融怎么管理怎么发展，怎样走出困境，化危为机，怎样在经济社会的发展中发挥特定功用，都要靠属于文化层面的金融思想、金融理念、金融管理的原则、思路和办法来指导和引领。同样是国际金融风波的冲击，为什么有的国家经济会轰然崩塌至破产边缘，有的国家包括西方一些老牌发达的资本主义国家会走入困境或从此一蹶不振，为什么发展中的中国却能够在大风大浪中勇立潮头，甚至由世界政治经济舞台的边缘而被推向中心，这一切都当源于属文化范畴的经济思想和政策。为什么人口密度大、资源相对少、产业基础差、环境容量小，经济基础不好的遂宁这几年发展如此之快之好，为什么曾经积贫积弱的中国会在文化大革命雪上加霜，国民经济走向崩溃的边缘，又在改革开放的三十年中异军突起，用短短的三十年走过了资本主义国家用二三百年才取得的成效，其源盖在于起指导引领作用的文化。虽则如此，但我们也必须同时看到，金融属生产力要素，属经济基础范畴，按照经济基础决定上层建筑的马克思主义观点，金融对文化又起着保障、支撑、促进和推动作用。文化事业的推动，文化产业催生、形成和发展，文化产品、精神产品的生产，都得以经济为基础、做支撑、搞保障，否则，再好的创意也难实现。这也是为什么任何一个国家，任何一所高校都要加大投入，突出重点，建重点实验室的根本缘由所在。从某种程度上完全可以讲，经济是基础，金融是文化的命脉，这就更不用说金融本身还承载着，包孕着自身的文化，金融本身也在生产、创造着文化，可见，二者的关系同样是异常密切的。

二、正确处理文化与科技、教育、金融的关系，为提升遂宁文化创新力创造基本前提

（一）正确认识文化与科技、教育、金融的相互关系

从前面的讨论中不难发现，在现当代社会，文化与科技、教育、金融间的关系十分密切。对此，我们可以从这样几个方面来揭示它。

第一是从整体上辩证地看，文化属上层建筑范畴，科技与金融是生产力要素，是经济基础范畴。教育则比较特殊，既是上层建筑，也属经济基础。按照经济基础决定上层建筑，上层建筑反作用于经济基础的辩证唯物主义观点，文化对科技、教育，对金融都具有统帅、指导、引领、推动和促进作用；科技、教育与金融除去对文化具有包容、承载、推动和促进作用之共性外，还都从各自的领域出发，对文化有着特定的生成、积淀、充实、丰富，甚至凝练、提升的特有功能，因此，无论文化与教育、科技、金融，还是科技教育金融相互之间，都是一种相互依存，互相推动和促进的相辅相成关系，而且是十分密切的。

第二是将几者分割开来看：文化虽然包蕴着，催生着科技，引领指导决定着科技含量的高低和发展方向，推动促进着科技的发展、进步和创新，科技是文化的产物，文化的结晶，但是，科技又包含着文化，滋生丰富着文化的内涵和外延，文化又同时是科技的载体，科技成果的表现形式，是科技创新和发展的源泉和动力，文化与科技间是一种互相依存、水乳交融，相互促进的辩证统一关系。

文化是教育的基础和先导，教育是文化发展的产物，没有文化便没有教育，文化为教育提供了内核、本质和源泉，是教育赖以生存的土壤，赖以发展的动力和生命，是教育的根和魂。反之，教育是文化的载体，是文化传承、创新的基本途径和工具，教育对文化不仅具有传承功能，有着凝聚、提炼、升华、创新功能，有着培养文化人才的特定功能，离开了教育，文化难以得到传承和彰显，文化也会失去生命力。因此，文化与教育是内容与形式、物质与精神、种子与土壤的关系，二者同样是相辅相成、辩证统一的。

文化与金融则是典型的经济基础与上层建筑关系，文化指导、引领、推动、促

进金融业的发展与发达,金融滋生,包蕴着金融自身的特定文化,支持保障着文化事业与产业的发展。文化也可以在金融的支持下产业化,变成一种经济资源、资本,反过来支持、促进金融业的发展。二者间同样是相辅相成的辩证关系。

事实表明,只有充分认识并切实处理好几者间的相互关系,才能很好发挥其功能作用,为提升文化创新力奠定良好坚实基础,创造基本前提。

三、切实推进文化与科技、教育、金融间的深度融合,努力提升遂宁文化的创新力

对于遂宁这个历史悠久、底蕴深厚、极富生机活力的城市来讲,提升文化创新力的途径、措施、办法固然很多,但是,从科技、教育、金融的角度看,以下几点是至关重要的。

(一)明确主旨任务,切实找准着力点

在关于文化强市的决定中,市委已经明确了科学发展的主题和建设社会主义核心价值体系的根本任务,提出了实现这一目标任务的六大着力点和符合科学发展要求,体现时代特征,具有遂宁特色的文化建设路径,隆重推出了文明素质提升、文化精品打造,文化惠民促进,文化经济倍增,文化人才培养,文化改革创新等六大文化工程和建设国家级文化产业示范园区,打造五大特色文化品牌,实施"八名"工程,推动文化经济深度融合四大举措,对遂宁的特色文化,巴蜀区域文化,城市文化的品质精神、价值取向,精神内核做出了基本定位和相应解读,从中,我们完全可以看到"绿色崛起,科学发展"的鲜明主题和调整结构,转变发展方式,"万众一心,开拓进取,攻坚破难,勇创一流,自强,自主,敢为天下先"的巴蜀人文精神和鲜明价值取向,读到慈善、大爱、和谐的精神内涵,这些都是遂宁文化建设的目标方向和特色品牌,是遂宁文化创新的目标方向和基本着力点,不仅要明确,而且要很好领会把握其精神实质,将其作为推进文化与科技、教育、金融深度融合,提升遂宁文化创新力的努力方向。当前,最重要、最紧迫的任务是要首先解决好各级干部,特别是党员领导干部、尤其是文化、科技、教育、金融战线干部职工的思想认识问题,加大以中省市委决定为主体内容的宣传教育力度,使之充分认识重要性、必要性、紧迫性,明确目标任务,思路举措,把握重难点,找准着力点,明确努力方向,为提升文化创新力奠定良好思想认识基础,提供源泉动力保障。

(二)明确思路途径,努力找准契合点

首先是文化与经济社会的契合。既然科学发展是遂宁文化创新的主题,那就应当首先让文化建设充分体现、很好突出这一主题。由于遂宁缺少其他资源,最大最好的资源便是得天独厚的天然生态环境,因此,遂宁科学发展的基本思路是

生态文明，绿色崛起，走农业原生态，工业可循环，服务现代化、经济可持续，以生态、循环、低碳、高效，可持续为特色的科学发展之路，发展绿色经济，建设自然绿色、经济绿色、社会绿色、心灵绿色、生态文明，追求人与自然，人与人，人与社会和谐相处，可持续发展，这不仅是经济发展的思路，也是遂宁文化发展社会发展的必由之路，是当今世界应对全球气候变化的重要途径，是世界经济社会发展的正确方向，是一种科学发展的可持续发展的全新理念，它既代表着遂宁经济发展的方向，更代表着遂宁文化和社会的发展方向，是政府和人民群众追求的至高境界。因此，除去已有的传统的巴蜀文化、观音文化之外，遂宁还应当建设现代先进的绿色文化、生态文化、社会文化、心灵文化，这既是巴蜀文化中“敢为天下先”之人文精神的丰富弘扬，也是观音文化中爱心、慈善文化的衍生光大，与其核心价值体系中的和谐幸福是一脉相承、高度统一的。打好这一主导战，让遂宁在文化上实现传统与现代的有机融合，中国与国际的完美统一，让本已抢占先机和制高点的遂宁高举绿色生态，和谐文明的旗帜走在时代社会乃至世界的前列是十分重要和紧迫的。

其次是文化与科技的契合。既然绿色经济生态文明是主题，那么，作为文化产物，文化结晶，文化载体的科技，就当围绕这一主题制订发展战略，展开相应研究。以绿色生态可持续为基本理念，以生态农业，绿色制造业，现代服务业为主体内容，以生态、循环、低碳、高效、可持续，和谐、幸福为目标要求，以信息技术、生物技术，高端新技术，新能源、新材料、新标准，新体系、新政策、新规划、新理念、新理论研究，技术创新、思想理念创新为主攻方向，以转变发展方式、先进科学、更好更快发展，绿色崛起为目标任务来全面展开科技攻关，实现科技开发和创新，走出一条绿色现代的科技发展之路，以此来生成、充实、丰富、铸就具有鲜明特色和时代特征的科技文化，提升遂宁文化的创新力。

第三是文化与教育的契合。教育作为文化发展到一定阶段的产物，作为文化的传播与弘扬创新者，理所当然应当既与遂宁的巴蜀文化、观音文化等传统文化有机结合，将这些内容作进一步整理发掘、凝聚提炼，一是将其作为大中小学生文化素质教育的重要内容纳入课程和教育体系来加以传承和弘扬光大，为提升遂宁文化的创新力奠定坚实可靠的思想认识基础；二是要加强整理发掘，研究开发的力度，将传统巴蜀爱心慈善文化与现代绿色、生态文明有机地结合起来，找到其契合点，创新点，揭示其本质和规律，使之更富时代特征、社会意义，更具品质品位和创新性、生命力；三是将绿色经济、生态文明，人与自然和谐相处的理念和相应成果纳入教育教学体系，于培养、提高学生、市民素质的同时，培养造就更多更好具有绿色理念、绿色知识、绿色心灵、绿色眼光、绿色技能、绿色水准的绿色创新型人才，为增强遂宁文化的创新力提供强有力的人才支撑。

（三）抓住实质要害，不断提升创新力

遂宁的文化资源很丰富。市委决定中的巴蜀文化、观音文化、国学文化、生态文化、诗酒文化五大品牌，和名人、名居、名馆、名园、名城（镇），名品、名节、名企的“八名”工程不仅有着很好的创意和丰富的内容，而且有着很好的内涵和特色品质，既具传统文化底蕴，又具现代文化品性，既有传统文化中坚韧、乐观、豁达、包容、创新、自立、敢为天下先的巴蜀人文精神；更有“学习、创新、和谐、卓越”的城市精神和“万众一心、开拓奋进，攻坚破难，勇创一流”的“五创”精神以及真善美、大爱、慈善的观音文化内核，和以绿色生态、和谐为主旨，为境界追求的现代文化品位与思想理念。应当说这些不仅是很好的传统与现代文化品质和精神，而且是传统与现代的有机结合的完美统一，其间很多本来就是一种创新，就是一种理念，就是一种目标导向和引领追求，需要我们在认识充分理解认识把握的基础上大胆创新，从文化与科技、教育、金融的结合点和各自的功能特性上入手；从绿色文化、绿色科技、绿色教育、绿色产业、绿色经济的角度去切入、去深化、去融合、去升华、去创新；从生态、文明、和谐、慈善、康宁、幸福、现代、高效、科学、可持续的层面、方向上去创新、去深化、去促进推动、提升遂宁文化的创新力。比如，在“五大文化品牌”、“八名”工程和各级各类教育中融入绿色元素，贯穿绿色思想；充分运用高科技手段来整理发掘、展示表现和打造宣传“五大文化品牌”和“八名”工程，来制作宣传教育内容，来教育培养人才，提高市民素质，来培育开发文化产业和市场，打造文化产品；建立健全支持、保障绿色经济、文化事业产业和以此为重点科技开发，教育事业发展的金融体系和体制机制等等，使之更具生机活力，更具品质品位，真正成为独具遂宁特色和品质品位，无法复制的文化品牌，进而推动遂宁经济社会的更好更快发展。

参考文献：

[1]费孝通：《文化的生与死》，上海人民出版社2009年版。

[2]张岱年、方克立：《中国文化概论》，北京师范大学出版社2004年版。

[3]《中共遂宁市委关于推进改革创新，加快文化强市的决定》。

[4]骆常非、姚波：《大融合催生大文化》，《遂宁日报》，2012.3.29。

关于四川省教育厅委托研究重点项目《改革开放三十年四川省基础教育和中等职业教育教师队伍建设的回顾与展望》的评审意见

四川省教育发展研究中心：

受贵中心委托，本人于2009年1月对由西华师范大学党委书记佘正松教授主持，四川省教育发展研究中心具体承研的《改革开放三十年四川省基础教育和中等职业教育教师队伍建设的回顾与展望》这一重点项目所形成的初步研究成果《改革开放三十年四川省基础教育教师队伍建设回顾与展望》、《改革开放三十年四川省中等职业学校师资队伍建设的回顾与展望》进行了评审，现提出如下意见供参考。

一、对研究成果的总体基本评价

该课题由西华师范大学党委书记、教授佘正松博士主持，省教育发展研究中心直接承研，相关专家学者组成强大阵容分基础教育与中等职业学校师资队伍建设两个专题进行深入研究，研究阵容强大，研究组织得力有序，充分体现了西华师范大学和省教育发展研究中心对课题的高度重视和鼎力支持，为课题的顺利有效推进和成功结题提供了强有力的组织保障，创造了基本前提。

该课题的研究目标明确、思路清晰、重点突出、方法得当，以党和国家的相应路线、方针、政策为指导，以改革开放和全国基础教育、职业教育师资队伍建设状况为大背景，通过对四川省改革开放三十年来基础教育师资队伍、中等职业教育师资队伍建设的全面回顾，清晰地勾勒了其发展建设历程，充分展示了其发展建设状况和所取得的巨大成就，深入地分析了其成败得失，很好地总结了经验教训，在此基础上展望未来，提出了两方面队伍建设的明确指导思想、总体目标、工作重点和相应举措，描绘了四川基础教育和中等职业教育师资队伍建设的基本蓝图和美好前景，既很好地实现了预期研究目标，为圆满地完成研究任务奠定了坚实基础，又为省委省府、省教育厅提供了决策依据和支持，对全省两方面的未来师资队伍建设起指导、促进作用,对四川未来的教育事业推进、经济社会发展、科教兴川战略目标实现具有强大的支持、促进和推动作用,很好地实现了课题研究的目的,展示了相应的价值意义,应予充分肯定,值得高度赞赏。

二、对研究成果的粗浅意见与建议

(一)关于基础教育师资队伍建设的回顾与展望问题

1. 对三大时期、阶段的划分是赞同的,却认为对成效、特点、重点等基本命题的展示、概括提炼不够。

比如,在“恢复与重建时期”,恢复的是教师职称、师范教育制度、师资队伍建设工作和尊师重教的优良传统,点子虽然不明确,内容却是清晰而名副其实的;但“重建”的是什么却似乎并不明确,甚至还可以说很不明确。我以为可以是:整顿规范民师队伍,改善教师队伍结构;建立教师节,提高教师社会地位;采取有力措施,稳定教师队伍;确立队伍建设目标,明确队伍建设方向。其实内容有了,只是未将点子提出来,使之更加明晰简练。因为在我看来,既然是研究,就不能仅仅是回顾,更重要的是总结提炼。

对本时期成效与特点的表述也可以试着改为:教师地位显著提升,队伍数量有所增加,队伍结构明显改善,队伍质量得到提高。实际上是等于一加一减。加进“地位提升”,因为这是事实;减去“效益”,因为这是初级阶段,无从体现。

又比如改革发展时期中的“发展”似乎体现得较为名实相符,但“改革”二字是主题,却体现得并不充分,而应当明确为“改体制”、“建机制”,让其也名实相符。

对本阶段“主要成效”的表述宜改为:地位真正提高,管理更加规范,数量显著攀升,结构全面优化。因为其间的“整体品质明显改善,师德建设切实加强”、“素质良好,相对稳定的中小学教师队伍初步形成”等提法似乎找不到生根处。

再比如“创新与提高时期”,讲的大都是党和国家关于整个教育方针,于素质教育,于教育公平,于义务教育经费保障等方面的创新和提高方面的内容,却未能见到四川省于基础教育师资队伍建设方面的“创新举措”与“提高”成效。

关于三个时期“特点”概括,“成效”展示亦很不统一。第一时期只提了“特点”却更多的是“成效”;第二时期是“特点”与“成效”分离,余以为此种方式较好;第三时期却什么都没提,前后很不统一。其实最好是各个时期都有“重点”、“特点”和“成效”的集中概括表述,使之既准确、又明晰,能为后面的展望和课题价值实现服务。成效不说了,建议将重点、特点分别概括为:

第一阶段的重点是恢复重建,特点是恢复常态,步入正轨。

第二阶段的重点是规范管理，特点是内涵发展，全面提高。

第三阶段的重点是深化改革，特点是创新体制机制，重视专业发展。

总体感觉是三个时期讲背景的多，全国的多，讲四川的具体举措办法却相对较少。

2. 成就展示不够全面准确

一是在“教师队伍结构显著改善”中只论及了“职称”和“年龄”结构，还有更重要的学历、学科专业、素质素养、技能结构未予提及。此外，还有个中小学教师的层次结构问题。

二是在“教师整体素质明显提升”中只讲了“学历结构”和各类优秀，未能明确整体素质的构成元素，尤其是其核心要素是什么，有点将整体素质简单化、表面化的感觉。

三是“教师地位和待遇较大提高”中对“地位”无表述；“待遇”问题不能只讲政府投入而不讲教师的工资待遇、政治待遇；“生活待遇”中的房子不能是虚的，其实还有子女入学、就业方面的相应举措。

四是“教师队伍管理不断完善”不如改成“教师队伍的管理日趋规范”。其间的骨干教师、特级教师等内容宜放在教师队伍的结构中去表述。

3. 在存在的问题中宜加进机制不健全的问题。因为在教师队伍建设中还缺乏激励机制、考核奖惩机制、管理制约机制；在师资培养培训上还存在多头并进、交叉重叠、资源浪费、缺少统筹等问题。

4. 相应对策重点不够突出，有点面面俱到，是否可考虑分清主次，从根本上着手，切实解决好以下问题：

一是切实解决好认识观念问题，高度重视教师教育工作，认真贯彻落实相应法规，真正形成尊师重教风气，真正重视教师教育工作，将其列入各级政府的重要议事日程，切实制订相应意见和规划，将教师队伍建设纳入政府目标考核范畴。

二是切实解决好教师的地位待遇问题，包括政治待遇、经济待遇、生活待遇、学习进修待遇等等。

三是修订完善相应法律法规，使之科学规范并能很好贯彻执行，让教师队伍建设步入法制化轨道。

四是健全完善相应的体制机制，明确各级政府及其主管部门和学校的相应责任，建立健全相应的管理制度、办法以及相应的规范要求，规范教师队伍建设的相应管理工作。

五是解决好教师培养培训提高问题，实行教师教育提前单独招生、免费培养，保证教师教育的生源质量；统筹规划、合理配置教师培训资源，强化教师培训机构、培训内容、培训经费、培训管理,使之专业化、高水准,改变目前的混乱、混战局面。

六是切实解决好教师数量不足、结构失衡的相应问题。

(二)关于中等职业学校教师队伍建设的回顾与展望问题

1. 时期的划分有问题

一是四个时期的划分标准、依据不明确,使之并无特色和多大价值意义可言。

二是二三阶段都为"初步建设时期",是笔误还是其他原因,若都为初步建设时期就没必要分开。

三是既然从时间上分期了,第二阶段就不该有 1982 年、1983 - 1985 年的相关内容,因为这是属第一阶段的范畴。

四是第四阶段的"大建设"似乎体现不出来,没必要独立。

五是各阶段没特点,没重心,也没成效的概括表述,让人看不到划分的依据和价值所在,几乎是文件内容的提要性表述,缺乏必要的提炼概括,且给人以冗长的感觉。

2. 对成绩与问题缺乏必要的较为深入的分析,说服性不强,且有一定疏漏。

3. 目标任务是陈述性、缺乏规划与展望性的,难以起到振奋和激励作用。

以上乃一孔之见,不一定对,仅供参考。

2009 年 2 月 6 日

在遂宁市先进制造业职业教育集团暨遂宁市应用电子技术教育理事会年会上的致辞

（二〇一一年十二月二十三日）

尊敬的各位领导、各位嘉宾、同志们：

上午好！

值此"十二五"规划开局之年，恰逢新年来临之际，我们齐聚四川职业技术学院，共商大事，共谋发展，共同为遂宁市职业教育事业的长足发展献计献策，为此，我谨代表四川职业技术学院党委、行政及12000余名师生员工，对莅临我院参加遂宁市先进制造业职业教育集团暨遂宁市应用电子技术教育理事会2011年年会的各位领导和各位来宾表示热烈的欢迎！向为遂宁市职教事业付出辛勤劳动的市委市府相关各职能部门、各成员单位表示衷心感谢！向长期以来关心支持我院建设发展的各级领导、各界人士以及兄弟院校表示诚挚的谢意！

四川职业技术学院是四川省人民政府主办、省教育厅直属的两所高职院校之一。学院有着以下显著特点：

一是办学历史悠久。学院是一所古老而年轻的高校。说古老是因为她创建于1917年，前身是重庆巴县甲种农业学校，已有近百年历史；仅从1956年的绵阳初中师资训练班到现在，办高等教育、高职教育也已有近60年的历史。说年轻是因为新学院组建于2002年，是由四川省机电工程学校和川北教育学院合并而成的，至今还不到十岁，尚处于少不更事的稚拙阶段。

二是办学条件良好。学院现有新老两个校区，占地近1100亩。新校区一二期建筑22万多平米，各类设施成龙配套。图书馆建筑2.3万平米，有藏书80万余册和上千种各类期刊，开通有超心、维普、CNKI、读秀等数字图书资源；建有汽车、机械、电子电气、建筑与环境、计算机、人文科技训育等六大实验实训中心，教学仪器设备总价值达6000余万元；建有院内外实习实训实践基地200多个，是中央财政支持的汽车运用技术紧缺人才培养基地和省、市的农民工、下岗职工、职教师资、中学校长任职资格、农机系统公务员培训、专业技术人员继续教育、中小学教师继续教育培训中心和遂宁市的多个培训基地；学院有常年外教 3－5 人，与澳大利亚、英国、哈萨克斯坦等国有合作关系。

学院现有在职在编教职员工 850 余人，离退休教职工 300 余人；570 多位专任教师中有教授 18 人、副教授 157 人，双师型教师 200 余人，博士、硕士学位学历教师 313 人，在全省同类院校中是师资力量最强者之一。

学院建有汽车工程、机械工程、电子电气、建筑环境、计算机科学和外语、文化传播、管理、应用数学与经济、艺术体育、网电教学、思政等十二个系部和中国西部物流学院，现代服务业、先进制造业职教集团，应用电子技术教育协会和一所二级驾校。正在筹建南骏汽车学院。现开设有文、理、工、管、经、师、农、艺等方面的全日制普通大专专业 47 个，常年招生 40 余个；成人教育本专科专业 36 个，中专与五年制专业近 20 个。

三是办学成效显著。学院现有全日制大中专学生近 12000 人，成人在职学生近 4000 人，每年可短期培训各类人员 5000 多人，是一所综合类、教学型的高职院校，建院已来已输送各类人才近 7 万人，基本上形成了能适应社会经济发展需要的多层次、多形式、多规格、立体全方位培养人才格局。曾多次获得全国全省数学建模、电子设计、汽车、机械、物流、文秘、艺术体育、创业大赛和教学科研成果等方面的一二三等奖，毕业生就业率常年保持在 92% 以上，是连续四次的全省就业工作先进集体，也是教育部高职高专人才培养水平评估优秀单位和包括“五一劳动奖状”在内的 40 多个先进集体获得者。

在新学院建立的九年中，师生员工秉承“明智、厚德、尚学、笃行”的校训，发扬“为难为之为，成不成之成”的校园精神，一是顺利合并，成功转制为全日制普通高校；二是迅速走过磨合期，很快实现深度融合；三是迅速做大规模，成功走出外延发展之路；四是置换老区建新区，根本改善办学条件；五是苦练内功强管理，全国评估获优秀；六是集百年智，举万众力，成功举办 90 年校庆；七是改革体制创机制，顺利实现新老交替党政分设；八是胜利召开“三代会”，科学制订发展建设新规划，绘就发展建设新蓝图；九是成功创建省示范，全面步入内涵建设新时期。

在学院的建设发展过程中，我们深切地感受到，学院的一切建设发展都离不开各级党委政府、社会各界的大力支持。我们十分感动、衷心感谢、万分感激！我们将发扬“挑起摸高，爬坡实干”的精神，高位追赶，跨越发展。

近两年来，在学习实践活动、创先争优、三代会召开、十二五规划制订中我们形成并确立了这样的发展建设思路：即瞄准一个目标：力争通过十年左右的努力，将学院建成西部一流、国内著名、国际知名的，规模在万人以上的全日制综合类、教学型、高水平职业技术院校。

坚持“二为”宗旨,打造两大支柱。即:坚持为人民服务,为经济社会发展服务的办学宗旨,打造以学历教育为主体的普通高等教育和以岗职培训、继续教育、非学历教育为主体的成人高等教育两大支柱。

建设三大基地,创构三大特色:建设高素质、高技能应用型人才培养基地,职教师资与干部培训基地,职业教育研究基地;努力创构以“特定素养、特殊素质、特有技能”为内容目标的应用型人才培养特色;以人文科技训育为途径方式的全面素质教育特色;以高素质、高技能、高质量应用型人才培养为基本目标的基本办学特色。

确立四大理念。即:以生、能、职为根本的治校理念(以生为本、以职为本、以能为本);素养、素质、观念、技能四位一体的人才培养理念(以素养奠基、素质固本、观念立命、技能安身);重质量、创特色、铸品牌、求卓越的办学理念,走质量兴校、人才强校、特色名校、品牌立校、卓越荣校之路;就业、服务、贡献、特色融合统一的发展建设理念(坚持以就业寻出路、以服务寻支持、以贡献寻生存、以特色寻发展)。其中最核心的是人才培养和办学理念。

明确“五个面向”思路。即面向市场设置专业,面向职业设置课程,面向岗位培训技能,面向人生培养素质,面向社会规划人生。

形成六多格局。即形成多层次、多形式、多规格、多功能、多途径、多品类、立体全方位培养社会所需人才的办学格局。

坚持“七为”办学方针。即以育人为中心,以就业为导向,以素养为基础,以素质为根本,以能力为核心,以质量为生命,以成才为目标。其核心是以人为本,以学生的健康成长、全面成才为本。

实施八大举措。即制订规划明目标,带好班子建队伍,深化改革创机制,凝聚人心增活力,调整结构优条件,强化管理抓质量,发挥优势显特色,铸造品牌求卓越。

近年来,学院基于“川职院品牌、省直属体位、厚底蕴资源、综合性学科、桥头堡区位”五大优势,创设了学院发展建设“三个阶段”的基本构想:

第一阶段为初创成型期。主要任务是融合统一和硬件建设、改善条件,扩大办学规模;重点是硬件建设、外延拓展。目的是将学院做大,属数量扩张型,可视为第一次创业,属起势阶段。

第二是发展建设期。主要任务是强管理,抓质量,创特色,铸品牌,走内涵发展之路。重点是软件建设、练好内功。目的是将学院做强,属质量效益型,可视为第二次创业,属蓄势阶段。

第三是展翅腾飞期。主要任务是巩固成果,扩大影响,提升品位,铸品牌,求卓越。重点是铸就品牌、提升品位。目的在将学院做优,属优化提升型,可视为学院的第三次创业,属腾飞阶段。

目前,学院正处于第二阶段,是发展建设的关键、要害时期。在这关键时期,遂宁市委、市人民政府及各成员单位把我院作为两个“职教集团”暨应用电子技术教育理事会的牵头单位,这既是对我院过去为地方经济社会发展所作努力的充分肯定,也是各级领导、各兄弟单位对我院的信任、支持和鞭策,我们深受鼓舞,也倍感责任重大。职教集团暨电子理事会成立一年来,我们谨遵《章程》,共守约定,锐意进取,勇于创新,在不断探索新的人才培养模式,努力提高教育教学质量,充分发挥骨干带动、引领示范作用;充分发挥在职教集团中的纽带和桥梁作用,加强与理事成员单位的全方位真诚合作,促进资源的集成整合与共建共享;切实搞好产学研一条龙服务,围绕行业、企业、学校发展所需,在校企人才培训、产品研发、技术更新、咨询服务、校企文化建设、解决生产和经营疑难问题等方面进行充分合作,形成院校与企业之间的良性互动,推动职业院校和企业共同发展;切实推进学校与社会教育、普通与成人教育、中职与高职教育、职前与职后教育、学历与非学历教育的衔接转换,尽快构建起终身教育、终身学习体系,构建起职业教育人才培养的立交桥;切实推进院校间、院企间、院地间、院行间、园院间的合作办学、合作育人、合作就业、合作发展,构建起社会服务体系,围绕中心,服务大局,促进好地方经济社会的发展,全面提升学院的社会服务能力等方面,在遂宁市委、市府、人大、政协领导的大力支持和关心帮助下,与各成员单位一道做出了积极而有效的探索,取得了可喜的成绩,达到了预期的目的。

各位领导、同志们,国家、各级政府“十二五”人才培养及职业教育改革与发展规划已经制定,职业教育发展蓝图已经绘就,我们欣逢盛世,适值大好发展机遇,今天我们在这里隆重召开遂宁市先进制造业职业教育集团暨遂宁市应用电子技术教育理事会2011年年会,回顾过去,展望未来,我们有理由更有责任携起手来,密切联系,在更多个更广阔的领域共同努力,合作发展,为遂宁市先进制造业和电子技术产业的大发展,为地方经济社会的新跨越,为“把遂宁建成成渝经济走廊上最具产业集聚力、品牌影响力、自主创新力和市场竞争力的新兴工业强市”做出我们应有的积极贡献!

最后,预祝大会圆满成功!祝职教集团和应用电子技术教育理事会不断发展壮大、越办越好!祝各位领导、各位来宾新年快乐,平安吉祥!

谢谢大家!

四川职业技术学院
关于遂宁教育园区建设相关问题的
建议意见*

一、基本定位

按照市委的相应意见和“高标准规划、高规格设计、高水平建设、高质量实施”的园区建设要求，着力实施“25551”工程，即“创新两大模式、创设五大基地、创构五大体系、创辟五大功能、创建一大园区”。

二、基本意见

创建一大园区。

(一)园区名称(供选择)

1. 中国西部绿色现代科教园区

2. 中国西部现代职教园区

3. 中国西部现代教科园区

4. 中国西部教育园区

(二)园区定位：以高等职业教育为主体，以应用型本科、研究生教育为取向，着力打造职业与普通、教育与科技、就业与创业、传统与现代、田园与城市相融合，学产研用融合统一的多功能现代生态科教园区。

(三)园区功能

一是人才培养。立体全方位培养适应区域支柱产业、新兴行业产业需求的多层次、多类型、多规格高素质、高技能、高水平应用型专技与管理人才。

---

* 这是市科教育园区建设领导小组分配给学院的任务：负责创构园区功能定位。其他同志茫然惶恐，个人深感责任重大，因而亲自动手做了这个方案，得到了相关领导，特别是市委书记的充分肯定和完全认同，为此作了专门批示。

二是科技应用。应用科学研究、教育科学研究,应用技术与产品研发;新技术、新工艺、新产品推广应用。

三是创业(社会)服务。学校、学生服务社会,人才培训培养,人才交流、就业市场配育,创业培育与服务,创意服务,物流、旅游、金融、科技、软件、信息、养生保健等现代社会服务业的创办与拓展服务。

四是文化传创。观音文化、涪江文化、巴蜀文化、"八名工程"文化,绿色生态文化、民族文化、地方文化、校园文化等的传承和创新。

五是改革创新。政行企校合作建园区、合作招生办学培养人才,建园、办学体制机制、思想理念、模式、途径、内容、方法,现代教育制度、现代教育体系创新,"城园一体化"、"校、园一体化",科教、普职一体化,中高职衔接、职前职后、学历非学历、学校社会、人文科技、学研产的深度融合,区域经济、产业结构调整公共服务平台建设,合作办学、合作育人、合作就业、合作发展机制建立健全,三教统筹、服务三农,中国特色、世界水准现代职教体系创构等等。

(四)园区支撑体系

创设五大基地。

一是多形式、多层次、等途径、多类型、多功能、多规格,立体全方位人才培养基地;

二是应用科技的研发推广应用基地;

三是创业就业社会服务基地;

四是教育教学改革创新基地;

五是文化传承创新基地。

创构五大体系。

一是创构普教职教、初中职高职、学历非学历、职前职后、学校社会教育融合统一的现代职教体系。

二是创构高素质高技能,高质量高水平应用型人才培养体系。

三是创构政行企校,园院合作办学、合作育人、合作就业、合作发展的改革创新体系。

四是创构学研创用融合一体、以应用科技为主体的社会服务体系。

五是创构传统与现代、民族与地方文化的传承与创新体系。

创新两大模式。

一是"基地 + 体系 + 功能 + 主体"的园区构建模式

二是"政府主导、园区主体、多方参与、社会支持、市场运作、逐步提升、合作共赢"的运行管理模式

三、基本建议

（一）园区建设当以教育为主，科技为辅，走教育与产业、人文与科技协调发展之路。

（二）园区教育当以职业教育为主体，初、中、高等职业教育相互衔接、融合统一，整体推进，以高职教育、应用型本科为主体，科学建构现代职教体系。

（三）建立应用型本科院校一定要认清形势、遵循规律、依据政策，珍视用好现有资源，走提升引进结合，以提升为主之路，客观冷静对待处理相关问题。

（四）学科专业的设置，应以遂宁的经济社会发展定位，支柱、新兴产业和产业结构调整对人才的需求为基本准则。

（五）园区建设一定要整合资源、统一规划，搞好顶层整体设计和统筹协调，一定要结构合理科学，避免各自为政，重复建设，搞大而全、小而全。

（六）园区建设一定要把准时代社会需求。突出自身特色亮点，具前瞻性、科学性，具品质、有品位、铸品牌，与发展建设规划，与其他城市功能区配套，与特大城市、全球绿色、国际花园城市匹配。

（以上意见仅供参考）

四川职业技术学院关于遂宁教育园区教育发展的思路*

（二〇一三年八月）

四川职业技术学院作为地处遂宁的唯一高校，在遂宁市教育园区的发展建设中，理应起到支持、引领、推动、促进作用。根据园区建设需要，深入洞悉我国现阶段教育、特别是职业教育改革发展的总体趋势和当前的方针政策，结合我院发展建设实际，现就园区教育事业的发展建设提出如下参考性思路：

一、独立升办本科学校

充分利用近60年的教师教育和干部培训资源优势，直接将四川职业技术学院提升为以培养培训职教师资为主要任务的四川职业技术师范学院，以填补四川和西部地区的职教师资与干部培养培训基地空白，改善四川乃至全国的高等教育结构。

二、合作举办本科教育

以四川职业技术学院教师教育或汽车、农机、机械、电子、物流等方面的优质专业资源为基础，与川师大或西华师大、川农大、西华大学、电子科大、西南交大等院校合作举办应用型本科专业，逐步过渡到独立举办应用型本科学校，同时开展应用型科技研发和推广运用方面的合作。

三、创办高职院校

瞄准遂宁、川渝经济社会发展需求和四川高职院校的学科性缺失，整合全市优质中职教育资源，入园创办1—2所职业技术学院，建构遂宁高等职业教育体系，支撑应用性本科及以上教育发展。

---

* 这是本人执笔为学院作为园区建设成员单位所起草的给遂宁市相关领导和职能部门的建议。

四、创办县区学院

顺应职教发展趋势，学习借鉴国际经验，依据县区经济社会发展，支柱、新兴产业人才需求，利用川职院办学优势，充分调动县区党委政府创办高等教育的积极性，在县区或入园创办各具特色的四川职业技术学院县区学院，创新办学思路模式，创构园区特色亮点，争取央省政策与资金支持。

五、迁建标准化职校

出台政策措施，迁移市城区内公民办职业学校入园建标准化职校，既形成规模，提升其品位档次，又建构高职教育支撑体系，一举多得。

六、开展职业预备教育

学习借鉴国外经验，在园区普通中小学中融入职业教育，开职业预备教育之先河；切实做好中高职衔接，建构完备科学的现代职教体系。

七、创新办学体制机制

出台特殊政策，创新办学体制机制（民办公办、公办民助、民办公助，独资合资、股份制、董事会、理事会等），筑巢引凤，充分调动行业企业、社会力量参与园区基本建设（含基础设施和校舍）实验实训实践实习与创业基地建设、设施设备投入、职教集团、职业院校创办等方面的办学积极性，走开放式建园办园之路。

八、探索国际合作

出台特殊政策，招引外资或优质办学资源来华入园合作、独立办学或投资建园。

关于市政协建议的建议*

基本定位很准很好,也抓住关键要言不烦,很具说服力。只是建议表述更精准,更简明些。具体建议为:

一、建设背景

(一)贯彻十八大"加快发展现代职业教育",十八届三中全会"加快现代职业教育体系建设,深化产教融合、校企合作,培养高素质劳动者和技能人才"精神的战略性思考;

(二)发挥遂宁成渝经济区特定优势,实施省委多点多极支撑、遂宁成都同城发展战略的重要保障;

(三)探索丘区绿色发展道路,实施六大兴市计划,确保率先实现小康的重要战略支撑;

(四)深化遂宁、四川、西部地区教育改革,建设城乡一体化现代职教体系,经济社会发展人才支撑体系的战略性探索。

二、目标定位(要点,可展开)

(一)总体目标

一是创建初职中职、普教职教、职前职后、学历非学历、专科本科、学校社会教育衔接对接、公办民办、城市乡村、农科产教融合统一、协调发展的现代职教体系;

二是创设政行企校合作、政府主导、学校主体,多方参与、社会支持、市场运作、合作共赢、逐步提升的现代职业教育办学体制与运行机制;

三是创构政府主体、投资多元、成本分担、合作共赢的现代职业教育投入机制。

---

* 这是个人在读了征求意见稿后给市政协领导们的建议。

（二）具体目标

1. 创建市、县（区）政府与高校共建农业、产业、科研、学校教育、社会培训于一体的专业集群和发展联盟。2014 年试办职教本科教育专业（点），2015 年建成 2 所民办高职院校，2016 年全市建成社区（县区）学院 3 所，乡镇社区教育学校 50 所。创建 1 个国家级社区职业教育与成人教育示范县。

2. 创新合作方式、提升合作实效，探索建立产教融合、校企合作、集团化发展、开放高效、共建共赢的新机制。到 2016 年，所有省级以上重点专业都有紧密型的合作企业。80% 的本地重点产业企业都参与现代职业教育的发展和人才培养。

3. 基本建成多元办学投入机制：2014 年建立中职生均拨款经费标准，2015 年建立中高职教育成本分担机制。

三、主要建议

其他不变，建议将第五点改为：

5. 支持遂宁以四川职业技术学院为龙头，整合职教资源，建设省级职教干部、师资培训基地；创建遂宁、四川的第一所以服务地方支柱、新兴产业和经济社会发展为主体任务的新型应用型本科院校。

坦诚交流

在教育部职业院校文秘类专业教指委工作年会上的致辞*

（2014 年 4 月 18 日）

尊敬的国川、汝建主任，尊敬的各位领导、各位专家，老师、同学们：

大家上午好！

在这秋百花争艳、春意盎然的美好时节，我们无比喜欣地迎来了教育部职业院校文秘类专业骨干教师高级研讨班暨教指委 2014 年度第一次工作会议的在四川遂宁的召开。借此机会，我想集中表达这样三层意思：

第一是表达一个心意。古人云：有缘千里来相会；有朋自远方来，不亦说乎？尤为难得的是，不但专家学者们来了、同行们来了，而且以教育部教行指委联络办王国川主任为首的各级领导也拨冗莅临了，可谓是群贤毕至，少长咸集，给我们带来了难得的学习交流机遇，为我们学院和会议增色不少，使我们无比欣喜和感激。为此，我谨代表学院党委、行政和 15000 多师生员工，对大家的莅临表示诚挚的欢迎，对会议的召开表示热烈的祝贺！对大家的信任、理解和支持关照表示衷心的感谢！

第二是介绍一下学院和遂宁。因为很多领导专家都是第一次来到这个似乎名不见经传的小城，来到这所似乎并不应该在这里的学校。本是欢迎来遂，可大家睡不成，就得介绍一下啰。遂宁位于四川东部，地处成都和重庆两座特大城市的中心节点上，是一座古老而年轻的城市。遂宁是中国著名的观音文化之乡，辖射洪、蓬溪、大英三县和船山、安居两区，辖区面积 5300 多平方公里，人口 385 万。遂宁曾以其深厚的文化底蕴、迷人的灵性山水和发达的农工商贸而成为川中政治、经济和文化中心，尤以纺织食品工业闻名于世，素有“东川巨邑”、“川中明珠”、“西部水都”和“小成都”之称，而且自古人文荟萃、人杰地灵，历史上曾出过

---

* 本人虽是教育部高职院校文秘类专业教学指导委员会副主任委员，但这是作为东道主的致辞。

陈子昂、张九宗、黄珂、黄峨、席殊、吕潜、吕大器、王烁、张鹏翮、张船山、李实等名仕才女和旷继勋、蔡梦慰、陈毅、杨闇公、杨尚昆、邓昌友等名流大家,素有“文贤之邦”的美誉。1985年建市以来,经过不断的建设和发展,遂宁形成了“观音故里”、“中国死海”、“国宝宋瓷”、“西部水都”、“地质硅木”等独特的文化旅游名片和全球绿色城市、国家卫生城市、国家园林城市、中国优秀旅游城市、中国人居范例奖城市、国家级生态示范区、中国观音文化之乡、全国现代物流示范城市、全球绿色城市、国际花园城市等十多张国际国内名片。需特别介绍的是,水是遂宁城市的灵魂,涪江、渠河穿城而过,观音湖烟波浩渺、水天一色,形成“城中有水、水中有城”、“城在水中,水在城中”的两山三水拥一城的独特美丽景观。需特别提醒的是,“为了您,这种城市已经等了1660年”!其实是2200多年了!遗憾的是这一段正在修建江底隧道,江中没水,大家又来去匆匆,不能睡,也不能漂,更不能烧,难以让大家一饱眼福和纵情山水。

坐落在这座城市里的四川职业技术学院也是一所古老而年轻的高校。说她古老,是因为源于唐初的九宗书院,距今已经有1300多年的历史,比集贤书院早90多年,比岳麓书院还早300多年,被专家学者称为世界上最早的大学。即便从近代算起,也已有近百年的中职、近六十年的高职教育历史,至少也是耄耋老人了;说她年轻,是因为从2002年合并组建新学院到现在、才12周岁,才小学刚毕业。对于学校情状,大家来之前已经从网上查过了,不用多说。这里只提请大家重点关注这样几点:

第一是学校的特定情状。学院虽地处非中心城市遂宁,却是四川省人民政府主办、省教育厅直管的两所高职学院之一。学院始建于1917年,具有近百年的职业教育办学历史。学院占地近1100亩,已基本建成大气靓丽的新校区。学院现有在职教职工近750人,近600名专任教师中有正副教授190余人,博士、硕士研究生310多人,教育部部聘专家3人,享受国务院政府津贴专家3人,先后聘有30余位美、日、加、澳等国专家、教授来院任教讲学;学院现建有12各系部和三个体制机制改革的二级学院,近50个全日制普通大专专业,是一所涵盖文、理、工、管、经、师、农、艺、体等学科门类的综合性的高职院校。现有教学科研仪器设备总值8500多万元,建成有“汽车、电子电气、机械、建筑环境、计算机、物流、人文与科技训育中心”等七大教育教学实训中心和200多个校外实训实习实践就业培训基地,有着良好的办学条件,是刚刚建成验收的四川省首批示范性高职院校。

第二是新学院建立之后所做作的主要工作和基本成效。概括起来说就是两个“三二一工程”:

一个“三二一”是学院发展建设三个阶段三步走的基本谋划与实践。所谓

“三”是将学院发展建设分为了三个阶段、三步走。

第一个阶段为初创成型期。主要任务是改善条件、扩大规模，走好外延发展路，重点是加强硬件建设，搞好外延拓展。目的是将学院做大做好，可以说是学院的第一次创业。

第二阶段为发展建设期。主要任务是强管理、重质量、创特色、铸品牌，走好内涵发展路。重点是软件建设，练好内功，目的是将学院做特做强，可谓是学院的第二次创业。目前正处在这一阶段。

第三个阶段为展翅腾飞期。主要任务是巩固成果，扩大影响，提升品质品位，铸品牌、求卓越。目的是将学院做优做高，可谓是学院的第三次创业。

目前，学院品质品位已经得以基本提升，做特做强目标初步实现，做优做高的航船正在开启，美好前程正在进一步展现。

所谓二，是抓两大建设。一是硬件、二是软件建设。硬件建设主要是做两件事，其一是建新区，搞好基础设施建设，投资近7个亿，建成了现在这个样子，还正在推进三期工程，明年能全部到位。其二是做大规模，用十年左右的时间，从当初的不倒4000人做到了现有的1.4万全日制学生的规模；软件建设则主要是办学思想理念、思路举措、目标任务，专业、课程、教材、师资、队伍、管理、特色、品牌创建等等，集中体现在示范性高职院校建设上。主要是凝练了一二三四五六七八的办学治校方略和在示范建设中确立了汽车应用技术领衔，机电管配套的专业建设思路，着力打造了四个重点建设专业，开展了体制机制改革、全面素质教育、职业院校社会服务能力提升、内方外圆人才培养质量保障测评体系四个综合性建设项目。其内容是相当丰富和颇具创意的。

瞄准一个目标：力争通过十年左右的努力，将学院建成西部一流、国内著名、国际知名，规模在万人以上的全日制综合类、教学型、高水平职业技术院校。

坚持“二为”宗旨，打造两大支柱。即：坚持为人民服务，为经济社会发展服务的办学宗旨，打造以学历教育为主体的普通高等教育和以岗职培训、继续教育、非学历教育为主体的成人高等教育两大支柱。

建设三大基地，创构三大特色：建设高素质、高技能应用型人才培养基地，职教师资与干部培训基地，职业教育研究基地；努力创构以“特定素养、特殊素质、特有技能”为内容目标的应用型人才培养特色；以人文科技训育为途径方式的全面素质教育特色；以高素质、高技能、高质量应用型人才培养为目标的基本办学特色。

确立四大理念。即：以生、能、职为根本的治校理念（以学生为本、以职业为本、以能力为本）；素养、素质、观念、技能四位一体的人才培养理念（以素养奠基、素质固本、观念立命、技能安身)；重质量、创特色、铸品牌、求卓越的办学理念，走质量兴校、人才强校、特色名校、品牌立校、卓越荣校之路；就业、服务、贡献、特色融合统一的发展建设理念(坚持以就业寻出路、以服务寻支持、以贡献寻生存、以特色寻发展)。其中最核心的是人才培养和办学理念。

明确“五面向”思路。即，面向市场设置专业，面向职业设置课程，面向岗位培训技能，面向人生培养素质，面向社会规划人生。

形成六多格局。即，形成多层次、多形式、多规格、多功能、多途径、多品类、立体全方位培养社会所需人才的基本办学格局。

坚持“七为”方针。即，以育人为中心，以就业为导向，以素养为基础，以素质为根本，以能力为核心，以质量为生命，以成才为目标。其核心是以人为本，以学生的健康成长、全面成才为本。

实施八大举措。即，制订规划明目标，带好班子建队伍，深化改革创机制，凝聚人心增活力，调整结构优条件，强化管理抓质量，发挥优势显特色，铸造品牌求卓越。

其间的重点是办学思想理念和目标思路与举措。

所谓一，就是确立了我们的发展建设目标，这就是力争再通过十年左右的努力(十二五、十三五期间)将学院建成西部一流、国内著名、国际知名、规模在稳定在万人以上的全日制、综合类、教学型高水平职业技术院校。

第二个“三二一”主要是示范建设中的体制机制改革方面的成效。这就是建了三个学院、两个职教集团、一个理事会。三个学院中一个是以民营企业为主体，整合地方行业资源的南骏汽车学院；一个是与地方党委政府自主新兴产业、行业企业中国西部现代物流港共同组建的中国西部现代物流学院；第三个是院内示范效应、适应地方经济社会发展需求，整合政行企校多方资源组建的大体制大手笔的文化旅游学院。两个职教集团也是政行企校合作的产物，一个是先进制造业，一个是现代服务业。所谓一，即一个应用电子技术教育理事会。都是董事会、理事会管理下的运行体制。实施体制机制改革的三二一工程的最大好处是让学校从楼上走到了楼下，从院内走到了院外，真正地与地方经济社会的发展需求融为了一体，找到了大有作为的广阔天地，拓展了发展建设的空间和路径，开创了美好的发展建设新时空、新机遇。为地处非中心城市的高职院校发展建设提供了可资借鉴的经验。

第三是表明一个心愿；即我们这所学校尚在发展建设中，正在向巩固成果，扩大影响，提升品质品位，铸品牌、求卓越，做优做高的第三阶段目标奋然前行。我们深知，我们的探索是初步有限的，我们与兄弟院校的差距是很大很远的，做优做高的路很难很长，真诚地期望与会的领导和专家学者能为我们会诊把脉，传经送宝、指点迷津，让我们能发展得更好更快，尽快缩小与同行们和中国特色、世界水准，人民满意高职教育的差距。

最后，我真诚地预祝本次会议圆满成功！祝领导专家们在遂在川期间开心愉快！祝大家的人生事业都步步高、更辉煌！

四川职业技术学院
“省级示范性高等职业院校建设计划”建设项目
建设推进会致辞

（二〇一三年十二月二十九日）

尊敬的杨处长、宋处长，魏组长，各位领导、各位专家：

大家上午好！

在我院示范建设即将迎检的关键时期，我们十分欣喜地迎来了各位领导和专家莅临学院检查指导和把脉。感谢你们数九寒天不辞辛劳，不畏严寒，百忙当中拨冗披繁，为我们雪中送炭、寒中送暖；又恰值周末，刚过泸州，又风尘仆仆地光临我们学院，无私地为我们指点迷津，促进发展。为此，我谨代表学院党政及15000名师生员工向你们的到来表示热烈的欢迎，并致以崇高的敬意和由衷的感谢！

示范性高职院校建设是党和国家、省委省府科教兴国、科教兴川，人才强国、人才强川，振兴中华、富国强民的重大举措，也是我们职业院校发展建设的重要机遇和基本举措，对此，学院党委行政和师生员工认识明确、高度重视，自我院示范创建活动启动以来，一是将其列入学院“十二五”发展建设规划，作为未来几年的中心工作、重中之重来研究部署和安排；二是认真学习部省相应文件规定，开展示范建设大讨论，全院上下统一思想认识，为示范建设奠定了良好的思想认识基础；三是组建了由党委书记、院长和系部主任书记挂帅的两级项目领导与工作小组和相应工作机构，明确职责分工和目标责任，为示范建设提供了强有力的组织保障；四是按照建设要求和目标任务书的规定，将其与省人民政府教育改革试点项目有机统一结合起来，从思想认识、体制机制、制度规范、思路举措等方面入手，抓根本、抓关键，抓重点、重点抓，力求“用好每一分钱，干好每一件事”，加大管理力度，落实政策措施，上下一致、齐心协力，充分调动各方面的积极性，发挥创造性，以意识观念更新、体制机制创新、管理强化、质量提高、特色创建、品牌打造、品质品位提升为重点，切实有效地推进了示范建设的各项工作，在体制机制、人才培养模式创新、师资队伍建设、教育教学改革、课程体系、教材体系、保障测评体系、“一目标”、“两服务”、“三基地”、“四合作”、“四育人”和文化传承与创新、社会服务能力提升等方面做出了积极尝试和有益探索，取得了明显成效，较好地完成了建设任务，实现了预期目标；五是注重以示范带动推进其他工作，努力扩大示范建设的价值与辐射效应。从整体上看，较之示范建设以前，学院建设发展的认识更到位、思路更明晰、措施更扎实，步子更坚定，学院的优势更突出，特色更鲜明，在突出质量意识，素质训育，对接需求，服务地方经济社会发展等方面，基本发挥了引领、带动、促进和辐射作用，得到了地方党政、行业企业、中高职院校和社会各界的基本认同和支持赞誉。

但我们也同时看到，由于时间紧、任务重、要求高、难度大，在示范院校建设过程中，我们也存在认识差异、起步缓慢、经验不足、步子不大、作风欠实等问题和一些难点与困惑。今天，各位领导、专家组的到来有如一场“及时雨”，为我们诊断把脉、排忧解难，拨云指路，我们一定虚心听取意见建议，真诚接受指导，努力改进工作，进一步解放思想、更新观念、加大力度，查缺补漏，认真整改，力求在最后冲刺阶段再出成绩，再出亮点，力争保质保量、富于创造性地如期完成各项建设任务，圆满实现建设目标，届时再恭请专家领导检查验收！

再次感谢各位领导和专家组的辛勤付出、热忱关怀和悉心指导，衷心祝愿各位领导、各位专家在遂期间工作顺利，安康愉快！衷心祝福大家新年好、万事顺，阖家安康欢乐、幸福吉祥，人生事业步步高、更辉煌！

中国西部现代物流学院第一届董事会第三次会议欢迎词

（2012 年 12 月 21 日）

尊敬的蒲区长，各位领导，各位董事，各位来宾，老师们，同学们：

今天是传统文化中的冬至节，首先祝大家节日更快乐！

“谁持彩练当空舞？职教金蝶满天飞”。一年多前，我们在这种特定的情境中组建了物流学院，今天，我们又因此而十分欣喜地迎来了“四川职业技术学院中国西部现代物流学院第一届董事会第三次会议”，迎来了出席今天会议的各级领导、各位董事，各界朋友。

古人云：有朋自远方来，不亦说乎？为此，我谨代表四川职业技术学院党委行政和全体师生员工，对各级领导、各位董事、各界朋友今天的莅临表示最热烈的欢迎、最诚挚的问候！向过去一年中的理解支持、辛勤付出，做出贡献的各董事单位，新闻媒体，各界朋友表示衷心的感谢！

各位领导、各位嘉宾、各界朋友，老师们、同学们，近年中，在各级政府和教育行政部门的关心和支持下，全院教职员工同心同德、负重自强，攻坚克难，抢抓发展机遇，创新发展理念，使学院在办学规模、办学质量、基础设施建设、社会声誉等方面实现了超常规、跨越式发展，先后获得全国德育先进单位、教育部高职高专人才培养水平评估“优秀学校”四川省就业工作先进集体等 45 项殊荣，并光荣地成为了首批省级示范性高职院校。

过去的一年是极不平凡的一年，在奋力创先争优，喜迎十八大的历史进程中，四川职业技术学院不仅顺利推进了示范建设中的物流学院和先进制造业、现代服务业两个职教集团和应用电子技术学会的相应工作，而且还开始了单招，进行了招生制度的大胆改革；启动了中高职衔接，终身教育学习体系，职教立交桥建构的相应工作；已更新的体制机制与企业合作组建了南骏汽车学院，在遂宁市委市府组织领导、三县两区三园区、市直部门支持，行企参与下成功组建了文化旅游学院，于政行企校园院合作，体制机制创新、服务地方经济社会发展方面有了新的突破，迈出了新的步伐。就在社会各界的关心支持下，不仅招生的数量在增加，全日制普通大专生已突破12000人，而且招生就业的质量也在不断提升。

目前，学院正全面贯彻全国、全省教育工作会、人才工作会精神，认真学习贯彻十八大精神，改革体制创机制、努力深化以教育教学为重点的各项改革，强管理、重质量、创特色、铸品牌、求卓越，坚定不移地走质量兴校、人才强校、特色名校、品牌立校、卓越荣校之路，向着示范高职、一流高职，做强做优、做高做特的目标奋力推进！

大家知道，中国西部现代物流学院是我院积极探索办学体制机制创新，建设物流管理省级示范专业建设过程中应运而生的二级学院，学院于2011年组建以来，在各级领导、各界朋友的关心支持和董事们的理解支持，共同努力下，各方面的工作都取得了很大的进展。不仅开办的物流管理、金融保险、营销与策划，财务管理专业建设得到进一步加强，而且在岗职培训、继续教育和专业教材、队伍建设和校企合作等方面又有新的突破，在校生已达800余人，有专兼职教师增至60余人，发展势头良好。

各位领导、各位嘉宾、各位董事，为了进一步促进物流学院的建设与发展，为今后的合作奠定坚实的基础，我们今天聚集在这里隆重召开物流学院第一届董事会第三次会议，会议将审议物流学院有关议程，也将深入研讨物流学院发展中的有关大事，可以说这次会议意义重大，影响深远，必将对物流学院的建设发展产生积极作用，在此，我代表学院党政对这次董事会的胜利召开表示热烈祝贺，对大家过去所做的卓有成效的工作和无私奉献表示亲切的慰问和衷心的感谢！衷心希望大家能一如既往地理解支持物流学院的工作，助推其发展建设，呵护其成长。

预祝本次会议圆满成功！祝各位领导、嘉宾、朋友和理事、同学圣诞快乐、新年吉祥、人生事业步步高、更辉煌！

谢谢！

在四川省新闻传播教育理论与实践结合研讨会上的致辞

（2012 年 4 月 21 日）

尊敬的纽会长、符会长、邱会长、梁部长、唐书记；

尊敬的省老教授协会、新闻传播教育学会的各位领导、专家学者；

各位嘉宾、各界朋友，老师们、同志们、同学们：

大家上午好！

在这百花争艳，姹紫嫣红，生机勃勃，春意盎然的美好时节，我们无比喜悦、无尚荣光地迎来了四川省新闻传播教育理论与实践结合研讨会在遂宁、在四川职业技术学院的隆重召开。这次会议虽然规模不大，时间不长，却汇聚了全省二十多所院校新闻传播教育界的名流精英，得到了四川省老教授协会和四川各大主流媒体的老领导、老专家和中共遂宁市委宣传部、遂宁市文广局以及各大媒体领导、专家学者的特别关爱和鼎力支持，除去学会领导、专家学者拨冗出席之外，原省人大副主任、德高望重的老领导、老专家纽小明会长，省教育厅老领导符崇胤名誉会长，川大老领导吕重九副会长；原四川日报社汪兴高社长等资深专家、权威学者都克服重重困难，亲临指导，屈尊与我们共同探讨新闻传播教育中理论与实践结合的重大现实命题，不仅对会议，对新闻传播教育和新闻传播事业倾注了满腔热枕，而且寄予着深切厚望，体现了老一辈新闻工作者、新闻人强烈的事业心，高度的责任感和非凡的气度、高尚的品质与精神，让我们很受鼓舞，倍感亲切，使我们的会议增光添彩，成为了一次群贤毕至、少长咸集，弘扬传统、继往开来的盛会。

众所周知，本次会议的主题是新闻传播教育中的理论与实践相结合，这不仅是我们高职高专教育中体制机制改革、教育教学改革、社会服务能力提升、人才培养模式创新、工学结合、校企合作、高素质高技能应用型人才培养的重大敏感话题，而且也是时代社会发展对本科及以上高层次新闻传播人才培养的全新要求和重大命题，选题很好，思路很新，前景光明，具体路径却需要我们去探索、去创新，“路漫漫其修远兮，吾将上下而求索”！今天，大家正是冲着这一基点来的，因此，从这个意义上讲，我们的会议又将是一次求真务实，催人奋进的大会。虽然研讨只有半天，但是，会上会下，会前会后，书面口头，沟通碰撞，探讨交流，必将产生无数火花，必将得到有益启示，必将激发无限追求，甚至完全有可能百川归海，汇聚成新闻与传播教育中的惊涛骇浪，汇集成新闻传播教育事业的滚滚洪流，转换成助推新闻传播事业和社会经济发展腾飞的无穷智慧，铸就开启我们神圣事业的新起点、新征程！从这个意义上讲，我们的这次会议无疑又是一次携手并进、共谋发展的峰会，时间虽短，却任重道远，意义非凡，可喜可贺，可圈可点！

不仅如此，我们还十分欣喜地看到，这次会议能够走出蓉城，来到遂宁，来到基层，来到新闻传播教育第一线，来到四川职业技术学院召开，这不仅是一种信任与支持，更是一种期盼和关爱，是一种态势和嬗变，它预示着新闻传播教育、新闻传播事业的未来和明天，为我们提供了全新思路和努力方向，也为川职院人提供了难得的学习机遇，令我们十分欢欣，倍受鼓舞，异常振奋，无尚荣光，万分感激！为此，我谨代表四川职业技术学院学院党委、行政和近13000名师生员工，对本次会议的召开表示最热烈的祝贺，对各级领导、各位专家学者的莅临表示最热烈的欢迎！对给予我们信任、支持、关爱并寄予厚望、给予扶助提携的各级领导、各位专家，特别是老教授协会的老领导、老专家、老学长致以崇高的敬意，表示衷心的感谢！

由于很多领导、专家学者是初到遂宁，是第一次来到四川职业技术学院，对这所名不见经传的遂宁唯一高校并不太了解，借此机会，我把学院的相关情况作一个简明汇报，以期能获得大家更多的理解、关心与指导支持。我主要介绍这么四个方面：

第一是基本情况。

四川职业技术学院是四川省人民政府主办、省教育厅直属的两所高职院校之一。学院有着以下显著特点：

一是办学历史悠久。学院是一所悠久而年轻的高校。说悠久是因为她创建于1917年。前身是重庆巴县甲种农业学校，已有近百年历史；仅从1956年的绵阳初中师资训练班到现在，办高等教育、高职教育也已有近60年的历史。说年轻是因为新学院组建于2002年，是由四川省机电工程学校和川北教育学院合并而成的，今年刚到十岁，尚处于人生的起步阶段。

二是办学条件良好。学院现有新老两个校区，占地近1100亩。新校区一二期建筑22万多平方米，各类设施成龙配套。图书馆建筑2.3万平米，有藏书80万余册和上千种各类期刊，开通有超心、维普、CNKI、读秀等数字图书资源；建有汽车、机械、电子电气、建筑与环境、计算机、人文科技训育等六大实验实训中心，教学仪器设备总价值达6000余万元；建有院内外实习实训实践基地200多个，是中央财政支持的汽车运用技术紧缺人才培养基地和省、市的农民工、下岗职工、职教师资、中小学校长任职资格、农机系统公务员培训、专业技术人员继续教育、中小学教师继续教育培训中心和遂宁市的多个培训基地；学院有常年外教 3 - 5 人，与澳大利亚、英国、哈萨克斯坦等国有着良好的合作关系。

学院现有在职教职员工 850 余人，离退休教职工 300 余人；570 多位专任教师中有教授 18 人、副教授 157 人，双师型教师 200 余人，博士、硕士学位学历教师 313 人，在全省同类院校中是师资力量最强者之一。

学院建有汽车工程、机械工程、电子电气、建筑环境、计算机科学和外语、文化传播、管理、应用数学与经济、艺术体育、网电教学、思政等十二个系部和中国西部物流学院，现代服务业、先进制造业两大职教集团，应用电子技术教育协会和一所二级驾校，正在筹建南骏汽车学院、文化旅游学院。现开设有文、理、工、管、经、师、农、艺等方面的全日制普通大专专业 47 个，常年招生 40 余个；成人教育本专科专业 36 个，中专与五年制专业近 20 个。

三是办学成效显著。学院现有全日制大中专学生近 12000 人，成人在职学生近 4000 人，每年可短期培训各类人员 5000 多人，是一所综合类、教学型的高职院校，建院已来已向社会输送各类人才近 7 万人，基本上形成了能适应社会经济发展需要的多层次、多形式、多规格、立体全方位人才培养格局。曾多次获得全国全省数学建模、电子设计、汽车、机械、物流、文秘、艺术体育、创业大赛和教学科研成果等方面的一二三等奖，毕业生就业率常年保持在 92% 以上，是连续四次的全省就业工作先进集体，也是教育部高职高专人才培养水平评估优秀学校和包括“五一劳动奖状”在内的 40 多个先进集体获得者。

在新学院建立的 10 年中，师生员工秉承“明志、厚德、尚学、笃行”的校训，发扬“为难为之为，成不成之成”的校园精神，一是顺利合并，成功转制为全日制普通高校；二是迅速走过磨合期，很快实现深度融合；三是迅速做大规模，成功走出外延发展路；四是置换老区建新区，根本改善办学条件；五是苦练内功强管理，全国评估获优秀；六是集百年智，举万众力，成功举办 90 周年校庆；七是改革体制创机制，顺利实现新老交替党政分设；八是胜利召开“三代会”，科学制订发展建设新规划，绘就发展建设新蓝图；九是成功创建省示范，全面步入内涵建设新时期；十是注重质量创品牌，初具特色和品位。

一切离不开党委政府、教育工委和省厅得文化正确领导，市委、市府社会各界大力支持和全院师生员工的共同努力。我们十分感动、衷心感谢、万分感激！

第二是基本构想。

基于“川职院品牌、省直属体位、厚底蕴资源、综合性学科、桥头堡区位”五大

优势,在学习实践活动中,学院创设了发展建设“三个阶段”的基本构想:

第一阶段为初创成型期。主要任务是融合统一和硬件建设、改善条件,扩大规模;重点是硬件建设、外延拓展。目的是将学院做大,属数量扩张型,可视为第一次创业,属起势阶段。

第二是发展建设期。主要任务是强管理,抓质量,创特色,铸品牌,走内涵发展之路。重点是软件建设、练好内功。目的是将学院做强,属质量效益型,可视为第二次创业,属蓄势阶段。

第三是展翅腾飞期。主要任务是巩固成果,扩大影响,提升品位,铸品牌,求卓越。重点是铸就品质、提升品位。目的在将学院做优,属优化提升型,可视为学院的第三次创业,属腾飞阶段。

第三是基本方略。

为了实现上述构想,近年来,在学习实践、创先争优、三代会召开、十二五规划制订中,学院逐步形成并确立了办学治校的八大方略。这就是:

瞄准一个目标:力争通过十年左右的努力,将学院建成西部一流、国内著名、国际知名,规模在万人以上的全日制综合类、教学型、高水平职业技术院校。

坚持“二为”宗旨,打造两大支柱。即:坚持为人民服务,为经济社会发展服务的办学宗旨,打造以学历教育为主体的普通高等教育和以岗职培训、继续教育、非学历教育为主体的成人高等教育两大支柱。

建设三大基地,创构三大特色:建设高素质、高技能应用型人才培养基地,职教师资与干部培训基地,职业教育研究基地;努力创构以“特定素养、特殊素质、特有技能”为内容目标的应用型人才培养特色;以人文科技训育为途径方式的全面素质教育特色;以高素质、高技能、高质量应用型人才培养为目标的基本办学特色。

确立四大理念。即:以生、能、职为根本的治校理念(以学生为本、以职业为本、以能力为本);素养、素质、观念、技能四位一体的人才培养理念(以素养奠基、素质固本、观念立命、技能安身);重质量、创特色、铸品牌、求卓越的办学理念,走质量兴校、人才强校、特色名校、品牌立校、卓越荣校之路;就业、服务、贡献、特色融合统一的发展建设理念(坚持以就业寻出路、以服务寻支持、以贡献寻生存、以特色寻发展)。其中最核心的是人才培养和办学理念。

明确“五个面向”思路。即,面向市场设置专业,面向职业设置课程,面向岗位培训技能,面向人生培养素质,面向社会规划人生。

形成六多格局。即,形成多层次、多形式、多规格、多功能、多途径、多品类、立体全方位培养社会所需人才的基本办学格局。

坚持“七为”方针。即,以育人为中心,以就业为导向,以素养为基础,以素质为根本,以能力为核心,以质量为生命,以成才为目标。其核心是以人为本,以学生的健康成长、全面成才为本。

实施八大举措。即,制订规划明目标,带好班子建队伍,深化改革创机制,凝聚人心增活力,调整结构优条件,强化管理抓质量,发挥优势显特色,铸造品牌求卓越。

第四是基本现状。

目前,学院正处于发展建设的第二大阶段,是发展建设的关键时期。我们的最大困难是体制机制创新、特色创建、质量提高、品牌打造、品位提升和资金不足、三期建设、条件完善等。

最重的任务是思想观念更新、思想认识与行动统一;教职工福利待遇改善,积极性调动,创造性发挥;师资与干部队伍的理念确立,意识、观念更新,素质、能力、水平提升;内涵建设、核心竞争力、发展力的增强。

当下,我们正以十七届四五六中全会、总书记七一讲话、清华百年校庆讲话,全教会、省教会,全人会、省人会精神为指引,以创先争优、示范建设为载体,以体制机制创新、人才队伍建设,特色创建、管理强化、质量提升、品牌铸就为重点,以内涵建设为路径,服务地方为面向,示范、一流高职为目标,全方位推进学院的建设和发展,但重点抓的是以下两大建设:

第一是以省示范高职和校园文化建设为重点的软件建设。其间示范建设所确立的是一二三四五的基本思路:

一是围绕一个目标:用三年建成省示范,3-5年创建省一流高职。

二是重点打造六大专业(汽车技术、物流管理、应用电子、数控技术、软件技术、财经信息),着力建构四大体系(体制机制、全面素质教育、人才质量测评保障、终生教育与社会服务)。

三是深化体制机制、专业建设、教育教学三大改革。

四是搞好四大体系建设。

五是提供思想认识、组织领导、体制机制、政策制度、条件经费五大保障。

校园文化建设是以思想、制度、行为、环境、形象文化为主体内容,以办学思想理念、校园精神、校园品质、校园管理、校园形象、校园风气为载体,以文明、时尚、典雅、精致,催人奋进、令人折服,既富历史底蕴,又具时代特征和品质品位为努力方向和总体目标。

第二是以三期建设为重点的硬件建设,包括优化规划设计、完善实施设备、绿化美化校园、强化优化管理,建设绿色生态、和谐优美、大气靓丽、现代典雅的精品校园。力求将其打造成师生员工的成长成熟天堂和精神家园;打造成遂宁的文化教育高地和靓丽风景线。

我们的这些想法期望能得到领导和专家学者们的批评指正!也诚望领导和社会各界朋友能一如既往地关怀支持学院的建设与发展!

需特别说明的是,由于条件所限,加之我们主观努力不够,本次会议的服务可能不周不到,缺失在所难免,敬请领导和专家学者们海涵。

最后,预祝大会圆满成功!衷心祝愿新闻传播教育事业蒸蒸日上,兴旺发达!真诚祝福各位领导和专家学者在遂期间更加安康欢乐,幸福吉祥!

谢谢大家!

在遂宁市“先进制造业”、“现代服务业”职业教育集团成立大会上的致辞

（二〇一一年五月十日）

尊敬的何主任、欧主席，各位领导、各位嘉宾、同志们、同学们：大家好！

在遂宁市委市府、人大、政协领导的关心支持和社会各界共同努力下，以遂宁市人民政府为主导、四川职业技术学院为主体，由遂宁及周边地区“先进制造业”、“现代服务业”的相关行业企业、职业院校、政府相关职能部门，在平等、互惠、自愿的基础上共同组建的区域性先进制造业、现代服务业职业教育集团于风和日丽、生机勃发、欣欣向荣的初夏在今天正式成立了！这既是学院，也是遂宁教育、人事与劳动保障等部门贯彻落实十七届五中全会、央省市教育、人才工作会议及其规划纲要精神，创先争优、推动科学发展的新思路、新举措，是学院和遂宁市经济社会发展建设中的大事、好事和喜事，它必将开启学院和遂宁教育的新征程、新篇章，为学院的质量提高、特色创建、品牌打造、示范及一流高职建设，为遂宁的中国西部现代职教基地打造、科教兴市、人才强市战略和三个加快推进、四个遂宁建设、五个定位实现起到积极的推动促进作用。为此，我谨代表四川职业技术学院党委、行政及近13000名师生员工，对遂宁市“先进制造业”、“现代服务业”职业教育集团的成立表示热烈的祝贺！对莅临我院参加成立大会的各位领导和各位来宾表示热烈的欢迎！向长期以来关心支持我院建设发展的各级领导、各界人士以及兄弟院校表示诚挚的谢意！对为本次成立大会付出辛勤劳动的市委市府人大政协各相关职能部门、各成员单位的领导和同仁表示衷心感谢！

四川职业技术学院是四川省人民政府主办，四川省人民政府、遂宁市人民政府共建，省教育厅主管，1917年创建，有着近百年辉煌办学历程的全日制综合类普通高等学校。

学院由原川北教育学院和四川省机电工程学校强强合并而成。在90多年的中等职业教育和近60年高职教育办学历程中，学院汲取了巴山文明与蜀中文化之精华，积淀了深厚的人文底蕴，积累了丰富的办学经验，凝练了“明志、厚德、尚

学、笃行”的校训，形成了“以能力为本位，以职业素质为核心，培养高素质技能型专门人才”的鲜明办学特色，铸就了“为难为之为，成不成之成”的校园精神，确定了“重质量、创特色、铸品牌、求卓越”的先进办学理念，形成了“融入地方、携手行企、合作育人、服务经济、共同发展”的基本办学模式，总结出了具有自身特色的教育教学经验和科学管理方法，为经济社会发展培育出了数以万计的高素质高技能专门人才。

学院占地1060亩，教学仪器设备总值5246万元，建有98个校内实验实训室和四川南骏汽车集团有限公司、西部电子工业园区、中国西部现代物流港及相关企业等200多个稳定的校外专业实习与就业基地和汽车、现代物流、电子电气应用技术、机械制造、计算机应用、建筑环境、人文与科技训育等六大院内实践教学中心和总投入1000万元的数字化校园宽带网。现有教职工786人，专任教师537人。具有正高级职称16人，副高级职称147人；拥有博士、硕士学位和在读博士、硕士研究生313人；先后聘有美、日、加、澳、新西兰、丹麦、荷兰等国30多位专家、教授来院任教、讲学；有来自企业、行业的兼职教师162人；有教育部部聘专家2人，享受国务院政府津贴专家3人，四川省级突出贡献专家1人，曾宪梓教育基金三等奖获得者2人，四川省专家评审委员会专家1人，省部级教学名师1人，省、市劳动模范2人，市级学术和技术带头人3人，市级优秀拔尖人才1人。

学院坚持以培养生产、建设、管理、服务第一线高素质高技能专门人才为根本任务，在各级政府和教育行政部门的关心支持下，创新发展理念，抢抓发展机遇，全院教职员工同心同德，攻坚破难，使学院在办学规模、办学质量、基础设施建设、社会声誉等方面实现了超常规、跨越式发展，顺利走过了外延拓展、做大规模的发展建设历程，步入了内涵建设，做强、做优、做卓越的发展建设新阶段。近年来，学院先后获得全国德育教育先进单位、教育部高职高专人才培养水平评估“优秀学校”、四川省“五一劳动奖状”、四川省文明单位、四川省校风示范学校、四川省高校优秀图书馆、四川省大学思想政治工作先进集体、四川省高校信息工作先进集体等45项殊荣，学生就业率保持在92%以上，社会满意率在95%以上，连续四次被四川省教育厅评为“四川省高校毕业生就业工作先进集体”，为学院又快又好发展奠定了坚实基础。目前，学院正上下一心、团结一致，攻坚克难，坚定不移地走质量兴校、人才强校、特色名校、品牌立校、卓越荣校的内涵发展之路，坚定不移地朝着省级示范、西部一流、全国著名、国际知名的全日制、综合类、教学型、高水平职业技术院校的既定目标奋力推进。

在我院发展的关键时期，市委市府及各成员单位把我院推定为两个“职教集团”的牵头单位，这既是对我院过去为地方经济社会发展所作努力的充分肯定，也是各级领导对我院的信任、支持和鞭策,我们既深受鼓舞,也倍感责任重大。我们将珍惜机会,肩负重任。锐意进取,勇于创新,不断探索新的人才培养模式,努力提高教育教学质量,充分发挥骨干带动、示范引领作用;充分发挥在职教集团中的纽带和桥梁作用,加强与理事成员单位的全方位真诚合作,促进资源的集成整合与共建共享;切实搞好产学研一条龙服务,围绕行业、企业、学校和经济社会发展所需,在校企人才培训、产品研发、技术更新、咨询服务、校企文化建设、解决生产和经营疑难问题等方面进行充分合作,形成院校与企业之间的良性互动,推动职业院校和企业共同发展;切实推进学校与社会教育、普通与成人教育、中职与高职教育、职前与职后教育、学历与非学历教育的衔接转换,尽快构建起终身教育、终身学习体系,构建起职业教育人才培养的立交桥;切实推进院校间、院企间、院地间、院行间、园院间的合作办学、合作育人、合作就业、合作发展,构建起社会服务体系,围绕中心,服务大局,促进好地方经济社会的发展,全面提升学院的社会服务能力。

各位领导,同志们,央省市"十二五"人才队伍建设及教育改革与发展规划已经制定,职业教育发展蓝图已经绘就,我们欣逢盛世,正值大好发展机遇,两个职教集团的成立仅仅是一个良好的开端,我们有理由更有责任携起手来,密切合作,在更多更大的领域共同努力,合作发展,为遂宁先进制造业和现代服务业的大发展,为地方经济社会的新跨越,为"把遂宁建成成渝经济走廊上最具产业集聚力、品牌影响力、自主创新力和市场竞争力的新兴工业强市"做出我们应有的积极贡献!

祝大会圆满成功!祝职教集团不断发展壮大、越办越好!祝各位领导、各位来宾安康欢乐,幸福吉祥!

谢谢大家!

在射洪职中衔接试点校授牌暨开班典礼上的讲话

（2013 年 6 月 17 日）

尊敬的牛部长、王县长、叶局长、曹科长，同志们、同学们：

大家上午好！现在是农历五月上旬。五月是一个耕耘，更是一个收获的季节。在这个特定的节日里，我们十分欣喜地迎来了四川职业技术学院中高职衔接射洪职中试点校的挂牌成立暨应用电子技术、数控技术、财会专业试点班的顺利开学。这既是四川、遂宁现代职教体系、中高职衔立交桥构建中的一件大事、喜事，也是四川省教育改革试点项目终生学习教育体系、中高职衔接、立交桥建构、职业院校社会服务能力提升的又一个阶段性、标志性成果，更是学院办学体制机制改革、政行企校合作的又一次探索和创新，是遂宁、射洪职教、教育战线和学院发展建设中的盛事和好事，是遂宁市教育局、射洪县委、县政府、县教体局关心、支持与合作院校共同努力的结果，共同劳作的结晶。今天，市教育局、射洪县委、县政府、县教体局及相关职能部门的领导都拨冗披繁，于百忙中莅临这里关心支持，共同见证这一美好时刻，无不令人欢欣鼓舞，也为我们的典礼增添了光彩。为此，我谨代表四川职业技术学院和省教育改革试点项目组，对射洪职中试点校的挂牌和试点专业的隆重开学表示热烈的祝贺，对给予关怀支持、提供保障、付出辛劳、做出积极贡献的各级领导、各位同仁和给予充分理解支持的各位同学、家长和社会各界人士表示衷心的感谢！

需要特别指出的是：我们今天所建的点、所开的班，连同我们率先在安居职中、相继在桂花职中、蓬溪职中开办的相应班、点都不是普通的班点，可以毫不夸张、非常自豪、充满深情和信心地讲，这是我们深入学习贯彻落实全教会、全人会，党的十八大和省委十届三次、市委六届五次会议精神，响应党中央号召，共筑共圆学校、学院梦、教育梦，科教兴国兴川兴市兴县兴院兴校，人才强国强川强市强县强院强校梦，民族伟大复兴中国梦，共同谱写中国梦的四川篇章，贡献遂宁力量的一大举措，一个行动。百年大计，教育为本，十八大报告指出：教育是民族振兴和社会进步的基石。人才是民族复兴的根本、关键、要害所在。教育的根本任务就是要立德树人,教育的目标任务、历史使命就是要培育德智体美全面发展的中国特色社会主义事业的合格建设者和可靠接班人,让每个学子成为有用之才,办人民满意教育。对于我们的职业教育来讲,也就是要为地方经济社会发展服务、为人民服务、培育高素质、高技能应用型专业技术和服务管理人才,这正是我们举办这类点这种班,进行这类改革的目标宗旨所在。

毋庸讳言的是:虽然过去也有很多人在做这种努力,但是由于思想观念、体制机制、利益关系等原因,往往是在本土范围内画地为牢,各自为阵。同样是职业教育,层次不分,目标不明,课程交叉,内容重复,资源分散,方法陈旧,各吹各的号,各抬各的轿,鸡犬之声相闻,老死不相往来,彼此封闭,相互恶意竞争,得罪了学生、家长这个上帝,造成了恶性循环,在一定程度上影响了经济社会发展,扭曲了应有的办学宗旨和方向。虽然这不一定全是谁的过错,但大家守土有责,履职有务,在社会进步、教育改革已经步入深水区,进入关键期的今天,改变现状刻不容缓,我们不能不反思,不能不警醒,不能不改革,不能不创新。正是基于这样的缘由和基础,我们积极响应党和国家、省委省府和市委市府的号召,选择了这样的项目,立定了这样的题目,确定了这样的目标思想和举措。同时,在我们看来,整个经济社会的发展、人类社会的进步、中华民族的振兴需要大量高素质高技能应用专业技术和管理服务人才,而这样的人才要职业教育来培养,来打破僵局、革除弊端。可见适应经济社会发展需求,实行中高职衔接,构建职业教育人才培养立交桥和与之相应的现代职教体系,是历史赋予我们的光荣艰巨任务,作为省厅直属的高职院校,我们自当奋起,敢于担当。因此,我们在2010年申报并获准立定了这样一个省政府立项的全省高职院校唯一的重大项目,并在充分论证的基础上开始了这样的探索,也是因为如此,我们的基本思路、做法是:在地方党委政府统一领导下,依据社会经济发展的要求,按照职业教育规律办学,在本土范围内把中高职,包括应用型本科院校,甚至包括行业企业,党委政府在内的相应资源整合起来,共同解决相应的人才培养问题。在中高职衔接中,我们打破原有的各自为阵、相互脱节、资源浪费、目标各异、效果不好的做法和三个5%的限制,为更多的中职学生提供成长成才的机会和实行培养目标规格、专业调整、课程、教材体系,师资队伍,实验实训基地、过程环节管理、人才培养质量的保障监控与测评、招生、就业等十个方面的有机衔接统一起来,从素养、素质、到观念技能的培训培养都有机统一、整合起来,构建中高职(包括应用型本科)真正融合统一的现代职教体系,构建初中高职(含本科以上教育)全面贯通的真正的立交桥,构建起真正的终生学习教育体系,进而培养真正能适应经济社会发展需求的高素质高技能应用型专业技术和管理服务人才,办出真正的让每个学生成长成才的人民满意的职业教育。尽管这样做的难度很大，问题较多，需要做出超常的努力，但我们选准了这个方向和目标，选准了这条路径，也坚定了这样的信念，决心坚定不移地走下去，今天的建点开班便是这方面的最好的明证。因此，我们衷心期盼到会的同学和你们的父母亲朋能充分理解支持，能齐心协力，坚定不移地沉着我们已经开辟的路子走下去。我们深信，有了今天的良好开端，有了大家的理解支持，我们的道路一定会越走越宽，我们的探索一定会圆满成功！我们一定会为各位同学，为中高职院校开创一个美好未来！

衷心祝愿射洪职中越来越好，衷心祝愿我们的合作与探索圆满成功，衷心祝愿各位领导和老师们、同志们、同学们安康欢乐，幸福吉祥，步步高，更辉煌！

谢谢大家！

在中高职衔接大竹职中试点班开班典礼上的讲话

（2014 年 11 月）

尊敬的孟然局长、晓宏局长、著华科长，老师们、同志们、同学们：

大家上午好！

现在虽然已悄然进入自然界冷酷肃杀的冬天，但在职教界却是“满园春色关不住，一枝红杏出墙来”，我们职教人却热情似火，为了实现国家富强、民族振兴、人民幸福的中国梦、职教梦、人才梦、以及我们自己的学校梦、家庭梦、个人梦，为了构建时代社会迫切需要的现代职教体系，搭建让学子个个成才、人人人生出彩，办人民满意教育的平台和舞台而辛勤耕耘得热火朝天！今天，我们欢聚一堂，热烈而隆重地举行四川省教育体制改革中高职衔接大竹县职业高级中学试点校的挂牌成立仪式暨试点班的开学典礼。这既是贯彻十八大、十八届三中全会和全国执教工作会议精神，建构现代职教体系、中高职人才培养立交桥的一件大事，也是四川省教改试点项目终身学习教育体系、中高职立交桥建构、社会服务能力提升的又一个阶段性、标识性成果，更是四川省教育体制机制改革、政行企校合作的又一探索和创新，是达州市教育局、大竹县委、县府、县教育局关心支持和合作院校共同努力的结果。今天，达州市教育局、大竹县教育局的领导也都拨冗披繁，在百忙之中莅临现场关心支持这一工作，为我们搞好试点改革增添了巨大信心和无穷力量，也为大竹职中的莘莘学子带来了福音和希望。为此，我谨代表四川职业技术学院和省教育体制改革试点项目组，对大竹职中试点校的挂牌和试点班的顺利开学表示热烈祝贺，对加入试点行列的大竹职中和相关师生表示热烈的欢迎！对为之给予关怀支持、提供保障，付出辛勤劳动，做出积极贡献的各级领导、各位同仁和包括学生与家长在内的社会各界人士表示衷心的感谢！

各位领导、老师们、同志们、同学们，国家“十二五”《教育规划纲要》明确提出，到 2020 年形成适应经济发展方式转变和产业结构调整要求、体现终身教育理念、中等和高等职业教育协调发展的现代职业教育体系，满足人民群众接受职业教育的需求，满足经济社会对高素质劳动者和技术技能型人才的需要，党的十八大、十八届三中全会也明确要求我们要加快发展现代职业教育，积极发展继续教育，努力完善终身教育体系，建设学习型组织和社会，让每个孩子都能成为有用之才，让每个学生都有人生出彩的机会，这是未来我国职业教育改革发展的根本性目标和核心任务。教育部《关于推进中等和高等职业教育协调发展的指导意见》也指出，现在最为迫切的就是要加快建设中国特色的现代职业教育体系，尽快解决中职教育和高职教育脱节、职业学校学生升学和成才渠道不畅、重复办学和效益不高等问题，全面提高教育质量，为国家转变发展方式和建设现代产业体系提供坚实的支撑，以适应第三次产业革命所带来的根本性变革和需求。在今年6月召开全国职教工作会议的同时，国务院下发了《关于加快发展现代职业教育的决定》，要求"推进中等和高等职业教育紧密衔接，发挥中等职业教育在发展现代职业教育中的基础性作用，发挥高等职业教育在优化高等教育结构中的重要作用"。要打通从中职到高职，到应用型本科、到研究生教育的上升通道，构建全新的现代职业教育体系。正是基于这样的要求和认识，四川职业技术学院于2011年申报并获准立项了"构建终身教育体系与人才培养立交桥，全面提升职业院校社会服务能力"的省政府教育改革试点项目，这是全省12个一级项目，25个二级项目之中，唯一一个由高职院校独立承担的省级教育改革试点项目，具有十分重要深远的历史与现实意义。试点工作开展两年多来，我们先期开展了单独招生改革和中高职衔接的改革试点，先后在本市内，与各公办中职学校联合开办了电子应用技术、机电一体化、财会三个专业的十多个试点班，试点班的开办把中高职衔接工作由简单引向了深入、由理论进入了实践，由单一的招生升学，走向了教育教学的全面融合阶段，切实解决了中高职衔接什么、该如何衔接等重大基本问题，这在全省尚属首创，得到了试点学校及其教育主管部门的热忱欢迎和大力支持，让我们顺利推进了大量艰苦细致、富有成效的基础性、先导性工作，在思想认识、观念理念、步调行动等方面达成了高度一致，在中高职衔接的体制机制、办学模式和招生考试制度等方面做了大量创新性工作，取得了阶段性的创新突破和显著成效。去年4月，省教育厅王康副厅长及专家学者、行业企业代表一行专程参加我院试点项目阶段汇报推进会，对我们的试点工作给予了充分肯定，对我们所做的创新性工作和所取得的成绩给予了高度评价。今年9月省厅检查组代表省教育体制改革领导小组，对我院的试点工作推进情况进行了重点检查，检查组的评价是认识到位，理念超前，成效显著，案例典型，意义重大。

今年，在全面推进市内中高职衔接试点的基础上，我们应省内各中职学校的要求，结合试点项目的相应需求和工作部署，在众多的申报者中，我们有节制性地在市外选择了6所思想认识到位、办学意愿强烈、基础条件较好、办学能力较强的公办中职学校联合办学，开办试点班，目的在于扩大试点成果，继续深化、优化“院地院校合作”，中高职衔接办学模式，不断开拓创新，积极探索具有地方特色、区域特点的人才培养新体制、新机制、新内容、新方法、新模式和新途径，为四川省构建现代新型职业教育体系做出积极努力和有益探索。

今天，大竹县职中试点学校的挂牌和试点班的开办，就是这一活动的拓展和深化，为此，我真诚期盼大竹高级职业中学能与我们一道，严格按照《四川职业技术学院省级教育体制改革试点项目“中高职一体化试点班”管理办法（试行）》的规定和要求，建立健全组织机构，明确目标任务，厘清职能职责，创新工作体制机制，在目标任务、方案标准、师资队伍、课程、教材、资源平台、实践基地、校企合作、师生竞技、考试考核等10个方面全面推行“一体化”，步调一致，协同努力，为自身学校的建设发展和全省乃至全国职业教育的深入改革做出我们自己的贡献。

希望试点班的同学认清形势、志存高远，增强信心，坚定信念，默契配合、教学相长，好好学习、刻苦锻炼，努力夯实专业基础，切实练好专业技能，不断提升综合素质，为成就自己的美好未来和出彩人生而勇于开拓、奋力创新。

希望各级政府主管部门、社会各界一如既往地理解关心、帮助指导以中高职衔接，立交桥建构，终身学习教育体系建构，职业院校社会服务能力提升为主体内容的省级教育改革试点工作，为很好构建现代职教体系，切实培养社会主义事业合格建设者、可靠接班人添砖加瓦、献计纳策、保驾护航。

老师们、同志们、同学们：实现中高职衔接统一、协调科学发展是建立现代职业教育体系的关键，因此，我们都担负着神圣的使命和光荣的责任。我们将进一步加大试点改革的宣传教育和组织管理力度，通过健全完善机制，着力解决好重难热焦点问题，不断推进试点项目工作进程。通过项目试点，为全省职业教育更好更快发展开辟全新路径、打好坚实基础、创构美好前景，为地方经济社会发展做出新贡献，为“中国特色、世界水准”现代职教体系构建做出不懈努力。

为此，我们衷心祝愿达州市及大竹县教育工作不断开创新局面，取得新成就，祝愿大竹县高级职业中学越办越好，祝愿我们的合作与探索圆满成功，祝愿各位领导和老师们、同志们、同学们安康欢乐，幸福吉祥，步步高，更辉煌！

谢谢大家！

在应用电子理事会暨职教集团2012年会上的讲话

（2013年1月25日）

尊敬的各位领导、各位理事、各位嘉宾，老师们、同志们：

大家上午好！

借此机会，我表达三个方面的意思：第一是谈一点感受，第二表明一个态度，第三讲一点意见。

首先谈一点感受。这个会开得很好，既是一个工作总结会，也是一个工作部署会，还是一个工作的研究探讨会。在刚刚的会上，何展荣理事长总结安排了工作。相关职能部门的负责同志通报了情况，给大家提供了相应信息，还就整个职教集团、整个理事会改革推进过程中的一些重大问题讲了一些意见，抛出了一个方案。来自企业界和教育行政主管部门的领导作了重要讲话。刚才四川柏狮光电的刘总监讲的问题非常重要，讲的意见非常精当、非常好；还有市教育局黎书记站在教育行政主管部门的角度，既从宏观上，又从中观、微观上讲了很好的意见，体现了教育行政主管部门对理事会、对整个职教集团的高度重视和深切期盼，也给我们指明了方向和道路，而且还给与了相应的政策支持和激励。因此觉得这个会开得非常好，给了我们很多启示、很多教益，给了我很好的学习机会，非常感谢！

第二是表达一个心意。从刚才的总结报告和黎书记讲话中都可以看到，我们的职教集团、理事会成立的时间虽不长，但是，大家既登高望远，又脚踏实地，在这短短的两年时间里做了大量艰苦细致而卓有成效的工作，取得了非常好的成效。这个成效是方方面面都公认的，是很令人振奋和鼓舞的，使我们看到了这个理事会和职教集团发展方向和前景，很令人鼓舞；还有牟顺海处长招生制度的改革情况通报，应该说也是与大家沟通、交流和研究探讨，也是一种期盼，目的在研究探讨一些问题，把我们事业发展中最基本、最重大的问题研究解决好。何军主任给我们通报的遂宁市应用电子技术职业教育的现状，通过调研所得到的一些情况，一些启示，一些感悟，包括以后工作的努力方向，其中一个重大的问题就是人才培养，中高职立交桥建构问题。怎么建构，朝哪个方向去努力，谈了他们的一些很好的看法想法，其中我们感受得到，我们职教集团、我们整个理事会，整个中高职立交桥建构，都进入了一个攻坚阶段，进入了改革的深水区，尤其需要大家一起来提高认识，统一认识，齐心协力，共同攻坚克难，来把我们这个深水区的改革探索推进好。刚才何主任推出的方案，也是我们的一些思考，也是一种抛砖引玉，需要领导和来自社会各方面的专家，需要职教集团、理事会的各位理事高度关注，大家都来集思广益，把我们人才培养最基本、最核心的问题解决好，这也是我们多年来一直在探索的问题。一月十六日，谢和平校长院士发表在《光明日报》上的一篇文章，跟我们研究和刚才所谈的话题是一致的。谢院士站在川大这样的一所综合性大学层面，从培养人才的角度谈了他的认识与感受，他们努力的方向，他们相应一些举措；刚才刘总监从企业的角度谈了看法。我们到基层、到企业行业调研的时候，很多企业行业领导也都跟我们提到了一个共同的问题，这就是职业教育做人与做事的有机结合，首先要解决好做人的问题。按照十八大精神，讲的就是立德树人的问题。按照谢和平院士所讲的就是一个人性、知性问题：人性是解决做人的问题，知性是解决相关知识、相关技能的问题。大家都在探索、都在研究，而且像川大这样的“211”、“985”重点综合性大学都在研究，他们在这方面做了很大努力，做了很多探索，川内还有西南财大也在探索这类课题，大家都在关注、都在研究，这些都给我们很好的启示和教益。过去的一年取得的成绩离不开各级党委、政府特别是教育行政主管部门，我们市教育局、各个县区教育局的大力支持和高度重视，离不开我们理事会、职教集团的高度重视和努力拼搏，离开了这些，我们没有办法推进，没办法取得这么好成效，没办法纵深推进它、没办法去攻坚克难，顺利地走过、走出深水区。所以，借这个机会，我想表达的一个心意就是，代表我们学院党委、行政，代表我们学院、代表13000多名师生员工，对我们这个会议的召开表示热烈地祝贺，对于我们过去一年，各级领导、社会各个方面对职教集团，对我们理事会所给予的高度重视和大力支持，对我们职教集团以及各理事单位在过去一年所做出的巨大努力、做出的巨大成效表示衷心的感谢！

第三是谈一点意见。这个意见不是全方位的，也不是宏观、中观、微观的。刚才黎书记做了很好很重要的讲话，我希望大家把黎书记的讲话精神领会好，下来之后贯彻落实好，特别是我们的职教集团和理事会。我讲的意见是谈个人的认识感受，主要是针对刚才说的，就我们职教集团的建设、我们理事会建设、我们中高职立交桥构建，进入了这样一个深水区，进入了攻坚克难一个关键阶段。我想着重就今天何主任抛给大家的中高职立交桥建构方案谈一点个人意见和感受，也是抛砖引玉，是以一个会议的参与者，一个职教工作者、职教人的身份谈的，不代表其他，仅供参考，目的是希望我们大家一起来把这项工作推进得更快更好。

我集中就中高职立交桥建构方案谈三个方面的基本意见。

第一是基本感受。从现实中我深切感受到:第一是大家认识明确,态度端正;第二是方向明确,思路清晰;第三是目标明确,工作扎实;第四是开局良好,成效显著;第五是意义非凡,应当赞赏。刚才黎书记也提到了,我们中高职立交桥的构建,包括刚才何院长、何主任、牟处长也介绍到,我们这个项目是省人民政府教育改革的一个试点项目,大家对这方面情况也很了解,我们以前也做过这方面介绍,而且在四川探索这个方面的就是我们一家,省政府立项的、教育部也高度关注这个项目,从平常了解到的情况和收集到的信息看,社会各界对这方面的关注也很多。我想大家也看到了教育部所发的一些文件和在这方面所做的一些工作,说明是一个很重大,值得我们高度关注,高度重视的命题。前不久我到国家教育行政学院学习的时候所得到的信息是,教育部正在为国务院筹备全国的职教工作会,这个会估计在上年人代会之后会召开,如果晚一点,就是下年。其中将会出台的是两个重要文件:一个是关于构建现代职教体系的一个决定,一个是关于构建职教体系的规划纲要。这两个文件已经修改十多稿了,理念和措施办法都很新,很多都是突破性的,包括职教的基本框架,未来发展走势等,我们看了很振奋,它的一个基本定位是我们职教要办出"中国特色,世界水准"。这八个字听起来很简单,"中国特色"与中国特色社会主义是一体的,中国特色它跟世界其他做法肯定不一样,而且现在世界很关注中国职业教育,很赞赏中国职业教育。前段时间大家不是学德国的双元制吗?学新加坡的教学工厂吗?还有很多相应的经验,相应的做法,但现在美国人也好,德国人也好,英国人也好,很看好中国的职业教育,所以我们现在提出总的目标是"中国特色,世界水准",这里面有很多内容,很深内涵,这里面也包含了中高职立交桥的建构,是全方位的。第六是差距明显,尚需奋进。后边的意见也是针对这点来谈的。

第二是基本问题。我所发现的问题主要有三个方面。一是这个方案的整体设计还做得不够,主要体现是方案还不够系统、不够完善,但这还得有一个过程。比如高职办本科的问题,今天何主任介绍到这儿稍微说的少一点,也不敢放开说,这是可以理解的。但这个问题,既然叫立交桥,刚才黎书记也讲到了这一点,我们共同的感受是:中职不与高职衔接是断头路,高职专科不与高职本科衔接也是断头路。不衔接不叫立交桥,不叫现代职教体系,也构不成体系。因此,对这个问题,我们应该大胆讲,坚定地把本科院校拿进来,跟我们搞一体化、来共同建构、来组建这个立交桥(这里的本科是指应用本科)。另一个就是立交桥的支撑体系还有待完善,还需要下来单独研究交换意见。二是关系还未完全理顺。其中一些逻辑体系还有待理顺,包括方案的构架、课程体系、课程类型、知识体系、能力体系,这几大体系之间还有待进一步梳理；另一个就是中职、高职、应用型本科，应当统筹考虑。目前主要重视了中职、高职专科阶段，高职本科只是提出来了，没有深入下去，还需进一步做。再就是支撑保障体系还涉及的不太多。三是基本内容有了，基本定位有了，有些方面还需进一步思考、锤炼和提升。这方面的任务显得比较重。

第三是基本意见。对于中高职衔接，我以为目前需重点解决好以下问题：

第一是提升认识，加强领导。一是要通过研讨、通过交流、通过沟通、交流、碰撞来统一，来提高我们的思想认识。砍柴不废磨刀工，这是基本前提，一定要解决好；二是加强组织管理。要建立起这方面的组织机构。这个组织机构或是理事会，或是以中高职立交桥的名义单独组建领导小组（如果需要的话，可以单独组建这样的组织机构，而且其间不能缺了本科院校）分工与责任明确，有序推进；三是要排出时间表，明确阶段性的目标任务，建立起定期总结、检查、布置，定期会晤、磋商、研究、探讨的长效机制，以求将其落到实处，做得更好；四是形成简明必要的制度，确保其规范有序运作；五是研究落实相应的支撑保障体系，其中特别是经费保障。

第二是认准目标方向，确立认识基点。大家把方向已经搞清楚了，认识基点方面已经形成了一些共识，有了比较好的基础，但我希望能够把以下几个问题从认识上到行动上搞得更明确些：

一是中高职合作，立交桥建构是我们的目标方向，也是现代职教体系建设的重要内容，是中国特色，世界水准的重要载体，是我们党和国家的要求，时代社会的需求。我们再不能是过去那种互相脱节、互相重合、甚至是互相抵耗的，或者是散兵游勇、单打独斗式的搞法，那肯定是不行的，因为这是职业教育、整个中高职教育（高职包括专科、本科）科学发展、可持续发展一个总体必然取向，是教育部的战略重点。

二是应用电子技术专业属朝阳专业，四川有个一号工程，我们遂宁电子产业是无中生有，现在已经做得很好，由过去的切薯片到了现在切芯片，有着质的飞跃和美好前景，是遂宁市经济社会发展的支柱性产业，从这个专业做起搞中高职衔接试点，是我们职教集团、相关的专业的标杆，是走在前面的标兵，很有必要。试点也是先行、先示范，做标兵、当前哨，其探索、引领作用，价值意义很大，当坚定不移地向前推进。

三是该专业的衔接已做了大量艰苦细致而卓有成效的工作，而且从大家平时所谈的一些感受看，也是英雄所见略同，思想认识是统一的，有很好的基础，目前是进一步加深，是攻坚克难，顺利地走出深水区的问题，是实质性推进的阶段，是纵深推进的问题，因此也应当坚定信念，乘胜前进，瞄准目标，突出重点，突破难点、奋力前行。

四是目前的思路明确，措施办法基本可靠，即进一步集思广益，明晰我们的目标方向内容和相应要求，优化成型的问题，今天抛出方案供大家研讨的目的也在于此。

五是目前要紧的是统一思想认识，搞好顶层整体设计，使之系统科学，更具有针对性、系统性、可操作性、科学性。

六是这是一项探索性的系统工程，因此要统一思想认识，强化组织管理，形成统一意志和行动，有序有效地推进，应当让这些思想认识更坚定，更牢固一些。

第三是基本构想。主要的有这样一些：

其一，衔接的基础是我们对中高职（含专科本科）的现状调研、我们于调研基础上形成的分析报告，所形成的一些基本认识。

其二，于衔接的目标方面当做好这样几件事：制定专业建设方案、人才培养的方案，建立起人才培养体系；实施中高职教育的一体化，而且是真正的、切实可行的一体化（中职阶段应包括初、高中两个层面的职业教育。不要一说到中职就单指高中阶段的职业教育，还应该包括初中阶段的职业教育，甚至还应该延伸到小学阶段。因为这是我们的一个缺陷，否则我们就会失去基础，要像发达国家一样把我们初级阶段的职教基础夯实；高职阶段要包括专科和本科层面的一体化，这才是真正可行的一体化），我们将这个应用电子技术专业的两个方案做好了，其他专业就知道怎么做了，以典型的经验来起到相应的示范效应，为整个遂宁的中高职教育提供可资借鉴的典型经验，为整个中高职一体化的建设，为遂宁经济社会的发展提供人才支持和服务，从而真正推动经济社会更好更快地发展。

其三是衔接的内容：

一是专业建设。

专业建设需要首先明确专业建设的目标。在我看来，我们专业可以将建设的目标集中概括为“三基地一专业”。三基地即建成中高职衔接一体化的初高中级应用电子技术人才培养基地，建成应用电子新工艺、新技术、新产品、新成果的研发、推广应用基地，建成“政行企校”、“园院合作”建设专业、培养人才体制机制改革的示范基地；一专业即应用电子技术的一体化建设示范专业。二是探索“政行企校”、“园院合作”高素质、高技能人才培养的新体制、新机制。三就是制定针对性、可行性、科学性强的人才培养方案。四是建立起包括人才培养、实验、实训、实习、实践、就业一体化训育基地。五是建立起应用电子技术管理人才岗职培训、继续教育体系。其间应涉及到企业和社会方面的管理干部、员工的培训问题，都应该纳入探索的范畴;六是建立起应用电子技术人才质量监控测评保障和职业技能鉴定体系;七是建立起应用电子技术人才培养的专业体系(专业群建设),包括相关的、相近的一些专业,都纳入衔接的范畴来系统地考虑。八是建立应用电子技术新产品、新技术、新成果的研发、推广、应用的体系。

二是人才培养。

1. 研究制定应用电子技术类专业人才培养方案,应包括学历教育、非学历教育,包括岗职教育、继续教育;既是面向行业,又是面向社会的。

2. 建立应用电子技术类人才培养的课程体系,也应包括学历教育、非学历教育;素养、素质、技能训育;课程大纲、课程标准、课程规范建设等。

3. 教材体系建设,包括素养教育教材,素质教育教材,技能教育教材(公共技能、专业基本技能、专业核心技能)。

4. 质量监控、测评、保障体系,同样要包括素养、素质、技能三个要素,三大方面。

5. 素质、技能训育基地建设体系,包括项目、内容,也应该有相应的标准,包括设施设备、管理制度。这是一个资源整合、资源利用的问题,还有就是规范化、标准化的问题。一定要上档次、上品位、上台阶,分阶段朝这个目标去努力,最终实现这个目标。

6. 建立招生、就业工作体系(目标、理念、方案)。

三是保障体系。

1. 组织领导保障(体制机制)。

建立政行企校合作领导小组,分工负责、分工协作;建立定期研究、会商的长效会晤机制,建立相应制度办法,形成体制机制保障;统一研究解决专业建设、人才培养中的重大基本问题,形成强有力的组织挂领导管理核心;建立相应的工作机构,配备专兼结合的工作人员,明确工作要求。

2. 机制保障。

政行企校、园院合作,成果利益共享、风险共担机制;相应运行机制;定期会商、会晤,形成意见办法的决策机制;检查、考核、评比的监督制约机制;批评表扬、奖惩激励机制。

3. 经费保障。

经费筹措、使用管理、经费保障。

其四是衔接要义。

1. 本项目既是示范建设、也是省体改试点、更是西部现代职教基地建设项目,不能对立分割,应当三位一体、统筹兼顾,整体推进。

2. 本项目实行的是政行企校、园院合作管理运行的特定体制机制，应贯穿始终，这才有价值意义。合作的原则是政府主导、学校主体、行企参与、社会支持，院地、院校、院行、院企合作共赢、风险共担、成果共享。

3. 本项目为中高职一体化合作。中职含初高中，高职含本专科及职前职后、学历非学历、学校与社会（事业、企业，员工、干部教育）教育。

4. 本项目的运作采用渐进式、集辐式推进战略：即先本专业、后专业群、然后再带动引领、辐射其他专业；先骨干学校、市内学校合作，取得成效和经验后在辐射延伸；先实践、感性，然后再理性、理论阶段；先阶段、后整体成果。有目标、有追求，力争省一等、国家二等教学成果奖。

5. 本项目要秉承、贯彻素养素质、观念技能四位一体的人才培养理念和全面素质教育方针，要以合格建设者、可靠接班人，以人为本、让人人成为有用之才，坚持因材施教、分层分类教学、德智体美全面发展，分素养素质技能三块、中高本三段设置模块课程，统一制定层级目标、规格和相应标准规范，分段实施教育教学，做实做优、做特做高、做出价值意义和成效为原则与目标追求。

6. 本项目是系统科学的探索，是理性务实的探索，是复杂艰巨的系统工程，需要强有力的组织领导，需要明确统一的思想认识，需要坚强有力的战斗集体，需要打持久战、攻坚战，需要良好的体制机制保证和相应的制度经费保障，需要艰辛付出、无私奉献，需要团结一致、勇往直前！

加拿大、美国职业教育学习考察报告*

（2013 年 2 月）

按照学院示范建设的统一部署和安排，我们赴美加代表一团一行 6 人于 2012 年 10 月赴美国、加拿大进行了为期十天的职业也技术教育学习考察，现将考察情况报告于后，作汇报交流，也期共同分享并具相应效应。

一、基本情况

本团一行六人，组成人员是汽车工程、电子电气工程、机械工程、外语系、（外事办）、组织人事部等部门的负责同志。出访的时间是 2012 年 10 月 16 日至 25 日。访问的美加两国，但重点是美国。先后考察了加拿大的多伦多大学和杜威学院；美国的纽约、华盛顿、洛杉矶和圣马可学院等高的学校和企业、社会事业，进行了旅游、物流、商贸、文化、教育、城建、经济社会等多方面的考察、学习与沟通交流并会商了相应的合作事宜。

为了确保访问与考察学习的顺利进行和应有成效，本团做了充分准备和精心组织，一是在面签前就组织所有成员学习了外事纪律、国际礼仪等初步准备。二是于 14 日下午再次开会，检查行前准备，说明行程安排，介绍加、美国情况、交代出行须知、注意事项，强调外事纪律，进行合理分工，完善相关手续；本着认真负责，求真务实的态度，对外出学习考察、沟通交流的目的、内容和方法作了认真研讨。会上，团长王金星同志强调要提前做好各项准备工作，以明确的认识，强烈的事业心、高度的责任感对待出国考察工作；要注意个人形象、学校形象、教育形象、民族形象、中国形象；要理清思路，想清楚出去“做什么，看什么，交流什么、学什么”，不打无准备之仗。强调本次访问是按照学院示范高职建设的相应部署安排和要求进行的，时间短，任务重，难度大、要求高，一定注重方法、注重效果、注意安

---

* 这是学院示范建设中经批准按规定安排参加出国学习考察回国后在学院干部与骨干教师学习会上作的分享报告。

全。要“跳出教育看教育,跳出职教看职教,跳出专业看专业”,立足于了解情况、开阔眼界、拓展思路,更新思想观念、提高认识能力与水平;要以学习先进经验、寻找发展机遇、谋求合作发展为基本出发点,以“中国特色,世界水准”之国家战略和“西部一流、国内著名、国际知名”高职院校之发展建设目标为最终归属,满足“做好一份专题学习笔记、写好一份考察报告、开好一个报告分享会”的“三个一”要求,做了进一步的充分准备。三是除去考察中的随机交流、即兴讨论之外、还先后于出访的第一天、最后一天晚上和回国后的周日集中召开了三次总结报告会,最后一次还特邀了示范建设分管领导何展荣副院长和是示范建设办的杨丁、刘进等同志出席。

由于认识明确,高度重视、组织严密、准备充分,因此不仅学习考察顺利圆满、而且收获颇丰,访问成功,很好实现了预期目标,达到了相应目的,取得了显著成效。

二、收获体会

(一)加拿大印象

本团于10月16日启程,经北京转机飞往加拿大,当地时间晚上7点抵达加拿大多伦多市。在后来的两天中先后访问了杜威学院、安大略省省政府、多伦多大学和城市之眼、CN电视塔、卡萨罗马古堡、尼亚加拉大瀑布旅游景区、乡村风情小镇等。虽然只有短暂的两天时间,却留下了如下深刻印象:

第一,加拿大地广物博、资源丰富、美丽富饶。加拿大是一个地广物博,非常美丽的国家,其森林、矿产、石油、天然气,农林牧渔、粮食蔬菜水果、什么都有,什么都不缺。石油天然气居世界第二,出口贸易居世界第二,是美国最大的国际贸易伙伴国。

第二,加拿大是以一个最缺人才的国家。加拿大其他都不缺,最缺的是人,是人力资源,尤其是技术蓝领人才,因而其工资收益比白领还高,还吃香。也由此导致加拿大特别重视人才培养,特别注重人才引进,特别注重从留学生方面加大引进的力度。因此,加拿大也是目前世界上最好移民,移民成功率最高的国家。只要在加国居住一年以上且有移民倾向者,成功的机率便很大。

第三,加拿大很重视职业教育。从初中起就开始分流,让学生有职业意识、职业兴趣。高中阶段便可根据自己的情况重点学修与大专、本科相应的课程,一班为专科4门,本科6门。不进行统一的升学考试,而是看平时成绩和地方水准测试,教学与测试依据的是教育部统一颁发的大纲、水准和推荐教材,考试都是学校自己组织,成绩报到教育部备案,高中毕业时由国家划定本专科录取线,学生申请读愿意就读的学校,实行学生与学校双向选择,不存在同一层次学校谁高谁低,985、211重点非重点分开划线,谁好谁差的问题。这是相当可取的。

第四,加拿大的高等教育很发达。目前入学率已达50%以上。高校都是国家投入的公办,没有民办高校。高校收益的主渠道是国家拨款,然后是收学费和接受社会与校友的捐赠,高校是不愁经费的。但大家都会认真办学,接受社会监督,否则会受到市场制约,难以立足或生存。因此,加国的教育教学质量高,国际名牌大学多,多伦多大学就在国际排名20左右,比加大还要牛。

加拿大的专科也很重视工学交替,学生在工学交替中让自己了解企事业单位,也让单位了解自己,进行双向选择,但双方都很理性,一生的选择都稳定,大专层面的学生、本科学生的就业都很好。加拿大的高等教育一是教学严谨,有的学校工学交替是从大一开始,也有不放假直接搞工学交替的;二是质量高;三是本来就缺人才,尤其是技术人才,年薪一般都在5-6万加元,好的达七八万,工学交替中用人单位是有偿的;学生也可以打工挣钱,加拿大是工时制,洗碗等服务类工种每工时大约在10多20多加元左右,还规定了允许打工的时间,通过打工一般都能维持生计并交够学费。

第五是杜威学院特别。按理杜威是美国教育家,杜威学院应当在美国,却建在了加拿大,地处多伦多市区,实际是一个教育教育方面的中介服务机构,其职能主要有三:一是高中阶段的大学预科教育,开设国内国际服务项目;二是组织对外教育合作交流;三是组织高级培训,提高培训与合作服务。学校有总监,有校长,有专业培训部,对外联络部等相应的服务机构,从中学教育、学前教育、预科教育到师资干部培训,国际合作等什么都在承接,近年与国际合作紧密较多的是沈阳理工等学校,在北京等地设有办事处,也面向国内组织开展教师校长等国际合作项培训,学校管理人员都是博士、博士后、教授类的高知群体,整体发展,经营非常好,声誉很高。

通过会谈,双方达成如下合作意向:

一是可以合作培训。搞师资、干部培训,包括送教师到加国大学参加暑期培训或做访问学者,或教师、管理干部的互访交流。

二是合作办学。搞教育教学模式的改革、合作办学。可为学院学生中有深造、出国就业意向者提供深造机遇,就业条件。加国本来就缺少这类人才,只要学生有意愿,能吃苦耐劳就行。语言不是问题,可以不考雅思托福,而是由杜威学院与接收学校培训修够相应学分即可;经费也不是问题,只要初次能交够基本的;政府还有信誉担保,过去打工挣钱即可解决。

合作办学的具体办法可以为:

第一是合作培训办学。可与坎博瑞(加国专科学校,因远离多伦多,没时间而未能考察)搞学分互认,2+1,或1+1+1,或1+2.5都可以。办法是提交课程描述资料,对方组织专家论证认可,即可互认学分,发双文凭,毕业后在加国就业,移民。

第二是合作培训就业。将毕业生中有意向的通过集中语言培训合格后实施就业,逐步过渡到移民。

第三是学历提升。学生在大三于学分互认的基础上按加国途径升入高一级学校学习深造。

三是开展大学预科方面的合作,满足社会需求(外事办可考虑)。

四是可以为学院的师资培训,学术活动,干部培训(校长培训)提供学习考察机会,提供高水平专家师资。本项目杜威学院与江苏等地已有合作。

五是整个合作双方热情高,诚意足,商定具体合作事宜由学院外事办与杜威学院外联部(国际部)具体深入沟通、交流,选定项目,双方论证认可后签订合作协议,然后一项一项、一步一步地向前推进,实实在在认认真真开展互惠共赢式的合作。

(二)加拿大认识

本次出访有一些意外收获,对人生、事业,对党和国家的认识有些特别的教益启示和认识感悟,这主要是在与加拿大领队绳学锋的交流中获取的。

一是加拿大的和平建国,和平崛起有多方面价值意义:加拿大至今是英联邦国家,至今只有总理,国家元首仍然是英国女王,虽然这只是名义上的,但却一直未改变,也不是没条件,没理由改变,尽管对英国也无实质意义,却奇迹般地保留下来了,这是一种智慧,一种韬略,一种胸襟,一种胜利。这主要源于加拿大的首任总理麦克唐纳爵士,这是一个了不起的人物,他最初选定的国体、政体、继任者,一系列重大举措和加拿大后来的发展、现在的辉煌都充分体现证明了这一点,包括其间的韬光养晦、政治谋略,包括对国际、国内,对政治的态度,应当说对我们的人生,对班子、对事业的启示教益是颇多的。

二是普通领队,很多启示:绳学锋领队关于多伦多的历史和现状的感悟,关于当前中国与日本的钓鱼岛争端不能简单处置,不能急躁、更不能浮躁,不能只顾眼前,必须韬光养晦,如果用战争方式解决争端,只能是两败俱伤,伤及无辜,伤及大家,伤及长远,只能以和平方式,不卑不亢,以目前中央方式来解决。实在是一个普通人,不平凡的人的真知灼见,也是我们应当选择的唯一正确途径。

绳队关于中国只能搞一党专政,不能搞多党执政,只能坚持共产党的领导的观点是我们大家都没想到的,是他对于加拿大、世界历史,中国近代史,当代历史深入研判后的精辟结论,真知灼见,肺腑之言。这是他在大量案例,对国内国外历史现状的深入研习,充分论述中得出的让人信服的结论,这应当是让很多国人、党员、党的领导干部感到意外、震惊和汗颜的。

大家对绳队的叹服是发自内心深处的,51 岁了令大家想不到看不出,到加拿大 15 年了,领队驾驶一肩挑,尽职尽责,优质服务让大家都赞叹。其貌不扬,却是学船舶制造的,妻子是外国语大学毕业的,却在多岗后选择了当导游,当了 8 年领队了,据说是在加国同行中排的是第 11 位。更想不到的是他的学识、品性、品质、品位,素质,境界、能力、水平。他很乐意以后为大家尽力提供帮助,尽管大家很熟,但他坦言不会直接把大家拉过来组团,而是让大家仍通过规范渠道衔接联系,但他可以为大家设计最佳方案,他不能,也不会用这种关系破坏行规,他只愿做自己能做,该做的事,显得非常理智、平和和高尚,可谓是小人物大智慧、大境界。大家深深佩服绳队,叹服他作为一个普通领队的博学、睿智、真知、灼见、坚定、客观、冷静、大度、从容和精明,赞赏他的深入浅出,高屋建瓴,超常的表达能力,良好的服务态度和敬业精神。大家认为,如有可能,请他作形势报告,思想教育、旅游教育都肯定是高手。因为他让我们看到、学到了一个旅居海外的平凡人的伟岸和不平凡之处,给了我们很多启示和教益。

三是加拿大的发展令人赞叹折服。特别是其旅游业的发展,农村经济的发展令人赞叹折服。尽管加拿大尼亚加拉大瀑布旅游风景区有这么好的条件,这么好的资源,没想到的是他们居然只收船票,不收门票,市民半年就地就业搞旅游,其半年季节性的失业由国家给予保障,并非靠山吃山,靠水吃水,靠得天独厚旅游资源来养活自己,而并非短期行为,走暴利赚钱发财致富之路。周边的开发也悄然配套,因地制宜,自然融入,人与自然融为一体,和谐相处,形成协调和谐的柔美景观和靓丽风景线,真正是桃花源似的人间仙境,人间天堂。而不是一哄而上,画地为牢、你争我抢,恶性竞争,人为破坏或造作景观,真正是大境界大手笔,让人赞叹不已,流连忘返,叹服感佩。

四是加拿大的发展、崛起,国家意识令人深思。其中对国土的扩张意识和策略,包括与美国从最初的殊死拼争到后来的化干戈为玉帛,睦邻友好和现在的几百里边界只设海关,不设一兵一卒,互通有无,和平友好相处,既没让美国吞并,也不没去侵抢美国,这也是一种大智慧、大境界,大策略,大手笔,值得我们深思和借鉴,其间的不能战胜对方、消灭对方,便当是朋友,便当成为朋友的理念和策略颇富哲理,很值得深思和借鉴。

(三)多伦多感受

多伦多是加拿大最大的城市,是加国的政治、商业、文化、教育中心,对其感触与认识主要有：

1. 多伦多的发展策略令人深思。多伦多没多少高楼大厦、城市建设和基础设施并不是我们想象的那么好，甚至远不如尼亚加拉的乡村，但何以立足、知名到这种程度，成就这样的品位呢？个中缘由值得品味。多伦多现在600多万人，是由十二个既相互独立又部分融合统一的小市组合在一起的，女市长90多岁了，还在任上，十二个市组成了安大略省，相处得非常好，很值得研究。

2. 多伦多的管理令人赞叹。地处多伦多的安大略省的省会与澳大利亚的国会一样对外开放，专设有媒体记者区，旁听区，普通市民可旁听政府的相应决策会议。办公大楼只有一个保安，还接待游客，允许进去参观考察和感受，只办简单手续，并不戒备森严，更不如临大敌。为什么，凭什么做到这种程度，值得深思、反思、研究、借鉴。不仅如此，在加拿大看不到院墙，看不到防盗窗，只有少量唯美的木制的很讲究的栅栏。加拿大又凭什么为什么能做到这种程度。

多伦多大学的成就值得研究。多伦多大学在世界的排名2011年20位，2010年21位，然而在市中心，紧挨市、省政府，与政府与市民楼宇交叉，没有界限，没有围墙，6万多学生（注册的，宽进严出制度），不知道“多大”有多大，哪里是校园，哪里是“多大”，他们又为什么要这样，又凭什么能办到这种程度，颇值学习与研究。

（四）美国印象

1. 职业教育状况值得研究

一是美国的教育很发达，毛入学率之高，高校名校之多无与伦比，最值得称道；国民素质，国家发达与之密不可分，众所周知。

二是很重视职业教育。除重制造业，高端制造业之外，特重视初中等职教，重视职教的衔接，重视国民教育，特别是社区国民教育。持证上岗，严格就业准入这是很可取的。且政府坚持公办民办两条腿走路，不管公民办都注重质量，宽进严出，坚持标准，与中国的政府投入相对较少，支持民办，民办教育大都以盈利为目的形成极大反差。

三是营造了教育发展发达的政策、人文环境，人人都重视教育，认为不学习不提高，不达标不行，政策支持教育导向教育正态分布，按市场规律优胜劣汰，按教育规律发展教育，给教育以宽松政策，特别重视20%的26岁以下青年人的教育和就业问题，对教育经费的投入加利福尼亚州占到了财政收入的40%（疑有误，但彼特先生就是这么介绍的）。

四是职业教育主要在社区学院，也赋予了地方大学继续教育的职责，面向社会开展与专科学校和企业的合作，面向社会培养人才，开展职业资格证书方面的培训的职能。比如圣马可学院与其他社区学院的合作，其总共1万学生中就有

1500 人左右是继续教育的学生,但职教与企业的合作只停留在参加会议,与企业行业交流了解其人才培养方向、人才规格,人才教育方面的需求,了解之后由学校将其融入专业设置,人才培养中去,企业行业并不直接参与实质性培养活动,也不提供实习实训场所或教学方案,教学活动帮助,但学校会于专业设置、人才培养上具有前瞻性和较好的适应性,学校对成人,社会服务是有偿的,要收取相应费用。

2. 圣马可学院现象值得关注

圣马可学院是加利福尼亚州的一所本科学校,建校有 20 多年历史,学校依山而建,环境优美,教育教学设施设备完善一流,现有教职工 700 余人,学生 1 万人(全日制),学院设有艺术、护理、经济、教育等方面的 4 个学院,近百个专业,师生比 1:20 左右,与我们规模差不多。既从事全日制,且以此为主,也搞短期培训、面授、远程教育,甚至与中国上海、广州、武汉、重庆等地都在合作办学,是一所面向国际国内合作,在全美排名 410 多位的州立公办本科学校。

该校在专业设置上具前瞻性,也时常与企业、行业交流、了解其用人意向与需求,然后融入学校的专业设置与人才培养中,满足企业与社会的这种需求。但也不完全是满足,搞企业行业要什么我就培养什么,也并非让企业行业参与人才培养方案制定,教学环节和过程,也没与企业搞工学结合,没在企业设实训实习基地,而是学校自主创设模拟性实践操作情景。我们去的当天上午就有一个金融营销方面的班级在广场上搞有企业参与的模拟训练活动。

该校也与社区学院、专科学校合作,搞社会有需求的相应培训。比如认证培训,对专科学校所缺课通过培训来补充。其认证很严格,认证时对社区学院、专科学校不达标的课程绝不认可。学校建有继续教育机构,也面向社会开展各类培训,但这是有偿的。该校的国际合作包括了中国、印度等亚洲国家,也有墨西哥、加拿大等美洲国家。

该校的建设很规范,大小班、阶梯教室,标准教室,多媒体,理实一体,教学设施设备、条件相当好,也有部分学生宿舍。

该校与我们在人才培养方式、内容、模式、专业设置、社会需求适应、校企合作、校校合作、国际合作等方面开展了较为广泛、深入的交流、也在职业教育办学思想、理念、相关问题研究,相应合作交流方面进行了相应探讨和合作方面的意向性洽谈,达成了在进一步了解、沟通的基础上增进交流,寻找合作机遇、项目和方式的基本意向。也确定了由曹友义主任与其培训开发部彼特先生进一步沟通交流商谈的机制。

圣马可学院具一定的代表性(公办、本科、综合、州立),是我们观察美国职教乃至应用型本科的一个好窗口,可以帮助我们认识美国职教的一些特性。

3. 社会现象值得深思

一是酸楚的中国情结。一方面是奥巴马政府在金融风波后的特定心境,离不了中国,需要中国,认为中国去美国旅游购物的人少了,另一方面又不放心中国,防着中国,大有叶公好龙的味道。这在我们去纽约的入关审验时、行李托运时表现得最为充分,并非超重被无端收取行李费,由集中改分散,由翻译到领队,每个都遭遇刁钻非难,让人不能不愤,且难以消解。

二是反差的让人费解。20 世纪 90 年代出国考察的领导报告是中美至少差距上百年,去前的估计起码也是 30 - 50 年。看过才知道有着明显反差:其一是基础设施并非想象的那么好。高速路固然宽阔,双向 8、10、12 车道都有,四通八达,很人性化,秩序井然,绿化好、空气好、蓝天白云,给人的总体感觉很好。但是,街道窄,除华盛顿外,纽约、费城、洛杉矶大都如此,尤以纽约为最,包括华尔街、曼哈顿,甚至是如雷贯耳的好莱坞也都如此,有点拥挤不堪的堵城之味儿。街上的电线杆东倒西歪的有,木泥混杂的有,腐蚀破烂的也有,很不规范也很不协调。街道、道路同样有破损、有泥泞。城市建设除纽约外,并不像我们这样到处都高楼林立,豪华铺装,而是简单的页岩砖铺地或传统的水泥精致地坪。绿化方面是城市之外乡郊野外行,城市里边不行,尤以洛杉矶为盛。管理上除机场外(9·11 阴影),其他并非想象的那么严,开飞车的,白宫旁闯红灯的,白宫前飞滑板、打冰球的,对着白宫近距离照相的,自由进出国会山,游逛白宫前草坪的都有。白宫前就一辆警车,几个警察,所有首脑机关并非我们国内那样高度警惕,重兵把守,戒备森严。同一个国家,各州都拥有相应自主权,连税收、物价、一些做法、管法都很不统一,让人难以适应和理解。

三是先进的理念值得借鉴。

其一是以人为本,民主自由的治国理念:在美国,你可以到处感受到管理的人性化,重视人,尊重人、理解人,民主化的气息很浓。人们可以申请游行示威,可以言论自由。白宫前的草坪上至今仍有一个因全家三口死于越战而于上世纪 80 年代就搭起的反对战争、反对侵略、反对核武器核战争的抗议帐篷,不管政策法规咋变,政局咋变,政府、执政党并未强行驱赶拆除;白宫前的自由观光、自由活动(拍照、骑车、滑板、打冰球,侧边开商店,里边买现任总统像、历任总统乃至现任竞争对手像),自由出入林肯纪念堂、国会大厦、华盛顿纪念广场等,都是理念、气度、胸怀,文明、进步、和社会管理程度、成效,社会文明进步程度的体现,与我们的相应管理形成强烈反差。这是一个共产党员,党员干部必须正视和客观公正看待的。

其二是粗放型的发展管理理念:追求的是大目标、大发展、大境界。全美 50 个州,物价、税收、发展路径、方式自主决定,并非全国统一,形成了一种自由、民主、竞争的态势,也尊重个性发展,给各州留足了发展空间,给自己减少了很多麻烦,形成了一种大目标、大政策、大体制、大开放、大发展的格局。只要你不闹独立、搞分裂,损害国家利益,违背国家意志,如何发展都是可以的,发展道路、形式可以灵活,一切按法律法规办,执政党和政府显得很亲民。形成的是一个宽松和谐、自由民主、大度良性的发展环境和模式。这是一种可持续、良性发展的环境氛围,是一种价值取向和睿智高明的做法,是一种并没脱离法制、脱离国家轨道的有效有度的管理运行方式。

其三是城乡一体现代化理念。如前所述,我们的印象是美国的大城市,包括华盛顿、洛杉矶,甚至是小城费城,都不是我们想象的那么神秘和美好,而且在很大程度上看不出北京、上海、广州,甚至是一些省会城市的豪华、大度和气派,甚至还有很多我们看不顺眼、没想到的地方,这大概也是中国“威胁”论产生的缘由之一。但是,从四通八达的交通体系和农村的房舍、道路、汽车、别墅,从全国乡村的绿化美化,基础设施上却感受不到城乡差别的存在,体现出的是人们愿意往乡村走,愿意住乡村,城乡一体化,农村现代化的气势和进程,这种把发展重点放农村,缩小城乡、农民与市民差距的成功道路、发展思路是走在我们前面,值得借鉴和倍加努力的。

其四是依法治理理念。美国是个法治国家,到处、什么都讲标准规范。洛杉矶系太平洋地震带不准建高楼;尊重历史,保护自然、人文景观;不允许制售假冒伪劣;商店卖酒要申报批准,交高额押金,未经批准的饭店不许卖酒喝酒;食品从冰箱里取出两小时以后不能食用,甚至连有座位的餐馆必须设置洗手间等等都有规范。高速路的公交车、重车专用道,双黄实线,按客多客少分道行驶,不能随意进出;甚至一旦占领某地某国,首先是搞美国制式和标准,强力推行,既可以节约成本,又可以强制文化灌输与规范;可以在里根女儿违章、克林顿总统性丑闻时照样调查审查、拘役传唤、制约处罚,人们不满意时可以骂总统骂社会而不受刑事处罚与追究等等。因此,其文明、规范,法治程度之高,是无法比拟,令人赞叹和深思的。

其五是资源保护开发理念。这是极不可取的损人利己的三重理念:一方面是十分珍惜资源,但不是珍惜所有资源,而是只珍惜自己的资源,包括先不用或少用自己的,多或全用别人的;包括以战争方式巧取豪夺,和以保护、支持名义非分占有。总之以先用别人的,留下自己的,不到万不得已不用自己的,表现出的完全是一种与白求恩精神完全相反的毫不利人,专门利己的思想理念。这也是他们喜欢“帮助”别人,喜好当国际警察,当老大,甚至想打谁就打谁,把英帝国的历史颠倒了过来的根本缘由所在。另一方面是重视人才,重视科技开发,重视国防科技,重视科技研究尖端前沿，航母卫星飞船，什么都有，什么都是我第一，让你俯首称臣，保持我老大地位不可移易，叫你干什么就得干什么，能不开发的暂不开发，不到万不得已不动自己的老窖。包括二战中高人一筹，不要战利品，而是千方百计抢夺人才，甚至不惜重金留人才，不惜对人才网开一面，特发绿卡，搞政策倾斜。特重视教育，特重视科技开发，重视人才。甚至还包括了与加拿大，与墨西哥的和平相处，也是以这种理念作支撑的。按中国的老话说即是兔子不吃窝边草，只不过准确地说，应当是战略性的暂时不吃，只是吃的时间暂时没到而已。其三是我搞高端，你干低端，高端的你干不了，只有我才行，高能耗，高成本、高污染的洪都拉斯、印度、中国、越南去干吧，干出来低贱卖给我，既维护了我的利益，也保护了我的资源，降低了物价，提高了人民生活水平和幸福指数，既能得到我的臣民的衷心拥护，激发民众的爱国热忱，又能表明我是大善人，我关心支持你，要不是我你没法过下去，我才是盟主，我才是好人，以此来保护我的既得利益，提升我的国际国内形象。这就是美国的"聪明"之处。同样给我们留下了深刻、难以磨灭和耐人寻味的印象。

一是认识感受。

本次学习考察，时间虽然不长，行程很紧，加上时差关系，不说享受，反倒很辛苦，然毕竟百闻不如一见，总算对西方发达国家，超级大国有了相应认识感受，收获是颇丰的。除去前面已经讲到的之外，再谈以下几点：

一是这种考察学习的方法与目标定位很重要。倘若太机械，只讲对口，只知就事论事，到头来肯定是两手空空，反生抱怨和指斥。这就要看各自的态度、素质和修为了。因此，三个跳出是对的，辩证客观。因为我们需要的不是学人家具体的做法，甚至照抄照搬人家的，我们需要的是思想理念，需要的是意识观念、眼界视野，是中国特色、世界水准，需要的是世事洞明皆学问、人情练达即文章。

二是组织管理很重要。那么多人出去，用那么多钱，影响那么大，弄得不好就难达目的，就浪费人财物力，就出问题，甚至还适得其反，弄巧成拙。要这样的话，我们就失职，对不起学校对不起党了。因此，我没管其他人怎么看，而是在觉得有些问题时站出来，一是要求明确目的意义，二是明确目标任务，三是明确管理体制和基本职责与做法，四是明确相应安排与要求，而且在已经开过总动员会的情况下，坚持出访前每团或每批开会，分管领导、职能部门都到场，把该讲的讲到位，该做的做到位，尽到各自应有职责。实践证明是必要的，也是对的，否则会效果更差，问题更多。

三是事后的总结交流报告很重要。不总结认识印象不深刻，认识感受出不来，有可能看了就完了，没任何收获体会。不报告交流没压力，也就没动力，更不会有好的效果和大的效应。不总结报告交流就发现不了问题和差距,就有可能浅尝辄止,甚至还极有可能是一知半解或根本是错误的。不总结就等于有始无终,不负责任甚至浪费人财物力,造成很坏的负面效应。因此,无论总结还是交流报告,都是不可或缺而且必须是严肃认真的。来不得半点虚伪和骄傲,根不能简单第八网上的来拿来凑合交差。

二是意见建议。

一是高度重视本次培训。难得的机遇:出国学习考察出境难,出国,特别是出访发达国家学习考察更难,很多人是难得机遇,可遇不可求。去干什么,学习还是观光;学什么,怎么学?能否真正学到东西?有没有负效应?是成功还是失败?怎么样才能不辱使命?有哪些是应当总结记取的?这既是组织者,更是每个团员都应该认真思考、总结、反思的问题?否则就轻者失去效应,重者造成人财物力浪费,带来许多问题,甚至会弄巧成拙,适得其反,变好事为坏事。

二是认真总结本次培训。本次培训有着面宽量大,时间紧、任务重、难度大、要求高等突出特点。很多同志是第一次,也可能是最后一次出国学习。而且是示范性学习培训,也是在中华民族披荆斩棘,走向伟大复兴的特定情况下开展的相应培训,如何使之意义更重大深远,内容丰富、思想深刻、针对性强值得认真的总结反思,也应当冷静客观评价,按照出行前培训会议的相应要求,切实做好"三个一"的相应工作,让其发挥好相应效应。

三是切实运用好培训成果。要将本次培训的成果应用于办学思想理念创新,政治思想教育,特别是爱国主义,全面素质教育,用于专业建设,人才培养目标任务和方案制定,人才培养模式改革,课程教材体系建设,教育教学过程及环节的设计,用于教育教学管理之中。但运用不是简单照搬,不是生搬硬套,而是要切合实际,消化吸收,融会贯通,学其思想理念和实质要义,学其根本,以此推动事业的更好更快发展。

中国国家画院副院长曾来德艺术人生专题报告会主持词

（2014 年 4 月 25 日）

尊敬的各位领导、各位嘉宾、老师们、同学们：

大家好！

在这百花争艳，春意盎然，喜气洋洋的美好时节，我们非常欣喜地迎来了由中国国家画院、四川省文化厅、中共遂宁市委宣传部主办的“曾来德艺术人生专题报告会”在我院的隆重举办，这既是斗城遂宁文化艺术界的一件盛事，更是百年川职的一件大喜事。为此，我谨代表学院党委、行政和全院 15000 余名师生员工，向荣归故里、莅临学院的曾来德院长和出席今天报告会的各位领导、各位嘉宾表示热烈的欢迎，向长期以来关心、支持、帮助学院发展建设的专家学者、领导嘉宾和各界朋友表示诚挚的感谢，向热爱家乡、情系家乡、理解支持家乡并为之增光添彩的曾来德先生及其家人表示崇高的敬意！

曾来德先生系四川省蓬溪县人，现为国家一级美术师，中国国家画院副院长、书法篆刻院执行院长、院艺委会委员，中国书法家协会理事、教育委员会主任，北京大学客座教授，世界华商书画院院长。来德先生上世纪 80 年代初师从著名书法家胡公石先生研究古人今人的审美情趣，融入时代精神并创造形成了自己的独特书法艺术风格。他不但是一位书风别致、造诣很高的书法大家，而且也是一位能独辟蹊径，卓有建树的山水画大家，在国内外艺术界有着广泛影响。近年来先后在中国美术馆、上海、江苏、武汉、西安、成都、合肥、沈阳、郑州、深圳、山东等地美术馆博物馆举办“曾来德书画艺术展览”，引起社会各界的广泛关注，被书坛誉为“曾来德书法文化现象”、“书坛奇才”、“曾来德书法文本”等。2005 年在英国大英博物馆举办“曾来德书法艺术展览”和“墨乐”东西方文化高峰对话系列活动，以及随后的“墨乐”北欧四国之行在国际上引起了强烈反响，书法作品《鸥鹭》，山水画作品《天地之象》被大英博物馆收藏。2011 年 11 月，曾来德先生的“墨乐巴黎”系列文化活动在法国国家议会宫、法国中国文化交流中心等地举办，赢得了国际友人的广泛赞誉。如今,他的艺术人生又有了新的突破。充分彰显了中国传统文化的独特艺术魅力、现代价值和强大生命力。

曾来德先生是当代川籍书画家中的佼佼者,是书坛奇才。曾先生与学院有着特定情缘,曾经于上世纪80年代中期来到当时的绵阳教育学院讲学交流,给我们留下了珍贵墨宝和深刻印象。今天,他又拨冗披繁,于百忙之中挤出宝贵时间为大家作专题报告,给我们提供了很好的学习请教机遇,实在是机会难得,希望大家认真倾听、很好学习,用心品味,纵情分享。

现在,我们以热烈的掌声欢迎曾先生作他的艺术与人生专题报告!

四川省专家服务团"遂宁行－智力助遂"活动四川职业技术学院专题报告会主持词

尊敬的李辉院长、各位领导、各位嘉宾、同志们：大家上午好！

为了更好地贯彻落实全教会、省教会精神，开辟全省教育事业、职教事业新天地，助推、促进遂宁经济社会的更好更快发展，由四川省人力资源和社会保障厅组织的专家服务团队，于10月23日抵达遂宁，开展为期3天的"遂宁行－智力助遂"活动。根据活动组委会的安排，今天，专家组李辉教授一行莅临我院，面对全市职业教育工作者，开展职业教育专题交流和报告活动，其目的在于传达国家关于职业教育改革发展的方针政策，剖析遂宁职业教育发展的现状，破解遂宁职业教育发展难题，与大家一起创构建遂宁市现代职业教育体系，助推我市职业教育的大跨越、大发展。这既体现了省委省府、省人社厅、教育厅对职业教育的高度重视和对遂宁的关爱，也体现了专家们的高度事业心和责任感，为此，让我们以热烈的掌声对李院长、李教授一行的光临指导表示热烈的欢迎和衷心的感谢！

李辉院长是结构工程博士，教授，教授级高级工程师。1986年参加工作，在重庆建筑大学建工学院任教。曾任四川省建设工程质量安全监督总站总工程师，现任四川建筑职业技术学院党委副书记、院长，全国高职高专土建类工程管理专业指导委员会主任委员、四川省学术和技术带头人、四川省建筑业协会副会长、四川省土木建筑学会常务理事、德阳市科协副主席、德阳市高校文联主席等职务。

李院长今天专题报告的主要内容是：介绍现代职业教育改革与发展的前沿态势；分析阐释遂宁现代职业教育体系的基本架构以及推进西部现代职业教育基地建设的战略措施和有效途径。

出席今天会议的有遂宁市教育局及各区县教育局分管职成教的领导、职成教股股长，全市各中职学校校长；遂宁市先进制造业和现代服务业职业教育集团理事，四川职业技术学院在家的院领导、各系部负责人、教研室主任及教师代表，学院创建办、创新办成员及各职能部门相关人员。

希望各与会人员认真倾听，用心体会，紧密联系各单位、各部门的工作实际，深入思考我们的发展建设思路和举措。

下面,有请李院长为我们作报告。

同志们,李院长的报告,以全新的视角,站在世界职业教育发展的新的高度,既宏观全面,又细致透彻地分析了国际国内现代职业教育改革与发展的前沿态势;既切合实际,又创新思维,建构了遂宁市现代职业教育体系。在深入研究和反复论证的基础上,分析总结了遂宁及西部职业教育发展的若干问题,给我们分析指出了推进西部现代职业教育基地建设的战略措施和有效途径。今天的报告,使我们受益匪浅,深受鼓舞,既让我们看到了我市职业教育发展的美好前景,又给我们每一位职业教育工作者注入了活力,增添了信心。我们相信,有省委、省政府及各级政府的大力支持和厚爱,有各位专家的悉心指导和我市全体职业教育工作者的共同努力,遂宁市的职业教育事业一定会迎来辉煌灿烂的明天。

让我们再次以热烈的掌声感谢李院长,感谢李院长一行为我市职业教育的建设发展会诊把脉,传经送宝,感谢他们为此而付出的辛勤努力!

谢谢!

05

求索创新篇

改革创新

成都经济区高职教育协作现状及对策研究*

高职教育协作是成都经济区区域合作的重要内容，是响应国家教育改革的战略举措，是实现经济区可持续发展的需要，也是提升高等教育实力的要求。经济区内高职教育协作近几年来获得了较为快速的发展，但也反映出诸如协作层次不高、协作内容和深度不够、政策支撑缺位、院校间暗自博弈等问题。为此应从协作层次、协作内容，建立高职教育协作区，院校共赢等方面促进成都经济区高职教育的协作发展。

2006 年 1 月出台的《四川省"十一五"规划纲要（草案）》提出，四川要构建"五大经济区 + 四大主体功能区"的区域发展新格局。五大经济区即指成都、川南、攀西、川东北和川西北 5 大经济区，这时的成都经济区包括成都、德阳、绵阳、眉山、资阳 5 市。2010 年 1 月 30 日，成都经济区区域合作联席会第一次会议召开，会上，成都与周边 7 市签署了《成都经济区区域合作框架协议》。由此，成都经济区扩展到 8 个城市，即成都、德阳、绵阳、遂宁、资阳、眉山、雅安、乐山。成都经济区的合作从过去"点对点"的双边合作，正式步入了"抱成团"的多边合作，经济区一体化发展也开始起步。

《成都经济区区域合作框架协议》特别提到了教育协作。对于教育协作，《框架协议》指出：充分发挥区域内优质教育资源辐射作用，促进优质教育资源流动共享，扩大区域内市属院校和职业院校跨地区招生规模，支持幼儿园、中小学、高等院校、科研院所跨地区设立教学、科研机构，鼓励和支持高等院校在各市建立分校。密切教育机构间沟通交流，鼓励开展各类教育合作和学术研讨，共建教育教学资源库，实现教育信息共有共享。① 作为教育的组成部分之一的高职教育，构成

* 这是为城都经济圈 2014 年年度主旨论坛撰写的选题文章，获优秀奖。本人主笔，合作者有马莉、刘进同志。

① 中华人民共和国成都海关，http://www.customs.gov.cn/tabid/42075/InfoID/215145/frtid/41561/Default.aspx

了成都经济区区域协作的重要内容。

一、成都经济区高职教育协作发展的意义

(一)回应国家教育改革命题的战略举措

成都经济区高职教育协作是回应国家重大教育改革命题的战略举措。《国家中长期教育改革和发展规划纲要(2010－2020年)》明确提出"整体部署教育改革试验,统筹区域协调发展"、"统筹推进教育综合改革,促进教育区域协作,提高教育服务经济社会发展的水平"。[①] 教育部"高等学校创新能力提升计划"也要求充分发挥高校多学科、多功能综合优势,联合国内外各类创新力量,建立一批协同创新平台。

(二)实现经济区可持续发展的需要

成都经济区高职教育协作是实现成都经济区社会政治经济文化可持续发展的需要。《成都经济区区域合作框架协议》明确提出,要把成都经济区打造成中西部地区综合实力最强、优势产业集聚最多、城镇化水平最高、创业环境最优、城乡差距最小、辐射带动力最明显的大都市圈,成为引领西部发展的核心增长极。但目前的问题是,成都经济区内产业结构不合理、自主创新能力不强、土地等发展资源要素紧缺等。正因如此,才更有必要通过成都经济区高职教育协作发挥优质高职教育资源的集聚与整合优势,从而为成都经济区可持续发展提供思想保证、技术支持与人才资源保障等。目前,成都经济区拥有高职院校42所,占全省高职院校总数的75%(见表1),其中国家示范高职院校6所,省示范高职院校10所,分别占全省总量的100%和55%。高职教育资源在全省具有明显的优势。这为成都经济区高职教育协作、实现强强联合提供了良好的基础。

表1　四川省高职院校地区分布一览表

经济区	所	非经济区	所
成都	27	阿坝	1
绵阳	6	达州	1
德阳	4	广安	1
遂宁	1	广元	2
雅安	1	泸州	3
资阳	1	内江	1

① 中华人民共和国中央人民政府,http://www.gov.cn/jrzg/2010－07/29/content_1667143.htm

续表

经济区	所	非经济区	所
乐山	1	南充	1
眉山	1	攀枝花	1
		自贡	1
		宜宾	1
		巴中	1
合计	42	合计	14
总计	56		

注：数据来源于高考志愿填报参考系统，http://gkcx.eol.cn/soudaxue/queryschool.html？argschtype

（三）提升高等教育实力的客观要求

成都经济区高职教育协作是优化地区高等教育结构、提升高等教育实力的客观要求。虽然成都经济区整体高职教育实力在全省具有明显的优势，但伴随着改革的深入，内在的深层次矛盾不断凸显。高职教育层次结构总体上仍呈现出“金字塔”形，示范性高职院校数量偏少、教育规模仍有待壮大，院校间的同质化现象严重，各市之间高职教育极度不平衡。把成都经济区高职教育纳入一体化视野进行统筹规划与合理布局，将为促进资源的优化流动、规避重复建设、加速优势整合提供重要的现实基础①。

（四）具有良好的政治条件和经济基础

成都经济区属于成渝经济区的一部分。成渝经济区是我国重点打造的第四经济增长极，同时也是西部大开发的引擎。成渝经济区区域一体化已经上升为国家战略，为成都经济区高职教育协作提供了良好的政治环境。同时成渝经济区区域一体化进程中其他领域的改革也将为高职教育协作提供重要的参考经验。成都经济区是我省经济最为发达的地区，经济基础较好，2013 年成都经济区 GDP 总量达到 16201.7 亿元②，经济总量占全省比重的 62%。发达的经济条件使其具有更为充沛的“资源冗余”与“增量改革空间”，为跨区域协作中的教育补偿、综合平衡等提供强劲的财力支持，有助于成都经济区更好承担改革压力、化解改革风险。

① 赵渊长：《三角高等教育协作：路径矫正及动力机制建构》，《中国高教研究》2013 年第 2 期。

② 《2013 年四川各市 GDP 和人均 GDP 排名》，http://www.elivecity.cn/html/jingjifz/2310.html

二、成都经济区高职教育协作发展现状

随着成都经济区一体化的推进和高职教育的发展，经济区内高职教育出现了良好的协作发展局面。

（一）校际交流频繁开展

成都经济区内集中了全省四分之三的高职院校，区内高职院校的校际交流代表了全省校际交流的基本情况。随着成都经济区经济一体化的发展，区内高职院校的校际交流也逐渐活跃。以四川职业技术学院为例（见表2），2007 年该院接受外（院）校考察交流和到外（院）校考察交流的总次数为 10 次，2009 年为 12 次，到 2013 年则上升到20 次，平均每一个月有 2－3 次的考察交流机会。

表 2　四川职业技术学院考察交流情况表

年份	2007	2009	2011	2013
考察交流次数	10	12	15	20

注：数据来源于四川职业技术学院网：http://www.sczyxy.cn/index.asp，经整理获得

（二）技能竞赛全面铺开

高职院校学生技能竞赛为学生竞技、交流、学习提供了良好的机会，也为高职院校教师之间的交流提供了优秀的平台，对于促进高职院校协作发展起到了重要的作用。近几年，高职院校技能竞赛项目越来越全面，参与的院校也越来越多，在学生中的普及程度也越来越高。

表 3　2014 年四川省高职院校技能竞赛一览表

序号	赛项名称	申报单位	参加院校：所
1	四川省高职院校会计技能大赛	四川财经职业学院	34
2	四川省高职院校汽车检测与维修技能大赛	四川交通职业技术学院	16
3	四川省高职院校工程造价技能大赛	四川建筑职业技术学院	29
4	四川省高职院校护理技能大赛	雅安职业技术学院	7

续表

序号	赛项名称	申报单位	参加院校:所
5	四川省高职院校市场营销技能大赛	成都纺织高等专科学校	23
6	四川省高职院校测绘技能大赛	四川建筑职业技术学院	28
7	四川省高职院校计算机网络应用技能大赛	四川交通职业技术学院	18
8	四川省高职院校中餐主题宴会设计技能大赛	绵阳职业技术学院	15
9	四川省高职院校电子产品芯片级检测维修与数据恢复技能大赛	四川职业技术学院	
10	四川省高职院校数控机床装调、维修及升级改造技能大赛	宜宾职业技术学院	

注:资料来源于四川省教育厅,http://www.scedu.net/news/web/26031.shtml

(三)职教联盟逐渐形成

成立职业教育联盟,可建立和完善校企合作的长效机制、提升校企合作层次,充分调动行业、企业、学校的积极性。四川财经职业学院于2011年6月联合46家企业、8所高职院校成立了四川财经职业教育联盟,标志着成都经济区、四川省第一个专业性的职教联盟成立。其后四川航天职业教育联盟、四川现代服务职业教育联盟、四川物流职教联盟也相继于2012年7月、2013年5月、2013年12月分别在四川航天职业技术学院、四川工业管理职业学院、四川职业技术学院成立。目前四川省成立的4个专业性的职业教育联盟,其牵头院校均在成都经济区内。除此之外,成都经济区内8个城市中已经有6个成立了(资阳市暂未成立、眉山正在筹划成立)职业教育集团(或职业教育联盟)。成都经济区专业性、院校间的职教联盟正逐渐形成。职教联盟的成立,为联合办学、产教合作、订单培养、职业培训,师资交流、学生成才等各项工作搭建了平台。可以提高高职院校的人才培养质量和办学水平,变校企"一对一"联系为"政、行、校、企"多方交流,联盟成员之间职业教育资源共享,使职业教育更直接有效地服务于企业人才培养,服务于经济区经济社会发展。

表4　四川省专业性高职职教联盟一览表

名称	成立时间	牵头单位	企业数	学校数
四川财经职业教育联盟	2011 年 6 月	四川财经职业学院	46	9
四川航天职业教育联盟	2012 年 7 月	四川航天职业技术学院	40 余	30 余
四川现代服务职业教育联盟	2013 年 5 月			
四川工业管理职业学院				
四川物流职教联盟	2013 年 12 月	四川职业技术学院	15	17

三、成都经济区高职教育协作发展问题

成都经济区高职教育发展虽取得了一些成就，但问题依然存在，与经济社会对高职教育的要求还有一定的距离。具体表现在：

（一）协作层次不高

成都经济区高职教育虽然在考察交流、学生技能竞赛、职教联盟等方面进行了协作，但显然其协作层次不高、协作内容和深度上明显不足。纵观近年来经济区内高职院校之间的考察交流，多为应急性的或流程式的。比如近几年考察交流比较多的，主要是示范建设经验交流，占考察总数的70%，而专业性的研究探讨只占20%左右。又如目前的学生技能竞赛，赛程安排较紧，比赛完了紧接着就是颁奖典礼，颁奖典礼后就地解散，主要展现的是学生之间的竞技，而非不同院校学生之间的交流。专业性的职教联盟，到目前为止只成立了4个，相对于职教招生专业来说，所占比重太低。院校间的职教联盟仅限于市级，而跨市职教联盟只有成德间有个倡议，并未建立相应机构，更甭说成都经济区职教联盟的形成了。而对于已成立的职教联盟，目前开展的活动也主要是召开职教联盟会议、有少数职教联盟组织了相关的技能比赛。显然，协作层次、协作内容和协作深度还有待提高。

（二）政策支撑缺位

成都经济区高职教育的协作，各级政府部门介入极少，支撑政策缺位，虽然在2010年初出台了相应的战略框架，但缺乏协作机制，各种协作还属于院校间个别的、自发的行为，作用范围相对较小。2010 年 1 月 30 日签署的《成都经济区区域合作框架协议》指出，充分发挥区域内优质教育资源辐射作用，促进优质教育资源流动共享，扩大区域内职业院校跨地区招生规模，密切教育机构间沟通交流，鼓励

开展各类教育合作和学术研讨,共建教育教学资源库,实现教育信息共有共享。《框架协议》明确指出了要加强区域内高职教育的协作,但具体的协作机制尚未形成。

(三)院校暗自博弈

成都经济区内高职院校间专业设置重合率高,同质化竞争严重。其对应的是:一方面高职生源日趋紧张,另一方面各高职院校又在做大规模,必然导致专业重复设置,尤其是热门专业设置率高,比如会计类、营销类专业几乎所有高职院校都有设置,在生源有限的情况下,必然存在相互竞争和博弈,进而影响协作积极性、协作深度和广度。

四、成都经济区高职教育协作发展提升对策

(一)提高协作层次和深度

在现有工作机制和机构下,成都经济区内各高职院校应积极主动、加强合作力度。首先,继续夯实专业性职教联盟和市级职教联盟等已有专门交流平台和合作联系制度,继续扩大专业性职教联盟的范围,通过"校校对接、有效互动",鼓励各高职院校及专业在办学经验共享、教育资源共建,健全教师管理制度、完善教育投入机制等专门领域开展多种形式的校际交流与合作探索。其次,围绕规范办学、质量办学、示范办学,共同探索建立现代高职院校发展模式,发起成立成都经济区高职教育联盟等区域特色校际协作组织,扩大、提高区内高职教育协作的层次和深度。

(二)建立高职教育协作区

成都经济区高职教育的协作发展,作为区域层面,省政府、省教育厅应该纳入成都经济区教育改革发展议程,建立成都经济区高职教育协作区或成都经济区高职教育综合改革试验区。由省政府统筹,确立自上而下的成都经济区高职教育协作的改革路径。推进区内高职教育结构的优化,完善高职教育布局。

自上而下的成都经济区教育协作路径符合我国高职教育实际。我国高职教育的管理机制与治理特点决定着自上而下改革路径的必然性。同时自上而下的改革路径的确立,可以站在国家、区域发展视角,有效克服局部利益的羁绊,破除行政壁垒,通过结构性变革与系统化制度创新构建跨区域高职教育协作机制,促进资源的无障碍流动与优化集聚,实现基于高职教育可持续发展的利益关系与利益格局重组,激发高职教育办学各主体的内在发展动力,提升高职教育整体竞争力。

成都经济区高职教育协作自上而下的实施,是一项系统工程。其建设重在厘

清成都经济区高职教育协作的管理机制和推进机制。在不打破现行行政管理体制的情况下,在各级教育部门的参与下,共同探索破除区域壁垒、推动高职教育协作、促进区域高职教育一体化的创新模式。

(三)院校之间求同存异

高职院校专业设置重合率高,在教学资源上必然存在博弈,但这种博弈并非零和博弈,经过求同存异、共谋发展,可实现多方共赢。

为了提升高职院校的办学水平,国家教育部启动了被称为"高职211"的"百所示范性高等职业院校建设工程"。四川省教育厅、四川省财政厅也实施了省级示范性高等职业院校建设计划。到目前为止,我省有成都航空职业技术学院、四川工程职业技术学院、四川交通职业技术学院、四川建筑职业技术学院、绵阳职业技术学院以及四川电力职业技术学院等6所国家级示范性高职院校,2010-2013年我省分四批立项建设了18所省级示范高职院校。在示范院校建设中,教育部、教育厅对每个学校的重点建设专业进行资助,这些专业办学理念先进、产学结合紧密、特色鲜明、就业率高。因此,虽然各高职院校专业设置具有很高的重合率,但是每所院校可以根据自己的特色和长处,有重点的发展相关专业,求同存异。在专业、学院的发展中,相互取长补短,共谋发展,实现高职院校的共同提高、发展。

成都经济区高职教育协作的推进将为成都经济区一体化进程提供强有力的支撑,也将为新时期我省、我国高职教育改革提供重要的借鉴。在高职教育从数量扩张转向质量建设后,区域协作将为高职教育结构的深层次调整与管理体制的整体优化提供新的介入路径,它所引领的是从大学理念到机制层面的系统变革,这将为新时期高职教育的可持续发展提供重要的支撑。

参考文献:

[1]中华人民共和国成都海关,http://www. customs. gov. cn/tabid/42075/InfoID/215145/frtid/41561/Default. aspx

[2]中华人民共和国中央人民政府,http://www. gov. cn/jrzg/2010 - 07/29/content_1667143. htm

[3]赵渊长:《三角高等教育协作:路径矫正及动力机制建构》,《中国高教研究》2013年第2期。

[4]《2013年四川各市GDP和人均GDP排名》,http://www. elivecity. cn/html/jingjifz/2310. html

[5]高考志愿填报参考系统,http://gkcx. eol. cn/soudaxue/queryschool. html? argschtype

[6]四川职业技术学院网,http://www. sczyxy. cn/index. asp

[7]四川省教育厅,http://www. scedu. net/news/web/26031. shtml

[8]祁新意《长三角地区民办高等教育协作发展刍议:问题与对策》,《三江高教》2012 年第 6 期。

[9]宗晓华、冒荣:《合作博弈与集群发展:长三角地区高等教育协同发展研究》,《教育发展研究》2010 年第 9 期。

关于对遂宁“四川省现代职业教育改革试验区”建设的意见建议

（2013 年 12 月 12 日）

一、关于“建什么”的问题

可思考选择的是：

（一）省政府、省厅共建“四川省现代职业教育（“建设”或“创新”）试验（实验）区”。不用“改革”二字，因现代职业教育（体系）正在发展建设中，不存在改革问题，最好是“四川中国西部现代职业教育实验区”。

（二）四川现代职业教育体系创新实验区

（三）中国西部现代职业教育体系创建实验区

（四）四川中国西部现代职业教育实验区

二、关于“为什么建、依据什么建”的问题

（一）依据“十八大”关于“加快发展现代职业教育，完善终生教育体系，建立学习型社会”和“中国教育改革发展规划纲要”，十八届三中全会关于“现代职教体系建设”的相应精神和时代社会发展的相应需求；

（二）四川省的“三大战略”“两个跨越”，7 + 3 产业发展规划，“一枢纽、三中心”目标，多点多极支撑，遂宁成都同城发展战略；教育事业发展规划，高校结构布局状况（高校总计 104 所，其中本科 48 所中含独立学院 12 所，高职高专 56 所，15 个市州办有本科）；遂宁特殊区位优势和经济社会发展需求；

（三）遂宁市的“六大兴市计划”，教育、特别是高等教育现状，率先实现小康的特定需求和相应市情；

（四）现代职教体系建立是中国教育发展的方向，是历史的必然选择。目前尚无成功经验，西部地区，四川可为全国先行先试，探路试点，提供经验和范式；

（五）建设目的目标：一是推动遂宁教育的改革发展；二是助推“六大兴市计

划”，为遂宁经济社会发展提供智力支持、人才支撑；三是为四川、西部、全国现代职教体系建设试点探路（先行先试），提供经验范式；四是为整个教育的改革发展探路（两大教育类型的建立与融合统一，教育与科技文化的融合统一，教育与经济社会发展的融合统一，实现人才培养、科技研用、就创业服务、文化传承、改革创新的整体推进）。

三、关于“建什么、怎么建”的问题

一是采用两大模式：“基地 + 体系 + 功能 + 主体”的实验区建构模式；二是“政府主管、园区主体、多方参与、社会支持、市场运作、逐步提升、合作共赢”运行管理模式。

二是创设五大基地：多层次、多形式、多规格、多功能、多类型、多途径人才培养（含学历非学历、师资、EMBA、CEO、卓越工程师等）基地、应用科技研用（研发与推广运用）基地、就业创业服务基地、教育改革创新基地、文化传承创新基地。

三是创构六大体系：普教职教、中职高职、学历非学历、职前职后、学校社会教育融合统一的现代职教体系；高素质、高技能、高质量、高水平应用型人才（含师资、含 MBA、CEO、卓越工程师，开放的，从基础到高端的）培养体系；政行企校、园院合作办学、合作育人、合作就业、合作发展的改革创新体系；学研创用融合一体、以应用科技为主体的社会服务体系；传统与现代、民族与地方文化的传承与创新体系；终身学习与教育体系。

四是八大建设内容：（1）现代职教体系创构；（2）现代职教发展路径（含模式）探索；（3）现代职教办学体制机制创新；（4）以现代职教为主体的教育教学综合改革；（5）现代职业教育的师资与干部培养；（6）现代职业教育的质量保障与测评监控体系建立；（7）终生学习与教育体系建设；（8）职业院校社会服务能力提升，服务体系建构。

四、关于“建设的重点”问题

实验区建设以“五大基地”、“六大体系”建设为重点。

五、关于“建设成效、特色亮点”问题

一是内外衔接对接，上下融合贯通的现代职教体系；

二是普职融合、初中等教育融合统一的初等职教发展新路；开初等职教、职业预备教育的先河（全国目前没见成功案例报道）；

三是现代职业教育的办学体制机制创新：政府主管（导）、学校主办（体）、行

企参与(支持)、市场运作、社会评价(监管);

四是创构六大体系;

五是初中高职全方位融合统一,因材施教、分层分类教学,全面素质教育,终生学习教育,办人人成才、人民满意教育的思想理念与模式创新、体系建构(教育综合改革);

六是资源整合,多功能、多基地、多体系融合,为地方经济社会发展服务的社会服务体系创构;

七是老带新、熟带生、大手牵小手,强强合作的应用型、高水平高等职业教育发展建设之路。

六、关于“建设的基本思路”问题

一是实验区与科教核心园区配套互补的建设思路:以整个遂宁为现代职教体系建设的实验区;以科教园区为实验区的核心园区。整体规划设计,分阶段推进实施,最终推向极致,实现既定目标。

二是应用型高等职业教育的发展建设思路;

三是普职融合、初中等职教统一的发展建设思路;

四是学研产用融合统一的发展建设思路;

五是基地、体系整体联动、融合统一的发展建设思路;

六是高素质、高技能、高质量、高水平现代职业教育的发展建设思路。

七、关于“建设的基本保障”问题

见市上方案。

八、几点建议

一是尽力将思想认识统一到既定的基本构想上来;

二是充分尊重高教学会、职成学会及教育部专家意见,客观冷静、综合辨证看待省教厅职能部门部分领导意见;

三是尽力统一到市上领导认可的相应意见、方案上来;

四是组建一个能征善战的基本、核心团队,切实做好这一工作;

五是制定一个切实可行的整体推进计划,统筹有序推进。

(仅供参考)

关于《四川省现代职业教育体系建设规划》的修改建议*

《规划》第三稿总体很好,既贯彻了十八大、十八届三中全会精神,又很好地融入了第三次全国职教会议之精要,密切结合了四川的职业教育实际与经济社会发展需求,有很多创新闪光点,完全原则赞同。但也提出以下建议供参考:

一是注意表述的准确性。作为一种类型的职业教育,当由初、中、高等三个层级构成。其中高等又包括专科、本科、研究生教育三个层次。研究生中还可分出硕士、博士层面。如果将高职教育视为单指大专层面的教育,此外再是应用本科及研究生教育显然是不科学、不准确的。不管其他文件怎样提,这是一个基本概念、常识问题,在教育行政主管部门的重大基本文件中错不得。

二是初等职教是一个层次,是最基础的,很重要,不能少。但初等职教不能办专门的职业技术学校,只能是在九年制义务教育渗透或融入职业教育的基本元素,对学生进行相应职业素养(知识)教育,职业兴趣培养,职业意识养成,职业技能培训,职业生涯概念建立、常识具备等方面的教育,消除这些学生的职业盲区误区,消解已经不容忽视的诸多问题和相应弊端。

三是适当提高职高学生高职学生的升学比例的提法,定出什么时段达到多大比例的做法不科学。应当是建立相应的考核评价标准或指标体系来客观公正评价,符合标准要求的,有多少是多少,于其间实行优胜劣汰都是可以的,但不该人为定指标,划比例。包括中职学校升不升专科,高职高专升不升本科院校在内,都不该人为主观规定,而应当同样据需和以标准尺度衡量,既维护社会公平正义,树正气,又保证质量,促进社会正向健康发展。

四是国务院决定明确要求加强职业技术师范院校建设,这是职业教育发展好坏的关键、根本所在,目前这方面是一个很大的缺失,四川如此,西南地区均如此,不能忽视,应当列入规划中去。

---

* 重要文稿,亲自起草。

五是县区是社会经济结构的基本单元,县区的经济社会发展,学习型社会建构需要大量高素质、高技术技能应用型人才,规划当制定政策,激励处在市州的高职院校学习借鉴美国社区学院办学经验,深入区县整合政行企校(职教中心)资源,依据经济社会发展建设需求组建特色县区学院,开展以现代新型农民为主体的人才培养培训和文化建设与传承工作。

六是望能写进素质教育、职业道德教育、职教、校企文化建设的相应内容,作为立德树人重要组成部分。

七是在招生制度改革方面还当允许真正实施中高职衔接,能保证质量的院校在中高职招生时实行严格标准基础上的宽进严出,注册入学。

坚持党的群众路线，创新机制体制，深化职业教育改革

——四川职业技术学院党的群众路线调研报告*

（二〇一三年十一月二十六日）

党的群众路线是中国共产党长期革命、建设和改革经验的精辟总结，是我们党根据自身性质和马克思主义认识论创造的一种科学的领导和工作方法，是实现党的思想路线、政治路线、组织路线的根本工作路线，是我们党的优良传统和政治优势。在全党深入开展以为民务实清廉为主要内容和主题的党的群众路线教育实践活动，是党的十八大作出的战略部署，是以习近平同志为总书记的党中央坚持从严治党、加强党的建设的重大决策。从总体上看，高等学校是优秀党员干部和知识分子比较集中的地方，是意识形态的前沿阵地，高校的根本任务是立德树人，培养社会主义事业的合格建设者和可靠接班人。高校也历来都高度重视继承和发扬党的优良传统，重视在人才培养和推进改革发展建设中密切联系群众，自觉当好践行群众路线的先行者和排头兵，把党密切联系群众的优良传统发扬光大。

根据四川省委教育工委《关于在全省教育系统开展“坚持党的群众路线办好人民满意的教育”调研工作的通知》（川教群组发〔2013〕6号）精神，要求在全省教育系统组织开展“坚持党的群众路线、办好人民满意的教育”战略与政策课题研究，中共四川职业技术学院委员会自2013年7月群众路线教育实践活动开展以来，即在各系部、各职能部门抽调专人，成立了以党委书记为组长，党委副书记为副组长，各总支书记为成员的调研工作小组，围绕突出当前急需解决的重大问题，有重点、有针对性的以“创新机制体制，深化职业教育改革”为调研内容和重点，深入各系部、各兄弟院校、政府、教育行政主管部门、行业企业以及用人单位，以走访座谈、发放调查问卷资料等多种形式，深入分析影响和制约当前职业教育改革发展的各种因素，重点研究如何突破体制和机制障碍，为深化职业教育领域综合改

---

* 这是为省教育体制改革项目所作的调研报告，参与合作者有何展荣、刘进。

革找准突破口和着力点，切实贯彻十八大精神，努力办好人民满意教育的问题。现将调查研究情况总结报告如下：

一、当前职业教育体制机制方面存在的主要问题

通过调查研究，我们发现，干部群众，教职员工认为，职业教育体制机制方面问题较多，主要反映在以下三个方面：

(一)体制不顺

目前，我国已有高职院校近1300所，中职学校上万所，无论学校还是学生的数量都占了整个教育的半壁河山。职业教育已经成为我国人才培养的重要途径和形式，在实施人才强省强国战略，全面建设小康社会，建设社会主义现代化强国、实现国家富强、民族振兴、人民幸福的伟大中国梦进程中，起着举足轻重、不可或缺的作用，有力地推动我国经济社会的长足发展。但是，在我国现行的教育结构体系中，职业教育却并没有真正成为我国整个教育体系中的一种类型，没有与普通教育相提并论，同等对待，使之成为整个国民教育的两大支柱之一。其主要问题在于：

一是办学体制不顺。目前，我国职业教育的学历教育在教育部，非学历教育在人社保障部，干部教育在组织部，职工教育在各行业系统，企事业单位；非学历教育的招生办学各个行业部门都有，而以教育、劳动保障部门为主。证书大家发，技能鉴定劳动保障部门在管、招生办学从基本环节到组织管理，从收费标准到测评体系都很不规范统一，运动员、裁判员不分，处于一种各自为阵、你争我夺、八仙过海、乱象丛生的混乱局面。即便在教育系统内部，尽管教育部把中高职教育都集中到了职成司集中统一管理，但各省市并非尽然，难免各行其是，不出问题和矛盾。

二是管理体制不顺。公办学校是政府在管政府在办，从干部任命到师资配备、从专业设置到招生就业，一切按政府部门的旨意、指令办，管办合一，学校几乎无办学自主权，学校享受的是有限的权益，承担的却是无限的责任。根本没有形成“政府主管(导)、学校主办(体)、行企支持参与、市场运行、社会监督评价、”的管理运行体制。尽管早就有了职业教育法，但责权不分明，责权利更不统一。即使一些院校自发探索，创立了“政府主导、学校主体、行企参与、社会支持、市场运行”的基本体制和政行企校、院地、院校、院企、院行合作办学体制模式，也未能得到主管部门的认同和应有支持，处于一种孤立无援、难以入流的尴尬境地。因此，整个职教仍然处于一种体制不顺的混沌混乱状态。

三是发展体制不顺。教育主管部门对职业院校的态度是另眼看待，也不与地

方经济社会发展相适应,考虑其结构布局问题,而是一味地批准建立民办院校,允许民办学校升高职或本科,明确规定中职学校不升高职,高职院校由以前的原则不升本科变成了现在的完全不升本,只能是地方院校改制成应用型本科,既不伦不类,导致恶性竞争,资源浪费,又明显歧视高职院校,很难形成特色,也不符合市场经济规律、社会需求原则。

由于体制不顺,职业教育成了在夹缝中生存,成了附着在普教上的怪瘤。由于在夹缝中生存,使职教变成了既不是普教,又不像职教的怪胎,成了社会有需求,人们不喜欢的弃婴。

(二)体系不全

职业教育作为助推我国经济社会发展的重要力量,本应与普通教育一样成为我国教育两大体系之一,但由于历史和体制的原因,我国职业教育至今都没形成从初级、中级到高级乃至职教本科研究生贯通的独立体系。从进口看,中职生源主要来自于初中分流,高职生源则主要来自于普高,极少来自于职高;从出口看,无论中职高职都只能是少数可以升学,绝大多数过早走向社会。使职教变成了无头无脚、缺失基础和生存发展空间,附着在普通教育上的寄生物,成了不着边际,两头无,中间大的怪胎;步入了学校教育发达,社会教育弱小;学历教育发达,非学历教育弱小;职前教育发达,职后教育弱小;城市职教发达,农村职教弱小;中心城市发达,非中心、特别是山区、边远城市弱小;专科层次发达,本科研究生层次弱小,高技能教育发达,素质教育弱小,理工教育发达,文管教育弱小的怪圈,职业教育路路不通,成了断头路,死胡同。

(三)机制残缺

我国职业教育虽然已历经了30余年的实践探索,但时至今日,仍然陷于“雷声大,雨点小;政策多,落实少;号召多,响应少”的泥潭中难以自拔,因而举步艰难,究其原因在于职业教育缺乏必要的机制。目前国家投入少,仅有中职生免费,对民众,对中小学生缺乏教育引导机制;对学生,对家长,对学校,对教师缺乏激励鼓动机制;对政府,对行业企业,对教育行政主管部门、劳动人事保障部门,对学生、家长和社会缺乏必要约束机制;对职业教育缺乏应有保障和宏观调控机制。反倒有的是对待处置上的不公平,是政策规章的制约,是情绪和积极性挫伤,较之西方发达国家对职业教育的重视与支持与管控力度形成巨大强烈反差,在很大程度上影响和制约了我国职业教育的发展进程。

二、当前职业教育体制机制问题的成因分析

在调研中,通过对上述问题深入分析与探究,我们发现,造成当前我国职业教

育体制机制问题的原因固然是多方面的，但主要表现在：

（一）认识问题

1. 对职业教育的基本认识仍然存在很大差距

尽管现代职业教育在我国已经有30多年的历史了，但时至今日，除专门从事职业教育研究的少数专家以外，关于对什么是职业教育？什么是现代职业教育？职业教育的内涵外延是什么？它有哪些特点规律等重大基本问题，包括部分领导和职教工作者在内的其他若干群体都存在着认识肤浅、理解表象等明显差距，以至于人们仍把高职当职高，认为职业教育就是技能教育，就是考不上大学的落榜生教育，高职业教育是介于高中和本科教育之间的教育，职业教育是一种不伦不类的边缘性教育，是一种层次不高、没有前途的教育。很多省市都是将高职招生放在二专录取的，部分省市至今仍有对职业教育不仅毫无道理，而且属于歧视政策的三个5%的限制，其源盖出于认识问题。凡此种种，不一而足，让本应光鲜的职业教育显得十分灰暗和尴尬。

2. 对职业教育的地位作用缺乏明确深刻的认识

由于受我国传统的“劳心者治人，劳力者治于人”、“学而优则仕”等陈腐观念的影响，“重学历，轻技能”、“重普教，轻职教”等观念在当今的社会群体中还有较大的市场，有的甚至是根深蒂固，使得人们对职业教育的地位作用缺乏深入探究，非但缺乏明确而深刻的认识，反倒存在着较大的歧视和偏差，不仅看不到与自己、与日常生活、与社会的密切关系，忽视了职业教育在我国经济社会快速发展，在时代社会生活中的巨大功能作用和所释放出来的诸多效应，反倒只关注、强调、甚至放大的是苦累脏、收入低、工作时间长、环境差，低人一等，矮人三分等负面效应，致使职业教育难入主流，难归正统。国家至今没有职业院校的建设标椎和应有投入，高成本、高投入的职业教育得不到应有的经费扶持，就连生均经费也至今未能明确拨付的标准和时间表、路线图，未纳入高等教育对待，未享受国民教育的应有待遇，与本科高校形成强大反差，所有的是不能升专科本科，反倒要评估亮黄牌红牌的诸多制约与限制，甚至于是责任追究。

3. 对职业教育的发展态势和趋向缺乏应有的探究

正是由于人们的理解偏差和认识缺失，我国职业教育没有得到应有的重视和支持，至少没有把它与普教一样作为我国教育的一种基本类型，一大支柱来加以强化和推进，对职业教育到底该如何定位，如何发展，如何凸显其地位作用，该去向何方等系列根本问题也缺乏必要的深入探索和研究，从而形成了今天职业教育体制不顺，体系不全、机制残缺的畸形发展状态。让职教工作者难以增强信心，看到曙光，找到归属或方向。处于一种欲干不能，欲罢不忍、举步维艰、进退两难，甚至是自生自灭的难堪境地。目前部分中职院校纷纷转向搞普教就是这方面的突出反映,随着生源的减少和竞争的激烈,估计这方面的分化还会进一步加大。

(二)态度问题

在调查中我们发现,对职业教育的态度是影响职业教育长足发展的关键。在这方面,大家一是看教育行政主管部门及社会群体是否真正认识职教,是否真正重视职教,从思想认识到观念理念,是否使职业教育得以重视和强化;二是看人们,特别是主管部门、主办单位,职教工作者是否在高度关注职教、认真研究职教,是否在切实解决职教发展中的重大基本问题,积极推进职教。大家认为,当前,社会对职业教育的态度是不令人满意的。从认识理解层面上看,职业教育只是普通教育的一个附属物,只是一种短期效应的培训形式,只是一种低层次的学历教育,最多是成人职前职后一种能力提升的教育形式而已;从研究和实践层面上看,不顾中国经济社会发展实际,一味地主张跟风模仿,借鉴套用西方国家职业教育形式,诸如德国的"双元制"、美国的"社区学院"、澳大利亚的"TAFE 体系"、日本的"产学研结合"、英国的"三明治"、新西兰的"国家管制"、新加坡的"教学工厂"等职教模式,虽然眼界开阔了,却又让人眼花缭乱,无所适从,迷失自我;从政策措施层面上看,虽然在增加投入,却先是对中职学生发放困难补助,后是学费全减全免的简单做法,缺乏好机制,治标不治本;虽然也出台了多种鼓励和支持职业教育大力发展的政策措施,诸如《教育部关于全面提高高等职业教育教学质量的若干意见》(教高〔2006〕16 号)、《教育部关于充分发挥职业教育行业指导作用的意见》(教职成〔2011〕6 号)、《教育部关于推进中等和高等职业教育协调发展的指导意见》(教职成〔2011〕9 号)、《教育部关于推进高等职业教育改革创新　引领职业教育科学发展的若干意见》(教职成〔2011〕12 号)以及《"十二五"职教规划纲要》等系列文件,但缺乏措施落实,缺乏必要的限制和约束机制,因而成了文件多,政策多、方案多、口号多,举措少、投入少、行动少、实效少,只务虚、不务实、光打雷、不下雨,形式主义、官僚主义盛行的局面。从而使中国职业教育陷入了"无体系、无特色、无出路"的"三无"困境。

(三)举措问题

调研中我们还发现,当前,我国职业教育之所以举步维艰,还在于缺乏强有力的组织领导和政策措施,主要表现在:

1. 缺乏有力的组织领导

职业教育体制不顺,责权利不明,必然导致其组织领导不力。尽管国家层面调整了管理体系,但上下不配套,相应措施手段也不配套,尚未形成完整科学的管理体制机制,缺少配套的相应政策法规,鞭策激励和监督约束机制,对职业教育的组织领导缺乏应有的约束力和公信力，甚至于连职业教育的会议都很难得开一个，除了发文件、交任务、压担子、搞评估、追责任之外，从未了解和很好体谅过基层一线的苦楚和集中研究解决过相应问题，致使职业教育机构大抵成了一种自发式、自由型、松散型的民间组织或社会团体。

2. 缺乏明晰的职能职责

由于我国职业教育体系还不健全，关系没理顺，政府及其职能部门职责不明甚至严重错位，相关责任单位的职能职责明显缺失，尤其缺乏对合作办学中“政行企校”各方面、各部门职能职责的明确界定和政策支持，对各级政府、行业企业、职业院校在职业教育和职教体系构建过程中，应履行何种职能职责，承担何种权利义务，发挥何种职能作用缺乏明确的规定和约束机制，因而政府各级、行业企业各方、社会各界缺乏参与的积极性和主动性，这也是职业教育呈自发、自由、松散状态，是“剃头匠的挑子——一头热”的重要缘由之一。

3. 缺乏应有的保障机制

大家认为，除去组织领导之外，职业教育的发展离不开制度、经费、办学条件等基本保障。但当前我国职业教育的现状表明，在制度方面，既缺乏强力的支撑扶持政策，又缺少基本必要的规章制度，致使职业教育发展不顺，推进无力；在经费方面，虽然，近年来，国家加大了对职业教育的投入，但在一定程度上，还远不能适应高成本高投入特定类型职业教育的需要，一方面投入渠道单一，主要采用生均拨款形式，成了“生均拨款是个筐，什么都往里头装“，其他经费来源少之又少；另一方面投入数量有限，与同级普通教育拨款额度差距很大；三是投入方式不尽合理，近年来，除生均拨款略有增加之外，只对中职学生实行了简单的全减全免政策，把经费全部用于学生及家庭身上，虽然也赢得了民心，名义上是国家加大了投入，却因为缺乏必要机制和对职业教育主体——职业院校建设及软硬件的直接投入，效果却并不好，还产生了许多负面效应。在办学条件方面，国家投入非常有限，地方政府任其发展，各办学主体基本上都是采用自产自筹方式，依靠学生学费收入，或开展校企合作、社会捐赠等方式筹措资金，添置有限的设备，这对于主要依靠实验实训实践实习来培养学生素质和专业技能的职业教育来说，显然是很不恰当的。

4. 缺乏必要的监督制约和考核奖惩机制

俗语云：“没得规矩不成方圆”。实践证明，没有激励考核奖惩，没有监督制约，就没有规范和效果，就没有动力压力和执行力。我国职业教育本来就组织领导不得力，职能职责不健全，缺乏对职业教育经费投入和参与建设、助推发展等方面的监督制约，这在很大程度上已经影响和制约了职业教育的大发展。再加上奖惩考核奖惩机制不健全,就必然会缺乏对政府、对行企、对学校、对学生、对家长等相关群体的考核细则和具体考核奖惩措施,事实上政府也从未把各方对职业教育的支持帮扶程度列入年度考核指标体系,纳入对政行企校的绩效考核,因而,在职教领域,有章不依,有令不行,有为不作的自由散漫状态,八仙过海,各显神通的无序混沌状态自然也会愈演愈烈,甚至积重难返,严重影响甚至阻碍破坏职业教育的健康发展,影响制约社会经济的发展。

三、解决当前职教体制机制问题的对策

(一)加强调查研究和学习借鉴,提高认识

世界经济迅速发展的经验告诉我们:职业教育已经成为促进各国经济社会发展的技术源泉和动力,职业教育的蓬勃发展,为世界各国的经济腾飞起到了强有力的助推作用。西方发达国家都十分重视发展职业教育,尽管形式各异,但都成效显著,归纳起来,一是政府立法,国家管理。美国、新西兰的职业教育国家立法行为较为突出,从根本上解决了体制机制和制度保障问题,为职业教育提供了强有力的法规性保障,这是职业教育得以稳定快速发展的前提和关键。二是层级完善,自成体系。澳大利亚的《资格框架》结构体系显得尤其突出,这是促进职业教育自身建设发展的基础和规范,也为职业教育完善自我造血功能、打造自身特色奠定了基础,使职业教育具有了很好的组织基础。三是切合实际,特色发展。每一种先进的职业教育模式,无不体现各国经济社会发展的需求,因此,世界各国才出现多种多样、丰富多彩而富有实效的职业教育模式,这是职业教育本土化、特色化的现实要求和成功经验。四是工学交替,产学研结合。这是世界职业教育的普遍模式,尤以日本、英国为代表,体现出了职业教育的基本特点和根本需求。在调查研究我国职业教育现状的基础上,比照分析,清醒认识,有选择性地学习、有针对性地借鉴西方发达国家的职教理念和管理模式,已经成为创新我国职业教育发展模式的重要取向。

(二)认清形势与地位作用,高度重视

"发展才是硬道理"。我国职业教育在短短的30年间,异军突起,迅猛发展,已占据我国教育领域的半壁江山,足以证明,职业教育对于我国经济社会发展所起到的重要作用。我们必须清醒认识到,我国要由"人才大国"变成"人才强国",由"中国制造"变为"中国创造",必须把职业教育摆在突出的位置,予以高度重视,凸显其地位和作用,一方面要从国家政府层面理顺体制,建立健全考核奖惩激励机制,成立专门组织管理机构,明确参与职业教育各方责权利,加强组织领导。另一方面,要建章立制,健全相应的政策法规,充分调动各方面发展、参与职业教

育的积极性，加大管理约束力度，破除阻碍制约职业教育发展的相应禁令，为其健康发展创造环境条件。第三，从结构体系、意识形态入手，在广泛宣传普及的同时，积极探索试点在基础教育阶段开设职业认知和职业技能课程，逐步拓展职业常识认知，职业素质与能力培养，增强普通中小学生的职业兴趣、职业意识、职业素质和职业技能，建立起初等职教体系。第四，增加投入，重视和加强职业教育的软硬件标准规范化建设，加大职教实验实训实践实习基地、设施设备建设力度；加大职业院校师资培养培训，人才培养模式改革力度，深化校企合作，教育教学科研，技术方法革新，为产学研结合提供必要的政策和经费保障。

（三）搞好整体规划和顶层设计，绘好蓝图

把职业教育从普通教育中相对剥离出来，构建属于自己的独立科学体系，这是当前深化职业教育改革的当务之急，需要国家政府层面从国民教育、终身教育、国家富强、民族振兴、人民幸福的大局出发，把职业教育作为与普通教育同等重要的国民教育体系中的一个重要类型。把职业教育单列出来，从职业教育的基本性质、功能作用、层级结构到管理体制、体系构建等方面，对职业教育进行全方位多层次的整体规划，顶层设计，全面构建“世界水准、中国特色”的现代职业教育体系，着力突出职业教育在国民教育、终身教育中的重要地位和作用，在经济社会发展过程中的责任与义务，为职业教育的大力发展，更好更快科学发展定好方向走势、目标任务、思路举措，绘好蓝图。

（四）创新体制，健全机制，抓好关键

体制机制问题，是制约我国职业教育发展的瓶颈因素，要解决好我国职业教育所面临的问题，体制机制问题是关键。对照职业教育当前的现状与困境，我国职业教育要寻求突破，获得新生，既要有“世界水准”，更要突出“中国特色”，这就必须坚持走“一体化办学、分级管理、多元融通，合作发展”之路，构建“政府主管（主导）、学校主体（主办）、行企参与、市场运作、社会评价监督”全新管理运行的体制机制。打破过去由地方政府分级负责的格局，实施国家集中统一管理，消除中高职（含应用本科及以上教育）界限，实施真正的衔接和一体化办学。在职业教育领域内，从基础职教到中职、高职、本科以至研究生阶段，全面实施“一体化”管理体制，形成完全具备职教特色的初、中、高级完整阶段，有自己的体系规范和评价标准，统一规范、分级管理，形成有始有终，层级分明，贯穿人一生的“一体化”职业教育体系。使之作为一种单独教育类型，既相对独立，又与普通教育、继续教育、其他高等教育等多种教育形式相互关联，相辅相成，共同形成我国形式多样、丰富多彩的大教育格局，从根本和源头上解决我国职业教育体制机制问题。

(五)完善政策法规体系,强力保障

政策是出路,法律是约束。修订职业教育法,建立健全职业教育政策法规体系,强调对职业教育的法制化建设,是深化职业教育改革,助推职业教育科学发展的根本保障。一方面,我们不仅需要有指导性的政策文件,另一方面,职业教育更需要有约束力和制约力的法律法规。一方面,我们不仅需要一部或几部严谨科学的职业教育法规体系,另一方面,职业教育更需要涉及多领域、多层面、多层次,具有较强指导性和规范性的条例规章和办法,用以明确和规范"政行企校"乃至社会各方的责权利,为充分调动各方积极性,发挥主动性和创造性,推进职业教育又好又快发展提供强有力的制度保障。

(六)制定切实可行措施,科学推进

职业教育的建设发展是一项宏大的复杂艰巨的系统工程,不能单纯从组织管理、体制机制、体系构建、立法保障等几个方面进行宏观操控,还需要深入调研、强化对职业教育地位作用、性质任务、特点规律、思想理念、发展趋势、体制机制、重难热焦点、措施办法、政策法规、组织领导、保障措施等重大基本问题的思考研究,因地制宜地制定突显"世界水准"、"中国特色"、"地方特产"、"职业特质"的实施细则、方案举措,有计划规划、目标任务、层次步骤,然后合理实施,科学推进,这才是职业教育快速发展、走向辉煌的有效途径。

四川职业技术学院四川省教育体制改革试点项目关于贯彻落实《教育部关于推进中等和高等职业教育协调发展的指导意见》的实施方案*

为贯彻落实国家教育规划纲要，教育部印发了《关于推进中等和高等职业教育协调发展的指导意见》（教职成〔2011〕9号，以下简称《意见》）。《意见》全面分析了现阶段我国职业教育面临的新使命、新任务、新内涵和新要求，指出促进中等和高等职业教育协调发展是奠定现代职业教育体系、服务国家现代产业体系建设的基础，《意见》同时明确了推进协调发展的基本原则、当前需首先做好的十项衔接工作，以及进一步优化政策环境的要求。

为了深入探索中高职相互衔接，建立健全职业教育体系，提升职业教育服务社会、服务现代产业的能力，四川职业技术学院积极组织申报了四川省教育体制改革试点项目“构建终身教育体系与人才培养立交桥，全面提升职业院校社会服务能力”（以下简称项目）于2011年1月20日经省级专家组评审，省教育体制改革领导小组研究同意，于2011年6月30日下发《四川省教育体制改革领导小组关于教育体制改革试点项目备案意见的通知》（川教改〔2011〕1号）文件批准立项，项目编号为51110200。着力对整合职教资源，构建中高职衔接融通“立交桥”进行创新研究，为了进一步贯彻落实教育部《关于推进中等和高等职业教育协调发展的指导意见》，加快推进中高职教育协调发展，落实中高职衔接互通的途径措施，特制订本方案。

一、指导思想

以科学发展观为指导，以教育部《关于推进中等和高等职业教育协调发展的指导意见》为指南，以适应区域产业需求，紧贴产业转型升级为导向，紧紧围绕遂宁市及学院“十二五”发展规划纲要，搭建中高职衔接立交桥，对接遂宁及周边地

* 本人为省体改试点项目负责人，主持制订了本方案，主笔者有何展荣、刘进、杨丁等同志。

区现代产业结构，着力构建中高职衔接的现代职业教育体系。

二、基本思路

充分发挥职业院校人才培养、科研和社会服务三大基本职能，在现有职业教育、普通教育、成人教育的基础上，探索建立中职与高职（含应用型本科阶段）、普通与成人、学校与社会、职前与职后、学历与非学历教育衔接融合的社会性、开放式、合作型终身教育和社会服务两大体系；搭建中高职教育教学内容衔接转换、岗位职业技能培训提高、职业技能考核评审鉴定、校企合作发展等终身教育学习平台。

立足于汽车制造与装配技术、物流管理、应用电子技术、数控技术等四个重点专业及群建设，选择1－2个行业企业和1－2个中高职学校，在人才培养目标、专业布局、课程教材体系建设、教学过程监控、信息技术运用、招生考试制度改革、评价模式创新、师资队伍建设、产学结合行业指导、职教集团建设等十个方面对接地方产业需求，整合资源，共建平台，全面推行一体化，推进中高职教育协调发展，在一定层面上、一定范围内开展终身教育支持服务先期试点，带动学院其他专业及群建设；依托学院体制机制创新项目，“政、行、企、校”多方联动，以中高职毕业生、合作企业、干部职工为主体，面向其他职业学校、企业、行业、社会教育机构和有相应需求的群体推广，全面构建职业教育人才培养“立交桥”，为中高职毕业学生、企业员工和社会人员提供终身教育学习支持服务，帮助其提高素养、素质和技能；积极承担面向社会区域经济发展的社会职业培训、技术研发和技术咨询服务，为社会主义新农村建设、行业和企业的发展提供多层次、多形式、多规格、多品类、多途径、开放式的教育培训服务和技术服务；积极开展中高等职业学校的支援与合作，更好地适应经济社会发展对高素质高技能应用型专门人才培养的需求，发挥高职院校的辐射、带动作用，促进区域内职业教育的协调发展。

三、总体目标

进一步强化“终身教育，终身学习”、“学习型社会”等理念，突破现有体制瓶颈，积极探索职业教育人才培养的新机制、新方法、新内容、新模式和新途径。构建中高职衔接体系，搭建社会性、开放式、合作型终身教育体系和职业教育人才培养立交桥，全面提升职业院校的社会服务能力，更好地适应区域产业结构调整转型升级对高素质、高技能应用型专门人才培养的需求，为地方经济社会的更好更快发展提供强有力的人才支撑。

通过与当地部分中职学校、企业开展合作，以学院四个重点建设专业为基点，分阶段逐步建立适应中高职教育(含应用型本科阶段)和企业行业干部职工实际需求的终身教育教学管理体系,分段教学、考核评价统一的人才培养体系,校企合作学历提升、岗位职业技能提高的培训体系和终身教育学习平台,引进和开发四个重点专业及其专业群相关优质核心课程学习资源,构建和充实终身教育学习资源库,使学院在办学形式、招生途径和培养质量等方面得到全面拓展和改善。在项目试点期内及更长时期,着力构建终身教育、社会服务能力体系,重点建设中高职教育教学内容衔接转换平台、岗位职业技能培训提高平台、职业技能考核评审鉴定平台和校企合作发展平台,突出"中高职教育教学内容衔接转换,搭建中高职立交桥,提升社会服务能力"的建设特色。

四、主要举措

(一)体制机制改革

依托四川职业技术学院汽车制造与装配技术、物流管理、应用电子技术、数控技术等四个重点专业及群建设,选择遂宁市职业技术学校、安居职中、射洪职中、大英职中、蓬溪职中等职业学校及南骏汽车集团有限公司、天保机械、遂宁市物流、电子协会等行业、企业形成终身教育体系创构建设的职业教育集团,进行改革项目的先期试点,取得相应成效后,打破院校、校企、行业、社会的壁垒界限,探索"合作办学、合作育人、合作就业、合作发展"发展建设新途径,建立中职高职(含应用型本科阶段)、成人普通、学校社会、职前职后教育衔接融合的职业教育人才培养立交桥,建立健全校企合作双赢机制,以合作办学促发展,以合作育人促就业,实现不同区域、不同层次职业教育协调发展。

(二)办学模式改革

根据遂宁市"十二五"发展规划纲要,明晰人才培养目标,紧贴产业转型升级,优化专业结构布局,根据区域经济社会发展实际需要和不同职业对技能型人才成长的特定要求,探索确定中等和高等职业教育接续专业,修订中等和高等职业教育专业目录,做好专业设置的衔接,编制中等和高等职业教育相衔接的专业教学标准,为技能型人才培养提供教学基本规范。加强职业教育专业设置信息发布平台与专业设置预警机制建设,优化专业的布局、类型和层次结构。同时,围绕中等和高等职业教育接续专业的人才培养目标,系统设计、统筹规划课程开发和教材建设,明确各自的教学重点,制定课程标准,调整课程结构与内容,完善教学管理与评价,推进专业课程体系和教材的有机衔接。在职业教育集团内,整合相应资源,推行中职高职、普教成教、职前职后、学历非学历教育相衔接,院校、校企、行业、社会教育融合统一的人才培养规格和办学模式,在人才培养方案制订、专业设置、课程建设、评价保障体系建设等方面共同研讨，在人才培养基地、设施设备、师资队伍、人才培养成果成效等资源方面共建共享，真正实现院校、校企、行业、社会教育、职前职后教育的融合统一与无缝对接，尤其注重中等和高等职业教育在培养目标、专业内涵、教学条件等方面的延续与衔接，形成适应区域经济结构布局和产业升级需要，优势互补、分工协作的职业教育格局。

（三）招生制度及办法改革

积极争取国家政策支持，突破现行招生办学的政策限制，拓宽人才成长途径，根据区域人才需求和职业教育的人才培养规律，完善职业院校毕业生直接升学和继续学校制度，试点并推广“知识＋技能”的考试考查方式。本着宽进严出原则，在项目实验区域内积极开展院校自主办学、自主招生、注册入学，自主考试等招生考试改革试点，为各级各类培养培训对象提供学历提升、素质教育、技能培训与检测、素养提高，知识更新的继续学习、成长成才的机会和平台。

（四）终身教育学习平台体系改革

1. 建立终身教育学习平台系统

积极推进现代化教学手段和方法改革，大力开发数字化专业教学资源，建立学生自主学习管理平台，在我院现有的教务在线基础上，按照终身学习平台要求进行改扩建，建立与中职高职、成人普通、职前职后、学历非学历、行业企业、学校社会教育需求同步的、开放式的中高职教育教学内容衔接转换平台、岗位职业技能培训提高平台、职业技能考核评审鉴定平台、校企合作办学、合作育人、合作就业、合作发展平台等教育教学资源共享平台，提升学校管理工作的信息化水平，促进优质教学资源的共享，拓展学生学习空间。

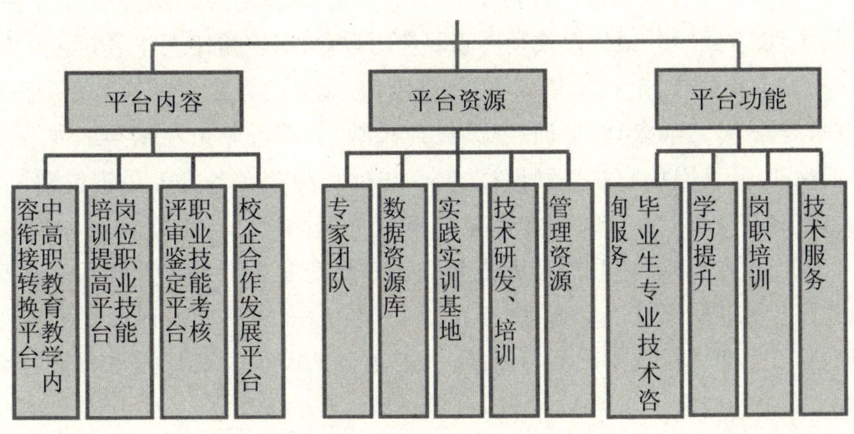

终身教育学习平台系统示意图

2. 构建终身教育学习资源库

终身学习资源库为受教育的服务对象提供自主学习所需的各类学习资源，是整个终身学习平台的核心。

(1)建设专家团队。选聘学习平台系统所需专家，由试点院校相关专业骨干教师和企业工程师、高级技师以及社会其他专业技术人员，形成高技能高水平专家团队。通过注册和认证对专家团队进行身份管理，根据专家团队为系统提供资源、解决方案的数量和质量，对专家团队做出等级评估，并给予相应的报酬待遇和奖励。专家团队根据最新行业技术需求和企业岗位技能要求，从公共教学资源库中提取相应的资源进行封装组合，形成一整套科学完整的专业教学实施方案，提供给学生(服务对象)。专家团队能就某一具体技术给出相应的解决与培训方案，开发出相应的网上课件上传至平台供培训者使用，必要时，可提供面授支持服务。

(2)公共教学资源数据库。分为三个层次，分别是基本素材库、集成单元和成品课件库。基本素材库包括文本、图形图像、动画、音频等内容。集成单元包括微教学单元库、案例库、试题库、常见问题库、名词术语库、参考资料库、网址库和共享软件库。成品课件库有网络课件、视频流课件、电子图书、电子讲稿和光盘课件等几种形式。

(3)校企合作实训实习实践基地。与合作企业互设共建教育教学基地，利用基地对学员进行专业技能、职业道德、企业文化训育与考核。

(4)中职专业技能模块。选择与高职教育衔接紧密的中职专业，建立专业基本技能、核心技能、素质教育模块体系，促进中职专业教学的基础性和与高职教学的连续一贯性。

(5)高职专业技能模块。针对中职衔接专业，建立对应的知识、技能、素质教育模块体系，按照学分银行模式开展高职学历教育，探索构建人才培养立交桥。

(6)企业岗位技能、技术培训模块。针对企业生产各环节的岗位建立岗位技能、技术资源库。建立岗职培训、继续教育机制，引入行业企业基本工种、管理岗位培训标准，开发岗位职业与管理技能学习资源，为社会各类人员提供岗位职能培训，通过相应检测与考核，颁发相应证书，提高其岗位适应能力。

(7)企业新技术推广和技改研发模块。针对企业生产各环节的新技术要求，密切关注各行业最新技术动态，由专业教师和企业专家共同研讨商定方案，推广新技术并对企业进行技术改革与创新，提高企业的市场发展与竞争力，提升企业的形象、品位和档次。

(8)平台管理。建立专兼结合的学习平台管理团队，利用平台资源积极开展学习项目研发和实施。

①学生入学(教务在线);

②学籍管理(教务在线);

③课程学习(终身教育学习平台);

④技能实践(校企合作实训基地);

⑤学习交流(终身教育学习平台);

⑥考核评价(教务在线、终身教育学习平台、校企合作实训基地)。

3. 开展终身教育服务,实现人才培养、科研和社会服务功能

(1)为试点院校在校学生毕业后终身学习提供咨询、指导与资源服务。学生毕业后仍然能够使用该平台进行时间灵活、形式多样的学习;通过与专家交流,获得技术咨询与指导服务,达到终身学习提高的目的。

(2)为中职毕业生提供学历提高服务。中职学生毕业后可采用高职衔接教育平台,获得学历提升,继续学习的机会,通过平台注册,建立学籍档案,设立学分银行,利用学习平台资源完成课程学习和技能测试,达到学历提升,终身学习目的。

(3)为企业员工提高技术、素养素质、能力水平提供服务。在企业内直接开班办学,为企业开展送教上门服务,对企业员工进行新技术、新技能、新方法、新知识培训,达到提升员工素养素质、提高能力水平之目的。

(4)为企业提供技术服务。与企业共同研发新产品,开展技术创新,工艺优化等合作,达到校企结合,互惠共赢的目的。

(5)开展面向社会公众的全方位社会服务能力建设。利用终身教育服务平台,充分整合各类资源,为社会公众开展技术培训服务。针对社会各类人员进行短期培训,达到提升其就业能力,服务地方经济社会发展的目的。

(6)综合利用学习平台,校企共建"双师型"教学团队。聘请企业中的技术能手、能工巧匠来校授课、指导实训实习,派遣教师到企业挂职锻炼,参与企业生产、经营和管理,达到校企共建"双师型"教学团队目标。

(五)监控测评价体系改革

以能力为核心,以职业资格标准为纽带,引入行业、企业职工与管理干部岗位素养素质、技能标准与规范,吸收行业、企业、研究机构和其他社会组织共同参与人才培养质量评价,建立健全院校、企业、行业、社会四位一体的质量保障与监控测评体系,推行"双证书"制度,积极组织和参与技能竞赛活动,探索中职与高职学生技能水平评价的互通互认;加大平时作业、技能训练、素养素质提升、考试考核等过程管理力度,改革以学校和课堂为中心的传统教学方式,重视实践教学、项目教学和团队学习;开设丰富多彩的课程,提高学生学习的积极性和主动性;研究借

鉴优秀企业文化，培育具有职业学校特点的校园文化；强化学生诚实守信、爱岗敬业的职业素质教育，加强学生就业创业能力和创新意识培养，切实增强学习效果，保障人才培养质量，将毕业生就业率、就业质量、创业成效等作为衡量人才培养质量的重要指标，形成相互衔接的多元评价机制。

五、进程安排

本项目计划用5年时间完成，于2011年10月开始至2015年3月，投入资金400万元，完成各阶段目标。

（一）准备阶段（2011.10—2011.12）

1. 建立领导小组和工作团队，提供强有力的组织保障。

2. 开展深入调研，形成切实可行的建设方案。

3. 通过专家评审，确定建设方案。

4. 形成详尽的可供操作的实施意见。

（二）实施阶段（2012.01—2014.09）

1. 试点阶段（2012.01—2013.03）

（1）选定部分院校、部分专业和企业组建合作共同体，开展先期试点，在一定层面上、一定范围内构建中高职衔接体系和人才培养立交桥并取得初步成效。

（2）创构中职与高职（含应用型本科阶段）、普通与成人、学校与社会、职前与职后、学历与非学历教育衔接融合的终身教育体系和人才培养方案。包括课程体系、教材体系建设；实验、实训、实践、实习基地建设；中职、高职、成人学历、非学历，职前职后教育终身学习平台建设；终身教育服务管理体系建设等。

（3）建立中职与高职，普通与成人、职前与职后、学历与非学历教育的，院校与企业、行业、社会评价相结合的，系统、规范、科学的人才培养质量考核评价、监测保障体系。

2. 扩展阶段（2013.04—2014.09）

将该项目的初期成效扩展到试点院校、专业、企业、行业以外的本地区其他职业学校、企业、行业、社会教育机构和有相应需求的群体，在区域内真正形成社会性、开放式、合作型的终身教育体系，全面构建职业教育人才培养立交桥，全面提升职业院校的社会服务能力。

（三）验收阶段（2014.10—2015.03）

1. 全面整理项目成果，规范、科学的人才培养运行模式和切实有效的建设方案基本形成，数字化信息技术先进，各类平台功能完善，运行正常；相对完备的终身教育体系已经基本建立；各种资料数据收集齐备，归档有序。

2. 接受专家初步评审。

3. 接受省教育体制改革领导小组评审验收。

六、保障措施

(一)组织保障

为了体现试点项目的典型性,项目建设的社会性,地方政府及职能部门的主导性,“政、行、企、校”的融合性,支持地方经济社会建设的服务性,试点工作组织机构由牵头单位四川职业技术学院、地方政府及职能部门、行业企业、中高职学校等单位相关人员组成。

1. 建立以省教育厅高教处、职成教处负责人,省社科联、市政府、市政协、市教育局领导为成员的顾问小组,建立以四川职业技术学院党委书记为组长,院长及分管教学的副院长为副组长,项目承办职能部门及系部负责人为成员的项目建设领导小组。对项目组组长及其成员建立一套完备的工作考核机制。项目内容进行指标分解,与子项目负责人签订子项目建设目标责任书。明确任务要求和时间安排,强化责任意识。

2. 学院组建具有高级专业技术职称、“双师型”专业教师、技师等人员组成社会服务专家人才库,运用专家人才库资源,实现优势互补。以学院信息网为优质平台,加大与中职学校、行业、企业的合作力度,实现与中职、行业、企业的深度融合,以不断提升学院社会服务的综合实力与核心竞争能力。

(二)政策保障

1. 充分利用政府部门在试点院校设立的国家、省级劳务培训基地、职教师资培训基地等培训鉴定机构,切实发挥龙头作用,在专业设置、课程建设、师资培训、教师支教、实训基地共享等方面向中职学校提供支援,并与中职学校特别是区县中职学校、职业培训中心联合组建职教集团,开展职业技能,实用技术和下岗职工转岗、农村劳动力转移培训。

2. 试点院校把社会教育培训作为服务地方经济社会发展的重要内容,纳入校内各级各项考核评价体系,并建立相应的奖惩激励机制,以进一步调动社会教育培训工作的积极主动性,积极推进社会教育培训工作。

(三)设施保障

学院已建成1000兆数字化校园网络系统及学分制教务在线系统。拥有国家汽车运用与维修紧缺人才培养基地等国家级人才培训基地。拥有四川省职教师资培训基地、四川省中学校长任职资格培训中心、四川省农村青年转移就业培训基地、四川省农机系统国家公务员培训施教机构等省级培训基地(机构);拥有遂宁市遂州驾校、遂宁市青年职业培训中心等市级培训基地；设立有四川省首批国家职业技能鉴定所，遂宁市机动车维修人员从业资格培训机构，遂宁市营运驾驶员从业资格培训机构等职业（从业）资格培训考试点；学院还有着长期积累的院地、院校、院企合作办学经验和相应的办学宝贵资源；学院也正在积极探索非中心城市省市共建综合类职业技术学院政行企校、园院合作的相应探索。学院将充分利用省市政府部门在我院设立培训考试机构（基地）和我院多年积累的宝贵资源，不断拓展其功能建设，为本项目提供强有力的设施与资源保障。

（四）办学体制保障

学院立足遂宁、面向川渝，发挥省市政府的统筹协调和政策主导作用、行业协会的指导和桥梁作用。学院不仅有着长期积累的院地、院校、院企合作办学经验和相应的办学宝贵资源，而且于近年中建立有体制机制创新的领导班子和工作机构，积极探索并初步形成了“政、行、企、校”、“园院”合作办学的新格局。近年来，与遂宁及成渝经济区的汽车、机械制造、电子电气、物流行业及众多的企业进行了合作办学。推行了引入行业、企业标准，校企共同制定人才培养方案的新举措；探索了校企合作育人、资源共享的新模式；进行了“南骏汽车”、“吉峰农机”、“天保机械”、“远成物流”等包括“订单培养”、“工学交替”、“顶岗实习”等多种人才培养模式尝试，取得了许多宝贵的经验。于校企合作中签订了“组合订单”培养协议，校企共建融“教、学、做”为一体的校内外实习实训基地，共同创建工学结合的教学管理运行机制，构建校外顶岗实习管理模式，形成校企共建共管的校外实习教学管理运行机制，实现学生校外顶岗实习的“企业学校”式管理。

（五）经费保障

建设项目经费采取省财政拨付和学院自筹两个渠道加以解决，省财政拨付通过与项目任务单位签订协议约定或通过项目招投标等方式实现，学院自筹部分以年度经费预算方式保证。

新闻报道

喜庆四十华诞　再创新的辉煌*

——学院隆重举行建校四十周年系列庆祝活动

12月5日是川北教育学院诞辰四十周年暨“教育大厦”落成的大喜日子，四十年的艰苦创业、自强不息，使这所省属高校从无到有，由小到大，铸就了校园面积达110亩，固定资产总值3000余万元，各类设施成龙配套，适应需求，各类专业达20多个，院内外在籍学员8000余人（含“三沟通”培训。其中院内全日制学员有1600人），向社会输送各类高级建设人才25万余名的辉煌成就。十四层“教育大厦”的落成，正是这种艰苦奋斗、自强不息的校园精神和辉煌成就的又一象征和标志。为此，中共四川省委宣传部、四川省教委及重庆教育学院、重庆师专，乐山、雅安、涪陵、宜宾教育学院等兄弟院校发来贺电，副省长徐世群、省教委主任王可植，中共遂宁市委书记罗元富，副书记、市长李太银，市委副书记邓新民，市委常委、组织部长蔡永贵，市委常委、宣传部长陈贵华，市政协主席汤群祥等省市领导先后题词表示祝贺，为欢乐的校园平添了许多喜庆气氛。

节日的校园五彩缤纷，嘉宾云集，鼓号声声，欢歌阵阵，完全沉浸在一派欢乐的气息中，从四面八方云集的省市党政军领导，兄弟院校来宾和遂宁、绵阳、广元、德阳、广安、巴中等地的社会各界宾朋和历届莘莘学子二千余人欢聚一堂，隆重热烈而简朴地举行了四十年来的首次系列庆祝活动。

上午10时，庆祝大会在古朴典雅、流光溢彩的学院大礼堂举行。省教委党组成员、正厅级干部邓存志，职教处处长赵邦友，人事处副处长李卓明代表省教委；遂宁市委副书记、市长李太银，市委副书记张绪根、邓新民，市委常委纪委书记刘明珍，市委常委、宣传部长陈贵华，市委常委市中区委书记罗勤宏，副市长谢长生、龚国正，市政协主席汤群祥，市人大副主任丁富国，遂宁军分区司令员邓安银分别代表遂宁党政军专程到会祝贺。中共遂宁市中区委、蓬溪、青川县委、遂宁市中

* 本人所写通讯，载《遂宁日报》1996年12月18日4版。

区、蓬溪、青川县人民政府，遂宁市经济技术开发区，四川师范学院，四川省经济干部管理学院，四川省教育学院、成都大学、绵阳师专和绵阳、南充、内江、泸州、凉山、渝州、自贡、德阳、达县教育学院等兄弟院校的领导，遂宁、绵阳、广元、广安教委、招办及部分县区教育行政主管部门、乡镇文办、中小学，遂宁各部委局室和成都军区望江宾馆、四川沱牌集团股份有限公司、川中油气公司、明星电力股份有限公司等189个企事业单位的代表，学院历届党政领导、校友和教职工代表1200余人参加了大会。《遂宁日报》、遂宁电视台、遂宁广播电台对大会做了专题报道。

大会由学院党委副书记赵朝发同志主持。校友献花篮、学生献词之后，院长熊高仲、省教委领导邓存志，遂宁市委、市政府领导李太银、校友代表王富先后发表了热情洋溢的讲话，熊院长向社会各界汇报了四十年的艰苦创业历程和丰硕成果，向前来参加庆典、表示祝贺，多年来一直关心、支持学院、对学院发展建设寄予无限热情与厚望的省市领导，各界宾朋和历届校友表示了热烈的欢迎和由衷的感谢。昭示了艰苦奋斗、自强不息务实求真、团结进取、敬业奉献，开拓创新之校园精神。瞄准高等职业教育目标，在省市领导和社会各界关心支持下，努力挖掘内部潜力，拓展外部教育市场、深化内部改革，联合各界力量，讲求质量效益，发挥特色优势，形成多层次、多形式多规格办学格局和学历与继续教育并重，全日制、业余教育结合，成人、普教同步，大学中专并举，师范非师范共存的办学模式；振奋精神，再创佳绩，服务社会，适应需求、再创叩开二十一世纪大门新辉煌的办学思路。邓存志书记、李太银市长、王富校友分别代表省教委、地方党政和三万名莘莘学子从不同角度对川北教育学院的创业精神和巨大成就给予了充分肯定和高度评价，向学院表达了感谢、祝贺、祝福之情和热切期望。纷纷表示将一如既往，更多更好地关心、支持、促进学院的建设发展和再创辉煌。他们的讲话热情洋溢，受到了与会人员的热烈欢迎。

上午11时的“教育大厦”剪彩庆典仪式掀起了庆典活动的又一个高潮。建设面积近万平方米，被誉为“省属高校第一楼”“遂宁老城第一楼”，镌刻着川北教育学院艰苦创业精神，象征着学院发展建设新成就的“教育大厦”前彩旗飘飘，鼓乐齐鸣，人声鼎沸，热闹非凡。随着主持人的一声令下成百上千的彩球信鸽扶摇而上凌空翱翔，犹如川北教育学院展翅腾飞，奔向那二十一世纪的新辉煌。在一片欢呼声中，省市学院领导邓存志、李太银、张绪根、邓新民、汤群祥、康纪权、蔡昌礼、熊高仲为这幢继往开来的大楼剪了彩。

下午校友座谈会，校庆、艺术展，师生员工演讲比赛，球类比赛等系列庆祝活动相继展开，领导来宾和师生员工或欢聚畅谈，或留恋展厅，驻足球场，把整个庆典活动引向了纵深。

晚上,一台颂扬学院发展建设成就,展示师生员工风采,弘扬校园精神,自编自导,丰富多彩的文艺晚会在学院大礼堂再次将整个庆典活动推向了高潮,与会领导和各界宾朋、校友代表兴致勃勃地观看了这场演出。1200 人的礼堂座无虚席,精彩的节目,出色的表演深深地打动了观众,台下不时爆发出阵阵热烈的掌声。

晚上十点,整个庆典活动在《走向辉煌》这曲热烈欢快、蓬勃恢宏的大型歌舞中降下了帷幕。

川北教育学院第四届学术活动月圆满结束*

1993年12月25日，川北教育学院最后一场报告会在热烈的掌声中隆下帷幕，至此，该院历时一月之久的学术活动圆满结束。

为了突破重教学、轻科研的思维定式和习惯做法，提高成人教育的办学质量和效益，该院不仅提倡鼓励教职工搞科研，确立了“以教学促科研、以科研带动、推进教学”，提高育人质量的基本指导思想，而且于4年前就将每年的12月定为学术活动月，以集中报告、展示学术成果的形式，检阅科研队伍，促进学院的建设和发展，前3年中已撰写各类论文337篇，出版专著35部。今年虽然已经是第四届却呈现出声势大、成果多、主题鲜明、形式多样的突出特点。一月来，全院共收到论文134篇，举行大小报告会14场，举办科研成果展2次，宣传橱窗1期，参加的师生员工达3600余人次。不光教学人员积极踊跃，党群系统、老委会、院办等部门也更新观念，纷纷举办学术报告会，宣读党政管理研究论文26篇。全院有9篇纪念毛泽东的专题论文入选省市论文集并分别获特别及一、二、三等奖，不仅很好地突出了纪念毛泽东100周年诞辰的鲜明主题，而且实现了该院学生撰写学术论文、报告成果，党政管理部门搞科研和院外函授生参加学术活动三大零的突破，把该院的学术研究推上了新的台阶。

---

* 系本人所写新闻报道。载《中小学教师培训》1994年第3期。

求真务实抓根本　教书育人创辉煌*

——川北教育学院党建工作巡礼

当反腐倡廉风暴席卷神州，人们叹息党的威信日趋下降，为追星族玩物丧志，党的事业后继乏人而深深忧虑，认真学习贯彻党的十四届四中全会决定，掀起党建工作热潮之时，在川北教育学院这所成人高校中，却出现了教职工积极争取进步，青年学生迫切要求入党，党校教室期期爆满，近三年入党申请人数直线上升，1995年达到354人，占院内学员总数三分之一；发展新党员13人，党员占教职工总数的48.4%的奇异现象。追根寻源，人们不能不为该院那颇具特色和成效的党建工作所折服。

一

早在八十年代中后期，该院党政就在总结过去经验教训的基础上提出了以培养高素质人才为己任，以质量求生存、求发展，在提高教学质量的同时从党建工作抓起，实现育人新目标的办学指导思想和基本思路。不仅先后于学科调整时健全了党支部，设立了党委办公室、政治处等机构，配备了专兼职政工人员，而且连校外函授班都委派了班主任、建立了一整套较完善、系统的思想政治工作制度，并率先于87年10月在成人高校中建立了党校，于1989年开始了民主评议党员工作。1989年春夏之交的政治风波，随之而来的东欧剧变，苏联解体，共产国际中的滚滚浪潮，不但未能使他们动摇畏缩，反而验证了他们那卓有成效的工作，使他们领略了提纲挈领抓党建，事半功倍育人才的无限喜悦，进而更加坚定了搞好党建工作，促进全面发展的基本信念。

二

在初步的成效、经验面前，严谨勤苦的党委一班人并未沾沾自喜、故步自封，而是求实求新，依据上级要求和地方党委部署，结合成人教育量大面宽，成人学员思想问题多、工作难度大的特点，于深入分析、系统研究的基础上对照差距，瞄准

* 这是应媒体之约而写下的一篇通讯。载《遂宁日报》1995年10月19日三版。

更高目标开始了新的探索。

一是在党建工作内容上重建设,突出一个“实”。组织党员和入党积极分子学习马列主义毛泽东思想和有中国特色的社会主义建设理论、市场经济知识,学党的现行路线、方针、政策,学科学文化,专业技术知识。通过正面教育、全面提高党员队伍素质,加强党的思想建设;坚持“三会一课”,建立健全党的思想建设,发挥党员先锋模范、党支部战斗堡垒作用,不断发展壮大党员队伍,加强党的组织建设,坚持民主集中制原则、廉政勤政、艰苦创业、勤俭建校,重视党的作风建设。从党委书记、院长到普通教职工,至今仍然是以五十年代木桌椅培养跨世纪建设者和接班人。

二是在党建工作形式上做文章,追求一个“新”字。面对改革开放中的新潮青年,面对不同区域、不同层面的知识分子,他们没有满足于已有经验,而是求实创新,通过建立党委、中层干部中心学习组,办党员积极分子、党员干部理论学习班;上党课,搞专题讲座,组织中心发言,知识竞赛,自学、辅导、讨论、谈心、交心、定期分析,个别帮助,力求使思想教育形式与时代、对象、要求合拍,做到内容和形式有机统一。1991 年以来,该院共办各类党训班 15 期,参加学习的达 1956 人次,仅本学年度中,就办“特色理论”学习班两期,搞专题讲座 4 次,院党政领导作专题报告 6 场,参训人数达 843 人。

三是在党建工作手法上下功夫,强调一个“活”字,为了使党建工作落到实处,具有生机活力,他们紧密联系实际,把党建工作在学院发展建设中的重大决策与党支部的战斗堡垒、党员的先锋模范作用,与师生员工的思想教育结合起来,不搞坐而论道的空对空。党委、支部工作期期有计划,年年有总结。走出去,请进来,听报告,看录像,搞演讲,无论哪种情况下,都雷打不动地坚持了每周一次师生员工政治学习,间周一次党团组织生活,定期党员思想汇报、民主生活,每年一次民主评议,大小活动严格考勤,党员支部年年创先争优,评比表彰等行之有效的组织生活制度。95 年上期,教工一、四支部、学生支部仅开支委扩大会就在八次以上。近五年中,仅院党委表彰的先进支部就有 15 个,优秀党员达 125 人,建立的党建工作制度多达 33 个。组织生活管而不死,活而不乱,活泼多样、规范严明,大大增强了其吸引力、凝聚力。

三

在纷繁复杂的工作中,党委一班人的头脑是冷静而清醒的,他们以很好发挥党员的组织领导,党支部战斗堡垒、党员干部骨干桥梁作用为目标,以勤政、廉政为重点,紧紧抓住党的基本路线、特色理论、社会会主义信念,共产主义前途理想教育这个根本,坚持理论学习,严格组织生活,勤奋努力工作,力求使党员干部眼明、身正、行端，于师生中树立起良好的公仆形象，起好先锋模范、骨干带头作用，从政治方向、组织措施上对党建乃至整个学院的发展建设工作起到有力的保证促进作用。

该院党委的求真、务实、抓根本，铸就了发展建设中的显著成效：绿树成荫、鸟语花香、新楼林立，规模已突破院内1500，院外7000学员大关；办学形式由单一转向复合，大学中专，成招普招、统招委培、师与非师、师培干训、岗培继教、教学科研、函授脱产、长训短训、立足遂宁、面向全省，基本形成了多层次、多形式、多途径、多规格、多功能、全方位的立体办学体系和格局。近年中，48部专著问世，630余篇论文发表，万余名学子服务社会，196名师生入党，以党委书记为首的10名教职工受到省市表彰；园林式单位、爱国卫生先进集体、先进基层党校，优秀教改经验成果三等奖，校容校貌建设一等奖，四川省环境教育先进集体、成人教育先进集体的桂冠频频飞来，使得这所悠久而年轻的学校雄姿勃发，正以其创业的昨天、开拓的今天跻身社会，阔步奔向更加辉煌的明天。

文经携手　走向辉煌*

——第六届“涪水红帆”文艺演出纪实

5月21日晚，川北教育学院礼堂灯火辉煌，学院第六届“涪水红帆”辉煌文艺晚会正在这里隆重推出。

怎样才能使晚会既展示出遂宁最高学府的精神风貌，又植根于广阔的社会土壤呢？筹备这台晚会时教院人在苦苦思索。

“东方风来满园春”。改革开放的浪潮撞开了学院关闭已久的大门，教院人毅然走出象牙塔，冲破“君子喻于义，小人喻于利”历史藩篱，对价值观念进行一番全新的注释。于是便有了《遂宁“中川牌”之歌》引来蓬溪《色拉油美名扬》，使得盘古食用之后竟返老还童，来到“北极星”娱乐城翩翩起舞；猪八戒穿上“中川牌”衬衫回高老庄探亲备受青睐；孔庙为保护文物装上了市中区人民武装部的“磐石”牌钢门窗；高老庄的宴席上有了高档次的北京啤酒和遂宁冷食品厂的奶油、豆沙冰糕。看似天方夜谭，让人忍俊不禁，实为教院人对“文经结合”的大胆探索和创新。这一幕幕以文艺形式宣传新技术、新产品、新工艺和企业精神，颂扬军民团结、鱼水情深的精彩场面，赢得了遂宁党政军领导和社会各界上千名观众一阵阵热烈的掌声。精明的企业家们说：这是文化与经济、校园与企业最完美的结合，他们声称找到了宣传企业的舞台和培养人才的园地。求实的教院人认为，这有利于活跃校园文化，加强精神文明建设；有利于打开窗口，拓宽办学路子，丰富育人的内涵，展示改革开放中成人高校的生机与活力。

这是一台集歌舞、相声、小品诗朗诵为一体的大型文艺晚会，全院有教职员工和学生340多人参加了演出。他们从《苦菜花》那忧喜参半的情绪中勇敢地走出来，深深地咏叹《命运不是那辘轳》的真切感受；以《英雄战胜了大渡河》的豪迈气概，深情地唱起了《牧民新歌》、《爱的奉献》，欢快地跳起了《杨柳青》、《青苹果乐园》等展示《青春少女》和《追风少年》风采，《歌唱祖国》、《走向辉煌》的舞蹈，突

* 本人写的一篇通讯，发表于《遂宁日报》1993年5月30日。

出地表现了颂扬祖国颂扬党，颂扬改革开放新成就的鲜明主题。观众席上掌声欢呼声经久不息，交口称赞这场"高质量、有水平"的演出。

然而，教院人没有陶醉。你看那一片片扬起的红帆，不正昭示着他们在认真地总结昨天，很好地把握今天，勇敢而坚定地去拥抱那更加辉煌的明天么！

我省首次举办小学教师大专班*

今年我省将举办小学教师大专学历培训班。计划招生1000名,目前,即将进入录取阶段。川北教育学院等十所试点院校的教学计划、师资等方面的准备工作正在紧张地进行,新生可望于9月初入学。

* 消息,载1993年7月25日《遂宁日报》三版。

学院搭台子　大家来唱戏*

5月21日晚，川北教育学院举办第六届“涪水红帆”大型文艺演出。这次演出不仅确立了颂扬国家“走向辉煌”的鲜明主题，而且以此为契机，开展院地、厂校、军民联谊活动。用该院党委书记蔡昌礼同志的话说，也就是“学院搭台子，大家来唱戏”。通过举办大型文艺活动，寓教于乐，既培养锻炼学生多方面的才干，丰富人才培养的内涵，展示学院一个时代的精神风貌，丰富师生文化生活，加强校园文化和精冲文明建设，又打开窗口，内引外联，进一步拓宽院地结合，面向社会经济服务。他们与蓬莱油脂化工厂、市服装公司、市冷食品总厂，遂宁军分区金属构件厂、市啤酒厂、市中区人武部等单位同台演戏，开了校园文化与商业联姻之先河，向社会展示了改革开放中成人高校的生机与活力，得到社会的普遍关注和好评。遂宁市党政领导与近千名各界观众观看了师生员工的精彩表演。

---

* 消息，载《遂宁文化》1993年6月。

文学创作

井*

“井”这个东西，说起来简单，听起来平常。从字面上看，不外乎两横一撇加一竖，这或许是不少独生子女在入学前就学会了的。从字义上讲，即从地面往下凿成的能取水的深穴，人类有史以来便可稽考。对它，当代都市人或许知之甚少，然而在农村，却是蹒跚学步的童稚就熟悉的。随着现代化进程的推进，都市的井逐步被水管、水塔、水厂所取代，人们渐渐与之疏远了。在农村也有逐渐隔膜、取代、消逝之趋向。可对我这半个城市人来讲，却还情有独钟，且一往情深。

儿时的生活也实在是天真烂漫、妙趣横生。在我们那里，虽然条件较差，几乎没人有冬天喝凉水的习惯，但却因了它那冬日里温暖如春，热气腾腾的缘故，人们仍常常围在井边取水淘菜，洗衣涮物洗红苕，它也并不显得寂寞。一到春夏秋季，人们便与之过从甚密，难舍难分了。尤其在夏天，无论是谁，只要热了、渴了便会从井里扯上两桶，咕咕嘟嘟地喝上一气，或蹲在那伸手可取的井边掬上几捧，喝它个够，然后咂咂嘴，感叹一声：“哎呀，好凉快呀！”那感受和表情实在比城里人咂着嘴吃冰激凌要生动感人得多。有的喝了不说，还要扯上两桶洗脚洗脸，或蘸起拍拍臂膊、心窝颈窝，来个透心凉。那井水清清的，凉凉的，既甘甜可口，又生津止渴，解暑消乏退凉，用处可多着呢。因此，井边时常可见一堆堆汗流浃背的姑娘小伙、莽汉少妇，喝上一气不说，还往人身上戽上几捧，于是便你来我往，嘻嘻哈哈地打起水仗来，井边便因此而飞出一串串银铃或洪钟般的笑声。在我的眼中，那情景并不亚于版纳人家的泼水节。

不知是没那个条件，没讲卫生的习惯还是觉得没那个必要，人们往往贪图一时的凉快而忽视了消毒杀菌，因而免不了有中暑生病现象发生，什么积痧呀，头痛脑热拉肚子呀。水井给人以欢乐，也给人以痛苦和烦恼。但这毕竟只是偶尔的“遇缘”，且并不可怕，因为人们早已积累了这方面的经验。为了消毒杀菌，有时也

---

* 这是本人写的一篇散文，载《遂宁日报》。

在凉水中加进酸盐水，这可是家家户户都有的，取起来十分方便，既酸甜可口，又生津止渴、解暑消乏。实在等不及的，喝之前醮起水来拍拍后颈心窝肘膝关节内侧，也保你没事。即使痛起来了，勇敢者自己动手，胆怯地伸出臂膊，咬紧牙关，侧过头去，让人在肘关节内侧扯上几把，扯出紫红色的“痧”来也就没事了。因此，即令已经渐渐“洋起来了”的当代农民，也有许多在夏天仍然抛开茶壶茶盅茶杯去井边干这种营生的，好像只有这样才过瘾解馋似的。当然，在那“辛辛苦苦做一天，难买一包‘经济’烟(8 分钱)，火柴尚需第二天”的特定时代，真正的原因还是穷。没有钱，没有米，连“肚儿都馈不圆”，更不要说有可口可乐之类的享受了，井水加盐水也就成了最好的清凉饮料。水缸水桶家家都有，或大或小，或石或瓦或木，大人担，小人抬，担水劈柴，这几乎成了农村学生每天的必修课。有时桶掉在井里，半天弄不起来，攀着狭小光滑的井壁下去提，非常担惊受怕不说，还可能招来打骂。由于与井打交道的时候特多，也就生出了许多与井相关的故事来。诸如井竿打水，下井捡桶取水，逗鱼捉蟹，救小猪小鸡，小狗小猫等等，非常有趣。水井留下了许多童年的幻想与身影，也留下了农家娃儿的苦涩与欢乐。

随着生活圈子的逐步扩大，见到听到的井也渐渐多了起来。土井不必说，有大有小，有深有浅，有清有浊；土坯的、石嵌的，方形圆状，上大下小，下大上小的都有。有条件，讲究点的，井口上有井圈，井圈四周有井台，井台旁边有井沟，井沟上面有可供洗衣淘菜的水槽。小点浅点的直接提或舀，大些深点的用井竿木桩三脚架以惯性原理取水，省时省力。“洋井”也不少，什么摇井、机井、矿井，油井、气井、盐井，沉井、陷阱、桩井，斜井、竖井、横井，单眼井、多孔井、子母井、自流井、坎儿井、扳倒井等等，有机械半机械化的，也有人工挖掘或自然天成的，工用民用，公有私有，自然社会的井都有，品类之繁，名目之多，让人眼花缭乱，难以胜数。然而，给我印象最深的，还是上中小学时见到的两口井。

在离村小百米之遥的小河上，有一座不知何人建于何时，令人惊异的两孔石平桥。桥的两头各有一棵十多人牵手才能合围的大榕树，其枝丫攀援，叶叶覆盖，彼此顾盼生情，喜结连理，长得十分茂盛和蹊跷，犹如架在小河上的一座绿色的天桥，也正好成了桥下那一米见方的水井的天然屏障。说来也奇，这井并不大也不深，能一眼见底，无论春夏秋冬，即令天干河裂，却始终盈盈实实，清澈见底，并不因河水的浑浊而改变其天生丽质，也不因小河的涨落而升腾沉浮，即便在那秋风扫落叶的特殊季节，也绝不会污染半点。只要你拨开浮叶，便依然可清晰地看见井底那绿茸茸的青苔和顽劣稚童丢下的银光闪闪的硬币。纵然在枯水季节，师生和村民们也从未闹过水荒。虽然也因为连续打上几桶而现出部分井沿，但要不了一会儿就会水复原位，因而总给人以盈盈实实、不声不响的特别感受。由于地处要道边，隔三岔五，来往赶场的人们便会来到树下歇脚躲荫、摆龙门阵，将各村各队、各家各户耳闻目睹值得报告的东西在这里摆上一阵。热了、渴了、饿了，捧几捧甘甜清澈的井水喝上一气，透心地凉，爽心地美，留下一串串清脆的啧啧声，然后心满意足、心旷神怡、恋恋不舍地踏上归途。小小水井活像一部录音机、摄像机，不仅默默地迎来送往，而且将人们的喜怒哀乐、酸甜苦辣，将世间的人情冷暖，逸闻趣事，风土民情统统地记在心中，映入脑海。天长日久，成年累月，水井似乎成了一部浩瀚无穷，无边无底，难以卒读的书，成了一批又一批，一代又一代男女老幼乡里乡亲的知识甘露和力量源泉。也不知道过了多少春秋，虽然井沿上已留下了道道足迹，但她却永不满足，依旧是那么盈盈实实，一点也不溢出来，成了远近闻名的一大奇观。虽然我们求学六年中曾多次去到井边喝水解渴，或为老师、为军属大妈抬水洗菜，对其表示过莫大好奇，却始终未能弄清这小小水井永远是那么清澈甘冽、盈盈实实，善解人意而又无声无息的真正原因。也许是她认为自己太渺小，太平凡，反而自甘寂寞，也许是她融进了太多的苦涩而有意化作甘露吧？我曾不止一次地作过这样的猜想。

中学校的井留给我们的却是另外一番景象。大概是由于师生员工太多的缘故吧，这井被凿得特别大，光井口就有一米多的直径，下边则越来越大，最阔处恐怕在三米以上。井的深度我说不清，只知道长长的竹竿要放到尽头才能打上水来，求学五年中竟未见其干过，尽管附近的琼江河都曾断过流。井壁全是用大青石一条条砌上来的。上边是一丈见方的石砌大井台，四周都有排水沟，附近还有不少洗衣涤物的台槽，与小河边的井比起来可是阔多了。为了打水省力，井台一侧特意安放了一个四根大树组成的井架，上面是木杆连竹竿，竹竿连水桶，水桶悬空吊。只要将吊桶的竹竿对准井口使劲往下压，待桶里打满水时在轻轻往上一提，便可通过杠杆原理打上水来。当然，这还得有技巧，要不然，重力和惯性作用会使桶在井口内沿上撞得粉碎，溅得你满身是水不说，还挺吓人的。十多岁的我们用它淘米、蒸饭、洗碗洗红苕、洗脚洗脸洗澡洗衣服，一天到晚要与它打无数次交道，真可谓水井看着我们长大，哺育我们成长。它不仅给了我们方便、滋养，而且使我们领会了杠杆原理，懂得了节约用水和珍惜粮食，学会了洗衣蒸饭和有节奏、有规律地生活，使我们开始了在老师的带领下学海泛舟，游弋古今中外知识海洋的漫漫航程。日复一日，年复一年，天长日久，水井不仅教会了我们许多做人的道理，似乎也通了人性，有了感情。严冬，当衣着单薄的我们唏嘘着来到井边洗漱时，她总是喷涌出团团热气，掬示出满腔热情，以柔美温馨的乳汁来滋润我们的肌肤，温暖我们的心田，使我们充满朝气与青春活力；盛夏，又是她以清凉甘甜的醇露来为我们去污止渴，消暑解乏。总之，她就象母亲一样地善良慈祥，哺育关怀着一代又一代栖息在身边的儿女的成长。坐落在笔架山麓的她虽不像河边小井那样盈盈实实,却始终是虚怀若谷,胸中浩荡,宽厚质朴;总是与小井一样给人以年年岁岁源源进取,不断充实,天天向上,永不满足的深刻印象和只讲默默奉献,不求丝毫索取,永远冰清玉洁、甘甜清醇,充满生机活力的亲切感受,给人以无穷的力量和巨大的鼓舞。难怪有人将教师比作水井,想来是颇有道理的。

幸福、苦涩、欢乐、忙碌的中小学时代早就过去了,随着岁月的流逝,进入城市学习、工作和生活的我,迎来了市场经济、改革开放大潮汹涌澎湃的新时代。动辄哗哗而来的自来水和实用美观的现代化设施固然给人许多方便,但却让人觉得失去了井水那冬暖夏凉、甘甜可口的特质,失去了水井那冬日的热情和夏日的欢歌,失去了井边那许多美好的故事和悠长绵远的意趣,遇上了许多由浑浊和大肠杆菌带来的疑虑、恐惧、烦恼和叹息,遇上了不少安于现状,溺于享乐,不求进取,或只讲索取,不讲奉献,甚而至于不讲道义,不择手段索取,成天纸醉金迷、花天酒地、灯红酒绿,浑身充满铜臭的世俗小人。每当这些时候,我便自然而然地记起并深切地怀念、油然地崇敬起那些给我以深刻、美好印象,像母亲、像教师、更像人类精英一样高尚、伟大的水井来。

车 祸*

挂钟刚敲过两点半，司机老王就又坐不住了，他往烟缸里揉灭了第十二支烟，朝厂长望上一眼，便第三次出去了。厂长回头看看办公室主任，两人会心地笑了。

是的，作为当事人，他和厂长再清楚不过了。那是三月五日早上，他送厂长去参加市文明礼貌月暨学雷锋树新风动员会，当车子驶近一街口时，突遇一小朋友在横穿街道中跌倒在地。好险啊！老王是在距孩子一米左右才刹住车的，未等老王跳下车，孩子已经起来跑向街对面，当厂长跑过去发现其额头和嘴角出血时，只向快步赶来的交警做过简单交代，便抱起孩子，以毋庸置疑的口气让老王直接开到市医院。在他们做完检查和治疗准备离开医院时，家长风风火火地赶来了．不但没有半点感激之意，反而一口咬定孩子是车子撞倒的，死活要住院做全面的检查治疗，弄得厂长和老王有口莫辩。没想到这一住一个月不说，在医院再三促其出院时还要求去省医院作"CT"，本来可以公正处理的交警队在三番五次调解之后也因"压力大"，而无能为力了。

几个月来，老王没少吃苦头，执照被收不说，要不是厂长做主，奖金补贴全泡汤了。这还是小事，据说厂里即将到手的省先进企业的金匾和文明单位称号可能也将因此而被"一票否决"。非但如此，家长几乎天天来找，说是要撞转来，还要让省城的叔父找市长，弄得他和厂长坐卧不安，若不是保卫科出面，不知要闹出什么事来。好在经过厂办主任和老王的多方周旋，总算有了许多转机。因此，当他一得知今日下午两点半在这里第三次正式解决的消息时别提有多高兴了。擦洗车子，作安全检查，一切干净利落。一点刚过，便以无可辩驳的理由，将正在午休的厂长主任拉到厂里来了，一路上，尽管厂长主任一再提醒注意行人，他还是滔滔不绝地将搞到的"内部消息"连同娇妻备好酒菜的秘密和盘托了出来。现在两点半过了，还不见科长身影，他能不急吗?!

终于，Z 师傅与科长嬉笑着进来了，厂长和主任相互点了点头。

---

* 这是本人创作的微型小说。载《遂宁工作》1993 年第 8 期。

老Z熟练地掏出翻盖“塔山”，很礼貌到地给科长敬上一支，点燃火，借递烟的机会再次向厂长和主任传递了必胜的眼色，又转身向对方诡秘地笑了笑，才情不自禁地坐了下来。

一番沉默客套之后科长发话了：“各位代表，对‘3.5’事故，我们在多次调解反复调查的基础上慎重研究过了，今天不再说其他，只宣布如下认定和裁决：

第一，现场勘察和旁证表明，红光厂汽车没有直接撞到张军”。

“这不可能”，伤者幺爸刚举手欲起，就被哥一掌按了下来。

老Z趁机再次递上“塔山”。

“但是，至于车子是否因速度较快，路面滑而对张军构成了胁迫，现场无摄像机，旁证也说不清”。

“这……”老Z刚刚要站起来，被厂长一把扯住，科长抬头看了看，又低头念起来：

“第二，考虑到事故在文明礼貌月，学雷锋树新风中发生的特定背景和伤者是儿童，车方是国营大企业，保护妇女儿童合法权益等诸多因素，(1)伤者治疗期间的医药、护理、营养费用923.5元，伤口后期治疗、家长误工工资、奖金等费用438.5元，共计1362元由车方负责；(2)此事故系一次性处理，双方要顾全大局，不得……”

老Z再也听不下去了，正要发作的他再次被厂长制止后愤然出去了。连对方出来时那得意、寻衅的神情他都懒得理会，直到厂长走上来拍拍肩头做“谁叫我们是二级企业呢？就当又遭一回摊派，接待一回检查吧”的安慰时，他才以从未有过的口气怂了一句，“算了，好事做不得！走!”然后钻进驾驶室“砰”的一声关上车门，待厂长主任刚刚落座，就猛地一轰油门冲出去了，从反光镜中，他看到了两位长字号那阴云密布的脸。

如此节约*

自公布本月水电气表读数以来，报栏前围观以来的人不时增多，竟成了职工们的热门话题。人们似乎也格外关注起张科长来，有的不屑一顾，带有明显的鄙夷神情；有的干脆诘问："张科，咋个有几家人水用得那么少，像是没用样的？""哼，说不清？堂堂事务科长都说不伸展，还有哪个说得伸展呢？"

这正是困扰张科长的一大难题，年前方把偷用电的问题摆平，让他在职代会上舒了一口气，近月来又冒出个新问题，人数在增加不说，还一个比一个甚，连表都换过了，竟没发现任何蛛丝马迹，反倒弄得职工议论风生，别人冷眼相对，处长批评、妻女抱怨、四面楚歌。再这样下去，科长当不当事小，单位利益受损，职工心态不平，影响领导常讲的安定团结问题，我这优秀共产党员的老脸往哪儿搁啊！自卫还击战那么艰巨的任务，复杂的情境都没有难倒过，偷电者那么高明也没逃过我这侦察兵的眼睛，可这水咋就这么难啊！是不是方法有问题呢？常言道："不入虎穴，焉得虎子"。能不能……对！就这么办，沉思中的张科长如释重负，眉头一下子舒展了许多。

晚饭后，他带上妻子早早地来到了小李家，这李刚也是转业军人，前年安置时在住房问题上小有关照，对张科长是尊敬并感激的。科长夫妇的骤然光顾，让小两口着实高兴了一番，又是请坐，又是敬糖果、瓜子和"塔山"。"科长难得忙里偷闲，尊重你和嫂子的习惯，小弟今晚上陪你们来几圈素的怎么样？""嗯，好！"一切现成，夫妇对坐，便稀里哗啦地修起了长城来。几圈下来，张科长欠起了身子说是要"方便"一下。尚未住口，小李便站了起来，"科长，我来开灯，一会儿那边洗手，那是毛巾"，"好，好！我自己来"。关上门，张科长一边小解，一边四处张望，结果正常。开门出来，忽闻远处有滴水声，循声望去，洗衣槽内一只一只塑料桶上与水龙头正一滴一滴地滴着水，台上还有两盆，台下还有满满的一桶水。他诧异了。"小李，你这龙头漏水呀，咋不报修呢？""不不，科长，没，没漏，那是……，唉，真神

---

* 这也是本人创作的微型小说，获《写作》杂志建国五十周年征文优秀奖。

面前不烧假香,咱也来个实话实说吧。据说这几天大家都在议论我们用水少,怀疑咱偷水用。其实,奥妙就在这里,这可不是我的专利。据说街上有的居民早就这么干了,除去冲厕所外,其他用水是这么一点一滴积累起来的……”“不怕麻烦吗?”“麻是麻烦点,可毕竟也是一种节约呀!”有没有想过其他?”“想什么呀,节约是传统美德嘛,难道还犯法不成?”

不知为什么,平时口齿伶俐的张科长竟然语塞了,张了张嘴,终于没能再说什么。回到牌桌上的他像变了个人似的,光在“点炮”,只得怅然回家,坐在沙发上埋头抽起了闷烟来。问题虽然搞清了,可这些平日里穿金戴银邀平打伙,动辄吆五喝六10元加飘的阔佬们为什么跟有的小市民一样在用水上如此节约呢?难道这真是为了节约?真的需要如此节约?真的是在节约吗?!不是,不是又算什么?难道算偷水不成?这能算偷水么?这用水人的事,能算透水么?!唉,这叫我如何向处长汇报,给职工交代呀!

夜,已经很深了,妻子早已呼呼大睡,百思不得其解的他只得痛苦地抱抱头,使劲地揉灭了刚刚点燃的香烟,“叭”地一下关掉了灯,将自己融入那迷茫的夜色中。

也许,明天会有办法吧?躺在床上时,他若有所思地这样想。

“末位淘汰”也可以这样看*

“末位淘汰”是近年较为通行的一种人事管理办法，也是人们关注的热点问题之一。对其功过是非、利弊得失，可谓是仁者见仁，智者见智，已有不少观感见诸报刊。对此，笔者也谈点一孔之见。

其实，末位淘汰的实质是优胜劣汰，人们用于人事管理的目的在于激发调动人的潜能，让其积极主动认真负责甚至富于创造性地卓有成效地开展工作，进而更好地推进部门或单位的事业发展，以求得最佳的社会经济效益。显然，这是无可非议，应予充分肯定的。在现实生活中，已有不少企事业单位乃至党政部门以此收到显著成效的典型范例，并由此引发了一些部门，企事业单位的竞相效仿。然而，也有不少的单位出现了“末位淘汰”举步维艰或难以为继，进而偃旗息鼓，不了了之的情形。有的甚至还适得其反，非但坚持不下去，反倒引来不少麻烦和非议。究其原因，恐怕一是未能深入研究，一味盲目照搬别人做法，因而难免脱离实际不出问题；二是因为末位淘汰本身就值得认真研究探讨而非仅仅是“没有抓住‘末位确定’这个关键环节”之故。没有把问题探讨研究清楚便贸然行事，自然是难免不出问题的。

如前所述，末位淘汰作为一种人事管理办法和手段并非错误，且从一定程度上讲还有其可取之处和积极意义。但是否便因此而认为它是一种基本的，行之有效甚至最好的管理手段，却是一个值得认真探究的问题。其着眼点主要有以下几个方面：

一是如何保证淘汰真正的末位。对此，尽管人们已经创造有“领导定”、“群众评”和“考核定”等确定末位的基本方式，但细加考察，却发现其中最根本的是评判标准问题。就实质讲无论哪种情形，其标准尺度都是人为的，而且也是人在操作，加之不同岗位人们的工作职责、德勤能绩很难用同一个标准准确地做出定性定

* 这是本人有感于主流媒体连篇讨论，舆论几乎一边倒，引发很多行业单位竞相淘汰之，感慨良多而写下的一篇时评。载《现代人才》2007 年第 4 期，有相关媒体转载过。

量,客观公正的评价,因而也就很难保证所淘汰的就一定是真正的末位。若真是这样,则势必引发多种矛盾,非但达不到预期目的和正面效应,反倒会适得其反,挫伤干部职工的积极性,如果再加上风气不正把握不好的话就必然导致大家成天提心吊胆,人人自危甚至为避免末位而不惜相互猜忌,相互诋毁,人为地制造诸多矛盾,影响情绪和安定团结,不利于和谐社会的构建。要真是这样,末位淘汰就显得事与愿违,毫不可取了。

二是该如何认识看待末位。换言之,即末位是否就一定该淘汰。辩证地看,末位是客观存在的,因为"凡是有人群的地方都有左中右"。任何一个部门、一个单位,任何情况下都不可能个个先进,即便有这种特例,也不可能是同样的先进,而应当是有差异的。就连"一棵树的叶子,看上去是大体相同的,但仔细一看,每片叶子都有不同,有共性,也有个性,有相同的方面,也有相异的方面,这是自然法则,也是马克思主义的法则"(毛泽东《同音乐工作者的谈话》)。自然界尚且如此,更何况作为高等动物的人呢?如果说十个指头都一般长,这还算是一个正常的人吗?不要说一般的人,同样是共产党员,同样是党员干部,同样是党的高级干部,其差异都是客观存在的。就一个团体、单位、班子而言,如果一定要排的话,都该有、会有末位。正因为如此,在考核中才出现了末位轮流当,排排坐,吃果果之怪现象。问题的关键在于,末位是否就等同于次品等于垃圾等同于不好,甚至是无用之人,是否就一定该而且只有被淘汰呢?一个简单的逻辑就是,如果凡是末位就淘汰的话,这样淘汰下去不就只有一个人不会被淘汰么,那就是一个部门或单位的最高领导呀!但如果我们将这一领导也放进同层面的人员中来比较,是否也完全有可能排在末位而被淘汰呢?总不至于说末位只适用于普通干部职工而不适用与领导班子成员,不适用于领导干部吧?更何况末位淘汰之说是本无任何前提条件的泛指呢?难道它不该适用于所有人吗?

三是末位是否就一定该淘汰。对付末位只能有此解么?三十六计,"淘"为上计?淘出去谈何容易呀!对末位就不能来一点具体问题具体分析、来一点以人为本、来一点人情味、来一点客观公正处置吗?末位就一定永远是末位,永远坏,就该报废淘汰,就没有转化的余地和机遇么?事物总是发展变化,人是可以转化的呀!更何况还有思想工作可做,还有教育帮扶工作可做,还有很多可变因素,咋不尊重客观规律,给人以改正的机会呢?由此看来,末位淘汰既不科学,也非明智之举。当然这并不等于说真正的末位不该淘汰,将无可救药的末位淘汰出局是完全应该的。

四是可否不排,不淘汰末位。既然末位很难准确界定,淘汰末位既不科学又难于操作,是否可以不排末位,不搞末位淘汰呢?笔者认为是完全可以的。淘汰末位的目的不是挖掘潜能，充分调动积极性，卓有成效地推进工作么？既如此，则完全可以通过考核、奖惩、批评、教育、帮助、激励、鞭策、聘用等方式来实现这一目标。因为这样做既可以避免一次考评定终身，避免一棍子把人打死，避免人人自危而又愤愤不平，多些安定祥和，又可以真正地做到辩证客观，让人心悦诚服。因此，我们认为，在强调以人为本，构建和谐社会，讲求科学、可持续发展的今天，末位不宜简单确定，更不可一味淘汰。特别是对于人的问题，一定要慎之又慎，切不能盲目行事，简单草率；解决这类问题一定要从体制、机制等根本问题着手。

王治勋老师九十大寿志喜联*

演三角析几代数学王国建奇勋
咀书香育人杰庠序天地治宏图

学高身正为人师桃李芬芳满天下
德重望高是楷模雨露滋养遍神州

过去九十犹十九期颐二甲潇洒走
舍掉千万得万千亿兆一生自在观

* 治勋老师是我初中时的数学教师兼班主任，治学严谨，对学生要求严格而又关爱有加，是德高望重的好老师，深受大家喜爱尊敬。欣逢其九十大寿，特撰联以贺之。

痛悼显光兄*

一生勤苦惠村民百姓尊称好书记
两袖清风福乡梓老幼戏呼光二爷

燕窝山颔首沉痛追思好男儿
倒流溪呜咽深情悼念贤子孙

悲耶,爽朗笑声今犹在,吾辈顿失好兄长
痛哉!严慈关切现难求,后生俄顷顶梁柱

---

* 王显光系吾本家兄长,也是我入党介绍人之一,乡亲戏称"光二爷"。当村支书四十多年,勤苦辛劳、睿智公正、为大家办了不少好事,深受尊崇爱戴。
"燕窝山"即显光兄的后山,也是其安葬地;"倒流溪"即"王家倒流溪",是我们村外边的一条小河。因溪水流成了回环之势而得名,也是流经本村的唯一河流,深受乡亲们喜爱。

谭兵侄四十岁生日暨结婚志喜联*

成家立业纸上谈兵终觉浅
耀祖光宗进入清华必大成

未当兵却名兵应该是兵来将挡水来土掩所向披靡打天下
进不惑当知惑必定会惑然冰释困然智解豁然开朗成达人

三十而立四十不惑五十自然知天命
百折不挠千折不回万折终当成大器

* 谭兵乃吾妻侄儿,“清华”是其现任妻子。

06

深情寄语篇

团结奋斗　负重前行　全面提高办学水平

——在学院一届四次教职工暨工会会员代表大会上的讲话

(2007 年 1 月 26 日)

各位代表、同志们:

在全国各族人民认真学习贯彻党的十六届六中全会精神,积极构建社会主义和谐社会之际,在上级工会和学院党政的关心,相关职能部门的共同努力下,经过认真筹备,四川职业技术学院一届四次教职工暨工会会员代表大会于今天隆重开幕了! 这是学院发展史上的又一次盛会,也是我院广大教职工政治生活中的一件大事。为此,我谨代表大会主席团,向与会代表,向辛勤劳动、忘我工作,为学院改革、发展、稳定做出巨大贡献的全院教职工、工会干部和积极分子,向教代会各专委会的同志们表示诚挚的问候和崇高的敬意! 向关心、重视、支持教代会、工会工作的各级党政领导和同志们表示衷心的感谢!

各位代表,2006 年我院全体教职工、工会会员,在上级党政工组织的关怀、学院党委的直接领导下,高举邓小平理论伟大旗帜,认真学习和实践"三个代表"重要思想,坚持以人为本的科学发展观,积极推进学院发展建设上新台阶,学院的办学规模不断扩大,办学层次不断增多,办学路子不断拓宽,办学质量不断提高,党风校风建设、思想政治教育、教学科研、行政管理、后勤服务等各方面工作取得了显著成绩,得到省教育工委、省教育厅、省教科文卫工会的充分肯定。四川职业技术学院正昂首阔步朝气蓬勃地迈进在"全国示范性高职院校"的康庄大道上。回顾过去,面对今天,展望未来,我们深感重任在肩,必须振奋精神,再接再厉,再创佳绩。因此,本次大会的中心议题是:认真贯彻党的十六届六中全会精神和全心全意依靠教职工办学的指导方针,坚持以人为本的科学发展观,"团结奋斗,负重前行,全面提高办学水平",众志成城,以崭新的精神面貌,去克服重重困难,战胜各种艰难险阻,全面推进各项工作,夺取新校区建设、人才培养水平评估和九十周年校庆三项重大工作的全面胜利! 以实际行动、优异成绩迎接党的十七大召开!

各位代表,本次大会的时间紧、任务重、议程多。开好本次大会,对于进一步深化学院各项改革,充分调动和发挥广大教职工的积极性、创造性,促进学院事业的发展,提高学院整体办学水平,具有重大而深远的意义。我们一定要把思想和行动统一到党的十六届六中全会精神上来,统一到本次会议精神和党委的统一领导上来,充分发挥教代会的特定职能,认真听取和讨论院长工作报告、财务工作报告、学院新区建设工作报告、评估动员报告;认真审议《四川职业技术学院教职工代表大会提案工作条例》、《学院二级教代会、工代会实施条例》;选举增补"两代会"委员,圆满完成会议任务。充分发挥教代会、工会的职能作用,依法治校,民主建校,努力确保本年度学院各项工作目标的圆满实现!

各位代表,本次大会是我院政治生活中的一件大事,是我院教职工、工会会员的又一次盛会。她既是今年人才培养工作水平评估的宣传、动员、冲刺大会,又是一次总结过去,规划未来的誓师大会;今年评估验收形势十分严峻,我们要迈进全国职教"211 工程"学校的行列,就必须确保评估争优目标的圆满实现。为此,全院教职员工必须统一思想,鼓足干劲,发扬励精图治,负重前行的奋斗精神,万众一心地为实现学院评估验收夺优目标而努力奋斗。让我们团结一致,在上级组织的领导下,不辜负各级党政工领导以及广大教职工对我们的殷切希望,以饱满的热情、高度的责任感,齐心协力,把这次大会开成一个求真务实的大会、催人奋进的大会,开成迎接评估验收并夺取优秀的誓师大会,使之成为学院事业发展的一个新起点,为全面提高四川职业技术学院的办学水平,胜利实现学院"56710"工程的建设目标而努力做出新贡献。

预祝大会圆满成功!

第30个教师节庆祝大会讲话

老师们、同志们:

大家下午好!

在这秋风送爽、丹桂飘香的金秋时节,我们刚刚惜别佳节中秋,又十分欣然地迎来了第三十个教师节。今天,我们在这里隆重聚会,以主题短会和青年教师专题培训的特殊形式共同庆祝这个属于我们自己的节日,充分肯定和彰显为学院发展建设,为整个教育事业奉献三十年,做出特定的贡献的教职员工。借此机会,我谨代表学院党委、行政向大家,并通过大家向全院教职员工致以节日的亲切问候和热烈祝贺,向大家真诚地道一声:节日好!

过去一年来,在党的十八大和十八届三中全会精神指引,省委教育工委、省教育厅正确领导,全体教职员工的共同努力下,十八大、十八届三中全会、全国职教工作会议精神得以很好学习贯彻、伟大中国梦主题教育、党的群众路线教育实践活动,作风整顿,基层组织、党风廉政建设、反腐倡廉工作切实有效开展,省级优秀示范高职学院成功冲刺、省教改试点项目努力推进,特别是中高职衔接,职教立交桥的建构,省十二运、特奥残运会场馆建设的积极推进,相应比赛项目、节目、服务的承接举办,教育教学、内部分配、内部管理的系列改革,教育教学、招生就业、成教科研、财务国资、后勤基建、组织人事、宣传统战、学工群团、离退关工、监察审计、安全稳定、校园文化、数字校园、绩效管理、目标考核等工作的纵深推进,重点建设专业的成功申办,以人为本,民生问题的进一步改善,学院各方面的工作都有了新的进展,内涵建设取得了显著成效,做大做好巩固加深,做特做强基本实现,品质品位有效提升,做优做高全面开启,美好前景正在展现!成效成就令人欣喜、发展变化让人感叹!追根溯源,除去党中央英明决策、正确指引、省教工委、教育厅正确领导、社会各界关爱支持之外,全体教职工发挥了重要作用。如果没有我们广大教职工的辛勤付出,就没有川职院今天良好的发展局面。因此,我们完全可以自豪地说,广大教职工是学院发展建设的主体,是学院的骄傲,更是学院发展建设的希望和中坚,大家的贡献将永远载入四川职院的光荣史册!

为此,在这个特定的时候,我谨代表学院党委、行政向大家表示衷心的感谢!

一要感谢全体教职员工的理解支持。在过去的一年中,大家不断地解放思想、更新观念,探索职业教育特点规律和办学路径,努力践行一个目标、两大支柱宗旨、三大基地、四大理念特色、五个面向办学思路、六多格局、七为方针、八大举措的办学治校方略,不断强化学习、凝聚共识、形成合力,在各系部、各党团总支、直属支部的组织带领下,统一思想和行动,努力攻坚克难,为学院的发展建设奠定了坚实可靠的思想认识基础。

二要感谢老师们的辛勤付出。大家以生能职为本、以学校发展建设为重,以立德树人为根本任务;为人师表,率先垂范,身体力行,深入推进人才培养模式改革,勇于探索创新教育教学方式方法,对学生悉心关怀、精心培育;积极投身体制机制、教育教学改革,校园文化建设,在示范的重点专业建设,校企合作、工学结合、全面素质教育、人才培养质量保障、终身学习教育体系、中高职衔接、人才培养立交桥,现代职教体系建构,服务地方经济社会发展中,为培养社会主义合格建设者,可靠接班人呕心沥血,倾情付出,按照学院的统一部署和要求,坚定不移地走质量兴校、特色名校、人才强校、品牌立校、卓越荣校之路,使学院的人才培养质量、办学水平不断提高,在做大做好的基础上不断做特做强,使学院的办学条件不断改善、办学环境不断优化,办学道路更加宽广、办学前景更加广阔,品质品位不断提升,阔步迈入了做优做高创一流的新阶段、新征程。

三要感谢大家在科研领域所做出的巨大成效。大学是一个学术共同体,也是真理探索、文化传承创新、社会文明进步的至高地。在这个共同体中,除了教育教学活动之外,最重要的支撑是学术研究、知识创新、开拓进取;在这个高地上,有着科学的无穷奥秘、文化的无穷魅力、真理的巨大威力与感召力。过去的时日中,大家不辱使命,不负众望,坚持理论与实践、教书与育人、教学与科研、教研与科研、职教与普成教、学历与非学历、学校与社会、专业与产业、教室与车间、学业与职业、素养素质与技能观念、课内与课外、立德与树人的有机紧密结合,从大处着眼,小处着手,既登高望远,又脚踏实地,既单兵作战,又抱团发展,团结协作,合力攻关,创造了一个又一个奇迹、做出了丰硕的成果、巨大的贡献。一篇篇论文、一部部教材专著、一个个课题和调研、一项项专利和奖项,都是老师们辛勤劳动的结果、倾情付出的结晶。都为学校增加了荣誉和分量。尽管我们与本科院校、党和国家的要求、时代社会的需求尚有有很大的差距,但客观地讲,我们在同类院校中还当是第一方阵,形势喜人、成绩骄人、精神可嘉、前景鼓舞激励人!学校充满希望,学校感谢大家!

老师们、同志们,教师虽然是普通的社会成员,但却是立德树人的根本,是学校发展建设的中间和骨干力量,是塑造人类灵魂的工程师,是国家和社会的栋梁。特别是35岁以下的年青才俊们,更是学校的未来和希望,是时代社会的精英和骄子,大家肩负着人才培养的任务,即将担当起社会发展的重任,你们承载着中国未来发展和中华民族伟大复兴的艰巨光荣使命。因此,我们今天单独开会,而且特意将三十年教龄工龄教职员工的颁证与对你们的培训结合在一起,可谓用心良苦,其目的意义不言而喻。借此机会,我提四点希望和要求,也与大家共勉:

一是希望广大教职工进一步明确工作性质和岗位职责,继续弘扬爱岗敬业的优良传统,忠诚党的教育事业,树立崇高的职业理想,把本职工作与国家富强、民族振兴、人民幸福的伟大中国梦紧密地联系在一起,与家长所盼、学生所需、学院要求;与学生的成长成才梦、与人生的出彩梦紧密地联系在一起,忠实履行人民教师教书育人的光荣职责,精心教书,潜心育人,甘做蜡炬,无私奉献,努力做一个有理想、有建树、有作为、优秀的、党和人民满意的人类灵魂工程师。

二是希望广大教职工牢记人类灵魂工程师的神圣使命,切实把立德树人作为根本任务,首先做到学高身正,学为人师,行为世范,为人师表,当好学生的楷模和引路人。其次要在传授知识,培训技能的同时,进一步重视并切实抓好学生的思想道德培养,把弘扬社会主义核心价值体系、“五讲四美”“三热爱”、人生世界价值观、理想信念教育、法纪教育、素质教育融入教育教学管理的全过程,努力培养德智体美全面发展的社会主义合格建设者、可靠接班人,使学生真正成为适应党和国家要求,时代社会需求、人民群众希求的高素质劳动者,高技术技能型人才,力求让每个孩子都能成为有用之才,让每个受教育的人都有人生出彩的机会,努力办好人民满意的高等教育。

三是希望广大教师继续发扬学无止境、勇于创新的探索进取精神,高度重视教育教学、教研科研,正确处理好教书育人、教学科研、理论实践、学校社会、专业职业等重大基本关系,做到教书育人、教学科研两不误、两促进,双丰收。切忌把教书育人、教学科研分割开来,对立起来,搞成了两张皮,为育人而育人,为职称职务、为任务考核、为名利而科研。甚至弄虚做假,沽名钓誉、学术腐败;树立终身学习教育和严谨求真务实理念,严谨笃学,潜心治学,不断更新思想理念,提高自身素质、能力和水平,积极投身人才培养模式改革和教育教学创新实践,进一步提升办学质量和水平,为学院的建设发展、为自身的成长成才做出应有努力。

四是希望全体教职员工要认清职业教育发展态势和要求,认清学院的发展情状和目标任务,思路举措与要求。清醒看到职业教育逆水行舟,千帆竞发、百舸争流,不进则退,慢进也退的客观现实,进一步增强危机感、责任感、使命感,增强大局、整体、竞争、责任意识,以更加清醒的认识、饱满的热情,更加昂扬的精神状态,更加执着的事业追求,积极投身学院改革发展事业,从我做起、从现在做起,从自己身边的每一件小事做起,为推动学院的做优做高跨越发展、更好更快科学发展,为学院的创一流高水平职业院校贡献更多更好更大的力量。

五是特别期盼我们的年轻的教职员工,特别是专兼职青年教师要更加清醒地认识自己在学院发展建设、在时代社会中的特殊身份、地位作用、责任使命和目标要求。你们是学院和祖国的未来,肩负着推进学院做优做高、更好更快、科学可持续发展和为时代社会、国家民族、实现伟大中国梦培养英才的重要历史使命。学校是你们的、未来是你们的。今年是第三十个教师节,古人云,三十而立,意思是大家都应当成家立业了。古人又讲要“吾日三省吾身”。大家可以反躬自问一下,我立了吗?立得怎样?今天,我们正好为三十年教龄工龄的教职员工颁发荣誉证书,这既是对他们的认可褒奖,也是对你们的郑重交接和特定期盼,期望你们要受到感染鼓舞、有所启示教益,能接过使命责任,能不辱光荣使命、学习其品质精神、弘扬光大传统,乘胜继续前进。这才是我们的初衷和良苦用心,这才是我们以这种特定方式庆祝第三十个教师节的基本目的和价值意义所在!

青年的才俊们,十八届三中全会、第三次全国职教工作会议已经擂响了建立现代职教体系、现代学校制度的进军战鼓,吹响了培养高素质劳动者、高技术技能型人才,办中国特色、世界水平职业教育的集结号,万事俱备,只欠东风!作为四川职业技术学院未来和精英,让我们携手并肩,却去受挑战、经受洗礼和考验,去迎接那更加美好灿烂的明天吧,胜利一定是属于哪在崎岖陡峭山路上不畏艰险的勇敢攀登者的!

祝全院教职员工节日更快乐、金秋更吉祥!人生事业步步高、更辉煌!

谢谢大家!

在干受祜老书记九十华诞庆典上的致辞

（2013 年 9 月 7 日）

尊敬的干老书记、各位领导、各位嘉宾、各位亲朋好友、女士们、先生们：

大家上午好！

今天是个秋高气爽、丹桂飘香的好日子！今天，我们在这里欢聚一堂，隆重庆贺德高望重、令人敬仰的干受祜老书记的九十华诞。作为学生、下属、后辈晚学和干书记亲自栽培的四川职业技术学院的现任党委书记，此时此刻，此情此景，我的心情无比激动，喜悦、感激、敬仰、崇敬之情油然而生，千言万语耿耿于喉，不吐不快、难于言表。借此机会，我既代表我的全家，更代表四川职业技术学院党委行政和 14000 多名师生员工集中表达这样三个基本心愿：

第一是祝贺！古人云："人生七十古来稀"，眼前是，干老九十不言奇，精神抖擞奔期颐！非同凡响，可喜可贺！不能不贺！为此，我们热烈祝贺！

第二是感谢！众所周知的是，干老 20 世纪四十年代末毕业于著名的武汉大学法律系，学富五车、才高八斗、英俊潇洒、风流倜傥；工作后主政绵阳南山中学、创建绵阳初中师资训练班，创办绵阳大学、绵阳专科学校、绵阳地区教师进修学校、绵阳地区中学教师进修学院、绵阳教育学院，教坛耕耘三十年，一路走来，不仅筚路蓝缕，呕心沥血、堪为师表，为人类社会的文明进步贡献了全部聪明才智，为党和人民的教育事业奉献了整个身心，为国家社会培养了无数栋梁之材，可谓桃李满天下，有口皆碑，功勋卓著、辉耀日月，令人尊崇！而且一生勤苦，学而不厌、诲人不倦、勤勉清廉、善当伯乐、慧眼识才，培养了很多地师级以上干部和专家学者、时代精英（单我们学院就有四位副厅级干部，其中三任党委书记），退而没休，至今仍然关爱着我们的成长和学院以及整个遂宁的建设与发展，真正是"停车坐爱枫林晚，霜叶红于二月花"。堪称德高望重、行为世范，高山仰止、令人敬仰！这次第，怎生一个"谢"字了得?！我们十分敬重、万分感激、不能不谢、特衷心感谢！

第三是祝福！有目共睹的是，干老虽年及耄耋，却耳聪目明、身心康健，鹤发童颜、精神矍铄，神采飞扬、潇洒飘逸，返老还童，令人羡慕！为此，我们真诚地祝福他老人家福如东海、寿比南山！期颐百年顺过、二甲飘然若仙！届时，我们再来庆贺、我们再来分享、我们再来高攀！

最后，我想用并非工整的三副对联来聊表心意，权作贺礼！有道是：

学高身正称师表桃李芬芳满天下
德厚望重是楷模声名远播震宇寰

过耄耋奔期颐潇洒百年观自在
唱京剧扬国粹纵情千载乐忘忧

鹤发童颜潇洒飘逸似神仙
仙风道骨轻歌曼舞非凡人

横批是：

德高望重
潇洒飘逸
寿比南山

待到重阳日，还来就菊花*

尊敬的各位老领导、老专家、离退休老同志：

大家上午好！再过两天就是重阳佳节，今天，我们在这里隆重聚会，共同庆祝这个属于我们自己的节日。借此机会，我谨代表学院党委、行政和在职在学的14000多师生员工，向我们敬重的所有离退休老领导、老专家、老同志提前致以节日的亲切问候，向大家郑重地道一声：你们辛苦了！大家节日好！

时间过得真快！不知不觉，一年又过去了！借今天这个机会，我谨代表学院党政，把学院过去一年的相关情况做一个通报，一是让大家知晓，二是听取大家的意见建议，以求把未来的工作做得更好，把学院的发展建设推进得更快更好。

一、过去一年的主要工作和基本成效

大家知道，过去一年，因为召开省十次党代会和党的十八大，国际国内形势极为复杂严峻，维护稳定的任务相当繁重，加之学院示范建设进入攻坚阶段，因而同样是极不平凡的一年。在十八大精神感召和指引下，在省委省教育工委、教育厅的正确领导和包括离退休在内的全院师生员工的共同努力下，学院的各方面工作顺利推进，取得了很大成效，有力地推动促进了学院的进一步建设和发展。主要体现在：

一是政治思想教育重点突出成效显著。

过去一年，学院的政治思想教育大致可分为两个时段四大工作。一个时段是十八大召开之前，主要抓的是创先争优的基层组织建设年活动，按照五个建设的基本内容和要求对各总支和直属支部进行分析测评，搞达标上等和分类定级，以实际行动、优异成绩迎接省第十次党代会和党的十八大胜利召开，向省党代会和十八大献礼。整个工作进展顺利，各个总支和支部都很好地实现了达标上等，学院基层组织战的斗力、凝聚力、创新力得到一定程度增强；第二时段是省党代会和

---

* 此系2013年10月10日重阳节向学院离退休老同志做的情况通报，属年度惯常通报。

十八大召开以后,主要以两级党代会尤其是十八大精神的学习领会和贯彻落实为重点,其间主要抓的是三大重点:其一是十八大精神、特别十八大的教育新精神的学习、领会和贯彻落实和中特色社会主义理论的“三进”工作;其二是民族复兴伟大中国梦的主题教育活动;其三是党的群众路线教育实践活动。这其间有规定动作,也还有自选动作。规定动作要达标,自选动作要见实效和精彩。这些都是大家直接参与并做得很好,应予充分肯定而又无须细表的。这些活动的开展,使大家认清了形势,增强了党性原则,看到了问题与差距,找到了症结和根源,明确了目标任务,工作重点与努力方向,增强了信心和干劲,取得了很好的成效,既保证了学院社会主义办学方向,也教育培养了干部和骨干教师队伍,为学院的更好更快发展奠定了良好的思想认识基础,提供了强有力的政治思想和组织与干部保障。

二是示范建设攻坚克难举措实和新。

通过一年的努力,我们在体制机制改革、学科专业建设、队伍教材、课程基地建设等方面都做了大量艰苦细致且卓有成效的工作:体制机制方面在原有基础上成功组建了南骏汽车、文化旅游两大学院,开通了中高职衔接试点班、制定了真正的一体化分段实施人才培养方案;专业建设除四个示范专业外,又新增了软件技术和财务管理两个央财支持的重点建设专业;队伍建设则瞄准骨干教师和管理干部队伍两大重点,以中国特色、世界水准为目标开展了首次大规模国际培训,国际参训达123人,省级培训达170人,创历史新高,开国际培训先河。校本培训则首次开展了教师职业技能大赛;实习实训基地建设又充实了内容,强化了管理,连中央财政在内新增投资上千万,进一步改善了办学条件,于院内建起了首条柏狮电子的LED生产线和首家旅游分公司,于实训实践实习基地建设上迈出了新步伐;整个示范建设较好地完成了阶段性目标任务,院内外的示范效应得以扩展,为全面迎检奠定了良好坚实基础,在创特色、铸品牌,做特做优方面迈出了新步伐,取得了新成效。

三是省级教改革项目进入实质推进新阶段。

终生教育体系、中高职衔接立交桥构建,职业院校的社会服务能力提升的省级改革项目于大调研基础上顺利推进了中高职衔接的专业建设试点,先后于安居、船山、射洪开办5个点、三个专业11个班,即将开通蓬溪点;终身学习教育平台建设进展顺利;召开了项目的阶段评审推进会,受到省厅领导和与会专家、行业企业充分肯定和一致好评。

四是招生就业工作稳步推进再创佳绩。

招生方面于总结经验教训的基础上顺利地实施了第二轮单招改革,共涉及普高、对口高职、藏区 1+2 三大类型,15 个专业,不仅招生量在去年的基础上翻了一番,达到了总量的 20% 以上,而且在素质与素养,技能并重,推优入学,自主命题招考等多方面进一步优化,取得显著成效。去年录取新生 5358 人,到校新生 4690 人,报到率达 84%;今年首次录取新生 4781 人,现已报到普通大专新生 4037 人,首次报到率达 87.55%,比去年提高近十个百分点,创历史和全省新高。此外还报道有藏区 1+2 新生 240 人,补录新生 400 人。在实施调控(总量已超过 13000,超出我们的承受能力,三期没建好,规划没这么大,今年已采取了小学期特殊手段,近三千学生暑期上课一个月)的情况下,到校新生还保持了与去年持平。不仅如此,今年的生源质量进一步提高,首录分数综合排到了全省文科第 8、理科第 4。全年的就业率稳中有升,达到 93.41%,再次评为了省先进。学院的办学实力进一步增强。

五是内部分配及相应改革顺利推进。

顺利地制定并获准实施了绩效工资改革实施方案,较好地建立了学院和各二级管理单位的目标管理,绩效考核的相应办法和指标体系,成功地兑现了基础加奖励绩效的相应管理,兑现了离退休人员的生活补贴和在职职工的首轮基础与奖励性绩效,克服各种困难,大胆探索和改革、实施了由过去的经验式管理向目标管理、绩效考核的成功转变,初步建立了旨在充分调动在职工积极性,发挥创造性,集中统一管理各类津补贴,防止分配不公、暗箱操作、贪污受贿,推进学院更好更快发展的奖惩激励机制,使学院的管理制度和办法发生了根本性变革,使教职工的收益大幅度提升,达到并接近了中心城市第一方阵的基本水准,优于本地公务员和教育系统,也优于省内同类院校绩效的平均水平,适度调整了教职工住房公积金,完善了相应保险项目,大大地改善了包括离退休职工在内的教职工福利待遇。

与之相应的是,本学年度中学院还按照国务院和四川省的统一部署和要求,顺利地实施了首轮岗位聘期届满考核和第二轮聘用,在此基础上总结经验教训,修订完善了相应管理办法和考核指标体系,顺利地实现了全院教职工由身份到岗位职务职级管理的人事制度的根本性变革,建立起了全新的可持续发展的人事管理制度,为更好地保障和促进学院更好更快发展奠定了良好的组织基础。

六是成人教育全面开启继续教育新征程。

本学年度中,成人教育搜索学历教育战线,加大了创新力度,创新了培训形式和项目,新建了省市级特殊行业和劳务培训基地,建起了电子仪器仪表装配和有机合成技能大师工作室;新增了全省农村中学校长能力水平提升,全省普通中学、职业学校党建培训,职业教育系统干部素质能力培训,职业学校中层以上干部等项目。承担了全省的物流技能大赛,全市的农民工技能大赛、全市的职业学院师生技能大赛的组织管理和相应工作,以及省上市上和安东石油公司的系统,船山区公安局、税务局的相应培训考试。开展了学院对学生的职业技能鉴定和职业资格证书培训;为遂宁市教育园区建设提供了决策咨询和相应论证服务,全年共开展各类培训 10174 人次,开展技能鉴定 3378 人。新增了全国会计师注册、汽车与维修、车工等 19 种职业资格证书和全国建筑工程造价员考点。社会服务能力和水平得到了较大拓展和提升。

七是科研工作切实取得新突破。

在科研方面,本学年中有省部级科技项目 30 余个,省教厅项目 15 项,市级和国家级各 4 项,获资助资金达 28.8 万元。除去论文著述年伤不详之外,2012 年有各类成果 720 余件,其中核刊 40 余篇,专著 2 篇、教材 17 部、艺术品 6 幅、受理专利 2 件。分获省政府哲社三等、优秀奖各 1 项;获省优秀教育科研成果奖 8 项,高职质量奖 6 项(一等奖共 2 项),市哲社奖 5 项,是近年中成果最丰硕的一年。

八是民主政治建设有效推进。

学年度中成功地召开了二级教代会、工会和二届三次教代会、自上而下、自下而上审议了绩效工资、校园建设规划调整和职工住房建设方案,实施了党务、院务公开,进一步加大了民主管理、民主决策的力度,颇富成效地推进了学院民主政治建设。

九是民生建设工程成果丰硕。

本学年度中,在民生工程方面,学院一是按照省人事厅、财政厅、教育厅的要求,在省厅没增拨相应经费的情况下,如期兑现了实施绩效管理后的离退休教职工补贴(最高 22800,最低 14400 元,每月 44 万、全年 528.44 万,人均 18417 元),兑现了在职职工的绩效工资;二是投资 300 万元实施了学生宿舍的热饮水建设工程,解决了学生打开水、用热水、洗澡难的老大难问题;三是在教室的讲台安装了电扇,对部分教室安装了空调,进一步改善教学条件,为老师们解决了夏天、暑假上课搞培训太热的问题;四是千方百计做工作,争取政策、顺利推进了教职宿舍、学生公寓的建设,现在,学生和年轻教师公寓已经破土动工,教职工宿舍规划调整基本通过,可望本期动工,明年投入使用。届时,教职工无房和住房困难的问题将得以有效解决,住房状况将得以进一步优化改善。学生培养教育,学校管理中的教师缺失问题将成为历史,办学条件将得到有效改善;五是学校大门等相应的安全隐患得以及时有效整改,突偶发事件得到及时有效处置,特定情势下的安全稳定得到及时有效维护,和谐校园建设成效显著;六是投资 88 万元的风雨操场改建工程全面完成;七是投资近三千万元的 1.8 万平方米艺术大楼建设顺利有效推进，即将落成投入使用；八是汽车、机械、电子电气、物流、建筑、环境、人文科技训育、艺术、体育方面的投入全面加大，办学条件进一步改善；九是大学生活动中心、职工之家全面建成投入使用；十是三期建设工地的道路管道等基础设施建设全面完成、体育场馆建设全面开工、办学条件正在进一步完善；十一是大学生、教工艺术团体的成功组建，各类文体活动的有效开展，涪水红帆大型文艺晚会的成功举办，使师生员工的幸福指数大为提升，学院的社会影响力、美誉度也大大提升；十二是学生的实习实训实践管理得以加强，奖贷助补贴全面落实并得到一定层面的优化，党和国家的关爱政策得到进一步落实。

十是党风廉政建设得以进一步加强。

在过去一年中，我们建立了党风廉政的建设的预警机制，进一步健全、完善了财务国资、招投标、招生就业、教育教学、基建维修、后勤产业、组织人事、党风廉政建设方面的制度和防控体系，进一步落实了责任制、制发了作风建设意见、党风学风作风，反腐倡廉教育进课堂，向学生作了延伸，开展了正反面典型教育，加大了监管和问题查处力度，开展了中层干部离任审计，查处了顶风违纪干部典型，作风、教风、学风、校风、党风廉政建设得以进一步加强。

十一是很好地维护了学院自身和社会稳定。

过去一年中，我们加大了宣传教育和管理力度，通过开展应急处突演练，定期排查安全隐患和不安全不稳定因素，及时整改相应问题，积极化解各类矛盾，正确处置各类突偶发事件，修订完善应急预案，大家团结一致，齐心协力，积极创建平安和谐校园，审慎研究急难险重问题，确保了成都校区的成功回迁和重大节假日，敏感时段，特别是十八大召开前后的安全稳定，有效地维护了校园和社会的安全与稳定。

十二是发展建设得以积极有效推进。

本年度中，新任教工委书记，厅长朱世宏同志上任不久便莅临学院关心指导学院发展建设的根本性问题，新任市长、市委书记都先后到学院考察指导工作，关心支持学院的发展建设，对学院在四川、在遂宁经济社会中的地位作用和所做出的成效等给予了充分肯定，对学院发展建设寄予了厚望，纷纷表态给予全力支持。市委市府多次开会研究，表态把学院纳入新规划的科教园区，作为遂宁的第一所应用型本科院校来筹建，学院与市委市府已经形成以四川职业技术师范学院为发展建设目标的基本共识，学院做优做高的行为已变为地方党委政府与我们的共同行为，学院梦已变为遂宁梦、四川梦，这应当是学院发展建设的重大良好机遇，十分难得，虽然这其间会有很多坎坷，但我们必须珍惜，必须抢抓、必须努力。因此，目前我们已实质性开启相应建设工作，力争把学院的发展建设列入党委政府的重要议事日程,迅速开启这一全新征程,切实把握好这一前所未有的大好机遇。

事实表明,过去一年的成效显著,变化巨大。这集中体现在示范建设的顺利推进,示范效应内外扩展,逐步放大,全面素质教育的有效推进,体制机制改革的顺利进行,办学条件的进一步改善;核心发展力、竞争力的有效增强,品牌效应的基本形成,品质品位有效提升、做特做强的目标初步实现,做优做高正在开启,美好前景进一步展现,进一步增强了我院铸品牌、创一流的信心和决心。所有这一切都是十八大精神鼓舞指引,省教育工委、省厅正确领导,各级领导和社会各界关爱支持,全体教职工(包括离退休)齐心协力、艰苦奋斗的结果。为此,我谨代表学院党委、行政和在职在岗的教职员工向大家表示衷心的感谢,致以崇高的敬礼!

二、存在的主要问题与努力方向

过去一年成效不少不小,这是应当充分肯定的。但问题也客观存在,且不能忽视而且必须找准找好!因为它是我们前进的基础,努力的方向,也是党的群众路线教育实践活动的必然要求。

过去一年的问题确实也不少,诸如最近我在群众路线动员和宣讲报告中提及的,甚至还包括一些同志一直在提的报酬待遇低,奖励性、考核性绩效发晚了等等,但这些都是局部的,有的问题是党内少数人、干部中少数人存在的。绩效晚不晚与问题本身的复杂艰巨性,政策规范严肃性,与大家的认识态度,与根本性变革的难度、与大家工作效率有关,这些都是首次改革推进中必然遇到的问题,是发展建设中的问题,不是大问题也不是根本性的问题,也未影响触及根本。有问题不奇怪,也不应该怕有问题,关键是我们该如何认识看待问题。看问题应该看实质、看大局、抓关键,找准问题实质关键和生成缘由,从根本性的问题出发,把握好发展建设中的大局和方向。而且要客观冷静、客观公正、实事求是地看问题。因此,在我看来,目前学院的问题和努力方向主要应当是这样一些。

一是思想认识与行动的高度统一至关重要。教师是学院的支柱,教职员工是学院的主人,在竞争日益激烈,优胜劣汰、逆水行舟、不进则退的严峻形势面前,我们一定要登高望远,增强危机感、责任感、使命感、紧迫感,千万不能故步自封,更不能骄傲自满,要看到我院真正的问题还是在质量、特色、品牌、内涵发展上,因此必须坚定不移地强管理、重质量、创特色、铸品牌、求卓越,创建西部一流的高水平高职,以此来求得更好更快更大的发展。因此一定要把思想认识和行动高度统一到第二次党代会,二届一次教代会确定的这一目标任务上来,统一到“十二五”规划所确定的思路举措上来,统一到做特做强做优做高,创建四川职业技术师范学院,创建应用本科院校上来,要咬住青山不放松,为自己、为学院、为遂宁、更为整个高职教育创造更加美好的未来。千万不要看到现在政策没开通,觉得不可能、很悲观,实际上机遇要靠我们去把握,政策要靠我们去争取,机会总是给那些有准备的人准备的。我们绝不能等靠要,一定要紧急行动起来,从现在做起,从我做起,从自己身边的每一件小事做起。一旦等到政策开通后再行动那就晚了,也就没什么价值意义了!但我们现在需要的是脚踏实地、埋头苦干,而不是摇旗呐喊,招摇过市。请大家一起把握好这一点。

二是体制机制的创新应当推向纵深。体制机制的创新是学院发展建设的根本,也是我们内涵发展的基本经验。目前,我院已创构了难能可贵的三大机制,值得我们充分认识和倍加珍惜,将其特定效应扩大加深。

其一是政行企校园院合作的办学体制机制。这是一个很好的平台,一种很好的模式,两年多时间已大见成效,大家都感同身受。"三二一工程"很好,已经有了良好的开端,让我们真正地融入了地方经济社会的发展之中,找准了位置和基点,密切了我们与地方党委政府、与行业企业、与职业教育、基础教育的关系,找到了广阔的发展空间和用武之地。现在第一是要进一步深化,将其做实做好,让其落地生根,开花结果,收到更大更好成效。第二是要进一步创新,向企业,向县区延伸,向三农、向县区支柱、特色、新兴产业加深,探索办县区学院,联合办本科、办实体培训学院等方向进一步拓展深化的办学路子。

其二是岗位职务管理,全员聘用考核的人事管理机制。实施岗位与职务管理,年度与聘期考核结合的办法,这是国家人事制度改革的重大举措,也是一个打破传统的根本性变革,需要大家都明确这样做的价值意义和岗位职务的要求与目标任务、积极向上、努力奋进,避免一评一聘定终身,挫伤积极性。目前这项工作才刚刚步入正轨,相应效应正在逐步显现,大家都还有一个理解认识接受适应的过程,需要大家与职能部门一起做出进一步的相应的努力,将其推向纵深。

其三是目标管理、绩效考核的内部分配机制。实质上也是一种奖惩激励机制,目的在改变干与不干、干多干少、干好干坏一个样的传统机制所形成的诸多弊端,充分调动积极性,很好发挥创造性,激励大家勤奋努力积极工作;营造一种蓬勃向上的气势。目前,我院正在过渡期,也是一个阵痛期,只要尽快制订好管理考核办法和指标体系,就会逐步转入正轨。现在,2012 年的绩效已全发,2013 年在职教职工上年的基础绩效在正常发放、奖励绩效也开始了部分发放。大家盼望已久的增量补贴在职的是人均每月 400(年 4800),共发两年(离退休的比例数目由省上定),已在省厅、省人事厅报批中,一旦下发就先发离退休的,本期内年底前发在职教职工的。原说 8 月份能批下来,因全省高校那么大个面,加上认识上的问题,100 余所高校办起来很慢,因而现在还没下来,估计快了。因此,我院的绩效总量又得以提升。目前,也是本期要解决的是社会服务收益的增量部分怎么处置、怎样合法化的问题,需要职能部门和学院抓紧相关工作,也需要大家理解支持。

其实,体制机制的真正效应就是要形成长效机制,从根本上充分调动大家积极性,发挥创造性,培养聚集学院的核心发展力、创造力,形成一种比学赶帮,蓬勃向上的气势,以此促进学院的更好更快发展,这才是我们改革创新的根本目标所在,需要大家给予充分的认识理解与支持配合。

三是意识观念的更新与示范效应的扩展迫在眉睫。包括特色意识、质量意识、品牌意思、创新意识、科学发展意识,包括办学治校理念,人才培养理念(素养、素质、观念、技能四位一体)特别是其间的素质教育,特色个性化教育、因材施教的问题,虽然很难但一定要做;包括队伍、基地、课程、教材建设,考核评估保障测评体系建设等等,甚至包括我们动辄就讲报酬待遇,就讲发多少钱,节假日、年终必须发过节费、活动经费等传统的意识和观念等都得改,都得更新。我们有示范了,但这四个专业在本系、在专业群中,在整个学院中、学院外示范效应的发挥值得重视和思考,即要解决不是为了示范而示范,评审验收完了就完了,解决示范后、后示范的问题。示范专业解决了,系上,学院的所有专业、其他系部、老师们的认识是否都解决了、提升了,还值得研究和思考。还有示范建成后如何发展建设的问题,否则便失去了示范应有的价值意义,就会失去目标方向,甚至可能回到原点。目前,我院在这方面有差距、有隐忧,有回到原点之危险,不能不高度重视和警惕。

四是终身学习体系,中高职立交桥建构,社会服务能力提升的问题。目前我院有了试点校、试点专业、试点班,架子搭起来了、基础有了,但人才培养方案制订、专业、课程、教材,队伍、实训基地,评价体系的建立,意识观念的更新,招生制度的改革,特别是政行企校的真正合作,育人质量、办学水平的提高,要真正将学院建设好(其间一定要有应用本科院校的参与),还有很多事要做,道路很长,很多问题需要研究解决,即使全做好了,都还有个逐渐扩大推广的问题,包括院校内外的扩大与推广,都还得花大力气做。

五是校园文化建设应加大力度。这也是软实力,核心竞争、发展力的一种体现。校园文化建设是一个复杂艰巨的系统工程,是一个有机的整体,包括系室、部门文化,学科、专业建设文化,办公室、寝室、教室文化,校园文化,实体文化、精神思想文化都很多层面,是学院品质、品位、品牌的载体和基本体现。不能文化人没文化,文化单位没文化,目前缺哪些、需要补哪些,建设目标,努力方向都需明确、都当思考并拿出切实可行的方案办法来,努力去推进实现它。包括我们三期建成后整个校园品质品位提升,品牌打造的问题都值得大家高度重视,都应该认真研究拿出规划和意见方案来加以切实推进,这样才能真正把学院建设好,才称得上一流高水平。我们要力争在建院100周年的时候全面很好地实现这一目标。现在还有四年左右的时间,还有很多事要做,必须抓紧抓好。让我们的百年老校名副其实,真正成为名校,显得具底蕴,更自豪、更风光!

六是学院的发展建设问题。经过重复论证和多方努力,目前,学院和市上都已将学院的发展建设目标定位在四川职业技术师范学院或应用型本科学校上,如何突破藩篱,让省上支持国家批准是一个很现实,值得研究的问题,需要党政领导班子及成员,也需要全院教职工都默契统一,需要我们反思存在的问题和差距,需要我们制定切实可行的措施办法并付诸行动,需要大家一起来攻坚克难,以便乘势而上如期建成。目前,市委市府的决心已下,力度很大,只是我们如何积极主动、配合支持、如何抢抓机遇、找准路径和切入点的问题。毋庸讳言的是,目前,从领导班子到教职员工的意识观念、素质能力与管理水平都尚有较大的差距,需要我们实事求是,正视现实,尽快、努力缩小这些差距,变被动为主动,变压力为动力,顺势而为,乘势而上,既解放思想、更新观念、大胆突破,又脚踏实地,奋力推进。万事俱备,只欠东风,让我们一起努力吧,世上无难事,只要肯登攀!我们深信,胜利一定是属于不懈追求者的!

各位老领导、老专家、老同志们,岁岁重阳,今又重阳,战地黄花分外香!一年一度秋风劲,不是春光,胜似春光,寥廓江天万里霜!借此机会,我衷心地祝福大家安康欢乐,幸福吉祥!美好生活如朝阳,永向上!待到下一重阳日,我们再来就菊花、赏春光!

谢谢大家!

在四川职业技术学院第九届“涪水红帆”文化艺术节文艺汇演晚会上的讲话

（二〇一四年十二月二十二日）

尊敬各位领导，各位嘉宾，亲爱的老师们，同学们：

大家晚上好！

在举国上下认真学习宣传贯彻党的十八届三中、四中全会精神，深入开展“中国梦”主题教育活动之际，我们十分欣喜地迎来了“中华情、中国梦”四川职业技术学院第九届“涪水红帆”文化艺术节文艺汇演的隆重举行，迎来了遂宁市宣传文教系统的各级领导，各位专家、各位嘉宾的莅临指导，为此，我谨代表学院党委和行政对晚会的顺利举办表示热烈祝贺！向莅临晚会的各位领导和嘉宾表示热烈的欢迎！向长期以来关心支持学院建设与发展的各级领导、各位专家、各界朋友表示衷心的感谢！

同志们，同学们，党的十八大以来，习近平总书记发表了一系列重要讲话，提出了实现中华民族伟大复兴的中国梦，为凝聚全党全军全国各族人民的共识和力量，实现“两个百年”宏伟目标注入了强大的精神力量。深入开展“中国梦”学习教育活动，是学院思想道德建设的重要内容，对于引导广大师生为实现国家富强、民族振兴、人民幸福的伟大中国梦而努力学习、勤奋工作、不懈奋斗，具有重要而深远的意义。

党的十八届三中全会确立了完善和发展中国特色社会主义制度，推进国家治理体系和治理能力现代化的全面深化改革总目标、指明了进一步解放思想、解放和发展社会生产力、解放和增强社会活力，坚决破除各种体制机制弊端，促进社会公平正义、增进人民福祉，坚持社会主义市场经济，努力开拓中国特色社会主义事业更加广阔前景的前进方向和基本路径，吹响了全面深化改革的集结与进军号，让我们倍受鼓舞，倍感振奋！

党的十八届四中全会首次以全面推进依法治国为主题，提出了在中国共产党领导下，坚定不移走中国特色社会主义法治道路的明确要求，勾画了法治中国建设的宏伟蓝图，为全面深化教育领域综合改革、实现教育治理体系和治理能力现代化，为全面实现两个百年目标和伟大中国梦提供了强有力的制度保障！我们生逢其时，无上荣光，我们怎能不欢呼，怎能不歌唱?!

同志们、同学们，过去一年来，学院在党的十八大，十八届三中、四中全会精神的指引下，深入开展"中国梦"主题教育活动，积极践行党的群众路线，扎实推进现代职教体系构建，全面谋划学院综合改革，积极培育和践行社会主义核心价值观，各项事业取得了长足进步，尤其是今年四月，学院顺利通过首批省级示范性高职院校建设项目验收并荣获优秀，招生就业、省体改项目都喜获丰收，得到各级领导和社会各界的一致好评。目前，学院做特做强的目标已经基本实现，做优做高求卓越，跨越发展创一流高水平高职院校的航船已经开启，正全力以赴，驶向那更加灿烂辉煌的明天！

同志们、同学们，举行"涪水红帆"文化艺术节，是学院响应党中央号召，强管理、创特色、铸品牌、求卓越，增强核心竞争力、发展软实力，提升品质品位，以实际行动贯彻落实党的十八大，十八届三中、四中全会精神，深入开展"中国梦"主题教育活动，实施文化强校强市强省强国战略，引领助推更好更快发展的生动体现。我们深信，通过优秀的校园文化引领校园和时代社会风尚，将有利于营造生动活泼、团结和谐、健康向上的校园和社会文化氛围，必将对打造活力校园、魅力校园、特色校园、品牌校园，推进文明和谐校园创建和大而美、富而强、优而雅的新遂宁建设产生积极重大而深远的影响。

为此，我们热切期待着演出的圆满成功！我们衷心祝福各级领导、各位嘉宾和老师们身心健康，人生美满！祝同学们学习进步，学业有成！祝演出圆满成功！

谢谢大家！

在新中国成立60周年暨迎新文艺晚会上的讲话

（2009年9月25日）

各位领导、各位嘉宾，同志们、同学们：

大家晚上好！

在这秋风送爽、丹桂飘香的金秋时节，我们十分欣喜地迎来了伟大祖国的60华诞和来自全国各地的近3000名新同学。为此，我们今天晚上隆重集会，以美妙的歌舞和动人的乐章向伟大祖国母亲献礼和欢迎新来的莘莘学子。借此机会，我代表学院党政和千余名教职员工，向莅临晚会的各位领导、各位嘉宾和天南地北的新老同学表示热烈的欢迎，致以诚挚的问候！

60年来，我们伟大祖国在中国共产党的英明正确领导和马列主义、毛泽东思想、邓小平理论、“三个代表”重要思想、科学发展观的指引下，各族人民团结奋斗、开拓进取、披荆斩棘、乘风破浪，战胜了无数艰难险阻，坚定不移地走中国特色社会主义建设道路，坚定不移地改革开放，先后取得了政治、经济、社会、外交、军事、医药卫生、文化教育、工农业生产等方面的巨大成就，使一穷二白、积贫积弱的人口大国实现了由贫困到温饱再到小康的历史性大跨越，实现了从一穷二白到经济总量雄踞世界第三，从东亚病夫到东方巨龙、奥运抢彩；从任人宰割到香港澳门回归，联合国常任理事；从瞎折腾、窝里斗到民族团结融合，再到汶川大地震的民族脊梁、无疆大爱；从土枪土炮、三八大盖到两弹一星、神七飞天；从以阶级斗争为纲、人人自危到以人为本，创建社会主义和谐社会等一系列颠覆性变化，这一切无不展示出民族的振兴，中华的崛起和祖国的富强，无不昭示着社会主义制度的优越性和美好前景；无不震撼、鼓舞、激励、鞭策着我们勤奋学习、努力工作、开拓进取，为把我们伟大祖国建设得更加繁荣昌盛而努力奋斗。应当说，这便是我们举办这场晚会的首要目的。

60年来，我们学院也经历了建校、迁校、分校、并校，建新区，由非学历到学历，由中专到大专，由成教到普校，由小到大，由弱到强的曲折发展建设历程，可以说是与祖国母亲同呼吸、共命运、心连心。今年以来，学院正在以深入学习实践科学发展观为契机，以办人民满意大学、创一流高职为近期目标，建队伍、强管理、抓质量、创特色、铸品牌，向着更好更快发展的方向努力推进，力求为民族振兴、国家富强做出更多更好更大的贡献。为此，我们衷心地希望3000名新生尽快转换角色，适应生活，融入学院，与你们的师兄师姐和老师们一道，为自己的健康成长，为学院的发展建设，为祖国的昌盛腾飞添砖加瓦，贡献出应有力量。

学院在近百年的发展建设历程中，得到了各级党委、政府和社会各界的充分理解和大力支持，本次活动又得到了中国移动遂宁分公司的垂青和赞助。为此，我提议大家以热烈的掌声向他们并通过他们向所有关心支持学院发展建设的各级领导，各界朋友表示衷心的感谢！

同志们、同学们，盛世豪情铸伟业，举国欢歌谱华章！让我们团结起来，共同开创学院和祖国更加美好的未来；让我们翩翩起舞，引吭高歌，共同庆贺伟大母亲的60华诞，共同祝福伟大祖国更加繁荣昌盛吧，未来是属于我们的！

祝晚会圆满成功！祝大家安康欢乐，幸福吉祥！

谢谢大家！

在2013级新生开学典礼上的讲话

（2013年9月9日）

尊敬的老师、亲爱的同学们：

大家上午好！

在这秋风送爽，丹桂飘香的金秋时节，我们无比喜悦地迎来了2013年秋季的顺利开学。今天，我们在这里隆重举行四川职业技术学院2013级新生开学典礼，共同开启驶向彼岸的航船。为此，我谨代表学院党委、行政和全体师生员工，对来自全国各地的新同学表示热烈的欢迎和衷心的祝贺！向始终关爱支持同学们成长成才，关心支持学院建设发展的家长及亲朋好友们表示最诚挚的敬意和谢忱！同学们，今天，你们已成功步入大学校门。大学不仅是一个精彩纷呈的世界，更是孕育收获与希望的田野。此时此刻，对于你们而言，将是崭新的人生开启；对于川职院而言，将是生机与活力的展现。

同学们，你们将在遂宁这座古老而年轻的城市学习、生活三年，我最想知道的是，你们了解这座城市吗？遂宁是中国著名的观音文化之乡，位于四川盆地东部的涪江中游，地处成都和重庆两座特大城市的中心节点上，辖射洪、蓬溪、大英三县和船山、安居两区，幅员面积5300平方公里，人口386万。遂宁曾以其深厚的文化底蕴、迷人的灵性山水和发达的农工商贸而成为川中政治、经济和文化中心，尤以纺织食品工业闻名于世，素有"小成都"、"东川巨邑"、"川中重镇"、"西部水都"之称，而且自古人文荟萃、贤士辈出，素有"文贤之邦"的美誉。1985年建市以来，经过不断的建设和发展，遂宁形成了"观音故里"、"中国死海"、"国宝宋瓷"、"西部水都"独特的文化旅游名片和全球绿色城市、国家卫生城市、国家园林城市、中国优秀旅游城市、中国人居范例奖城市、国家级生态示范区、中国观音文化之乡、全国现代物流示范城市、国际花园城市等名片。需特别为同学们介绍的是，水是遂宁城市的灵魂，涪江、渠河穿城而过，观音湖烟波浩渺、水天一色，形成"城中有水、水中有城"、"城在水中，水在城中"的两山三水夹一城的美丽景观。需特别提醒的是，"为了您，这种城市已经等了1660年"！

四川职业技术学院作为四川省人民政府主办、省教育厅直属的高校，地处遂宁市河东新区，是四川省示范性建设高职院校。建校以来共为社会培养各类高素质人才7万余名，他们遍及全国各地各行各业，在各自的岗位上做出了突出巨大贡献。近年来，学院瞄准西部一流、国内著名、国际知名的全日制、综合类、教学型高水平高职院校的发展建设目标，谨遵“为人民服务、为经济社会发展服务”的办学宗旨，以“素养奠基、素质固本、观念立命、技能安身”为人才培养理念，按照“面向市场设置专业、面向职业设置课程、面向岗位培养技能、面向人生培养素质、面向社会规划人生”的办学思路合理设置专业，优化课程结构，稳定办学规模、丰富办学层次，办学能力和水平不断提高，在专业建设、队伍建设、校区建设、校园文化建设，教学、科研等方面取得了长足进步，在创建一流高职学院的征途中实现了跨越式发展，在西部地区具有较高的知名和美誉度。

学院始建于1917年，具有近100年的悠久的办学历史，有着近60年高职专科，90余年职教办学历程。学院占地近1100亩，已建成高标准、高水平、大气靓丽的新校区。学院现有在职教职工749余人，597名专任教师中有正副教授176人，博士、硕士研究生313人，教育部部聘专家2人，享受国务院政府津贴专家3人，先后聘有30余位美、日、加、澳等国专家、教授来院任教讲学；学院现有教学科研仪器设备总值达到8530余万元，建成了“汽车、电子电气、机械、建筑与环境、计算机、物流、人文与科技训育中心”等七大实训教学中心和政行企校合作南举办的骏汽车、西部现代物流、文化旅游三个学院、先进制造业、现代服务业两大职教集团和应用胆子技术理事会，被教育部和交通部等六部委确定为“制造业和现代服务业紧缺人才培训培养项目”基地，被四川省教育厅确定为四川省职教师资干部培训基地；学院还建有遂宁市驾驶学校、川职院大酒店等校办产业，设有国家职业技能鉴定所、全国计算机等级考试和大学生英语等级考试考点、全美测评软件系统（ATA）考试站，是国家信息产业部信息化计算机教育认证合作院校，常年对外进行招生培训和职业技能鉴定工作。学院还建成了主干网为1000M的校园信息网，宽带互联网已覆盖到所有教学、办公场地和学生宿舍，实现了以数字化校园为目标的信息化和网络化管理。学院图书馆现有藏书82万册，拥有报刊1000余种和读秀、CNKAI、超星等现有数字图书资源。学院先后获得“四川省最佳文明单位”、“全国德育教育工作先进集体”，教育部人才培养工作水平评估“优秀”学校、四川省五一劳动奖状等40多项殊荣。十年来，学院建新区、优条件、扩规模，成功地走出了一条做大做好的外延发展路。近年中，我们强管理、重质量、创特色、铸品牌，建示范，正阔步迈进在做特做优的内涵发展大道上。明年初，学院将通过省级示范性高职院校建设的评审验收，进入巩固成果、扩大效应、提升品质品位求卓越，做优做高的展翅腾飞期。这便是我们川职人的目标追求和梦想！

同学们，此刻的理想与期盼，已经带领你们踏入未来的成功之门；从今天开始的执着追求和付出奋进，才可能使你们最终抵达理想的彼岸，成为祖国和学院的栋梁。作为师长，面对未来，我想给大家提几点希望和要求，应当说也是共勉：

第一，希望同学们志存高远，立志成才。大学时期是人生中最美好的时光，进入大学，意味着新的人生的开始。站在新的起跑线上，只有登高才能望远，只有志向远大、富有理想、全面发展、锲而不舍的人，才能抓住机遇，乘风扬帆，开创人生的辉煌。“凡事预则立，不预则废”，进入大学之初，同学们要问自己三个问题：为什么读大学？在大学做什么？在大学怎么做？有句歌词唱得好：“有梦想谁都了不起”，人人都有人生出彩的机会，三年时光转瞬即逝，关键在于自己怎样把握。

第二，希望同学们刻苦学习，提升能力。新的世纪，知识更新的速度越来越快，学习能力是21世纪高素质人才的一项必备基本功，学习也是你们在大学阶段的第一要务。希望同学们要尽快适应大学的学习方式节奏变化，把“要我学”变成“我要学”、“我会学”，培养自主学习的能力，养成自我学习的意识和习惯。在大学校园中，我们开始有了学习的“专业”，而这里的“专业”，不管喜欢不喜欢，都与我们今后的“职业”、“事业”有很大的关系。而大学里，不同学科、不同专业相融互补的特点更加明显，希望同学们在刻苦学习、打牢专业基础、扎实专业技能的同时广泛涉猎、博采众长，像海绵一样，不断获取宽博的综合性知识，特别是要积极投身各种实践活动，努力提高专业和综合素质，努力做到“一专多能”，“素养、素质、观念、技能四位一体”，有机统一，以优异的成绩圆满完成自己的学业，为未来的人生做好必要的准备，插上腾飞的翅膀。

第三，希望同学们勤于修身，学会做人。进入大学学什么？简单说一是学做人，二是学做事。中国大学的校训有很多，但所表达的意境大体都集中在做人做事两个方面。孔子说过：“大学之道，在明明德，在亲民，在止于至善”，这句话言简意赅地道出了大学的原则在于发扬光大人类的美好品质与德性，革新民心，追求至善境界。因此说，大学教育的一个重要任务就是致力于培养拥有良好品质和健全人格的人。作为一名现代大学生，大家也应当把修身与做人放在头等重要的位置，在人的质量和品德方面具有高的标准和严的要求。要做有良好心理素质、高尚道德情操和品行端正的人；要学会交往，学会共事，善于处理好师生之间、同学之间的关系，要正确对待自己，尊重他人，善待他人，努力培养团结协作的品质和能力；要自觉地遵守国家法律，遵守校纪校规，努力使自己成为有文化、讲礼貌、守纪律、有所敬畏、诚实守信、品德高尚的新时代大学生。

第四，希望同学们珍惜时间，珍重友谊。十八九岁是人一生的黄金期，大学时光是人生中对知识渴求最为强烈、思维最敏捷、精力最旺盛的黄金时期，大学时光是极其宝贵的，转瞬即逝。希望同学们把有限的精力用在学业、素质、能力提高上。大文学家韩愈有一句名言："业精于勤荒于嬉；行成于思毁于随。"希望大家秉承"明志、厚德、尚学、笃行"的校训，发扬"为难为之为，成不成之成"的校园精神，继续保持旺盛的学习热情和顽强的拼搏精神，攻坚克难、把握机遇、珍惜时间，勤奋学习，刻苦钻研，一分一秒地利用好大学时光。大学是一块少有利害关系的清静世界，我真心希望同学们在学习、生活中互爱互助，相互宽容，珍重友谊，共同营造出和谐文明的校园环境，共同打造好我们美好的精神家园！

同学们，你们现在已经是四川职业技术学院的一员，四川职业技术学院就是你们的"母校"了。母校的建设与发展，荣辱与兴衰，与同学们息息相关。希望大家在努力学习的同时，注意加强自身修养，维护学院声誉，积极投身到各项有益的活动和学院的建设中去，与母校共同成长，共同创造我们四川职业技术学院灿烂辉煌的明天！共同实现川职院发展建设之时代梦想。

最后，预祝同学们学业进步，身体健康，生活愉快！祝我们的学院人才辈出，蒸蒸日上，繁荣昌盛！祝愿全院教师教师节快乐！

谢谢大家！

在四川省第十六期中学校长任职资格培训班结业典礼上的讲话

（二○一一年十二月八日）

尊敬的晓都书记、王羽处长、各位学员，同志们，大家好！

为全面贯彻落实央省教育改革和发展规划纲要，根据国家中小学领导干部持证上岗相关规定和教育部《全国中小学领导干部培训指导性教学计划》以及《四川省教育厅关于下达四川省2011年度普教系统干部省级培训计划的通知》（川教函〔2011〕59号）精神，由四川省教育厅主办、四川职业技术学院承办的四川省第十六期中小学校长任职资格培训班已经顺利完成培训计划，即将圆满结束，为此，我谨代表学院党委、行政和全院一万二千余名师生员工，对参加本期培训学习，顺利结业的151名校长表示热烈的祝贺！对热忱关爱各位校长成长高度关注大力支持培训工作，今天于百忙中挤出时间莅临学院检查指导工作祝贺祝福大家顺利结业的省教育工委领导晓都书记和省教厅人事处领导王羽处长表示衷心的感谢！对各市（州）县区教育行政主管部门和所在学校的大力支持以及各位校长在培训学习期间的理解与配合表示诚挚的谢意！

各位校长，本期中小学校长任职资格培训工作于2011年10月10日开班，历时2个月，参训校长来自全省12个市（州），共计151人。从类别层次上看，来自普通高中的校长42人，中专和职业高中的校长14人，初中校长80人，小学校长14人、幼儿园园长1人。从职务看，正职校长40人，副职校长副书记等111人。从任职年限上看，任职3年以下的校长占了绝大多数；从总体上看，任职年限短，副职比重大，基层一线岗位职务多，是本期培训班学员结构的显著特点。

在培训期间，参训校长能遵守培训纪律，做到有事请假和按规定销假。能自觉参加临时党支部和班委组织开展的学习讨论、文娱体育等活动。能积极参与小组研讨交流、外出教育考察学习、撰写考察报告和结业论文。能顾全大局，表现出良好的校长素质和组织纪律性。总之，本期培训工作在省教育厅和学院的正确领导下，相关部门和全体学员齐心协力，通力配合，顺利、圆满地完成了培训任务，实现了预期目标。

本期培训工作,始终坚持以马克思列宁主义、毛泽东思想、邓小平理论和"三个代表"重要思想为指导,深入践行科学发展观,认真学习2010—2020国家教育改革与发展规划纲要,坚持培训工作为深化教育改革,全面推进素质教育服务,为建设西部人才高地、打造西部教育强省服务,以建设一支政治坚定、师德高尚、业务精湛、作风优良、数量足够的高素质教育系统干部队伍服务为指导思想,以提高参训校长的教育理论素养和学校实际管理能力为重点,坚持理论联系实际,注重培训实效的原则,培训工作取得了良好的效果,积累了宝贵的经验,概括起来主要反映在以下几个方面:

一、领导高度重视,确保培训工作顺利开展

为确保本期培训工作的顺利进行和培训质量的提高,省教育工委王晓都副书记、省教育厅王嵩建副巡视员、人事处王羽处长等领导都多次过问培训情况,亲临培训班指导工作,各市(州)教育行政主管部门对培训工作提出了许多宝贵的建议,学院党委行政高度重视,切实加强组织管理工作,早研究、早部署、早计划、早安排,为高质量完成培训任务提供了基本保障。

第一,学院成立了由学院党委书记王金星教授任组长,院长胡碧玉教授副院长何展荣副教授任副组长,组织人事部部长赵耀副教授,管理系主任姚进昆副教授、成人教育处副处长徐滔副教授为成员的第十六期中学校长任职资格培训工作领导小组,为顺利完成此次培训任务,提供了强有力的组织保障。

第二,学院组织培训工作相关人员认真学习了《四川省教育厅关于下达四川省2011年度普教系统干部省级培训计划的通知》(川教函〔2011〕59号)文件精神,明确了各相关部门的职责任务,要求各方面团结协作,密切配合,充分认识高质量做好校长培训工作对学院可持续发展的战略意义,统一了思想,提高了认识,为顺利完成此次培训任务奠定了良好的思想基础。

第三,及早作出部署安排,为本期中学校长培训的顺利开办做了充分准备。学院将此次培训列入了年度工作计划,自上期培训结束后就安排部署了相应工作。管理系作为具体承办系部,系主要负责同志亲自带队,利用暑假分组分片区走访了全省各市、州教育局,充分征求了地方教育行政管理部门对本期中小学校长培训工作的意见和建议,为本期中学校长培训班的顺利开班作了充分的组织准备工作。

二、加强师资队伍建设，努力提高培训工作质量

众所周知，保证培训质量的前提是要有一支院内外相结合的高素质的师资队伍。在长期的中小学校长培训工作中，学院已经锻炼和培养了一支既熟悉业务，又熟悉中小学校长培训规律的稳定的干训师资队伍。本期，学院根据省教育厅对中小学校长培训的要求进一步充实和调整了干训师资队伍，聘请了国家教育部高校社会科学发展研究中心主任冯刚教授、省社科院查有梁教授、西南大学教育学部部长朱德全教授、西南大学教育学院院长陈恩伦教授、四川师范大学教师教育学院院长、硕士生导师游永恒教授等国内、省内知名的教育界专家教授和省纪委宣教室主任李清、省纪委法制室副处长胡焦等领导来本期校长班授课，聘请了地方教育行政管理部门领导、特色中学校长绵阳市教育体育局党委副书记、副局长、绵阳南山中学党委书记、校长吴明禹、遂宁中学校长许玉权、遂宁市第六中学校长傅孝德为本期培训班作专题讲座，省教育厅领导王嵩建副巡视员亲自到培训班看望学员并作了专题报告，采取内外、专兼结合的办法解决师资培训问题，对确保本期培训质量的提高给予了强有力的保障。

三、改善培训模式，切实增强培训效果

为了充分调动学员学习的积极主动性，增强培训的吸引力，在本次培训中，我们积极搭建学员交流平台，从内容上进一步优化了“四结合”的培训模式，即专家、学者系统的理论讲授与有特色的中学校长的经验交流相结合；集中理论学习与分散小组讨论交流相结合；课堂师生互动与课后校长论坛学员交流互动相结合；院内学习与外地教育考察相结合。在此基础上，我们还改进了“校长论坛”方式，增设了“交流与研讨”模块，收到了良好效果，受到参训校长的好评。

一是进一步优化“校长论坛，”为学员交流提供互动平台。今年的校长论坛在时间安排上有所改变，我们将以前安排在每天上午上课前半小时的“校长论坛”时间改为下午用1-2个小时安排2-4名校长在论坛上作交流发言，由主持人进行点评。本期的“校长论坛”与前几期培训班“校长论坛”相比，具有交流时间更充裕、校长们准备更充分，交流内容更具体，交流程度更深入，关注的热点、难点问题多等显著特点。交流的内容涉及了学校科学定位与特色创建，学校发展战略与目标，学校的文化建设，学校管理制度的制订与实施，教师队伍建设与教师积极性的调动，学生安全事故的预防与处置，校长的角色定位，校长的管理艺术，小学、初中教育质量的评价体系建设，初、高中新课程改革，新形势下的素质教育，“留守儿童”的教育管理，绩效工资的问题与对策，教育均衡发展等议题。校长们从工作实

际出发，用学到的相关理论对以上相应问题进行了深刻的反思，然后交流自己的看法，使问题的探讨有了一定的深度，既使自己得到了提升，也让大家受益匪浅。正如校长们所说，“校长论坛”“让我们广交了朋友，增进了同学情、师生情，共享了丰富的资源”，“让我们了解了兄弟学校的办学历史、办学理念、办学特色、办学成绩和办学中的困惑及解决的办法”，“大家对当前教育的热点问题、管理工作中的困惑各抒己见，畅所欲言，给人以启迪，让人回味无穷”，“让我们在有限的时间内感受到了同行闪光的智慧、睿智的思想、宽阔的眼界和实际操作的艺术水平”。

二是认真交流与研讨，搭建授课教师与学员间的互动平台。在学校管理工作的各个方面，每一所学校都有值得学习和借鉴的成功经验，也存在很多需要向兄弟学校学习请教，需要研究探讨的共性问题，参培校长之间应该采取有效的交流措施，实现在管理工作上的共同进步。为此，本期校长培训班在培训模式上增设了“交流与研讨”模块，选取了“学校品牌塑造途径与方法”、“基础教育公平与质量研讨”、“中小学校长领导力与团队执行力主题研讨”、“中小学制度建设若干问题专题研讨”、“中小学教学质量与改革问题研讨”专题，利用下午上课时间进行专题研讨，每个专题均安排了 3 - 5 名来自于高中、初中、职中、中专、小学的校长作主题发言提问，其他参培校长参与交流提问，由任课教师作解答和点评。通过这种形式的交流和研讨，既让参培校长开阔了视野、拓展了思路，也让授课教师了解了情况，积累了资料和经验。

今年的培训模式，既有专家、教授系统的理论指导，又有特色学校校长实实在在的实践经验介绍，既有教师与学员之间的平等对话，又有学员之间的真诚交流，充分调动了学员的学习积极性和主动性，大大增强了培训的吸引力，提高了培训效果。

四、紧密联系基础教育管理实际，努力提高培训的针对和实效性

为确保培训质量，学院要求本期校长培训班所有任课教师要不断总结经验，改进教学方法，在课程设置、课堂教学上，要紧贴基础教育管理实际，切实增强教学的针对性与有效性。

本期培训在课程设置上，继续坚持了现实性与针对性的统一，根据教育部中学校长任职资格培训大纲的要求，针对参培校长无完整、系统的教育管理理论知识的实际情况，坚持对培训校长进行相关的教育理论讲授，在开设《学校管理》、《教育理论》、《中小学教育科研》、《教育法制》等课程的基础上，根据《四川省教育系统干部培训“十二五”规划》要求和基础教育管理实际，增设了廉政建设、基础教育公平问题研究、中小学教师素养建设、学校管理者的角色意识、国际视野中的教

师教育、和谐教育与中小学战略发展模式创新、国家中长期教育改革与发展规划纲要解读、中高职教育立交桥构建探讨、基础教育发展对西部经济建设的促进作用、中小学校园文化建设、中小学校管理信息系统建设、中小学校质量保障体系建设等专题,由于在课程设置上坚持了变与不变的统一,现实性与针对性的统一,因而适应了校长们的需求,得到参培校长们的普遍欢迎。

此外,在教学方法上,也坚持专家、教授讲授与学员交流讨论的统一。在教学过程中,紧扣当前教育的热点和难点问题,增强了教学的现实性和针对性,提高了培训校长学习的积极性与主动性,增强了校长们的分析思考问题、研究解决问题的能力,大大地增强了培训的效果。

五、加强日常管理,为确保培训质量创设基本前提

根据本次培训班的具体情况,学院选派了管理系主任姚进昆、系党总支伍治平、系副主任聂书云三位同志同时担任班主任工作,每天一位班主任跟班,及时了解学员学习情况,解决教与学的相关问题。

为加强对培训工作的管理,保证本期培训班的培训质量,顺利完成培训工作任务,我们在本期学员的出勤管理上采取了区别于以前各期的考勤方法,将参培学员按照县、区集中划定位置,要求学员按指定座位就坐,班主任老师坚持每天到班考勤,对确实因公需要回校处理公事的校长,除要求具备书面请假手续外,还要求他们回来销假时提供当地教育行政主管部门的证明,有效地堵塞了在出勤管理方面的漏洞,严肃了学习培训纪律,整肃了学习风气。

为搞好本期培训班的管理工作,我们按惯例在参培学员中选拔了部分工作经验丰富、有一定代表性且乐意为大家服务的学员组成了本期培训班的班委会和临时党支部,并同时进行了明确的分工,保证了参培学员在培训期间生活、学习、纪律等各方面的工作有专人负责,信息渠道畅通,使管理工作更加规范化。为便于学员们在培训期间的学习交流,我们还按照地区(片区)参培学员的具体情况将学员分为八个小组,以组为单位开展学习、交流和课外文体活动。

为了及时向各市县教育行政管理部门反馈各地校长们在我院学习培训的情况,针对本期校长培训班具体工作的开展情况和学员们在我院培训期间的学习和生活动态,我们编辑了《校长培训》进行动态反映,彩色装印的《校长培训》内容丰富,包括培训动态、校长风采、校长访谈、校长论坛、校长心得、交流研讨、名校宣传、活动掠影等栏目,从多个角度对本期校长培训工作进行了反映。《校长培训》半月一期,现已编印了3期,并已寄到了各市州教育局,让他们能全方位及时准确掌握动态信息和相关学员情况

总之，在本期培训工作中，我们于课程设置、教师队伍组建、班级日常管理、培训模式、课堂教学等方面作了一些积极有益的探索，取得了一些成效，但这些探索和成效都还是初步的，还有许多值得改进的方面，还要进一步研究和探索。特别是新形势下校长培训的新情况、新问题、新特点，新模式、新规律，探索校长培训的新模式，还需要进一步增强培训内容的针对性和有效性，还要在班级管理和服务方面作更多有效的改进。在今后的培训工作中，我们将在省需在教育厅的正确领导下，进一步解放思想，更新观念，不断总结校长培训的规律和经验，不断提高培训质量，力求为基础教育的改革和发展做出更大的贡献。

各位校长，虽然为期两个月的培训学习即将结束，但它又是我们校长职业生涯中又一个新的起点。为此，我想给各位校长提出以下希望和要求，同时与大家共勉。

第一，学会学习，坚持终身学习。

大家深知，我们正处于知识经济时代，处在知识爆炸时代，各种新知识、新信息、新观念不断涌现，层出不穷，我们只有学会学习，才能在有限的时间内获取有益的信息与知识；也只有坚持终身学习，才能适应教育发展的新形势，肩负教育改革的新使命，创造教育事业的新辉煌，促进自身的新发展，推进学校的新跨越。因此，在今后的实际工作中，我们要继续学习马克思主义基本理论、教育政策法规、学校管理基本理论、教育科学理论等知识，不断拓宽自己的知识视野、提升自己的新境界，不断适应教育发展的新需要，做一个素质高、业务精、懂教育、善管理的新型教育教学专家。

第二，理论联系实际，不断开拓创新。

各位校长在今后的实际工作中应当坚持学以致用、理论联系实际的原则，努力做到四个统一：要坚持学习外校经验与本校实际相统一；教育理论学习与解决实际问题相统一；学习党的路线方针政策与依法治教治校相统一；科学发展与学校发展相统一。同时，也希望各位校长，不断研究基础教育中的重点、热点、难点问题，认真研究新时期基础教育的新情况、新问题，新趋势，锐意进取，开拓创新，为把自己学校办成具有鲜明个性和时代特色的新型学校而努力，为基础教育的改革和发展，为办好人民满意的教育做出新的贡献。

第三，加强联系和交流，共创四川美好明天。

希望校长们以此次培训作为新的起点、新的平台，加强相互间的学习、交流，借鉴他人治校的成功经验，促进各自学校不断迈上新台阶，也希望校长们记住母校，记住四川职业技术学院，于百忙中拨冗披繁，“常回家看看”，多关心、支持四川职业技术学院的建设与发展，为母校的发展建设出一份力、尽一份心、献一份爱！

校长们、同志们，机不可失，时不我待。逆水行舟用力撑，一篙松劲退千寻。让我们携手并进，风雨同舟，为四川教育又好又快发展，为教育、为四川教育的美好明天而努力奋斗！

祝各位校长身体健康，工作顺利，全家幸福，万事如意！

在全省中学党组织负责人示范培训第一期培训班结业典礼上的致辞

（二〇一三年六月二十日）

老师们、书记、校长、学员、同志们：

大家上午好！

根据中共四川省委教育工委《关于举办全省普通高中、职业中学（中专）党组织负责人示范培训班的通知》精神和培训工作要求，经过一周的艰苦努力，四川省普通高中党组织负责人示范培训第一期培训班圆满完成既定目标任务，于今天顺利结业了。在此，我受中共四川省委教育工委领导和工委组干处的委托，对本期培训工作做简要总结，向不畏炎热、不避酷暑，不辞辛苦为本次培训班做出艰苦努力、巨大贡献的省教育厅领导、省市委党校、高等院校、基层党组织的专家教授、党务工作者表示诚挚的谢意！向给予此次培训工作大力支持的省市县区教育行政主管部门、基层学校、企事业单位和相关团体表示衷心的感谢！向为此次培训工作做出艰苦努力和巨大贡献的管理部门和师生员工表示亲切的问候！向积极参与、刻苦学习、成效显著、顺利结业的学员们表示热烈的祝贺！下面，我就此次培训工作做以下小结，有疏漏错谬之处，敬请各位指正。

一、基本概况

本次培训，在中共四川省委教育工委的领导，省教育工委组干处的组织安排和各市州教育局、学员所在单位、社会各界的大力支持下，从6月14日开班到今天结业，历时6天，除去开学及结业典礼之外，共开理论讲座20学时，实践研讨18学时；有来自全省22个地市州的学员122名，为了切实保证培训效果，学院先后从四川省委教育工委、相关高校、省市委党校、基层党组织聘请专家教授和校内外专兼职党务工作者举办专题讲座8次，举行小组讨论5次，开办书记论坛4场，安排学习考察活动1次，在我们师生的共同努力下，基本圆满完成了预期的工作任务，达到了预期工作目标，呈现出了时间短，任务重，内容实，要求高，形式活，热情高，效果好的突出特点。

二、基本成效

此次培训，是在深入学习贯彻党的十八大和省委十届三次全会精神，开展“实现伟大中国梦、建设美丽繁荣和谐四川”主题教育活动的关键时候开办的，对于深入推进党的十八大精神学习，贯彻或落实，全面推进民族复兴伟大中国梦的主题宣教活动，深化普通高中教育教学改革，促进其发展建设，具有十分重要的现实意义和指导、引领、推动、促进作用，此次培训，主要成效表现在以下几个方面：

（一）内容丰富，主题鲜明

本次培训以党的十八大精神，尤其以十八大关于基础教育的相关要求和进一步加强与改善党的建设的意见为主体内容，紧密联系当前教育党建实际，深入学习领会、贯彻落实十八大的党建工作新思想、新任务、新目标、新思路、新举措、新要求；按照提升党建基本素养、基本素质和基本能力，着力搞好基层组织和党风廉政建设的“三基本一建设”的思路构建培训课程内容体系。培训内容以“十八大党建工作新精神”、“十八大教育工作新思想”、“中国梦与学生的前途理想教育”、“当代中学生政治思想教育研究”、“新时期基础教育党建工作的重、难、热、焦点问题研究”、“新时期普通高中党建工作的目标任务和内容要求”、“当前基础教育课程改革反思与学校德育工作”、“党建先进典型报告”、“中学党建现场考察”等九个专题为主导，内容涉及了党建工作的新要求、党的建设新思维，十八大的教育工作新精神，新任务，普通中学学生政治思想、前途理想教育新举措，新时期基础教育重难热焦点问题新思考、新举措等几个方面，理实结合、主次分明、内容丰富、主题鲜明，为参训学员回到各自市县区，全面组织相关培训，切实开展相应工作提供了可资借鉴的范本和指南，起到了较好的引领、示范作用。

（二）形式新颖，成效显著

本次培训以专题讲座、学员论坛、研讨交流和现场考察为基本形式，采取上下、内外、专兼，理论与实践、传统与现代、集中与分散、学习与研讨、切磋与探究相结合的形式，既突出了课堂教学主渠道、主阵地，更重视了研讨交流和通过学员论坛等方式来展示与切磋碰撞，并辅之以现场教学来增强实际效果。在培训中以课堂教学为基础，各小班结合自身工作实际展开研讨交流，推选代表参加学员论坛，在大班中分享小班研讨交流的成果。专题讲座思想前沿、视野开阔、内容丰富、重点突出；小组讨论积极踊跃，严肃认真，内容精辟，气氛热烈；学员论坛形式新颖，学用一体，提炼升华；现场交流学习理实结合，资源共享，基本达到了理论联系实际，交流沟通、切磋探究、展示分享、提升提高的目的，为全体学员，进一步深入学习、开展培训、推动工作、促进发展起到了良好的指导和示范作用。

(三)组织严密,保障有力

一是成立了专门组织机构,强化了组织领导。为了提高培训质量,做好培训工作,省委教育工委领导高度重视本次培训,专门成立了省教育工委副书记王晓都为组长,省教育厅组干处丁念友处长和学院党委书记为副组长、学院分管副院长和组织人事部、成教处、人文与科技训育中心等部门负责人为成员的培训领导小组,同时还专门成立了学院党委书记牵头的培训工作小组、突发事件领导小组等组织机构;培训工作组设专职总班主任、分班班主任;采用大班授课,小班管理的班级管理模式,根据培训实际人数,以学员来源片区为单位分设小班;大班建党支部、班委,小班建班委,以此细化、优化了本次培训的服务与管理工作。二是建章立制,规范操作。为加强培训管理,规范管理工作,我们严格按照省委组织部、省教育工委的相关规定和要求制定完善了《示范培训班考勤制度》、《示范培训班考核办法》、《示范培训班学员守则》等一系列管理制度,培训期间根据制度严格管理、严格考评,起到了应有效果,达到了预期目的。三是创新机制,团结协作。整个培训期间,省教育工委组干处、市州教育局,学院组织人事部、成教处、人文与科技训育中心、招生就业处、党委行政办公室、宣传部、保卫处和后勤与产业处、文化传播系等相关部门根据自身职能职责各司其职,密切配合,切实做好了相应服务保障工作。学院还专门抽调了对工作认真负责、工作能力强的同志担任小班班主任,引导带领学员认真学习,积极参与小组讨论、学员论坛、考察学习、心得交流等活动,切实研究处理参训学员在学习、生活中的各种问题,解决同志们的后顾之忧,创造了良好的学习环境氛围,维护了正常教学秩序,确保了安全稳定,保证了学习效果。

三、几点希望要求

按照省教育工委要求,为了切实突出培训效果,发挥培训效应,受省教育工委委托,同时代表培训办单位提几点希望要求,也与大家一起共勉。

一是注重学习,不断进取。信息社会,知识经济时代,学习是十分重要的,为此,党的十八大提出了构建终生学习、教育体系,构建学习型社会,建设学习型政党的目标要求,作为基层党组织,作为以立德树人为根本任务的学校,作为基层党组织负责人,我们一定要响应党中央号召,适应时代社会发展需求,高度重视学习,组织引领学习,教会学生学习。6 天时间非常短暂,所学非常有限,但它是一种启示、一种引领、一种推动、一种促进,目的在启示大家自觉学、认真学、很好学。要学的东西太多,但主要是新思想、新理念、新成果、新经验、新思路、新举措。特别是第三次工业革命带来的新思潮、新冲击、新变化,以此更新观念,指导开拓进取和创新,以此来培养新人,创造新的成就和辉煌。

二是注重思考,不断创新。作为基层党组织负责人,作为高完中校长书记,在学习之后,一定要学思结合,注重思考,一定要保持清醒头脑,一定要有自己的独立思考,独到见解和独立探索。别人的经验要学,但不是简单地照抄照搬,更不是步人后尘,拾人牙慧,一定要结合自身实际,把所在领域所从事的工作中的重大基本问题思考深入透彻,从中找到切入点、创新点、着力点、闪光点,坚定不移地走自己深思熟虑之后选定的正确之路。因为思路决定出路,观念就是财富,学固然重要,但思比学更重要。目前全面普及高中教育只是一个量的要求,已不成问题,遂宁11年的高中教育毛入率已达78.2%,已基本普及,其他差距也不会太大,好者更好。目前的中教发展趋势、中教的基本定位、职责任务、目标走向、思维举措,特别是素质教育,立德树人,让其学会学习、学会思考、学会生活、学会适应,让其真正成为基础,管用一生,树立正确的教育观、教学观、质量观、人才观、评价观、升学观,争取有所贡献,有所建树,在学校、在历史上真正留下点什么。

三是注重应用,搞好引领。古人主张博学之,慎思之,审问之,明辨之,笃行之,非常精当。毛泽东讲,学习的目的在于应用。谚语也说:空谈误国,实干兴邦,也只有这样,才能很好发挥效应,学习才有价值意义,社会也才能进步前行,故而希望大家能切实做好这一点。对于大家而言,有三点须强调的,一是将所学(包括本次现场学习考察,也包括交流、论坛中所得)用于指导、引领、推动自身的党建、学校、育人工作实际,让其落地生根,开花结果,而不至于一走就坏了,一抖就完了,一学就了了。学时,讨论交流时激动,之后便消极沉闷,事后就不动。二是按省教育工委的要求,要回去汇报、交流,让大家分享,在学校组织好相应培训。三是要在市县区组织好相应的培训,在培训中起骨干、示范、引领作用,把当地的培训搞好,把学校和当地同类学校的党建和立德树人、发展建设工作推进好,放大本次培训的效应并力求最大化,最佳化,真正起好示范引领、推动、促进作用,让省教工委的本次培训收到最好的效果,这是教工委、教育厅、主办单位,也是我们承办单位的初衷或希望要求。

第四,注重协同,携手并进。培训是短暂的,因为炎天暑热,周末不休,任务重,管理严格,服务欠缺,条件所限,印象是深刻的,彼此沟通交流、切磋碰撞、关心体谅、帮助支持,情谊是深厚的。此次培训,我们不仅最大限度地缩短了彼此距离,而且建立了通讯录,这是一种宝贵资源,希望大家彼此间要珍视,要充分开发,利用好这个资源,而后同学间、兄弟学校间、师生间加强联系,互通有无,彼此关照,搞好协同,携手并进,共谋发展。也请大家谅解我们的管理、服务、教学工作中的疏漏和不足。请大家记住母校,一如既往地关注母校,理解支持母校的发展建设，为之建言献策，为之宣传呐喊，为之开放绿灯，推荐优质、适合读本校的生源。为之添砖加瓦，力所能及地贡献光和热。我们也当一如既往地关注支持你们和你们的学生，你们所在的学校，你们正在进行的伟大崇高的事业。借此机会再次感谢大家本次和长期以来的理解支持，衷心祝愿大家和所在学校在新时期、新征程中发展得更快更好！衷心祝福你们、你们的学生和亲朋好友都安康欢乐，幸福吉祥，人生事业步步高，更辉煌！

祝大家归途平安，顺愉！

谢谢大家！

在市共青团系统创先争优誓师大会上的讲话

（2011 年 5 月 4 日）

尊敬的大海常委、家正市长、光碧主席、各位领导，同志们、同学们：

大家上午好！

今天，我们在此盛大集会，隆重纪念"五四运动"92 周年，举行遂宁市和四川职业技术学院共青团系统创先争优集体宣誓暨遂宁市青年创业大赛颁奖仪式，目的在发扬光荣传统，弘扬五四精神，激情创先争优，促进遂宁发展。为此，我谨代表四川职业技术学院党委、行政及全体师生员工，对会议的召开表示热烈的祝贺！对各位领导的莅临表示热烈的欢迎！向长期以来对我院发展建设给予关心、帮助和支持的各级领导、各界朋友表示衷心的感谢！向广大青年朋友致以节日的问候和美好的祝福：祝大家节日快乐、天天开心、永远年青！

各位领导、同志们、朋友们，四川职业技术学院是一所由四川省人民政府主办，省教育厅主管，教育部备案的全日制综合类教学型普通高等学校。学院创建于 1917 年，已走过近百年职业教育历程，有着悠久的办学历史，深厚的文化底蕴、雄厚的师资力量、优质的办学资源和美好的发展前景。学院现占地 1060 亩，各类建筑近 30 万平方米；建有 12 个系部，开设有 40 余个普通专科、近 20 个中专和五年制大专，36 个成招本专科专业；537 位专任教师中有教授 16 人、副教授 147 人，双师型教师近 200 人；有来自全国各地的全日制在校学生近 12000 名，校外成人教育在籍学生 4000 余人；已建成汽车运用与维修、电子电气应用技术、机械制造、计算机应用、建筑环境、人文与科技训育中心等六大实验实训中心和 260 多个校外实习实践就业基地。学院被教育部、交通部等六部委确定为"制造业和现代服务业紧缺人才培训培养项目"基地，是四川省下岗职工再就业、农民工转移、农机系统干部职工培训，中小学教师、职教师资、干部等多个培训基地。在近一个世纪的办学历程中，学院以"重质量、创特色、铸品牌、求卓越"为基本办学理念，坚持以学生的综合素质、专业素养和技能提升为重点，坚持以培养德、智、体、美全面发展的高素质、高技能应用型人才为目标，全面强化管理，重点发展内涵，着力提升质量，积极开创质量兴校、人才强校、特色名校、品牌立校、卓越荣校的办学新路，为地方经济建设做出了积极而重大的贡献。目前，学院已经走过拓展外延、做大规模的初级发展阶段，正在苦练内功、提升质量、创特色、铸品牌、求卓越，于做大的基础上做强做优，走内涵发展道路，全力以赴创省级示范性高职院校，千方百计、坚定不移地向着西部一流、全国著名、国际知名的综合类、教学型、高水平职业大学的目标奋力推进。

在学院的建设与发展历程中，学院党委高度重视共青团工作，一直将其作为发展建设的生力军来建设，使这方面的工作取得了长足的进展和巨大的成效。目前，学院建有基层团委 1 个，团总支 12 个，班级团支部 238 个，在青年教职工中建有团支部 3 个，学生公寓建有团支部 12 个，试点学生社团建有团支部 8 个。共青团作为党的后备力量和得力助手，长期以来充分发挥了党密切联系青年的纽带作用，尤其是在创先争优活动开展过程中，我院团委积极响应学院党委和上级团组织的号召，坚持以党建带团建为原则，以“党有号召、团有行动”为宗旨，紧跟党的重大部署，在学院团的各级组织和团员中积极广泛开展了创优争先活动。按照创先争优“五带五争”的基本要求，积极开展基层组织比作为、争当服务大局的先锋队；共青团员比本领，争做科学发展的生力军；队伍建设比成效，争做团建创新开拓者等特色鲜明的创先争优主题活动，创新思路，搭建平台，在大学生思想政治教育、学生社团建设、校园文化建设、社会实践活动、青年就业创业、心理健康教育等方面都取得了可喜成绩，这对于进一步深化我院共青团得各项建设、抓好广大团员青年的思想引领、推动学习实践科学发展观活动向纵深发展、激发团员青年的爱国热情、促进学院和地方的建设与发展，都有着深远而重大的意义。

各位领导、同志们、同学们，今天，在纪念“五四运动”92 周年之际，遂宁市和学院共青团系统创先争优集体宣誓暨遂宁市青年创业大赛颁奖仪式在我院举行，大海常委、家正市长、光碧主席等领导从百忙中挤出时间来到这里参加活动、指导工作，充分体现了遂宁市委、市人大、市政府、市政协对共青团工作的高度重视，对青年朋友的厚爱与支持，同时也充分体现了他们对四川职业技术学院的信任与关怀，充分体现了社会各界对学院发展建设的关心与支持。我们坚信，有了各级领导的关心与厚爱，有了社会各界的支持与帮助，我们的共青团工作一定会更具成效，我们四川职业技术学院的明天也一定会更加美好！

再次感谢各位领导、各位嘉宾的光临！

衷心祝愿共青团事业永远激情澎湃、生机盎然、灿烂辉煌！

在机制八班赠树仪式上的讲话

（2014 年 7 月 5 日）

尊敬的孙总，机制八班的各位校友、老师们、同志们：

大家下午好！

今天是一个好日子。因为今天不仅风和日丽，而且是四川省农机校机制八班校友毕业 30 周年重返母校倾情聚会的大喜日子，是一个值得永载四川职业技术学院史册的好日子。现在，我们聚集在这里隆重举行机制八班校友们向母校捐赠树木仪式。借此机会，我谨代表川职院党委行政和一万五千余名师生员工对机制八班的全体同学表示热烈的欢迎和衷心的感谢！欢迎你们回归母校、感谢你们把特定的情感特定的爱，把春天般的温暖带回了学院、带给了社会、带给了大家！

四川职业技术学院是一所百年历史的老校，是由原四川省农业机械化学校和川北教育学院于2002 年4 月合并组建的。近百年来，学校为社会培养了7 万多名各级各类优秀人才，大家在各自的工作岗位上为国家富强、民族振兴、人民幸福做出了不同的巨大的贡献，成为了民族的精英、国家的栋梁、优秀杰出的校友。其中，机制八班便是这些优秀群体的缩影！在你们中涌现出了很多优秀的才俊，孙振田同学便是你们当中的典型杰出代表。孙董经过艰苦奋斗创立了四川南骏汽车集团有限公司。又经过长期的艰苦打拼，把该公司建成了旗下有着四川现代、四川格罗唯视等十余家子公司，四川省重点培育的中国商用车制造的骨干龙头企业，已经成为以汽车制造为主体、多元并举、技术设备先进、核心竞争力、发展力很强的国际化大型集团公司，不仅走出了四川、走出了西部，而且走出了中国，走向了世界！发达了的南骏没有超脱，而是更加成熟理性，为了回报社会，支持教育，科学发展，他们不仅为母校捐赠校车和教学设施设备，而且与母校长期合作，深度合作，共同培养人才。2012 年，南骏集团公司又高瞻远瞩，毅然与学院携手合作，以校企合作的最佳形式组建了南骏汽车学院，为学院的建设和发展提供智力支撑和坚强后盾，掀开了学院和公司发展新的篇章，成为了改革开放总设计师邓小平同志所赞赏的那种“把爱献给教育，献给下一代的人是最值得尊敬的人”！

校友的成就是母校的光荣,校友的关心是母校的力量。今天,机制八班的全体同学本着对教育事业的高度关注,怀着对遂宁、对母校、对师长的无限眷恋和特定情怀,带着对师弟师妹、对祖国下一代的无比期盼和关爱,集体回到母校,畅叙友谊、表达情怀,捐赠树木、永志纪念。这种义举已经远远超出了聚会和树木本身,超出了物质和金钱层面,上升到了同学情、校友情、师生情、母校情、民族情、时代情、社会情的高度,上升到了超脱物欲横流,提倡激励鼓舞,彰显健康向上的精神生活层面。这一善举义举,充分体现了广大校友心系教育、情系母校的高尚情怀,必将激励鼓舞、鞭策引领学弟学妹们坚定人生信念,不断开拓进取,书写更加灿烂辉煌的人生篇章。

需要告慰各位校友的是,近年来,学院谨遵明智厚德、尚学笃行的校训和素养奠基、素质固本、观念立命、技能安身的人才培养理念,质量兴校、人才强校、特色名校、品牌立校、卓越荣校的办学理念,以就业寻出路、以服务寻支持、以贡献寻生存、以特色寻发展的发展理念,弘扬为难为之为、成不成之成的校园精神,改革体制创新机制,全面实施发展建设的“三二一”工程和八大治校方略,顺利走出了做大做好初创成型期和的外延发展路、获得人才培养水平评估优秀,建成了省级示范性高职,正朝着做特做强的内涵发展期纵深推进,向着做优做高求卓越,西部一流、国内著名、国际知名的全日制、综合类、教学型高水平高职院校的目标奋力推进。

亲爱的校友们,常言道,众人拾柴火焰高,众人划桨开大船,爱心成就未来。在此,我真诚地希望你们以及所有校友能一如既往地,甚至更多更好地关心支持母校的发展建设;集思广益,为母校的发展建设建言献策;齐心协力,不断创新,努力开创我们共同拥有的四川职业技术学院发展建设新局面和更加辉煌灿烂的明天!让校友的精神、川职人的精神薪火相传、发扬光大!

最后,衷心祝愿各位校友安康欢乐、幸福吉祥!人生事业双丰收、步步高、更辉煌!真诚地期盼你们与学院共进退、同成长!

谢谢大家!

跋

经过近一年的努力，正值春暖花开，既收获又耕耘的“红五月”，稚拙的《职苑九思录》终于付梓了。掩卷沉思，意犹未尽，感慨良多，不吐不快。

首先想特别说明的是这是一本杂感集。大的篇章有六个，小的栏目则有十五个之多。从纵向上看，上有办学思想理念，思路方略，下有“三沟通”“五年制”、岗职培训继续教育等操作层面的措施办法；从横向上讲，既有办学治校、党的建设，也有教学科研、合作交流，还有求索创新、深情寄语等。仅教学科研就涉及了写作与鉴赏、教育教学与地方文化研究。单写作中就有基础与应用写作，在应用写作中又有公文、新闻写作和文学创作；从类型体例看有项目、课题的研究成果，也有规划、报告、讲话、方案和杂感，有意见建议或评论，也有主持词、贺词、致辞和散文、小说与对联，还有教材、史志与专著，总共160多篇部，虽然数量最多的是论文，但不能说不杂。然而，在众多篇什中，窃以为值得关注的应当主要是以下几个方面：

第一是办学治校的思想理念。这是主要的，也是最重要的，所以把它排在了首篇。古今中外，无论大中小学还是教育行政主管部门的领导，无论专家学者还是治国理政之名流大家，都非常重视思想理念的创立，因为这毕竟是指导层面的东西，认为不怕做不到，就怕想不到，因而将此作为了专业学科建设、办学治校、人才培养、科技创新、发展建设，是否一流卓越的分水岭、试金石。我是一个经历比较丰富、比较特殊的教育工作者，是一个热爱钟情于教育、特别是学校教育，教师教育的职教人。也正是基于这一点，一方面，由于组织的关怀，我由一个中师毕业生先后到了南充师范学院、西南师大、中国文化书院、华东师大、北师大，到过省委党校、延安干部学院、国家教育行政学院、北京大学、清华大学、新加坡南洋理工学院学习，从汉语言文学到教育心理学、教育原理、教育管理学、比较教育学，从学历学位到岗职培训到继续教育，从本科专业课到硕士、博士课程班，虽然没有硕士博士学位，但国内教师教育的系列学校算是读通了，该学的课程大都涉猎了，特别是中国文化书院、华东师大和北师大各近三年的硕士博士课程学习，聆听了不下百位国际国内一流大家的宏论高见,这是全日制硕士博士望尘莫及的,的确非常幸运,受益匪浅,从理论和实践的结合上认知了办学思想理念的重要。另一方面,在教务处工作了十年,在学校教学科研管理岗位工作了十三年,从一个教务员、教学管理干部逐步走上了副处长、处长、副院长、党委书记的岗位;从助教到讲师,从副教授到教授,一直没有脱离过教育教学与管理岗位。从实践中也真切感受到了一个教育工作者、管理者教育教学、办学育人思想理念的重要。我非常赞同思路决定出路、理念决定高度,选好一个校长等于办好一所学校的思想理念和做法,高度赞赏和拥护中央政治家、教育家办学的远见卓识。甚至认为,无论大中小学的办学首先取决于书记校长的办学思想理念,取决于老师们的教育教学思想理念,这是一所学校是否好,是否能多出人才,出好人才,出大师级人物、出旷世奇才、伟才,是否知名、著名、一流、卓越,能否流芳百世,成为名师名校的实质关键与要害所在。教育的本质、学校的本质与使命是什么,是育人还是制器;是只教死知识还是当教学生学会学习、学会做人,是授之以鱼还是授之以渔;是死教书、教死书,让学生读死书、死读书,只讲知识、考知识,还是要看素质、看能力和水平;该怎样来处理好求学与做人,做人与做事,素养素质与观念技能的关系;学习与职业选择、人生规划,学习与走向社会,学校与社会,现在与将来等诸多关系,这是作为教者、学者、管理者,特别是书记校长所必须思考、必须明确、必须回答并切实处理好的重大基本问题,而绝不能以其昏昏来使人昭昭,更不能误人子弟,将老师、学生、学校引入歧途,贻害人生与社会。位卑未敢忘忧国,正因为如此,早在上个世纪八十年代,个人就开始了这方面的思考和探索。利用各种机会和途径,开始了办学思想和理念,思路方针的研讨和呼吁,特别是对于育人、对于素质教育、对于职业教育特殊性,教育教学规律的理解认识,对于学生、教师、学校的科学发展,对于素养、素质、观念、技能,学校与社会,当前与长远关系的探讨和论述,呼吁与强调,特别是其中的重难热焦点问题,可以说是到了殚精竭虑、声嘶力竭的地步。其间特别难得的是,早在八九十年代的求生存、求发展阶段,在成人教育、成人高校,在函授教育、自学考试中强调育人问题,强调思想政治教育,素质教育,强调规范管理,强调质量生命,强调办学之思想理念,将其推到了理论与实践结合起来研究探索的阶段。应当说,这是相当超前,颇具眼光,非常难能可贵的。虽人微言轻不足道,但遗憾的是,时至今日,党和国家都明文规定,反复强调了,却仍未能引起许多管理者和一线教职员工的应有重视,仍然未能将相应规定贯彻落实好,摆在应有的位置,许多人仍然在用传统的思想观念、思维定式和方式方法思考认识,看待处置教育与问题,这不能不说是中国教育的最大恶疾与悲哀!

第二是职业教育的认识与态度。中国是职教大国,无论中高职教育都已占整个教育的大半壁河山，但中国还不是职教强国。究其原因，最根本的还在于对教育的认识问题。人们对于普通教育的认识是基本到位的，科教兴国，教育的基础地位和人才培养功能是明确的，只是处置的态度与方式方法问题。对于职业教育的认识差距就大了。什么是职教？职业教育是类型还是一种层次教育；普教职教有无区别，该如何界定分野；成人教育是什么，是否职业教育？不要说一般专家学者，在国家层面都一度存在认识差距，就不用说职业教育的性质任务、特点规律、实质要义，地位作用、目标方向了。尽管改革开放以来全国职教会已开过七次，一些重大基本问题终于在第七次会上得以明确，特别是在习近平总书记的批示、李克强总理的讲话、《国务院关于关于加快发展现代职业教育的决定》、《现代职业教育体系建设规划(2014－202 年)》中也已非常明确了，但至今未必真正把十八大的“让每个孩子都能成为有用之才”、习总书记的“让每个人都有人生出彩的机会”的真正含义认识理解、贯彻落实到位。因为至今在我们国家层面的文件中还有职业院校不能升专升本，实际运作中不循规律，不讲道理地一刀切，搞出新的教育不公平的现象发生。还有雷声大、雨点小，抓不住关键实质切实有效推进，或难以切实解决重大基本问题的现象客观存在。然而，从所录文稿中不难发现，个人在这方面的认识探究是早在 10 多年前就开始了的，如岗职培训，继续教育，成人教育的基本认识与发展趋势、路径举措等，一直为职业教育的基本含义，性质任务、特点规律、为职教体系建设，地位作用、分层分类的实质意义，关键要害、体制机制、思想理念、目标任务等问题鼓与呼，从办学的思想理念到指导思想、目标方向、思路举措，从五年制到岗职培训、继续教育，类型层级教育、县区学院、乃至于整个体系的建构，从招生就业到素质教育、人才培养质量，从现实问题到职业教育发展趋势，微、中、宏观都有所研究和认识，而且有的很深刻、很执着。比如教育中普教职教的界限分类，层级中的初等与高等本科及其以上教育分野，成人教育的界定及其与职业教育的关系、素质教育中人文与科技素质、训与育等等，虽然杂而粗疏，但捷足先登，筚路蓝缕、披荆斩棘、开拓进取，是守得住孤寂，耐得住寂寞，竭尽心智，尽到了一个教育人、职教人应有责任的。有的问题虽然现在还没解决，但我深信最终会得到解决，因为历史不可抗拒，规律不可违背，事实会证明一切。

第三是体制机制改革。这本是教育部、财政部在国家骨干高职院校创建中提出来的，当时还不为大家所理解，因为按常规应当是把思想认识与重视程度放首位。但我们做了，而且做得很早。从所录文稿看得出，早在上个世纪八九十年代，我们就开展了校地、校企、校校、校行合作，而且八十年代中期就搞过跨区域的院地、院校、院企合作了，这不仅有《三市一院关于联合举办高师函教育的协议》和校企合作的相应报道，相应的文娱节目、办学成效可以作证，而且还一直坚持得很好，只是那时合作的程度还不够深，没像现在这样重宣传展示而已。因此，在示范建设中，不仅做了学院层面的“三二一”工程，而且个人还组织团队就此申报了省厅的一个重点课题，通过理论和示范建设的实践探索，不但使学校走出了象牙塔，走出了关门办学的困境怪圈，创构了政行企校合作办学的新模式，开辟了更加广阔的发展前景，而且最关键的是让学校回归了本源，融入了地方，融入了经济社会发展的滚滚洪流，适应了地方经济社会发展的需求，扎牢了生存发展的根基，找到了可持续科学发展的根本路径和目标方向，激发了强大的生机与活力，回归了大学教育、职业教育的本质，具有了中国特色和世界水准的成分，这才有了关于三个“三二一”和示范建设探索的一些观点和提法，也才有了中高职衔接、立交桥和终身教育社会服务体系建构、社会服务能力提升，省改试点项目的相应做法和论述，有了走出职教误区，高职院校办县区学院和现代职业教育发展趋势的系列认识与见解。应当说，这是高职教育的必由之路，是中国高职教育的真正生命力所在，也是中国特色、世界水平的最好诠释，其价值意义是重大而多方面的，已经远远超出了体制机制改革的本身，这是所有职教人，特别是高职院校的同仁所应当看到和高度重视的中国职业教育的新常态。

第四是素质训育与创新。素质教育本是个老话题，但也是一个新问题。因为党和国家早有明确要求，却因认识上的缘故而始终羞羞答答，还曾犹抱琵琶半遮面，以文化素质代之。也曾反反复复，虚虚实实，陷入了素质教育轰烈烈、应试教育扎扎实实的难堪情状。因此，当我们在示范建设中提出素质训育时，竟然被嗤之以鼻，认为为“训育”二字没听说过，是生造。尽管我们在上世纪末本世纪初就搞过人文素质教育的国家层面和省级课题，且矢志不移，不仅研究高职学生，而且还研究了与之相应的中职学生的素质教育问题，认为这必须整体推进；不仅研究一般意义上的，而且还深层次地研究人文素质教育。坚定地认为人文素质是所有素质中最根本、最核心的，是管用一生的重要素质；认为素质不但要“育”、而且要“训”，要训育结合，要有相应的内容、过程和方式，要通过反复的长期的历练才能养成。不仅要搞素质训育，而且要分层分类，依据理工、文管类学生的不同情状有针对性地开展全面的素质训育；要建立素质训育的相应体系和素质训育质量监控测评的体系与办法；素质训育不能光喊口号，做做样子、走走过场，发发文章，当实实在在、认认真真、脚踏实地、系统科学地推进。而且还早就构建了高职学生人文素质教育方案，构建了素质训育的六大体系，在示范建设中创建了独一无二的人文科技训育中心，组建了系处一级管理机构，其目的就在于摒弃花拳秀腿，做到真抓实干，创构综合类职业院校的办学特色，人才培养特色。认为这才是最根本、最重要的特色，并由此将其上升到了人才培养、办学思想理念的高度，明确地提出了素养素质观念技能四位一体，以素养奠基、素质固本、观念立命、技能安身的独具特色的人才培养理念。这一探索最终得到了评审专家们的高度认同和赞许，在示范建设验收中，被一致认为这是学院的最大特色和亮点，希望我们能坚定不移地走下去。尽管探索尚在进行中，很多还是初步的，还会遇上暗礁和激流险滩，但目标方向和路径、认识感受与体会难能可贵、值得掬示和珍惜。

第五是夙愿与梦想。应当说与许多人一样，我的一生中也是有不少梦想的。包括当教师或医生的职业梦想，认为这是两个造福人类、受人尊敬的好职业，做好了不会有太多的失业之虞。结果是医生没当成，教师也不专，阴差阳错地走上了教学与管理结合的双肩挑岗位，这就注定了专不下去、精不起来，兼得很艰难，很辛苦的尴尬命运，也就促成了这本集子的杂。就课程教学而言，本想搞现代汉语、形式逻辑或古典文学，却又阴差阳错地搞起了写作。基础写作尚未夯实又偏向了应用写作，从事了文秘、公文和新闻写作教学，还兼及了文学鉴赏与创作，搞起了地方文化研究。因工作需求而跨界搞了党建思政与职业教育研究，这也同样成就了这本集子的杂。在创作上，曾经想学曹禺写剧本并做过尝试而终于未能出手，又曾想学鲁迅写杂文也未能成功；也曾一度对微型、百字小说感过兴趣，写了两篇、也评过几篇，还学过相应理论，大抵也因太忙太杂而浅尝辄止，半途而废。现在唯一在进行的就只剩下近几年重新拾起的由应景到创作之对联了。这看似简单，娇小易为的对联，凑成容易，写好却难。所幸瞄准了贺联方向，且以贺婚祝寿为主，嵌大名、写人生、表情达意作贺礼，而今积下的已百幅有余，看起来也还多少有点意思。虽比较喜欢，却因体例篇幅缘故而未能全部收入，只选了三个有代表性的展示一下，拟在适当时机再来单独出丑现拙。

其次想提及的是个人著述问题。自以为一生中不算懒，虽不专，却也还有些著述，只是限于篇幅，对此所采用的是存目之法，一是便于世人全面了解查考，二是权作印证与延展补充，表明个人在这些领域做过较多较深思考和较大努力，数量不算多，就二十来部，内容也有点杂，涉及了职业教育、思政、也涉及了新闻与基础、应用写作和地方文化研究，但主要还是在应用写作。总之，基础写作和地方文化专著不多。代表作为《新闻写作学》，主编的教材、地方文化著述较多，但却并非挂名之作，而是力求创新和倾注了心血的。比如《新闻写作》、《现当代应用写作》、《现当代应用写作文鉴》、《遂宁文化概论》、《职业教育与中国工业化道路》及院志，从编大纲，写相应章节到统稿，写前言后记，做出版事宜等，绝不空挂或当甩手掌柜，体现的是个人严谨治学，认真做事的一贯作风。千万不要小看了教材编写，凡是有良知、有责任感、事业心的教师、主编，绝不会剪刀加糨糊，搞拼凑糊弄，而应当是呕心沥血之作。其间的双栖著作《遂宁文化概论》是填补空白之作，因而多次召开大型编写会,从反复讨论大纲,多方收集资料到作者队伍的组建都体现了合作精神,是竭尽心力的。《新闻写作学》则是本科教学的积淀,是呕心沥血之作,尽管已出版十年,却还是颇具翻检价值的。

再次想特别说明的是出这部集子的根本缘由。在序言中曾提及过为百年校庆献礼的话题,其实这也是我的一块心病,一个夙愿。因为在我看来,一所学校,特别是一所高等学校,百年校庆不是小事,非认真对待不可。新学院组建5年时正值90周年大庆,以大代小,不宜单庆;十年时考虑政策和百年大庆因素而也没庆;百年时正好是学院办大专60周年,虽不单庆,但毕竟是历史性重大事件,应当将其包容进去好好庆贺之。其他不说,作为党委书记,我曾经不止一次地讲过,学院是百年老店了,应该有百年老校的积淀;我们赶上了百年校庆是一种幸运,但作为当事人,虽然我们可以搞很多大型的甚至是系列的庆祝活动,而且可以把它搞得热热闹闹,欢天喜地的,给大家留下深刻鲜明的好印象。但是,如果我们不能把百年老校的深厚积淀发掘出来,整理展示出来,使之更富成效,更具底蕴和品质品位能行吗? 能名副其实,让人信服,能给历史、给社会、给人们留下点值得记忆、值得思索、值得品味,能与百年老店相符相称,使人感慨、赞叹,真正对时代社会有价值意义,对学院和经济社会发展有启示教益的东西吗? 应该! 而且完全应该! 这就应当是有我们一个又一个、一代又一代川职人对学院发展建设、对教育、对我们所从事的职业教育、高等教育重大基本问题的思考与探索,这就应当是我们在披荆斩棘、奋力推进发展建设中,在攻坚克难,研究解决复杂艰巨问题时的认识与感受,这就应当是我们在回首往事、检视反思自身工作和发展建设历程时的经验教训,甚至还有可能是包融其间的诸多感慨与酸甜苦辣。前事不忘,后事之师,这就是我们的财富,这就是我们宝贵的精神文化财富,这就是我们的文化积淀,而且还应当是百年老店中的最好积淀,是我们川职人对学校、对社会,对职教、对教育,对历史、对当下,对前贤、对来者的最好交代。基于此,我从九十周年大庆时的校庆特刊、《领导回忆录》,也从九宗书院研究因资料匮乏的梗阻搁浅和无奈遗憾中得到启示,设想、创意了出这样一本集子;而且固执地认为,不仅我要出,我该带头出,而且学院要支持鼓励大家出、特别是我们的历届领导、我们的专家学者更应该出;最好能藉此把学院的文库逐步建起来;不仅要做,而且要抓早、要做好,要形成制度和长效机制,形成风气、给大家一种机遇、一种氛围、一种促进、一种推动、一种激励、一种压力,将其作为校园文化建设的一个项目抓、一种特色来做,使之形成品牌,提升学院的品质品位,增强学院的软实力和核心竞争与发展力。尽管这种做法或许不一定被人理解,甚至还有可能遭受非议或其他,但我以为值得,也应有所担当,也应坚信人在干、天在看、历史会评判的古训,所以便大胆地做了,而且与职能部门和分管这方面工作的负责同志作了相应探讨与交流,也与一些老领导和专家学者做过预约,于是便有了这本集子如此这般的问世出笼。

此外还需说明的是,就个人而言,其实一生中用心用力最多的是那些改过的公文和教学用的讲义。前者是工作使然,无论是函授站、教务处还是办公室,无论是分管行政后勤还是教学学工与招生就业,无论是教学行政还是党务,既然当过干事、教务员、部室主任,又是搞写作、公文写作的,内部、外部,必然草拟、审改无数公文,有的还将其集成了教学资料。后者则是教学的基本功,基础性工作。因先后上过上过大中专本科六个专业的相应课程,还上过党课,搞过不少专题报告和讲话动员,这方面的讲义、讲稿自然少不了(工作笔记就不说了),不下百本之多。而且很多是数易其稿,虽不能结集出版,却也是教学、工作、事业的结晶,是成长、成熟的历史轨迹和明证,也是干事创业、教书育人之心血积累和一生中工作成就、经验教训之载体,是难以割舍,难以掩埋的,值得一提。

当然,必须说明的是,这部书稿的结集,除去组织的关怀,同仁的付出,个人的努力之外、还与许多幕后英雄的支持密不可分。其间有爱妻刘琼英、女儿王瑜的理解支持。作为第一读者的爱妻,还常常为之付出分担家务、查找资料、书写打印、校对探讨之劳、付出了大量心血;在编辑整部书稿特别是八九十年代手稿的过程中,学院网电部的刘祖萍主任为之提供了扫描、编辑、排版、校对、调式、处理特殊疑难问题的大量艰苦异常的辛勤劳动,牺牲了不少休息时间;书稿中有的篇目本是集体智慧的结晶,却因篇幅和特定原因难以一一注明;在付梓出书过程中,学院宣传统战部、北京中联华文出版社科图书咨询中心、中国文史出版社的领导和责编等专家学者都付出了艰辛劳动,没有他们的鼎力支持,这本书不可能顺利出版和做到这种程度,借此机会,谨向他们和所有为之付出辛劳、倾注心血、给与帮助支持的人们致以最诚挚的谢意!

由于才疏学浅和时间仓促,书中错漏在所难免,万望专家学者、读者朋友批评指正,本人不胜感激!

王金星
2015 年 5 月于斗城斗室